Der neue
Fischer Weltalmanach

CHRONIK DEUTSCHLAND 1949–2014

65 Jahre deutsche Geschichte
im Überblick

FISCHER Taschenbuch

Redaktion
Eva Berié
Rita Gwardys
Christin Löchel

FISCHER Taschenbuch
Fischer Weltalmanach
Postfach 70 03 55
60553 Frankfurt am Main
weltalmanach@fischerverlage.de

Redaktionsschluss
1.12.2013

Originalausgabe

Erschienen bei
FISCHER Taschenbuch
Frankfurt am Main,
April 2014

Umschlaggestaltung
buxdesign München
Abbildungen dpa / Picture-Alliance
Grafiken Christiane von Solodkoff, Neckargemünd
Karten BITmap, Mannheim
Herstellung und Layout Frank Geck
Druck und Bindung CPI books GmbH, Leck

Unsere Adresse im Internet:
www.fischerverlage.de

Der Fischer Weltalmanach im Internet:
www.weltalmanach.de

Printed in Germany

ISBN 978-3-596-19774-3

MIX
Papier aus verantwortungsvollen Quellen
FSC® C006701

Inhalt

1945–1948

Der Weg in die Teilung

In den ersten Nachkriegsjahren werden die Grundlagen für mehr als 40 Jahre deutscher Teilung gelegt. Wesentliche Elemente dieser Entwicklung im Zeichen des aufkommenden Kalten Kriegs sind die unterschiedlichen Ansätze der Alliierten hinsichtlich des wirtschaftlichen und politischen Wiederaufbaus in ihren Zonen. Die konsequente Bodenreform, die Zwangsvereinigung von KPD und SPD zur SED und die Berlin-Blockade fördern und festigen die Sonderentwicklung der sowjetischen Besatzungszone. Obwohl es auch zwischen den westlichen Siegermächten Differenzen über die Ziele der Besatzungspolitik gibt, legen die Vereinigung der amerikanischen und der britischen Zone zur Bizone, die Währungsreform und die Einrichtung des Parlamentarischen Rats zur Ausarbeitung eines Grundgesetzes die Grundlage für eine gemeinsame Zukunft der Westzonen.
Der Alltag wird von Hunger, Not und sozialer Härte bestimmt. Millionen Flüchtlinge, zerbombte Wohnungen, zerstörte Infrastruktur und Industrie, Lebensmittelknappheit und der mühsame Wiederaufbau von wirtschaftlichen, politischen und sozialen Strukturen gehören zu den Kennzeichen dieser ersten Nachkriegsjahre.

KRIEGSENDE UND KAPITULATION

Das Deutsche Reich befindet sich zu Jahresbeginn 1945 in großer militärischer Bedrängnis. Die **alliierte Schlussoffensive** führt den Krieg nun auch am Boden auf deutsches Territorium: Am 12.1. beginnt die Rote Armee ihre Winteroffensive an der Ostfront; US-Truppen überschreiten am 22.3. den Rhein. Am 16.4. eröffnet die Rote Armee die **Schlacht um Berlin**. Tags darauf bricht mit der Kapitulation der 325 000 im Ruhrkessel eingeschlossenen deutschen Soldaten die Westfront zusammen. Amerikanische und sowjetische Truppen treffen am 25.4. in Torgau an der Elbe erstmals aufeinander. Am 30.4. dringen sowjetische Truppen nach Berlin vor. Nachdem am gleichen Tag Adolf Hitler Selbstmord begangen hat, tritt Großadmiral Karl Dönitz seine Nachfolge als Reichskanzler und Oberbefehlshaber der Wehrmacht an. Er beruft am 5.5. eine Geschäftsführende Reichsregierung. Am 7.5. unterzeichnet das Oberkommando der Wehrmacht die **bedingungslose Kapitulation**, die am 8.5. um 23:01 Uhr in Kraft tritt. Am 23.5. wird die Reichsregierung verhaftet. Die formelle Übernahme der Macht durch den Alliierten Kontrollrat unter den vier Oberbefehlshabern Dwight D. Eisenhower (USA), Bernard L. Montgomery (Großbritannien), Georgi K. Schukow (Sowjetunion) und Jean de Lattre de Tassigny (Frankreich) erfolgt am 5.6.1945. – Die **Bilanz des 2. Weltkriegs** ist verheerend: Historiker schätzen, dass durch Kriegshandlungen weltweit 60 Mio. Menschen getötet wurden. Allein die Sowjetunion verlor mindestens 27 Mio. Bürger. In Polen starben zwischen 4,5 und 6 Mio. Menschen. Über 6 Mio. europäische Juden fielen dem Holocaust zum Opfer. Die USA hatten ca. 318 000, Großbritannien 386 000, Frankreich über

ALLIIERTER KONTROLLRAT

Grundlage für die Einrichtung des Kontrollrats als oberster Regierungsinstanz in Deutschland ist die Berliner Erklärung der Alliierten vom 5.6.1945. Aufgabe des Kontrollrats ist die Regelung der »Deutschland als Ganzes betreffenden Fragen«. Für die Verwaltung Berlins wird eine dem Kontrollrat unterstehende Behörde (Alliierte Hohe Kommandantur; russisch: Kommandantura) geschaffen, der die vier Stadtkommandanten angehören. Die laufenden Geschäfte übernimmt ein ständiger Koordinierungsausschuss, der sich aus den stellvertretenden Militärgouverneuren Lucius D. Clay (USA), Brian Robertson (Großbritannien), Wassili Sokolowski (Sowjetunion) und Louis Koeltz (Frankreich) zusammensetzt. – Der Kontrollrat tritt am 30.7. in Berlin zu seiner konstituierenden Sitzung zusammen. Zu den von ihm erlassenen Gesetzen gehören die Aufhebung aller NS-Gesetze, die Auflösung und Liquidierung der NS-Organisationen, die Enteignung des I.-G.-Farben-Konzerns, die Grundlage für die Bestrafung von Kriegsverbrechern, die formale Auflösung der Wehrmacht und des Staates Preußen. – Der Kontrollrat stellt seine Arbeit mit dem Rückzug des sowjetischen Militärgouverneurs Sokolowski aus diesem Gremium am 20.3.1948 und dem damit vollzogenen faktischen Ende der Viermächteverwaltung für Deutschland ein.

Winston S. Churchill, Franklin D. Roosevelt und Josef W. Stalin im Februar 1945 in Jalta

800 000 Tote zu beklagen. Deutschland bezahlt die Entfesselung des Kriegs mit 6,5 Mio. Toten. Bei Kriegsende geht die Zahl der Vertriebenen, Umgesiedelten und Displaced Persons (DPs) in die Millionen: Hierzu zählen Kriegsgefangene, Fremdarbeiter, befreite Insassen der Konzentrationslager sowie Flüchtlinge und Vertriebene aus den Staaten Ost- und Südosteuropas sowie den ehemaligen deutschen Ostgebieten.

DIE DEUTSCHLANDPOLITIK DER ALLIIERTEN

Grundlage der alliierten Politik gegenüber Deutschland sind die auf den **Kriegskonferenzen von Teheran** (28.11.–1.12.1943) **und Jalta** (4.–11.2.1945) getroffenen Vereinbarungen zwischen dem britischen Premierminister Winston S. Churchill, dem US-Präsidenten Franklin D. Roosevelt und dem sowjetischen Staatschef Josef W. Stalin. Sie umfassen die Westverschiebung Polens, die Einrichtung von – zunächst drei, nach der Einbeziehung Frankreichs vier – Besatzungszonen, die Gründung eines Alliierten Kontrollrats sowie die Entmilitarisierung und Entnazifizierung Deutschlands. Die Kontrolle bzw. Demontage der Schlüsselindustrien soll eine Wiederbewaffnung verhindern. Materielle Reparationen sind ebenfalls vorgesehen. Eine Zerstückelung (»dismemberment«) Deutschlands in mehrere Teilstaaten, wie sie die »Großen Drei« wiederholt diskutieren, wird im März 1945 vom sowjetischen Unterhändler Fjodor Gusew abgelehnt. Auch amerikanische Pläne zur Deindustrialisierung (Morgenthau-Plan) werden verworfen.
Auf der dritten alliierten Kriegskonferenz, der Konferenz von Potsdam (17.7.–2.8.1945), setzt Stalin gegen US-Präsident Harry S. Truman und den britischen Premierminister Churchill (bzw. ab 28.7. dessen Nachfolger Clement Richard Attlee) die Oder-Neiße-Linie als Westgrenze Polens durch. Deutschland verliert durch die Vereinbarung 24% seiner Fläche von 1937. Im Schlussdokument, dem **Potsdamer Abkommen**, wird festgelegt, dass Deutsche aus Polen, Ungarn und der Tschechoslowakei ausgesiedelt werden sollen. – Frankreich stimmt dem Abkommen am 7.8.1945 unter Vorbehalten gegen die Wirtschaftseinheit Deutschlands und die Einrichtung von Zentralverwaltungen zu. – Deutschland in den Grenzen von 1937 zerfällt territorial in sieben Teile: das der UdSSR unterstellte Gebiet um Königsberg, die an Polen gefallenen ehemaligen deutschen Ostgebiete, die vier Besatzungszonen der Siegermächte und Berlin.

■ **Außenministerkonferenzen:** Wie im Potsdamer Abkommen festgelegt, kommen die Alliierten zu Außenministerkonferenzen zusammen, um die Rahmenbedingungen der Nachkriegsordnung festzulegen. Bereits auf der ersten Konferenz in **London** (10.9.–2.10.1945) treten die Gegensätze der vier Besatzungsmächte in der Deutschlandfrage offen zutage: Frankreich fordert die Abtrennung des Rhein-Ruhr-Gebiets, der sowjetische Außenminister Wjatscheslaw Molotow setzt sich für eine Viermächtekontrolle über das Ruhrgebiet ein. – In **Paris** (25.4.–16.5. und 15.6.–12.7.1946) scheitert

POTSDAMER ABKOMMEN

Das Abschlusskommuniqué der Potsdamer Konferenz der drei Regierungschefs Josef Stalin, Harry S. Truman und Clement Attlee vom 2.8.1945 ist kein völkerrechtlicher Vertrag im eigentlichen Sinne. Da jedoch in den folgenden Jahren kein Friedensvertrag mit Deutschland zustande kommt, wird das Potsdamer Abkommen Grundlage für die Deutschlandpolitik der Siegermächte.
Die territorialen Veränderungen stehen ausdrücklich unter dem Vorbehalt der Zustimmung durch eine künftige Friedenskonferenz. Hinsichtlich der Reparationen einigt man sich darauf, dass die UdSSR ihre Ansprüche im Wesentlichen aus ihrer Zone deckt, während die Westmächte ihre Forderungen auf die westlichen Besatzungszonen beschränken. Die Sowjetunion erhält darüber hinaus in den Westzonen das Recht auf 25% »derjenigen industriellen Ausrüstung, die für die deutsche Friedenswirtschaft unnötig ist«. 10% solle sie ohne Gegenleistung erhalten, 15% mit Nahrungsmitteln, Rohstoffen oder anderen Waren bezahlen.

MARSHALLPLAN (EUROPEAN RECOVERY PROGRAM/ERP)

Dem nach US-Außenminister George C. Marshall benannten Programm liegt das Konzept zugrunde, die Förderung des wirtschaftlichen Wiederaufbaus der europäischen Länder mit den binnen- und außenwirtschaftlichen Interessen der USA zu verknüpfen. US-Präsident Harry Truman unterzeichnet das Gesetz (Economic Cooperation Act), das für die Weiterführung des Programms einer jährlichen Bestätigung bedarf, am 3.4.1948 und gibt damit für das Wirtschaftsjahr 1948/49 5,3 Mrd. US-$ frei. Für die Dauer von vier Jahren wollen die USA den beteiligten Staaten Rohstoffe, Investitionsgüter und Lebensmittel liefern, im geringeren Umfang auch Kredite bereitstellen. Die Koordination der Bedarfsermittlung und Verteilung der Lieferungen erfolgt durch die am 16.4.1948 in Paris gegründete Organisation for European Economic Co-Operation (OEEC). Bis Ende 1951 stellen die USA Mittel im Wert von **insgesamt 13,4 Mrd. US-$** bereit; 20% gehen nach Großbritannien, 16% nach Frankreich, 11% nach Italien, 10% in die Bundesrepublik, 7% in die Niederlande. Die Empfängerländer zahlen für die Warenlieferungen zum größten Teil in Landeswährung an sog. Gegenwertfonds (ERP-Fonds), aus denen zinsgünstig zweckbestimmte Kredite vergeben werden können.

Molotow sowohl mit diesem Plan als auch mit seiner Forderung nach Reparationen in Höhe von 10 Mrd. US-$. US-Außenminister James Byrnes kann seine Vorstellung, Deutschland nach Ende der Besatzungszeit für 25 Jahre entwaffnet und entmilitarisiert zu halten, nicht durchsetzen. Die Tagung in **Moskau** (10.3.–24.4.1947) wird nach der Ablösung von Byrnes durch George C. Marshall vom **offenen Ausbruch des Ost-West-Konflikts** überschattet. Während des Treffens verkündet US-Präsident Truman am 12.3.1947 in Washington eine neue außenpolitische Leitlinie (**Truman-Doktrin**): Die USA sind bereit, allen freien Staaten militärische und wirtschaftliche Unterstützung gegen die Gefahren eines totalitären Umsturzes von innen oder von außen zu gewähren. Ziel ist die Eindämmung (»containment«) des weltweit wachsenden Einflusses der Sowjetunion. Mit der Containment-Politik der USA gerät die deutsche Frage endgültig in das Fahrwasser des Kalten Kriegs. In Moskau scheitern die Verhandlungen über die Wiederherstellung der politischen Einheit Deutschlands, auch in der Frage der Reparationen prallen die Gegensätze abermals aufeinander. Die Außenminister einigen sich lediglich auf die Auflösung Preußens und die Entlassung aller Kriegsgefangenen bis Ende 1948. – Auf der ergebnislosen fünften Konferenz in **London** (25.11.–15.12.1947) vertagen sich die Außenminister auf unbestimmte Zeit.

■ **Industrieplan**: Im »Plan für Reparationen und den Nachkriegsstand der deutschen Wirtschaft« vom 28.3.1946 setzen die Alliierten im Kontrollrat die Höhe der Industrieproduktion auf 50–55% der Produktion von 1938 fest. Die Rohstahlproduktion wird auf 5,8 Mio. t beschränkt.

■ **Marshallplan**: Die Ankündigung eines »European Recovery Program« als finanzieller Wiederaufbauhilfe für Europa durch US-Außenminister Marshall am 5.6.1947 verschärft den Kalten Krieg. Die Sowjetunion lehnt erwartungsgemäß am 2.7.1947 das formelle Angebot, sich an dem Programm zu beteiligen, als Einmischung in die Souveränität der europäischen Staaten ab; die unter ihrem Einfluss stehenden osteuropäischen Staaten ziehen nach. – Auf der **Londoner Sechsmächtekonferenz** über Deutschland (23.2.–6.3. und 20.4.–2.6.1948) verständigen sich die Außenminister der USA, Großbritanniens, Frankreichs und der Benelux-Staaten über die **Einbeziehung Westdeutschlands in den Marshallplan** und die **Bildung eines westdeutschen Staates**. Am 16.4.1948 schließen sich neben 16 europäischen Ländern auch die drei Westzonen der Organisation for European Economic Co-Operation (OEEC) zur Durchführung des Marshallplans an. – Die Sowjetunion zieht sich am 20.3.1948 aus dem Alliierten Kontrollrat und am 16.6.1948 aus der Kommandantura für Berlin zurück. Damit endet faktisch die gemeinsame Viermächteverwaltung.

■ **Währungsreform**: Auf die Gründung der **Bank deutscher Länder** durch die drei westlichen Mili-

WÄHRUNGSREFORM

Am 20.6.1948 können die Bürger der drei Westzonen für 60 Reichsmark (RM) ein sog. Kopfgeld von 40 Deutschen Mark (DM) eintauschen. Sparguthaben werden im Verhältnis 100 RM zu 6,50 DM umgestellt, Verbindlichkeiten im Verhältnis 10:1. Renten, Löhne, Gehälter und Mieten laufen im Verhältnis 1:1 weiter. Es profitieren die Inhaber von Immobilien, Produktionsmitteln oder anderen festen Werten, während Sparer Einbußen hinnehmen müssen.

tärgouverneure am 1.3.1948 reagiert die Sowjetunion am 21.5. mit der Einrichtung der Emissions- und Girobank, seit 20.7. **Deutsche Notenbank**. – Ein weiterer Schritt in Richtung Teilung ist die Währungsreform, die am 20.6.1948 in den drei Westzonen durchgeführt wird. Sie gilt als Vorbedingung für die Einbeziehung Deutschlands in den Marshallplan und soll den gewaltigen Bargeldüberhang aus der Zeit der Kriegswirtschaft beseitigen. – Mit der Ausgabe der neuen Währung wird auf Initiative von Ludwig Erhard, dem Wirtschaftsdirektor der Bizone, auch die Zwangsbewirtschaftung und Preisbindung für die meisten Güter aufgehoben. Der Schwarzmarkt trocknet aus.

■ **Berlin-Blockade**: Als die Westalliierten die Währungsreform auch in den Westsektoren Berlins durchführen, verhängt die sowjetische Militärverwaltung am 24.6.1948 eine totale Blockade West-Berlins: Der Straßen- und Schienenverkehr wird unterbunden, die Wasserwege abgeriegelt und die Energieversorgung für die Westsektoren unterbrochen. – Auf Initiative des amerikanischen Militärgouverneurs Lucius D. Clay versorgen die Westalliierten die Westsektoren vom 26.6.1948 bis zum 12.5.1949 aus der Luft. – Mittels einer Erhöhung der Einkommen- und Körperschaftsteuer sowie einer Abgabe auf Postsendungen ab dem 19.10.1948 in der britischen und amerikanischen Zone (Notopfer) wird die **Luftbrücke** finanziert.

■ **Ausarbeitung des Grundgesetzes**: Am 1.7.1948 übergeben die westalliierten Militärgouverneure den westdeutschen Ministerpräsidenten in Frankfurt am Main die auf der **Londoner Sechsmächtekonferenz** ausgearbeiteten sog. **Frankfurter Dokumente,** die die Bedingungen zur Gründung eines westdeutschen Staates enthalten: die Aufforderung, eine Verfassunggebende Versammlung zu bilden, die eine demokratische Verfassung für ein föderales Regierungssystem ausarbeiten soll, die Anregung für eine Neuordnung der Länder sowie Grundzüge eines Besatzungsstatuts. – Die

Parlamentarischer Rat 1948

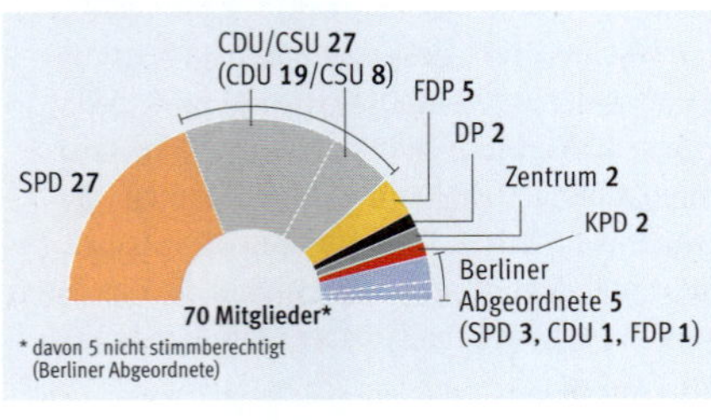

Über die Luftbrücke erhalten die 2,5 Mio. Berliner Lebensmittel, Medikamente, Kohle und Baumaterial

Ministerpräsidenten der Westzonen dringen in den **Koblenzer Beschlüssen** (8.–10.7.1948) darauf, dass der aus den drei Westzonen zu schaffende Staat nur ein »Provisorium« sein kann. Die Begriffe »Verfassung« und »Verfassunggebende Versammlung« werden durch »Grundgesetz« und »Parlamentarischer Rat« ersetzt. – Verfassungsexperten der Länder erarbeiten in Herrenchiemsee den Entwurf des Grundgesetzes (10.8.–23.8.1948), der dem **Parlamentarischen Rat**, der am 1.9.1948 in Bonn seine Arbeit aufnimmt, vorgelegt wird. – Der Rat wählt Konrad Adenauer (CDU) zu seinem Vorsitzenden, Carlo Schmid (SPD) übernimmt den Vorsitz im Hauptausschuss. – Am 8.5.1949 wird gegen die Stimmen von CSU, KPD, DP und Zentrum das Grundgesetz verabschiedet. – Auch in Ost-Berlin finden Vorbereitungen für eine Staatsgründung statt. Am 22.10.1948 billigt der Deutsche Volksrat den Verfassungsentwurf für die »Deutsche Demokratische Republik«.

BESATZUNGSZONEN

■ **Sowjetische Zone**: Rascher als in den übrigen Zonen vollzieht sich in der sowjetischen Besatzungszone (SBZ) der **Wiederaufbau des staatlich-politischen Lebens**, der maßgeblich von der in der UdSSR geschulten »Gruppe Ulbricht« um Walter Ulbricht und Wilhelm Pieck mitbestimmt wird. Am 9.6.1945 wird in Berlin-Karlshorst die Sowjetische Militäradministration in Deutschland (**SMAD**) eingerichtet, die von Schukow (April 1946) und Sokolowski geleitet wird. Ab dem 1.7.1945 übernimmt die Rote Armee die von britischen und amerikanischen Truppen besetzten Gebiete ihrer Zone. Am 9.7.1945 werden die Länder Mecklenburg, Sachsen und Thüringen und die Provinzen Brandenburg und Sachsen-Anhalt gegründet. Nach der Auflösung Preußens wird am 21.7.1947 auch den Provinzen der Länder-Status verliehen. – Über die massiv geförderte KPD versucht die sowjetische Besatzungsmacht ihren Einfluss durchzusetzen. Die Bildung der »Einheitsfront der antifaschistisch-demokratischen Parteien« (14.7.1945) und die Vereinigung von SPD und KPD zur SED (21.4.1946) dient der Ausweitung der kommunistischen Hegemonie auch auf die übrigen Parteien. Bei den Wahlen zu den fünf Landtagen vom 20.10.1946 kommt die SED auf 44–49% der Stimmen, die CDU auf 18,9–23,3%, die Liberal-Demokratische Partei (LDPD) auf 12,5–29,9%.

Der **Wiederaufbau der Verwaltung** erstreckt sich mit der Einrichtung von zunächst elf Deutschen Zentralverwaltungen für Verkehr, Nachrichtenwesen, Brennstoffindustrie, Handel und Versorgung, Industrie, Landwirtschaft, Finanzen, Arbeit und Soziales, Gesundheit, Volksbildung sowie Justiz am 27.7.1945 über die gesamte SBZ. Auch hier besetzt die SMAD die Schaltstellen der Gremien mit KPD-Mitgliedern. – Stärker als in den anderen Zonen sind die **Eingriffe in die Wirtschaft**: Am 23.7.1945 werden Banken, Sparkassen und Versicherungen verstaatlicht. Am 3.9.1945 beginnt in Sachsen die **Bodenreform**, durch die bis zum 11.9.1945 in allen Ländern und Provinzen landwirtschaftliche Betriebe mit mehr als 100 ha Nutzfläche entschädigungslos enteignet werden. Betroffen ist fast ein Drittel der Gesamtfläche der SBZ (ca. 3,3 Mio. ha). Zwei Drittel des Bodens werden an landlose Bauern, Landarbeiter, Kleinbauern und Vertriebene verteilt, ein Drittel bleibt im Besitz des Staates. Durch Verordnungen vom 30. und 31.10.1945 **konfisziert die SMAD rd. 7000 Betriebe**. Übernommen wird Eigentum des deutschen Staates, der NSDAP, der Wehrmacht sowie anderer dem Nationalsozialismus nahestehender Institutionen. Erste Volkseigene Betriebe (VEB) und Handelsorganisationen (HO) entstehen. Ab 30.6.1946 werden Betriebe von »Kriegs- und Naziverbrechern« entschädigungslos enteignet und in »Volkseigentum« überführt (u.a. AEG, Flick, I.G. Farben, Krupp, Mannesmann, Siemens). Zur Abgeltung von Reparationsansprüchen erfolgen bis zum 15.1.1947 umfangreiche **Demontagen** (u.a. wird auf sämtlichen Eisenbahnstrecken das zweite Gleis entfernt). Am 5.6.1946 werden 213 ostdeutsche Großbetriebe (25–30% des Industriepotenzials) enteignet und in 25 Sowjetische Aktiengesellschaften (SAG) umgewandelt. – Am 23.6.1948 führt die Militärverwaltung eine eigene **Währungsreform** durch, bei der 70 RM zu einem Kurs von 1:1 in die neue Währung Mark umgetauscht werden. Sparguthaben werden bis 100 RM im Verhältnis 2:1 umgetauscht, bis 1000 RM im Verhältnis 5:1, darüber im Verhältnis 10:1. Die Konten aller VEB, SAG, Parteien und Gewerkschaften werden zu einem Kurs von 1:1 umgestellt. – Eine **eigenständige Entwicklung der Ostzone** wird auch durch den Aufbau einer kasernierten Deutschen Grenzpolizei (28.10.1946) und einer Volkspolizei (3.7.1948), die Einrichtung der Deutschen Wirtschaftskommission (DWK) zur zentralen Lenkung und Leitung der Wirtschaft (14.6.1947), die Auflösung des Alliierten Kontrollrats durch den Auszug der Sowjets (20.3.1948) sowie die Berlin-Blockade (ab 24.6.1948) begünstigt. Demgegenüber steht das Bemühen, ein geeintes Deutschland unter sowjetischer Führung zu erreichen: Hierzu zählen die Konstituierung des Deutschen Volksrats mit Delegierten aus allen Besatzungszonen als Vorform einer gesamtdeutschen Vertretung (19.3.1948) und das vom Volksrat und der SED initiierte Volksbegehren für die Einheit Deutschlands (23.5.1948).

■ **Amerikanische Zone**: Die Verwaltung der amerikanischen Zone übernimmt das Office of Military Government for Germany (U.S.) (**OMGUS**) mit Sitz in Berlin und Frankfurt am Main unter den Militärgouverneuren Joseph McNarney (20.11.1945–15.3.1947) und Lucius D. Clay (ab 15.3.1947). – Grundlage der Besatzungspolitik ist zunächst die **Direktive JCS 1067** vom 26.4.1945, in der es heißt: »Deutschland wird nicht besetzt zum Zwecke seiner Befreiung, sondern als ein besiegter Feindstaat. (…) Das Hauptziel der Alliierten ist es, Deutschland daran zu hindern, je wieder eine Bedrohung des Weltfriedens zu werden.« Der wirtschaftliche Wiederaufbau soll nur insoweit erfolgen, wie er zur Befriedigung von Ansprüchen der durch Deutschland geschädigten Staaten notwendig ist. – Dennoch vollzieht sich der Wiederaufbau der Verwaltung rasch: Am 15.11.1945 erhalten Gemeinden und Kreise Selbstverwaltungsrechte, am 20. und 27.11.1946 finden Kommunalwahlen statt, die **ersten freien Wahlen** in Deutschland seit 1933. – Nach Bildung der Länder Bayern, (Groß-) Hessen und Württemberg-Baden entsteht mit dem **Länderrat** am 17.10.1945 eine erste gesamtzonale Vertretung. Dieser soll u.a. die Rechts- und Ver-

waltungsgleichheit in der amerikanischen Zone sicherstellen. Ihm gehört seit der Umwandlung der Enklave Bremen in ein Land am 21.1.1947 auch der Bremer Bürgermeister an. – Den Ländern wird am 1.3.1947 die volle gesetzgebende, vollziehende und richterliche Gewalt übertragen. – Um die Besatzungskosten gering zu halten, werden die restriktiven Bestimmungen der Direktive JCS 1067 zur Wirtschaftsentwicklung großzügig ausgelegt. Die US-Militärverwaltung bemüht sich, die **ökonomische Entwicklung** ihrer Zone und die vier »D-Forderungen« des Potsdamer Abkommens (Denazifizierung, Demilitarisierung, Dekartellisierung, Demokratisierung) miteinander zu vereinbaren. Am 11.7.1947 stellt sie mit der Direktive JCS 1779 den wirtschaftlichen Wiederaufbau in den Mittelpunkt ihrer Besatzungspolitik. – **Landtagswahlen** finden am 24.11.1946 in Württemberg-Baden, am 1.12.1946 in Hessen und Bayern, am 18.5.1947 in Baden und am 12.10.1947 in Bremen statt.

■ **Britische Zone**: Großbritannien übernimmt am 14.7.1945 die vollen Hoheitsrechte in seiner Besatzungszone, die zuvor weitgehend von den USA besetzt war. Die Verwaltung obliegt der Control Commission for Germany, British Element unter Feldmarschall Montgomery (bis 29.4.1946), Luftmarschall William Sholto Douglas (29.4.1946–22.11.1947) und General Robertson (ab 22.11.1947). – Im Sommer 1945 werden die Länder- bzw. Provinzregierungen in Braunschweig, Hannover, Oldenburg, Lippe, Hamburg, Schleswig-Holstein, Rheinland und Westfalen eingerichtet. – Mit der Gründung des Landes **Nordrhein-Westfalen** am 23.8.1946 wehrt Großbritannien französische und sowjetische Ansprüche auf eine Internationalisierung des Ruhrgebiets ab. Am gleichen Tag wird das Land **Schleswig-Holstein** gegründet. Am 1.11.1946 werden die Länder Oldenburg, Braunschweig, Schaumburg-Lippe sowie die Provinz Hannover zum Land **Niedersachsen** zusammengeführt. – Am 15.2.1946 richten die Briten den **Zonenbeirat** der Militärregierung ein. Er setzt sich aus 27 Vertretern von Parteien, Gewerkschaften, der Verbrauchergenossenschaften, der Verwaltung sowie der Länder- und Regierungschefs zusammen und konstituiert sich am 5.3.1946 in Hamburg. – **Ökonomisch** ist die britische Zone – mit 22,3 Mio. Einwohnern die bevölkerungsreichste – am

Bevölkerungsverteilung in den Besatzungszonen

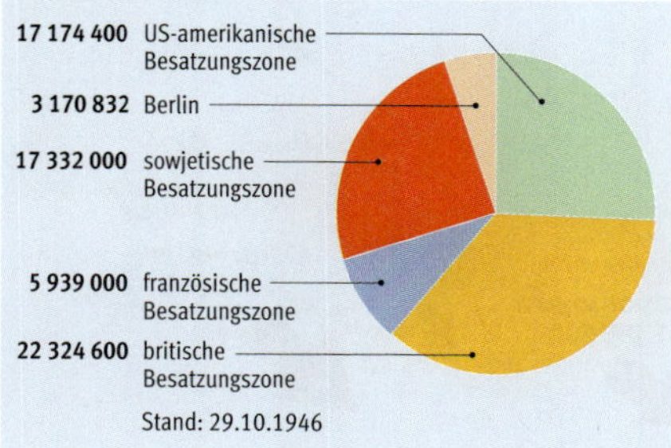

stärksten auf Lebensmittellieferungen angewiesen, verfügt jedoch mit dem Rhein-Ruhr-Gebiet über die ehemalige Waffenschmiede Deutschlands: Am 22.12.1945 lässt die britische Militärregierung die Stein- und Braunkohlenbergwerke beschlagnahmen, am 20.8.1946 die Eisen- und Stahlindustrie. – Allein bis Juni 1946 müssen 1 Mio. t Lebensmittel importiert werden – eine kaum zu tragende ökonomische Belastung für das vom Krieg gebeutelte Großbritannien, zumal den Exporten aus der eigenen Besatzungszone durch den Industrieplan vom 28.3.1946 enge Obergrenzen gesetzt sind. Der Zusammenschluss mit der amerikanischen Zone zur Bizone am 1.1.1947 soll die Bilanz verbessern. – **Landtagswahlen** finden in Hamburg am 13.10.1946, in Nordrhein-Westfalen, Niedersachsen und Schleswig-Holstein am 20.4.1947 statt.

Bizone: Mit seinem Vorschlag im Alliierten Kontrollrat, eine wirtschaftliche Einheit aller vier Zonen zu schaffen, knüpft der amerikanische Militärgouverneur McNarney am 20.7.1946 an eine Formel des Potsdamer Abkommens an. Nur Großbritannien stimmt dem amerikanischen Vorschlag am 29.7.1946 zu. Am 5.9.1946 einigen sich die Militärgouverneure beider Zonen auf die Einrichtung von fünf zentralen Verwaltungsstellen für Wirtschaft, Ernährung und Landwirtschaft, Verkehr, Post sowie Finanzen. Am 2.12.1946 unterzeichnen die Außenminister Ernest Bevin (Großbritannien) und Byrnes (USA) in New York das Zweizonenwirtschaftsabkommen, das mit der Bildung des **Vereinigten Wirtschaftsgebiets** (VWG oder Bizone) am 1.1.1947 in Kraft tritt. – Am 25.6.1947 konstituiert sich in Frankfurt am Main der **Wirtschaftsrat**, der sich aus zunächst 52 Vertretern der Länderparlamente der Bizone zusammensetzt. Ihm obliegt die Reorganisation und Koordinierung der bestehenden Einrichtungen, die Leitung und Lenkung des Wiederaufbaus und Teile der Gesetzgebung in beiden Zonen. Seine Entscheidungen müssen vom Bipartite Board der Militärregierungen gebilligt werden. – Am 28.8.1947 vereinbaren Amerikaner und Briten eine Revision des Industrieplans von 1946: Das Wirtschaftspotenzial kann nun bis auf 90% des Stands von 1936 (vorher 65–67%) erhöht werden, gleichzeitig wird die Obergrenze für die Rohstahlproduktion von 5,8 auf 10,7 Mio. t heraufgesetzt. – Mit der Reform der Bizonenverwaltung durch die **Frankfurter Charta** vom 9.2.1948 entsteht der Kern der politischen Struktur der späteren Bundesrepublik mit einem auf 104 Mitglieder erweiterten Wirtschaftsrat (später Bundestag), Länderrat (Bundesrat) und Verwaltungsrat (Bundesregierung). Gleichzeitig entsteht für das Vereinigte Wirtschaftsgebiet mit dem Deutschen Obergericht in Köln eine Vorform des Bundesverfassungsgerichts. – Am 1.3.1948 schaffen die USA und Großbritannien mit der Gründung der **Bank Deutscher Länder** in Frankfurt am Main die Grundlage für die Bundesbank. Am 2.3.1948 wird Ludwig Erhard Direktor der Wirtschaftsverwaltung. Auf seine Initiative wird am 20.6.1948 eine Währungsreform durchgeführt.

■ **Französische Zone**: Die französische Zone wird am 26.7.1945 eingerichtet. Sie steht unter Verwaltung des Conseil de Contrôle pour l'Allemagne, der von General Marie-Pierre Kœnig geführt wird. Ziel der Besatzungspolitik ist eine weitgehende Schwächung der deutschen Wirtschaft, um eine von Deutschland ausgehende militärische Bedrohung für immer auszuschließen. Mit der Forderung, die Industrieregionen des Rheinlands und Westfalens einschließlich des Ruhrgebiets von Deutschland abzutrennen, kann sich Frankreich bei den übrigen Alliierten nicht durchsetzen. In seiner Zone setzt es auf eine extreme Föderalisierung, um eine starke Zentralregierung zu verhindern. Am 30.8.1946 entsteht das Land **Rheinland-Pfalz**, es folgen die Gründungen von **Baden** und **Württemberg-Hohenzollern**. Die Landesverfassungen werden am 18.5. durch Volksabstimmungen angenommen; am gleichen Tag werden **die ersten Landtage** gewählt. Erstes zonenweites Repräsentativorgan ist ab 1948 das **Sekretariat der deutschen Ministerkonferenzen**, in dem die Ministerpräsidenten von Rheinland-Pfalz, Baden und Württemberg-Hohenzollern sowie drei Fachminister sitzen. – Eine Sonderrolle spielt das **Saarland**, dessen ökonomische Einverleibung Frankreich mit der Übernahme der Verwaltung der Saargruben (2.1.1946), der Einfüh-

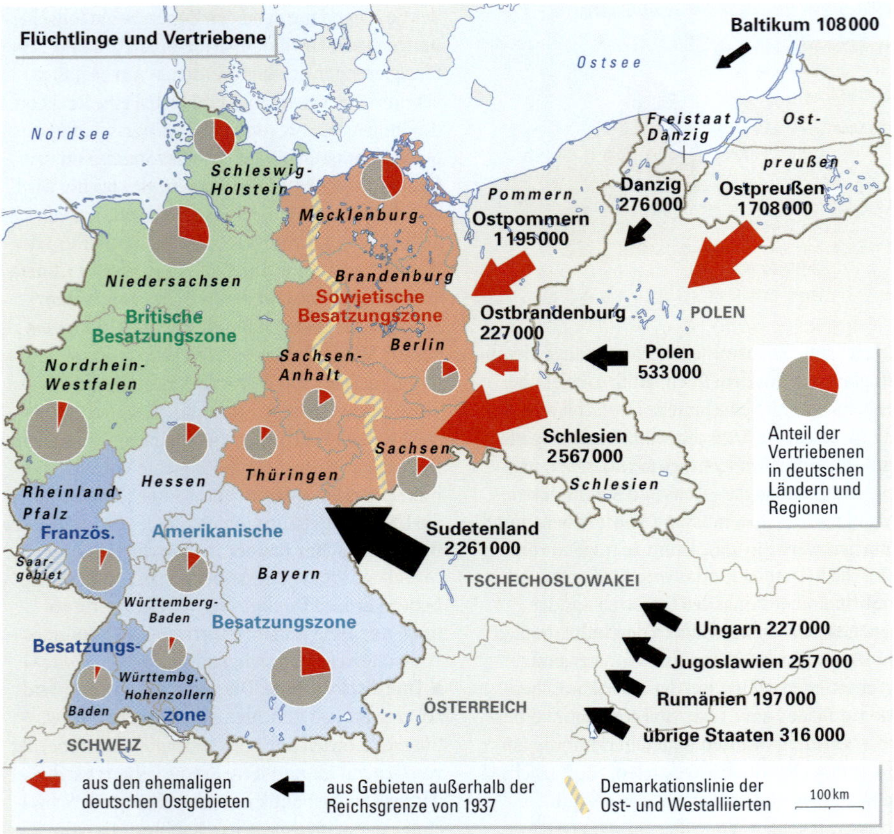

rung einer Zollgrenze zwischen dem Saargebiet und der übrigen französischen Zone (22.12.1946) und einer eigenen Währung, der Saarmark (15.6.1947), vorbereitet. Am 15.12.1947 verabschiedet die Verfassunggebende Versammlung des Saarlands eine Verfassung, die die politische Unabhängigkeit von Deutschland und den wirtschaftlichen Anschluss an Frankreich festschreibt. Dieser wird mit der Einführung des Franc (3.1.1948) und der Einrichtung einer Zollunion mit Frankreich (1.4.1948) vollzogen.

■ **Berlin**: Die Hauptstadt wird in vier Sektoren aufgeteilt, deren Verwaltung der Alliierten Hohen Kommandantur, der sog. **Kommandantura,** obliegt. Ab dem 1.7.1945 übernehmen die USA, Großbritannien und die Sowjetunion ihre Sektoren, am 12.8.1945 folgt Frankreich. Die Westsektoren Berlins machen zusammen 54,4% Groß-Berlins aus. – Die UdSSR nutzt die Zeit vor dem Einzug der Westmächte, um eine ihnen **genehme deutsche Verwaltung** aufzubauen. Bereits am 18.5.1945 setzt der sowjetische Stadtkommandant Nikolai Bersarin einen von ehemaligen KPD-Mitgliedern beherrschten Magistrat unter dem parteilosen Oberbürgermeister Arthur Werner ein. – Am 13.8.1946 billigt die Alliierte Kommandantur die vom Magistrat erarbeitete **Vorläufige Verfassung für Groß-Berlin**. Auf ihrer Grundlage finden am 20.10.1946 Wahlen in ganz Berlin statt. Zum Oberbürgermeister wird Otto Ostrowski (SPD) gewählt, der einen Senat aus SPD, CDU, SED und LDPD führt. – Da keine Vereinbarungen über den Verkehr der Westalliierten durch die SBZ getroffen wurden, entwickelt sich der Zugang nach Berlin zu einem Problem. Am 30.11.1945 einigt sich der Alliierte Kontrollrat auf die Einrichtung von drei Luftkorridoren zwischen Berlin und den Westzonen. Als sich die Spannungen zwischen den Besatzungsmächten verschärfen, beginnt die sowjetische Militäradministration am 1.4.1948, die Versorgung West-Berlins auf dem Landwege zu behindern. Am 3.4.1948 muss der Eisenbahnverkehr zwischen

Berlin und den Westzonen eingestellt werden. Im Konflikt um die Währungsreform eskaliert die Behinderung am 24.6.1948 zur **totalen Blockade** der Land- und Wasserwege zwischen den Westzonen und Berlin. – Am 17.4.1947 wird Oberbürgermeister Ostrowski von Ernst Reuter (SPD) abgelöst. Wegen sowjetischen Einspruchs in der Alliierten Kommandantur kann er sein Amt nicht antreten. Am 30.11.1948 beruft die SED eine außerordentliche Stadtverordnetenversammlung ein und lässt Fritz Ebert, den Sohn des ersten Reichspräsidenten der Weimarer Republik, zum Oberbürgermeister wählen. Der von ihm geführte neue Magistrat wird am 2.12.1948 von der SMAD als einzige legitime Regierung Berlins anerkannt. Damit gibt es in Berlin **keine gemeinsame Stadtverwaltung** mehr. Die Wahlen vom 5.12.1948 finden nur in den Westsektoren und ohne Beteiligung der SED statt. Am 7.12.1948 wird Reuter zum Oberbürgermeister West-Berlins gewählt.

POLITISCHER WIEDERAUFBAU

■ **Parteien**: Bereits am 10.6.1945 gestattet die SMAD die Gründung antifaschistisch-demokratischer Parteien und Gewerkschaften auf Zonenebene. – Am 11.6.1945 konstituiert sich in Berlin auf Initiative der »Gruppe Ulbricht« als erste Partei die Kommunistische Partei Deutschlands (KPD). Ihr Gründungsaufruf zielt v.a. auf die Beseitigung des »Hitlerismus« und die Errichtung einer parlamentarisch-demokratischen Republik, nicht aber auf den Aufbau eines sozialistischen Staatssystems nach sowjetischem Vorbild. – Ebenfalls in Berlin gründet sich am 15.6.1945 die Sozialdemokratische Partei Deutschlands (SPD), deren Vorsitz im Zentralausschuss Otto Grotewohl übernimmt. Ihr Programm ist radikaler als das der KPD und betont die Einheit der Arbeiterbewegung. – Auch die bürgerlichen Parteien Christlich Demokratische Union (CDU, gegründet am 26.6.1945) und die Liberal-Demokratische Partei Deutschlands (LDPD, 5.7.1945) werden zunächst in Berlin ins Leben gerufen. – Der Versuch der KPD, alle Parteien organisatorisch möglichst eng an sich zu binden, mündet am 14.7.1945 in die Gründung der »Einheitsfront der antifaschistisch-demokratischen Parteien« von KPD, SPD, CDU und LDPD. – Als Ende 1945 deutlich wird, dass die Unterstützung für die KPD in der Bevölkerung weit hinter der für die SPD zurückbleibt, strebt die KPD eine rasche Vereinigung beider Parteien an. Dem Zusammenschluss von SPD und KPD zur Sozialistischen Einheitspartei Deutschlands (SED) am 21./22.4.1946 gehen Einschüchterung und Verhaftungen von Einheitsgegnern voraus. – Langsamer geht die Gründung von **Parteien in den Westzonen** vor sich, da die Westalliierten auf einen Aufbau von unten nach oben setzen. Es entstehen vier große Parteien: CDU, SPD, KPD und FDP. – Führende Persönlichkeit der am 14.12.1945 in Bad Godesberg gegründeten **CDU** ist der Kölner Oberbürgermeister Konrad Adenauer. Die Partei fordert im Ahlener Programm (1.–3.2.1947) eine Abkehr von der »unumschränkten Herrschaft des privaten Kapitalismus« und eine teilweise Vergesellschaftung der Großindustrie. In Bayern entsteht mit der Christlich-Sozialen Union (**CSU**) eine Schwesterpartei, die sich von der CDU v.a. durch eine stärkere Betonung des föderalen Prinzips unterscheidet. – Die Weichenstellung für die **SPD** erfolgt auf der Konferenz in Wennigsen bei Hannover (5.–7.10.1945): Kurt Schumacher wird zum Sprecher der Westzonen gewählt. Programmatisch bekennt sich die SPD bis zu ihrer Umwandlung zur »Volkspartei« auf dem Godesberger Parteitag 1959 zum demokratischen Sozialismus. – Die Freie Demokratische Partei (**FDP**) geht am 11.12.1948 aus dem Zusammenschluss liberaler Parteien hervor. Erster Vorsitzender wird Theodor Heuss. Keine Massenbasis im Westen findet die **KPD**.

■ **Gewerkschaften**: Nach den schlechten Erfahrungen mit der zersplitterten Gewerkschaftsbewegung der Weimarer Republik streben Gewerkschafter nach dem Krieg eine Einheitsgewerkschaft an. – Am 13.6.1945 konstituiert sich in Berlin der Freie Deutsche Gewerkschaftsbund (**FDGB**), der mit dem 1. Zentralen Delegierten-Kongress vom 9.2.1946 eine gesamtzonale Organisation erhält. Zu diesem Zeitpunkt zählt der FDGB bereits 2 Mio. Mitglieder. Charakteristisch ist die Absage an die

Flüchtlinge und Vertriebene in Deutschland

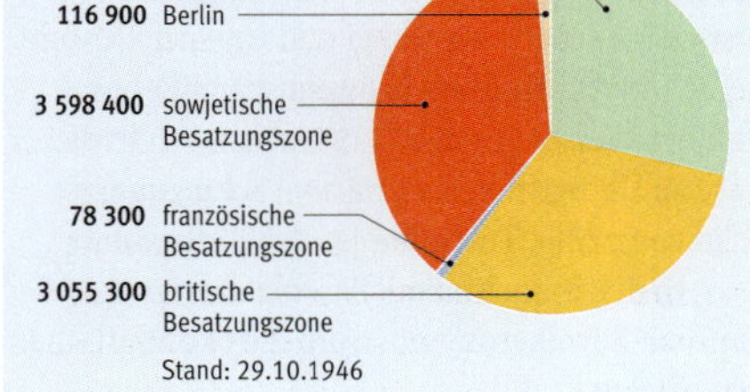

Die sog. Trümmerfrauen tragen die Hauptlast der Aufräumarbeiten und werden zum Symbol des Wiederaufbauwillens der Deutschen

parteipolitische Neutralität, die 1950 in die Anerkennung der Führungsrolle der SED durch den FDGB mündet. – In den Westzonen verhängen Amerikaner und Briten aus Misstrauen gegen Überreste nationalsozialistischer Ideologie und wachsenden Einfluss der Kommunisten am 1.7.1945 ein dreimonatiges Betätigungsverbot für alle Gewerkschaften. Auch danach entstehen Arbeiterorganisationen nur allmählich. Im April 1947 findet in Bielefeld der Gründungskongress des Deutschen Gewerkschaftsbundes (DGB) in der britischen Zone (22.–25.4.1947) statt. Vorsitzender wird der Sozialdemokrat Hans Böckler.

SOZIALE KRIEGSFOLGEN

■ **Flüchtlinge und Vertriebene**: Die Flucht vor der Roten Armee und Racheakte der Bevölkerung in den von der nationalsozialistischen Besatzung befreiten Staaten sowie die Vertreibung und Aussiedlung der Deutschen aus Ost- und Südosteuropa lösen eine Migrationswelle aus, in deren Verlauf bis zum 1.4.1947 mehr als 10 Mio. Deutsche aus dem Osten in die vier alliierten Besatzungszonen kommen. – Der Flucht mit den abrückenden Verbänden der Wehrmacht in den letzten Kriegsmonaten folgt zunächst eine Phase ungeregelter Vertreibung. Erst das Potsdamer Abkommen vom 2.8.1945 regelt die Aussiedlung der deutschen Bevölkerung aus Polen, der Tschechoslowakei und Ungarn. Obwohl es eine Überführung »in ordnungsgemäßer und humaner Weise« vorsieht, kommt es auch in dieser Phase zu Übergriffen und Härten. Schätzungen gehen von 2 Mio. Toten infolge der Vertreibung aus. – In den aufnehmenden Gebieten verschärft der große Bevölkerungszustrom die ökonomischen und sozialen Probleme.

■ **Displaced Persons**: Die Zahl der ausländischen Zivilpersonen, die sich bei Kriegsende in Deutschland befinden, wird auf 8–10 Mio. geschätzt. Allein in den Westzonen lebten im Mai 1945 1,5 Mio. Russen, 1,2 Mio. Franzosen, 600 000 Polen, 350 000 Italiener, 200 000 Niederländer, 200 000 Belgier, 100 000 Jugoslawen, 60 000 Tschechen und je 10 000 Dänen, Norweger, Griechen und Luxemburger. Zu den »Verschleppten« (Displaced Persons, DPs) gehören ehemalige Zwangsarbeiter und aus den Konzentrationslagern Befreite. Seit 1947 zählen auch Osteuropäer, die vor der Roten Armee flüchten, zu den DPs. – Während die DPs aus den westeuropäischen Staaten relativ rasch in ihre Heimat zurückgebracht werden können, gestaltet sich die Rückführung der Ost- und Südosteuropäer vielfach schwierig. Viele wollen aus Angst vor kommunistischer Verfolgung oder antisemitischen Strömungen in ihren Heimatländern nicht zurückkehren. Sie bleiben in Deutschland oder wandern nach Palästina oder in westliche Länder, v.a. in die USA, aus. – Bis September 1945 können 4,6 Mio. DPs aus den Westzonen mit Hilfe der United Nations Relief and Rehabilitation Administration (UNRRA) in ihre Heimat zurückkehren. Am 1.4.1947 leben noch 1,1 Mio., im März 1949 noch gut 400 000 DPs in den Westzonen.

■ **Kriegsgefangene**: Von den 11,2 Mio. deutschen Kriegsgefangenen befinden sich 7,8 Mio. in westalliierter, 3,4 Mio. in sowjetischer Gefangenschaft. – Insbesondere in den ersten Monaten nach Kriegsende sind die Zustände in den Lagern chaotisch: So sterben in den Rheinwiesenlagern zwischen Ludwigshafen und Andernach, einer US-Einrichtung unter freiem Himmel, zwischen 5000 und 10 000 Menschen. Kriegsgefangene werden zur Beseitigung der Kriegsschäden in den befreiten Ländern oder im Bergbau eingesetzt. Die SMAD deportiert ihre Gefangenen in Arbeits- und Internierungslager in der UdSSR. Etwa ein Drittel der sowjetischen Kriegsgefangenen stirbt in der Gefangenschaft. – Die USA entlassen die letzten ihrer 3,4 Mio. Kriegsgefangenen am 22.7.1946. Auf der Außenministerkonferenz in Moskau (10.3.–24.4.1947) einigen sich die Alliierten auf die Entlassung aller Kriegsgefangenen bis Ende 1948. Die letzten Kriegsgefangenen der UdSSR werden jedoch erst → 1955 entlassen.

■ **Kriegszerstörungen**: Landesweit ist etwa ein Viertel des Wohnungsbestandes von 1939 zerstört oder schwer beschädigt, in Großstädten oft

NÜRNBERGER PROZESS

Im Prozess gegen die Hauptkriegsverbrecher werden 24 Angehörige des Führerkorps, der NSDAP, der SS und des SD wegen Verbrechen gegen den Frieden, Kriegsverbrechen und Verbrechen gegen die Menschlichkeit angeklagt. Gegen den untergetauchten Martin Bormann wird in Abwesenheit Anklage erhoben; Robert Ley nimmt sich vor Prozessbeginn das Leben; das Verfahren gegen Gustav Krupp von Bohlen und Halbach muss wegen schwerer Krankheit abgetrennt werden. Gegen die 22 Beschuldigten ergehen am 1.10.1946 zwölf Todesurteile (Martin Bormann, Hans Frank, Wilhelm Frick, Hermann Göring, Alfred Jodl, Ernst Kaltenbrunner, Wilhelm Keitel, Joachim von Ribbentrop, Alfred Rosenberg, Fritz Sauckel, Arthur Seyß-Inquart, Julius Streicher), drei lebenslängliche Haftstrafen (Walter Funk, Rudolf Heß, Erich Raeder), vier befristete Haftstrafen (Karl Dönitz, Konstantin von Neurath, Baldur von Schirach, Albert Speer) und drei Freisprüche (Franz von Papen, Hans Fritsche, Hjalmar Schacht). Das Tribunal erklärt die SS, die Gestapo und den SD zu verbrecherischen Organisationen, um deren Angehörige in späteren Verfahren belangen zu können. – Göring entzieht sich der Hinrichtung durch Selbstmord, Bormann bleibt verschollen. Die übrigen Todesurteile werden am 16.10.1946 vollstreckt. – Dem Hauptkriegsverbrecherprozess folgen bis 1949 zwölf weitere Verfahren gegen 177 Personen (24 Todesurteile, 20 lebenslängliche und 98 befristete Haftstrafen, 35 Freisprüche).

Karl Dönitz, Hermann Göring und Hitler-Stellvertreter Rudolf Heß auf der Anklagebank im Nürnberger Kriegsverbrecherprozess am 6.12.1945

die Hälfte. Mit Wohnraumbewirtschaftung und Zwangseinquartierungen versuchen alliierte und deutsche Stellen, den Mangel zu verwalten. Außerdem sind die Hälfte der Schulen, zwei Fünftel der Verkehrsanlagen und ein Fünftel der gewerblichen Bauten zerstört. Allein in Hamburg liegen 43 Mio. m^3 Schutt, in Köln 30 Mio. m^3, in Essen 20 Mio. m^3. Bis 1951 ist in diesen Städten weniger als ein Drittel der Trümmer beseitigt.

■ **Versorgungslage**: In den ersten Nachkriegsjahren reichen die Erträge der Landwirtschaft nicht, um den Nahrungsmittelbedarf der Bevölkerung zu decken. Deshalb behalten die Besatzungsmächte die in den Kriegsjahren eingeführte Zwangsbewirtschaftung von Konsumgütern bei: Lebensmittel, Brennstoff und Kleidung gibt es offiziell nur auf Zuteilung. Die Zuteilung durch **Lebensmittelmarken** liegt Mitte 1946 in der amerikanischen Zone bei 1330, in der sowjetischen bei 1083, in der britischen Zone bei 1050 und in der französischen bei 900 Kalorien. Besonders dramatisch wird die Lage im Kältewinter 1946/47. Erst nach der Währungsreform steigt das Angebot an Nahrungsmitteln in den Westzonen spürbar. In der Bizone können seitdem Lebensmittelmarken für 1900 Kalorien ausgegeben werden. – Zuvor sind die Menschen auf den Schwarzmarkt, auf Diebstahl, sog. Hamsterfahrten aufs Land und die Selbstversorgung aus dem eigenen Garten angewiesen. Während die Reichsmark fast wertlos wird, steigen Zigaretten zur Ersatzwährung auf. – Ab Juni 1946 erreichen die Westzonen erste Hilfsgüter der Cooperative for American Remittances to Europe (CARE). Bis 1960 erhält die Bevölkerung der Westzonen CARE-Pakete im Wert von 346 Mio. DM. Darüber hinaus helfen auch andere Organisationen wie z.B. die Quäker mit Schulspeisungen.

ENTNAZIFIZIERUNG UND REEDUCATION

Am 8.8.1945 einigen sich die Alliierten im Viermächteabkommen auf die Bestrafung der Hauptkriegsverbrecher. Sie setzen einen Internationalen Militärgerichtshof ein, der am 18.10.1945 seine Arbeit zunächst in Berlin aufnimmt, bevor er am 20.11.1945 nach Nürnberg wechselt.

■ **Entnazifizierung**: Auf der Grundlage des Potsdamer Abkommens finden in allen Zonen Entnazifizierungsmaßnahmen statt, die eine Säuberung des politischen, wirtschaftlichen, geistigen und kulturellen Lebens von Nationalsozialisten zum Ziel haben: In der **SBZ** ist die Entnazifizierung verbunden mit Gesellschaftsreformen (Bodenreform, Enteignungen, Verstaatlichung der großen

Verteilung von CARE-Paketen am 2.9.1946 in Stuttgart

Industriebetriebe), mit denen die Macht der alten Eliten gebrochen wird. Bis 1948 werden rd. 520 000 ehemalige Nationalsozialisten aus der öffentlichen Verwaltung und aus der Industrie entfernt, darunter die Hälfte der Lehrer und vier Fünftel aller Richter und Staatsanwälte. Milde lässt die SMAD gegenüber dringend benötigten Spezialisten und einfachen NSDAP-Mitgliedern walten. – In den **Westzonen** treten die Forderungen nach Entflechtung von Großindustrie und Großgrundbesitz angesichts des aufkommenden Kalten Kriegs in den Hintergrund, die Entnazifizierung wird im Wesentlichen als eine politische Säuberung verstanden. – Am strengsten wird sie zunächst in der amerikanischen Zone durchgeführt, Millionen Fragebögen mit 131 Fragen werden an Deutsche über 18 Jahren ausgeteilt. Es erfolgt eine Einstufung Beschuldigter in fünf Kategorien: Hauptschuldige, Belastete, Minderbelastete, Mitläufer oder Entlastete. Diese Einstufung wird auch in den anderen Zonen angewandt. Mit dem Gesetz zur Befreiung von Nationalsozialismus und Militarismus (Befreiungsgesetz) vom 5.2.1946 wird die Entnazifizierung an deutsche Stellen übertragen. Das Verfahren entwickelt sich vielfach zur Farce, da sich zahlreiche Täter durch Entlastungsschreiben (sog. Persilscheine) reinwaschen. – Die Sowjets erklären die Entnazifizierung am 26.2.1948 für beendet, die Amerikaner Ende August 1949, Briten und Franzosen Ende Februar 1950. Bis dahin bearbeiten die Spruchkammern mehr als 6 Mio. Fälle, von denen 1,2 Mio. als Entlastete, 1 Mio. als Mitläufer, 150 000 als Minderbelastete, 23 000 als Belastete und knapp 1700 Personen als Hauptschuldige eingestuft werden. In fast 4 Mio. Fällen ergeht eine Amnestie.

■ **Reeducation**: Die Entnazifizierung geht mit der Umsetzung eines Programms der Umerziehung (»reeducation«) einher. Diese erstreckt sich einerseits auf die Aufklärung über die Verbrechen des Nationalsozialismus und eine Neuorganisation von Presse und Rundfunk, andererseits – v.a. bei der amerikanischen Verwaltung – auf eine Neuorientierung der Erziehung und Ausbildung in Hinblick auf Demokratie und Friedensliebe, aber auch auf Vermittlungsformen und Organisationsstrukturen von Schulen und Hochschulen (Mitverwaltung von Schülern, Eltern und Lehrern; Abschaffung des Schulgeldes, kostenlose Lehrmittel, Koedukation). In allen Zonen werden die Schulen besonders gründlich entnazifiziert, während in den Universitäten restaurative Tendenzen fortleben.

■ **Neugründung von Presse und Rundfunk**: Mit dem Kriegsende geht die Verfügung über Presse und Rundfunk in die Hände der Alliierten über. Die Westalliierten machen die Verbreitung von Nachrichten durch das Gesetz Nr. 191 vom 12.5.1945, die sog. Nachrichtenkontrollvorschrift, genehmigungspflichtig. Alle bestehenden Verlage, Zeitschriften und Zeitungen müssen ihre Tätigkeit einstellen. Neu erscheinende Medien bedürfen einer Lizenz der Alliierten. – Als erste Zeitung im besetzten Deutschland erscheinen am 24.1.1945 die *Aachener Nachrichten*. Erste überregionale Zeitung ist am 15.5.1945 in Berlin die *Tägliche Rundschau* der sowjetischen Militärregierung. In der US-Zone erscheint seit dem 18.10.1945 *Die Neue Zeitung*, in der britischen Zone die erste Ausgabe der *Welt* am 2.4.1946. – Der Wiederaufbau des Rundfunks erfolgt ebenfalls unter Aufsicht der Alliierten. Während Briten, Franzosen und Sowjets jeweils nur einen Sender für ihre Zone einrichten, setzt die US-Militärregierung auf einen dezentralen Aufbau. – Am 4.5.1945 nimmt *Radio Hamburg* (seit 22.9. *Nordwestdeutscher Rundfunk, NWDR*) in der britischen Zone als erste Rundfunkstation in Deutschland den Sendebetrieb auf. Am 12.5.1945 geht mit *Radio München* die erste Station in der US-Zone auf Sendung. Tags darauf folgt in der SBZ *Radio Berlin*, der spätere *Berliner Rundfunk*. Am 2.6. richten die US-Militärbehörden Anstalten in Stuttgart (*Südfunk*) und Frankfurt (*Radio Frankfurt*) ein. Ab 24.1.1946 sendet der *Südwestfunk* als Rundfunk der französischen Besatzungsmacht aus Baden-Baden. – Mit der Umwandlung des *NWDR* in eine unabhängige Anstalt des öffentlichen Rechts nach Vorbild der *BBC* am 1.1.1948 begründet die britische Militärregierung die Tradition der von Staatseingriffen unbehelligten Rundfunkfreiheit in der späteren Bundesrepublik.

1949 BRD

Gründung der Bundesrepublik Deutschland

Die beiden Staatsgründungen stabilisieren die Teilung Deutschlands. Schon zu diesem Zeitpunkt ist abzusehen, dass das im Grundgesetz proklamierte Ziel der staatlichen Einheit so lange Postulatscharakter behalten würde, wie der Ost-West-Konflikt die weltpolitischen Koordinaten bestimmt. Als Folge der sich seit 1945 unterschiedlich entwickelnden Lebensbedingungen, der vergleichsweisen Attraktivität des westlichen Demokratie- und Wirtschaftsmodells und des durch die Abwehr des sowjetischen Zugriffs auf West-Berlin (Blockade 1948/49) gestärkten Zutrauens in die Westmächte akzeptiert die Mehrheit der westdeutschen Bevölkerung die politischen Grundsatzentscheidungen zur Westintegration. Dies zeigt sich im Ergebnis der Wahl zum 1. Deutschen Bundestag.

BESATZUNGSSTATUT

Der Abschluss des Drei-Mächte-Abkommens am 8.4.1949 ebnet den Weg für die Bildung des westdeutschen Staates. Für den Zeitraum, »in dem die Besatzung notwendig ist«, wird den Deutschen das »größtmögliche Maß an Selbstregierung« zugestanden. Ausgenommen hiervon sind die Bereiche Abrüstung und Entmilitarisierung, Ruhrkontrolle, Demontage und Entflechtung der Großindustrie, auswärtige Angelegenheiten und Außenwirtschaft. Darüber hinaus behalten sich die Besatzungsmächte vor, gegebenenfalls auf anderen Gebieten einzugreifen oder die Ausübung der vollen Gewalt wieder ganz an sich zu ziehen. Jedes vom Bundestag verabschiedete Gesetz muss den Hohen Kommissaren zur Genehmigung vorgelegt werden. Das Besatzungsstatut tritt am 21.9.1949 in Kraft, geht 1952 in den Deutschlandvertrag ein und wird durch die Pariser Verträge (→ 1954) aufgehoben.

RAHMENBEDINGUNGEN FÜR DIE STAATSGRÜNDUNG

Um den wirtschafts- und sicherheitspolitischen Bedenken Frankreichs gegen eine westdeutsche Staatsgründung Rechnung zu tragen, errichten die Westalliierten am 17.1. das **Militärische Sicherheitsamt** mit Sitz in Bad Ems. Es soll durch Kontrollen sicherstellen, dass in allen westdeutschen Betrieben die Auflagen gegen die Produktion von Rüstungsgütern erfüllt werden. – Am 16.2. vereinheitlichen die Militärgouverneure die Zollsysteme und Kontrollen des Handelsverkehrs an den Grenzen des westdeutschen Besatzungsgebiets. – Auf ihrer **Deutschlandkonferenz** vom 5.4. bis 8.4. in Washington beschließen die Außenminister der westlichen Besatzungsmächte Dean Acheson (USA), Ernest Bevin (Großbritannien) und Robert Schuman (Frankreich) die Vereinigung der Bizone mit der französischen Zone zur **Trizone**, beenden die direkte Militärregierung, übertragen die politischen Kontrollbefugnisse auf **Alliierte Hohe Kommissare** (Alliierte Hohe Kommission) und verabschieden am 8.4. ein **Besatzungsstatut** für den entstehenden westdeutschen Staat; zugleich schränken sie das Demontageprogramm ein und gestatten eine Steigerung der Industrieproduktion (Abkommen am 13.4.). – Zuvor war am 28.4. das Ruhrstatut in Kraft getreten. Nach dem am 28.12.1948 zwischen den drei westlichen Besatzungsmächten und den Benelux-Staaten abgeschlossenen Abkommen überwacht eine von den Signatarstaaten beschickte Ruhrbehörde die Kohle-, Koks- und Stahlproduktion im Ruhrgebiet und legt die Quoten für den innerdeutschen Verbrauch und den Export fest. Das Ruhrstatut, dem die Bundesrepublik am 30.11.1949 beitritt, endet mit der Gründung der Montanunion → 1952. – General Lucius D. Clay tritt am 15.5. von seinem Amt als Militärgouverneur der US-Besatzungszone zurück. – Am 20.6. konstituieren die Hohen Kommissare John J. McCloy (USA, seit 18.5.), André François-Poncet (Frankreich, seit 22.5.) und Sir Brian Robertson (Großbritannien, seit 1.5.) die **Alliierte Hohe Kommission,** der die Kontrolle der künftigen westdeutschen Regierung und die Aufsicht des Militärischen Sicherheitsamts obliegt.

SCHRITTE ZUM STAAT

Grundgesetz: Am 2.3. weisen die drei alliierten Militärgouverneure den vom Parlamentarischen Rat am 10.2. verabschiedeten **Entwurf** des Grundgesetzes zurück, weil er in acht Punkten von ihrem am 22.11.1948 vorgelegten Forderungskatalog abweicht. Direkte Verhandlungen zwischen dem

DAS GRUNDGESETZ FÜR DIE BUNDESREPUBLIK DEUTSCHLAND VOM 23.5.1949

Das Grunddokument des westdeutschen Teilstaates wird als Grundgesetz bezeichnet, weil es für eine Übergangszeit gilt, bis »eine Verfassung in Kraft tritt, die von dem deutschen Volk in freier Entscheidung beschlossen worden ist« (Art. 146). Die **Präambel** enthält das Bekenntnis zur nationalen und staatlichen Einheit Deutschlands in einem künftigen vereinten Europa.

Verfassungskern, der nach Art. 79,3 nicht geändert werden darf, sind die in Art. 1 (Menschenwürde) und Art. 20 (Verfassungsprinzipien) enthaltenen Grundsätze. Sie verpflichten den Staat auf die Garantie der einklagbaren Menschen- und bürgerlichen Freiheitsrechte (Art. 1–19) und gründen ihn auf die Prinzipien der Gewaltenteilung, Rechts- und Sozialstaatlichkeit (freiheitlich-demokratische Grundordnung) und des Föderalismus. Für die wirtschaftliche und soziale Ordnung werden Rahmenbedingungen vorgegeben (Sozialpflichtigkeit des Eigentums, Art. 14,2; Möglichkeit der Vergesellschaftung, Art 15).

Wichtigste Verfassungsinstitutionen sind als Gesetzgebungsorgane der **Deutsche Bundestag** mit den »in allgemeiner, freier, gleicher und geheimer Wahl« für vier Jahre gewählten Abgeordneten, die »nur ihrem Gewissen unterworfen« sind (Art. 38), und der **Bundesrat** (Art. 50 ff.) als Vertretung der Bundesländer; der **Bundespräsident** als Staatsoberhaupt, das für fünf Jahre durch die **Bundesversammlung** (die Abgeordneten des Bundestags und eine gleich große Anzahl von Delegierten der Länderparlamente, Art. 54) gewählt wird und überwiegend repräsentative Funktionen ausübt; die **Bundesregierung**, der der Bundeskanzler und die Minister angehören (Art. 62); der Bundeskanzler wird vom Parlament gewählt und kann durch ein konstruktives Misstrauensvotum abgewählt werden (Art. 67); die von ihm vorgeschlagenen Bundesminister ernennt der Bundespräsident; das **Bundesverfassungsgericht** als oberstes Organ der Rechtsprechung; es befindet u .a. über die Rechtmäßigkeit von Gesetzen, die Vereinbarkeit von Landes- und Bundesrecht, Verfassungsbeschwerden, Parteienverbot und die Verwirkung von Grundrechten (Art. 92 ff.).

Bis 2008 wird das Grundgesetz durch 52 Änderungsgesetze modifiziert oder ergänzt. Die letzte Änderung des Grundgesetzes ist am 28.8.2006 erfolgt.

Parlamentarischen Rat und den Militärgouverneuren in Frankfurt am Main führen am 25.4. zur Einigung. Zuvor stimmten die westdeutschen Ministerpräsidenten am 12.4. in Bonn dem von den Westalliierten vorgelegten Besatzungsstatut als Voraussetzung für die Gewährung der künftigen westdeutschen Teilsouveränität zu. Am 8.5. **beschließt der Parlamentarische Rat** mit 53 von 65 Stimmen **das Grundgesetz**. Von den 12 ablehnenden Delegierten gehören 6 der CSU, 2 dem Zentrum, 2 der DP und 2 der KPD an. Die Militärgouverneure genehmigen es am 18.5. unter den Vorbehalten des zugleich verkündeten Besatzungsstatuts. Am 18., 20. und 21.5. ratifizieren es die Landtage aller zehn Länder, Bayern lehnt es als zu zentralistisch ab. In der Schlusssitzung des Parlamentarischen Rats am 23.5. wird es ausgefertigt und verkündet.

■ **Bundeshauptstadt:** In geheimer Abstimmung des Parlamentarischen Rats am 10.5. entscheiden sich 33 Delegierte für Bonn, 29 für Frankfurt am Main. Am 29.11. bestätigt der Bundestag **Bonn** als **provisorische Hauptstadt**.

■ **Bundestagswahl:** Zur Wahl am 14.8. stellen 16 Parteien, davon CDU/CSU, SPD, KPD und FDP mit Listen in allen Bundesländern, Kandidaten; hinzu kommen 70 unabhängige Bewerber. Der populäre, noch parteilose Direktor der Wirtschaftsverwaltung für der Bizone, Ludwig Erhard, kandidiert für die CDU. Hauptthemen des Wahlkampfs sind die künftige Wirtschaftsordnung, die Demontagepolitik der Besatzungsmächte und die nationale Zuverlässigkeit der politischen Gegner. – Entgegen den meisten Prognosen setzt sich mit 31% der Stimmen die **CDU/CSU als stärkste Partei** durch, gefolgt von der SPD mit 29,2%. Die FDP/DVP gewinnt 11,9%, die KPD 5,7%, die BP 4,2%, die DP 4%, das Zentrum 3,1% und die WAV 2,9% der Stimmen. Die Stadtverordnetenversammlung von West-Berlin entsendet acht nicht stimmberechtigte Abgeordnete (5 SPD, 2 CDU, 1 FDP). Die Wahlbeteiligung liegt bei 78,5%.

Wahl zum 1. Deutschen Bundestag am 14.8.1949

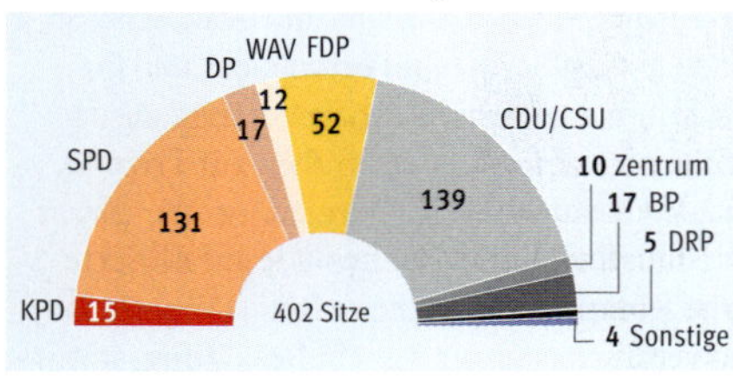

■ **Konstituierung der Bundesorgane:** Am 7.9. wählt der Bundesrat in Bonn den Ministerpräsidenten von Nordrhein-Westfalen, Karl Arnold (CDU), zum **Bundesratspräsidenten**. – Ebenfalls am 7.9. wählt der Bundestag den bisherigen Präsidenten des Wirtschaftsrats der Bizone, Erich Köhler (CDU), zum **Bundestagspräsidenten**. – Die Bundesversammlung wählt am 12.9. Theodor Heuss (FDP) im 2. Wahlgang zum **Bundespräsidenten**. – Am 15.9. wählt der Bundestag mit 202 Stimmen Konrad Adenauer (CDU) zum **Bundeskanzler** (142 Gegenstimmen, 44 Enthaltungen, 1 ungültig). Er führt eine Koalitionsregierung aus CDU/CSU, FDP und DP. – In seiner **Regierungserklärung** am 20.9. erhebt Adenauer den Alleinvertretungsanspruch der Bundesrepublik als »alleiniger legitimer staatlicher Organisation des deutschen Volkes«, erklärt die rechtliche Nichtanerkennung der Oder-Neiße-Grenze und gibt dem Ziel der Westintegration der Bundesrepublik implizit Vorrang vor der Wiedervereinigung.

■ **Erste außenpolitische Schritte:** Im **Petersberger Abkommen** vom 22.11. räumen die Hochkommissare der Bundesrepublik das Recht ein, konsularische und Handelsbeziehungen zu anderen Staaten aufzunehmen und lockern wirtschaftliche Restriktionen. – Am 15.12. unterzeichnen Adenauer und der Hohe Kommissar der USA, McCloy, ein Abkommen über wirtschaftliche Zusammenarbeit und die Beteiligung der Bundesrepublik am Wiederaufbauprogramm des Marshallplans (ERP); sie wird damit zugleich vollberechtigtes Mitglied des Europäischen Wirtschaftsrats (Organisation for European Economic Co-Operation/OEEC).

Adenauer, Konrad
*Köln 5.1.1876, †Rhöndorf 19.4.1967
Rechtsanwalt; ab 1906 Mitglied des Zentrums;

1917–33 Oberbürgermeister von Köln, 1924–33 Präsident des preußischen Staatsrats, 1933 aus allen Ämtern entlassen, 1934 sowie 1944 vorübergehend inhaftiert, 1945 erneut Kölner Oberbürgermeister, Gründungsmitglied der CDU, 1946 CDU-Vorsitzender in der britischen Zone, 1950–66 CDU-Bundesvorsitzender, 1948/49 Mitglied des Parlamentarischen Rats, 1949–67 MdB, 1949–63 Bundeskanzler

1. KABINETT ADENAUER
(konstituiert am 15.9.1949)
Bundeskanzler: Konrad Adenauer (CDU)
Stellvertreter und Marshallplan:
Franz Blücher (FDP)
Auswärtiges (ab 15.3.1951):
Konrad Adenauer (CDU)
Inneres: Gustav Heinemann (CDU);
ab 13.10.1950 Robert Lehr (CDU)
Justiz: Thomas Dehler (FDP)
Finanzen: Fritz Schäffer (CSU)
Wirtschaft: Ludwig Erhard (CDU)
Ernährung, Landwirtschaft und Forsten:
Wilhelm Niklas (CSU)
Arbeit: Anton Storch (CDU)
Verkehr: Hans-Christoph Seebohm (DP)
Fernmeldewesen: Hans Schuberth (CSU)
Wohnungsbau: Eberhard Wildermuth (FDP);
ab 19.7.1952 Fritz Neumayer (FDP)
Vertriebene: Hans Lukaschek (CDU)
Gesamtdeutsche Fragen: Jakob Kaiser (CDU)
Bundesrat: Heinrich Hellwege (DP)

WEST-BERLIN UND KALTER KRIEG
Die am 5.12.1948 gewählte Stadtverordnetenversammlung der drei Berliner Westsektoren bestätigt Ernst Reuter (SPD) am 14.1.1949 als Oberbürgermeister. – Die westlichen Stadtkommandanten von Berlin verfügen am 18.1. eine **Gegenblockade** zur Berlin-Blockade der Sowjetunion (→ 1948): der Export von Gütern in den sowjetischen Besatzungsbereich, für deren Herstellung Vorprodukte über die Luftbrücke nach West-Berlin geschafft wurden, wird untersagt. Am 4.2. sperren die britische und die amerikanische Militärregierung den Transitverkehr für Güter aus Westdeutschland in die SBZ. – Die **D-Mark (»Westmark«)** wird am 20.3. einziges Zahlungsmittel in den Westsektoren. Gegen die Auszahlung ihrer Löhne und Gehälter in Ostwährung streiken vom 20.5. bis 28.6. insgesamt 14 000 Beschäftigte der West-Berliner S-Bahn, die zur Deutschen Reichsbahn der SBZ gehört. – Im April beschließt der Wirtschaftsrat der Bizone ein **Notopfer Berlin**: Auf jede Postsendung muss zusätzlich eine 2-Pfennig-Briefmarke geklebt werden. – Nach Abschluss eines Abkommens der vier Besatzungsmächte am 4.5. in New York **enden die Berlin-Blockade** und die westliche Gegenblockade am 12.5. Die Luftbrücke wird noch bis zum 30.9. fortgeführt: mit 462 Tagen, 277 264 Flügen und 1,83 Mio. t transportierten Gütern ist sie die größte Ak-

Heuss, Theodor
*Brackenheim 31.1.1884, †Stuttgart 12.12.1963

Studium der Kunstgeschichte und Nationalökonomie, ab 1905 bei verschiedenen Zeitungen, 1920–33 Dozent an der Hochschule für Politik in Berlin, Mitglied mehrerer liberaler Parteien, 1924–28 und 1930–33 Abgeordneter im Reichstag, nach 1933 Publikationsverbot, 1945/46 Kultusminister von Württemberg-Baden, 1946 Vorsitzender der DVP, 1948 Vorsitzender der FDP, 1948/49 Mitglied des Parlamentarischen Rats, ab 1948 Professor für Neuere Geschichte und Politische Wissenschaften in Stuttgart, 1949–59 Bundespräsident

tion der Luftfahrt in Friedenszeiten. – Mit Verkündung des sog. **Kleinen Besatzungsstatuts** am 14.5. übertragen die westlichen Stadtkommandanten dem Senat weitgehende Vollmachten, sichern sich jedoch mehr Vorbehaltsrechte als im Besatzungsstatut für Westdeutschland. – Die (letzte) Konferenz des **Rats der Außenminister** in Paris, die am 23.5. beginnt (bis 20.6.), scheitert an unüberbrückbaren Gegensätzen in der Deutschlandpolitik. – Am 24.6. integriert der Wirtschaftsrat für die Bizone die Berliner Westsektoren in das vereinigte Wirtschaftsgebiet. – Entgegen den Forderungen der Stadtverordnetenversammlung nach völliger Einbeziehung in eine künftige westdeutsche Bundesrepublik erlassen die Westkommandanten Berlins am 1.7. ein **Verbot allgemeiner Wahlen zum Bundestag** für Berlin. – Am 15.9. beschließen die drei Westalliierten, keine Reparationsleistungen mehr aus Westdeutschland an die Sowjetunion zu liefern. – Ihren ersten zwischenstaatlichen Vertrag schließen die DDR und die Bundesrepublik Deutschland am 8.10.: Das **Interzonenhandelsabkommen** regelt einen Güteraustausch im Wert von 288 Mio. Verrechnungseinheiten, die der DM entsprechen.

POLITISCHE UND SOZIALE ORGANISATIONEN

■ **Parteien:** Auf dem 1. ordentlichen Parteitag der am 11.12.1948 gegründeten **Freien Demokratischen Partei** (FDP) vom 10.6. bis 12.6. in Bremen wird Theodor Heuss zum Parteivorsitzenden gewählt. Nach seiner Wahl zum Bundespräsidenten am 12.9. tritt Heuss von diesem Amt zurück, das der bisherige stellvertretende Vorsitzende Franz Blücher kommissarisch übernimmt. – Die **CDU** der Bizone beschließt am 15.7. in Düsseldorf mit einem **Bekenntnis zur »Sozialen Marktwirtschaft«** die Abkehr vom Ahlener Programm (→ 1945–1948). – Nach verlorener Bundestagswahl beschließt der **SPD-Parteivorstand** am 30.8. in Dürkheim das erste Programm nach dem Krieg. Als »Fundament sozialer Gerechtigkeit« verlangt die SPD u.a. die staatliche Planung und Lenkung von Krediten und Rohstoffen, die Mitbestimmung der Arbeitenden und eine Vergesellschaftung der Schlüsselindustrien. – Am 3.10. gründet sich in Hameln die Deutsche Sozialistische Reichspartei (SRP) als Sammelbecken ehemaliger Nationalsozialisten.

■ **Unternehmer und Gewerkschaften:** Am 28.1. konstituiert sich in Köln die **Bundesvereinigung der Deutschen Arbeitgeberverbände** (BDA), am 19.10. der Ausschuss für Wirtschaftsfragen industrieller Verbände (ab 1950 **Bundesverband der Deutschen Industrie**, BDI), am 27.10. der Deutsche Industrie- und Handelskammertag (DIHT). – Die **Deutsche Angestellten-Gewerkschaft** (DAG) als Vertretung für Angestellte v.a. in der Dienstleistungsbranche und im öffentlichen Dienst bildet sich am 13.4. in Hamburg. – Auf seinem Kongress in München (12.–14.10.) konstituiert sich der **Deutsche Gewerkschaftsbund** (DGB) als Dachverband von 16 Einheitsgewerkschaften, die insgesamt 5 Mio. Mitglieder repräsentieren. Vorsitzender wird Hans Böckler (SPD). In den »Münchner Grundsätzen« fordert der DGB umfassende Mitbestimmung der Arbeitnehmer, Überführung der Schlüsselindustrien in Gemeineigentum, staatliche Wirtschaftsplanung und soziale Gerechtigkeit.

SOZIALE PROBLEME UND KRIEGSFOLGEN

■ **Vertriebene und Flüchtlinge:** In Westdeutschland leben etwa 7,7 Mio. Vertriebene und Ausgesiedelte, von denen bis Mitte 1949 rd. 2,5 Mio. wieder beruflich eingegliedert werden. Etwa 1,4 Mio. Personen sind aus der SBZ zugewandert. Der Bundesrat billigt am 11.11. die Verordnung der Bundesregierung, 300 000 Flüchtlinge aus den am stärksten beanspruchten Bundesländern Bayern, Niedersachsen und Schleswig-Holstein in weniger belastete Länder umzusiedeln. Angesichts des Zustroms von **täglich über 1000 Flüchtlingen aus der DDR** erklärt Bundesvertriebenenminister Hans Lukaschek (CDU) am 21.11., die Bundesrepublik könne nur noch Flüchtlinge aus der SBZ aufnehmen, die in ihrer Freiheit konkret bedroht seien. Am 28.12. genehmigen die Westalliierten die Umsiedlung von weiteren 45 000 Deutschen aus Polen und der Tschechoslowakei nach Westdeutschland.

■ **Kriegsgefangene und Vermisste:** Ende 1949 befinden sich nach Angaben der Bundesregierung noch rd. 500 000 Kriegsgefangene in Osteuropa, davon 400 000 in der Sowjetunion. 1,5–1,7 Mio. in Osteuropa eingesetzte deutsche Soldaten sowie rd. 3 Mio. Zivilisten gelten als vermisst. 15 000 Soldaten sind in westlichen Staaten in Haft (→ 1955).

■ **Entnazifizierung:** Im zwölften Nürnberger Prozess, in dem sich hohe Regierungsbeamte des Dritten Reichs verantworten müssen (»**Wilhelmstraßenprozess**«), verurteilt ein US-amerikanisches Militärgericht am 14.4. 19 der 21 Angeklagten zu Haftstrafen zwischen drei und 25 Jahren, u.a. den ehem. Staatssekretär im Auswärtigen Amt und deutschen Botschafter beim Vatikan, Ernst Freiherr von Weizsäcker (7 Jahre). Nach Kritik in den USA an der Prozessführung der Militärgerichte setzen die US-Besatzungsbehörden am 24.5. Hinrichtungen von zum Tode verurteilten Kriegsverbrechern aus. Am 20.6. **schließen die US-Militärgerichte in Nürnberg ihre Arbeit ab**. In zwölf Prozessen gegen 199 Führungspersonen des Dritten Reichs haben sie 36 Todesurteile und 115 Haftstrafen ausgesprochen. Weitere Militärgerichte in den drei westlichen Zonen fällen insgesamt 656 Todesurteile (→ 1950).

WIRTSCHAFTSPOLITIK

Anfang 1949 hat sich die wirtschaftliche Situation gegenüber den Vorjahren **deutlich erholt**, u.a. als Folge der Währungsreform und der Hilfslieferungen aus den USA im Rahmen des Marshallplans. Jedoch verzögert der Mangel an Kapital und Baumaterialien den Wiederaufbau; hohe Arbeitslosigkeit (Bizone: rd. 1,5 Mio.; West-Berlin über 20%) und Wohnungsnot erweisen sich als die schwersten Hemmnisse. Im Frühjahr zeichnet sich eine Stagnation der wirtschaftlichen Entwicklung ab.

■ **Wirtschafts- und währungspolitische Maßnahmen**: Als Investitions- und Leistungsanreiz senkt der Wirtschaftsrat der Bizone am 20.4. rückwirkend zum 1.1. diverse Steuersätze; Zuschläge für Feiertags- und Mehrarbeit werden ganz bzw. teilweise steuerfrei gestellt. – Am 1.7. gibt der Wirtschaftsrat zusätzliche 3 Mrd. DM für öffentliche Investitionen frei. – Am 4.5. hebt er die Bewirtschaftung von Textilien und Schuhen auf. – Die Westzonen erhalten am 31.8. insgesamt 348,2 Mio. US-$ (Vorjahr 509,8 Mio. US-$) aus dem **Marshall-Plan** für das Wirtschaftsjahr 1949/50 zugeteilt.

■ **Demontagepolitik:** Angesichts zunehmender wirtschaftlicher Krisenanzeichen, Versorgungsschwierigkeiten und des sich steigernden **Widerstandes von Belegschaften** gegen die Demontage von Fabriken streichen die westlichen Besatzungsmächte am 13.4. 159 Stahl- und Chemiewerke von ihren Demontagelisten und heben Produktionsbeschränkungen auf. – Im **Petersberger Abkommen** vom 22.11. erklären sich die westlichen Hochkommissare bereit, die Demontagen in West-Berlin und in 19 Chemie- und Stahlwerken in Westdeutschland einzustellen.

■ **Lebensmittelrationen:** Zum 7.8. werden in den drei Westzonen die Rationen heraufgesetzt. Ein Normalverbraucher kann für vier Wochen erwerben: 10 kg Brot, 1,625 kg Nährmittel, 3 l Magermilch, 1,5 kg Zucker, 1,125 kg Fett, 750 g Fleisch. Am 30.3. wird die Tabakrationierung aufgehoben.

BUNDESLÄNDER

■ **Hamburg**: Bürgerschaftswahlen am 16.10.: Max Brauer (SPD) bleibt Erster Bürgermeister.

■ **Wahlergebnis** → S. 461

Süßwarenladen in West-Berlin

1949 DDR

Gründung der Deutschen Demokratischen Republik

Mehr als vier Jahre nach dem Ende des 2. Weltkriegs wird die deutsche Staatlichkeit wieder hergestellt – jedoch in Form von zwei deutschen Nachkriegsstaaten. Vorangegangen war die wirtschaftliche Spaltung, die sich in den unterschiedlichen Wegen aus der Bewirtschaftung gezeigt hatte – langsame Rückkehr zur Marktwirtschaft in den Westzonen, Institutionalisierung der Bewirtschaftung in Form der Planwirtschaft in der SBZ –, und die Einführung zweier Währungen im Juni 1948.
Die offizielle Gründung des zweiten deutschen Staates am 7.10.1949 im sowjetischen Sektor von Berlin ist Endpunkt einer Entwicklung, deren Ziel von Beginn an die Gründung einer »deutschen demokratischen Republik« war. Die Sowjetunion und die ostdeutschen Gründer der DDR verfolgten dabei eine Doppelstrategie, die einerseits diese Republik als die gesamtdeutsche Lösung bzw. als ein Beispiel dafür definierte. Andererseits wurden damit auch alle Vorarbeiten für die Gründung eines ostdeutschen Separatstaates geleistet.

ETAPPEN AUF DEM WEG ZUR VERFASSUNG

■ **Vom Volkskongress zur Provisorischen Volkskammer:** Der **1. Deutsche Volkskongress für Einheit und gerechten Frieden** tritt am 6./7.12.1947 in Berlin zusammen. Nach einem am 26.11. ergangenen SED-Aufruf versammeln sich 2225 Delegierte von Parteien und Massenorganisationen, 1761 aus der SBZ und Groß-Berlin (davon 605 SED, 249 LDPD, 215 CDU, 27 SPD, 225 Parteilose und 440 aus Massenorganisationen) sowie 464 aus den Westzonen (244 KPD, 64 SPD, je 4 CDU und LDPD, 148 Parteilose). Der Volkskongress versteht sich als ein Repräsentativorgan, das der zur gleichen Zeit in London tagenden Außenministerkonferenz der Siegermächte den »deutschen Willen zur nationalen Einheit« zeigt. Ebenso wenig verfügt auch der **2. Deutsche Volkskongress für Einheit und gerechten Frieden** über eine durch Wahlen entstandene demokratische Legitimation, sondern versammelt 1989 Delegierte der Parteien und Massenorganisationen, darunter 512 aus den Westzonen.
Am 17./18.3.1948 wird aus seinen Reihen der **1. Deutsche Volksrat** mit 400 Mitgliedern, davon 100 aus den Westzonen, gewählt, dem Wilhelm Pieck (SED), Wilhelm Külz (LDP) und Otto Nuschke (CDU) vorstehen. Der Volksrat begreift sich im demonstrativen Kontrast zum Bonner Parla-

»FALTEN GEHEN«: DAS EINHEITSLISTEN-PRINZIP

Die Einheitsliste ist ein gemeinsamer, konkurrenzloser »Wahlvorschlag« aller Parteien und der wichtigsten Massenorganisationen, über den von den Wählern mit »Ja« oder »Nein« abgestimmt wird. Das Prinzip der Einheitsliste wird bis 1989 für alle Wahlen zu Kommunal- und Bezirksvertretungen sowie zur Volkskammer der DDR, aber auch innerhalb der Parteien und Organisationen beibehalten. Anfänglich ist noch das Ankreuzen nötig, später genügt als Ausdruck der Zustimmung das einfache Falten des Wahlzettels. Die korrekte Form der Ablehnung der Liste bleibt für den Wähler indes weitgehend unklar, was Manipulationen ermöglicht.
Bei den ersten Wahlen nach diesem Prinzip am 15./16.5.1949 wird die Entscheidung mit einer Zustimmung zu der suggestiven Aussage »Ich bin für die Einheit Deutschlands und einen gerechten Friedensvertrag« verbunden. Trotz gezielter Einschüchterung und offener Manipulation (so werden z.B. Stimmenthaltungen als Jastimmen gezählt) bringt die Wahl mit 34,2% Neinstimmen und 6,7% ungültigen Stimmen ein für die SED enttäuschendes Ergebnis. Bei den Wahlen ab Oktober 1950 bewegt sich die offiziell vermeldete Wahlbeteiligung im Landesdurchschnitt oberhalb 98% (Ausnahme: die Kommunalwahlen am 22.3.1970 mit 97,83% Beteiligung), die der Jastimmen oberhalb der 99,5%-Marke (Ausnahme: die Kommunalwahlen am 7.5.1989 mit 98,84% Jastimmen). Die regionalen Abweichungen von diesen Werten sind geringfügig, waren doch die Bürger aufgefordert, offen, ohne Gebrauch der Wahlkabine und sogar in Gruppen zu wählen. Doch lässt der Nachweis von Fälschungen bei den ersten Volkskammerwahlen 1950 sowie bei den letzten Kommunalwahlen 1989 den Schluss zu, dass Wahlergebnisse in der Regel gefälscht wurden.

DIE ERSTE VERFASSUNG DER DDR

Der Text kombiniert Elemente bürgerlicher Verfassungen (politische Grundrechte) mit Forderungen der Arbeiterbewegung (soziale Grundrechte). Er besteht aus 144 Artikeln, die in 3 Abschnitte untergliedert sind.
Im ersten Abschnitt werden die **Grundlagen der Staatsgewalt** (Status als Republik, Staatsangehörigkeitsrecht, Volk als Souverän, Bindung an das internationale Völkerrecht) definiert.
Der zweite Abschnitt über **Inhalt und Grenzen der Staatsgewalt** nennt zunächst die politischen und sozialen Grundrechte des Bürgers (Gleichberechtigung zwischen den Geschlechtern, Recht auf freie Meinungsäußerung, Bildung von Vereinigungen, Recht auf Arbeit). Für die Wirtschaftsordnung wird in Art. 19 festgestellt, dass sie »den Grundsätzen sozialer Gerechtigkeit entsprechen« muss. Private Initiative ist dabei zwar erwünscht (Art. 21–23), privates Eigentum kann jedoch leicht (Art. 24, 27), auch entschädigungslos (Art. 24) nationalisiert werden. Bodenschätze sind Volkseigentum (Art. 25). Es folgen Artikel zum Status von Familie und Mutterschaft, zu Erziehung und Bildung sowie den Religionsgemeinschaften (strikte Trennung von Staat und Kirche).
Der dritte Abschnitt behandelt schließlich den **Aufbau der Staatsgewalt** und regelt die parlamentarischen Vertretungen.
Die politischen Rechte und die Machtverteilung im Staat sind jedoch in Wahrheit anders geregelt. Einige vage Bestimmungen zur **Boykotthetze** (Art. 6) oder zum **parteipolitischen Missbrauch** von Einrichtungen (z.B. Art. 41) eröffnen die Möglichkeit zur strafrechtlicen Verfolgung. Noch vor der Gründung der DDR fasst das SED-Politbüro am 8.3. einen Beschluss zum Nomenklatursystem, demzufolge alle wichtigen Positionen auf einen Beschluss der Parteispitze hin zu besetzen sind. Am 17.10. legt das **Kleine Sekretariat** des SED-Politbüros, dem zu diesem Zeitpunkt sieben Personen – Hermann Axen, Franz Dahlem, Fred Oelßner, Horst Sindermann, Walter Ulbricht (früher KPD) sowie Edith Baumann und Paul Wessel (früher SPD) – angehören, Richtlinien fest, die das Fassen von Vorbeschlüssen zu amtlichen Vorlagen durch Parteiorgane sowie deren Umsetzung durch die SED-Mitglieder in Parlament und Regierung vorschreiben. Der Führungsanspruch der SED ist damit auch ohne ausdrückliche Verfassungsbestimmung gewährleistet.

2. Deutscher Volksrat (Provisorische Volkskammer)

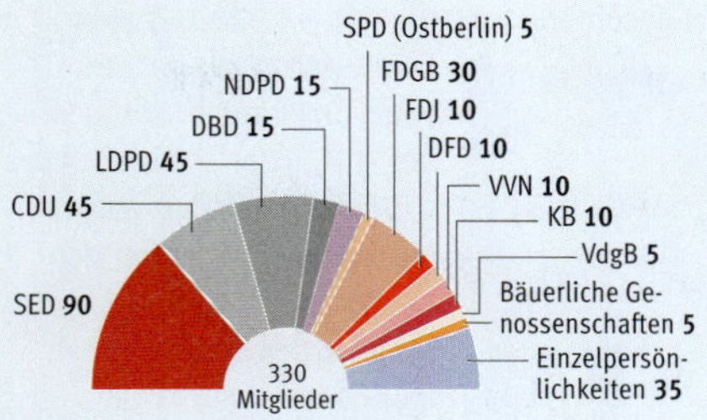

LDPD	Liberal-Demokratische Partei Deutschlands
NDPD	Nationaldemokratische Partei Deutschlands
DBD	Demokratische Bauernpartei Deutschlands
FDGB	Freier Deutscher Gewerkschaftsbund
FDJ	Freie Deutsche Jugend
DFD	Demokratischer Frauenbund Deutschlands
KB	Kulturbund zur Demokratischen Erneuerung Deutschlands
VVN	Vereinigung der Verfolgten des Naziregimes
VdgB	Vereinigung der gegenseitigen Bauernhilfe

mentarischen Rat als eine Art gesamtdeutsches Vorparlament und leitet daraus die Legitimation ab, die Arbeit an der Verfassung voranzutreiben. Ein von ihm berufener Verfassungsausschuss macht den von der SED am 14.11.1946 vorgestellten **Entwurf** einer **Verfassung für eine deutsche demokratische Republik** zur Grundlage eines eigenen Textes. Der 2. Deutsche Volkskongress billigt diesen Verfassungstext am 19.3.1949, überlässt die endgültige Entscheidung darüber jedoch dem **3. Deutschen Volkskongress für Einheit und gerechten Frieden**, der durch einen Wahlgang der Bevölkerung bestimmt wird. Dabei werden am

Pieck, Wilhelm
*Guben 3.1.1876, † Ost-Berlin 7.9.1960

Tischler; seit 1895 Mitglied der SPD, ab 1905 Mitglied der Bremischen Bürgerschaft, ab 1910 im SPD-Parteivorstand, ab 1915 Mitglied der Spartakusgruppe, 1918 Mitbegründer der KPD, 1919 mit Rosa Luxemburg und Karl Liebknecht vorübergehend verhaftet, 1921–28 und 1932–33 Abgeordneter im Preußischen Landtag, 1928–33 im Exekutivkomitee der Komintern und Vorsitzender der »Roten Hilfe«, ab 1933 zunächst in Paris, dann in Moskau, Vorsitzender der Exil-KPD, 1943 Mitbegründer des Nationalkomitees Freies Deutschland, nach Rückkehr ab 1945 Vorsitzender der KPD, 1946–54 gemeinsam mit Otto Grotewohl Vorsitzender der SED, 1949–60 Präsident der DDR

Grotewohl, Otto
*Braunschweig 11.3.1894, †Ost-Berlin 21.9.1964

Buchdrucker; ab 1912 mit Unterbrechungen Mitglied der SPD, 1920–25 Mitglied des Landtags von Braunschweig und zeitweise Minister der Landesregierung, 1925–33 Mitglied des Reichstags, ab 1928 Präsident der Braunschweiger Landesversicherungsanstalt; 1938/39 inhaftiert, 1945 Vorsitzender des Zentralausschusses der SPD in Berlin, 1946–54 zusammen mit Wilhelm Pieck SED-Vorsitzender, ab 1949 Mitglied des ZK sowie des Politbüros der SED und Abgeordneter der Volkskammer, 1949–64 Ministerpräsident

15./16.5. erstmals 1969 Delegierte über eine **Einheitsliste** bestimmt. Der **3. Volkskongress** verabschiedet am 30.5. endgültig die Verfassung und wählt den 2. Deutschen Volksrat. Dieser konstituiert sich am 7.10. zur **Provisorischen Volkskammer**, die in ihrer ersten Sitzung die **Verfassung** per Gesetz **in Kraft setzt**.

KONSTITUIERUNG DER STAATSORGANE

Nach der Provisorischen Volkskammer wird als Ländervertretung die **Länderkammer** gebildet. In der Sitzung der Provisorischen Volkskammer am 11.10. wird Wilhelm Pieck (SED) zum **Präsidenten der Republik** gewählt. Die SED als stärkste Fraktion benennt Otto Grotewohl als Kandidaten für das Amt des **Ministerpräsidenten**. Grotewohl stellt am 12.10. seine **Regierung** vor, der drei Stellvertreter sowie 13 Minister angehören. – Am 5.11. beschließt die Regierung, das von Johannes R. Becher verfasste und von Hanns Eisler vertonte Lied »Auferstanden aus Ruinen« zur **Staatshymne** der DDR zu machen. Am 7.12. wird das **Oberste Gericht der DDR** gebildet.

INNENPOLITIK VOR UND NACH DER STAATSGRÜNDUNG

■ **Parteipolitik**: Die SED vollzieht mit den organisationspolitischen Beschlüssen ihrer 1. Parteikonferenz in Ost-Berlin (25.–18.1.) den Übergang zur **»Partei neuen Typs«**. Mit der Wahl eines Zentralkomitees, eines Sekretariats des ZK und eines Politbüros kehrt die SED zu den Organisationsformen einer stalinistischen Partei zurück, wie sie schon in der KPD bestanden hatten. Die SED-Mitglieder werden den Prinzipien des **Demokratischen Zentralismus** unterworfen, die eine – formale – Rechenschaftspflicht von gewählten Funktionären gegenüber den Mitgliedern mit der Unterwerfung aller Parteimitglieder unter die »Parteidisziplin« verbindet. Sie ist die wesentliche Grundlage der Suprematie der SED in der ostdeutschen Gesellschaft, die sie als »Herrschaft durch Kader« ausübt. Diesem Zweck dient auch der Beschluss der SED-Organisationskonferenz vom 7./8.6., der den arbeitenden SED-Mitgliedern aufgibt, sich v.a. in Betriebs- statt wie bisher in Wohngebietsgruppen zu organisieren.

■ **Wissenschaftspolitik**: Der neue Staat bietet andererseits Chancen für den beruflichen und sozialen Aufstieg früher benachteiligter Angehöriger der Arbeiter- und Bauernschaft (so werden am 31.3. die Vorstudienanstalten in **Arbeiter- und Bauern-Fakultäten** umgewandelt), erwartet

DIE 1. REGIERUNG DER DDR

Präsident: Wilhelm Pieck (SED), bis 1960 (†)
Ministerpräsident: Otto Grotewohl (SED), bis 1964 (†)
Stellvertretende Ministerpräsidenten: Walter Ulbricht (SED), bis 1960, danach Vorsitzender des Staatsrats; Otto Nuschke (CDU), bis 1957 (†); Hermann Kastner (LDPD), bis 1950 (amtsenthoben)
Minister: Aufbau: Lothar Bolz (NDPD), bis 1953 (dann Außenminister); Post- und Fernmeldewesen: Friedrich (Fritz) Burmeister (CDU), bis 1963 (pensioniert); Äußeres: Georg Dertinger (CDU), bis 1953 (verhaftet); Justiz: Max Fechner (SED), bis 1953 (verhaftet); Handel und Versorgung: Karl Hamann (LDPD), bis 1952 (verhaftet); Außenhandel und Materialwirtschaft: Georg Handke (SED), bis 1950 (dann Minister für innerdeutschen und Außenhandel); Finanzen: Hans Loch (LDPD), bis 1960 (†); Planung: Heinrich Rau (SED), bis 1950 (dann Vorsitzender der Staatlichen Plankommission); Verkehr: Hans Reingruber, parteilos für SED, bis 1953 (aus gesundheitlichen Gründen abberufen); Industrie: Fritz Selbmann (SED), bis 1950 (dann Minister für Schwerindustrie); Arbeit und Gesundheitswesen: Luitpold Steidle (CDU), bis 1950 (dann Gesundheitsminister); Inneres: Karl Steinhoff (SED), bis 1952 (entlassen); Volksbildung: Paul Wandel (SED), bis 1952 (dann untergeordnete Posten)

jedoch im Gegenzug nicht nur Loyalität, sondern politische und ideologische Unterstützung von den Begünstigten.

■ **Wirtschaftspolitik**: Schon vor der Gründung der DDR wird die Zentralisierung der staatlichen Macht oberhalb der Länderebene festgeschrieben. Nach der Gründung der **Deutschen Wirtschaftskommission** (DWK) im Juni 1947 und dem Übergang zur zentralen Planung ab Mitte 1948 ist dies auf wirtschaftlichem Gebiet im Wesentlichen vollzogen. – Am 3.1.1949 wird die bei der DWK angesiedelte Zentrale Kontrollkommission (am 26.10. als **Zentrale Kommission für staatliche Kontrolle** reorganisiert) ermächtigt, den Polizei- und Justizverwaltungen der Länder Weisungen zu erteilen.

■ **Umgang mit »politisch Unzuverlässigen«**: Am 30.5. erlässt die SMAD ihren Befehl 240/2, der eine **Säuberung der Volkspolizei** von solchen Polizisten vorsieht, die entweder aus den ehemaligen Ostgebieten stammen, Verwandte 1. Grades in den Westzonen haben, längere Zeit in westalliierter Kriegsgefangenschaft waren und/oder aus anderen Gründen als politisch unzuverlässig einzustufen sind. Auf der anderen Seite symbolisiert die Tatsache, dass nach dem offiziellen Ende der von der SMAD verordneten Entnazifizierung im April 1948 ehemalige Mitglieder der NSDAP und Wehrmachtsoffiziere einen Teil ihrer staatsbürgerlichen Rechte zurückerhalten, das Bemühen, diese Bevölkerungsgruppe zu gewinnen und zu integrieren.

DEUTSCHLAND- UND AUSSENPOLITIK

■ **Rat für gegenseitige Wirtschaftshilfe**: Vor der Gründung der DDR ist allein die Sowjetunion in der Lage, deutschland- und außenpolitische Belange der SBZ wahrzunehmen. Danach wird sie zur ideologischen und politischen Führungsmacht der DDR, die überdies, eigenen Zielstellungen folgend, eine Bestandsgarantie für die DDR gibt. So kann die SBZ noch nicht an der **Gründung des Rats für gegenseitige Wirtschaftshilfe (RGW)** in Moskau (5.–8.1.) teilnehmen, wird jedoch im folgenden Jahr Mitglied (→1950).

■ **Interzonenhandel**: Das **Ende der Berlin-Blockade** am 12.5. (→BRD), im Wesen eine Angelegenheit unter den Alliierten, markiert indessen den Beginn des Ost-West-Schwarzhandels mit Gütern und Währungen (während der Blockade zeitweilig zugunsten der Ostmark, danach durchweg zu ihren Ungunsten). Das Währungsproblem in seinen für den Interzonenhandel negativen Auswirkungen zu lösen, ist auch Ziel des **Frankfurter Abkommens** vom 8.10., mit dem die Zentralbanken der BRD und der DDR die Verrechnung des innerdeutschen Handels einführen. Es hat zunächst eine Laufzeit von 9 Monaten.

■ **Internationale Beziehungen**: Nach der DDR-Gründung zielt ihre demonstrative Anerkennung durch die UdSSR (am 15.10.), Bulgarien (17.10.), Polen und die Tschechoslowakei (18.10.), Ungarn (19.10.), Rumänien (22.10.), China (25.10.), Nordkorea (6.11.) und Albanien (2.12.) auf ihre **außenpolitische Aufwertung** innerhalb der östlichen Welt, die der Bundesrepublik wegen der Bestimmungen des Besatzungsstatuts zunächst noch verwehrt bleibt.

■ **FDGB**: Am 1.1. wird der Freie Deutsche Gewerkschaftsbund (FDGB) in den internationalen Weltgewerkschaftsbund (WGB) aufgenommen.

WIRTSCHAFTLICHE ENTWICKLUNG

In den von der DDR-Statistik verwendeten Kategorien ergibt sich folgendes Bild der wirtschaftlichen Lage: Das **gesellschaftliche Gesamtprodukt** (in DDR-Preisen von 1985) beträgt 82,3 Mrd. Mark, das produzierte **Nationaleinkommen** 24,9 Mrd. Mark; das im Inland verwendete Nationaleinkommen beträgt 26,8 Mrd. Mark, die **Investitionen** 3,8 Mrd. Mark.

Die **industrielle Produktion** wächst insgesamt gegenüber dem Vorjahr um mehr als 22%. Damit werden mehr als 87% des Niveaus von 1936 erreicht, jedoch mit unterschiedlichen Ergebnissen der einzelnen Branchen.

Der Anstieg der industriellen Produktion wird im Wesentlichen durch die **volkseigene Wirtschaft** erreicht (+46%), während Privatbetriebe sogar einen, wenn auch geringen Rückgang (–1,4%) hinnehmen müssen. Sie stehen nur noch für weniger als ein Drittel der industriellen Bruttoproduktion (30,5%), während Volkseigene Betriebe (VEB) 46,6% und Sowjetische Aktiengesellschaften (SAG) 22,9% der Güter fertigen.

■ **Reparationsleistungen**: Nach dem Ende der Demontagen machen **Lieferungen aus der laufenden Produktion** den größten Anteil der Reparationsleistungen aus. In Preisen von 1944 werden an die Sowjetunion und Polen Güter im Wert von fast 1,07 Mrd. Mark (das entspricht etwa 215 Mio. US-$ von 1938, der festgelegten Währung für die Reparationsabrechnung) geliefert. In laufenden

Preisen sind erhebliche Preisaufschläge durch »genehmigte Preiserhöhungen«, Transportkosten, Versicherungsprämien u.ä. hinzuzuzählen, die die tatsächliche Belastung mehr als verdoppeln. Daneben erbringt die SBZ/DDR Leistungen an die in Ostdeutschland stationierten sowjetischen Truppen (in DDR-Preisen von 1949: 508 Mio. Mark). Die Reparationsaufträge haben großen Einfluss auf die Ausrichtung der industriellen Fertigung, die vorrangig auf Maschinenbauerzeugnisse sowie Produkte der chemischen Industrie und des Bergbaus, der Eisen- und Stahlindustrie gelenkt wird.

■ **Landwirtschaft**: Die landwirtschaftliche Produktion erholt sich nach dem Tiefpunkt im Jahre 1947 weiter. Indes führt eine **ausgedehnte Dürreperiode** in der zweiten Sommerhälfte zu **dramatischen Ernteeinbußen** bis zu 30% im Vergleich zum Vorjahr bei Kartoffeln, Zucker- und Futterrüben. Der **kriegsbedingte Rückgang der Düngemittelbereitstellung** zeigt ebenfalls eine nachhaltige Wirkung.

■ **Arbeitslose:** Die Arbeitslosenzahl steigt zwischen dem 31.12.1948 und dem 31.12.1949 bei einer um 97 000 gesunkenen Anzahl von Erwerbstätigen in der DDR (einschl. Ost-Berlin) von 249 000 auf 362 000 stark an. Der Anstieg ist v.a. auf Entlassungen infolge der Währungsreform im Juni 1948, aber auch auf die Rückkehr von Kriegsgefangenen zurückzuführen. Er betrifft u.a. Personen, deren bisherige Berufe in den veränderten gesellschaftlichen Verhältnissen weniger nachgefragt werden (kaufmännische Berufe, Hausgehilfinnen). 385 000 Jugendliche befinden sich 1949 in einer Lehrausbildung, etwa 49 000 mehr als ein Jahr zuvor. Dennoch hat sich die Zahl der **Jugendlichen ohne Lehrstelle** zum 31.3. gegenüber dem Vorjahr mit etwa 40 000 mehr als verdoppelt.

SOZIALE DATEN

■ **Bevölkerung:** Im Gebiet der DDR leben am 31.12. 18,8 Mio. Einwohner, ca. 2 Mio. mehr als 1939. Gegenüber dem Vorjahr hat die Bevölkerung um 305 000 zugenommen. Es besteht ein Frauenüberschuss von mehr als 2,1 Mio. Nach westlichen Angaben siedeln 129 245 Personen nach Westdeutschland über. 7,3 Mio. Personen, darunter 2,99 Mio. Frauen, sind erwerbstätig.

■ **Flüchtlinge und Vertriebene:** Im März werden im Gebiet der SBZ mehr als 4,44 Mio. Umsiedler, wie Flüchtlinge und Vertriebene offiziell bezeichnet werden, registriert, davon etwa 2,57 Mio. Frauen.

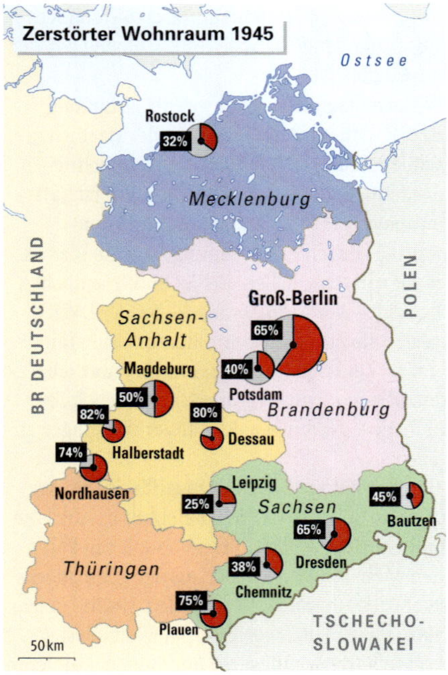

Unter den Neubürgern befinden sich 2,12 Mio. Arbeitspflichtige, nur 1,4 Mio. sind jedoch tatsächlich erwerbstätig (133 000 sind arbeitslos, 483 000 von der Arbeitspflicht freigestellt, 105 000 suchen keine Arbeit).

■ **Wohnungssituation und Wiederaufbau:** Eine vorrangige Aufgabe des Wiederaufbaus bleibt der Ersatz von im Krieg zerstörtem Wohnraum. Im Gebiet der DDR waren bis 1945 mehr als 800 000 Wohnungen zerstört worden, wobei wichtige Industrie- und Großstädte besonders hohe Verluste aufweisen. – 1949 werden 29 825 Wohnungen neu gebaut bzw. wiederhergestellt.

■ **Preise und Lebenshaltung:** Die Fortsetzung der zweigeteilten Verteilung von Waren und Leistungen (rationierte bzw. frei verkäufliche Waren) zeigt sich auch in großen Unterschieden im Preisniveau. Die Lebenshaltungskosten sind im Vergleich zu 1936 immer noch sehr hoch, doch drei signifikante Preissenkungen für nicht bewirtschaftete Waren am 24.5., 11.7. und 30.10., die in den seit dem 3.11.1948 eröffneten Geschäften der Handelsorganisation (HO, anfangs »Freie Läden« genannt) verkauft werden, sorgen für Entlastung. Das durchschnittliche monatliche Arbeitseinkommen von Arbeitern und Angestellten in der staatseigenen Wirtschaft beträgt 290 Mark.

1950 BRD

Weichenstellungen im Zeichen der Korea-Krise

Durch den Einmarsch von Truppen des kommunistisch regierten Nordkorea in das zur US-amerikanischen Einflusssphäre gehörende Südkorea am 25.6. eskaliert der Ost-West-Konflikt bis hin zur realen Gefahr eines 3. Weltkriegs. Die USA und Großbritannien intensivieren daraufhin die Einbindung der Bundesrepublik in das westliche Lager; Bundeskanzler Konrad Adenauer verknüpft die Frage der Wiederbewaffnung mit der Forderung nach Erweiterung der Souveränität des westdeutschen Staates. Mit den Protesten der Antimilitarismus-Bewegung verschärft sich die innenpolitische Auseinandersetzung.

SCHRITTE ZUR WIEDERAUFRÜSTUNG

■ **Alliiertes Interesse**: Der amerikanische Hohe Kommissar, John McCloy, betont am 6.2. in Stuttgart das Interesse der USA an einer starken Bundesrepublik. Infolge ihrer zunehmenden wirtschaftlichen Gleichberechtigung müsse sie sich in Westeuropa auch politisch einbinden; dabei sei ein Beitrag zu einem **europäischen Verteidigungssystem**, ohne über eigene Streitkräfte zu verfügen, denkbar. – Einem Vorschlag des britischen Oppositionsführers Winston S. Churchill folgend fordert der Europarat am 11.8. die Bildung einer europäischen Armee unter deutscher Beteiligung.

■ **Adenauers Vorstoß**: Der Bundeskanzler plädiert am 16.8. gegenüber den Alliierten Hohen Kommissaren angesichts der »zunehmenden militärischen Bedrohung Westdeutschlands« für die Verstärkung der US-Truppen und die Schaffung einer »starken deutschen Verteidigungskraft«.

■ **Sicherheitsgarantie**: Auf der Außenministerkonferenz vom 12.–18.9. in New York geben die drei Westmächte in ihrer **Deutschlanderklärung** für die Bundesrepublik und West-Berlin eine formelle Sicherheitsgarantie, die auch einen Angriff der DDR-Volkspolizei einschließt. Zugleich kündigen sie eine Truppenverstärkung an und genehmigen die Aufstellung einer 30 000 Mann starken deutschen Bereitschaftspolizei auf Länderebene.

■ **Konzept des deutschen Wehrbeitrags**: Vom 5.–11.10. erarbeitet eine im Kloster Himmerod (Eifel) tagende **Geheimkonferenz ehemaliger hoher Wehrmachtsoffiziere**, unter ihnen die Generäle Adolf Heusinger, Hans Speidel und Friedrich Foertsch, im Auftrag Adenauers ein Konzept über Aufgaben, Struktur und Aufbau künftiger westdeutscher Streitkräfte »im Rahmen einer übernationalen Streitmacht zur Verteidigung Westeuropas«. Als Voraussetzung für den deutschen Wehrbeitrag verlangt die **Himmeroder Denkschrift** die »Gleichstellung« der Bundesrepublik mit den westeuropäischen Mächten und die »moralische Rehabilitierung« der deutschen Wehrmacht. – Mit der Vorbereitung der geplanten Verstärkung der US-Besatzungstruppen wird der Bundestagsabgeordnete Theodor Blank (CDU) beauftragt; die **Dienststelle Blank** gilt als Vorläufer des künftigen Verteidigungsministeriums. – In der **1. Wehrdebatte** des Deutschen Bundestags am 8.11. begrüßt Adenauer den Vorschlag des französischen Premierministers René Pleven, die sechs Montanunion-Staaten sollten eine gemeinsame Armee aufbauen.

■ **Kontroverse um die Wiederbewaffnung**: Die drohende Kriegsgefahr und die mögliche Wiederaufrüstung mobilisieren die Anhänger der Friedensbewegung, die sich – teilweise kommunistisch beeinflusst – gegen jedes militärische Engagement wehrt und Abrüstung fordert. Zahlreiche Veranstaltungen, u.a. der kommunistischen Freien Deutschen Jugend (FDJ), werden verboten. In West-Berlin werden am 18.7. etwa 1500 Mitglieder des Westdeutschen Komitees der Friedenskämpfer und der FDJ bei einer Unterschriftenaktion für den **Stockholmer Appell** zur Ächtung der Atombombe festgenommen. Angesichts der wachsenden **»Ohne mich«**- und **»Nie wieder Krieg!«-Bewegung** verurteilt der Kölner Erzbischof Josef Kardinal Frings das Eintreten für uneingeschränkte Kriegsdienstverweigerung, während sich der Rat der evangelischen Kirche gegen eine Remilitarisierung ausspricht. – Aus Protest gegen die eigenmächtige Remilitarisierungspolitik Adenauers tritt am 9.10. Bundesinnenminister Gustav Heinemann (CDU) zurück. Sein Nachfolger wird Robert Lehr (CDU).

AUSSENPOLITISCHE ENTWICKLUNG

Am 26.1. fordert die Alliierte Hohe Kommission die Bundesregierung auf, **Generalkonsulate** in den Ländern der Besatzungsmächte einzurichten. – Am 31.1. schließt die Bundesrepublik ein **Abkommen mit der Tschechoslowakei** über die Ausreise von 20 000 der 279 000 in der Tschechoslowakei verbliebenen Deutschen, die Verwandte in Westdeutschland haben. Von weiteren 50 000 Deutschen liegen Ausreiseanträge vor. Im April genehmigen die Westalliierten die Umsiedlung von 150 000 Deutschen aus den früheren deutschen Ostgebieten.

■ **Saarfrage**: Am 10.3. erhebt Bundeskanzler Adenauer Einspruch gegen zwölf am 3.3. geschlossene **französisch-saarländische Konventionen**, die das autonome Saarland und Frankreich faktisch zu einer Wirtschafts- und Währungsunion verschmelzen und Frankreich für 50 Jahre gegen Pacht die Ausbeutung der Saargruben überlassen. Die Bundesregierung, nach deren Auffassung die Verträge auf eine verschleierte Annexion hinauslaufen, protestiert am 6.5. vor der Alliierten Hohen Kommission. Am 13.5. tritt das Saarland dem Europarat als assoziiertes Mitglied bei.

■ **Europarat**: Am 15.5. vom Bundestag (gegen die Stimmen u.a. von SPD und KPD) beschlossen, tritt die Bundesrepublik am 8.7. als **assoziiertes Mitglied** (d.h. ohne Stimmrecht) dem Europarat bei.

DEUTSCH-DEUTSCHE BEZIEHUNGEN, BERLIN-POLITIK

Am 22.3. greift die Bundesregierung die Initiative des amerikanischen Hohen Kommissars McCloy auf, der am 28.2. gesamtdeutsche Wahlen für den 15.10. vorschlug. In einer **Erklärung zur deutschen Einheit** fordert sie freie, international überwachte Wahlen zu einer Nationalversammlung, die eine gesamtdeutsche Verfassung ausarbeitet. Voraussetzung sei die Gewährleistung der persönlichen Freiheitsrechte in ganz Deutschland. – Im Sommer protestiert die Bundesregierung gegen die **Anerkennung der Oder-Neiße-Linie** als endgültiger deutsch-polnischer Grenze durch die DDR im **Görlitzer Abkommen** zwischen den Regierungen der DDR und Polens (→DDR). Als »Sprecherin des gesamten deutschen Volkes« erklärt sie alle Vereinbarungen der »Sowjetzone« für »null und nichtig«. Die Entscheidung über die zur Zeit unter polnischer Verwaltung stehenden deutschen Ostgebiete könne und werde erst in einem mit Gesamtdeutschland abzuschließenden Friedensvertrag erfolgen. – 1950 flüchten 197 788 Menschen aus der DDR in die Bundesrepublik und nach West-Berlin.

VOLKSZÄHLUNG 1950

Land	Fläche in km²	Wohnbevölkerung in 1000 17.5.1939	Wohnbevölkerung in 1000 13.9.1950
Baden-Württemberg	35 751	5 476	6 430
Bayern	70 547	7 084	9 185
Berlin (West)	480	2 751	2 147
Bremen	404	563	559
Hamburg	748	1 712	1 606
Hessen	21 113	3 479	4 324
Niedersachsen	47 415	4 539	6 797
Nordrhein-Westfalen	34 069	11 945	13 208
Rheinland-Pfalz	19 839	2 960	3 005
Saarland*	2 568	890	955
Schleswig-Holstein	15 696	1 589	2 595
Bundesgebiet	**248 630**	**42 988**	**50 809**

* Zählung vom 14.11.1951 *Quelle: Statistisches Bundesamt*

■ **West-Berlin**: Angesichts verschärfter **Kontrollen und Behinderungen** auf den Autobahnen zwischen Westdeutschland und Berlin durch die sowjetische Grenzbehörde erklären die Westalliierten am 20.1. ihre Bereitschaft, im Falle einer Blockade die Luftbrücke wieder aufzunehmen. – Die **Arbeitslosigkeit** steigt im Februar auf eine Quote von fast 30% (300 000 Personen). Am 10.2. verabschiedet der Bundestag ein Wirtschaftsförderungsprogramm in Höhe von 105 Mio. DM. Am 14.3. erklärt die Bundesregierung West-Berlin zum **wirtschaftlichen Notstandsgebiet**, gibt zusätzliche Finanzmittel aus einem Marshallplan-Fonds in Höhe von 250 Mio. DM frei und beschließt am 24.3. die Verlegung von 22 Dienststellen (u.a. Bundesverwaltungsgericht, Bundesdruckerei) nach West-Berlin. Vom Beginn der Blockade am 24.6.1948 bis zum 31.3.1950 erhält West-Berlin Hilfen in Höhe von rd. 1 Mrd. DM. Für das Haushaltsjahr 1950/51 werden weitere 527 Mio. DM am 12.10. zugesagt. – Unter der Losung »Gegen Einheit in Ketten, für Frieden und Freiheit« versammeln sich am 1. Mai rd. 600 000 Menschen auf dem Platz der Republik zur **größten politischen Kundgebung** in West-Berlin seit Kriegsende. – Am 4.8. billigt das Berliner Abgeordnetenhaus, das an die Stelle der Stadtverordnetenversammlung tritt, einstimmig eine **neue Verfassung,** die am 1.10. verkündet wird. Den Passus, der West-Berlin zu einem Bundesland der Bundesrepublik Deutschland erklärt, wird von den Alliierten am 29.8. annulliert. Gesetze der Bundesrepublik gelten jedoch auch in West-Berlin, wenn das Abgeordnetenhaus sie verabschiedet.

SOZIALE PROBLEME UND KRIEGSFOLGEN

■ **Kriegsopfer, Heimkehrer, Flüchtlinge**: Am 27.4. verabschiedet der Bundestag das **Heimkehrergesetz**, das ehemaligen Kriegsgefangenen besondere Rechte und Vergünstigungen gewährt. – Um den wachsenden **Flüchtlingsstrom aus der DDR** einzudämmen, verabschiedet der Bundestag gegen die Stimmen von SPD und KPD am 27.3. ein **Notaufnahmegesetz**; Aufenthaltsgenehmigungen erhalten danach nur Flüchtlinge, die wegen unmittelbarer Gefahr für Leib, Leben, Freiheit o.ä. ihren Wohnort verlassen mussten. Der Bundesrat legt sein Veto ein und billigt am 30.6. eine entschärfte Fassung, nach der »zwingende Gründe« für die Flucht ausreichen, um Aufnahme zu finden. – Am 4.5. beschließt der Bundestag die **Umsiedlung von 600 000 Flüchtlingen** aus Schleswig-Holstein, Niedersachsen und Bayern in andere Bundesländer. – Das am 19.10. verabschiedete Bundesversorgungsgesetz regelt die Hilfeleistungen für Opfer des Kriegs (Versehrte, Hinterbliebene). Die Kosten belaufen sich auf rd. 3,2 Mrd. DM jährlich.

■ **Kriegsgefangene**: Am 4.5. teilt die sowjetische Nachrichtenagentur TASS mit, bis auf 14 000 in Haft befindliche Kriegsverbrecher seien alle deutschen Kriegsgefangenen entlassen worden. Angesichts des ungeklärten Schicksals von 1,5 Mio. Kriegsgefangenen fordern die Westmächte am 14.7. von der Sowjetunion Auskunft (→1955).

■ **Entnazifizierung**: Wegen guter Führung begnadigt der US-Hochkommissar am 16.8. acht Kriegsverbrecher, u.a. Friedrich Flick; vorzeitige Entlassungen folgen am 15.10. und am 30.12.

PARTEIEN UND ORGANISATIONEN

■ **Parteien**: In Kiel konstituiert sich am 8.1. unter dem früheren SS-Hauptsturmführer Waldemar Kraft der rechtsorientierte **Block der Heimatvertriebenen und Entrechteten (BHE)** als Partei. Nach dem Wahlerfolg in Schleswig-Holstein am 9.7., wo sie Regierungsverantwortung übernimmt, tritt die Partei in den anderen Bundesländern als Gesamtdeutscher Block/Bund der Heimatvertriebenen und Entrechteten (GB-BHE) an. – Am 11.5. schließen sich die Landesverbände der **CDU** zu einer bundesweiten Partei zusammen. Der 1. Bundesparteitag vom 20.–22.10. in Goslar wählt Bundeskanzler Adenauer in das Spitzenamt der Partei.

■ **Organisationen**: Der **Jüdische Weltkongress** hält am 8./9.7. in Düsseldorf erstmals eine Tagung in Deutschland ab. Als Reaktion auf das Angebot Adenauers, »Wiedergutmachungszahlungen« an Israel zu leisten, richtet der Weltkongress vier materielle und vier moralische Forderungen des jüdischen Volkes an Deutschland, u.a. Gesetze zur Entschädigung der Opfer des Nationalsozialismus und zur Verfolgung von Rassenhetze. – Am 17.7. konstituiert sich in Frankfurt am Main der **Zentralrat der Juden in Deutschland,** das erste zentrale Organ zur Vertretung jüdischer Interessen in der deutschen Geschichte. – Anläßlich des Tags der Heimat am 6.8. in Stuttgart verkünden die **Vertriebenenverbände** und ostdeutschen **Landsmannschaften** eine »Charta der Vertriebenen«. Darin fordern sie die Anerkennung des Rechts auf Heimat als ein von Gott gegebenes Grundrecht und verzichten auf Rache und Vergeltung.

ENTNAZIFIZIERUNG IN DEN WESTLICHEN BESATZUNGSZONEN 1945–1950

	Westzonen gesamt
Zahl der bearbeiteten Fälle	3 660 648
Hauptschuldige	1 667
Schuldige, Belastete	23 060
Minderbelastete	150 425
Mitläufer	1 005 874
Entlastete	1 213 873
Verfahren eingestellt:	
Jugendamnestie	161 671
Heimkehrer-, Weihnachtsamnestie	196 646
unbelastet	782 803
andere Gründe	124 629

WEITERE INNENPOLITISCHE EREIGNISSE

■ **Beamte**: Am 30.6. verabschiedet der Bundestag das **Beamtengesetz**, nachdem Einwände der Besatzungsmächte berücksichtigt worden sind; sie bezogen sich u.a. auf die ursprünglich geplante Erlaubnis politischer Betätigung für Beamte und die fehlende Garantie der Gleichbehandlung.

■ **Personalie**: Am 8.7. beruft Bundeskanzler Adenauer seinen Berater, den Verwaltungsjuristen Hans Globke, der 1935 den amtlichen Kommentar zu den sog. Nürnberger Rassegesetzen verfasst hat, zum Personalchef im Bundeskanzleramt.

■ **»Spiegel-Ausschuss«**: Der Bundestag setzt am 5.10. einen Untersuchungsausschuss ein, der der Behauptung des Nachrichtenmagazins nachgehen soll, das Votum des Bundestags am 3.11.1948 für Bonn als Bundeshauptstadt sei durch **Abgeordneten-Bestechung** zustande gekommen. Am 22.5.1951 kommt der Ausschuss zu dem Ergebnis, die Vorwürfe seien nicht belegt worden.

Bis zum 1.5. werden die Lebensmittelkarten außer für Zucker abgeschafft

■ **Innere Sicherheit**: Unter Hinweis auf die verstärkten Bemühungen von Gegnern der Bundesrepublik, deren »freiheitlich-demokratische Grundordnung zu untergraben«, und mit Bezug auf Aktivitäten der SED erlässt die Bundesregierung am 19.9. einen **Unvereinbarkeitsbeschluss** zur Mitgliedschaft von Angehörigen des öffentlichen Dienstes in kommunistischen oder kommunistisch gesteuerten sowie rechtsextremistischen Organisationen. Namentlich genannt sind u.a. die Kommunistische Partei, die Freie Deutsche Jugend (FDJ), die Vereinigung der Verfolgten des Naziregimes (VVN) und die sog. »Schwarze Front« (Otto-Strasser-Bewegung). Angehörige dieser Organisationen sind aus dem öffentlichen Dienst zu entlassen. – Der Bundestag beschließt am 28.7. die Einrichtung eines **Bundesamtes für Verfassungsschutz**. Zum kommissarischen Leiter wird am 5.12. der frühere Widerstandskämpfer Otto John bestellt.

WIRTSCHAFTSPOLITIK

■ **Arbeits- und Wohnungsbeschaffung**: Bundeskanzler Adenauer legt dem Bundestag am 9.2. ein Programm zur Bekämpfung der **Arbeitslosigkeit** vor, die Ende Januar mit 2,02 Mio. Arbeitslosen (13,3% der unselbständig Erwerbstätigen) einen **Höchststand** seit Kriegsende erreicht hat. Von den vorgesehenen 3,5 Mrd. DM werden 2,5 Mrd. DM für das Wohnungsbauprogramm eingesetzt; mit 900 Mio. DM werden private Betriebe in finanz- und strukturschwachen Regionen mit einem hohen Anteil an Flüchtlingen gefördert. – Am 28.3. beschließt der Bundestag das **1. Wohnungsbaugesetz**. Öffentlich gefördert sollen in den nächsten sechs Jahren 1,8 Mio. Wohnungen für 6 Mio. sozial bedürftige Menschen gebaut werden.

■ **Besatzungskosten**: Der Bundestagsausschuss für Besatzungskosten weist am 2.4. auf die wirtschaftlichen **Belastungen durch die Besatzungskosten** hin: 1949 betrugen diese 4,5 Mrd. DM; für 1950/51 wird mit 4,6 Mrd. DM gerechnet.

■ **Entflechtung**: Unter Rückgriff auf das Besatzungsstatut (→ 1949) erlassen die alliierten Hochkommissare am 17.5. ein Dekartellisierungsgesetz, das die wirtschaftliche Konzentration in der deutschen Kohle-, Eisen- und Stahlindustrie verhindern soll. Am 17.8. unterzeichnen sie das Gesetz zur Aufspaltung des Chemiekonzerns **I.G. Farben**.

BUNDESLÄNDER UND WEST-BERLIN

■ **Rheinland-Pfalz**: Der Landtag beschließt am 16.5. die Verlegung der Landeshauptstadt von Koblenz nach Mainz.

■ **Nordrhein-Westfalen**: Im Amt bestätigt wird Ministerpräsident Karl Arnold (CDU) bei der Landtagswahl am 18.6.

■ **Schleswig-Holstein**: Landtagswahl am 9.7.: Walter Bartram (CDU) wird Ministerpräsident.

■ **Hessen**: Landtagswahl am 19.11.; Georg August Zinn löst Christian Stock als Ministerpräsident ab (beide SPD).

■ **Bayern**: Landtagswahl am 26.11.: Ministerpräsident Hans Ehard (CSU) bleibt im Amt.

■ **West-Berlin**: Wahl zum Abgeordnetenhaus am 3.12.: Ernst Reuter (SPD) bleibt Oberbürgermeister.

■ **Wahlergebnisse** → S. 458–467

Erwerbstätige nach Wirtschaftsbereichen

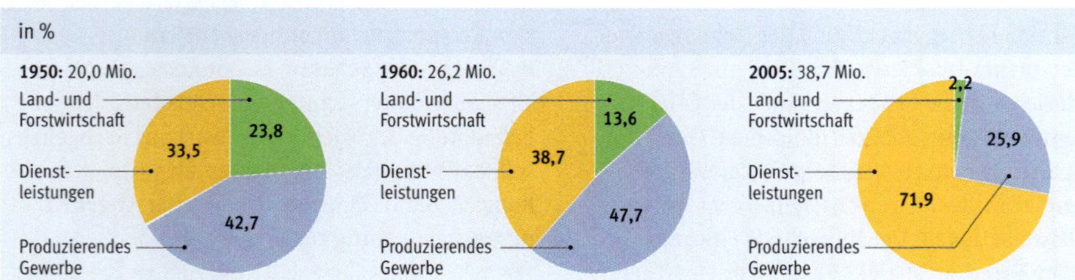

Quelle: Statistisches Bundesamt

1950 DDR

Herrschaftssicherung der Staatspartei

Der zweite deutsche Staat festigt sich institutionell: Einerseits gleicht die SED ihre Erscheinungsform der anderer regierender kommunistischer Parteien in Osteuropa an. Andererseits werden staatliche Institutionen aus dem Status des Provisoriums in feste Formen überführt (z.B. die Volkskammer) oder aus kleinen Vorläufereinrichtungen in expandierende Apparate umgewandelt (z.B. das Ministerium für Staatssicherheit). Schließlich gelingt es der DDR im Gegensatz zur Bundesrepublik, zumindest formal außenpolitische Erfolge zu erreichen.

FESTIGUNG DER SED-HERRSCHAFT

Die Herrschaft der SED-Spitze wird durch verschiedene Maßnahmen gefestigt: Zunächst wird die Stalinisierung der SED im Zuge der Umwandlung in eine »**Partei neuen Typs**« weiter vorangetrieben. Am 30./31.1. werden verschärfte Aufnahmebedingungen beschlossen. Neben der schon eingeführten Kandidatenzeit wird nunmehr auch die Bürgschaft zweier »erfahrener Parteimitglieder« für den Kandidaten eingefordert. Am 2./3.6. beschließt der Parteivorstand, ein Parteilehrjahr für alle Mitglieder und Kandidaten einzuführen. Am Ende des III. Parteitags (20.–24.7.) weist die SED mit dem beschlossenen neuen Statut alle wesentlichen Merkmale einer kommunistischen Partei auf. Das von Louis Fürnberg verfasste Gedicht »Die Partei« manifestiert mit der Aussage »Die Partei, die hat immer recht! und Genossen, es bleibe dabei« den Unfehlbarkeitsanspruch der mit absoluter Macht ausgestatteten SED. Am 27.10. beschließt die SED-Spitze den Umtausch aller Parteimitgliedsbücher, um alle Mitglieder einer politischen Prüfung zu unterziehen. Die Aktion zielt zum einen auf Anhänger der »**Tito-Clique**« (Mitglieder, die nach dem Vorbild des jugoslawischen Parteichefs einen eigenständigen Weg der DDR zum Sozialismus befürworten). Insbesondere aber geht es um die Eindämmung des »**Sozialdemokratismus**«, d.h. um das Zurückdrängen der ehemaligen Sozialdemokraten, die zum Zeitpunkt des Vereinigungsparteitags im April 1946 noch die Mehrheit in der SED gestellt haben. Bis 1951 werden hunderttausende Mitglieder ausgeschlossen, aus den Karteien gestrichen oder treten aus (→1951). Die Säuberung betrifft auch die Parteispitze selbst: Paul Merker, Leo Bauer, Willi Kreikemeyer, Lex Ende u.a. werden im August ausgestoßen, Kreikemeyer stirbt in Haft.

INNENPOLITIK

■ **Partei, Justiz und Presse**: Am 30.1. bestätigt der SED-Parteivorstand eine erste **Nomenklatur** der Funktionäre in Partei, Staat, Massenorganisationen, Presse und Film; damit ist eine Rangfolge der Positionen in Staat und Partei und die Art und Weise ihrer Besetzung festgelegt. – Am 8.2. werden Helene Drechsler, Elfriede Göldner, Heinrich Löwenthal, Wolfgang Melz, Kurt Paschke, Hans Rothschild, Alfred Trapp und Walter Ziegler durch die Volkskammer zu **Richtern des Obersten Gerichtes** der DDR gewählt. – Bei einer Pressetagung der SED am 9./10.2. wird die Herausbildung einer »**Presse neuen Typs**« beraten: Die SED kritisiert

DIE FÜHRUNGSSPITZE DER SED

Mitglieder des **Kleinen Sekretariats** (später **Zentralsekretariat**) seit 1949:
Die ehem. KPD-Mitglieder Hermann Axen, Franz Dahlem, Fred Oelßner (1950 Wechsel ins Politbüro), Horst Sindermann (1950 nach Halle versetzt) und Walter Ulbricht sowie die ehemaligen SPD-Mitglieder Edith Baumann und Paul Wessel (1950 abgelöst, weil den »Anforderungen einer Partei neuen Typs nicht gewachsen«).
1950 hinzugekommen: Alexander Abusch (im August wieder entfernt), Hans Lauter, Otto Schön, Willi Stoph, Paul Verner, Kurt Vieweg und Herbert Warnke (alle KPD).
Mitglieder des **Politbüros** seit 1949:
Anton Ackermann, Franz Dahlem, Paul Merker (Parteiausschluss 24.8.1950), Wilhelm Pieck, Karl Steinhoff (1950 abgelöst), Walter Ulbricht (alle KPD); die SPD-Mitglieder Friedrich Ebert, Otto Grotewohl und Helmut Lehmann (1950 abgelöst).
1950 hinzugekommen: Rudolf Herrnstadt, Erich Honecker, Hans Jendretzky, Hermann Matern, Fred Oelßner, Heinrich Rau, Elli Schmidt und Wilhelm Zaisser (alle KPD) sowie das ehemalige SPD-Mitglied Erich Mückenberger.
Die Mitglieder beider Gremien gehören gleichzeitig dem **Zentralkomitee** an.

DIE 2. REGIERUNG DER DDR
Präsident: Wilhelm Pieck (SED)
Ministerpräsident: Otto Grotewohl (SED)
Stellv. Ministerpräsidenten:
Walter Ulbricht (SED), Otto Nuschke (CDU), Lothar Bolz (NDPD, Aufbauminister), Hans Loch (LDPD, Finanzminister), Heinrich Rau (SED, Vorsitzender der Plankommission)
Minister: Post- und Fernmeldewesen:
Friedrich (Fritz) Burmeister (CDU)
Arbeit: Roman Chwalek (FDGB)
Äußeres: Georg Dertinger (CDU), 1953 verhaftet
Justiz: Max Fechner (SED), 1953 verhaftet
Leichtindustrie: Wilhelm Feldmann (NDPD)
Handel und Versorgung:
Karl Hamann (LDPD), 1952 verhaftet
Innerdeutscher und Außenhandel:
Georg Handke (SED)
Verkehr: Hans Reingruber (parteilos)
Land- und Forstwirtschaft:
Paul Scholz (DBD)
Schwerindustrie: Fritz Selbmann (SED)
Gesundheitswesen: Luitpold Steidle (CDU)
Inneres: Karl Steinhoff (SED), 1952 entlassen
Volksbildung: Paul Wandel (SED)
Staatssicherheit:
Wilhelm Zaisser (SED), 1953 abgesetzt
Maschinenbau: Gerhart Ziller (SED)
Präsidentin der Deutschen Notenbank:
Greta Kuckhoff (SED)

das »Nur-Journalistentum« und beklagt die »mangelnde Wachsamkeit« in den Redaktionen gegenüber »klassen- und parteifeindlichen Elementen«.

■ **Wahl zur Volkskammer**: Höhepunkt der Herrschaftssicherung ist die **Durchsetzung des Einheitslistenprinzips** (→1949) für die ersten Volkskammerwahlen gegen den Widerstand führender Mitglieder von Ost-CDU und LDPD, die Walter Ulbricht in einem Interview mit dem Neuen Deutschland am 1.2. als »Feinde der Demokratie und des Neuaufbaus« bezeichnet. Opponenten der Einheitslistenwahl wie der Volkskammer-Vizepräsident Hugo Hickmann (CDU) oder der thüringische Finanzminister Leonhard Moog (LDPD) treten zurück oder verlieren ihr Amt, einige entziehen sich ihrer Verhaftung durch Flucht. Schließlich veröffentlicht der »Demokratische Block« am 28.3. eine Erklärung, mit der die Volkskammerwahlen auf der Grundlage eines **einheitlichen Wahlprogramms** der in der Nationalen Front gemeinsam tätigen Parteien und Massenorganisationen vorbereitet werden sollen. Am 7.7. beschließt er, die Wahlen mit einer gemeinsamen Einheitsliste durchzuführen, deren Zusammensetzung in der Volkskammer die Stimmenmehrheit durch Mitglieder der SED sichert. Das entsprechende Wahlgesetz wird am 9.8. von der Provisorischen Volkskammer beschlossen. In ähnlicher Weise sichert das von der gewählten Volkskammer am 8.11. beschlossene Gesetz über die Zusammensetzung der **Länderkammer** eine SED-Dominanz. Das offizielle Endergebnis der Volkskammerwahlen vom 15.10. meldet eine Wahlbeteiligung von 98,44% bei 99,7% Jastimmen für die Einheitsliste.

■ **Mitglieder der ersten gewählten Volkskammer**: Von den 400 Abgeordneten und 66 Berliner Vertretern der ersten gewählten Volkskammer gehören nach einem festgelegten Schlüssel 110 der SED, 67 der CDU, 66 der LDPD, 35 der NDPD, 33 der DBD an. Dazu kommen 6 SPD-Abgeordnete »in Opposition zum Frontstadtkurs der rechten West-Berliner SPD-Führer«. Die meisten der restlichen 149 Abgeordneten aus Massenorganisationen sind zusätzlich Mitglied der SED, so dass deren Parlamentsmehrheit jederzeit garantiert ist. – Auch die am 15.11. gebildete Regierung unter Otto Grotewohl sichert die Dominanz der SED. Die Staatspartei stellt überdies alle Ministerpräsidenten der Länder.

■ **Gesellschaftspolitik**: Die SED-Spitze ist bemüht, sowohl bürgerliche Schichten in die entstehende staatssozialistische Gesellschaft zu integrieren, als auch den Dialog mit den Vertretern der letzten verbliebenen autonomen Großorganisation, den Kirchen, zu führen. Die Gründung der Deutschen **Akademie der Künste** am 23.3., deren erster Präsident Arnold Zweig wird, des **Verbandes Bildender Künstler** am 17.6. sowie die Konstituierung des Deutschen **Schriftstellerverbandes** am 1.7. mit Anna Seghers an der Spitze dienen

Wahl zur Volkskammer am 15.10.1950

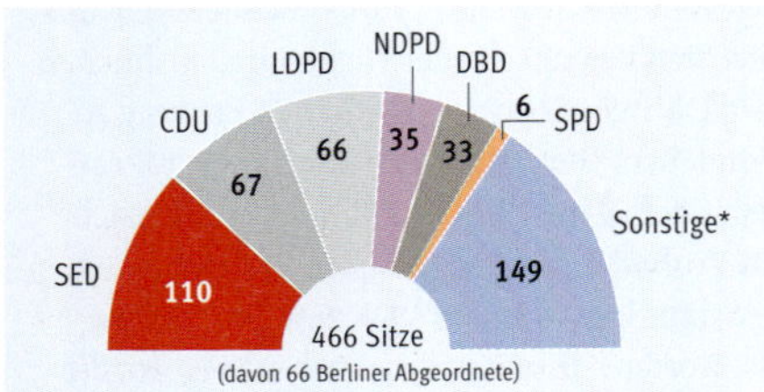

* FDGB 49, FDJ 25, DFD und Kulturbund 44, Konsumgenossenschaften, VdgB und VVN 31; davon fast alle Mitglieder der SED

dem ersten, ein **Treffen mit** Spitzenvertretern **der evangelischen und katholischen Kirche** am 28.4. dem zweiten Ziel. Letztere hatte noch am 17.2. ihren Klerus aufgefordert, sich der Mitarbeit in der Nationalen Front zu entziehen. Mit dem Gesetz über die Schulpflicht vom 15.12., das vorschreibt, dass diese ausschließlich in staatlichen Schulen zu erbringen sei, ergeben sich jedoch auch neue Konfliktfelder.

■ **Sozialpolitik**: Bei der Umsetzung ihres Gesellschaftskonzepts kommt es der SED auf die veränderte rechtliche Position der Arbeitnehmer, die Gleichberechtigung der Geschlechter und die Mobilisierung der Jugend an. Das **Gesetz der Arbeit** vom 19.4. stärkt einerseits die Position der Arbeiter und Angestellten im Betrieb, setzt aber gleichzeitig das Interesse des den VEB mitbesitzenden Beschäftigten voraus, alles in seiner Kraft stehende für das Unternehmen zu erbringen. Besonders wichtig ist der DDR-Führung der »Kampf um die Jugend«. Die Volkskammer verabschiedet am 8.2. das erste **Jugendgesetz**, das die Förderung von Kindern und Jugendlichen in Schule und Ausbildung vorsieht. Am 17.5. wird das Volljährigkeitsalter von 21 auf 18 Jahre herabgesetzt. Daneben fungiert die **Freie Deutsche Jugend** (FDJ) als Hauptinstrument für die Gewinnung der Jugend: Massiver Druck hilft ihr am 8. und 9.2., die Studentenratswahlen an den Universitäten zu gewinnen.

■ **Rechtspolitik**: Am 8.2. beschließt die Provisorische Volkskammer die Gründung des **Ministeriums für Staatssicherheit**, in dem die bisherige politische Polizei und andere Behörden zusammengefasst werden. Es verfügt anfangs über ca. 1000 hauptamtliche Mitarbeiter und einige Tausend Informanten. Zu den Veränderungen in der DDR-Justiz zählt die **Übergabe des Strafvollzugs** von der Justizverwaltung in den Verantwortungsbereich des Innenministeriums am 16.11. Am 15.12. beschließt schließlich die Volkskammer das »**Gesetz zum Schutz des Friedens**«, in dem »Feinde des Friedens« mit harten Strafen (auch der Todesstrafe) bedroht werden. – Die **Waldheimer Prozesse** werden zum Symbol für staatliches Unrecht. Nach Auflösung der von der Sowjetischen Kontrollkommission eingerichteten Gefängnisse und Lager werden die 15 038 Internierten (darunter 5504 von sowjetischen Militärtribunalen Verurteilte) teils zur weiteren Strafverbüßung an DDR-Gefängnisse überstellt (10 513 Gefangene), teils verbleiben sie in sowjetischer Haft (649 Personen). Gegen die meisten der weiteren 3432 Gefangenen werden

Vom 27.5. bis 30.5. organisiert die FDJ ihr erstes von insgesamt drei Deutschlandtreffen, an dem Delegierte aus beiden deutschen Staaten teilnehmen

besondere Gerichtsverfahren vor dem eigens dafür eingerichteten Landgericht in Waldheim (Sachsen) eingeleitet. Die Verfahren laufen vom 26.4. bis 14.7. formal öffentlich ab, gleichwohl stellen nicht selten allein Wachmänner der Gefangenen diese »Öffentlichkeit« und Gerichtsdiener die Verteidiger der Angeklagten. Die Spruchkammern des Gerichts sind mit Berufsrichtern, eilig ausgebildeten Volksrichtern und Schöffen besetzt, die nach politischer Zuverlässigkeit ausgewählt wurden. Ende Juni finden einige Verfahren als **Schauprozesse** statt. Am Ende der Prozesse stehen 3324 Urteile: 33 Todesurteile, 24 davon werden in der Nacht vom 3. zum 4.11. vollstreckt; 146 lebenslange Haftstrafen und 3143 befristete Haftstrafen, davon 1901 von 15 bis 25 Jahren.

DEUTSCHLAND- UND AUSSENPOLITIK

Die außenpolitische Aufwertung der DDR durch »befreundete Länder« wird mit zwei weiteren Anerkennungen (am 2.2. durch Nordvietnam, am 19.4. durch die Mongolei) vorläufig abgeschlossen. Überdies wird die DDR am 29.9. in den **Rat für gegenseitige Wirtschaftshilfe** aufgenommen. Die DDR bleibt jedoch **diplomatisch isoliert**, da die Westalliierten allein die Bundesregierung als legitime Regierung Deutschlands anerkennen. – Dennoch bemüht sich die DDR-Führung, als »wahre Regierung« Deutschlands aufzutreten. So protestiert sie am 13.3. offiziell gegen die Abtrennung des Saargebietes. Andererseits versucht sie, dem anderen deutschen Staat gleichberechtigt gegenüberzutreten: Der aus dem bisherigen Sekretariat des Deutschen Volksrats am 3.2. gebildete **Nationalrat der Nationalen Front** mit seinem Präsidenten Erich Correns soll dabei als Klammer zwischen den Deutschen agieren. Am 30.11. wendet sich Ministerpräsident Grotewohl direkt an die Bundesregierung und schlägt die Bildung eines Gesamtdeutschen Konstituierenden Rats vor, der die Einsetzung einer provisorischen gesamtdeutschen Regierung vorbereiten, die Vier Mächte bei der Ausarbeitung eines Friedensvertrags konsultieren und gesamtdeutsche Wahlen organisieren soll. Von nachhaltiger Wirkung für ganz Deutschland ist der Abschluss des **Görlitzer Abkommens über die Oder-Neiße-Grenze** zwischen Polen und der DDR am 6.7., mit dem die östlich von Oder und Neiße gelegenen Gebiete und einige westlich von Stettin gelegene Territorien an Polen abgetreten werden.

WIRTSCHAFTLICHE ENTWICKLUNG

Das **planwirtschaftliche System** wird weiter gefestigt: Der III. Parteitag der SED im Juli bereitet den **Übergang zur 5-Jahr-Planung** vor. Diesem Zweck dient sowohl die Einführung von Betriebsplänen in den VEB, die der Ministerrat am 16.3. anordnet, als auch die am 22.12. angeordnete Reorganisation der volkseigenen Wirtschaft. Am 15.12. verabschiedet die Volkskammer ein **Gesetz über den Staatshaushalt**, mit dem das Haushaltswesen nach den Prinzipien des »demokratischen Zentralismus« gestaltet wird. Damit verlieren die kommunalen Haushalte endgültig ihre Selbständigkeit in der Haushaltsführung.

■ **Reparationen**: Die DDR liefert an die Sowjetunion und Polen Reparationsgüter im Werte von 1,007 Mrd. DDR-Mark (202,6 Mio. US-$ von 1938), muss dafür aber wegen erheblicher Preissteigerungen, Transportkosten und Versicherungsprämien 2,006 Mrd. DDR-Mark aufwenden. Am 15.5. schließt die DDR mit der UdSSR ein Abkommen über die Halbierung der verbleibenden Reparationsverpflichtungen und erhält 23 SAG zurück.

■ **Landwirtschaft**: Während in der Wirtschaft die **Dominanz der staatlichen, genossenschaftlichen und sowjetischen Unternehmen** gegenüber Privatbetrieben und Selbständigen weiter zunimmt, erfolgt die Bewirtschaftung der Flächen in der Landwirtschaft im Wesentlichen durch Einzelbauern. Indes setzt der Prozess der Umwandlung von Betrieben auch hier ein: Am 20.11. werden die traditionellen Raiffeisen-Genossenschaften und die Vereinigung der gegenseitigen Bauernhilfe (VdgB) zur VdgB-BHG (Bäuerliche Handelsgenossenschaft) zusammengeschlossen. Die von ihr betriebenen Maschinen-Ausleih-Stationen werden per Ministerrat-Verordnung am 14.12. verstaatlicht.

PROZESS DER VERGESELLSCHAFTUNG
Anteil der Betriebsformen am Nettoprodukt*

	insgesamt	Industrie und Handwerk**	Land- und Forstwirtschaft
1. Sozialistische Betriebe			
1950	56,8	68,2	3,4
1970	85,6	82,8	95,2
1976	95,8	96,8	96,4
1980	96,5	97,7	96,1
a) Volkseigene Betriebe			
1950	50,5	66,9	3,4
1970	68,9	79,7	16,1
1976	–	95,6	–
1980	–	96,3	–
b) Genossenschaftliche Betriebe			
1950	6,3	1,4	–
1970	16,8	3,2	79,2
1976	–	1,2	–
1980	–	1,5	–
2. Betriebe mit staatlicher Beteiligung oder Kommissionsvertrag			
1950	–	–	–
1970	8,8	11,6	0,1
1976	0,7	0,0	–
1980	0,6	–	–
3. Private Betriebe			
1950	43,2	31,8	96,6
1970	5,6	5,6	4,6
1976	3,4	3,1	3,7
1980	2,9	2,3	3,9

*nach jeweiligen Preisen; ohne Nettoprodukt der Haus- und Kleingärten. **ohne Bauhandwerk
Quelle: Statistisches Jahrbuch der DDR 1978, S. 73; 1982, S. 89, aus: Zimmermann, DDR-Handbuch, Bd. 2, ³1985

■ **Außenhandel:** 61,2% des Außenhandels (ohne Reparationen) wird mit osteuropäischen Ländern, 9,9% mit westlichen Industrie- und den Entwicklungsländern abgewickelt; 28,1% des DDR-Außenhandels entfallen auf den innerdeutschen Handel auf der Basis des am 8.10.1949 abgeschlossenen Verrechnungsabkommens.

■ **Wiederaufbau**: Am 6.9. beschließt die Volkskammer ein Gesetz zum Wiederaufbau von Berlin und anderen wichtigen Industriestädten (Chemnitz, Dessau, Dresden, Leipzig, Magdeburg, Nordhausen, Rostock, Wismar). Mit Hilfe von Generalbebauungsplänen sollen **neue, sozialistische Wohnverhältnisse**, »sozialistische Straßen« wie z.B. die Berliner Stalinallee oder »sozialistische Städte« wie z.B. Stalinstadt (heute Eisenhüttenstadt) entstehen.

1951 BRD

Remilitarisierung und Polarisierung

Die Einbindung der Bundesrepublik in das westliche Lager erweitert ihren außenpolitischen Handlungsspielraum und stärkt ihre internationale Präsenz. Zugleich prägen verschärfte Auseinandersetzungen über die geplante Remilitarisierung und die Politik der Wiedervereinigung die innenpolitische Situation. Es entsteht eine Vielzahl von politischen Organisationen, darunter zahlreiche mit rechtsextremen Zielen. Auf politische Gegner, die sie den Kommunisten zurechnet, reagiert die Bundesregierung mit zunehmender Repression. Durch Einrichtung zentraler Behörden erweitert der junge Staat seine Funktionsfähigkeit. Mit dem wirtschaftlichen Aufstieg melden die Gewerkschaften den Anspruch der Arbeitnehmer auf Mitbestimmung und materielle Besserstellung an.

AUF DEM WEG ZUR SOUVERÄNITÄT

■ **Schritte zur sicherheitspolitischen Integration:** Auf einer Konferenz am 9.1. auf dem Petersberg bei Bonn konkretisieren alliierte und deutsche Politiker sowie Militärexperten Art und Umfang einer **deutschen Beteiligung an einem europäischen Verteidigungssystem**. – Der zum Oberkommandierenden der NATO-Streitkräfte ernannte US-General Dwight D. Eisenhower (Amtsantritt 2.4.) gibt am 23.1. in Bad Homburg eine **Ehrenerklärung** für die »große Mehrheit deutscher Soldaten und Offiziere« ab. Die Rehabilitierung der Wehrmacht gilt als eine der deutschen Vorbedingungen für einen Wehrbeitrag. – In Paris beginnen am 15.2. die Verhandlungen über die Gründung einer Europäischen Verteidigungsgemeinschaft (EVG) auf der Basis des Pleven-Plans (→ 1950).

■ **Erweiterung der staatlichen Selbständigkeit**: In einem von Bundestag und Regierung gebilligten Schreiben an die Alliierten Hohen Kommissare erklärt Bundeskanzler Konrad Adenauer am 1.3. die formelle Anerkennung der deutschen Auslandsschulden. Damit ist der Weg frei für die Gewährung weiterer Souveränitätsrechte, die mit der **Revision des Besatzungsstatuts** (→ 1949) erfolgt. Neben größeren Vollmachten in der Außenhandels- und Devisenwirtschaftspolitik erhält die Bundesrepublik eine begrenzte außenpolitische Handlungsfreiheit, die durch ein wiedererrichtetes Auswärtiges Amt wahrgenommen werden kann. Am 15.3. übernimmt Bundeskanzler Adenauer in Personalunion das **Amt des Außenministers**. Dies begründet er mit der noch nicht erlangten vollen Souveränität der Bundesrepublik. Die Beziehungen zur Alliierten Hohen Kommission müssten für die gesamte deutsche Politik in einer Hand bleiben. Am 2.4. ernennt Adenauer den bisherigen Staatssekretär im Bundeskanzleramt, Walter Hallstein, zum Staatssekretär im Auswärtigen Amt. – Die Aufsicht über die Entflechtung und Dekartellisierung in verschiedenen Wirtschaftsbereichen behalten sich die Westalliierten vor, ebenso die Genehmigung von Änderungen des Grundgesetzes, solange kein Bundesverfassungsgericht eingerichtet ist. – Die drei Westmächte beschließen am 9.7. die **Beendigung des Kriegszustandes mit Deutschland**. Bis Ende August schließen sich 46 Staaten diesem Schritt an. – Am 14.9. stellen die Außenminister der Westmächte in Washington ihre Absicht vor, das Besatzungsstatut durch einen **Generalvertrag**

Jean Monnet (l.) und Walter Hallstein am 4.4. auf dem Bonner Hauptbahnhof

abzulösen, der die Bundesrepublik zum gleichberechtigten Partner macht und zugleich mit einem Abkommen über die geplante EVG (→1952) in Kraft treten soll.

■ **Gründung der Montanunion**: Am 18.4. unterzeichnen die Außenminister der Bundesrepublik, Frankreichs, Italiens und der Benelux-Staaten den Vertrag zur Gründung der **Europäischen Gemeinschaft für Kohle und Stahl**.

DEUTSCH-DEUTSCHE BEZIEHUNGEN UND WEST-BERLIN

■ **Gesamtdeutsche Wahlen**: Mit Bezug auf ein Schreiben des DDR-Ministerpräsidenten Otto Grotewohl vom 30.11.1950 (→1950 DDR) verlangt Bundeskanzler Adenauer am 15.1. als **Bedingungen für gesamtdeutsche Gespräche** neben der Aufhebung des »Gesetzes zum Schutze des Friedens« die Auflösung der Volkspolizei und das Eingeständnis der DDR, dass die deutsche Teilung von ihr ausgegangen sei.

Am 27.9. leitet die Bundesregierung dem Bundestag den Entwurf einer **Wahlordnung für gesamtdeutsche freie Wahlen zu einer verfassunggebenden Nationalversammlung** unter Kontrolle der UN zu. Zwei Tage später beschließt der Bundestag 14 Grundsätze für den Weg zur Wiedervereinigung; am 4.10. legt die Bundesregierung den Alliierten zum wiederholten Mal ihre gesamtdeutschen Vorstellungen dar. Am 15.10. stimmen die drei Westmächte den Vorschlägen zu und setzen die deutsche Frage auf die Tagesordnung der ab 6.11. in Paris tagenden UN-Vollversammlung. Diese nimmt am 19.11. eine Resolution der Westmächte zur Wiedervereinigung Deutschlands an.

■ **Wirtschaftsbeziehungen**: Am 20.9. schließen Vertreter der Bundesrepublik und der DDR ein neues **Interzonenhandelsabkommen**, das rückwirkend zum 1.7. in Kraft tritt. Das »Berliner Abkommen« regelt einen Güteraustausch im Wert von 482 Mio. Verrechnungseinheiten.

■ **West-Berlin**: Am 18.1. wählt das Abgeordnetenhaus Oberbürgermeister Ernst Reuter zum **Regierenden Bürgermeister**. – Zur Kundgebung am 1. Mai versammeln sich rd. 600 000 Menschen auf dem Platz der Republik und fordern Frieden, Freiheit und Wiedervereinigung. – Verhandlungen über ein neues Interzonenhandelsabkommen werden Anfang Juni von schweren **Störungen des Güterverkehrs** zwischen West-Berlin und Westdeutschland belastet, die nach Protest der Westalliierten am 18.6. zunächst vorläufig beendet werden. Das Auslaufen des alten Vertrags am 3.8. nehmen die Ostbehörden zum Anlass, den gesamten Warenverkehr nach West-Berlin zu blockieren. Die Westalliierten richten eine »**kleine Luftbrücke**« ein.

MONTANUNION (EUROPÄISCHE GEMEINSCHAFT FÜR KOHLE UND STAHL)

Der 1950 von Frankreichs Außenminister Robert Schuman unterbreitete Vorschlag, eine Union der französischen und deutschen Montanindustrie unter Beteiligung anderer europäischer Staaten zu schaffen – das Konzept geht auf den französischen Planungskommissar Jean Monnet zurück – mündet in den Vertrag der sechs Gründungsstaaten, der am 23.7.1952 in Kraft tritt.

Ziel der Montanunion, in der die Bundesrepublik über rd. 80% der Kohlevorräte verfügt und Haupterzeuger von Rohstahl ist, ist die **Herstellung eines gemeinsamen Marktes** im Montanbereich durch Aufhebung der Binnenzölle, Harmonisierung der Außenzölle sowie eine einheitliche Preis-, Kartell- und Handelspolitik. Die **Hohe Behörde** (Sitz: Luxemburg) sorgt als Exekutive für die Durchführung des Vertrags und verfügt, erstmals in Europa, über **supranationale Hoheitsrechte**. Ihre neun nicht an Weisungen gebundenen Mitglieder (darunter zwei Deutsche) werden von den Mitgliedstaaten für sechs Jahre ernannt. Der **Ministerrat**, in dem die Regierungen vertreten sind, entwickelt die politischen Vorgaben und stimmt die Arbeit der Hohen Behörde mit den nationalen Entscheidungsgremien ab. Eine **Gemeinsame Versammlung** mit 78 Delegierten aus den nationalen Parlamenten ist das erste europäische Parlament (Sitz: Straßburg); es berät die Hohe Behörde, verfügt jedoch nur über eingeschränkte Rechte. Der **Gerichtshof** (Sitz: Luxemburg) entscheidet über Streitigkeiten und über Klagen gegen Entscheidungen der Hohen Behörde. – Am 1.1.1968 geht die Montanunion in der Europäischen Gemeinschaft auf.

INNENPOLITISCHE POLARISIERUNG

■ **Kontroverse über die Remilitarisierung**: Nach einer im März durchgeführten Umfrage des Emnid-Instituts stimmen 28% der Bevölkerung einer deutschen Wiederbewaffnung zu; 1950 waren es 14%. – Am 17./18.3. gründen in Frankfurt am Main 150 Delegierte aus 35 Organisationen den **Kongress**

Die 1. Bundesgartenschau in Hannover

für aktive Neutralität, der eine »Volksbewegung gegen die Remilitarisierung« organisieren will. In einer Erklärung an die Viermächtekonferenz fordern sie Schritte zur Wiedervereinigung Deutschlands auf der Basis freier Wahlen, der Paktfreiheit und des Verzichts auf eigene Streitkräfte. – Am 14.4. konstituiert sich in Essen ein »Hauptausschuss für die Durchführung einer Volksbefragung gegen die Remilitarisierung und für den Abschluss eines Friedensvertrags mit Gesamtdeutschland im Jahre 1951«. Die Bundesregierung erklärt die Initiative am 24.4. für verfassungsfeindlich und verbietet die Befragungsaktion sowie alle Organisationen, die an ihr beteiligt sind. – Am 21.11. gründen der ehem. Bundesinnenminister Gustav Heinemann (CDU) und die Vorsitzende der Zentrumspartei, Helene Wessel, die **Notgemeinschaft für den Frieden Europas**; Hauptziel ist die Verhinderung der Wiederaufrüstung.

■ **Sicherheitspolitische Maßnahmen**: Der Bundestag verabschiedet am 15.2. das Gesetz über die **Errichtung des Bundesgrenzschutzes** als Antwort auf den Aufbau der Volkspolizei in der DDR. – Am 26.6. bekräftigt die Bundesregierung das am 24.4. vorläufig verhängte **Verbot von FDJ und Rat der VVN**; die Landesorganisationen der Vereinigung der Verfolgten des Naziregimes (VVN) bleiben weiter bestehen.

Am 30.8. nimmt der Bundestag mit den Stimmen der SPD in aller Eile (»Blitzgesetz«) entworfene **Staatsschutzbestimmungen** zur Verfolgung von Hoch- und Landesverrat in das Strafgesetzbuch auf; umstritten ist der unbestimmte Tatbestand der »Staatsgefährdung«, der Kritikern zufolge eine mögliche Grundlage für politische Verfolgung bietet.

BEWÄLTIGUNG VON KRIEGSFOLGEN

■ **Entnazifizierung**: Nach der Freilassung mehrerer als **Kriegsverbrecher** verurteilter Häftlinge (→ 1950) nimmt der öffentliche Druck zu, auf die Vollstreckung von Todesstrafen zu verzichten und noch einsitzende Häftlinge zu amnestieren.

Im Januar bitten Vertreter des Bundestags und Bundesrats, Bundestagspräsident Hermann Ehlers (CDU) und Bundesratspräsident Peter Altmeier (CDU), den Hohen Kommissar der USA, John McCloy, um Amnestierung von fünf zum Tode verurteilten SS-Offizieren. Am 31.1. wandelt McCloy 21 der 28 Todes- in Haftstrafen um, begnadigt alle zu Strafen von unter 15 Jahren Haft Verurteilten und reduziert die Strafen für die übrigen Häftlinge. Die bestätigten **sieben Todesurteile** gegen SS-Massenmörder werden am 7.6. im Militärgefängnis für Kriegsverbrecher in Landsberg durch Erhängen vollstreckt.

■ **Heimatlose Ausländer**: Am 28.2. verabschiedet der Bundestag ein Gesetz, das den **Displaced Persons** (DPs) – in Deutschland noch verbliebenen ausländischen ehemaligen Zwangsarbeitern und Häftlingen von Konzentrationslagern – einen Sonderstatus einräumt. 1949 wurden 411 654 DPs gezählt.

■ **»Wiedergutmachung«**: In einer Note an die vier Siegermächte fordert Israel am 12.3. von der Bundesrepublik Reparationen in Höhe von 1,5 Mrd. US-$. – Am 27.9. bekennt sich Bundeskanzler Adenauer in einer Regierungserklärung grundsätzlich zur Verpflichtung der Bundesrepublik zur moralischen und materiellen »Wiedergutmachung der unsagbaren Verbrechen« gegenüber den jüdischen Opfern des Nationalsozialismus, die die deutsche Leistungsfähigkeit jedoch nicht übersteigen dürfe.

■ **Restauration des Berufsbeamtentums**: Am 10.4. verabschiedet der Bundestag nahezu einstimmig das **Versorgungsgesetz für Angehörige des öffentlichen Dienstes**, die ihm bei Kriegsende noch angehörten und danach – durch Flucht, Vertreibung oder Entnazifizierung – ihr Amt verloren. Das Gesetz spricht rd. 150 000 Personen Pensionsansprüche und Wiederverwendungsmöglichkeiten zu; ausgenommen sind bei der Entnazifizierung als Hauptschuldige und Belastete Eingestufte und Angehörige der Geheimen Staatspolizei (Gestapo). Das Gesetz ist Grundlage für die Kontinuität des Berufsbeamtentums, namentlich in den höheren Rängen der Justiz.

PARTEIEN UND VERBÄNDE

■ **Parteien**: Am 27./28.1. konstituiert sich der **Block der Heimatvertriebenen und Entrechteten** (BHE) als Bundespartei; Vorsitzender wird Waldemar Kraft, der die Landesorganisation in Schleswig-Holstein im Vorjahr zum Erfolg geführt hat und dort stellvertretender Ministerpräsident ist.

■ **Gewerkschaften**: Unter dem Druck der durch Urabstimmungen in der Eisen- und Stahlindustrie (1.12.1950) und im Bergbau (19.1.1951) signalisierten Bereitschaft der Beschäftigten zum Generalstreik verständigen sich Bundesregierung, Arbeitgeber- und Arbeitnehmerseite am 26.1. auf ein Kompromissmodell der **paritätischen Mitbestimmung** im Montanbereich. Das Gesetz verabschiedet der Bundestag am 10.4. (in Kraft 21.5.). – Die Delegierten des außerordentlichen Bundeskongresses des **DGB** in Düsseldorf wählen am 22.6. den bisherigen Vorsitzenden der IG Druck und Papier, Christian Fette, zum Nachfolger des am 16.2. verstorbenen Vorsitzenden Hans Böckler. – Vom 27.8. bis 23.9. findet in Hessen der erste große **Lohnstreik in der Metallindustrie** der Bundesrepublik statt, an dem 75 000 Metallarbeiter teilnehmen.

■ **Verbände**: Mit dem **Bund der vertriebenen Deutschen (BvD)** schaffen sich die Vertriebenen- und Flüchtlingsverbände am 17.11. in Hannover eine Dachorganisation, die etwa 10 Mio. Menschen, rd. 80% aller Heimatvertriebenen, repräsentiert. Erster Vorsitzender wird der CDU-Bundestagsabgeordnete Linus Kather.

WEITERE INNENPOLITISCHE EREIGNISSE

■ **Gesetzgebung**: Der Bundestag verabschiedet am 10.7. das **Kündigungsschutzgesetz**. In Betrieben mit mehr als fünf Beschäftigten ist die Kündigung von Arbeitnehmern ab dem 20. Lebensjahr und mit einer Betriebszugehörigkeit von mehr als sechs Monaten nur unter eingeschränkten Bedingungen möglich. – Durch ein am 17.7. verabschiedetes **Strafrechtsänderungsgesetz** definiert der Bundestag die Straftatbestände des Landesverrats, Hochverrats und der Staatsgefährdung neu. Die Alliierte Hohe Kommission schließt am 30.8. die Geltung des Gesetzes für Personen aus, die im Auftrag der Alliierten Informationen beschaffen.

WIRTSCHAFTSPOLITIK

■ **Alliierte Industriekontrolle**: Mit dem Abtransport einer Schmiedepresse von Dortmund nach Liverpool **endet die Demontage von Industrieanlagen im Ruhrgebiet**. – Am 3.4. und 26.7.hebt die Alliierte Hohe Kommission mehrere Produktionsverbote auf bzw. erhöht die Erzeugungsquote in Bereichen, die der **Rüstungsproduktion** der Alliierten zuarbeiten.

■ **Arbeitsbeschaffung**: Angesichts der immer noch hohen Arbeitslosigkeit verabschiedet der Bundestag am 14.11. ein **Sofortprogramm zur Arbeitsbeschaffung**, das mit 200 Mio. DM aus Mitteln der künftigen Bundesanstalt für Arbeitsvermittlung und Arbeitslosenversicherung, die am 10.3.1952 gegründet wird, finanziert werden soll.

MITBESTIMMUNG IN DER MONTANINDUSTRIE

In Unternehmen des Kohlebergbaus sowie der Eisen- und Stahlerzeugung mit mehr als 1000 Arbeitnehmern wird der in der Regel elfköpfige Aufsichtsrat paritätisch mit Vertretern des Anteilseigners und der Arbeitnehmer (bis zu drei außerbetrieblichen Gewerkschaftsfunktionären) besetzt. Der Vorsitzende des Aufsichtsrats, der zur Neutralität verpflichtet ist und als elftes Mitglied bei Stimmengleichheit entscheidet, wird von beiden Seiten gemeinsam gewählt. Kommt keine Einigung zustande, setzt ein Vermittlungsmechanismus unter Einschaltung des zuständigen Oberlandesgerichts ein. – Der Arbeitsdirektor im Vorstand kann nur mit Billigung der Mehrheit der Arbeitnehmerstimmen bestellt werden. Er ist zuständig für die Personal-, Tarif- und Sozialfragen des Unternehmens. Ein Mitbestimmungs-Ergänzungsgesetz vom 7.8.1956 sichert die Montan-Mitbestimmung auch für Konzern-Obergesellschaften (Holdings).

BUNDESLÄNDER

■ **Südweststaat**: Am 4.5. unterzeichnet Bundespräsident Theodor Heuss das Bundesneugliederungsgesetz, mit dem die Länder Baden, Württemberg-Baden und Württemberg-Hohenzollern zum Südweststaat (ab 1952 Baden-Württemberg) vereinigt werden. In einer Volksabstimmung am 9.12. billigen 69,7% der Wahlberechtigten die Fusion.

■ **Rheinland-Pfalz**: Landtagswahl am 29.4.: Peter Altmeier bleibt als Chef einer CDU-FDP-Koalitionsregierung Ministerpräsident.

■ **Niedersachsen**: Landtagswahl am 6.5.; Hinrich Wilhelm Kopf (SPD) bleibt Ministerpräsident.

■ **Bremen**: Der seit 1945 amtierende Bürgermeister Wilhelm Kaisen (SPD) bleibt auch nach der Bürgerschaftswahl am 7.10. im Amt.

■ **Wahlergebnisse** → S. 458–467

1951 DDR

Ziel: Staatssozialismus

Obwohl die SED-Führung noch darauf verzichtet, den Aufbau einer staatssozialistischen Ordnung in der DDR offiziell als Ziel ihrer Politik zu propagieren, deuten viele Entwicklungen in Partei und Gesellschaft darauf hin, dass hierfür alle Voraussetzungen geschaffen werden sollen. In der Wahrnehmung von außen ist der diktatorische Charakter der SED-Herrschaft besonders augenfällig und spielt für die propagandistische Auseinandersetzung zwischen Ost und West eine entsprechende Rolle. Doch die Zweiteilung der Entwicklung in Deutschland präsentiert sich nicht nur im Kontrast zwischen SED-Diktatur und westdeutscher Demokratie (in der sich Schritt für Schritt der antikommunistische Grundkonsens entfaltet). Die Ausprägung der Diktatur im Osten ist verbunden mit dem ernstgemeinten Anspruch der Staatsgründer, im »Arbeiter- und Bauernstaat« gerade bisher benachteiligte Bevölkerungsgruppen zu fördern.

IDEOLOGISCHE VERHÄRTUNG

■ **Parteisäuberungen**: Das Jahr 1951 markiert den Höhepunkt der **Parteiüberprüfungen** in der SED. Während im Jahr zuvor die Säuberungen auch die Parteispitze erfasst hatten, zielen sie jetzt v.a. auf die Mitglieder. Betroffen sind ehemalige Sozialdemokraten, die als »Schumacher-Agenten« diffamiert werden, aber auch Mitglieder kleinerer Arbeiterparteien der Weimarer Republik und KPD-Mitglieder, die während der NS-Zeit ins westliche Exil gegangen waren (»Westemigranten«) und nun unter Spionageverdacht gestellt werden. Zwischen 15.1. und 30.9.1951 verliert die SED im Gefolge der Säuberungswelle über 249 000 Mitglieder und etwa 72 000 Kandidaten. Dabei handelt es sich zu einem geringen Teil (64 400) um sog. Karteileichen (früher ausgeschiedene oder doppelt erfasste Mitglieder). Mehr als 42 800 Mitglieder und Kandidaten verweigern die Überprüfung, über 32 800 treten aus. Ausgeschlossen werden mehr als 43 100 Mitglieder und Kandidaten, aus den Mitgliederlisten »gestrichen« (eine mildere Form des Ausschlusses) werden fast 47 200.

■ **Formalismus-Debatte**: Die ideologische Verhärtung zeigt sich auch in der Kulturpolitik. Am 20.1. erscheint in der *Täglichen Rundschau* ein Artikel, der »**Wege und Irrwege moderner Kunst**« kommentiert. Bedenklichen »Tendenzen des Verfalls und der Zersetzung« stellt der Autor »die inneren Kräfte, den Adel und die Schönheit einer neu entstehenden Gesellschaftsordnung« gegenüber. Der Artikel bildet den Auftakt für eine Kampagne gegen alle modernen Kunstrichtungen, die, sind sie einmal als »formalistisch« bezeichnet, offiziell geächtet werden. Die Kampagne wird am 17.3. durch einen **ZK-Beschluss gegen »Formalismus und Kosmopolitismus«** untermauert. – Am 12.7. erlässt der Ministerrat zwei Verordnungen, mit denen die Bildung bzw. die Aufgaben einer »**Staatlichen Kommission für Kunstangelegenheiten**« geregelt werden: Die fortschrittliche Kunst hat eine realistische Kunst zu sein.

■ **Bildungs- und Wissenschaftspolitik**: Mit der Verordnung des Ministerrats vom 22.2. zur Neuordnung des Hochschulwesens beginnt in der DDR die **1. Hochschulreform**, ein weiterer Schritt bei

Aufbau der Sozialistischen Einheitspartei Deutschlands

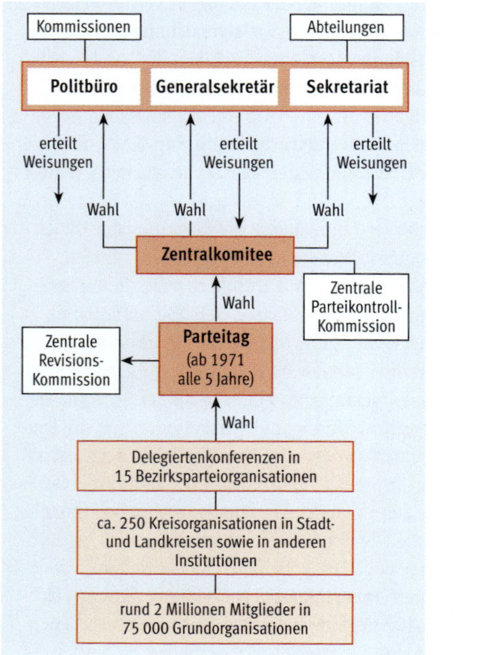

der »sozialistischen Umgestaltung« der Universitäten und Hochschulen, die mit der gezielten Förderung bisher benachteiligter Bevölkerungsschichten (Arbeiter, Bauern) über die Vorstudienanstalten bzw. die seit 31.3.1949 bestehenden Arbeiter- und Bauernfakultäten (ABF) schon unmittelbar nach Kriegsende begonnen hatte. Die Verordnung macht das »**marxistisch-leninistische Grundlagenstudium**« zum Pflichtbestandteil aller Studienrichtungen und regelt den Übergang von der bisherigen Semestereinteilung des Studiums zum Studienbetrieb in Form von zehnmonatigen akademischen Jahren ab 1.9. – Das am 21.12. eröffnete Institut für Gesellschaftswissenschaften beim ZK der SED sichert als führende Forschungseinrichtung der Geisteswissenschaften die Dominanz des Marxismus-Leninismus auch in diesen Disziplinen. – Der Ausbau bestehender und die **Gründung weiterer Akademien** (11.1. Deutsche Akademie der Landwirtschaftswissenschaften; 8.12. Deutsche Bauakademie) bietet der entstehenden »sozialistischen«, aber auch der »alten Intelligenz« den Genuss einer privilegierten Stellung, womit die weitere Abwanderung hochqualifizierter Akademiker in die Bundesrepublik verhindert werden soll. Am 12.7. erlaubt der Ministerrat per Verordnung sog. **Einzelverträge**, die die Entlohnung und die Altersversorgung der Intelligenz verbessern.

■ **Neuordnung der Sozialversicherung und des Entlohnungssystems**: Nachdem die Landesversicherungsanstalten schon am 8./9.6.1950 ihre Aufgaben an den FDGB übertragen haben, regelt eine Ministerratsverordnung vom 26.4. endgültig die Übertragung der Selbstkontrolle der Sozialversicherungen auf den Gewerkschaftsbund. – Die Beziehungen zwischen Arbeitnehmern und Betriebsleitungen werden durch die Einführung von berufsspezifischen »Ehrentagen« (z.B. der »Tag des Lehrers« am 12.6.) und den Abschluss sogenannter **Kollektivverträge** neu gestaltet. Sie ersetzen die traditionellen Tarifverträge und können auf der Ebene der Unternehmen (»Betriebskollektivverträge«) oder ganzer Industriezweige (»Rahmenkollektivverträge«) abgeschlossen werden.

Einzelverträge schließt die Regierung der DDR mit besonders wichtigen Fachleuten (Ärzten, Wissenschaftlern, Technikern), die sie zu privilegierten Konditionen anstellt. Bezahlung und Altersversorgung liegen in der Regel weit über dem Durchschnitt der Berufsgruppe, die Ausstattung mit Forschungsmitteln ist gesondert geregelt, der Zugang zu westlichen Publikationen und die Teilnahme an internationalen Kongressen garantiert und selbst die Versorgung mit Wohnraum und das Fortkommen der Kinder sind vertraglich festgehalten. – Die Praxis der Einzelverträge wird bis zum Ende der DDR beibehalten; bei nach dem Bau der Mauer abgeschlossenen Verträgen reduziert sich die privilegierte Behandlung jedoch oft nur noch auf eine außertarifliche Bezahlung.

Weltfestspiele in Ost-Berlin

DEUTSCHLAND- UND AUSSENPOLITIK

Da die internationale Isolierung der DDR-Regierung anhält, wird der Gründung des Nationalen Olympischen Komitees der DDR am 22.4. besondere Bedeutung beigemessen. Das gilt auch für die **III. Weltfestspiele der Jugend und Studenten**, die vom 5.8. bis 19.8. in Ost-Berlin stattfinden. – Die DDR hält an der Idee fest, einen **Gesamtdeutschen Konstituierenden Rat** zu bilden. Kurz nach Ablehnung durch die Bundesregierung (Erklärung Adenauers vom 15.1.) schlägt die Volkskammer am 30.1. erneut die Einrichtung dieses Rats vor. – Vom 3.6. bis 5.6. findet eine Volksbefragung »gegen Remilitarisierung und den Abschluss eines Friedensvertrages« statt. – Im September wird der Außenpolitische Nachrichtendienst (APN), zunächst beim Außenministerium angesiedelt, als Einrichtung der DDR-Auslandsspionage gegründet. – Vor dem Politischen Ausschuss der UN-Vollversammlung in Paris lehnt die DDR-Delegation am 2.12. die Bildung einer UN-Kommission zur Überwachung von Wahlen in beiden deutschen Staaten ab. Sie betrachte eine solche Kommission als Einmischung in deutsche Angelegenheiten. – Die Beziehungen der DDR zu West-Berlin sowie zu den Westalliierten werden auf eine weitere Probe gestellt, als die DDR-Volkspolizei die West-Berliner Exklave Steinstücken vom 18.10. bis 23.10. besetzt. – Am 19.1. schließen Polen und die DDR die Markierungsarbeiten an der Oder-Neiße-Grenze ab.

WIRTSCHAFTSPOLITIK

Am 1.1. beginnt der erste **5-Jahres-Plan**, dessen gesetzliche Grundlage von der Volkskammer erst am 1.11. verabschiedet wird. Den symbolischen Auftakt liefert die Grundsteinlegung für das Eisenhüttenkombinat Ost (EKO) in Fürstenberg an der Oder (später Teil von Stalinstadt/Eisenhüttenstadt). Das Investitionsvorhaben ist eines der größten unter 58 sog. Schwerpunktvorhaben und zielt auf die verbesserte Eigenversorgung der DDR mit Erzeugnissen der Grundstoff- und Schwerindustrie.

■ **Außen- und innerdeutscher Handel**: Im innerdeutschen Handel kommt es erstmals zu einem Rückgang im Gesamtumsatz, der mit mehr als 57% dramatisch ausfällt. Mit der Unterzeichnung des **Berliner Abkommens** am 20.9. wird eine langfristige Vereinbarung für den Handel zwischen beiden deutschen Staaten getroffen. Sie sieht die Einrichtung von Verrechnungskonten für den Handel in bestimmten Warengruppen vor, in denen Lieferungen und Bezüge gegeneinander aufgerechnet werden. Salden an sog. Verrechnungseinheiten (VE) müssen am Ende des Kalenderjahres durch D-Mark (West) ausgeglichen werden. – Der Außenhandel (ohne Reparationen) verdoppelt sich wertmäßig im Vergleich zum Vorjahr. Zwar fällt das Wachstum des Handels mit westlichen und Entwicklungsländern (außer BRD) mit 526,7% deutlich höher aus als das mit den staatssozialistischen Ländern (+95,6%), insgesamt aber nimmt die Dominanz des Handels mit den eigenen Verbündeten gegenüber dem mit westlichen Ländern (einschließlich BRD) weiter zu, sein Anteil beträgt 1951 74,8% am Außenhandel der DDR.

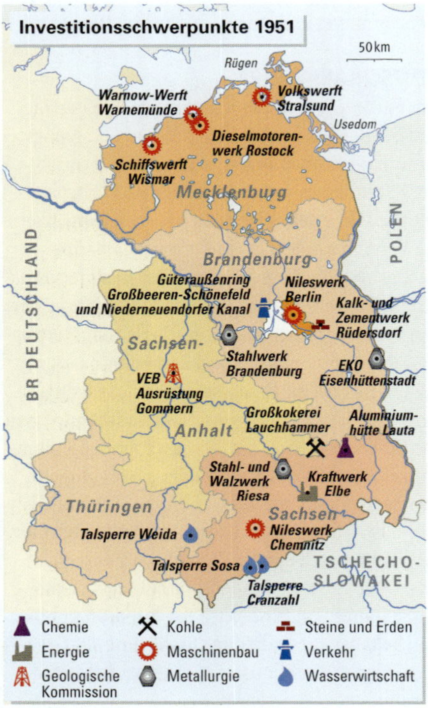

WIRTSCHAFT UND SOZIALES

■ **BIP**: Das BIP wächst gegenüber dem Vorjahr um 7% auf 84,3 Mrd. DM (in BRD-Preisen von 1989), das entspricht 18,8% des westdeutschen BIP. Damit ist – trotz hoher Wachstumsrate – die Wirtschaftskraft der DDR im Vergleich zur BRD um einen Prozentpunkt gesunken. Fortgesetzte Reparationslieferungen bremsen die Investitionskraft. Die DDR liefert Waren im Wert von 611,2 Mio. Ost-Mark (in Preisen von 1944), wofür ihr etwas mehr als 123 Mio. US-$ (in Preisen von 1938) auf dem Reparationskonto angerechnet werden.

■ **Bevölkerung**: Im Gebiet der DDR leben 18,35 Mio. Einwohner, ca. 1,6 Mio. mehr als 1939. Nach westlichen Angaben siedeln 165 648, nach DDR-Angaben 140 676 Personen nach Westdeutschland über, 27 372 Personen kehren von dort zurück.

■ **Wohnungssituation und Wiederaufbau**: Der Bau von 61 040 Wohnungen stellt eine Verdopplung in der Anzahl der fertiggestellten Wohnungen gegenüber dem Vorjahr und einen Rekord dar, der erst 1957 übertroffen wird. Am 25.11. ruft das SED-Zentralkomitee zu einem **Nationalen Aufbauwerk** (NAW) für die Hauptstadt Berlin auf (offizieller Start: 2.1.1952). Eine NAW-Lotterie soll bei der Finanzierung mithelfen; zukünftige Nutznießer von Wohnraum sind überdies zu finanziellen Beiträgen und zu freiwilligen Aufbaustunden aufgerufen.

■ **Preise und Lebenshaltung**: Am 26.2. wird der rationierte Verkauf von Textilien, am 8.10. der von Lebensmitteln (außer Fleischerzeugnissen, Eiern, Fett und Zucker) aufgehoben. Das bisher zweigeteilte Preissystem wird damit beseitigt, indem eine Art Durchschnittspreis aus Karten- und freiem Preis gebildet wird, der z.T. bis 1990 gilt.

1952 BRD

Entscheidung für den Westen

Die Ablehnung der von der Sowjetunion ausgehenden Deutschlandinitiative besiegelt den Verzicht auf die Option der Wiedervereinigung im Rahmen der bestehenden weltpolitischen Konstellation; der Deutschland- und der EVG-Vertrag sollen die Bundesrepublik zum Partner im westlichen Bündnissystem machen. Mit der »Wiedergutmachung« erkennt die Bundesrepublik ihre Verpflichtungen aus dem verbrecherischen Erbe des Nationalsozialismus gegenüber den Juden an.

DEUTSCHLAND- UND SICHERHEITSPOLITIK

■ **Deutschlandinitiative der Sowjetunion**: Am 10.3. übermittelt Josef Stalin den drei Westmächten eine **Note**, in der er vorschlägt, mit einer gesamtdeutschen Regierung einen **Friedensvertrag** abzuschließen, Deutschland als neutralem Land den Unterhalt eigener Streitkräfte zu erlauben und die Besatzungstruppen abzuziehen. Die Westmächte lehnen Stalins Vorschläge am 25.3. ab. Sie nennen freie Wahlen in Deutschland als unabdingbare Voraussetzung für die Bildung einer gesamtdeutschen Regierung, die dann über den Abschluss eines Friedensvertrags verhandeln könne. – In einer zweiten Note setzt Stalin die mehrdimensionale Deutschlandpolitik fort, indem er am 9.4. die westalliierte Forderung freier Wahlen akzeptiert. In ihrer Antwort vom 13.5. beharren die Westmächte aber auf der Forderung, Deutschland koalitions- und bündnispolitische Handlungsfreiheit einzuräumen, womit die sowjetische Neutralitätsforderung nochmals abgelehnt wird. Deutschland müsse ihrer Meinung nach auch in der Lage sein, über seine Grenzen verhandeln zu können. Damit werden zwei für die sowjetische Seite inakzeptable Bedingungen gesetzt, die diese unter Berücksichtigung ihrer Sicherheitsinteressen und wegen der Gefahr, die Kriegsbeute ohne Kompensation wieder zu verlieren, nur ablehnen kann. Ein weiterer Notenaustausch zwischen der Sowjetunion (24.5. und 23.8.) und den Westalliierten (10.7. bzw. 23.9.) bringt eine Verhärtung der gegensätzlichen Positionen, doch akzeptieren die Westmächte den Vorschlag einer Viermächtekonferenz über die Zukunft Deutschlands (→1953).

■ **Deutschlandvertrag**: Die Außenminister der USA, Großbritanniens, Frankreichs und der Bundesrepublik unterzeichnen am 26.5. in Bonn die »Konvention über die Beziehungen der drei Westmächte zur Bundesrepublik« (Deutschlandvertrag). Sein Inkrafttreten ist an das Zustandekommen des EVG-Vertrags gekoppelt. Da die französische Nationalversammlung am 30.8.1954 die Ratifizierung des EVG-Vertrags ablehnt, tritt er nicht in Kraft.

■ **Europäische Verteidigungsgemeinschaft (EVG)**: Die Außenminister Frankreichs, Italiens, der Benelux-Staaten und der Bundesrepublik unterzeichnen am 27.5. in Paris den EVG-Vertrag. Um die »Verteidigung Westeuropas gegen jede Aggression sicherzustellen«, beabsichtigen die Vertragspartner ihre nationalen Streitkräfte in einer »**supranationalen europäischen Organisation**« zu vereinigen. Ein zentraler Generalstab ist für die Ausbildung und Aufstellung der Streitkräfte zuständig. Insgesamt sollen 45 Divisionen (mit jeweils 12 000 Mann) aufgestellt werden, darunter zwölf von der Bundesrepublik. Die Gemeinschaft verfügt über ein Kommissariat, einen Ministerrat, eine Parlamentarische Versammlung und einen Gerichtshof. Das v.a. in

DEUTSCHLANDVERTRAG

Der am 26.5.1952 in Bonn unterzeichnete Vertrag entlässt die Bundesrepublik aus dem Besatzungsregime in die **Souveränität**, eingeschränkt durch aus der Kapitulation von 1945 abgeleitete Vorbehalte der Westalliierten. Vier **Zusatzverträge** ergänzen die Vereinbarung, u.a. ein Truppenstatut über die Rechte und Pflichten der stationierten alliierten Streitkräfte, ein Vertrag über die Finanzierung der Stationierungskosten und ein Überleitungsvertrag »zur Regelung aus Krieg und Besatzung entstandener Fragen«; die Besatzungsmächte behalten sich auch die Ausübung von Notstandsbefugnissen vor für den Fall, dass die Bundesrepublik Deutschland einem äußeren Angriff oder einem inneren Umsturzversuch ausgesetzt ist, dem sie nicht aus eigener Kraft begegnen kann. Die Vertragspartner verpflichten sich auf das Ziel eines wiedervereinigten Deutschland nach dem Verfassungs-, Gesellschafts- und Bündnismodell der Bundesrepublik und behalten die endgültige Festlegung der Grenzen einem frei vereinbarten Friedensvertrag für Gesamtdeutschland vor.

Frankreich umstrittene Vertragswerk bedarf zum Inkrafttreten der Ratifizierung durch die nationalen Parlamente; es scheitert →1954.

■ **Parlamentarische Beratungen**: In der Wehrdebatte am 8.2. legt der stellvertretende Vorsitzende der SPD-Fraktion, Erich Ollenhauer, die Position seiner Partei dar: Die soziale Sicherheit der Demokratie müsse Vorrang vor der militärischen haben; die Remilitarisierung gefährde die Wiedervereinigung. – Eingangs der 2. Lesung der Verträge im Bundestag (3.–6.12.) gibt Adenauer eine **pauschale Ehrenerklärung für die Angehörigen der Wehrmacht** im 2. Weltkrieg ab. Am 19.3.1953 wird der Deutschlandvertrag mit 218 gegen 164 Stimmen (von SPD, KPD, fraktionslosen und einigen FDP-Abgeordneten) bei vier Enthaltungen angenommen, der EVG-Vertrag mit 216:165:4 gebilligt.

■ **Proteste**: Der Widerstand gegen Wiederaufrüstung und Deutschlandvertrag mündet in eine breite Oppositionsbewegung, die nach der Deutschlandinitiative der Sowjetunion an Resonanz gewinnt und sich auch auf große Teile der Gewerkschaftsbewegung stützen kann. Vielfach eskalieren die Auseinandersetzungen. – Am 20.4. ruft die SED die westdeutschen Arbeiter zu Demonstrationen und Streiks gegen den EVG-Vertrag auf.

WEITERE AUSSENPOLITISCHE EREIGNISSE

■ **Montanunion**: Mit 232 gegen 143 Stimmen ratifiziert der Bundestag am 11.1. den Vertrag über die Gründung der Europäischen Gemeinschaft für Kohle und Stahl (EGKS, →1951). Die SPD lehnt das Vertragswerk als »zu kapitalistisch, zu kartellistisch« (Kurt Schumacher) ab.

■ **Frankreich/Saarfrage**: Differenzen über den **Status des Saargebiets** beeinträchtigen die Beziehungen zu Frankreich. Am 25.1. entsendet Frankreich überraschend einen Botschafter in das Saarland, was einer formellen Anerkennung als Land mit eigener Souveränität gleichkommt. Am 27.2. schlägt die französische Regierung Verhandlungen über eine Europäisierung des Saargebiets vor. Der Bundestag hält in einer Entschließung am 29.4. an der staatsrechtlichen Zugehörigkeit des Saarlandes zu Deutschland fest und fordert das **Recht auf Selbstbestimmung**. Ungeachtet der am 1.8. in Paris aufgenommenen Verhandlungen zwischen beiden Staaten über die Zukunft des Saarlandes erklären Bundesregierung und Bundestag am 18.11. die am 30.11. stattfindenden **Parlamentswahlen im Saarland**, zu denen nur pro-französische

182 393 Personen fliehen 1952 aus der DDR in den Westen: Flüchtlinge im Aufnahmelager in der Kuno-Fischer-Straße in West-Berlin

Parteien zugelassen werden, für illegal und rufen zur Abgabe ungültiger Wahlzettel auf. Bei einem Anteil von 24,4% ungültiger Stimmen, jedoch einer Wahlbeteiligung von 93% bleiben die bisherigen Kräfteverhältnisse der im Landtag vertretenen politischen Parteien unverändert und Johannes Hoffmann (CVP) Ministerpräsident.

■ **Helgoland**: Die britische Besatzungsmacht übergibt am 29.2. die von ihrer Luftwaffe genutzte Insel wieder deutscher Verwaltung.

■ **»Wiedergutmachung«**: Nach Verhandlungen über eine Entschädigung für den Aufwand Israels bei der Eingliederung und Unterstützung von Flüchtlingen, die der nationalsozialistischen Verfolgung entkommen konnten, unterzeichnen Bundeskanzler Adenauer und Israels Außenminister Mosche Scharett am 10.9. in Luxemburg das in Israel heftig umstrittene Abkommen über die **Erstattung von Eingliederungskosten**. Darin verpflichtet sich die Bundesrepublik zur Zahlung von 3 Mrd. DM in Sachwerten, die Israel in festgelegten Jahresraten bis 1964 beziehen wird. Eine Abgeltung individueller Ansprüche von Opfern des Nationalsozialismus ist in dem Abkommen nicht berücksichtigt. Der Conference on Jewish Material Claims against Germany, vertreten durch Nahum Goldmann, sichert die Bundesregierung in zwei Protokollen weitere Verbesserungen durch eine »Wiedergutmachungsgesetzgebung« und die Zahlung von 450 Mio. DM an jüdische Organisationen zu. Das **»Wiedergutmachungsabkommen«** mit Israel wird vom Bundestag am 18.3.1953 gebilligt; da zahlreiche Abgeordnete aus dem Regierungslager ihre Zustimmung verweigern, sich enthalten oder der Abstimmung fernbleiben, sichern die Stimmen der SPD die Annahme der Vorlage. – Eine »Organisation jüdischer Partisanen« bekennt sich zu dem

fehlgeschlagenen Attentat auf Bundeskanzler Adenauer am 27.3., mit dem sie die »Wiedergutmachungsverhandlungen« zwischen der Bundesrepublik und Israel torpedieren wollte.

DEUTSCH-DEUTSCHE BEZIEHUNGEN, WEST-BERLIN

■ **Neue Berlin-Krise**: Nach Unterzeichnung des Deutschlandvertrags am 26.5., der ein **neues Berlinstatut** vorsieht, sperren die DDR-Behörden den Besucherverkehr nach Ost-Berlin und binden die Besuchserlaubnis für West-Berliner ab 1.6. an die Ausstellung von Sonderausweisen; der Telefonverkehr wird unterbrochen, der alliierte Kontrollverkehr über die Interzonenautobahn Helmstedt–West-Berlin behindert. Am 3.6. besetzen sowjetische und DDR-Einheiten mehrere West-Berliner Enklaven. Das **Interzonenhandelsabkommen** von 1951 ist schon seit 4.3. außer Kraft gesetzt.

■ **Entführungen**: Anlässlich der Entführung des West-Berliner Juristen Walter Linse am 8.7. nach Ost-Berlin teilt der Bundesminister für gesamtdeutsche Fragen, Jakob Kaiser, mit, seit 1948 seien aus West-Berlin und der Bundesrepublik über 100 Menschen in die DDR verschleppt worden. (Linse wird 1953 von einem sowjetischen Militärgericht als Agent zum Tode verurteilt und hingerichtet; erst im Zuge seiner Rehabilitation durch die russische Justiz 1996 wird sein Schicksal bekannt.)

INNENPOLITIK

■ **Kontroverse über das Betriebsverfassungsgesetz**: Neben den z.T. schweren Auseinandersetzungen über die Deutschlandpolitik und die Wiederaufrüstung erreichen im Frühjahr und Sommer die **gewerkschaftlichen Aktionen** gegen das seit Anfang April im Entwurf vorliegende Betriebsverfassungsgesetz ihren Höhepunkt. Gewerkschafter und Sozialdemokraten, die das Mitbestimmungsmodell der Montanunion (→ 1951) auf die Gesamtwirtschaft übertragen sehen wollen, stufen den Entwurf der Bundesregierung als Rückschritt und unternehmerfreundlich ein. Nach den 1.-Mai-Demonstrationen kommt es Mitte des Monats zu Arbeitsniederlegungen in zahlreichen Betrieben. Um eine weitere Eskalation zu vermeiden, erklärt sich der DGB-Vorstand bei einem Treffen mit Bundeskanzler Adenauer am 13.6. bereit, die Kampfmaßnahmen einzustellen. Am 19.7. verabschiedet der Bundestag mit 195 gegen 140 Stimmen bei 7 Enthaltungen das Betriebsverfassungsgesetz.

BETRIEBSVERFASSUNGSGESETZ

Das am 11.10.1952 in Kraft getretene Gesetz, dem in der Weimarer Republik das Betriebsrätegesetz vorausging, regelt die Mitbestimmungs- und Mitwirkungsrechte von Arbeitnehmern in privaten Betrieben (ab fünf Arbeitnehmern) und Unternehmen durch den Betriebsrat sowie Entscheidungsverfahren zwischen Betriebsrat und Arbeitgeber. Der Betriebsrat vertritt die Interessen der Beschäftigten, dabei muss er das **Wohl des Betriebs** berücksichtigen, ist zu **politischer Neutralität** verpflichtet und einem Arbeitskampfverbot unterworfen. Seine einklagbaren **Mitbestimmungsrechte** sind im Wesentlichen auf die sozialen Angelegenheiten im Betrieb beschränkt; bei Personal- und wirtschaftlichen Grundentscheidungen erhält der Betriebsrat Informations,- Beratungs- und Mitwirkungsrechte. **Einschränkungen** gelten für Klein- und Tendenzbetriebe (u.a. Medienunternehmen, Religionsgemeinschaften). In Aktiengesellschaften (AG) und Gesellschaften mit beschränkter Haftung (GmbH) zwischen 500 und 2000 Beschäftigten wird ein Drittel der Aufsichtsratsmitglieder von den Arbeitnehmern in direkter Wahl bestimmt. Für den Montanbereich gilt eine mit erweiterten Arbeitnehmerrechten (u.a. Parität im Aufsichtsrat, Arbeitsdirektor) versehene **Montan-Mitbestimmung**.

■ **Sozialpolitik**: Am 3.1. tritt das **Jugendschutzgesetz** in Kraft (u.a. Verbot des Branntweingenusses und Rauchens für Heranwachsende unter 18 bzw. 16 Jahren), am 24.1. das **Mutterschutzgesetz**, das erweiterte Schutzbestimmungen für erwerbstätige werdende und stillende Mütter einführt. – Am 10.7. verabschiedet der Bundestag das **Lastenausgleichsgesetz** (LAG, in Kraft 14.8.), das Kriegsbeschädigten, Heimatvertriebenen und Flüchtlingen die Wiedereingliederung und die Sicherung ihrer Existenz erleichtern soll.

■ **Weitere Gesetze und Erlasse:** Auf Drängen Adenauers erklärt Bundespräsident Theodor Heuss am 5.5. das Deutschlandlied (Text von Hoffmann von Fallersleben, Melodie von Joseph Haydn) wieder zur **Nationalhymne**. Bei staatlichen Veranstaltungen soll nur die dritte Strophe gesungen werden. – Am 2.10. lehnt der Bundestag mit 151 zu 146 Stimmen bei 2 Enthaltungen die Wiedereinführung der **Todesstrafe** ab; die Mehrheit der CDU/CSU-Fraktion votiert dafür, von den SPD-Abgeordneten wird sie geschlossen abgelehnt.

■ **Innere Sicherheit**: Bundesinnenminister Robert Lehr kündigt am 8.5. die **Verdoppelung des Bundesgrenzschutzes** auf 20 000 Mann an.

PARTEIEN UND GEWERKSCHAFTEN

■ **SPD**: In Bonn stirbt am 20.8. der SPD-Vorsitzende Kurt Schumacher im Alter von 56 Jahren. Auf dem Parteitag in Dortmund (24.–29.9.) wird der bisherige stellvertretende Vorsitzende **Erich Ollenhauer** zum neuen Parteichef gewählt.

■ **SRP**: In Erwartung ihres Verbots löst sich am 12.9. die Sozialistische Reichspartei (SRP) auf. Das Bundesverfassungsgericht verbietet die Partei am 23.10. auf Antrag der Bundesregierung als Nachfolgeorganisation der NSDAP und untersagt die Gründung von Ersatzorganisationen.

■ **DGB**: Auf dem Bundeskongress in West-Berlin wird der DGB-Vorsitzende Christian Fette am 17.10. wegen zu großer Kompromissbereitschaft gegenüber der Bundesregierung abgewählt, Nachfolger wird der bisherige Vorsitzende der IG Metall, Walter Freitag.

■ **GVP**: Die Bundestagsabgeordneten Helene Wessel, frühere Vorsitzende des Zentrums, der ehemalige Bundesinnenminister Gustav Heinemann (CDU) und Hans Bodensteiner (CSU) gründen am 30.11. in Frankfurt am Main die Gesamtdeutsche Volkspartei. Die GVP präsentiert sich als bürgerliche Alternative zu KPD und SPD.

KRIEGSFOLGEN

■ **Kriegsgefangene**: Bundeskanzler Adenauer beziffert am 16.1. die Zahl der namentlich bekannten deutschen Soldaten in sowjetischer Kriegsgefangenschaft auf 106 000. Dem Nordatlantikrat zufolge werden zwischen 1,3 und 1,6 Mio. deutsche Soldaten in der Sowjetunion vermisst. Diese lehnt am 25.1. ihre Mitarbeit in der UN-Kommission zur Rückführung von Kriegsgefangenen ab.

■ **Entnazifizierung**: Der Untersuchungsausschuss zur Prüfung der **Personalpolitik des Auswärtigen Amtes** stellt in seinem am 14.7. vorgelegten Bericht fest, die Wiederbeschäftigung von vier Diplomaten gefährde das internationale Vertrauen in die demokratische Entwicklung der Bundesrepublik. Im März war aufgedeckt worden, dass sich das leitende Personal des Auswärtigen Amtes fast ausschließlich aus führenden Mitarbeitern des nationalsozialistischen Außenamtes rekrutiert, darunter alle zehn Referatsleiter der politischen Abteilung, die zugleich Mitglieder der NSDAP waren.

Erich Ollenhauer, Kurt Schumacher, Annemarie Renger

■ **Dekartellisierung**: Mit seiner Zustimmung zur Neuordnung des Konzerns erhält Friedrich Flick am 10.12. die Verfügungsgewalt über sein Firmenimperium zurück, das zugleich aus alliierter Kontrolle entlassen wird; er verzichtet dafür auf jegliche industrielle Aktivitäten im Kohle- und Stahlbereich. Flick war 1947 wegen Verbrechen gegen die Menschlichkeit zu sieben Jahren Haft verurteilt, aber bereits 1950 entlassen worden.

WIRTSCHAFTSPOLITIK

Mit Inkrafttreten des **Investitionshilfegesetzes** am 7.1. bringt die gewerbliche Wirtschaft einen einmaligen Betrag von 1 Mrd. DM auf, mit dem Engpässe in den Grundstoffindustrien (Montanindustrien, Energiewirtschaft und Bahn) beseitigt werden sollen. – Die Arbeitslosigkeit im Ruhrgebiet sinkt im dritten Quartal auf 2,5%.

■ **Wohnungsbauprämie**: Am 24.1. beschließt der Bundestag einstimmig das **Wohnungsbau-Prämiengesetz**. Um die Wohnungsnot zu lindern und die Baukonjunktur zu stimulieren, erhalten Geringverdienende und kinderreiche Familien auf Bausparеinlagen Prämien bis zu einer Höhe von 35%.

■ **Marshallplan**: Zum Ablauf des US-amerikanischen Haushaltsjahres 1951/52 legt die US-Regierung eine Aufstellung der seit 1948 geleisteten Auslandshilfe im Rahmen des ERP-Programms (seit 1.1.1952 Mutual Security Act) vor. Von 13,37 Mrd. US-$ gingen 6,6 Mrd. DM in die Bundesrepublik. Die Höhe der Militärhilfe bleibt geheim.

BUNDESLÄNDER

■ **Baden-Württemberg**: Nach der Landtagswahl am 9.3. wird der bisherige Regierungschef von Württemberg-Baden Reinhold Maier (FDP/DVP) Ministerpräsident des neuen Bundeslandes.

■ **Wahlergebnis** → S. 458

1952 DDR

Integration in den Ostblock

1952 wird zum Entscheidungsjahr für eine bis auf weiteres strikt getrennte Entwicklung zweier deutscher Staaten. Unter dem Vorzeichen des Scheiterns der Stalin-Noten vom März und April, in der die Wiedervereinigung von DDR und BRD in einem neutralen Staat vorgeschlagen worden war, erlangt die andere Option der sowjetischen Deutschlandpolitik, die Integration einer staatssozialistischen DDR in das östliche Bündnis zu betreiben, die letztlich entscheidende Bedeutung. In der DDR selbst kann die herrschende Partei nunmehr offen dieselben gesellschaftspolitischen Ziele propagieren wie sie in den anderen »volksdemokratischen Ländern« des Ostblocks schon seit dem Ende der 1940er Jahre umgesetzt werden.

»PLANMÄSSIGER AUFBAU DES SOZIALISMUS«

Nach der Ablehnung von Josef Stalins Vorschlägen für ein neutrales Gesamtdeutschland durch die westlichen Alliierten wird eine langfristige getrennte Entwicklung der beiden deutschen Staaten immer wahrscheinlicher. Das Ausmaß der kommenden getrennten Entwicklung wird mit den Beschlüssen der 2. Parteikonferenz der SED (9.–12.7.) angedeutet, auf der SED-Generalsekretär Walter Ulbricht für die DDR den **Beginn des sozialistischen Aufbaus** ankündigt. Nach der Parteikonferenz geben die Führungsgremien der Blockparteien und der Massenorganisationen zustimmende Erklärungen ab, in denen sie außerdem für sich »eigene Aufgaben« beim Aufbau definieren. – Der »planmäßige Aufbau des Sozialismus« ist v.a. durch die fortgesetzte Reorganisation der wirtschaftlichen Verhältnisse und besonders die Stärkung des öffentlichen Sektors geprägt. Neben der Festigung veränderter Eigentumsverhältnisse in der Industrie ist hierbei v.a. der Beginn der **Kollektivierung in der Landwirtschaft** durch Gründung von **Landwirtschaftlichen Produktionsgenossenschaften (LPG)** zu nennen. – Durch Erlasse des Ministerrats vom 5. bzw. 7.8. wird der Eintritt in die LPG durch den staatlichen Verzicht auf die weitere Bezahlung der »Übernahmebeiträge« für das in der Bodenreform erhaltene Land und die Gewährung verbilligter Kredite an die LPG gefördert. Die Kollektivierung verläuft anfangs auf freiwilliger Basis und schließt »Großbauern« zunächst aus, um zu verhindern, dass diese – wegen ihrer Erfahrung in der Leitung größerer Betriebe – in den neuen LPG herausgehobene Positionen besetzen. Am 5. und 6.12. findet die erste Konferenz von LPG-Vorsitzenden statt, die – je nach Grad der Umwandlung des landwirtschaftlichen Eigentums – eine Typologie der Genossenschaften vorschlägt (am 19.12. per Ministerratsverordnung bestätigt). – Am 2.10. verabschiedet die Volkskammer das **Gesetz zum Schutze des Volks- und anderen gesellschaftlichen Eigentums**. Es symbolisiert die strafrechtlich »privilegierte« Position des später sog. sozialistischen Eigentums gegenüber dem privaten und persönlichen Besitz.

■ **Remilitarisierung:** Der Aufbau von regulären militärischen Verbänden wird unter Verweis auf ähnliche Bestrebungen in Westdeutschland verstärkt. Ab 2.1. wird die Bereitschaftspolizei mit sowjetischen Waffen ausgerüstet. Am 1.5. kündigt DDR-Präsident Wilhelm Pieck den Aufbau nationaler Streitkräfte für den Fall der Annahme des Deutschlandvertrags an. Tatsächlich hat der Aufbau einer Armee schon längst begonnen: Das IV. Parlament der FDJ in Leipzig (27.–30.5.) erlebt den feierlichen Aufmarsch solcher Verbände, am 1.7. wird die bisherige »Hauptverwaltung Ausbildung« des Innenministeriums in **Kaser-**

24 thüringische Neubauern schließen sich am 8.6. zur ersten LPG »Walter Ulbricht« zusammen

DIE DREI TYPEN DER LANDWIRTSCHAFTLICHEN PRODUKTIONSGENOSSENSCHAFTEN (LPG)

Typ I: Das eigene und gepachtete Ackerland der Mitgliedsbauern wird gemeinsam bewirtschaftet, wobei die Bewertung der geleisteten Feldarbeit in sog. Arbeitseinheiten erfolgt. Die Bezahlung der Bauern erfolgt zu 80% nach Fläche und Wert des in die LPG eingebrachten Bodens und zu 20% nach den geleisteten Arbeitseinheiten.

Typ II: Die Mitglieder bringen außer dem Boden auch Maschinen und Geräte zur gemeinsamen Nutzung in die LPG ein. Dieser Typ erlangt nie größere Bedeutung.

Typ III: Der gesamte Grund und Boden, also auch Grünland, Wald und sonstige Flächen sowie Maschinen, Geräte, Wirtschaftsgebäude und Vieh werden in die LPG eingebracht. Das Eigentumsrecht an den eingebrachten Immobilien und sonstigen Werten bleibt zwar formell erhalten, hat jedoch keine praktische Bedeutung. Die Verteilung der Einkünfte der LPG und die Bezahlung der Arbeitskräfte erfolgt zu 20% nach den eingebrachten Bodenanteilen und zu 80% nach Arbeitseinheiten.

nierte Volkspolizei (KVP) umbenannt. In der KVP werden mit Wirkung vom 7.10. militärische Dienstgrade eingeführt. Am 24.7. wird außerdem per Verordnung ein **Dienst für Deutschland**, eine Art Arbeitsdienst, eingeführt. Am 7.8. wird – ebenfalls per Verordnung – die **Gesellschaft für Sport und Technik** (GST) gegründet. In ihrer 1. Satzung definiert sie sich noch nicht als Organisation der vormilitärischen Ausbildung der Jugend. Gleichwohl benennt sie schon als Ziel, »die Entwicklung des Fallschirmsportes, des Schieß- und Geländesportes zum wahrhaften Massensport« betreiben zu wollen. Einige attraktive Lehrgänge, wie z.B. das Amateurfunken, werden ausschließlich in der GST angeboten und führen auf diese Weise junge Menschen an militärisch nutzbare Fähigkeiten heran.

■ **Staatliche Neugliederung der DDR**: Am 23.7. beschließt die Volkskammer im Rahmen einer Verwaltungsreform die staatliche Neugliederung der DDR, ausgenommen Ost-Berlin. Die fünf Länder Mecklenburg, Brandenburg, Sachsen-Anhalt, Thüringen und Sachsen werden in 14 Bezirke aufgelöst. Mit Ausnahme der Länderkammer verschwinden alle früheren föderalen Institutionen. Am 29.7. beschließt das Politbüro analog die Auflösung der SED-Landesverbände zum 1.8. und ihre Reorganisation als Bezirksparteiorganisationen. Auch die anderen Parteien und Massenorganisationen vollziehen diesen Schritt nach.

■ **Aufbau des Rundfunks**: Dem am 14.8. per Verordnung des Ministerrats gebildeten Staatlichen Rundfunkkomitee kommt die Aufgabe zu, »das sozialistische Bewusstsein der Werktätigen zu entwickeln, die Bevölkerung tief mit der Idee der Verteidigung des Friedens, der Verteidigung unserer Heimat und des Hasses gegen die imperialistischen Kriegsbrandstifter, Militaristen und Vaterlandsverräter zu erfüllen«. Am 21.12., wenige Tage vor den westdeutschen Rundfunkanstalten, beginnt der Deutsche Fernsehfunk (DFF) mit der Ausstrahlung eines Fernsehprogramms, das wegen der geringen Anzahl von Fernsehempfängern nur von wenigen gesehen werden kann.

DEUTSCH-DEUTSCHE BEZIEHUNGEN

Mit der Aufrüstung geht der verstärkte Ausbau von Sicherungsanlagen und die Einrichtung von Sperrgebieten entlang der innerdeutschen Grenze einher. Nachdem schon am 30.6.1946 die Demarkationslinie zwischen SBZ und Westzonen auf Ersuchen der Sowjetunion abgeriegelt worden war, kündigt der DDR-Ministerrat am 26.5. mit der Übernahme der

ENTNAZIFIZIERUNG IN DER SBZ/DDR

Wenige Monate nach Kriegsende erlässt die SMAD Befehle zur Entnazifizierung bestimmter Berufsgruppen. Im Rahmen der Bodenreform im September 1945 werden ranghohe NSDAP-Mitglieder (Reichstagsabgeordnete, Minister, Staatssekretäre und andere Funktionäre) entschädigungslos enteignet. Dem offiziellen Verbot aller NS-Organisationen durch den Alliierten Kontrollrat am 10.10.1945 folgen am 30./31.10.1945 die SMAD-Befehle Nr. 124 und 126, die das Verfahren zur Beschlagnahme des Eigentums von Nationalsozialisten und von nationalsozialistischen Organisationen regeln. Schließlich liefern der Volksentscheid in Sachsen zur »entschädigungslosen Enteignung der Nazis und Kriegsverbrecher« vom 30.6.1946 und ähnliche Verordnungen in den anderen Ländern der SBZ sowie in Berlin die Rechtsgrundlage für die Enteignung von Industrie- und Dienstleistungsunternehmen. – Am 26.2.1948 befiehlt die SMAD den Entnazifizierungskommissionen, ihre Tätigkeit mit Wirkung vom 10.3.1948 einzustellen. Danach werden noch anhängige Verfahren bis 10.4. abgeschlossen. Sieben Tage später wird auch das Sequesterverfahren gegen das Eigentum von NSDAP-Mitgliedern eingestellt. Einen Monat nach Gründung der DDR verabschiedet die Provisorische Volkskammer am 9.11.1949 ein Gesetz, mit dem ehemalige NSDAP-Mitglieder und Offiziere der Wehrmacht eingeschränkte staatsbürgerliche Rechte erhalten. Am 2.10.1952 regelt ein weiteres Gesetz die volle Gewährung aller staatsbürgerlichen Rechte.

Grenzsicherung von den sowjetischen Truppen ein »strenges Grenz- und Zollregime« an der deutsch-deutschen Grenze an. Es sieht u.a. die Errichtung eines 5 km breiten **Sperrgebietes an der Grenze** zur Bundesrepublik und von kleineren **Grenzzonen** an der innerstädtischen Grenze in Berlin vor. Anlass ist die Unterzeichnung des Deutschland- und der EVG-Verträge am gleichen Tag. – Trotz des Empfangs einer Volkskammerdelegation durch Bundestagspräsident Hermann Ehlers am 19.9. bleiben die Beziehungen zwischen Bundesrepublik und DDR gespannt. Am 27.5. wird der **Telefonverkehr zwischen Ost- und West-Berlin** von westlicher Seite unterbrochen. Zuvor hatte die Deutsche Post der DDR unter Verweis auf die angebliche Übertragung von »RIAS-Hetze« über das Gesamt-Berliner Telefonnetz und wegen Drohanrufen aus dem Westen bei hohen Partei- und Staatsfunktionären für Fernsprechverbindungen zwischen dem Ost- und Westteil der Stadt Vermittlungsstellen als »Puffer« zwischengeschaltet. Damit beginnt in Berlin eine fast 19 Jahre währende Unterbrechung der Fernsprechverbindungen.

WIRTSCHAFTSENTWICKLUNG

Nach wie vor tragen die **Reparationslieferungen** zur verminderten ostdeutschen Investitionskraft bei. Durch die am 29.4. angekündigte Rückgabe weiterer 66 SAG-Betriebe verlieren Unternehmen in sowjetischem Besitz ihre vorherige zentrale Bedeutung für die Reparationslieferungen aus der laufenden Produktion (Anteil der SAG-Betriebe, einschließlich der zurückgegebenen, an den Jahreslieferungen: 78%, ohne sie: 42%). – Das **BIP** wächst gegenüber dem Vorjahr um 6,2% auf 89,5 Mrd. DM (in BRD-Preisen von 1989). Die Wirtschaftskraft der DDR entspricht 18,3% der BRD-Wirtschaftskraft und ist damit weiter gesunken. – In der **Landwirtschaft** entstehen bis zum Jahresende 1906 LPG, in denen 37 000 Bauern vereinigt sind. Sie bewirtschaften 6,7% der ca. 6,52 Mio. ha landwirtschaftlicher Nutzfläche. Die ersten **Produktionsgenossenschaften des Handwerks** (PGH) sowie einige **Produktionsgenossenschaften werktätiger Fischer** (PwF) und andere Genossenschaften beschäftigen 40 000 Personen.

SOZIALE DATEN

- **Entnazifizierung**: Am 2.10. verabschiedet die Volkskammer ein Gesetz, mit dem die Entnazifizierung endet. Alle bisher noch vorhandenen Beschränkungen ihrer staatsbürgerlichen Rechte für ehemalige Mitglieder der NSDAP und frühere Wehrmachtsoffiziere werden aufgehoben.
- **Bevölkerung**: In der DDR leben am 31.12. rd. 18,3 Mio. Einwohner, 50 000 weniger als im Vorjahr. Nach westlichen Angaben siedeln 182 393, nach DDR-Angaben 162 644 Personen nach Westdeutschland über, 24 012 Personen kehren von dort zurück.
- **Preise und Lebenshaltung**: Verringerte Ernteerträge, die Republikflucht von Bauern und eingeschränkte Investitionsmittel führen zu Versorgungsengpässen. Für diese wird im Dezember der Minister für Handel und Versorgung Karl Hamann (LDPD) verantwortlich gemacht, der daraufhin seine Ämter verliert, aus der LDPD ausgeschlossen, verhaftet und am 14.7.1954 zu zehn Jahren Haft verurteilt wird.

1953 BRD

Konsolidierung

Im Jahr des Machtwechsels in den USA (von Harry S. Truman zu Dwight D. Eisenhower) und in der Sowjetunion (von Josef Stalin zu Nikita Chruschtschow) festigt die Bundesrepublik ihre Position in der internationalen Politik. Im Zeichen sich deutlich verbessernder Lebensbedingungen entschärfen sich die sozialen Probleme; die Bewältigung der Kriegsfolgen macht Fortschritte, ohne von einer breiten Auseinandersetzung über die Kriegsursachen begleitet zu sein. Während die Oppositionsbewegung gegen Wiederaufrüstung und einseitige Westbindung an Boden verliert, gewinnen ehemalige aktive Nationalsozialisten an Einfluss. Das Ergebnis der Bundestagwahl kann Bundeskanzler Konrad Adenauer als triumphale Bestätigung seiner Politik werten.

SICHERHEITS- UND DEUTSCHLANDPOLITIK

■ **Europäische Verteidigungsgemeinschaft (EVG)**: Der französische Außenminister Georges Bidault, dessen Regierung auf die Unterstützung der von General Charles de Gaulle angeführten EVG-Gegner in der Nationalversammlung angewiesen ist, macht am 7.1. die Ratifizierung des EVG-Vertrags von **Veränderungen im Zusatzprotokoll und einer Lösung der Saarfrage** abhängig. Am 16.2. erklärt Frankreich, auf eine Nationalarmee nicht verzichten zu wollen. – Nach erfolglosen Versuchen, das Bundesverfassungsgericht in die Entscheidung über den Deutschlandvertrag (→1952) und den EVG-Vertrag einzubeziehen, billigt der Bundestag am 19.3. beide Verträge gegen die Stimmen von SPD und KPD. Bundesfinanzminister Fritz Schäffer (CSU) erklärt sich am 25.4. bereit, nach Inkrafttreten der Verträge bis Juni 1954 monatlich 950 Mio. DM für den Aufbau der EVG bereitzustellen. Der Sicherheitsbeauftragte der Bundesregierung, Theodor Blank, teilt am 29.12. mit, über **100 000 Freiwillige**, darunter viele ehemalige Wehrmachtsangehörige, hätten sich für den Dienst in der geplanten Europa-Armee beworben.

■ **Deutschlandfrage**: In einer einstimmig verabschiedeten Entschließung befürwortet der Bundestag am 10.6. den Vorschlag einer Viermächtekonferenz und wiederholt die von der Bundesrepublik schon im Vorjahr geforderten Schritte zur Wiedervereinigung: »1. die Abhaltung freier Wahlen in ganz Deutschland, 2. die Bildung einer freien Regierung für das ganze Deutschland, 3. der Abschluss eines mit dieser Regierung frei vereinbarten Friedensvertrags, 4. die Regelung aller noch offenen territorialen Fragen und 5. die Sicherung der Handlungsfreiheit für ein gesamtdeutsches Parlament und eine gesamtdeutsche Regierung im Rahmen der Grundsätze und Ziele der UN«. Auf dieser Grundlage und unter dem Eindruck der Ereignisse des 17. Juni (→DDR) fordert der Bundestag am 1.7. in einem von der Bundesregierung vorgelegten »**Sofortprogramm zur Wiedervereinigung**« u.a. die Beseitigung aller Absperrmaßnahmen, die Presse- und Versammlungsfreiheit, die Zulassung politischer Parteien und die Schaffung demokratischer Rechtsformen in der DDR. Am 15.7. greifen die drei Westmächte in einer Note an die sowjetische Regierung den Vorschlag einer Viermächtekonferenz über Deutschland auf. In dem sich anschließenden Notenwechsel wiederholen beide Seiten im Wesentlichen ihre 1952 ausgetauschten Grundsatzpositionen in der Deutschlandfrage, verständigen sich jedoch auf eine Außenministerkonferenz im Januar 1954 in Berlin.

AUSSENPOLITISCHE ENTWICKLUNG

■ **Initiativen zu einer gemeinsamen Westeuropapolitik**: Nach Wegfall der Zollschranken im Montanbereich und Arbeitsbeginn der Europäischen Gemeinschaft für Kohle und Stahl (EGKS) am 10.2. beraten die sechs Mitgliedstaaten am 24.2. in Rom über die Möglichkeit einer **Europäischen Politischen Gemeinschaft**. Am 10.3. präsentieren 87 Parlamentarier der Beratenden Versammlung der EGKS und der sechs Mitgliedstaaten unter Vorsitz des Belgiers Paul Henri Spaak den Entwurf für die Verfassung einer solchen Union.

■ **Abwicklung des NS-Erbes**: Am 27.2. unterzeichnen die Vertreter der Bundesrepublik, der drei Westmächte und 17 weiterer Gläubigerstaaten das **Londoner Schuldenabkommen**. In ihm erkennt die Bundesrepublik als Rechtsnachfolgerin des Deutschen Reichs die deutschen Vorkriegsschulden in Höhe von insgesamt 13,5 Mrd. DM (3,27 Mrd. US-$) an; 6,2 Mrd. DM werden ihr davon erlassen.

Trauerkundgebung für die West-Berliner Opfer des 17. Juni vor dem Rathaus Schöneberg

Die Nachkriegsverbindlichkeiten (u.a. aus dem Marshallplan) werden auf 16 Mrd. DM festgelegt und auf 7 Mrd. DM reduziert.

■ **Beziehungen zu den Westmächten**: Adenauers **Besuch in den USA** vom 6.4. bis 17.4., der erste eines deutschen Regierungschefs, wird als Zeichen der Wiederaufnahme Deutschlands in die »Völkergemeinschaft der freien Welt« gewertet. Angesichts der Entspannungsofferten der Sowjetunion versichert der Bundeskanzler, die Bundesrepublik werde die Einbindung in das westliche Bündnissystem nicht in Frage stellen; US-Präsident Dwight D. Eisenhower verspricht, mit der Sowjetunion keine Vereinbarungen über deutsche Angelegenheiten zu treffen, ohne die Bundesrepublik zu konsultieren. Ähnliche Verabredungen trifft der Bundeskanzler während seines **Besuchs in London** vom 14.5. bis 16.5. mit Premierminister Churchill.

■ **Saarfrage**: Am 20.5. unterzeichnen der französische Außenminister Bidault und der saarländische Ministerpräsident Johannes Hoffmann ein Abkommen über den **Status des Saarlandes**, das an die Stelle der am 3.3.1950 abgeschlossenen Konventionen tritt (→ 1950).

DEUTSCH-DEUTSCHE BEZIEHUNGEN, BERLIN-POLITIK

■ **Flüchtlinge**: Die sprunghaft ansteigende Zahl von DDR-Flüchtlingen stellt die Behörden in West-Berlin und in der Bundesrepublik vor immer größere Unterbringungs- und Versorgungsprobleme. Der West-Berliner Senat schätzt am 6.1. die Zahl der Flüchtlinge, die ohne Genehmigung im Westteil der Stadt leben, keine Arbeitserlaubnis besitzen und vom Sozialamt nicht unterstützt werden, auf 225 000 und weist auf die Überfüllung der 74 Notaufnahmelager hin. Nach einem dringenden Appell des Abgeordnetenhauses vom 22.1. erklären sich die Bundesländer am 6.2. bereit, monatlich 30 000 DDR-Flüchtlinge aus West-Berlin aufzunehmen. Die Bundesregierung verdoppelt die Mittel für den Bau von Flüchtlingswohnungen auf 180 Mio. DM. Mit rd. 6000 Menschen an einem Tag erreicht die Fluchtwelle aus der DDR am 2.3. ihren vorläufigen Höhepunkt. Bis zum 31.12. stellen 331 390 Menschen in West-Berlin und in der Bundesrepublik einen Aufnahmeantrag.

■ **17. Juni**: Unter der Teilnahme von etwa 125 000 Menschen findet am 23.6. in Berlin eine Trauerkundgebung für die Opfer des Aufstandes vom 17. Juni statt. – Am 3.8. erklärt der Bundestag den 17. Juni als »Tag der deutschen Einheit« zum gesetzlichen Feiertag.

■ **Lebensmittelhilfen**: Zwischen dem 25.6. und 10.10. werden **5,5 Mio. Pakete** im Wert von jeweils 5 DM bereit gestellt, die sich Ost-Berliner und DDR-Bürger an speziellen Ausgabestellen in West-Berlin abholen können. Nachdem zuvor an ältere Bedürftige in West-Berlin 430 000 Pfund Butter verteilt wurden, erhalten Ost-Berliner ab 23.11. 240 000 Pfund Butter, die von den USA gespendet wurden. Für Lebensmittel-Hilfen stellen die USA seit Ende Juni 15 Mio. US-$ (63 Mio. DM) zur Verfügung.

BUNDESTAG, REGIERUNG, PARTEIEN

■ **Bundeswahlgesetz**: Der Bundestag beschließt am 25.6. mehrere Änderungen des Wahlgesetzes, die schon für die Bundestagswahl am 6.9. wirksam werden: Die Zahl der Wahlkreise wird von 200 auf 242 erhöht (die Zahl der Abgeordneten von 400 auf 484); hinzu können Überhangmandate kommen; die Wähler erhalten eine Erststimme (Wahl eines Direktkandidaten) und eine Zweitstimme (Wahl der Landesliste der Partei); die 5%-Sperrklausel, die bei der ersten Bundestagswahl je Bundesland galt, bezieht sich nun auf das Bundesgebiet.

■ **Bundestagswahl**: Zur **Wahl zum 2. Deutschen Bundestag** am 6.9. kandidieren acht Parteien in allen Bundesländern, zehn weitere in einzelnen. Die Wahlbeteiligung beträgt 85,8% (1949: 78,5%). Unerwartet hoch gewinnen CDU und CSU: Sie steigern ihren Stimmenanteil von 31% auf 45,2% und erzielen die absolute Mehrheit der Mandate. Der Erfolg wird allgemein als Vertrauensbeweis für die Wirtschafts- und Außenpolitik von Bundeskanzler Adenauer gewertet, dem es in einem stark

Wahl zum 2. Deutschen Bundestag am 6.9.1953 (1949)

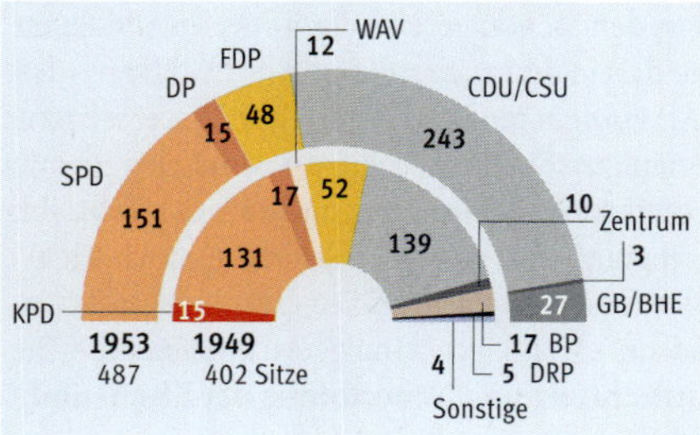

polarisierenden Wahlkampf darüber hinaus gelingt, die SPD vielen Wählern als unsicheren Faktor in der Auseinandersetzung mit den sowjetischen Herrschaftsinteressen erscheinen zu lassen. – Die SPD stagniert bei einem Stimmenanteil von 28,8% (–0,4). Die FDP verliert mit 9,5% (–2,4) leicht, auf den GB/BHE, der erstmals auf Bundesebene antritt, entfallen 5,9% der Stimmen. Obwohl die DP und das Zentrum jeweils weniger als 5% der Stimmen erzielen, ziehen sie mit Direktmandaten in den Bundestag ein, KPD, BP, GVP u.a. scheitern an der 5%-Klausel.

■ **Neue Regierung**: Am 6.10. konstituiert sich der Bundestag und bestätigt Hermann Ehlers (CDU) als Präsidenten. Mit 304 von 466 abgegebenen Stimmen wird am 9.10. Adenauer erneut zum Bundeskanzler gewählt. Sein 2. Kabinett kann sich auf der Basis der bisherigen Koalition, erweitert um den GB/BHE, auf eine **Zweidrittelmehrheit im Bundestag** stützen.

■ **SPD**: Mit einem Grundsatzartikel in der *Neuen Ruhr-Zeitung* eröffnet Vorstandsmitglied Carlo Schmid am 17.11. eine Auseinandersetzung in der SPD über **programmatische Konsequenzen** aus der Niederlage bei der Bundestagswahl. Er fordert

Bundestagswahlkampf: Wahlplakat der CDU

die Partei auf, sich von einer Weltanschauungspartei mit dem ideologischen Ballast des 19. Jahrhunderts zu einer »echten Volkspartei« zu wandeln.

■ **Tarifvertragsgesetz**: Das neue Tarifvertragsgesetz vom 23.3. sichert den Verbänden der Arbeitnehmer und Arbeitgeber Tarifautonomie in der Gestaltung der Arbeits- und Entlohnungsbedingungen zu.

BEWÄLTIGUNG DER KRIEGSFOLGEN

■ **Entnazifierung/Rehabilitierung/ Begnadigungen**: Auf einer Versammlung des **Verbandes der Entnazifizierungsgeschädigten** am 10.1. in Trier verlangen rd. 300 ehemalige NSDAP-Funktionäre die Aufhebung der Entnazifizierungsgesetze. – Auf seiner Jahrestagung vom 20.3. bis 22.3. verlangt der **Verband deutscher Soldaten** (VdS) von der Bundesregierung, die Freilassung der noch als Kriegsverbrecher einsitzenden Soldaten zu betreiben. Am 7.5. wird der 1949 zu 12 Jahren Haft verurteilte Generalfeldmarschall Erich v. Manstein aus britischer Haft entlassen, am 13.7. der 1946 zu 20 Jahren verurteilte Generaloberst Nikolaus v. Falkenhorst. – Am 18./19.7. fordert der VdS auf einer Großveranstaltung mit 15 000 ehemaligen Soldaten neben der juristischen auch die politische und moralische **Rehabilitierung der deutschen Wehrmacht und der Waffen-SS**. – Die Westmächte erlassen am 1.9. eine Verordnung, mit der sie die Bundesregierung an der Entscheidung über die Freilassung verurteilter Kriegsverbrecher beteiligen. Die deutsch-alliierten **Begnadigungsausschüsse** veranlassen bis Jahresende die Entlassung von 184 Kriegsverbrechern; rd. 360 befinden sich danach weiterhin in Haft.

■ **Vertriebene und Flüchtlinge**: Das am 25.3. vom Bundestag verabschiedete **Bundesvertriebenengesetz** regelt die bundeseinheitliche Rechtsstellung und die wirtschaftliche und soziale Eingliederung der aus den früheren deutschen Ostgebieten stammenden Vertriebenen, die mit den Flüchtlingen aus der DDR gleichgestellt werden. 1953 sind dies 17,1% der Gesamtbevölkerung. Die Integrationsmaßnahmen beziehen sich v.a. auf die Förderung der Rückkehr in den Beruf und die Wohnungsbeschaffung. Im Rahmen eines Umsiedlungsprogramms, durch das seit 1949 schon rd. 600 000 Vertriebene einen neuen Wohnort fanden, sollen weitere 900 000 Vertriebene aus Schleswig-Holstein (28,8% Vertriebene), Niedersachsen (26%) und Bayern (20,4%) umgesiedelt werden.

2. KABINETT ADENAUER

(konstituiert am 20.10.1953)
Bundeskanzler: Konrad Adenauer (CDU)
Stellvertreter und Wirtschaftliche Zusammenarbeit: Franz Blücher (FDP/FVP)
Auswärtiges: Konrad Adenauer (CDU); ab 8.6.1955 Heinrich von Brentano (CDU)
Inneres: Gerhard Schröder (CDU)
Justiz: Fritz Neumayer (FDP/FVP); ab 16.10.1956 Hans-Joachim von Merkatz (DP)
Finanzen: Fritz Schäffer (CSU)
Wirtschaft: Ludwig Erhard (CDU)
Ernährung, Landwirtschaft und Forsten: Heinrich Lübke (CDU)
Arbeit: Anton Storch (CDU)
Verteidigung (ab 7.6.1955): Theodor Blank (CDU); ab 16.10.1956 Franz Josef Strauß (CSU)
Verkehr: Hans-Christoph Seebohm (DP)
Post- und Fernmeldewesen: Hans Schuberth (CSU); ab 9.12.1953 Siegfried Balke (parteilos/CSU), ab 15.11.1956 Ernst Lemmer (CDU)
Wohnungsbau: Viktor-Emanuel Preusker (FDP/FVP)
Vertriebene (ab 1954: Vertriebene, Flüchtlinge und Kriegsgeschädigte): Theodor Oberländer (GB/BHE/CDU)
Gesamtdeutsche Fragen: Jakob Kaiser (CDU)
Bundesrat: Heinrich Hellwege (DP); ab 8.6.1955 Hans-Joachim von Merkatz (DP)
Atomfragen (ab 21.10.1955): Franz Josef Strauß (CSU); ab 16.10.1956 Siegfried Balke (CSU)
Familienfragen: Franz-Josef Wuermeling (CDU)
Besondere Aufgaben: Franz Josef Strauß (CSU) bis 19.10.1955; Robert Tillmanns (CDU) bis 12.11.1955; Waldemar Kraft (GB/BHE/CDU) bis 16.10.1956; Hermann Schäfer (FDP/FVP) bis 16.10.1956

■ **»Wiedergutmachung«**: Mit einem am 2.7. verabschiedeten Ergänzungsgesetz räumt der Bundestag Opfern nationalsozialistischer Verfolgung einen Anspruch auf Entschädigung ein. Ausgeschlossen bleiben Verfolgte, die als Feinde der freiheitlich-demokratischen Grundordnung gelten.

■ **Dekartellisierung/Konzernentflechtung**: Am 4.3. schließen Alfried Krupp von Bohlen und Halbach und Vertreter der Alliierten Hohen Kommission in Bonn ein Abkommen über die Rückgabe und Entflechtung der **Firma Friedrich Krupp**. Krupp muss den Montanbereich des Konzerns verkaufen und darf in ihm auch zukünftig nicht aktiv werden. – Als einziger Montankonzern werden die früheren Vereinigten Stahlwerke, die vor dem Krieg 20% der deutschen Kohleförderung und 40% der Rohstahlerzeugung beherrschten, vollständig zerschlagen; u.a. wird die August-Thyssen-Hütte ausgegliedert und am 2.5. als eigenständige AG gegründet. – Die **Entflechtung und Neuordnung der Eisen- und Stahlindustrie** des Ruhrgebiets, die in weit milderer Form als zunächst beabsichtigt durchgeführt wurde, ist damit abgeschlossen. – Nach der Verfügung der Alliierten Hohen Kommission vom 20.3., die **I. G. Farben** in drei Nachfolgegesellschaften aufzuteilen, konstituieren sich am 26.3. die Farbenfabriken Bayer Leverkusen (33 500 Beschäftigte), die Farbwerke Hoechst AG (27 000) und die Badische Anilin- und Sodafabrik AG (BASF, 35 000). Durch den Umtausch von Aktien werden die bisherigen Inhaber der I.G. Farben Anteilseigner der neuen Gesellschaften. Am 20.12. werden die Chemischen Werke Hüls als vierte große Folgegesellschaft der I.G. Farben aus alliierter Kontrolle entlassen.

WEITERE INNENPOLITISCHE EREIGNISSE

■ **Rechts- und Linksextremismus**: Die Innenminister mehrerer Bundesländer verbieten am 8.1. und an den darauffolgenden Tagen Landesverbände des **Bundes Deutscher Jugend** (BDJ). Am 8.3. löst sich der BDJ, die bis dahin bedeutendste rechtsextremistische Jugendorganisation, ganz auf. – Am 8.1. nimmt die Polizei in Recklinghausen 22 Funktionäre der verbotenen **Freien Deutschen Jugend** (FDJ) fest. Weitere Verhaftungs- und Durchsuchungsaktionen mit dem Ziel, »kommunistische Tarnorganisationen« zu zerschlagen, folgen im Laufe des Frühjahrs. – Unter dem Verdacht, eine **nationalsozialistische Untergrundorganisation** mit »Plänen zur Wiederergreifung der Macht« aufzubauen, verhaftet die britische Militärpolizei am 14.1. sieben ehemals führende NS-Funktionäre, u.a. den früheren Staatssekretär im Propagandaministerium Werner Naumann und den Reichsstudentenführer Gustav Scheel. Deutsche Stellen, zuvor nicht informiert, melden Widerspruch gegen die Aktion an, die sie als überzogen werten. Der konspirative Zirkel unterhält enge Verbindungen zur Führung der nordrhein-westfälischen FDP. Wegen fehlenden dringenden Tatverdachts werden die Verhafteten Ende Juli von den deutschen Justizbehörden, denen sie am 26.3. überstellt wurden, freigelassen. Am 26.4. tritt der Verteidiger Naumanns, der FDP-Bundestagsabgeordnete Ernst Achenbach, vom Vorsitz des Außenpolitischen Ausschusses zurück; am 3.5. legt er auch die Verteidigung von Naumann nieder. Naumann, am 24.8. im Spruchkammerverfahren als schwer belastet eingestuft, muss seine Kandidatur als Spitzenkandidat der Deutschen Reichspartei (DRP) für die Bundestagswahl aufgeben. Der wegen seiner Kontakte zu Naumann umstrittene nordrhein-westfälische FDP-Landesvorsitzende Friedrich Middelhauve wird von den Delegierten des Landesparteitags am 20.11. in seinem Amt bestätigt. – Der Hohe Kommissar der USA veröffentlicht am 19.1. das Umfrageergebnis eines bundesdeutschen Meinungsforschungsinstituts über die **Sympathien der westdeutschen Bevölkerung für den Nationalsozialismus**: 44% der Befragten seien der Meinung, der Nationalsozialismus habe mehr Gutes als Schlechtes gebracht (Mitte 1949: 34%). Unter den Befragten zwischen 18 und 24 Jahren sprachen sich 56% für eine starke nationale Partei aus. Die US-Hochkommission resümiert, der »Nazismus« stelle in der Bundesrepublik ein größeres Problem dar als der Kommunismus.

Flüchtlinge aus der DDR 1949–61

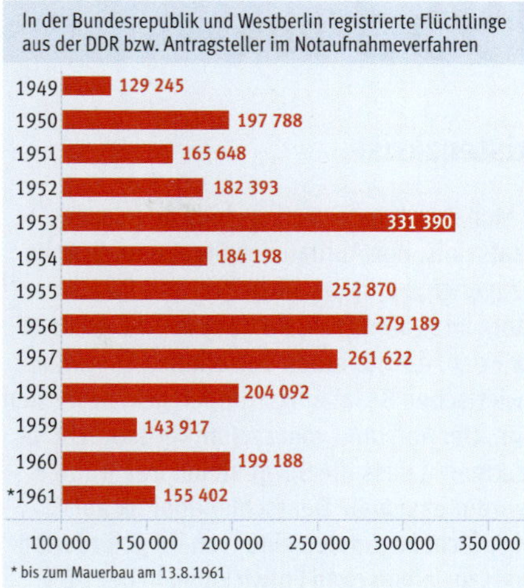

Quelle: Presse- und Informationsamt des Landes Berlin

WIRTSCHAFTSPOLITIK

■ **Steuern und Sparguthaben**: Im Rahmen einer **kleinen Steuerreform** beschließt der Bundestag am 6.5. die Senkung von Lohn- und Einkommensteuern um durchschnittlich 15%. Der höchste Steuersatz wird auf 70% festgesetzt. Den Ausfall an Einkommensteuer für 1953/54 schätzt der Bundesfinanzminister auf 950 Mio. DM. Der Körperschaftssteuersatz wird von 60 auf 40% gesenkt. Durch die Senkung der Steuersätze soll die Wirtschaftskraft gestärkt werden. Das Notopfer Berlin (für 1953/54 mit 750 Mio. DM veranschlagt) soll zunächst erhalten bleiben. Der Bundestag beschießt außerdem ein Gesetz über die **Entschädigung von Altsparern**. Inhaber von Sparguthaben, die durch die Währungsreform die schwersten Verluste hinnehmen mussten (Spareinlagen verloren rd. 95% ihres Wertes), erhalten 20% des Reichsmarkbetrages in D-Mark erstattet.

■ **Finanzausgleich**: Am 3.6. einigen sich Bundestag und Bundesrat über den Finanzausgleich zwischen den Bundesländern. Zu den Geberländern gehören Nordrhein-Westfalen (130 Mio. DM), Baden-Württemberg (64 Mio.) und Hessen (10 Mio.), zu den Empfängerländern Schleswig-Holstein (121,5 Mio. DM), Niedersachsen (49 Mio.), Rheinland-Pfalz (27 Mio.) und Bayern (6,5 Mio.). Außerdem wird beschlossen, dass der Bund künftig einen Steueranteil von 38% (bisher 37%) erhält.

■ **Bundeshaushalt**: Der Bundestag verabschiedet am 1.7. das Haushaltsgesetz. Es sieht Einnahmen und Ausgaben in Höhe von 25,8 Mrd. DM vor, das Haushaltsvolumen vergrößert sich damit um 4,5 Mrd. DM (19%). Die Verteidigungslasten machen 9,6 Mrd. DM aus (37,3% des Gesamthaushalts); die sozialen Kriegsfolgelasten betragen 5,3 Mrd. DM (20,7%), die sonstigen Sozialleistungen 2,8 Mrd. DM (11,2%); der Lastenausgleich nimmt 1,6 Mrd. DM (6,3%) in Anspruch; für Wohnungsbau und Vorratshaltung sind 1,2 Mrd. DM (4,1%) eingesetzt, für die Finanzhilfe Berlin 0,7 Mrd. DM (1,3%).

BUNDESLÄNDER UND WEST-BERLIN

■ **West-Berlin**: Nach dem Tod von Ernst Reuter (SPD) am 29.9. unterliegt Otto Suhr (SPD) bei der Wahl zum neuen Regierenden Bürgermeister im Abgeordnetenhaus am 22.10. dem auch von der FDP unterstützten CDU-Abgeordneten Walter Schreiber. Am 12.1.1954 bildet Schreiber einen CDU-FDP-Koalitionssenat.

■ **Hamburg**: Bürgerschaftswahl am 1.11.: Der Senat wird vom »Hamburger Block« unter dem Ersten Bürgermeister Kurt Sieveking (CDU) gebildet.

■ **Wahlergebnis** → S. 461

1953 DDR

Existenzkrise

Elf Monate nach der Verkündung des neuen Staatsziels, den Aufbau des Staatssozialismus anzugehen, gerät der »Arbeiter- und Bauernstaat« im späten Frühjahr 1953 in eine existentielle Krise, die nur durch den offenen Eingriff der sowjetischen Besatzungstruppen geklärt werden kann. Der Aufstand vom 17. Juni verdeutlicht für jedermann, dass die Sowjetunion ihre frühere, mehrdimensionale Deutschlandpolitik auf lange Sicht zugunsten einer von ihr geförderten staatssozialistischen Entwicklung in der DDR zurückgestellt hat.

REPRESSION UND VERHAFTUNGEN

Am 1.1. veröffentlicht das ZK der SED eine Erklärung zum Karl-Marx-Jahr 1953, in der »allen Spielarten des Sozialdemokratismus« in Partei und Gesellschaft der Kampf angesagt wird. Schon wenige Tage zuvor, am 20.12.1952, hatte das ZK in einem Beschluss »zu den Lehren aus dem Prozess gegen das Verschwörerzentrum Slansky« angekündigt, gegen mögliche »Feinde« innerhalb und außerhalb der Partei vorzugehen. (Der ehemalige Generalsekretär der tschechoslowakischen KP, Rudolf Slansky, war der Spionage und Sabotage bezichtigt und zusammen mit anderen Führungskräften in Prag zum Tode verurteilt worden.) Erstes Opfer dieser Kampagne – nach der Verhaftung des Ministers für Handel und Versorgung Karl Hamann im Dezember → 1952 – wird Außenminister Georg Dertinger (CDU). Wegen Spionageverdachts wird er am 15.1. verhaftet und am 9.6.1954 zu 15 Jahren Haft verurteilt. Im Mai verlieren Franz Dahlem (Politbüro) und Hans Lauter (SED-Zentralsekretariat) unter Verweis auf den Slansky-Prozess ihre Ämter.

ZWANGSMASSNAHMEN GEGEN DIE WIRTSCHAFTSKRISE

Die SED-Führung versucht im 1. Halbjahr mit einem verschärften Vorgehen gegen tatsächliche und vermeintliche Gegner die negativen Auswirkungen der Wirtschaftspolitik (Konzentration auf die Schwerindustrie und auf den Maschinenbau zu Lasten der Lebensmittel- und Leichtindustrie) abzufangen. **Verfahren gegen »Wirtschaftsverbrecher«** enden mit drakonischen Strafen. Sie dienen allein dem Ziel, in den Besitz der bis dahin in Privateigentum befindlichen Unternehmen der Verurteilten zu kommen. Im Frühjahr werden z.B. im Zusammenhang mit der »Aktion Rose« private Ferienpensionen an der Ostseeküste beschlagnahmt und in »Volkseigentum« überführt. – Am 2.3. verlangt Justizminister Max Fechner **»mehr Strenge« in gerichtlichen Verfahren gegen Großbauern**, die ihr Ablieferungssoll nicht erfüllt haben oder Steuerschuldner sind. – Am 9.4. regeln zwei Verordnungen des Ministerrats den **Entzug der Lebensmittelkarten** für Selbständige und sog. Grenzgänger (Personen mit Wohnsitz in Ost-Berlin, Frankfurt (Oder) und Potsdam, die in West-Berlin arbeiten). Damit sind etwa 2 Mio. Personen allein auf den Einkauf von frei verkäuflichen Waren angewiesen, deren Preise zudem am 20.4. z. T. angehoben werden. Zusätzlich verteuern sich die Verkehrstarife. – Auf administrativem Wege wird am 15.5. die Zusammenfassung der Rechtsanwälte in sog. Kollegien veranlasst. – Am 7.5. wird Fürstenberg an der Oder in **Stalinstadt** und am 10.5. Chemnitz in **Karl-Marx-Stadt** umbenannt.

KIRCHENPROTESTE GEGEN REPRESSION

Im Frühjahr geht die Staatsmacht durch Verhaftungen, massive Behinderungen, den Entzug von Kirchenbesitz und weitere Schikanen gegen Einrichtungen der evangelischen Kirche vor, speziell gegen die »**Jungen Gemeinden**«. – Als am 21.4. die Bischöfe der evangelischen Kirchen in einem Kirchenwort gegen die Behinderungen protestieren, bezeichnet das Innenministerium die **Jungen Ge-**

DIE »JUNGEN GEMEINDEN«

»Es erweist sich, dass die heuchlerische, mit christlichem Schein verbrämte ›Junge Gemeinde‹ direkt durch die in Westdeutschland und vorwiegend in West-Berlin stationierten amerikanischen Agenten- und Spionagezentralen angeleitet wird. Der christliche Glaube vieler junger Menschen wird durch eine geschickt aufgebaute religiöse Staffage missbraucht, um sie unter Vorspiegelung angeblich kirchlicher Betätigung nicht nur gegen die Deutsche Demokratische Republik aufzuhetzen, sondern auch zu feindlichen Handlungen, die schweren Strafen unterliegen, aufzuwiegeln.«
Aus der FDJ-Zeitung »Junge Welt« vom April 1953

17. Juni: Steine gegen Panzer

meinden am 28.4. als **illegal**. Das gespannte Verhältnis zwischen Staat und evangelischen Kirchen kann erst am 10.6. in einem Gespräch zwischen den Bischöfen Otto Dibelius, Hugo Hahn, Niklot Beste, Moritz Mitzenheim, Ludolf Müller sowie Karl von Scheven und Ministerpräsident Otto Grotewohl zeitweilig verbessert werden.

DER 17. JUNI

■ **Aufstand**: Die Empfehlung des KPdSU-Politbüros vom 15.4. an die deutschen Kommunisten, den wirtschaftlichen Kurs abzumildern, bleibt von Walter Ulbricht unbeachtet. Einer »Empfehlung« des ZK vom 13.5. folgend, verordnet der Ministerrat am 28.5. eine generelle, **mindestens 10-%ige Erhöhung der Arbeitsnormen** in der DDR mit Wirkung vom 30.6. Sie bleibt auch nach Beschlüssen von ZK und Ministerrat vom 9. bzw. 11.6. über den »Neuen Kurs« (Rücknahme von Preiserhöhungen, Preissenkungen, erneute Ausgabe von Lebensmittelkarten, Rückgabe beschlagnahmten Landes republikflüchtiger Bauern u.a.) in Kraft. Die Normenerhöhung wird am Morgen des 16.6. in einem Beschluss des Politbüros erneut ausdrücklich gutgeheißen und in einem Artikel der Gewerkschaftszeitung *Tribüne* verteidigt.
Nachdem es schon in den Tagen zuvor in verschiedenen Betrieben überall in der DDR im Zusammenhang mit der anstehenden Normerhöhung zu **Arbeitsniederlegungen** gekommen war, versammeln sich am 16.6. die Arbeiter der Berliner Stalinallee zum Streik, dem sich binnen weniger Stunden Angehörige der verschiedensten Berufe anschließen. Die Rücknahme des Normenbeschlusses durch das Politbüro am Abend des gleichen Tages kann nicht verhindern, dass der Streik am nächsten Tag in den **offenen Aufstand** gegen das SED-Regime übergeht, an dem hunderttausende Arbeiter und Angehörige anderer Schichten in weit mehr als 500 Orten der DDR teilnehmen. Nun dominieren **Forderungen nach freien Gewerkschaften, einer neuen Regierung, der Durchführung freier Wahlen und nach Wiedervereinigung** das Geschehen, bei dem es auch zu Übergriffen gegen lokale Parteifunktionäre und Volkspolizisten kommt. Am Mittag des 17.6. verhängen sowjetische Stadtkommandanten den **Ausnahmezustand** und Ausgangssperren über ihre Gebiete, gehen mit Panzern gegen die Aufständischen vor und setzen das Standrecht gegen »Rädelsführer« ein. Der Aufstand wird niedergeschlagen, doch kommt es in vielen Orten bis zum 21.6. immer wieder zu Arbeitsniederlegungen.

■ **Folgen**: Die Auswirkungen des Aufstands sind vielfältig und treten teils unmittelbar, teils erst mittel- und langfristig zutage. Am 21.6. stellt das ZK der SED in einer Erklärung neben der schon erfolgten Rücknahme einiger Beschlüsse zu Preis- und Tariferhöhungen und zu den Normen zahlreiche weitere Verbesserungen in Aussicht (u.a. Rentenerhöhungen, Wiederherstellung von Rechten in der Sozialversicherung, Herabsetzung von Investitionen in der Schwerindustrie zugunsten des Wohnungs- und Straßenbaus, ununterbrochene Stromversorgung der Haushalte). – Widersacher Ulbrichts verlangen in Reaktion auf den 17.6. die Entmachtung des Generalsekretärs. Am 30.6. räumt Justizminister Fechner in einem Interview mit dem *Neuen Deutschland* den Arbeitern ausdrücklich ein Streikrecht im Arbeiterstaat ein. Eine zwei Tage später abgedruckte »Berichtigung« deutet jedoch an, dass sich die Macht Ulbrichts wieder festigt. Fechner wird am 15.7. verhaftet. Am 24.7. wird das Ministerium für Staatssicherheit zu einem Staatssekretariat im Innenministerium zurückgestuft. Die 15. Tagung des ZK (24.–26.7.) schließlich

17. Juni: Vereinzelt kommt es zu Brandstiftungen

NACHWIRKUNGEN DES 17. JUNI

Das SED-Zentralorgan *Neues Deutschland* spricht am 17.6. bezogen auf die Streikaktionen am Vorabend von »Fehler(n)« und »unzulässigen administrativen Maßnahmen (…) zur Erhöhung der Normen«, die West-Berliner »Provokateuren einen günstigen Boden für ihre Umtriebe geschaffen« hätten. – In der Erfahrung des Aufstands entsteht der Eindruck, das öffentliche Eingeständnis von Fehlern, nicht diese selbst, sei Auslöser des Aufstands gewesen, der seit dem Frühsommer 1953 offiziell als allein »von außen« gesteuerter »konterrevolutionärer« oder gar »faschistischer Putschversuch« definiert wird. Besonders dem West-Berliner Sender RIAS wird wegen seiner Streikberichterstattung eine lenkende Funktion zugewiesen. – Die Losung »Keine Fehlerdiskussion, Probleme werden im Vorwärtsschreiten gelöst« wird seit Mitte der 1950er Jahre zur Leitlinie im Umgang mit Entwicklungsproblemen der DDR. Sie werden nicht oder nur verklausuliert öffentlich thematisiert; wer von dieser Regel abweicht, wird denunziert, allein »dem Feind« Vorschub leisten zu wollen. – Auf der Seite der Aufständischen steht die Erfahrung, dass die SED-Herrschaft zwar leicht zu erschüttern, aber genauso leicht mit Hilfe der sowjetischen Truppen wieder zu festigen ist. Im Arbeitsleben entsteht daraus einerseits eine Scheu der Arbeitnehmer, im Konfliktfall als »Rädelsführer« aufzutreten, andererseits zeigen sich Betriebsleitungen im Nachhinein bei Konflikten meist als nachgebende Seite.

markiert die **konsolidierte Macht Ulbrichts**, die sich in wichtigen Personalentscheidungen und in der Unterstützung Ulbrichts durch die Sowjetunion zeigt. Aus dem Politbüro werden Anton Ackermann, Rudolf Herrnstadt (SED-Ausschluss am 23.1.1954), Hans Jendretzky, Elli Schmidt und Wilhelm Zaisser (SED-Ausschluss am 23.1.1954) ausgeschlossen, Adalbert Hengst muss das Zentralsekretariat verlassen. – Im September werden die ersten **Kampfgruppen** gebildet. – In Verhandlungen zwischen der UdSSR und der DDR (20.–22.8.) wird das **Ende der Reparationslieferungen** und die Rückgabe der restlichen SAG (ausgenommen die mit Uranförderung befasste Wismutgesellschaft) vereinbart. – Die von der Volkskammer am 8.10. beschlossenen Änderungen zum Volkswirtschafts- und Staatshaushaltsplan 1953, die eine verbesserte Versorgung mit Konsumgütern vorsehen, stellen das vorläufige Ende der Junikrise dar.

DEUTSCHLAND- UND AUSSENPOLITIK

Am 27.5. wandelt die sowjetische Regierung die Sowjetische Kontrollkommission in eine Hohe Kommission, am 1.10. die bisherige Diplomatische Mission der UdSSR in eine Botschaft um. Auf der 16. Tagung des SED-Zentralkomitees (17.–19.9.) erneuert Ulbricht das Angebot an die westdeutsche Seite, Beratungen über die politische und wirtschaftliche Ordnung eines wiedervereinigten Deutschlands aufzunehmen. Am 21.11., sieben Tage nach der Bundesrepublik, schafft die DDR die Interzonenpässe ab. Bereits am 29.10. hatte sie die **Ausgabe von Personalausweisen** an in der DDR »ansässige deutsche Staatsangehörige« sowie an hier lebende Staatenlose verordnet, die bis zum 31.3.1954 abgeschlossen ist.

WIRTSCHAFTLICHE ENTWICKLUNG

Das **BIP** wächst gegenüber dem Vorjahr als Folge der nach dem 17.6. veränderten Wirtschaftspolitik um lediglich 2,5% auf 91,7 Mrd. DM (in BRD-Preisen von 1989), was 17,3% des westdeutschen BIP entspricht. Abgesehen von wenigen Nachlieferungen 1954 kommen die Reparationen mit Ablauf des Jahres zum Ende. Das Gesamtvolumen der Lieferungen beträgt mehr als 9,4 Mrd. US-$ in Preisen von 1938, die Besatzungskosten werden mit bisher mehr als 5,9 Mrd. US-$ angegeben. Nur knapp 4,3 Mrd. US-$ werden davon als geleistete Reparationen anerkannt. – In der **Landwirtschaft** erhöht sich bis zum Jahresende die Anzahl der LPG auf 4691, in denen 128 500 Bauern vereinigt sind. Den LPG werden auch die Örtlichen Landwirtschaftlichen Betriebe (ÖLB) angeschlossen, im Wesentlichen durch Republikflucht der Bauern verlassene Höfe. Sie bewirtschaften 26% der etwa 6,51 Mio. ha landwirtschaftlicher Nutzfläche.

Reparationen und Besatzungskosten an die Sowjetunion 1945–53

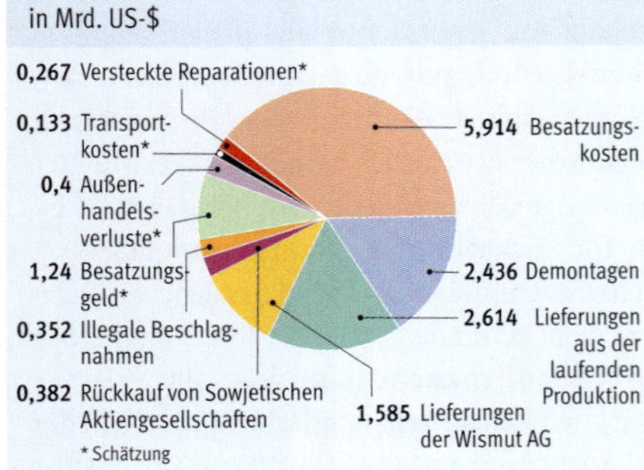

1954 BRD

Vom Besiegten zum Verbündeten

Nach dem Scheitern der Berliner Außenministerkonferenz nehmen die Siegermächte des 2. Weltkriegs die Lösung der Deutschlandfrage von der weltpolitischen Tagesordnung. Obwohl die Verträge zur Gründung der Europäischen Verteidigungsgemeinschaft (EVG) nicht in Kraft treten können, finden die westlichen Staaten unter dem Druck des Kalten Kriegs schnell zu einer Neuordnung ihrer Bündnissysteme, mit der sich auch die Hauptziele der Bundesregierung verwirklichen lassen: Westintegration, Wiederbewaffnung und Souveränität. Der innere Konsolidierungsprozess schreitet fort. Zugleich verweist der innenpolitische Skandal um den Seitenwechsel des Verfassungsschutzpräsidenten Otto John auf die weiterhin aktuelle gesamtdeutsche Problematik.

DEUTSCHLAND- UND SICHERHEITSPOLITIK

■ **Deutschlandpläne der Siegermächte**: Auf der Viermächtekonferenz vom 25.1. bis 18.2. in Berlin konfrontieren sich die Außenminister Wjatscheslaw Molotow (Sowjetunion), John Foster Dulles (USA), Anthony Eden (Großbritannien) und Georges Bidault (Frankreich) in der Deutschlandfrage mit unvereinbaren Vorschlägen. Eden stellt als Vorschlag der Westmächte einen 5-Punkte-Stufenplan zur Wiedervereinigung Deutschlands vor (**Eden-Plan**): 1. Gesamtdeutsche freie Wahlen unter alliierter Kontrolle; 2. Einberufung einer Nationalversammlung; 3. Vorbereitung eines Friedensvertrags und einer Verfassung; 4. Annahme der Verfassung und Bildung einer gesamtdeutschen Regierung; 5. Friedensvertrag ohne vorherige Bindung an ein Bündnis. Dagegen steht **Molotows Vorschlag**: 1. Ausarbeitung eines Friedensvertrags mit Vertretern beider deutscher Staaten; 2. Einsetzung einer provisorischen gesamtdeutschen Regierung durch Bundestag und Volkskammer; 3. weitgehender Abzug der Besatzungstruppen und gesamtdeutsche Wahlen; 4. Bildung einer gesamtdeutschen Regierung. – Am 31.3. erklärt sich die **Sowjetunion zum NATO-Beitritt bereit**, wenn die Westmächte sich ihrerseits einem gesamteuropäischen Sicherheitssystem anschließen und auf die Verwirklichung der EVG verzichten. Die Westmächte weisen diese Initiative am 7.5. zurück. Einen weniger umfassenden sowjetischen Vorschlag vom 24.7. beantworten sie am 10.9. mit der Bereitschaft zu einer Konferenz über die europäische Sicherheit, wenn die Sowjetunion zuvor den österreichischen Staatsvertrag unterzeichnet und der Abhaltung freier gesamtdeutscher Wahlen zustimmt. – Am 23.10., dem letzten Tag der Pariser Konferenzen, erklärt sich die Sowjetunion bereit, den **Eden-Plan als Diskussionsgrundlage** anzunehmen, warnt aber, die militärische Integration der Bundesrepublik in den Westen entziehe der Wiedervereinigung für lange Zeit die Grundlage.

■ **EVG-Krise**: Am 30.8. lehnt die französische Nationalversammlung mit großer Mehrheit den EVG-Vertrag ab. Dadurch kann auch der Deutschlandvertrag vom 26.5.1952 nicht in Kraft treten.

■ **Pariser Verträge**: Um die offenen Bündnisfragen und das Souveränitätsproblem der Bundesrepublik zu lösen, schlägt die Londoner **Neun-Mächte-Konferenz** (28.9.–3.10.) – an ihr nehmen die drei Westmächte, die Benelux-Staaten, Kanada, Italien und die Bundesrepublik teil – ein System von Vereinbarungen vor, das auf den **vier Pariser Konferenzen** vom 19.10. bis 23.10. zu mehreren, teilweise aneinander gebundenen Vertragswerken führt.

■ **Wiederaufrüstung**: Mit der Zweidrittelmehrheit der Regierungsparteien beschließt der Bundestag am 26.2. eine **Ergänzung des Grundgesetzes** (Art. 73), die dem Bund die ausschließliche Gesetzgebungskompetenz in Angelegenheiten der Verteidigung, der Wehrpflicht und des Zivilschutzes einräumt (**Wehrhoheit**). Das Wehrergänzungsgesetz ist Voraussetzung für die Verfassungsmäßigkeit des EVG-Vertrags und die Aufstellung bundesdeutscher Militärverbände. – Am 28.4. beginnt die Dienststelle Blank mit der Aussendung von 140 000 Bewerbungsbögen an Freiwillige. – Im Anschluss an die Pariser Verträge sichern die USA am 1.11. der Bundesrepublik für die ersten drei Jahre der Aufrüstung **Finanzhilfen** von 12,6 Mrd. DM zu.

WEITERE AUSSENPOLITISCHE EREIGNISSE

Am 20.5. verständigt sich Bundeskanzler Konrad Adenauer in Straßburg mit der französischen Regierung über Grundsätze zur **Lösung der Saarfrage**. Sie gehen in das Saarstatut ein, das Adenauer und der französische Premierminister

PARISER VERTRÄGE

Das am 23.10.1954 in Paris unterzeichnete Vertragswerk bildet die Grundlage für die Aufhebung des Besatzungsregimes über die Bundesrepublik, die Erlangung ihrer Souveränität und ihre Einbindung in das nordatlantische Bündnissystem mit einem eigenen Verteidigungsbeitrag. Es tritt an die Stelle des am 26./27.5. unterzeichneten Deutschlandvertrags und des Vertrags über die Gründung einer Europäischen Verteidigungsgemeinschaft (EVG).

1. **Deutschlandvertrag**, vereinbart durch die drei Westmächte und die Bundesrepublik (»Protokoll über die Beendigung des Besatzungsregimes in der Bundesrepublik Deutschland«): Er revidiert den Deutschlandvertrag von 1952, gewährt die Souveränität der Bundesrepublik unter Vorbehalt, setzt das Besatzungsstatut außer Kraft und erneuert die Sicherheitsgarantien für die Bundesrepublik und West-Berlin. Ein ergänzender Vertrag regelt die Stationierung von Streitkräften der Westmächte.

2. **Gründung der Westeuropäischen Union (WEU)** mit Sitz in London (»Protokoll zur Änderung und Ergänzung des Brüsseler Vertrags«): Italien und die Bundesrepublik treten dem Brüsseler Pakt vom 17.3.1948 bei, dem Großbritannien, Frankreich und die Benelux-Staaten angehören und in dem sich die Mitglieder zu enger politischer und wirtschaftlicher Zusammenarbeit sowie zum Beistand im Verteidigungsfall verpflichten. Die militärischen Aufgaben des Verteidigungspaktes überträgt die WEU dem NATO-Oberbefehlshaber für Europa. Die Bundesrepublik bringt künftige Streitkräfte in die WEU ein, ohne einen eigenen Generalstab zu bilden. Sie verzichtet auf die Produktion von ABC-Waffen und akzeptiert Rüstungsbeschränkungen und -aufsicht.

3. **Beitritt zur NATO**: Die 14 Partnerstaaten des Nordatlantikpakts (*1949, Erweiterung 1952) laden die in die WEU eingebundene Bundesrepublik zum Beitritt ein; zugleich anerkennen sie die Bundesregierung als einzige legitime deutsche Regierung und verpflichten sich dem Ziel der Wiedervereinigung Deutschlands. Die Bundesrepublik verzichtet auf die Anwendung von Gewalt bei der Verfolgung dieses Ziels und bekennt sich zur UN-Charta.

4. **Saarstatut**: Frankreich und die Bundesrepublik verständigen sich auf eine Europäisierung des Saarlandes innerhalb der WEU, die einen Kommissar für die Landesverteidigung und Außenpolitik einsetzt. Die Währungs- und Zollunion mit Frankreich bleibt bestehen; alle demokratischen Freiheiten werden wiederhergestellt. Die Bevölkerung des Saarlandes soll über das Statut abstimmen.

Die französische Nationalversammlung billigt die Verträge am 29.12.1954, der Bundestag am 27.2.1955. Sie treten am 5.5.1955 in Kraft.

Pierre Mendès-France am 23.10. als Teil der Pariser Verträge unterzeichnen. – Einstimmig billigt der Bundestag am 8.7. den Beitritt der Bundesrepublik zur **UN-Konvention über die Verhütung und Bestrafung des Völkermordes**. – Bei seinem **Besuch in den USA** vom 27.10. bis 31.10. überrascht Adenauer mit dem **Vorschlag eines Nichtangriffspakts** zwischen NATO- und Ostblockstaaten. – Vom 8.11. bis 13.11. besucht Äthiopiens Kaiser Haile Selassie als erster offizieller Staatsgast die Bundesrepublik.

DEUTSCH-DEUTSCHE BEZIEHUNGEN

Am 11.3. begründet der Bundesminister für gesamtdeutsche Fragen, Jakob Kaiser (CDU), die für den Amtsgebrauch erlassene **Sprachregelung**, die DDR nur als »sowjetische Besatzungszone« (SBZ) oder »Mitteldeutschland« zu bezeichnen. Der Begriff »Ostzone« dürfe sich nur auf die ehemals deutschen Ostgebiete jenseits der Oder-Neiße-Linie beziehen. – Nach **Anerkennung** der staatlichen **Souveränität der DDR** durch die Sowjetunion bekräftigt der Bundestag am 8.4. den **Alleinvertretungsanspruch** der Bundesrepublik für ganz Deutschland; am folgenden Tag bestätigen ihn auch die Alliierten Hohen Kommissare. – Am 14.6. gründen in Bad Neuenahr prominente Vertreter des öffentlichen Lebens das **Kuratorium Unteilbares Deutschland**, das sich als Kern einer Volksbewegung zur Wiedervereinigung versteht. – Mit zahlreichen Veranstaltungen zum 1. Jahrestag des niedergeschlagenen Aufstands in der DDR am 17.6.1953 wird in der Bundesrepublik die Gedenktradition des **Tages der Deutschen Einheit** begründet.

INNEN- UND WIRTSCHAFTSPOLITIK

■ **Entnazifizierung**: Das Landgericht Dortmund billigt in seinem Freispruch vom 31.3. 20 ehemaligen Angehörigen des Polizeibataillons 61 **Befehlsnotstand** zu, als sie im Sommer 1942 im Warschauer Ghetto 110 Juden erschossen, und spricht sie von der Anklage des Mordes bzw. des Totschlags frei. – Das Landgericht München I spricht in einem

Revisionsverfahren zwei ehemalige hohe Beamte der Geheimen Staatspolizei (Gestapo) von der Anklage frei, Beihilfe zum Totschlag von 20 inhaftierten Zwangsarbeitern geleistet zu haben; es sei nicht zu widerlegen, dass sie **keine Einsicht in die Rechtswidrigkeit** der ihnen erteilten Befehle gehabt hätten.

■ **Amnestie**: Der Bundestag gewährt am 16.7. mit dem Amnestiegesetz allen Tätern Straffreiheit, die »unter dem Einfluss der außergewöhnlichen Verhältnisse« zwischen Oktober 1944 und Juli 1945 »in der Annahme einer Amts-, Dienst- oder Rechtspflicht« durch Taten straffällig geworden sind, die nach Gesetz mit bis zu drei Jahren Haft geahndet würden. Die Amnestie schließt Mord aus, nicht jedoch Totschlag. Wer aus Furcht vor Strafverfolgung eine falsche Identität angenommen hat und sich bis zum 31.12. freiwillig bei der Polizei meldet, soll straffrei ausgehen.

■ **Kommunisten-Verfolgung**: In mehreren Verhaftungswellen nimmt die Polizei im Laufe des Jahres zahlreiche Funktionäre und Mitglieder der KPD und der verbotenen FDJ fest. Sie werden beschuldigt, an der Abfassung oder Verbreitung des von den Justizbehörden als »hochverräterisches Unternehmen« gewerteten »Programms zur nationalen Wiedervereinigung Deutschlands« beteiligt gewesen zu sein. Der Bundesgerichtshof verurteilt am 6.5. zwei und am 2.8. drei KPD-Funktionäre zu mehrjährigen Gefängnisstrafen. Neben anderen Parteifunktionären setzt sich auch der KPD-Vorsitzende Max Reimann in die DDR ab. Am 23.11. beginnt vor dem Bundesverfassungsgericht die Verhandlung über das von der Bundesregierung beantragte Verbot der KPD.

■ **Schriften- und Presseverbote**: Die Bundesprüfstelle für jugendgefährdende Schriften nimmt am 18.5. in Bonn ihre Arbeit auf. Nach Maßgabe des Gesetzes über die **Verbreitung jugendgefährdender Schriften** (»Schund- und Schmutzgesetz«), seit 14.7.1953 in Kraft, indiziert sie Werke, die nicht mehr angeboten und verkauft werden dürfen.

■ **Bundespräsidentenwahl**: Nachdem die SPD zuvor die Wahl von Theodor Heuss empfohlen hatte, bestätigt die am 17.7. in West-Berlin tagende Bundesversammlung den Bundespräsidenten mit 871 von 987 Stimmen im Amt.

■ **Bundestagspräsident**: Nach dem Tod von Hermann Ehlers (CDU) am 29.10. wählt der Bundestag Eugen Gerstenmaier (CDU) am 16.11. zu seinem Nachfolger.

Am 4.7. wird die deutsche Elf in Bern zum ersten Mal Fußballweltmeister. Der Sieg trägt zu einem neuen Selbstbewusstsein in Deutschland bei.

■ **Affäre John**: Am 20.7. aus West-Berlin verschwunden, meldet sich der Präsident des Bundesverfassungsschutzes, Otto John, mit einer Rundfunkansprache aus Ost-Berlin. Er gibt an, **freiwillig übergewechselt** zu sein, um mit seinem spektakulären Schritt eine neue Phase in den Bemühungen um die deutsche Wiedervereinigung einzuleiten. Bundesinnenminister Gerhard Schröder mutmaßt, John sei nicht aus freien Stücken übergewechselt und setzt am 8.8. eine Belohnung von 500 000 DM für die Aufklärung des Falles aus.

■ **Kohleförderung**: Rund 10 000 Bergleute mehrerer Zechen des Ruhrgebiets müssen am 22.3. Feierschichten einlegen. Die Kohle- und Koks-Halden sind trotz Exportsteigerungen auf rd. 4,4 Mio. t angewachsen, seit im Zuge der Montanunion-Liberalisierung in der Bundesrepublik vermehrt billigere Kohle aus dem Ausland importiert wird. Am 1.4. hebt die Hohe Behörde der Montanunion die Subventionierung der deutschen Kohlepreise für Hausbrand und Transportenergie auf.

BUNDESLÄNDER UND WEST-BERLIN

■ **Nordrhein-Westfalen**: Landtagswahl am 27.6.; Karl Arnold (CDU) bleibt Ministerpräsident.

■ **Schleswig-Holstein**: Landtagswahl am 12.9.; Kai-Uwe von Hassel (CDU) wird Regierungschef.

■ **Bayern**: Die CSU wird bei der Landtagswahl am 28.11. stärkste Partei, jedoch bilden SPD, BHE, FDP und BP eine Regierungskoalition. Wilhelm Hoegner (SPD) wird Ministerpräsident.

■ **Hessen**: Landtagswahl am 28.11.; Georg August Zinn (SPD) bleibt Ministerpräsident.

■ **West-Berlin**: Abgeordnetenhauswahl am 5.12. (→1955).

■ **Wahlergebnisse** → S. 458–467

1954 DDR

Rückkehr zum harten Kurs

Unter den Vorzeichen einer wieder gefestigten Herrschaft der SED knüpft die Partei- und Staatsführung an frühere Konzepte der forcierten staatssozialistischen Entwicklung an. Nach der Unterordnung aller Blockparteien unter die noch nicht in der Verfassung festgeschriebene Führungsrolle der SED bleiben die Kirchen die alleinigen autonomen Großorganisationen in der DDR-Gesellschaft.

GEFESTIGTE SED-FÜHRUNG

Bis zum IV. Parteitag der SED, der vom 30.3. bis 6.4. in Berlin stattfindet, wird die vor dem 17.6.1953 begonnene **Politik des »Neuen Kurses« beendet**. Stattdessen kehrt die SED unter Walter Ulbricht zur **Politik eines harten Strukturwandels** in Staat, Wirtschaft und Gesellschaft zurück. Damit ist innerhalb der Staatspartei ein Austausch von Funktionären, v.a. auf der mittleren Ebene der Bezirks- und Kreisleitungen verbunden. Von den 1952 gewählten Mitgliedern der Bezirksleitungen scheiden bis 1954 über 60% wieder aus, von den Kreissekretären sogar über 70%. Am 23.1. werden die schon aus dem Politbüro Ausgeschlossenen Rudolf Herrnstadt, Wilhelm Zaisser, Anton Ackermann, Hans Jendretzky und Elli Schmidt aus dem ZK ausgeschlossen. Mit dem vom Parteitag verabschiedeten **neuen SED-Statut** wird die Funktion des SED-Vorsitzenden – bisher von Wilhelm Pieck und Otto Grotewohl gemeinsam bekleidet – abgeschafft; Walter Ulbricht wird 1. Sekretär und damit auch offiziell stärkster Mann der SED-Spitze.

■ **Disziplinierung der Blockparteien:** Am 9.6. wird der erste DDR-Außenminister, Georg Dertinger (CDU), wegen Spionage zu 15 Jahren Haft verurteilt, am 14.6. folgen Urteile gegen »Rädelsführer« des Juniaufstandes; am 14.7. wird gegen den ehemaligen Minister für Handel und Versorgung, Karl Hamann (LDPD), eine zehnjährige Haftstrafe verhängt. Das endgültige Einschwenken der CDU auf den Weg des staatssozialistischen Aufbaus wird beim 7. Parteitag in Weimar (21.–25.7.) in Satzung und Programm der Partei festgeschrieben.

VOLKSKAMMERWAHLEN

Die am 17.10. neugewählte Volkskammer (98,4% Beteiligung, 99,5% Jastimmen) zeigt in ihrer Zusammensetzung und in den von ihr bestimmten Exekutivorganen die Dominanz der SED als Staatspartei. Die am 19.11. gebildete neue Regierung besteht mehrheitlich aus SED-Mitgliedern. Im Präsidium der Volkskammer gehören neun der 13 Mitglieder der SED an. Von den Abgeordneten der ersten Volkskammer kommen nur 180 wieder ins Parlament, acht waren in der vergangenen Legislaturperiode verhaftet worden, 17 in den Westen geflohen und 44 zur Aufgabe ihres Mandates bewegt worden.

DER MINISTERRAT DER DDR am 19.11.1954
Vorsitzender: Otto Grotewohl (SED)
Stellvertretende Vorsitzende:
Walter Ulbricht (SED); Otto Nuschke (CDU); Lothar Bolz (gleichzeitig Außenminister, NDPD); Hans Loch (gleichzeitig Finanzminister, LDPD); Heinrich Rau (gleichzeitig Minister für Maschinenbau, danach für Außen- und innerdeutschen Handel, SED); Paul Scholz (gleichzeitig Minister für Land- und Forstwirtschaft, DBD); Willi Stoph (gleichzeitig Innenminister, SED)
Vorsitzender der Staatlichen Plankommission:
Bruno Leuschner (SED)
Minister
Kultur: Johannes R. Becher (SED)
Justiz: Hilde Benjamin (SED)
Post- und Fernmeldewesen:
Friedrich Burmeister (CDU)
Leichtindustrie: Wilhelm Feldmann (NDPD)
Volksbildung: Fritz Lange (SED)
Schwerindustrie: Fritz Selbmann (SED)
Gesundheitswesen: Luitpold Steidle (CDU)
Handel und Versorgung: Curt Wach (SED)
Lebensmittelindustrie: Kurt Westphal (SED)
Aufbau: Heinz Winkler (CDU)
Staatssekretäre
Körperkultur und Sport: Manfred Ewald (SED)
Hoch- und Fachschulwesen:
Gerhard Harig (SED)
Örtliche Wirtschaft: Karl Kasten (SED)
Koordinierung der gesamten Finanzwirtschaft: Willi Rumpf (SED)
Erfassung und Aufkauf landwirtschaftlicher Erzeugnisse: Hermann Streit (SED)
Präsidentin der Deutschen Notenbank:
Greta Kuckhoff (SED)

KIRCHENPOLITIK

Die offene Konfrontation der SED mit evangelischen Würdenträgern wird durch subtilere Methoden der ideologischen Auseinandersetzung ergänzt bzw. ersetzt. Am 14.3. verabschiedet das Politbüro einen **Beschluss zur »Politik der Partei in Kirchenfragen«**. Ziel ist es, einfache Mitglieder von Kirchen und Religionsgemeinschaften in die staatssozialistische Gesellschaft zu integrieren, andererseits sollen die »reaktionären Kräfte« in den Kirchenleitungen isoliert und deren »chauvinistische und militaristische Hetze« entlarvt werden. Der Beschluss sieht schließlich Schritte zur Einführung der **Jugendweihe** vor. Am 13.11. fordert der »Zentrale Ausschuss für Jugendweihe« Eltern auf, ihre Kinder im Konfirmations- bzw. Firmungsalter für die atheistische Jugendweihe 1955 anzumelden. Die Kirchen wenden sich gegen die Jugendweihe und erklären diese mit der staatlicherseits nicht verbotenen Firmung oder Konfirmation für unvereinbar (→ 1955). – Der **VI. Deutsche Evangelische Kirchentag** findet vom 7.7. bis 11.7. in Leipzig statt und vereint 500 000 Teilnehmer aus beiden Teilen Deutschlands, darunter Politiker beider Staaten. – Um auf dem Gebiet der v.a. für junge Menschen attraktiven Großereignisse Alternativen zu etablieren, veranstaltet der Staat vom 19.8. bis 22.8. in Leipzig das »**1. Deutsche Turn- und Sportfest**«.

DEUTSCHLAND- UND AUSSENPOLITIK

Vor dem Hintergrund des Ost-West-Konfliktes, der auch Inhalt und Verlauf internationaler Verhandlungen (Außenministerkonferenzen der vier Siegermächte vom 25.1. bis 18.2. sowie der fünf Großmächte USA, Frankreich, Großbritannien, UdSSR und VR China in Genf vom 26.4. bis 21.7.) bestimmt, vertieft sich die deutsche Spaltung. Die DDR behält ihre **Wiedervereinigungsrhetorik** bei und entfaltet zahlreiche Aktivitäten: die Bildung eines Ausschusses für Deutsche Einheit am 7.1., eine Entschließung der Volkskammer zur Deutschlandfrage vom 3.2. und die briefliche Aufforderung des SED-Zentralkomitees an den Parteivorstand der SPD vom 15.2., gemeinsam mit dem FDGB und dem DGB für die sowjetische Deutschlandpolitik Partei zu ergreifen (von Erich Ollenhauer am 17.2. abgelehnt). Bei der Volksbefragung über die Alternative EVG-Vertrag oder Friedensvertrag vom 27.6. bis 29.6. votieren 93% der DDR-Bürger für einen Friedensvertrag. – Am 25.3. gewährt die Sowjetunion der DDR **erweiterte Souveränitätsrechte** und setzt am 7.8. eine Reihe von älteren, aber immer noch gültigen Befehlen der Sowjetischen Militäradministration und der Sowjetischen Kontrollkommission außer Kraft. – Ab 22.12. regelt das am 15.9. verabschiedete Passgesetz, dass DDR-Bürger das Land nur mit einem Ausreise- und Wiedereinreisevisum verlassen können, das im Reisepass eingetragen sein muss.

WIRTSCHAFTLICHE ENTWICKLUNG

Das **BIP** wächst gegenüber dem Vorjahr um 3,2% auf 94,6 Mrd. DM (in BRD-Preisen von 1989), was 16,6% des westdeutschen BIP entspricht. Nach dem Ende der Reparationslieferungen und der Übergabe der letzten 33 in sowjetischem Besitz befindlichen Betriebe zum 1.1. wandeln sich die vorherigen Reparationsbeziehungen in reguläre Außenhandelsbeziehungen. Nur die nach 1945 gefundenen Uranvorkommen im Süden der DDR werden auch fortan von der Sowjetisch-Deutschen Aktiengesellschaft Wismut ausgebeutet. In der **Landwirtschaft** erhöht sich die Anzahl der LPG leicht auf 5120, in denen 158 356 Bauern vereinigt sind.

SOZIALE DATEN

■ **Bevölkerung**: Nach westlichen Angaben siedeln 184 198, nach DDR-Angaben 173 279 Personen nach Westdeutschland über, 77 239 Personen kehren von dort zurück oder siedeln über. – Am 14.5. erlässt die Regierung eine Verordnung über die Bildung von Arbeiterwohnungsbaugenossenschaften (AWG). Künftig können Mieter durch Erwerb von Genossenschaftsanteilen sowie durch Arbeitsleistungen Anspruch auf eine verbilligte Wohnung erlangen.

WIRTSCHAFTSERGEBNIS 1949–1989
in vergleichbaren (konstanten) Preisen (Stand 1985) in Mrd. Mark

	Produziertes Gesellschaftliches Gesamtprodukt	Produktions-verbrauch	National-einkommen
1949	82,343	57,426	24,917
1950	98,186	67,834	30,352
1955	166,641	110,420	56,221
1960	240,271	160,892	79,379
1965	305,153	210,971	94,182
1970	405,477	283,914	121,563
1975	532,419	374,262	158,157
1980	655,212	461,568	193,644
1985	748,613	506,750	241,863
1989	826,978	553,308	273,670

Quelle: Statistisches Jahrbuch der DDR 1990

1955 BRD

Souveränität und Westbindung

Mit dem Ende der alliierten Besatzung und der Rückkehr der letzten Kriegsgefangenen aus der Sowjetunion beschließt das Jahr 1955 – zehn Jahre nach dem Ende des Zweiten Weltkriegs – die zweite Phase der Nachkriegszeit. Die mit einer Verfestigung der beiden globalen Machtblöcke einhergehende Erlangung der staatlichen Souveränität für beide Teile Deutschlands begräbt zugleich die Hoffnung auf eine Überwindung der Spaltung unter realpolitisch kalkulierbaren Bedingungen. Der Erfolg seines Moskaubesuchs scheint den Kurs Bundeskanzler Konrad Adenauers, die »Einheit in Freiheit« durch eine Politik der westlichen Stärke zu erlangen, zu bestätigen. Die politisch heterogene Friedensbewegung, größtenteils zugleich gesamtdeutsch orientiert, erlebt in der Auseinandersetzung um Wiederbewaffnung und Westintegration einen Höhepunkt, jedoch auch ihre entscheidende Niederlage.

DEUTSCHLANDPOLITIK

■ **Deutschlandfrage**: In einer **Erklärung zur deutschen Frage** vom 15.1. warnt die sowjetische Regierung den Bundestag, der geplante Beitritt zur NATO werde die Spaltung Deutschlands unumkehrbar machen; zugleich erneuert sie das Angebot, auf einer Konferenz der vier Siegermächte »über die Frage der Wiederherstellung der deutschen Einheit auf der Grundlage der Durchführung gesamtdeutscher freier Wahlen« noch im Jahr 1955 zu verhandeln, wenn der Bundestag auf die Ratifizierung der Pariser Abkommen verzichtet. Die DDR schließt sich dem Angebot am 20.1. an. Bundeskanzler Konrad Adenauer lehnt die Vorschläge kategorisch ab. – Am 25.1. erklärt das Präsidium des Obersten Sowjets den **Kriegszustand mit Deutschland für beendet** und erklärt sich bereit, die Beziehungen zur Bundesrepublik zu normalisieren; die Lösung der deutschen Frage sei eine rein deutsche Angelegenheit. Bis Ende März vollziehen auch die anderen Ostblockstaaten diesen Schritt. –

Staatsbesuch des Schah des Iran, Mohammed Rezah Pahlewi, und seiner Gattin, Kaiserin Soraya, in der Bundesrepublik (23.2.–9.3.)

Am 27.2. ratifiziert der Bundestag gegen die Stimmen der Opposition die Pariser Verträge. Mit Hinterlegung der Ratifikationsurkunden in Bonn durch die USA und die Bundesrepublik am 20.4. sowie Großbritannien und Frankreich am 5.5. treten sie in Kraft (→1954). Bundeskanzler Adenauer proklamiert die **Souveränität** der Bundesrepublik Deutschland. Die bisherigen Hohen Kommissare James B. Conant (USA) André François-Poncet (Frankreich) und Frederick Hoyer Millar (Großbritannien), legen ihre Ämter nieder und überreichen als Botschafter in Bonn ihre Beglaubigungsschreiben. – Am 7.5. wird die Bundesrepublik Mitglied der WEU, am 9.5. der NATO. – Auf der **Gipfelkonferenz in Genf** (17.–23.7.) beraten erstmals seit der Potsdamer Konferenz 1945 die Regierungschefs und Außenminister der vier Siegermächte (USA: Dwight D. Eisenhower, John Foster Dulles; UdSSR: Nikita Chruschtschow, Nikolai Bulganin, Wjatscheslaw Molotow; Großbritannien: Anthony Eden, Harold Macmillan; Frankreich: Edgar Faure, Antoine Pinay). Als Beobachter sind Delegationen der Bundesrepublik und der DDR zugelassen. Die Delegationen erzielen **in der Deutschlandfrage keinen Kompromiss** zwischen der von westlicher Seite vorgelegten Variante des Eden-Plans (→1954) ergänzt um Abrüstungsvorschläge (2. Eden-Plan) und dem von sowjetischer Seite vorgeschlagenen gesamteuropäischen kollektiven Sicherheitspakt, der beiden deutschen Staaten bis zur »Schaffung eines einheitlichen, demokratischen deutschen Staates« Gleichberechtigung im europäischen

Staatensystem einräumt, ergänzt um einen Nichtangriffspakt zwischen beiden Militärblöcken. Trotz der weiter bestehenden Kontroversen vermittelt das in der Presse als »Konferenz des Lächelns« apostrophierte Treffen den Eindruck der **Entspannungsbereitschaft**, da keine Großmacht mit Kriegsdrohungen operiert. – Auch die **Außenministerkonferenz** der vier Siegermächte vom 27.10. bis 16.11. in Genf erzielt keine Fortschritte in der deutschen Frage.

WEITERE AUSSENPOLITISCHE EREIGNISSE

■ **Saarfrage**: Am 14.1. und am 1.5. verhandeln Bundeskanzler Adenauer und der französische Premierminister Pierre Mendès-France über die Umsetzung des 1954 abgeschlossenen **Saarstatuts** und die Zusammenarbeit in Rüstungs- und Wirtschaftsfragen. – Bei der **Volksabstimmung im Saarland** am 23.10., an der sich 96,72% der Stimmberechtigten beteiligen, lehnen 67,71% das Saarstatut ab, 32,29% stimmen ihm zu. Daraufhin tritt Ministerpräsident Johannes Hoffmann (CVP) zurück, löst den Landtag auf und schreibt Neuwahlen aus; er hatte nachdrücklich für die Annahme des Saarstatuts geworben. Für die Rückgliederung an Deutschland waren die im Deutschen Heimatbund zusammengeschlossenen Parteien (Demokratische Partei Saar DPS, Saar-SPD und Saar-CDU) eingetreten. Bei der Wahl am 18.12. erzielen sie 64,1% der Stimmen, während auf die bisher regierende CVP nur 21,8% entfallen. Am 10.1.1956 wird Hubert Ney (CDU) zum Ministerpräsidenten gewählt.

■ **Europa**: In Messina (Italien) verständigen sich die Außenminister der Montanunion am 3.6. grundsätzlich auf die Erweiterung der Gemeinschaft zu einem alle Wirtschaftsbereiche umfassenden **Gemeinsamen Markt**. Am 1.10. beginnt eine Sachverständigenkommission in Brüssel mit der Planung des Integrationsprozesses.

■ **Sowjetunion**: Vom 9.9. bis 13.9. verhandelt eine von Bundeskanzler Adenauer geleitete deutsche Delegation in Moskau über die **Aufnahme diplomatischer Beziehungen** und die **Freilassung der deutschen Kriegsgefangenen**. Am 12.9. unterzeichnen Adenauer und Bulganin eine Vereinbarung über die Aufnahme diplomatischer Beziehungen, verknüpft mit einem Ehrenwort des sowjetischen Ministerpräsidenten, unverzüglich nach Austausch der Botschafter mit der Freilassung aller verbliebenen Kriegsgefangenen und Zivilinternierten zu beginnen. – Am 16.9. betont Adenauer, dass sich mit der Aufnahme diplomatischer Beziehungen zur Sowjetunion an der westorientierten Politik der Bundesregierung nichts ändern werde. Die Aufnahme diplomatischer Beziehungen zur Sowjetunion sei ein Sonderfall und erfolge aus dem besonderen Verhältnis zur Besatzungsmacht sowie aus humanitären Gründen.

HALLSTEIN-DOKTRIN

Um die Aufnahme diplomatischer Beziehungen mit der Sowjetunion nicht als Abweichung vom bisherigen deutschlandpolitischen Kurs und als indirekte Anerkennung der sowjetischen Zweistaatentheorie erscheinen zu lassen, erhebt Bundeskanzler Konrad Adenauer am 22.9. vor dem Bundestag erneut den Alleinvertretungsanspruch der Bundesrepublik in internationalen Angelegenheiten. Die Bundesregierung werde daher »die Aufnahme diplomatischer Beziehungen mit der DDR durch dritte Staaten, mit denen sie offizielle Beziehungen unterhält, als einen unfreundlichen Akt ansehen, da er geeignet wäre, die Spaltung Deutschlands zu vertiefen«. Auf einer Botschafterkonferenz am 8./9.12. gibt Außenminister Heinrich von Brentano den ausländischen Missionschefs bekannt, die Aufnahme diplomatischer Beziehungen mit der DDR richte sich »**gegen die Lebensinteressen des deutschen Volkes**« und werde mit entsprechenden Maßnahmen beantwortet werden, die den Abbruch der diplomatischen Beziehungen einschließen könnten. Die Bundesrepublik werde, außer mit der Sowjetunion, keine Beziehungen zu Ostblockstaaten aufnehmen, die die DDR anerkannt hätten. – Die nach dem Staatssekretär im Auswärtigen Amt Walter Hallstein benannte Doktrin soll nicht nur die diplomatische Anerkennung der DDR durch Drittstaaten verhindern, sondern sie einer weltweiten Ächtung unterwerfen. (Angewendet wird sie 1957 gegenüber Jugoslawien, 1963 gegenüber Kuba und bleibt bis zum Beginn der neuen Ostpolitik Ende der 1960er Jahre wirksam.)

DEUTSCH-DEUTSCHE BEZIEHUNGEN UND WEST-BERLIN

■ **Ablehnung von DDR-Vorschlägen**: Die zahlreichen Initiativen der DDR-Regierung dieses Jahres bleiben unbeantwortet. Sowohl der Vorschlag der Volkskammer vom 18.2., mit der **Vorbereitung gesamtdeutscher Wahlen** zu beginnen, als auch die zahlreichen Initiativen nach Abschluss der Pariser Verträge (→1955 DDR) sowie das Angebot

In Wolfsburg präsentiert das VW-Werk am 5.8. den einmillionsten Volkswagen

des DDR-Ministerpräsidenten Otto Grotewohl vom 12.8., auf der Basis gegenseitiger Anerkennung Verhandlungen über den Abbau von Spannungen zu führen, bleiben ohne offizielle Resonanz.

■ **Transitverkehr**: Im April kommt es zu Behinderungen des Transitverkehrs von und nach West-Berlin, nachdem das DDR-Verkehrsministerium am 30.3. die Straßenbenutzungsgebühren für nicht in der DDR gemeldete Fahrzeuge drastisch erhöht hat. Nach Protesten der Westalliierten werden die Erhöhungen am 3.6. teilweise zurückgenommen.

WIEDERAUFRÜSTUNG

■ **Gesetzgebung**: Nach heftiger wehrpolitischer Debatte und begleitet von einer Welle öffentlicher Proteste verabschiedet der Bundestag am 16.7. gegen die Stimmen der SPD das sog. **Freiwilligengesetz**, das am 23.7. in Kraft tritt. Es bietet die rechtliche Grundlage für die Verpflichtung der Soldaten der im Aufbau befindlichen Streitkräfte. – Am 12.11. händigt Bundesverteidigungsminister Theodor Blank den ersten freiwilligen Soldaten und Offizieren in Bonn ihre Ernennungsurkunden aus.

■ **Nachrichtendienst**: Am 8.8. übernimmt die Bundesregierung den bis dahin vom US-Geheimdienst CIA und dem US-Verteidigungsministerium kontrollierten Auslandsnachrichtendienst, die »**Organisation Gehlen**«, benannt nach ihrem Leiter, dem ehemaligen Wehrmachtsgeneral Reinhard Gehlen.

PROTESTE GEGEN TEILUNG UND WIEDERBEWAFFNUNG

Adenauers strikte Ablehnung des Vorschlags der Sowjetunion in ihrer »Erklärung zur deutschen Frage« stößt in der Öffentlichkeit auf heftige Kritik. – Zum Auftakt einer breiten Kampagne verabschiedet eine von der SPD und dem DGB organisierte Versammlung von prominenten Vertretern aller Bereiche der Gesellschaft am 29.1. in der Frankfurter Paulskirche ein »**Deutsches Manifest**«, das unter dem Motto »Rettet Einheit, Freiheit, Frieden. Gegen Kommunismus und Nationalismus« die Argumente der gemäßigten Friedens- und Einheitsbewegung zusammenfasst. Die Paulskirchenbewegung fordert in einer Unterschriftensammlung eine Volksabstimmung über die Pariser Verträge. – Das **Modell des österreichischen Staatsvertrags** vom 15.5., der einem neutralen Österreich die Souveränität gewährt, nimmt die westdeutsche Opposition als Beleg für die Chancen, die ihrer Ansicht nach das sowjetische Angebot für die Wiedervereinigung eröffnet. – Einer von Bertrand Russell am 9.7. in London ins Leben gerufenen Initiative folgen am 15.7. insgesamt 18 Nobelpreisträger auf die Bodensee-Insel Mainau. Ihr »**Mainauer Appell**«, unterzeichnet u.a. von Max Born, Otto Hahn und Werner Heisenberg, warnt vor den Gefahren eines Atomkriegs und fordert zum Gewaltverzicht auf.

WEITERE INNENPOLITISCHE EREIGNISSE

■ **Kabinett**: Einen Monat nach Inkrafttreten der Pariser Verträge gibt Bundeskanzler Adenauer am 7.6. das Amt des Außenministers an den bisherigen Vorsitzenden der CDU/CSU-Bundestagsfraktion, Heinrich von Brentano (CDU), ab. Theodor Blank (CDU) wird erster **Bundesverteidigungsminister**. – In der Kontroverse über das Saar-Abkommen **spaltet sich die Bundestagsfraktion des GB/BHE**. Am 11.7. treten deren führende Politiker, Bundesminister Theodor Oberländer und Waldemar Kraft, zusammen mit sechs weiteren Bundestagsabgeordneten aus ihrer Partei aus und schließen sich ohne Fraktions- und Parteimitgliedschaft der CDU/CSU-Fraktion an. Am 16.10. beschließt der Bundesparteitag des GB/BHE, die Zusammenarbeit in der Regierungskoalition aufzukündigen; die zwei abtrünnigen Minister behalten ihre Ämter.

■ **Gesetzgebung**: Am 18.3. verabschiedet der Bundestag ein **Personalvertretungsgesetz** für den öffentlichen Dienst. – Unter dem Eindruck unmittelbar vor dem Bundeshaus vorgetragener Proteste beschließt der Bundestag am 7.7. das **Bannmeilengesetz**. Es untersagt politische Kundgebungen in einem definierten Umkreis um die gesetzgebenden Organe des Bundes in Bonn und um das Bundesverfassungsgericht in Karlsruhe.

■ **John-Affäre**: Der ehemalige Leiter des Bundesverfassungsschutzes Otto John kehrt am 12.12. nach

Heimgekehrte deutsche Kriegsgefangene werden am 7.10. in Friedland begrüßt

West-Berlin zurück, gibt an, er sei im Vorjahr in die DDR verschleppt worden. Am 23.12. wird er von der Bundesanwaltschaft unter Anklage des Verdachts landesverräterischer Beziehungen zu einer auswärtigen Macht gestellt.

■ **Finanzausgleich**: Mit dem **Finanzverfassungsgesetz**, das am 23.12. in Kraft tritt, erhält die zwischen Bund und Ländern umstrittene Verteilung des Steueraufkommens eine neue Grundlage. Der Bundesanteil an der Einkommen- und Körperschaftsteuer beträgt danach 33,3% (ab 1959: 35%).

KRIEGSFOLGEN

■ **Gesetze**: Am 24.2. stockt der Bundestag mit einem Lastenausgleichs-Erweiterungsgesetz die Hilfe für die im 2. Weltkrieg und danach Geschädigten um 300 Mio. DM pro Jahr auf (→1952).

■ **Recht**: Am 9.5., zehn Jahre nach Kriegsende, tritt die **Verjährung von Straftaten** ein, die während des Dritten Reichs begangenen wurden und mit einer Höchststrafe von bis zu zehn Jahren geahndet werden. Vorsätzliche Tötungsdelikte sind weiterhin von Strafverfolgung bedroht.

■ **Spätheimkehrer**: Nachdem das Präsidium des Obersten Sowjets der UdSSR am 28.9. die Entlassung von **9626 deutschen Kriegsgefangenen** beschlossen hat, trifft am 7.10. der erste große Transport mit 602 Spätheimkehrern im Aufnahmelager Friedland ein. Es folgen weitere Entlassene sowie rd. 20 000 Zivilinternierte, zumeist Wissenschaftler, Techniker und Ingenieure, die nach Kriegsende in die Sowjetunion verbracht wurden.

WIRTSCHAFTSPOLITIK

■ **Gesetze und Urteile**: Das Bundesarbeitsgericht verbietet am 15.1. **Frauenleichtlohngruppen**. – Am 5.8. verabschiedet der Bundestag das **Landwirtschaftsgesetz**, das die soziale Lage der in der Landwirtschaft Beschäftigten verbessern soll. Auf der Grundlage eines jährlich zu erstellenden **»Grünen Plans«** sind Förderungsmaßnahmen für die Landwirtschaft vorgesehen.

■ **Beschäftigung**: Mitte des Jahres wird mit rd. 500 000 Arbeitslosen nahezu Vollbeschäftigung erreicht. 80 000 ausländische Arbeitnehmer sind beschäftigt. Bundesarbeitsminister Anton Storch schließt am 20.12. mit der italienischen Regierung in Rom ein zunächst auf ein Jahr befristetes Abkommen über die **Anwerbung** von bis zu 100 000 **italienischen Arbeitskräften.**

■ **Produktion**: 1955 werden in der Bundesrepublik insgesamt 908 841 Kraftfahrzeuge gebaut, 33,5% mehr als im Vorjahr. – Die Industrieproduktion steigt im Vergleich zum Vorjahr um 16%.

PARTEIEN

■ **FDP**: Der Parteivorsitzende Thomas Dehler provoziert am 19.11. in Mühlheim/Ruhr eine **Partei- und Koalitionskrise**, als er die Aufnahme von Verhandlungen mit der Sowjetunion über die deutsche Einheit fordert und Gespräche mit der DDR nicht grundsätzlich ausschließt.

BUNDESLÄNDER

■ **Bildungspolitik**: Am 17.2. schließen die Kultusminister der Bundesländer in Düsseldorf ein Abkommen zur **Vereinheitlichung des Schulwesens**. Es regelt u.a. die Vergleichbarkeit von Lehrplänen und Ausbildungsgängen, die gegenseitige Anerkennung von Zeugnissen und Schulabschlüssen und führt Englisch als erste Fremdsprache ein.

■ **Niedersachsen**: Landtagswahl am 24.4.; neuer Ministerpräsident wird Heinrich Hellwege (DP).

■ **Rheinland-Pfalz**: Peter Altmeier (CDU) bleibt auch nach der Landtagswahl am 15.5. als Chef einer CDU-FDP-Koalitionsregierung Ministerpräsident. **Bremen**: Der seit 1945 amtierende Bürgermeister Wilhelm Kaisen (SPD) behält nach der Bürgerschaftswahl am 9.10. sein Amt.

■ **West-Berlin**: In seiner ersten Sitzung nach den Wahlen vom 5.12.1954 wählt das Abgeordnetenhaus in West-Berlin am 11.1. einstimmig **Willy Brandt** (SPD) zu ihrem neuen Präsidenten. Der bisherige Präsident und Direktor der Hochschule für Politik **Otto Suhr** (SPD) wird in der Nachfolge des verstorbenen Ernst Reuter Regierender Bürgermeister an der Spitze einer Großen Koalition.

■ **Wahlergebnisse** → S. 458–467

1955 DDR

Souveränität in Abhängigkeit

Die Deutsche Demokratische Republik erhält 1955 formal ihre volle Souveränität zurück. De facto bleibt die Sowjetunion politische, ideologische, wirtschaftliche und militärische Führungsmacht des Ostblocks und bezogen auf die DDR zusätzlich Garant für die staatliche Existenz.
Im gleichen Jahr wird die DDR Unterzeichnerstaat des Warschauer Vertrags, des militärischen Bündnisses der staatssozialistischen Länder. Die Bereitstellung militärischer Verbände für das Bündnis ist begleitet von einer zunehmenden Militarisierung der ostdeutschen Gesellschaft. Die Beziehungen zur Bundesrepublik sind geprägt von der sich vertiefenden Spaltung. Die DDR betont durch demonstrative Abgrenzungen die Unterschiedlichkeit beider deutscher Staaten: Sie reichen von der Einführung eines eigenen Staatswappens bis hin zur beginnenden Durchsetzung der Jugendweihe – gegen traditionelle Rituale der Kirchen – als wichtigster Form des Übertritts in das Erwachsenenleben.

WARSCHAUER VERTRAG UND MILITARISIERUNG

■ **Beendigung des Kriegszustands**: Am 25.1. erklärt die Sowjetunion in einem Erlass des Obersten Sowjets den Kriegszustand mit Deutschland für beendet. Diesem Schritt folgen die Tschechoslowakei am 3.2., Polen am 18.2., Bulgarien am 1.3., Rumänien am 8.3., Ungarn am 15.3., Albanien am 17.3. sowie die VR China am 7.4. Damit werden alle formalen Hindernisse für die langfristige Integration der DDR in das östliche militärische Bündnissystem beseitigt. – Am 14.5. gehört die DDR zu den Unterzeichnern des **Warschauer Vertrags** über Freundschaft, Zusammenarbeit und gegenseitigen Beistand, dem auch Albanien, Bulgarien, Ungarn, Polen, Rumänien, die UdSSR und die Tschechoslowakei beitreten. Dem Vertrag, der rückwirkend zum 6.5., dem Tag nach Inkrafttreten der Pariser Verträge, wirksam ist, stimmt die Volkskammer am 20.5. zu. Den wesentlichen Bestandteil des Vertrags, Beistand für die Verbündeten leisten zu können (Art. 4), garantiert die Volkskammer zusätzlich am 25.9. durch eine **Verfassungsänderung**. Sie soll die DDR-Bevölkerung genauso auf die Aufstellung einer Armee vorbereiten wie der Aufruf von 87 ehemaligen Wehrmachtsoldaten bei einer Tagung in Ost-Berlin (29./30.1.), eine »nationale Armee« aufzustellen.

■ **Kampfgruppen**: Die **Militarisierung der DDR-Gesellschaft** zeigt sich zudem am 1.5. mit dem erstmaligen Aufmarsch von Angehörigen der »Kampfgruppen« im Rahmen der offiziellen Maidemonstration sowie in den Aufrufen des V. Parlaments der FDJ (25.–27.5.) und des 4. FDGB-Bundeskongresses (15.–20.6.) zum »bewaffneten Schutz der Jugend«.

■ **MfS**: Am 24.11. wird die seit dem 24.7.1953 dem Innenministerium zugeordnete **Staatssicherheit** wieder eigenständiges Ministerium.

■ **Souveränität**: Mit dem am 20.9. unterzeichneten **Freundschaftsvertrag** mit der Sowjetunion erhält die DDR ihre vorgeblich volle Souveränität zurück, die Sowjetische Hohe Kommission wird ersatzlos aufgelöst und die Interessenvertretung formal allein von der Botschaft der UdSSR in Ost-Berlin wahrgenommen. Der Verbleib sowjetischer Truppen in der DDR wird mit einem gesonderten Abkommen (vom 12.9.1957) langfristig geregelt. Die Übernahme der alleinigen **Grenzsicherung** durch DDR-Grenzpolizeieinheiten mit Wirkung

Mitglieder der Gesellschaft für Sport und Technik, ausgerüstet mit Kleinkalibergewehren, auf der 1.-Mai-Demonstration in Ost-Berlin

DAS JUGENDWEIHEGELÖBNIS

Erstes Gelöbnis 1955

Liebe Junge Freunde!

Seid Ihr bereit, für ein glückliches Leben der werktätigen Menschen und ihren Fortschritt in Wirtschaft, Wissenschaft und Kunst zu wirken?

[Antwort:] Ja, das geloben wir!

Seid Ihr bereit, für ein einheitliches, friedliebendes, demokratisches und unabhängiges Deutschland mit Eurem ganzen Wissen und Können einzutreten?

[Antwort:] Ja, das geloben wir!

Seid Ihr bereit, im Geiste der Völkerfreundschaft zu leben und rastlos Eure Kräfte einzusetzen, um gemeinsam mit allen friedliebenden Menschen den Frieden zu verteidigen und zu sichern?

[Antwort:] Ja, das geloben wir!

Jugendliche auf einer Jugendweihefeier in Ost-Berlin

vom 1.12. rundet die außenpolitische Aufwertung der DDR ab.

■ **Beutekunst**: Am 25.8. gibt die Sowjetunion 750 von der Roten Armee 1945 in die UdSSR verbrachte Bilder aus der Dresdner Gemäldegalerie zurück.

DEUTSCH-DEUTSCHE BEZIEHUNGEN

Bei seinem Besuch in der DDR (24.–27.7.) erklärt der sowjetische Staatschef Nikita Chruschtschow, die Wiedervereinigung sei allein Sache der Deutschen selbst, doch dürften dabei die politischen und sozialen Errungenschaften der DDR nicht aufgegeben werden. Unter diesen Voraussetzungen scheitert die vom 27.10. bis 16.11. tagende Genfer Außenministerkonferenz (→BRD), an der erstmals Beobachterdelegationen aus beiden deutschen Staaten teilnehmen.

■ **Vorschläge zur Deutschen Einheit**: Die Spaltung Deutschlands wird von beiden Seiten nach wie vor durch **Vorschläge und Aufrufe zur Wiederherstellung der staatlichen Einheit** überspielt. So schlägt am 18.2. die Volkskammer dem Bundestag vor, gesamtdeutsche Wahlen unter internationaler Kontrolle vorzubereiten. Zwei Wochen später (am 2.3.) wendet sie sich mit einer »Proklamation an das deutsche Volk« gegen die Pariser Verträge, am 12.8. unterbreitet Otto Grotewohl in der Volkskammer erneut Vorschläge zur Annäherung der beiden deutschen Staaten. Vom 8.10. bis 14.10. nehmen erstmals Verlage aus der DDR an der Internationalen Buchmesse in Frankfurt am Main teil.

■ **Spaltungstendenzen**: Auf der anderen Seite stehen Ereignisse, die die **Spaltung Deutschlands** verdeutlichen. Dazu zählt der Beschluss des Ost-Berliner Magistrats vom 10.1., für den Verkauf von Speisen und Getränken in Gaststätten D-Mark (im Kurs 1:1 zum Ost-Mark-Preis) zu verlangen, oder die Aufnahme des Nationalen Olympischen Komitees (NOK) der DDR in das Internationale Olympische Komitee (IOC) am 18.6. vorerst als »provisorisches Mitglied«, während die Bundesrepublik dem IOC bereits als reguläres Mitglied angehört. (Beide NOK einigen sich am 27.8. auf eine gemeinsame Mannschaft für die Olympischen Spiele 1956 in Cortina d'Ampezzo/Italien und Melbourne/Australien.) – Am 25.9. führt die Volkskammer per Gesetz mit Wirkung vom 27.10. ein **Staatswappen** der DDR ein (Hammer und Zirkel im Ährenkranz als Symbole für Arbeiter, Intelligenz und Bauernschaft), das zunächst noch getrennt von der schwarz-rot-goldenen Staatsflagge zu führen ist. – Auf seiner Tagung am 12./13.11. verabschiedet der Nationalrat der Nationalen Front eine Programmerklärung »Alle Kraft für die Stärkung der DDR, das Vaterland des Volkes«, mit dem sich die Orga-

Staatsflagge der DDR

nisation zu einer »sozialistischen Volksbewegung« erklärt und das formal angestrebte Ziel der Wiedervereinigung in den Hintergrund tritt.

KIRCHEN- UND SCHULPOLITIK

In der Auseinandersetzung mit den Kirchen stellt die SED die atheistische **Jugendweihe**, die an Traditionen der Arbeiterbewegung anknüpft, gegen die religiösen Rituale der Firmung bzw. Konfirmation. Am 27.3. findet im Ost-Berliner Stadtbezirk Köpenick die erste Jugendweihe statt. – Die Kirchen erwarten in dieser Frage von ihren Mitgliedern Standhaftigkeit, zunächst mit Erfolg: Bis 1957 steigt die Anzahl der Jugendweihe-Teilnehmer auf lediglich 20% der Jugendlichen. Danach intensivieren Partei- und Staatsführung die »Werbeanstrengungen« und erreichen innerhalb von drei Jahren eine 80%ige Teilnahme der Jugendlichen. – Mit Beginn des neuen Schuljahres am 1.9. nehmen die ersten zehnklassigen Schulen (später »Polytechnische Oberschulen«, POS) den Unterricht auf. Damit wird der Übergang zum durchgängigen zehnklassigen Schulbesuch eingeleitet.

WIRTSCHAFT UND SOZIALES

■ **Industrie**: Das **BIP** wächst gegenüber dem Vorjahr um 5,1% auf 99,4 Mrd. DM (in BRD-Preisen von 1989), was 15,5% des westdeutschen BIP ausmacht. Die **industrielle Bruttoproduktion** (in Preisen von 1936) beträgt fast 33,3 Mrd. DDR-Mark, 5,9% mehr als 1954 (oder 190,9% des Wertes von 1936). In Preisen von 1955 (die für die nächsten Jahre im Wesentlichen die Grundlage für die sog. unveränderlichen Planpreise in der statistischen Erfassung volkswirtschaftlicher Daten bilden) beträgt die industrielle Bruttoproduktion 43,2 Mrd. Mark.

■ **Handwerk**: Am 18.8. erlässt der Ministerrat eine Verordnung über **Produktionsgenossenschaften des Handwerks** (PGH), auf deren Grundlage der Zusammenschluss von bis dahin privaten Einzelbetrieben vor allem in handwerklichen Berufen, zum Teil jedoch auch in der industriellen Produktion deutlich gefördert wird. 1955 werden etwa 192 600 Mitglieder solcher PGH (88,6% der dort Beschäftigten) gezählt.

INDUSTRIELLE BRUTTOPRODUKTION 1955 NACH BRANCHEN Anteile in %

Maschinen- und Fahrzeugbau	22,5
Lebensmittelindustrie	16,8
Chemische Industrie	16,4
Leichtindustrie (ohne Textilindustrie)	13,9
Textilindustrie	10,8
Elektrotechnik/Elektronik/Gerätebau	7,3
Metallurgie	5,6
Energie- und Brennstoffindustrie	4,9
Baumaterialienindustrie	1,8

Außenhandel 1951–55

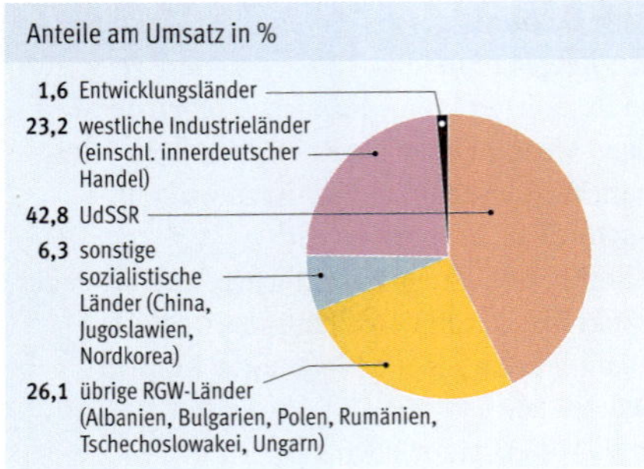

Quelle: Statistische Jahrbücher der DDR

■ **Einzelhandel**: Im Einzelhandel werden mehr als zwei Drittel des Warenumsatzes (68%) in »sozialistischen Betrieben« der Handelsorganisation (HO) und der Konsumgenossenschaften sowie deren Partnern im Kommissionshandel realisiert, 32% von privaten Einzelhändlern.

■ **Landwirtschaft**: In der Landwirtschaft erhöht sich bis zum Jahresende die Anzahl der LPG auf 6047, in denen 196 946 Bauern vereinigt sind. Der Anteil der von LPG und VEG bewirtschafteten Flächen erhöht sich auf 27,3% der Gesamtfläche.

SOZIALES

■ **Bevölkerung**: Im Gebiet der DDR leben am 31.12. 17,8 Mio. Einwohner, gegenüber 1954 ein Rückgang um 170 000. Nach westlichen Angaben siedeln 252 870, nach DDR-Angaben 270 115 Personen nach Westdeutschland über, 72 928 Personen kehren von dort zurück oder siedeln über.

■ **Preise und Lebenshaltung**: Im Laufe des Jahres werden die Preise für frei verkäufliche Waren weiter gesenkt. – Das durchschnittliche monatliche Arbeitseinkommen von Arbeitern und Angestellten in der staatseigenen Wirtschaft beträgt 432 Mark. Die Pro-Kopf-Sparguthaben wachsen auf etwa 277 Mark an. – Das **Ausstattungsniveau** der privaten Haushalte mit langlebigen Konsumgütern ist noch äußerst **gering**. Auf 1000 Haushalte kommen 2 Pkw, 4 Kühlschränke, 5 Waschmaschinen und 12 Fernsehgeräte.

1956 BRD

Beitritt zur NATO

In den weltpolitischen Erschütterungen des Jahres steht die Bundesrepublik als Hort politischer Stabilität und emsigen Wirtschaftens. Alle Hoffnungen auf eine Auflockerung der weltpolitischen Fronten, die sich mit der Entstalinisierung und dem sowjetischen Kurs der »Friedlichen Koexistenz« verbunden hatten, zerschlagen sich nach dem gewaltsamen Ende der ungarischen Befreiungsbewegung. In der Suez-Krise eskaliert die Konfrontation zwischen Ägypten, das die Kontrolle über den Kanal beansprucht, und den Interventionsmächten Frankreich und Großbritannien bis an den Rand eines Atomkriegs. In der angespannten internationalen Situation rückt die deutsche Frage aus dem Zentrum der aktuellen Politik. Die innenpolitische Auseinandersetzung wird dominiert vom Streit um den Aufbau der Bundeswehr, der dem westlichen Bündnissystem ein gewichtiges militärisches Potenzial hinzufügen soll. Im Windschatten der großen Weltkonflikte wird die Bundesrepublik zügig aufgerüstet, ohne dass die Friedensbewegung ein Protestpotenzial wie in den Jahren zuvor entfalten kann.

AUFBAU DER BUNDESWEHR

■ **Politische Entscheidungen**: Mit der erforderlichen Zweidrittelmehrheit verabschiedet der Bundestag am 6.3. die **2. Wehrergänzung des Grundgesetzes**, mit der die **parlamentarische Kontrolle** der neuen Streitkräfte geregelt und die Voraussetzung für die Einführung der allgemeinen Wehrpflicht geschaffen wird. Die SPD, deren Zustimmung zur Grundgesetzänderung im Bundestag erforderlich ist, setzt durch, dass das Parlament weitgehende Kontrollbefugnisse erhält und ein Wehrbeauftragter eingesetzt werden kann, der auf die Einhaltung der Grundrechte im Militärwesen achtet. – Das am gleichen Tag gegen die Stimmen der SPD-Fraktion verabschiedete **Soldatengesetz** führt für die neuen Streitkräfte den Namen »**Bundeswehr**« ein. Der Bundesrat billigt die Wehrergänzung und das Soldatengesetz am 16.3. (in Kraft 1.4.). – Am 7.7. beschließt der Bundestag gegen die Stimmen der Abgeordneten der SPD und der FDP, die für eine Berufsarmee eintreten, die **Einführung der allgemeinen Wehrpflicht** mit einem 12-monatigen Wehrdienst (Bundestagsbeschluss vom 5.12.) sowie eines **zivilen Ersatzdienstes** für Kriegsdienstverweigerer. Der Bundesrat billigt das Wehrpflichtgesetz am 21.7. (dagegen stimmen Bayern, Bremen, Hessen und Nordrhein-Westfalen). – Am 1.9. wird bekannt, dass unter bestimmten Bedingungen auch ehemalige **Angehörige der Waffen-SS** in die Bundeswehr aufgenommen werden können. Proteste der Alliierten führen dazu, dass am 25.10. die Wiederverwendung von ehemaligen Offizieren der Waffen-SS im Obersten- und Generalsrang ausgeschlossen wird.

■ **Aufbau der Truppe**: Am 2.1. treten die ersten Freiwilligen ihren Dienst in Andernach (Heer), Nörvenich (Luftwaffe) und in Wilhelmshaven (Marine) an. Bundeskanzler Konrad Adenauer betont anlässlich seines ersten Truppenbesuchs in Andernach am 20.1. ihren defensiven Auftrag.

■ **Verteidigungskosten**: Der **Verteidigungshaushalt** für 1956 umfasst mit 8,8 Mrd. DM rd. 28% des Bundeshaushalts. Um das ehrgeizige Aus- und Aufrüstungsprogramm erfüllen zu können, bittet die Bundesregierung die USA am 5.4. um weitere Mittel in Höhe von 8,4 Mrd. DM. Zugleich erklärt sie, wegen der Belastungen beim Aufbau der eigenen Streitkräfte die **Stationierungskosten der alliierten Truppen** in der Bundesrepublik nicht länger tragen zu können. Die drei Westmächte beharren jedoch am 8.5. auf Einhaltung dieser Verpflichtung. Am 29.6. einigen sich beide Seiten: die USA sollen 650 Mio., Großbritannien 400 Mio. und Frankreich 278 Mio. DM als Ausgleichszahlung von der Bundesrepublik erhalten.

Konrad Adenauer besucht am 20.1. die ersten Soldaten der Bundeswehr in Andernach

DAS VERBOT DER KPD

Am 17.8.1956 gibt das Bundesverfassungsgericht dem Antrag der Bundesregierung auf Verbot der KPD vom 23.11.1951 statt, erklärt die Partei für verfassungswidrig und ordnet ihre Auflösung an. Den zuletzt 78 000 Parteimitgliedern wird die Bildung von Ersatzorganisationen verboten, das Parteivermögen eingezogen. Das Gericht begründet sein Verbot mit der von der KPD angestrebten »Errichtung einer Diktatur des Proletariats« zur Verwirklichung einer »sozialistisch-kommunistischen Gesellschaftordung«, die gegen die »freiheitlich-demokratische Grundordnung« des Grundgesetzes verstoße. – Noch am Tag der Urteilsverkündung nimmt die Polizei 199 KPD-Funktionäre fest, durchsucht Wohnungen und schließt 199 Parteibüros, 35 Druckereien, Redaktionen und Verlage. Max Reimann und andere führende Funktionäre der KPD hatten sich zuvor in die DDR abgesetzt. Mehrere hundert KPD-Abgeordnete in Gemeinde- und Kreisparlamenten verlieren ihre Mandate.
Bei den Wahlen zu den ersten Landtagen 1946–48 erzielte die KPD Stimmenanteile zwischen 4,7% (Schleswig-Holstein) und 14% (Nordrhein-Westfalen), zog in neun Landtage ein und war zumindest kurzfristig an den meisten Landesregierungen beteiligt. 1947 verzeichnete sie den Höchststand von 324 000 Mitgliedern. Im Kalten Krieg sank ihr politischer Einfluss. Den politischen Niedergang beschleunigten zahlreiche Polizeimaßnahmen und Strafprozesse gegen führende Mitglieder.

REGIERUNG UND BEHÖRDEN

■ **Kabinett**: Am 16.10. erfolgt eine umfassende Kabinettsumbildung: Theodor Blank (CDU), Waldemar Kraft (CDU), Fritz Neumayer (FVP) und Hermann Schäfer (FVP) scheiden aus dem Kabinett aus; Bundesratsminister Hans Joachim von Merkatz (DP) übernimmt auch das Justizressort; Siegfried Balke (CSU), zuständig für das Post- und Fernmeldewesen, übernimmt außerdem das Ministerium für Atomfragen, während dessen bisheriger Leiter Franz Josef Strauß (CSU) zum Verteidigungsminister ernannt wird. Am 14.11. wird Ernst Lemmer (CDU) Postminister.

■ **Atomkommission**: Unter Vorsitz des Bundesministers für Atomfragen Strauß konstituiert sich am 26.1. in Bonn die von der Bundesregierung am 21.12.1955 eingesetzte **Deutsche Atomkommission**. Das Expertengremium befasst sich mit allen Fragen der Erforschung und friedlichen Nutzung der Atomenergie und des Strahlenschutzes. – Am 25.7. billigt die Bundesregierung das von Strauß vorgelegte **1. Atomprogramm**, für das 44 Mio. DM im laufenden Haushaltsjahr bereitgestellt werden. Es sieht den Bau von Versuchsreaktoren an fünf Hochschulorten sowie die Errichtung einer zentralen Kernforschungsanlage in Karlsruhe vor.

■ **Bundesnachrichtendienst (BND)**: Am 1.4. geht die »Organisation Gehlen« (→1955) in den Bundesnachrichtendienst mit Sitz in Pullach über. Reinhard Gehlen wird am 28.1. erster Präsident der mit der Informationsbeschaffung im Ausland befassten Behörde.

PARTEIEN

■ **FDP**: Die innerparteiliche Auseinandersetzung über den deutschland- und außenpolitischen Kurs der Bundesregierung und die geplante Wahlrechtsreform führen zur **Spaltung der Partei**. Unter dem Eindruck des Sturzes der CDU/FDP-Koalitionsregierung in Nordrhein-Westfalen am 20.2. trennen sich 16 FDP-Bundestagsabgeordnete, unter ihnen die vier Bundesminister der Partei, am 23.2. von ihrer Fraktion und bilden die »Demokratische Arbeitsgemeinschaft«; sie wird neue Koalitionspartnerin der CDU/CSU und DP und erhält als »Arbeitsgemeinschaft Freier Demokraten« (ab 23.4. Freie Volkspartei/FVP) am 15.3. Fraktionsstatus. Die verbleibende FDP-Fraktion unter dem national-liberalen Partei- und Fraktionsvorsitzenden Thomas Dehler geht am 25.3. in die Opposition. Der Bundesparteitag der FDP am 21./22.4. in Würzburg billigt den Rückzug aus der Regierungskoalition und bestätigt Dehler als Parteivorsitzenden.

DEUTSCHLAND- UND BERLINPOLITIK

■ **Oder-Neiße-Frage**: Bundestagsvizepräsident Carlo Schmid (SPD) schlägt am 5.10. vor, mit Polen über die Oder-Neiße-Grenze zu verhandeln, wobei beide Seiten zu Verzicht bereit sein müssten. Auch Bundestagspräsident Eugen Gerstenmaier (CDU) spricht sich für eine »Politik der offenen Tür« gegenüber dem Osten aus. Der Bund der vertriebenen Deutschen protestiert am 7.10. dagegen, eine Wiedervereinigung mit dem Verzicht auf die Heimat zu »erkaufen«. Bundesaußenminister Heinrich von Brentano bietet Polen am 30.11. eine formelle **Gewaltverzichtserklärung** an, schließt aber die Aufnahme diplomatischer Beziehungen aus, weil Polen »die Sowjetzonenrepublik als selbständigen deutschen Staat anerkannt« habe. Die polnische

Regierung lehnt am 8.12. Verhandlungen ab, weil die Bundesrepublik Polens Bündnis mit der Sowjetunion und der DDR untergrabe.

■ **Deutsch-deutsche Beziehungen**: An den Olympischen Spielen in Cortina d'Ampezzo (Italien) und Melbourne (Australien) nimmt zum ersten Mal eine **gesamtdeutsche Mannschaft** teil. – In einer scharfen Erklärung bestreitet die Bundesregierung am 6.9. den Anspruch der DDR, legitime und gleichberechtigte Rechtsnachfolgerin des Deutschen Reiches zu sein, wie dies Außenminister Lothar Bolz am 29.8. vor der Volkskammer in Ost-Berlin für die DDR in Anspruch genommen hat. – Vertreter der deutschen »Währungsgebiete« unterzeichnen am 18.11. in Ost-Berlin ein neues **Interzonenhandelsabkommen**, das wie im Vorjahr einen Warenaustausch im Wert von rd. 1 Mrd. Verrechungseinheiten (= 1 Mrd. DM) umfasst. Ein zinsloser Überziehungskredit (Swing) ermöglicht der DDR höhere Importe. – In West-Berlin empfängt der Präsident des Abgeordnetenhauses, Willy Brandt, am 20.9. den **einmillionsten Flüchtling aus der DDR**.

■ **Berlin**: In einem Notenwechsel (10.2./27.2.) protestieren die Westmächte gegen die Gründung und Anwesenheit **paramilitärischer Verbände in Ost-Berlin** als einen Verstoß gegen das Potsdamer Abkommen. – Der Bundesrat tagt unter Protest der Sowjetunion am 16.3. erstmals in West-Berlin. – Am 22.4. wird in Ost-Berlin ein mit Abhöranlagen ausgestatteter **Spionagestollen des US-Geheimdienstes** entdeckt, aus dem heraus der Telefonverkehr der sowjetischen Armee überwacht wurde.

KRIEGSFOLGEN, VERGANGENHEITSBEWÄLTIGUNG

■ **Kriegsgefangene**: Am 14.1. trifft der letzte Kriegsgefangenen-Transport aus der Sowjetunion in Herleshausen ein. Am 9.4. bittet die Bundesregierung die sowjetische Regierung um die Freilassung noch immer festgehaltener deutscher Zivilgefangener.

■ **»Wiedergutmachung«**: In einer einstimmig verabschiedeten Novelle zum Bundesentschädigungsgesetz für Opfer nationalsozialistischer Verfolgung verbessert der Bundestag am 6.6. die Leistungen; die Gesamtsumme (ohne die »Wiedergutmachung« an Israel) erhöht sich von 4 auf 7,5 Mrd. DM.

WEITERE INNENPOLITISCHE EREIGNISSE

■ **John-Affäre**: Der Bundesgerichtshof verurteilt am 22.12. den ehemaligen Präsidenten des Bundesamtes für Verfassungsschutz Otto John, der sich

Vor einem Bill-Haley-Konzert in Frankfurt am Main

1954/1955 in der DDR aufhielt, wegen »landesverräterischer Fälschung in Tateinheit mit landesverräterischer Konspiration im besonders schweren Fall« zu vier Jahren Zuchthaus. Das Gericht schenkt Johns Einrede keinen Glauben, er sei seinerzeit nach Ost-Berlin entführt worden.

■ **Proteste**: Mit einer Welle von Protesten reagieren im November Teile der deutschen Öffentlichkeit, v.a. Studenten, auf die Niederschlagung des Ungarn-Aufstands durch die sowjetische Armee. An einer Kundgebung in West-Berlin am 5.11. beteiligen sich 100 000 Menschen. – Vielerorts, v.a. nach Konzerten und der Vorführung des Rock'n'Roll-Films »Außer Rand und Band« (»Rock around the Clock« mit Bill Haley), kommt es zu sog. **Halbstarken-Krawallen**; nicht selten münden sie in Straßenschlachten und tagelangen Auseinandersetzungen mit der Polizei.

AUSSENPOLITIK

■ **Westintegration**: Im Hinblick auf die bevorstehenden **Abrüstungsgespräche** ersucht Bundeskanzler Adenauer am 19.3. die Westmächte, die Bundesrepublik indirekt an den Beratungen zu beteiligen; ohne deutsche Zustimmung könnten keine Verabredungen getroffen werden, die Deutschland politisch, militärisch oder territorial beträfen. – Auf ihrer Tagung in Venedig am 31.5. beauftragen die Außenminister der Europäischen Gemeinschaft für Kohle und Stahl (EGKS) die in Messina 1955 eingesetzte Kommission unter Vorsitz des belgischen Außenministers Paul Henri Spaak, Vertragsentwürfe für einen Ausbau der Montanunion zu einem alle Wirtschaftsbereiche umfassenden **Gemeinsamen Markt** auszuarbeiten. Die »Spaak-Kommission« konstituiert sich am 26.6.

■ **Saarfrage**: Am 31.1. befürwortet der Landtag

die Angliederung des Saarlandes an die Bundesrepublik. – Am 4.6. einigen sich Bundeskanzler Adenauer und der französische Premierminister Guy de Mollet in Luxemburg auf die **Wiedereingliederung des Saarlandes** in die Bundesrepublik: Das Saarland soll am 1.1.1957 politisch, am 1.1.1960 auch wirtschaftlich Teil der Bundesrepublik werden. Die Außenminister Frankreichs, des Saarlandes und der Bundesrepublik unterzeichnen den **Saar-Vertrag** am 27.10. in Luxemburg (Luxemburger Abkommen); die französische Nationalversammlung ratifiziert ihn am 12.12., der saarländische Landtag billigt am 13.12. die Beitrittserklärung zur Bundesrepublik, der Bundestag nimmt das Luxemburger Abkommen am 14.12. an.

■ **Beziehungen zu Ostblockstaaten**: Die Bundesrepublik und die Sowjetunion nehmen **diplomatische Beziehungen** auf: Der sowjetische Botschafter überreicht sein Beglaubigungsschreiben am 7.1. in Bonn, der bundesdeutsche seines am 12.3. in Moskau. – Nach der **Niederschlagung des ungarischen Aufstands** durch sowjetische Truppen erklärt sich die Bundesrepublik am 17.11. bereit, 3000 Flüchtlingen aus Ungarn Asyl zu gewähren. – Am 6.2. schließt die Bundesrepublik ein **Handelsabkommen mit der Tschechoslowakei** über 160 Mio. DM ab, rd. 50% mehr als im Vorjahr. – Als Ausgleich für Schäden, die während des 2. Weltkriegs von Deutschen angerichtet wurden, sichert die Bundesrepublik in einem am 10.3. geschlossenen Abkommen **Jugoslawien Entschädigungszahlungen** in Höhe von 300 Mio. DM zu.

GEWERKSCHAFTEN, TARIFPOLITIK

■ **45-Stunden-Woche**: Die Tarifpartner in der Metallindustrie schließen am 29.6. in Bremen den **1. Tarifvertrag** zur Einführung einer Arbeitszeit von 45 Stunden und einer 5-Tage-Woche. Am 18.11. wird auch für die Textilindustrie die 45-Stunden-Woche vereinbart.

■ **Streik um Lohnfortzahlung**: Nach einer Urabstimmung in der Metallindustrie Schleswig-Holsteins treten am 24.10. rd. 20 000 Werftarbeiter in den Ausstand. Sie fordern die Lohnfortzahlung im Krankheitsfall, Verlängerung des Urlaubs und Erhöhung des Urlaubsgeldes. Der Streik wird erst am 15.2.1957 beendet.

WIRTSCHAFTSPOLITIK

■ **Konjunkturpolitische Kontroverse**: Der Zentralbankrat der Bank deutscher Länder in Frankfurt am Main erhöht im Frühjahr mehrfach den Diskontsatz von 3,5% auf schließlich 5,5% am 18.5., um inflationären Tendenzen entgegenzuwirken. Bundeswirtschaftsminister Ludwig Erhard leitet konjunkturdämpfende Maßnahmen ein (u.a. Zollsenkungen um bis zu 30%). – Der **Entwurf des Haushaltsplans**, den die Bundesregierung am 18.11. für das Haushaltsjahr 1957 vorlegt, weist bei einem Umfang von 34,35 Mrd. DM eine Zuwachsrate von 5,1% auf.

■ **Ladenschlussgesetz**: Das lange umstrittene Gesetz, das der Bundestag am 9.11. verabschiedet und das zum 1.1.1957 für zunächst ein Jahr in Kraft tritt, vereinheitlicht die bisher länder- und branchenspezifisch geregelten Ladenöffnungszeiten.

BUNDESLÄNDER

■ **Baden-Württemberg:** Landtagswahl am 4.3.; Ministerpräsident bleibt Gebhard Müller (CDU).

■ **Nordrhein-Westfalen**: Nach Aufkündigung der CDU/FDP-Regierungskoalition durch die FDP-Landtagsfraktion stürzen SPD, FDP und Zentrum am 20.2. mit einem konstruktiven Misstrauensvotum Ministerpräsident Karl Arnold (CDU) und wählen Fritz Steinhoff (SPD) zum Regierungschef.

■ **Wahlergebnis** → S. 458

1956 DDR

Der kurze Sommer der Entstalinisierung

Die offizielle Gründung der Nationalen Volksarmee markiert den vorläufigen Abschluss der auch in der DDR seit Jahren betriebenen Wiederaufrüstung. Parallel zur militärischen Absicherung gleitet das Herrschaftssystem der SED – scheinbar unerwartet – in eine ideologische Spannungslage. Reformorientierte Kräfte innerhalb und außerhalb der SED begreifen den XX. Parteitag der KPdSU als Chance, Misserfolge der staatssozialistischen Ordnung zu benennen und Vorschläge zu ihrer Beseitigung vorzutragen. Die Phase der Entstalinisierung findet im Gefolge der Aufstände in Polen und Ungarn im Herbst des Jahres ihr Ende. Die Ereignisse bieten der SED-Führung unter Walter Ulbricht die Gelegenheit, unter Berufung auf die »Konterrevolution« Widersacher in den eigenen Reihen auszuschalten und die Partei insgesamt zu disziplinieren.

BILDUNG DER NATIONALEN VOLKSARMEE

Am 18.1. verabschiedet die Volkskammer das **Gesetz über die Nationale Volksarmee** (NVA), deren erste Einheiten zum 1.3. gebildet werden und unmittelbar dem Oberkommando der Vereinten Streitkräfte des Warschauer Paktes unterstellt sind. Bei der jährlichen 1.-Mai-Demonstration marschieren erstmals NVA-Soldaten. Die NVA bleibt bis 1962 eine Armee von Freiwilligen, die jedoch unter hohem gesellschaftlichen Druck angeworben werden. Die »Herrschaft durch Kader« ist für die SED im Offizierskorps gesichert. Mitte 1956 sind bereits 86% der Offiziere Mitglieder oder Kandidaten der SED.

»Kampfdemonstration gegen Militarismus und aggressive NATO-Politik« am 15.1.

DIE WIEDERBEWAFFNUNG DER DDR

3.7.1948 Die Sowjetische Militäradministration in Deutschland befiehlt die Aufstellung »Kasernierter Bereitschaften« innerhalb der Deutschen Volkspolizei. Personalbestand Ende 1948: 10 000, Herbst 1949: 31 000, Oktober 1952: 52 000, 1955: 100 000 Mann

1951 Umbenennung der »Bereitschaften« in »Volkspolizei-Dienststellen« als Einheiten der »Hauptverwaltung Ausbildung« im Innenministerium

1.7.1952 Umbenennung der Hauptverwaltung Ausbildung in »Kasernierte Volkspolizei« (KVP)

14.5.1955 Unterzeichnung des Warschauer Vertrags durch die DDR

18.1.1956 Gesetz über die Nationale Volksarmee (NVA)

28.1.1956 Der Politische Beratende Ausschuss der Warschauer-Pakt-Staaten beschließt in Prag, nach Schaffung der NVA deren militärische Verbände dem gemeinsamen Oberkommando zu unterstellen.

1.3.1956 Aufstellung der ersten Einheiten der NVA aus den Reihen der KVP, die selbst weiterhin bestehen bleibt; Bildung des Ministeriums für Nationale Verteidigung und der Militärbezirke

DIE PHASE DER ENTSTALINISIERUNG

■ **Innere Liberalisierung**: Vom 24.3. bis 30.3. findet in Berlin die **3. Parteikonferenz der SED** statt. Otto Grotewohl erklärt, dass die deutsche Wiedervereinigung »längere Zeit« benötigen werde. Die Konferenz dient v.a. der Beschlussfassung zum 2. **5-Jahres-Plan 1956–60**, mit dem der Aufbau der staatssozialistischen Ordnung vorangetrieben werden soll. In geheimer Sitzung wird den Delegierten Nikita **Chruschtschows Bericht** an den XX. Parteitag der KPdSU (14.–25.2.) **über die Verbrechen der Stalinzeit** verlesen. Die dadurch ausgelöste heftige Diskussion innerhalb der SED veranlasst das Politbüro, in einem Artikel des *Neuen Deutschland* am 29.4. einige fehlerhafte Seiten der SED-Politik zu benennen, gleichzeitig aber gegen

Aufbau der Nationalen Volksarmee (NVA)

eine »Fehlerdiskussion« und für die »marxistisch-leninistische Geschlossenheit« der Partei einzutreten. Der Kernsatz des Artikels »Die Generallinie unserer Partei war und ist richtig« symbolisiert die Intention der Parteiführung, Opponenten gegen die von ihr definierte »Generallinie« niederzuhalten. Dennoch kann von einer Periode der inneren Liberalisierung gesprochen werden. Frühere Parteistrafen gegen ehedem hohe Parteifunktionäre (Franz Dahlem, Anton Ackermann, Hans Jendretzky, Elli Schmidt) werden in einer ZK-Tagung (27.–29.7.) aufgehoben, ohne dass die Betroffenen danach ihre früheren Positionen wiedererlangen.

■ **Allgemeine Amnestie**: Bis Oktober werden rund 21 000 Strafgefangene, darunter auch politische Häftlinge, entlassen.

■ **Gesellschaftliche Entwicklungen**: **Wissenschaftler** nutzen die Phase der Entspannung, um alternative, aber gegenüber der staatssozialistischen Ordnung wohlwollend kritische Konzepte in der Wirtschaftspolitik zu entwickeln, u.a. die von Fritz Behrens und Arne Benary vorgeschlagene erweiterte alleinige Entscheidungsgewalt der VEB in der Industrie auf Kosten der zentralen Planung und Leitung. – Während auch **Kabaretts** und **satirische Zeitschriften** wie *Der Eulenspiegel* von der **zeitweiligen Liberalität** profitieren, äußert sich der Kulturminister Johannes R. Becher ernüchtert: Im Juni liefert er bei seinem Verlag ein Manuskript ab, in dem er es als »Grundirrtum« seines Lebens bezeichnet, geglaubt zu haben, »der Sozialismus« beende die menschlichen Tragödien.

■ **Ende der Liberalisierung**: Die liberale Phase endet, als sich die Entstalinisierung zur Krise auswächst. Mit dem **Aufstand in Poznań** (Polen) am 26.6. und dem **Volksaufstand in Ungarn** ab 25.10. wird die Macht der stalinistischen Parteiführungen in Frage gestellt. In der DDR sind Auswirkungen der beiden Aufstände und deren Niederschlagung zu spüren. An der Ost-Berliner Humboldt-Universität kommt es zwischen dem 31.10. und dem 2.11. zu **Studentenunruhen**, die durch den Einsatz von Kampfgruppen und von Propagandisten des Politbüros niedergehalten werden. Nach westlichen Angaben werden 65 Studenten verhaftet. – Unmittelbar nach dem Aufstand in Ungarn beschließt das SED-Politbüro am 8.11. einen **Maßnahmenplan für den Fall »konterrevolutionärer Aktionen«**, der den stufenweisen Einsatz von zunächst Volkspolizei, Kampfgruppen und bewaffneten Kräften der Staatssicherheit vorsieht, denen in einer »2. Etappe« NVA-Einheiten zu Hilfe kommen, ehe in einer »3. Etappe« die in der DDR stationierten sowjetischen Truppen angefordert werden. Neben einer ständigen Kommission auf zentraler Ebene mit dem SED-Chef Walter Ulbricht als Vorsitzendem werden auf der Ebene der Bezirke und der großen Städte »Einsatzleitungen« gebildet, die unter Leitung des jeweiligen 1. Sekretärs der SED-Gebietsorganisation stehen. – Am 29.11. werden mehrere reformorientierte SED-Mitglieder, darunter Wolfgang Harich, Bernhard Steinberger und Manfred Hertwig, verhaftet. Sie hatten das **Konzept eines Dritten Weges** vertreten, für ein Bündnis der SPD mit »echten sozialistischen Kräften in der SED« in einem wiedervereinigten Deutschland geworben und den »Führungsanspruch einer kommunistischen Partei beim Aufbau des Sozialismus« abgelehnt.

DEUTSCHLAND- UND AUSSENPOLITIK

Im Zuge der neuen Wiedervereinigungsstrategie der SED-Parteikonferenz **fordert** Außenminister Lothar Bolz (NDPD) am 29.8. von der Bundesrepublik die **diplomatische Anerkennung der DDR**. Am 31.12. schlägt Ulbricht (SED) die Bildung einer **deutsch-deutschen Konföderation** unter Beibehaltung der jeweils geltenden wirtschaftlichen und sozialen Ordnung vor. Unter diesen Vorzeichen verläuft auch ein gesamtdeutscher Gewerkschaftskongress in Leipzig (3.3.) sowie ein Treffen von Vertretern der FDP und der LDPD vom 4.10. bis 6.10. in Weimar. – Gleichzeitig ist die Außenpolitik der DDR auf die vertiefte Zusammenarbeit mit den östlichen Verbündeten ausgerichtet. Die vom 18.5. bis 25.5. in Ost-Berlin stattfindende VII. Tagung des Rats für gegenseitige Wirtschaftshilfe (RWG) beschließt die Bildung von **zwölf ständigen**

Johannes R. Becher (l.) und Wolfgang Harich (r.)

Kommissionen. Am 17.7. vereinbart die DDR mit der Sowjetunion eine 50-%ige Verringerung der Stationierungskosten für die sowjetischen Truppen, einen sowjetischen Kredit in Höhe von 7,5 Mrd. Rubel sowie die Erhöhung der gegenseitigen Warenlieferungen.

WIRTSCHAFTLICHE ENTWICKLUNG

Die von der 3. Parteikonferenz (24.–30.3.) beschlossene »Direktive« zum 5-Jahres-Plan sieht den **Ausbau der Grundstoffindustrien** vor, in denen infolge der deutschen Spaltung Unterkapazitäten bestehen. Der 5-Jahres-Plan beginnt offiziell mit der Grundsteinlegung für das Braunkohlenkombinat »Schwarze Pumpe« im Bezirk Cottbus am 27.6. – Weitere Beschlüsse fasst die Konferenz zur Förderung der Gründung von **Produktionsgenossenschaften des Handwerks** (PGH) und zum **Abschluss von Kommissionsverträgen** mit privaten Händlern und Gaststättenbetreibern, mit denen die Mittelschichten in den sozialistischen Aufbau einbezogen werden sollen. Dazu gehört auch die Aufnahme staatlichen Kapitals in industriellen Unternehmen. Einer Ankündigung des Finanzministers vom 8.2. folgend, nehmen am 20.2. acht der CDU nahestehende Unternehmer als erste staatliches Kapital der Deutschen Investitionsbank auf. Die Partei führt fortan fast in jedem Jahr Festveranstaltungen aus diesem Anlass durch. Eine reguläre Verordnung über die **Betriebe mit staatlicher Beteiligung** (BSB) wird vom Ministerrat am 1.8. erlassen. Die betriebliche Zusammenfassung von Handwerkern oder die Aufnahme einer staatlichen Beteiligung wird jedoch als Beginn einer »kalten« Nationalisierung angesehen, weshalb bis Ende 1956 nur 239 PGH gegründet, 144 BSB (mit 14 331 Beschäftigten) gebildet und 45 Kommissionsverträge abgeschlossen werden. – Am 5.11. beschließt die Staatliche Plankommission die **Entbürokratisierung** wirtschaftlicher Entscheidungsprozesse. Den Leitern der einzelnen Wirtschaftseinheiten (Betriebe und Institutionen) wird auf Kosten der zentralen Planungs- und Lenkungsbehörden größerer Freiraum in Entscheidungen eingeräumt. – Mit der Einführung eines obligatorischen Werkunterrichtes für alle Schüler ab 1.9. wird die **polytechnische Ausrichtung der Schulen** im Sinne einer Vorbereitung auf das spätere Berufsleben angestrebt. – In Beschlüssen des FDGB-Bundesvorstandes (4.12.) und des Ministerrats (6.12.) wird die schrittweise Einführung der 45-Stunden-Arbeitswoche vorbereitet.

SOZIALE DATEN

■ **Sozialpolitik**: Am 6.3. verbietet der Staat die Tätigkeit von kirchlich getragenen Bahnhofsmissionen; einige ihrer Mitarbeiter werden verhaftet.
■ **Preise und Lebenshaltung**: Am 4.6. werden die Preise für frei verkäufliche Textilien, Fahrräder, Kameras, Uhren und Radiogeräte gesenkt. Am 1.10. wird im staatlichen Handel der Einkauf auf Raten ermöglicht. Am 16.11. tritt eine allgemeine Rentenerhöhung um 30 Mark in Kraft, die Mindestrente wird auf 105 Mark pro Monat festgelegt. Das durchschnittliche monatliche Arbeitseinkommen von Arbeitern und Angestellten in der staatseigenen Wirtschaft beträgt 444 Mark. – Das **Ausstattungsniveau** der privaten Haushalte mit langlebigen Konsumgütern wächst langsam: Auf 1000 Haushalte kommen 5 Pkw, 7 Kühlschränke, 8 Waschmaschinen und 14 Fernsehgeräte.

Braunkohlenkombinat »Schwarze Pumpe«

1957 BRD

»Keine Experimente!« und »Wohlstand für alle!«

Die Wehrpolitik beherrscht die innenpolitische Debatte. Je deutlicher wird, dass die Bundesregierung die atomare Bewaffnung der Bundeswehr anstrebt, desto nachdrücklicher erhebt sich öffentlicher Protest, der sich zur außerparlamentarischen Anti-Atomtod-Bewegung zu formieren beginnt. Die Bundesregierung schließt das sozialpolitische Aufbauwerk der Nachkriegszeit mit einer umfassenden Rentenreform ab. Kernstück ist der »Generationenvertrag«, mit dem auch die aus dem Arbeitsprozess ausgeschiedenen Menschen am wachsenden gesellschaftlichen Reichtum beteiligt werden. Der Abschluss der Verträge zur Gründung der Europäischen Wirtschaftsgemeinschaft (EWG) eröffnet die Aussicht auf eine dauerhafte Prosperität in einem starken Wirtschaftsraum. Zugleich rückt damit die politische Einigung Europas näher. Die Erfolgsbilanz des 81-jährigen Bundeskanzlers und seines Wirtschaftsministers honorieren die Wähler bei der Bundestagswahl mit der absoluten Mehrheit der Stimmen für die Unionsparteien. Konrad Adenauer steht auf dem Höhepunkt seiner Macht.

BUNDESTAG, REGIERUNG, PARTEIEN

■ **Wahlgesetz**: Durch Verabschiedung eines neuen Wahlgesetzes am 15.3. verschärft der Bundestag die Bedingungen für den Einzug ins Parlament. Parteien, die weniger als 5% der Zweitstimmen erhalten, müssen in mindestens drei Wahlkreisen (zuvor: einem) Direktmandate gewinnen.

■ **Wahlkampf**: **CDU/CSU** führen einen auf Konrad Adenauer und Ludwig Erhard zugeschnittenen Wahlkampf. An die Ereignisse in der DDR 1953, in Ungarn und Polen 1956 erinnernd, appellieren sie an das Bedürfnis nach Sicherheit (»Keine Experimente!«) und wirtschaftlichem Aufstieg (»Wohlstand für alle!«). – Die **SPD** mit Kanzlerkandidat Erich Ollenhauer führt ihren Wahlkampf unter dem Motto »Sicherheit für alle durch Wiedervereinigung Deutschlands in Frieden und Freiheit, durch soziale Gerechtigkeit, durch geistige Freiheit, durch Festigung der Demokratie nach innen und außen«.

■ **Bundestagswahl**: Bei einer Wahlbeteiligung von 87,8% gelangen vier Parteien in den Bundestag: Die CDU/CSU erringt 50,2% der Stimmen (+5%); auf die SPD entfallen 31,8% (+3%); die FDP fällt auf 7,7% (–1,8%). Die DP bleibt zwar unterhalb der 5-%-Marke, gewinnt jedoch 7 Direktmandate. Der GB/BHE verpasst den Einzug ins Parlament.

■ **Neue Regierung**: Der 3. Deutsche Bundestag konstituiert sich am 15.10. in West-Berlin. Am 22.10. wählt er mit 274 von insgesamt 476 abgegebenen Stimmen Konrad Adenauer zum dritten Mal zum Bundeskanzler. Sein am 28.10. vorgestelltes **Kabinett** bleibt in den Schlüsselressorts unverändert.

■ **Parteien**: Auf ihrem 7. Bundesparteitag in Hamburg vom 12.5. bis 15.5. verabschiedet sich die **CDU** auch formell von den antikapitalistischen Elementen des Ahlener Programms von 1947. – Auf einem Parteikongress am 19.5. in Essen beschließt die **GVP** ihre Auflösung und empfiehlt den Mitgliedern, sich der SPD anzuschließen, wie dies die Gründer Helene Wessel und Gustav Heinemann tun.

SOZIALREFORM

■ **Renten**: Mit zwei Gesetzeswerken stellt der Bundestag am 21.1. mit den Stimmen der SPD das System der Arbeiter- und der Angestelltenrenten auf eine neue Grundlage; der Bundesrat billigt sie einstimmig am 8.2. Der Beitragssatz erhöht sich ab 1.3. von bisher 11% auf 14% des Bruttoentgelts.

■ **Lohnfortzahlung**: Nach der tarifvertraglichen Gleichstellung von Arbeitern und Angestellten bei der Lohnfortzahlung im Krankheitsfall in der Metallindustrie in Schleswig-Holstein überträgt der Bundestag am 26.6. das Prinzip auf die Gesamtwirtschaft.

Wahl zum 3. Deutschen Bundestag am 15.9.1957 (1953)

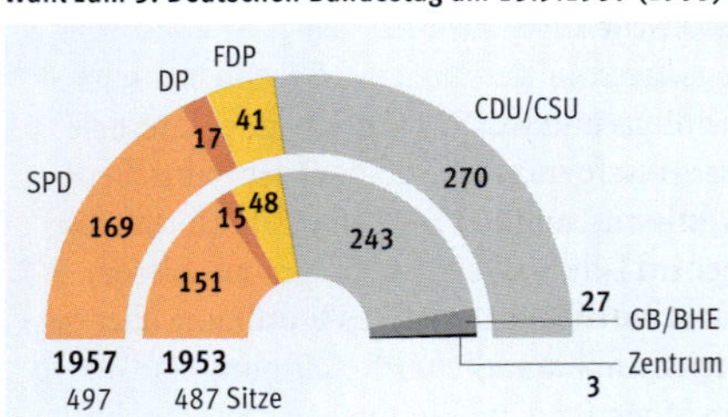

■ **Weitere Sozialreformen**: Mit dem am 18.6. verabschiedeten Gesetz über die **Gleichberechtigung von Mann und Frau** verankert der Bundestag die Gleichstellung der Geschlechter im bürgerlichen Recht. In Erziehungsfragen erhält der Vater das Recht der Letztentscheidung.

DEUTSCHLAND- UND VERTEIDIGUNGSPOLITIK

■ **Deutsche Frage in der Abrüstungspolitik**: In einem am 24.5. übergebenen **Memorandum zur Wiedervereinigung** erteilt die Bundesregierung erneut dem sowjetischen Vorschlag zu deutschlandpolitischen Verhandlungen eine Absage, weil diese auf eine Anerkennung der DDR und die Neutralisierung Deutschlands hinauslaufen könnten. Sie erklärt sich jedoch bereit, über Möglichkeiten besserer Beziehungen zwischen der Bundesrepublik und der UdSSR und über Wirtschaftsfragen zu sprechen. – In West-Berlin unterzeichnen die Botschafter der drei Westmächte und Bundesaußenminister Heinrich von Brentano am 29.7. die »**Berliner Erklärung**«, in der sie die Verantwortlichkeit der Vier Mächte für die Wiedervereinigung Deutschlands bekräftigen und die Grundsätze der gemeinsamen Politik zur Deutschen Frage zusammenfassen. – Kern des mit der Sowjetunion und der Tschechoslowakei abgestimmten **Rapacki-Plans**, den der polnische Außenminister am 9.12. in einem Memorandum formell den drei Westmächten unterbreitet, ist der **Verzicht auf die Herstellung und Lagerung von Atomwaffen** auf dem Gebiet Polens, der Tschechoslowakei, der DDR und der Bundesrepublik, ohne dass die bestehenden Militärbündnisse dieser Staaten ansonsten in Frage gestellt werden. Bundesaußenminister von Brentano lehnte den Vorschlag bereits am 2.10. ab; er ziele auf eine völkerrechtliche Anerkennung der DDR und lenke auch von der Frage einer allgemeinen Kontrolle atomarer Waffen ab.

■ **Rüstung, Verteidigungskosten**: Am 4.6. erklärt sich die Bundesregierung bereit, 1,2 Mrd. DM an Stationierungskosten (Großbritannien 588 Mio., USA 325 Mio., Frankreich 225 Mio., Belgien 59 Mio., Dänemark und Niederlande 1,6 Mio. DM) zu tragen.

■ **Aufbau der Bundeswehr**: Am 21.1. beginnt die **Musterung** von rd. 100 000 Wehrpflichtigen, die im 3. Quartal des Jahres 1937 geboren wurden. 437 stellen einen Antrag auf Wehrdienstverweigerung,

3. KABINETT ADENAUER

(konstituiert am 28.10.1957)
Bundeskanzler: Konrad Adenauer (CDU)
Stellvertreter und Wirtschaft:
Ludwig Erhard (CDU)
Auswärtiges: Heinrich von Brentano (CDU)
Inneres: Gerhard Schröder (CDU)
Justiz: Fritz Schäffer (CSU)
Finanzen: Franz Etzel (CDU)
Ernährung, Landwirtschaft und Forsten:
Heinrich Lübke (CDU);
ab 14.10.1959 Werner Schwarz (CDU)
Arbeit und Sozialordnung: Theodor Blank (CDU)
Verteidigung: Franz Josef Strauß (CSU)
Verkehr: Hans-Christoph Seebohm (DP/CDU)
Post- und Fernmeldewesen:
Richard Stücklen (CSU)
Wohnungsbau: Paul Lücke (CDU)
Vertriebene, Flüchtlinge und Kriegsgeschädigte: Theodor Oberländer (CDU); ab 27.10.1960 Hans-Joachim von Merkatz (DP/CDU)
Gesamtdeutsche Fragen: Ernst Lemmer (CDU)
Bundesrat und Länder:
Hans-Joachim von Merkatz (DP/CDU)
Familien- und Jugendfragen:
Franz-Josef Wuermeling (CDU)
Atomkernenergie und Wasserwirtschaft:
Siegfried Balke (CSU)
Wirtschaftlicher Besitz des Bundes:
Hermann Lindrath (CDU);
ab 8.5.1960 Hans Wilhelmi (CDU)

DIE GROSSE RENTENREFORM

Das als » Jahrhundertwerk« bezeichnete, am 23.2. in Kraft tretende Arbeiterrentenversicherungs- und das Angestelltenversicherungs-Neuregelungsgesetz regelt die Altersversicherung grundlegend neu: Sie stellt Arbeiter und Angestellte in der Rentenversicherung rechtlich gleich, führt statt des Kapitaldeckungs- das Umlageverfahren ein und passt nach dem Prinzip der **Generationensolidarität** (die arbeitende Generation erbringt aus ihren aktuellen Beiträgen zur Rentenversicherung die Leistungen für die nicht mehr arbeitende) die Rentenbezüge an die allgemeine Einkommensentwicklung an (»Renten folgen Löhnen«).
Die **Dynamisierung** der Renten wurde am 11.4. auf die Rentenversicherung für im Bergbau Beschäftigte übertragen. Mit steigenden Arbeitslosenzahlen und demografischen Veränderungen gerät die Rentenversicherung seit Mitte der 1970er-Jahre wiederholt in Finanzierungsprobleme (→1977).

der bei 262 anerkannt und bei 114 abgelehnt wird. Jeweils 20% aller Wehrpflichtigen sind körperlich untauglich oder lassen sich vorläufig zurückstellen. Die ersten 10 000 Wehrpflichtigen werden zum 1.4. einberufen. Ende 1957 beträgt die Personalstärke der Bundeswehr 125 000 Mann. – Die Bundesregierung und die Evangelische Kirche in Deutschland (EKD) schließen am 22.2. einen Vertrag über die **Militärseelsorge** in der Bundeswehr. Er kommt gegen den ausdrücklichen Wunsch der EKD-Synode zustande. Die katholische Militärseelsorge regelt das Reichskonkordat vom 20.7.1933. –Am 26.6. richtet der Bundestag das **Amt des Wehrbeauftragten** ein. – Am 1.7. werden die ersten drei Divisionen der NATO unterstellt.

■ **NATO**: Der Generalleutnant der Bundeswehr, Hans Speidel, erhält am 1.4. das Kommando über die NATO-Landstreitkräfte in Mitteleuropa im NATO-Hauptquartier Fontainebleau (Frankreich). Der bislang ranghöchste deutsche Offizier in der Allianz ist einer der engsten militärischen Berater von Bundeskanzler Adenauer und war maßgeblich an der Aufbauplanung der Bundeswehr beteiligt. Gegen die Ernennung des ehemaligen Wehrmachtsgenerals, der zum Umkreis des militärischen Widerstands gegen Adolf Hitler gehörte, erhebt sich Protest in Frankreich, wo er im 2. Weltkrieg für Deportationen verantwortlich gewesen sein soll.

■ **Atomare Bewaffnung**: Am 15.3. bestätigt die Bundesregierung, sie sei über die Stationierung von Atomwaffen durch die US-amerikanischen Streitkräfte in der Bundesrepublik informiert. Bundeskanzler Adenauer bezeichnet am 4.4. die neuentwickelten **taktischen Atomwaffen** als »nichts weiter als die Weiterentwicklung der Artillerie«, an der auch die Bundeswehr teilhaben müsse.

■ **Proteste**: Provoziert von der Erklärung Adenauers vom 4.4. warnen 18 führende bundesdeutsche Atomwissenschaftler, u.a. Max Born, Otto Hahn, Werner Heisenberg, Max von Laue und Carl-Friedrich von Weizsäcker, am 12.4. in ihrer »**Göttinger Erklärung**« vor einer Verharmlosung der taktischen Atomwaffen, von denen jede die Zerstörungskraft der Hiroshima-Bombe besitze. Die Wissenschaftler wollen ihre Mitwirkung an der Entwicklung atomarer Waffen verweigern, die friedliche Verwendung der Atomenergie jedoch weiter fördern. – Die Göttinger Erklärung und der »**Appell zur Einstellung der Kernwaffenversuche**«, den der Friedensnobelpreisträger Albert Schweitzer am 23.4. in Oslo an die Weltöffentlichkeit richtet, geben der entstehenden Protestbewegung in der Bundesrepublik Auftrieb. – Eine zweitägige Debatte des Bundestags am 9./10.5. endet mit einer gegen die Abgeordneten der SPD angenommenen Entschließung, in der die atomare Bewaffnung der Bundeswehr vom **Erfolg von Abrüstungsverhandlungen** abhängig gemacht wird.

AUSSENPOLITIK

■ **Wirtschaftsgemeinschaft**: Am 25.3. unterzeichnen die in Rom versammelten Regierungschefs bzw. Außenminister Frankreichs, Italiens, der Benelux-Staaten und der Bundesrepublik die von der Spaak-Kommission (→1956) ausgearbeiteten **Römischen Verträge** zur Gründung der Europäischen Wirtschaftsgemeinschaft (EWG) und der Europäischen Atomgemeinschaft (EURATOM).

■ **Sowjetunion**: Am 23.7. beginnen in Moskau Verhandlungen über die Erweiterung der wirtschaftlichen Beziehungen und die **Repatriierung von sog. Volksdeutschen**, die zum Zeitpunkt des deutschen Überfalls auf die Sowjetunion im 2. Weltkrieg die deutsche Staatsangehörigkeit besaßen. Die Gespräche werden nach der Verschlechterung der Beziehungen durch die »Berliner Erklärung« vom 29.7. am 16.8. unterbrochen.

■ **Jugoslawien**: Nach der **Anerkennung der DDR** durch Jugoslawien am 15.10. wendet die Bundes-

Konrad Adenauer (l.) und Heinrich von Brentano (r.) unterzeichnen am 25.3. die Römischen Verträge

regierung erstmals die Hallstein-Doktrin (→1955) an und bricht die diplomatischen Beziehungen zu Belgrad ab.

■ **Israel**: Die Bundesregierung dementiert am 27.12. eine Äußerung des israelischen Ministerpräsidenten David Ben Gurion, die Bundesrepublik sei möglicherweise bereit, Waffen an Israel zu liefern. Die Bundesrepublik werde keine Waffen in Spannungsgebiete liefern. (Im Frühjahr 1958 liefert die Bundesrepublik verdeckt an Israel kostenlos militärisches Gerät und Waffen.)

GEWERKSCHAFTEN UND WIRTSCHAFT

Nach vier Monaten endet am 14.2. der **Arbeitskampf der IG Metall** in der schleswig-holsteinischen Metallindustrie (→1956). Zuvor waren drei von der Gewerkschaftsführung akzeptierte Schlichtungsvorschläge in Urabstimmungen gescheitert. Auch der 4. Kompromiss wurde von 58% der Arbeiter abgelehnt, verfehlte jedoch die für eine Fortsetzung des Ausstandes erforderliche Quote von 75%. Die damit durchgesetzte Rahmentarifvereinbarung regelt die Einführung der **Lohnfortzahlung im Krankheitsfall** in Höhe von 90% des Nettolohnes vom 4. Tag an. Die Kosten des bis dahin längsten Arbeitskampfes in der Geschichte der Bundesrepublik werden auf 350 Mio. DM geschätzt.

■ **Kartellgesetz**: Das Gesetz gegen Wettbewerbsbeschränkungen, das der Bundestag am 3.7. gegen die Stimmen von SPD und GB/BHE verabschiedet, verbietet im Grundsatz die Bildung von Kartellen und Monopolen, wettbewerbsmindernde Absprachen und Preisbindungen, lässt jedoch zahlreiche Ausnahmen zu und bindet ihre Zulässigkeit an die Zustimmung des Bundeswirtschaftsministers bzw. der Kartellbehörden (Bundeskartellamt). Das »Grundgesetz der sozialen Marktwirtschaft« (Ludwig Erhard) tritt am 1.1.1958 in Kraft.

■ **Bundesbank**: Am 4.7. beschließt der Bundestag die Einrichtung der Deutschen Bundesbank, die an die Stelle der Bank deutscher Länder tritt und am 1.8. in Frankfurt am Main unter der Leitung von Wilhelm Vocke ihre Tätigkeit aufnimmt. Sie ist **unabhängig von Weisungen der Bundesregierung**, jedoch gehalten, deren Wirtschaftspolitik zu unterstützen. Sie verfügt über ein differenziertes geldpolitisches Instrumentarium, mit dem sie auf den Geldumlauf und die Kreditversorgung der Wirtschaft Einfluss nehmen kann.

■ **Atomwirtschaft**: Eine Grundgesetzänderung als Voraussetzung für eine bundeseinheitliche Regelung des Baus und Betriebs von Atomkraftanlagen scheitert am 6.7. zum 3. Mal. Der Bayerische Landtag beschließt am 9.7. das **1. Atomgesetz** der Bundesrepublik. Auf dieser Grundlage kann die Technische Universität München am 31.10. den ersten **Atomforschungsreaktor** der Bundesrepublik in Garching in Betrieb nehmen. – Am 11.12. legt Bundesatomminister Siegfried Balke (CSU) das erste kommerzielle Atomprogramm der Bundesrepublik vor. Um die für die nächsten Jahrzehnte zu erwartende »Energielücke« zu schließen, sollen bis 1965 vier bis fünf Kernkraftwerke ans Netz gehen.

BUNDESLÄNDER UND WEST-BERLIN

■ **Saarland**: Am 1.1. wird das Saarland **elftes Bundesland** der Bundesrepublik (einschließlich West-Berlin). Der Bundestag erweitert sich um zehn saarländische Abgeordnete, der Bundesrat um 3 Vertreter. – Neuer Ministerpräsident der Koalition aus Saar-CDU, SPD und Demokratischer Partei Saar wird am 4.6. Hans Egon Reinert (CDU).

■ **Niedersachsen**: Das Bundesverfassungsgericht erklärt am 26.3. die Abschaffung der Konfessionsschulen in Niedersachsen für verfassungskonform.

■ **West-Berlin**: Das Abgeordnetenhaus wählt am 3.10. seinen bisherigen Präsidenten Willy Brandt zum Nachfolger des am 30.9. verstorbenen Regierenden Bürgermeisters Otto Suhr (beide SPD).

■ **Bayern**: Als Konsequenz aus den Ergebnissen der Bundestagswahl in Bayern zerbricht am 8.10. die Regierungskoalition. Am 16.10. wählt der Landtag Hanns Seidel (CSU) zum Ministerpräsidenten.

■ **Hamburg**: Nach der Bürgerschaftswahl am 10.11. wird Max Brauer (SPD) erneut Erster Bürgermeister.

■ **Wahlergebnis** →S. 461

1957 DDR

Konsolidierung der Macht

Im Verlauf des Jahres wird die Macht der SED-Führung unter Walter Ulbricht vollständig konsolidiert. Mehrere Tagungen des ZK sind von Auseinandersetzungen um »revisionistische Auffassungen« geprägt, die besonders im Vorjahr Einfluss gewonnen hatten. Personelle Veränderungen in der Parteispitze und die Maßregelung führender Wissenschaftler stehen genauso für die Rückkehr zu ideologischer Härte wie Verschärfungen des politischen Strafrechts und Restriktionen im deutsch-deutschen Reiseverkehr. Die innere Ausgestaltung der staatssozialistischen Ordnung wird durch die fortgesetzte Zentralisierung der staatlichen Macht und der Wirtschaftslenkung vorangetrieben.

ENDE DER ENTSTALINISIERUNGSKRISE

■ **Maßregelung führender Wissenschaftler**: Nach der Niederschlagung der Aufstände in Polen und in Ungarn 1956 kommt es auch in der DDR zu einem vorläufigen Ende der Entstalinisierungskrise. Auf mehreren Tagungen und Konferenzen wird die Partei wieder auf die Politik der Führungsriege eingeschworen. Auf der 30. Tagung des ZK (30.1.–1.2.) attackiert Walter Ulbricht **»revisionistische Auffassungen«** v.a. in den **Wirtschaftswissenschaften** sowie alternative Vorstellungen in der **Landwirtschaftspolitik** scharf. Neben dem Leipziger Philosophen Ernst Bloch gelten als Exponenten dieser Auffassungen die marxistischen Ökonomen Fritz Behrens, Arne Benary, Jürgen Kuczynski und Kurt Vieweg, die einerseits die Entscheidungsbefugnisse staatlicher Unternehmen auf Kosten der zentralen Planungsbehörden stärken, andererseits in der Landwirtschaft zu traditionellen Formen der Genossenschaftsbewegung zurückkehren wollen. Behrens und Kuczynski verlieren ihre staatlichen Ämter, verbleiben jedoch an der Akademie der Wissenschaften, Benary wird zur »Bewährung« in einen Großbetrieb versetzt, Vieweg flieht am 27.3. zunächst in die Bundesrepublik und wird nach seiner Rückkehr (19.10.) im Mai 1958 zu zwölf Jahren Zuchthaus verurteilt, Bloch wird 1957 zwangsemeritiert und kehrt 1961 von einer Westreise nicht zurück. Behrens und Benary werden 1959 bzw. 1960 zu einer entwürdigenden öffentlichen Selbstkritik gezwungen. – Vom 7.3. bis 9.3. findet in Ost-Berlin der Prozess gegen Wolfgang Harich (→ 1956), vom 23.7. bis 26.7. gegen weitere Mitglieder der sog. Harich-Gruppe statt. – Die 33. ZK-Tagung (16.–19.10.) ist gekennzeichnet durch **Angriffe gegen »feindliche« und »konterrevolutionäre« Auffassungen** in den Reihen der Intelligenz. Paul Wandel verliert sein Amt als Sekretär für Kultur. Bei der wenige Tage später (23./24.10.) durchgeführten Kulturkonferenz des ZK wird der Kampf gegen »bürgerliche Dekadenz, Klerikalismus, Aberglauben und bürgerlichen Kosmopolitismus« angekündigt.

ZENTRALISIERUNG

■ **Personelle Veränderungen**: Eine vom ZK einberufene Konferenz zum Arbeitsstil der SED (19.–21.12.) bereitet Beschlüsse für Anfang 1958 vor, mit denen die Parteiarbeit in den Betrieben und in den Wohngebieten gestrafft werden soll. – Ulbrichts Machtposition in der DDR-Gesellschaft wird weiter gestärkt: Am 1.11. verliert der Minister für Staatssicherheit Ernst Wollweber sein Amt an den bisherigen Staatssekretär Erich Mielke und wird aus dem Zentralsekretariat der SED entfernt. Am 14.12. begeht der SED-Sekretär für Wirtschaft, Gerhart Ziller, Selbstmord.

■ **Machtkonzentration**: Am 17.1. verabschiedet die Volkskammer ein **Gesetz über die örtlichen Staatsorgane**, in dem der Volkskammer formal Kontrollmöglichkeiten eingeräumt werden, die tatsächlich von der Exekutive wahrgenommen werden. Die Anzahl der Volksvertreter auf kommunaler und auf Kreisebene wird von bisher 135 000 auf 200 000 erhöht. Auf Grundlage des neuen Gesetzes finden am 23.6. Wahlen zu den Gemeinderäten, Kreistagen und den Ost-Berliner Stadtbezirksversammlungen statt, bei denen offiziell 99,52% der Einheitsliste zustimmen. Als Interessenvertretung der Städte entsteht am 15.3. der Deutsche Städte- und Gemeindetag. – Bei einer Tagung von Wissenschaftlern, Technikern und Ökonomen, die am 23./24.8. in Ost-Berlin zusammentritt, wird eine Verordnung des Ministerrats bekannt gegeben, einen **Forschungsrat** beim Ministerrat zu gründen, dem beratende, aber auch lenkende Funktion zukommt. Erster Vorsitzender wird Peter Adolf Thiessen, der als Chemiker nach dem Kriegsende in die Sowjetunion gebracht worden war.

Walter Ulbricht (l.) und Otto Grotewohl (2.v.l.). empfangen am 7.8. in Ost-Berlin Nikita Chruschtschow (Mitte)

ABGRENZUNGSPOLITIK

Die Gründung weiterer eigenständiger Organisationen (u.a. Deutscher Turn- und Sportbund/DTSB am 27.4.), die Erklärung der FDJ zur »sozialistischen Jugendorganisation« (25.4.) und die Aufforderung der CDU vom 16.12. an ihre Mitglieder, »Kämpfer für den Sozialismus« zu sein, dienen der **inneren Ausgestaltung der Abgrenzungspolitik gegenüber der Bundesrepublik**. Prozesse gegen angebliche und tatsächliche Staatsfeinde (u.a. am 20.1. in Dresden gegen Oberschüler wegen »Boykotthetze«) und die Einführung eines »praktischen Jahres« für Studienbewerber am 4.5. stehen hierfür genauso wie die forcierte Werbung für die Jugendweihe (→1956).

■ **Pass- und Strafrechtsänderungsgesetz**: Das Gesetz zur Änderung des Passgesetzes stellt das Verlassen und Betreten des Gebietes der DDR »ohne erforderliche Genehmigung«, das Abweichen von vorgeschriebenen Reisezielen, Reisewegen und Reisefristen unter Gefängnis- oder Geldstrafe. Das Strafrechtsänderungsgesetz enthält mit der Einführung des »öffentlichen Tadels«, der »bedingten Verurteilung« und Paragrafen zu »staatsgefährdender Propaganda und Hetze« sowie zur »Staatsverleumdung« Elemente eines politischen Straftatenkatalogs.

DEUTSCHLAND- UND AUSSENPOLITIK

Führende Politiker und Institutionen der DDR wiederholen ihre Vorschläge über die Bildung einer **Konföderation zwischen beiden deutschen Staaten** (→1956 DDR). Nach Ulbricht (am 31.12.1956 und erneut bei der 30. ZK-Tagung am 31.1./1.2.) gibt der Ministerrat am 26.7. eine ähnliche Erklärung ab, die am 8.8. vor der Volkskammer von Otto Grotewohl und Nikita Chruschtschow unterstützt wird.

Am 12.3. schließt sie mit der UdSSR ein Abkommen über die Stationierung sowjetischer Truppen, am 10.5. folgt ein Konsularabkommen.

Bei Tagungen von kommunistischen und Arbeiterparteien der sozialistischen Länder (14.–16.11.) bzw. von 64 Parteien aus aller Welt (16.–19.11.) in Moskau vereinbaren diese eine **vertiefte Zusammenarbeit** auf der Grundlage des **»sozialistischen Internationalismus«**. – Die DDR unterstützt den Plan des polnischen Außenministers Rapacki vom 3.10. über die Einrichtung einer atomwaffenfreien Zone in Mitteleuropa unter Einschluss der beiden deutschen Staaten. – Den größten außenpolitischen Erfolg verbucht die DDR am 10.10., als Jugoslawien die DDR diplomatisch anerkennt.

WIRTSCHAFTS- UNS SOZIALPOLITIK

■ **Soziales**: Mit Jahresbeginn wird das **Schulgeld** für den Besuch von Mittel- und Oberschulen **abgeschafft**. – Die Volkskammer beschließt am 18.1. ein Gesetz zur schrittweisen **Einführung der 45-Stunden-Woche**.

■ **Wirtschaft**: Die **Reorganisation des Wirtschaftslebens** zu einer zentralen Planung und Lenkung der Volkswirtschaft wird fortgesetzt. Diesem Ziel dienen auch »Empfehlungen« des SED-Zentralkomitees vom Herbst, ganze Industriezweige umfassende Vereinigungen Volkseigener Betriebe (VVB) zu gründen. Am 11.12. verabschiedet die Volkskammer das Vertragsgesetz, mit dem die wirtschaftlichen Beziehungen in der volkseigenen Wirtschaft geregelt werden. – Die feste Einbindung nicht-staatlicher Unternehmen in das Wirtschaftsleben wird ausdrücklich forciert. Am 9.1. wird ein **zentraler Beirat für staatliche Beteiligung beim Ministerrat** gebildet, der die bis dahin eingegangenen rd. 900 Anträge auf Gründung eines Betriebes mit staatlicher Beteiligung (BSB) prüfen soll. – Am 20.4. wird ein Wirtschaftsrat beim Ministerrat eingesetzt.

■ **Kohle- und Energieprogramm**: Durch zusätzliche Bezüge von Steinkohle aus der UdSSR und mit dem am 21.3. vom Ministerrat verabschiedeten Kohle- und Energieprogramm beginnt eine deutlich verbesserte Energieversorgung. – Am 16.12. nimmt in Rossendorf bei Dresden der erste Kernreaktor der DDR seinen Betrieb auf.

1958 BRD

»Ohne Mich!« – Protest gegen Atomrüstung

Die atomare Aufrüstung, verknüpft mit der Deutschen Frage, wird beherrschendes Thema in der Ost-West-Konfrontation. Angesichts des Wiedererstarkens der Bundesrepublik zu einer potenziellen Vormacht in Westeuropa mit der Option auf Atomwaffen und der Forderung nach einer Revision der territorialen Verhältnisse signalisiert die Sowjetunion mit ihren Bündnispartnern Kompromissbereitschaft im Wechselspiel von Abrüstungs- und Deutschlandpolitik. Mit der Unterstützung der Westmächte gibt die Bundesregierung Abrüstungsinitiativen keine Chance, die ihr Beweglichkeit abfordern. Die Entscheidung des Bundestags, die Ausstattung der Bundeswehr mit Atomwaffen zu befürworten, wird Ausgangspunkt der breiten außerparlamentarischen Bewegung »Kampf dem Atomtod«. Im November zieht die Sowjetunion mit dem »Berlin-Ultimatum« die Initiative in der Deutschlandfrage an sich; der Kalte Krieg verschärft sich dramatisch.

ABRÜSTUNGS- UND ENTSPANNUNGSPOLITIK

■ **Sowjetischer Konferenzvorschlag**: In den Bemühungen um das Zustandekommen einer Gipfelkonferenz zur weltpolitischen Entspannung erweist sich die Deutschlandfrage erneut als Kernproblem der internationalen Beziehungen. Am 8. und 10.1. unterbreitet der sowjetische Ministerpräsident Nikolai Bulganin den Regierungen der NATO-Mitgliedstaaten und der Schweiz den Vorschlag, eine **Gipfelkonferenz zur internationalen Verständigung** einzuberufen. Als Themen einer solchen Konferenz benennt er u.a. die Schaffung einer atomwaffenfreien Zone im Sinne des Rapacki-Plans (→1957), den Abzug aller ausländischen Streitkräfte aus Deutschland sowie den Abschluss eines Nichtangriffspakts. Während US-Präsident Dwight D. Eisenhower ausweichend auf die Initiative reagiert, stellt NATO-Generalsekretär Paul Henri Spaak am 26.1. in Brüssel dezidiert fest, ein atomwaffenfreies Mitteleuropa, zudem mit einem Westdeutschland ohne stationierte Bündnis-Streitkräfte, sei nicht erfolgreich zu verteidigen. – Als Bulganin am 3.3. auf Eisenhowers Einwände eingeht und die deutsche Frage von der Tagesordnung nimmt, lehnt der NATO-Rat den Vorschlag am 4.3. wiederum ab: Eine befriedigende Lösung der Sicherheitsprobleme in Europa sei ohne Aussicht auf die Lösung der deutschen Frage nicht denkbar. – Am 15.7. präsentiert die Sowjetunion allen europäischen Staaten und den USA den Entwurf eines **Vertrags über Freundschaft und Zusammenarbeit**, der den Rapacki-Plan als Kern enthält. Diesem fügt der polnische Außenminister am 4.11. einen Stufenplan hinzu, der die Schaffung der atomwaffenfreien Zone durch vertrauensbildende Maßnahmen erleichtern soll.

DEUTSCHLANDPOLITIK

■ **Konföderationsvorschlag abgelehnt**: In einer Botschaft an Bundeskanzler Konrad Adenauer vom 8.1. ergänzt der sowjetische Ministerpräsident Bulganin die Ausführungen seiner zugleich an die NATO-Staaten gerichteten Note: Die von ihm vorgeschlagene Gipfelkonferenz werde sich nicht mit dem Thema Wiedervereinigung befassen können, da faktisch **nur noch die Möglichkeit einer Konföderation** bestünde und diese die eigene Angelegenheit der beiden deutschen Staaten sei. In seinem Antwortschreiben vom 20.1. lehnt Adenauer das Konföderationsmodell ab. – Im Ergebnis seiner wehr- und deutschlandpolitischen Debatte vom 20. bis 25.3. bekräftigt der Bundestag die Forderung nach Wiedervereinigung auf der Basis freier Wahlen; den von der Sowjetunion geforderten Abschluss eines Friedensvertrags für zwei deutsche Staaten, Verhandlungen mit Vertretern des »derzeitigen Zonen-Regimes« und eine deutsche Konföderation lehnt der Bundestag »mit Entschiedenheit« ab.

■ **Modell Österreich**: Bundeskanzler Adenauer schlägt dem vom 25. bis 28.4. zu Besuch weilenden Ersten Stellvertretenden Ministerpräsidenten der UdSSR Anastas I. Mikojan neben Maßnahmen zur »Milderung der Not in der Sowjetzone« vor, der DDR wie Österreich einen Neutralitätsstatus zu gewähren. Der Plan signalisiert, dass Adenauer die Dauerhaftigkeit der staatlichen Existenz der DDR ins Kalkül zu nehmen beginnt.

■ **Kommissions-Initiativen**: Eine Anregung des österreichischen Bundeskanzlers Julius Raab vom

25.4. aufgreifend, beauftragt der Bundestag am 2.7. einstimmig die Bundesregierung, den Vier Mächten ein **gemeinsames alliiertes Gremium** vorzuschlagen, das Lösungen der Deutschen Frage erarbeiten soll. Die Bundesregierung übermittelt den Westmächten und der Sowjetunion eine entsprechende Note am 9.9. Sie reagiert damit auf eine Initiative der DDR, die am 4.9. den drei Westmächten und der Bundesregierung die Bildung von zwei Kommissionen vorgeschlagen hat, die sich mit der Vorbereitung eines Friedensvertrags befassen sollen. Am 18.9. schließt sich die Sowjetunion der DDR-Initiative an, am 30.9. stimmen die Westmächte dagegen dem Vorschlag der Bundesregierung zu. In der öffentlichen Debatte schlägt der Bundesminister für gesamtdeutsche Fragen, Ernst Lemmer (CDU), am 18.9. erstmals vor, mit Ost-Berlin in direkte Gespräche einzutreten, ohne dass damit eine Anerkennung der DDR verbunden wäre.
Berlin-Ultimatum →DDR

WEITERE AUSSENPOLITISCHE EREIGNISSE

■ **Europapolitik**: Am 1.1. treten die am 25.3.1957 geschlossenen Verträge über die EWG und die EURATOM in Kraft. Der bisherige Staatssekretär im Auswärtigen Amt, Walter Hallstein, wird erster Vorsitzender der EWG-Kommission, der Franzose Louis Armand Vorsitzender der EURATOM-Kommission. – Verhandlungen zur **Errichtung einer Freihandelszone**, die neben den EWG-Staaten elf weitere Länder umfassen und zum 1.1.1959 wirksam werden soll, scheitern am 17.11. an Einwänden Frankreichs. Am 2.12. beginnen die Mitglieder des Europäischen Wirtschaftsrats (OEEC), die nicht der EWG angehören, mit Verhandlungen über eine eigene Freihandelszone.

■ **Sowjetunion**: Während seines Besuchs in der Bundesrepublik vom 25. bis 28.4. unterzeichnen der Erste Stellvertretende Ministerpräsident der UdSSR Mikojan und Bundesaußenminister Heinrich von Brentano am 25.4. das erste **Handelsabkommen** zwischen beiden Staaten. Zunächst auf drei Jahre befristet, soll es das Handelsvolumen in Höhe von 3,13 Mrd. DM bis 1960 verdoppeln. Ein **Repatriierungsabkommen** ermöglicht rd. 84 000 Deutschstämmigen die Übersiedlung in die Bundesrepublik; es gilt für deutsche Memelländer, sog. Umgesiedelte, noch in Ostpreußen lebende und in der UdSSR verbliebene »Reichsdeutsche«. 1958 treffen 5340 Deutsche aus der Sowjetunion in der Bundesrepublik ein.

Die Ankunft Konrad Adenauers beim Besuch in Colombey-les-Deux-Églises am 14.9.

■ **Frankreich**: Am 14.9. findet in Colombey-les-Deux-Églises in Lothringen das erste Treffen zwischen Ministerpräsident Charles de Gaulle und Bundeskanzler Adenauer statt. Sie entwickeln ein persönliches Vertrauensverhältnis, das den weiteren Ausbau der deutsch-französischen Beziehungen erleichtert.

VERTEIDIGUNGSPOLITIK

■ **Atomare Aufrüstung**: Nach leidenschaftlicher Debatte zur Wehrpolitik stimmt der Bundestag am 25.3. mit der Mehrheit der Regierungsparteien CDU/CSU und DP einer Entschließung zu, in der die **Ausstattung der Bundeswehr mit taktischen Atomwaffen** gefordert wird, solange kein allgemeines Abrüstungsabkommen zustande kommt. – Nach Verhandlungen mit der Bundesregierung stellt NATO-Generalsekretär Spaak am 23.4. in Bonn fest, die Bundesrepublik dürfe auch in der Ausrüstung ihrer Truppen keine Sonderstellung in der Verteidigungsallianz einnehmen. – Am 16.6. kündigt Verteidigungsminister Franz Josef Strauß an, bis 1963 werde die Bundeswehr den Anforderungen eines atomaren wie eines konventionell geführten Kriegs genügen. – Am 20.10. gibt das Verteidigungsministerium bekannt, die Bundeswehr werde Raketen vom Typ Nike-Herkules erhalten, die mit konventionellen wie mit atomaren Sprengköpfen bestückt werden können. – Am 28.11. gibt der NATO-Oberbefehlshaber in Europa, General Lauris Norstad, bekannt, die Armeen der meisten NATO-Staaten in Europa würden innerhalb der nächsten Monate mit Atomwaffen ausgerüstet.

■ **Aufbau der Bundeswehr**: In dem am 4.7. vom Bundestag beschlossenen Haushaltsplan für das

Rechnungsjahr 1958/59 ist der Verteidigungsetat mit 10 von 36,8 Mrd. DM (27,2%) erstmals größter Ausgabenposten. – Am 24.10. entscheidet sich Strauß für die Ausrüstung der Luftwaffe mit rd. 300 Maschinen des US-amerikanischen Abfangjägers »Starfighter F104« der Firma Lockheed.

ANTI-ATOM-PROTEST

■ **Kampf dem Atomtod**: In einer dramatischen außen- und wehrpolitischen Auseinandersetzung im Bundestag am 23./24.1. wirft Thomas Dehler (FDP) Bundeskanzler Adenauer Verrat am Verfassungsziel der Wiedervereinigung vor. Gustav Heinemann (SPD) fordert Adenauer zum Rücktritt auf, weil dieser sich mit dem Projekt der Atomrüstung in die politische Bewegungsunfähigkeit manövriert habe. Im Anschluss entscheidet sich die SPD, eine Kampagne gegen die Atombewaffnung der Bundeswehr zu starten. Nach einer Umfrage des Emnid-Instituts lehnen 83% der Befragten den Bau von Abschussbasen für Atomraketen in der Bundesrepublik ab.

KRIEGSFOLGEN UND NS-VERGANGENHEIT

■ **Wissenschaftler-Rückkehr**: Am 12. und 14.2. treffen 19 deutsche Wissenschaftler und Techniker aus Sochumi in der Sowjetunion im Durchgangslager Friedland ein, zwei kehren in die DDR zurück. Sie waren nach Kriegsende zwangsweise in die Sowjetunion verbracht worden, um ihre Kenntnisse für die sowjetische Raketentechnik zu nutzen.

■ **Einsatzgruppenprozess**: Am 29.8. verurteilt das Landgericht Ulm zehn Angehörige von Einsatzkommandos des nationalsozialistischen Sicherheitsdienstes (SD) und der Geheimen Staatspolizei (Gestapo), die während des Zweiten Weltkriegs im SD-Abschnitt Tilsit tätig waren, wegen Mordes oder Beihilfe zum Mord zu Zuchthausstrafen zwischen drei und 15 Jahren. Sie werden für schuldig befunden, sich im Sommer 1941 an Massenexekutionen von mehreren tausend Menschen – v.a. Juden – in teils führender Rolle beteiligt zu haben.

■ **NS-Verbrechensverfolgung**: Die Justizminister des Bundes und der Länder beschließen am 5.10. in Bad Harzburg die Bildung einer **Zentralstelle** der Landesjustizverwaltungen zur **Aufklärung nationalsozialistischer Verbrechen**. Die Behörde soll Vorermittlungen über Taten v.a. von Einsatzkommandos und in Konzentrationslagern führen und die Ergebnisse an die zuständigen Staatsanwaltschaften weiterleiten. Am 1.12. nimmt die Behörde mit Sitz in **Ludwigsburg** ihre Arbeit auf.

■ **Kriegsfolgelasten**: Nach Schätzung des Deutschen Instituts für Wirtschaftsforschung belaufen sich die bisher erbrachten Leistungen der Bundesrepublik für den **Ausgleich von Kriegsfolgen**

KAMPF DEM ATOMTOD

Am 22.2. gründen Vertreter zahlreicher gesellschaftlicher Organisationen in Bad Godesberg den Zentralen Arbeitsausschuss »Kampf dem Atomtod« (KdA). Er soll eine **bundesweite Aufklärungskampagne** durchführen und die Aktivitäten regionaler Initiativen koordinieren. In dem am 10.3. veröffentlichten Aufruf, unterzeichnet von prominenten Vertretern des öffentlichen Lebens, heißt es: »Wir werden nicht Ruhe geben, solange der Atomtod unser Volk bedroht.« Nach einer Auftaktveranstaltung am 23.3. in Frankfurt am Main finden im April und Mai in mehreren Großstädten Kundgebungen statt, an denen sich, verbunden mit Arbeitsniederlegungen, insgesamt mehrere hunderttausend Menschen beteiligen, allein in Hamburg sind es am 17.4. rd. 150 000. Auch die 1800 gewerkschaftlichen Mai-Kundgebungen sind von der Kampagne geprägt. – Ein von der SPD-Fraktion im Bundestag eingebrachter Gesetzesentwurf zur Durchführung einer bundesweiten Volksbefragung gegen die atomare Aufrüstung der Bundeswehr scheitert am 24.4.; daraufhin werden **Volksbefragungen auf kommunaler und Landesebene** vorbereitet, die auf Antrag der Bundesregierung vom Bundesverfassungsgericht im Mai und Juni mit einstweiligen Verfügungen gegen die Länder Hamburg, Bremen und Hessen ausgesetzt und am 30.7. in ihrer gesetzlichen Grundlage für **verfassungswidrig** erklärt werden.

Kundgebung am 1. Mai in Frankfurt am Main

bis zum 1.4.1958 auf ca. 170 Mrd. DM; die noch offenen Verpflichtungen werden auf 210–230 Mrd. DM geschätzt. Bis Ende 1958 wurden im Rahmen des Lastenausgleichs rd. 30 Mrd. DM aufgebracht (davon 30% für Wohnungsbau, 25% für Unterhaltshilfe und Entschädigungsrente, 45% für Entschädigungen). Für die **Opfer der nationalsozialistischen Verfolgung** wurden von Bund und Ländern bisher über 8 Mrd. DM gezahlt; fällig sind noch Zahlungen von weiteren 25–30 Mrd. DM. Israel erhielt im Rahmen der geschlossenen Verträge bisher 1,7 Mrd. DM, knapp die Hälfte des vorgesehenen Betrages von 3,5 Mrd. DM. Nach dem Bundesentschädigungsgesetz von →1953 (novelliert →1956) wurden bisher rd. 5 Mrd. DM gezahlt, davon 3 Mrd. DM an ausländische Geschädigte. Bis Ende 1958 werden über 2,2 Mio. Einzelansprüche auf Entschädigung gestellt, von denen bis zu diesem Zeitpunkt etwa ein Drittel anerkannt wird.

WEITERE INNENPOLITISCHE EREIGNISSE

■ **Parteispenden**: Auf Antrag der SPD-geführten hessischen Landesregierung erklärt das Bundesverfassungsgericht am 24.6. die steuerliche **Absetzbarkeit von Spenden** an politische Parteien nach den 1954 vom Bundestag beschlossenen Bestimmungen für verfassungswidrig.

■ **Notstandsgesetzgebung**: Bundesinnenminister Gerhard Schröder (CDU) informiert am 30.10. auf einer Veranstaltung der Polizeigewerkschaft in Stuttgart über seine Absicht, eine Notstandsgesetzgebung zu erlassen. Die von der Verfassung für den Schutz der inneren Sicherheit zur Verfügung gestellten Instrumente reichten im Ernstfall zur Abwehr der kommunistischen Bedrohung nicht aus.

WIRTSCHAFTSPOLITIK

■ **Arbeitszeit**: Gegen die von den Gewerkschaften geforderte weitere Verkürzung der Arbeitszeit schlägt Bundeswirtschaftsminister Ludwig Erhard am 13.1. vor, zur Wahrung der wirtschaftlichen Stabilität die **wöchentliche Arbeitszeit um eine Stunde zu erhöhen**. – Das Wirtschaftswissenschaftliche Institut des DGB ermittelt zur Jahresmitte, dass die Durchschnittsarbeitszeit in der Industrie bei 45,7 Stunden in der Woche liegt.

■ **Landwirtschaft**: Der Bundestag billigt am 27.2. mit dem Grünen Plan für 1958 **Subventionen** für die Landwirtschaft in Höhe von 1,341 Mrd. DM, mehr als das Doppelte des Betrags für 1956. Davon werden 456 Mio. DM für die Qualitäts- und Absatzförderung von Milch aufgewendet. – Am 13.5. stützt das Bundeslandwirtschaftsministerium den **Butterpreis**, der durch Billigimporte unter Druck geraten ist. Die Einfuhr- und Vorratsstelle für Fette in Frankfurt am Main kauft die als Folge der Subventionen für die Landwirtschaft produzierten Überschüsse an Butter auf und lässt sie einlagern. – Während ihrer Konferenz im italienischen Stresa (4.–12.7.) beschließen die Landwirtschaftsminister der EWG Richtlinien für eine gemeinsame Agrarpolitik.

1958 liegen 10 Mio. t Steinkohle auf Halde

■ **Kohlebergbau**: Angesichts der großen Absatzschwierigkeiten für die Steinkohle, die zunehmend durch Erdöl verdrängt wird, fordert die Gewerkschaft IG Bergbau am 9.6. die Zusammenfassung der Kohlezechen unter einer staatlichen Dachgesellschaft.

■ **Beschäftigung**: Im August erreicht die **Arbeitslosigkeit** mit 332 000 registrierten Erwerbslosen den tiefsten Stand seit Bestehen der Bundesrepublik; dies entspricht einer Quote von 1,7%.

BUNDESLÄNDER

■ **Nordrhein-Westfalen**: Landtagswahl am 6.7.; Franz Meyers (CDU) wird Ministerpräsident einer CDU-Alleinregierung.

■ **Schleswig-Holstein**: Landtagswahl am 28.9.; Kai-Uwe von Hassel (CDU) bleibt Regierungschef.

■ **Bayern**: Landtagswahl am 23.11.; Hanns Seidel (CSU) bleibt Ministerpräsident.

■ **Hessen**: Landtagswahl am 23.11.; Georg August Zinn (SPD) bleibt Ministerpräsident.

■ **West-Berlin**: Wahl zum Abgeordnetenhaus am 7.12.: Willy Brandt (SPD) bleibt an der Spitze einer Großen Koalition Regierender Bürgermeister.

■ **Wahlergebnisse** → S. 458–467

1958 DDR

Forcierter Aufbau des Sozialismus

Auf dem V. Parteitag der SED in Ost-Berlin wird der 1952 begonnene Aufbau des Sozialismus vorangetrieben. Staat, Wirtschaft und Gesellschaft durchlaufen umfangreiche Strukturveränderungen. Sie reichen von der Straffung der Verwaltungshierarchie bis hin zur Auflösung der Länderkammer. Wirtschaftlich wird die »sozialistische Industrialisierung« forciert, vor allem im Ausbau der chemischen Industrie. Die traditionellen industriellen Ballungszentren im Süden der DDR und im mitteldeutschen Raum werden zugunsten einer verstärkten Industrialisierung ländlicher Gebiete in den nördlichen Bezirken entlastet. Der immer noch große Einfluss der protestantischen Kirche unter den Jugendlichen wird weiter zurückgedrängt. Der V. SED-Parteitag liefert mit den »Zehn Geboten der sozialistischen Moral« einen atheistischen, jedoch quasi-religiös verbrämten Verhaltenskodex.

STRAFFUNG DES STAATSAPPARATS

Am 11.2. beschließt die Volkskammer das »Gesetz über die Vervollkommnung und Vereinfachung der Arbeit des Staatsapparats der DDR«, das den Bereich der staatlichen Verwaltung einschließlich der Planung und Lenkung der Volkswirtschaft entbürokratisieren sowie den Verwaltungsapparat straffen und zentralisieren soll. Gleichzeitig werden die wirtschaftsleitenden Fachministerien zugunsten erweiterter Machtbefugnisse für die Staatliche Plankommission aufgelöst. – Die Reformen gelten offiziell als **Fortentwicklung der sozialistischen Demokratie**, deren beredter Ausdruck die vom III. Nationalkongress der Nationalen Front in Ost-Berlin (20.–23.9.) adaptierte Losung »Arbeite mit, plane mit, regiere mit« ist. Sie beschreibt das Demokratieverständnis von Partei- und Staatsführung: Durch Mitarbeit und Teilhabe am wirtschaftlichen Planungsprozess (ohne dass ihnen damit ein Entscheidungsrecht zusteht) regieren Werktätige in der sozialistischen Demokratie mit. An den **Wahlen zur Volkskammer und zu den Bezirkstagen** vom 16.11. nehmen offiziell republikweit 98,89% der Wahlberechtigten teil, von denen 99,87% der Einheitsliste ihre Stimme geben. – Am 8.12. wird in der Volkskammer ein neues Gesetz über den Ministerrat erlassen; zugleich beschließt die Volkskammer die **Auflösung der Länderkammer**. Damit erhält die DDR ein Einkammer-Parlament, wobei die Volkskammer nur über symbolische Machtbefugnisse verfügt.

■ **Entwicklungen in der SED**: In der SED werden am 6.2. Karl Schirdewan und Fred Oelßner entmachtet und aus ihren Ämtern entfernt. Der V. Parteitag der SED (10.–16.7.) bestimmt ein neues ZK, dem jetzt 111 statt bisher 91 sowie weiterhin 44 nicht stimmberechtigte Kandidaten angehören. Bei seiner ersten Tagung am 16.7. wählt es ein neues Politbüro und **bestätigt Ulbricht als 1. Sekretär des ZK der SED**. Dem **neuen Politbüro** gehören an: Wilhelm Pieck, Walter Ulbricht, Erich Honecker, Hermann Matern, Heinrich Rau, Willi Stoph, Herbert Warnke, Alfred Neumann, Bruno Leuschner, Albert Norden, Paul Verner (alle früher KPD) und Otto Grotewohl, Friedrich Ebert, Erich Mückenberger (alle SPD). Nicht stimmberechtigte Kandidaten sind: Paul Fröhlich, Kurt Hager, Karl Mewis, Alois Pisnik, Alfred Kurella (alle KPD) und Edith Baumann, Luise Ermisch (alle SPD).

INNENPOLITIK

■ **Hochschulen und Schulen**: Die 3. Hochschulkonferenz der SED (28.2.–2.3.) beschließt die **Umgestaltung der Universitäten und Hochschulen zu »sozialistischen Bildungsstätten«**. Am 18.3. bildet sich die Deutsche Historikergesellschaft mit Ernst Engelberg an der Spitze. – Am 2./3.4. findet eine Konferenz von Rechtswissenschaftlern (**Babelsberger Konferenz**) statt, auf der Ulbricht die Juristen auffordert, »ihre wissenschaftliche Arbeit (…) als bewusste und für den Aufbau des Sozialismus kämpfende Genossen zu leisten«. – Am 24./25.4. veranstaltet das ZK der SED eine **Schulkonferenz** zur verstärkten polytechnischen Ausrichtung der Schulausbildung. Sie führt zum 1.9. in den höheren Klassenstufen den »**Unterrichtstag in der Produktion**« (UTP) und das Fach »**Einführung in die sozialistische Produktion**« (ESP) ein. Dem gleichen Ziel dient die alljährliche »**Messe der Meister von Morgen**« (MMM), die erstmals vom 16.10. bis 26.10. in Leipzig stattfindet.

■ **Jugendweihe und Religionsunterricht**: 1958 nehmen bereits 44% der Jugendlichen an der Jugendweihe teil. Das Ministerium für Volksbildung schränkt den Religionsunterricht an den Schulen und die Möglichkeit zur Teilnahme stark ein. Nach Protesten v.a. von Seiten der evangelischen Kirche, in denen diese auf die in der Verfassung verbrieften Rechte der freien Religionsausübung verweist, kommt es am 2. und 23.6. zu Verhandlungen der Kirchenführung mit Otto Grotewohl, die am 21.7. mit einer »Gemeinsamen Erklärung« abgeschlossen werden. Die evangelische Kirche handelt für sich einen **Status quo** aus, gibt jedoch mit der Rücknahme des Vorwurfs, die Verfassung sei gebrochen worden, ihr wichtigstes Mittel – die Berufung auf geltendes Recht – aus der Hand.

DEUTSCHLAND- UND AUSSENPOLITIK

Auf einen Vorschlag Konrad Adenauers in seinen Gesprächen mit dem sowjetischen Botschafter in Bonn Andrej Smirnow (7.–19.3.), der DDR einen Status zu gewähren, der dem Österreichs ähnelt, reagiert die UdSSR nicht. Stattdessen beschließt die Regierung der UdSSR am 7.7., ab 1.1.1959 von der DDR keinerlei Stationierungskosten mehr zu verlangen. – Die UdSSR unterstützt am 18.9. einen Vorschlag des DDR-Ministerrats vom 4.9., eine Viermächtekommission zur Vorbereitung eines Friedensvertrags mit Deutschland zu bilden.

■ **Berlin-Ultimatum**: Mit der Behauptung, ganz Berlin gehöre zum Hoheitsgebiet der DDR, die Regierung respektiere aber derzeit die reale Lage, eröffnet der 1. Sekretär der SED Walter Ulbricht am 27.10. eine neue Phase in der Auseinandersetzung um den Status von Berlin. Der Regierende Bürgermeister von West-Berlin, Willy Brandt (SPD), weist die Erklärung Ulbrichts am 5.11. zurück: Berlin und die DDR seien Teil Deutschlands, die Hauptstadt Deutschlands sei und bleibe Berlin. – In einer Rede im Moskauer Sportpalast am 10.11. fordert der sowjetische Ministerpräsident Nikita Chruschtschow einen Friedensvertrag für Deutschland, der **Viermächtestatus von Berlin sei überholt**. Das US-Außenministerium erklärt am 20.11., die Vereinigten Staaten würden auf ihren Rechten in Berlin bestehen und sich diese ebenso wie die Versorgung der Stadt in keinem Fall einschränken lassen, falls die DDR-Regierung von der Sowjetunion die Kontrolle über die Transitstraßen und den Luftverkehr erhielte. – Am 27.11. kündigt

Die staatlichen Planungs- und Leitungsorgane für die Industrie
nach dem Gesetz vom 11.2.1958

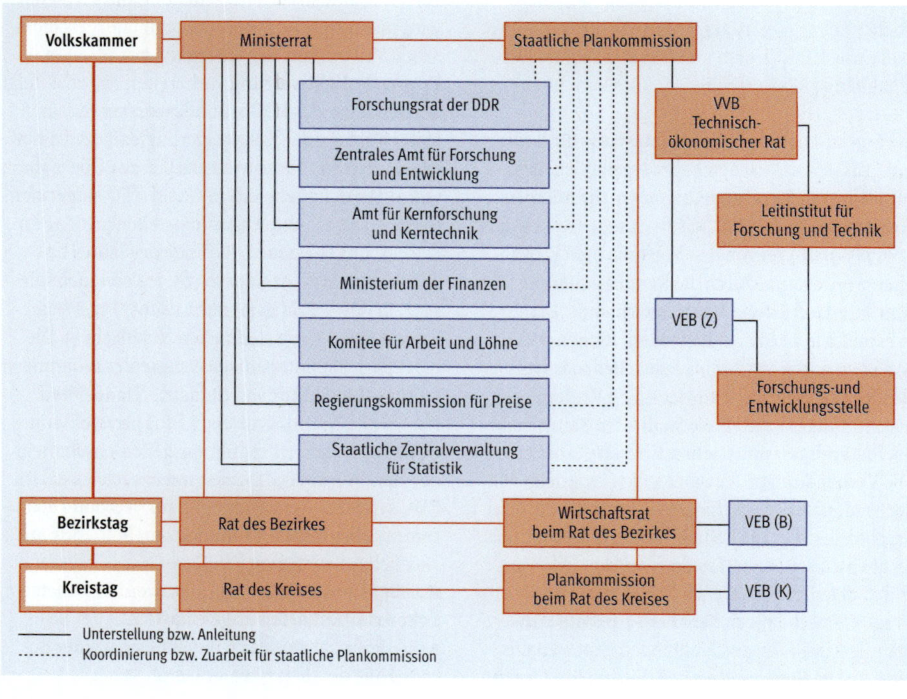

ZEHN GEBOTE DER SOZIALISTISCHEN MORAL

Den Intentionen der SED, eine »neue Gesellschaft« mit »neuen Menschen« zu schaffen, dienen auch die auf dem V. Parteitag verabschiedeten Gebote: 1. Du sollst Dich stets für die internationale Solidarität der Arbeiterklasse und aller Werktätigen sowie für die unverbrüchliche Verbundenheit aller sozialistischen Länder einsetzen. 2. Du sollst Dein Vaterland lieben und stets bereits sein, Deine ganze Kraft und Fähigkeit für die Verteidigung der Arbeiter-und-Bauern-Macht einzusetzen. 3. Du sollst helfen, die Ausbeutung des Menschen durch den Menschen zu beseitigen. 4. Du sollst gute Taten für den Sozialismus vollbringen, denn der Sozialismus führt zu einem besseren Leben für alle Werktätigen. 5. Du sollst beim Aufbau des Sozialismus im Geiste der gegenseitigen Hilfe und der kameradschaftlichen Zusammenarbeit handeln, das Kollektiv achten und seine Kritik beherzigen. 6. Du sollst das Volkseigentum schützen und mehren. 7. Du sollst stets nach Verbesserung Deiner Leistungen streben, sparsam sein und die sozialistische Arbeitsdisziplin festigen. 8. Du sollst Deine Kinder im Geiste des Friedens und des Sozialismus zu allseitig gebildeten, charakterfesten und körperlich gestählten Menschen erziehen. 9. Du sollst sauber und anständig leben und Deine Familie achten. 10. Du sollst Solidarität mit den um ihre nationale Befreiung kämpfenden und den ihre nationale Unabhängigkeit verteidigenden Völkern üben.

die Sowjetunion den Viermächtestatus für Berlin auf. Aus der »faktischen Lage« ergebe sich, dass die **alliierten Vereinbarungen »nicht mehr in Kraft befindlich**« sind, das Potsdamer Abkommen (→1945–1948) sei von den Westmächten gebrochen worden, u.a. durch die Remilitarisierung und Atomaufrüstung Westdeutschlands. Die Westmächte werden aufgefordert, binnen sechs Monaten aus West-Berlin abzuziehen, das nach den Vorstellungen der sowjetischen Regierung als entmilitarisierte »Freie Stadt« den Status einer »**selbständigen politischen Einheit**« erhalten soll. Die Verhandlungen hierüber sollen innerhalb von sechs Monaten abgeschlossen sein. Sollte die Frist ergebnislos verstreichen, werde die UdSSR mit der DDR einen separaten Friedensvertrag schließen, durch den diese für alle ihr Gebiet betreffenden Fragen, einschließlich der »Berlin-Rechte«, zuständig wird. – In gleichlautenden Noten an die sowjetische Regierung weisen die drei Westmächte am 31.12. formell die im Ultimatum erhobenen **Forderungen als unannehmbar** zurück und bestehen auf der weiteren Verantwortlichkeit der Sowjetunion für ihre Verpflichtungen aus den in den Jahren 1944 und 1945 geschlossenen Abkommen über Berlin. Zu Gesprächen über die europäische Sicherheit, die auch die Berlin-Frage einschließen, erklären sie sich bereit, vorausgesetzt, sie finden nicht unter den Bedingungen eines Ultimatums statt.

WIRTSCHAFT UND SOZIALES

Schwerpunkt der **industriellen Entwicklung** ist laut Beschluss des V. Parteitags vom 10.7. bis 16.7 die **Chemieindustrie** (v.a. das Erdölverarbeitungswerk Schwedt/Oder, Leuna II, das Chemiefaserwerk Guben sowie Fertigungsstätten im Elektrochemischen Kombinat Bitterfeld und im VEB Buna), deren Wachstum gemäß den Beschlüssen einer eigens am 3./4.11. durchgeführten Chemiekonferenz des Zentralkomitees unter dem Motto **»Chemie bringt Brot, Wohlstand und Schönheit«** v.a. durch den Ausbau der Petrochemie gesichert werden soll. – Nach den Richtlinien der Staatlichen Plankommission vom 20.10. werden die industriellen Ballungszentren in Mitteldeutschland entlastet und die nördlichen und östlichen Gebiete der DDR verstärkt industrialisiert. – In der **Landwirtschaft** wird mit einer vom Ministerrat am 12.6. beschlossenen Verordnung der **Übergang zur offenen Zwangskollektivierung** vorbereitet. Am 26.6. folgt ein Beschluss des FDGB-Bundesvorstandes zur Unterstützung der Kollektivierung, mit dem die Belegschaften von Industriebetrieben zur Übernahme von »Patenschaften« mit LPG und VEG aufgerufen werden. Im Juli und August entstehen pro Tag im Durchschnitt 24 neue LPG. Ende des Jahres bewirtschaften 352 938 Bauern (rd. 124 000 mehr als 1957) in 9637 LPG (2946 mehr als 1957) 37,8% der gesamten landwirtschaftlichen Nutzfläche. – Die Blockparteien unterstützen weitere Veränderungen im **privaten Sektor** von Industrie, Handel und Handwerk. Am 10.1. ruft die LDPD private Handwerker auf, sich in Produktionsgenossenschaften des Handwerks (PGH) zusammenzuschließen. Die CDU setzt ihre Anstrengungen zur Werbung von Industriellen für die Gründung von Betrieben mit staatlicher Beteiligung (BSB) fort.

■ **Lebensmittelkarten:** Am 29.5. werden die letzten **Lebensmittelkarten abgeschafft**. Auf der Basis neuer Preise beginnt sich die Versorgung der Bevölkerung deutlich zu verbessern.

1959 BRD

Im Zeichen des Berlin-Ultimatums

Das sowjetische Berlin-Ultimatum vom 27.11.1958 stellt die Deutschlandfrage wieder ins Zentrum der internationalen Diplomatie. Die westlichen Verbündeten zeigen Bereitschaft, neue Wege zu suchen und diskutieren unterschiedliche Optionen. Doch setzen Bundesregierung und Kanzler Konrad Adenauer allen Vorschlägen, eine Neutralisierung Deutschlands im Rahmen eines blockübergreifenden Sicherheitskonzepts als Gegenleistung für die Wiedervereinigung in Kauf zu nehmen und auf dem Weg dorthin die DDR als Gesprächspartner zu akzeptieren, weiterhin entschiedenen Widerstand entgegen. Die Außenministerkonferenz der Vier Mächte vermag am Status quo in Deutschland nichts zu ändern und bleibt in dieser Hinsicht erfolglos.
In der Innenpolitik wird das »persönliche Regiment« des Bundeskanzlers erstmals auch in den eigenen Reihen in Zweifel gezogen, als Adenauer im eigenen Machtinteresse über das Amt des Bundespräsidenten zu disponieren versucht. Neben dem Ende der Amtszeit von Theodor Heuss als erstem Bundespräsidenten stellt die programmatische Wende der SPD zur Volkspartei den zweiten Einschnitt in diesem Jahr dar. Die SPD zieht die Konsequenzen aus zehn Jahren Opposition und eröffnet eine neue Phase im Kampf um die politische Herrschaft.

DEUTSCHLANDPOLITIK

■ **Nach dem Berlin-Ultimatum:** Die **Bundesregierung** lässt am 5.1. ihre Note in Moskau überreichen, in der sie – wie die drei Westmächte in ihrer Stellungnahme vom 31.12.1958 – ihre Bereitschaft bekundet, über Abrüstung, Sicherheit und Wiedervereinigung zu verhandeln, solange dies nicht unter dem Druck eines Ultimatums geschieht. Zugleich lehnt sie die von Nikita Chruschtschow mit der Kündigung des Viermächteabkommens verbundenen Vorschläge als unannehmbar ab. Die Bildung einer »Freien Stadt« West-Berlin würde die Dreiteilung Deutschlands zur Folge haben. – Am 10.1. schlägt die Sowjetunion der Bundesrepublik, der DDR sowie 28 Staaten, die im 2. Weltkrieg gegen Deutschland standen, unter ihnen die drei Westmächte, eine Gipfelkonferenz zur Ausarbeitung eines **Friedensvertrags mit Deutschland** vor. Der **sowjetische Friedensvertragsentwurf** umreißt in 48 Artikeln den Status eines künftigen Deutschland, das unter einer Vielzahl einschränkender Bestimmungen die Souveränität erhält und sich faktisch als Konföderation der beiden deutschen Staaten darstellt. Ihnen wird das Recht auf Wiedervereinigung zugestanden »in den Grenzen, wie sie am 1.1.1959 waren«, unter Verzicht auf die ehemals deutschen Ostgebiete und bei Anerkennung der Ungültigkeit des Münchner Abkommens von 1938; für die Übergangsphase erhält West-Berlin den Status einer freien entmilitarisierten Stadt. Die deutschen Staaten dürfen keinen Militärbündnissen angehören, die zu reduzierenden Streitkräfte erhalten keine Atom- oder Raketenwaffen, Bombenflugzeuge und U-Boote. Ein Jahr nach Inkrafttreten des Friedensvertrags sollen alle ausländischen Truppen aus Deutschland abziehen.

■ **Reaktionen in der Bundesrepublik:** Bundeskanzler Adenauer lehnt den Entwurf am 12.1. vor dem Fraktionsvorstand der **CDU** als Verhandlungsgrundlage ab, u.a. weil er die Frage der Wiedervereinigung, Voraussetzung für einen Friedensvertrag, ausklammere. In der CDU befürwortet vor allem Bundestagspräsident Eugen Gerstenmaier (CDU) eine Lockerung der starren deutschlandpolitischen Positionen. Am 30.4. hält er das Ausscheiden der Bundesrepublik aus der NATO für vertretbar, wenn damit ein entscheidender Schritt zur Wiedervereinigung Deutschlands verbunden wäre. – Die **SPD** fordert, den Vorschlag der Sowjetunion mit einer bundesdeutschen Initiative zu beantworten. Nachdem Gespräche des SPD-Vorsitzenden Erich Ollenhauer am 9.3. in Ost-Berlin und der Vorstandsmitglieder Carlo Schmid und Fritz Erler am 16.3. in Moskau mit Chruschtschow ergebnislos geblieben sind, stellt Ollenhauer am 19.3. vor der Presse einen **Dreistufenplan** seiner Partei vor. In ihm schlägt die SPD eine weitgehende Entmilitarisierung Mitteleuropas vor, auf deren Basis sich die Wiedervereinigung Deutschlands in drei Phasen vollziehen soll: 1. Bildung einer Gesamtdeutschen Konferenz mit der Aufgabe, die beiderseitigen Verhältnisse zu normalisieren; 2. Wahl eines Parlamentarischen Rats als provisorischer Regierung mit Vertretern aus beiden Teilen Deutschlands; 3. Wahl einer Verfassunggebenden Nationalversammlung. Der Vorschlag, maßgeblich konzipiert vom stellvertretenden Parteivorsitzenden Herbert Wehner, wird am 2.4. vom ZK der SED als Grundlage für eine Aktionseinheit beider Parteien begrüßt, stößt jedoch in der SPD auf Kritik und wird bald fallengelassen. Deutschlandpolitische Beratungen mit der SED lehnt die SPD ab. – Die **FDP** legt am 20.3. ebenfalls einen **Deutschlandplan** vor, der von Verhandlungen beider deutscher Staaten über einen Friedensvertrag ausgeht und ein wiedervereinigtes Deutschland anstrebt, das in ein von den Vier Mächten gemeinsam getragenes Sicherheitssystem eingebunden wäre.

■ **Westmächte:** US-Außenminister John Foster Dulles weist am 27.1. den sowjetischen Vorschlag zurück, macht sich jedoch Adenauers Konzept nicht in allen Punkten zu eigen. Der einflussreiche demokratische Senator Hubert Humphrey vertritt am 5.2. in einer Rundfunksendung der BBC ein in den USA an Gewicht gewinnendes Konzept des **Disengagements:** Sein Land solle seine militärische Präsenz in Europa reduzieren und einen Modus vivendi mit der UdSSR suchen. Ein Ausscheiden der Bundesrepublik aus der NATO und eine atomwaffenfreie Zone in Mitteleuropa seien sicherheitspolitisch vertretbar, wenn die Sowjetunion dafür ihre Streitkräfte aus Mittel- und Osteuropa zurückzöge. Am 16.2. schlagen die Westmächte der Sowjetunion vor, statt der geforderten Gipfelkonferenz eine **Außenministerkonferenz der Siegermächte** über die deutsche Frage einzuberufen. Die Bundesregierung erklärt sich nach anfänglichem Widerstand damit einverstanden, dass neben ihr auch die DDR eine beratende Delegation entsenden kann. In der Vorbereitungsphase der Konferenz lassen die USA und Großbritannien ihre Bereitschaft erkennen, eine Konföderation beider deutscher Staaten zu akzeptieren, stoßen hiermit jedoch auf den Widerstand der Bundesregierung. Auf einer gemeinsamen Konferenz über die Deutschland- und Berlin-Frage in Washington am 31.3./1.4. können sich die drei Westmächte und die Bundesrepublik nicht in allen Punkten auf eine gemeinsame Linie verständigen.

■ **Genfer Außenministerkonferenz:** Nachdem Chruschtschow seinen am 24.2. unterbreiteten Gegenvorschlag zur Einberufung einer Gipfelkonferenz nicht durchsetzen kann und am 19.3. das **Berlin-Ultimatum als nicht existent** erklärt, ist der Weg frei für die Konferenz der Außenminister der Vier Mächte unter beratender Beteiligung von Delegationen der beiden deutschen Staaten. UN-Generalsekretär Dag Hammarskjöld eröffnet die Konferenz am 11.5.; sie endet am 5.8. Dem Friedensvertragsentwurf der Sowjetunion stellt der neue US-Außenminister Christian A. Herter für die westliche Seite am 14.5. den nach ihm benannten **Herter-Plan** entgegen (»Stufenplan für die deutsche Wiedervereinigung, die europäische Sicherheit und eine deutsche Friedensregelung«): 1. Wiedervereinigung Ost- und West-Berlins durch freie Wahlen, 2. Bildung eines gesamtdeutschen Ausschusses zur Vorbereitung von alternativen Wahlgesetzentwürfen, über die eine Volksabstimmung entscheiden soll; 3. gesamtdeutsche Wahlen zu einer Verfassunggebenden Versammlung; 4. Friedensvertrag einer gesamtdeutschen Regierung; freie Entscheidung des wiedervereinigten Deutschland über seine Bündnisinteressen. – Nach beiderseitiger Ablehnung ihrer Deutschlandpläne und einem – ebenfalls abgelehnten – Paketvorschlag des sowjetischen Außenministers Andrei Gromyko am 10.6. werden die Verhandlungen am 5.8. ergebnislos und ohne Vereinbarung eines neuen Termins wieder vertagt. – In **Camp David** (25.–27.9.), wo die Deutschland- und Berlin-Frage erneut erörtert wird, verständigen sich Chruschtschow und US-Präsident Dwight D. Eisenhower darauf, das Berlin-Problem ohne Fristsetzung weiter zu verhandeln und im folgenden Jahr eine Gipfelkonferenz einzuberufen.

AUSSENPOLITIK

■ **Frankreich:** Bei ihrem Treffen am 3./4.3. in Marly-Le-Roi bei Paris, dem dritten seit September 1958, vereinbaren Adenauer und Staatspräsident Charles de Gaulle, die deutsch-französischen Beziehungen enger zu gestalten. Beide widersprechen Entspannungsvorleistungen gegenüber der Sowjetunion in Form eines militärischen Disengagements in Mitteleuropa, wie sie in Großbritannien und den USA diskutiert werden.

■ **Israel:** Weil er Waffen in der Bundesrepublik kaufen will, zerbricht am 5.7. das Kabinett des Ministerpräsidenten David Ben Gurion. Obwohl er weiterhin, zuletzt am 2.10., für freundschaftliche Beziehungen Israels zur Bundesrepublik plädiert, spricht sich Bundeskanzler Adenauer am 5.10. vor der Presse gegen die Aufnahme diplomatischer Beziehungen zum gegenwärtigen Zeitpunkt aus; er

US-Präsident Dwight D. Eisenhower (l.) wird am 26.8. von Bundeskanzler Konrad Adenauer empfangen

begründet dies mit der prekären Konfliktlage im Nahen Osten.

■ **Sowjetunion:** Nach dem Scheitern der Genfer Außenministerkonferenz eröffnet Chruschtschow am 18.8. einen Briefwechsel mit Adenauer, der sich durch einen beiderseits versöhnlichen Ton auszeichnet. Chruschtschow wirbt darin erneut für das Zustandekommen eines Friedensvertrags mit den beiden deutschen Staaten.

■ **USA:** Während einer Europareise besucht US-Präsident Eisenhower die Bundesrepublik am 26./27.8. Er kündigt in Bonn an, trotz Festhaltens an den Prinzipien der westlichen Sicherheitspolitik und den Garantien für Berlin wolle er das »Eis des Kalten Kriegs zum Schmelzen bringen«.

VERTEIDIGUNGSPOLITIK

■ **Aufbau der Bundeswehr:** Das Verteidigungsministerium gibt am 5.2. bekannt, dass es bei der US-Firma Lockheed 96 Kampfflugzeuge vom Typ **Starfighter F 105 G** bestellt hat. 200 Maschinen sollen in der Bundesrepublik unter Lizenz zu Stückkosten zwischen 4,2 und 5,8 Mio. DM nachgebaut werden.

■ **Atomwaffen:** Der Oberkommandierende der NATO für Europa, General Lauris Norstad, gibt am 17.6. bekannt, dass die NATO in 18 Monaten über 30 Divisionen in Europa verfügen werde, wobei die in der Bundesrepublik stationierten mit taktischen Atomwaffen ausgestattet würden. – Am 29.10. bezeichnet Verteidigungsminister Franz Josef Strauß in Schongau die Herstellung von Atomwaffen durch die Bundesrepublik als »militärisch überflüssig, politisch falsch und ökonomisch nicht durchführbar«. – Als Folge der von Frankreich verweigerten Lagerung von amerikanischen Atomsprengköpfen beginnt am 25.8. der Transfer von neun Geschwadern mit rd. 200 amerikanischen F-100-Jagdbombern aus Frankreich nach Großbritannien und in die Bundesrepublik.

■ **Proteste:** Gegen die Errichtung von Abschussbasen für (Atom-)Raketen in ihrer Umgebung wenden sich mehrere Kommunen. Nachdem der einstimmige Protest des Dortmunder Stadtrats gegen die geplante Verlegung eines britischen Raketenregiments nach **Dortmund-Brackel** bei den zuständigen Behörden ohne Resonanz bleibt, legen am 4.2. rund 80 000 Arbeiter in einem Warnstreik die Arbeit nieder. – Am 25.1. verurteilt der Präsident der evangelischen Kirche, Pastor Martin Niemöller, einer der führenden Köpfe der antimilitaristischen Bewegung in der Bundesrepublik, in einer aufsehenerregenden Rede in Kassel die auch im Christentum gebilligte »Lehre vom gerechten Krieg« unter den Bedingungen des atomar geführten Kriegs; die Ausbildung von Soldaten sei heute eine **»hohe Schule zum Berufsverbrechertum«**. Verteidigungsminister Strauß stellt daraufhin am 28.1. Strafantrag gegen Niemöller wegen Beleidigung der Bundeswehr und der Soldaten. Die Synode der evangelischen Kirche distanziert sich am 24.4. von der Äußerung ihres Präsidenten. Am 20.5. wird das Ermittlungsverfahren gegen Niemöller eingestellt.

WAHL DES BUNDESPRÄSIDENTEN

■ **Kandidatenwechsel bei der CDU:** Von Bundeskanzler Adenauer und anderen Mitgliedern der CDU-Führung gedrängt, erklärt sich Bundeswirtschaftsminister Ludwig Erhard am 24.2. bereit, die Nachfolge von Bundespräsident Heuss anzutreten. Auf Anraten von Parteifreunden, die Erhard als künftigen Bundeskanzler favorisieren, schlägt dieser die Kandidatur am 3.3. jedoch aus. Überraschend lässt sich Adenauer selbst am 7.4. vom Wahlmännergremium seiner Fraktion nominieren. In einer Rundfunkrede begründet er seinen Schritt mit der Möglichkeit, auch als Bundespräsident gestaltend in die Politik eingreifen zu können. Ebenso

Lübke, Heinrich
*Enkhausen 14.10.1894, †Bonn 6.4.1972

Studium der Landwirtschaft, Tätigkeit als Vermessungsingenieur, 1926–33 Direktor der von ihm gegründeten Deutschen Bauernschaft; 1931–33 Abgeordneter des Zentrums im Preußischen Landtag, 1933 aus allen Ämtern entlassen und inhaftiert; 1939–45 Mitarbeiter des für den späteren Rüstungsminister Albert Speer und die Organisation Todt dienstverpflichteten Architektur- und Ingenieurbüros Schlempp; seit 1945 Mitglied der CDU, 1946–49 Abgeordneter im nordrhein-westfälischen Landtag, 1947–52 Ernährungs- und Landwirtschaftsminister in NRW; 1949/50 und 1953–59 Mitglied des Bundestags, ab 1953 Bundesminister für Ernährung, Landwirtschaft und Forsten; 1959–69 Bundespräsident

überraschend erklärt er – inzwischen überzeugt von der relativen Machtlosigkeit des höchsten Staatsamtes – am 4.6. seinen Verzicht auf die Kandidatur; in der »schwierigen außenpolitischen Situation« sei er weiterhin als Bundeskanzler gefordert. In diesem Amt, so gibt Adenauer zu erkennen, hält er Erhard für nicht geeignet, u.a. weil er dessen Standhaftigkeit gegenüber der Sowjetunion bezweifelt. – Die CDU/CSU entscheidet sich am 15.6., **Heinrich Lübke** (CDU) für das Amt des Bundespräsidenten zu nominieren.

■ **Bundesversammlung:** Gegen den Willen der Bundesregierung und der westlichen Alliierten, die eine Belastung der Außenministerkonferenz in Genf befürchten, beruft Bundestagspräsident Eugen Gerstenmaier am 19.6. die Bundesversammlung zur Wahl des Bundespräsidenten am 1.7. nach **West-Berlin** ein. Am 24.6. entscheidet er, dass die Berliner Mitglieder der Bundesversammlung zur Wahl des neuen Bundespräsidenten **volles Stimmrecht** haben. Die Sowjetunion protestiert am 27.6. gegen den Schritt, der ihrer Ansicht nach gegen den Viermächtestatus der Stadt verstößt. Am 1.7. wählt die trotz des Protests in West-Berlin zusammengekommene Bundesversammlung **Lübke zum zweiten Bundespräsidenten.** Auf ihn entfallen im zweiten Wahlgang 526 der 1038 Stimmen (und damit die erforderliche absolute Mehrheit), auf Carlo Schmid (SPD) 386, auf Max Becker (FDP) 99; 22 Stimmen sind ungültig. Lübke wird am 15.9. vor dem Bundestag vereidigt. Zu seinem Nachfolger als Bundesminister für Ernährung, Landwirtschaft und Forsten ernennt er am 30.9. den CDU-Bundestagsabgeordneten Werner Schwarz.

NS-VERGANGENHEIT

■ **»Fall Oberländer«:** Am 22.9. erwirkt Bundesvertriebenenminister Theodor Oberländer eine einstweilige Verfügung gegen die Wochenzeitung *Die Tat.* Sie hatte den Verdacht geäußert, der ehemalige SA-Obersturmbannführer Oberländer, seinerzeit politischer Führer des deutsch-ukrainischen Bataillons Nachtigall, sei an der Erschießung von mehreren tausend Juden in der ukrainischen Stadt L'viv (Lemberg) am 29./30.6.1941 aktiv beteiligt gewesen. Am 22.10. präsentiert DDR-Staatssekretär Albert Norden in Ost-Berlin auf einer internationalen Pressekonferenz angebliches Belastungsmaterial und fordert Oberländers Strafverfolgung. Dieser weist die gegen ihn erhobenen Anschuldigungen zurück (→ 1960). – Bundesinnenminister Gerhard Schröder (CDU) stellt am 23.10. beim Bundesverwaltungsgericht in West-Berlin Antrag auf **Verbot der Vereinigung der Verfolgten des Nazi-Regimes (VVN)** als verfassungsfeindliche Organisation. Die VVN hatte mit ihren Recherchen wesentlich zum »Fall Oberländer« beigetragen.

PARTEIEN UND GEWERKSCHAFTEN

■ **Christliche Gewerkschaftsbewegung Deutschland (CGB):** In Essen konstituiert sich am 31.1. der Gesamtverband Christlicher Gewerkschafter mit rd. 100 000 Mitgliedern (davon 65 000 aus dem Saarland). Er geht aus der CGB hervor, die auf ihrem Bundeskongress in Essen ihre Auflösung beschließt und sich am 27.6. im Mainz als Christlicher Gewerkschaftsbund Deutschlands (CGB), der Dachorganisation von drei Gesamtverbänden (Arbeiter, Angestellte, Beamte), neu gründet.

■ **SPD:** Der SPD-Vorsitzende Ollenhauer verzichtet am 7.7. auf eine erneute Nominierung zum Kanzlerkandidaten seiner Partei für die Bundestagswahl 1961. – Der außerordentliche Parteitag vom 13. bis 15.11. verabschiedet mit 340 gegen 16 Stimmen das **Godesberger Programm.**

INNENPOLITIK

■ **Gleichberechtigung:** Der Erste Senat des Bundesverfassungsgerichts in Karlsruhe erklärt am 29.7. einen Teil des 1957 beschlossenen und am 1.7.1958

DAS GODESBERGER PROGRAMM DER SPD

Das in Bad Godesberg am 15.11.1959 angenommene Parteiprogramm tritt an die Stelle des 1925 verabschiedeten »Heidelberger Programms«. Darin vollzieht die SPD den Kurswechsel zur potenziell mehrheitsfähigen Volkspartei. Sie gibt ihre revolutionär-marxistische Programmatik auf, verzichtet auf ideologische Festlegungen und bekennt sich zu den Grundwerten des demokratischen Sozialismus. Angestrebt wird »eine Gesellschaft, in der jeder Mensch seine Persönlichkeit in Freiheit entfalten und als dienendes Glied der Gemeinschaft verantwortlich am politischen, wirtschaftlichen und kulturellen Leben der Menschheit mitwirken kann«. Die freie Marktwirtschaft wird akzeptiert, zur umfassenden Demokratisierung der Gesellschaft soll jedoch die Mitbestimmung in den Betrieben verwirklicht werden; wirtschaftliche Macht soll durch öffentliche Kontrolle mit dem Gemeinwohl in Einklang gebracht werden, staatliche Eingriffe in das Wirtschaftsgeschehen sollen sich auf Ordnungsaufgaben beschränken (»Wettbewerb so weit wie möglich, Planung so weit wie nötig«).
Die SPD bekennt sich zur Landesverteidigung und lehnt die Herstellung oder Verwendung atomarer Massenvernichtungswaffen ab. Die Einführung einer staatlichen Mindestrente und die Gleichstellung der Frau gehören zu den wichtigsten sozial- und gesellschaftspolitischen Forderungen.
Herbert Wehner und Carlo Schmid gelten als Hauptautoren des neuen Grundsatzprogramms.
Der 1975 beschlossene »Ökonomisch-politische Orientierungsrahmen für die Jahre 1975–1985« konkretisiert das im Wesentlichen auf Grundsätze beschränkte Godesberger Programm für die Politik der nachfolgenden Jahre.

in Kraft getretenen Gleichberechtigungsgesetzes für verfassungswidrig. Der Stichentscheid des Vaters bei der Ausübung der elterlichen Gewalt trage nicht der gemeinsamen unteilbaren Verantwortung der Eltern und dem Gleichberechtigungsgebot des Grundgesetzes Rechnung; aus beiden ergebe sich zwingend die Gleichstellung von Vater und Mutter.

■ **Rundfunk- und Fernsehpläne:** Die Bundesregierung legt am 30.9. ihren Gesetzentwurf zur umstrittenen Neuordnung des Rundfunk- und Fernsehwesens vor. Neben zwei weiteren Rundfunkanstalten – der **Deutschen Welle** (Sendungen nach Übersee, Sitz Köln) und dem **Deutschlandfunk** (ganz Deutschland, Sitz West-Berlin) – soll das **Deutschlandfernsehen** mit Sitz in Frankfurt am Main vorrangig das Programmangebot privater Produzenten ausstrahlen, die sich mit Werbung finanzieren. Die Opposition kritisiert die Pläne als Versuch der CDU, Funk und Fernsehen größtenteils unter ihre Kontrolle bringen zu wollen (»Staatsrundfunk«); die Bundesländer befürchten eine Aushöhlung ihrer Rundfunk-Kompetenzen. Der Bundesrat lehnt den Gesetzentwurf der Regierung am 13.11. einstimmig ab.

■ **Notstandsgesetzpläne:** Bundesinnenminister Schröder wirbt am 9.10. in einer Rundfunkansprache für die **Einführung von Notstandsgesetzen**. Auf ihrer Grundlage sollen im Falle des äußeren und inneren Notstands (Verteidigungsfall bzw. Generalstreik, Naturkatastrophen usw.) Grundrechte der Bundesbürger eingeschränkt und die Kompetenzen des Bundesregierung erweitert werden. Auch eine Dienstpflicht zum zivilen Bevölkerungsschutz im Kriegsfall ist vorgesehen. Die Pläne entfachen eine innenpolitische Kontroverse; die Opposition sieht die Gefahr des Machtmissbrauchs und kritisiert die Tendenz zum autoritären Staat.

■ **Flaggenstreit:** Nach Einführung einer eigenen Staatsflagge in der DDR am 7.10. und Konflikten in West-Berlin erklären die Regierungen des Bundes und der Länder am 28.10. **das Zeigen der DDR-Flagge** in der Öffentlichkeit als Verstoß gegen die öffentliche Ordnung, gegen den die Polizei einschreiten muss.

WIRTSCHAFTSPOLITIK

■ **Privatisierung:** Durch **Ausgabe der ersten Volksaktien** vom 24. bis 31.3. erhöht Bundeswirtschaftsminister Erhard das Stammkapital der staatlichen Preussag um 30 Mio. DM. Wegen des großen Interesses an den 300 000 neuen Aktien (Nominalwert 100 DM, Kurs 145 DM) privatisiert der Bund wenig später einen weiteren Anteil der Preussag im Wert von 53 Mio. DM und beginnt mit Vorbereitungen zur Teilprivatisierung des Volkswagenwerks in Wolfsburg.

■ **Atomwirtschaft:** Das Bundesministerium für Atomkernenergie und Wasserwirtschaft veröffentlicht am 14.3. ein **»500 000-kW-Programm«**. Danach plant die Bundesregierung die Errichtung von sieben Atomkraftwerken bis zum Jahre 1965/66, die Konstruktion von zwei Reaktoranlagen für den Schiffsantrieb von Handelsschiffen sowie den Auf- und Ausbau der notwendigen Zuliefer- und Hilfsindustrie für die Atomwirtschaft.

Arbeitslosigkeit 1950–90

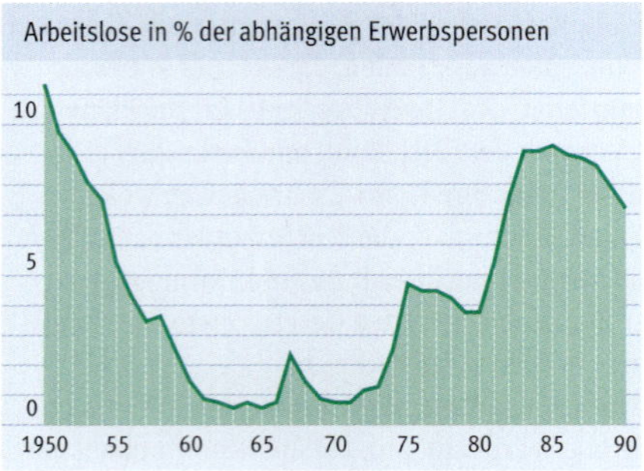

Quelle: Statistisches Bundesamt

■ **Beschäftigung und Arbeitszeit:** Ende Juni übersteigt die Zahl der offenen Stellen (319 455) erstmals die der Arbeitslosen (255 395) im Bundesgebiet (ohne Saarland). Die Arbeitslosenquote erreicht ihren bisherigen Tiefststand von 1% Ende August. Im Jahresdurchschnitt liegt sie bei 2,6%, die Zahl der ausländischen Arbeitskräfte steigt um fast ein Drittel auf 167 000. Die Wochenarbeitszeit in der Industrie liegt im Durchschnitt bei 45,6 Stunden. Angesichts des Arbeitskräftemangels spricht sich Bundeswirtschaftsminister Erhard auf dem 5. Bundeskongress des DGB in Stuttgart am 7.9. erneut gegen eine allgemeine Verkürzung der Arbeitszeit und für Überstunden aus, um die günstige Konjunkturlage zu erhalten.

BUNDESLÄNDER UND WEST-BERLIN

■ **West-Berlin:** Nach dem Urnengang vom 7.12.1958 wählt das Abgeordnetenhaus am 12.1. Willy Brandt (SPD) mit nur einer Gegenstimme zum zweiten Mal zum Regierenden Bürgermeister. Im Zeichen der Berlin-Krise bilden SPD und CDU als die beiden einzigen im Stadtparlament vertretenen Parteien eine **Große Koalition**. – Das Kuratorium Unteilbares Deutschland eröffnet am 27.1. in Hamburg die bundesweite Kampagne **Macht das Tor auf!** Mit Unterstützung zahlreicher Institutionen und Prominenter werden innerhalb weniger Tage allein in der Hansestadt 800 000 Anstecknadeln des Brandenburger Tors verkauft. – Mit einem **Berlin-Hilfe-Gesetz**, das der Bundestag am 19.3. verabschiedet, wird der Fonds zur Abdeckung des mit dem Warenverkehr von und nach Berlin verbundenen Risikos um 400 Mio. auf 500 Mio. DM aufgestockt; für Berlin-Investitionen werden weitere steuerliche Vergünstigungen eingeräumt. – Rd. 600 000 Menschen versammeln sich am 1.5. in West-Berlin. Unter dem Motto **Berlin bleibt frei** demonstrieren sie gegen das Berlin-Ultimatum und die Spaltung der Stadt. Am 27.5. läuft das Berlin-Ultimatum ohne besondere Vorkommnisse aus.

■ **Niedersachsen:** Landtagswahl am 19.4. Hinrich Wilhelm Kopf (SPD) löst am 12.5. den bisherigen Ministerpräsidenten Heinrich Hellwege (DP) ab. Kopf führt eine Regierungskoalition aus SPD, FDP und GB/BHE.

■ **Rheinland-Pfalz:** Landtagswahl am 19.4. Die CDU setzt die Koalition mit der FDP unter Ministerpräsident Peter Altmeier (CDU) fort.

■ **Saarland:** Nach dem Tod von Hans-Egon Reinert (CDU) am 23.4. wählt der Landtag am 30.4. Franz-Josef Röder (CDU) zum Ministerpräsidenten. – Nachdem Bundestag und Bundesrat am 24., 25. und 26.6. acht Saareingliederungsgesetze beschlossen haben und ein deutsch-französischer Briefwechsel die Übergangsmodalitäten geklärt hat, wird das Saarland am 6.7. vorzeitig **Teil des bundesdeutschen Wirtschaftsgebiets**. Die französisch-saarländische Grenze markiert nun die Zollgrenze, die französische Währung wird in DM umgetauscht. Die politische Eingliederung erfolgte schon am 1.1.1957. Gegen die im Zuge der Umstellung teilweise erhöhten Preise und Sozialabgaben protestieren am 9.7. über 200 000 Saarländer mit einem einstündigen Streik. – Von 1957 bis Mitte 1959 erhält der Saarhaushalt an Bundesmitteln 585 Mio. DM als direkten Zuschuss oder Darlehen. Im Zusammenhang mit der Anpassung des Saarlandes an die wirtschaftlichen Gegebenheiten der Bundesrepublik werden bis einschließlich 1959 weitere rd. 1,5 Mrd. DM aufgebracht.

■ **Bremen:** Bürgerschaftswahl am 11.10. Wilhelm Kaisen (SPD) wird als Bürgermeister bestätigt.

■ **Wahlergebnisse** → S. 458–467

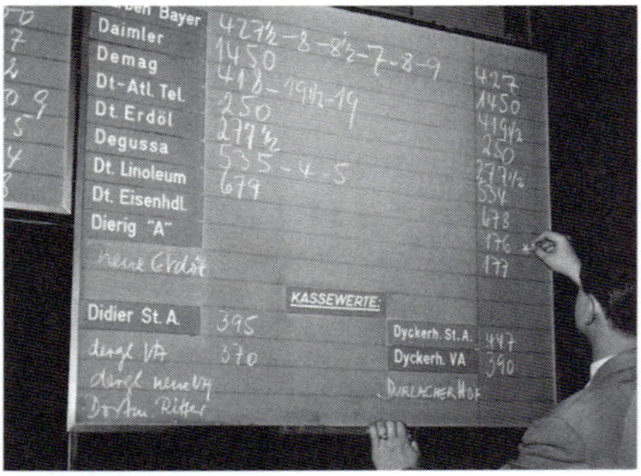

Die Frankfurter Börse am 25.5.

1959 DDR

Im Zeichen des 7-Jahres-Plans

Nach Erfolgen in der wirtschaftlichen Entwicklung vollzieht die DDR wie andere sozialistische Länder den Übergang von der 5- zur 7-Jahres-Planung. Ehrgeiziges Ziel ist es, innerhalb weniger Jahre die Bundesrepublik in wichtigen Bereichen der wirtschaftlichen Leistungskraft zu übertrumpfen und damit die Überlegenheit der staatssozialistischen Ordnung zu demonstrieren. In der Landwirtschaft gerät die Gründung von Genossenschaften immer mehr zur Zwangskollektivierung. Symbolische Schritte demonstrieren die weitere Abgrenzung von Bundesrepublik und West-Berlin: Das DDR-Staatswappen wird Bestandteil der Staatsflagge. Die Wiedervereinigung, offiziell politisches Ziel der DDR-Führung, wird als Konföderation angestrebt, bei der die »Errungenschaften« beim Aufbau des Staatssozialismus bewahrt bleiben.

DER 7-JAHRES-PLAN

Der seit 1956 erfolgreich laufende zweite 5-Jahres-Plan wird unter der schon vom V. SED-Parteitag vom Juli 1958 ausgegebenen Prämisse, die Bundesrepublik beim Verbrauch wichtiger Lebensmittel zu überbieten, zugunsten eines 7-Jahres-Plans (1959–65) aufgegeben. Die gesetzlichen Bestimmungen zum neuen Plan werden erst am 1.10. durch die Volkskammer verabschiedet. Zuvor wird der Übergang zur 7-Jahres-Planung in der UdSSR (Beschlüsse des XXI. KPdSU-Parteitags im Februar) abgewartet und – neben dem Pro-Kopf-Verbrauch von Grundnahrungsmitteln – die **Arbeitsproduktivität als Kennziffer** für die angestrebte Überlegenheit gegenüber der Bundesrepublik festgelegt. Der 7-Jahres-Plan setzt mit jährlichen Wachstumsraten von 9–10% allerdings unrealistisch hohe Vorgaben.

WEITERE SOZIALISIERUNGEN

Die mit dem 7-Jahres-Plan forcierte **Umwälzung der Eigentumsverhältnisse** wirkt sich auf die Arbeitsproduktivität im privaten Sektor der Industrie, im selbständigen Handwerk und bei den weiterhin einzeln wirtschaftenden Bauern nicht positiv aus. Am 26.3. erlässt der Ministerrat eine Verordnung über die künftige Rechtsform halbstaatlicher Betriebe, die in Zukunft als Kommanditgesellschaften zu organisieren sind; am 3.6. verabschiedet die Volkskammer das **Gesetz über die landwirtschaftlichen Produktionsgenossenschaften**, mit dessen Hilfe die Kollektivierung kurzfristig und unter Anwendung vornehmlich von Zwangsmitteln abgeschlossen werden soll.

BILDUNGSPOLITIK

Das vom 15. bis 17.1. tagende Plenum des ZK beschließt, dass **hauptamtliche Mitarbeiter des Parteiapparats einen Monat pro Jahr körperlich in der Produktion** arbeiten müssen. Das gleichzeitig veröffentlichte Thesenpapier des ZK »Über die sozialistische Entwicklung des Schulwesens in der DDR« ist Grundlage einer öffentlichen Debatte über die zukünftige Schulentwicklung. Am 2.12. verabschiedet die Volkskammer ein Gesetz, das die **Einführung der zehnklassigen polytechnischen Schulbildung** bis spätestens 1964 vorsieht. Seit dem 1.9. kann das Abitur zusammen mit einem Facharbeiterbrief erlangt werden; am gleichen Tag wird im Elektrochemischen Kombinat Bitterfeld (Bezirk Halle) die erste **Betriebsakademie** zur Weiterbildung eingerichtet. Bis Jahresende entstehen Akademien in insgesamt 772 Betrieben. Mit der Gründung der ersten sozialistischen Militärakade-

Kollektivierung der Landwirtschaft
Ende der 1950er Jahre

Staatsaufbau

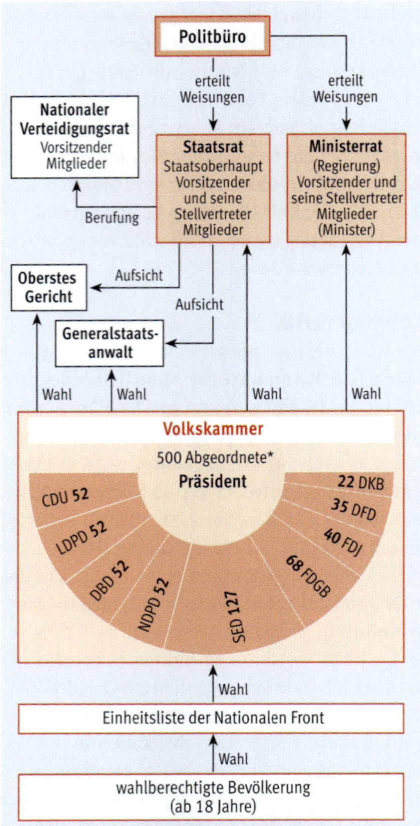

* bis 1963 hatte die Volkskammer 466 Sitze; jeweils 66 Sitze waren für die bis 1981 nominierten, danach gewählten Berliner Abgeordneten reserviert

mie Deutschlands am 5.1. wird auch für die Offiziersausbildung eine Bildungseinrichtung eröffnet, die sich von bundesrepublikanischen Bildungsstätten unterscheiden soll.

DER »BITTERFELDER WEG«

Am 3.1. ruft eine Jugendbrigade des Elektrochemischen Kombinates Bitterfeld die Arbeitnehmer dazu auf, unter der Losung **»Sozialistisch arbeiten, lernen, leben«** einen Wettbewerb um den Titel »Brigade (später Kollektiv) der sozialistischen Arbeit« zu führen. Schon im ersten Jahr beteiligen sich über 86 000 Brigaden und Arbeitsgruppen, von denen 119 den Titel am Ende verliehen bekommen.Dem Bestreben der SED, eine sozialistische Gesellschaft zu formen, folgt auch die **1. Bitterfelder Konferenz**, die am 24.4. Schriftsteller und Arbeiter unter dem Motto »Greif zur Feder, Kumpel! Die sozialistische Nationalkultur braucht Dich!« zusammenbringt. Der **»Bitterfelder Weg«** fordert professionelle Schriftsteller auf, das Leben von Arbeitern und Bauern in der noch jungen DDR zu thematisieren. Der »Geist von Bitterfeld« prägt auch die erstmals vom 13.6. bis 21.6. im Bezirk Halle stattfindenden **Arbeiterfestspiele**, die in den kommenden Jahren jeweils in einem anderen Bezirk der DDR veranstaltet werden.

DEUTSCHLANDPOLITIK

Die DDR stimmt dem Entwurf eines **Friedensvertrags mit Deutschland** am 19.1. zu. Der am 18.3. von der **SPD** verabschiedete **Deutschlandplan** wird am 3.4. in einem Brief des ZK der SED an den SPD-Parteivorstand ausdrücklich begrüßt. Dennoch **beharrt die DDR** auf ihren Vorstellungen einer **deutsch-deutschen Konföderation** und setzt ihre Abgrenzungspolitik fort: Am 26.4. fasst die SED den Beschluss, für die Partei in West-Berlin eine eigenständige Leitung zu bilden; am 19.6. übermittelt DDR-Außenminister Lothar Bolz seinem westdeutschen Amtskollegen Heinrich von Brentano den Entwurf eines **deutsch-deutschen Nichtangriffspaktes**. – Am 1.10. verabschiedet die Volkskammer ein Gesetz, mit dem das **Staatswappen** der DDR zum **Bestandteil der Staatsflagge** gemacht wird. – Die in Genf tagende **Außenministerkonferenz** der vier Siegermächte (11.5.–20.6. und 13.7.–5.8.), an der die von den jeweiligen Außenministern geleiteten Delegationen der beiden deutschen Staaten teilnehmen, verläuft ohne Erfolg. Die gleichrangige Behandlung der DDR-Delegation indes wertet diese als De-facto-Anerkennung des zweiten deutschen Staates.

WIRTSCHAFTSPOLITIK

Am 9.4. beschließt der Ministerrat die Einrichtung **Ständiger Produktionsberatungen** in den Betrieben der DDR. Damit wird die Teilnahme von Belegschaftsmitgliedern im betrieblichen Planungs- und Leitungsprozess institutionalisiert. – Vom 20. bis 22.2. findet in Leipzig **die VI. Konferenz der Vorsitzenden und Aktivisten der LPG** statt, die anregt, Bauern vor allem für den Eintritt in LPG des Typs I (→ 1952) zu gewinnen. Am 9.4. folgt der Ministerrat diesen Empfehlungen. Ende 1959 sind bereits in mehr als 300 Dörfern alle Bauern Mitglieder der dortigen LPG, am 12.12. meldet der sächsische Kreis Eilenburg, der **erste »vollgenossenschaftliche Kreis«** der DDR zu sein.

1960 BRD

Kurswechsel der Opposition

Mit dem Scheitern der Gipfelkonferenz der Vier Mächte im Mai zerschlagen sich die Hoffnungen auf einen weltweiten Entspannungs- und Abrüstungsprozess. Zugeständnisse der Westmächte in der Deutschland- und Berlin-Frage muss die Bundesregierung vorerst nicht fürchten. Allerdings beeinträchtigen Repressalien der DDR im Reiseverkehr zwischen West- und Ostdeutschland und innerhalb Berlins die deutsch-deutschen Beziehungen erheblich.
Bundeskanzler Konrad Adenauer wird bei seinem Versuch, eine regierungskonforme Fernsehanstalt ins Leben zu rufen, in die Grenzen seines Amtes und seines taktischen Geschicks verwiesen. Dennoch entschließt sich der 84-Jährige, der nach Aufbau und Konsolidierung der Republik nun auch für deren gesellschaftliche Stagnation steht, für eine erneute Kandidatur bei der Bundestagswahl 1961. Ihm setzt die SPD, die ihren programmatischen Kurswechsel des vergangenen Jahres nun in der Außen- und Deutschlandpolitik umsetzt, die Nominierung Willy Brandts entgegen.

AUSSENPOLITIK

■ **Israel:** Während seines Besuchs in den USA (12.–24.3.) trifft Bundeskanzler Adenauer am 14.3. erstmals mit dem israelischen Ministerpräsidenten David Ben Gurion zusammen. Angesichts zahlreicher antisemitischer Vorfälle in den letzten Monaten betont Adenauer die Verantwortung des deutschen Volkes für die Verbrechen der Nationalsozialisten an den Juden. Adenauer sagt Israel geheime Waffenlieferungen sowie weitere Wirtschaftshilfe zu, eine Aufnahme diplomatischer Beziehungen lehnt er unter Verweis auf das Verhältnis zu den arabischen Staaten vorerst ab. – Nach der **Festnahme von Adolf Eichmann** in Argentinien und seiner Entführung nach Israel durch den israelischen Geheimdienst Mossad am 23.5. erklärt die Bundesregierung, sie werde nicht die Auslieferung des ehemaligen Leiters des Judenreferats im Reichssicherheitshauptamt beantragen, der ab 1941 den Transport von Juden in die Vernichtungslager in Osteuropa organisierte.

■ **Frankreich:** Beim Treffen mit Staatspräsident Charles de Gaulle auf Schloss Rambouillet bei Paris am 29./30.7. lehnt Bundeskanzler Adenauer den überraschenden französischen Vorschlag einer **deutsch-französischen Staatenunion** ab, die sich mit einheitlicher Staatsangehörigkeit und gemeinsamer Verteidigungs- und Außenpolitik als gleichrangige Weltmacht neben der Sowjetunion und den USA behaupten könnte.

DEUTSCH-DEUTSCHE BEZIEHUNGEN

■ **Deutsche Frage:** Ein Brief des Ersten Sekretärs des ZK der SED und Stellvertretenden Ministerpräsidenten der DDR Walter Ulbricht an die West-CDU vom 23.1. geht am 27.1. ungeöffnet zurück; Ulbricht hatte darin u.a. eine Volksabstimmung über eine vollständige Abrüstung und einen Friedensvertrag vorgeschlagen. Auch der am 17.4. vorgelegte **Deutschlandplan des Volkes** (→ DDR) wird von der Bundesregierung ignoriert. Ohne offizielle Resonanz bleibt schließlich Ulbrichts Vorschlag eines auf zehn Jahre befristeten **Friedensvertrags zwischen der Bundesrepublik und der DDR** vom 17.12., ergänzt um ein Nichtangriffsabkommen zwischen NATO und Warschauer Pakt.

■ **Interzonenhandel:** Am 16.8. unterzeichnen Vertreter der beiden »Währungsgebiete« in West-Berlin ein **neues Handelsabkommen**, das ab 1961 gelten soll. Während die Verträge bisher höchstens zwei Jahre galten, bleibt die Neuregelung ohne Befristung. Vereinbart ist ein Handelsvolumen von jährlich rd. 1,1 Mrd. Verrechnungseinheiten (VE = DM), gekoppelt an einen »Swing« (Überziehungskredit, der durch Warenlieferungen ausgeglichen

David Ben Gurion (l.) und Konrad Adenauer am 14.3. in New York

werden kann) von 200 Mio. VE. Der innerdeutsche Warenaustausch macht rd. 11% des gesamten Außenhandels der DDR aus, gegenüber rd. 2,5% des bundesdeutschen Handels. – Im Zuge der neuerlichen Berlin-Krise **kündigt die Bundesregierung das Interzonenhandelsabkommen** am 30.9. fristgerecht zum Ende des Jahres. Als die DDR ihre Kontrollen des Besuchsverkehrs von West- nach Ost-Berlin aufrechterhält und am 19.12. im SED-Organ *Neues Deutschland* mit Maßnahmen gegen den Warenverkehr zwischen West-Berlin und der Bundesrepublik droht, wird die Kündigung am 29.12. zurückgenommen.

BERLIN-KRISE

Das Innenministerium der DDR verhängt am 29.8. ein **Einreiseverbot für Bundesbürger** nach Ost-Berlin für die Zeit vom 31.8. bis 4.9., sofern sie keine Aufenthaltsgenehmigung besitzen. Zur Begründung verweist das Ministerium auf das in West-Berlin stattfindende Heimkehrertreffen und den Tag der Heimat der Vertriebenen. Die von diesen »Revanchistentreffen« nach Ost-Berlin einreisenden Westdeutschen stellten für die DDR eine »Gefährdung der Ordnung und Sicherheit des friedlichen Lebens ihrer Bevölkerung« dar. Ab 9.9. verlangen die DDR-Grenzkontrolleure von Bundesbürgern, die nach Ost-Berlin wollen, die Vorlage einer **Sondergenehmigung der Volkspolizei**. Ab 15.9. werden **Bundesreisepässe von West-Berlinern** nicht mehr anerkannt. Um in den anderen Teil der Stadt zu gelangen oder in die DDR zu reisen, benötigen West-Berliner nun ein Visum, das sie nach Vorlage ihres Personalausweises erhalten. – Protesten der Bundesregierung und der drei Westalliierten begegnet DDR-Außenminister Lothar Bolz am 20.9. mit der Feststellung, der Viermächtestatus für Berlin gelte nicht mehr, da er von den Westmächten schon längst verletzt worden sei. In Noten an die Westmächte erklärt die sowjetische Regierung am 12.9., die DDR sei völlig souverän und könne über den Reiseverkehr von Deutschen »auf dem Territorium ihrer Hauptstadt« frei befinden. – Als Gegenmaßnahme beschließen die drei Westmächte am 12.9., DDR-Funktionären keine West-Visa mehr auszustellen. Bundeswirtschaftsminister Ludwig Erhard bringt am 28.9. in New York in einer Rede vor US-amerikanischen Geschäftsleuten ein »mehr oder minder totales Handelsembargo« gegen den Ostblock ins Gespräch. Am 30.9. kündigt die Bundesregierung das erst kurz zuvor geschlossene **Interzonenhandelsabkommen**. – Der Berliner Senat schlägt der Bundesregierung am 18.10. vor, die Geltung internationaler Abkommen für West-Berlin künftig ausdrücklich in Form einer speziellen »Berlinklausel« bestätigen zu lassen.

ANTISEMITISMUS, NS-VERGANGENHEIT

■ **Antisemitische Vorfälle:** Zahlreiche antisemitische und nazistische Aktionen seit Weihnachten 1959 überschatten den Jahreswechsel. Bis zum 28.1. werden rund 470 Delikte festgestellt, gegen 234 mutmaßliche Täter, zumeist Jugendliche, wird ermittelt. Gegen das Wiederaufleben des Nationalsozialismus kommt es in der Bundesrepublik und im Ausland zu **Protesten**. – Nachdem sich das Bundeskabinett am 6.1. mit den Ausschreitungen befasst und vom Bundestag eine beschleunigte Verabschiedung eines Gesetzes gegen Volksverhetzung gefordert hat, bezeichnet Bundeskanzler Adenauer am 16.1. in einer Rundfunk- und Fernsehrede die antisemitischen Taten in ihrer Mehrzahl als unpolitische **»Flegeleien«** von »Lümmeln«, die eine »Tracht Prügel« verdient hätten. Für den Bundestag bezeichnet dessen Vizepräsident Carlo Schmid (SPD) am 20.1. die Ausschreitungen dagegen als **»Exzesse, deren wir uns schämen«**. – Die Kultusministerkonferenz der Bundesländer beschließt am 12.2. in Hamburg, die Behandlung der NS-Zeit im Schulunterricht zu intensivieren, die Schulbücher zum Geschichtsunterricht überprüfen und überarbeiten zu lassen und Lehramtsbewerbern gründliche Kenntnisse der jüngsten deutschen Geschichte abzuverlangen.

■ **»Fall Oberländer«:** Angesichts der bevorstehenden Einrichtung eines parlamentarischen Untersuchungsausschusses zur Prüfung der gegen ihn erhobenen Vorwürfe (→ 1959) reicht Bundesvertriebenenminister Theodor Oberländer (CDU) am 26.4. seinen **Rücktritt** ein, den Bundeskanzler Adenauer am 3.5. annimmt. Zuvor hatte das Oberste Gericht der DDR in einem Schauprozess am 29.4. Oberländer in Abwesenheit wegen angeblicher Kriegsverbrechen zu lebenslangem Zuchthaus verurteilt. Am 26.9. stellt das Landgericht Bonn die Ermittlungen gegen Oberländer ein; der Verdacht einer Beteiligung an den Verbrechen in Lemberg 1941 sei unbegründet. Der Minister für Angelegenheiten des Bundesrats, Hans-Joachim von Merkatz, übernimmt am 27.10. auch die Leitung des Vertriebenenministeriums. – Schwere

Vorwürfe erhebt der Sekretär des ZK der SED Albert Norden am 28.7 gegen den Staatssekretär im Bundeskanzleramt **Hans Globke**; dieser habe, neu aufgefundenen Dokumenten zufolge, die nationalsozialistischen Rassegesetze von 1935 (»Nürnberger Gesetze«) nicht nur im Nachhinein kommentiert, sondern sich an ihrem Zustandekommen aktiv beteiligt.

■ **Verjährungsfrist für NS-Verbrechen:** Am 8.5., 15 Jahre nach der deutschen Kapitulation, verjähren alle Totschlagsdelikte aus der Zeit des Nationalsozialismus und des 2. Weltkriegs, zu denen noch keine Ermittlungen aufgenommen worden sind. Einen Antrag der SPD-Fraktion, den Stichtag auf den Gründungstag der Bundesrepublik 1949 zu verlegen, lehnt der Bundestag am 24.5. ab.

Wirtschaftsentwicklung 1950–60

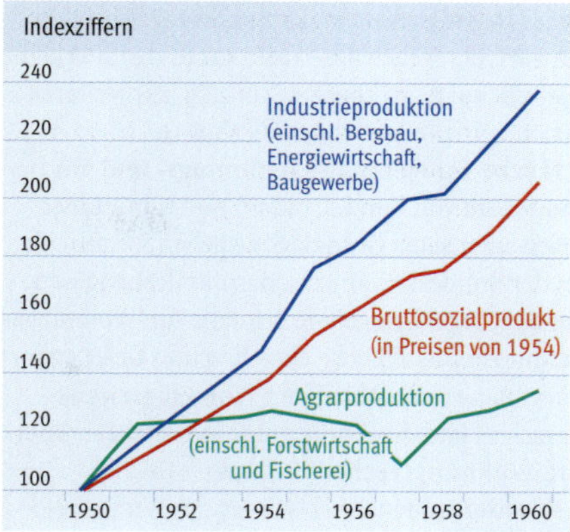

Quelle: Statistisches Bundesamt

VERTEIDIGUNGSPOLITIK

■ **Atombewaffnung:** Der Bundestag stellt am 8.4. im Verteidigungshaushalt **Mittel für die Beschaffung von Raketen** bereit, die mit atomaren Sprengköpfen ausgerüstet werden können. – Am 22.6. erklärt Verteidigungsminister Franz Josef Strauß vor der Presse, die Bundesregierung verlange **keine Verfügung über atomare Sprengköpfe**. – Am 19.8. erhebt der Führungsstab der Bundeswehr in einem Memorandum in der von ihm herausgegebenen Zeitschrift *Informationen für die Truppe* die **Forderung nach Atombewaffnung**. Das politische Aufsehen, das diese gesetzeswidrige politische Initiative der Generalität erregt, steigert sich, als am 26.8. bekannt wird, dass Verteidigungsminister Strauß selbst Urheber der Denkschrift ist. Bundeskanzler Adenauer rügt dessen Vorgehen, nicht aber sein politisches Anliegen.

PARTEIEN

■ **SPD:** Die Führungsgremien legen die Partei am 1.2. mit Grundsätzen zur Auseinandersetzung der Sozialdemokratie mit dem Kommunismus auf eine **scharfe Abgrenzung zum Ostblock-Kommunismus** fest. Politische Kontakte von Parteimitgliedern zur SED und anderen Parteien der sozialistischen Länder werden verboten, soweit sie nicht im Einzelfall ausdrücklich legitimiert sind. – Am 24.4. stellt der stellvertretende Parteivorsitzende Herbert Wehner vier Kernpunkte der SPD für eine neue Entspannungs- und Wiedervereinigungspolitik vor. Wehners Grundsatzrede im Bundestag am 30.6. besiegelt den **deutschland- und außenpolitischen Kurswechsel** seiner Partei, die nun anerkennt, dass die Integration der Bundesrepublik in die NATO und die EWG »Grundlage und Rahmen für alle Bemühungen der deutschen Wiedervereinigungspolitik ist«. – Am 24.8. wählt der Parteirat in West-Berlin einstimmig den Regierenden Bürgermeister von Berlin Willy Brandt zum **Kanzlerkandidaten** für die Bundestagswahl 1961. – Der Parteitag in Hannover vom 21.11. bis 25.11. wählt Erich Ollenhauer erneut zum Vorsitzenden der Bundespartei.

■ **CDU, DP:** Der 9. Bundesparteitag der CDU in Karlsruhe vom 27.4. bis 29.4. wählt Bundeskanzler Adenauer erneut zum Spitzenkandidaten für die Bundestagswahl 1961. – Angesichts der Weigerung der CDU, der **Deutschen Partei** (DP) bei der nächsten Bundestagswahl erneut zur Überwindung der 5%-Sperrklausel zu verhelfen, treten am 1.7. neun der 17 DP-Abgeordneten aus der Partei aus und schließen sich der CDU/CSU-Fraktion an, unter ihnen die Bundesminister Seebohm und von Merkatz; die verbleibende Gruppe der DP-Abgeordneten scheidet aus der Regierungskoalition aus. Adenauer führt damit wieder eine **Alleinregierung von CDU/CSU**.

■ **FDP:** Der Bundesparteitag wählt am 29.1. Erich Mende zum neuen Parteivorsitzenden.

INNENPOLITIK

■ **Notstandsgesetzgebung:** Das Bundeskabinett beschließt am 13.1. den von Innenminister Gerhard Schröder eingebrachten Entwurf für ein verfassungsänderndes Notstandsgesetz. Der Bundesrat lehnt die Vorlage am 26.2. ab und legt einen Gegenentwurf vor, der u.a. die Erklärung des Notstandsfalls bei Arbeitskämpfen ausschließt. Nach kontroverser Debatte verweist der Bundestag Schröders Entwurf, der wegen des Widerstands der SPD keine Aussicht auf Annahme hat, am 28.9. zur weiteren Beratung in die Ausschüsse (→ 1965).

■ **»Lücke-Plan«:** Um der **Wohnungs- und Städtebaupolitik** von Bund, Ländern und Kommunen eine gemeinsame Grundlage zu geben, verabschiedet der Bundestag am 20.5. das Bundesbaugesetz. Am 24.5. beschließt er ein ebenfalls von Wohnungsbauminister Paul Lücke eingebrachtes Gesetz über den stufenweisen Abbau der Wohnungszwangswirtschaft und die Einführung eines sozialen **Miet- und Wohnungsrechts** (in Kraft 1.7.1960).

■ **Privatfernsehen:** Nach seinem am Widerstand der Bundesländer (→ 1959) gescheiterten ersten Versuch, ein bundeseigenes Fernsehen ins Leben zu rufen, stellt Bundeskanzler Adenauer die Gegner des Projekts am 25.7. vor vollendete Tatsachen, indem er den privatrechtlichen Gesellschaftsvertrag der **Deutschland-Fernsehen-GmbH** unterzeichnet. Bundesjustizminister Fritz Schäffer (CSU) wird als Treuhänder für die Länder eingesetzt, von denen keines den für ihn vorgesehenen Anteil übernehmen will, so dass der Bund faktisch alleinige Gesellschafterin ist. Auf Antrag der sozialdemokratisch regierten Länder Hamburg, Hessen, Bremen und Niedersachsen, die am 19.8. auf Feststellung der Verfassungswidrigkeit der Anstaltsgründung klagen, erlässt das Bundesverfassungsgericht am 17.12. eine **einstweilige Verfügung** gegen den für den 1.1.1961 geplanten Start des zweiten Fernsehprogramms. – Das Gesetz über die Errichtung des Deutschlandfunks und der Deutschen Welle tritt am 29.11. in Kraft.

WIRTSCHAFTSPOLITIK

■ **Atomwirtschaft:** Das Gesetz über die friedliche Nutzung der Atomenergie und den Schutz gegen ihre Gefahren tritt am 1.1. in Kraft. Am 27.8. erteilt das bayerische Wirtschaftsministerium die Betriebsgenehmigung für das erste deutsche Kernkraftwerk. Der Atomreaktor in Kahl am Main soll 1961 seinen Betrieb aufnehmen.

■ **Privatisierung:** Gegen die Stimmen der SPD beschließt der Bundestag am 16.3. ein Gesetz zur Privatisierung des **Volkswagenwerks** (VW) in Wolfsburg. 60% des Grundkapitals (600 Mio. DM) sollen in Form von Volksaktien in private Hand übergehen; je 20% erhalten der Bund und das Land Niedersachsen; Erlöse aus dem Aktienverkauf und

Ausländische Arbeitnehmer 1960–69

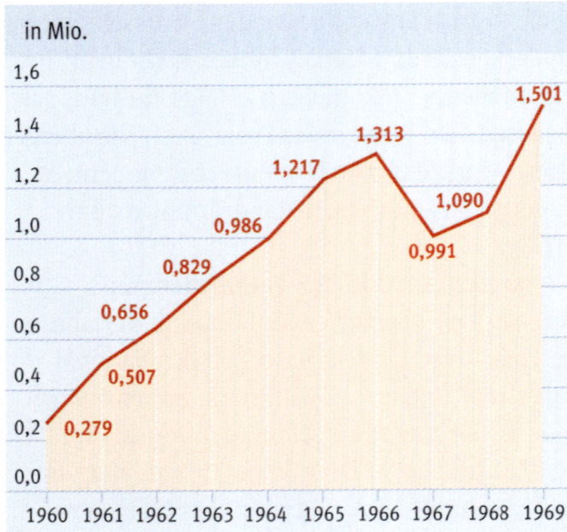

Dividenden aus den Aktien im Besitz des Bundes sowie des Landes übernimmt eine zu gründende Stiftung Volkswagenwerk zur Förderung von Wissenschaft und Technik (→ 1961).

■ **Arbeitsmarkt:** Unter dem Druck der steigenden Zahl offener Stellen intensiviert die Bundesregierung die Bemühungen um die **Anwerbung von »Gastarbeitern«**. Am 29./30.3. schließt sie mit Spanien und Griechenland ein Abkommen ab, wie es mit Italien schon besteht. Am 3.5. tritt die Bundesrepublik einer WEU-Konvention über Grenzarbeiter und ausländische Arbeitskräfte bei. – Im September sinkt die **Arbeitslosenzahl** mit 130 861 (einschließlich West-Berlin) erwerbslosen Personen auf den tiefsten Stand seit Kriegsende (0,7%), im Jahresdurchschnitt auf 241 092 (–55,3% gegenüber 1959). Die Zahl der offenen Stellen beträgt 568 693.

■ **40-Stunden-Woche:** Die Arbeitgeberverbände und die IG Metall vereinbaren am 8.7. die Einführung der 40-Stunden-Woche mit fünf Arbeitstagen bei vollem Lohnausgleich nach einem Stufenplan, der bis 1.7.1965 umgesetzt sein soll. Die durchschnittliche Arbeitszeit liegt 1960 bei knapp 46 Stunden pro Woche.

BUNDESLÄNDER

■ **Baden-Württemberg:** Landtagswahl am 15.5. Ministerpräsident Kurt Georg Kiesinger bildet am 23.6. anstelle der bisherigen Allparteienkoalition eine neue Regierungskoalition ohne die SPD.

■ **Saarland:** Landtagswahl am 4.12. Der seit April 1959 amtierende Ministerpräsident Franz Josef Röder führt eine Koalition aus CDU und FDP/DPS.

■ **Wahlergebnisse** → S. 458–467

1960 DDR

»Sozialistischer Frühling auf dem Lande«

In den ersten vier Monaten wird die Gründung von LPG mit der Zwangskollektivierung der noch privat wirtschaftenden Einzelbauern abgeschlossen.
Nach dem Tod des ersten Präsidenten der DDR Wilhelm Pieck konzentriert Walter Ulbricht die Macht in Staat und Partei in seinen Händen, indem die Volkskammer ihn zum Vorsitzenden des neu geschaffenen Staatsrats wählt.
Das Verhältnis der beiden deutschen Staaten bewegt sich auf einen Tiefpunkt zu. Nach massiven Behinderungen im Berlin-Reiseverkehr kündigt die westdeutsche Seite im Spätsommer das Interzonenhandelsabkommen, die einzige vertragliche Vereinbarung von Bedeutung zwischen beiden deutschen Staaten. Erst gegen Ende des Jahres wird das Abkommen in modifizierter Form wieder in Kraft gesetzt.

KOLLEKTIVIERUNG DER LANDWIRTSCHAFT

Die Umwälzung der Eigentumsverhältnisse findet 1960 ihren vorläufigen Abschluss. Am 27.1. wird bei einer Beratung des ZK und der Ersten Sekretäre der SED-Bezirksleitungen eine gemeinsame Strategie zur verstärkten »Werbung« der restlichen Einzelbauern »vor Ort« für die LPG und den Abschluss der Kollektivierung noch vor der Frühjahrsbestellung erarbeitet. Der »Sozialistische Frühling auf dem Lande« (wie der zwangsweise Eintritt der noch einzeln wirtschaftenden Bauern propagandistisch überhöht wird) erhält zudem die Unterstützung der Sowjetunion, die im Anschluss an eine Tagung der Landwirtschaftssekretäre der kommunistischen und Arbeiterparteien am 2./3.2. der DDR Zusagen über die Lieferung von Landmaschinen macht.
Ab Februar setzt beschlussgerecht in Nord-Süd-Richtung die **Kollektivierungswelle** ein. Bereits am 6.3. ist der Bezirk Rostock der erste vollgenossenschaftliche Bezirk der DDR. Am 12.3. folgt der südlich von Rostock liegende Bezirk Neubrandenburg, wenige Tage später dessen südlicher Nachbar Frankfurt (Oder). Zuletzt meldet am **14.4.** der Bezirk Karl-Marx-Stadt (Chemnitz) im Süden der DDR den **Abschluss der Kollektivierung**. Damit ist das Ziel, die Einzelbauernwirtschaften noch vor der Frühjahrsbestellung abzuschaffen, erreicht. Am Ende des Jahres wirtschaften 901 490 Bauern (466 125 mehr als im Vorjahr) in 19 313 LPG (plus 9181) auf 92,5% der gesamten landwirtschaftlichen Nutzfläche. Damit ist die mit Abstand höchste Zahl von LPG erreicht; sie ist ein Ergebnis des Zugeständnisses der Kollektivierungskampagne, auch mehrere LPG in einem Dorf zuzulassen. Die Landwirtschaft erlebt 1960 in fast allen Bereichen deutliche Produktivitätssteigerungen, was zunächst den Erfolg der Kollektivierungsbestrebungen unterstreicht.

WIRTSCHAFTLICHE ENTWICKLUNG

Mit dem Abschluss der Kollektivierung in der Landwirtschaft ist die Erwerbsstruktur grundlegend verändert worden. 94,7% aller Erwerbstätigen arbeiten jetzt nichtselbständig und sind in Unternehmen des sozialistischen Eigentums (volkseigene Betriebe, öffentliche Verwaltungen, genossenschaftliche Unternehmungen) beschäftigt. Im Bereich des Handwerks überwiegen noch für einige Jahre die Einzelunternehmer, 1960 erbringen diese mehr als 70% der Leistungen des gesamten Handwerks (PGH nur 29,4%). – Im Einzelhandel verstärkt sich die Dominanz der staatlichen und genossenschaftlichen Betriebe gegenüber privaten

Bezirk Frankfurt (Oder) im März: Bauern werden aufgefordert, sich einer LPG anzuschließen

Kollektivierung in der Landwirtschaft

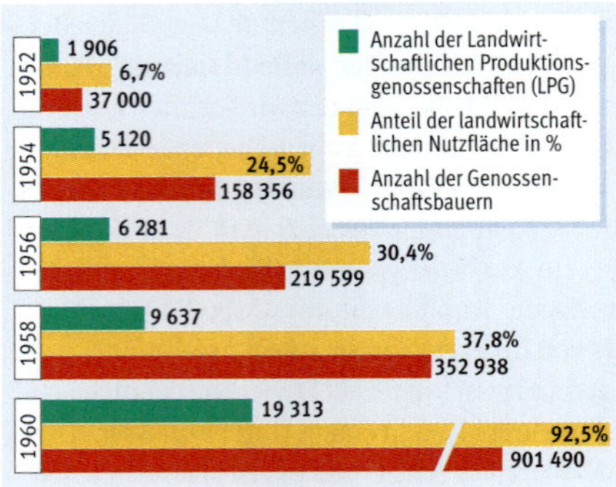

Unternehmen. Mehr als 77% (34,7 Mrd. Mark) des gesamten Warenumsatzes im Einzelhandel (fast 45 Mrd. Mark) entfallen auf sozialistische Betriebe (Geschäfte der Handelsorganisation HO und der Konsumgenossenschaften).
Das **BIP** beträgt 113,1 Mrd. DM (in BRD-Preisen von 1989). Im Vergleich zum Vorjahr ist es um 2,1%, etwas langsamer als 1959, gewachsen. Der Abstand zur Bundesrepublik wird damit größer, die DDR erwirtschaftet jetzt 12,1% des westdeutschen BIP. In eigenen Preisen stellt sich das Bild etwas anders dar. Die Bruttoproduktion aller Wirtschaftsbereiche in Unveränderlichen Planpreisen (UPP) 1955 beträgt mehr als 68,7 Mrd. Ost-Mark, 7,9% mehr als im Vorjahr. Die **industrielle Bruttoproduktion** (in UPP) beträgt 66,9 Mrd. Mark, wächst also ebenfalls um 7,9%.

AUSBAU DER MACHTPOSITION ULBRICHTS

Ulbricht, in der SED unbestritten die Führungsperson, steht bis 1960 in seinen staatlichen Ämtern formal unter anderen Personen. In zwei wichtigen Funktionen ändert sich dies 1960: Am 10.2. wird er Vorsitzender des neu gegründeten Nationalen Verteidigungsrats. Am 7.9. verstirbt im Alter von 84 Jahren in Berlin der erste und einzige Präsident der DDR, Wilhelm Pieck; er galt als integrative Kraft innerhalb der Regierung, war aber wegen Krankheit bereits längere Zeit von der tatsächlichen Teilhabe an Entscheidungsprozessen ausgeschlossen.
Wenige Tage nach Piecks Tod beschließt die Volkskammer am 12.9., das Amt des Präsidenten durch einen kollektiven **Staatsrat** zu ersetzen. Zum Vorsitzenden wird Ulbricht bestimmt, ihm unterstehen sechs Stellvertreter, ein Sekretär und 16 Mitglieder. Ulbricht ist damit auch formal Staatsoberhaupt der DDR, eine Funktion, die er de facto seit langem ausfüllt. – Am 31.5. beschließt das SED-Politbüro den Umzug seiner Mitglieder und Kandidaten in die eigens errichtete Waldsiedlung in Wandlitz.

Ulbricht, Walter
*Leipzig 30.6.1893, † Ost-Berlin 1.8.1973

Möbeltischler; ab 1908 Mitglied der Sozialistischen Arbeiterjugend (SAJ), 1912 der SPD; 1915–18 Teilnahme am 1. Weltkrieg; 1919 Beitritt zur KPD, ab 1923 Mitglied des ZK sowie ZK-Sekretär, ab 1929 Mitglied des Politbüros; 1926 Abgeordneter des Sächsischen Landtags, 1928–33 des Reichstags; 1933–45 Exil in Paris, Prag und Moskau; ab 1949 Mitglied des Politbüros und Volkskammer-Abgeordneter, ab 1950 Generalsekretär bzw. ab 1953 1. Sekretär des ZK der SED (bis 1971); 1960–73 Vorsitzender des Staatsrats und 1960–72 Vorsitzender des Nationalen Verteidigungsrats

DEUTSCH-DEUTSCHE BEZIEHUNGEN

Das Verhältnis zwischen beiden Seiten ist unverändert von gegenseitiger Konfrontation geprägt. Einzig auf sportlichem Gebiet gelingt es den beiden Nationalen Olympischen Komitees am 6.1., eine **gemeinsame Mannschaft** für die Olympischen Spiele von 1960 in Rom zu vereinbaren. – Politische Initiativen zur deutschen Frage hingegen verfolgen die Absicht, mit den jeweiligen »Vorschlägen« der anderen Seite unannehmbare Bedingungen zu stellen, die konsequent zu ihrer Ablehnung führen. Ein **Brief**, den Ulbricht am 23.1. **an die West-CDU** sendet, wiederholt die ostdeutsch-sowjetischen Vorschläge zur Bildung einer Konföderation und einer Freien Stadt West-Berlin, wird aber ungeöffnet zurückgeschickt. Das DDR-Fernsehen strahlt am 31.3. erstmals die wöchentliche Sendung **»Der Schwarze Kanal«** aus, in der Karl-Eduard von Schnitzler mit Hilfe von Ausschnitten aus Sendungen von ARD – später auch von ZDF und den privaten Fernsehsendern – den »Imperialismus der BRD« zu entlarven versucht. – Am 17.4. veröffentlicht das ZK der SED einen **Offenen Brief** »An die Arbeiterschaft in Westdeutschland«. Nachdem die SPD sich von ihrem eigenen Deutschlandplan

distanziert hat (→ 1959/1960 BRD), enthält der SED-»**Deutschlandplan des Volkes**« Vorschläge zu einem Gewaltverzicht, zu gesamtdeutschen Konsultationen, zu Friedensverhandlungen und zu einem Verzicht auf die Atom- und Raketenrüstung. Die Wiedervereinigungsrhetorik wird von weiteren Schritten zur festen Einbindung der DDR in die Gemeinschaft der Ostblockstaaten begleitet. SED-Delegationen nehmen an Spitzentreffen kommunistischer Parteien in Bukarest (24.6.) und Moskau (10.11.–1.12.) teil.
Die als **Friedensinitiative** bezeichnete Ankündigung **der Sowjetunion** vom 15.1., die Personalstärke ihrer Armee bis 1967 um ein Drittel auf 2,4 Mio. Soldaten zu reduzieren, und die Friedensvertragspolitik gegenüber Deutschland dienen als Begründung für ein Gesetz, mit dem ein **Nationaler Verteidigungsrat** (NVR) mit Ulbricht als Vorsitzendem und Erich Honecker als Sekretär sowie ein Ständiger Ausschuss der Volkskammer für Nationale Verteidigung gebildet werden. Die verstärkten Anstrengungen, die Wehrfähigkeit der DDR zu stärken, kommen auch im Beschluss des 2. Kongresses der Gesellschaft für Sport und Technik (GST) vom 23.6. bis 25.6. zum Ausdruck. Die Organisation soll sich danach auf die vormilitärische Ausbildung der Jugend und die Rekrutierung von Freiwilligen für die NVA konzentrieren.
Am 30.8. verhängt die DDR-Regierung für die Zeit vom 31.8. bis 4.9. eine Einreisesperre für Bundesbürger, die in West-Berlin an Vertriebenentreffen teilnehmen wollen. Sie sieht in den Treffen einen **»Missbrauch West-Berlins für Kriegszwecke«**. Ab 9.9. verlangt die DDR für die Einreise von Bundesbürgern nach Ost-Berlin eine visumähnliche Bescheinigung, ab 15.9. benötigen West-Berliner für Reisen in die DDR ein Visum. Diese Behinderungen im Reiseverkehr von und nach Berlin sowie innerhalb der Stadt nimmt die westdeutsche Seite am 30.9. zum Anlass, **das Berliner Abkommen über den deutsch-deutschen Warenaustausch** (in der BRD Interzonenhandelsabkommen genannt) **zu kündigen.** Obwohl die Kündigung nicht wirksam wird – am 29.12. wird das Abkommen wieder in Kraft gesetzt –, markiert der Vorgang den vorläufigen Tiefpunkt in den deutsch-deutschen Beziehungen.
Die Zwangskollektivierung und die Spannungen zwischen beiden deutschen Staaten spiegeln sich auch in der steigenden Zahl von »Republikflüchtigen«; nach westlichen Angaben siedeln 199 188 (nach östlichen: 181 473) Personen nach Westdeutschland über. Am 4.12. appellieren die Pastoren aller Gemeinden der Evangelischen Kirche der Union (des Zusammenschlusses protestantischer Landeskirchen in West- und Ostdeutschland) in einem Kanzelwort an die Bürger der DDR, ihr Land nicht zu verlassen.

DIE GETEILTE WIEDERVEREINIGUNG: »DEUTSCHLANDPLAN DES VOLKES«

(…) Wir sind Brüder und Schwestern aus der großen Familie des deutschen Arbeitervolkes. Wir haben eine lange, gemeinsame Geschichte des Klassenkampfes, des Leids, des Kampfes um Frieden, Freiheit, Menschenrechte und Demokratie. Es kann gar nicht anders sein, als dass wir Brüder bleiben, gemeinsam unseren Kampf vollenden und gemeinsam an der Spitze des deutschen Volkes eine glückliche, friedliche und reiche Zukunft aufbauen. Denn außer der Arbeiterklasse, die von der geschichtlichen Entwicklung berufen ist, die Führung der Nation zu übernehmen, gibt es keine Kraft mehr in unserem Deutschland, die in der Lage wäre, alle friedliebenden demokratischen Kräfte der verschiedenen Klassen und Schichten zusammenzufassen. (…)

SOZIALPOLITIK

Der Staat baut das Netz von öffentlichen Kinderbetreuungseinrichtungen stark aus. 1960 stehen je 1000 Einwohner 461 Kindergartenplätze und 143 Kinderkrippenplätze zur Verfügung. – Im Sommer werden die letzten einklassigen Landschulen geschlossen.

SOZIALE DATEN

■ **Preise und Lebenshaltung:** Das durchschnittliche monatliche Arbeitseinkommen von Arbeitern und Angestellten in der staatseigenen Wirtschaft beträgt 555 Mark. Die Pro-Kopf-Sparguthaben wachsen auf etwa 1018 Mark an. Tendenziell verstärkt sich der Geldüberhang, weil dem Einkommenszuwachs ein Mangel an Waren gegenübersteht und die Kostenstruktur bei gleichbleibenden Endpreisen immer mehr zuungunsten des Erzeugers ausfällt. Angaben zur Ausstattung der privaten Haushalte mit langlebigen Konsumgütern zeigen gleichzeitig wachsenden Wohlstand in der DDR: 1960 kommen auf 100 Haushalte 3,2 Pkw, 12,7 Motorräder, 6,1 Kühlschränke, 6,2 Waschmaschinen und 18,5 Fernsehgeräte.

1961 BRD

Mauerbau: Scheitern und Neubeginn der Deutschlandpolitik

Die hermetische Abriegelung der DDR gegenüber West-Berlin und der Bundesrepublik markiert den Höhepunkt der seit 1958 anhaltenden Berlin-Krise. Der Mauerbau beendet zugleich die beiderseitigen Bemühungen, die Deutschland- und Berlin-Frage durch den großen Wurf eines Friedensvertrags unter den Bedingungen der jeweiligen Bündnisse zu lösen. Die kommende Deutschland- und Berlin-Politik wird die Suche nach pragmatischen Möglichkeiten im Umgang mit den östlichen Nachbarn und der Sowjetunion in den Vordergrund rücken. Während diese mit ihrer Zustimmung zum Mauerbau zu erkennen gibt, dass sie expansive Absichten gegenüber West-Berlin aufgegeben hat, bezeugen die Westmächte – nach dem Juni-Aufstand in der DDR 1953 und dem Ungarn-Aufstand 1956 – mit der Hinnahme der Absperrung Ost-Berlins erneut, dass sie die sowjetische Verfügungsgewalt über ihre Hegemonialzone in Europa respektieren.
Auch das zweite zentrale Ereignis bundesdeutscher Politik im Jahr 1961 ebnet zukünftigen Entwicklungen den Weg: Nach dem Verlust der absoluten Mehrheit bei der Bundestagswahl muss sich Bundeskanzler Konrad Adenauer dem Verlangen des Koalitionspartners FDP beugen, seine Amtszeit noch vor Ablauf der neuen Legislaturperiode zu beenden.

AUSSENPOLITIK

■ **USA:** Der Regierende Bürgermeister von Berlin Willy Brandt (am 13.3.) und Bundeskanzler Adenauer, der während seines Besuchs in den USA (11.–17.4.) mit John F. Kennedy verhandelt, erhalten vom US-Präsidenten ein erneuertes Garantieversprechen für die Sicherheit der Bundesrepublik und West-Berlins.

■ **Sowjetunion:** Die Verhandlungen über ein Handelsabkommen zwischen der Bundesrepublik und der Sowjetunion werden am 24.5. abgebrochen, da die Sowjetunion die Aufnahme einer Berlin-Klausel in die Vereinbarung ablehnt.

■ **Österreich:** Am 12.6. vereinbaren die Bundesrepublik und Österreich einen Finanz- und Ausgleichsvertrag, der alle aus der Kriegs- und Nachkriegszeit zwischen beiden Staaten offenen Fragen abschließend regelt; die Bundesrepublik zahlt (u.a. für Vertriebene und politische Verfolgte in Österreich) 321 Mio. DM.

VERTEIDIGUNGSPOLITIK

■ **Verbündete:** Das Bundesfinanzministerium gibt am 3.2. bekannt, dass Bund und Länder seit Kriegsende für den **Aufenthalt der ausländischen Streitkräfte** im Bundesgebiet (einschließlich West-Berlin) insgesamt 68,9 Mrd. RM/DM aufgebracht haben.

■ **Verstärkung der Bundeswehr:** Unter dem Eindruck der **Berlin-Krise** beschließt die Bundesregierung am 12.9. die Dienstverpflichtung von 6000 freiwilligen Soldaten um drei Monate zu verlängern, den zwölfmonatigen Grundwehrdienst um eine ebenfalls dreimonatige Wehrübung zu ergänzen und mit der Einberufung weiterer Wehrpflichtiger die Sollstärke der Bundeswehr von 350 000 Mann baldmöglichst zu erreichen. – Am 18.12. billigt das Bundeskabinett den Entwurf einer Gesetzesvorlage, die eine **Verlängerung des Grundwehrdienstes** von bisher zwölf auf 18 Monate vorsieht.

PARTEIEN UND WAHLKAMPF

■ **SPD:** Der Parteivorstand erklärt am 9.1. die Mitgliedschaft in der am 17.12.1960 gegründeten **Deutschen Friedensunion** (DFU) für unvereinbar mit der Zugehörigkeit zur SPD. – Das Präsidium der SPD und der Bundesvorstand der Sudetendeutschen Landsmannschaft einigen sich am 23.1. auf eine gemeinsame Formel zur **Vertreibung der Sudetendeutschen**, in der es u.a. heißt:
»Die Vertreibung war widerrechtlich, sie muss auf friedlichem Wege wiedergutgemacht werden, ohne dass anderen Menschen neues Unrecht geschieht. Die Feststellung, wonach Deutschland in den Grenzen von 1937 rechtlich fortbesteht, schließt das sudetendeutsche Heimat- und Selbstbestimmungsrecht nicht aus [...] Wiedergutmachung der Vertreibung heißt: Rückkehr der Vertriebenen, d.h. Verwirklichung ihres Rechts auf die Heimat.« – Am 23.5. signalisiert der stellvertretende Parteivorsitzende Herbert Wehner die Bereitschaft seiner

Partei, nach der Bundestagswahl eine Koalition mit der CDU einzugehen. – Auf dem Wahlkongress am 28.4. in Bonn legt der Kanzlerkandidat der SPD, Brandt, das Regierungsprogramm seiner Partei vor; zentrale Punkte sind u.a.: Ausbau des demokratischen und sozialen Bundesstaates, Außenpolitik an der Seite des Westens, Treue zur NATO, friedliche Zusammenarbeit auch mit allen osteuropäischen Völkern und Freundschaft mit den jungen Nationen.

■ **CDU:** Auf dem 10. Bundesparteitag in Köln vom 24.4. bis 27.4. lehnt Bundeskanzler Adenauer ein Koalitionsangebot der SPD entschieden ab. Als Wahlprogramm beschließen die Delegierten am 27.4. das »Kölner Manifest«, das die bisherige Politik Adenauers fortschreibt.

■ **CSU:** Eine Landesversammlung der Partei wählt am 18.3. Bundesverteidigungsminister Franz Josef Strauß als Nachfolger von Hanns Seidel mit 547 von 576 abgegebenen Stimmen zum neuen Parteivorsitzenden.

■ **FDP:** Der 12. Bundesparteitag der Liberalen vom 23.3. bis 25.3. verabschiedet ein Wahlprogramm, mit dem die Partei sich das Ziel setzt, die absolute Mehrheit der CDU zu brechen und als Koalitionspartner Regierungsverantwortung zu übernehmen.

BUNDESTAGSWAHL

■ **Ergebnis:** Zur Bundestagswahl kandidieren neun Parteien, davon sechs bundesweit. Bei einer Wahlbeteiligung von 87,7% (+0,1% im Vergleich zu 1957) verliert die CDU/CSU mit 45,3% (–4,9%) der Stimmen ihre absolute Mehrheit, bleibt jedoch weiterhin die stärkste Fraktion. Die SPD vergrößert ihren Stimmenanteil auf 36,2% (+4,5%), die FDP erhält 12,8% (+5,1%). An der 5%-Klausel scheitern u.a. die nationalkonservative GDP (2,8%), die linkspazifistische DFU (1,9%) und die rechtsextremistische DRP (0,8%). Überschattet von der Verschärfung des Ost-West-Konflikts und den Vorgängen in Berlin traten im Wahlkampf innenpolitische Fragen in den Hintergrund. Zwar wird die starre Deutschlandpolitik Adenauers zunehmend in Zweifel gezogen und Brandt verbucht mit seinen Initiativen als Regierender Bürgermeister von Berlin Pluspunkte; dennoch können Christdemokraten und Liberale die verstärkte **Kriegsfurcht** einerseits und die verbreitete **Zufriedenheit** mit der stabilen Lage des aufstrebenden Wohlfahrtsstaates andererseits mehrheitlich zu ihren Gunsten nutzen. Die

Wahl zum 4. Deutschen Bundestag am 17.9.1961 (1957)

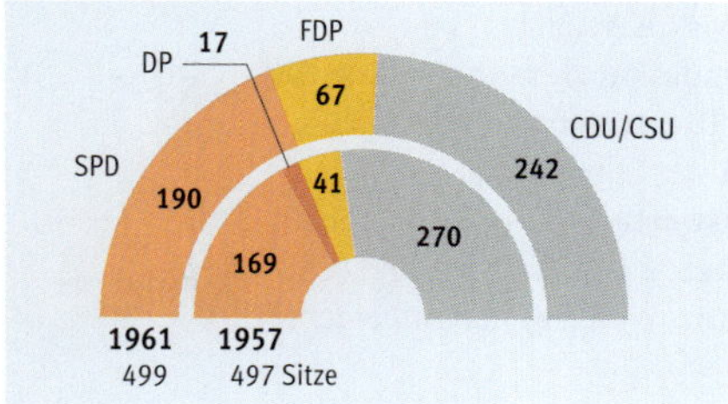

FDP profitiert von ihrem zentralen Wahlziel, nur mit Ludwig Erhard als Kanzler eine Koalition mit der CDU/CSU einzugehen.

■ **Neuer Bundestag:** Am 17.10. konstituiert sich der 4. Deutsche Bundestag. Eugen Gerstenmaier (CDU) wird zum dritten Mal zum Bundestagspräsidenten gewählt. Den Fraktionsvorsitz der SPD und FDP übernehmen die jeweiligen Parteivorsitzenden Erich Ollenhauer und Erich Mende. Vorsitzender der CDU/CSU-Bundestagsfraktion wird am 24.11. der bisherige Außenminister Heinrich von Brentano.

■ **Neue Bundesregierung:** Im Zuge langwieriger Koalitionsverhandlungen zwischen CDU/CSU und FDP erklärt sich Adenauer am 17.10. ohne Terminsetzung bereit, vor der nächsten Bundestagswahl einem Nachfolger das Amt des Bundeskanzlers zu überlassen. Bei der Wahl durch den Bundestag am 7.11. erhält er für seine vierte Amtszeit 285 Stimmen bei 206 Gegenstimmen und 26 Enthaltungen. Am 14.11. wird das **CDU/CSU-FDP-Kabinett** vereidigt. Neu eingerichtet werden Ressorts für Wirtschaftliche Zusammenarbeit (Walter Scheel, FDP) und für Gesundheit, das Elisabeth Schwarzhaupt (CDU) als erste Frau im Ministeramt übertragen bekommt. Zuständig für das Ressort Äußeres wird der bisherige Bundesinnenminister Gerhard Schröder (CDU), nachdem der bisherige Amtsinhaber von Brentano auf Druck der FDP auf dieses Ressort verzichtet hat. Als Hauptanliegen der künftigen Regierungsarbeit verzeichnet die **Regierungserklärung**, die Vizekanzler und Wirtschaftsminister Ludwig Erhard am 29.11. für den erkrankten Kanzler Adenauer verliest, die Stärkung der Verteidigungskraft im Rahmen der NATO, u.a. durch Verlängerung des Wehrdienstes auf 18 Monate, und eine Notstandsgesetzgebung; darüber hinaus stehen Finanz- und Steuerreformen sowie der weitere Ausbau der sozialen Marktwirtschaft auf dem Programm.

4. KABINETT ADENAUER

(konstituiert am 14.11.1961)
Bundeskanzler: Konrad Adenauer (CDU)
Stellvertreter und Wirtschaft:
Ludwig Erhard (CDU)
Auswärtiges: Gerhard Schröder (CDU)
Inneres: Hermann Höcherl (CSU)
Justiz: Wolfgang Stammberger (FDP), bis 19.11.1962
Finanzen: Heinz Starke (FDP) bis 19.11.1962
Ernährung, Landwirtschaft und Forsten:
Werner Schwarz (CDU)
Arbeit und Sozialordnung:
Theodor Blank (CDU)
Verteidigung: Franz Josef Strauß (CSU), bis 11.12.1962
Verkehr: Hans-Christoph Seebohm (CDU)
Post- und Fernmeldewesen:
Richard Stücklen (CSU)
Wohnungswesen, Städtebau und Raumordnung: Paul Lücke (CDU)
Vertriebene, Flüchtlinge und Kriegsgeschädigte: Wolfgang Mischnick (FDP) bis 19.11.1962
Gesamtdeutsche Fragen: Ernst Lemmer (CDU)
Bundesrat und Länder:
Hans-Joachim von Merkatz (CDU)
Familien- und Jugendfragen:
Franz-Josef Wuermeling (CDU)
Atomkernenergie und Wasserwirtschaft:
Siegfried Balke (CSU)
Schatz: Hans Lenz (FDP) bis 19.11.1962
Wirtschaftliche Zusammenarbeit:
Walter Scheel (FDP) bis 19.11.1962
Gesundheitswesen:
Elisabeth Schwarzhaupt (CDU)
Besondere Aufgaben: Heinrich Krone (CDU)

ZWEITES FERNSEHEN

■ **Verfassungsurteil:** Auf Antrag der vier SPD-regierten Bundesländer Bremen, Hamburg, Hessen und Niedersachsen erklärt das Bundesverfassungsgericht am 28.2. die Gründung der **Deutschland-Fernsehen-GmbH**, die ein zweites Fernsehprogramm betreiben soll, durch Bundeskanzler Adenauer und das Verhalten der Bundesregierung bei den Verhandlungen mit den Ländern für **verfassungswidrig**. Bundesfinanzminister Franz Etzel (CDU) teilt am 8.3. mit, dass für das zweite Fernsehen schon Produktionsaufträge im Wert von 120 Mio. DM vergeben wurden.

■ **Länderinitiative:** Am 17.3. beschließen die Ministerpräsidenten der Bundesländer in Bonn, ein ländereigenes zweites Fernsehprogramm durch die bestehenden Rundfunkanstalten produzieren und ausstrahlen zu lassen. Den Staatsvertrag über die **Gründung des Zweiten Deutschen Fernsehens** (ZDF) als gemeinnützige Anstalt des öffentlichen Rechts mit Sitz in Mainz schließen sie am 6.6. Die ersten Sendungen werden am 1.4.1963 ausgestrahlt. Bereits ab 1.6. senden die Rundfunkanstalten ein »Kontrastfernsehprogramm«, das allerdings noch nicht bundesweit empfangen werden kann; es wird Grundlage für die später aufzubauenden, regional orientierten dritten Programme.

SOZIALPOLITIK

■ **Bundesangestelltentarif:** Am 1.4. tritt der Bundesangestelltentarif (BAT) in Kraft. Das umfangreichste Tarifsystem der Bundesrepublik, über das seit 1952 verhandelt wurde, vereinheitlicht die Arbeits- und Entgeltbedingungen für die Angestellten des Bundes, der Länder und Gemeinden und wird am 23.2. in Bad Nauheim von den Tarifparteien unterzeichnet.

■ **Bundessozialhilfegesetz:** Gegen die Stimmen der Opposition verabschiedet der Bundestag am 30.6. das Bundessozialhilfegesetz (BSHG). Es ordnet das gesamte Fürsorge- und Armenrecht neu, das weitgehend noch aus dem Jahre 1924 stammte. Als Hilfe zum Lebensunterhalt oder in besonderen Lebenslagen, die ein Auskommen aus eigener Kraft nicht erlauben, soll die staatliche Sozialhilfe dem Bürger ein menschenwürdiges Leben auch in materieller Notlage ermöglichen, wenn andere zu Leistungen verpflichtete Einrichtungen und Personen nicht oder nicht mehr in Anspruch genommen werden können. Das BSHG tritt am 1.6.1962 in Kraft.

■ **Lohnfortzahlung:** Am 28.6. verabschiedet der Bundestag einstimmig das Gesetz zur Lohnfortzahlung für Arbeiter im Krankheitsfall, das die Regelungen des am 1.1.1957 in Kraft getretenen Gesetzes verbessert und denen für Angestellte angleicht. Das Gesetz tritt am 1.8. in Kraft.

■ **Kindergeld:** Nach der am 29.6. vom Bundestag gebilligten Novelle zum Kindergeldgesetz entsteht schon mit dem zweiten Kind ein Anspruch auf Kindergeld in Höhe von 25 DM im Monat, wenn das Jahreseinkommen der Eltern 7200 DM nicht übersteigt. Das Gesetz tritt rückwirkend zum 1.4. in Kraft und begünstigt rd. 1,87 Mio. Familien.

■ **Arbeitslosenversicherung:** Wegen der geringen Arbeitslosigkeit und angelaufener Rücklagen in Höhe von 4,75 Mrd. DM setzt die Bundesregierung für die Zeit vom 1.8.1961 bis 31.1.1962 die Erhebung von Beiträgen zur Arbeitslosenversicherung aus.

■ **Vermögensbildung:** Mit dem am 12.7. beschlossenen Gesetz zur Förderung der Vermögensbildung der Arbeitnehmer öffnet der Bundestag neben dem Prämiensparen und der Privatisierung öffentlicher Unternehmen durch die Ausgabe von »Volksaktien« einen weiteren Weg zur Eigentumsbildung für Arbeitnehmer.

■ **Sonstiges:** Am 6.6. wird in der Bundesrepublik die zweite **Volkszählung** durchgeführt.

Datenerfassung nach der Volkszählung

NS-VERGANGENHEIT

■ **NS-Verbrechen:** Am 23.5. stellt die Bonner Oberstaatsanwaltschaft die Ermittlungen gegen den Staatssekretär im Bundeskanzleramt Hans Globke ein. Für Behauptungen, Globke habe sich während des 2. Weltkriegs in Griechenland an der Verfolgung von Juden beteiligt, hätten sich keine Anhaltspunkte ergeben.

■ **Eichmann-Prozess:** In Jerusalem beginnt am 11.4. der Prozess gegen den ehemaligen SS-Obersturmbannführer Adolf Eichmann (→ 1960). Er wird am 15.12. wegen Verbrechen gegen das jüdische Volk, gegen die Menschheit und wegen Kriegsverbrechen zum Tode verurteilt und am 31.5.1962 hingerichtet.

■ **Grundgesetz-Artikel 131:** Am 2.7. verabschiedet der Bundestag ein Gesetz zur Regelung von Versorgungsansprüchen öffentlich Bediensteter des Dritten Reichs nach Artikel 131 GG (10.4.1951); damit erhält ein wesentlich größerer Personenkreis (die sog. 131er) Rentenansprüche, darunter auch Angehörige der Waffen-SS, sofern sie »wehrmachtsgleichen Dienst« geleistet haben (was, späteren Urteilen zufolge, auch auf Wachdienste in Konzentrationslagern zutrifft).

■ **NS-Juristen:** Am 8.9. tritt eine Änderung des deutschen Richtergesetzes in Kraft. §111 gibt Richtern und Staatsanwälten, die an nationalsozialistischer Unrechtsprechung mitgewirkt haben, die Gelegenheit, bis zum 30.6.1962 bei vollem Ruhegehalt aus dem Dienst auszuscheiden. 143 ehemalige NS-Juristen lassen sich daraufhin in den Ruhestand versetzen.

GESUNDHEITSPOLITIK

■ **Contergan-Skandal:** Am 27.11. nimmt die Firma Grünenthal das Schlafmittel Contergan aus dem Handel, nachdem sich der Verdacht erhärtet hat, dass die Einnahme des thalidomidhaltigen Präparats während der Schwangerschaft zu schweren Verkrüppelungen und Missbildungen beim heranwachsenden Fötus führt. Zwischen 1958 und 1962 kommen allein in Deutschland aufgrund von Contergan rd. 5000 missgebildete Kinder zur Welt, von denen rd. 2800 überleben (→ 1962 und 1970).

WIRTSCHAFTSPOLITIK

■ **D-Mark-Aufwertung:** Um die Konjunktur zu dämpfen, die Zahlungsbilanz auszugleichen und die Preisstabilität zu bewahren, wertet die Bundesregierung am 6.3. die D-Mark gegenüber dem US-Dollar um 4,75% auf, der Wechselkurs ändert sich von 4,20 DM auf 4,00 DM pro US-$.

■ **Volksaktien:** Zum Zeichnungsschluss am 21.3. ist das freigegebene Kapital (360 Mio. DM) der am 16.3.1960 privatisierten **Volkswagen AG** um 85,4% überzeichnet. Am ersten Handelstag (7.4.) steigt der Börsenkurs der 100-DM-Aktien, die zu 350 DM ausgegeben werden, auf 700 DM. – Am 5.12. läuft der fünfmillionste Volkswagen in Wolfsburg vom Band.

BUNDESLÄNDER

■ **Hamburg:** Paul Nevermann (SPD) tritt am 1.1. die Nachfolge von Max Brauer (SPD) als Erster Bürgermeister an. Nach den Wahlen zur Hamburger Bürgerschaft am 12.11. wird er am 13.12. in diesem Amt bestätigt.

■ **Niedersachsen:** Nach dem Tod von Ministerpräsident Hinrich Wilhelm Kopf (SPD) wählt der Landtag am 28.12. Georg Diederichs (SPD) in das Amt des Landesregierungschefs.

■ **Wahlergebnis** → S. 461

Der Bau der Berliner Mauer

VORGESCHICHTE

Am 1.1. lässt das Bundeswirtschaftsministerium die Warenbegleitscheine bestimmter Güter des Interzonenhandels mit einer Widerrufsklausel versehen, um bei eventuellen DDR-Repressalien gegen West-Berlin die Dokumente fristlos für ungültig erklären zu können. – Die Regierung der DDR untersagt am 31.1. der Gesamtdeutschen **Evangelischen Synode**, für ihre Tagung vom 12.2. bis 17.2. in Berlin Veranstaltungsorte im Ostteil der Stadt zu nutzen. – Der sowjetische Botschafter Andrej Smirnow überreicht Bundeskanzler Konrad Adenauer am 17.2. ein **Memorandum** der sowjetischen Regierung, in dem diese ihre Forderung nach einem Friedensvertrag der Sowjetunion mit den beiden deutschen Staaten erneuert. – Die US-Regierung wird am 16.3. von ihrem Botschafter in Moskau auf die Möglichkeit einer bevorstehenden Schließung der Westgrenzen der DDR hingewiesen. – Auf der Tagung des **NATO-Ministerrats** in Oslo (8.–10.5.) lehnen die Außenminister der drei Westmächte Verhandlungen über einen Friedensvertrag mit Deutschland auf der Basis der sowjetischen Forderungen ab. Eine Lösung der Deutschlandfrage könne nur auf der Grundlage des Selbstbestimmungsrechts erfolgen.

ESKALATION

In einem **Deutschlandmemorandum**, das der sowjetische Staatspräsident Nikita Chruschtschow am 4.6. beim Gipfeltreffen in Wien US-Präsident John F. Kennedy überreicht und das am 11.6. veröffentlicht wird, verlangt die Sowjetunion die **Erfüllung** ihrer Forderungen **binnen sechs Monaten**, andernfalls schließe sie einen separaten Friedensvertrag mit der DDR. Die drei Westmächte weisen in ihrer am 17.7. übergebenen Antwortnote die sowjetischen Forderungen zurück. – Am 8.6. protestiert die sowjetische Regierung in Noten an die Regierungen der Bundesrepublik und die drei Westmächte gegen Sitzungen des Bundestags und der Bundesregierung in West-Berlin. Auf einer internationalen Pressekonferenz im Anschluss an eine gemeinsame Tagung von ZK, Ministerrat und Nationalrat der Nationalen Front am 14.6. verlangt der Staatsratsvorsitzende Walter Ulbricht am 15.6. die Neutralisierung West-Berlins und bestreitet in einer Antwort auf eine nicht gestellte Frage die Absicht, eine Mauer zu bauen. – Am 6.7. schlägt die DDR-Volkskammer einen »Deutschen Friedensplan« vor. Die Bundesregierung lehnt den Plan am 11.7. ab: die DDR versuche, auf diesem Wege eine inoffizielle Anerkennung zu erreichen. – Der **Evangelische Kirchentag,** der vom 19.7. bis 23.7. in allen Sektoren der Stadt stattfinden soll, wird am 8.7. von den DDR-Behörden für Ost-Berlin verboten, so dass sich die Veranstaltungen auf West-Berlin beschränken; es nehmen jedoch auch viele Gläubige aus dem Ostteil der Stadt und der DDR teil. – In einer Fernsehrede am 25.7. warnt Kennedy die Sowjetunion, eines der **drei Essentials der USA in der Berlin-Politik** zu verletzen: militärische Präsenz in West-Berlin, freier Zugang zur Stadt und politische Freiheit und Lebensfähigkeit West-Berlins. – Am 1.8. kündigt die Regierung der DDR Einschränkungen im innerdeutschen Reiseverkehr an. – In einer **Note an die Bundesregierung** bekräftigt die sowjetische Regierung am 3.8., noch im Lauf des Jahres 1961 müsse ein deutscher Friedensvertrag abgeschlossen und die Lage in Berlin geregelt werden. – Während einer Tagung in Moskau vom 3.8. bis 5.8. erklären die Parteichefs der

Mauerbau am Brandenburger Tor am 20.11.

WALTER ULBRICHT AM 15.6.1961 ÜBER DEN MAUERBAU

»Ich verstehe Ihre Frage [einer Korrespondentin der *Frankfurter Rundschau*] so, dass es Menschen in Westdeutschland gibt, die wünschen, dass wir die Bauarbeiter der Hauptstadt der DDR dazu mobilisieren, eine Mauer aufzurichten. Mir ist nicht bekannt, dass eine solche Absicht besteht. Die Bauarbeiter unserer Hauptstadt beschäftigen sich hauptsächlich mit Wohnungsbau, und ihre Arbeitskraft wird dafür voll eingesetzt. Niemand hat die Absicht, eine Mauer zu errichten!«

Staaten des Warschauer Pakts ihr Einverständnis mit der Absicht, die DDR gegenüber West-Berlin und der Bundesrepublik abzuriegeln. – Chruschtschow vergleicht in einer Rundfunkrede am 7.8. Berlin mit Sarajevo, von wo der 1. Weltkrieg seinen Ausgang genommen hat, und gibt die militärische **Verstärkung der Westgrenze des Warschauer Pakts** und die Einberufung von Reservisten bekannt. Die USA entgegnen am Tag darauf, dass sie sich darauf vorbereiten, im Bedrohungsfall sechs Divisionen über eine Luftbrücke nach Europa zu schicken. – Auf Einladung des sowjetischen Stadtkommandanten erscheinen seine drei westlichen Kollegen am 10.8. im Potsdamer Hauptquartier der sowjetischen Streitkräfte in der DDR. Über das Gesprächsergebnis wird nichts bekannt.

ERRICHTUNG DER BERLINER MAUER

In der Nacht zum 13.8. beginnen bewaffnete Einheiten der DDR-Sicherheitskräfte mit der **Abriegelung der Zugänge** von Ost-Berlin und aus dem DDR-Umland nach West-Berlin. Damit werden Beschlüsse des Ministerrats vom 12.8. umgesetzt, zu denen dieser am Tag zuvor von der Volkskammer ermächtigt worden ist. Zunächst dienen Stacheldrahtverhaue, Spanische Reiter und Grenzzäune für die Abriegelung, eine Woche später werden diese durch Mauern aus Hohlblocksteinen und Mauerplatten ersetzt. – Die DDR-Regierung gibt am 13.8. eine am Tag zuvor vom Ministerrat beschlossene Erklärung ab: Die Maßnahmen dienten dem Zweck, »eine **verlässliche Bewachung und eine wirksame Kontrolle** zu gewährleisten, um der Wühltätigkeit den Weg zu verlegen... Solange West-Berlin nicht in eine entmilitarisierte neutrale Freie Stadt verwandelt ist, bedürfen Bürger der Hauptstadt der Deutschen Demokratischen Republik für das Überschreiten der Grenzen nach West-Berlin einer besonderen Bescheinigung«. In den nächsten Tagen ist zunächst noch die kontrollierte Einreise von West-Berlinern in den Ostteil der Stadt möglich. Am 23.8. schlägt die DDR dem Senat die Einrichtung von Passierscheinstellen vor, was von diesem und von den Westmächten wegen der damit verbundenen Anerkennung des Mauerbaus abgelehnt wird. Nachdem die DDR auf den von ihr in West-Berlin betriebenen Bahnhöfen der S-Bahn eigenmächtig Passierscheinstellen eingerichtet hat, werden diese bis zum 26.8. von den westalliierten Schutzmächten geschlossen. Damit kommt der

Ost-West-Reiseverkehr in Berlin fast ganz zum Erliegen. Bis zum 23.8. werden von den etwa 80 Übergangsstellen zwischen West- und Ost-Berlin 73 geschlossen. – Seit dem 16.8. werden die Sicherungsmaßnahmen an der innerdeutschen Grenze weiter verstärkt. Am 15.9. wird die Grenzpolizei formal dem DDR-Verteidigungsministerium unterstellt, am 20.9. regelt ein neu erlassenes Verteidigungsgesetz auch Maßnahmen zum Ausbau von Grenzsicherungsmaßnahmen (zwangsweiser Ankauf von Grundstücken, Zugangsbeschränkungen zu bestimmten Gebieten etc.).

REAKTIONEN

Die westalliierten Stadtkommandanten von Berlin protestieren am 15.8. formell bei ihrem sowjetischen Kollegen gegen die Verletzung des Viermächtestatus der Stadt. Am 16.8. folgen Protestnoten der drei Westmächte an die sowjetische Regierung. – Auf einer Kundgebung am 16.8. vor dem Schöneberger Rathaus in West-Berlin verlangen 250 000 Menschen Maßnahmen des Westens gegen die Errichtung der Mauer. Der Regierende Bürgermeister Willy Brandt bringt US-Präsident Kennedy gegenüber in einem persönlichen Brief **Zweifel der Berliner an der Reaktionsfähigkeit und Entschlossenheit der drei Mächte** zum Ausdruck: »Untätigkeit und reine Defensive könnten eine Vertrauenskrise zu den Westmächten hervorrufen.« – Bundeskanzler Adenauer versichert am 16.8. dem sowjetischen Botschafter Andrej Smirnow in Bonn, die Bundesregierung werde keine Schritte unternehmen, die zu einer Verschlechterung der beiderseitigen Beziehungen und der internationalen Lage beitragen könnten. Am 18.8. gibt Adenauer vor dem erstmals aus seiner Sommerpause zusammengerufenen Bundestag eine **Regierungserklärung** ab, in der er den Mauerbau als »beispiellose Bankrotterklärung« der DDR-Regierung bezeichnet. – Bei seinem Besuch in West-Berlin vom 19.8. bis 21.8. bekräftigt US-Vizepräsident Lyndon B. Johnson die amerikanischen Sicherheitsgarantien. Brandt überbringt er ein Antwortschreiben Kennedys, der es ablehnt, wegen des Mauerbaus das **Risiko eines militärischen Konflikts** einzugehen. Johnson wird begleitet von General Lucius D. Clay, der als Verantwortlicher für die Luftbrücke 1948 den West-Berlinern die Verlässlichkeit des US-Engagements personifiziert; am 19.9. entsendet ihn Kennedy als seinen Sonderbeauftragten nach West-Berlin (bis 11.4.1962). – Zur Verstärkung der US-Garnison treffen am 20.8. 1500 Soldaten auf dem Landweg in West-Berlin ein. Am gleichen Tag stehen sich US-amerikanische und sowjetische Panzer am Berliner Übergang Checkpoint Charlie gegenüber. – Bundeskanzler Adenauer reist am 22.8. erstmals seit dem Mauerbau nach West-Berlin, wo er von der Bevölkerung reserviert empfangen wird.

WEITERE ENTWICKLUNG

Am 23.8. und 2.9. richtet die Sowjetunion Noten an die Westmächte, in denen sie gegen einen angeblichen **Missbrauch der Luftwege** nach West-Berlin protestiert. Noch am selben Tag warnen die Westmächte Moskau und die DDR vor jeder Behinderung ihres freien Zugangs nach West-Berlin über die Luftkorridore. – Am 16.8. bricht der Deutsche Sportbund (DSB) alle Sportkontakte zur DDR ab. – Am 30.8. erlässt der DGB einen **Boykottaufruf gegen die S-Bahn** in West-Berlin, der fast ausnahmslos befolgt wird. – Um die West-Berliner Wirtschaft zu stützen, beschließt die Bundesregierung am 11.9. in einem Sofortprogramm die **Erhöhung des Berlin-Zuschusses** (rd. 11 Mrd. DM) um 500 Mio. DM. – Am 27./28.10. kommt es am Übergang Checkpoint Charlie erneut zur Konfrontation zwischen amerikanischen und sowjetischen Panzern, nachdem das DDR-Innenministerium Angehörige der amerikanischen Militärmission in Zivil nicht unkontrolliert in den Ostsektor einreisen lassen wollte. – Die Konferenz der Justizminister der Bundesländer (25.–27.10.) beschließt die Errichtung einer **Zentralen Erfassungsstelle für Gewaltakte in der DDR**. Die in Salzgitter angesiedelte Behörde nimmt am 24.11. ihre Arbeit auf. – Bei ihren Gesprächen in Washington vom 20.11. bis 23.11. verständigen sich Adenauer und Kennedy über den künftigen Kurs in der Deutschlandpolitik. Der Viermächtestatus Berlins soll erhalten bleiben, Gespräche mit der Sowjetunion sollen nur die gegenwärtige Situation betreffen, die DDR soll weiterhin von politischen Verhandlungen ausgeschlossen bleiben. Ein erster Vorschlag der DDR-Regierung vom 30.11. an die Bundesregierung, über die Aufnahme »normaler Beziehungen« in Verhandlungen zu treten, wird deshalb ignoriert. – In einer am 27.12. übergebenen Denkschrift schlägt das sowjetische Außenministerium der Bundesregierung vor, ungeachtet der gegensätzlichen Positionen in prinzipiellen Fragen »beiderseitig akzeptable und vorteilhafte Beziehungen« vor allem auf wirtschaftlichem Gebiet zu entwickeln.

1961 DDR

Abriegelung der »Staatsgrenze West«

Die Entscheidungen des Jahres 1961 erlauben es, von der zweiten – oder sogar der eigentlichen – Gründung der DDR zu sprechen. Der Bau der Berliner Mauer steht als Symbol für die Teilung Deutschlands und Europas, die sich bereits in den anderthalb Jahrzehnten zuvor vollzogen hat. Mit der Schließung der letzten wenig kontrollierten Grenze zwischen Ost und West am 13.8. verlieren insbesondere die Bewohner der DDR die vorherige Wahlmöglichkeit zwischen einem Leben in der freiheitlich-demokratischen, kapitalistisch geprägten Bundesrepublik und einem Leben in der sozialistischen DDR und werden – freiwillig oder unfreiwillig – auch in der eigenen Wahrnehmung Bürger der DDR. Auch wirtschaftlich ist der 13.8. ein zweiter Gründungstag der DDR. Der Weggang zahlreicher qualifizierter Fachkräfte wie Ärzte, Lehrer, Wissenschaftler fügt der DDR tatsächlich wirtschaftlichen Schaden zu. Zugleich lässt sich nun auch außenpolitisch die Existenz des Staates DDR nicht länger ignorieren.

AUTARKIEBESTREBUNGEN GEGENÜBER DER BUNDESREPUBLIK

Der Weg zum Bau der Berliner Mauer begann nicht 1961, er ist jedoch durch die besondere Zuspitzung in den deutsch-deutschen und internationalen Beziehungen in diesem Jahr gekennzeichnet. Aus Furcht, wegen der Massenflucht der eigenen Bürger und wegen der äußerst gespannten Ost-West-Beziehungen in eine existenzielle Krise zu geraten, trifft die Partei- und Staatsführung eine Reihe von Entscheidungen, die wirtschaftlich, militärisch und (außen-)politisch die Abgrenzung von der Bundesrepublik vorantreiben.
Am 4.1. fasst die Staatliche Plankommission in unmittelbarer Reaktion auf die Krise um die zeitweilige Kündigung des **Berliner Abkommens** durch die westdeutsche Seite den Beschluss »über die Sicherung der Wirtschaft der DDR gegen willkürliche Störmaßnahmen militaristischer Kreise in Westdeutschland«. Die sog. Störfreimachung der Volkswirtschaft umfasst Maßnahmen, mit denen die Planungsbehörden die historisch gewachsenen wirtschaftlichen Verflechtungen mit der Bundesrepublik schrittweise zu kappen und durch eigene Produktion der bisher von dort bezogenen Erzeugnisse oder Ersatzimporte aus den verbündeten osteuropäischen Ländern zu kompensieren versuchen. Diese »Ablösung von Importen aus dem nichtsozialistischen Währungsgebiet« (NSW-Importablösung) bleibt für Jahrzehnte Daueraufgabe in den ökonomischen Autarkiebestrebungen. Der Beschluss vom 4.1. beendet auch Gemeinsamkeiten zwischen West- und Ostdeutschland in Fragen standardisierter Produktion und bei Industrienormen.
Militärisch wird der Mauerbau durch Entscheidung des Politischen Beratenden Ausschusses der Warschauer-Pakt-Staaten vom 28./29.3. und Beschlüsse einer Tagung der Parteichefs dieser Staaten (3.–5.8.) zur Bewaffnung der NVA und festen Verankerung der DDR-Streitkräfte im Warschauer Vertrag vorbereitet.
Außenpolitisch ist für die DDR vor allem die Garantiemacht Sowjetunion aktiv. Die sowjetische Regierung sendet am 17.2. und erneut am 3.8. Memoranden an die Bundesregierung, in denen sie den Abschluss eines separaten Friedensvertrags mit der DDR ankündigt. Die gleiche Ankündigung enthält das **Deutschlandmemorandum** an die amerikanische Regierung vom 4.6., das der sowjetische Staats- und Parteichef Nikita Chruschtschow an US-Präsident John F. Kennedy beim gemeinsamen Gipfeltreffen am 3./4.6. in Wien übermittelt.
Die DDR setzt ihrerseits unter den Bedingungen internationaler diplomatischer Isolierung alle

Nach der Abriegelung Ost-Berlins: Flucht nach Westen

zur Verfügung stehenden Mittel ein, um nach außen – aber auch vor den eigenen Bürgern – Eigenständigkeit unter Beweis zu stellen: Am 14.6. verabschieden die Teilnehmer einer gemeinsamen Tagung von ZK, Ministerrat und Nationalrat der Nationalen Front einen Appell an die Westmächte, den Abschluss eines Friedensvertrags und die Regelung der West-Berlin-Frage im Sinne der östlichen Vorschläge in Angriff zu nehmen. Einen Tag später verneint Walter Ulbricht bei einer Pressekonferenz auf eine nicht direkt darauf abzielende Frage Planungen zu einem Mauerbau und kündigt damit genau denselben an. Anfang Juli wiederholt die DDR ihre Forderungen in der Deutschlandpolitik (Tagung des ZK am 3./4.7. mit Vorschlägen zur Umwandlung West-Berlins in eine »friedliche, neutrale Freie Stadt«; »Deutscher Friedensplan« der Volkskammer vom 6.7., von der Bundesrepublik abgelehnt am 11.7.).

Vorbereitungen für den Mauerbau sind nicht zu verbergen. Im Juli und Anfang August wird in der Presse, im Rundfunk und im Fernsehen der DDR verstärkt über »**Diversionsakte**« gegen die Volkswirtschaft der DDR berichtet, die allesamt westlichen Agenten oder von West-Berlin aus gesteuerten Personen angelastet werden. – Am 7.7. warnt der Leiter der in West-Berlin ansässigen Treuhandstelle für Interzonenhandel seine Verhandlungspartner im Außenhandelsministerium ausdrücklich, »dass die Bonner Regierung jegliche Eingriffe in den Personen- und Warenverkehr von und nach Berlin wie auch innerhalb Berlins mit ›harten Maßnahmen im Handel‹ beantworten« würde. – Der Ost-Berliner Magistrat erlässt als Maßnahme gegen das »**Grenzgängertum**« (Arbeiten in West-Berlin bei Wohnsitz in der DDR) am 4.8. eine Verordnung, die von dieser Personengruppe die Bezahlung der Miete, Pacht und Gebühren in DM verlangt. – In Betrieben werden sog. **Komitees gegen Menschenhandel** gebildet.

All dies dient letztlich der propagandistischen Vorbereitung der Grenzschließung, die am 13.8. erfolgt (→ Mauerbau 1961)

■ **Weitere Abgrenzungsmaßnahmen:** Kurz vor und nach der Grenzabriegelung am 13.8. kommt es zu einem sog. **Propagandisteneinsatz** von SED-Mitgliedern, die ihren Nachbarn und Kollegen die »Maßnahmen der Regierung erläutern«. – Am 14.8. verbietet der DDR-Ministerrat in einer **Verordnung über den Besitz und die Verwendung von Personalausweisen** Personen mit Wohnsitz in der DDR und im demokratischen Sektor von Berlin (gemeint ist Ost-Berlin) den Besitz von Personaldokumenten anderer Staaten (einschließlich Westdeutschlands und West-Berlins).

Aufgrund des am 16.8. vom Zentralrat der FDJ veröffentlichten Aufrufs »**Das Vaterland ruft! Schützt die sozialistische Republik!**« verpflichten sich – nicht selten unter großem politischem Druck in Schulen und in Betrieben – mehr als 285 000 Jugendliche zum Dienst in den bewaffneten Organen. – Am 19.8. werden die Büros der immer noch in Ost-Berlin tätigen SPD von Angehörigen der Kampfgruppen besetzt. Vier Tage später beschließt die SPD, ihre Kreisverbände im Ostsektor aufzulösen. – Weitere Repressionsmaßnahmen regeln die inländische Aufenthaltsbeschränkung (Verordnung des Ministerrats vom 24.8., die Aufenthaltsverbote für bestimmte Orte ermöglicht) und die zwangsweise Akquisition von Grundstücken für Zwecke der Landesverteidigung (Verteidigungsgesetz vom 20.9.).

Am 1.9. veranlasst das Innenministerium die Ausweisung bestimmter Personengruppen aus dem in der Regel fünf Kilometer breiten Grenzgebiet zur Bundesrepublik bzw. aus dem sog. 500-Meter-Streifen bei städtischen Grenzverläufen wie in Berlin oder auch in Sonneberg/Thüringen. Von der neuerlichen **Aussiedlungsaktion Kornblume** im September sind ca. 3200 Personen betroffen.

INNENPOLITIK NACH DEM MAUERBAU

■ **Kirchenpolitik:** Dem in West-Berlin ansässigen Bischof der evangelischen Kirche in Berlin-Brandenburg wird nach dem 13.8. die Einreise in die DDR verwehrt, sein Kirchenverweser für das östliche Kirchengebiet, Kurt Scharf, wird am 4.2.1963 ausgebürgert. Exponierte Vertreter der letzten verbliebenen autonomen Großorganisation werden verhaftet. Der Kampf gegen die Jungen Gemeinden wird nach einem Beschluss des FDJ-Zentralrats vom 21.9. wieder verstärkt, nachdem diese sich im Widerstand gegen die **Aktion Ochsenkopf** der FDJ hervorgetan hatten.

■ **Konsolidierung:** Einen Monat nach der Grenzschließung finden am 17.9. Kommunalwahlen statt. Ihr Ergebnis – offiziell 98,89% Beteiligung, 99,95% Jastimmen – wird von der Staatsspitze als Zustimmung zum Mauerbau interpretiert. Tatsächlich ist das innenpolitische Klima auf das Äußerste gespannt. Vor und nach der Grenzabriegelung baut die Staats- und Parteiführung daher ihre

DIE OCHSENKOPF-AKTION DER FDJ

Am 29.8. stellt die Tageszeitung der FDJ *Junge Welt* ihren Lesern die Preisfrage, was ein Ochsenkopf sei. Sie liefert die Antwort gleich mit, indem sie auf den gleichnamigen Berg im bayerischen Fichtelgebirge verweist, auf dem Sendeanlagen des westdeutschen Fernsehens installiert sind, die DDR-Bürgern den Empfang von »Westfernsehen« ermöglichen. In den folgenden Wochen kommt es in zahlreichen Orten der DDR zu Übergriffen durch radikalisierte FDJ-Mitglieder, die Antennen auf östliche Sender drehen oder sogar entfernen und Hörer wie Zuschauer westlicher Sender öffentlich anprangern.
Massiv und letztendlich aussichtslos versucht die SED auf diese Weise, ein Informationsmonopol herzustellen. Zunehmender Unmut in der Bevölkerung, der sich auch in Strafanzeigen gegen beteiligte FDJ-Mitglieder artikuliert, beendet die Ochsenkopf-Aktion.

Programme zur Förderung von Frauen, der Jugend sowie bestimmter Berufsgruppen aus. Schon am 7.2. wird ein sog. **Jugendkommuniqué** veröffentlicht, am 16.12. beschließt das ZK das Kommuniqué **»Die Frau, der Frieden und der Sozialismus«**, in dem die verstärkte Förderung von Frauen im Beruf und in der Gesellschaft vereinbart wird. Am 12.4. verabschiedet die Volkskammer das neue **Gesetzbuch der Arbeit** (GBA), das jenes vom 19.4.1950 ersetzt und die »sozialistischen Errungenschaften der Werktätigen« (Recht auf Arbeit, auf gleichen Lohn, auf Bildung, auf Erholung sowie auf Gesundheits- und Arbeitsschutz) betont.

■ **»Neue Chancen«:** Namhafte Intellektuelle sehen den Mauerbau auch als Chance, die sozialistische Demokratie besser gestalten zu können als unter den Bedingungen der unmittelbaren Konfrontation mit dem Westen. Als prominente westdeutsche Schriftsteller, unter ihnen Günter Grass und Wolfdietrich Schnurre, ihre ostdeutschen Kollegen am 16.8. auffordern, Stellung zur Politik ihrer Regierung zu beziehen – »Wer schweigt, macht sich schuldig!« – antwortet Stephan Hermlin: »Offenbar haben Sie doch nicht sehr genau überlegt, an wen Sie das geschrieben haben, denn Ihre Adressaten, zumindest die Mehrzahl von ihnen, schweigen gerade zwischen 1933 und 1945 nicht, im Gegensatz zu so vielen patentierten Verteidigern der westlichen Freiheit des Jahres 1961.«

KONFLIKTE MIT VERBÜNDETEN

Die Umbenennung der Ost-Berliner Stalinallee (in einem Abschnitt in Karl-Marx-Allee, in einem anderen in Frankfurter Allee) am 14.11. symbolisiert die offizielle Abkehr vom Kult um den früheren sowjetischen Staatschef. Diese »Entstalinisierung« führt allerdings zu Konflikten mit Staaten wie der VR China und Albanien, in denen Stalin als wichtiger Theoretiker des Staatssozialismus gilt. Der

Konflikt mit Albanien kulminiert am 18.12. in der Entscheidung der DDR, ihren Botschafter aus Tirana abzuberufen (erst Ende 1987 vereinbaren beide Seiten die Wiederaufnahme der diplomatischen Beziehungen).

WIRTSCHAFTSPOLITIK

Am 5.7. beschließt der Ministerrat die **Auflösung der speziellen Industrieministerien,** deren Aufgaben einem neugebildeten **Volkswirtschaftsrat** übergeben werden, der die operative Leitung der Volkswirtschaft zu übernehmen hat, während die Staatliche Plankommission sich auf die Planungsarbeit beschränkt. – Am 30.5. erhält die DDR erneut einen **sowjetischen Kredit** zum Kauf von Maschinen und Ausrüstungen.

■ **Landwirtschaft:** Die Produktion der Landwirtschaft ist durch einen dramatischen Einbruch in den Hektarerträgen und teilweise verringerte Tierbestände gekennzeichnet.

DEMOGRAPHISCHER WANDEL VOR UND NACH DEM MAUERBAU

Vor und nach dem 13.8. verweist die DDR-Führung immer wieder auf den wirtschaftlichen Schaden, der dem Land aus der offenen Grenze – und hier vor allem aus der »Abwerbung« qualifizierter Fachkräfte – erwachsen sei. Mit der Grenzabriegelung am 13.8. ist sie bereit, eine dauerhafte Schädigung ihres politischen Ansehens im In- und Ausland in Kauf zu nehmen, um die wirtschaftliche Schädigung der DDR zu beenden. Der demografische Wandel, der sich aus den Wanderungsbewegungen vor dem Mauerbau ergeben hatte, war tatsächlich nachteilig für die DDR.

In den 1950er Jahren ist die DDR unter den europäischen Ländern das einzige Land mit einer absolut abnehmenden Bevölkerungszahl. Es setzen sich darüber hinaus Entwicklungen in der Struktur der Bevölkerung fort, die schon während des 2. Weltkriegs und unmittelbar danach zu beobachten waren: Trotz eines allgemeinen Bevölkerungszuwachses von über 1,7 Mio. Menschen in den 1940er Jahren, der vor allem auf Flucht und Vertreibung der deutschen Bevölkerung aus den Gebieten östlich von Oder und Neiße gegen Kriegsende und danach zurückzuführen war, sinkt der Anteil der Personen im erwerbsfähigen Alter.

Zwischen 1950 und Ende 1961 entsteht der DDR ein erheblicher Wanderungsverlust vor allem zugunsten Westdeutschlands von insgesamt 2 129 600 Personen (Männer: 944 800; Frauen: 1 184 400). Trotz eines gleichzeitigen Geburtenüberschusses von rd. 820 600 und etwa 479 600 Zuzügen aus Westdeutschland bleibt ein starker Bevölkerungsrückgang von mehr als 1,3 Mio. Personen zwischen 1950 und 1961.

Nach dem 13.8. ist der Weggang aus der DDR vor allem ein **politisch motivierter Akt**. Der legale (über – zunächst fast aussichtslose – Ausreiseanträge) oder illegale Versuch, die Grenzsicherungsanlagen zu überwinden, ist nicht länger wirtschaftlich motivierter Wunsch, sich auf »**Binnenwanderung** zu den günstigeren Lebensverhältnissen« zu begeben, sondern dokumentiert den festen politischen Willen, sich dem Leben in der DDR durch **endgültige Auswanderung** zu entziehen.

Die **Westwanderung** reduziert sich zwischen Anfang 1962 und Ende 1970 auf 229 600 Personen. Gleichzeitig nimmt die Zahl der in die DDR übersiedelnden Personen bis 1965 – dem letzten Jahr, für das Daten vorhanden sind – stetig ab. Zwischen 1962 und 1965 sind es ca. 43 500 Personen, die aus dem Westen in die DDR ziehen. In der Bilanz bleibt für den Zeitraum bis Ende 1970 ein **Wanderungsverlust** von etwa 145 800 Personen.

BEVÖLKERUNGSSTATISTIK 1939–1971

Zählung	gesamt	Anteil der Altersgruppen (in %) bis 15	15–65*	ab 65*
17.5.1939	16 745 385	21,4	67,5	11,1
männlich	8 190 791	..	..	8
weiblich	8 554 604	..	..	14
29.10.1946	18 488 316	23,9	63,1	13,0
männlich	7 859 545	28,7	61,0	10,3
weiblich	10 628 771	20,5	64,6	14,9
31.8.1950	18 388 172	19,5	64,1	13,8
männlich	8 161 189	25,4	64,4	10,2
weiblich	10 226 983	19,5	63,8	16,7
31.12.1961	17 079 306	21,8	60,3	18,0
männlich	7 704 357	..	63,1	..
weiblich	9 374 949	..	58,0	..
1.1.1971	17 068 318	22,6	57,9	19,5
männlich	7 865 265	25,2	61,9	12,9
weiblich	9 203 053	23,9	54,4	25,1*

*Frauen nur bis bzw. ab 60 Jahren .. keine Angaben

Angaben und Berechnungen nach: Statistisches Jahrbuch der DDR 1980, S. 346 f.; Jahrbuch für Wirtschaftsgeschichte 1974, Teil 1, S. 50 f.

Spiegel-Affäre und Maßhalteappelle

Während die Auseinandersetzung zwischen der USA und der Sowjetunion über die Stationierung sowjetischer Mittelstreckenraketen auf Kuba die Welt an den Rand eines Atomkriegs bringt, verursacht die *Spiegel*-Affäre in der Bundesrepublik einen innenpolitischen Skandal, der das demokratische Staatswesen erstmals einer schweren Belastungsprobe unterzieht und das Ende der Ära Adenauer ankündigt.
Bundeskanzler Konrad Adenauer und Staatspräsident Charles de Gaulle setzen in diesem Jahr entscheidende Akzente für die deutsch-französische Aussöhnung. Obwohl sich das Verhältnis der Großmächte in der Berlin-Frage zu entspannen beginnt, ist das Tagesgeschehen in Berlin von den Folgen des Mauerbaus geprägt: Immer wieder kommt es zu dramatischen, in vielen Fällen unter Kugeln von DDR-Grenzern tödlich scheiternden Fluchtunternehmungen.
Auf dem Höhepunkt der wirtschaftlichen Prosperität mehren sich mit einem Beschäftigungs- und Lohnzuwachs-, aber auch einem Inflationsrekord die Anzeichen künftiger Krisen, denen Bundeswirtschaftsminister Ludwig Erhard mit Maßhalteappellen vorzubeugen sucht.

AUSSENPOLITIK

■ **Frankreich:** Mit ihrem Treffen in Baden-Baden am 15.2. eröffnen Adenauer und de Gaulle eine Serie von Konferenzen und gegenseitigen Besuchen, mit denen ein Vertragswerk vorbereitet wird, das die **Beendigung der »Erbfeindschaft«** zwischen beiden Völkern besiegelt und das Fundament für eine gemeinsame Politik in Europa legt, ohne eine politische Union beider Staaten, wie ursprünglich von de Gaulle angeregt, zu begründen. Die historische Bedeutung des Unternehmens unterstreichen beide Politiker während des Besuchs von Adenauer in Frankreich vom 2.7. bis 8.7., wo sie eine deutsch-französische Truppenparade in Mourmelon abnehmen und an einem Hochamt in der Kathedrale von Reims teilnehmen. – Während seines sechstägigen Gegenbesuchs in der Bundesrepublik (4.–9.9.) wirbt de Gaulle in aufsehenerregenden Ansprachen für einen gemeinsamen Weg beider Völker und wird von der Bevölkerung begeistert empfangen.

■ **Sowjetunion:** Am 21.2. überreicht der Botschafter der Bundesrepublik in Moskau eine Antwort auf das sowjetische Memorandum vom 27.12.1961 (→ 1961 DDR); die Bundesregierung erklärt darin ihr Interesse, auf der Basis ihrer Freundschaft zum Westen gute Beziehungen mit den Ländern des Ostblocks zu entwickeln. Die Unfreiheit in der DDR und die sowjetische Berlin-Politik stünden dem jedoch im Wege.

DEUTSCHLAND- UND BERLIN-POLITIK

■ **Vier Mächte:** Mit **Störmanövern gegen den zivilen Flugverkehr** der Westalliierten in den Berliner Luftkorridoren, die im Februar beginnen und nach einem Beinahezusammenstoß am 26.9. vorläufig beendet werden, verleiht die sowjetische Regierung ihren Forderungen nach einer Änderung des Berlin-Status Nachdruck. Trotz zahlreicher Zwischenfälle vermeiden es beide Seiten, in der Berlin-Politik eine erneute Eskalation herbeizuführen, und **suchen nach Kompromissen.** Dem Vorschlag der USA, die Transitwege nach West-Berlin durch eine internationale Behörde kontrollieren zu lassen, erteilt die Sowjetunion am 30.4. eine Absage; die Zugangskontrolle nach West-Berlin sei Sache der DDR.
Am 24.8. protestieren die Westmächte gegen die zwei Tage zuvor erfolgte **Auflösung der sowjetischen Kommandantur in Berlin** und fordern die sowjetische Führung zu einem Treffen in Berlin auf. Am 17.9. erklärt diese den **Viermächtestatus von Berlin für beendet** und kündigt den Abschluss eines Friedensvertrags mit der DDR an. Die Westmächte wiederholen daraufhin ihren Standpunkt, ein solcher Akt könne die Rechtslage nicht ändern; im Zusammenhang mit der Kuba-Krise bekräftigt US-Präsident John F. Kennedy am 28.9. seine Entschlossenheit, West-Berlin gegebenenfalls auch mit Atomwaffen zu verteidigen.

■ **Vorbehalte gegen US-Initiative:** Im April führt eine Indiskretion über neue amerikanische Initiativen zur Lösung des Berlin-Problems zu erheblichen **Spannungen zwischen der Bundesrepublik und den USA,** die am 14.5. der Form nach beigelegt werden. Als Adenauer am 7.5. in West-Berlin vor der Presse erneut deutliche Vorbehalte gegen die

Verkehrsverbindungen zwischen Westdeutschland und Westberlin

amerikanisch-sowjetischen Berlin-Gespräche geltend macht und vor einer Verschlechterung des Status quo in Berlin oder gar einer verklausulierten Anerkennung des »Zonenregimes« warnt, verweist US-Präsident Kennedy am 9.5. auf das Recht der USA, »zumindest die Möglichkeit für eine bessere Lösung, als sie jetzt gegeben ist, zu erkunden«. – Gegenüber dem sowjetischen Botschafter Andrej Smirnow schlägt Adenauer am 6.6. vor, den Status quo in der Deutschlandfrage für zehn Jahre aufrechtzuerhalten und während dieser Zeit der DDR menschliche Erleichterungen zu gewähren. Im Juli lehnt die sowjetische Führung diesen Plan ab.

■ **Ereignisse in West-Berlin:** Die US-Armee zieht am 15.1. ihre Panzer von der Sektorengrenze in der Nähe des Übergangs Checkpoint Charlie ab, wo sie seit dem Bau der Mauer gestanden haben. Die sowjetischen Panzer werden am nächsten Tag ebenfalls zurückgezogen.

■ **Zwischenfälle:** Am 21.4. liefern sich in der Bernauer Straße, die die Sektorengrenze markiert, DDR-Grenzer und West-Berliner Polizei ein Feuergefecht. – Am 13.8., dem Jahrestag des Mauerbaus, muss die West-Berliner Polizei Wasserwerfer einsetzen, um rd. 10 000 Demonstranten von Angriffen auf die Mauer abzuhalten. – Zum Jahrestag wird bekannt gegeben, dass seit dem 13.8.1961 63 000 Menschen die DDR verlassen haben; von ihnen kehrten rd. 51 000 von einer Reise nicht mehr in die DDR zurück, 12 316 überwanden die DDR-Grenze. 45 im Westen namentlich ermittelte Personen wurden auf der Flucht getötet. – Heftige Reaktionen in der West-Berliner Bevölkerung löst am 17.8. der Tod des 18-jährigen Peter Fechter aus; nachdem die Volkspolizei ihn bei seinem Fluchtversuch angeschossen hat, verblutet er in den Grenzanlagen.

■ **Deutsch-deutsche Beziehungen:** Der Generalstaatsanwalt der DDR bietet dem Bundesjustizminister am 18.7. an, bundesdeutschen Bevollmächtigten **Einsicht in Originaldokumente über Verbrechen der Nationalsozialisten** zu geben. Die Bundesregierung erklärt sich am 25.7. jedoch nur bereit, die Nazi-Akten der DDR in das Bundesarchiv in Koblenz zu übernehmen und dort sichten zu lassen; dies lehnt die DDR-Seite ab. – Zunächst unter Geheimhaltung erfolgt zu Weihnachten – mit Billigung des neuen Ministers für gesamtdeutsche Fragen Rainer Barzel – der erste **Häftlingsfreikauf** aus der DDR: Gegen die Lieferung von drei Eisenbahnladungen Kalidünger entlässt die DDR 20 Häftlinge in die Bundesrepublik und gibt außerdem zur Familienzusammenführung insgesamt 20 Kinder frei.

■ **»Memorandum der Acht«:** Am 24.2. rufen acht bekannte Persönlichkeiten – unter ihnen Klaus von Bismarck, Werner Heisenberg, Georg Picht und Carl Friedrich von Weizsäcker – in einer Denkschrift die Bundesregierung auf, zugunsten einer Normalisierung der Beziehungen zu den östlichen Nachbarn den **Souveränitätsanspruch auf die ehemals deutschen Ostgebiete** aufzugeben und die **Unmöglichkeit einer baldigen Wiedervereinigung** einzugestehen. Außerdem fordern die Autoren eine aktive und planvolle Sozialpolitik, den Verzicht auf nationale oder europäische Atomrüstung und eine durchgreifende Schulreform. Die Erklärung ruft heftige öffentliche Kontroversen hervor; besonders die Vertriebenenverbände erheben Protest.

DIE *SPIEGEL*-AFFÄRE

Anlass für die von der Bundesanwaltschaft am 26.10. angeordnete Polizeiaktion gegen den Verlag und die Redaktion des *Spiegel* ist die bereits am 10.10. veröffentlichte **Titelgeschichte »Bedingt abwehrbereit«**, in der ihr Autor, der stellvertretende Chefredakteur und Militärexperte Conrad Ahlers, über das NATO-Herbstmanöver Fallex 62 geheime Informationen preisgegeben haben soll. Dem *Spiegel* wirft die Bundesanwaltschaft **Landesverrat und Bestechung** von Offizieren der Bundeswehr oder Beihilfe dazu vor. Am 26.10. wird Ahlers in Spanien festgenommen und am 28.10. in Frankfurt am Main der deutschen Polizei übergeben; an diesem Tag wird auch *Spiegel*-Herausgeber Rudolf Augstein verhaftet, am 3. und 28.11. folgen Festnahmen von zwei Obersten der Bundeswehr (der Haftbefehl gegen Oberst Alfred Martin wird am 29.12. aufgehoben). – Die spektakuläre Aktion, deren Rechtmäßigkeit von Beginn an fragwürdig erscheint, wird in weiten Teilen der Öffentlichkeit als schwerer Eingriff in die Pressefreiheit und Racheakt von Bundesverteidigungsminister Franz Josef Strauß gegen den *Spiegel* gewertet, er provoziert **heftige Proteste**. In zahlreichen Großstädten finden Demonstrationen statt, in- und ausländische Prominente solidarisieren sich mit dem *Spiegel*. Fast die gesamte bundesdeutsche Presse verurteilt das Vorgehen der Behörden als Bedrohung der Pressefreiheit; Verlage und Redaktionen stellen dem *Spiegel* Räume und Arbeitsmittel zur Verfügung und sichern damit sein weiteres Erscheinen. – Während der *Spiegel* den Vorwurf des Geheimnisverrats zurückweist, behauptet Bundeskanzler Konrad Adenauer während der Bundestagsdebatte am 7.11.: **»Wir haben einen Abgrund von Landesverrat im Lande.«** – Am 29.10. reicht der *Spiegel* – erfolglos – Verfassungsbeschwerde gegen die Besetzung oder Verschließung der Redaktionsräume

Zwei Polizisten bewachen im Oktober 1962 den Eingang zu den Dokumentationsräumen des *Spiegel* in Hamburg

durch die Polizei ein. Sie werden in Hamburg erst am 26.11. wieder freigegeben, nachdem insgesamt rd. 20 Mio. Dokumente und Papiere in Redaktionsräumen, Verlag und Archiv gesichtet und große Mengen Material beschlagnahmt worden sind. – Am 9.11. räumt Strauß vor dem Bundestag ein, direkt an der Einfädelung der Festnahme von Ahlers in Spanien beteiligt gewesen zu sein, bei der es, wie Bundesinnenminister Hermann Höcherl feststellt, **»etwas außerhalb der Legalität«** zuging. Am 6.12. lässt Höcherl wissen, Strauß habe dafür gesorgt, dass Bundesjustizminister Wolfgang Stammberger (FDP) nicht über die Planung der Aktion am 24.10. informiert worden sei.
Keiner der von der Bundesanwaltschaft Beschuldigten wurde in den nachfolgenden juristischen Verfahren, die sich bis 1966 hinzogen, strafrechtlich belangt.

VERTEIDIGUNGSPOLITIK

Der Bundestag billigt am 22.2. die **Verlängerung des Grundwehrdienstes** von 12 auf 18 Monate. – Unter Hinweis auf die gemeinsamen Verteidigungsinteressen schlägt US-Präsident John F. Kennedy am 10.10. in einem persönlichen Schreiben an den Bundeskanzler vor, die Bundesrepublik möge ihren Verteidigungshaushalt für 1963 um 1,3 Mrd. DM erhöhen. Adenauer lehnt am 22.10. ab, der Haushalt sei bereits verabschiedet. Mit mehr als 16 Mrd. DM reinen Verteidigungslasten liegt die BRD in der NATO nach den USA (204 Mrd. DM) und Großbritannien (19 Mrd. DM) an dritter Stelle.

■ **Proteste:** Nach dem Vorbild der britischen Campaign for Nuclear Disarmament demonstrieren am 20.4. im ganzen Bundesgebiet mehrere tausend Atomwaffengegner auf regionalen **Ostermärschen** vor Raketenstationierungsplätzen und anderen militärischen Einrichtungen gegen die atomare Aufrüstung und Atomwaffenversuche.

REGIERUNGSKRISE DURCH *SPIEGEL*-AFFÄRE

■ **Von der Fibag-Affäre zur *Spiegel*-Affäre:** Nachdem das Nachrichtenmagazin *Der Spiegel* am 29.1. seine am 31.5.1961 begonnene Berichterstattung über Begünstigungen der Finanzbau-Aktiengesellschaft (Fibag) fortsetzt, erstattet Bundesverteidigungsminister Franz Josef Strauß Anzeige wegen Verleumdung. Der *Spiegel* wirft ihm vor, indirekt an dem Unternehmen beteiligt zu sein und Einfluss auf die Vergabe eines rd. 300 Mio. DM schweren Auftrags für den Bau von Wohnungen der US-Streitkräfte an die Fibag genommen zu haben. Auf Antrag der SPD-Fraktion setzt der Bundestag am 21.3. einen **Untersuchungsausschuss** ein, vor dem Strauß am 13.4. alle Vorwürfe zurückweist. Erst den zweiten Bericht des Ausschusses, in dem Strauß von der Mehrheit der Mitglieder entlastet wird, nimmt der Bundestag am 25.10. an. In der Nacht vom 26. auf den 27.10. lässt die **Bundesanwaltschaft** die Redaktionsräume des *Spiegel* in Hamburg und Bonn sowie die Wohnungen von Redakteuren durchsuchen; leitende Journalisten und Manager des Verlags werden an diesem und den folgenden Tagen verhaftet.

■ **Rücktritte:** Der FDP-Vorsitzende Erich Mende erklärt am 16.11., die FDP werde mit Strauß als Minister die Koalition nicht fortsetzen. Am 19.11. schließt sich die FDP-Bundestagsfraktion dem Antrag der SPD an, den Verteidigungsminister zu entlassen, und zieht ihre fünf Minister aus dem Kabinett zurück. Um Strauß vor einem Einzelrücktritt zu bewahren und Adenauer die Gelegenheit zur Bildung einer neuen Regierung zu geben, treten am 27.11. auch alle CDU/CSU-Minister zurück.

■ **Neue Regierung:** Am 4.12. nimmt Adenauer erstmals **Sondierungsgespräche mit der SPD** über die Bildung einer Großen Koalition auf, bricht sie jedoch am 6.12. ab, nachdem die SPD-Bundestagsfraktion ihn als Kanzler einer solchen Regierung abgelehnt hat. Unter dem Druck der FDP, sich auf einen definitiven Rücktrittstermin festzulegen, kündigt Adenauer seinen Abschied aus dem Kanzleramt für Herbst 1963 an. Am 14.12. wird die neue Regierung auf der Basis der bisherigen **CDU/CSU-FDP-Koalition** vereidigt; sieben Ministerposten werden neu besetzt. Rainer Barzel (CDU) übernimmt das Ressort für Gesamtdeutsche Fragen, Justizminister wird Ewald Bucher (FDP). Der neue Verteidigungsminister, Kai-Uwe von Hassel (CDU), bisher Ministerpräsident von Schleswig-Holstein, tritt sein Amt erst am 9.1.1963 an.

5. KABINETT ADENAUER

(konstituiert am 14.12.1962)
Bundeskanzler: Konrad Adenauer (CDU)
Stellvertreter und Wirtschaft:
Ludwig Erhard (CDU)
Auswärtiges: Gerhard Schröder (CDU)
Inneres: Hermann Höcherl (CSU)
Justiz: Ewald Bucher (FDP)
Finanzen: Rolf Dahlgrün (FDP)
Ernährung, Landwirtschaft und Forsten:
Werner Schwarz (CDU)
Arbeit und Sozialordnung: Theodor Blank (CDU)
Verteidigung: Kai-Uwe von Hassel (CDU)
Verkehr: Hans-Christoph Seebohm (CDU)
Post- und Fernmeldewesen:
Richard Stücklen (CSU)
Wohnungswesen, Städtebau u.Raumordnung:
Paul Lücke (CDU)
Vertriebene, Flüchtlinge und Kriegsgeschädigte: Wolfgang Mischnick (FDP)
Gesamtdeutsche Fragen: Rainer Barzel (CDU)
Bundesrat und Länder: Alois Niederalt (CSU)
Wissenschaftliche Forschung: Hans Lenz (FDP)
Familien- und Jugendfragen: Bruno Heck (CDU)
Schatz: Werner Dollinger (CSU)
Wirtschaftliche Zusammenarbeit:
Walter Scheel (FDP)
Gesundheitswesen:
Elisabeth Schwarzhaupt (CDU)
Besondere Aufgaben: Heinrich Krone (CDU)

PARTEIEN

■ **Finanzierung:** Ohne zuvor eine gesetzliche Regelung getroffen zu haben, beschließt der Bundestag am 5.4. gegen die Stimmen der SPD eine Teilfinanzierung der Parteien und stellt für das laufende Jahr 15 Mio. DM bereit. Die SPD kritisiert u.a., dass durch die Mittelvergabe mitgliederschwache Parteien wie die FDP unverhältnismäßig begünstigt werden.

WEITERE INNENPOLITISCHE EREIGNISSE

Am 31.10. legt die Bundesregierung einen neuen Entwurf eines Gesetzes zur Ergänzung des Grundgesetzes mit Regelungen **für den Notstandsfall (sog. Höcherl-Entwurf)** vor (er scheitert in dritter Lesung am 24.6.1965 an der SPD). – Um die Folgen des **Contergan-Skandals** für die Betroffenen zu mildern, veranlasst Bundesgesundheitsministerin Elisabeth Schwarzhaupt die Bereitstellung von 800 000 DM für 1962 und veranschlagt bei den

Etatberatungen des Bundeskabinetts für 1963 am 11.9. den Aufwand auf 3 Mio. DM. Zwischen 1958 und 1962 wurden in der Bundesrepublik rd. 5000 schwer verkrüppelte Kinder geboren, von denen rd. 2800 überlebten; ihre Schädigungen sind auf das Schlafmittel Contergan zurückzuführen, das ihre Mütter während der Schwangerschaft einnahmen. – Bundesjustizminister Wolfgang Stammberger beurlaubt am 13.7. Generalbundesanwalt Wolfgang Fränkel und leitet am 19.7. ein Disziplinarverfahren gegen ihn ein. Der Jurist wird beschuldigt, im Dritten Reich **an Unrechtsurteilen mitgewirkt** und dies bei der Einstellung verschwiegen zu haben.

WIRTSCHAFTSPOLITIK

■ **Appell zum Maßhalten:** Bei mehreren Anlässen, mit besonderem Nachdruck in einer Rundfunk- und Fernsehansprache am 21.3., ruft Bundeswirtschaftsminister Ludwig Erhard Gewerkschaften, Arbeitgeber und Verbraucher zum Maßhalten auf. Er warnt vor dem Heraufziehen einer Wirtschaftskrise, wenn die Bundesbürger nicht durch ihr wirtschaftliches Verhalten vor allem den **Inflationstendenzen** entgegenwirken. 1962 steigen die Preise um durchschnittlich 3,0%, dies ist der stärkste Anstieg seit 1951 (1,7% im Durchschnitt der Jahre 1958–61). Zugleich steigt das BIP gegenüber dem Vorjahr nur noch um real 4,0% (1961: 6,6%; 1960: 8,1%).

■ **Außenwirtschaft:** Am 1.9. tritt das Außenwirtschaftsgesetz vom 28.4. in Kraft. Es legt die Freiheit des Handelsverkehrs und des Außenhandels für Güter, Dienstleistungen, Kapital, Auslandswerte und Gold fest. Damit werden die Devisenbewirtschaftung und die seit Ende des 2. Weltkriegs bestehenden, zwischenzeitlich schon weitgehend gelockerten Kontrollen des Wirtschaftsverkehrs mit dem Ausland aufgehoben.

BUNDESLÄNDER

■ **Hamburg:** Am 17.2. fordert eine **Jahrhundertsturmflut** an der deutschen Nordseeküste 337 Menschenleben, verursacht Sachschäden in Höhe von rd. 3 Mrd. DM und macht 75 000 Menschen vorübergehend obdachlos. Bei der Organisation der Hilfsmaßnahmen im stark betroffenen Hamburg begründet Innensenator Helmut Schmidt (SPD) seinen Ruf als Krisenmanager.

■ **Nordrhein-Westfalen:** Nach der Landtagswahl vom 8.7. kommt es zu einer Fortsetzung der Koalition zwischen CDU und FDP unter dem bisherigen Ministerpräsidenten Franz Meyers (CDU). Der Stimmenverlust der FDP im Vergleich zur Bundestagswahl (–4,9%) gilt als Quittung für den »Umfall« der FDP auf Bundesebene 1961, wo sie entgegen ihrer Ankündigung eine erneute Koalition mit der CDU/CSU unter Adenauer einging.

■ **Schleswig-Holstein:** Landtagswahl am 23.9. Die FDP scheidet trotz leichter Gewinne aus der Koalition aus; Ministerpräsident Kai-Uwe von Hassel leitet nun eine CDU-Alleinregierung.

■ **Hessen:** Der unerwartet deutliche Erfolg der SPD bei der Landtagswahl am 11.11. wird der *Spiegel*-Affäre zugeschrieben. Ministerpräsident Georg August Zinn (SPD) bleibt an der Spitze einer Koalition aus SPD und GDP/BHE.

■ **Bayern**: Bei der Landtagswahl am 25.11. erringt die CSU die absolute Mehrheit. Der Landtag wählt den bisherigen Landesinnenminister Alfons Goppel am 11.12. zum neuen Ministerpräsidenten einer Koalitionsregierung von CSU und Bayernpartei.

■ **Wahlergebnisse** → S. 458–467

1962 DDR

Neustart im Schutz der Mauer

Im Anschluss an den Mauerbau in Berlin im August 1961 tritt die DDR in eine mehr als ein Jahr währende Konsolidierungsphase ein, die alle Bereiche der Gesellschaft umfasst. Sie betrifft das Militär, die Wirtschaft und vor allem die Außenrepräsentation. Zwar behalten die Bundesrepublik und die westlichen Alliierten ihre Politik der internationalen Isolierung der DDR zunächst noch bei, doch hat die SED-Führung im Zusammenspiel mit ihren Ostblock-Verbündeten mit der Grenzabriegelung Tatsachen geschaffen, die eine Neuorientierung in der Deutschland- und Außenpolitik erfordern. Vor dem Hintergrund ihrer Wiedervereinigungsrhetorik setzt die DDR-Führung dabei ihre bisherige Politik fort, eine weitere Abgrenzung von der Bundesrepublik zu betreiben.

SICHERHEITSPOLITIK

Am 24.1. verabschiedet die Volkskammer das **Wehrpflichtgesetz**, mit dem ein 18-monatiger sog. Ehrendienst in der NVA (bzw. ein Wehrersatzdienst in der Bereitschaftspolizei oder in den militärischen Einheiten der Staatssicherheit) eingeführt wird. Die Wehrpflicht umfasst Männer der Altersgruppe von 18 bis 50 Jahren, bei Offizieren bis 60 Jahren. – Ebenfalls am 24.1. fasst der Nationale Verteidigungsrat Beschlüsse zur **Anschaffung moderner Rüstungsgüter**, um den Bestand an Panzern in der NVA zu erhöhen, die Luftverteidigungseinheiten mit verbesserten Flakgeschützen, modernen funktechnischen Geräten und die Luftwaffe mit MiG-21-Abfangjägern auszurüsten. – Am 21.6. erlässt der Ministerrat eine Verordnung über die Sicherung und den **Schutz des Küstengebietes** der DDR, die am 20.7. in Kraft tritt. Sie regelt die Einrichtung von Grenzzonen an der Ostseeküste, deren Betreten als Grenzverletzung geahndet und in denen das unerlaubte Überlassen von Fremdenzimmern bestraft werden kann. Gleichzeitig werden Beschränkungen für Baumaßnahmen in diesem Gebiet erlassen. – Am 22.8. wird die **sowjetische Stadtkommandantur in Ost-Berlin aufgelöst**. Einen Tag später wird ein **Stadtkommandant der NVA** in Ost-Berlin eingesetzt, dem die bis dahin dem Innenministerium unterstehenden Grenztruppen an der innerstädtischen Grenze sowie militärisch nutzbare Einrichtungen und Gebäude unterstellt werden. Beide Maßnahmen dienen dazu, die bestehenden Statusunterschiede zwischen der DDR und der Hauptstadt Ost-Berlin Schritt für Schritt aufzuheben.

WEITERE INNENPOLITISCHE EREIGNISSE

Die Volkskammer beschließt am 28.3. das Gesetz über das **Zollwesen**, mit dem die Zollverwaltung als Nachfolgebehörde für das seit 1950 bestehende Amt zur Kontrolle des Warenverkehrs (AZKW) gegründet wird. Am gleichen Tage verabschieden die Volkskammerabgeordneten das Atomenergiegesetz. – Am 24.5. erweitert der Staatsrat die Befugnisse der Konfliktkommissionen in den Betrieben, so dass diese auch kleinere Straftaten behandeln können. – Am 12.7. stellen die Arbeiter- und Bauern-Fakultäten (mit zwei Ausnahmen) ihre Tätigkeit ein, da ihre historischen Aufgaben, Arbeiter- und Bauernkinder gezielt und gefördert auf den Universitätsbesuch vorzubereiten, erfüllt seien. – Am 19.10. beschließt die Volkskammer, die laufende Legislaturperiode zu verlängern.

AUSSENPOLITIK

Durch die **Kontaktaufnahme zu internationalen Organisationen** und die **Errichtung weiterer**, von öffentlichen Stellen getragenen **Handelsmissionen** versucht die DDR, ihre internationale Präsenz zu verstärken. Industrie- und Handelskammern, staatliche Außenhandelsunternehmen sowie das Ministerium für Außen- und innerdeutschen Handel errichten im Ausland Vertretungen und Agenturen, die bei Abwesenheit offizieller staatlicher Beziehungen auch die diplomatische Vertretung der DDR übernehmen. Demselben Ziel dienen die vielfältigen Aktivitäten in der Frage der Nichtweiterverbreitung von Atomwaffen. Am 13.3. stellt Außenminister Lothar Bolz in einem Brief an die UN für die DDR den Verzicht auf den Besitz von Atomwaffen für den Fall in Aussicht, dass die Bundesrepublik es ihr gleichtut. Die Volkskammer sendet im September an die Parlamente von 59 Staaten und am 23.11. an die UN-Vollversammlung Erklärungen, nach denen sie alle Vorschläge zur Nichtweiterverbreitung von Kernwaffen unterstützt. Gleichzeitig setzt sie ihre Politik der Einbindung des Landes in die gemeinsamen Organisationen der staatssozialistischen Länder fort. Ein **Treffen der Parteichefs und der Ministerpräsidenten der Mitgliedsländer des Rats für Gegenseitige Wirtschaftshilfe (RGW)** am 6./7.6. in Moskau dient der Vorbereitung der sich unmittelbar anschließenden XVI. Außerordentlichen Tagung des RGW. Dort werden die »Grundprinzipien der internationalen sozialistischen Arbeitsteilung« verabschiedet. Dabei wird auch ein **Exekutivkomitee** des RGW gebildet, weitere **Ständige Kommissionen** der östlichen Wirtschaftsorganisation nehmen ihre Arbeit auf.

DEUTSCH-DEUTSCHE BEZIEHUNGEN

Am 25.3. veröffentlicht der Nationalrat der Nationalen Front die Erklärung »Die geschichtlichen Aufgaben der DDR und die Zukunft Deutschlands«, besser bekannt unter der Bezeichnung »**Nationales Dokument**«. Hierin wird erneut der Wille der DDR zum Ausdruck gebracht, die deutsche Einheit wiederherzustellen. Voraussetzung für den Weg zur staatlichen Einheit sei der Sieg des Sozialismus in der DDR und später in der Bundesrepublik. Die Entwicklung in der DDR habe bewiesen, »dass Sozialismus und nationale Interessen« des deutschen Volkes »völlig übereinstimmen«. Das »Nationale Dokument« fasst alle zuvor schon vielfach vorgetragenen Konföderationskonzepte der DDR zusammen. In einem **Brief des ZK der SED an die SPD-Mitglieder** vom 25.5., der aus Anlass des bevorstehenden Kölner SPD-Parteitags gesandt wird, sowie mit den von Walter Ulbricht am 2.12. vorgestellten **Prinzipien für die friedliche Koexistenz und einen nationalen Kompromiss** werden die SPD-Mitglieder aufgefordert, die Politik der friedlichen Koexistenz anzuerkennen und für diese in der Bundesrepublik einzutreten, einen alternativen politischen Weg in der BRD einzuschlagen (wozu die SED auch die Entmachtung der bisherigen SPD-Spitze anregt) und die Erfahrungen des sozialistischen Alltags in der DDR zu studieren.

■ **Zwischenfälle an der Berliner Mauer:** Am 17.8. wird an der Mauer in Ost-Berlin der junge Bauarbeiter Peter Fechter bei einem Fluchtversuch von der Volkspolizei angeschossen; er verblutet in den Grenzanlagen. – Zwei Monate zuvor war ein Grenzpolizist von einem Fluchthelfer erschossen worden. – Insgesamt kommen 1962 vier DDR-Grenzsoldaten ums Leben, acht weitere werden verletzt, oft von flüchtenden Grenzpolizisten.

WIRTSCHAFTSPOLITIK

Die am 5.7.1961 beschlossene Reorganisation der Wirtschaftslenkung wird 1962 fortgesetzt. Am 5.4. tritt der reorganisierte Forschungsrat zu seiner ersten Sitzung zusammen. Am 24.5. verabschiedet der Ministerrat neue Statuten für die **Staatliche Plankommission**, die ihre Arbeit auf die Planung der Volkswirtschaft beschränken soll, und den **Volkswirtschaftsrat** (VWR), der – anstelle der früheren spezialisierten Ministerien – die Leitung der Wirtschaft übernimmt. Dementsprechend wird am 4.7. die Zusammensetzung des Ministerrats angepasst.

■ **Konsolidierung:** Nach der Missernte vom Sommer 1961 und dem Mauerbau befindet sich die Volkswirtschaft in einer **Krise**. Die Konsolidierung der wirtschaftlichen Entwicklung soll wiederum mittels Wirtschaftslenkung – d.h. Anhebung der Arbeitsnormen im sozialistischen Wettbewerb – erreicht werden. In der volkseigenen Industrie beteiligen sich fast drei Viertel der Beschäftigten an diesem Wettbewerb.

Veränderung der Beschäftigtenstruktur 1950 und 1963

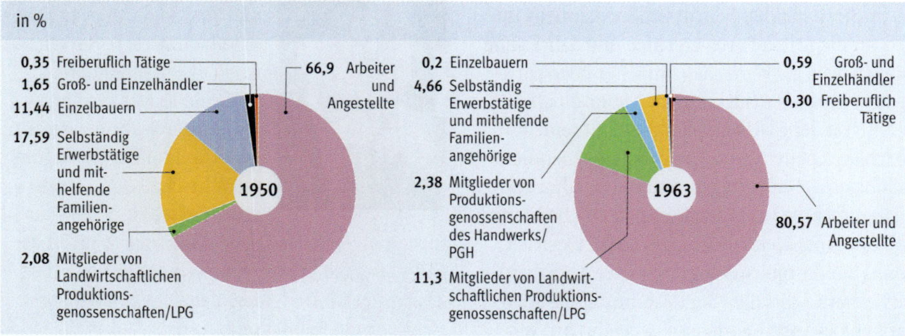

1963 BRD

Ende der Ära Adenauer

Der Rücktritt Konrad Adenauers vom Amt des Bundeskanzlers markiert einen Einschnitt in der deutschen Nachkriegsgeschichte. Sein letzter großer außenpolitischer Erfolg ist die durch ein Freundschaftsabkommen besiegelte Aussöhnung mit dem bedeutendsten westlichen Nachbarn Frankreich.
Mit den verstärkten Bemühungen der USA um Entspannung im Ost-West-Verhältnis kündigt sich aber auch der Abschied von Adenauers Doktrin an, erst Fortschritte auf dem Weg zur Wiedervereinigung ermöglichten bessere Beziehungen zu den Staaten des Warschauer Pakts. An ihre Stelle tritt nach und nach eine Politik, die durch den Abbau von Konfrontation zunächst humanitäre Verbesserungen anstrebt. Die »Politik der kleinen Schritte« des Berliner Regierenden Bürgermeisters Willy Brandt erzielt mit dem Passierscheinabkommen zu Weihnachten 1963 einen ersten Durchbruch.

REGIERUNGSWECHSEL

■ **Adenauer gegen Erhard:** Angesichts seines für den Herbst 1963 zugesagten Rücktritts (→ 1962) versucht Adenauer, **die Kanzlerkandidatur von Ludwig Erhard zu verhindern.** Am 26./27.2. kommt es zwischen beiden zu einem kontroversen Briefwechsel, der öffentlich wird. Adenauer, der im Januar mit Frankreich den Elysée-Vertrag geschlossen hat, wirft darin seinem Vizekanzler vor, im Streit um den Beitritt Großbritanniens zur EWG für die Briten Partei ergriffen und dabei seine Kompetenzen als Wirtschaftsminister überschritten zu haben. – Nachdem Adenauer am 22.4. im Exekutivrat der CDU/CSU-Fraktion mit seinem Vorschlag scheitert, eine Entscheidung über die Nachfolgefrage zu vertagen, und die von ihm ins Spiel gebrachten Favoriten Heinrich von Brentano (Fraktionsvorsitzender der CDU/CSU), Heinrich Krone (Bundesminister für besondere Aufgaben) und Gerhard Schröder (Bundesminister des Auswärtigen) auf eine Kandidatur gegen Erhard verzichten, nominiert die CDU/CSU-Bundestagsfraktion am 23.4. Erhard mit 159 Ja- und 47 Neinstimmen bei 19 Enthaltungen zum Kanzlerkandidaten.
Am 11.10. überreicht Adenauer Bundespräsident Heinrich Lübke (CDU) seine auf den 15.10. datierte **Rücktrittserklärung**.

■ **Neue Regierung:** Am 16.10. wählt der Bundestag Erhard zum **neuen Bundeskanzler**. Für ihn stimmen 279 Abgeordnete – 30 weniger als die Regierungskoalition aus CDU/CSU und FDP –, gegen ihn 180; 24 enthalten sich der Stimme. Als **neue Mitglieder des Kabinetts**, das sich aus 16 CDU/CSU- und fünf FDP-Ministern zusammensetzt, vereidigt der Bundespräsident am 17.10. den FDP-Vorsitzenden Erich Mende (Vizekanzler und Minister für Gesamtdeutsche Fragen), Kurt Schmücker (Wirtschaftsminister, CDU) und Hans Krüger (CDU), der Wolfgang Mischnick (FDP) als Vertriebenenminister ablöst. In seiner am 17.10. vorgetragenen **Regierungserklärung** stellt Erhard Bemühungen um eine Verbesserung der Ost-West-Beziehungen als Ausgangspunkt für Fortschritte zur Wiedervereinigung in Aussicht. Einen innenpolitischen Schwerpunkt will Erhard mit der verstärkten Förderung von Bildung und Forschung setzen, der ein der Lösung der sozialen Frage im 19. Jahrhundert vergleichbarer Rang zukomme.

AUSSEN- UND SICHERHEITSPOLITIK

■ **Atomwaffenstrategie der NATO:** Am 4.1. konferiert Bundeskanzler Adenauer in Bonn mit NATO-Generalsekretär Dirk Uipko Stikker über das im Dezember 1962 vorgelegte **britisch-amerikanische Konzept** einer multilateralen Atomstreitmacht

Erhard, Ludwig
*Fürth 4.2.1897, † Bonn 5.5.1977

Studium der Betriebswirtschaft, Nationalökonomie und Soziologie; 1945/46 Wirtschaftsminister in Bayern, 1947 Leiter der Sonderstelle Geld und Kredit zur Vorbereitung der Währungsreform; 1948 Direktor der Verwaltung für Wirtschaft des Vereinigten Wirtschaftsgebiets der Bizone, ab 1949 der Trizone; seit 1949 Mitglied der CDU, Mitglied in allen fünf Kabinetten von Bundeskanzler Konrad Adenauer als Wirtschaftsminister; 1963–66 Bundeskanzler.

1. KABINETT ERHARD
(konstituiert am 17.10.1963)
Bundeskanzler: Ludwig Erhard (CDU)
Stellvertreter und Gesamtdeutsche Fragen: Erich Mende (FDP)
Auswärtiges: Gerhard Schröder (CDU)
Inneres: Hermann Höcherl (CSU)
Justiz: Ewald Bucher (FDP); ab 1.4.1965 Karl Weber (CDU)
Finanzen: Rolf Dahlgrün (FDP)
Wirtschaft: Kurt Schmücker (CDU)
Ernährung, Landwirtschaft und Forsten: Werner Schwarz (CDU)
Arbeit und Sozialordnung: Theodor Blank (CDU)
Verteidigung: Kai-Uwe von Hassel (CDU)
Verkehr: Hans-Christoph Seebohm (CDU)
Post- und Fernmeldewesen: Richard Stücklen (CSU)
Wohnungswesen, Städtebau und Raumordnung: Paul Lücke (CDU)
Vertriebene, Flüchtlinge und Kriegsgeschädigte: Hans Krüger (CDU); ab 19.2.1964 Ernst Lemmer (CDU)
Bundesrat und Länder: Alois Niederalt (CSU)
Wissenschaftliche Forschung: Hans Lenz (FDP)
Familie und Jugend: Bruno Heck (CDU)
Schatz: Werner Dollinger (CSU)
Wirtschaftliche Zusammenarbeit: Walter Scheel (FDP)
Gesundheitswesen: Elisabeth Schwarzhaupt (CDU)
Besondere Aufgaben: Heinrich Krone (CDU); ab 16.6.1964 Ludger Westrick (parteilos/CDU)

(Multilateral Force, MLF) der NATO. Es räumt den europäischen Partnern größeres Mitspracherecht bei der Einsatzplanung der Atomwaffen ein und bietet eine Alternative zu Charles de Gaulles Plan einer nationalen französischen Atombewaffnung. Adenauer erklärt sich bereit, in den bevorstehenden deutsch-französischen Gesprächen bei Staatspräsident de Gaulle einen Vermittlungsversuch in der Frage der französischen Beteiligung an dem Projekt zu unternehmen. – Bundesverteidigungsminister Kai-Uwe von Hassel (CDU) informiert sich am 27.2. in Washington über den amerikanischen Plan, die vorgeschlagene NATO-Atomstreitmacht mit **220 Polaris-Raketen** auszurüsten, die auf Schiffen stationiert werden sollen. – Am 5.5. signalisiert Bundeskanzler Adenauer US-Präsident John F. Kennedy in einem Brief die grundsätzliche Zustimmung zur MLF und bietet die Beteiligung der Bundesrepublik beim Aufbau einer seegestützten Atomstreitmacht an.

■ **Alleinvertretungsanspruch:** Erst auf amerikanischen Druck ist die Bundesregierung bereit, nach der DDR ebenfalls dem am 5.8. von der Sowjetunion, den USA und Großbritannien unterzeichneten Atomteststopp-Abkommen beizutreten. Am 12.8. entschließt sich die Bundesregierung zur Unterzeichnung, die am 19.8. vollzogen wird (Ratifizierung durch den Bundestag am 5.6.1964).

■ **Vertrag über die Deutsch-Französische Zusammenarbeit:** Am 22.1. unterzeichnen Bundeskanzler Adenauer und Frankreichs Staatspräsident de Gaulle in Paris den Vertrag über die Deutsch-Französische Zusammenarbeit. Am 16.5. billigt der Bundestag bei fünf Gegenstimmen das Abkommen, das am 2.7. in Kraft tritt. – Am 4.7. kommt Staatspräsident de Gaulle zu einem ersten Arbeitsbesuch nach Bonn. Am nächsten Tag unterzeichnen die Außenminister Maurice Couve de Murville und Gerhard Schröder (CDU) ein Abkommen über ein **Deutsch-Französisches Jugendwerk**. Die Institution widmet sich dem Austausch und der gemeinsamen Bildung und Erziehung von Jugendlichen.

■ **Sowjetunion:** Die Fraktionen von SPD und FDP scheitern am 18.3. mit dem Versuch, im Bundestag die Aufhebung des am 18.12.1962 von der Bundesregierung verhängten **Großröhrenembargos gegen die UdSSR** zu erreichen. Der Koalitionspartner FDP stimmt zum Teil mit der SPD, weil die Stahlkonzerne Mannesmann, Phoenix-Rheinrohr und Hoesch durch das Embargo Auftragsverluste im Umfang von insgesamt rd. 200 000 t Großrohren zu verbuchen haben. Die UdSSR protestiert am 6.4. gegen das aus ihrer Sicht völkerrechtswidrige Embargo.

■ **Israel:** Großdemonstrationen und Attentatsdrohungen begleiten den am 27.5. beginnenden mehrtägigen Besuch des CSU-Vorsitzenden Franz Josef Strauß in Israel. Er sondiert die Voraussetzungen für die Aufnahme diplomatischer Beziehungen.

■ **USA:** Vom 23.6. bis 26.6. **besucht US-Präsident John F. Kennedy die Bundesrepublik.** Begleitet von Bundeskanzler Adenauer reist er am 26.6. als erster Staatschef der Westmächte seit der deutschen Teilung nach West-Berlin. Vorrangiges Gesprächsthema auf Kennedys Europareise, die ihn auch nach Irland, Großbritannien und Italien führt, sind Initiativen zur Entspannung des Ost-West-Verhältnisses, für die sich mit dem bevorstehenden

Abschluss des Atomteststopp-Akommens (5.8.) neue Perspektiven zu eröffnen scheinen. – Die **Ermordung des US-Präsidenten** am 22.11. in Dallas/Texas löst in der Bundesrepublik eine Welle der Trauer aus. Die gesamte bundesdeutsche Staatsspitze reist zu den Trauerfeierlichkeiten am 26.11. nach Washington. – Bundeskanzler Erhard stattet dem neuen US-Präsidenten Lyndon B. Johnson vom 27.12. bis 29.12. einen Besuch ab.

AUSSENHANDEL 1953–2003*
Einfuhr- und Ausfuhrwerte und Saldo in Mio. € zu jeweiligen Preisen

Jahr	Einfuhr	Ausfuhr	Saldo
1953	8 186	9 472	1 286
1958	15 918	18 917	2 999
1963	26 729	29 813	3 084
1968	41 506	50 900	9 394
1973	74 351	91 212	16 861
1978	124 605	145 671	21 066
1983	199 502	221 022	21 520
1988	224 769	290 237	65 468
1993	289 644	321 289	31 645
1998	423 452	488 371	64 919
2003	534 534	664 455	129 921

* ab 1993 Gesamtdeutschland *Quelle: Statist. Bundesamt*

DEUTSCHLAND- UND BERLIN-POLITIK

■ **Berlin-Status:** Die Westalliierten suchen weiter nach Lösungen für den Status Berlins. Im Januar werden Überlegungen der US-Regierung bekannt, für Berlin eine **Interimslösung unter Einbeziehung der UN** in Betracht zu ziehen; die Bundesregierung protestiert, eine Übertragung von Rechten der Vier Mächte über Berlin auf die UN sei nicht akzeptabel. – Am 26.3. beginnen erneut **Sondierungsgespräche** zwischen den USA und der UdSSR über Berlin in Washington, die aber ohne Ergebnis bleiben. – Anlässlich des 10. Jahrestags des Aufstandes in der DDR erklärt Bundespräsident Wilhelm Lübke am 11.6. den **17. Juni**, den Tag der Deutschen Einheit, zum offiziellen »Nationalen Gedenktag des deutschen Volkes«. – Egon Bahr, Leiter des Presse- und Informationsamtes des Berliner Senats, stellt am 15.7. mit einer Rede in der Evangelischen Akademie in Tutzing ein neues SPD-Konzept der Ostpolitik vor, das er in die Formel »**Wandel durch Annäherung**« fasst. Bahr greift die von US-Präsident Kennedy geforderte gegenseitige Anerkennung legitimer Interessen als Grundlage der Ost-West-Beziehungen auf und schlägt die Einrichtung einer Behörde vor, die sich mit allen praktischen Fragen befassen soll, die für beide Seiten wichtig sind, und auf pragmatische Weise Schritte zur Wiedervereinigung erkunden kann. – Am 5.9. lehnt das Berliner Abgeordnetenhaus einen von der CDU eingebrachten **Misstrauensantrag** gegen den Senator für Polizei, Sicherheit und Ordnung in West-Berlin, Bürgermeister Heinrich Albertz (SPD), ab. Er hatte in einer Rundfunkrede am 13.8. für eine **flexiblere Politik gegenüber der DDR** plädiert, um so die Lebensfähigkeit West-Berlins zu erhalten.

■ **Kennedy in West-Berlin:** US-Präsident Kennedy wird bei seinem Besuch in West-Berlin am 26.6. von Hundertausenden Berlinern begeistert empfangen. In seiner Rede in der Freien Universität bekräftigt er die Bereitschaft der USA, den Deutschen

VERTRAG ÜBER DIE DEUTSCH-FRANZÖSISCHE ZUSAMMENARBEIT

Die Vorgeschichte des Vertrags beginnt mit dem Vorschlag von Bundeskanzler Konrad Adenauer im März 1950, zwischen Frankreich und Deutschland eine politische Union zu bilden sowie mit der Erklärung des damaligen französischen Außenministers Robert Schuman im Mai 1950, ohne Überwindung des Jahrhunderte alten deutsch-französischen Gegensatzes könne Europa nicht zusammenwachsen.
Der am 22.1. unterzeichnete Vertrag, auch **Elysée-Vertrag** genannt, stellt die Beziehungen der beiden ehemaligen Kriegsgegner auf eine neue Grundlage. Beide Staaten vereinbaren eine enge Zusammenarbeit in der Außen-, Verteidigungs-, Bildungs- und Jugendpolitik. Der Vertrag sieht Konsultationen in allen wichtigen Fragen, regelmäßige halbjährliche Treffen der Regierungschefs sowie vierteljährliche der Außen- und Verteidigungsminister vor.
Eine **gemeinsame Verteidigungspolitik**, aus der die französischen Atomwaffen ausgeklammert sind, soll Rüstungsprojekte verwirklichen und zu intensiver Kooperation der Militärs führen. Besondere Bedeutung messen die Vertragspartner dem Bereich **Erziehung und Jugend** bei.
Eine Präambel zum Ratifizierungsgesetz trägt den Bedenken der USA, die Bundesregierung könne im Gefolge von Sonderbeziehungen zu Frankreich ihre Bindungen an die NATO in Frage stellen, Rechnung: Der Vertrag begründet keine Sonderallianz beider Staaten; Rechte und Pflichten aus anderen multilateralen Verträgen wie etwa zur EWG und NATO bleiben von ihm unberührt.

US-Präsident John F. Kennedy, Willy Brandt und Konrad Adenauer in West-Berlin am 26.6. (v.l.n.r.)

auf dem Weg zur Wiedervereinigung im Rahmen des atlantischen Bündnisses zur Seite zu stehen; diese sei jedoch »weder rasch noch leicht« zu erreichen. Für die Zwischenzeit komme es darauf an, den Zusammenhang unter den Menschen aufrechtzuerhalten »mittels aller Berührungspunkte und Verbindungsmöglichkeiten, die geschaffen werden können, durch das Höchstmaß von Handelsbeziehungen, das unsere Sicherheit erlaubt«. – Einen Tag nach seiner Ermordung am 22.11. erhält der Platz vor dem Schöneberger Rathaus, auf dem er vor 300 000 Berlinern bekannt hatte: »Ich bin ein Berliner!«, den Namen John-F.-Kennedy-Platz.

■ **Transit- und Grenzprobleme:** Der Regierende Bürgermeister von Berlin, Brandt, protestiert am 5.6. gegen die **Behinderungen im Reiseverkehr** nach West-Berlin. Als Anlass für die Schikanen wird die **Festnahme des Chefredakteurs** des DDR-Deutschlandsenders, Georg Grasnick, in Solingen am 30.5. vermutet. Ihm wird Propaganda für die verbotene KPD vorgeworfen. Am 21.6. wird der Journalist wieder freigelassen. – Am gleichen Tag verkündet der Ministerrat der DDR eine Verordnung über die **Errichtung einer Sperrzone** an der Grenzlinie zwischen dem DDR-Territorium und West-Berlin.

AFFÄREN

■ ***Spiegel*-Affäre:** Am 9.1. tritt Kai-Uwe von Hassel (CDU), bis 7.1. amtierender Ministerpräsident von Schleswig-Holstein, als Bundesverteidigungsminister die Nachfolge des im November 1962 infolge der *Spiegel*-Affäre zurückgetretenen Franz Josef Strauß (CSU) an. – Mit der Entlassung des *Spiegel*-Herausgebers Rudolf Augstein aus der Untersuchungshaft am 7.2. sind alle Mitarbeiter des Nachrichtenmagazins, die seit dem 27.10.1962

DIE PASSIERSCHEINABKOMMEN 1963–66

Nach dem Bau der Berliner Mauer genehmigt die DDR zunächst nur Bürgern mit einem westdeutschen Pass einen Tagesaufenthalt in Ost-Berlin. Erst 1963 kommt es im Zuge der »Politik der kleinen Schritte« durch den Regierenden Bürgermeister von Berlin, Willy Brandt (SPD), zum Abschluss eines **Passierscheinabkommens**, das am 17.12.1963 von DDR-Staatssekretär Erich Wendt und dem West-Berliner Senatsrat Horst Korber unterzeichnet wird. Erstmals seit dem Mauerbau ermöglicht es wieder Besuche von West-Berlinern im Ostteil der Stadt. Vom 19.12.1963 bis 5.1.1964 machen davon über 700 000 West-Berliner Gebrauch. – Am 9.1.1964 kritisiert Bundeskanzler Ludwig Erhard das Abkommen, weil es der sowjetischen Dreistaatentheorie Vorschub leiste, nach der West-Berlin eine eigenständige politische Einheit sei. Erhards Kritik trägt maßgeblich dazu bei, dass die Verhandlungen zum 2. Passierscheinabkommen, das über Ostern und Pfingsten gelten sollte, am 27.2.1964 scheitern. Am 6.3.1964 erhält Brandt von Erhard größeren Verhandlungsspielraum, der am 24.9.1964 zur Unterzeichnung des **2. Passierscheinabkommens** führt. In der Folge werden vom 30.10. bis 12.11.1964 und vom 19.12.1964 bis 3.1.1965 zusammen fast 1,4 Mio. Passierscheine ausgestellt und für die Zeiträume vom 12.4. bis 25.4.1965 (Ostern) sowie 31.5. bis 13.6.1965 (Pfingsten) rd. 1,1 Mio. Besuche von West-Berlinern in Ost-Berlin ermöglicht. Das am 25.11.1965 unterzeichnete **3. Passierscheinabkommen** nutzen West-Berliner über Weihnachten und Neujahr 1965/1966 zu 824 000 Besuchen im Ostteil der Stadt. – Nach dem Abschluss des **4. Passierscheinabkommens**, in dessen Folge zwischen dem 7.4. und dem 20.4. sowie vom 23.5. bis 5.6.1966 insgesamt 978 000 Besuche von West-Berlinern in Ost-Berlin stattfinden, scheitert am 29.7.1966 eine weitere Vereinbarung. Die Bundesregierung besteht auf der Wiederaufnahme der in den vorhergehenden Abkommen enthaltenen sog. **salvatorischen Klausel**, die klarstellt, dass es sich bei der Vereinbarung nicht um einen Vertrag zwischen zwei Staaten handelt. Nach einer Übereinkunft vom 6.10.1966 bleibt die 1964 eingerichtete sog. **Härtestelle** für dringend notwendige Besuche geöffnet. Da erneute Verhandlungen am 13.12.1966 endgültig scheitern, bestehen für sechs Jahre, bis 29.3.1972 – außer in Härtefällen – keine Besuchsmöglichkeiten für West-Berliner in Ost-Berlin.

Spiegel-Herausgeber Rudolf Augstein (l.) mit dem stellvertretenden Chefredakteur Konrad Ahlers nach Aufhebung des Haftbefehls am 7.2.

festgenommen worden waren, wieder auf freiem Fuß. Die auf Landesverrat lautende Anklage gegen Augstein bleibt bestehen. Strauß zieht am 9.2. seine Anzeige wegen übler Nachrede und Beleidigung gegen Augstein und andere in die Affäre verwickelte Personen zurück. Am 1.5. reicht Augstein Verfassungsbeschwerde gegen die Bundesanwaltschaft ein; das Bundesverfassungsgericht weist sie am 13.11. ab.

■ **Verfassungsschutz:** Am 11.9. berichtet die Wochenzeitung *Die Zeit* erstmals über **illegale Abhöraktionen**. Das Bundesamt für Verfassungsschutz soll mit Hilfe der alliierten Nachrichtendienste, die auf der Basis des Deutschlandvertrags von 1955 weitgehende Abhörbefugnisse beanspruchen, das Post- und Fernmeldegeheimnis verletzt haben. – Am 23.9. meldet das Fernsehmagazin *Panorama*, bis 1962 seien **Telefongespräche von Bundestagsabgeordneten** sowie deren Post von Verfassungsschützern kontrolliert worden. Der CDU-Abgeordnete Gerhard Stoltenberg kündigt am 25.9. vor dem Bundestag strafrechtliche Schritte gegen *Panorama* an; der NDR entlässt *Panorama*-Chefredakteur Rüdiger Proske und seinen Mitarbeiter Karl-Heinz Wocker. – Die Affären führen zu einer **Überprüfung der gesetzlichen Grundlagen** des Post- und Fernmeldegeheimnisses. Am 31.10. legt Bundesinnenminister Hermann Höcherl einen Gesetzentwurf vor, der Abhöraktionen grundsätzlich von einer richterlicher Genehmigung abhängig macht.

■ **Globke-Rücktritt:** Mit Erreichen der Altersgrenze gibt Hans Globke (CDU) am 30.9. sein Amt als Staatssekretär im Bundeskanzleramt auf, wenige Tage vor dem Rücktritt Adenauers, zu dessen wichtigsten Beratern er seit Ende der 1940er Jahre gehörte. – In einer Stellungnahme zum Urteil des Obersten Gerichts der DDR erklärt das Bundespresseamt am 24.7., die für Globke zuständigen Strafverfolgungsbehörden hätten in keinem einzigen Fall Anlass gefunden, ein gerichtliches Verfahren einzuleiten. Die Unrichtigkeit aller erhobenen Vorwürfe sei gerichtlich erwiesen.

WEITERE INNENPOLITISCHE EREIGNISSE

■ **Parteien:** Die **SPD** feiert mit einer zentralen Veranstaltung am 21.4. in Bochum ihr hundertjähriges Bestehen. – Am 14.12. stirbt der Parteivorsitzende Erich Ollenhauer.

■ **Fernsehen:** Das Zweite Deutsche Fernsehen (ZDF), das am 6.6.1961 als Anstalt der Bundesländer begründet wurde, geht am 1.4. erstmals auf Sendung.

■ **Auschwitz-Prozess:** In Frankfurt am Main beginnt am 20.12. der bisher größte Massenmord-Prozess vor einem deutschen Gericht. Bei Prozessbeginn wird gegen 22 ehemalige Angehörige des Personals des Konzentrations- und Vernichtungslagers Auschwitz verhandelt. Ihnen wird Mord oder Beihilfe zum Mord in unzähligen Fällen vorgeworfen. Drei Nebenkläger vertreten 18 ehemalige Auschwitz-Häftlinge aus 14 Ländern. Während der seit 1958 laufenden Vorermittlungen vernahm die Staatsanwaltschaft rd. 1300 Zeugen. In Auschwitz wurden über 2 Mio. Menschen ermordet.

BUNDESLÄNDER UND WEST-BERLIN

■ **West-Berlin:** Bei der Wahl zum Abgeordnetenhaus am 17.2. erringt die SPD einen überwältigen Sieg. Am 8.3. wählen die Abgeordneten zum dritten Mal in Folge Willy Brandt (SPD) zum Regierenden Bürgermeister. Dieser geht am 11.3. ein Regierungsbündnis mit der FDP ein. In seiner Regierungserklärung am 18.3. spricht Brandt erstmals von der »Politik der kleinen Schritte«.

■ **Rheinland-Pfalz:** Nach der Landtagswahl am 31.3. setzt Ministerpräsident Peter Altmeier (CDU) die Koalition mit den Liberalen fort.

■ **Niedersachsen:** Die Landtagswahl vom 19.5. bestätigt die SPD-FDP-Koalition unter Georg Diederichs.

■ **Bremen:** Nach den Wahlen zur Bürgerschaft am 29.9. wird der Erste Bürgermeister Wilhelm Kaisen (SPD) am 27.11. erneut zum Regierungschef gewählt.

■ **Wahlergebnisse** → S. 458–467

1963 DDR

Liberalisierung ohne Demokratisierung

Der Ministerrat stellt im Sommer grundlegende Reformpläne für die Planwirtschaft vor, von denen sich die Staatsführung einen Innovations- und Wachstumsschub mit weitreichenden gesellschaftlichen Auswirkungen erhofft.
Mit dem Abschluss des ersten Passierscheinabkommens zur Einreise von West-Berlinern in den Ostteil der Stadt beenden die DDR und die Bundesrepublik die Phase der bloßen Konfrontation im Umgang miteinander. Auch in anderen Konfliktpunkten werden nun Verhandlungslösungen gesucht. Diese noch vorsichtige Annäherung wird durch die militärische und ökonomische Einbindung der DDR in das östliche Bündnis abgesichert.

BEGINN VON REFORMEN

■ **VI. Parteitag der SED:** Vom 15.1. bis 21.1. findet in Ost-Berlin der VI. Parteitag der SED statt. Die Delegierten erklären den Sieg der sozialistischen Produktionsverhältnisse, konstatieren aber gleichzeitig, die Potenziale der staatssozialistischen Ordnung seien längst noch nicht ausgeschöpft. Das im November 1962 zur Diskussion gestellte neue Parteiprogramm und ein neues Statut werden einstimmig angenommen. Mit dem neuen Programm wird die staatssozialistische Wirtschafts- und Gesellschaftsordnung zum Durchgangsstadium auf dem Weg zum Kommunismus erklärt, in dem Reformen durchaus notwendig seien. Das auf der Grundlage des neuen Statuts gebildete neue Zentralkomitee besteht aus 121 Mitgliedern (+10) und 60 Kandidaten (+16 gegenüber dem V. Parteitag 1958). Zentralkomitee und neuem Politbüro gehören mehr jüngere, bereits zu DDR-Zeiten ausgebildete Experten und Wirtschaftsfachleute an.

»NEUES ÖKONOMISCHES SYSTEM«

Das neue SED-Programm dient dazu, Partei und Gesellschaft auf das Neue Ökonomische System der Planung und Leitung der Volkswirtschaft (NÖSPL oder NÖS) vorzubereiten. Im Anschluss an den Parteitag verabschiedet der Ministerrat am 11.2. einen Erlass zu Planung und Leitung der Volkswirtschaft. Am 14.6. folgt eine Verordnung zur Anwendung des NÖS im Bauwesen. Am 11.7. verabschiedet der Ministerrat die von der Wirtschaftskonferenz des ZK der SED (24./25.6.) beschlossene Richtlinie für das NÖS.
Die Reform orientiert sich indirekt an 1957 noch als revisionistisch bezeichneten Vorstellungen der beiden Ökonomen Arne Benary und Fritz Behrens über die Leitung der Volkswirtschaft. Auslöser ist ein Artikel des sowjetischen Ökonomen Jewsej Liberman in der sowjetischen Zeitung *Prawda* am 9.9.1962 mit dem Titel »Plan – Gewinn – Prämie«. Das NÖS zielt zunächst darauf ab, die dringend erforderlichen Innovationen und Strukturveränderungen in der Volkswirtschaft – der Maschinenpark in der Industrie ist überaltert, die Anteile technisierter (60,8%), mechanisierter (45,4%) oder automatisierter Arbeiten (4,5%) sind gering – anzustoßen und umzusetzen. Die Eigenverantwortlichkeit der einzelnen Unternehmen soll deutlich gesteigert werden, die zentrale Planung und Leitung dagegen reduziert werden. Damit soll die Volkswirtschaft insgesamt leistungsfähiger und flexibler werden und durch Leistungslöhne, Prämien und veränderte Normen in den Betrieben Kostenbewusstsein und Ertragsdenken gestärkt werden. Außerdem werden die Belegschaften stärker in die Planung eingebunden, indem per Politbürobeschluss vom 29.10. die seit 1959 bestehenden Zentralen Ständigen Produktionsberatungen in Produktionskomitees umgewandelt werden.

■ **Gesellschaftspolitische Auswirkungen der Reform:** Die dem SED-Parteitag folgenden Parteikongresse der Blockparteien LDPD, DBD und NDPD und Kongresse der Massenorganisationen

DAS NEUE ÖKONOMISCHE SYSTEM 1963

ab 1.1.: Einführung der wirtschaftlichen Rechnungsführung; Einrichtung von Industriebankfilialen der Deutschen Notenbank (Zentralbank der DDR) als ökonomisches Experiment zunächst in vier Vereinigungen Volkseigener Betriebe (VVB)
ab 1.9.: Auszahlung einer Prämie (in Höhe von 5–10% des Erlöses) bei zusätzlichen Exporten durch die volkseigene Industrie
ab 1.10.: Erprobung zwischenbetrieblicher Verrechnungsverfahren bei Warenlieferungen und Dienstleistungen in drei VVB

DAS SED-POLITBÜRO NACH DEM VI. PARTEITAG

Stimmberechtigte Mitglieder:
Friedrich Ebert, Paul Fröhlich, Otto Grotewohl, Kurt Hager, Erich Honecker, Bruno Leuschner, Hermann Matern, Erich Mückenberger, Alfred Neumann, Albert Norden, Willi Stoph, Paul Verner, Herbert Warnke
Mit beratender Stimme ausgestattete Kandidaten:
Erich Apel, Hermann Axen, Karl-Heinz Bartsch*, Manfred Ewald, Gerhard Grüneberg, Werner Jarowinsky, Günter Mittag, Margarete Müller, Horst Sindermann
*Bartsch verliert wenig später wieder seine Funktion, weil er seine SS-Mitgliedschaft verschwiegen hatte.

FDJ und FDGB schwenken mit Zustimmungsbeschlüssen auf den Reformkurs ein, ohne ihn selbst aktiv gestalten zu können. Die Auswirkungen der Reform sind aber auch in anderen gesellschaftlichen Bereichen zu beobachten. So wird die öffentliche Diskussion der geplanten Maßnahmen in den Medien in ungewohnter Offenheit dokumentiert. Liberale Jugendförderprogramme (Politbürobeschluss vom 17.9.) und eine kulturelle Liberalisierung eröffnen Künstlern die Möglichkeit, Entwicklungsdefizite der DDR-Gesellschaft zu beleuchten.

■ **Institutionenreform:** Den wirtschaftspolitischen Erfordernissen werden die Institutionen angepasst, auch die Leitung des Staates soll nach dem »Produktionsprinzip« organisiert sein. Am 6.2. ersetzen Landwirtschaftsräte auf Kreis-, Bezirks- und zentraler Ebene das aufgelöste Landwirtschaftsministerium, am 17.4. werden mit dem Gesetz über den Ministerrat dessen Befugnisse auf Kosten des Staatsrats erweitert. Auf der Ebene der SED-Kreisleitungen werden Büros für Industrie und Bauwesen und für Landwirtschaft gegründet. Treibende Kraft hinter den Reformen ist SED-Chef Walter Ulbricht, der damit zugleich seine Macht sichert. Die um ein Jahr verschobenen Volkskammerwahlen am 20.10. mit dem üblichen Ergebnis (99,25% Beteiligung, 99,95% Jastimmen für die Einheitsliste) zeigen, dass mit den Reformen keine grundlegende Demokratisierung der Gesellschaft beabsichtigt ist.

■ **Arbeiter- und Bauern-Inspektion:** Nach Beschlüssen des SED-Politbüros (19.2.) und des Ministerrats (28.2.) entsteht die der Regierung unterstellte Arbeiter- und Bauern-Inspektion (ABI). Die Kontrollkommission nimmt ihre Tätigkeit am 15.5. auf und beschäftigt im ersten Jahr ihres Bestehens schon 46 000 freiwillige Helfer. Ihre Aufgabe ist es, sowohl in industriellen und landwirtschaftlichen Unternehmen als auch in Handelseinrichtungen zu kontrollieren, ob Leistungen und Produkte zu gerechtfertigten Preisen und Konditionen erbracht werden.

BILDUNGSPOLITIK

Beschlüsse des Politbüros und des Ministerrats vom 3.7. über »Grundsätze der weiteren Systematisierung des polytechnischen Unterrichtes« haben mit den **Polytechnische Kabinetten** eine Veränderung der Lehrpläne im Werkunterricht und eine frühzeitig einsetzende Berufsorientierung zur Folge. Auf die Förderung besonders Begabter ausgerichtete **Spezialschulen** ermöglichen die differenzierte Ausbildung von Schülern in sprachlich, naturwissenschaftlich oder künstlerisch orientierten Lehreinrichtungen.

KIRCHENPOLITIK

Im Frühjahr kommt es zu neuen Auseinandersetzungen mit der evangelischen Kirche. Am 4.2. wird der Verweser des östlichen Teils der evangelischen Kirche Berlin-Brandenburg, Kurt Scharf, nach West-Berlin ausgewiesen. Die Spannungen nehmen zu, als die Leitung der evangelischen Kirche am 8.3. **»Zehn Artikel über Freiheit und Dienst**

Anteil der Eigentumsformen am gesellschaftlichen Gesamtprodukt 1950, 1956 und 1963

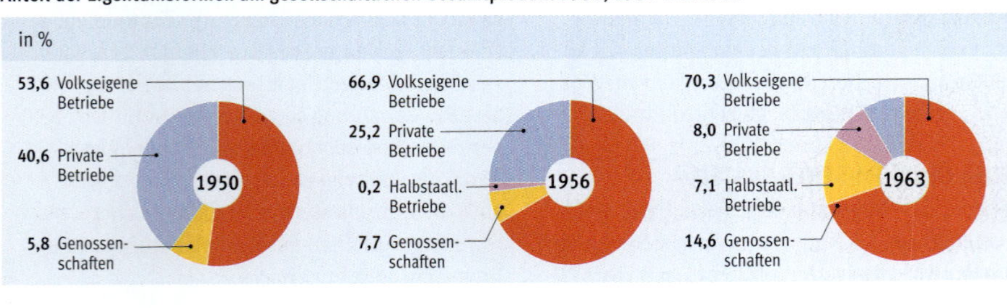

der Kirche« veröffentlicht. Darin fordern die Kirchenoberen die Protestanten auf, für die Wahrheit einzustehen und über den Missbrauch der Macht durch den Staat nicht zu schweigen. Theologen aus dem Umfeld der CDU (Ost) antworten im Januar 1964 mit dem Gegentext »**Sieben Sätze von der Freiheit der Kirche zum Dienen**«: »Im Glaubensgehorsam werden wir die politische Ordnung unserer Gesellschaft, den Staat, weder fürchten noch lieben, sondern uns an der Erfüllung seiner von Gott angeordneten Aufgabe beteiligen.«

AUSSENPOLITIK

■ **Wirtschaftliche Vereinbarungen:** Am 22.10. unterzeichnen die RGW-Mitgliedsländer ein Abkommen zur gegenseitigen Verrechnung von Lieferungen und Bezügen, für die als Buchgeld der Transferrubel und die dazugehörige Bank für wirtschaftliche Zusammenarbeit mit Sitz in Moskau geschaffen werden, an deren Gründungskapital von 300 Mio. Rubel sich die DDR mit 55 Mio. Rubel beteiligt. – Am 18.12. wird die Erdölpipeline Freundschaft feierlich in Betrieb genommen, über die in den kommenden Jahren sowjetisches Erdöl zur Raffinerie Schwedt an der Oder geliefert wird.

■ **Außenbeziehungen:** Am 12.1. nehmen Kuba und die DDR diplomatische Beziehungen auf, zwei Tage später bricht die Bundesrepublik ihre Beziehungen zur kubanischen Regierung ab. – Am 8.8. erklärt die DDR ihren Beitritt zum wenige Tage zuvor in Moskau von der UdSSR, den USA und Großbritannien unterzeichneten Atomwaffensperrvertrag (Ratifizierung durch den Staatsrat am 11.11.).

Der sowjetische Ministerpräsident Nikita Chruschtschow (M.) winkt am 7.1. West-Berlinern zu

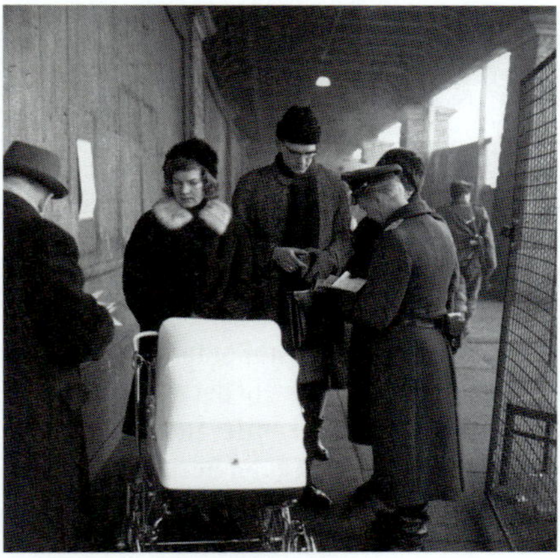

Passierscheinkontrolle in Berlin

DEUTSCHLANDPOLITIK

Das am 17.12. von Vertretern des West-Berliner Senats und der DDR unterzeichnete Passierscheinabkommen (→ BRD) wertet die DDR wegen der erstmaligen offiziellen Verhandlungen mit dem West-Berliner Senat als De-facto-Anerkennung. – Unter Vermittlung der Kirchen wird die Praxis des Freikaufs politischer Häftlinge aufgenommen. Als Gegenleistung für die Freilassung dieser Personen – vornehmlich solcher, die die DDR illegal zu verlassen versuchten – wird die Lieferung von Konsumgütern wie Kaffee und Südfrüchten vereinbart. Die DDR sieht darin eine Kompensation für die schulische und berufliche Qualifikation der Übersiedler. – Am 20.6. veröffentlicht der Ministerrat einen Brief an die Bevölkerung Westdeutschlands mit dem Appell, »gute menschliche Beziehungen zwischen der Bevölkerung beider deutscher Staaten« zu schaffen. Am darauffolgenden Tag verschärft der Ministerrat die Grenzordnung an der Grenze zu West-Berlin. Wer im Grenzgebiet lebende Personen besuchen will, muss eine gesonderte Genehmigung einholen, die ohne Begründung verweigert werden kann. – Am 23.9. folgt eine Verordnung über Personalausweise, die allein für »Bürger der Deutschen Demokratischen Republik« – erstmals wird offiziell diese Formulierung gebraucht – die Ausgabe neuer Personaldokumente ab 2.1.1964 vorsieht. – Mit großer propagandistischer Begleitung verurteilt das Oberste Gericht am 23.7. den Staatssekretär im Bundeskanzleramt, Hans Globke, in Abwesenheit als intellektuellen Massenmörder zu lebenslanger Haft.

1964 BRD

»Bildungskatastrophe«

Stärker noch als im Vorjahr steht die Bundesrepublik im Zentrum der Auseinandersetzungen zwischen den USA bzw. Großbritannien auf der einen und Frankreich auf der anderen Seite. Während Bundeskanzler Ludwig Erhard weiterhin die Sicherung guter Beziehungen zu den USA und Großbritannien betont, wird jenseits des Rheins, aus Sorge vor einer Beeinträchtigung der Souveränität der westeuropäischen Staaten durch die USA, eine starke Achse Paris–Bonn bevorzugt. Entspannung und Pragmatismus prägen – im Gleichklang des Verhältnisses der Supermächte zueinander – zunehmend die deutsch-deutschen Beziehungen. Die im Frühjahr beginnende Debatte über die drohende »Bildungskatastrophe« dominiert die Innenpolitik.

WESTLICHE SICHERHEITSPOLITIK

■ **MLF-Projekt zunehmend unrealistisch:** Während seines Arbeitsbesuchs in Paris am 15.2. gelingt es Bundeskanzler Ludwig Erhard nicht, den französischen Staatspräsidenten Charles de Gaulle in seiner ablehnenden Haltung gegenüber dem Projekt einer Multilateralen Atomstreitmacht (Multilateral Force, MLF) umzustimmen. De Gaulle bietet dagegen der Bundesrepublik an, ihr im Verteidigungsfall auch mit Atomwaffen beizustehen. – Im Herbst nehmen die USA und Großbritannien **Abstand vom MLF-Plan.** Der britische Labour-Premierminister Harald Wilson erklärt am 23.11., nicht unbedingt an der NATO-Atomstreitmacht festhalten zu wollen; US-Präsident Lyndon B. Johnson räumt am 3.12. ein, die NATO-Partner könnten auch andere Verteidigungskonzepte in Erwägung ziehen. – Nachdem sich Bundesaußenminister Gerhard Schröder in Rom (8.12.), Paris (9.12.) und London (11.12.) für die Realisierung des MLF-Projektes verwandte und insbesondere den Anspruch auf einen deutschen Beitrag vertrat, gerät er auf der Ministerratstagung der NATO vom 15.12. bis 17.12. mit seinem französischen Amtskollegen Maurice Couve de Murville in eine heftige Kontroverse.

EWG-KRISE

■ **»Atlantiker« versus »Gaullisten«:** Während des Arbeitsbesuchs von Staatspräsident de Gaulle am 3./4.7. in Bonn erzielen die Gesprächspartner keine Annäherung in der Frage über die **Konzepte zur europäischen Einigung**. Während de Gaulle die Bildung einer deutsch-französischen Union als Basis für eine spätere Europäische Union vorschlägt, favorisiert Bundeskanzler Erhard weiterhin eine Erweiterung der EWG durch die Aufnahme Großbritanniens. – Auf dem CSU-Parteitag am 12.7. kommt es zur offenen **Konfrontation zwischen »Atlantikern« und »Gaullisten«**. Erhard verwahrt sich gegen die Kritik von Franz Josef Strauß (CSU), der sich zu den von Konrad Adenauer angeführten »Gaullisten« zählt und die bundesdeutsche Außenpolitik aus der Abhängigkeit von den USA und Großbritannien gelöst sehen will.

■ **Mansholt-Plan:** Am 19.3. lehnt die Bundesregierung den Mansholt-Plan zu einer europäischen Harmonisierung der Getreidepreise zunächst ab. Sie entspricht damit der heftigen Einrede des Deutschen Bauernverbandes, der am 25.1. geltend gemacht hat, die Verwirklichung des Plans würde den deutschen Landwirten **erhebliche finanzielle Einbußen** bringen. Angesichts der Drohung Frankreichs auf der EWG-Ministerratstagung am 20./21.10., aus der Gemeinschaft auszutreten, sieht sich Bundeswirtschaftsminister Kurt Schmücker am 15.12. in Brüssel schließlich **gezwungen, den Mansholt-Plan zu akzeptieren**. Schmücker kann lediglich erreichen, dass die Getreidepreisbindung nicht am 1.7.1964, sondern erst drei Jahre später in Kraft tritt.

AUSSENPOLITIK

■ **Sowjetunion:** Die mögliche Beteiligung der Bundeswehr an der Atomrüstung im Rahmen des MLF-Projekts beeinträchtigt das Verhältnis zur Sowjetunion. Durch den Abschluss des **Freundschaftsabkommens zwischen der Sowjetunion und der DDR** am 12.6. – den Politiker aller im Bundestag vertretenen Parteien verurteilen – verschlechtern sich die Beziehungen weiter. Im Einvernehmen mit der Bundesrepublik veröffentlichen Frankreich, Großbritannien und die USA am 26.6. die **Deutschland-Erklärung**, in der den wesentlichen Punkten des Abkommens widersprochen wird. Die Erklärung betont insbesondere die Viermächte-Verantwortung für ganz Deutschland und untermauert den **Alleinvertretungsanspruch der**

Bundesrepublik. – Nach Aufforderung von US-Präsident Johnson, der am 3.5. für eine Trendwende im Ost-West-Verhältnis eintritt, signalisiert die Bundesregierung am 13.6. ihr Interesse an einem Besuch von Staats- und Parteichef Nikita Chruschtschow in Bonn. Der **Sturz Chruschtschows** und die Einsetzung einer neuen Führung unter Leonid Breschnew am 14.10. vereiteln die Pläne.

DEUTSCH-DEUTSCHE BEZIEHUNGEN

■ **Passierscheinabkommen** → 1963

■ **Besuchs- und Reiseverkehr:** Am 14.8. schließen die Unterhändler der Bundesrepublik und der DDR ein Abkommen über den **Bau der Saalebrücke**. Die im 2. Weltkrieg zerstörte und für den Berlin-Verkehr wichtige Autobahnbrücke in Thüringen wird von der DDR neu errichtet, die Kosten in Höhe von 5,5 Mio. DM übernimmt die Bundesrepublik. – Überschattet werden die Verbesserungen im innerdeutschen Verhältnis durch die **Einführung des Mindestumtausches** am 1.12. (→ DDR). Die Bundesregierung reagiert am 2.12. mit dem Abbruch von Verhandlungen über die Ausweitung des Interzonenhandels.

■ **Zeitungstausch:** Der Staatsratsvorsitzende der DDR, Walter Ulbricht, schlägt der Bundesrepublik am 24.4. einen Zeitungstausch vor (→ DDR). Die Bundesregierung lehnt das Angebot am 2.6. mit der Begründung ab, dass sich ein Verkauf der DDR-Zeitung *Neues Deutschland* nicht mit dem KPD-Verbot und den Gesetzen gegen die Verbreitung staatsgefährdender Schriften vertrage. Für diesen Beschluss wird die Regierung nicht nur von SPD und FDP, sondern auch aus den Reihen der CDU sowie in den Medien scharf kritisiert.

■ **Flüchtlinge:** Das Bundesministerium für Vertriebene verzeichnet für 1964 insgesamt **3155 Flüchtlinge** aus der DDR in die Bundesrepublik bzw. nach West-Berlin. An der Berliner Mauer werden zwischen dem 13.8.1961 und dem 13.8.1964 insgesamt **52 Menschen bei Fluchtversuchen getötet**; an der innerdeutschen Grenze werden 53 Todesopfer gezählt. Aus Mittel- und Osteuropa kamen 20 842 Aussiedler in die Bundesrepublik.

WAHL DES BUNDESPRÄSIDENTEN

Die Bundesversammlung wählt am 1.7. in West-Berlin Heinrich Lübke (CDU) für weitere fünf Jahre zum Bundespräsidenten. Er erhält 710 Jastimmen bei 187 Enthaltungen. Auf Bundesjustizminister Ewald Bucher (FDP) entfallen 123 Stimmen.

AUFARBEITUNG DER NS-VERGANGENHEIT

■ **Israel:** Am 17.3. unterzeichnen Vertreter Israels und der Bundesrepublik ein Protokoll zur **Durchführung der »Wiedergutmachung«** gemäß dem Abkommen von 1952. Es sieht Zahlungen an Israel in Höhe von 250 Mio. DM vor.

■ **Rücktritte:** Am 22.1. suspendiert Bundeskanzler Erhard Bundesvertriebenenminister Hans Krüger (CDU) von seinem Amt, nachdem *Der Spiegel* einen aus DDR-Quellen stammenden Bericht aufgegriffen hat, der Krüger die Mitwirkung an NS-Sondergerichten vorwirft. Am 7.2. tritt Krüger vom Ministeramt zurück; auch den Vorsitz des Bundes der Vertriebenen gibt er ab. Der frühere Bundesminister für gesamtdeutsche Fragen, Ernst Lemmer, (CDU) tritt als Nachfolger von Krüger erneut ins Kabinett ein.

■ **Verjährungsdebatte:** Nach der Verabschiedung eines Gesetzes zur Nichtverjährung von Nazi- und Kriegsverbrechen in der Volkskammer im August 1964 (→ DDR) lebt auch in der Bundesrepublik die Diskussion zu diesem Thema wieder auf. Zum 8.5.1965, dem 20. Jahrestag des Kriegsendes, würden ohne Gesetzesänderungen NS-Mordtaten – auch Kriegs- und Völkermordverbrechen – verjähren. Gegen die **Aufhebung der Verjährungsfrist** formiert sich Widerstand; die Bundesregierung hält eine entsprechende Gesetzesänderung, wie Regierungssprecher Karl-Günther von Hase am 11.11. feststellt, für nicht verfassungskonform. Am 5.11. richtet sie einen Appell an alle Staaten und Privatpersonen, belastendes Material zur Verfügung zu stellen, damit Verfahren noch rechtzeitig vor dem Stichtag eröffnet werden können. – Am 12.6. beziffert Bundesjustizminister Ewald Bucher die **Zahl der noch anhängigen Strafverfahren** wegen NS-Straftaten auf 800. Bis Ende 1963 sind 5445 Personen von bundesdeutschen Gerichten verurteilt worden.

■ **Prozesse:** Fünf Tage vor dem Beginn des Prozesses zum **NS-Massenmord an Kranken** (sog. Euthanasie) in Limburg nimmt sich der Hauptangeklagte Werner Heyde im Gefängnis das Leben. Heyde leitete die 1939 begonnene »Aktion T4«, der wahrscheinlich 100 000 chronisch Kranke und als »lebensunwert« erachtete Menschen zum Opfer fielen. Der Prozess wird am 18.2. eröffnet. Hauptangeklagter ist nun Hans Hefelmann. – Große öffentliche Aufmerksamkeit erregt der Auftritt der beiden Hauptzeugen im **Auschwitz-Prozess** am 5.10. in Frankfurt am Main. Als Angehörige von

»Sonderkommandos« waren die ehemaligen KZ-Häftlinge in Auschwitz gezwungen worden, Ermordete in Krematorien zu verbrennen.

■ **Großbritannien:** Am 9.6. einigen sich Großbritannien und die Bundesrepublik nach siebenjährigen Verhandlungen auf ein Wiedergutmachungsabkommen. Die Bundesrepublik zahlt für die **Ansprüche der britischen Opfer des NS-Regimes** 11,2 Mio. DM.

BILDUNGSPOLITIK

■ **»Bildungskatastrophe«:** Die Repräsentanten der Hochschulen in der Bundesrepublik stellen auf der Westdeutschen Rektorenkonferenz (WRK) in West-Berlin vom 5.2. bis 7.2. erhebliche Mängel in der Organisation und Ausstattung des Bildungssystems fest, die sich in der Überfüllung der Hochschulen, nachlassenden studentischen Leistungen und im daraus resultierenden Mangel an qualifiziertem akademischem Nachwuchs zeigen. – Die Regierungschefs der Bundesländer beschließen am 19.3. die **Gründung von fünf neuen Hochschulen**; sie sollen in Bochum, Bremen, Konstanz, Regensburg und Dortmund entstehen.

»DIE DEUTSCHE BILDUNGSKATASTROPHE«

Die seit Anfang der 1960er Jahre immer offenkundiger werdenden Defizite des bundesdeutschen Bildungswesens bringt der Pädagoge Georg Picht im Frühjahr 1964 mit dem Titel einer Serie in der Wochenzeitung *Die Zeit* und der nachfolgenden Buchveröffentlichung auf den Begriff. Ausgehend vom Bedarf qualifizierter Nachwuchskräfte in der Industrie konstatiert Picht einen zunehmenden Mangel an Lehrkräften in allen Schulzweigen. Darüber hinaus fehle es an Abiturienten und Mittelschulabsolventen sowie an gleichen Bildungschancen. Bei Fortschreibung der bestehenden Bedingungen würden im Jahr 1970 nur 8% aller Schüler das Abitur ablegen. Picht prognostiziert einen »Bildungsnotstand, den sich nur wenige vorstellen können«. Der wirtschaftliche Aufschwung werde wegen des Mangels an qualifizierten Nachwuchskräften ein rasches Ende nehmen. In einer vergleichenden Schulstatistik stehe die Bundesrepublik neben Jugoslawien, Irland und Portugal am untersten Ende der europäischen Staaten. Pichts Befunde finden ein beispielloses Echo in der öffentlichen Debatte; sie rücken das Thema Bildung ins Zentrum der Innenpolitik und bereiten die bildungspolitischen Offensiven der 1970er Jahre vor.

Schüler und Studenten 1960–90

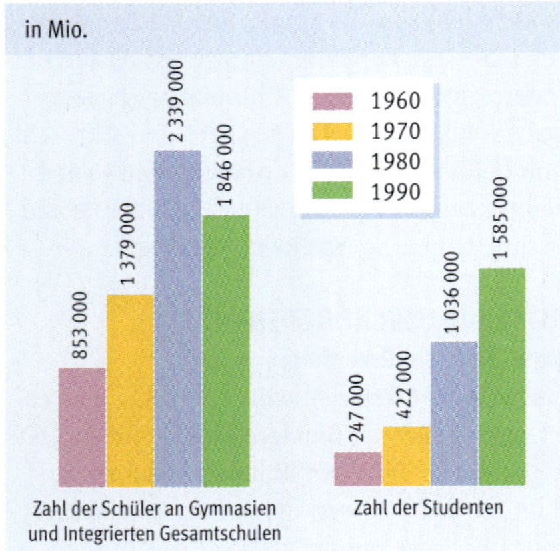

PARTEIEN

■ **SPD:** Nach dem Tod Erich Ollenhauers am 14.12.1963 wählt ein außerordentlicher Parteitag in Bad Godesberg am 16.2. **Willy Brandt zum neuen Parteivorsitzenden**. Er erhält 320 von 334 Stimmen. Zugleich nominieren ihn die Delegierten als Kanzlerkandidaten für die Bundestagswahl 1965. In seiner Parteitagsrede bekräftigt Brandt seine Absicht, die **SPD zur Volkspartei zu wandeln**. Programmatische Schwerpunkte setzt er daher auf die Förderung des Mittelstandes und auf Reformen im Bildungs- sowie im Gesundheitswesen. In der Außenpolitik legt Brandt ein Bekenntnis zur Bindung an die USA ab.

■ **CDU:** Auf dem Bundesparteitag in Hannover wird Altbundeskanzler Adenauer am 17.3. erneut als Parteivorsitzender wiedergewählt.

■ **NPD:** Am 28.11. schließt sich in Hannover die von Adolf von Thadden geführte Deutsche Reichspartei (DRP) mit mehreren anderen Parteien des äußersten rechten Spektrums, u.a. der 1962 neu gegründeten Deutschen Partei (DP), zur Nationaldemokratischen Partei Deutschlands (NPD) zusammen. Den Vorsitz der Partei übernimmt Fritz Thielen.

WIRTSCHAFTSPOLITIK

■ **»Fünf Weise«:** Am 14.2. nimmt der 1963 gegründete Sachverständigenrat für die Begutachtung der gesamtwirtschaftlichen Entwicklung in Bonn seine Arbeit auf. Die fünf auf Vorschlag der Bundesregierung vom Bundespräsidenten berufenen Wirtschaftswissenschaftler (»Fünf Weise«) sollen mindestens einmal jährlich eine **Beurteilung zum Zustand der Volkswirtschaft** der Bundesrepu-

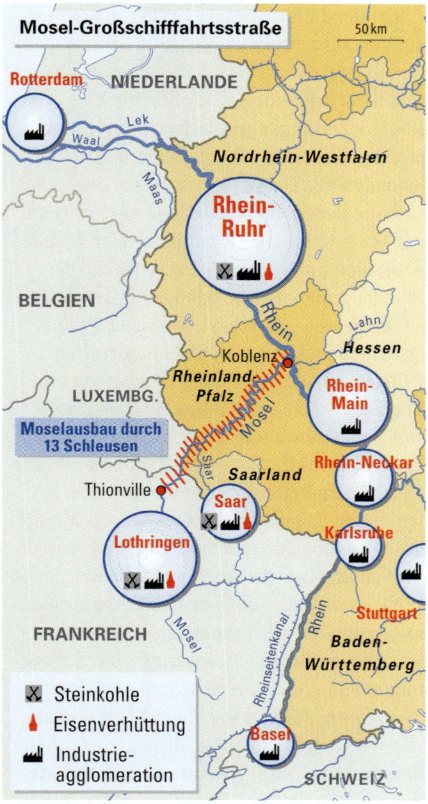

blik erstellen und bis zum 15.11. eines jeden Jahres Vorschläge unterbreiten, »wie im Rahmen der marktwirtschaftlichen Ordnung gleichzeitig Stabilität des Preisniveaus, hoher Beschäftigungsstand und außenwirtschaftliches Gleichgewicht bei stetigem und angemessenem Wachstum gewährleistet werden können«.

■ **Verkehr:** Die Staatsoberhäupter Frankreichs, des Großherzogtums Luxemburg und der Bundesrepublik weihen am 26.5. die neue **Mosel-Großschifffahrtsstraße** ein. Der Ausbau der Mosel war 1956 im Saar-Vertrag vereinbart worden. 85% der Kosten (781 Mio. DM) trägt die Bundesrepublik.

■ **Stiftung Warentest:** Die Bundesregierung beschließt am 14.9. die Gründung der Stiftung Warentest mit Sitz in Berlin. Im Interesse der Verbraucher soll das privatrechtliche Institut die Märkte für Waren und Dienstleistungen beobachten und Vergleichstests zu ihrem Gebrauchswert in Auftrag geben, über die sie die Öffentlichkeit informiert.

■ **Arbeitsmarkt:** Im August verzeichnet die Bundesanstalt für Arbeit einen historischen **Tiefstand der Arbeitslosigkeit**. Bundesweit sind 102 800 Menschen ohne Beschäftigung; dagegen gibt es 680 000 offene Stellen. – 1964 werden rd. 300 000 Arbeitnehmer aus Italien angeworben, 145 000 aus Spanien, 144 000 aus Griechenland, 69 000 aus der Türkei und 53 000 aus Jugoslawien. Etwa ein Drittel von ihnen ist in der Montanindustrie beschäftigt, je ein knappes Viertel im Baugewerbe und im übrigen verarbeitenden Gewerbe.

HAUSHALTSNETTOEINKOMMEN NACH SOZIALEN GRUPPEN* pro Monat in DM

Jahr	Arbeiter	Angestellte und Beamte	Selbständige	Rentner
1950	283	346	437	145
1955	474	570	754	232
1960	683	804	1154	359
1964	908	1031	1559	472
1968	1082	1260	2147	595
1970	1290	1389	2772	704

* nach der sozialen Stellung des Haushaltsvorstands
Quelle: DIW

BUNDESLÄNDER

■ **Baden-Württemberg:** Landtagswahl am 26.4. Kurt Georg Kiesinger bleibt im Amt.

■ **Wahlergebnis** → S. 458

Einmillionster Gastarbeiter: Der Portugiese Armado Rodrigues am 10.9. mit Gastgeschenk

1964 DDR

Stabilisierung

Im laufenden Jahr beginnt die praktische Umsetzung des Neuen Ökonomischen Systems (NÖS), mit dem dringend erforderliche Innovationen und Strukturveränderungen angestoßen werden sollen. Die beiden Stufen der Industriepreisreform sind von massiven Preiserhöhungen für die Zulieferungen in der Industrie verbunden, die die tatsächlichen Herstellungskosten berücksichtigen. In der Kultur- und Bildungspolitik zeigt sich eine gewisse Offenheit gegenüber Neuem, allerdings demonstriert das Vorgehen gegen den Ost-Berliner Physiker Robert Havemann zugleich die Bereitschaft der SED-Führung zu einem restriktiven Vorgehen gegen Kritiker.
In der Deutschlandpolitik führen Verhandlungen zu weiteren Vereinbarungen in praktischen Fragen. Gleichzeitig intensiviert die DDR ihre außenpolitischen Bemühungen, um die fortbestehende internationale Isolierung zu beenden.

REFORMEN UND RESTRIKTIONEN

■ **Kultur- und Bildungspolitik:** Die Reformphase mit Ansätzen zur politischen Liberalisierung bleibt ambivalent. Zwar zeigt sich ein gewisses Maß an Diskussionsbereitschaft – etwa durch die Veröffentlichung von Romanen wie Erik Neutschs »**Spur der Steine**«, die sich kritisch mit der Entwicklung in der DDR befassen, doch es kommt auch erneut zu Restriktionen: Am 13.3. **verliert Robert Havemann seinen Lehrstuhl für Physikalische Chemie** an der Ost-Berliner Humboldt-Universität, nachdem er bereits tags zuvor aus der SED ausgeschlossen worden war. Diese Maßnahmen markieren auch das abrupte Ende einer von der SED-Universitätsleitung ursprünglich unterstützten Vorlesungsreihe, in der Havemann auf marxistischer Basis Kritik an den der Wissenschaft auferlegten Restriktionen durch den Parteiapparat geübt hatte. – Auf der 2. Bitterfelder Konferenz am 24./25.4. überrascht Walter Ulbricht mit dem Vorschlag, einige westdeutsche Zeitungen wie etwa *Die Zeit* oder die *Süddeutsche Zeitung* in der DDR »zum Verkauf auszulegen, wenn die Garantie dafür gegeben wäre, dass in Westdeutschland das *Neue Deutschland* in gleichem Maße öffentlich verkauft wird«. Der **Zeitungsaustausch** scheitert an rechtlichen Vorbehalten der Bundesregierung.

■ **Jugendpolitik:** Die Volkskammer verabschiedet am 4.5. das Gesetz über die Teilnahme der Jugend der DDR am Kampf für den umfassenden Aufbau des Sozialismus. Es schreibt für die Jugend der DDR einen anderen Entwicklungsweg fest als für die Altersgenossen in Westdeutschland. Schon beim dritten und letzten **Deutschlandtreffen der FDJ** in Ost-Berlin (16.–18.5.) werden die etwa 24 000 Teilnehmer aus der Bundesrepublik getrennt von den etwa 1000 aus West-Berlin gezählt.

■ **Bausoldaten:** Mit den am 7.9. durch Anordnung des Nationalen Verteidigungsrats (GBl. I, S. 129) geschaffenen Baueinheiten im Bereich des Ministeriums für Nationale Verteidigung wird ein waffenloser Wehrersatzdienst für diejenigen möglich, die aus religiösen Anschauungen oder aus ähnlichen Gründen den Wehrdienst mit der Waffe ablehnen. Zwar steht die Wehrdienstverweigerung nach wie vor unter Strafe, die neue Anordnung eröffnet jedoch jungen Männern die Möglichkeit, als Bausoldaten »mit dem Spaten« zu dienen.

■ **Rechtswesen**: Am 21.8. verabschiedet die Volkskammer ein Gesetz über die Nichtverjährung von Nazi- und Kriegsverbrechen. Aus Anlass des 15. Jahrestags der DDR verkündet der Staatsrat am 6.10. eine Amnestie für etwa 10 000 Strafgefangene; davon profitieren auch Prominente wie der Schriftsteller Erich Loest.

■ **Ministerrat:** Nach dem Tod von Otto Grotewohl am 21.9. wird Willi Stoph neuer Vorsitzender des Ministerrats; am 24.9. bestätigt ihn die Volkskammer.

■ **Neuer Währungsname:** Mit Wirkung vom 1.8. ändert die DDR ihre Währungsbezeichnung. Danach wird die bisherige Bezeichnung Deutsche Mark (DM-Ost) von der Mark der Deutschen Notenbank (MDN) abgelöst.

Deutsch-deutsche Grenze

DEUTSCHLANDPOLITIK

■ **Neue Grenzordnung:** Der Ministerrat erlässt am 16.3. die Verordnung über die Zulassung und die Tätigkeit freiwilliger Helfer zur Unterstützung der Deutschen Volkspolizei und der Grenztruppen der Nationalen Volksarmee. Drei Tage später folgt eine neue Grenzordnung, die den Zugang zum, den Aufenthalt im und die Durchfahrt durch das Grenzgebiet der DDR weiter einschränkt und eine besondere Polizeistunde einführt.

■ **Neue Vertragsangebote:** Vor dem Hintergrund der sowjetischen Ankündigung, die DDR im Falle der Verwirklichung des Plans einer Multilateralen Atomstreitmacht (MLF) der NATO (→ 1963 BRD) ebenfalls nuklear zu bewaffnen, schlägt der Staatsratsvorsitzende der DDR, Ulbricht, am 6.1. und erneut am 26.5. in Briefen an Bundeskanzler Ludwig Erhard den **Verzicht beider deutschen Staaten auf Atomwaffen** vor. Die Bundesregierung sendet diese Briefe ungeöffnet zurück. – Dagegen einigen sich die beiden deutschen Staaten am 11.1. – letztmalig – über die Aufstellung einer **gesamtdeutschen Mannschaft** zu den Olympischen Spielen in Tokio sowie am 14.8. über den **Ausbau einer Autobahnbrücke über die Saale** im Grenzgebiet.

■ **Besuchs- und Reiseverkehr:** Nach einer Ankündigung vom 25.11. müssen Besucher aus nichtkommunistischen Ländern ab dem 1.12. an den amtlichen Wechselstuben einen **Mindestumtausch von 5 DM** im Verhältnis 1:1 in Ostmark für jeden Aufenthaltstag in der DDR vornehmen. – Für DDR-Bürger werden erstmals seit dem Mauerbau **Reiseerleichterungen** eingeführt. Nach einer Ankündigung in der DDR-Presse am 9.9. beginnt Ende September die Antragstellung für Reisen von Bürgern im Rentenalter. Ab dem 2.11. wird diesem Personenkreis gestattet, einmal im Jahr Reisen nach Westdeutschland und West-Berlin von bis zu vier Wochen Dauer zu unternehmen.

NEUES ÖKONOMISCHES SYSTEM (NÖS)

Auf der vom 3.2. bis 7.2. stattfindenden ZK-Tagung wird die Umsetzung des NÖS im Bauwesen und im Handel behandelt und beschlossen, die Chemieindustrie vorrangig zu entwickeln. Am 11.8. legt der Ministerrat ein Programm zur eigenständigen Entwicklung von EDV-Anlagen in der DDR auf (Laufzeit bis 1970).

Einschneidende Änderungen werden für Industrieunternehmen beschlossen: Sie zielen darauf ab, Kosten und Gewinn zu den entscheidenden Kategorien der wirtschaftlichen Tätigkeit zu machen und die Bedeutung des Bruttoproduktionswertes in der Planabrechnung zu mindern. Ab 1.1. wird durch die **Neubewertung der eingesetzten Investitionsgüter** in der volkseigenen Industrie und im Bauwesen die Kostenstruktur der Produktion verändert.

■ **Industriepreisreform:** Am 30.1. beschließt der Ministerrat die erste Stufe der Industriepreisreform. Die Industriepreise für Energie, Rohstoffe, Stahl- und Gießereierzeugnisse sowie die dazugehörigen Güterverkehrstarife werden ab 1.4. um durchschnittlich 70% angehoben. Gleichzeitig werden differenzierte Zinssätze für kurzfristige Kredite eingeführt. Am 1.7. folgt die zweite Stufe der Industriepreisreform, mit der die Preise für Roh- und Grundstoffe der Chemieindustrie ebenfalls durchschnittlich um 70% angehoben werden. Die neuen Preise enthalten eine veränderte Kalkulation der Selbstkosten und des Gewinns für den Hersteller.

■ **Endverbraucherpreise:** Zum 1.1. werden **bewegliche Endverbraucherpreise** eingeführt, wobei für die Preisfestsetzung neuer Produkte der Spitzenpreis des Vorgängerproduktes gilt, während veraltete Erzeugnisse im Preis gesenkt werden müssen. Durch die Umsetzung des Neuen Ökonomischen

»Trabi«-Chefkonstrukteur Werner Lang: Sein Zweitakter geht 1964 in Serie

AUSSENHANDEL NACH LÄNDERGRUPPEN 1960–1989
in % des gesamten Außenhandelswertes

	1960	1965	1970	1975	1980	1985	1989
sozialistische Länder	75	74	72	70	66	–	–
RGW-Länder	68	69	67	66	63	45	41
UdSSR	43	43	39	36	35	28	23
ČSSR	9	9	10	9	8	5	5
Polen	7	7	7	9	6	4	4
Ungarn	4	4	5	5	5	3	4
kapitalistische Länder	21	22	24	26	27	44	51
Bundesrepublik	10	9	10	9	8	20	21
Entwicklungsländer	4	4	4	4	6	8	5

Quelle: Statistische Jahrbücher der DDR

Systems (NÖS) kommt es 1964 und in den folgenden Jahren zu **Erfolgen in der wirtschaftlichen Entwicklung**, die das politische System – auch durch eine wachsende Akzeptanz in der Bevölkerung – stabilisieren.
Die Wirtschaftsreform ist jedoch wesentlich durch eine forcierte Modernisierung in der Investitionsgüterindustrie und die Förderung des technischen Fortschritts bei **Vernachlässigung der Konsumgüterbereiche** gekennzeichnet. Auch die **Lebensmittelversorgung verbessert sich** merklich.

AUSSENPOLITIK

In dem am 12.6. unterzeichneten **Vertrag über Freundschaft, gegenseitigen Beistand und Zusammenarbeit** zwischen der DDR und der Sowjetunion (in Kraft am 26.9.) wird von der Existenz zweier deutscher Staaten gesprochen und West-Berlin als selbständige politische Einheit bezeichnet. Die drei Westalliierten bekräftigen am Tag des Inkrafttretens des Vertrags, dass sie allein die Bundesregierung als legitime deutsche Regierung anerkennen (→ BRD).

SOZIALE DATEN

■ **Bevölkerung:** Im Gebiet der DDR leben nach der zwischen dem 28.12. bis 31.12. durchgeführten Volkszählung 17,0 Mio. Einwohner. Der Bevölkerungsrückgang gegenüber dem Vorjahr (177 000) ist einerseits auf die Korrektur der Bevölkerungsfortschreibung durch die Zählung, andererseits auf einen einsetzenden Geburtenrückgang zurückzuführen. Der Frauenüberschuss wird in der Volkszählung mit 1,51 Mio. angegeben. Nach westlichen Angaben siedeln 41 866 (etwas weniger als im Vorjahr) Personen in die Bundesrepublik über. Die Zahl der von der Bundesrepublik in die DDR Zurückkehrenden oder Übersiedelnden geht um mehr als 15% auf jetzt 9895 Personen zurück.

WIRTSCHAFTLICHE DATEN

■ **Wohnungssituation und Wiederaufbau:** Mit dem Bau von 76 615 Wohnungen (69 345 Neubauten, 7270 Modernisierungen) werden 647 Wohnungen mehr fertiggestellt als im Vorjahr. Der genossenschaftliche Wohnungsbau geht um nochmals mehr als 24% auf 30 520 Wohnungen zurück.

■ **Preise und Lebenshaltung:** Das durchschnittliche monatliche Arbeitseinkommen von Arbeitern und Angestellten in der staatseigenen Wirtschaft wächst gegenüber dem Vorjahr auf 610 Mark. Die Pro-Kopf-Sparguthaben wachsen auf etwa 1609 Mark an. Ihr hohes Wachstum gegenüber dem Vorjahr (16,7%) ist nicht allein der demografischen Bereinigung geschuldet. Die Sparguthaben bei Geld- und Kreditinstituten wachsen absolut um mehr als 15,5%, sparwirksame Personenversicherungen um mehr als 11%. Damit verstärkt sich das Geldüberhangproblem der DDR weiter. – Das **Fernsprechnetz** der Deutschen Post wächst um 34 800 auf etwa 734 200 Anschlüsse an. – Beim **Ausstattungsniveau** der privaten Haushalte mit langlebigen Konsumgütern werden folgende Werte erreicht: Auf 1000 Haushalte kommen 71 Pkw, 160 Motorräder, 204 Kühlschränke, 224 Waschmaschinen und 459 Fernsehgeräte.

1965 BRD

»Formierte Gesellschaft«

Durch den Beginn der »amerikanischen Phase« im Vietnam-Konflikt gerät Ende 1964 Südostasien ins Zentrum der Weltpolitik. Gleichzeitig setzen die Supermächte ihre Bemühungen um Entspannung fort; Verhandlungen über ein Abkommen zur Nichtverbreitung von Atomwaffen konkretisieren sich. Unter diesen Rahmenbedingungen entsteht in der Bundesrepublik eine offene Diskussion über die bisherige Ostpolitik. Die SPD legt im Bundestagswahlkampf den Schwerpunkt auf dieses Thema. Zwar verlieren die Sozialdemokraten mit Willy Brandt an der Spitze die Wahl, dennoch mehren sich die Stimmen bedeutender gesellschaftlicher Kräfte – unter ihnen auch die beiden großen Kirchen –, die eine Neuorientierung gegenüber dem Ostblock und der DDR verlangen. Innenpolitische Probleme, vor allem die Vernachlässigung des Bildungssystems, Defizite der Sozialpolitik und die geplante Notstandsgesetzgebung, liefern vermehrt tagespolitischen Konfliktstoff.

AUSSENPOLITIK

■ **Krise mit Frankreich:** Die 1964 offen zutage getretene Krise in den deutsch-französischen Beziehungen setzt sich fort. Bei einem Arbeitsbesuch von Bundeskanzler Ludwig Erhard am 19./20.1. in Paris weicht Staatspräsident Charles de Gaulle von der bisherigen Haltung Frankreichs zur Frage der deutschen Wiedervereinigung ab. Die deutsche Einheit sei nicht unter dem Dach der fortentwickelten EWG zu erwarten, sondern nur in einem freien, selbständigen **Europa, das vom Atlantik bis zum Ural reiche**. In einer erstmals abgehaltenen Aktuellen Stunde im Bundestag nennt Erhard am 10.2. die Position Frankreichs eine »weit ausgreifende Perspektive«.

■ **Arabische Staaten/Israel:** In Reaktion auf den geplanten Besuch des DDR-Staatsratsvorsitzenden Walter Ulbricht in Ägypten droht die Bundesregierung in Anwendung der Hallstein-Doktrin mit dem Abbruch der diplomatischen Beziehungen und Einstellung der Militärhilfe. Am 1.2. ruft sie ihren Botschafter aus Kairo zurück. – Die Bundesrepublik intensiviert ihr Verhältnis zu Israel. Am 12.5. vereinbaren beide Staaten die **Aufnahme diplomatischer Beziehungen**. Daraufhin brechen alle arabischen Staaten mit Ausnahme von Tunesien, Libyen und Marokko die Beziehungen zur Bundesrepublik ab. Erster Botschafter in Israel wird am 19.8. Rolf Pauls.

DEUTSCHLANDPOLITIK

■ **Deutsch-polnische Grenzfragen:** Der SPD-Fraktionsführer im Bundestag, Fritz Erler, setzt sich am 14.1. auf einer Pressekonferenz in West-Berlin für direkte Gespräche über die deutsch-polnische Grenze zwischen der Bundesrepublik und Polen ein. Eine Regelung dieser Frage erhöhe die Chancen einer Wiedervereinigung, da der Ostblock bundesdeutsche Initiativen mit dem Verweis auf den »territorialen Revanchismus« der Bundesrepublik blockiere. Die Bundesregierung protestiert am 15.1. scharf gegen die von Erler vorgeschlagene **Anerkennung der Oder-Neiße-Linie**; auch die SPD distanziert sich von ihrem Fraktionschef. – Der Präsident des Deutschen Bundestags, Eugen Gerstenmaier (CDU), erklärt am 18.1. , alle heutigen Staaten auf deutschem Boden seien nur »Provisorien«. Ziel der deutschen Politik müsse die **Wiederherstellung des Deutschen Reiches** sein.

■ **Denkschrift der evangelischen Kirche:** Nach der Bundestagswahl vom 19.9. hält die Diskussion um die Ostpolitik an, in der sich erstmals auch die – noch gesamtdeutsch organisierten – großen Kirchen öffentlich zu Wort melden. Am 15.10. veröffentlicht die Evangelische Kirche Deutschlands (EKD) ihre Denkschrift »Die Lage der Vertriebenen und das Verhältnis des deutschen Volkes zu seinen

Rolf Pauls (l.), der erste deutsche Botschafter in Israel, am 19.8. mit Staatspräsident Salman Schasar und Außenministerin Golda Meir

östlichen Nachbarn«. Darin stellt die EKD fest, dass die ehemaligen deutschen Ostgebiete, die seit 1944/45 unter polnischer Verwaltung stehen, selbst im Falle einer Wiedervereinigung nicht an Deutschland zurückfallen könnten, da Polen durch die Abgabe dieser Gebiete in seiner Existenz bedroht sei und die heute dort lebenden Polen ein Heimatrecht besäßen. Diese **indirekte Anerkennung der Oder-Neiße-Linie** stößt auf massive Kritik der Vertriebenenverbände.

■ **Stellungnahme der Bischöfe:** Am 18.11. wenden sich die polnischen Bischöfe mit einem **Schreiben an die deutsche Delegation** und bezeichnen die Oder-Neiße-Linie für Polen als Existenzfrage. Obwohl die deutschen Bischöfe in ihrer Antwort am 5.12. die Grenzfrage umgehen, gestehen sie zu, dass in den umstrittenen Gebieten eine Generation junger Polen heranwachse, die dort ihre Heimat gefunden hätten. Die Ansprüche der Vertriebenen und Polen müssten miteinander versöhnt werden.

■ **Flüchtlinge:** Der Bundestag verabschiedet am 27.1. das **Flüchtlingshilfegesetz**. Danach erhalten Flüchtlinge aus der DDR eine einmalige Unterstützung von 1200 DM sowie weitere 200 DM für den Ehegatten und 150 DM für sonstige Angehörige. – Nach amtlichen Mitteilungen flüchteten 2044 DDR-Bürger 1965 in die Bundesrepublik oder nach West-Berlin. Seit dem Bau der Mauer starben 66 Menschen bei Fluchtversuchen.

■ **Passierscheinabkommen** → 1963

NOTSTANDSGESETZGEBUNG

Die Gewerkschaften verschärfen ihren Kurs gegen die geplante Verabschiedung der Notstandsgesetze. An einer zentralen Protestkundgebung in Köln am 14.5. nehmen mehrere tausend Menschen teil. – Bei der Abstimmung im Bundestag am 24.6. **verhindert die SPD mit ihrer Ablehnung der Notstandsgesetze** die notwendige verfassungsändernde Zweidrittelmehrheit; Differenzen bestehen vor allem hinsichtlich der geplanten Pressezensur, der Überwachung des Brief- und Telefonverkehrs sowie der Weisungsbefugnisse der Bundesregierung gegenüber den Bundesländern im Notstandsfall. – In der CDU mehren sich nach dem Scheitern Stimmen für eine **Große Koalition**, um die Notstandsgesetze gemeinsam mit der SPD verabschieden zu können. In diesem Sinn spricht sich Adenauer vor der Bundestagswahl am 8.8. aus; Bundespräsident Heinrich Lübke (CDU) greift diese Forderung am 23.12. wieder auf.

PARTEIEN UND WAHLKAMPF

■ **SPD:** Zentrales Thema der Sozialdemokraten im Wahlkampf ist die »neue Ostpolitik«. Kanzlerkandidat Brandt kündigt am 8.1. an, im Falle eines Wahlsieges gegenüber den kommunistischen Staaten Osteuropas einschließlich der DDR eine »Politik der kleinen Schritte« einzuleiten, die zu »menschlichen Erleichterungen« führen solle. Innenpolitischer Schwerpunkt ist die Verbesserung des Bildungssystems. In der Diskussion über eine Große Koalition nach der Bundestagswahl vermeidet Brandt Festlegungen.

■ **CDU/CSU:** Bundeskanzler Ludwig Erhard bezeichnet 25 bundesdeutsche Autoren (darunter Martin Walser und Rolf Hochhuth), die ein »Plädoyer für eine andere Regierung« veröffentlicht haben, am 9.7. in Düsseldorf als »Banausen und Nichtskönner«, die sich in Dinge einmischten, von denen sie nichts verstünden: »Da hört der Dichter auf, da fängt der ganz kleine Pinscher an.« – In seiner Wahlkampfrede in Dortmund am 8.8. spricht sich Erhard **gegen eine Große Koalition** nach der Bundestagswahl aus, die u.a. vom Altbundeskanzler und CDU-Parteivorsitzenden Konrad Adenauer befürwortet wird.

■ **FDP:** Auf dem Bundeswahlkongress in Essen am 2.9. erklärt sich Parteichef Erich Mende zur Fortführung der christlich-liberalen Koalition bereit, wenn der CSU-Vorsitzende Franz Josef Strauß keinen Ministerposten erhält.

■ **Rechtsparteien:** Am 9.5. findet in Hannover der erste Bundesparteitag der 1963 gegründeten Nationaldemokratische Partei Deutschlands (NPD) statt. – Die Deutsche Reichspartei (DRP) erklärt sich am 5.12. auf ihrem Parteitag in Göttingen für aufgelöst. 3000 der 4000 Mitglieder sind nach Informationen der DRP bereits zur NPD gewechselt.

BUNDESTAGSWAHL

■ **Ergebnis:** Bei einer Wahlbeteiligung von 86,8 % (–0,9% im Vergleich zu 1961) gewinnt die CDU/CSU mit großem Vorsprung, verfehlt jedoch knapp die absolute Mehrheit im Bundestag; sie erhält 47,6% der Stimmen und damit 2,3% mehr als 1961. Die SPD legt mit 39,3% ebenfalls zu (+3,1%), erreicht jedoch nicht den erhofften Durchbruch. Starke Verluste verzeichnen dagegen die Liberalen mit einem Stimmenanteil von 9,5% (–3,3%). Die erstmals angetretene NPD gewinnt 2% der Stimmen und scheitert damit an der 5%-Klausel.

■ **Neue Bundesregierung:** Am 18.10. einigen sich CDU/CSU und FDP auf die **Fortführung der bürgerlich-liberalen Koalition**. Zwei Tage später wählt der Bundestag Erhard erneut zum Bundeskanzler. – Die Regierungsbildung ist überschattet von einer Auseinandersetzung zwischen Erhard und Bundespräsident Lübke, weil der den »Gaullisten« zugeneigte Bundespräsident den zum Außenminister berufenen »Atlantiker« Gerhard Schröder (CDU) zunächst nicht ernennen will.
In seiner **Regierungserklärung** am 10.11. stellt Erhard die Wirtschaftspolitik in den Vordergrund. Wegen der hohen Kriegsfolgelasten und der Aufwendungen für Verteidigung und Entwicklungshilfe müsse der Staat nun **»maßhalten«** und könne nicht noch mehr Subventionen oder Sozialausgaben verkraften. Angesichts des Arbeitskräftemangels empfiehlt er vielmehr eine **Erhöhung der Wochenarbeitszeit**. Erhard greift sein auf dem Bundesparteitag der CDU geprägtes Schlagwort der **»formierten Gesellschaft«** erneut auf: Durch eine kooperative Demokratie jenseits des Klassendenkens soll der wachsende Einfluss von Interessenverbänden auf die Entwicklung der Gesellschaft eingedämmt werden.

BILDUNGSPOLITIK

■ **Forderungen und Maßnahmen:** In Bonn schließen Bund und Länder am 15.7. ein Abkommen über die Errichtung eines **Deutschen Bildungsrats**. Die 18 Mitglieder, Sachverständige und Repräsentanten gesellschaftlicher Gruppen, sollen Probleme des Bildungssystems aufzeigen, Bedarfsanalysen erstellen und Reformvorschläge für die Struktur des Bildungssystems sowie Entwicklungspläne erarbeiten.

■ **Studentenproteste:** Am 28.5. kommt es an der West-Berliner Freien Universität (FU) zum **ersten Studentenstreik** an einer bundesdeutschen Hochschule. Rund 800 Studenten protestieren gegen das vom Rektor über den Journalisten Erich Kuby verhängte Redeverbot. Dieser wollte an der FU zur Rolle der USA im Vietnam-Krieg sprechen.

Wahl zum 5. Deutschen Bundestag am 19.9.1965 (1961)

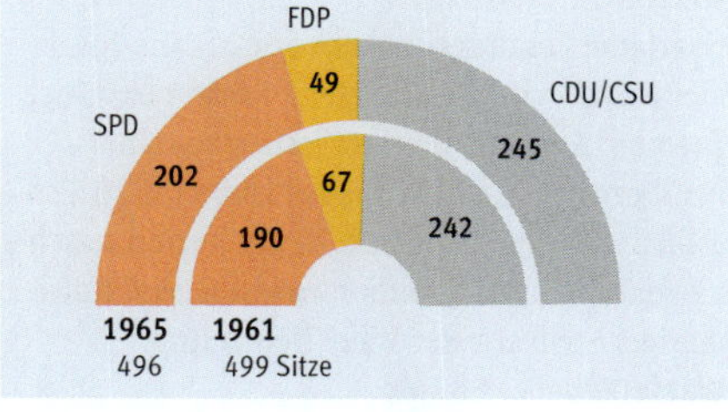

2. KABINETT ERHARD

(konstituiert am 26.10.1965)
Bundeskanzler: Ludwig Erhard (CDU)
Stellvertreter und Gesamtdeutsche Fragen: Erich Mende (FDP); ab 28.10.1966 Nachfolger als Stellvertreter: Hans-Christoph Seebohm (CDU); Nachfolger für Gesamtdeutsche Fragen: Johann Baptist Gradl (CDU)
Auswärtiges: Gerhard Schröder (CDU)
Inneres: Paul Lücke (CDU)
Justiz: Richard Jaeger (CSU)
Finanzen: Rolf Dahlgrün (FDP); ab 8.11.1966 Kurt Schmücker (CDU)
Wirtschaft: Kurt Schmücker (CDU)
Ernährung, Landwirtschaft und Forsten: Hermann Höcherl (CSU)
Arbeit und Sozialordnung: Hans Katzer (CDU)
Verteidigung: Kai-Uwe von Hassel (CDU)
Verkehr: Hans-Christoph Seebohm (CDU)
Post- und Fernmeldewesen: Richard Stücklen (CSU)
Wohnungswesen und Städtebau: Ewald Bucher (FDP); ab 8.11.1966 Bruno Heck (CDU)
Vertriebene, Flüchtlinge und Kriegsgeschädigte: Johann Baptist Gradl (CDU)
Bundesrat und Länder: Alois Niederalt (CSU)
Wissenschaftliche Forschung: Gerhard Stoltenberg (CDU)
Familie und Jugend: Bruno Heck (CDU)
Schatz: Werner Dollinger (CSU)
Wirtschaftliche Zusammenarbeit: Walter Scheel (FDP); ab 28.10.1966 Werner Dollinger (CSU)
Gesundheitswesen: Elisabeth Schwarzhaupt (CDU)
Besondere Aufgaben: Ludger Westrick (CDU)

AUFARBEITUNG DER NS-VERGANGENHEIT

■ **Verjährungsdebatte:** In einer Note an den bundesdeutschen Botschafter in Moskau bezeichnet das sowjetische Außenministerium die Politik der Bundesrepublik in der Frage der im Mai 1965 drohenden Verjährung von NS-Verbrechen als Versuch, eine **»de-facto-Amnestierung der faschistischen Mörder«** zu erreichen. Die Sowjetunion fordert stattdessen eine Revision der Gesetze nach dem Vorbild der DDR.
Bundesjustizminister Ewald Bucher (FDP) verweist

am 10.3. vor dem Bundestag darauf, dass seit 1945 insgesamt 11 000 Deutsche wegen NS-Verbrechen verurteilt worden seien; eine Änderung der Verjährungsfrist verstoße gegen das Grundgesetz. – Am 25.3. beschließt der Bundestag mit 344 gegen 96 Stimmen bei 4 Enthaltungen die **Verlängerung der Verjährungsfrist** für NS-Verbrechen, die mit lebenslänglicher Haft bestraft werden können, bis zum 1.1.1970. – Bucher bittet daraufhin am 27.3. um seine Entlassung; sein Nachfolger wird am 1.4. Karl Weber (CDU).

■ **Prozesse:** Im sog. **Euthanasie-Prozess** werden 14 ehemalige Angehörige des Pflegepersonals der Anstalt Obrawalde am 12.3. vom Schwurgericht des Landgerichts München freigesprochen. Sie waren angeklagt, während des 2. Weltkriegs mehr als 8000 unheilbar Kranke mit Giftinjektionen getötet zu haben. – Im bisher längsten und aufwendigsten Gerichtsverfahren der deutschen Justiz, dem **Auschwitz-Prozess** vor dem Schwurgericht in Frankfurt am Main, werden am 19.8 sechs ehemalige SS-Aufseher zu lebenslänglicher Haft, zehn zu Zuchthaus zwischen dreieinhalb und 14 Jahren verurteilt, drei Angeklagte werden freigesprochen. Das Verfahren, in dem 359 Zeugen aus 19 Ländern geladen waren, hatte am 20.12.1963 begonnen. – Im **Treblinka-Prozess** vor dem Schwurgericht in Düsseldorf werden die Urteile am 3.9. verkündet. Vier Angeklagte, ehemalige Angehörige des Wachpersonals, erhalten lebenslängliche Haftstrafen, fünf langjährige Freiheitsstrafen; ein Angeklagter wird freigesprochen.

■ **»Wiedergutmachung«:** Eine vom Bundestag am 26.5. verabschiedete **Novelle zum Entschädigungsgesetz** regelt die »Wiedergutmachung« für staatenlose Flüchtlinge, die nach dem 1.10. 1963 ihre Heimat in Osteuropa verlassen konnten. Rund 180 000 Betroffene erhalten insgesamt Zuwendungen von 1,2 Mrd. DM. Mit der Novelle sieht die Bundesregierung die **»Wiedergutmachung« als abgeschlossen** an.

AFFÄREN

■ **Telefon-Affäre:** Der Bundesgerichtshof verurteilt am 8.11. einen ehemaligen Mitarbeiter des Verfassungsschutzes zu vier Monaten Gefängnis mit Bewährung. Er wird für schuldig befunden, u.a. die Wochenzeitung *Die Zeit* über angebliche Abhöraktionen der Verfassungsschützer informiert und damit die Telefon-Affäre von 1963 ausgelöst zu haben.

Ludwig Erhard (M.) in einem Bergwerk im Ruhrgebiet

WIRTSCHAFTSPOLITIK

■ **Vermögensbildung:** Die IG Bau, Steine, Erden und die Arbeitgeber der Bauindustrie schließen am 5.3. den ersten **Tarifvertrag über vermögensbildende Leistungen** der Arbeitgeber. Zusammen mit dem am 5.5. vom Bundestag verabschiedeten zweiten Gesetz zur Förderung der Vermögensbildung von Arbeitnehmern erweitert die Regelung das 312-DM-Gesetz von 1961.

■ **Kohlekrise:** Trotz der Reduzierung der Zechenbelegschaften von über 300 000 (1960) auf 225 000 nimmt die Kohleförderung weiter zu. Der **Preisverfall hält an**, zumal die Absatzkrise wegen konkurrierender Energieträger und billigerer Steinkohle aus den USA andauert. Zur **Stützung der Zechen** beschließt der Bundestag am 23.6. u.a. eine steuerliche Begünstigung der Kohlekraftwerke. Am 28.7. folgt ein weiteres Paket mit Sofortmaßnahmen: Durch bezahlte Feierschichten wird die Produktion reduziert; die Halden werden verlagert, um Lagerkapazitäten an den Zechenstandorten frei zu machen. 1965 steigt der Anteil von **Haldenkohle** an der Gesamtförderung erstmals auf über 10%.

BUNDESLÄNDER

■ **Hamburg:** Die Bürgerschaft wählt am 9.6. den bisherigen Finanzsenator Herbert Weichmann (SPD) zum Nachfolger von Paul Nevermann als Ersten Bürgermeister.

■ **Saarland:** Landtagswahl am 27.6.: Franz-Josef Röder (CDU) wird als Ministerpräsident bestätigt.

■ **Bremen:** Am 17.7., dem 20. Jahrestag seiner Amtsübernahme, tritt Wilhelm Kaisen (SPD) als Präsident des Senats zurück. Neuer Regierungschef der sozial-liberalen Koalition wird am 20.7. Kaisens bisheriger Stellvertreter Willy Dehnkamp.

■ **Wahlergebnis** → S. 465

1965 DDR

Der mühsame Weg der Anerkennung

Die mit dem Neuen Ökonomischen Systems (NÖS) einhergehenden Wirtschaftsreformen werden fortgesetzt, auch bildungspolitische Maßnahmen und ein neues Familiengesetz weisen auf eine Änderungsbereitschaft der SED hin. Die gesellschaftspolitischen Reformauswirkungen, etwa die offene Kritik an Entwicklungsdefiziten in Kultur und Kunst und das von der SED-Führung als Managertum gebrandmarkte wirtschaftlich orientierte Denken vieler Betriebsdirektoren, werden allerdings von der Parteispitze zunehmend abgelehnt. Die als »Kahlschlagplenum« bezeichnete 11. Tagung des SED-Zentralkomitees bedeutet das vorläufige Ende der kulturpolitischen Offenheit, daneben zeichnet sich auch beim NÖS eine langsame Aufweichung der ursprünglichen Reformziele ab.

GESELLSCHAFTSPOLITIK

■ **Bildungspolitik:** Die Volkskammer verabschiedet am 25.2. das **Gesetz über das einheitliche sozialistische Bildungssystem**, das die Organisation der Vorschulerziehung, der zehnklassigen polytechnischen Oberschulen, der Berufsschulen sowie der Universitäten und Hochschulen regelt. Mittlerweile haben 15% der Bevölkerung Abitur (1950: 5%), 20% haben einen Abschluss der 10. Klasse (10%), zugleich geht die Zahl der Abschlüsse der achten Klasse von 65% auf 53% sowie niedriger Klassenstufen von 20% auf 12% zurück.

■ **Familienpolitik:** Am 21.12. verabschiedet die Volkskammer das **Familiengesetzbuch**, das am 1.4.1966 in Kraft tritt. Mit ihm wird die Gleichberechtigung der Frau in Ehe und Familie gestärkt und bei Scheidungen das Schuldprinzip abgeschafft. Das Gesetz regelt auch die Umgangsrechte des nichterziehenden Elternteils und stellt eheliche und uneheliche Kinder gleich. Weitere Bestimmungen setzen den Rahmen für Adoption und Pflegschaft von Kindern.

■ **Kommunalwahlen:** Am 10.10. finden Wahlen zu den Kommunalvertretungen statt, an denen sich nach dem offiziellen Ergebnis 98,84% der Wahlberechtigten beteiligen, von denen 99,86% für die Einheitsliste stimmen.

KULTURPOLITIK

■ **Ideologische Verhärtung:** Unter dem Eindruck einer von der Parteiführung als allzu freizügig angesehenen Entwicklung in der Kulturlandschaft setzt im Verlauf des Jahres eine Kampagne ein, an deren Ende die 11. Tagung des SED-Zentralkomitees (**»Kahlschlagplenum«**) vom 15.12. bis 18.12. steht. Wenige Tage vor diesem Plenum wird im SED-Zentralorgan *Neues Deutschland* sowie in der *Berliner Zeitung* Kritik an Schriftstellern und Künstlern geübt. Das *Neue Deutschland* kritisiert am 5.12. den Liedermacher Wolf Biermann, die *Berliner Zeitung* attackiert am 10.12. den Schriftsteller Stefan Heym und die Zeitschrift *Neue Deutsche Literatur*. Während des Plenums am 15.12. greift insbesondere Erich Honecker die Kulturschaffenden scharf an. Anders als diese es darstellten, sei die DDR »ein sauberer Staat«. Die Filme der DEFA (»Das Kaninchen bin ich« und »Denk bloß nicht, ich heule«) und Heiner Müllers Bühnenwerk »Der Bau« zeigten hingegen »dem Sozialismus fremde, schädliche Tendenzen und Auffassungen« und

Vaterländischer Verdienstorden: Walter Ulbricht ehrt am 6.5. Helene Weigel, Leiterin des Berliner Ensembles

pressten »konstruierte Konfliktsituationen« in »einen ausgedachten Rahmen«. Biermann wirft er vor, mit »seinen von gegnerischen Positionen geschriebenen zynischen Versen« an der DDR, die »ihm eine hochqualifizierte Ausbildung ermöglichte«, und an seinem »von den Faschisten ermordeten Vater« Verrat zu begehen.
Von den Tagungsteilnehmern verteidigt allein die Schriftstellerin Christa Wolf, zu diesem Zeitpunkt Kandidatin des ZK, die gesellschaftskritischen DEFA-Filme. Sie erreicht, dass der Film »Spur der Steine« des Regisseurs Frank Beyer gezeigt werden kann. Alle anderen Filme werden sofort verboten oder nicht mehr fertiggestellt.

NEUES ÖKONOMISCHES SYSTEM (NÖS)

■ **Reformpolitik:** Am 1.1. tritt die dritte Stufe der **Industriepreisreform** in Kraft (→ 1964), mit der die Industrieabgabepreise für Holz, Papier, Leder, Erzeugnisse der Chemieindustrie und der Nichteisen-Metallverarbeitung im Durchschnitt um 40% angehoben und die dazugehörigen Güterverkehrstarife angepasst werden. – In der Parteiführung nehmen unterdessen die **Auseinandersetzungen um den Reformkurs** zu. Befürworter einer Konzentration der Ressourcen auf bestimmte Projekte (mit dem Ziel schneller Erfolge) stehen Anhängern einer ausgewogenen, stärker an ökonomischen Kriterien orientierten Entwicklung gegenüber. Die Debatte erreicht zum Jahresende ihren Höhepunkt. Kurz vor Beginn der 11. Tagung des SED-ZK begeht am 3.12. der Vorsitzende der staatlichen Planungskommission, Erich Apel, nach parteiinternen Intrigen und wegen des seiner Ansicht nach für die DDR ungünstigen Verlaufs der Wirtschaftsverhandlungen mit der UdSSR Selbstmord. Das 11. Plenum des ZK vom 15. bis 18.12. fasst weitreichende Beschlüsse zur zweiten Etappe des NÖS. In der Folge wird am 22.12. der **Volkswirtschaftsrat aufgelöst**; seine Aufgaben gehen auf die am 14.1.1966 wieder erstehenden neun **Industrieministerien** über.

DEUTSCHLANDPOLITIK

An die formal angestrebte **Wiedervereinigung** knüpft die DDR die **Bedingung einer staatssozialistischen Ordnung in Deutschland**. Nach dem am 5.5. von Staatsrat, Ministerrat und Nationalrat der Nationalen Front in der Volkskammer proklamierten »Manifest an das deutsche Volk und die Völker und Regierungen der Welt« bietet Walter Ulbricht am 1.8. in einer von Rundfunk- und Fernsehen übertragenen Ansprache der westdeutschen Regierung Gespräche über die Wiedervereinigung und die Bildung einer deutsch-deutschen Wirtschaftskommission an. – Als neue Institutionen entstehen am 13.1. ein **Rat für gesamtdeutsche Fragen** und am 18.12. ein eigenständiges **Staatssekretariat für gesamtdeutsche Fragen**, dessen Chef Joachim Hermann wird.

■ **Passierscheinabkommen** → 1963 BRD

Bildungswesen in der DDR

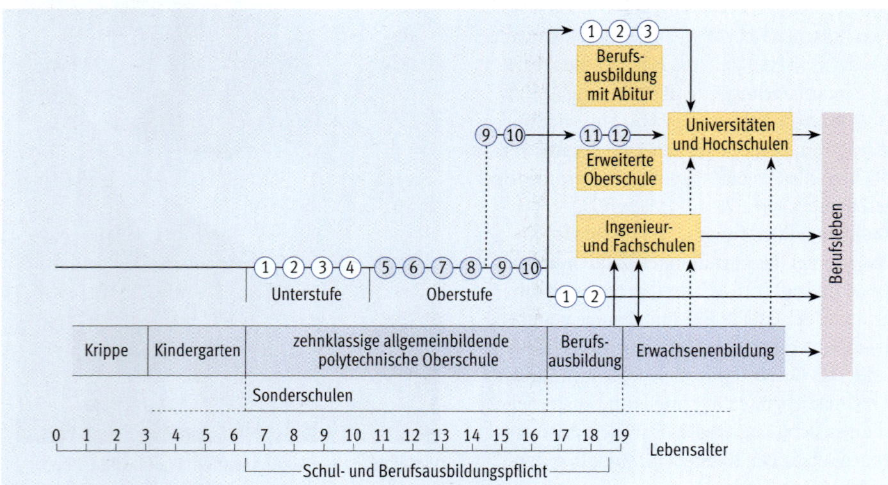

AUSSENPOLITIK

■ **Schritte zur Anerkennung:** In der Außenpolitik gelingt es Ost-Berlin zunehmend, Beziehungen – besonders zu Entwicklungsländern – unterhalb des Niveaus der diplomatischen Anerkennung aufzubauen. Von großer Bedeutung ist hierbei ein siebentägiger **Besuch** (24.2.–2.3.) **einer** von Ulbricht geleiteten **Staatsdelegation in der Vereinigten Arabischen Republik Ägypten**, die einer deutlichen Aufwertung der DDR in der arabischen Welt gleichkommt. – Damit nimmt auch die Bedeutung des Außenministeriums innerhalb der Regierung zu. Nach dem Rücktritt des bisherigen Amtsinhabers Lothar Bolz (NDPD) am 24.6. erhält das Ministerium, das bislang immer von Politikern der Blockparteien geführt worden war, mit dem bisherigen Staatssekretär Otto Winzer einen Chef aus den Reihen der SED. – Am 8.10. beschließt das IOC die **Aufnahme des Nationalen Olympischen Komitees der DDR** als Vollmitglied sowie die Zulassung von zwei deutschen Mannschaften bei den Olympischen Spielen 1968 in Mexiko-Stadt.

■ **Ostblockstaaten:** Im Juni stellt die DDR Delegationen aus sozialistischen Ländern (Bulgarien, Jugoslawien, Nordkorea, Kuba, Mongolei, Polen, Rumänien, der UdSSR, Tschechoslowakei und Ungarn) ihre Erfahrungen mit dem NÖS vor. Vom 16.10. bis 24.10. findet in Thüringen ein gemeinsames Manöver (»Oktobersturm«) von Truppenverbänden aus Polen, der Tschechoslowakei, der Sowjetunion und der DDR statt.
Vom 27.11. bis 30.11. stattet Leonid Breschnew der DDR den ersten offiziellen Besuch als neuer sowjetischer Parteichef ab. – Am 16.12. vereinbaren die DDR und die UdSSR den gegenseitigen Verzicht auf Visa bei Privatreisen.

Ausflugsvergnügen: Kahnfahrt auf dem Spreewald

SOZIALE DATEN

■ **Bevölkerung:** Im Gebiet der DDR leben am 31.12. 17,0 Mio. Einwohner. Deren Zahl ist damit in der Bevölkerungsfortschreibung um 36 000 gestiegen. Der Frauenüberschuss beträgt 1,48 Mio. Nach westlichen Angaben siedeln 29 552 Personen nach Westdeutschland über. Die Anzahl der von dort Zurückkehrenden oder Übersiedelnden sinkt auf 8833 Personen.

■ **Wohnungssituation und Wiederaufbau:** Mit dem Bau von 68 162 Wohnungen (58 303 Neubauten, 9859 Modernisierungen) werden 8453 Wohnungen weniger fertiggestellt als im Vorjahr. Der genossenschaftliche Wohnungsbau geht um nochmals mehr als 31% auf 20 965 Wohnungen zurück.

■ **Einkommen und Lebenshaltung:** Das durchschnittliche monatliche Arbeitseinkommen von Arbeitern und Angestellten in der staatseigenen Wirtschaft wächst gegenüber dem Vorjahr auf 633 Mark. Die Pro-Kopf-Sparguthaben wachsen stark auf etwa 1835 Mark an. Die Sparguthaben bei Geld- und Kreditinstituten wachsen absolut um mehr als 14,3%, sparwirksame Personenversicherungen um mehr als 10%. – Das Fernsprechnetz der Deutschen Post wächst um 31 200 auf etwa 465 600 Anschlüsse an. – Das Ausstattungsniveau der privaten Haushalte mit langlebigen Konsumgütern hat sich gegenüber den 1950er und beginnenden 1960er Jahren deutlich verbessert. Auf 1000 Haushalte kommen 536 Fernsehgeräte (1960: 185), 277 Waschmaschinen (1960: 62), 259 Kühlschränke (1960: 61), 165 Motorräder und Motorroller (1960: 127) und 82 Pkw (1960: 32).

■ **Tourismus**: Über die volkseigenen Reisebüros buchen 1965 mehr als 300 000 DDR-Bürger eine Reise in die staatssozialistischen Länder, etwa eine Million Personen nutzen (im Wesentlichen im Inland) den »Feriendienst« des Freien Deutschen Gewerkschaftsbunds (FDGB), 900 000 Kinder fahren in Ferienlager, die in der Regel von Betrieben, in wenigen Fällen von der Pionierorganisation unterhalten werden.

1966 BRD

Große Koalition

Für die Bundesrepublik ist 1966 ein Jahr innenpolitischer Krisen. Bundeskanzler Ludwig Erhard wird auch aus den eigenen Reihen Führungsschwäche vorgeworfen. Die Starfighter-Affäre, die Bemühungen um eine Notstandsgesetzgebung und der Krieg der USA in Vietnam schwächen bei vielen Bürgern das Vertrauen in die Politik; die ersten Studentenproteste signalisieren den Beginn einer gesellschaftlichen Krise. Das wirtschaftliche Wachstum geht zurück und im Herbst zerbricht die christlich-liberale Koalition, weil sich CDU/CSU und FDP nicht auf Sparmaßnahmen zur Konsolidierung des Bundeshaushalts einigen können. An ihre Stelle tritt eine Große Koalition aus CDU/CSU und SPD, die von Bundeskanzler Kurt Georg Kiesinger (CDU) geführt wird.

KOALITIONSKRISE UND REGIERUNGSWECHSEL

■ **Haushaltsstreit und Koalitionsbruch:** Obwohl der Entwurf des Bundeshaushalts 1967 trotz drastischer Sparmaßnahmen eine erhebliche **Deckungslücke von rd. 7 Mrd. DM** aufweist – bedingt durch zu erwartende Steuermindereinnahmen und zu leistende Ausgleichszahlungen an die USA –, billigt das Kabinett am 29.9. den Haushalt. Am 9.10. kündigt die FDP-Bundestagsfraktion an, sie werde den Haushalt im Bundestag ablehnen, da sie die geplante Einschränkung der Sparförderung nicht billige. FDP-Vorsitzender Erich Mende fordert am 14.10. eine Revision des Gesamthaushalts, ohne dass es zu Steuererhöhungen kommen dürfe. In der folgenden Auseinandersetzung fordert die FDP am 23.10. Kürzungen bei den Verteidigungs- und Sozialausgaben sowie bei der Entwicklungshilfe; die CDU schlägt Steuererhöhungen und Kürzungen bei der Spar- bzw. Bausparförderung vor. Als die vier **FDP-Minister** einem Kompromiss auf dieser Grundlage am 26.10. zustimmen, erntet die FDP für ihren »Umfall« ein verheerendes Medienecho. Unter dem Druck der Öffentlichkeit und der Partei erklären die FDP-Minister daraufhin am 27.10. ihren **Auszug aus dem Kabinett**. – Erhard bildet aus CDU-Regierungsmitgliedern ein Minderheitskabinett. Am 28.10. lehnt der Bundesrat den Haushaltsentwurf einstimmig ab, weil dieser immer noch eine Deckungslücke von rd. 4 Mrd. DM aufweist. Damit ist der Autoritätsverlust Erhards in der eigenen Partei, deren Vorsitzender er in der Nachfolge Konrad Adenauers seit dem 23.3. ist, und in der Öffentlichkeit zu groß geworden. Auf Drängen der CDU/CSU-Fraktion erklärt er sich am 2.11. zum Rücktritt bereit.

■ **Große Koalition unter Kiesinger:** Am 10.11. nominiert der CDU-Bundesvorstand daraufhin den baden-württembergischen Ministerpräsidenten Kurt Georg **Kiesinger** zum **Kanzlerkandidaten**. In der Bundesrepublik und besonders im Ausland wird diese Entscheidung für einen Kandidaten, der NSDAP-Mitglied und 1943–45 stellvertretender Leiter der Rundfunkabteilung im Auswärtigen Amt gewesen war, teilweise heftig kritisiert. – Nachdem am 24.11. Gespräche zwischen Kiesinger und Mende über eine Neuauflage der Koalition scheitern, erklärt sich die FDP am 25.11. zu einer Koalition mit der SPD bereit. Beide Parteien stimmen insbesondere in der Ostpolitik weitgehend überein. Da sich Brandt als potenzieller Bundeskanzler jedoch nicht der Unterstützung aller Flügel der FDP sicher ist, entscheidet sich die SPD für die Große Koalition. – Am 30.11. tritt Erhard zurück. Am 1.12. wählt der Bundestag mit 340 von 463 Stimmen **Kiesinger zum Kanzler** (CDU/CSU und SPD haben zusammen 447 Sitze).

Kiesinger, Kurt Georg
*Ebingen 6.4.1904, † Tübingen 9.3.1988

Jurist, 1935–39 Rechtsanwalt beim Kammergericht Berlin; 1933–45 Mitglied der NSDAP, 1943–45 stellvertretender Leiter der Rundfunkabteilung im Auswärtigen Amt. 1945-46 interniert, 1948 in einem Gerichtsverfahren vollständig entlastet. Ab 1948 Landesgeschäftsführer der CDU Württemberg-Hohenzollern und 1950 Mitglied des geschäftsführenden Vorstandes der CDU. 1949–58 und 1969–80 Bundestagsabgeordneter, 1958–66 Ministerpräsident von Baden-Württemberg. 1966–69 Bundeskanzler einer Großen Koalition aus CDU/CSU und SPD

KABINETT KIESINGER

(konstituiert am 1.12.1966)
Bundeskanzler: Kurt Georg Kiesinger (CDU)
Stellvertreter und Auswärtiges:
Willy Brandt (SPD)
Inneres: Paul Lücke (CDU);
ab 2.4.1968 Ernst Benda (CDU)
Justiz: Gustav Heinemann (SPD);
ab 26.3.1969 Horst Ehmke (SPD)
Finanzen: Franz Josef Strauß (CSU)
Wirtschaft: Karl Schiller (SPD)
Ernährung, Landwirtschaft und Forsten:
Hermann Höcherl (CSU)
Arbeit und Sozialordnung: Hans Katzer (CDU)
Verteidigung: Gerhard Schröder (CDU)
Verkehr: Georg Leber (SPD)
Post- und Fernmeldewesen:
Werner Dollinger (CSU)
Wohnungswesen und Städtebau:
Lauritz Lauritzen (SPD)
Vertriebene, Flüchtlinge und Kriegsgeschädigte: Kai-Uwe von Hassel (CDU);
ab 7.2.1969 Heinrich Windelen (CDU)
Gesamtdeutsche Fragen: Herbert Wehner (SPD)
Bundesrat und Länder: Carlo Schmid (SPD)
Wissenschaftliche Forschung:
Gerhard Stoltenberg (CDU)
Familie und Jugend: Bruno Heck (CDU);
ab 16.10.1968 Aenne Brauksiepe (CDU)
Schatz: Kurt Schmücker (CDU)
Gesundheitswesen: Käte Strobel (SPD)
Wirtschaftliche Zusammenarbeit:
Hans-Jürgen Wischnewski (SPD);
ab 16.10.1968 Erhard Eppler (SPD)

DEUTSCH-DEUTSCHE BEZIEHUNGEN

■ **Redneraustausch** → DDR

■ **Flüchtlinge:** Der Minister für Gesamtdeutsche Fragen, Erich Mende, legt am 19.9. bei den UN in New York einen Bericht über **DDR-Menschenrechtsverletzungen** an der innerdeutschen Grenze vor. Der Dokumentation zufolge wurden seit 1949 insgesamt 142 Menschen bei Fluchtversuchen ermordet. – 1966 flohen nach Angaben des Bundesministeriums für Vertriebene 212 Angehörige der Volkspolizei und der Volksarmee der DDR nach West-Berlin oder in die Bundesrepublik.

BUNDESWEHR

■ **Starfighter-Affäre und Führungskrise:** Vor dem Verteidigungsausschuss des Bundestags berichtet der Generalinspekteur der Bundesluftwaffe, Generalleutnant Werner Panitzki, am 12.1. über erhebliche Probleme mit dem Kampfflugzeug Starfighter F-104 G. 1965 habe die Luftwaffe **26 Maschinen durch Abstürze verloren**, 15 Piloten seien dabei ums Leben gekommen; insgesamt seien bei 51 Abstürzen seit Einführung des Starfighter im Jahre 1960 27 Piloten getötet worden. – Als Panitzki in einem Zeitungsinterview am 20.8. im Zusammenhang mit den Abstürzen schwere **Vorwürfe gegen die zivile Führung** der Bundeswehr erhebt, versetzt ihn Verteidigungsminister Kai-Uwe von Hassel (CDU) am 25.8. in den einstweiligen Ruhestand. Zwei Tage zuvor war der Generalinspekteur der Bundeswehr, Heinz Trettner, zurückgetreten, der Panitzki unterstützt hatte. Am 19.9. scheitert im Bundestag ein Antrag der SPD, der die Entlassung des Verteidigungsministers von Hassel empfiehlt. – Nach dem 65. Absturz am 28.11. verhängt der neue Generalinspekteur der Luftwaffe, Johannes Steinhoff, am 6.12. ein vorläufiges **generelles Flugverbot** für alle Starfighter-Verbände.

NS-VERGANGENHEIT UND RECHTSEXTREMISMUS

■ **Prozesse:** Das Schwurgericht in Frankfurt am Main fällt am 16.9. die **Urteile im sog. zweiten Auschwitz-Prozess** gegen drei ehemalige Angehörige des Lagerpersonals. Ein Angeklagter wird zu lebenslanger Haft verurteilt, ein weiterer erhält acht Jahre Zuchthaus, wird aber wegen einer bereits in Polen verbüßten Gefängnisstrafe auf freien Fuß gesetzt, der dritte erhält dreieinhalb Jahre Zuchthaus. Die vergleichsweise milden Urteile, die im Strafmaß durchweg unter den Forderungen der Staatsanwaltschaft liegen, werden vor allem im Ausland mit Kritik bedacht.

■ **Deutsch-jüdisches Verhältnis:** Während eines Besuches von Altbundeskanzler Konrad Adenauer in Israel am 4.5. kommt es zum Eklat, als Ministerpräsident Levi Eschkol in einer Tischrede von einer **dauerhaften Beeinträchtigung des israelisch-deutschen Verhältnisses** spricht: »Wir können nicht vergessen und wir werden nicht vergessen.« Adenauers Antwort: »Die Nazis haben nicht weniger Deutsche als Juden ermordet«, provoziert Empörung.

■ **Rechtsextremismus:** Am 1.3. teilt Bundesinnenminister Paul Lücke (CDU) in seinem »Bericht über rechtsradikale und antisemitische Bestrebungen« mit, die Mitgliederzahl in rechtsextremen Organisationen sei von 22 500 im Jahr 1964 auf 28 600 im

Jahr 1965 gestiegen. Besondere Sorge bereiten die Wahlerfolge der NPD in den Bundesländern.

■ **Haftentlassungen:** Am 1.10. werden aus dem Kriegsverbrechergefängnis in Berlin-Spandau der ehemalige Rüstungsminister Albert Speer und der frühere Reichsjugendführer sowie Reichsstatthalter und Gauleiter von Wien, Baldur von Schirach, nach 20 Jahren Haft entlassen.

HOCHSCHULEN

■ **Studentenproteste:** Bei einer Demonstration von etwa 2500 Studenten am 5.2. in West-Berlin gegen den Krieg der USA in Vietnam kommt es zu **schweren Auseinandersetzungen mit der Polizei**, als das Amerikahaus mit Eiern beworfen wird. Berlin wird in der Bundesrepublik zum Zentrum der sich formierenden Protestbewegung gegen den Vietnam-Krieg, wobei sich der Sozialistische Deutsche Studentenbund (SDS), u.a. geführt von dem Soziologiestudenten Rudi Dutschke, als aktivste Gruppe profiliert. Nach US-amerikanischem Vorbild veranstalten am 22.6. 3000 Studenten der Freien Universität Berlin (FU) das **erste Sit-in an einer deutschen Universität**. Die Studenten demonstrieren gegen ein Versammlungsverbot und fordern eine **Ausweitung der studentischen Mitbestimmung**, die über das »Berliner Modell« hinausgeht. Seit 1948 gibt es an der FU als einziger deutscher Universität studentische Gremien, die Mitbestimmungsrechte wahrnehmen.

■ **Bildungspolitik:** Am 14.2. wird die Universität Düsseldorf, am 21.6. die Universität Konstanz eröffnet. – Im Februar wird bekannt, dass jeder siebte Lehrstuhl an den deutschen Hochschulen unbesetzt ist und im kommenden Wintersemester 654 von 4598 Professorenstellen unbesetzt bleiben werden. – Nach einem am 12.7. veröffentlichten Bulletin des zuständigen Ministeriums sind die **Ausgaben** der öffentlichen Hand **für Bildung und Wissenschaft** von 13,8 Mrd. DM (1964) auf 16,2 Mrd. DM erheblich gestiegen. Die bereitgestellten Mittel reichen dennoch nicht aus, da sich die Zahl der Studenten an bundesdeutschen Universitäten seit 1955 auf 260 000 verdoppelt hat.

WEITERE INNENPOLITISCHE EREIGNISSE

■ **Notstandsgesetze:** Der DGB-Kongress bekräftigt auf einem Kongress in West-Berlin am 13.5. seine **ablehnende Haltung zu den geplanten Notstandsgesetzen**. In einer Resolution kündigt er an, jede Notstandsgesetzgebung bekämpfen zu

Der baden-württembergische Ministerpräsident Kurt-Georg Kiesinger (l.) ernennt Ralf Dahrendorf zum Professor an der neu gegründeten Universität Konstanz

wollen, »welche die demokratischen Grundrechte einschränkt und besonders das Versammlungs-, Koalitions- und Streikrecht der Arbeitnehmer und ihrer gewerkschaftlichen Organisationen bedroht«. – Bundesinnenminister Paul Lücke (CDU) konferiert am 24.5. in Bonn mit Abgeordneten aller Bundestagsfraktionen und am 2.6. mit Vertretern der Länder über eine neue Initiative der Bundesregierung zur Notstandsverfassung, nachdem der Entwurf seines Vorgängers Hermann Höcherl (CSU) 1965 am Widerstand der SPD gescheitert war. Alle Parteien signalisieren grundsätzliche Zustimmung zur Notwendigkeit einer Notstandsverfassung. – Mehr als 20 000 Menschen folgen am 30.10. in Frankfurt am Main einem Aufruf des **Kuratoriums »Notstand der Demokratie«** zu einer Protestkundgebung gegen die geplanten Notstandsgesetze. Dem Kuratorium gehören 57 Prominente an, unter ihnen der Schriftsteller Hans Magnus Enzensberger und der Philosoph Ernst Bloch.

■ **Parteienfinanzierung:** Am 19.7. gibt das Bundesverfassungsgericht einer Klage statt, die von der Gesamtdeutschen Partei, der Bayern-Partei, der Nationaldemokratischen Partei und dem Land Hessen gegen die Bestimmungen des Bundeshaushalts 1965 eingereicht worden ist. Seit 1959 erhalten die im Bundestag vertretenen Parteien Haushaltsmittel für ihre politische Informationsarbeit, die von anfangs 5 Mio. DM auf 38 Mio. DM angestiegen sind, während die anderen Parteien leer ausgehen. Für statthaft hält das Gericht jedoch den Ersatz der **Wahlkampfkosten** für Parteien, die an einer Wahl teilgenommen haben. (Das Urteil gibt den Anstoß für das Parteiengesetz vom 24.7.1967.)

■ ***Spiegel*-Affäre** (→ 1962): Die Verfassungsbeschwerde des Nachrichtenmagazins *Der Spiegel* gegen die von der Bundesanwaltschaft veranlasste Verhaftungs- und Durchsuchungsaktion vom 26./27.10.1962 weist das Bundesverfassungsgericht bei Stimmengleichheit am 5.8. ab; vier der acht Richter befinden dagegen, mit den polizeilichen Maßnahmen sei gegen mehrere Artikel des Grundgesetzes verstoßen worden.

AUSSEN- UND SICHERHEITSPOLITIK

■ **NATO-Krise:** Der französische Staatspräsident Charles de Gaulle gibt am 21.2. auf einer Pressekonferenz in Paris **Frankreichs Rückzug aus der integrierten militärischen Struktur der NATO** zum 1.7. bekannt. Bundesaußenminister Gerhard Schröder erklärt am 17.3. im Bundestag, der Schritt erfordere ein neues Überdenken des **Status der französischen Truppen** auf deutschem Boden, und verlangt am 17.5. Verhandlungen über eine neue Vertragsgrundlage. Am 6.7. zieht Frankreich seine Luftstreitkräfte aus der Bundesrepublik ab. – Frankreichs Außenminister Maurice Couve de Murville und der neue bundesdeutsche Außenminister Willy Brandt (SPD) beenden die entstandenen Irritationen am 21.12., indem sie sich darauf verständigen, dass Frankreich gegenüber der Bundesrepublik weiterhin alle Rechte und Pflichten eines Vollmitglieds der NATO wahrnehmen wird und die Zustimmung zur Stationierung französischer Truppen von der Bundesregierung jederzeit widerrufen werden kann.

■ **Aus für MLF:** Der seit 1962 von der Bundesregierung unterstützte Plan zur Entwicklung einer multilateralen Atomstreitmacht der NATO (Multilateral Force/MLF, → 1963 BRD) scheitert 1966 endgültig. – Der NATO-Ministerrat beschließt am 15.12. in Brüssel, einen **Ausschuss für nukleare Verteidigung** und eine **nukleare Planungsgruppe** einzurichten, an denen die Bundesrepublik maßgeblich beteiligt wird und in deren Rahmen sie ein Mitspracherecht in nuklearen Fragen wahrnehmen kann.

■ **Devisenausgleich:** Bundeskanzler Erhard hatte sich 1964 verpflichtet, dass die Bundesrepublik bis zum 30.6.1967 Waffen im Wert von 5,4 Mrd. DM aus den USA bezieht. Dadurch sollen Devisenverluste ausgeglichen werden, die die USA durch Ausgaben ihrer in der Bundesrepublik und West-Berlin stationierten Soldaten erleiden. Wegen drohender Defizite im Bundeshaushalt versucht Verteidigungsminister Kai-Uwe von Hassel am 8.5. in Washington vergeblich, einen **Zahlungsaufschub** für den noch ausstehenden Betrag in Höhe von 2,7 Mrd. DM zu erreichen. Ohne Einigung in dieser Frage enden auch die Gespräche Erhards in Washington vom 26.9. bis 28.9. Nach Androhung von US-Verteidigungsminister Robert McNamara, die amerikanischen Truppen in der Bundesrepublik zu reduzieren, bewilligt der neue Bundeskanzler Kiesinger Ende Dezember Zahlungen an die USA in Höhe von insgesamt 1,8 Mrd. DM.

WIRTSCHAFTLICHE ENTWICKLUNG

■ **Kohlekrise:** Zur Stützung der durch die Kohlekrise und das Zechensterben besonders betroffenen Ruhrregion vereinbaren der Bund und das Land Nordrhein-Westfalen am 9.3. in Düsseldorf, **den Ruhrbergbau mit rund 1 Mrd. DM zu subventionieren**. Für Sofortmaßnahmen werden weitere 100 Mio. DM bereitgestellt.

■ **Rezession:** Die Bundesrepublik befindet sich 1966 auf dem Weg in ihre erste Rezession. Das Wachstum des BIP beträgt nur 2,8%. Obwohl die Arbeitslosenquote im Jahresdurchschnitt bei 0,7% liegt, sind im Dezember **mehr als 300 000 Menschen ohne Arbeit**.

BUNDESLÄNDER UND WEST-BERLIN

■ **Hamburg:** Bürgerschaftswahlen am 27.3.

■ **Nordrhein-Westfalen:** Die SPD wird bei den Landtagswahlen am 10.7. stärkste Partei. CDU und FDP bleibt eine Mehrheit von zwei Stimmen, mit der sie am 25.7. Franz Meyers (CDU) erneut zum Ministerpräsidenten wählen. Am 1.12. schließen SPD und FDP eine Koalition. Heinz Kühn (SPD) wird am 9.12. als Ministerpräsident vereidigt.

■ **Hessen:** Die Wähler bestätigen am 6.11. die SPD-Alleinregierung unter Georg August Zinn. Die NPD **zieht erstmals in einen Landtag ein**.

■ **Bayern:** Die Landtagswahl am 20.11. gewinnt die CSU deutlich. Aufsehen erregt erneut die NPD, die zum zweiten Mal in ein Landesparlament einzieht.

■ **Baden-Württemberg:** Am 12.12. löst die CDU ihre Koalition mit der FDP auf und bildet mit der SPD eine Große Koalition. Hans Karl Filbinger wird am 16.12. vom Landtag als Nachfolger Kiesingers zum Ministerpräsidenten gewählt.

■ **West-Berlin:** Zum Nachfolger des ins Bundesaußenministerium gewechselten Regierenden Bürgermeisters Willy Brandt wählt der Senat am 14.12. Pastor Heinrich Albertz, bisher Bürgermeister und Innensenator.

■ **Wahlergebnisse** → S. 458–467

1966 DDR

Ideologische Härte und Pragmatismus

Die mit der 11. Tagung des SED-Zentralkomitees vom Dezember 1965, dem sog. Kahlschlagplenum, eingeleitete ideologische Verhärtung wirkt in der ersten Jahreshälfte besonders in der Kulturpolitik nach. Zur gleichen Zeit setzt die SED-Führung die Wirtschaftsreform des Neuen Ökonomischen Systems (NÖS) fort, offenkundig darum bemüht, die Reform strikt auf die Wirtschaftspolitik zu begrenzen. Gegenüber der Bundesrepublik präsentiert sich die SED-Führung verhandlungswillig und zu ihrer Überraschung geht die SPD im Frühjahr auf den angebotenen »Rednertausch« ein, den die SED dann jedoch platzen lässt.

AUSEINANDERSETZUNGEN MIT KULTURSCHAFFENDEN

Zu den Nachwirkungen des Dezemberplenums des ZK (→ 1965) gehört am 12.1. die **Ablösung von Kultusminister Hans Bentzien** wegen »ernster Fehler« in der Amtsführung. Nachfolger wird Klaus Gysi, Leiter des Ost-Berliner Aufbau-Verlags. Die im Plenum offen ausgetragenen Auseinandersetzungen mit Kulturschaffenden der DDR werden Ende März durch den **Ausschluss Robert Havemanns aus der Akademie der Wissenschaften** fortgesetzt. Obwohl am 24.3. im Akademieplenum die geheime Abstimmung um Havemanns Ausschluss mit 70% Jastimmen an der notwendigen Dreiviertelmehrheit scheitert, erklärt das Akademiepräsidium am 31.3. Havemanns Ausschluss. Bei der Uraufführung des beim Dezemberplenum ebenfalls kritisierten **DEFA-Spielfilms »Spur der Steine«** am 1.7. kommt es durch bestellte Randalierer zum Eklat. Sie fordern, Regisseur Frank Beyer solle ins Gefängnis gesteckt und der Hauptdarsteller Manfred Krug zur »Bewährung in die Produktion« geschickt werden. Auf Intervention des Leipziger SED-Chefs Paul Fröhlich (der annimmt, der Film stelle Flügelkämpfe in der SED dar) wird das Werk schließlich verboten.

DEUTSCH-DEUTSCHE BEZIEHUNGEN

■ **Rednertausch:** Am 11.2. veröffentlicht das ZK der SED einen »Offenen Brief an die Delegierten des Dortmunder Parteitags der SPD«. Darin wird die Schaffung eines Gremiums »für die Aussprache der Deutschen aus Ost und West« vorgeschlagen. Im Unterschied zu früheren Reaktionen sendet die SPD am 19.3. erstmals eine »Offene Antwort« an die SED-Spitze. Hierin thematisiert sie in sieben Fragen, u.a. die fehlenden Reisemöglichkeiten der DDR-Bürger, die Tatsache, dass an den Westgrenzen der DDR geschossen wird, und sondiert, ob eine freimütige Diskussion von der SED mitgetragen werden würde. Darauf schlägt die SED-Spitze am 26.3. in einem weiteren Brief einen **Rednertausch** zwischen SPD und SED vor. Am 26.5. einigen sich die beiden Parteien nach einer von der SPD abgelehnten Bitte der SED um eine Verschiebung auf Termine am 14.7. in Karl-Marx-Stadt und am 21.7. in Hannover. Am 22.6. schlägt Walter Ulbricht der SPD erneut Verhandlungen über den Rednerаustausch vor; am 29.6. **sagt die SED schließlich die Gespräche ab.** Vordergründig resultiert die Absage aus einem Gesetz, das der Bundestag am 23.6. verabschiedet. Es soll die SED-Delegierten in der Bundesrepublik befristet vor einer Verhaftung wegen des Schießbefehls und der Toten an der deutsch-deutschen Grenze bewahren, wird aber von der SED als »Handschellengesetz« bezeichnet. Bedeutsamer für die Absage wird jedoch gewertet, dass der SPD-Parteivorsitzende Willy Brandt im Vorfeld der Termine mehrmals die von der DDR gewünschte Konföderationslösung für die beiden deutschen Staaten abgelehnt hat und am langfristigen Ziel der Wiedervereinigung festhält.

Manfred Krug als Vorarbeiter einer Brigade von Zimmerleuten auf der Großbaustelle Schkona im Film »Spur der Steine« nach dem Roman von Erik Neutsch

Studierende nach Fachbereichen und sozialer Herkunft 1966

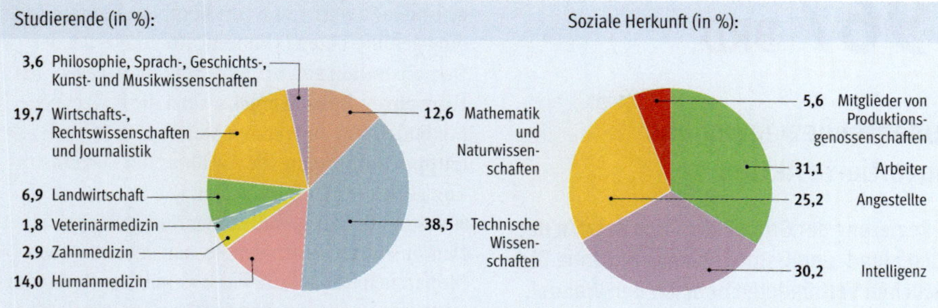

zum Vergleich Herkunft der Studierenden in der BRD 1962/63: Arbeiter 5,2%, Angestellte 29,3%, Handel- und Gewerbetreibende 14,5%, Selbständige, Landwirte 3,5%, Beamte 33,7%, Freie Berufe 12,3%

■ **Passierscheinregelung** → 1963 BRD

■ **Reise- und Besuchsverkehr:** Am 19.12. wird die **Saale-Brücke** fertiggestellt, das erste, 1964 vereinbarte deutsch-deutsche Bauprojekt.

■ **»Ein bestehendes Phänomen«:** Mit der Arbeitsaufnahme der **Großen Koalition** von CDU/CSU und SPD in Bonn am 1.12., vor allem aber nach der Ankündigung des neuen Bundeskanzlers Kurt Georg Kiesinger in seiner Regierungserklärung am 13.12., mit den führenden Vertretern eines in Deutschland »bestehenden Phänomens« (womit zum einen die DDR und zum anderen ihre Regierung gemeint ist) Verhandlungen aufnehmen zu wollen, kommt Bewegung in die innerdeutschen Beziehungen. Am 31.12. stellt Ulbricht einen Zehn-Punkte-Plan für eine »erste Phase auf dem Wege zu einer deutschen Konföderation« vor.

AUSSENPOLITIK

Auf der internationalen Ebene entwickelt die DDR zunehmend Selbstbewusstsein. Am 28.2. stellt Ulbricht für die DDR den **Antrag auf Aufnahme in die UN**. Dieser scheitert bereits im UN-Sicherheitsrat, der eine Empfehlung an die Vollversammlung, die DDR aufzunehmen, verweigert.

Die DDR unterstützt am 5.7. den erneuten Vorschlag des Politischen Beratenden Ausschusses der Warschauer-Pakt-Staaten über die Einberufung einer **Konferenz über Sicherheit und Zusammenarbeit in Europa**. Die Regierungen fordern in ihrer nach dem Tagungsort benannten **Bukarester Deklaration** den Verzicht der NATO auf den Aufbau einer multilateralen Atomstreitmacht (MLF), die Unantastbarkeit der europäischen Nachkriegsgrenzen, den Verzicht auf Grenzrevisionen und das Ende der Hallstein-Doktrin. Sie schlagen vor, »gutnachbarliche Beziehungen auf der Grundlage der Prinzipien der friedlichen Koexistenz« zu entwickeln und dabei die Zusammenarbeit auf den Gebieten der Wirtschaft, des Handels, der Wissenschaft, der Technik, der Kultur und Kunst in Gang zu bringen. Schließlich enthält die Deklaration den Vorschlag, die Militärblöcke aufzulösen und mit der Schaffung atomwaffenfreier Zonen zu beginnen.

WIRTSCHAFTSPOLITIK

■ **Fortsetzung der Reformpolitik:** Am 14.1. werden in einem Erlass des Staatsrats »zur zweiten Etappe des Neuen Ökonomischen Systems (NÖS)« die Aufgaben des Ende Dezember 1965 aufgelösten Volkswirtschaftsrats auf die erneut gebildeten Industrieministerien übertragen. 16 der 17 neu ernannten Minister sind zwischen 35 und 45 Jahre alt, was als klares Zeichen für die angestrebte Verjüngung des Apparats der Spitzenkräfte gewertet wird.

Die DDR setzt ihre **technologieorientierte Wirtschaftspolitik** fort. Die chemische und elektronische Industrie werden besonders gefördert. Am 9.5. nimmt in Rheinsberg das **erste Atomkraftwerk der DDR** seinen Betrieb auf. – Das BIP-Wachstum erreicht mit 3,5% den höchsten Stand seit 1955. In BRD-Preisen von 1989 wächst das DDR-BIP auf 126,4 Mrd. DM, was 10,4% des westdeutschen BIP entspricht. – Am 16.3. vereinbaren die DDR und die Sowjetunion die Bildung einer **paritätischen Regierungskommission für wirtschaftliche und wissenschaftlich-technische Zusammenarbeit**. Ähnliche Kommissionen entstehen in der Folge mit anderen Mitgliedsländern des RGW. – Am 9.4. gibt es zum ersten Mal einen arbeitsfreien Samstag, der fortan im Zwei-Wochen-Rhythmus gewährt wird.

1967 BRD

Studentenbewegung und Konzertierte Aktion

Die Regierung der Großen Koalition setzt in der Deutschland- und Ostpolitik neue Akzente. Die westlichen Verbündeten nehmen den Wandel, der sich in die Entspannungsbemühungen der Großmächte einfügt, zustimmend auf. Der positiven außenpolitischen Entwicklung stehen erhebliche Schwierigkeiten im innenpolitischen Bereich gegenüber. Während der Bundestag mangels einer starken, handlungsfähigen Opposition in der gesellschaftlichen Auseinandersetzung an Gewicht verliert, entsteht die Außerparlamentarische Opposition (APO). An den Universitäten etabliert sich die Studentenbewegung. Sie wird mit spektakulären Aktionsformen und unkonventionellen Gegenentwürfen zu den als anachronistisch und ungerecht empfundenen Strukturen und Verhaltensnormen in Schule und Gesellschaft schnell zum politischen Faktor.
Die erste Rezession seit Gründung der Republik mit einer kräftig ansteigenden Arbeitslosenzahl geht einher mit einem Erstarken der rechtsradikalen NPD; bei den Landtagswahlen kann sie die Erfolge aus dem Vorjahr fortsetzen. Mit einem neuen Instrumentarium der ökonomischen Krisensteuerung, an der die privatwirtschaftlichen Entscheidungsträger und Sozialpartner in einer »Konzertierten Aktion« beteiligt werden, versucht Bundeswirtschaftminister Karl Schiller (SPD) die wirtschaftlichen Antriebskräfte zu mobilisieren.

STUDENTENBEWEGUNG

■ **Aktionen:** Am 1.1. gründen in West-Berlin sieben Mitglieder des Sozialistischen Deutschen Studentenbundes (SDS) die **Kommune I** (»K1«). Sie wollen mit ihrer Wohngemeinschaft ein Beispiel für eine alternative, gegen die bürgerliche Normalität gerichtete Lebensform geben. Am 5.4. inhaftiert die West-Berliner Polizei Mitglieder der K1 wegen des Verdachts, einen Anschlag auf US-Vizepräsident Hubert Humphrey vorzubereiten, der am 6.4. West-Berlin besucht. Die bei den Kommunarden gefundenen vermeintlichen Bomben sind mit Pudding gefüllte Tüten (»Puddingattentat«). Bei der Demonstration von rd. 2000 Studenten gegen den **Humphrey-Besuch** am 6.4. setzt die Polizei neue Methoden ein. Zum ersten Mal werden »**Greiftrupps**« aufgeboten, die Anführer der Demonstration gezielt festnehmen sollen.

■ **2. Juni:** Bei der gewaltsamen Auflösung einer Demonstration gegen den Besuch des iranischen Monarchen Schah Reza Pahlawi in West-Berlin am 2.6. wird der Student Benno Ohnesorg von dem Polizeiobermeister Karl-Heinz Kurras erschossen. Kurras, der in Notwehr gehandelt haben will, wird am 21.11. vom Landgericht West-Berlin vom Vorwurf des Totschlags freigesprochen. Studenten sehen in Ohnesorg ein Opfer staatlich gebilligten Mordes, während die Berliner Boulevardblätter die Schuld für die Ereignisse den Demonstranten zuschieben (»Wer Terror produziert, muss Terror in Kauf nehmen!«). Der Tod von Ohnesorg bewirkt eine rapide Ausweitung und Radikalisierung der Protestbewegung. Die politischen Unruhen in West-Berlin nehmen zu. Auch in anderen bundesdeutschen Universitätsstädten beteiligen sich über 100 000 an Demonstrationen und Protestaktionen. Der Regierende Bürgermeister Heinrich Albertz rechtfertigt zunächst das Verhalten der Polizei während des Schah-Besuchs, übernimmt am 26.9. jedoch die politische Verantwortung und tritt zurück.

NOTSTANDSGESETZGEBUNG

Am 10.3. verabschiedet das Kabinett in Bonn den **dritten Entwurf** einer neuen Notstandsverfassung, der in seinen wesentlichen Elementen auf der am Widerstand der SPD gescheiterten zweiten Vorlage (→ 1965) beruht. Am 29.6. findet die erste Lesung im Bundestag statt. – Der DGB-Vorstand bekräftigt am 17.7. auf einer Sondersitzung in Düsseldorf seine ablehnende Haltung. Auch der in West-Berlin tagende Bundeskongress der Deutschen Angestellten-Gewerkschaft spricht sich am 13.10. gegen die Notstandsgesetze aus. – Am 9.11. beginnen von der Bundesregierung und dem Bundestag angesetzte Anhörungen in Bonn. Mobilisiert von den Gewerkschaften, dem SDS und kirchlichen Gruppen bekunden zur gleichen Zeit in Bonn und in anderen Städten Tausende von Demonstranten ihre Ablehnung der Pläne, die sie als akute Gefährdung der Demokratie kritisieren.

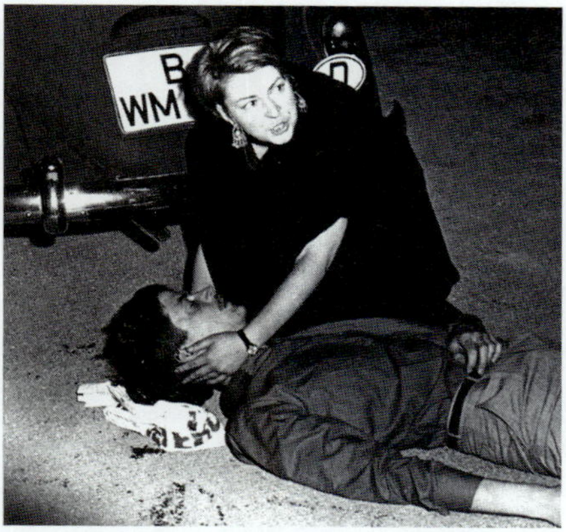

Während der Demonstration gegen den Schah-Besuch am 2.6. wird Benno Ohnesorg erschossen

DEUTSCH-DEUTSCHE BEZIEHUNGEN

Am 12.4. gibt Bundeskanzler Kurt Georg Kiesinger eine **Regierungserklärung zur Deutschlandfrage** ab, in der er eine Verbesserung der Beziehungen zur DDR – unterhalb der Ebene staatlicher Anerkennung – als Teil der angestrebten Entspannung in Europa ein hohe politische Priorität einräumt: Er schlägt Maßnahmen »zur Erleichterung des täglichen Lebens«, zur verstärkten wirtschaftlichen und verkehrspolitischen Zusammenarbeit und »Rahmenvereinbarungen für den wissenschaftlichen, technischen und kulturellen Austausch« vor. – Der Ministerratsvorsitzende Willy Stoph bietet in einem Brief vom 10.5. an Bundeskanzler Kiesinger direkte Gespräche an und fordert zugleich eine völkerrechtliche Anerkennung der DDR durch die Bundesrepublik. Erstmals in der Geschichte der deutsch-deutschen Beziehungen nimmt das Bundeskanzleramt ein solches DDR-Schreiben an. In seinem Antwortschreiben am 13.6. geht Kiesinger auf die Forderung der DDR nicht ein. Er schlägt statt dessen vor, direkte Gespräche über einzelne konkrete Sachfragen des innerdeutschen Verhältnisses aufzunehmen. Am 18.9 sendet Stoph in einem Schreiben einen Vertragsentwurf über normale, völkerrechtliche Beziehungen zwischen der BRD und der DDR. Kiesinger lehnt in seiner Antwort am 28.9 eine Zustimmung zu einem solchen Vertrag ab und beendet den Notenwechsel.

OST- UND DEUTSCHLANDPOLITIK

■ **Aufweichung der Hallstein-Doktrin:** Am 31.1. unterzeichnen Bundesaußenminister Willy Brandt (SPD) und sein rumänischer Amtskollege Corneliu Manescu in Bonn ein Kommuniqué über die **Aufnahme diplomatischer Beziehungen**. Zugleich betont die Bundesregierung in einer Note an die Regierung der Sowjetunion, dass sie am Alleinvertretungsanspruch Deutschlands festhält. Am 4.7. wird die Handelsvertretung in Bukarest zur Botschaft der Bundesrepublik in Rumänien umgewandelt. Da Rumänien auch diplomatische Beziehungen zur DDR unterhält, ist die Hallstein-Doktrin, seit 1955 wichtiger Bestandteil der bundesdeutschen Außenpolitik, für die kommunistische Staatenwelt außer Kraft gesetzt.

■ **Sowjetischer Widerstand:** Die ostpolitischen Initiativen der Bundesregierung sind zunächst begleitet von einer Verschlechterung der deutsch-sowjetischen Beziehungen. Moskau befürchtet eine Isolierung der DDR und verhindert den Abschluss ähnlicher Vereinbarungen mit Ungarn und Bulgarien. – Am 28.1. beginnt die Sowjetunion eine **Kampagne gegen die Bundesregierung**, der sie in Noten an die Westmächte die Duldung eines »wiederaufflammenden Nazismus« in Westdeutschland und Revanchismus, am 10.3. »Wühlarbeit gegen die DDR« vorwirft. – Trotz sowjetischer Widerstände gelingt es der Bundesregierung, die Beziehungen zu den Ländern des Warschauer Pakts auszubauen. Am 3.8. schließt sie mit der **Tschechoslowakei ein Handelsabkommen.**

SICHERHEITSPOLITIK

■ **Bundesrepublik/NATO:** Auf der NATO-Tagung in Paris ersetzen die Verteidigungsminister der Mitgliedstaaten am 9.5. die Doktrin der »massiven Vergeltung« im Falle eines Angriffs auf die NATO durch die Doktrin der **»Flexible Response«**, die von einer stufenweisen Eskalation ausgeht. Für die Bundesrepublik als wahrscheinlichstem Kriegsschauplatz einer Ost-West-Konfrontation bedeutet die neue Strategie, dass sie im Ernstfall nicht automatisch nukleares Schlachtfeld wird.

■ **Bundeswehr**: Das im Dezember 1966 erlassene Flugverbot für **Starfighter** wird am 13.1. aufgehoben. Durch vorsichtigen Flug sollen die Piloten weitere Abstürze vermeiden.

WEITERE AUSSENPOLITISCHE EREIGNISSE

■ **EWG/EG:** Am 1.7. werden die EWG, EURATOM und die EGKS zur **Europäischen Gemeinschaft (EG)** fusioniert. Die EG verfügt über vier zentrale Organe: Kommission (Brüssel), Ministerrat

STUDENTENBEWEGUNG

Aus Protesten an den bundesdeutschen Hochschulen gegen unzureichende Studienbedingungen und erstarrte **hierarchische Strukturen an den Universitäten** erwächst nach Bildung der Großen Koalition 1966 eine politische Bewegung unter den Studenten. Als Teil der Außerparlamentarischen Opposition greift sie bald über die Hochschulen hinaus und prägt zwischen 1967 und den frühen 1970er Jahren das politische Klima in der Bundesrepublik wesentlich.

Kristallisationspunkte des Protests, der sich von Campusrevolten in anderen westlichen Ländern inspirieren lässt, sind vor allem der Krieg der USA in Vietnam, der antikolonialistische Befreiungskampf in der Dritten Welt und die restaurativen Tendenzen in der Bundesrepublik, die insbesondere an der ausgebliebenen gesellschaftlichen Auseinandersetzung mit dem Nationalsozialismus, dem Wiederaufleben des deutschen Militarismus und der geplanten Notstandsgesetzgebung festgemacht werden.

Konzeptionell beeinflusst von der Kritischen Theorie der »Frankfurter Schule«, den Werken von Karl Marx, dem Denken von Herbert Marcuse und Ernst Bloch bildet der **Sozialistische Deutsche Studentenbund** (SDS), bis 1960 Studentenorganisation der SPD, die Avantgarde unter zahlreichen studentischen Organisationen; sie verfolgen unterschiedliche politische Ansätze, sind sich jedoch einig in der Kritik der gesellschaftlichen Verhältnisse und im Ziel einer freien und radikaldemokratischen Gesellschaft. Die unkonventionellen **Organisationsformen im Alltag** (Kommunen, Wohngemeinschaften, Kinderläden) sollen Elemente der emanzipierten Gesellschaft einüben und vorwegnehmen.

Mit einem **breiten Spektrum politischer Aktionsformen** verschafft sich die Studentenbewegung öffentliche Aufmerksamkeit. Dazu gehören provokative Happenings, Formen des gewaltfreien Widerstands (Sit-ins, Teach-ins), Demonstrationen, Besetzungen von Universitätsinstituten und öffentlichen Ämtern, Blockierung von Verkehrszentren bis zur massiven Gewalt »gegen Sachen«, mit der Eskalation der Auseinandersetzungen auch gegen Polizeikräfte.

Die zunehmende Diskreditierung der Bewegung durch die etablierten politischen Parteien und große Teile der Medien, insbesondere der Springer-Presse, trägt zur **Radikalisierung** der

Studentenproteste bei der Rektoratsübergabe im Audimax der Universität Hamburg am 9.11.

Oppositionsbewegung bei. Der Tod des Studenten Benno Ohnesorg durch Polizeischüsse am 2.6., das Attentat auf Rudi Dutschke durch den Rechtsradikalen Josef Bachmann am 11.4.1968 und die Verabschiedung der Notstandsgesetze am 30.5.1969 markieren für einen Teil der Studentenbewegung Wendepunkte zum Kampf gegen Staat und Gesellschaft. Ab 1970 zerfällt die Studentenbewegung, u.a. als Folge der Bildung der **sozial-liberalen Koalition** am 22.10.1969, die mit gesellschaftlichen Reformen der Studentenbewegung die Stoßkraft nimmt.

Angesichts der Aussichtslosigkeit, unter den herrschenden Bedingungen mit den Mitteln demokratischer Willensbildung die Revolution zu befördern, übertragen einige studentische Gruppen das Konzept des Guerillakampfs der Befreiungsbewegungen der Dritten Welt auf die Metropolen. Der **Linksterrorismus** der Rote Armee Fraktion (RAF), der Bewegung 2. Juni und der Roten Zellen bestimmt in den 1970er Jahren wesentlich das politische Klima in der Bundesrepublik. Mit dem Niedergang der Studentenbewegung entstehen zahlreiche (meist nur kurzlebige) linksradikale Zirkel und kommunistische und anarchistische Pseudoparteien; viele Menschen suchen ihre Zukunft in zahlreichen alternativen Lebensformen, andere entscheiden sich für den »Marsch durch die Institutionen«.

Eine **politische Bilanz** der Studentenbewegung wird neben der unmittelbaren politischen Erfolglosigkeit ihre langfristigen gesellschaftlichen Wirkungen berücksichtigen, die sich u.a. in der Umwelt- und Frauenbewegung, in der Veränderung der politischen Landschaft mit dem Entstehen der Partei der Grünen und im Wertewandel seit den 1960er Jahren zeigen.

(Brüssel), Parlament (Straßburg) und Gerichtshof (Luxemburg). Der langjährige Präsident der Kommission der EWG, Walter Hallstein, tritt zurück. Sein Nachfolger wird der Belgier Jean Rey. Am 18./19.12. legt Frankreich auf der Ministerratstagung in Brüssel zum zweiten Mal seit 1963 sein **Veto gegen den Beitritt Großbritanniens** ein und verhindert damit die besonders von der Bundesrepublik seit Jahren befürwortete Ausweitung der Gemeinschaft. – Der **Vatikan** protestiert am 4.4. gegen die von den Landtagen in Baden-Württemberg (8.2.), Rheinland-Pfalz (14.3.) und Nordrhein-Westfalen (27.6.) beschlossene Schulreform, durch die **christliche Gemeinschaftsschulen** zur einzigen staatlichen Schulform und Konfessionsschulen abgeschafft werden. Der Vatikan sieht darin einen Verstoß gegen das Konkordat von 1933. – Zwei Jahre nach Abbruch der diplomatischen Beziehungen einigen sich **Jordanien** und die Bundesrepublik am 18.4. auf die Wiederherstellung der diplomatischen Kontakte.

PARTEIEN

■ **Parteiengesetz:** Aufgrund eines Urteils des Bundesverfassungsgerichtes vom 19.7.1966 zur Parteienfinanzierung verabschiedet der Bundestag am 28.6. ein **neues Parteiengesetz**, das am 24.7. in Kraft tritt. Es regelt die verfassungsrechtliche Stellung sowie die Aufgaben der politischen Parteien und legt Grundsätze für innerparteiliche Willensbildung sowie Parteistruktur fest. In der Öffentlichkeit stark beachtet werden die Vorschriften zur **Parteienfinanzierung**: Jede Partei, die bei Bundestagswahlen mehr als 2,5% der Stimmen erhält, bekommt künftig pro Stimme 2,50 DM als Ausgleich für ihre Wahlkampfkosten. Parteispenden müssen ab einer bestimmten Summe öffentlich bekannt gemacht werden. Die Regelung gilt rückwirkend auch für die Bundestagswahl vom 19.9.1965.

■ **SPD:** Nach dem Tod von Fritz Erler am 22.2. wird Helmut Schmidt am 14.3. Vorsitzender der SPD-Bundestagsfraktion.

■ **FDP:** Der Bundesparteitag der Liberalen in Hannover beschließt am 5.4. ein Aktionsprogramm, mit dem die FDP auf mehreren Politikfeldern, insbesondere im Hinblick auf die Demokratisierung von Staat und Gesellschaft und in der Deutschland- und Ostpolitik, einen neuen Kurs einschlägt. Im Verhältnis zur DDR plädiert sie für ein **»zeitlich begrenztes Nebeneinander« beider deutscher Teilgebiete**. Eine ähnliche Formulierung hatte wiederholt Außenminister Brandt (SPD) benutzt.

■ **NPD:** Nach einem parteiinternen Streit verlässt der Bundesvorsitzende Fritz Thielen die NPD und gründet am 10.5. in Bremen die Nationale Volkspartei (NVP). Der bisherige Stellvertreter Adolf von Thadden wird Vorsitzender der NPD.

■ **CDU:** Am 19.4. **stirbt Konrad Adenauer** in seinem Wohnort Rhöndorf bei Bonn. Zum Staatsbegräbnis des Altbundeskanzlers und Ehrenvorsitzenden der CDU am 25.4. in Köln kommen Präsidenten und Regierungschefs aus aller Welt, darunter der US-amerikanische Präsident Lyndon B. Johnson, der britische Premierminister Harold Wilson und Frankreichs Staatspräsident Charles de Gaulle. – Auf dem Bundesparteitag der CDU in Braunschweig am 22./23.5. wird Bundeskanzler **Kiesinger zum Parteivorsitzenden gewählt**. Er wird Nachfolger des 1966 gestürzten Kanzlers Ludwig Erhard.

REZESSION, KONJUNKTURPOLITIK

Das Wirtschaftswachstum ist 1967 zum ersten Mal in der Geschichte der Bundesrepublik rückläufig. Das BSP sinkt gegenüber dem Vorjahreswert um 0,2%. – Am 15.2. sind **673 000 Menschen ohne Arbeit**, im Jahresdurchschnitt sind es 459 000 (Arbeitslosenquote 2,1%). – Am 14.2. findet in Bonn die erste Gesprächsrunde der von Bundeswirtschaftsminister Karl Schiller (SPD) ins Leben gerufenen **»Konzertierten Aktion«** statt. Auf der Basis der von Schiller vorgelegten »gesamtwirtschaftlichen Orientierungsdaten« berät ein Gremium aus Vertretern der Gewerkschaften und Unternehmerverbände, der Bundesbank, des Bundeswirtschaftsministeriums sowie die Sachverständigen zur Begutachtung der gesamtwirtschaftlichen Lage (»Fünf Weise«) gemeinsame Vorschläge zur Belebung der Konjunktur. – Am 23.2. verabschiedet der Bundestag den Bundeshaushalt 1967 und das **erste Investitionsprogramm der Bundesregierung**, das 2,5 Mrd. DM an zusätzlichen Investitionen bei Bahn und Post sowie im Straßen- und Wohnungsbau vorsieht. – Am 10.5. billigt der Bundestag das Gesetz zur Förderung der Stabilität des Wachstums der Wirtschaft (**»Stabilitätsgesetz«**). Es verpflichtet die Bundesregierung Vollbeschäftigung, außenwirtschaftliches Gleichgewicht, Wirtschaftswachstum und Preisstabilität (»magisches Viereck«) anzustreben (in Kraft am 14.6.). Die im Gesetz genannten Instrumente geben Bundesregierung und Bundesbank die Möglichkeit,

Steinkohlenbergbau

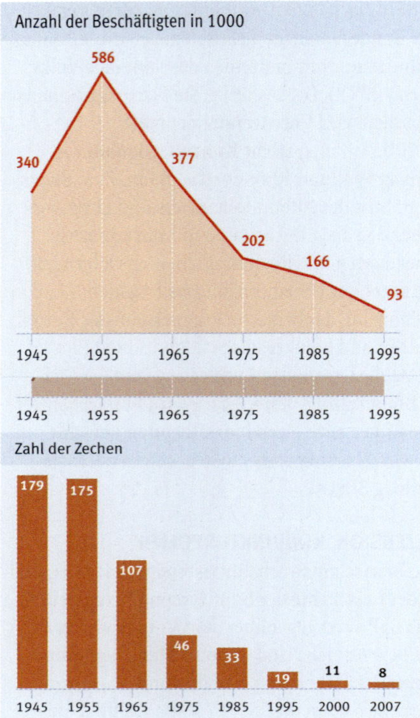

durch eine antizyklische Haushalts- und Finanzpolitik die Nachfrage zu steuern und durch die Planung öffentlicher Investitionsvorhaben zielgerichtet die allgemeine Wirtschaftstätigkeit zu beeinflussen. Die Haushalte von Bund, Ländern und Gemeinden müssen künftig über koordinierte Konjunkturausgleichsrücklagen und kreditpolitische Maßnahmen aufeinander abgestimmt werden. Zur Überwachung und Beratung der Wirtschaftspolitik wird ein **Konjunkturrat** der öffentlichen Hand gebildet; er konstituiert sich am 13.7. Die Bundesregierung wird verpflichtet, jährlich einen **Jahreswirtschaftsbericht** zu erstellen, in dem sie die gesamtwirtschaftliche Lage darstellt und ihre wirtschafts- und finanzpolitischen Folgerungen nennt. – Am 12.5. beschließt der Zentralbankrat der Bundesbank zum vierten Mal in diesem Jahr eine **Zinssenkung**. Der Diskontsatz liegt nun bei 3% (1.1.1967: 5%), der Lombardsatz bei 4% (6,25%). – Das **zweite Konjunktur- und Strukturprogramm** der Bundesregierung wird am 8.9. vom Bundestag gebilligt. Es stellt 5,3 Mrd. DM für Investitionen bis 1971 zur Verfügung.

■ **Strukturkrise bei Kohle und Stahl:** Die allgemeine Rezession verbindet sich im Ruhrgebiet mit der spezifischen Strukturkrise im Montanbereich. – Am 7.4. erhält die **Friedrich Krupp** Export GmbH eine Bundesbürgschaft von 300 Mio. DM; die Banken verlängern Kredite und gewähren weitere Gelder. Dafür verpflichtet sich der Eigentümer, Alfried Krupp von Bohlen und Halbach, seinen mit rd. 2 Mrd. DM verschuldeten Konzern bis zum 31.12. 1968 in eine Aktiengesellschaft oder in eine Stiftung umzuwandeln. Interne Umstrukturierungsmaßnahmen sollen die 100 000 Arbeitsplätze des Unternehmens sichern. – Am 8.9. beschließen die August Thyssen Hütte AG und die Hüttenwerke Oberhausen AG ihre Fusion. – Am 7.11. nimmt der Bundestag in erster Lesung das **Kohleanpassungsgesetz** an, das Bergleuten durch Abfindungen den Berufswechsel erleichtern soll. Daneben wird die Umstrukturierung der besonders stark von Zechen abhängigen Wirtschaftsregionen durch staatliche Investitionsprogramme gefördert. 1967 werden 57 500 Beschäftigte im Kohlenbergbau arbeitslos.

■ **Arbeitszeitverkürzung:** Ab 1.1. gilt in der Metallindustrie die **40-Stunden-Woche**.

■ **Steuern:** Mit einem am 26.4. verabschiedeten Gesetz ersetzt der Bundestag die lineare Umsatzsteuer durch ein **neues Mehrwertsteuersystem**, das dem Bund ab 1.1.1968 höhere Einnahmen bringt.

BUNDESLÄNDER UND WEST-BERLIN

■ **West-Berlin: Wahl zum Abgeordnetenhaus** am 12.3. – In der politischen Krise nach dem Tod des Studenten Ohnesorg (2.6.) tritt am 20.9. Innensenator Wolfgang Büsch (SPD) zurück, zwei Tage später Polizeipräsident Erich Duensing. Von Flügelkämpfen in der SPD zermürbt erklärt am 26.9. auch der Regierende Oberbürgermeister **Heinrich Albertz seinen Rücktritt**. Nachfolger wird am 19.10. Klaus Schütz (SPD).

■ **Rheinland-Pfalz:** Wahl zum Landtag am 23.4. Die NPD zieht mit 6,9% in den Landtag ein.

■ **Schleswig-Holstein:** Landtagswahl am 23.4. Die erstmals angetretene NPD erzielt 5,9%.

■ **Niedersachsen:** Landtagswahl am 4.6. Die NPD zieht mit 7% der Stimmen in den Landtag ein.

■ **Bremen**: Wahl zur Bürgerschaft am 1.10. Die SPD verliert die absolute Mehrheit. Die erstmals angetretene NPD erzielt 8,8% der Stimmen. Am 28.11. wählt die Bürgerschaft mit den Stimmen von SPD und FDP Hans Koschnick (SPD) zum Präsidenten.

■ **Wahlergebnisse** → S. 458–467

1967 DDR

Abgrenzung und Reformen

Mit Weichenstellungen in der Innen-, Hochschul- und Jugendpolitik der DDR setzt sich die getrennte Entwicklung der beiden deutschen Staaten fort. In der Wirtschaftspolitik markiert der Übergang zum Ökonomischen System des Sozialismus die langsame Abkehr von den ambitionierten Reformideen des Neuen Ökonomischen Systems. Auch nach außen werden die Unterschiede der beiden deutschen Staaten mit einer generellen Abgrenzungspolitik der SED-Führung gegenüber der Bundesrepublik betont. Dazu gehört der Abschluss von Freundschafts- und Beistandsabkommen mit den kleineren verbündeten Ländern ebenso wie die sog. Ulbricht-Doktrin, nach der jede Normalisierung der Beziehungen staatssozialistischer Länder zur BRD an die vorherige Anerkennung der DDR durch die Bundesrepublik gebunden wird.

ABGRENZUNGSPOLITIK

Am 20.2. beschließt die Volkskammer das **Gesetz über die Staatsbürgerschaft der DDR** (am 4.12. Übernahme durch die Stadtverordnetenversammlung für Ost-Berlin). Mit diesem Gesetz wird für das Gebiet der DDR das Reichs- und Staatsangehörigengesetz von 1913 ersetzt und zugleich der Übergang zur Politik der **zwei Staatsbürgerschaften in Deutschland** vollzogen. – Am 1.12. beschließt die Volkskammer, eine Kommission zur **Ausarbeitung einer sozialistischen Verfassung für die DDR** zu bilden. Vorsitzender der Kommission wird Walter Ulbricht. Am gleichen Tag verabschiedet die Volkskammer ein Gesetz über die Staatsbank der DDR, mit dem symbolisch ein weiterer Akt der Abgrenzung zur Bundesrepublik vollzogen wird: Die Landeswährung wird offiziell von »Mark der Deutschen Notenbank« in **»Mark der Deutschen Demokratischen Republik«** umbenannt, wobei jedoch zunächst die alten Banknoten und Münzen weiter im Umlauf bleiben. Die Ausgabe neuer Banknoten beginnt am 14.9.1974; Münzen mit der neuen Währungsbezeichnung werden ab 22.11.1978 ausgegeben.

VOLKSKAMMERWAHLEN

Am 2.7. finden **Wahlen zur Volkskammer** und zu den Bezirkstagen statt. Bei einer offiziellen Wahlbeteiligung von 98,2% erzielt die Einheitsliste der Nationalen Front 99,93% Jastimmen. Am 13.7. wird Ulbricht in seinem Amt als Vorsitzender des Staatsrats durch die Volkskammer bestätigt. Der am folgenden Tag neugewählten Regierung gehören nur noch 39 (bisher 49) Minister an. Gleichzeitig entstehen aus bisherigen Staatssekretariaten Ministerien für Hoch- und Fachschulwesen sowie für Wissenschaft und Technik.

WIRTSCHAFTSPOLITIK

■ **Abschwächung der Reformen:** Der VII. Parteitag der SED vom 17.4. bis 22.4. in Ost-Berlin proklamiert den Übergang vom Neuen Ökonomischen System (NÖS) zum **Ökonomischen System des Sozialismus** (ÖSS). In seinem Referat bezeichnet Walter Ulbricht das ÖSS als Grundlage für den Übergang zur »entwickelten sozialistischen Gesellschaft«. – Die Reformpolitik der vergangenen Jahre wird durch diese Entscheidung abgeschwächt. Zwar richtet sich das ÖSS auch auf andere Bereiche der Gesellschaft, doch ideologische Bedenken, die u.a. in dem Vorwurf des »Managertums« gegenüber VEB-Direktoren gipfeln, sind die Ursache dafür, dass die Wirtschaft wieder stärker zentralisiert wird (Gesetz über den Perspektivplan bis 1970 vom 26.5.).

Das schließt indes nicht aus, dass mit der Struktur der Volkswirtschaft weiter experimentiert wird. So entstehen in der Regel vertikal organisierte **Kombinate**, die alle Produktionsabläufe vom Halbfabrikat

VII. SED-Parteitag im April: Der sowjetische KPdSU-Generalsekretär Leonid Breschnew, Walter Ulbricht und Erich Honecker (v.l.n.r.)

bis zum Endprodukt in sich vereinen. In anderen Bereichen wie der Textilindustrie und dem Schiffbau werden wiederum weniger institutionalisierte Verbindungen (sog. Kooperationsverbände) gebildet. – Am 3.5. beschließt der Ministerrat den Übergang zur **5-Tage-Arbeitswoche**. Ab 28.8. beträgt die wöchentliche Regelarbeitszeit der Arbeitnehmer 43,75 Stunden. – Am 13.12. erlässt der Ministerrat eine Verordnung über die Gründung der **Industrie- und Handelsbank** als neuem Spezialinstitut der volkseigenen Wirtschaft.

■ **Wirtschaft:** Das schon im Vorjahr hohe Wachstum des BIP setzt sich fort. Es wächst erneut um 3,8% auf 130,7 Mrd. DM (in BRD-Preisen von 1989). Damit erwirtschaftet die DDR 1967 10,8% des westdeutschen BIP.

3. HOCHSCHULREFORM

Mit einer Erklärung des SED-Zentralkomitees vom Dezember 1965 über die »Prinzipien zur weiteren Entwicklung der Lehre und Forschung an den Hochschulen der DDR« beginnen die Vorbereitungen für die 3. Hochschulreform. Sie wird mit der **Hochschulkonferenz** von Anfang Februar offiziell eingeleitet und im Wesentlichen bis 1968 abgeschlossen. Mit ihr sollen die Hochschulen stärker an der Entwicklung von Wirtschaft und Gesellschaft orientiert, der Hochschulbetrieb durch Spezialisierung rationalisiert werden. An die Stelle der Fakultäten treten 190 in Bereiche (die früheren Institute) unterteilte **Sektionen**. Damit sollen einzelne Hochschulen stärker auf (auch regionale) Branchenbedürfnisse ausgerichtet werden.

JUGENDPOLITIK

Nach dem »Kahlschlagplenum« des ZK der SED im Dezember 1965, auf dem Erich Honecker u.a. die einseitige Ausrichtung der Jugendsendungen des Rundfunks auf Beat-Musik kritisiert hat, bewegt sich die Jugendpolitik im Spannungsfeld zwischen aktiver Förderung (so beschließt der Staatsrat am 31.3. »Zehn Grundsätze der Jugendpolitik«) und fortgesetzter Gängelei. Beredtes Beispiel ist die vom Jugendverband FDJ geförderte **Singebewegung**, die u.a. mit dem Namen des Ost-Berliner »Oktoberklubs« verbunden ist. Dieser Chor entspricht einerseits den Vorstellungen der SED-Führung von Musik für die Jugend, andererseits finden die Lieder des Oktoberklubs tatsächlich zahlreiche Anhänger. An vielen Orten bilden sich Singeklubs, meist von Musiklehrern und FDJ-Funktionären organisiert, nicht selten aber auch von musikbegeisterten Jugendlichen selbst ins Leben gerufen. – In der Folge des VIII. Parlaments der FDJ (10.–13.5. in Karl-Marx-Stadt), bei dem Günther Jahn die Nachfolge von Horst Schumann als 1. Sekretär des FDJ-Zentralrats antritt, orientiert sich die FDJ stärker an den kulturellen Interessen der Jugendlichen.

DEUTSCHLANDPOLITIK

Am 2.2. wird das bisherige Staatssekretariat für Gesamtdeutsche Fragen in **Staatssekretariat für westdeutsche Fragen** umbenannt. – Nachdem Rumänien und die Bundesrepublik am 31.1. diplomatische Beziehungen aufgenommen haben, beschließen die Außenminister der Warschauer-Pakt-Staaten auf Druck der DDR bei einem Treffen vom 8.2. bis 10.2. in Warschau eine Richtlinie zur Außenpolitik staatssozialistischer Länder gegenüber der Bundesrepublik. Als **Ulbricht-Doktrin** bekannt geworden, wirkt sie wie die Hallstein-Doktrin mit umgekehrtem Vorzeichen: Alle staatssozialistischen Länder verzichten so lange auf eine Normalisierung ihrer Beziehungen zu Westdeutschland, wie die DDR selbst keine normalen Beziehungen zur Bundesrepublik unterhält.

■ **Notenwechsel mit der BRD-Regierung** → BRD

AUSSENPOLITIK

■ **Vertragsabschlüsse:** Am 15.3. schließt die DDR mit Polen ein Freundschafts- und Beistandsabkommen, am 17.3. mit der Tschechoslowakei, am 3.4. folgt ein langfristiges Wirtschaftsabkommen mit der UdSSR, am 18.5. ein Freundschafts- und Beistandsabkommen mit Ungarn, am 7.9. mit Bulgarien; schließlich am 5.10. ein Abkommen zur Unterstützung Nordvietnams.

■ **Karlsbader Konferenz:** Vom 24.4. bis 26.4. findet ein Treffen von Vertretern von 24 kommunistischen und Arbeiterparteien in Karlovy Vary (Karlsbad, ČSSR) statt. Formal wiederholen die Teilnehmer die in der Bukarester Deklaration vom 5.7.1966 erhobenen Forderungen, doch bewegt sich der Forderungskatalog der Konferenz entlang der Ulbricht-Doktrin: Demnach wird die Aufnahme »normaler Beziehungen« zwischen beiden deutschen Staaten zur Bedingung gemacht. Der DDR-Führung gelingt es damit noch einmal, die verbündeten staatssozialistischen Länder auf ihre Maximalposition einzuschwören, bevor die geschlossene Front der Ostblockstaaten ab dem Frühjahr 1969 zu bröckeln beginnt.

1968 BRD

Das Jahr der Außerparlamentarischen Opposition

Die innenpolitischen Erschütterungen des Jahres 1968 verbinden sich zur bisher schwersten gesellschaftlichen Krise der Bundesrepublik. Die Rebellion der Studenten erreicht in der Bundesrepublik wie in anderen westlichen Industrieländern ihren Höhepunkt; zugleich erleidet die Außerparlamentarische Opposition (APO) nach erregter Auseinandersetzung mit der Verabschiedung der Notstandsgesetze ihre entscheidende Niederlage.
In der Deutschland- und Außenpolitik setzt die Große Koalition ihren auf Entspannung und Dialog gerichteten Kurswechsel fort. Unterstützt von den konjunkturpolitischen Maßnahmen der Bundesregierung geht die Rezession der Jahre 1966/67 in eine neue Aufschwungphase über.

STUDENTENBEWEGUNG, AUSSERPARLAMENTRISCHE OPPOSITION

■ **Proteste:** Im Februar und März nehmen die Demonstrationen von Studenten und Schülern **gegen die Bildungspolitik, den Vietnamkrieg und die geplanten Notstandsgesetze** an Umfang und Intensität zu, wobei es immer wieder zu Zusammenstößen mit der Polizei kommt. Schwerpunkt der Studentenbewegung ist weiterhin West-Berlin. Hier veranstaltet der Sozialistische Deutsche Studentenbund (SDS) am 17.2. eine **Internationale Vietnamkonferenz**, auf der 3000 Teilnehmer aus der Bundesrepublik und anderen Staaten den Krieg der USA in Vietnam scharf verurteilen. Die Teilnehmer kündigen an, »vom Protest zum Widerstand« übergehen zu wollen. SDS-Sprecher Rudolf (Rudi) Dutschke fordert dazu auf, Soldaten der US-Truppen in West-Berlin zur Desertion zu animieren, wenn sie in Vietnam eingesetzt werden sollen. Am folgenden Tag demonstrieren rd. 12 000 Menschen gegen die wichtigste Schutzmacht West-Berlins. Aufgerufen vom Senat, von den im Abgeordnetenhaus vertretenen Parteien und dem DGB versammeln sich am 21.2. etwa 80 000 West-Berliner vor dem Schöneberger Rathaus zu einer **Gegenkundgebung** unter dem Motto »Berlin darf nicht Saigon werden«.

■ **Osterunruhen:** Am 11.4. verübt der 23-jährige Anstreicher Josef Bachmann in West-Berlin einen **Mordanschlag auf Rudi Dutschke**; er wird durch drei Kugeln in Kopf und Brust lebensgefährlich verletzt (er stirbt an den Spätfolgen des Attentats am 24.12.1979). Unmittelbar nach Bekanntwerden der Tat kommt es während der Ostertage in 27 Großstädten zu Demonstrationen, an denen sich insgesamt mehrere 100 000 Menschen beteiligen; die Unruhen halten bis in den Mai an. Sie werden zusätzlich beflügelt durch die Mai-Unruhen in Frankreich (**Pariser Mai**). Die Proteste sind teilweise begleitet von schweren Ausschreitungen und blutigen Zusammenstößen zwischen Demonstranten und der Polizei.

■ **Springer-Presse:** Der Springer-Pressekonzern mit seiner einseitigen Berichterstattung über Anliegen und Protest der Studenten wird in der APO als **geistiger Urheber des Attentats** auf Dutschke betrachtet. Noch am Abend des 11.4. ziehen in West-Berlin rd. 5000 Demonstranten zum Verlagsgebäude des Konzerns; ein Teil von ihnen versucht es zu stürmen, Auslieferungsfahrzeuge der *Bild*-Zeitung werden in Brand gesteckt. Ähnliche Attacken folgen in den nächsten Tagen auf Springer-Redaktionsbüros und -Druckereien in München, Hamburg und Frankfurt am Main. SDS und APO werfen dem Konzern vor, er strebe durch seine Printmedien die Kontrolle über die öffentlichen Meinung an und fordern dessen Enteignung (Kampagne **»Enteignet Springer«**). Etwa jede dritte Zeitung oder Zeitschrift, die in der Bundesrepublik abgesetzt wird, kommt aus dem Springer-Imperium. Die **Dominanz der Springer-Presse** wird durch ein am 22.5. in Bonn vorgestelltes Gutachten

SDS-Sprecher Rudi Dutschke am 6.3.

Der Schriftsteller Heinrich Böll in Bonn bei einer Kundgebung gegen die Notstandsgesetze am 11.5.

der 1967 von der Bundesregierung einberufenen Pressekommission (Günther-Kommission) bestätigt, die Schritte gegen die Pressekonzentration empfiehlt. Der Konzern reagiert am 23.6. mit dem Verkauf von fünf seiner Zeitschriften, die zusammen ein Viertel der Gesamtauflage von Springer-Erzeugnissen ausmachen.

■ **Reaktionen:** Bundeskanzler Kurt Georg Kiesinger (CDU) verurteilt in einer Rundfunk- und Fernsehansprache am 13.4. die Proteste als Aktionen einer kleinen militanten Minderheit der Studenten, die, von **»radikalen Rädelsführern«** gesteuert, angetreten seien, die freiheitlich-demokratische Grundordnung zu zerstören. Bundesjustizminister Gustav Heinemann (SPD) äußert sich am Tag darauf in Funk und Fernsehen selbstkritisch und verweist auch auf Defizite der bundesdeutschen Demokratie. – In einer **Sondersitzung des Bundestags am 30.11.** stuft Bundesinnenminister Ernst Benda (CDU) den SDS als verfassungsfeindliche Organisation ein. In der Debatte wird den aufbegehrenden Studenten zugestanden, dass ihre Forderungen nach Reformen teilweise – z.B. auf dem Bildungssektor – berechtigt sind. Der FDP-Vorsitzende Walter Scheel sieht einen der Gründe für die Unruhen in der Großen Koalition; da es im Parlament keine effektive Opposition gebe, habe der Bundestag an Glaubwürdigkeit verloren.

■ **Anschläge:** Andreas Baader, Gudrun Ensslin, Thorwald Proll und Horst Söhnlein verüben am 3.4. **Brandanschläge auf zwei Kaufhäuser** in Frankfurt am Main; sie wollen damit gegen die Konsumgesellschaft und den Krieg in Vietnam protestieren. Zwei Tage nach den Anschlägen werden sie verhaftet. – Das Frankfurter Landgericht verurteilt die Täter, deren Verteidigung der Anwalt Horst Mahler übernimmt, am 31.10. zu je drei Jahren Zuchthaus. Ensslin und Baader legen beim Bundesgerichtshof Revision ein, wobei sie politische Motive für ihre Tat geltend machen; sie bleiben zunächst auf freiem Fuß und tauchen vor Vollstreckung des Urteils unter. – In der Mai-Ausgabe der Zeitschrift *konkret* kommentiert die Journalistin Ulrike Meinhof unter dem Titel **»Vom Protest zum Widerstand«** die Osterunruhen und den Kaufhaus-Brandanschlag. Darin heißt es: »Es ist dokumentiert worden, dass es in diesem Land noch Leute gibt, die Terror und Gewalt nicht nur verurteilen, sondern ... bereit und fähig sind, Widerstand zu leisten, so dass begriffen werden kann, dass es so nicht weitergeht.«

NOTSTANDSVERFASSUNG

■ **Proteste:** Die Bewegung gegen die Notstandsgesetze umfasst zahlreiche Gruppen aus den Bereichen der Universitäten, Gewerkschaften, Kirchen, Medien und Kultur; viele verstehen sich als Teil der APO. Auch Mitglieder der SPD und FDP beteiligen sich an den Kundgebungen, zu deren zentraler Koordination ein **»Kuratorium Notstand der Demokratie«** gebildet wurde. – Am 8.5., dem Jahrestag der Beendigung des 2. Weltkriegs, veröffentlichen 200 Professoren ein Manifest; darin protestieren sie gegen die Pläne der Regierung, »die bereit ist, die Bundeswehr gegen das eigene Volk einzusetzen«. – Am 11.5. finden in Bonn und Dortmund zentrale Kundgebungen statt, an denen rd. 70 000 Menschen teilnehmen. Zu den wichtigsten Rednern gehören die Schriftsteller Heinrich Böll und Erich Fried. – Der **DGB-Bundesvorstand** bekräftigt am 19.5. seine Ablehnung der Notstandsgesetze, betont aber gleichzeitig, eine verfassungsgemäß zustandegekommene Gesetzgebung respektieren zu wollen.

■ **Gesetzgebung:** Die Bundesregierung sieht sich in ihrer Absicht, die Notstandsgesetzgebung zu realisieren, durch eine Note der drei Westmächte vom 13.12.1967 bestätigt, die sie am 19.1. veröffentlicht. In ihr stellen die früheren Westalliierten der Bundesrepublik die **Ablösung noch verbliebener alliierter Vorbehaltsrechte** für den Fall in Aussicht, dass entsprechende deutsche Gesetze (»Notstandsgesetze«) die Sicherheit ihrer in der Bundesrepublik stationierten Truppen gewährleisten. – Trotz anhaltender Proteste beschließt der Bundestag am 30.5. mit 384 Jastimmen, 100 Neinstimmen (SPD: 53, FDP: 46, CDU: 1) und einer Enthaltung die **Annahme des 17. Gesetzes zur**

NOTSTANDSGESETZE

Das 17. Gesetz zur Ergänzung des Grundgesetzes, verkündet am 24.6., ist die schwerwiegendste und umstrittenste Verfassungsänderung seit der Einführung der Wehrverfassung vom 19.3.1956. Sie wird erst möglich, als die SPD, an deren Widerstand die vorausgehenden Notstandsgesetzentwürfe von 1960 (»Schröder-Entwurf«) und 1962 (»Höcherl-Entwurf«) scheitern, in der Großen Koalition einen revidierten Entwurf von 1967 (»Lücke-Entwurf«) akzeptiert. Mit Inkrafttreten des Gesetzes am 28.6.1968 erlöschen die alliierten Sicherheitsvorbehalte aus dem Deutschlandvertrag von 1952.

Die **Notstandsverfassung** soll den freiheitlich-demokratischen Rechtsstaat auch in Notsituationen bewahren und dafür Vorsorge treffen.

Äußerer Notstand, Spannungsfall (Artikel 80a GG) und **Verteidigungsfall** (Artikel 115a–115l GG): Er wird vom Bundestag oder von einem Gemeinsamen Ausschuss festgestellt, der sich zu zwei Dritteln aus Vertretern des Bundestags, zu einem Drittel aus Vertretern Bundesländer zusammensetzt; der Gemeinsame Ausschuss wird bei fortbestehendem Notstand und Beschlussunfähigkeit des Bundestags als Ersatzgesetzgeber (für Bundestag und Bundesrat) tätig.

Innerer Notstand, Naturkatastrophen und außergewöhnliche Unglücksfälle (Artikel 11, 35, 87a, 91 GG): Im Fall einer »drohenden Gefahr für den Bestand oder die freiheitliche demokratische Grundordnung des Bundes oder eines Landes« oder »zur Hilfe bei einer Naturkatastrophe oder bei einem besonders schweren Unglückfall« können die Bundesländer die Polizei anderer Länder, den Bundesgrenzschutz oder die Bundeswehr anfordern.

Im Notstandsfall werden **mehrere Grundrechte eingeschränkt** (Artikel 9, 10, 11, 12 GG). Im Fall des Missbrauchs der Notstandsregelungen kann jeder Bürger ein **Widerstandsrecht** für sich in Anspruch nehmen, »wenn andere Abhilfe nicht möglich ist« (Artikel 20, Absatz 4 GG).

Die zusammen mit der Notstandsverfassung am 30.5. verabschiedeten **sechs einfachen Notstandsgesetze** (die nicht die Verfassung ändern) konkretisieren im Notstandsfall erlaubte Einschränkungen von Bürgerrechten, so des Brief-, Post- und Fernmeldegeheimnisses, der Unverletzlichkeit der Wohnung, des Rechts auf Freizügigkeit und der freien Berufswahl (Arbeitssicherstellungsgesetz, Katastrophenschutzgesetz, Sicherstellungsgesetz für Ernährung, Wirtschaft und Verkehr, Abhörgesetz).

Die **Kritik** an der Notstandsgesetzgebung bezieht sich vor allem auf die mögliche **Einschränkung von Grundrechten**, die **Aufhebung der Gewaltenteilung** im Verteidigungsfall durch die Institution des gemeinsamen Ausschusses und die **Missbrauchsgefahr** durch den nicht näher definierten »Spannungsfall«, der auch ein allgemeiner innenpolitischer Krisenfall sein kann.

Änderung des Grundgesetzes (»Notstandsverfassung«), des Gesetzes zur Beschränkung des Brief-, Post- und Fernmeldegeheimnisses und der sog. Vorsorge- und Sicherstellungsgesetze; am 14.6. stimmt auch der Bundesrat (einstimmig) zu. Der volle Wortlaut des Gesetzes wird erst nach Verabschiedung veröffentlicht.

BILDUNGSPOLITIK

■ **Reformen:** Die Westdeutsche Rektorenkonferenz verabschiedet am 9.1. ein **Reformprogramm für die Universitäten**, das den Forderungen der Studentenschaft u.a. nach Demokratisierung und Modernisierung des Hochschulbetriebs entgegenkommt und erweiterte Informations- und Beratungsrechte empfiehlt. Auf dieser Grundlage beschließt die Ständige Konferenz der Kultusminister am 10.4. Leitsätze zur Neuordnung des Hochschulwesens. Alle Gruppen der Universität sollen **Mitspracherechte** erhalten, Privilegien der Hochschullehrer werden eingeschränkt. Im **Marburger Manifest** vom 18.6. protestieren 1500 Hochschullehrer gegen die von der Studentenschaft geforderte Mitbestimmung. – Am 27.3. entscheidet die Westdeutsche Rektorenkonferenz, den Zugang zu einigen Fächern über einen **Numerus clausus** vom Notendurchschnitt des Zugangszeugnisses abhängig zu machen. Am 9.4. beziffert der Deutsche Bildungsrat in Bonn das Defizit im bundesrepublikanischen Bildungssektor für die nächsten fünf Jahre auf 22 Mrd. DM. Er schlägt vor, die Aufwendungen für den Schulsektor bis 1973 zu verdoppeln und etwa 40 Gesamtschulen zu bauen. – Nach den von den Kultusministern am 8.10. verabschiedeten »Empfehlungen zur Sexualerziehung in den Schulen« müssen die Schulen aller Bundesländer **Sexualkunde** in ihre Lehrpläne aufnehmen. – Am 16.12. wird die Universität Dortmund eröffnet.

PARTEIEN

■ **FDP:** Der Bundesparteitag wählt am 29.1. den bisherigen Fraktionsvorsitzenden Walter Scheel zum Bundesvorsitzenden, nachdem Erich Mende nicht mehr für dieses Amt kandidiert. Wolfgang Mischnick übernimmt den Fraktionsvorsitz im Bundestag. Durch den Führungswechsel verlieren die nationalliberalen Kräfte in der FDP an Einfluss.

■ **KPD/DKP:** Am 8.2. löst die Polizei in Frankfurt am Main eine Pressekonferenz auf, in der ein neues KPD-Programm vorgestellt werden soll; ab 13.2. werden alle Exemplare des neuen Programms beschlagnahmt. Am 26.9. wird in Frankfurt am Main die **Gründung der Deutschen Kommunistischen Partei** (DKP) offiziell bekannt gegeben. – Am 18.10. wird der Haftbefehl gegen den früheren Bundestagsabgeordneten (1949–53) und Vorsitzenden der verbotenen KPD, Max Reimann, wegen Verjährung aufgehoben. Reimann, der seit 1954 in der DDR lebt, kehrt nach Aufhebung des Haftbefehls in die Bundesrepublik zurück.

WEITERE INNENPOLITISCHE EREIGNISSE

■ **Kirchen:** Der sog. Bensberger Kreis deutscher Katholiken verabschiedet am 2.3. ein **Memorandum über die Aussöhnung mit Polen**. Damit wird in der katholischen Kirche eine Diskussion fortgesetzt, die 1966 am Ende des 2. Vatikanischen Konzils begann.

■ **NS-Vorwürfe gegen Spitzenpolitiker:** Nachdem der *Stern* in seiner Ausgabe vom 26.2. die Angriffe gegen **Bundespräsident Heinrich Lübke** (CDU) erneuert und dem Politiker unterstellt, nur durch die Lüge, andere hätten seine Papiere gefälscht, ins Amt gekommen zu sein, weist Lübke am 1.3. im Fernsehen öffentlich den Vorwurf zurück, als stellvertretender Leiter eines Berliner Architektenbüros am Bau von Konzentrationslagern beteiligt gewesen zu sein. Am 14.10. gibt Lübke bekannt, er wolle sein **Amt zum 30.6.1969 niederlegen**. – Ein Eklat ereignet sich am 7.11. auf dem CDU-Parteitag in West-Berlin, als Beate Klarsfeld **Bundeskanzler Kiesinger ohrfeigt** und ihn als Nazi bezeichnet. Die 29-jährige Sekretärin beim deutsch-französischen Jugendwerk ist mit einem Franzosen jüdischen Glaubens verheiratet und will durch ihre Aktion auf die ungeklärte NS-Vergangenheit Kiesingers aufmerksam machen. Noch am selben Tag wird Klarsfeld zu einem Jahr Haft verurteilt; die Strafe wird in der Revision am 25.8.1969 auf vier Monate herabgesetzt.

Beate Klarsfeld wird am 7.11. abgeführt, nachdem sie Bundeskanzler Kurt Georg Kiesinger geohrfeigt hat

■ **Kabinett:** Nachdem die SPD auf ihrem Bundesparteitag in Nürnberg (17.–21.3) die Einführung des Mehrheitswahlrechts, eines der zentralen Vorhaben der Großen Koalition, ablehnt, **tritt Innenminister Paul Lücke (CDU) am 28.3. zurück**. Nachfolger Lückes wird am 2.4. der bisherige Parlamentarische Staatssekretär im Bundesinnenministerium, Ernst Benda (CDU). – Am 2.10. wird **Aenne Brauksiepe** (CDU) als Nachfolgerin von Bruno Heck (CDU), der aus Altersgründen zurücktritt, Familienministerin und **Erhard Eppler** (SPD) in der Nachfolge von Hans Jürgen Wischnewski, der ins Amt des SPD-Bundesgeschäftsführers wechselt, Entwicklungshilfeminister.

■ **Gesetze und Verfassungsentscheidungen:** Am 27.3. billigt der Bundestag das **Pensionsgesetz für Abgeordnete**. Danach erhalten Parlamentarier, die dem Bundestag mindestens acht Jahre lang angehört haben, in Abhängigkeit zu ihren sonstigen Einkünften nach Abgabe oder Verlust des Mandates eine monatliche Rente von 35–70% ihrer Abgeordnetenbezüge. Das Gesetz gilt rückwirkend für alle Abgeordneten seit 1949. – Das Bundesverfassungsgericht in Karlsruhe erklärt am 3.12 eine Regelung des neuen **Parteiengesetzes** von 1967 **für verfassungswidrig**, nach der nur Parteien, die bei Bundestagswahlen mindestens 2,5% der Stimmen erhalten, Anspruch auf eine Aufwandsentschädigung für ihren Wahlkampf haben. Künftig erhalten alle Parteien mit mindestens 0,5% Stimmenanteil ihre Wahlkampfkosten teilweise erstattet (Änderung des Gesetzes durch den Bundestag am 13.6.1969). – Die vom Bundestag am 4.12.verabschiedete Grundgesetznovelle verankert das **Recht auf Verfassungsbeschwerde** für jedermann im Grundgesetz.

OSTPOLITIK

■ **Jugoslawien:** Am 31.1. nehmen die Bundesrepublik und Jugoslawien wieder diplomatische Beziehungen auf. Außenminister Willy Brandt plädiert auf dem Bundesparteitag der SPD in Nürnberg am 21.3. für einen **konsequenteren Kurs im Wandel der Ostpolitik** und fordert die »Anerkennung bzw. Respektierung der Oder-Neiße-Linie bis zur friedensvertraglichen Lösung«.

■ **Beziehungen zur Sowjetunion:** In einer Note an die sowjetische Regierung vom 9.4. erklärt sich die Bundesregierung – wie schon gegenüber der DDR am 11.3. – zu **Gewaltverzicht als einem ersten Schritt** zu Entspannung und Sicherheit in Europa bereit. In einem Gegenmemorandum, das die sowjetische Zeitung *Iswestija* am 5.7. veröffentlicht, wiederholt die sowjetische Regierung ihre Forderungen: Anerkennung der DDR und der Oder-Neiße-Linie, Verzicht der Bundesrepublik auf Kernwaffen, formelle Ungültigkeitserklärung des Münchner Abkommens von 1938. In scharfer Form kritisiert die sowjetische Führung die Bundesrepublik als **Hort des »Revanchismus« und »Militarismus«** und verweist auf den Aufstieg der NPD.

Unter Hinweis auf die **»Feindklauseln« der UN-Charta** (Art. 53 und 107), die »voll und ganz für die Bundesrepublik Deutschland« gültig seien, beansprucht die Sowjetunion auch weiterhin Interventionsrechte. Auf die Vorwürfe reagiert Bundesaußenminister Brandt am 12.7. mit der Veröffentlichung der Dokumente der nahezu seit zwei Jahren andauernden **Geheimverhandlungen** zwischen der Bundesrepublik und der Sowjetunion über ein Gewaltverzichtsabkommen. – Der Einmarsch von Truppen des Warschauer Paktes in die Tschechoslowakei am 21.8. zur **Niederschlagung des »Prager Frühlings«** (→ DDR) versetzt der Entspannungspolitik einen schweren Rückschlag.

DEUTSCH-DEUTSCHE BEZIEHUNGEN

Bundeskanzler Kiesinger schlägt am 11.3. in dem erstmals vor dem Bundestag abgegebenen Bericht zur Lage der Nation der DDR Verhandlungen über eine **Gewaltverzichtserklärung** vor und bietet erneut Gespräche über Sachfragen an. Am 6.12. erneuern die Bundesrepublik und die DDR die Vereinbarungen zum **Interzonenhandel** bis 1975. Die langfristig festgelegten Lieferkontingente für Investitionsgüter steigen erheblich; der zinslose Überziehungskredit (Swing) wird ebenfalls erhöht.

WIRTSCHAFTSPOLITIK

■ **Mehrwertsteuer:** Am 1.1. wird die Mehrwertsteuer eingeführt. Besteuert wird der auf jeder Produktionsstufe entstehende Netto-Wertzuwachs. Der Satz beträgt 10%, für Lebensmittel, Bücher, Zeitschriften und einige Dienstleistungen die Hälfte. Am 1.7. wird der Satz auf 11% (5,5%) erhöht.

■ **Kohlekrise:** Am 14.3. stellt der Ministerpräsident von Nordrhein-Westfalen, Heinz Kühn (SPD), ein Entwicklungsprogramm für das Ruhrgebiet in Höhe von 8,4 Mrd. DM für die Jahre 1968–73 vor. – Am 15.5. tritt das Gesetz zur Anpassung und Gesundung des Steinkohlenbergbaus und der Steinkohlengebiete in Kraft. Das Gesetz fördert die Unternehmenskonzentration und -rationalisierung; Entlassungen werden durch Abfindungsgelder erleichtert. Auf dieser Grundlage schließen sich am 27.11. insgesamt 23 Zechen zur Holdinggesellschaft **Ruhrkohle AG** mit Sitz in Essen zusammen. Ihr Anteil an der bundesdeutschen Kohleförderung beträgt ca. 82%.

■ **Konjunktur:** Am 7.5. meldet die Bundesanstalt für Arbeit, dass auf dem Arbeitsmarkt der **Höhepunkt der Krise überschritten** ist. Die Arbeitslosenquote liegt nur noch bei etwa 1,6% gegenüber 3,2% im Januar, als 672 000 Menschen ohne Arbeit waren. Im September herrscht praktisch Vollbeschäftigung. Die gemeinsamen Maßnahmen der Arbeitgeberverbände und der Gewerkschaften sowie der Bundesregierung (»Konzertierte Aktion«, → 1967 BRD) tragen dazu bei, dass die Bundesrepublik ihre erste **Rezession überwindet**.

BUNDESLÄNDER UND WEST-BERLIN

■ **Baden-Württemberg:** Die Landtagswahl am 28.4. bringt der SPD schwere Verluste. Auf die erstmals angetretene **NPD** entfallen **9,8%**. Am 12.6. wählt der Landtag Hans Filbinger (CDU) erneut zum Ministerpräsidenten; das Kabinett ist wiederum eine CDU-SPD-Koalition.

■ **West-Berlin:** Am 12.8. bilden die westlichen Schutzmächte Berlins und die Bundesregierung angesichts der harten Berlin-Politik der DDR einen gemeinsamen Unterausschuss zur **Stärkung der Wirtschaft West-Berlins**. Die bisherige Bundeshilfe für West-Berlin beläuft sich auf etwa 30 Mrd. DM. – US-Botschafter Henry Cabot bekräftigt am 9.10. in seiner Rede in der West-Berliner Kongresshalle die **Berlin-Verpflichtung der USA**.

■ **Wahlergebnis** → S. 458

1968 DDR

Enttäuschte Hoffnungen

Zwei Ereignisse prägen die gesellschaftliche Entwicklung: Im April wird per Volksentscheid eine sozialistische Verfassung angenommen, die die noch durch bürgerliche Grundgesetze geprägte Verfassung von 1949 ablöst. Unverändert beansprucht die DDR darin, für die ganze deutsche Nation zu handeln, das Staatsziel einer Wiedervereinigung ist damit noch nicht endgültig aufgegeben.
Im August endet mit dem Einmarsch sowjetischer Truppen in der Tschechoslowakei der »Prager Frühling«. Der Versuch der tschechoslowakischen KP (KPČ), einen »Sozialismus mit menschlichem Antlitz« in die Realität umzusetzen, hatte auch in anderen Mitgliedstaaten des Warschauer Paktes große Hoffnungen geweckt.

SOZIALISTISCHE VERFASSUNG

Nach nur zwei Monaten Arbeit legt die am 1.12.1967 von der Volkskammer auf Anregung des VII. Parteitags der SED vom April 1967 gebildete Kommission am 31.1. den Entwurf einer **sozialistischen Verfassung** vor. Nach offiziellen Angaben wird er in etwa 750 000 Veranstaltungen diskutiert; tatsächlich werden einige Änderungen in den am 6.4. zur Volksabstimmung vorgelegten Text aufgenommen, darunter die Garantie der Glaubens- und Gewissensfreiheit und die Immunität der Volkskammerabgeordneten. Erstmals ist auch der im Staat längst durchgesetzte Führungsanspruch der SED in der Verfassung festgeschrieben. – Beim Volksentscheid, an dem 98,05% der Abstimmungsberechtigten teilnehmen, stimmen 94,49% (in Ost-Berlin: 90,9%) für den Entwurf. Die Verfassung tritt am 9.4. in Kraft.

INNENPOLITIK

■ **Gesetzesnovellen:** Am 12.1. verabschiedet die Volkskammer das **neue Strafgesetzbuch** (StGB), die dazugehörige Strafprozessordnung (StPO) und das Ordnungswidrigkeitengesetz (OWG), die sämtlich am 1.7. in Kraft treten. Das StGB setzt die schon länger gültige Unterscheidung von Straftatbeständen gegen das »sozialistische Eigentum« (volkseigene Betriebe oder staatliche Einrichtungen) und gegen das »persönliche Eigentum« (Besitz von Privatpersonen, einschließlich deren Eigentum an Wirtschaftsgütern) fort. Zudem enthält das StGB verschärfte Bestimmungen zum politischen Strafrecht. – Am 11.6. verabschiedet die Volkskammer das **Gesetz über die Gesellschaftlichen Gerichte** (GGG), in dem die Tätigkeit der Konfliktkommissionen in Betrieben und Institutionen sowie der Schiedsgerichte in den Wohngebieten als Vorinstanzen der regulären Kreisgerichte neu geregelt wird. – Am gleichen Tag stimmt die Kammer dem **Gesetz über die Aufgaben und Befugnisse der Deutschen Volkspolizei** zu. – Der Ministerrat erlässt am 10.9. eine neue **Verordnung über die Gesellschaft für Sport und Technik** (GST). Damit übernimmt die GST die vormilitärische Schulung aller Jugendlichen an Schulen und Lehreinrichtungen der beruflichen Ausbildung, auch wenn sie nicht Mitglied der Organisation sind.

■ **Rentenerhöhung:** Am 15.3. erlässt der Ministerrat die Verordnung über die freiwillige **Versicherung auf Zusatzrente** bei der Sozialversicherung. Wegen der niedrigen Grundrenten soll durch den Abschluss von privaten Vorsorgeverträgen für Be-

PRÄAMBEL DER VERFASSUNG VON 1968

»Getragen von der Verantwortung, der ganzen deutschen Nation den Weg in eine Zukunft des Friedens und des Sozialismus zu weisen, in Ansehung der geschichtlichen Tatsache, dass der Imperialismus unter Führung der USA im Einvernehmen mit Kreisen des westdeutschen Monopolkapitals Deutschland gespalten hat, um Westdeutschland zu einer Basis des Imperialismus und des Kampfes gegen den Sozialismus aufzubauen, was den Lebensinteressen des Volkes widerspricht, hat sich das Volk der Deutschen Demokratischen Republik, fest gegründet auf den Errungenschaften der antifaschistisch-demokratischen und der sozialistischen Umwälzung der gesellschaftlichen Ordnung, einig in seinen werktätigen Klassen und Schichten das Werk der Verfassung vom 7. Oktober 1949 in ihrem Geiste fortführend und von dem Willen erfüllt, den Weg des Friedens, der sozialen Gerechtigkeit, der Demokratie, des Sozialismus und der Völkerfreundschaft in freier Entscheidung unbeirrt weiterzugehen, diese sozialistische Verfassung gegeben.«

Walter Ulbricht (l.) mit Alexander Dubček (r.) in Bratislava am 3.8.

rufstätige im Alter eine Verbesserung der Einkommenssituation erreicht werden. Am 1.7. werden die Mindestrenten auf 150 Mark pro Monat erhöht.

■ **Kirchenfragen:** Am 30.5. wird auf Betreiben Walter Ulbrichts in Leipzig die **Universitätskirche** gegen öffentlichen Widerstand **gesprengt**. Als Begründung wird der geplante Neubau des Universitätshochhauses angeführt, tatsächlich soll damit die Präsenz der Kirchen in der Gesellschaft weiter zurückgedrängt werden. – Am 30.11. erklärt sich die Ostregion der **Vereinigten Evangelisch-Lutherischen Kirche Deutschlands** (VELKD) als erste Kirchenorganisation in der DDR für rechtlich selbständig und vollzieht damit den Bruch mit den bisher noch gesamtdeutsch organisierten Kirchenverbänden.

»PRAGER FRÜHLING«

Während in der DDR der Übergang zum Neuen Ökonomischen System des Sozialismus (NÖS, → 1963 DDR ff.), das sich auf Wirtschaftsreformen beschränkt, abgeschlossen wird, versucht die KPČ Reformen mit echter Demokratisierung zu verbinden. Die SED sieht darin eine ernste Bedrohung ihres Herrschaftssystems.

Mehrfach versuchen Staats- und Parteichefs staatssozialistischer Länder, ihre tschechoslowakischen Genossen von dieser Politik abzubringen. Die DDR-Führung tritt dabei zwar nicht als wichtigster Akteur auf, doch unterstützt sie die Sowjetunion nach Kräften. Ulbricht ist bei den verschiedenen Beratungen der Parteichefs sozialistischer Länder beteiligt (23.3. in Dresden, 14./15.7. in Warschau mit dem »**Warschauer Brief**« an die KPČ, in dem diese aufgefordert wird, die »Konterrevolution« zu stoppen, 3.8. in Bratislava sowie nach dem Einmarsch am 27.8. in Moskau). Wenige Tage vor dem Einmarsch versucht er am 12.8. in Karlovy Vary (Karlsbad) noch einmal selbst, auf KPČ-Chef Alexander Dubček einzuwirken. **In den Morgenstunden des 21.8. rücken sowjetische Truppen in die Tschechoslowakei ein**. Die DDR selbst beteiligt sich nicht mit eigenen Truppenverbänden an der Invasion, unterstützt sie jedoch massiv mit propagandistischen Mitteln.

Auf ihrer ZK-Tagung vom 22.10. bis 25.10. verteidigt die SED-Spitze das Vorgehen der UdSSR gegen Kritik aus den Reihen der kommunistischen Weltbewegung noch einmal: »Lebensinteressen sozialistischer Länder« dürften nicht verletzt werden.

»PRAGER FRÜHLING«

Im Januar wird in Prag der bisherige Vorsitzende der KPČ Antony Novotny durch den aus der Slowakei stammenden Alexander Dubček ersetzt. Die neue KPČ-Führung strebt eine weitgehende Demokratisierung der Gesellschaft an. Die bisher im Wesentlichen auf die kulturelle Szene beschränkte Entstalinisierung erhält dadurch enormen Schwung und greift auch auf andere Bereiche der Gesellschaft über.

Die Aussicht, die sozialistische Ordnung mit westlichen Freiheiten zu verbinden, findet in vielen kommunistischen Staaten, auch in der DDR, Anklang. Die SED-Parteiführung reagiert allerdings mit Abwehr. Insbesondere die Öffnung gegenüber dem Westen wird zunehmend als existentielle Bedrohung für die DDR gewertet. Die Erklärung des ZK der SED vom 21.8. zum Einmarsch sowjetischer Truppen in die Tschechoslowakei spricht dies offen aus: »Für jeden Bürger der DDR wird beim Blick auf die Landkarte verständlich, dass für unsere Republik und für die anderen sozialistischen Bruderländer eine unerträgliche Lage geschaffen worden wäre, wenn die insbesondere vom westdeutschen Imperialismus inspirierten antisozialistischen Kräfte vom Süden, also von unserer Flanke her, ihre konterrevolutionäre Tätigkeit hätten betreiben können.«

WEITERE AUSSENPOLITISCHE EREIGNISSE

Am 12.10. wird das NOK der DDR vollberechtigtes Mitglied des IOC. Erstmals startet eine DDR-Auswahl als eigene Mannschaft bei den Olympischen Spielen in Mexico City. – Die Bundesrepublik verhindert am 8.5. die Aufnahme der DDR in die Weltgesundheitsorganisation (WHO). – Am 23.10.

RADIO VLTAVA

Der Auslandssender der DDR, *Radio Berlin International* (RBI), beginnt bereits vor der Invasion mit eigens für die ČSSR produzierten Sendungen. Ab 22.7. werden morgens und abends jeweils halbstündige Sendungen auf Tschechisch, ab 31.7. auch auf Slowakisch ausgestrahlt. Am Tag der Invasion beginnt auf Anweisung des ZK-Sekretärs für Sicherheit, Erich Honecker, eine »Sonderredaktion« den Betrieb von *Radio Vltava* (tschechisch für *Radio Moldau*). Der Sender gibt vor, ein von Tschechen und Slowaken betriebenes Programm zu produzieren und allein Sendeanlagen in Wilsdruff bei Dresden zu nutzen. Seine ausländische Herkunft lässt sich wegen der unzulänglichen Sprachkenntnisse der Sprecher jedoch kaum verbergen.
Der Sender lässt u.a. »Briefe von Werktätigen« verlesen, in denen die »Hilfeleistung der Bruderarmeen« begrüßt wird. Die zu dieser Zeit noch unter Führung von Dubček stehende KPČ betrachtet deshalb vor allem *Radio Vltava* als Sender der Invasoren, obwohl ähnliche Sender auch von Polen, Ungarn und der Sowjetunion aus operieren.
Da die verbreiteten Botschaften den konservativen Kräften in der KPČ-Führung mehr schaden als nützen, setzt sich Vasil Bilak – nach Ablösung Dubčeks durch Gustáv Husák die Nummer 2 in der KPČ – Anfang 1969 in Ost-Berlin für das Ende des Sendebetriebes ein. Am 12.2.1969 wird *Radio Vltava* abgeschaltet.

einigen sich die DDR, Polen und die Sowjetunion auf die Abgrenzung des jeweiligen Festlandsockels in der Ostsee.

DEUTSCHLANDPOLITIK

Auf den Vorschlag von Bundeskanzler Kurt Georg Kiesinger (CDU) vom 11.3. über eine Gewaltverzichtserklärung und Gespräche über Sachfragen reagiert **Ulbricht** zwei Tage später mit einer Fernsehansprache, in der er mit der Aussage »Es gibt nun einmal die beiden deutschen Staaten« **Verhandlungen ablehnt**. Am 9.8. unterbreitet er in der Volkskammer »Sieben Vorschläge zur friedlichen Koexistenz« zwischen beiden deutschen Staaten. – Am 13.4. erlässt das Innenministerium ein auf Minister der Bundesregierung und hohe Ministerialbeamte beschränktes vorläufiges **Transitverbot** für Durchreisen zwischen der Bundesrepublik und West-Berlin. Es wird begründet mit dem Anschlag auf Rudi Dutschke und dem Auftreten von Bundesinnenminister Ernst Benda (CDU) in West-Berlin. – Am 11.6. beschließt die Volkskammer eine **Pass- und Visumspflicht** im Transitreiseverkehr zwischen der Bundesrepublik und West-Berlin; das Visum ist gebührenpflichtig. Zudem müssen westdeutsche Unternehmen bei der Benutzung der Transitstraßen für den Güterverkehr sog. Steuerausgleichsabgaben entrichten.

WIRTSCHAFT

■ **Wirtschaftslenkung:** Mit einem Beschluss des Staatsrats vom 22.4. über »**weitere Maßnahmen zur Gestaltung des Ökonomischen Systems des Sozialismus**« werden erweiterte Entscheidungsspielräume der Wirtschaftseinheiten zugunsten einer strafferen zentralen Leitung und Planung wieder aufgehoben. Eine Verordnung des Ministerrats vom 16.10. regelt in diesem Sinn die **Bildung und Rechtsstellung von volkseigenen Kombinaten**. Sie erhalten die gleiche Rechtsstellung wie Volkseigene Betriebe und können demnach Vereinigungen Volkseigener Betriebe (VVB), Ministerien, Wirtschaftsräten oder den Räten der Bezirke unterstellt werden.

Anteil der Bezirke an der Industrieproduktion 1968 und 1977

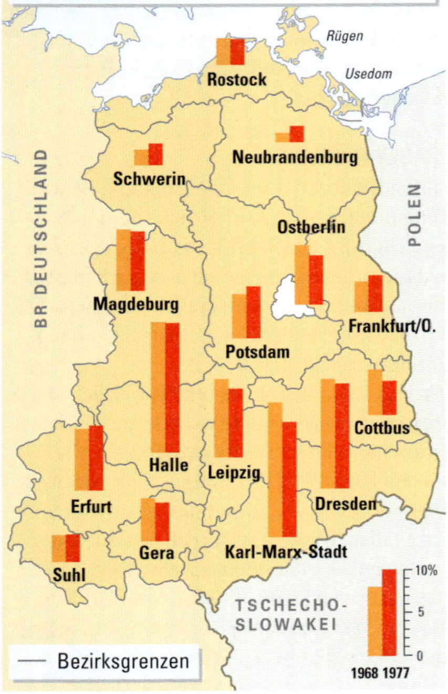

1969 BRD

»Mehr Demokratie wagen«

Die Wahl von Gustav Heinemann zum neuen Bundespräsidenten kündigt einen politischen Klimawechsel an: Zum ersten Mal bekleidet ein Sozialdemokrat dieses Amt. Erstmals auch in der Geschichte der Bundesrepublik übernimmt mit Willy Brandt ein Sozialdemokrat das Amt des Bundeskanzlers. Nach zwanzig Jahren Regierungsverantwortung wird die CDU/CSU in die Opposition verwiesen. Die sozial-liberale Regierung leitet eine Verbesserung der Beziehungen zwischen der Bundesrepublik und dem Ostblock ein und treibt die Entspannung in Europa maßgeblich voran.

Die Unruhen des Vorjahres haben eine weite Bereiche der Gesellschaft erfassende Politisierung zur Folge, durch die hierarchische Verhältnisse in Frage gestellt werden und Alternativen zu tradierten Strukturen gesucht werden. Mit dem Versprechen, »Mehr Demokratie wagen« zu wollen, nimmt Bundeskanzler Brandt diese Impulse auf.

Nach der Überwindung der Rezession erfährt die bundesdeutsche Wirtschaft einen enormen Boom, so dass die Hochkonjunktur durch staatliche Maßnahmen gedämpft werden muss. In »wilden Streiks« fordern Arbeitnehmer einen höheren Anteil am Zuwachs des Wohlstands und stellen zugleich die tarifpolitischen Strategien der Gewerkschaften in Frage.

AUSSEN- UND SICHERHEITSPOLITIK

■ **Europa:** Am 14.2. kommt es zu einer **Krise der europäischen Integrationspolitik**. Frankreich ist nicht bereit, den Beschluss des Rats der Westeuropäischen Union (WEU) vom 6./7.2. zu akzeptieren, vor wichtigen außenpolitischen Ereignissen Konsultationen untereinander abzuhalten, bleibt einer Sitzung des Rats am 14.2. fern und verkündet – entsprechend dem Konflikt in der EWG 1965 – eine »**Politik des leeren Stuhls**« gegenüber den Organen der WEU. Bundeskanzler Kurt Georg Kiesinger (CDU) und Außenminister Willy Brandt versuchen bei ihrem Arbeitsbesuch am 14./15.3. in Paris erfolglos, Charles de Gaulle zu einem Einlenken zu bewegen.

■ **Sowjetunion:** Auf der Hannover-Messe beginnen am 28.4. **Vorverhandlungen über ein Erdgas-Röhrengeschäft** zwischen der Sowjetunion und der Bundesrepublik. Der sowjetische Außenhandelsminister Nikolai Patolitschew schlägt vor, im Tausch gegen Großröhren die Bundesrepublik 20 Jahre lang mit Erdgas aus Sibirien zu versorgen. Ein erstes Geschäft dieser Art war 1962/63 wegen der Teilnahme der Bundesrepublik an einem Embargo gegen die Sowjetunion gescheitert.

■ **Hallstein-Doktrin:** Nach der Aufnahme diplomatischer Beziehungen zwischen **Kambodscha** und der DDR am 8.5. kommt es zwischen CDU/CSU und SPD zu einer heftigen Kontroverse über die Hallstein-Doktrin. Bundeskanzler Kiesinger befürchtet, die Hinnahme der Anerkennung der DDR durch das neutrale Kambodscha könne Länder der Dritten Welt und des Westens veranlassen, dem Schritt zu folgen. Außenminister Brandt setzt eine Modifizierung durch, die am 30.5. bekannt gegeben wird: Die Bundesregierung werde die Anerkennung der DDR durch dritte Staaten nach wie vor als »unfreundlichen Akt« auffassen, aber nicht mehr automatisch mit dem Abbruch der diplomatischen Beziehungen reagieren. Im Falle von Kambodscha werden die Beziehungen eingefroren, der bundesdeutsche Botschafter wird am 4.6. nach Bonn zurückgerufen. Daraufhin bricht Kambodscha die Beziehungen zur Bundesrepublik ab. Die Grundsatzerklärung der Bundesregierung zur »**modifizierten Hallstein-Doktrin**« erfolgt am 30.6. – Die diplomatischen Beziehungen zur **Volksrepublik Südjemen** werden

Heinemann, Gustav

*Schwelm 23.7.1899, †Essen 7.7.1976

Studium der Rechtswissenschaften und der Nationalökonomie, 1936–49 Bergwerksdirektor, 1933–39 Dozent für Berg- und Wirtschaftsrecht an der Universität Köln; 1945 Mitbegründer der CDU, 1947/48 nordrhein-westfälischer Justizminister; 1949–50 Bundesinnenminister, 1952 Austritt aus der CDU, 1957 Beitritt zur SPD, 1957–69 Bundestagsabgeordneter; 1966–69 Justizminister in der Großen Koalition, 1969–74 Bundespräsident

Günter Grass (r.), hier am 3.5. mit Karl Schiller in Berlin, macht Wahlkampf für die SPD

am 2.7. abgebrochen, nachdem das Land am 30.6. mit der DDR Kontakte aufgenommen hat. Demgegenüber werden die Beziehungen zwischen der Bundesrepublik und der **Arabischen Republik Jemen** am 15.7. vier Jahre nach dem Abbruch der diplomatischen Kontakte 1965 wiederhergestellt.

■ **Atomwaffensperrvertrag:** Am 19.3. spricht sich Außenminister Brandt vor dem Bundestag für eine Unterzeichnung des am 1.7.1968 von den Großmächten unterzeichneten und am 14.3. vom US-Senat ratifizierten Atomwaffensperrvertrags aus. Die Bundesregierung hatte bisher u.a. wegen des Beitritts der DDR zum Abkommen Bedenken gegen eine Unterzeichnung. Nach der Regierungsübernahme der sozial-liberalen Koalition und auf Drängen der USA, die den Entspannungsprozess in Europa vorantreiben will, **tritt die Bundesrepublik dem Abkommen am 28.11. bei**.

BUNDESPRÄSIDENTENWAHL

Die in West-Berlin tagende Bundesversammlung wählt am 5.3. **Gustav Heinemann (SPD) zum Bundespräsidenten** als Nachfolger des nicht mehr kandidierenden Heinrich Lübke (CDU); erst im dritten Wahlgang setzt sich der bisherige Bundesjustizminister mit 512 Stimmen gegen den CDU/CSU-Kandidaten Gerhard Schröder durch, auf den 506 Stimmen entfallen. Die Große Koalition hatte sich nicht auf einen gemeinsamen Kandidaten einigen können. Entscheidend ist das Stimmverhalten der FDP; mit ihrem Votum für Heinemann setzt sie im Hinblick auf die bevorstehende Bundestagswahl ein deutliches Zeichen in Richtung sozial-liberaler Koalition. In seiner Antrittsrede bezeichnet Heinemann seine Wahl als Ausdruck für »**ein Stück Machtwechsel**«.

BUNDESTAGSWAHL

Bei einer Wahlbeteiligung von 86,7% entfallen auf CDU/CSU 46,1% (1965: 47,6%; –1,5%); die SPD erzielt erstmals mehr als 40% und kommt auf 42,7% (+3,4%), die FDP verbucht 5,8% (–3,7%). Die NPD verfehlt deutlich den Einzug in den Bundestag (4,3%; +2,3%). – Der Stimmenzuwachs der Sozialdemokraten wird als Bestätigung des mit dem Godesberger Programm von 1959 eingeleiteten Wandels der SPD von einer ideologisch bestimmten Klassenpartei zu einer auf die linke Mitte hin orientierten Volkspartei gewertet; auch die charismatische Führungsfigur Brandt und die in der Großen Koalition gezeigte Regierungsfähigkeit bringen der SPD Stimmen über ihr traditionelles Wählerpotenzial hinaus; den Verlust an Glaubwürdigkeit bei Teilen der Studentenbewegung und der Außerparlamentarischen Opposition (APO), den sie u.a. durch ihre Zustimmung zu den Notstandsgesetzen 1968 erfährt, kann sie teilweise durch Reform- und Demokratisierungsversprechen zurückgewinnen.

■ **Sozial-liberale Bundesregierung:** Der Bundestag, dem 496 Abgeordnete angehören, konstituiert sich am 20.10. und wählt Kai-Uwe von Hassel (CDU) zu seinem Präsidenten.

Anspruch auf die Regierungsbildung stellen beide große Parteien. Die Vorsitzenden von SPD und FDP, Brandt und Walter Scheel, kommen noch am Wahlabend zu Gesprächen zusammen. Am 30.9. macht auch der CDU-Vorsitzende Kiesinger der FDP ein Koalitionsangebot. Nachdem die Partei- und Fraktionsvorstände der SPD (29.9.) und der FDP (1./2.10.) der Bildung einer Koalition zugestimmt haben, wählt der Bundestag am 21.10. mit 251 Stimmen (zwei mehr als nötig) **Brandt zum Kanzler** (Neinstimmen: 235, Enthaltungen: 5, ungültig: 4).

■ **Regierungserklärung (28.10.):** Die Absichten der sozial-liberalen Regierung fasst Brandt in die

Wahl zum 6. Deutschen Bundestag am 28.9.1969 (1965)

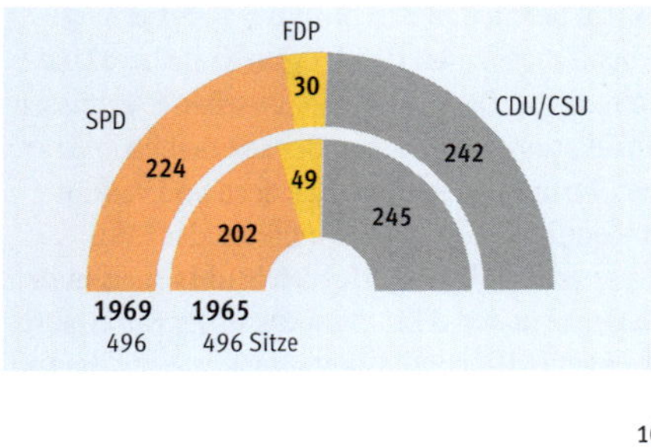

Brandt, Willy [eigentl. Herbert Ernst Karl Frahm]
*Lübeck 18.12.1913, † Unkel 8.10.1992

1933 Emigration nach Norwegen und Schweden, Studium der Geschichte und Tätigkeit als Journalist, nach dem 2. Weltkrieg Rückkehr nach Deutschland; 1957–66 Regierender Bürgermeister von West-Berlin; 1964–87 Vorsitzender der SPD, 1966 in der Großen Koalition Außenminister und Vizekanzler; 1969–1974 Bundeskanzler, Rücktritt im Zuge der Affäre um den DDR-Spion Günter Guillaume. 1971 Friedensnobelpreis

Formeln »Kontinuität und Erneuerung«, »Fähigkeit zum Wandel« und »Mehr Demokratie wagen«.
Als wichtigste Ziele benennt er:
- umfassende **innere Reformen** mit dem Ziel einer Demokratisierung der Gesellschaft und Modernisierung der Strukturen;
- konkrete außenpolitische Beiträge zur **Sicherung des Friedens**;
- eine Verbesserung der Lage Berlins;
- ein geregeltes Nebeneinander und schließlich **Miteinander mit der DDR**; wenn es auch zwei deutsche Staaten gebe, so seien sie doch füreinander nicht Ausland (»Zwei Staaten – eine Nation«).

Die Umbenennung des bisherigen Ministeriums für Gesamtdeutsche Fragen in Ministerium für Innerdeutsche Beziehungen kennzeichnet die Akzentverschiebung und wird von der CDU/CSU-Opposition kritisiert. Mehrere Ministerien, darunter das Ministerium für Vertriebene, werden aufgelöst.

DEUTSCH-DEUTSCHE BEZIEHUNGEN

Am 27.2. erfüllt die Bundesrepublik eine alte Forderung der DDR und überweist 5,1 Mio. DM an die Ost-Berliner Postverwaltung als Ausgleich für der DDR entstandene Kosten durch den Fernmelde- und Postverkehr nach West-Berlin. – Der Bundestag billigt am 26.3. die seit dem 1.8.1968 erlaubte Einfuhr von Zeitungen und Zeitschriften aus der DDR für weitere zwei Jahre bis zum 31.3.1971. In der DDR können Presseerzeugnisse aus der Bundesrepublik nicht bezogen werden. – Am 22.7. beschließt die Bundesregierung, das **Hissen von Nationalflaggen** und das Abspielen von Staatshymnen, insbesondere der DDR, bei Sportveranstaltungen bedingt zuzulassen. Der Beschluss soll Bedenken des Auslands in diesem Punkt hinsichtlich der für 1972 geplanten Olympischen Spiele in München ausräumen.

STUDENTENBEWEGUNG, APO

■ **Unruhen:** Wie schon 1968 kommt es in fast allen Universitätsstädten zu gewaltsamen Konfrontationen zwischen Ordnungskräften und Demonstranten der Studentenbewegung und der APO. Besonders heftig sind die Auseinandersetzungen in **Göttingen**, als am 13.6. Studenten gegen die Hochschulpolitik der Bundesregierung protestieren, und in **West-Berlin**, als am 2.8. gegen die Abschiebung von Wehrpflichtigen aus der entmilitarisierten Stadt nach Westdeutschland demonstriert wird, wo sie ihrer Wehrpflicht in der Bundeswehr nachkommen müssen. – Auf dem 14. Deutschen Evangelischen **Kirchentag in Stuttgart** stören Demonstranten der APO am 20.7. die zentrale Abschlussveranstaltung, um gegen die »autoritäre Leitung« des Kirchentags und gegen den Krieg in Biafra zu protestieren.

■ **Festnahmen und Prozesse:** Am 14.3. verurteilt das Schwurgericht in West-Berlin Josef Bachmann, der den Studentenführer Rudi Dutschke durch Schüsse schwer verletzt hatte, wegen versuchten Mordes zu sieben Jahren Zuchthaus. – Die wegen Kaufhausbrandstiftung 1968 festgenommenen und zu drei Jahren Haft verurteilten **Andreas Baader und Gudrun Ensslin** werden am 13.6. aus der Untersuchungshaft entlassen, während über ihren Revisionsantrag noch nicht entschieden ist. Als der Bundesgerichtshof das Revisionsverfahren am 10.11. abweist, setzen sich die beiden in den Untergrund ab.

BILDUNGSPOLITIK

■ **Reformen:** Am 27.3. schließen die Bundesländer einen Staatsvertrag über Grundsätze zur **Reform der wissenschaftlichen Hochschulen** und über die Vereinheitlichung des Ordnungsrechtes an den Hochschulen. Die Kultusminister der Länder vereinbaren die **gegenseitige Anerkennung der Reifezeugnisse**.
Am 26.6. billigt der Bundestag die **Ausbildungsförderung für Schüler**. Das Gesetz, das den Schulbesuch mit bis zu 350 DM fördert, tritt am 1.7.1970 in Kraft. Es soll die Chancengleichheit im Bildungssektor für die Kinder einkommensschwacher Familien herstellen. – Das **Berufsbildungsgesetz**

1. KABINETT BRANDT

(konstituiert am 21.10.1969)
Bundeskanzler: Willy Brandt (SPD)
Stellvertreter und Auswärtiges: Walter Scheel (FDP)
Inneres: Hans-Dietrich Genscher (FDP)
Justiz: Gerhard Jahn (SPD)
Finanzen: Alex Möller (SPD); ab 13.5.1971 Karl Schiller (SPD); ab 7.7.1972 Helmut Schmidt (SPD)
Wirtschaft: Karl Schiller (SPD); ab 7.7.1972 Helmut Schmidt (SPD)
Ernährung, Landwirtschaft und Forsten: Josef Ertl (FDP)
Arbeit und Sozialordnung: Walter Arendt (SPD)
Verteidigung: Helmut Schmidt (SPD); ab 7.7.1972 Georg Leber (SPD)
Jugend, Familie und Gesundheit: Käte Strobel (SPD)
Verkehr, Post- und Fernmeldewesen: Georg Leber (SPD); ab 7.7.1972 Lauritz Lauritzen (SPD)
Städtebau und Wohnungswesen: Lauritz Lauritzen (SPD)
Innerdeutsche Beziehungen: Egon Franke (SPD)
Bildung und Wissenschaft: Hans Leussink (parteilos); ab 15.3.1972 Klaus von Dohnanyi (SPD)
Wirtschaftliche Zusammenarbeit: Erhard Eppler (SPD)
Besondere Aufgaben: Horst Ehmke (SPD)

vom 14.8. vereinheitlicht die Regelungen zur Berufsausbildung sowie beruflichen Fortbildung und Umschulung. Die Gewerkschaften protestieren gegen das Gesetz, weil sie in den Berufsbildungsausschüssen, die auf Bundes-, Länder- und Kommunalebene eingerichtet werden, nicht vertreten sind. In West-Berlin wird ein Bundesinstitut für Berufsbildungsforschung gegründet.
Das **Hochschulbauförderungsgesetz** vom 1.9. erhebt den Ausbau und Neubau von wissenschaftlichen Hochschulen zur Gemeinschaftsaufgabe von Bund und Ländern und stellt den rechtlichen Rahmen für die Zusammenarbeit; ein gemeinsamer Planungsausschuss erarbeitet Vorschläge für die Hochschulplanung. Die Kosten für den Hochschulbau tragen Bund und Länder zu gleichen Teilen.

RECHT UND SOZIALES

■ **Strafrecht:** Durch Verabschiedung des Ersten und des Zweiten Gesetzes zur Reform des Strafrechts am 9.5. bzw. 25.6. durch den Bundestag wird das **Rechtssystem modernisiert**. Ehebruch und Homosexualität unter Erwachsenen sind ab dem 1.9. nicht mehr strafbar.
■ **Arbeitsförderungsgesetz** (AFG): Das am 13.5. vom Bundestag verabschiedete AFG stellt die Rolle der nunmehr in **Bundesanstalt für Arbeit** umbenannten Behörde (bisher: Bundesanstalt für Arbeitsvermittlung und Arbeitslosenversicherung) in Angelegenheiten der Berufsberatung, Arbeitsvermittlung und beruflichen Bildung auf eine neue Grundlage (in Kraft 1.7.).
■ **Verjährungsfrist:** Nachdem das Bundesverfassungsgericht die 1965 vom Bundestag beschlossene Verlängerung der Verjährungsfrist für NS-Verbrechen am 26.2. für verfassungskonform erklärt hat, verabschiedet der Bundestag am 4.8. das 9. Strafrechtsänderungsgesetz. Es legt die **Unverjährbarkeit des Völkermordes fest** und verlängert die Verjährungsfrist für Mord von 20 auf 30 Jahre. Es tritt am 1.9. in Kraft. Damit bleibt die Möglichkeit bestehen, noch nicht entdeckte nationalsozialistische Gewaltverbrechen über den 31.12.1969 hinaus zu verfolgen.

AFFÄRE GERSTENMAIER

Durch Presseberichte wird am 11.1. bekannt, dass Bundestagspräsident Eugen Gerstenmaier (CDU) unter Bezugnahme auf das »Gesetz zur Wiedergutmachung nationalsozialistischen Unrechts für Angehörige des öffentlichen Dienstes« mehr als 280 000 DM erhalten hat und eine lebenslange Rente bezieht. Gerstenmaier hatte seinen Anspruch damit begründet, dass ihm aus politischen Gründen in der NS-Zeit eine Universitätsprofessur verweigert worden war. Kritisiert wird Gerstenmaier vor allem deswegen, weil er an der Formulierung des Gesetzes mitgewirkt hatte (»Lex Gerstenmaier«). Am 31.1. **tritt Gerstenmaier zurück**; sein Nachfolger wird der bisherige Bundesminister für Vertriebene, Flüchtlinge und Kriegsgeschädigte von Hassel (CDU). Von Hassels Nachfolger im Amt des Bundesministers für Vertriebene wird am 6.2. Heinrich Windelen (CDU).

PARTEIEN

■ **DKP:** In Essen beginnt am 12.4. der **Gründungskongress** der Deutschen Kommunistischen Partei (DKP). Die 773 Delegierten wählen Kurt Bachmann zu ihrem ersten Vorsitzenden.
■ **SPD:** Am 18.4. endet der außerordentliche Parteitag in Bad Godesberg, auf dem die Delegierten

ihren Parteivorsitzenden Brandt zum zweiten Mal nach 1965 zum Kanzlerkandidaten nominieren.

■ **CDU:** Kurt Georg Kiesinger wird am 18.11. als Parteivorsitzender bestätigt. Nach der verlorenen Bundestagswahl erhält er aber nur noch 386 von 471 Stimmen und damit das schlechteste Ergebnis aller bisherigen Vorsitzenden der Christdemokraten.

WIRTSCHAFTSPOLITIK

■ **Streit um DM-Aufwertung:** Wegen der **Hochkonjunktur mit einem Wirtschaftswachstum von fast 12%** und den damit verbundenen Inflationstendenzen beschließt die Bundesregierung am 18.3. eine Reihe konjunkturdämpfender Maßnahmen. So werden öffentliche Investitionen in Höhe von 1,57 Mrd. DM zurückgestellt. Über die Frage einer Aufwertung der DM, die der Förderung des Imports und Drosselung des Exports dienen soll, kommt es zu einer Kontroverse in der Großen Koalition. Nach mehreren Kabinettssitzungen unterliegt der von der Bundesbank unterstützte Bundeswirtschaftsminister Karl Schiller (SPD) am 14.5. den Aufwertungsgegnern um Finanzminister Franz Josef Strauß (CSU). Der **Nichtaufwertungsbeschluss** führt in der Folgezeit zu einer Belastung der Koalition und wird ein wichtiger Streitpunkt im Wahlkampf. Um Währungsspekulationen entgegenzuwirken, die zu Devisenzuflüssen von täglich über 100 Mio. US-$ führen, schließt die Bundesregierung vom 25.9. bis zur Bundestagswahl am 28.9. alle Devisenbörsen in der Bundesrepublik. Am 24.10. beschließt die neue Bundesregierung mit Wirkung zum 27.10. eine **Aufwertung der DM** gegenüber dem US-$ um 8,5% (Dollarparität: 3,66 DM statt zuvor 4,00 DM). Der Bundesbank entstehen durch die mit der Aufwertung notwendig gewordene Neubewertung der Gold- und Devisenpositionen Verluste in Höhe von 4,29 Mrd. DM.

■ **Finanzverfassungsreform:** Als Ergänzung der wirtschafts- und konjunkturpolitischen Reformgesetze (»Stabilitätsgesetze« von 1967) tritt am 12.5. per Grundgesetzänderung eine neue Finanzverfassung in Kraft. Sie ordnet die finanzpolitischen Kompetenzen der Gebietskörperschaften neu und legt neue Finanzverteilungsschlüssel und Verfahren bei Entscheidungen über Finanzierungsfragen in Bund, Ländern und Gemeinden fest.

■ **Unternehmen:** In Paris unterzeichnen die Fachminister Frankreichs und der Bundesrepublik am 29.5. einen Vertrag über die Entwicklung des **Airbus**, eines europäischen Großraumflugzeugs. – Auf Basis der 1968 gegründeten Ruhrkohle AG errichten Wirtschaftsminister Schiller und die Vorstände von 18 Bergbauunternehmen am 18.7. die Gesamtgesellschaft Ruhrkohle AG (RAG) zur Überwindung der Strukturkrise im Ruhrkohle-Bergbau.

■ **Arbeitskämpfe:** Im September kommt es zur Durchsetzung von Lohnforderungen während der Laufzeit von Tarifverträgen zunächst in der Eisen- und Stahlindustrie (Hoesch AG ab 2.9.), später im Kohlenbergbau, auf Werften und in anderen Industriebetrieben, schließlich auch im öffentlichen Dienst zu einer Welle **»wilder Streiks«**. Die Streikenden setzen sich zumeist über den Willen der Gewerkschaften hinweg, die auf die Einhaltung der Tarifverträge bedacht sind. Die in über 40 Betrieben von rd. 80 000 Arbeitern erstrittenen Lohnerhöhungen liegen teilweise über 10%. Bei vorgezogenen Lohnverhandlungen einigen sich Arbeitgeber und IG Metall in der Metallindustrie von Nordrhein-Westfalen auf eine Erhöhung von 11%. Die Tarifpartner in anderen Bereichen sehen sich gezwungen nachzuziehen. Die Unternehmen antworten auf die Entwicklung mit der Ankündigung von Preiserhöhungen.

Helmut Kohl bei seiner Vereidigung als Ministerpräsident von Rheinland-Pfalz am 19.5.

BUNDESLÄNDER

■ **Rheinland-Pfalz:** Am 19.5. wählt der Landtag Helmut Kohl (CDU) zum Ministerpräsidenten. Er ist Nachfolger von Peter Altmeier.

■ **Hessen:** Als Nachfolger des aus Altersgründen abgetretenen Ministerpräsidenten Georg August Zinn (SPD) wird am 3.10. Albert Osswald zum Ministerpräsidenten gewählt.

1969 DDR

Das Ende der Isolierung

Im 20. Jahr ihres Bestehens kann die DDR Erfolge vor allem auf außenpolitischem Gebiet vorweisen. Sieben nordafrikanische und asiatische Länder erkennen die DDR völkerrechtlich an; ihre andauernde internationale Isolierung geht damit zu Ende. Der Beginn offizieller Verhandlungen zwischen öffentlichen Einrichtungen beider deutscher Staaten, hier der Postverwaltung und der Verkehrsministerien, markiert einen weiteren Schritt in der Normalisierung der Beziehungen.
Innenpolitische Eckpunkte sind die Fortsetzung der 3. Hochschulreform und die eigenständige Organisation der evangelischen Kirchen, die formal mit dem Austritt der betreffenden Landeskirchen aus der EKD beginnt. Die landesweiten Feierlichkeiten zum 20. Jahrestag der Gründung der DDR sind verbunden mit dem Start eines zweiten Fernsehprogramms und des Farbfernsehens. Der harte Winter verschärft die Versorgungsprobleme bei Energie und einigen Lebensmitteln. Sie verstärken den wachsenden Unmut in der Bevölkerung über den forcierten Modernisierungskurs von SED-Chef Walter Ulbricht.

AUSSENPOLITIK

■ **Internationale Anerkennung:** Mit Unterstützung der Sowjetunion kann die DDR ihre diplomatische Anerkennung außerhalb der Ostblockstaaten vorantreiben. Daneben bemüht sie sich weiterhin um die Aufnahme in internationale Organisationen. – Am 15.2. konstituiert sich in Helsinki ein **Internationales Komitee für die Anerkennung der DDR**. Am 8.5. erkennt Kambodscha die DDR an, zwei Tage später löst die Aufnahme diplomatischer Beziehungen zwischen Irak und der DDR eine **Welle von Anerkennungen durch Entwicklungsländer** aus, die bis zum Dezember 1972 andauert.

■ **Warschauer Pakt und RGW:** Die Warschauer-Pakt-Staaten beschließen in Budapest am 17.3. – auch vor dem Hintergrund der Ereignisse in der Tschechoslowakei 1968 – die Einrichtung eines **Komitees der Verteidigungsminister**, eines **Militärrats** und eines **Technischen Komitees** der Vereinten Streitkräfte. – Vom 23.4. bis 26.4. findet eine **Sondertagung des Rats für gegenseitige Wirtschaftshilfe** (RGW) statt, bei der die wirtschaftliche und wissenschaftlich-technische Zusammenarbeit der RGW-Staaten behandelt wird.

■ **Weitere internationale Kontakte:** Am 17.3. präsentieren die Ostblockstaaten bei einer Tagung des Politischen Beratenden Ausschusses der Warschauer-Pakt-Staaten mit ihrem »**Budapester Appell**« erneut ihre Idee, eine **Konferenz über Sicherheit und Zusammenarbeit in Europa** unter Teilnahme aller Staaten einschließlich der DDR abzuhalten. Nachdem der Westen Verhandlungsbereitschaft signalisiert, findet am 3./4.12. in Moskau ein Vorbereitungstreffen mit Repräsentanten der östlichen Staats- und Parteiführungen statt.

■ **Internationale Organisationen:** Die DDR fordert am 9.4. ihre Aufnahme in die UN-Wirtschaftskommission für Europa (ECE) und am 16.4. ihre Zulassung zur Genfer Abrüstungskonferenz; in beiden Fällen erfolglos. – Nach der Ratifizierung durch die Volkskammer am 24.9. wird der **Atomwaffensperrvertrag** für die DDR durch die Unterschrift Ulbrichts am 29.9. in Kraft gesetzt.

INNENPOLITIK

■ **Konferenzen und Tagungen:** Mit Blick auf den 20. Jahrestag der Gründung der DDR finden mehrere mit großem propagandistischem Aufwand betriebene Konferenzen und Tagungen statt. So veranstalten am 22./23.1. FDGB und Ministerrat in Halle (Saale) eine **Konferenz der Schrittmacher und Neuerer der Wirtschaft**; 1969 werden etwa 600 000 Beschäftigte als Neuerer gezählt: Arbeitnehmer, die regelmäßig mit Vorschlägen Verbesserungen im Produktionsprozess anregen. Am 21./22.3. behandelt ein **Kongress der Nationalen Front** in Ost-Berlin die Förderung der »so-

AUFNAHME DIPLOMATISCHER BEZIEHUNGEN MIT:

8.5.	Kambodscha
10.5.	Irak
3.6.	Sudan
6.6.	Syrien
20.6.	Provisorische Revolutionäre Regierung der Republik Südvietnam (Vietcong)
10.7.	Volksrepublik Südjemen
11.7.	Ägypten

Parade zum 20. Jahrestag der Gründung der DDR am 7.10. in Ost-Berlin

zialistischen Menschengemeinschaft« in der DDR; diese Bezeichnung wird zwei Jahre später wieder aufgegeben, weil sie die »fortbestehenden Klassenunterschiede verwischt«. Am 28./29.4. behandelt die **10. Tagung des SED-Zentralkomitees** Grundfragen des geistigen Lebens. Vom 11.6. bis 13.6. findet in Ost-Berlin die **2. Frauenkonferenz** der DDR statt. Alle Konferenzen zeichnen die gesellschaftspolitische Entwicklung der ersten 20 Jahre des Bestehens der DDR nach und benennen zukünftige Ziele. – In der Kulturpolitik werden Werke besonders herausgestellt, die geeignet sind, die »sozialistische Nationalkultur« zu repräsentieren (z.B. Anna Seghers' »Das Vertrauen« und Hermann Kants »Die Aula«).

■ **Bildungspolitik:** Am 3.4. beschließt der Staatsrat die Fortführung der **3. Hochschulreform**. Die bisherigen Fakultäten an den Universitäten werden durch Sektionen ersetzt, neue Promotions- und Habilitationsordnungen (Abschlüsse als A- und B-Promotionen) beschlossen und die einzelnen Universitäten, Hoch- und Fachschulen weiter spezialisiert (→ 1967). In zehn Städten werden **neue Ingenieurhochschulen** gegründet, darunter in Wismar, Zittau und Zwickau. Als erste Neugründung wird am 29.4. die Ingenieurhochschule Dresden eröffnet.

KIRCHENPOLITIK

Nach Gründung der Vereinigten Evangelisch-Lutherischen Kirche Ende November 1968 erhöhen staatliche Stellen den **Druck auf die evangelischen Kirchen**, die Trennung von den bundesdeutschen Schwesterkirchen zu vollziehen. Am 26.2. findet eine Tagung der staatskonformen Arbeitsgruppe »Christliche Kreise« beim Nationalrat der Nationalen Front statt, die in einer Erklärung die Unabhängigkeit der DDR-Kirchen betont und jede Bevormundung durch die EKD abgelehnt. Am 10.6. erklären die auf dem Territorium der DDR liegenden evangelischen Gliedkirchen ihren **Austritt aus der EKD** und gründen den **Bund der Evangelischen Kirchen** in der DDR (BEK). Der Bund führt vom 10.9. bis 14.9. in Potsdam seine erste Synodaltagung durch, betont jedoch weiterhin den besonderen Status seiner Beziehungen zur EKD in der Bundesrepublik.

MINISTERIUM FÜR STAATSSICHERHEIT

Am 30.7. wird für das Ministerium für Staatssicherheit (MfS) ein neues Statut erlassen, das seine Position als nach innen und außen gerichteter Geheimdienst neu definiert. Es trägt damit – wie auch die erste Verordnung über die **Akkreditierung und die Tätigkeit ständiger Korrespondenten anderer Staaten** in der DDR vom 17.11. – der außenpolitischen Öffnung Rechnung. Das

MfS hat den Auftrag, »mit spezifischen Mitteln und Methoden« (d.h. mit »Inoffiziellen Mitarbeitern« (IM) im Innern und »Kundschaftern des Friedens« außerhalb der DDR) die Souveränität des Staates zu schützen und zu stärken. Es hat dabei feindliche Agenturen zu zerschlagen, subversive Pläne und Absichten von ausländischen Geheimdienstzentralen aufzudecken, die zuständigen Partei- und Staatsorgane rechtzeitig und umfassend über feindliche Pläne, Absichten und das gegnerische Potenzial sowie über Mängel und Ungesetzlichkeiten zu informieren und zur Absicherung der Staatsgrenze in Zusammenarbeit mit den Grenzkontroll- und Zollbehörden der DDR beizutragen. Neben der Anwendung geheimdienstlicher Mittel betrifft Letzteres auch das Kommando über die Personenkontrolleinheiten (PKE) an den Grenzübergangsstellen.

DEUTSCH-DEUTSCHE BEZIEHUNGEN

Gegen die Bundespräsidentenwahl in West-Berlin (5.3.) protestiert die DDR am 6.2. mit einer scharfen Note an die Bonner Regierung. Am 8.2. verhängt das Innenministerium ein **Durchreiseverbot auf den Transitwegen** am Boden für die Delegierten der Bundesversammlung. – Am 16.9. finden erstmals direkte **Verhandlungen zwischen den Verkehrsministerien** beider Staaten statt, am 19.9. zwischen den beiden deutschen **Postverwaltungen**. – Am 18.12. sendet der Staatsratsvorsitzende Ulbricht einen **Brief an Bundespräsident Gustav Heinemann** mit einem Vertragsentwurf über die Aufnahme gleichberechtigter Beziehungen zwischen beiden Staaten. Heinemann antwortet am 20.12., er habe den Brief an die Bundesregierung weitergeleitet. Trotz der Ablehnung des Entwurfs wenige Wochen später durch die Bundesregierung markiert dieser Briefwechsel den Beginn des deutsch-deutschen Verhandlungsprozesses.

WIRTSCHAFTSPOLITIK

■ **Automatisierungsvorhaben:** Zum 20. Jahrestag der DDR-Gründung werden – über die Vorstellungen des laufenden 5-Jahres-Plans hinaus – in der Industrie der DDR **87 Automatisierungsvorhaben** realisiert und weitere in Angriff genommen. Die Projekte werden mit einem erheblichen Aufwand vorangetrieben, der nur teilweise aus dem Aufkommen der Volkswirtschaft zu decken ist. Schwerpunkte sind Projekte vor allem in der Chemie- und Elektroindustrie.

AUTOMATISIERUNGSVORHABEN IN VOLKSEIGENEN BETRIEBEN

Bernburg: Sodawerke
Brandenburg (Havel): Stahl- und Walzwerk
Brand-Erbisdorf: Narva (Glühlampen- und Leuchtenproduzent)
Dessau: Gasgerätewerk
Dresden: Rafena (Radio- und Fernsehtechnik)
Erfurt: Starkstromanlagenbau, »Optima« Büromaschinenwerke
Guben: Chemiefaserwerk »Wilhelm Pieck«
Halle (Saale): Starkstromanlagenbau, Pumpenwerk, Maschinenfabrik
Jena: Carl Zeiss Jena
Karl-Marx-Stadt (Chemnitz): Fettchemie (Haushaltschemie), Buchungsmaschinenwerk (Büromaschinen), Industriewerke (Maschinenbau), Werkzeugmaschinenfabrik »Fritz Heckert« (Maschinenbau)
Königsee: Werkzeugfabrik
Leipzig: Gießereianlagenbau
Magdeburg: Werkzeugfabrik, Verkehrsbau
Mansfeld: Mansfeldkombinat
Neustadt: Fortschritt Landmaschinenwerk
Oppach: Elektroschaltgerätewerk
Ost-Berlin: Kabelwerk Oberspree, Funkwerk Köpenick, Elektroapparatewerke Treptow
Penig: Getriebewerk
Rochlitz: Hydraulikwerke
Rostock: Fischkombinat
Ruhla: Uhrenkombinat
Schwedt (Oder): Erdölverarbeitungswerk
Stralsund: Volkswerft
Suhl: Simson Jagdwaffen- und Mopedwerke
Wolfen: ORWO Filmfabrik

■ **Harter Winter 1969/70:** Seit Anfang November liegen die Temperaturen in Mitteleuropa kontinuierlich unter dem Gefrierpunkt, der Dezember ist einer der kältesten seit 1900. Die DDR gerät in eine äußerst **gespannte Energieversorgungslage**, die sich nach einem Großbrand im Kraftwerk Lippendorf am 9.12. weiter verschärft. Am 23.12. berichtet das *Neue Deutschland* von Fahrplanänderungen im Eisenbahnverkehr, um den Vorrang von Kohletransporten abzusichern. Tags darauf wird gemeldet, dass der gestiegene **Bedarf an Gas nicht gedeckt** werden könne. In der Silvesternacht kommt es überall zu **Stromausfällen**. Zudem verursachen Ernteausfälle im vorangegangenen Sommer **Engpässe bei der Lebensmittelversorgung**.

1970 BRD

Neue Ostpolitik

Die neue sozial-liberale Koalition beginnt unverzüglich mit der Neugestaltung der Beziehungen zur DDR, zur Sowjetunion und zu Polen. Mit den Treffen zwischen Bundeskanzler Willy Brandt und dem DDR-Ministerratsvorsitzenden Willi Stoph, der Unterzeichnung des deutsch-sowjetischen Gewaltverzichtsvertrags sowie dem Abschluss des deutsch-polnischen Vertrags erkennt die Bundesregierung – gegen den erbitterten Widerstand der Opposition – die Realität der deutschen Teilung und den Verlust der Ostgebiete an, ohne das Ziel der deutschen Einheit aufzugeben. Dieser wesentliche Beitrag zur Intensivierung der Ost-West-Entspannungspolitik ergänzt die Integration der Bundesrepublik in den Westen.
Im Schatten der innenpolitischen Kontroverse vollzieht sich die Reformpolitik der Regierung weniger spektakulär. In der Aufbruchstimmung, die sich weiten Teilen der Gesellschaft mit den Zielsetzungen der sozial-liberalen Koalition vermittelt, beginnt die Außerparlamentarische Opposition (APO) zu zerfallen.

OSTVERTRÄGE

■ **Moskauer Vertrag:** Der Staatssekretär im Bundeskanzleramt, Egon Bahr, nimmt am 30.1. in Moskau **Verhandlungen über eine deutsch-sowjetische Gewaltverzichtserklärung** auf. Nach 14 Begegnungen mit dem sowjetischen Außenminister Andrej Gromyko in drei Verhandlungsrunden werden die Verhandlungsergebnisse am 22.5. in einer 10-Punkte-Absichtserklärung, dem sog. **Bahr-Papier**, zusammengefasst. Das vertrauliche Dokument gelangt durch Indiskretion am 12.6. teilweise, am 1.7. vollständig an die Öffentlichkeit und löst eine scharfe Kontroverse mit der CDU/CSU-Opposition aus; auch innerhalb der Bundesregierung sind die Verhandlungsergebnisse umstritten. – Nach Abschluss weiterer Sondierungen unterzeichnen Bundeskanzler Willy Brandt und Außenminister Walter Scheel mit ihren sowjetischen Amtskollegen Alexej Kossygin und Gromyko am 12.8. in Moskau den deutsch-sowjetischen Vertrag. In ihm verpflichten sich beide Seiten **auf die Anwendung oder Androhung von Gewalt zu verzichten** und alle Streitfragen mit ausschließlich friedlichen Mitteln zu lösen und die territoriale Integrität aller Staaten in Europa »in ihren heutigen Grenzen« zu achten und ihre Grenzen, namentlich die **Oder-Neiße-Linie** als Westgrenze der Volksrepublik Polen und die Grenze zwischen der Bundesrepublik und der DDR, **als unverletzlich zu betrachten**. Die Bundesregierung beabsichtigt den Vertrag dem Bundestag jedoch erst dann zur Ratifizierung vorzulegen, wenn die laufenden Verhandlungen zwischen den Vier Mächten über eine Berlin-Regelung zu befriedigenden Ergebnissen gelangt sind (**Berlin-Junktim**). In einem nach der Vertragsunterzeichnung überreichten **»Brief zur deutschen Einheit«** stellt die Bundesregierung fest, dass der Vertrag nicht den Verzicht der Bundesrepublik auf das Ziel der deutschen Einheit in freier Selbstbestimmung einschließe und eine endgültige Grenzregelung nur durch den ausstehenden Friedensvertrag erfolgen könne. Der Vorbehalt bezieht sich insbesondere auf die im Vertrag formulierte Anerkennung der bestehenden Grenzen in Europa.

■ **Warschauer Vertrag:** Am 4.2. eröffnen die Verhandlungsführer Staatssekretär Georg Ferdinand Duckwitz und der stellvertretende polnische Außenminister Józef Winiewicz in Warschau die deutsch-polnischen Gespräche über den **Vertrag über die Grundlagen der Normalisierung der Beziehungen**. Der Vertrag wird am 7.12. vom Vorsitzenden des polnischen Ministerrats, Józef Cyrankiewicz, dem polnischen Außenminister Stefan Jedrychowski sowie Bundeskanzler Brandt und Außenminister Scheel in Warschau unterzeichnet. Die Bundesrepublik anerkennt die Oder-Neiße-Linie als polnische Westgrenze, wobei auch hier der **Vorbehalt der endgültigen Regelung** der deutschen Grenzen durch den ausstehenden Friedensvertrag gilt. Entsprechend dem Moskauer Vertrag enthält der Warschauer Vertrag eine umfassende gegenseitige Gewaltverzichtserklärung. Die Ratifizierung stellt Brandt ebenfalls unter das **Berlin-Junktim**.
Die historische Bedeutung der **Vergangenheitsbewältigung und Aussöhnung** zwischen dem deutschen und dem polnischen Volk, die der Warschauer Vertrag einleitet, unterstreicht Bun-

Willy Brandt: Kniefall von Warschau am 7.12.

deskanzler Brandt am 7.12.: Die Kranzniederlegung und sein Kniefall am Denkmal für die Opfer des Warschauer Ghettos finden weltweit Beachtung.

WEITERE AUSSENPOLITISCHE EREIGNISSE

■ **Europa:** Auf der Pariser EG-Konferenz der Wirtschafts- und Finanzminister am 24.2. schlägt Bundeswirtschaftsminister Karl Schiller einen Plan vor, der über vier Stufen zur **Einführung einer gemeinsamen europäischen Währung** 1978 führen soll. Auf diese Basis verständigen sich die Wirtschafts- und Finanzminister auf ihrer Tagung am 30.5. in Rom, legen als Zieltermin jedoch 1980 fest.

■ **Israel:** Als erstes Mitglied einer israelischen Regierung besucht Außenminister Abba Eban am 22.2. die Bundesrepublik. In den Gesprächen mit Außenminister Scheel und Bundeskanzler Brandt sowie Bundespräsident Gustav Heinemann am 22.2. geht es um die Weiterentwicklung der deutsch-israelischen Beziehungen und den von Eban vier Tage zuvor in Brüssel vorgestellten israelischen Friedensplan für den Nahen Osten.

DEUTSCH-DEUTSCHE BEZIEHUNGEN

Bundeskanzler Brandt lehnt in seinem Bericht zur Lage der Nation am 14.1. vor dem Bundestag den am 18.12.1969 vom DDR-Staatsratsvorsitzenden Walter Ulbricht übersandten Entwurf eines »Vertrages über die Aufnahme gleichberechtigter Beziehungen zwischen der DDR und der Bundesrepublik« ab (→ 1969 DDR). »Die deutsche Nation« sei »auf dem Boden Deutschlands in seinen tatsächlichen Grenzen von 1970 in zwei Staaten gegliedert«. Zwischen diesen beiden Staaten könne es aber nur besondere Beziehungen geben.

■ **1. Treffen Brandt–Stoph:** Am 19.3. findet in Erfurt zwischen Bundeskanzler Brandt und dem DDR-Ministerratsvorsitzenden Stoph das erste Treffen der Regierungschefs beider deutscher Staaten statt. Brandt, der von der Erfurter Bevölkerung herzlich empfangen wird, bekräftigt die Grundsätze der Bundesregierung für Verhandlungen mit der DDR: Beide Staaten hätten ihre Verpflichtung zur Wahrung der Einheit der deutschen Nation; die Verantwortlichkeit der Vier Mächte für Deutschland als Ganzes und Berlin seien zu respektieren; beide Regierungen sollten eine nachbarschaftliche Zusammenarbeit anstreben, um »die Folgen der Teilung zu mildern und die Gräben zuzuschütten, die uns trennen in Europa und damit auch in Deutschland«. Stoph unterstreicht, es gebe weder innerdeutsche Beziehungen noch eine Viermächteverantwortung für die DDR und ihre Hauptstadt Berlin; Gewaltverzichtserklärungen zwischen der DDR und der Bundesrepublik seien ohne eine völkerrechtliche Anerkennung der DDR sinnlos. Die Begegnung führt zu keinen konkreten Ergebnissen, abgesehen von der Verabredung eines weiteren Treffens. – In ihrer Reaktion bekräftigt die bundesdeutsche Opposition durch den CDU/CSU-Fraktionsvorsitzenden Rainer Barzel am 20.3., die Unionsparteien würden jeder Übereinkunft mit der DDR Widerstand entgegensetzen, die den Weg zur Selbstbestimmung der Deutschen verstelle; dazu gehörten die völkerrechtliche Anerkennung der Oder-Neiße-Linie und die Herstellung besonderer Beziehungen zur DDR mit »Merkmalen der Anerkennung«. Das Misstrauen der Unionsparteien in den deutschlandpolitischen Kurs der Bundesregierung sieht Barzel u.a. auch in anscheinend zweideutig gemeinten Formulierungen des SPD-Fraktionsvorsitzenden Herbert Wehner begründet, der im Vorfeld des Gipfeltreffens am 28.2. feststellte, die Nichtanerkennung sei kein Dogma.

■ **2. Treffen Brandt–Stoph:** Am 21.5. kommt es in Kassel zur zweiten Begegnung zwischen Brandt und Stoph – im Unterschied zum Erfurter Treffen

in angespannter Atmosphäre und begleitet von Demonstrationen und Zwischenfällen. Während der Bundeskanzler »20 Grundsätze für die Regelung gleichberechtigter Beziehungen zwischen der Bundesrepublik und der DDR« vorlegt, beharrt Stoph weiter auf einer völkerrechtlichen Anerkennung der DDR durch die Bundesrepublik als Voraussetzung für die Regelung weiterer Fragen. Die Gesprächspartner verständigen sich auf eine »Denkpause«, die auch dazu dient, das Ergebnis der Gewaltverzichtsverhandlungen zwischen der Bundesrepublik und der Sowjetunion abzuwarten.

■ **Verhandlungen auf Staatssekretärsebene:** Am 27.11. beginnen der Staatssekretär im Bundeskanzleramt Bahr und DDR-Staatssekretär Michael Kohl Verhandlungen über Verkehrsfragen, Transitabkommen und einen Grundlagenvertrag.

■ **Postverkehr:** Am 29.4. vereinbaren beide Staaten eine von der Bundesrepublik jährlich zu entrichtende Ausgleichszahlung für Dienste der DDR-Post in Höhe von 30 Mio. DM. Auf der Basis dieser Abmachung werden 1971 die Telefonverbindungen zwischen Ost- und West-Berlin wiederhergestellt.

BERLIN-POLITIK

■ **Berlin-Status:** Am 26.3. nehmen die Botschafter der drei Westmächte in der Bundesrepublik mit dem sowjetischen Botschafter in der DDR **Verhandlungen zu einem Viermächteabkommen über Berlin** auf. – Der **Transitverkehr** vom Bundesgebiet nach West-Berlin wird Ende November für einige Tage durch die DDR **erheblich gestört**. Anlass ist eine für den nächsten Tag anberaumte Sitzung der CDU/CSU-Fraktion in West-Berlin. Auch anlässlich einer Konferenz der SPD in West-Berlin am 19.12. kommt es zu Störungen des Transitverkehrs.

PROTESTBEWEGUNG

■ **SDS:** Der Sozialistische Deutsche Studentenbund, radikale Organisation der Studentenbewegung und Außerparlamentarischen Opposition, beschließt am 21.3. in Frankfurt am Main seine **Auflösung**. Die Organisation ist in mehrere Gruppierungen mit unterschiedlichen politischen Zielsetzungen zerfallen und seit dem Niedergang der Studentenbewegung seit 1969 als Bundesorganisation nicht mehr handlungsfähig.

■ **Baader-Meinhof-Gruppe:** Der 1968 wegen Kaufhausbrandstiftung verurteilte Andreas Baader, nach seiner Flucht 1969 zwischenzeitlich in West-Berlin inhaftiert, wird am 14.5. von Gesinnungsgenossen, unter ihnen Ulrike Meinhof, befreit. Bei der Aktion wird eine Person schwer verletzt. Nach der Befreiung Baaders entsteht in der Illegalität die **Rote Armee Fraktion (RAF)**. Am 8.10. werden in West-Berlin fünf Personen, die zur Baader-Meinhof-Gruppe gerechnet werden, verhaftet. Unter ihnen befindet sich auch der Rechtsanwalt Horst Mahler.

GESETZGEBUNG

■ **Strafrecht:** Durch das 1. und 2. Strafrechtsreformgesetz vom 9.5.1969, die beide am 1.4. in Kraft treten, wird die Zuchthausstrafe abgeschafft, es gibt nur noch eine einheitliche Freiheitsstrafe. Der Strafvollzug wird allgemein auf Resozialisierung ausgerichtet. Mehrere Strafvorschriften, u.a. über Ehebruch, Gotteslästerung und Homosexualität zwischen Erwachsenen, werden gestrichen.

■ **Familienrecht:** Am 1.7. tritt das 1969 verabschiedete Gesetz zur rechtlichen **Gleichstellung von ehelichen und nichtehelichen Kindern** in Kraft; u.a. räumt es dem nichtehelichen Kind Erbansprüche gegenüber dem Vater ein. – Der Bundestag billigt am 18.6. mit großer Mehrheit die **Herabsetzung des aktiven Wahlalters** von 21 auf 18 und des passiven von 25 auf 21 Jahre; der Bundesrat stimmt am 26.6. zu.

■ **Umweltschutz:** Am 8.9. tritt erstmals der **Kabinettsausschuss für Umweltschutz** zusammen. Ein Sofortprogramm mit Maßnahmen u.a. gegen Gewässerverunreinigung und Autoabgase wird von der Bundesregierung am 17.9. verabschiedet. Am 16.12. fordert Innenminister Hans-Dietrich Genscher (FDP) in der Umweltdebatte des Bundestags mehr Kompetenzen für den Bund im Kampf gegen die Umweltverschmutzung.

PARTEIEN

■ **SPD:** Auf dem Bundeskongress der Jungsozialisten in Bremen wird am 13.12. eine Veränderung der Wirtschaftsordnung durch »systemübergreifende Reformen« gefordert. Der **Konflikt zwischen Jusos und SPD** hat sich erheblich verschärft, insbesondere durch ein mit der SPD nicht abgesprochenes Treffen der Jungsozialisten mit dem DDR-Staatsratsvorsitzenden Ulbricht am 18.6.

■ **FDP:** Am 8./9.10. erklären drei Abgeordnete der Liberalen, unter ihnen der frühere Parteivorsitzende Erich Mende, ihren **Übertritt zur CDU/CSU-Bundestagsfraktion**. Als Gründe nennen sie die Ostpolitik und die ihrer Meinung nach unsolide Haushaltspolitik der Koalition, die nun nur noch über eine Mehrheit von sechs Mandaten verfügt.

WEITERE INNENPOLITISCHE EREIGNISSE

Am 14.1. einigen sich die Tarifpartner im Bereich des öffentlichen Dienstes u.a. über **vermögenswirksame Leistungen**. Nach diesem Vorbild kommt es am 9.5. auch zu einer Einigung zwischen Arbeitgebern und Gewerkschaften in der Metallindustrie. Die rund 4 Mio. Beschäftigten erwerben rückwirkend zum 1.4. Anspruch auf vermögenswirksame **Leistungen in Höhe von 312 DM in einem Jahr**. Die Arbeitgeber müssen für die Laufzeit der Vereinbarung – acht Jahre – etwa 8 Mrd. DM aufbringen. Am 4.6. nimmt der Bundestag das **3. Vermögensbildungsgesetz** für Arbeitnehmer an. Es verdoppelt den Höchstbetrag der begünstigten Leistungen von 312 auf 624 DM. – Auf Vorschlag der Staatsanwaltschaft stellt das Landgericht Aachen am 18.12. den **Contergan-Prozess** ein, der 1967 gegen die Firma Grünenthal eröffnet wurde, u.a. wegen fahrlässiger Tötung und Körperverletzung. Zwischen 1958 und 1962 kamen rd. 5000 missgebildete Kinder zur Welt, deren Mütter während der Schwangerschaft das Schlafmittel Contergan eingenommen hatten. Ohne Schuldeingeständnis stellt die Firma für 2625 contergangeschädigte Kinder und 300 nervengeschädigte Erwachsene 114 Mio. DM bereit und beteiligt sich an einer Stiftung »Hilfswerk für behinderte Kinder«.

WIRTSCHAFTSPOLITIK

■ **Konjunkturdämpfung:** Die Bundesregierung beschließt am 22.1. neben dem Haushaltsentwurf und einem Finanzplan für die Jahre 1969–73 ein wirtschaftliches Stabilisierungsprogramm zur Dämpfung der Konjunktur; u.a. sperrt sie Ausgaben in Höhe von 2,8 Mrd. DM. – Nach den am 7.7. von der Regierung beschlossenen und am 11.7. im Bundestag bzw. 15.7. im Bundesrat gebilligten **zusätzlichen Maßnahmen zur Konjunkturdämpfung** wird von allen Steuerzahlern mit einer monatlichen Steuerbelastung von mehr als 100 DM vom 1.8. bis 30.6.1971 eine Mehrabgabe von 10% der Lohn-, Einkommens- und Körperschaftssteuer **(Konjunkturzuschlag)** gefordert, die der Bund bis zum 31.3.1973 zurückzahlen muss.

BUNDESLÄNDER

■ **Hamburg:** Wahl zur Bürgerschaft am 22.3.

■ **Baden-Württemberg:** Die am 4.6. im badischen Landesteil abgehaltene Volksabstimmung verwirft den Antrag auf Wiederherstellung eines selbständigen Landes Baden, für das nur 18% der Stimmbeteiligten votieren.

■ **Niedersachsen:** Am 17.2. zerbricht die SPD-CDU-Koalition, weil die CDU einen übertrittswilligen NPD-Abgeordneten aufgenommen hat. Der Landtag beschließt wegen weiterer Fraktionswechsel am 21.4. die Selbstauflösung und Neuwahlen. Die Landtagswahl am 14.6. gewinnt die SPD. Der neue Ministerpräsident Alfred Kubel (SPD) hat eine Mehrheit von einem Mandat.

■ **Nordrhein-Westfalen:** Landtagswahl am 14.6.

■ **Saarland:** Landtagswahl am 14.6.

■ **Hessen:** Landtagswahl am 8.11.

■ **Bayern:** Landtagswahl am 22.11.

■ **Wahlergebnisse** → S. 458–467

1970 DDR

Wirtschaftskrise und Erfurter Treffen

Die seit Ende der 1960er Jahre forcierte Modernisierungspolitik führt, verbunden mit den Auswirkungen des harten Winters von 1969/70, zu erheblichen wirtschaftlichen Problemen. Versorgungsschwierigkeiten mit Konsumgütern lassen die Unzufriedenheit in der Bevölkerung anwachsen. Auch deshalb kommt es in der Parteispitze zu Machtkämpfen, mit denen sich das Ende der mehr als zwei Jahrzehnte währenden Ära Walter Ulbrichts ankündigt. Mit den Treffen der beiden Regierungschefs Willi Stoph und Willy Brandt in Erfurt und Kassel zeichnet sich eine weitere Normalisierung in den deutsch-deutschen Beziehungen ab. Der Handlungsrahmen der DDR wird dabei jedoch unverändert von der sowjetischen Führungs- und Garantiemacht abgesteckt.

WIRTSCHAFTLICHE LAGE

■ **Engpässe:** Der straffe Modernisierungskurs der Vorjahre führt zu Engpässen in der Wirtschaft. Verstärkt durch Produktionsausfälle und Schäden in Folge des strengen Winters 1969/70 wird das Missverhältnis zwischen der Zulieferindustrie und der Endfertigung offenbar. Deutliche Unterkapazitäten treten im Bauwesen und bei Gießerei-Erzeugnissen auf, wodurch vor allem in der metallverarbeitenden Industrie Planrückstände auftreten. Das Angebot an Strom hält nicht Schritt mit dem wachsenden Bedarf, der aus den Modernisierungs- und Automatisierungsvorhaben erwächst. – Auch bei der Bereitstellung von Konsumgütern kommt es zu längeren Lieferengpässen. Zusätzlich ist die DDR in der ersten Jahreshälfte mit Lieferausfällen aus der Landwirtschaft auf Grund der schlechten Ernte des Vorjahres konfrontiert.

■ **Reaktionen:** Am 8.9. erörtert das Politbüro der SED, am 17.9. der Ministerrat die Lage. Beide Gremien stoppen eine Reihe der sogenannten zusätzlichen Vorhaben oder strecken andere Investitionsprojekte und lenken die Baukapazitäten vom Industrie- wieder auf den Wohnungsbau. Die Fertigstellung des 5-Jahres-Plans 1971–75 verzögert sich dadurch und ist wesentlich durch die Aufgabe gekennzeichnet, einerseits schnellstmöglich die wirtschaftliche Konsolidierung sicherzustellen, andererseits ein stärkeres Augenmerk auf die Befriedigung der gewachsenen Konsumwünsche der Bevölkerung zu legen.

INNENPOLITIK

■ **Austausch der Parteidokumente:** Am 17.4. beschließt das Politbüro, zwischen dem 1.9. und dem 31.10. in den über 67 500 SED-Grundorganisationen Aussprachen mit allen Mitgliedern und Kandidaten zu führen. Zugleich ist damit ein erneuter Umtausch der Parteidokumente verbunden. Nach den Aussprachen erhalten die meisten der knapp 2 Mio.

Haushaltsausstattung mit Konsumgütern

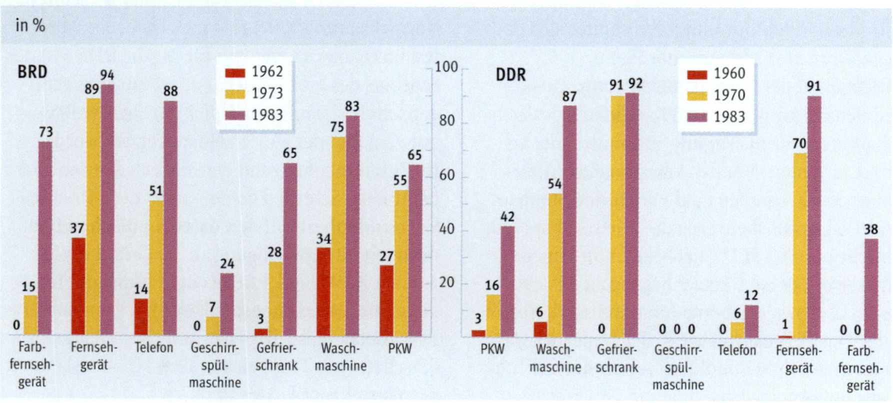

Berufsausbildung junger Arbeiter aus Vietnam in Dresden

SED-Mitglieder und Kandidaten neue Parteiausweise (99,54%), etwa 8750 hingegen werden aus der Partei entfernt.

■ **Machtkampf in der Parteispitze:** Am 8.9. findet eine turnusmäßige **Sitzung des Politbüros** statt, bei der von den 15 stimmberechtigten Mitgliedern nur vier anwesend sind: Erich Honecker (der die Sitzung leitet), Günter Mittag, Horst Sindermann und Stoph. Seine Stellungnahme zum Tagesordnungspunkt »Beschluss zur Analyse über Plandurchführung im 1. Halbjahr 1970« benutzt Stoph zu einer **Abrechnung mit der Wirtschaftspolitik** Ulbrichts. Neben dessen »Strukturpolitik«, womit die überzogenen Automatisierungsvorhaben, der überproportionale Ausbau der Stadtzentren von Ost-Berlin und einiger Bezirksstädte sowie andere Prestigeobjekte gemeint sind, wird auch die schwierige Versorgung in der DDR – sowohl mit Rohstoffen als auch mit Konsumgütern für die Bevölkerung – kritisiert. Honecker beginnt, eine Mehrheit der Politbüromitglieder hinter sich und gegen Ulbricht zusammenzubringen.

■ **Höhepunkt der Auseinandersetzung:** Am 9.12. kommen die Mitglieder und Kandidaten des Zentralkomitees zur **14. Tagung** zusammen, die bis zum 11.12. dauert. Vor den versammelten Angehörigen des ZK greifen Paul Verner und Stoph in ihren Diskussionsbeiträgen die Wirtschaftspolitik Ulbrichts an. Der SED-Chef bekennt in seinem Schlusswort, er habe Fehler begangen, z.B. habe das bei Greifswald gebaute Atomkraftwerk Nord doppelt so viel gekostet wie in der Projektierung vorgesehen. Die »Grundlinie« sei dennoch richtig. »Es ist notwendig, dass wir gegen den Konsumentenstandpunkt Stellung nehmen«, weil »im Kampf zwischen den beiden Weltsystemen […] auch Opfer gebracht werden müssen«. Ulbricht stellt damit den Verlauf der Tagungsdiskussion auf den Kopf und veranlasst die meisten anderen Politbüromitglieder dazu, die Veröffentlichung des Schlusswortes zu verhindern.

■ **Kommunalwahlen:** Bei den Kommunalwahlen am 22.3. sinkt die Wahlbeteiligung mit 97,83% auf den tiefsten Stand bis 1990. 99,83% der Wähler geben eine Jastimme für die Einheitsliste ab.

■ **»Made in GDR«:** Am 1.7. wird für in der DDR hergestellte Produkte die bisherige Herkunftsbezeichnung »Made in Germany« durch »Made in GDR« (oder »Made in DDR«) ersetzt.

AUSSENPOLITIK

■ **Diplomatische Anerkennung der DDR:** Sieben weitere Entwicklungsländer vereinbaren mit der DDR im Verlauf des Jahres die **Aufnahme diplomatischer Beziehungen**: Kongo (Brazzaville) am 8.1., Somalia (8.4.), die Zentralafrikanische Republik (18.4.), Algerien (20.5.), die Malediven (22.5.), Sri Lanka (16.6.) und Guinea (9.9.).

■ **Internationale Organisationen**: Am 15.4. verschiebt die Weltgesundheitsorganisation (WHO) ihre Entscheidung über die Aufnahme der DDR um ein Jahr. Am selben Tag scheitert ein Antrag Polens, die DDR in die UN-Wirtschaftskommission für Europa (ECE) aufzunehmen. – Am 28.9. lehnt der Exekutivrat der UNESCO einen Aufnahmeantrag der DDR vom 5.8. ab. – Am 7.5. eröffnet die DDR ein Außenhandelszentrum in Paris.

■ **Ostblockstaaten:** Nach einer Tagung des Warschauer Paktes treffen Abordnungen der ZK der SED und der KPdSU zusammen. Am 20.8. versichert KPdSU-Generalsekretär Leonid Breschnew, Normalisierung bedeute für die DDR, dass diese fest im Ostblock verankert bleibt: Die **DDR** »ist das Ergebnis des 2. Weltkriegs, sie **ist unsere Errungenschaft**, die mit dem Opfer des Sowjetvolkes, mit dem Blut der Sowjetsoldaten erzielt wurde«. – Im Zusammenhang mit den eigenen deutschlandpolitischen Schritten demonstriert die DDR ihre **Verbundenheit mit den osteuropäischen Ländern** mit ihrer Beteiligung an der Gründung der zweiten RGW-Bank mit Sitz in Moskau, der Internationalen Investitionsbank (IIB). – Vom 12.10. bis 18.10. findet in der DDR das Manöver »Waffenbrüderschaft« mit Truppen aus allen Mitgliedsländern des Warschauer Paktes statt.

1971 BRD

Entspannung durch Annäherung

Die Verleihung des Friedensnobelpreises an Bundeskanzler Willy Brandt im Dezember unterstreicht die weltpolitische Bedeutung seiner Initiativen in der Ostpolitik. War die deutsche Frage für zwei Jahrzehnte auch ein Faktor für die Entstehung und die Verschärfung des Kalten Kriegs, so erweisen sich nun schon die ersten Schritte zu ihrer friedlichen Lösung als wichtiger Beitrag zur internationalen Entspannung. Der Abschluss der Ostverträge 1970 bildet die Grundlage für erste vertragliche Regelungen mit der DDR auf staatlicher Ebene, die zur Normalisierung des deutsch-deutschen Verhältnisses sowie zu einem Viermächteabkommen über Berlin führen.
Innenpolitisch widmet sich die Regierung verstärkt der Realisierung ihrer Reformvorhaben: Neben ihrem Ziel, größere soziale Gerechtigkeit zu erreichen, stellt sie sich mit dem ersten Gesetz zum Umweltschutz einem immer drängender werdenden Problem. Der aufkommende Terrorismus der Roten Armee Fraktion (RAF) fordert die ersten Todesopfer.

OSTPOLITIK

■ **Kontroverse:** Am 28.1. betont Bundeskanzler Willy Brandt im Bundestag in seinem **Bericht zur Lage der Nation**, dass die auf Bewahrung des Friedens gerichtete Politik der Bundesregierung eine **vertragliche Regelung der Beziehungen** auch zur DDR erfordere, der rechtliche Status von Berlin jedoch dabei nicht angetastet werden dürfe. – Für die Opposition stellt CDU/CSU-Fraktionschef Rainer Barzel klar, dass die **Union am Einheitsgedanken festhalte**. Er kritisiert Brandts Berlin-Politik; der ehemalige Regierende Bürgermeister vergesse darüber die innerdeutschen Fragen.

■ **Entspannung:** Die **Hallstein-Doktrin** wird nicht mehr angewendet. Als Chile am 16.3. volle diplomatische Beziehungen zur DDR aufnimmt, legt die Bundesrepublik nur noch einen formalen Protest ein.

■ **Sowjetunion:** Die guten Beziehungen zur Sowjetunion dokumentiert der inoffizielle **Besuch von Bundeskanzler Brandt** bei KPdSU-Generalsekretär Leonid Breschnew auf der Krim vom 16.9. bis 18.9. In ihrem gemeinsamen Kommuniqué betonen sie die neuen politischen Perspektiven, die sich aus dem Moskauer Vertrag vom 12.8.1970 und dem Berlin-Abkommen vom 3.9. ergeben. Beide Seiten wollen sich für das Zustandekommen einer **europäischen Sicherheitskonferenz** einsetzen; die Normalisierung der Beziehungen zwischen der Bundesrepublik und der DDR soll auch die Aufnahme beider Staaten in die UN ermöglichen; in Handel, Wissenschaft und Technik sollen die deutsch-sowjetischen Beziehungen ausgebaut werden.

■ **Rumänien:** Als erstes bundesdeutsches Staatsoberhaupt besucht Bundespräsident Gustav Heinemann ein Ostblockland, als er am 17.5. Rumänien einen Staatsbesuch abstattet.

■ **Friedensnobelpreis:** Das Nobelpreiskomitee gibt am 20.10. die Verleihung des diesjährigen **Friedensnobelpreises an Willy Brandt** bekannt. Die überraschende Entscheidung wird im In- und Ausland weitgehend begrüßt. Brandt wird für seine »neue Ostpolitik« geehrt, die die Entspannung in Europa maßgeblich vorangetrieben hat. Er nimmt die Auszeichnung am 10.12. in Oslo entgegen.

DEUTSCH-DEUTSCHE BEZIEHUNGEN, BERLIN-POLITIK

■ **Annäherung an die DDR:** Die Verbesserung der Beziehungen zu den Staaten des Warschauer Paktes und die Aufnahme von Kontakten zur DDR führt in der Politik der Bundesrepublik zu folgenden Veränderungen: Am 10.3. beschließt der Bundestag die Aufhebung aller Beschränkungen für den **Bezug von Publikationen** aus der DDR. – Am 30.6. werden die **Karten- und Bezeichnungsrichtlinien** von 1961 ersatzlos gestrichen. Sie schrieben vor, Deutschland z.B. in Atlanten und Fernsehkarten in den Grenzen von 1937 zu zeigen und die DDR als Sowjetische Besatzungszone Deutschlands oder Sowjetzone zu bezeichnen.

■ **Viermächte-Berlin-Abkommen:** Die am 26.3.1970 begonnenen Botschaftergespräche über eine »Berlinregelung« enden am 3.9. mit der **Unterzeichnung** des Berlin-Abkommens durch die Botschafter der vier Siegermächte des 2. Weltkriegs. Das Abkommen hält den Willen der Vier Mächte fest, Streitigkeiten mit friedlichen Mitteln beizulegen und ihre gemeinsamen Rechte und Verantwortlich-

Bundeskanzler Willy Brandt erhält von der Vorsitzenden des Nobelpreis-Komitees Åase Lionaes am 10.12. Medaille und Urkunde des Friedensnobelpreises

keiten in Berlin zu achten. Die engen **Bindungen zwischen der Bundesrepublik und West-Berlin** werden anerkannt und können ausgebaut werden; allerdings gilt West-Berlin nicht als Bestandteil der Bundesrepublik und ist nicht den Weisungen der Bundesregierung unterworfen. Der **Transitverkehr** zwischen den Westsektoren Berlins und dem Bundesgebiet soll ohne Behinderung verlaufen; die entsprechenden Regelungen bleiben **Vereinbarungen zwischen den beiden deutschen Staaten** vorbehalten ebenso wie Erleichterungen im Besuchsverkehr von West-Berlinern in den Ostsektor der Stadt und in die DDR. Das Berlin-Abkommen soll erst in Kraft treten, wenn die Vier Mächte ein Schlussprotokoll unterzeichnet haben, dessen Ausfertigung die Vertragspartner von der **Ratifizierung der Ostverträge** abhängig machen.

■ **Transitabkommen:** Am 17.12 unterzeichnen die Staatssekretäre Egon Bahr (Bundesrepublik) und Michael Kohl (DDR) in Ost-Berlin **als ersten Vertrag zwischen beiden deutschen Staaten** ein **Transitabkommen.** Es regelt den Transport von zivilen Gütern und Personen auf Straßen, Schienen und Wasserwegen zwischen der Bundesrepublik und West-Berlin. Reisende auf den Transitstraßen dürfen zukünftig nicht mehr festgenommen oder abgewiesen werden. Durchsuchungen von Fahrzeugen und Gütern sind nur statthaft, wenn ein begründeter Anfangsverdacht vorliegt. Für Visa-Gebühren und die Benutzung der Schienenwege zahlt die Bundesrepublik für die Jahre 1972–75 einen Pauschalbetrag von 234,9 Mio. DM an die DDR. – Am 20.12. werden zwischen der DDR-Regierung und dem West-Berliner Senat Vereinbarungen über **Erleichterungen und Verbesserungen des Reise- und Besucherverkehrs** sowie zur **Regelung von Grenzfragen** durch Gebietstausch (Enklave Steinstücken) unterzeichnet. Das Besucherabkommen spricht jedem West-Berliner das Recht zu, pro Jahr 30 Tage in Ost-Berlin oder den an West-Berlin grenzenden Gebieten der DDR zu verbringen. Damit werden Passierscheinabkommen, die in den 1960er Jahren Besuche West-Berliner in engem zeitlichem Rahmen geregelt haben, überflüssig. Die Vereinbarungen sind vom Inkrafttreten des Berlin-Abkommens abhängig.

■ **Postvereinbarungen:** Mit Wirkung vom 31.1. werden zwischen den beiden Teilen Berlins zehn Telefonleitungen geschaltet, womit der seit dem 27.5.1952 unterbrochene Fernsprechverkehr zwischen beiden Stadthälften (mit damals mehr als 3900 Leitungen) wieder aufgenommen wird. Ab 8.4. stehen zehn weitere Leitungen zur Verfügung. – Am 30.9. unterzeichnen Vertreter der beiden deutschen Postministerien in Ost-Berlin ein **Post- und Fernmeldeabkommen,** in dem die Abgeltung der von der DDR zu erbringenden Mehrleistungen, das Einrichten von Richtfunkstrecken und das Schalten weiterer Fernsprechleitungen vereinbart werden.

SICHERHEITSPOLITIK

■ **Bundeswehr:** In der Bundestagsdebatte vom 26.3. über die Sicherheitspolitik übt die Opposition **Kritik** am Führungsstil und am inneren Zustand der Bundeswehr. Bundeskanzler Brandt erklärt, die Regierung verfolge mit Sorge **»die innere Abwendung eines Teiles der Jugend«** von den Pflichten, die ihr der Staat abfordern müsse. – Am 10.9. verabschiedet das Kabinett einen Gesetzentwurf zur **Verkürzung des Grundwehrdienstes** von 18 auf 15 Monate (→ 1972).

■ **Atomwaffen:** Die Bundesrepublik tritt am 8.6. dem Vertrag über das Verbot der Stationierung von Kernwaffen und anderen **Massenvernichtungswaffen auf dem Meeresgrund** bei, der am 11.2. zwischen den USA, der Sowjetunion und Großbritannien geschlossen wurde. – Am 13.6. reist Bundeskanzler Brandt zu einem sechstägigen Besuch in die USA und verabredet mit US-Präsident Richard Nixon weitere Schritte zur Abrüstung und Friedenssicherung in Europa. Nixon versichert, die USA würden bei den bevorstehenden Verhandlungen mit der Sowjetunion über einen **Truppenabbau in Europa** keinen Alleingang unternehmen und ihre Truppenstärke in Europa nicht auf bilateraler Grundlage verhandeln.

WIRTSCHAFTS- UND FINANZPOLITIK

■ **Kabinett:** Nachdem Einsparungen im Wehretat im Rahmen des Stabilitätsprogramms am Widerstand des Verteidigungsministers scheitern, erklärt Finanzminister **Alex Möller** (SPD) am 12.5. seinen **Rücktritt**. Das neugeschaffene Bundesministerium für Wirtschaft und Finanzen wird dem bisherigen Wirtschaftsminister Karl Schiller (SPD) übertragen.

■ **Währungskrise:** Der Verfall des US-Dollar an den internationalen Devisenbörsen infolge des Zahlungsbilanzdefizits der USA führt Anfang Mai zu einer Währungskrise in Westeuropa. Dabei gerät die im internationalen Vergleich stark unterbewertete D-Mark unter starken Aufwertungsdruck. Am 5.5. lässt die Bundesregierung im Einvernehmen mit dem Zentralbankrat der Deutschen Bundesbank deshalb die Devisenbörsen bis zum 10.5. schließen und gibt am 9.5. den **Wechselkurs der D-Mark frei**. Sie dämpft damit zugleich den Preisauftrieb. – Nachdem die zehn größten Industriestaaten (»Zehnergruppe«) am 18.12. in Washington eine Abwertung des US-Dollar beschließen und die Währungsparitäten neu festsetzen, endet am 21.12. die Phase des freien Wechselkurses der D-Mark. Sie wird um 13,6% aufgewertet; der Kurs liegt nun bei 3,22 DM pro US-$.

■ **Stabilitätsprogramm:** Um der konjunkturellen Überhitzung und Inflationstendenzen entgegenzusteuern, verbindet die Bundesregierung die Wechselkursfreigabe am 10.5. mit der Verabschiedung eines Stabilitätsprogramms. Es enthält Zielvorgaben für Bund und Länder, die Einsparungen und Beschränkungen der Kreditaufnahme betreffen. Am 6.7. verordnet Wirtschafts- und Finanzminister Schiller eine **Haushaltssperre** über Bundesausgaben in Höhe von rd. 1 Mrd. DM, von denen das Verteidigungs- und das Verkehrsministerium besonders betroffen sind. Am 22.12. senkt der Zentralbankrat den Diskontsatz auf 4% und die Mindestreservesätze mit Wirkung zum 1.1.1972 um 10%.

■ **Strukturpolitik:** Durch das **Zonenrandförderungsgesetz**, das der Bundestag am 17.6. einstimmig verabschiedet, soll die Wirtschafts- und Infrastruktur in den grenznahen Gebieten an der innerdeutschen Grenze gefördert werden; hierfür stellt die Bundesregierung noch im laufenden Jahr rd. 80 Mio. DM bereit. – Am 30.6. beschließen Bund und Länder gemeinsam einen Rahmenplan zur »Verbesserung der regionalen Wirtschaftsstruktur«. In den förderungsbedürftigen Gebieten, die 59% der Fläche der Bundesrepublik ausmachen, sollen bis 1975 insgesamt 460 000 neue Arbeitsplätze geschaffen werden.

■ **Tarifpolitik:** Am 4.7. wird ein sechs Monate währender **Tarifstreit in der chemischen Industrie** beigelegt. Gewerkschaft und Arbeitgeber einigen sich auf einen Lohnzuwachs von 7,8%. – Am 22.11. beginnt, zunächst bei den Daimler-Benz-Werken in Nordwürttemberg-Baden, ein **Metallarbeiterstreik**, der zu Massenaussperrungen führt und Mitte Dezember mit neuen Tarifvereinbarungen endet; auch in Bayern, Bremen, im Saarland und in Teilen Baden-Württembergs wird der Tarifkonflikt beigelegt. Die Tarifpartner einigen sich auf 7,5% mehr Lohn und die stufenweise Einführung des Weihnachtsgeldes (von 10% des Monatsentgelts für 1971 bis 40% für 1974).

UMWELT-, SOZIAL- UND BILDUNGSPOLITIK

■ **Umweltpolitik:** Das Gesetz zum Schutz gegen Fluglärm, das am 30.3. in Kraft tritt, ist das **erste Umweltschutzgesetz** der Bundesrepublik. Es schreibt für Flughäfen und ihre Einflugschneisen die Einrichtung von Lärmschutzzonen vor, in denen u.a. keine Krankenhäuser und Schulen gebaut werden dürfen. – Im Gesetz zur **Verminderung der Luftverunreinigung** vom 5.8. wird festgelegt, dass der Bleigehalt im Benzin um 0,4 g pro Liter bis zum 1.1.1972 gesenkt und damit halbiert werden muss. – Am 29.9. stellt die Regierung ihr neues Umweltprogramm vor, mit dem sie das **Verursacherprinzip** einführen und die Umweltpolitik systematisch planen bzw. organisieren will. Hauptprinzipien des Konzepts sind Vorsorge (Vermeidung von Umweltschäden), Verursachung (Kostenübernahme durch die für Umweltschäden Verantwortlichen) und Kooperation (von Staat, Wirtschaft und Bürger zur Erhaltung bzw. Wiederherstellung intakter Umweltbedingungen). – Das Innenministerium beschließt am 28.12. die Einberufung eines Sachverständigenrats für Umweltfragen.

■ **Abtreibung:** In der Illustrierten *Stern* bekennen am 2.6. mehrere hundert, z.T. prominente Frauen, dass sie abgetrieben und damit gegen den § 218 verstoßen haben. Durch den **Stern-Artikel** wird in der Bundesrepublik die Diskussion um den § 218 maßgeblich angeregt. Gegen die Frauen werden Strafverfahren eingeleitet, die später ausnahmslos eingestellt werden.

■ **Wohnungsbau:** Mit dem am 1.8. in Kraft tretenden **Städtebauförderungsgesetz** beginnt die sozial-liberale Koalition mit der Reform des Bodenrechts. Es verbessert die Eingriffsmöglichkeiten der öffentlichen Verwaltung gegen Bodenspekulation und erleichtert Sanierungs- und Entwicklungsvorhaben der Kommunen. – Am 11.11. verabschiedet der Bundestag einstimmig das **Wohnungsbauänderungsgesetz**, das den Bau von Sozialwohnungen fördert und die Einkommensgrenze für die Wohnberechtigung in Sozialwohnungen auf 12 000 bzw. für eine vierköpfige Familie auf 24 000 DM Jahresbruttoeinkommen erhöht.

■ **Bildung:** Mit dem **Bundesausbildungsförderungsgesetz** (BaföG, in Kraft 1.9.) wird eine einheitliche staatliche Ausbildungsförderung eingeführt. Bedürftige Auszubildende und Studenten erhalten einen Rechtsanspruch auf die Zahlung von Beihilfen, deren Höhe sich nach dem Einkommen der Unterhaltsverpflichteten bemisst. Das Gesetz soll mehr Arbeiterkindern das Studium ermöglichen; bislang stellen sie nur einen Anteil von 7% der Studierenden.

WEITERE INNENPOLITISCHE EREIGNISSE

■ **Terrorismus:** Am 15.7. wird in Hamburg bei einem Schusswechsel die mutmaßliche Terroristin **Petra Schelm getötet**. Ebenfalls zu einem Schusswechsel kommt es, als die West-Berliner Polizei am 4.12. Mitglieder der terroristischen Vereinigung Bewegung 2. Juni stellt. Dabei wird der 24-jährige mutmaßliche Terrorist **Georg von Rauch erschossen**. – Das West-Berliner Schwurgericht spricht am 21.5. den Rechtsanwalt Horst Mahler von der Anklage u.a. des versuchten Mordes frei, da ihm eine Beteiligung an der gewaltsamen Befreiung von Andreas Baader am 14.5.1970 nicht nachgewiesen werden kann.

PARTEIEN

■ **Rechte Parteien:** Am 16.1. gründet der Verleger Gerhard Frey in München die rechtsextreme Deutsche Volksunion (DVU). – In Hannover gründen 300 ehemalige FDP-Abgeordnete, die sich 1970 zur National-Liberalen Aktion zusammengeschlossen haben, am 12.6. die Deutsche Union (DU). Erster Vorsitzender wird Siegfried Zoglmann.

■ **SPD:** Der Bundesvorstand distanziert sich am 15.3. von den politischen Grundsätzen der Jungsozialisten, die nicht mit dem Godesberger Programm von 1959 vereinbar sind. Auf dem

Wibke Bruhns präsentiert als erste Frau am 12.5. im ZDF die »heute«-Nachrichten

4. außerordentlichen Parteitag der SPD vom 18. bis 20.11. sowie vom 17./18.12 in Bonn-Bad Godesberg kommt es zu heftigen Kontroversen zwischen den Parteiflügeln über Inhalt und Tempo gesellschaftlicher Reformen und die Neustrukturierung der Parteiorganisation. Bundesgeschäftsführer Hans-Jürgen Wischnewski tritt von seinem Amt zurück.

■ **CDU:** Nach dem Verzicht des bisherigen Parteivorsitzenden Kurt Georg Kiesinger wählt der Bundesparteitag in Saarbrücken am 5.10. den Vorsitzenden der CDU/CSU-Fraktion im Bundestag, **Barzel**, zum **neuen Vorsitzenden**. Er setzt sich in einer Kampfabstimmung mit 344 Stimmen gegen den Ministerpräsidenten von Rheinland Pfalz, Helmut Kohl, durch. Der Parteitag nominiert Barzel als Kanzlerkandidat für die nächste Bundestagswahl.

■ **FDP:** Der Bundesparteitag in Freiburg verabschiedet am 27.10. mit den »**Freiburger Thesen**« ein neues gesellschaftspolitisches Programm.

BUNDESLÄNDER UND WEST-BERLIN

■ **West-Berlin**: Abgeordnetenhauswahl am 14.3.

■ **Rheinland-Pfalz:** Landtagswahl am 21.3.

■ **Schleswig-Holstein:** Landtagswahl am 25.4. Der neue Landtag wählt am 24.5. Gerhard Stoltenberg (CDU) als Nachfolger von Helmut Lemke (CDU) zum Regierungschef.

■ **Bremen:** Wegen grundsätzlicher Meinungsverschiedenheiten in Fragen der Hochschulpolitik und Vorwürfen, die SPD stütze die »linkslastige Orientierung« der im Entstehen begriffenen Universität, verlässt die FDP am 1.6. die Regierungskoalition. – Aus der Bürgerschaftswahl am 10.10. geht die SPD mit der absoluten Mehrheit der Stimmen als Siegerin hervor.

■ **Wahlergebnisse** → S. 458–467

1971 DDR

Von Ulbricht zu Honecker

Nach über 20 Jahren an der Spitze der DDR geht Anfang Mai mit seinem Rücktritt als Erster Sekretär des ZK der SED die Ära Walter Ulbrichts offiziell zu Ende. Seit seiner Rückkehr aus dem sowjetischen Exil kurz vor Kriegsende 1945 hatte er die Politik in der Sowjetischen Besatzungszone und in der DDR bestimmt. Die Einführung des Neuen Ökonomischen Systems (NÖS) und die damit verbundene straffe Modernisierungspolitik wird ihm letztlich zum Verhängnis. Sein Nachfolger Erich Honecker steht sowohl für einen Generationswechsel als auch für eine neue Politik. Mit Honecker gelangen auf allen Ebenen von Staat und Partei jüngere, in der DDR ausgebildete Fachkräfte in führende Positionen. Durch seine Wende zur »Einheit von Wirtschafts- und Sozialpolitik« und eine anfangs liberale Kulturpolitik erlangt Honecker Popularität in Partei und Bevölkerung.

INNENPOLITIK

■ **Machtwechsel:** Nach den heftigen Debatten des 14. Plenums des ZK im Dezember 1970 formiert Erich Honecker im Politbüro eine Mehrheit für die **Ablösung Walter Ulbrichts** von seiner Funktion als Parteichef. Hintergrund der Bemühungen Honeckers ist vor allem die wachsende Unzufriedenheit der Bevölkerung wegen deutlicher Versorgungsengpässe in Folge der einseitigen Konzentration auf eine ökonomische Modernisierung. Zur Ablösung des greisen Ulbricht wird jedoch die Zustimmung des sowjetischen Politbüros benötigt, die Honecker und die Mehrheit der Politbüromitglieder in einem Schreiben vom 21.1. einfordern. Am 28.1. kann Ulbricht das ZK bei dessen **15. Tagung** noch einmal hinter sich bringen. In den folgenden Wochen gelingt es Honecker jedoch, die Ablösung Ulbrichts in der Partei und bei der Spitze der KPdSU durchzusetzen. Am 11.4. führt KPdSU-Generalsekretär Leonid Breschnew in Moskau mit Ulbricht eine **Aussprache**, in der er den 78-jährigen Parteichef auffordert, zurückzutreten und

»TEURE GENOSSEN! WIR ERWARTEN IHRE HILFE«

Aus dem Brief von SED-Politbüromitgliedern an die sowjetische Parteiführung:

Teure Genossen!

Wie Ihnen bekannt ist, kam es bei uns in den letzten Monaten in wachsendem Maße zu einer außerordentlich schwierigen Lage im Politbüro. [...] Nachdem die 14. Tagung des Zentralkomitees eine realistische Einschätzung der inneren, insbesondere der wirtschaftlichen Entwicklung und eine entsprechende Zielstellung erarbeitet und gebilligt hatte, hielt Genosse Walter Ulbricht ein Schlusswort, das in seiner Grundtendenz nicht mit dem, was auf dieser Tagung gesagt wurde, und unserer gemeinsamen Linie übereinstimmte. Das Politbüro war gezwungen, die Veröffentlichung dieses Schlusswortes abzulehnen. [...] Das Politbüro musste auch im Januar ein von Genosse Walter Ulbricht überraschend eingebrachtes Material ablehnen, das [...] an alle Bezirks- und Kreisleitungen sowie an die Grundorganisationen der Partei versandt werden sollte. [...] In diesem Material ist vorgesehen, zum VIII. Parteitag eine Orientierung zu geben und Beschlüsse zu fassen, die nicht auf die Fragen des Lebens Antwort geben [...], sondern durch lebensfremde, pseudowissenschaftliche, teilweise »technokratische« Theorien eine sogenannte Vorausschau bis 1990 und darüber hinaus ersetzt werden sollen. Seine [Ulbrichts] Haltung gipfelte in der Behauptung, dass er »unwiederholbar« sei. Die übertriebene Einschätzung seiner Person überträgt er auch auf die DDR, die er immer wieder in eine »Modell-« und »Lehrmeisterrolle« hineinmanövrieren will. [...] Deshalb wäre es sehr wichtig und für uns eine unschätzbare Hilfe, wenn Genosse Leonid Iljitsch Breschnew in den nächsten Tagen mit Genosse Walter Ulbricht ein Gespräch führt, in dessen Ergebnis Genosse Walter Ulbricht von sich aus das Zentralkomitee der Sozialistischen Einheitspartei Deutschlands ersucht, ihn auf Grund seines hohen Alters und seines Gesundheitszustandes von der Funktion des Ersten Sekretärs des Zentralkomitees der Sozialistischen Einheitspartei Deutschlands zu entbinden. Diese Frage sollte möglichst bald gelöst werden, das heißt unbedingt noch vor dem VIII. Parteitag der SED. [...] Wir erwarten Ihre Antwort und Hilfe.

Mit kommunistischem Gruß, H. Axen, G. Grüneberg, K. Hager, E. Honecker, G. Mittag, H. Sindermann, W. Stoph, P. Verner, E. Mückenberger, H. Warnke, W. Jarowinsky, W. Lamberz, G. Kleiber

dies als seine eigene Entscheidung auszugeben. Nach seiner Rückkehr hält Ulbricht wenige Tage später aus Anlass einer Gedenkveranstaltung zum 25. Jahrestag der SED-Gründung vom 21./22.4.1946 seine letzte öffentliche Rede. Bei der **16. Tagung** des ZK am 3.5. bittet er darum, ihn aus gesundheitlichen Gründen von seinem Amt als Erster Sekretär des ZK zu entbinden und Honecker zu seinem Nachfolger zu bestimmen. Für Ulbricht wird die im Statut der SED nicht mehr vorgesehene Funktion des Vorsitzenden reaktiviert. Auch behält er sein Amt als Vorsitzender des Staatsrats, das jedoch in seinen Kompetenzen eingeschränkt wird (→ 1972).

■ **Honeckers Etablierung**: Nachdem er sich schon den Delegierten des vom 25.5. bis 29.5 in Ost-Berlin tagenden X. Parlamentes der FDJ präsentiert hat, empfangen die Teilnehmer des **VIII. SED-Parteitags**, der vom 15.6. bis 19.6. in Ost-Berlin im Beisein des sowjetischen Parteichefs Breschnew tagt, Honecker mit Jubel. Am 24.6. wird er als Nachfolger Ulbrichts zum Vorsitzenden des Nationalen Verteidigungsrats bestimmt.

■ **Volkskammerwahlen**: Am 14.11. finden die Wahlen zur Volkskammer (98,48 % Beteiligung, 99,85% Jastimmen für die Einheitsliste) statt. Die neue Volkskammer wählt am 28.11. den Staatsrat und am 29.11. den Ministerrat neu.

SED-PARTEITAG

■ **Neue Parteispitze**: Auf dem VIII. Parteitag der SED vom 15. bis 19.9. in Ost-Berlin kommt es zur Wahl des neuen ZK, dem je vier weitere Mitglieder (jetzt 135) und Kandidaten (jetzt 54) angehören. Bei seiner ersten Tagung wählt das neue ZK das Politbüro und bestimmt Werner Krolikowski und Werner Lamberz zu dessen neuen Mitgliedern. Die SED beschließt überdies, Parteitage nur noch alle fünf Jahre durchzuführen.

KULTURPOLITIK

Mit einer Rede bei einer Tagung des ZK am 17.12. leitet Honecker, der noch 1965 beim sog. Kahlschlagplenum des ZK als Verfechter einer restriktiven Kulturpolitik aufgetreten war, eine Periode der **kulturpolitischen Offenheit** ein, die ein halbes Jahrzehnt andauern wird: »Wenn man von der festen Position des Sozialismus ausgeht, kann es meines Erachtens auf dem Gebiet von Kunst und Literatur keine Tabus geben.« Im Rundfunk darf wieder mehr westliche Beat-Musik gespielt werden; die Förderung von DDR-Bands wird ausgeweitet. Die Vorgabe, in der Regel in deutscher Sprache zu singen, macht sie zu den eigentlichen Erfindern des Deutsch-Rock. Ende November werden in einigen Städten importierte Bluejeans verkauft, die zuvor noch als Ausdruck westlicher Unkultur gegolten hatten.

Honecker, Erich
*Neunkirchen (Saar) 25.8.1912,
†Santiago de Chile 29.5.1994

Dachdecker; 1929 Beitritt zur KPD; 1935–45 inhaftiert; 1946 Mitbegründer und Vorsitzender der FDJ (bis 1955); ab 1946 auch Mitglied des Parteivorstands bzw. des ZK, ab 1958 des Politbüros und des Sekretariats des ZK der SED; 1961 Beteiligung an den Vorbereitungen zum Bau der Berliner Mauer; ab 1971 Nachfolger von Walter Ulbricht als Erster Sekretär des ZK der SED (ab 1976 Generalsekretär) und Vorsitzender des Nationalen Verteidigungsrats; ab 1976 Vorsitzender des Staatsrats der DDR; am 18.10.1989 von allen Funktionen in Partei und Staat entbunden, am 3.12.1989 aus der SED ausgeschlossen; 1990 Haftbefehl wegen Anstiftung zum Mord, 1991 Flucht nach Moskau, 1992 Rückkehr nach Berlin und Anklage, 1993 Einstellung des Strafverfahrens wegen Verhandlungsunfähigkeit; Exil in Chile

SED-Mitglieder 1946–87

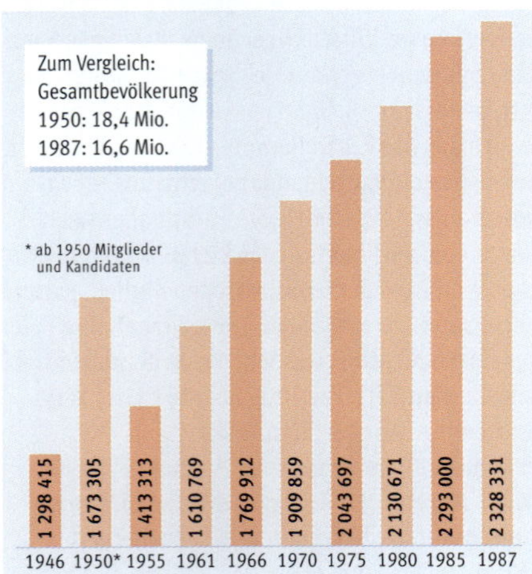

AUSSENPOLITIK

■ **Sozialistische Ökonomische Integration:** Die Mitgliedsländer des Rats für gegenseitige Wirtschaftshilfe RGW beschließen auf ihrer XXV. Tagung des RGW (27.–29.7.) ein »Komplexprogramm für die weitere Vertiefung und Vervollkommnung der Zusammenarbeit und Entwicklung der sozialistischen ökonomischen Integration«. Das Programm, das eine Laufzeit von 15 bis 20 Jahren hat, sieht die Konzentration spezialisierter Güterproduktion in einem Mitgliedsland vor (Omnibusse werden in Ungarn und Reisezugwagen in der DDR hergestellt), aus der die Partnerländer ihren Bedarf decken können. Vereinbart wird auch der Aufbau gemeinsamer Produktlinien, die unter einer Marke in mehreren Ländern hergestellt werden.

■ **Auslandsreisen**: Am 2.8. nimmt Honecker erstmals in neuer Funktion am **Gipfeltreffen der KP-Chefs** staatssozialistischer Länder **auf der Krim** teil; drei Tage später führt er bilaterale Verhandlungen mit der sowjetischen Partei- und Staatsführung über die Zusammenarbeit zwischen der DDR und der UdSSR. Zwischen dem 18.9. und dem 20.9. folgt ein Besuch einer Partei- und Regierungsdelegation in Polen unter seiner Leitung, in dessen Verlauf beide Länder die Einführung des pass- und visafreien Reiseverkehrs bei Privatreisen vereinbaren.

■ **Diplomatische Beziehungen:** Am 16.3. vereinbaren Chile und die DDR die Aufnahme diplomatischer Beziehungen. Am 14.4. und 6.6. folgen entsprechende Vereinbarungen mit Äquatorialguinea bzw. dem Tschad.

■ **Deutschlandpolitik**: Honecker verstärkt die **strikte Abgrenzungspolitik** seines Vorgängers gegenüber der Bundesrepublik. Symbolische Bedeutung hat die Anwendung von Auslandstarifen bei Postsendungen in die Bundesrepublik und nach West-Berlin ab 1.7. Am 7.7. wird das Staatssekretariat für westdeutsche Fragen ersatzlos aufgelöst und seine Aufgaben durch eine Abteilung des Außenministeriums übernommen. Am 14.11. werden die Sendungen der speziell auf Hörer im Westteil ausgerichteten *Berliner Welle* eingestellt und am 15.11. der auf die Bundesrepublik ausgerichtete *Deutschlandsender* in *Stimme der DDR* umbenannt.

Die Puhdys, 1969 gegründet, werden zur erfolgreichsten DDR-Rockgruppe der 1970er Jahre

Beschäftigtengrad von Frauen im erwerbsfähigen Alter 1950–88

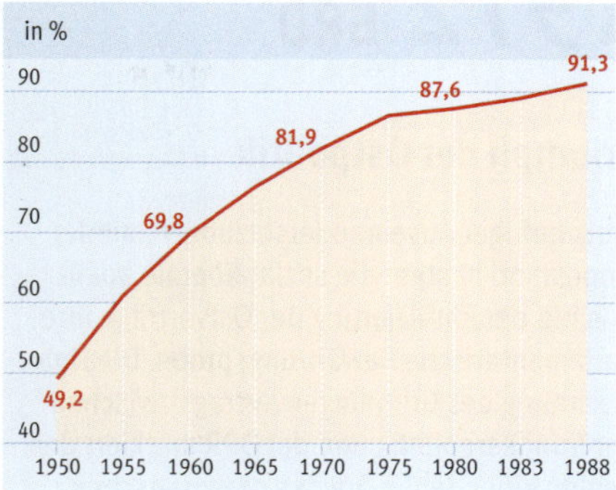

WIRTSCHAFTS- UND SOZIALPOLITIK

Beim VIII. Parteitag der SED kommt es zu einer Wende in der Wirtschaftspolitik der Staatspartei, deren Ausgestaltung bei den folgenden Tagungen weiter fortgesetzt wird. Nach der zum Teil rigiden Modernisierungspolitik, die unter Ulbricht noch vorgeherrscht hatte, setzt unter Honecker der **Wechsel zur** – offiziell so benannten – »**Einheit von Wirtschafts- und Sozialpolitik**« ein. Sie bringt mehr wirtschaftspolitische Zurückhaltung und flankiert die wirtschaftliche Modernisierung mit sozialpolitischen Maßnahmen. Diese Maßnahmen tragen zur anfänglichen Popularität des neuen Parteiführers bei. Schon am 29.1. werden **Preissenkungen** bei Kinderbekleidung sowie Verbesserungen in der Sozialversicherung und im System der freiwilligen Zusatzrente beschlossen. Am 1.2. folgt eine **Erhöhung der Grundlöhne und der Renten**. – Am 21.10. beschließt der Ministerrat die **Förderung des privaten Wohnungsbaus** für kinderreiche und Arbeiterfamilien. – Am 19.11. verkünden das ZK der SED und der Ministerrat einen **Preisstopp für Konsumgüter**, der bis 1975 gilt. – Die Höhe der durchschnittlichen **Jahresendprämien** (13. Monatslohn) steigt von 200 Mark im Vorjahr auf über 500 Mark.

1972 BRD

Triumph der Ostpolitik

Trotz heftiger Auseinandersetzungen mit der Opposition besteht die sozial-liberale Koalition mit der Ratifizierung der Ostverträge ihre parlamentarische Bewährungsprobe. Die Unterzeichnung des Grundlagenvertrags zwischen der Bundesrepublik und der DDR markiert den Beginn einer neuen Ära des pragmatischen Umgangs mit der deutschen Zweistaatlichkeit. Die Polarisierung der politischen Kräfte in der Auseinandersetzung über die neue Ostpolitik führt zur Erosion der parlamentarischen Mehrheit der sozial-liberalen Koalition; die vorgezogene Bundestagswahl im November bringt ein eindrucksvolles Votum für die Entspannungspolitik Willy Brandts.
In der Innenpolitik kommt es durch den »Extremistenbeschluss«, der »Berufsverbote« für vermutete Verfassungsfeinde im öffentlichen Dienst vorsieht, zu einer scharfen Abgrenzung gegenüber links von der SPD angesiedelte Parteien und Gruppen. Die Terroranschläge der Roten Armee Fraktion (RAF) entfachen eine innen- und rechtspolitische Debatte über die wirksame und angemessene Bekämpfung des Terrorismus.

RATIFIZIERUNG DER OSTVERTRÄGE

■ **Nachbesserungsforderungen:** Auf Grundlage eines Beschlusses des Bundesausschusses der CDU vom 24.1. erklärt der Partei- und Fraktionsvorsitzende, Rainer Barzel, anlässlich der ersten Lesung der Ostverträge vor dem Bundestag am 23.2., die Verträge seien so nicht annehmbar, weil gegen die deutschen Interessen interpretierbar. Mit dieser Position setzt sich Barzel gegen die prinzipiellen Gegner einer Ostvertragspolitik in der Partei durch. Als Voraussetzung für die Zustimmung der CDU/CSU zur Ratifizierung der Ostverträge stellt Barzel **drei Nachbesserungsforderungen**: die Anerkennung der Europäischen Gemeinschaft (EG) durch die Sowjetunion; eine Bestätigung des Selbstbestimmungsrechts der Deutschen im Vertragswerk und schließlich die »verbindlich vereinbarte Absicht«, stufenweise die Freizügigkeit in Deutschland herzustellen. – Der Generalsekretär der KPdSU, Leonid Breschnew, geht auf dem 15. Gewerkschaftskongress in Moskau am 20.3. auf zwei der genannten Forderungen ein: Er erklärt erstmals die Bereitschaft, die EG anzuerkennen, und gibt bekannt, dass der »Brief zur deutschen Einheit« Teil des Ratifizierungsprozesses sein wird.
■ **Entschließung:** Um die Ratifizierung trotz fehlender Mehrheit der sozial-liberalen Koalition im Bundestag zu ermöglichen, einigen sich Bundesregierung und Unionsparteien am 10.5. darauf, die Ratifizierung mit einer **»gemeinsamen Entschließung«** zu verbinden. Darin wird die bundesdeutsche Position bekräftigt, dass die Verträge die Regelungen eines Friedensvertrags nicht vorwegnehmen und das Recht auf Selbstbestimmung gewahrt bleibt. Die Sowjetunion erklärt sich bereit, die »gemeinsame Entschließung« hinzunehmen.
■ **Ratifizierung:** Trotz weitgehender Erfüllung seiner Forderungen kann Barzel eine Zustimmung zu den Ostverträgen in der CDU/CSU-Fraktion, insbesondere bei den Abgeordneten der CSU, nicht durchsetzen. Die Fraktion verständigt sich deshalb auf Enthaltung bei der Abstimmung; einigen Abgeordneten wird die Ablehnung zugestanden. – Am 17.5. billigt der Bundestag mit der Mehrheit seiner Mitglieder die Ostverträge: Für die Annahme des **Moskauer Vertrags** werden 248 Jastimmen, 238 Enthaltungen (CDU), 10 Neinstimmen (9 von der CDU/CSU, 1 von der FDP) abgegeben; der **Warschauer Vertrag** erhält 248 Jastimmen, 231 Enthaltungen (CDU/CSU), 17 Neinstimmen (16 von der CDU/CSU). Die **»gemeinsame Entschließung«** zu den Verträgen wird von 491 Abgeordneten bejaht (5 Enthaltungen). Am 19.5. stimmt auch der Bundesrat, bei Enthaltung der von der CDU/CSU

Unterzeichnung des Grundlagenvertrags am 21.12. in Ost-Berlin: Egon Bahr (v. l.) und Michael Kohl (v. r.)

DER GRUNDLAGENVERTRAG

Im Grundlagenvertrag vereinbaren die beiden deutschen Staaten, normale gutnachbarliche Beziehungen zueinander zu unterhalten, Streitfragen ausschließlich mit friedlichen Mitteln zu lösen, keine internationale Vertretung des anderen Staates vorzunehmen und die Hoheitsgewalt auf das eigene Staatsgebiet zu beschränken. Sie klären humanitäre Fragen, vor allem zur Zusammenführung von Familienangehörigen, und vereinbaren, dass früher geschlossene Abkommen der Vertragspartner vom Grundlagenvertrag unberührt bleiben. Am Sitz der jeweils anderen Regierung werden Ständige Vertretungen eingerichtet. Daneben regeln Zusatzprotokolle die Markierung des Grenzverlaufs, die Abwicklung des innerdeutschen Handels sowie die Zusammenarbeit auf dem Gebiet des Verkehrs.
In dem an die DDR übergebenen »Brief zur deutschen Einheit« (→ 1970) stellt die Bundesregierung fest, Fragen der Staatsangehörigkeit seien im Abkommen ausdrücklich nicht geregelt worden. Ein zusätzlicher Briefwechsel enthält die Zusage der DDR, einen grenznahen Reiseverkehr zwischen den 54 an der innerdeutschen Grenze gelegenen Kreisen zu ermöglichen.

regierten Länder, endgültig den Verträgen zu; die Ratifizierungsgesetze werden am 23.5. von Bundespräsident Gustav Heinemann (SPD) unterzeichnet. – Am 31.5. ratifiziert das Präsidium des Obersten Sowjets den Moskauer Vertrag. Der polnische Staatsrat ratifiziert den Warschauer Vertrag am 26.5., lehnt jedoch die am 19.5. von Außenminister Walter Scheel (FDP) dem Botschafter der Sowjetunion in Bonn und den Vertretern der drei Westmächte übergebene »gemeinsame Entschließung« als unverbindlich ab; nach dem Vertragstext sei die Grenzregelung endgültig.

■ **Weitere Entwicklung:** Die **Beziehungen zur Sowjetunion** intensivieren sich erheblich. Am 5.7. wird in Bonn ein **Handelsabkommen**, am 6.7. ein Abkommen über die Lieferung westdeutscher Großstahlrohre und sowjetischer Erdgaslieferungen unterzeichnet. Das **Erdgas-Röhrengeschäft** ist das zweite seiner Art nach 1970. Am 1.11. wird in Hamburg das erste **sowjetische Generalkonsulat** in der Bundesrepublik, in Leningrad das erste der Bundesrepublik in der Sowjetunion eröffnet. – Am 13./14.9. **besucht** Stefan Olszowski als erster **polnischer Außenminister die Bundesrepublik**; am 14.9. erfolgt die Bekanntgabe

der **Aufnahme diplomatischer Beziehungen** zwischen beiden Staaten. Unterschiedliche Auffassungen bestehen in der **Aussiedlerfrage**. Nach Ansicht der Bundesregierung gibt es in Polen rd. 400 000 Deutschstämmige, die ausreisen möchten, eine Zahl, die von polnischer Seite angezweifelt wird. Zehntausenden Deutschstämmigen wird im Zuge der Familienzusammenführung die Ausreise erlaubt. Weitergehenden deutschen Forderungen in der Aussiedlerfrage begegnet die polnische Regierung mit dem Hinweis, dass noch »**Wiedergutmachungszahlungen**« für die nationalsozialistischen Verbrechen in Polen ausstehen. Die Bundesrepublik sagt am 16.11. Entschädigungs-

Rainer Barzel nimmt am 20.9. im Bundestag Stellung zur Vertrauensfrage von Kanzler Willy Brandt (M.)

zahlungen in Höhe von 100 Mio. DM zu, die Opfern von pseudomedizinischen Versuchen in Konzentrationslagern zugute kommen sollen.

DEUTSCH-DEUTSCHE BEZIEHUNGEN

■ **Berlin-Abkommen:** Am 3.6. unterzeichnen die Außenminister der Vier Mächte in West-Berlin das **Schlussprotokoll zum Berlin-Abkommen;** damit treten das Viermächte-Berlin-Abkommen, das Transitabkommen und die Vereinbarungen zwischen der DDR-Regierung und dem Senat von West-Berlin über die Besucherregelung und den Gebietsausgleich in Kraft.

■ **Verkehrsvertrag:** Am 26.5. unterzeichnen die Staatssekretäre Egon Bahr (BRD) und Michael Kohl (DDR) in Ost-Berlin den Verkehrsvertrag, der in Erweiterung des Transitabkommens von 1971 dauerhaft alle praktischen Fragen im Transit- und sonstigen Grenzverkehr (Straßen, Schienen und Wasserwege) zwischen den beiden deutschen Staaten regelt. Der Vertrag ermöglicht sowohl Reiseerleichterungen für Bürger der Bundesrepublik, die mehrmals im Jahr auf Einladung Bekannte oder Verwandte in der DDR besuchen können, als auch für DDR-Bürger, die in dringenden Familienangelegenheiten in die Bundesrepublik reisen dürfen. Diese Regelung galt bislang nur für Bürger im Rentenalter. Nach der Billigung durch den Bundestag und die Volkskammer tritt der Vertrag am 17.10. in Kraft.

■ **Grundlagenvertrag:** Am 21.12. unterzeichnen Bahr und Kohl in Ost-Berlin den »Vertrag über die Grundlagen der Beziehungen zwischen der Bundesrepublik Deutschland und der Deutschen Demokratischen Republik« (Grundlagenvertrag).

■ **Berlin-Reiseverkehr:** Die DDR-Regierung trifft zu Ostern und Pfingsten **vorgezogene Besuchsregelungen** nach Maßgabe der erst im Juni in Kraft tretenden Transit- und Verkehrsabkommen. Am 29.3. dürfen West-Berliner erstmals seit 1966 wieder Ost-Berlin besuchen.

MISSTRAUENSVOTUM GEGEN BRANDT

■ **Übertritte:** Der SPD-Abgeordnete und Vorsitzende der Landsmannschaft Schlesien Herbert Hupka, ein Gegner der Ostverträge, verlässt am 29.2. die SPD und wechselt zur CDU. Am 3.3. wird er zusammen mit einem weiteren SPD-Überläufer in die CDU/CSU-Bundestagsfraktion aufgenommen. Damit setzt eine **Abwanderungswelle aus dem Lager der Regierungskoalition** ein, die schließlich am 23.4. zum Verlust der Mehrheit für die sozial-liberale Koalition führt: Nach der Erklärung von zwei FDP-Abgeordneten, im Falle eines konstruktiven Misstrauensvotums gegen Brandt den CDU/CSU-Kandidaten wählen zu wollen, verfügt die Regierungskoalition bei der Abstimmung über den Haushalt nur noch über 247 Stimmen, die Opposition über 249.

■ **Misstrauensvotum scheitert:** Am 24.4. beschließt die CDU/CSU-Bundestagsfraktion, durch ein konstruktives Misstrauensvotum Brandt zu stürzen und Barzel zum neuen Bundeskanzler zu wählen. Bei der Abstimmung **verfehlt Barzel die erforderliche Mehrheit** um zwei Stimmen; 247 Abgeordnete stimmen dem Antrag zu, drei enthalten sich der Stimme, zehn stimmen dagegen. Mindestens zwei Angehörige der CDU/CSU haben damit gegen Barzel als neuen Bundeskanzler votiert.

AUFLÖSUNG DES BUNDESTAGS, WAHLKAMPF

■ **Vertrauensfrage:** Angesichts des parlamentarischen Patts, das trotz des gescheiterten Misstrauensvotums weiter besteht, einigen sich die Fraktionen des Bundestags auf eine **vorzeitige Neuwahl**. Da eine Selbstauflösung des Parlaments im Grundgesetz nicht vorgesehen ist, verabreden

Wahl zum 7. Deutschen Bundestag am 19.11.1972 (1969)

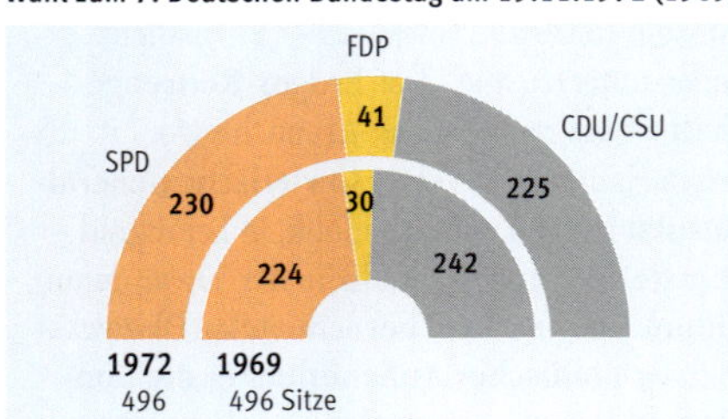

die Fraktionen ein verfassungsgemäßes Verfahren. Am 20.9. stellt Brandt im Bundestag die **Vertrauensfrage**. Die Mitglieder des Kabinetts nehmen an der Abstimmung am 22.9. nicht teil; sie ergibt 233 Ja- und 248 Neinstimmen bei einer Enthaltung. Auf Vorschlag des Bundeskanzlers erklärt Bundespräsident Heinemann am gleichen Tag die **Auflösung des Parlaments**. Der anschließende Wahlkampf steht ganz im Zeichen der Auseinandersetzung über die Deutschland- und Ostpolitik, so dass die Wahl zum neuen Bundestag den Charakter einer Abstimmung über den künftigen Kurs der deutschen Außen- und Deutschlandpolitik gewinnt.

BUNDESTAGSWAHL

■ **Ergebnis**: Bei einer **Rekord-Wahlbeteiligung** von 91,1% (+4,4%) wird die SPD erstmals stärkste Partei und erringt 45,8% (1969: +3,8%) der gültigen Stimmen. Die CDU kommt auf 35,2 % (+1,4%). Die CSU erhält 9,7% (+0,2%). Die FDP verzeichnet 8,4% (+2,6%). Die anderen Parteien, unter ihnen die NPD mit 0,6% (–3,7%) und die erstmals antretende DKP (0,3%), erhalten jeweils weniger als 1% der Stimmen. Die SPD gewinnt 152 Direktmandate, von denen sie 25 der CDU/CSU abnehmen kann, die nur noch 96 erhält. Die sozial-liberale Koalition hat eine **Mehrheit von 46 Mandaten**. Der SPD kommt die hohe Mobilisierung der Wählerschaft zugute, und sie kann ihre Position in den Mittelschichten (u.a. Beamte, Dienstleistungsberufe) ausbauen. Sie profitiert auch von der erstmals wirksamen Herabsetzung des Wahlalters von 21 auf 18 Jahre (von den Jungwählern stimmen rd. zwei Drittel für die Parteien der sozial-liberalen Koalition).

■ **Neuer Bundestag:** Der 7. Deutsche Bundestag konstituiert sich am 13.12. und wählt mit Annemarie Renger (SPD) erstmals eine Frau in das Amt des Bundestagspräsidenten.

■ **2. Kabinett Brandt:** Am 14.12. wählt der Bundestag bei 493 vollstimmberechtigten Abgeordneten Brandt erneut zum Regierungschef; er erhält 269 Ja- und 223 Neinstimmen, 1 Stimme ist ungültig (Berliner Abgeordnete 13 Ja, 9 Nein); am 15.12. wird das neue Kabinett vereidigt.

TERRORISMUS

■ **RAF:** Ein Anschlag der RAF auf US-Einrichtungen in **Frankfurt am Main** am 11.5. fordert ein Todesopfer; 13 Menschen werden verletzt. Es ist der Beginn der »**Mai-Offensive**« der Linksterroristen.

2. KABINETT BRANDT

(konstituiert am 15.12.1972)
Bundeskanzler: Willy Brandt (SPD) bis 7.5.1974
Stellvertreter und Auswärtiges: Walter Scheel (FDP)
Inneres: Hans-Dietrich Genscher (FDP)
Justiz: Gerhard Jahn (SPD)
Finanzen: Helmut Schmidt (SPD)
Wirtschaft: Hans Friderichs (FDP)
Ernährung, Landwirtschaft und Forsten: Josef Ertl (FDP)
Arbeit und Sozialordnung: Walter Arendt (SPD)
Verteidigung: Georg Leber (SPD)
Jugend, Familie und Gesundheit: Katharina Focke (SPD)
Verkehr: Lauritz Lauritzen (SPD)
Raumordnung, Bauwesen und Städtebau: Hans-Jochen Vogel (SPD)
Innerdeutsche Beziehungen: Egon Franke (SPD)
Forschung und Technologie, Post- und Fernmeldewesen: Horst Ehmke (SPD)
Bildung und Wissenschaft: Klaus von Dohnanyi (SPD)
Wirtschaftliche Zusammenarbeit: Erhard Eppler (SPD)
Besondere Aufgaben: Egon Bahr (SPD) und Werner Maihofer (FDP)

Am 15.5. wird in **Karlsruhe** ein Sprengstoffattentat auf den gegen die RAF ermittelnden Bundesrichter Wolfgang Buddenberg verübt; seine Frau wird dabei schwer verletzt. Das Springer-Hochhaus in **Hamburg** ist am 19.5. Ziel eines weiteren Anschlags, der 19 Verletzte fordert. Am 24.5. sterben durch ein Bombenattentat der RAF auf die Kaserne der US-Armee in **Heidelberg** drei amerikanische Soldaten. – Am 31.5. beginnt die bis dahin größte **Fahndungsaktion** in der Geschichte der Bundesrepublik nach den Terroristen, bei der die führenden Köpfe der RAF verhaftet werden: Andreas Baader, Holger Meins, Jan-Carl Raspe am 1.6. in Frankfurt am Main, Gudrun Ensslin am 7.6. in Hamburg, Ulrike Meinhof am 15.6. in Hannover.

■ **Palästinensischer Terrorismus:** Während der **Olympischen Spiele in München** überfallen am 5.9. palästinensische Mitglieder der Organisation »Schwarzer September« die Unterkunft der israelischen Mannschaft, töten zwei Israelis und nehmen neun Sportler als Geiseln. Die Terroristen fordern die Freilassung von 200 palästinensischen Häftlingen in Israel. Eine Befreiungsaktion der

Olympische Spiele in München:
Palästinensische Terroristen im olympischen Dorf

deutschen Polizei auf dem Flughafen Fürstenfeldbruck scheitert. Die neun Geiseln, ein Polizist sowie fünf Terroristen sterben im Feuergefecht und bei der Sprengung von zwei Hubschraubern; drei Geiselnehmer werden gefangengenommen. Die Spiele werden auf Beschluss des Internationalen Olympischen Komitees (IOC) nach einem Trauertag fortgesetzt. – Palästinensische Freischärler kapern am 29.10. eine Lufthansa-Maschine, die auf dem Flug von Damaskus nach Frankfurt am Main ist, und erpressen, mit Passagieren und Besatzung in ihrer Gewalt, die **Freilassung der drei Olympia-Terroristen**, die sich in bayerischen Gefängnissen in Untersuchungshaft befinden. Israel erhebt gegen die Freilassung der Terroristen am 30.10. Protest.

■ **Maßnahmen und Folgen:** Am 20.1. wird der Professor für Psychologie an der TU Hannover, **Peter Brückner, vom Amt suspendiert,** nachdem ihn ein anonymer Kronzeuge der Staatsanwaltschaft in einem Düsseldorfer Prozess gegen ein mutmaßliches Mitglied der Baader-Meinhof-Gruppe am 18.1. als »Sympathisanten« belastet hat. Viele Studenten solidarisieren sich mit dem Hochschullehrer. – Unter Vorsitz von Bundeskanzler Brandt beschließen die Regierungschefs von Bund und Ländern am 28.1. »Grundsätze über die Mitgliedschaft von Beamten in extremen Organisationen« (»**Extremistenbeschluss**« bzw. »**Radikalenerlass**«). – In Reaktion auf die besonders seit Mai sich häufenden Bombenanschläge im Bundesgebiet billigt der Bundestag am 22.6. drei **verfassungsändernde Gesetze zur inneren Sicherheit** (u.a. bundeseinheitliches Waffenrecht, Bundesgrenzschutz als Eingreifreserve der Länder, Haftgrund auch bei Tatwiederholungsgefahr). – Angesichts der durch die terroristischen Aktivitäten aufgeheizten Stimmungslage warnt der Schriftsteller Heinrich Böll (der am 10.12. in Oslo mit dem Literaturnobelpreis ausgezeichnet wird) in einem am 10.1. im *Spiegel* veröffentlichten Artikel »Will Ulrike Gnade oder freies Geleit?« vor einer **Überreaktion des Staates** und bezichtigt die Springer-Presse wegen ihrer einseitigen Berichterstattung der Volksverhetzung. Von der angegriffenen Seite zieht sich Böll damit den Vorwurf zu, selbst zum Umkreis der »Sympathisanten« zu gehören.

DER »RADIKALENERLASS«

Beschluss der Regierungschefs des Bundes und der Länder vom 28.1.1972 (Auszug)

1. Nach den Beamtengesetzen in Bund und Ländern darf in das Beamtenverhältnis nur berufen werden, wer die Gewähr dafür bietet, dass er jederzeit für die freiheitliche demokratische Grundordnung im Sinne des Grundgesetzes eintritt;
2. sind Beamte verpflichtet, sich aktiv innerhalb und außerhalb des Dienstes für die Erhaltung dieser Grundordnung einzusetzen.

Es handelt sich hierbei um zwingende Vorschriften. In der Praxis richtete sich der Erlass vorzugsweise **gegen Mitglieder der** 1969 gegründeten **DKP** und **linksradikaler Gruppen**, die aus der zerfallenden Studentenbewegung hervorgegangen waren. Bis 1976 werden insgesamt 496 724 Bewerber für den öffentlichen Dienst auf ihre Verfassungstreue überprüft. 430 (=0,085%) werden abgelehnt. Die sog. Regelüberprüfung durch den Verfassungsschutz führt zu anhaltenden Protesten. Den staatlichen Behörden wird u.a. vorgeworfen, unter Ausnutzung des staatlichen Berufsmonopols in einigen Bereichen (z.B. in der Lehrer- und Juristenausbildung) ein Berufsverbot gegen politisch Unliebsame zu verhängen.

WIRTSCHAFTS- UND SOZIALPOLITIK

■ **Rücktritt von Schiller:** Steuerausfälle und steigende Sozialausgaben führen im Frühjahr zu einer Deckungslücke im Bundeshaushalt. Wirtschafts- und Finanzminister Karl Schiller (SPD) erhebt Einspruch gegen eine von der Kabinettsmehrheit für erforderlich gehaltene **Neuverschuldung** in Höhe von 7,3 Mrd. DM und schlägt am 18.5. vor, mindestens 2,5 Mrd. DM geplanter Ausgaben einzusparen. Der davon besonders betroffenene Verteidigungsminister Helmut Schmidt (SPD) lehnt Schillers Vorschlag strikt ab. – Die Krise eskaliert Ende Juni, als sich das Bundeskabinett gegen das Votum Schillers für die **Beschränkung des Kapitalverkehrs mit dem Ausland** zur Abwehr unerwünschter Devisenzuflüsse ausspricht, die in den Wochen zuvor die D-Mark unter Aufwertungsdruck gesetzt hatten. Nach dieser Niederlage **tritt Schiller am 7.7. zurück**.

■ **Kabinettsumbildung:** Neuer Wirtschafts- und Finanzminister wird Schmidt, das Amt des Verteidigungsministers übernimmt Georg Leber (SPD), dessen bisheriges Ressort (Verkehr und Post) zusätzlich Wohnungsbauminister Lauritz Lauritzen (SPD) übertragen wird. – Der Bundeshaushalt 1972, dessen Ablehnung durch den Bundestag Anlass für Neuwahlen gab, wird erst am 20.12. verabschiedet.

■ **Sozialgesetze:** Am 21.9. verabschiedet der Bundestag das **Rentenreformgesetz**. Statt wie bisher erst nach dem 65. Lebensjahr können Versicherte die Altersrente bereits vom 63. Lebensjahr an beziehen **(flexible Altersgrenze)**, wenn sie 35 anrechnungsfähige Versicherungsjahre vorweisen; nach 25 Versicherungsjahren wird eine Mindestrente in Höhe von 75% des durchschnittlichen Rentenanspruchs aller Versicherten garantiert; bei Weiterarbeit bis zum 67. Lebensjahr steigt der Rentenanspruch um 7,5%. Die Rentenversicherung wird für Selbständige, mithelfende Familienangehörige und Hausfrauen geöffnet; sie erhalten die **Möglichkeit, sich freiwillig zu versichern** und die Versicherungsbeiträge für 15 Jahre nachzuentrichten, um die Mindestbeitragszeit zu erfüllen. Das Gesetz tritt am 1.1.1973 in Kraft.

WEITERE INNENPOLITISCHE EREIGNISSE

■ **Bildungspolitik:** Am 15.3. übernimmt der bisherige Parlamentarische Staatssekretär im Bundesministerium für Wissenschaft und Bildung, Klaus von Dohnany (SPD), die Leitung des Hauses, nachdem der parteilose Hans Leussink zurückgetreten ist. – Die Kultusministerkonferenz beschließt am 7.7. eine **Reform der gymnasialen Oberstufe**. Kerngedanke ist die Einführung eines Kurssystems, wobei zwischen Wahl- und Pflichtfächern sowie Grund- und Leistungskursen unterschieden wird. Der Klassenverband ist damit ab dem 11. Schuljahr aufgehoben. – Die Ministerpräsidenten der Länder unterzeichnen am 20.10. einen **Staatsvertrag über den Hochschulzugang**; Kernpunkt ist die Schaffung einer **Zentralstelle für die Vergabe von Studienplätzen (ZVS)**, die bundesweit die Verteilung der Studenten auf die Hochschulen regeln soll.

■ **Kirchen:** Nach der Annahme des Kirchengesetzes der Regionalsynode Ost der Evangelischen Kirche der Union (EKU) stimmt am 8.5. auch die Regionalsynode West der Verwaltungsaufteilung in zwei selbständige Bereiche zu, so dass nun die Kirchengebiete der DDR (mit Ost-Berlin) und der Bundesrepublik (mit West-Berlin) je eine eigene Organisation bilden.

■ **Bundeswehr:** Der Bundestag billigt am 23.6. die **Verkürzung des Wehrdienstes** von 18 auf 15 Monate rückwirkend zum 1.10.1971.

■ **Umweltpolitik:** Durch eine Grundgesetzänderung vom 12.4. werden die den Umweltschutz betreffenden legislativen Kompetenzen, die bisher bei den Ländern lagen, beim Bund zentralisiert, der die konkurrierende Gesetzgebungskompetenz erhält. Das **Abfallbeseitigungsgesetz** vom 7.6. ist die erste Konsequenz aus dieser Änderung. Es schränkt die Verwendung umweltschädlicher Verpackungsmaterialien ein, schreibt die Umwandlung wilder Müllkippen in reguläre Deponien vor und verpflichtet die Länder zur Aufstellung von Abfallbeseitigungsplänen und zur Errichtung von Entsorgungsanlagen.

AUSSENPOLITISCHE EREIGNISSE

Beim **Gipfeltreffen der Regierungschefs der EG** in Paris am 19./20.10. untermauert die Bundesrepublik ihre Forderung nach einer Stärkung der Befugnisse des **Europaparlaments** und unterbreitet Vorschläge für eine gemeinsame Sozial- und Gesellschaftspolitik, die aber in keine Vereinbarung münden. Die Regierungen halten am Ziel der Herstellung der Wirtschafts- und Währungsunion bis 1980 fest und vereinbaren, 1973 einen **europäischen Währungsfonds** zu bilden. – Die **finnische Regierung** gibt am 19.11. ihren Beschluss bekannt, beide deutschen Staaten anzuerkennen. Damit ist der Weg frei für die am 28.11. in Helsinki beginnende Vorbereitungstagung für die geplante **Konferenz über Sicherheit und Zusammenarbeit in Europa** (KSZE), bei der sowohl die Bundesrepublik als auch die DDR zu den Teilnehmern gehören.

■ **VR China:** Vom 10.10. bis 14.10. besucht Außenminister Scheel als erstes Mitglied der Bundesregierung China und vereinbart am 11.10. die Aufnahme diplomatischer Beziehungen.

BUNDESLÄNDER

■ **Baden-Württemberg:** Am 23.4. erreicht die CDU bei den Landtagswahlen mit 53,0% die absolute Mehrheit. – Mit dem Ende der großen Koalition aus CDU und SPD büßt die sozial-liberale Koalition in Bonn ihre Stimmenmehrheit im Bundesrat ein.

■ **Wahlergebnis** → S. 458

1972 DDR

Das Jahr der Anerkennung

Der neue Staats- und Parteichef Erich Honecker setzt im Verlauf des Jahres in mehrfacher Hinsicht Zeichen für seine Politik der kommenden Jahren. In der Sozialpolitik sind es die Liberalisierung des Abtreibungsrechts, die Einleitung eines umfangreichen Wohnungsbauprogramms und der Ausbau sozialer Sicherungssysteme, für die Kultur betont Honecker seine Politik der »Weite und Vielfalt«. Auf Vorschlag der Ost-CDU wird mit der sog. Aufkaufaktion die letzte große Nationalisierung in der Geschichte der DDR durchgeführt. Fast 11 000 Unternehmen, Betriebe mit staatlicher Beteiligung, Produktionsgenossenschaften des Handwerks und private Gesellschaften werden zu Volkseigenen Betrieben gemacht.
Vor dem Hintergrund der internationalen Anerkennung der DDR setzt Honecker den strikten Abgrenzungskurs seines Vorgängers gegenüber der Bundesrepublik fort. Die Abgrenzung erleichtert gleichzeitig die deutsch-deutsche Vertragspolitik, die mit dem Abschluss der Verhandlungen und der Unterzeichnung des Grundlagenvertrags ihren Höhepunkt erlebt.

NEUES GESETZ ÜBER DEN MINISTERRAT

Mit dem am 16.10. von der Volkskammer verabschiedeten neuen Gesetz über den Ministerrat werden dessen Befugnisse zu Lasten derjenigen des Staatsrats eingeschränkt. Durch seine Aufwertung zum **staatlichen Exekutivorgan** soll der Einfluss des anderthalb Jahre zuvor entmachteten Walter Ulbricht, der weiterhin Vorsitzender des Staatsrats ist, auch auf staatlicher Ebene weitgehend ausgeschaltet werden.

SOZIALPOLITIK

■ **Abtreibungsrecht:** Am 9.3. wird – letztmalig bis Ende 1989 – in der Volkskammer ein Beschluss mit Gegenstimmen und Stimmenthaltungen angenommen. Mit dem Einverständnis der SED-Führung stimmen 14 überwiegend der katholischen Kirche angehörende Abgeordnete vor allem aus der CDU-Fraktion gegen einen Gesetzentwurf, mit dem der **Schwangerschaftsabbruch** in den ersten zwölf Wochen **legalisiert** wird. Acht Abgeordnete enthalten sich der Stimme. Das Gesetz verbindet Bestimmungen, mit denen das Abtreibungsrecht liberalisiert und die Kostenübernahme für die Schwangerschaftsverhütung oder für einen Abbruch sozial geregelt werden, mit solchen, die den betroffenen Frauen eine Nachbelehrung auferlegen und darüber hinaus eine Beratung von Frauen in Gewissensnot allein dem medizinischen Personal überlassen. Konfessionelle Krankenhäuser sind nicht gezwungen, den Abbruch vorzunehmen, müssen jedoch die betroffenen Frauen in eine andere Klinik überweisen.

■ **Weitere Maßnahmen:** Die am 10.2. vom Ministerrat erlassene **Verordnung über die Freiwillige Zusatzrente** wird ergänzt. Neben der schon bestehenden Möglichkeit zur privaten Altersversorgung enthält die Verordnung – analog zum eingliedrigen Sozialversicherungssystem – Regelungen zur verlängerten Lohnfortzahlung im Krankheitsfall, die für eine Dauer von bis zu 18 Monaten gestaffelte Leistungen garantiert.
Die **Betonung der Sozialpolitik seit dem VIII. Parteitag der SED** (→ 1971) kommt vor allem in einem gemeinsamen Beschluss von ZK der SED, Ministerrat und FDGB-Bundesvorstand zu sozialpolitischen Maßnahmen am 28.4. zum Ausdruck. Er sieht die **Erhöhung der Renten- und Sozialfürsorgebezüge** von 3,9 Mio. Bürgern vor, außerdem werden die Verpflegungssätze für 100 000 Bewohner staatlicher Senioren- und Pflegeheime angehoben. Für 800 000 **berufstätige Mütter** mit zwei oder mehr Kindern wird die **Arbeitszeit verkürzt** und der **Mindesturlaub verlängert**. Daneben werden **Fahrpreisermäßigungen** für Familien

Willi Stoph (l.) und Erich Honecker (M.) begrüßen Fidel Castro am 13.6. in Ost-Berlin mit mindestens drei Kindern und die Gewährung eines **zinslosen Ehestandsdarlehens** für 30 000 junge Ehen eingeführt sowie **Mietsenkungen für Neubauwohnungen**, damit auch Familien mit geringem Einkommen solche Wohnungen beziehen können. Die staatliche Wohnraumlenkung wird angewiesen, mehr als zwei Drittel der neugebauten oder modernisierten Wohnungen an Arbeiterfamilien zu vermitteln. – Am 23.6. erlässt der Ministerrat eine weitere Verordnung zur Förderung des Wohnungsbaus.

KULTURPOLITIK

■ **Liberalisierung:** Honecker wirbt bei einer ZK-Tagung am 6./7.7. erneut für seine Politik der »Weite und Vielfalt« in der Kultur (→ 1971). Schriftsteller und Dramaturgen nutzen die Möglichkeit, im Gegenzug für fehlende freie Medien in ihren Büchern, Theaterstücken und Filmen Probleme der Gesellschaft darzustellen. Werke wie das Theaterstück »Die neuen Leiden des jungen W.« von Ulrich Plenzdorf oder der Film »Die Legende von Paul und Paula«, den Heiner Carow für die DEFA vorbereitet und im folgenden Jahr fertig stellt, präsentieren mit ihren Hauptakteuren in der DDR sozialisierte Menschen. Sie zielen auf das Publikum der mittleren DDR-Generation, deren Weltsicht und Lebensansprüche in dieser Phase der liberalisierten Kultur- und Jugendpolitik wesentlich geprägt werden.

KIRCHENPOLITIK

Mit dem Entschluss der Ostregion der Evangelischen Kirche der Union (EKU) vom 24.4., sich für rechtlich selbständig zu erklären, setzt die DDR-Führung ihren Kurs der Abgrenzung auch in einer autonomen gesellschaftlichen Großorganisation durch. Am 24.8. trifft in Ost-Berlin für die Katholische Kirche Alfred Kardinal Bengsch (ein Protagonist des Kurses der öffentlichen »politischen Abstinenz«) mit Willi Stoph zusammen. Deuten diese Ereignisse auf Entspannung im Verhältnis zwischen Staat und den Kirchen hin, erhält die Synode des Bundes der Evangelischen Kirchen, die vom 30.6. bis 4.7. in Dresden tagt, durch eine Rede des Theologen Heino Falcke zum Thema »Christus befreit – darum Kirche für andere« große Brisanz. Falcke fordert die Kirchen auf, ihre Aufgabe darin zu sehen, »gegen Unfreiheit und Ungerechtigkeit zu kämpfen«; die Kirchen sollten die Gesellschaft »nicht loslassen mit der engagierten Hoffnung eines verbesserlichen Sozialismus«.

FDJ-Parade am 1.5. auf dem Bebelplatz in Ost-Berlin

DEUTSCHLANDPOLITIK

■ **Abgrenzung gegenüber der Bundesrepublik:** Am 11.2. wird der Deutsche Fernsehfunk in **Fernsehen der DDR** umbenannt und das Erkennungssymbol des Senders, das Brandenburger Tor, aufgegeben. Bereits im Januar bezeichnet Honecker in einer Rede vor NVA-Soldaten auf Rügen am 6.1. die Bundesrepublik als **»imperialistisches Ausland«**. Ab 6.6. sind Bundesbürger verpflichtet, beim Besuch Ost-Berlins statt der bisherigen Aufenthaltsgenehmigung ein reguläres **DDR-Visum** vorzuweisen.

Am 15.6. wird eine neue **Grenzordnung** erlassen, die am 1.9. in Kraft tritt. Der Aufenthalt von Personen im Grenzgebiet zur Bundesrepublik und zu West-Berlin wird weitgehenden Einschränkungen unterworfen, der Betrieb von Gaststätten, Kinos, Erholungsheimen und Pensionen in diesem Gebiet nur noch als Ausnahme gestattet und die Bautätigkeit im Wesentlichen verboten.

Die Abgrenzungspolitik liefert jedoch auch die Grundlage für **Fortschritte in praktischen Fragen**. Vor dem Abschluss des Grundlagenvertrags wird am 6.10. eine **Amnestie** erlassen, die auch für politische Häftlinge gilt. Am 16.10. verabschiedet die Volkskammer ein **Gesetz zur Regelung von Fragen der Staatsbürgerschaft**. Gemäß dem neuen Gesetz werden Bürger (und ihre Kinder), die die DDR vor dem 1.1.1972 illegal verlassen haben, aus der Staatsbürgerschaft entlassen; damit unterliegen sie bei besuchsweiser Rückkehr nicht mehr der deswegen sonst üblichen Strafverfolgung wegen »Republikflucht«.

AUSSENPOLITIK

■ **Ostblockstaaten:** Mit Polen und der Tschechoslowakei treten am 1.1. bzw. 15.1. Regelungen über den **pass- und visafreien Reiseverkehr** in Kraft, mit Rumänien besteht ab 2.4. visafreier Reiseverkehr. – Beim Besuch einer von Honecker geführten Partei- und Staatsdelegation in Rumänien folgt am 12.5. die Unterzeichnung eines neuen **Freundschaftsvertrags**.

■ **Internationale Organisationen:** Nachdem die Vier Mächte am 9.11. ihre Bereitschaft bekundet haben, den Beitritt der beiden deutschen Staaten in die UN zu unterstützen, wird die DDR am 21.11. Mitglied der UNESCO, zwei Tage später richtet sie eine Ständige Beobachtermission beim UN-Hauptquartier ein, die von UN-Generalsekretär Kurt Waldheim anerkannt wird. Am 13.12. erfolgt die Aufnahme in die UN-Wirtschaftskommission für Europa (ECE). – Am 11.4. unterzeichnet Außenminister Otto Winzer in Moskau für die DDR die Internationale Konvention über das Verbot der Entwicklung, Herstellung und Lagerung bakteriologischer und toxischer Waffen. – Die DDR nimmt am 22.11. am Auftakttreffen für die Verhandlungen für eine Konferenz über Sicherheit und Zusammenarbeit in Europa (KSZE) teil.

■ **Anerkennungswelle:** 1972 ist vor allem durch eine Welle von Anerkennungen der DDR durch andere Länder geprägt. 24 Staaten nehmen im Verlauf des Jahres diplomatische Beziehungen zur DDR auf, darunter Indien, Iran, Libanon und Peru. Mit der Schweiz erkennt am 20.12. das erste westliche Industrieland offiziell die DDR an, ein Schritt, dem in den folgenden sieben Tagen weitere Industriestaaten (Schweden, Österreich, Australien und Belgien) folgen.

WIRTSCHAFT

■ **Nationalisierungspolitik:** Am 11.1. schlägt die Ost-CDU den **Aufkauf von** seit 1956 gegründeten **Betrieben mit staatlicher Beteiligung** (BSB) durch den Staat vor. Der CDU-Vorsitzende Gerald Götting übermittelt Honecker eine »Studie zur Weiterentwicklung der Betriebe mit staatlicher Beteiligung in der entwickelten sozialistischen Gesellschaft«, die in Zusammenarbeit mit der CDU nahestehenden Komplementären (Teilhabern) aus halbstaatlichen Unternehmen verfasst wurde. Darin plädiert die CDU mit Nachdruck für Maßnahmen, die die Integration privater Unternehmer in die staatssozialistische Ordnung fördern. Dem Versuch der CDU, der SED die ordnungspolitische Initiative streitig zu machen, setzt die Führung unter Honecker kurzfristig eine **weitergehende Nationalisierungspolitik** entgegen. Am 8.2. beschließt das Politbüro den schnellen Aufkauf aller Betriebe mit staatlicher Beteiligung, zudem wird die Ausgabe staatlicher Beteiligungen an bisher rein private Unternehmen beendet.

■ **Reaktion der Blockparteien:** Beim 11. Parteitag der LDPD, der vom 16.2. bis 19.2. in Leipzig tagt, löst unter den Delegierten, die Betrieben mit staatlicher Beteiligung vorstehen, die Nachricht von der »**kalten Nationalisierung**« ihrer Unternehmen Empörung aus. Nicht anders verhält es sich beim 10. Parteitag der NDPD in Potsdam (19.–21.4.) und beim IX. Parteitag der DBD in Schwerin (4./5.5.). Allein der CDU, die den Prozess ins Rollen gebracht hat, bleibt eine Debatte auf ihrem Parteitag erspart, weil er erst nach Abschluss der Aktion vom 11.10. bis 13.10. in Erfurt stattfindet.

■ **Konsequenzen:** Von Februar bis Mai werden 10 850 Klein- und Mittelunternehmen (darunter mehr als 2550 reine Privatunternehmen) in ca. 8000 neue Volkseigene Unternehmen umgewandelt. 85% der bisherigen Komplementäre, Alleineigentümer oder ehemaligen PGH-Vorsitzenden arbeiten als Direktoren der VEB oder in anderen leitenden Stellungen weiter. Die Anzahl der Beschäftigten in der privaten Wirtschaft geht damit von rd. 1,115 Millionen im Jahr 1971 auf etwa 594 000 zurück. Die privaten oder Genossenschaftsanteile werden vom Staat zu für die bisherigen Eigentümer ungünstigen Bedingungen übernommen, Verkaufserlöse werden besteuert und auf Sperrkonten eingezahlt, von denen pro Jahr Beträge bis zu rd. 5000 Mark abgehoben werden dürfen.

■ **Landwirtschaft:** Am 7.8. treten die Nationalisierungsbestimmungen mit der Anordnung über **Agrochemische Zentren (ACZ)** und am 1.11. mit neuen Musterstatuten für Gärtnerische bzw. Landwirtschaftliche Produktionsgenossenschaften (GPG bzw. LPG) sowie für Volkseigene Güter (VEG) in Kraft. Zudem werden im Zusammenschluss von weiterhin juristisch selbständigen LPG mit den sog. **Kooperativen Abteilungen Pflanzenproduktion** (KAP), die als Einzelbetriebe Flächen von 4000 bis 4500 ha bewirtschaften, Unternehmen gebildet, die den Übergang der Landwirtschaft auf die nach Pflanzen- und Tierproduktion getrennten Betriebe ab 1975 vorbereiten. Bis 1972 werden 552 KAP gebildet.

1973 BRD

Neue deutsch-deutsche »Normalität« und Ölkrise

Der Grundlagenvertrag zwischen der DDR und der Bundesrepublik tritt in Kraft, und in der neuen »Normalität« der deutsch-deutschen Beziehungen werden Probleme geschäftsmäßig geregelt. Die immer noch zahlreichen Konflikte verlieren, von Ausnahmen abgesehen, an Brisanz. Die Tschechoslowakei und die Bundesrepublik schließen den Prager Vertrag und nehmen diplomatische Beziehungen auf. Die Unterzeichnung des dritten Ostvertrags und die Aufnahme diplomatischer Beziehungen mit der Tschechoslowakei schließt die Phase der Erneuerung der Deutschland- und Ostpolitik ab. Nach ihren Misserfolgen in der Auseinandersetzung um die Deutschland- und Ostpolitik formiert sich die CDU neu: Helmut Kohl tritt an die Spitze der Partei; in den nächsten 25 Jahren wird er sie prägen und maßgeblich christdemokratische Politik gestalten. Führungsrivalitäten und Flügelkämpfe in der SPD sowie zunehmende wirtschafts- und finanzpolitische Probleme bringen die Reformpolitik der sozial-liberalen Politik ins Stocken. Nach dem Jom-Kippur-Krieg, in dem sich Israel gegen Ägypten und Syrien behauptet, lösen die erdölproduzierenden Staaten des Nahen Ostens mit der Verknappung ihrer Lieferungen den »Ölschock« der westlichen Industrieländer aus.

PRAGER VERTRAG

Am 20.6. paraphieren der tschechoslowakische und der bundesdeutsche Außenminister in Bonn den **Vertrag über die gegenseitigen Beziehungen (Prager Vertrag)**. Nachdem Einigung über die von der Bundesrepublik geforderte volle Einbeziehung West-Berlins in den Vertrag erzielt werden kann, unterzeichnen Bundeskanzler Willy Brandt und der tschechoslowakische Ministerpräsident Lubomír Štrougal am 11.12. in Prag den Vertrag. Der **dritte Ostvertrag** der Bundesrepublik regelt folgende Punkte: die Nichtigkeit des Münchner Abkommens vom 29.9.1938 sowie der aus ihm abgeleiteten Rechtsfolgen; die Integrität der Grenzen im Einverständnis darüber, dass die Vertragspartner »gegeneinander keinerlei Gebietsansprüche« haben; gegenseitiger Gewaltverzicht. In Begleitpapieren werden Fragen der Familienzusammenführung und – durch eine einseitige Erklärung der ČSSR – die Aussetzung von Rechtsfolgen aus der Nichtigkeitserklärung zum Münchner Abkommen behandelt. Die nationalsozialistischen Verbrechen in der Tschechoslowakei werden verurteilt, die Frage der Legitimität der **Vertreibung der Sudetendeutschen**, die als heikelste neben der des Münchner Abkommens den Fortschritt der Verhandlungen lange blockierte, bleibt ausgeklammert. Nach der Unterzeichnung erklärt Brandt in einer aus Prag ausgestrahlten Fernsehsendung an die deutsche Bevölkerung, im Prager Vertrag gebe Deutschland »nichts preis, was nicht tatsächlich lange verloren war«. Die Bundesrepublik und die Tschechoslowakei nehmen **diplomatische Beziehungen** auf.

KSZE

In Helsinki beginnt am 3.7. die erste viertägige Runde der **Konferenz für Sicherheit und Zusammenarbeit in Europa** (KSZE), an der die Außenminister und rd. 400 Delegierte aus 33 europäischen Staaten sowie Kanada und den USA teilnehmen. **Aufgabe des »KSZE-Prozesses«** ist die schrittweise Herstellung einer Grundlage, die es allen beteiligten Staaten unabhängig von ihrer Blockbindung ermöglicht, miteinander auf allen Feldern gemeinsamen Interesses zusammenzuarbeiten. Die Erarbeitung eines Prinzipienkatalogs für die europäische Sicherheit und die Entwicklung der zwischenstaatlichen Beziehungen steht dabei im Vordergrund. Dem Anliegen der westlichen Seite, in der **Frage der menschlichen Erleichterungen** zu substanziellen Fortschritten zu gelangen, stellen die Warschauer-Pakt-Staaten das Prinzip der Nichteinmischung in die inneren Angelegenheiten der Staaten entgegen. Die zweite Konferenzphase beginnt am 19.9. in Genf.

UN-BEITRITT

Nachdem der Bundestag im Anschluss an die Abstimmung über den Grundlagenvertrag am 11.5. den Beitritt der Bundesrepublik zur UN gebilligt und das Bundesverfassungsgericht am 5.6. den Weg für das Inkrafttreten des Vertrags mit der DDR freigegeben hat, stellt die Bundesregierung

Bundeskanzler Willy Brandt am 7.6. in der Holocaust-Gedenkstätte Yad Vaschem

am 16.6. in New York den formellen Antrag auf **Aufnahme der Bundesrepublik in die UN**. Die 28. Vollversammlung der UN nimmt am 18.9. die DDR als 133. und die Bundesrepublik, die schon in zahlreichen Unterorganisationen des Bündnisses vertreten ist, als 134. Staat auf. In seiner ersten Rede vor der Vollversammlung erklärt Außenminister Walter Scheel (FDP), der gleichzeitige Beitritt beider deutschen Staaten bedeute nicht die Anerkennung der deutschen Teilung durch die Bundesrepublik. Bundeskanzler Brandt stellt der Vollversammlung am 26.9. die Grundzüge der bundesdeutschen Politik in einem Sieben-Punkte-Programm vor.

WEITERE AUSSENPOLITISCHE EREIGNISSE

■ **USA:** Bei ihren Besuchen in den USA suchen Bundeskanzler Brandt (29.4–3.5.), Außenminister Scheel (12./13.7) und Verteidigungsminister Georg Leber (SPD) Bedenken ihrer Gesprächspartner zu zerstreuen, die Intensivierung der bundesdeutschen Beziehungen zu Ländern des Warschauer Paktes könne mit einer Lockerung der Westbindungen einhergehen. Sie betonen die Priorität des Atlantischen Bündnisses vor jeder Zusammenarbeit mit dem Osten; das gemeinsame Abschreckungspotenzial bleibe Basis des Bündnisses.

■ **Sowjetunion:** Als erster Vertreter der sowjetischen Staatsführung stattet der Generalsekretär des ZK der KPdSU, Leonid Breschnew, vom 18.5. bis 22.5. der Bundesrepublik einen **Staatsbesuch** ab. Die Gespräche dienen auch der **Vorbereitung der KSZE**.

■ **Israel:** Als erster deutscher Regierungschef besucht Bundeskanzler Brandt vom 7.6. bis 11.6. Israel. Angesichts der sich zuspitzenden Situation im Nahen Osten erklärt Brandt, aus Gründen ihrer historischen Vorbelastung stünde der Bundesrepublik eine Vermittlerrolle nicht an. – Als nach dem **Jom-Kippur-Krieg** (6.–25.10.) heimliche Waffenlieferungen aus der Bundesrepublik an Israel bekannt werden, führt dies zu Verstimmungen zwischen Bonn und Washington.

RATIFIZIERUNG DES GRUNDLAGENVERTRAGS

■ **Bundestag:** In den parlamentarischen Beratungen lehnt die CDU/CSU-Opposition den am 21.12.1972 unterzeichneten Vertrag über die Grundlagen der Beziehungen zwischen der Bundesrepublik und der DDR vehement ab. Sie wirft der sozial-liberalen Koalition u.a. vor, sie **legitimiere das DDR-Unrechtssystems**, höhle die völkerrechtlichen Ansprüche auf Wiedervereinigung aus, untergrabe die Verantwortlichkeit der Vier Mächte für Deutschland als Ganzes im Hinblick auf einen Friedensvertrag wie für Berlin im besonderen und habe sich von der DDR mit nur vagen Zusagen über menschliche Erleichterungen abspeisen lassen. In der dreitägigen Debatte vom 9.5. bis 11.5. stellt die Bundesregierung erneut klar, mit dem Grundlagenvertrag sei **keine Anerkennung der deutschen Teilung** verbunden. – Am 11.5. ratifiziert der Bundestag das Vertragswerk mit 268 Jastimmen (darunter 4 von der CDU, außerdem 13 Berliner Abgeordnete). 217 (sowie 9 Berliner) Abgeordnete stimmen mit Nein. Der Bundesrat, der das Vertragswerk mit seiner CDU/CSU-Mehrheit noch am 2.2. abgelehnt hatte, stimmt ihm am 25.5. zu. Als einziges Bundesland **votiert Bayern dagegen** und beantragt eine einstweilige Verfügung gegen das Inkrafttreten, die das **Bundesverfassungsgericht** am 5.6. ablehnt. Bundespräsident Gustav Heinemann unterzeichnet das Ratifizierungsgesetz am 6.6. Der Vertrag tritt am 21.6. in Kraft.

■ **Bundesverfassungsgericht:** Am 31.7. weist das Bundesverfassungsgericht eine Normenkontrollklage des Landes Bayern zurück und bestätigt die Verfassungskonformität des Grundlagenvertrags. Es schreibt jedoch **einige Auslegungen verbindlich** vor. So legt es fest, dass die innerdeutsche Grenze derjenigen zwischen den Ländern der Bundesrepublik entspricht; dass die Bundesregierung auch international die staatliche Einheit des deutschen Volkes mit friedlichen Mitteln vertreten muss; dass jeder Bürger der DDR, der in den Schutzbereich der Bundesrepublik gerät, dieselben Grundrechte hat wie ein Bundesbürger; dass Gesamtdeutschland nach wie vor Völkerrechtssubjekt ist; und schließlich, dass die DDR für die Bundesrepublik kein Ausland ist.

■ **Deutsch-deutsche Beziehungen** → DDR

GESETZGEBUNG

■ **Abtreibungsdebatte:** Unter starker Anteilnahme der Öffentlichkeit findet am 17.5. die erste Lesung zur Änderung des § 218 StGB statt, der die Abtreibung ungeborenen Lebens unter Strafe stellt. Zur Debatte stehen **vier Gesetzentwürfe**. Die Mehrheit der Abgeordneten der Koalitionsparteien schlägt ein **Fristenmodell** vor, das unter bestimmten Bedingungen Straffreiheit bei Abbruch innerhalb der ersten drei bzw. sechs Schwangerschaftsmonate vorsieht. Es trifft auf energischen Widerstand der CDU/CSU-Opposition, die Straffreiheit nur bei medizinischer, eugenischer oder ethischer Indikation nach einem entsprechenden Votum eines Gutachtergremiums zulassen will.

■ **Zivildienst:** Das Zivildienstgesetz, das am 1.7. in Kraft tritt, benennt den »Wehrersatzdienst« in »**Zivildienst**« um und stellt ihn dem Wehrdienst gleich. Gleichzeitig wird das Amt des Bundesbeauftragten für den Zivildienst geschaffen.

■ **Strafrechtsreform:** Das vierte Strafrechtsreformgesetz vom 23.11., das der Bundestag am 7.6. gegen die Stimmen der Opposition annimmt, liberalisiert das **Sexualstrafrecht**. Es stellt Pornographie für Erwachsene im Regelfall nicht mehr unter Strafe, auch »Ehegattenkuppelei« bleibt nun straffrei. § 175, der schon 1969 entschärft wurde, ahndet nur noch homosexuelle Handlungen mit Jugendlichen. Unter Strafe gestellt wird zugleich die Herstellung und der Vertrieb von Schriften, die **Gewaltverherrlichung und Rassenhass** Vorschub leisten.

Preisentwicklung des Erdöls 1972–82

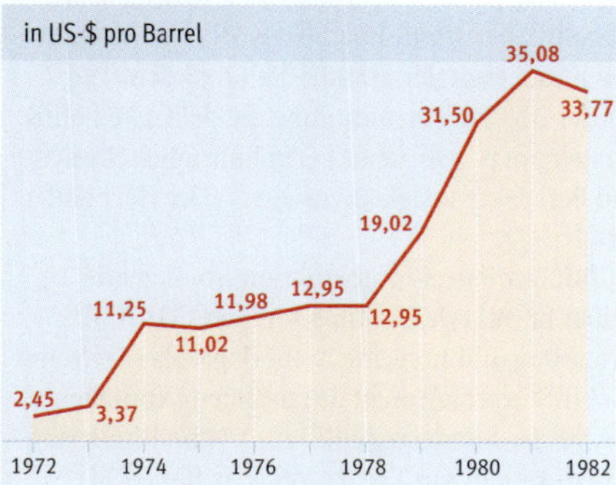

Sonntagsfahrverbot: Leere Autobahn bei Düsseldorf am 25.11.

ENERGIEKRISE

Als Konsequenz aus der Verknappung und Preiserhöhung beim Erdöl verabschieden Bundestag und Bundesrat jeweils einstimmig am 9.11. ein bis Ende 1974 befristetes **Gesetz zur Sicherung der Energieversorgung**, das am 19.11. in Kraft tritt. Es ermächtigt die Bundesregierung, entsprechende Rechtsverordnungen zu erlassen. Auf dieser Basis verfügt Wirtschaftsminister Hans Friederichs (FDP) am 19.11. ein auf vier Wochen befristetes allgemeines **Fahrverbot an Sonntagen** sowie **Geschwindigkeitsbeschränkungen** auf Autobahnen (100 km/h) und Landstraßen (80 km/h). Ausnahmeregelungen gelten für bestimmte Personenkreise. Sonntagsfahrverbote werden auch in fünf weiteren europäischen Ländern erlassen.

BILDUNGSPOLITIK

■ **ZVS:** Am 1.5. wird in Dortmund die von den Ministerpräsidenten der Länder am 20.10.1972 mit einem Staatsvertrag gegründete **Zentralstelle für die Vergabe von Studienplätzen** (ZVS) eingerichtet. Sie schafft durch Anwendung von quantifizierten Kriterien (Leistung, Anwartschaft, Anzahl der Studienplätze usw.) einheitliche Bedingungen des Hochschulzugangs für die vom Numerus-clausus-Verfahren betroffenen Fächer und organisiert die Verteilung der angenommenen Studienbewerber dieser Fächer auf die vorhandenen Studienplätze im ganzen Bundesgebiet.

■ **Bildungsreform:** Am 20.9. beschließen die Regierungschefs der Länder und des Bundes den von der Bund-Länder-Kommission erarbeiteten **Bildungsgesamtplan** für die Jahre bis 1985. Als ein Kernstück der sozial-liberalen Bildungsreform vereinheitlicht er auf der Basis des Strukturplans von 1970 und der Vorschläge des Wissenschaftsrats

»ÖLSCHOCK«

Am 17.10., auf dem Höhepunkt des vierten Nahost-Kriegs (Jom-Kippur-Krieg), fordern die Erdöl produzierenden arabischen Staaten in Kuwait den Rückzug Israels aus den seit 1967 besetzten Gebieten (Sinai, Westjordanland, Golan-Höhen) und beschließen, bis zur Erfüllung ihrer Forderungen die Erdöllieferungen an die USA und die anderen Israel unterstützenden Staaten um monatlich 5% zu reduzieren und die Preise zu erhöhen. Am 5.11. beschließen die OPEC-Staaten eine weitere Drosselung der Erdöllieferungen um 25%. Vom Zeitpunkt vor der Krise 1973 bis Anfang 1974 steigt der Preis für 1 Barrel (159l) Rohöl von 2,70 auf 11,60 US-$. Die Auswirkungen der »Erdölwaffe« auf die westlichen industrialisierten Länder sind dramatisch, zumal die Gleichzeitigkeit von Erdöl- und Weltwährungskrise gegenseitig Verstärkungseffekte produziert.

In der Bundesrepublik, die etwa 75% des importierten Erdöls aus den arabischen Staaten bezieht, löst die »Ölwaffe« die **erste schwere Wirtschaftskrise** seit Bestehen der Bundesrepublik aus. Das BSP, das 1973 gegenüber dem Vorjahr noch um real 5,3% gestiegen war, stagniert 1974 bei 0,4% und sinkt 1975 um 3,4%. Die Arbeitslosenquote steigt von 1,2% (1973) auf 4,7% im Jahr 1975. Die Wirtschafts- und Finanzpolitik der Bundesregierung steht damit vor neuen Bedingungen, die sie zur Rücknahme oder Verschiebung zahlreicher Reformvorhaben zwingen. Die Programme zur Belebung der Konjunktur, sowie zur Finanzierung und Eindämmung der Arbeitslosigkeit steigern die Verschuldung der öffentlichen Hand von 154 Mrd. DM (1972) auf 365 Mrd. DM (1978).

Zur Überwindung der Energieknappheit setzen die im Bundestag vertretenen Parteien neben Energiesparmaßnahmen, soweit sie nicht das Wachstum der Wirtschaft gefährden, auf die Förderung der Energieerzeugung durch Kohle und Atomkraftwerke. Die erstarkende Umweltschutzbewegung fordert dagegen eine Abkehr vom traditionellen Fortschrittsbegriff, der die Möglichkeit unbegrenzten wirtschaftlichen Wachstums voraussetzt. Die Erdölkrise erzwingt die Auseinandersetzung mit den **»Grenzen des Wachstums«**, so der programmatische Titel eines 1973 erschienenen, Aufsehen erregenden Bestsellers des Club of Rome.

die staatlichen Bemühungen im Bildungswesen im Rahmen eines Gesamtkonzepts. Vorgesehen ist die **Gliederung des Bildungswesens in drei Stufen**: Elementarbereich, ab dem dritten Lebensjahr zur familienergänzenden Erziehung einschließlich der unteren Klassen der Grundschulen; Sekundarbereich I mit einer anfänglichen Orientierungsstufe von zwei Jahren für alle Schüler, wobei die Bundesregierung und die SPD-regierten Länder für die integrierte Gesamtschule optieren; Sekundarbereich II, der gleichberechtigt die berufliche Bildung umfasst und besonders gefördert werden soll. Für den Hochschulsektor (tertiärer Bereich) sieht der Plan u.a. die vermehrte Gründung von Gesamthochschulen und die Einführung von Regelstudienzeiten vor. Der Erwachsenenbildung wird ein höherer Stellenwert eingeräumt.

PARTEIEN

■ **SPD:** Der Parteitag vom 10.4. bis 14.4. steht im Zeichen der **Auseinandersetzung mit den Jungsozialisten**, die scharfe Kritik an der Mehrheitslinie der Partei üben und eine Rückbesinnung auf die Prinzipien des Sozialismus verlangen. Die Kontroverse entzündet sich am Entwurf des **Langzeitprogramms** (»Entwurf eines ökonomisch-politischen Orientierungsrahmens 1973–1985«), das unter der Federführung von Helmut Schmidt ausgearbeitet wurde und betont pragmatische Vorschläge zur Bodenrechtsreform, Vermögensbildung, Bekämpfung der Wirtschaftskriminalität und zur Medienpolitik enthält. Aus den Wahlen zu den Führungsgremien der Partei geht der linke Flügel gestärkt hervor. Der bisherige stellvertretende Vorsitzende Herbert Wehner verzichtet auf seine Wiederwahl, bleibt aber Vorstandsmitglied und Fraktionsvorsitzender. – **Erhebliche Spannungen in der Führung** offenbaren sich, als Wehner während des Besuchs einer SPD-Bundestagsdelegation in der Sowjetunion am 26.9. von Moskau aus die Ostpolitik der sozial-liberalen Koalition kritisiert und Bundeskanzler Brandt, der an diesem Tag vor der UN-Vollversammlung die deutsche Politik vorstellt, in polemischer Form Führungsschwäche und Perspektivlosigkeit vorwirft (»Der Herr badet gern lau«).

■ **CDU:** Der Partei- und Fraktionsvorsitzende Rainer Barzel erleidet am 8.5. in der CDU/CSU-Bundestagsfraktion eine Niederlage, als er sich mit seinem Vorschlag nicht durchsetzen kann, dem Beitritt der Bundesrepublik zur UN im Bundestag zuzustimmen. Am Tag darauf **tritt Barzel als**

Fraktionschef zurück. Sein Nachfolger wird am 17.5. Karl Carstens. – Barzel verzichtet am 15.6. auch auf eine erneute Kandidatur für das Amt des Parteivorsitzenden. Zum Nachfolger wählt der Bundesparteitag in Bonn am 12.6. den rheinland-pfälzischen Ministerpräsidenten Helmut Kohl (mit 520 gegen 51 Stimmen bei 29 Enthaltungen). Neuer Generalsekretär der Partei wird Kurt Biedenkopf.

■ **FDP:** Nachdem Bundespräsident Gustav Heinemann (SPD) am 14.11. seinen Verzicht auf die Kandidatur für eine zweite Amtszeit ab 1974 erklärt, nominieren die Liberalen Außenminister Walter Scheel als Kandidaten für das Amt des Staatsoberhaupts.

WEITERE INNENPOLITISCHE EREIGNISSE

■ **Proteste:** Am 14.1. demonstrieren mehr als 15 000 Menschen mit einem »**Marsch durch Bonn**« gegen den Vietnam-Krieg. Aus Anlass des Besuches des südvietnamesischen Staatspräsidenten General Nguyên Van Thiêu kommt es am 10.4. in Bonn zu schweren Auseinandersetzung zwischen der Polizei und Demonstranten, die zeitweise das Bonner Rathaus besetzen.

■ **Druckerstreik:** Im Lohnkampf der **Druckindustrie** lässt die Gewerkschaft IG Druck und Papier am 10./11.4. die Druckereien bestreiken. Erstmals in der Geschichte der Bundesrepublik können zahlreiche Tageszeitungen nicht oder nur als Notausgaben erscheinen. Die Gewerkschaft setzt Lohnerhöhungen zwischen 10,8% (Facharbeiter) und 17,1% (Hilfsarbeitergruppe) durch.

WÄHRUNGSKRISE

■ **Dollar-Abwertung:** In der seit dem 20.1. akuten Dollarkrise muss die Deutsche Bundesbank zur Stützung der US-amerikanischen Währung außerordentlich hohe Summen aufkaufen. Am 2.2. beschränkt die Bundesregierung den freien Kapitalverkehr (u.a. durch Genehmigungspflicht bestimmter Transaktionen), um den unverminderten Dollarzufluss einzudämmen. Nachdem die Maßnahmen die Spekulation gegen den US-Dollar nicht beenden, beschließt die US-Regierung am 12.2. die **Abwertung des Dollars um 10%**, so dass sein Kurs nun bei 2,90 DM pro US-$ steht.

■ **Währungsverbund:** Vom 2.3. bis 18.3. werden die europäischen Devisenbörsen geschlossen. Auf der Konferenz der EG am 11./12.3. schließen sich sechs der neun Staaten (Großbritannien, Irland und Italien beteiligen sich nicht) zu einem **europäischen Wechselkursblock** zusammen: Die nationalen Währungen der sechs Teilnehmerstaaten koppeln sich vom US-Dollar als Leitwährung ab; sie bleiben untereinander innerhalb einer Kursschwankungsbreite von 2,25% verbunden, der Gesamtverbund floatet frei gegenüber dem US-Dollar.

■ **Aufwertung:** Ergänzend wird die **D-Mark** am 14.3. mit Wirkung zum 19.3. um 3% aufgewertet. Bereits am 29.6. sieht sich die Bundesregierung gezwungen, eine **erneute Aufwertung** (die fünfte seit 1961) vorzunehmen, diesmal um 5,5%.

WIRTSCHAFTSPOLITIK

■ **Stabilitätsmaßnahmen:** Zur Bekämpfung des starken Preisauftriebs beschließt die Bundesregierung am 17.2. einen stabilitätspolitischen Maßnahmenkatalog (u.a. eine Stabilitätsanleihe von bis zu 4 Mrd. DM, eine Anhebung der Mineralölsteuer um 5 Pfennig je Liter sowie den Abbau von Steuervergünstigungen). Am 9.5. folgt die Vorlage eines 2. Stabilitätsprogramms, das zur Abschöpfung der Kaufkraft eine **Stabilitätsabgabe** auf die Einkommen- und Körperschaftsteuer in Höhe von 10% vorsieht, darüber hinaus eine **Investitionsteuer** in Höhe von 11% für längstens zwei Jahre und die Aussetzung bestimmter Sonderabschreibungen.

■ **Kehrtwende:** Als sich die Konjunktur infolge der Erdölkrise abzuschwächen beginnt und die Arbeitslosenzahl die Millionengrenze überschreitet, nimmt die Bundesregierung am 19.12. Teile des Stabilitätsprogramms vom Mai wieder zurück und beschließt **erste Maßnahmen zur Belebung der Konjunktur** und die Förderung von Investitionen.

■ **Energiepolitik:** Am 26.9. beschließt die Bundesregierung ein **Energieprogramm**, das die Abhängigkeit der Wirtschaft vom Erdöl mindern soll. Schwerpunkte sind die Förderung des Einsatzes heimischer Kohle und der verstärkte Bau von Atomkraftwerken. – Als Konsequenz aus der Erdölkrise gewinnt die Produktion von Atomstrom an Priorität. Am 5.12. verabschiedet das Bundeskabinett das **4. Atomprogramm** für die Jahre 1973 bis 1976 mit Investitionen in Höhe von 6,1 Mrd. DM. Schwerpunkt des Programms ist neben der Grundlagenforschung die Reaktorentwicklung.

■ **Ausländische Arbeitnehmer:** Aufgrund der ansteigenden Arbeitslosenzahl erlässt Arbeitsminister Walter Arendt (SPD) am 23.11. einen **Anwerbungs- und Vermittlungsstopp** für ausländische Arbeitnehmer, soweit sie nicht Bürger der EG-Staaten sind, die Freizügigkeit genießen.

1973 DDR

Aufnahme in die internationale Staatengemeinschaft

Die SED setzt ihre seit dem VIII. Parteitag geänderte Wirtschafts- und Sozialpolitik fort. Angesichts einer positiven Wirtschaftsentwicklung legt die SED im Oktober ein Wohnungsbauprogramm auf, um innerhalb von 15 bis 20 Jahren das Wohnungsproblem zu lösen. Nach dem Tod Walter Ulbrichts erweitert der Erste Sekretär des ZK der SED, Erich Honecker, den engeren Führungszirkel des Politbüros um Funktionäre, mit denen er zum Teil schon in seiner Zeit als Chef des Staatsjugendverbandes FDJ zusammengearbeitet hat. – In der Außenpolitik setzt sich die »Anerkennungswelle« fort; die DDR wird Mitglied der UN und weiterer internationaler Organisationen. Damit verlieren Ereignisse wie die Weltfestspiele der Jugend und Studenten im Juli/August in Berlin, an denen 25 000 ausländische Gäste aus etwa 120 Staaten, auch aus der Bundesrepublik, teilnehmen, als Institution einer die diplomatischen Beziehungen zu anderen Staaten ersetzenden Außenpolitik an Bedeutung.

INNENPOLITISCHE EREIGNISSE

■ **Personelle Veränderungen:** Mit dem **Tod Ulbrichts** am 1.8. findet die erste Phase der DDR-Geschichte ihren endgültigen Abschluss. Nachfolger im Amt des Staatsratsvorsitzenden wird am 3.10. Willi Stoph, dessen bisherige Funktion als Vorsitzender des Ministerrats von Horst Sindermann übernommen wird. Bereits am 2.10. beschließt eine ZK-Tagung Veränderungen in der Zusammensetzung des Politbüros, indem der 1967 von Ulbricht als Kandidat in das Gremium gebrachte Walter Halbritter wieder ausscheidet, Verteidigungsminister Heinz Hoffmann zum Mitglied und die früheren Mitarbeiter Honeckers aus seiner Zeit als 1. Sekretär des Zentralrats der FDJ – Werner Felfe, Inge Lange und Konrad Naumann sowie der Planungschef Gerhard Schürer – zu Kandidaten des Politbüros gewählt werden.

■ **Devisen:** Am 19.12. erlässt die Volkskammer das **Devisengesetz**, das DDR-Bürgern auferlegt, eigene Devisenbestände der Staatsbank zum Kauf anzubieten, sofern sie nicht zum Erwerb von Waren in den Intershop-Verkaufsstellen verwendet werden.

■ **Meinungsaustausch:** Am 30./31.5 empfängt Honecker die Fraktionsvorsitzenden der Bonner Koalitionsparteien Herbert Wehner (SPD) und Wolfgang Mischnick (FDP) auf Schloss Hubertusstock in der Schorfheide zu geheimen Gesprächen, bei denen u.a. humanitäre Fragen der deutsch-deutschen Beziehungen erörtert werden.

■ **Grundlagenvertrag:** Nach der Zustimmung durch die Volkskammer am 13.6. tritt der Grundlagenvertrag am 21.6. **in Kraft** (→ 1972, → BRD).

■ **Kulturpolitik:** Auf einer Tagung mit den Präsidien des Kulturbundes, der Künstlerverbände und der Akademie der Künste am 26.1. bestreitet der für Kulturfragen zuständige ZK-Sekretär Kurt Hager, dass es noch eine einheitliche deutsche Nationalkultur gebe; vielmehr habe sich eine »sozialistische Kultur der DDR« herausgebildet. Der VII. Kongress des Deutschen Schriftstellerverbandes, der vom 14.11. bis 16.11. tagt, beschließt daraufhin seine Umbenennung in »Schriftstellerverband der DDR«.

■ **Kirchenpolitik:** Der Vatikan trägt am 23.7. der deutschen Spaltung Rechnung und erhebt die in der DDR liegenden Gebiete (Erfurt, Magdeburg und Schwerin) der Diözesen Fulda, Paderborn und Osnabrück mit über 1 Mio. katholischen Gläubigen, die bisher von Bischöflichen Kommissaren geleitet wurden, zu Apostolischen Administraturen. Sie verbleiben aber zunächst Teil der Fuldaer Bischofskonferenz.

AUSSENPOLITIK

■ **Diplomatische Beziehungen:** Die »**Anerkennungswelle**« des vergangenen Jahres hält im Januar unvermindert weiter an (13 Anerkennungen). Von besonderer Bedeutung ist die Aufnahme diplomatischer Beziehungen zu Großbritannien (8.2.) und Frankreich (9.2.).

Seit dem 27.8. verhandelt die DDR mit den USA über die Modalitäten der diplomatischen Anerkennung durch die westliche Supermacht. Im Verlauf des gesamten Jahres erkennen 46 Staaten die DDR an; Ende 1973 pflegt die DDR diplomatische Beziehungen mit insgesamt 100 Ländern. – Am 21.9. bricht die DDR in Reaktion auf den Militärputsch gegen die Regierung Allende die Beziehungen zu Chile ab.

■ **Israel:** Am 8.3. lehnt die DDR »Wiedergutmachungsleistungen« an den Staat Israel in jeder Form ab.

■ **Internationale Organisationen:** Die DDR tritt am 2.2. der **Wiener Konvention** über diplomatische Beziehungen bei. Am bedeutendsten ist die **Aufnahme in die UN**, die nach dem Antrag vom 12.6. am 18.9. – gemeinsam mit der Bundesrepublik – erfolgt. Mit der Aufnahme setzt der Ministerrat die UN-Charta für die DDR in Kraft. Zuvor wird die DDR u.a. Mitglied der UNCTAD (22.2.), der WHO (8.5.) sowie des Weltpostvereins (1.6.).

■ **Abrüstung:** Am 31.10. nimmt die DDR an den **Wiener Abrüstungsverhandlungen** (MBFR) teil, nachdem sie bereits am 21.1. in gleichlautenden Noten an Belgien, die Bundesrepublik, Dänemark, Island, Italien und Norwegen ihre Bereitschaft zur Teilnahme signalisiert hatte.

TODESOPFER AN DER INNERDEUTSCHEN GRENZE

	vor dem 13.8.1961	nach dem 13.8.1961	insgesamt bis 1989
Berliner Mauer/Grenze	16	239	255
innerdeutsche Grenze	100	271	371
Ostsee	15	174	189
Sonstige Fluchtwege*	0	7	7
Angehörige des DDR-Grenzdienstes im Einsatz	11	16	27
Sowjetische Fahnenflüchtige	1	5	6
Flugzeugabschüsse im Grenzgebiet	14	3	17
insgesamt	157	715	872

* Flugzeug, Transitwege, Warenexport
Quelle: Zentrale Erfassungsstelle Salzgitter; andere Quellen nennen 1303 Opfer

DEUTSCH-DEUTSCHE BEZIEHUNGEN

■ **Daten zur Grenze:** Nach Angaben der Zentralen Erfassungsstelle in Salzgitter **starben 1972 an der innerdeutschen Grenze 96 Menschen** (1971: 95; Angaben ohne Berlin); 127 Personen seien 1972 beim Überqueren der Grenze durch Schüsse und Minen verletzt worden. Der Bundesgrenzschutz teilt am 12.2. mit, aufgrund des immer perfekter ausgebauten **Sperrsystems** sinke die Zahl der Flüchtlinge aus der DDR; 1969 seien 578 Zivilisten und 73 Angehörige der Volksarmee bzw. der Grenzschutztruppe über die innerdeutsche Grenze geflohen, 1970 waren es 460 (57); 1971 noch 398 (55) und 1972 nurmehr 368 (33). Die Zahl der Minen entlang der Grenze betrage inzwischen mindestens 1,7 Mio., auf einer Länge von 79 km sind sog. Stellschussanlagen installiert, der doppelte Stacheldrahtzaun sei 836 km lang, der Metallgitterzaun 590 km, der Kolonnenweg 1000 km; man habe 936 Erdbunker sowie 676 Beobachtungstürme und -stände gezählt, ferner 109 Lichtsperren auf einer Strecke von 158 km sowie etwa 500 Spürhunde.

■ **Grenzkommission:** Am 31.1. konstituiert sich – wie im Grundlagenvertrag vereinbart – die Grenzkommission aus Beamten des Bundesinnenministeriums und des Außenministeriums der DDR; sie soll Fragen des innerdeutschen Grenzverlaufs regeln. Am 4.9. beginnt die Kommission bei Lübeck mit der Markierung der Grenze.

■ **Besuchs- und Transitverkehr:** Das SED-Parteiorgan *Neues Deutschland* gibt am 6.1. Zahlen zum innerdeutschen **Besuchsverkehr** auf der Grundlage der neuen Regelungen bekannt. Danach fanden rund 3,44 Mio. Besuche von Bundesbürgern und 3,55 Mio. Besuche von West-Berlinern in der DDR (einschließlich Ost-Berlin) für einen oder mehrere Tage statt, in der gleichen Zeit gab es 1,11 Mio. Besuche in der Gegenrichtung. Über die **Transitstraßen** zwischen der Bundesrepublik und West-Berlin fuhren 10,2 Mio. Menschen in 3,61 Mio. Kfz. – Das Bundesministerium für innerdeutsche Beziehungen teilt am 7.2. mit, dass seit Erlaubnis von Westbesuchen in **dringenden Familienangelegenheiten** im Rahmen des Verkehrsvertrags vom 17.10.1972 rd. 12 000 DDR-Bürger eine entsprechende Gelegenheit wahrnahmen. – Am 7.7. stellt das Bundesministerium fest, dass sich in ersten

Stoph, Willy *Berlin 9.7.1914, † ebd. 13.4.1999
Maurerlehre; ab 1931 Mitglied der KPD; 1940–42 Soldat; ab 1946 Mitglied der SED, ab 1950 Mitglied

des ZK, ab 1953 auch des Politbüros der SED; 1952–55 Innenminister, 1956–60 Verteidigungsminister; 1958–64 stellvertretender Ministerpräsident, 1964–73 sowie 1976–89 Ministerpräsident der DDR; 1973–76 Vorsitzender des Staatsrats; 1989 Rücktritt; 1989/90 sowie 1991/92 wegen Verdacht des Amtsmissbrauchs bzw. Mitverantwortung für das Grenzregime der DDR inhaftiert, 1993 Einstellung des Verfahrens wegen Verhandlungsunfähigkeit

Palast der Republik in Ost-Berlin: Grundsteinlegung 1973, Eröffnung 1976, Abriss ab 2006

vier Monaten des Jahres der Transitverkehr von und nach West-Berlin gegenüber dem Vorjahreszeitraum um über 40% erhöht hat. Am gleichen Tag (nach der Unterzeichnung des Grundlagenvertrags am 6.6.) öffnet die DDR 15 Straßenübergänge für den »**Kleinen Grenzverkehr**«. Bürger aus grenznahen Gebieten können über 100 nahegelegene Gemeinden in der DDR besuchen, während 300 weitere Ortschaften im DDR-Grenzbereich weiterhin gesperrt bleiben.

■ **Fluchthilfen:** Nachdem die DDR mit erneuten Einschränkungen des Transitverkehrs droht, weil die gelockerte Kontrollpraxis zu **vermehrten Fluchtversuchen aus der DDR** animiert, an denen westdeutsche Autofahrer beteiligt sind, erklärt der Sprecher der Bundesregierung, Staatssekretär Rüdiger von Wechmar, die Bundesregierung werde kriminelles Unrecht im Bereich der kommerziellen Fluchthilfe nicht dulden. Der Missbrauch des Transitabkommens dürfe die erreichten Fortschritte nicht gefährden.

■ **Zahlungen:** Am 12.2. veröffentlicht das Innerdeutsche Ministerium Informationen über die 1972 geleisteten Zahlungen an die DDR. Aufgebracht wurden 312 Mio. DM, mit denen vertragliche Ansprüche der DDR im Zusammenhang mit dem Reise-, Besuchs- und Kommunikationsverkehr abgegolten wurden (darunter eine Jahrespauschale im Rahmen des Transitabkommens in Höhe von 234,9 Mill. DM; Visa-Gebühren im Berlin-Verkehr in Höhe von 20 Mio. DM, ferner Vergütungen an die Deutsche Reichsbahn und die Deutsche Reichspost). Im Rahmen ihrer Sparbeschlüsse streicht die Bundesregierung ab 1.7. die Erstattung der **Visa-Gebühren** für West-Berliner und Westdeutsche bei Reisen nach Ost-Berlin und in die DDR (Einspareffekt insgesamt 80 Mio. DM), nimmt nach heftigen Protesten der Opposition und aus West-Berlin den Beschluss, soweit er die Erstattung für die Ostbesuche von West-Berlinern betrifft, jedoch wieder zurück. Am 5.11. ordnet das DDR-Finanzministerium die **Verdoppelung des Mindestumtauschsatzes** im Verhältnis 1:1 ab 5.11. für Besucher aus »nichtsozialistischen Staaten und West-Berlin« an (von 10 auf 20 DM pro Tag für DDR-Reisende bzw. von 5 auf 10 DM für Besucher Ost-Berlins); die Befreiung von Rentnern wird aufgehoben.

■ **Information:** Auf der Grundlage einer am 21.2. erlassenen Verordnung über die Tätigkeit von Publikationsorganen anderer Staaten in der DDR, in der sie die Berichterstattung restriktiven »Grundsätzen« unterwirft, akkreditiert die DDR-Regierung am 5.3. die ersten Fernseh- und Zeitungskorrespondenten aus der Bundesrepublik. Am 3.9. nimmt mit einem Redakteur der *Deutschen Presse-Agentur* (*dpa*) erstmals ein ständiger Korrespondent aus der Bundesrepublik seine Tätigkeit in der DDR auf.

WIRTSCHAFT UND SOZIALES

■ **Wachstum:** 1973 wird das erfolgreichste Jahr in der wirtschaftlichen Entwicklung seit Mitte der 1950er Jahre; das **BIP steigt um 4,8%** auf 161,8 Mrd. Mark und entspricht damit 10% des westdeutschen BIP. Dies ist auch Ergebnis der Änderungen in der Rechtsstellung der volkseigenen Unternehmen vom 28.3., wonach Planung und Leitung von den Volkseigenen Betrieben (VEB), Kombinaten und Vereinigungen Volkseigener Betriebe selbst umzusetzen sind; Kombinate erhalten für ihren »Reproduktionsprozess« gegenüber den VEB erweiterte Rechte und Verantwortlichkeiten.

■ **Soziales:** Im September beschließen SED, Ministerrat und FDGB ein **Programm zur Verbesserung der medizinischen und sozialen Betreuung der Berufstätigen**, einschließlich der hierfür notwendigen verbesserten Ausbildung und Entlohnung von Ärzten und anderem medizinischen Personal. Bei seiner Tagung am 2.10. beschließt das ZK, den schon angekurbelten Wohnungsbau in ein langfristiges **Wohnungsbauprogramm** einzubetten und das immer noch bestehende Wohnungsproblem bis 1990 zu beseitigen (Losung **»Bis 1980 jeder eine, bis 1990 jeder seine Wohnung«**). Konkret sieht das Wohnungsbauprogramm die Fertigstellung von 2,8 bis 3 Mio. Wohnungen vor.

1974 BRD

Brandts Sturz: politischer Klimawechsel

Der Rücktritt von Bundeskanzler Willy Brandt, eher zufällig durch die Enttarnung seines persönlichen Referenten Günter Guillaume als DDR-Agent ausgelöst, markiert einen Wendepunkt. Die sozial-liberale Reform- und Aufbruchstimmung, deren charismatische Symbolfigur Brandt war, macht einer allgemeinen Ernüchterung Platz: Wie andere westliche Industriestaaten tritt die Bundesrepublik mit Beginn der Erdölkrise in eine Phase der Rezession ein; Arbeitskämpfe, politische Polarisierung und terroristische Aktivitäten prägen das innenpolitische Klima. Große Reformvorhaben (u.a. Abtreibungsrecht nach §218 StGB, Mitbestimmungs- und Bildungspolitik) kommen nicht voran, weil sie nicht mehr finanziert werden können bzw. am Widerstand des kleineren Koalitionspartners, des unionsdominierten Bundesrats oder des Bundesverfassungsgerichts scheitern. Der neue Bundeskanzler Helmut Schmidt setzt betont pragmatisch neue wirtschafts- und innenpolitische Akzente, um die ökonomischen Probleme zu bewältigen und der Protestbewegungen wie auch des Terrorismus mit einer schärferen Gangart Herr zu werden.

GUILLAUME-AFFÄRE UND KANZLERSTURZ

■ **Enttarnung:** Am 24.4. wird in Bonn Günter Guillaume, persönlicher Referent von Bundeskanzler Willy Brandt (SPD), unter Spionageverdacht verhaftet. Er gesteht, **DDR-Agent und Offizier der Nationalen Volksarmee (NVA) der DDR** zu sein. – Am 6.6. beschließt der Bundestag auf Antrag der Opposition die Einsetzung eines parlamentarischen Untersuchungsausschusses zur Aufklärung der Guillaume-Affäre.

Günter Guillaume

■ **Rücktritt:** In den folgenden Tagen werden **Überwachungsmängel** bei den Sicherheitsbehörden offenbar. Die Frage einer »**politischen Erpressbarkeit**« des Bundeskanzlers aufgrund der Einblicke Guillaumes in die Privatsphäre Brandts steht im Zentrum der politischen Kontroverse. Brandt richtet am 6.5. ein Schreiben an Bundespräsident Gustav Heinemann (SPD), in dem es u.a. heißt: »Ich übernehme die **politische Verantwortung für Fahrlässigkeiten** im Zusammenhang mit der Agentenaffäre Guillaume und erkläre meinen Rücktritt.« Heinemann **entlässt das Kabinett** am folgenden Tag und beauftragt die Bundesminister mit der Fortführung der Geschäfte; die des Bundeskanzlers übernimmt Außenminister und Vizekanzler Walter Scheel (FDP). – In der Bundesrepublik und im Ausland löst der Rücktritt Brandts weithin Bedauern aus; die CDU/CSU wertet ihn als Eingeständnis des politischen Scheiterns.

Schmidt, Helmut *Hamburg 23.12.1918 Diplomvolkswirt; Teilnahme am 2. Weltkrieg;

seit 1946 Mitglied der SPD, 1953–62 und 1965–87 Mitglied des Bundestags; 1961–65 Innensenator der Stadt Hamburg; 1966–69 Vorsitzender der SPD-Bundestagsfraktion, 1969–72 Verteidigungsminister, 1972 Wirtschafts- und Finanzminister, 1972–74 Finanzminister; 1974–82 Bundeskanzler, durch konstruktives Misstrauensvotum gestürzt; ab 1983 Mitherausgeber der Wochenzeitung *Die Zeit*

■ **Regierung Schmidt/Genscher:** Nach Verhandlungen unter Vorsitz von Finanzminister Helmut Schmidt (SPD) einigen sich SPD und FDP am 9.5. auf die **Fortsetzung der Koalition**; am 16.5. wählt der Bundestag mit 267 gegen 225 Stimmen (bei drei Gegenstimmen aus den Reihen der Koalition) Schmidt zum Bundeskanzler. Hans-Dietrich Genscher (FDP) wird Vizekanzler und übernimmt von Walter Scheel (FDP) das Auswärtige Amt.

■ **Regierungserklärung:** Unter dem Motto »Kontinuität und Konzentration« zieht Schmidt in seiner Regierungserklärung am 17.5. eine **Zwischenbilanz** der von der sozial-liberalen Koalition erzielten Erfolge, nimmt aber für die Zukunft Abstand von der weitgreifenden Gestaltungsabsicht, die Brandts Programme bestimmten. Als Schwerpunkte der

1. KABINETT SCHMIDT

(konstituiert am 16.5.1974)
Bundeskanzler: Helmut Schmidt (SPD)
Stellvertreter und Auswärtiges: Hans-Dietrich Genscher (FDP)
Inneres: Werner Maihofer (FDP)
Justiz: Hans-Jochen Vogel (SPD)
Finanzen: Hans Apel (SPD)
Wirtschaft: Hans Friderichs (FDP)
Ernährung, Landwirtschaft und Forsten: Josef Ertl (FDP)
Arbeit und Sozialordnung: Walter Arendt (SPD)
Verteidigung: Georg Leber (SPD)
Jugend, Familie und Gesundheit: Katharina Focke (SPD)
Verkehr, Post und Fernmeldewesen: Kurt Gscheidle (SPD)
Raumordnung, Bauwesen und Städtebau: Karl Ravens (SPD)
Innerdeutsche Beziehungen: Egon Franke (SPD)
Forschung und Technologie: Hans Matthöfer (SPD)
Bildung und Wissenschaft: Helmut Rohde (SPD)
Wirtschaftliche Zusammenarbeit: Erhard Eppler (SPD); ab 4.7.1974 Egon Bahr (SPD)

künftigen Arbeit nennt er die Fortsetzung der bisherigen Wirtschafts- und Finanzpolitik, die Bekämpfung der Arbeitslosigkeit und die Wiedererlangung der Geldwertstabilität sowie die Förderung der europäischen Einigung und die Sicherung des atlantischen Bündnisses.

AUSSENPOLITIK

■ **Atomwaffensperrvertrag:** Am 20.2. ratifiziert der Bundestag in erster Lesung (mit Stimmen aus der CDU/CSU-Fraktion und bei 90 Gegenstimmen) den Beitritt der Bundesrepublik zum Vertrag über die Nichtweiterverbreitung von Kernwaffen.

■ **Tschechoslowakei:** Am 8.3. verwirft der unionsdominierte Bundesrat den **Vertrag über die gegenseitigen Beziehungen** mit der Tschechoslowakei (Prager Vertrag) vom 11.12.1973, da die Ausführungen über das Münchner Abkommen mehrdeutig und die historischen Sachverhalte unvollständig wiedergegeben seien (Nichterwähnung des den Sudetendeutschen verweigerten Selbstbestimmungsrechts). Der Bundestag billigt den Vertrag in erneuter Abstimmung gegen die Stimmen der Opposition am 20.6. mit 232 gegen 190 Stimmen und weist den anschließenden Einspruch der Bundesratsmehrheit am 10.7. endgültig in namentlicher Abstimmung mit 262 gegen 167 Stimmen zurück. Der Prager Vertrag tritt am 19.7. in Kraft.

■ **Entspannung:** Die **Genfer Abrüstungskonferenz** erweitert sich am 20.8. mit Wirkung zum 1.1.1975 auf 31 teilnehmende Staaten; zu den fünf neuen Teilnehmern gehören die Bundesrepublik und die DDR.

■ **USA:** Am 25.4. einigen sich die Bundesrepublik und die USA auf ein neues Devisenausgleichsabkommen: Zum Ausgleich ihrer Kosten für die Stationierung ihrer Streitkräfte in der Bundesrepublik für die Zeit vom 1.7.1973–30.6.1975 werden die USA 5,98 Mrd. DM erhalten.

DEUTSCH-DEUTSCHE BEZIEHUNGEN

■ **Streit um Bundesbehörde in West-Berlin:** Als Verletzung des Viermächteabkommens über Berlin von 1971, das die Ansiedlung weiterer Bundesbehörden in West-Berlin ausschließt, werten die Regierungen der DDR und der Sowjetunion den Beschluss der Bundesregierung vom 3.1., das geplante Umweltbundesamt in West-Berlin einzurichten. – Als Reaktion führen die DDR-Behörden Ende Januar und verstärkt nach dem Inkrafttreten des entsprechenden Gesetzes am 25.7. verschärfte Kontrollen der Transitreisenden durch. Mitarbeitern des Bundesamtes wird die Durchreise nach West-Berlin verweigert.

■ **Ständige Vertretungen:** Am 14.3. unterzeichnen der bundesdeutsche Staatssekretär Günter Gaus und der stellvertretende Außenminister der DDR, Kurt Nier, in Bonn das Protokoll über die Errichtung der Ständigen Vertretungen der Bundesrepublik und der DDR, deren Vertreter den Titel »Leiter« führen und die beim Staatsrat der DDR bzw. beim Bundespräsidenten akkreditiert werden. Zuständig für die Vertretung der Bundesrepublik ist das Außenministerium der DDR, für den Vertreter der letzteren das Bundeskanzleramt. (Damit hat die Bundesrepublik zumindest protokollarisch den Eindruck vermieden, es handele sich um einen normalen zwischenstaatlichen Botschafteraustausch.) In den Protokollvermerken wird festgehalten, dass die Interessen von West-Berlin durch die Vertretung der Bundesrepublik in Übereinstimmung mit dem Viermächteabkommen vom 3.9.1971 wahrgenommen werden. – Die Ständigen Vertretungen werden am 2.5. in Bonn und Ost-Berlin eröffnet, am 20.6. werden die Leiter der Ständigen Vertretungen in der DDR (Staatssekretär Gaus) und in der Bundesrepublik Deutschland (Minister Michael Kohl) akkreditiert. Die CDU/CSU-Opposition meldet verfassungsrechtliche Bedenken an.

■ **Freikauf von Häftlingen:** Im Rahmen ihrer »besonderen Bemühungen« erwirkt die Bundesregierung bis zum 31.8. Ausreisegenehmigungen für insgesamt 516 inhaftierte DDR-Bürger, unter ihnen zahlreiche politische Häftlinge, in die Bundesrepublik. Obwohl über die Gegenleistungen keine offiziellen Angaben gemacht werden, kolportiert die Presse, das Kopfgeld liege bei 50 000 DM.

■ **Fluchthelfer:** Zur neuen Prozesswelle gegen Fluchthelfer → DDR

TERRORISMUS

■ **Festnahmen, Anklagen, Urteile:** Am 4./5.2. verhaftet die Polizei in Hamburg und Frankfurt am Main 15 Personen, die der RAF zugerechnet werden, und hebt mehrere Waffenlager aus. – Der am 31.5. in sein Amt eingesetzte Generalbundesanwalt Siegfried Buback stellt am 2.10. fünf Mitglieder des **»harten Kerns« der RAF** – Andreas Baader, Gudrun Ensslin, Ulrike Meinhof, Holger Meins, Jan-Carl Raspe – vor dem Oberlandesgericht Stuttgart **unter Anklage**. Sie werden der Gründung einer kriminellen Vereinigung und zahlreicher schwerer Verbrechen beschuldigt. – Das West-Berliner Schwurgericht verurteilt am 29.11. den ehemaligen Rechtsanwalt **Horst Mahler** – unter Einbeziehung einer früheren Strafe – zu 14 und **Ulrike Meinhof** zu acht Jahren Gefängnis »wegen gemeinschaftlich versuchten Mordes und vollendeter Gefangenenbefreiung« (Befreiung von Baader am 14.5.1970).

■ **Attentate:** Am 5.6.wird im Grunewald in West-Berlin Ulrich Schmücker ermordet. Noch am selben Tag bekennt sich die Untergrundorganisation Bewegung 2. Juni, der Schmücker früher angehörte, zu der Tat, die als Vergeltung für seinen »Verrat« bezeichnet wird. Schmücker hatte nach seiner Festnahme 1972 ein umfangreiches Geständnis abgelegt und war nach einer Verurteilung zu 30 Monaten Gefängnis freigelassen worden. In den Fall, der nicht abschließend geklärt werden kann, ist auch der West-Berliner Verfassungsschutz verwickelt. – Am 10.11. wird in West-Berlin der Präsident des Kammergerichts Günter von Drenkmann erschossen, nachdem ein Entführungsversuch durch sieben Personen an seiner Gegenwehr scheiterte. Zur Tat bekennt sich eine »Aufbauorganisation« der RAF, sie bleibt jedoch unaufgeklärt.

»SEIN JOB WAR GETAN«

Nach Ansicht der meisten politischen Beobachter war die Entscheidung Willy Brandts, nach der Enttarnung seines Persönlichen Referenten Günter Guillaume am 6.5. von seinem Amt als Bundeskanzler zurückzutreten, von der Sache her nicht unbedingt geboten. Die Londoner *Times* schrieb am 8.5. über die möglichen Motive Brandts (Auszüge):

»Der Platz Brandts in der deutschen Geschichte wird durch die Art und Weise, in der er zurücktrat, nicht vermindert werden. Er hat in ehrenvoller Weise die Verantwortlichkeit für einen Fehler akzeptiert, zu dem viele Leute beigetragen haben und den vielleicht auch viele andere gemacht hätten. (...) Es ist (unser) Eindruck, dass Brandt gar nicht abgeneigt war, einen Job aufzugeben, der ihm in vieler Hinsicht zur Last geworden war. Er hat die beiden historischen Ziele erreicht, die ihn wirklich interessierten – die SPD erstmals nach über 40 Jahren wieder an die Macht zu bringen und das unvollendete Erbe des 2. Weltkriegs abzuschließen, indem er die Beziehungen zu Deutschlands östlichen Nachbarn wiederherstellte. Diese beiden Errungenschaften verschaffen ihm einen soliden Platz in der Geschichte, vergleichbar mit dem von Dr. Adenauer. (...) Auch wenn sein Rücktritt im Augenblick in Deutschland und Europa tragisch erscheint, mag es ein Trost sein, dass Brandt in Erinnerung bleiben wird als einer der ganz wenigen Staatsmänner, die wissen, wann sie ihr Amt aufzugeben haben. Sein Job ist getan, und er hat ihn gut gemacht. (...)«

■ **Hungerstreik:** Am 9.11. stirbt Meins an den Folgen eines Hungerstreiks, den er im September in der Haftanstalt Wittlich (Eifel) begann. An der Hungerstreikaktion sind weitere zehn der 20 inhaftierten RAF-Mitglieder beteiligt, die damit gegen die Haftbedingungen – die sie als »Isolationsfolter« wahrnehmen – protestieren wollen. Der Tod von Meins löst zahlreiche Demonstrationen aus, auf denen schwere Vorwürfe gegen Justiz und Ärzte erhoben werden. – Jean-Paul Sartre stattet am 4.12. dem in Stuttgart-Stammheim in Untersuchungshaft sitzenden Baader einen einstündigen Besuch ab. Der französische Philosoph bekundet seine Solidarität mit den Hungerstreikenden.

■ **Terrorismusgesetze:** Der Bundestag verschärft am 18.12. das Strafverfahrensrecht: Es erlaubt nun u.a. den **Ausschluss von Anwälten vom Straf-**

verfahren, wenn dringender Verdacht der Strafvereitelung oder der Gefährdung der Sicherheit der Strafvollzugsanstalt besteht. Darüber hinaus erklärt das auf das Baader-Meinhof-Verfahren zugeschnittene Verteidigerausschlussgesetz die Verteidigung mehrerer Beschuldigter durch einen gemeinschaftlichen Verteidiger für unzulässig. Damit soll verhindert werden, dass die Anwälte die Kommunikation unter den Häftlingen organisieren. Diesen wird zugleich das Recht auf freie Verteidigerwahl beschnitten. Die »Lex Baader-Meinhof« tritt am 1.1.1975 in Kraft.

WICHTIGE BUNDESGESETZE

■ **Umwelt:** Am 18.1. verabschiedet der Bundestag mit den Stimmen aller Fraktionen das Gesetz zum »Schutz vor schädlichen Umwelteinwirkungen durch Luftverunreinigungen, Geräusche, Erschütterungen und ähnliche Vorgänge« (**Immissionsschutzgesetz**, in Kraft 1.4.). Es geht vom »Verursacherprinzip« aus, demzufolge der Urheber von Umweltschäden die Kosten für deren Beseitigung zu tragen hat. Bei der Planung und Herstellung eines Produkts müssen die Belange des Umweltschutzes ebenso berücksichtigt werden wie bei seiner Verwendung und Entsorgung.
Am 25.7. wird das **Umweltbundesamt** eröffnet. Es befasst sich mit der Forschung, Information, Dokumentation, Beratung und Aufklärung in Umweltfragen. Um seinen Standort West-Berlin gibt es Auseinandersetzungen mit der DDR und der Sowjetunion.
Am 15.8. tritt das **Umweltstatistikgesetz** in Kraft, das die Erhebung ökologischer, wirtschaftlicher und finanzieller Daten zur Umweltbelastung regelt.

■ **Volljährigkeit:** Der Bundestag beschließt am 22.3. die Herabsetzung der Volljährigkeit und der Ehemündigkeit auf 18 Jahre. Neben dem aktiven Wahlrecht, das 18-Jährige schon seit dem 1.8.1970 besitzen, erhalten sie nun auch das passive. Das Gesetz tritt zum 1.1.1975 in Kraft.

■ **Abtreibung:** Am 21.3. verabschiedet der Bundestag gegen die Stimmen der CDU/CSU ein Gesetz, das Leistungen der gesetzlichen Krankenkassen bei legalen Schwangerschaftsabbrüchen sowie eine Beratung bei der Empfängnisregelung vorsieht. – Am 26.4. verabschiedet der Bundestag in dritter Lesung als Fünftes Gesetz zur Reform des Strafrechts eine **Neufassung des § 218** mit 247 gegen 233 Stimmen. Die Abtreibung in den ersten drei Schwangerschaftsmonaten soll straffrei bleiben, wenn sich die

Scheel, Walter *Solingen-Höhscheid 8.7.1919

Banklehre; nach 1945 u.a. Wirtschaftsberater; seit 1946 Mitglied der FDP; 1953–74 Mitglied des Bundestags; 1961–66 Minister für wirtschaftliche Zusammenarbeit, 1967–69 Vizepräsident des Bundestags; 1968–74 FDP-Vorsitzender; 1969–74 Außenminister und Vizekanzler in der sozial-liberalen Regierung unter Willy Brandt, 1974–79 Bundespräsident

Schwangere vor dem Eingriff ärztlich beraten lässt; danach soll sie nur im Fall der medizinischen Indikation straffrei bleiben. Die Einsprüche des CDU/CSU-dominierten Bundesrats vom 10.5. und 31.5. überstimmt der Bundestag am 5.6. in namentlicher Abstimmung mit 260 gegen 218 Stimmen (bei vier Enthaltungen). Das Gesetz wird, nach Unterzeichnung durch Bundespräsident Heinemann am 18.6., vom Bundesverfassungsgericht, angerufen von den Landesregierungen Baden-Württembergs und Bayerns, am Tage seiner Verkündung (21.6.) vorläufig außer Kraft gesetzt (Urteil am 25.2.1975). Die parlamentarischen Beratungen werden begleitet von Demonstrationen und anderen Aktionen Zehntausender von Frauen in zahlreichen Großstädten.

■ **Bildungspolitik:** Mit der Mehrheit der Regierungskoalition beschließt der Bundestag am 12.12. das umstrittene **Hochschulrahmengesetz** (in Kraft 26.1.1976), dessen Entwurf das Bundeskabinett bereits am 4.7.1973 verabschiedet hat. Es enthält Richtlinien für die Hochschulgesetze der Bundesländer. Zentrale Punkte sind die Neuordnung der Zulassungsbestimmungen zum Studium, die Einführung von Regelstudienzeiten, eine neue Personalstruktur der Hochschulen mit Mitbestimmungsverfahren – unterhalb der sog. strengen Drittelparität – in den Selbstverwaltungsgremien und die Empfehlung der Gesamthochschule als neuem Regeltyp.

WEITERE INNENPOLITISCHE EREIGNISSE

■ **Wahl des Bundespräsidenten:** Bundespräsident Heinemann hatte im Vorjahr aus Altersgründen auf eine mögliche Wiederwahl verzichtet. Die Bundesversammlung, die auf Betreiben der Vier Mächte nicht, wie ursprünglich geplant, in West-Berlin, sondern in Bonn zusammentritt, wählt am 15.5. im

Fußball-WM: Der Kapitän der deutschen Weltmeisterelf 1974 Franz Beckenbauer

ersten Wahlgang den bisherigen FDP-Vorsitzenden **Walter Scheel** mit 530 Stimmen **zum vierten Präsidenten** der Bundesrepublik. Der Kandidat der CDU/CSU, Richard von Weizsäcker, erhält 498 Stimmen; fünf Wahlmänner enthalten sich.

■ **Steiner-Wienand-Affäre:** In seinem am 27.3. vorgelegten Bericht stellt der am 15.6.1973 einberufene Untersuchungsausschuss des Bundestags fest, es seien **keine ausreichenden Beweise** für die Behauptung des CDU-Abgeordneten Julius Steiner vorgelegt worden, er sei im Zusammenhang mit dem Misstrauensvotum gegen Bundeskanzler Brandt 1972 von SPD-Fraktionsgeschäftsführer Karl Wienand bestochen worden. Eine Minderheit der CDU/CSU-Abgeordneten im Ausschuss ist jedoch der Ansicht, der Verdacht gegen Wienand habe sich erhärtet.

WIRTSCHAFTSPOLITIK

■ **Energiekrise:** Angesichts der verhältnismäßig geringfügigen **Verknappung des Benzinangebots** in der Bundesrepublik infolge der Maßnahmen der arabischen Staaten beschließt die Bundesregierung am 9.1., das für zwei Wochenenden im Januar geplante Kfz-Fahrverbot doch nicht zu verhängen. Die Geschwindigkeitsbegrenzungen bleiben zunächst weiter bestehen. – Die Mineralölgesellschaften erhöhen am 22.1. drastisch die Preise für Benzin und Diesel. – Im Zuge des beschleunigten **Ausbauprogramms für Atomenergie** beschließt die Regierung am 5.11., ungeachtet zahlreicher Proteste unverzüglich mit dem Bau des Atomkraftwerks Wyhl am Oberrhein zu beginnen. – Am 18.10. beschließt die Bundesregierung ein **Sonderprogramm zur Belebung der Konjunktur.** Bundestag und Bundesrat verabschieden darüber hinaus am 19.12. im Einvernehmen aller Parteien ein **Konjunkturstützungsprogramm.**

■ **Finanz- und Haushaltspolitik:** Am 22.5. billigt der Bundestag den **Bundeshaushalt** für das Jahr 1974. Er hat ein Volumen von 136,4 Mrd. DM (+12% gegenüber 1973). – Mit ihrer Mehrheit im Bundesrat setzen die Unionsparteien einen **Kompromiss bei der Steuerreform** durch, der am 25./26.7. von Bundestag und Bundesrat gebilligt wird. Eine neue Struktur des Einkommensteuertarifs und ein Familienlastenausgleich bringt Steuer-Erleichterungen für die Bezieher kleiner und mittlerer Einkommen. Bei einem Grundfreibetrag von 3000 DM für Ledige und 6000 DM für Verheiratete beginnt der Tarif bei 22% und endet mit einem Spitzensteuersatz von 56%. Neu eingeführt wird ein Freibetrag für Einkünfte aus Kapitalvermögen (300/600 DM); die Werbungskostenpauschale sinkt um die Hälfte auf 150/300 DM.

■ **Handel mit der Sowjetunion:** Am 6.7. wird das zweite deutsch-sowjetische Vertragspaket unterzeichnet, das die Lieferung von 1,2 Mio. **Großröhren** in die Sowjetunion in den Jahren 1976/77 vorsieht, die im Gegenzug **Erdgas** liefert. Ein weiteres Erdgasgeschäft kommt am 5.9. zustande. Am 29.10. folgt der Abschluss eines dritten Vertragspakets u.a. zur **Uranversorgung** über ein Volumen von 1 Mrd. DM.

BUNDESLÄNDER UND WEST-BERLIN

■ **Hamburg:** Bei der Bürgerschaftswahl am 3.3. erleidet die SPD hohe Verluste. Der Erste Bürgermeister Peter Schulz führt die SPD-FDP-Koalition weiter. Im Streit über die Finanzpolitik tritt er am 31.10. zurück und wird am 12.11. von Innensenator Hans-Ulrich Klose (SPD) abgelöst.

■ **Niedersachsen:** Landtagswahl am 9.6.: Alfred Kubel (SPD) bleibt Ministerpräsident und führt nun eine sozial-liberale Koalition.

■ **West-Berlin:** Die drei westlichen Stadtkommandanten verbieten der NPD am 9.9. die Teilnahme an der Wahl zum Abgeordnetenhaus am 2.3.1975 und untersagen ihr jeden öffentlichen Auftritt in der Stadt.

■ **Bayern:** Landtagswahl am 27.10.

■ **Hessen:** Landtagswahl am 27.10.

■ **Wahlergebnisse** → S. 458–467

1974 DDR

25 Jahre DDR – nicht länger »deutsche Nation«

Am 25. Jahrestag der Staatsgründung verabschiedet die Volkskammer ein Gesetz, mit dem die erst wenige Jahre gültige Verfassung entscheidend geändert wird. Die Streichung aller Verweise auf die deutsche Nation ist Konsequenz der seit Jahrzehnten betriebenen Abgrenzung gegenüber der Bundesrepublik. Gleichzeitig halten beide deutschen Staaten mit der Eröffnung Ständiger Vertretungen und weiterer Vereinbarungen an ihrer Politik der normalisierten Beziehungen zueinander fest. Die SED setzt ihren sozialpolitisch orientierten Kurs fort, der ebenso auf die Stärkung der Konsumkraft der Bevölkerung ausgerichtet ist. Durch die Erhöhung von Löhnen, Gehältern und Prämien wird die Einkommenssituation der DDR-Bürger verbessert.

RECHTSPOLITIK

■ **Verfassungsänderung:** Die Volkskammer verabschiedet am 7.10. ein **Gesetz zur Änderung der Verfassung.** Die Revision des Verfassungstextes von 1968 ist einerseits durch die Beschreibung der bereits veränderten Stellung von Exekutivorganen in der Verfassung, andererseits durch die Entfernung aller Verweise auf die seinerzeit noch angestrebte deutsche Einheit gekennzeichnet. Die 1972 bereits gesetzlich festgelegte Erweiterung der Kompetenzen des Ministerrats wird verfassungsrechtlich festgeschrieben. Die Streichung aller gesamtdeutschen Verweise kommt sowohl in der völlig neu formulierten Präambel der Verfassung als auch in der geänderten Fassung des Artikel 1 zum Ausdruck. Hatte es hier 1968 noch geheißen, die DDR sei »ein sozialistischer Staat deutscher Nation«, wird sie 1974 an gleicher Stelle als »sozialistischer Staat der Arbeiter und Bauern« definiert.

■ **Jugendgesetz:** Das am 28.1. von der Volkskammer verabschiedete dritte Jugendgesetz nennt als Hauptziel, »alle jungen Menschen zu Staatsbürgern zu erziehen, die **den Ideen des Sozialismus treu ergeben** sind, als Patrioten und Internationalisten denken und handeln, den Sozialismus stärken und gegen alle Feinde zuverlässig schützen«. Die staatlich kontrollierten Medien werden aufgefordert (§ 4), **altersspezifische Angebote für Jugendliche und junge Erwachsene** zu unterbreiten, die den »vielseitigen Interessen der Jugend und den Erfordernissen sozialistischer Jugenderziehung entsprechen«. § 11 führt ein sogenanntes **Konto junger Sozialisten** in den Betrieben ein, in dem von den Jugendbrigaden über die Planerfüllung hinaus erwirtschaftete finanzielle Mittel eingezahlt und für die Jugendarbeit verwendet werden.

■ **Strafrecht:** Die Volkskammer verabschiedet am 7.5. ein Strafrechtsänderungsgesetz, in dessen Zusammenhang auch das **politische Strafrecht verschärft** wird. Gleichzeitig wird die Strafprozessordnung verändert.

WEITERE INNENPOLITISCHE EREIGNISSE

■ **Kennzeichen:** Am 1.1. führt die DDR mit einer kurzfristig veröffentlichten Anordnung ein eigenes nationales Autokennzeichen ein. Statt des bisher gemeinsam mit der Bundesrepublik genutzten Kennzeichens »D« sind Kfz nunmehr mit dem **Kennzeichen »DDR«** zu versehen.

KIRCHENPOLITIK

■ **Hirtenbrief:** Am 17.11. wird in den katholischen Kirchen ein **Hirtenbrief der Bischöfe gegen das staatliche Erziehungsmonopol** verlesen. Er dokumentiert den Willen der katholischen Kirche, ihre Einflussmöglichkeiten auf die eigenen Mitglieder zu verteidigen. Der Vorgang ist insofern

PRÄAMBEL DER VERFASSUNG VON 1974

»In Fortsetzung der revolutionären Traditionen der deutschen Arbeiterklasse und gestützt auf die Befreiung vom Faschismus hat das Volk der Deutschen Demokratischen Republik in Übereinstimmung mit den Prozessen der geschichtlichen Entwicklung unserer Epoche sein Recht auf sozial-ökonomische, staatliche und nationale Selbstbestimmung verwirklicht und gestaltet die entwickelte sozialistische Gesellschaft. Erfüllt von dem Willen, seine Geschicke frei zu bestimmen, unbeirrt auch weiter den Weg des Sozialismus und Kommunismus, des Friedens, der Demokratie und der Völkerfreundschaft zu gehen, hat sich das Volk der Deutschen Demokratischen Republik diese sozialistische Verfassung gegeben.«

Die Leipziger Messe: Eine der ältesten Messen der Welt (Verleihung des Messeprivilegs 1497)

ungewöhnlich, als die katholischen Würdenträger sich nur selten zu politischen Fragen äußern; anders als in den evangelischen Kirchen schließt das Selbstverständnis der katholischen Kirche die Anerkennung der außertheologischen Wirklichkeit des Staatssozialismus für die eigene Wesensbestimmung aus.

DEUTSCH-DEUTSCHE BEZIEHUNGEN

■ **Ständige Vertretung:** Mit der Unterzeichnung eines Protokolls am 14.3. legen die beiden deutschen Staaten die Grundlage für die **Eröffnung Ständiger Vertretungen** am jeweiligen Sitz der Regierung des Vertragspartners. Die Mitarbeiter der am 2.5. eröffneten Vertretungen werden wie Diplomaten behandelt; indes betont die westdeutsche Seite z.B. durch das Entsenden eines Staatssekretärs (statt eines Botschafters) und die Bezeichnung der Mission in Ost-Berlin als »Ständige Vertretung bei der DDR« die allein staatliche (statt der völkerrechtlichen) Anerkennung der DDR. Am 20.6. überreichen Günter Gaus für die Bundesrepublik und Michael Kohl für die DDR als erste Leiter der Ständigen Vertretungen ihre Beglaubigungsschreiben. – Durch die Institutionalisierung der deutsch-deutschen Beziehungen sind weitere Fortschritte möglich: Beide Staaten treffen u.a. ein **Gesundheitsabkommen** und die **Vereinbarung über den nichtkommerziellen Zahlungs- und Verrechnungsverkehr**, die am 25.4. unterzeichnet werden, sowie die Festlegung des **Grenzverlaufs** und der **Fischereirechte** in der Lübecker Bucht am 29.6. Am 11./12.12. erreicht der West-Berliner Senat Vereinbarungen zur Übernahme von Abfällen bzw. Abwässern durch die DDR. Schließlich regelt eine am 22.11. getroffene Vereinbarung zwischen *ADN* und *dpa* den **Nachrichtenaustausch** zwischen den beiden Nachrichtenagenturen.

■ **Mindestumtausch:** Am 15.11. senkt die DDR die zuletzt ein Jahr zuvor angehobenen Mindestumtauschsätze für Besuche in Ost-Berlin von 10 DM auf 6,50 DM und in der DDR von 20 DM auf 13 DM. Im Zusammenhang mit einer neuen Swing-Vereinbarung befreit die DDR ab dem 20.12. Besucher unter 16 Jahren und Besucher im Rentenalter vom Pflichtumtausch.

■ **Fluchthelfer:** Mitte des Jahres kommt es in der DDR zu einer neuen Prozesswelle gegen Fluchthelfer. In 22 bekannt gemachten Verfahren werden 59 West-Berliner und Bundesbürger wegen »staatsfeindlichen Menschenhandels» (kommerzielle Fluchthilfe), »Missbrauchs des Transitabkommens« und »Beihilfe zum ungesetzlichen Grenzübertritt« (Republikflucht) zu durchschnittlich je sieben Jahren Haft verurteilt. – Das Bundesministerium für innerdeutsche Beziehungen teilt am 15.8. mit, dass seit dem Abschluss des Grundlagenvertrags vom 21.12.1972 bis zum 10.8.1974 insgesamt 112 Westdeutsche und West-Berliner wegen kommerzieller Fluchthilfe und 46 wegen Beihilfe zur Republikflucht verurteilt worden seien.

■ **Sonstiges:** Am 12.12. schließen die Unterhändler beider deutscher Staaten eine neue, bis Ende 1981 geltende Vereinbarung zum **Swing** (Überziehungsmöglichkeit im Warenaustausch, → 1968), der eine Höchstgrenze von 850 Mio. Verrechnungseinheiten (DM) erreichen kann.

AUSSENPOLITIK

Die DDR nimmt am 4.9. **diplomatische Beziehungen mit den USA** auf. Damit ist sie durch alle vier Siegermächte des 2. Weltkriegs anerkannt. Am 9.12. wird in Ost-Berlin die US-amerikanische Botschaft eröffnet. – Am 1.1. wird die DDR Mitglied der Internationalen Arbeitsorganisation (ILO), am 1.11. nimmt sie ihre Mitarbeit in der UN-Kinderhilfsorganisation UNICEF auf.

SOZIALES

■ **Sozialpolitik:** Am 29.4. werden in einem »Gemeinsamen Beschluss« von ZK der SED, Ministerrat und FDGB-Bundesvorstand neue **Lohnerhöhungen** festgesetzt. Am 16.10. erlässt der Ministerrat eine Verordnung, die eine Verlängerung des gesetzlichen Mindesturlaubs und die Erhöhung der Schichtprämien vorsieht.

1975 BRD

Sparkurs und Staatsräson: Die Republik in der Defensive

Die Bundesrepublik befindet sich in der schärfsten Rezession der Nachkriegszeit, die dem sozial-liberalen Projekt innenpolitischer Reformen die Grundlagen zu entziehen beginnt. Die wachsende Staatsverschuldung zwingt zu unpopulären Maßnahmen, mit dem Haushaltstrukturgesetz wird ein strikter Sparkurs eingeschlagen. Als hemmende Faktoren in der Reformpolitik erweisen sich Entscheidungen des Bundesverfassungsgerichts gegen die Fristenlösung beim Schwangerschaftsabbruch und die Abmilderung des sog. Radikalenerlasses.
Oppositionsbewegungen, die außerhalb der herkömmlichen politischen Formen und Themen für Veränderungen eintreten, gewinnen Kontur: Die Anti-Atomkraft- und die Frauenbewegung stehen am Beginn neuer, nicht mehr von studentischem Protest oder gewerkschaftlichem Arbeitskampf geprägter sozialer Auseinandersetzungen.

TERRORISMUS UND INNERE SICHERHEIT

■ **Lorenz-Entführung:** Am 27.2., drei Tage vor der Wahl zum Abgeordnetenhaus, entführen Mitglieder der Bewegung 2. Juni in West-Berlin den dortigen CDU-Vorsitzenden und Spitzenkandidaten Peter Lorenz. Sie erzwingen von der Bundesregierung die Freilassung von fünf u.a. wegen Mordversuchs und Bankraubs verurteilten Gesinnungsgenossen und deren Ausreise in ein Land ihrer Wahl. Die Häftlinge fliegen am 3.3. in Begleitung des früheren West-Berliner Bürgermeisters, Pastor Heinrich Albertz, der auf Verlangen der Entführer für die Einhaltung der Abmachungen bürgen soll, von Frankfurt am Main in die Volksrepublik Jemen. Nach der Rückkehr von Albertz lassen die Entführer Lorenz am 5.3. frei. – Am 9.9. und am 13.9. nimmt die West-Berliner Polizei insgesamt fünf mutmaßliche Entführer fest, von denen Lorenz zwei identifiziert.

■ **Botschaftsbesetzung:** Sieben deutsche Terroristen besetzen am 24.4. die Botschaft der Bundesrepublik in Stockholm und nehmen die Anwesenden als Geiseln, um die Freilassung von 26 Häftlingen, die Führungsgruppe der RAF, zu erzwingen. Die Botschaftsbesetzer erschießen einen Militärattaché; nach der Erklärung des Krisenstabes in Bonn, den Forderungen nicht nachzugeben, töten sie eine zweite Geisel. Sicherheitskräfte befreien die verbliebenen neun Geiseln; zwei Terroristen werden getötet, die übrigen festgenommen.

■ **Baader-Meinhof-Prozess:** Am 21.5. beginnt vor dem Stuttgarter Oberlandesgericht in der Haftanstalt Stuttgart-Stammheim unter Vorsitz von Richter Theodor Prinzing das Verfahren gegen Andreas Baader, Gudrun Ensslin, Ulrike Meinhof und Jan-Carl Raspe, das in der Folgezeit wegen Verfahrensfragen, Befangenheitsanträgen und des Ausschlusses von Verteidigern, die strafbarer Konspiration mit Mandanten verdächtigt werden, immer wieder vertagt wird. In der erst am 19.8. verlesenen Anklageschrift werden den Führungsmitgliedern der RAF u.a. Mord in vier, Mordversuch in 54 Fällen, Sprengstoffanschläge und die Bildung einer kriminellen Vereinigung vorgeworfen.

■ **OPEC-Überfall:** Am 21.12. überfällt ein fünfköpfiges Kommando unter Führung des international gesuchten Terroristen Carlos, alias Ilich Ramírez Sánchez, das Verwaltungszentrum der OPEC in Wien und bringt zehn Minister der OPEC-Staaten in seine Gewalt. Zwei Sicherheitsbeamte und ein OPEC-Angestellter werden getötet. An der demonstrativen Aktion beteiligt sind die Deutschen Hans-Joachim Klein und die von den Lorenz-Entführern freigepresste Gabriele Kröcher-Tiedemann. Die Kidnapper lassen sich mit ihren Geiseln am 22.12. nach Algier ausfliegen und geben sie dort frei.

Unter starken Sicherheitsvorkehrungen beginnt in Stuttgart-Stammheim am 21.5. der Baader-Meinhof-Prozess

■ **Innere Sicherheit:** Am 8.5. erweitert die Bundesregierung das Bundeskriminalamt um die Abteilung Terrorismus. – In einem am 22.5. ergehenden Urteil zum sog. **Radikalenerlass** vom 28.1.1972 verpflichtet das Bundesverfassungsgericht die Behörden, die Staatstreue von Beamtenanwärtern nach strengen Maßstäben zu prüfen. Allein die Zugehörigkeit zu einer Partei, die als verfassungsfeindlich gilt, aber nicht verboten ist, könne ausreichen, um einem Bewerber den Eintritt in die Beamtenlaufbahn zu verwehren. Ein Regierungsentwurf zur Abmilderung des Radikalenerlasses und zur Vereinheitlichung der unterschiedlichen Überprüfungspraxis in den Bundesländern passiert zwar am 24.10. den Bundestag, wird aber vom CDU/CSU-dominierten Bundesrat am 28.11. als ungenügend abgelehnt.

DEUTSCH-DEUTSCHE BEZIEHUNGEN

■ **Treffen in Helsinki:** Während der abschließenden Phase der in Helsinki stattfindenden Konferenz über Sicherheit und Zusammenarbeit in Europa kommen Erich Honecker und Bundeskanzler Helmut Schmidt am 30.7. und 1.8. zu Gesprächen zusammen. Sie erörtern technische und wirtschaftliche Aspekte, Fragen des Reiseverkehrs und der Familienzusammenführung.

■ **Handel:** Angesichts der Krise in der Textilindustrie erlässt Wirtschaftsminister Hans Friderichs am 24.9. Einfuhrbeschränkungen für Textilien aus der DDR. Das Bundeswirtschaftsministerium schätzt, dass der Verlust von rd. 175 000 Arbeitsplätzen in der **Textilindustrie** seit 1973 zu knapp 60% durch Billigimporte aus Ostblockländern verursacht worden ist.

■ **Reiseverkehr:** Der deutsch-deutsche Reiseverkehr nimmt stetig zu. Nach Angaben des Ministeriums für innerdeutsche Beziehungen reisen 1975 3,1 Mio. Westdeutsche und 2,7 Mio. West-Berliner in die DDR; über 1,3 Mio. DDR-Bürger kommen in die Bundesrepublik.

■ **Transitstrecken:** Am 19.12. unterzeichnen Vertreter beider Staaten das Protokoll über die Transitpauschale 1976–79 für die Benutzung der Transitstrecken zwischen dem Bundesgebiet und West-Berlin; die Bundesrepublik zahlt jährlich 400 Mio. DM. Zugleich werden Verhandlungen über den Ausbau der Verkehrswege abgeschlossen, u.a. über die Grunderneuerung der Transitautobahn Helmstedt-Berlin, deren Kosten die Bundesrepublik zu 60% übernehmen wird.

SCHLUSSAKTE DER KSZE

Die Unterzeichnung der Schlussakte der Konferenz über Sicherheit und Zusammenarbeit in Europa (KSZE) durch 35 Staats- und Regierungschefs aus Europa, den USA und Kanada am 1.8.1975 in Helsinki beendet einen komplexen Verhandlungsprozess, an dem beide deutsche Staaten von Beginn an (3.7.1973) gleichberechtigt vertreten waren. In Form einer Absichtserklärung einigen sich die Staaten auf gemeinsame politische Richtlinien und Grundsätze für die Erhaltung des internationalen Friedens (u.a. souveräne Gleichheit, Verzicht auf Androhung oder Anwendung von Gewalt, Unverletzlichkeit der Grenzen, territoriale Integrität, friedliche Regelung von Streitfällen, Nichteinmischung in innere Angelegenheiten), die Zusammenarbeit in den Bereichen Wirtschaft, Wissenschaft, Technik und Umwelt sowie Informations- und Kulturaustausch und Erleichterung zwischenmenschlicher Kontakte. Der Bundestag gibt mit der Mehrheit der sozial-liberalen Koalition am 25.7. der Bundesregierung die Unterzeichnung der Schlussakte von Helsinki frei.

ENTWICKLUNGSHILFE

Zur Planung und Durchführung von entwicklungspolitischen Vorhaben vor Ort konstituiert sich am 1.1. die bundeseigene gemeinnützige **Deutsche Gesellschaft für Technische Zusammenarbeit** (GTZ); sie übernimmt die Aufgaben der bisherigen Bundesstelle für Entwicklungshilfe und der Deutschen Förderungsgesellschaft für Entwicklungsländer. – Nach Abschluss des zunächst auf fünf Jahre angelegten Lomé-Abkommens zwischen Staaten der EG und 46 **Entwicklungsländern Afrikas, der Karibik und des pazifischen Raums** (AKP-Staaten) am 28.2., das den AKP-Staaten den weitgehend zoll- und kontingentfreien Export ihrer Erzeugnisse in den EG-Raum sowie Zuschüsse und Darlehen aus dem erhöhten Entwicklungsfonds sowie Ausgleichszahlungen zur Stabilisierung der Ausfuhrerlöse für wichtige Rohstoffe zusichert, beschließt die Bundesregierung am 9.6. 25 Grundsätze ihrer Entwicklungshilfepolitik (Gymnicher Thesen). Entwicklungshilfe wird als wesentliches Element der Friedenssicherung durch die Förderung des wirtschaftlichen und sozialen Fortschritts in den Entwicklungsländern definiert. Ihre direkte bilaterale Kapitalhilfe will die Bundesregierung auf die 33 ärmsten Länder der Dritten Welt konzentrieren, die vor allem in ihrer landwirtschaftlichen

Entwicklung gefördert werden sollen. Die bundesdeutsche Entwicklungshilfe steigt 1975 gegenüber 1974 um 435 Mio. auf 4,15 Mrd. DM.

AUSSENPOLITIK

■ **Ostblockstaaten:** Die Bundesregierung schließt, nach vorheriger Aufnahme diplomatischer Beziehungen, mit einer Reihe von Staaten z. T. langfristige Verträge über wirtschaftliche, industrielle und technische Zusammenarbeit: Nachdem am 4.12.1974 mit **Rumänien** ein Zehnjahresvertrag vereinbart wurde, kommt am 2.1. ein Kreditvertrag mit **Jugoslawien** über 700 Mio. DM zustande; am 22.1. folgt ein Abkommen mit der **Tschechoslowakei**; am 14.5. eines mit **Bulgarien** (auf zehn Jahre). Am 9.10. unterzeichnen die Außenminister der Bundesrepublik und **Polens** in Warschau mehrere Vereinbarungen: Die Bundesrepublik zahlt 1,3 Mrd. DM als pauschale Abgeltung von Rentenansprüchen; Polen erhält einen Kredit von 1 Mrd. DM. In einem Protokoll erklärt die polnische Regierung, dass sie innerhalb von vier Jahren 120 000–125 000 Deutschstämmigen die Ausreise aus Polen genehmigen wird. – Als erstes westdeutsches Staatsoberhaupt stattet Bundespräsident Walter Scheel der **Sowjetunion** vom 10. bis 15.11. einen Besuch ab.

■ **Kuba:** Am 22.1. nimmt die Bundesrepublik die seit 1963 unterbrochenen diplomatischen Beziehungen zu Kuba wieder auf.

■ **VR China:** Während seines Besuchs in der Volksrepublik China vom 12. bis 25.1. wird der CSU-Vorsitzende Franz Josef Strauß überraschend von Parteichef Mao Zedong und Ministerpräsident Zhou Enlai empfangen. – In Begleitung führender Vertreter der bundesdeutschen Wirtschaft besucht Bundeskanzler Schmidt vom 29.10. bis 2.11. als erster Regierungschef der Bundesrepublik die VR China. Beide Seiten schließen Luftverkehrs- und ein Schifffahrtsabkommen und richten eine gemeinsame Kommission zur Vorbereitung intensiverer Wirtschafts- und Handelsbeziehungen ein.

■ **Brasilien:** Am 27.6. vereinbaren Außenminister Hans-Dietrich Genscher (FDP) und sein brasilianischer Amtskollege in Bonn das bislang größte bundesdeutsche Exportgeschäft über den Bau von acht AKW sowie die Errichtung von Pilotanlagen zur Produktion und Wiederaufarbeitung von Brennelementen in Brasilien. Der Vertrag wird von den USA kritisiert, da Brasilien den Atomwaffensperrvertrag von 1968 nicht unterzeichnet hat.

■ **Israel:** Als erster Regierungschef Israels stattet Ministerpräsident Jitzhak Rabin der Bundesrepublik vom 8. bis 12.7. einen Staatsbesuch ab. Im Vorfeld haben beide Regierungen am 9.6. ein Wirtschaftshilfeabkommen über 140 Mio. DM geschlossen.

■ **USA:** Vor seiner Teilnahme am KSZE-Gipfeltreffen in Helsinki besucht US-Präsident Gerald Ford am 26.7. für drei Tage die Bundesrepublik. Er bekräftigt die Berlin-Verpflichtungen der USA und verabredet mit Bundeskanzler Schmidt eine engere wirtschaftspolitische Zusammenarbeit.

■ **Iran:** Wirtschaftsminister Hans Friderichs unterzeichnet am 31.7. in Teheran ein Abkommen über Zusammenarbeit mit dem Iran (Erdöl, Erdgas, Stahlindustrie, Maschinenbau, Verkehr usw.) im Umfang von rd. 14 Mrd. DM. – Am 30.11. schließt die Deutsche Ruhrgas AG mit der Nationalen Iranischen Erdgas-Gesellschaft und dem sowjetischen Erdgas-Exportunternehmen einen 20-Jahresvertrag über jährlich 13,4 Mrd. m^3 Erdgas aus dem Iran. Die Lieferungen im Gesamtwert von rd. 50 Mrd. DM sollen nach Fertigstellung der Pipeline durch die Sowjetunion 1981 aufgenommen werden.

SOZIALE BEWEGUNGEN

■ **Anti-Atomkraft-Bewegung**: In den Auseinandersetzungen um den Bau des **AKW Whyl** am Oberrhein kommt es zu einer ersten Kraftprobe zwischen Bürgerinitiativen, Behörden und Energieversorgungsunternehmen. Nachdem ungeachtet einer schwebenden Anfechtungsklage gegen den Errichtungsbeschluss vom 5.11.1974 die Genehmigung für den Bau des ersten der beiden Blöcke erteilt und am 17.2. mit Vorbereitungsarbeiten begonnen wird, besetzen rd. 300 Kernkraftgegner den Bauplatz. Nach der Räumung durch die Polizei am 19.2. gelingt im Anschluss an eine Demonstration einem Teil der rd. 25 000 Demonstranten eine erneute, **dauerhafte Besetzung des Bauplatzes**. Am 21.3. verfügt das Verwaltungsgericht Freiburg einen vorläufigen Baustop bis zur Entscheidung in der Hauptsache. Neben Zweifeln an der Strahlensicherheit machen AKW-Gegner standortbezogene Bedenken geltend und verweisen auf Gefahren für das ökologische Gleichgewicht der Region. Massiver Protest gegen den Bau von AKW erhebt sich nun auch an weiteren geplanten Standorten, z.B. in Vilshofen und Kalkar.

■ **Frauenbewegung:** In seinem Urteil zur Neufassung des **§ 218 StGB** erklärt das Bundesverfassungsgericht am 25.2 die völlige Freigabe des

Proteste gegen den »Abtreibungsparagrafen«

Schwangerschaftsabbruchs in den ersten zwölf Wochen nach dem am 18.6.1974 vom Bundestag verabschiedeten sog. **Fristenmodell** für **verfassungswidrig**; bis zur Verabschiedung eines neuen Gesetzes soll jedoch nach einer Übergangsregelung ein vom Arzt vorgenommener Schwangerschaftsabbruch in Ausnahmefällen straflos bleiben. – Am 25.9. legt die Koalition einen **Gesetzentwurf** vor, der den Schwangerschaftsabbruch, wie vom Verfassungsgericht gefordert, weiterhin als Strafvergehen einstuft, jedoch neben der medizinischen und ethischen auch die soziale Indikation vorsieht.

PARTEIEN

■ **CDU und CSU:** Der Bundesvorstand der CDU nominiert am 12.5. den Parteivorsitzenden **Helmut Kohl** einstimmig zum **Kanzlerkandidaten** für die Bundestagswahl 1976. Am 19.6. akzeptiert auch die CSU, die zunächst ihren Vorsitzenden Franz Josef Strauß favorisierte, Kohl als gemeinsamen Kandidaten. Kohl und Strauß einigen sich am 17.11. auf eine gemeinsame Führungsmannschaft für den Bundestagswahlkampf.

■ **NPD:** Der frühere Vorsitzende und Mitgründer der NPD, Adolf von Thadden, erklärt am 28.10. seinen Austritt aus der Partei, weil durch die Wahl des Herausgebers der *Deutschen Nationalzeitung*, Gerhard Frey, in den Vorstand ein aktionistischer rechtsextremer Kurs die Oberhand gewonnen habe. 1967–71 hatte die NPD in mehrere Landtage einziehen können, inzwischen ist ihr Anteil bei Landtagswahlen unter 1% gesunken.

■ **SPD:** Die Delegierten des Bundesparteitags vom 11. bis 15.11. in Mannheim beschließen fast einstimmig einen »**Ökonomisch-politischen Orientierungsrahmen für die Jahre 1975–85**«; auf der Grundlage des Godesberger Programms (1959) konkretisiert er die Aufgaben der Sozialdemokratie unter den veränderten gesellschaftlichen und politischen Bedingungen. Er legt als Schwerpunktbereiche die Modernisierung der Wirtschaft als Grundlage langfristiger Arbeitsplatzsicherung, die Reform der Berufsbildung, die Humanisierung der Arbeitswelt, die Reform des Gesundheitswesens, die Städteplanung und Stadtentwicklung und die Gleichstellung der Frauen fest. Im Zusammenhang mit dem sog. Radikalenerlass warnt der Parteitag in einer Resolution davor, »Konservativismus oder Duckmäuserei mit Verfassungstreue gleichzusetzen«.

GESETZE UND URTEILE

■ **Gesetze:** Am 1.1. tritt die Herabsetzung des Volljährigkeitsalters auf 18 Jahre in Kraft; neben dem aktiven Wahlrecht, das 18-Jährige schon seit 1.8.1970 besitzen, erhalten sie jetzt auch das passive. Am 1.1. treten auch der neugestaltete Allgemeine Teil des Strafgesetzbuchs und das reformierte **Strafverfahrensrecht** in Kraft. Gegenüber der seit 1871 geltenden Gesetzgebung erhält nun die Resozialisierung Vorrang vor dem Sühne-Gedanken. – Der Bundestag beschließt am 31.1. gegen die Stimmen der Opposition ein neues **Namensrecht**, nach dem ab 1.7. den Ehepartnern bei der Heirat freigestellt ist, den Namen des Mannes oder der Frau als Familiennamen zu wählen.

■ **Abgeordnetendiäten:** Das Bundesverfassungsgericht entscheidet am 5.11., dass Abgeordnetendiäten zu versteuern sind, weil sie dem Einkommen von Arbeitnehmern vergleichbar sind. Als verfassungswidrig erklärt das Gericht die Praxis, Beamten, die Abgeordnete geworden sind, neben ihren Diäten noch eine Pension zu gewähren.

■ **Spionage-Urteil:** Am 15.12. verurteilt das Oberlandesgericht Düsseldorf den früheren Persönlichen Referenten von Bundeskanzler Willy Brandt, **Günter Guillaume**, wegen schweren Landesverrats zu 13 Jahren Haft, seine Frau Christel wegen Landesverrats zu acht Jahren. Nach der Enttarnung von Guillaume hatte Brandt am 6.5.1974 seinen Rücktritt erklärt.

WIRTSCHAFTSPOLITIK

■ **Beschäftigungspolitik**: Als Folge der **stark gestiegenen Arbeitslosigkeit** (von 0,57 Mio. bzw. 2,6% im Jahr 1974 auf 1,07 Mio. bzw. 4,7% 1975) und der zum 1.1. vollzogenen Erhöhung des Arbeitslosengeldsatzes von bisher 62,5% des Net-

Steinkohlenbergbau 1945–2007

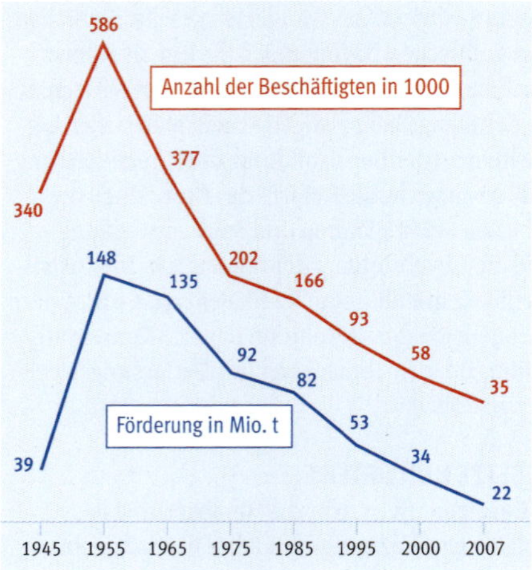

toverdienstes auf 68% sowie der Arbeitslosenhilfe von 52,5% auf 58% wachsen die Ausgaben der Bundesanstalt für Arbeit (BA) gegenüber dem Vorjahr um 87,3%, während die Einnahmen nur um 15,6% steigen; so entsteht bei der BA ein Defizit von 9,76 Mrd. DM. Der von der Bundesregierung am 10.9. vorgelegte **Nachtragshaushalt** für 1975 sieht zusätzliche Ausgaben von 6,31 Mrd. DM vor, die zum größten Teil an die BA abgeführt werden. – Am 28.11. beschließt der Bundestag eine Erhöhung der Beiträge zur Arbeitslosenversicherung von 2 auf 3% ab 1.1. 1976. – Am 25.4. beschließt der Bundestag verschärfte Strafandrohungen gegen die **illegale Beschäftigung** ausländischer Arbeiter; bereits seit 1973 sind die offiziellen Anwerbungen im Ausland gestoppt. Als erstes Bundesland entschließt sich Baden-Württemberg am 29.5. zur Zahlung von **Rückkehrprämien** (bis zu 14 000 DM).

■ **Konjunktur- und Finanzpolitik**: Am 1.1. tritt eine Einkommen- und Lohnsteuerreform in Kraft, durch die Empfänger kleinerer Einkommen durch neue Progressionsstufen und Freibeträge entlastet werden. Zugleich tritt eine Reform des **Familienlastenausgleichs** in Kraft. Vom ersten Kind an wird einkommensunabhängig ein steuerfreies Kindergeld gezahlt. Die Steuererleichterungen umfassen ein Gesamtvolumen von rd. 14 Mrd. DM. – Um die Inlandsnachfrage zusätzlich zu beleben, beschließt die Bundesregierung am 27.8. ein neues Sonderprogramm zur **Förderung von Investitionen** vor allem in der Baubranche. Die eingesetzten 5,75 Mrd. DM sollen ein unmittelbares Auftragsvolumen von rd. 10 Mrd. DM induzieren. – Am 10.9. legt die Bundesregierung ein **Programm zur Sanierung der Staatsfinanzen** vor, durch das die Nettoneuverschuldung stufenweise von geplanten 22,0 Mrd. DM im Jahr 1977 auf 11,1 Mrd. im Jahr 1979 gesenkt werden soll. (1975 beträgt die Nettoneuverschuldung noch 40,9 Mrd. DM; die Verschuldung der öffentlichen Hand erhöht sich um 34,1% auf insg. 243 Mrd. DM.) Das erforderliche **Haushaltsstrukturgesetz**, das u.a. die Änderung von 42 Gesetzen einschließt, wird am 6.11. verabschiedet. Wichtigste Punkte sind der Abbau von Subventionen (u.a. für Werften und Bergbau) sowie Kürzungen von Sozialleistungen im öffentlichen Dienst. – Bei der Vorlage des Haushaltsentwurfs für 1976 (Volumen 168,1 Mrd. DM/ + 4,1%), der von einer Nettoneuverschuldung von 38,9 Mrd. DM ausgeht, verweist Finanzminister Hans Apel (SPD) am 17.9. darauf, dass etwa 70% des Defizits konjunkturbedingt seien; allein 19 Mrd. DM Steuermindereinnahmen seien auf weltwirtschaftliche Faktoren zurückzuführen.

BUNDESLÄNDER UND WEST-BERLIN

■ **West-Berlin**: Überschattet von der Entführung des West-Berliner CDU-Vorsitzenden und Spitzenkandidaten Peter Lorenz findet am 2.3. die Wahl zum Abgeordnetenhaus statt. Erstmals wird die CDU stärkste Partei. Die SPD bildet trotz hoher Verluste eine Koalition mit der FDP; Klaus Schütz (SPD) bleibt Regierender Bürgermeister.

■ **Rheinland-Pfalz**: Als erster Landesverband spricht sich die FDP für eine Koalition mit der CDU aus. Bei der Landtagswahl am 9.3. erzielt die CDU die absolute Mehrheit; am 20.5. bildet Helmut Kohl eine CDU-Alleinregierung.

■ **Schleswig-Holstein**: Landtagswahl am 13.4. Gerhard Stoltenberg (CDU) wird erneut zum Ministerpräsidenten gewählt.

■ **Nordrhein-Westfalen:** Nach der Landtagswahl am 4.5. stellt die SPD-FDP-Koalition die Regierung unter Ministerpräsident Heinz Kühn (SPD).

■ **Saarland**: Bei der Landtagswahl am 4.5. baut die CDU ihre Position als stärkste politische Kraft aus. Die FDP zieht wieder in den Landtag ein und sorgt dort für ein Patt. Der bisherige Regierungschef Franz-Josef Röder (CDU) regiert mit einem CDU-Minderheitskabinett weiter.

■ **Bremen**: Die Bürgerschaftswahl am 28.9. bestätigt die SPD als stärkste Partei. Hans Koschnick (SPD) bleibt Senatspräsident.

■ **Wahlergebnisse** → S. 458–467

1975 DDR

Erfolg mit Folgen: Die Schlussakte der KSZE

Das Jahr 1975 ist durch den Abschluss der Verhandlungen zur KSZE-Schlussakte geprägt, die Erich Honecker in Helsinki für die DDR unterzeichnet. Außenpolitisch kann sich die DDR nur wenige Jahre nach dem Ende ihrer internationalen Isolierung als gleichberechtigter Staat betrachten. Innenpolitisch bedeutet die KSZE-Schlussakte allerdings eine Legitimation für oppositionelle Menschenrechtsgruppen. Die beiden deutschen Staaten bemühen sich, in ihrem besonderen und immer noch von Gegensätzen und Spannungen geprägten Verhältnis zueinander zu Regelungen und Übereinkommen zu kommen, die noch wenige Jahre zuvor unmöglich waren. In strikter Abgrenzung zur Bundesrepublik wird die staatssozialistische Ordnung weiter ausgebaut, was im Erlass eines Zivilgesetzbuches und eines neuen Eingabengesetzes seinen Ausdruck findet.

INNENPOLITIK

■ **Gesetzgebung:** Am 19.6. werden in der Volkskammer zwei Gesetze beschlossen, die von Bedeutung für die Ausgestaltung des DDR-Rechtssystems sind. Das **Zivilgesetzbuch** (ZGB) gliedert sich in sieben Teile: Grundsätze des staatssozialistischen Zivilrechts; Definition des sozialistischen und des persönlichen Eigentums; Verträge, die zwischen Bürgern geschlossen werden (Miet-, Kauf-, Spar- und Versicherungsverträge, Schenkungen u.ä.); Nutzung von Grundstücken und Gebäuden; Schutz des Lebens, der Gesundheit und des Eigentums; Erbrecht; besondere Zivilrechtsverhältnisse. Im Vergleich zu seinem Vorläufer, dem Bürgerlichen Gesetzbuch von 1896, das durch andere Gesetze (Gesetzbuch der Arbeit; Familiengesetzbuch; LPG-Recht und Vertragsgesetz) sowie einzelne Paragrafenänderungen ersetzt, ergänzt oder modifiziert worden war, zeichnet sich das ZGB durch eine vereinfachte und übersichtliche Darstellung aus. Es tritt am 1.1.1976 in Kraft. – Das **Eingabengesetz** löst bisherige Regelungen zu Beschwerden und Petitionen aus der Bevölkerung ab.

Die für die DDR prestigeträchtige Unterzeichnung der **KSZE-Schlussakte** stärkt zunächst das Selbstbewusstsein der SED, fördert auf lange Sicht aber eher die Unterminierung ihrer repressiven Diktatur: Ausreisewillige Bürger können sich nun ebenso auf dieses internationale Abkommen berufen wie reformorientierte Kräfte im Land, die beispielweise auf Meinungs-, Presse- und Reisefreiheit drängen.

DEUTSCH-DEUTSCHE BEZIEHUNGEN

■ **Telefonverbindungen:** Durch die Inbetriebnahme von 240 Fernsprechleitungen wird am 14.4. der vollautomatische Telefonverkehr zwischen Ost- und West-Berlin aufgenommen.

■ **Grenze:** Am 25.6. beginnt die DDR auch an der deutsch-deutschen Grenze zu Bayern als letztem Abschnitt mit der Installation sog. **Selbstschussanlagen**. – Am 29.10. treffen Ost-Berliner und West-Berliner Behörden durch einen nicht veröffentlichten Briefwechsel eine Vereinbarung, die Rettungsmaßnahmen in Grenzgewässern auch von West-Berlin aus zuzulassen. Anlass war der Tod eines Kindes, das am 11.5. vom West-Berliner Ufer aus in die zu Ost-Berlin gehörende Spree gefallen und ertrunken war, weil DDR-Grenzsoldaten die Rettung verhinderten.

EINGABEN

Seit seiner Einführung 1953 kommt dem Rechtsinstrument der Eingabe in der DDR eine doppelte Funktion zu. Einerseits haben Eingaben mangels kritischer Berichterstattung in den DDR-Medien über die im Land selbst verursachten Probleme eine Informationsfunktion: Die Verantwortlichen werden von den Bürgern über Missstände aufgeklärt, die damit selbst an deren Beseitigung mitwirken können. Dabei können die Bürger sich sowohl an einen Betrieb als auch an die öffentliche Verwaltung wenden. Zum anderen haben Eingaben die Funktion der Klage. Bürger können so ihre Ansprüche vortragen, ohne die für das Regime heikle Öffentlichkeit der Medien oder eines Gerichts suchen zu müssen. Nach dem Eingabengesetz sind die Adressaten der Schreiben verpflichtet, immer zu reagieren und dabei auch eine gütliche Einigung mit dem Bürger anzustreben. Nicht selten haben daher Eingaben auch Erfolg.

Helmut Schmidt (l.) und Erich Honecker auf der KSZE-Konferenz am 30.7. in Helsinki

■ **Häftlingsfreikauf:** Am 24.9. entlassen die Justizbehörden der DDR 86 aus politischen Gründen Inhaftierte in die Bundesrepublik. Über die Ablösungszahlungen an die DDR werden keine Angaben gemacht; das Bundesministerium für innerdeutsche Beziehungen verfügt für solche Zwecke über einen Etat von 20 Mio. DM. – Am 31.10. berichtet die »Arbeitsgemeinschaft 13. August«, die DDR habe in den Wochen zuvor rd. 200 Häftlinge in die Bundesrepublik entlassen, darunter erstmals Ärzte.

■ **Presserestriktionen:** Wegen angeblicher **Verletzung der Vorschriften für die Berichterstattung** weisen die DDR-Behörden am 16.12. den Ost-Berliner Korrespondenten des Nachrichtenmagazins *Der Spiegel* Jörg Mettke aus. Dieser hatte am Tag zuvor über die Zwangsadoption von Kindern berichtet, deren Eltern in den Westen geflohen oder als Republikflüchtlinge verurteilt worden sind. Den am 5.1.1976 vorgetragenen Protest des Ständigen Vertreters der Bundesrepublik, Günter Gaus, gegen die Schließung des *Spiegel*-Büros weist das DDR-Außenministerium als Einmischung in innere Angelegenheiten zurück.

EINSCHÄTZUNG DER SCHLUSSAKTE VON HELSINKI DURCH DAS DDR-AUSSENMINISTERIUM

»Der große Erfolg für die Staaten der sozialistischen Gemeinschaft ist die Ausarbeitung und Aufnahme des Prinzips der Unverletzlichkeit der Grenzen als selbständiges Prinzip in den Prinzipienkatalog. [Es] enthält die klare Aussage, dass es nicht allein um den Ausschluss der Gewaltanwendung, sondern um jegliche Forderungen und Handlungen geht, die darauf gerichtet sind, Grenzen anderer Staaten zu verletzen oder sich des Territoriums anderer Staaten zu bemächtigen. Nicht verhindert werden konnte die Aufnahme eines Satzes über das Ändern von Grenzen. Die von diesem Satz ausgehende negative Wirkung konnte aber dadurch abgeschwächt werden, indem *(sic!)* er nicht, wie von der BRD angestrebt, dem Prinzip über die Unverletzlichkeit der Grenzen zugeordnet wurde. Außerdem konnte bei den Verhandlungen über den deutschen Wortlaut dieses Satzes erreicht werden, dass die BRD zu keinem der Prinzipien eine interpretative Erklärung im Sinne des sog. Briefes zur deutschen Einheit abgibt. (...) Die kapitalistischen Staaten sind mit sehr weitgehenden Forderungen insbesondere in den Fragen des Prinzipienkatalogs, der vertrauensfördernden Maßnahmen und der ›Freizügigkeit von Menschen und Ideen‹ in die Konferenz gegangen und haben diese hartnäckig verfolgt. Sie nutzten ihre Möglichkeiten und unser Interesse an einem erfolgreichen Abschluss der Konferenz aus, um insbesondere in den Prinzipien und den Bereichen Information und Kontakte einige detailliertere Aussagen durchzusetzen, als von uns ursprünglich beabsichtigt war. Diese Aussagen sind jedoch so abgesichert, um *(sic!)* unmittelbar negative Auswirkungen auf unsere gesellschaftlichen Verhältnisse auszuschließen.«

AUSSENPOLITIK

■ **KSZE:** Erich Honecker unterzeichnet in Helsinki am 1.8. – obwohl er zu diesem Zeitpunkt nicht Staatsoberhaupt ist – für die DDR die KSZE-Schlussakte.

■ **Weitere Ereignisse:** Am 20.1. wird Oskar Fischer Nachfolger des zurückgetretenen **Außenministers** Otto Winzer. – UN-Generalsekretär Kurt Waldheim besucht vom 7. bis 9.2. die DDR. – Am 7.10. unterzeichnen der sowjetische Partei- und Staatschef Leonid I. Breschnew und Honecker in Ost-Berlin den **dritten Vertrag** über Freundschaft, Zusammenarbeit und gegenseitigen Beistand **zwischen der DDR und der UdSSR**. In diesem Vertrag sind, anders als in den beiden Vorgängerverträgen, keine Verweise auf eine angestrebte deutsche Wiedervereinigung oder die alliierten Sonderrechte in Deutschland mehr enthalten. – Am 4.3. nimmt die DDR ebenso wie die Bundesrepublik an der **Genfer Abrüstungskonferenz** teil. – Am 26.3. tritt die DDR der Konvention über das Verbot der Entwicklung, Herstellung und Lagerung von bakteriologischen und toxischen Waffen und ihre Vernichtung vom 10.4.1972 bei.

■ **Diplomatische Beziehungen:** Am 3.10. bricht die DDR ihre Beziehungen zu **Spanien** aus Protest gegen dort vollstreckte Todesurteile ab. **Marokko** bricht am 13.11. seine diplomatischen Beziehungen zur DDR ab, weil diese mit ihrer Unterstützung der POLISARIO, der Befreiungsfront für die südlich an Marokko abgrenzende Westsahara, gegen marokkanische Interessen aufgetreten sei. Die Beziehungen zu Marokko werden bereits am 5.3.1976, die zu Spanien erst am 4.4.1977 wieder aufgenommen.

WIRTSCHAFTSPOLITIK

■ **Preiserhöhungen im RGW-Handel:** Ende 1974 werden im Rahmen des RGW neue Preisbildungsmechanismen festgelegt, die die niedrigen Rohstoffpreise steigen lassen. Statt der bisher vom Weltmarkt abgekoppelten Preise z.B. für Rohöl wird fortan der Durchschnitt der Weltmarktpreise der letzten fünf Jahre zugrundegelegt. Am 31.1.

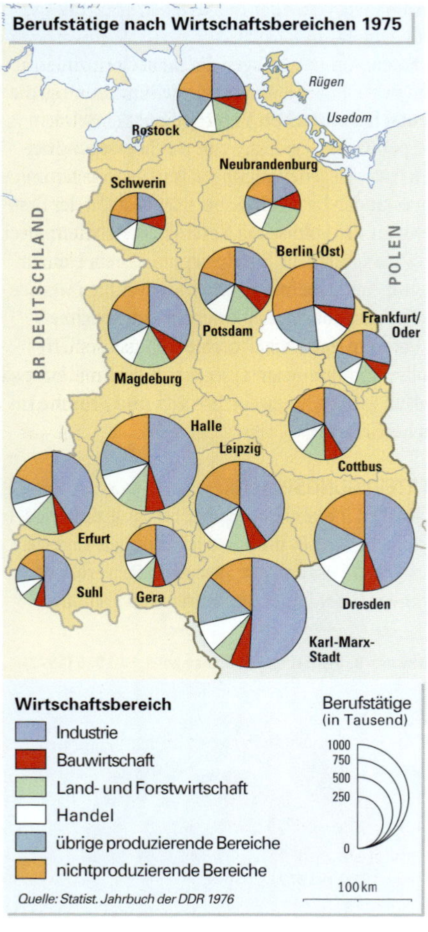

Genossenschaftsbauern der LPG Striegnitz

unterzeichnen die DDR und die UdSSR ein Protokoll über den Warenaustausch, in dessen Zusammenhang auch eine Vereinbarung »zu Fragen der Preiskorrektur« getroffen wird. Die UdSSR teilt der DDR am 18.6.1975 mit, dass der Preis je t Rohöl von 14 auf 35 Rubel, der für 1000 m³ Erdgas von 14,25 auf 31 Rubel steigt. Damit ist die DDR mit einer empfindlichen Verteuerung ihres Rohölbezuges konfrontiert, der jedoch wegen der zeitlichen Verzögerung zur aktuellen Preisentwicklung auf den Weltmärkten »planbar« bleibt. Zudem sichert das RGW-Preissystem der DDR zu, dass sie ihre Fertigwaren im RGW-Raum in der Regel zu höheren als den Weltmarktpreisen absetzen kann, sofern die Verrechnung in Rubeln erfolgt. – Am 26.7. treffen die DDR und die UdSSR eine Vereinbarung über die Koordinierung der Volkswirtschaftspläne in den Jahren 1976–80.

■ **Wirtschaftswachstum:** Die DDR steigert ihr **BIP** gegenüber dem Vorjahr um 3%, womit es (in DM-Preisen von 1989) 171,1 Mrd. DM und damit 10,7% des rezessionsgeprägten westdeutschen BIP erreicht. In den folgenden Jahren wird diese Relation sich aus DDR-Sicht immer weiter verschlechtern.

■ **Landwirtschaft:** In der Landwirtschaft greifen umfangreiche strukturelle Änderungen, die nicht nur die Anzahl der LPG sinken lassen, sondern in der beginnenden Trennung von Tier- und Pflanzenproduktion die traditionelle Nähe der beiden Sparten aufheben. 1975 entstehen die ersten 47 auf Pflanzenproduktion spezialisierten Genossenschaften.

■ **Papierbewirtschaftung:** Seit dem 1.1. erscheinen alle Zeitungen ohne Sonntagsausgabe. Zum einen wird damit eine Kostenersparnis bei den Personalausgaben angestrebt, zum anderen zielt die Maßnahme auf die Verringerung von Papierimporten.

1976 BRD

Das »Modell Deutschland« stagniert

Ohne tiefgreifende Veränderungen im sozialen Leben steht das Jahr noch im Zeichen der Rezession; über 1 Mio. Menschen sind arbeitslos. Der sozial-liberalen Koalition helfen die im internationalen Vergleich durchaus noch günstigen Wirtschaftsdaten nicht, die Wähler für ihr »Modell Deutschland« zu gewinnen, im Bundesrat stoßen ihre Reformprojekte auf den Widerstand der CDU/CSU-Mehrheit. Bei den verschiedenen Wahlen des Jahres führt die Strategie des weltanschaulich geprägten Richtungswahlkampfs die Unionsparteien zu deutlichen Erfolgen, wenn auch nicht zum Regierungswechsel im Bund. Die innenpolitische Auseinandersetzung mit militanten linken Gruppierungen und sich radikalisierenden Teilen der Umweltbewegung hält an.

BUNDESTAGSWAHL

■ **Wahlkampf**: Da sich die FDP auf eine Fortsetzung der sozial-liberalen Koalition festgelegt hat, versucht die CDU/CSU in einem von weltanschaulicher Polemik geprägten Richtungswahlkampf mit ihrem Kanzlerkandidaten Helmut Kohl die absolute Mehrheit zu erringen. Mit der Parole **»Freiheit oder Sozialismus«** zielt ihre Offensive gegen das sozialdemokratische »Modell Deutschland« vor allem auf Defizite bei der Terrorismusbekämpfung, die Überwindung der Rezession und die soziale Sicherung (u.a. Sanierung der Rentenfinanzen).

■ **Wahlergebnis**: Bei einer Wahlbeteiligung von 90,7% (–0,5% gegenüber 1972) kann die CDU/CSU am 3.10. mit 48,6% der Stimmen einen Zuwachs von 3,9% verbuchen; sie gewinnt insg. 243 Mandate, von denen auf die CDU 190, auf die CSU 53 entfallen. Auf die SPD entfallen 42,5% (–3,2%) der Stimmen und 214 Mandate; auf die FDP 7,95% (–0,5%) und 39 Mandate. Damit kann die **sozial-liberale Koalition fortgesetzt** werden, wenngleich ihre Mehrheit auf 10 Stimmen geschrumpft ist. Auf seiner konstituierenden Sitzung am 14.12. wählt der 8. Deutsche Bundestag den bisherigen CDU/CSU-Fraktionsvorsitzenden Karl Carstens zum Präsidenten.

■ **Bundesregierung**: Die Koalitionsverhandlungen zwischen SPD und FDP geraten unversehens in eine Krise, nachdem sich die Unterhändler am 7.12. auf ein Modell zur Sanierung des Rentenversicherungssystems verständigt haben und sich die Koalition – wegen ihrer Wahlversprechen – damit dem Vorwurf des »Rentenbetrugs« aussetzt. Nach der Einigung auf eine Zwischenlösung erklärt Arbeitsminister Walter Arendt (SPD) seinen Verzicht auf den Wiedereintritt in das neue Kabinett. Helmut Schmidt erhält bei seiner **Wiederwahl zum Bundeskanzler** am 15.12. 250 Stimmen, drei weniger als seine Koalition aufbringen kann, nur eine mehr als die erforderliche absolute Mehrheit.

AUSSENPOLITIK

■ **Afrika**: Die Bundesrepublik nimmt diplomatische Beziehungen mit den 1975 von Portugal unabhängig gewordenen Staaten **Mosambik** (3.2.) und **Angola** (19.2.) auf.

■ **Polen**: Am 12.3. billigen der deutsche Bundesrat und der polnische Staatsrat jeweils einstimmig die **deutsch-polnischen Verträge** (1975), nachdem die polnische Regierung eine Nachbesserung bei den Ausreisegenehmigungen für Deutschstämmige zugestanden hat. Vom 8. bis 12.6. besucht der Erste Sekretär der Polnischen Vereinigten Arbeiterpartei, Edward Gierek, die Bundesrepublik; neben einem Kultur- und einem Wirtschaftsabkommen werden 16 Kooperationsvereinbarungen unterzeichnet.

■ **Vereinte Nationen**: Durch Beschluss der UN-Vollversammlung am 21.10. erhält die Bundesrepublik ab 1.1.1977 für zwei Jahre **Sitz und Stimme im Sicherheitsrat**.

VERTEIDIGUNGSPOLITIK

■ **NATO**: Eine geheime, später für inoffiziell erklärte Studie der NATO, die von der britischen Tageszeitung *The Times* am 15.3. auszugsweise veröffentlicht wird, löst in der Bundesrepublik Debatten

Wahl zum 8. Deutschen Bundestag am 3.10.1976 (1972)

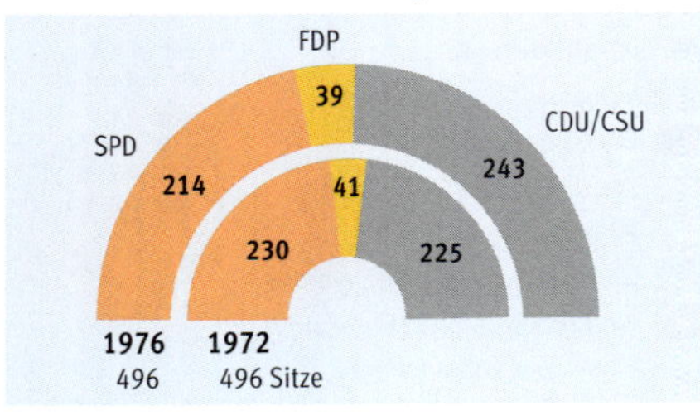

»Elefantenrunde«: Willy Brandt, Helmut Kohl, Hans-Dietrich Genscher und per Zuschaltung Franz Josef Strauß (v.l.n.r.)

2. KABINETT SCHMIDT
(konstituiert am 15.12.1976)
Bundeskanzler: Helmut Schmidt (SPD)
Stellvertreter und Auswärtiges: Hans-Dietrich Genscher (FDP)
Inneres: Werner Maihofer (FDP); ab 8.6.1978 Gerhart Baum (FDP)
Justiz: Hans-Jochen Vogel (SPD)
Finanzen: Hans Apel (SPD); ab 16.2.1978 Hans Matthöfer (SPD)
Wirtschaft: Hans Friderichs (FDP); ab 7.10.1977 Otto Graf Lambsdorff (FDP)
Ernährung, Landwirtschaft und Forsten: Josef Ertl (FDP)
Arbeit und Sozialordnung: Herbert Ehrenberg (SPD)
Verteidigung: Georg Leber (SPD); ab 16.2.1978 Hans Apel (SPD)
Jugend, Familie und Gesundheit: Antje Huber (SPD)
Verkehr, Post- und Fernmeldewesen: Kurt Gscheidle (SPD)
Raumordnung, Bauwesen und Städtebau: Karl Ravens (SPD); ab 16.2.1978 Dieter Haack (SPD)
Innerdeutsche Beziehungen: Egon Franke (SPD)
Forschung und Technologie: Hans Matthöfer (SPD); ab 16.2.1978 Volker Hauff (SPD)
Bildung und Wissenschaft: Helmut Rohde (SPD); ab 16.2.1978 Jürgen Schmude (SPD)
Wirtschaftliche Zusammenarbeit: Marie Schlei (SPD); ab 16.2.1978 Rainer Offergeld (SPD)

über die **Verteidigungsfähigkeit des Westens** aus. Demnach sind die Streitkräfte des Warschauer Pakts in der Lage, ohne Einsatz von Atomwaffen innerhalb von zwei Tagen die Bundesrepublik zu überrollen und bis an den Rhein vorzustoßen. – Am 11.6. beschließen die Verteidigungsminister der NATO in Brüssel, der quantitativen konventionellen Überlegenheit des Warschauer Pakts eine Erhöhung der eigenen Schlagkraft entgegenzusetzen, u.a. durch eine qualitativ bessere Ausrüstung der Streitkräfte. Die Verstärkung der nuklearen Kampfkapazität rückt wieder in den Mittelpunkt verteidigungsstrategischer Überlegungen, seit am 29.7. auch in der Öffentlichkeit bekannt wird, dass die Sowjetunion begonnen hat, ihre Streitmacht mit **atomaren Mehrfachsprengköpfen** vom Typ MIRV auszurüsten. – Die NATO lehnt am 10.12. den Vorschlag des Warschauer Pakts, einen Vertrag über den Verzicht auf den Ersteinsatz von Atomwaffen zu schließen, als Propaganda ab.

■ **Rüstung**: Am 7.4. beschließt das Kabinett, 322 Maschinen des neuen Kampfflugzeuges MRCA (Multi-Role-Combat-Aircraft) **»Tornado«** im Wert von 15,5 Mrd. DM zu übernehmen, das zusammen mit Großbritannien und Italien entwickelt wurde.

■ **Kriegsdienstverweigerung**: Die Regierungskoalition scheitert mit der geplanten Änderung des Wehrpflichtgesetzes. Gegen die vorgesehene Verweigerung per Postkarte stehen die CDU/CSU-Mehrheit im Bundesrat sowie die verfassungsrechtlichen Bedenken des Bundespräsidenten Walter Scheel und des Bundesverfassungsgerichts. 1976 werden 40 383 Anträge auf Anerkennung als Kriegsdienstverweigerer gestellt, ihre Zahl ist damit gegenüber dem Vorjahr um rd. 22% gestiegen.

■ **Innere Führung**: Verteidigungsminister Georg Leber suspendiert am 1.11. den Kommandeur der Luftwaffe, Generalleutnant Walter Krupinski, und seinen Stellvertreter, Generalmajor Karl-Heinz Franke, vom Dienst; am 8.11. werden sie entlassen. Beide Generäle hatten die Teilnahme des als rechtsradikal eingestuften ehemaligen Wehrmachtobersten Hans-Ulrich Rudel am Traditionstreffen eines Aufklärungsgeschwaders der Luftwaffe gebilligt.

DEUTSCH-DEUTSCHE BEZIEHUNGEN

Fortschreitende Normalisierung in der wirtschaftlichen und rechtlichen Zusammenarbeit und anhaltende Verhärtung in der politischen Konfrontation prägen die deutsch-deutschen Beziehungen.

■ **Grenze**: Die Bundesregierung weist am 1.11. einen DDR-Grenzvertragsentwurf zurück, der in seiner Anlage dem Görlitzer Abkommen entspricht, das die DDR 1950 mit Polen über die Oder-Neiße-Grenze schloss.

■ **Berlin-Status**: Im Zusammenhang mit dem Beschluss der EG vom 12.7., **Direktwahlen zum Europäischen Parlament** abzuhalten, erklärt die UdSSR am 3.8. in Noten an die drei Westmächte, die Teilnahme von West-Berlinern an diesen Wahlen wäre eine Verletzung des Viermächteabkommens. Obwohl sie in ihrer Antwortnote am 20.8. die Einwendungen zurückweisen, untersagen die drei Westmächte am 20.9. die Direktwahl von Europa-Abgeordneten in West-Berlin.
■ **Häftlingsfreikauf**: Das Bundesministerium für innerdeutsche Beziehungen bestätigt am 19.10. Meldungen, dass in den ersten acht Monaten des Jahres 950 politische Häftlinge aus der DDR freigekauft wurden, darüber hinaus konnten 147 weitere die DDR verlassen. Seit Beginn dieser Aktionen 1962 seien 610,3 Mio. DM aufgewandt worden.

TERRORISMUS UND EXTREMISMUS-BEKÄMPFUNG

■ **Prozesse**: Im sog. **Fememord-Prozess** vor dem Landgericht Berlin um die Ermordung von Ulrich Schmücker, der am 5.6.1974 als »Verräter« von der Bewegung 2. Juni regelrecht hingerichtet wurde, werden die sechs Angeklagten am 22.6. zu hohen Haftstrafen verurteilt, die Hauptangeklagte Ilse Jandt zu lebenslangem Freiheitsentzug. Das Urteil gegen sie wird allerdings nicht rechtskräftig.
■ **Häftlinge**: Vier Mitgliedern der RAF und der Bewegung 2. Juni (Monika Berberich, Juliane Plambeck, Gabriele Rollnick und Inge Viett) gelingt am 7.7. in West-Berlin der Ausbruch aus der Untersuchungshaft. Justizsenator Hermann Oxfort (FDP) übernimmt die politische Verantwortung und tritt zurück. Berberich wird zwei Wochen nach der Flucht in West-Berlin gefasst. – Am 9.5. wird die zur RAF-Führung gehörende **Ulrike Meinhof** in ihrer Zelle in der Haftanstalt Stuttgart-Stammheim **erhängt aufgefunden**. Der RAF nahestehende politische Kreise äußern Zweifel an der offiziellen Todesursache Selbstmord; es heißt, Meinhof sei ermordet oder jedenfalls durch »Isolationsfolter« in den Tod getrieben worden. Durch Meinhofs Tod ausgelöste Demonstrationen in mehreren Städten werden von heftigen Auseinandersetzungen mit der Polizei begleitet. In einigen europäischen Städten, u.a. in Mailand und Zürich, werden deutsche Einrichtungen und Firmen das Ziel von Bombenanschlägen. – **RAF-Mitglied** Rolf Pohle, der nach der Entführung des West-Berliner CDU-Vorsitzenden Peter Lorenz (→ 1975) aus der Haft freigepresst wurde, wird am 22.7. in Athen festgenommen und am 1.10. **an die Bundesrepublik ausgeliefert**.

Straßenschlacht in Frankfurt am Main bei einem verbotenen Protestmarsch zum Tod von Ulrike Meinhof

■ **Internationaler Terrorismus**: Bundesinnenminister Werner Maihofer erklärt Anfang Juni bei der Vorlage des Verfassungsschutzberichtes den internationalen Terrorismus zur größten **Gefahr für die innere Sicherheit**. – Ein Kommando der Volksfront zur Befreiung Palästinas entführt am 27.6. ein Flugzeug der Air France, um inhaftierte »Freiheitskämpfer«, darunter sechs mutmaßliche Angehörige der RAF, freizupressen. Die gewaltsame Beendigung der **Geiselnahme in Entebbe** (Uganda) durch eine israelische Sondereinheit am 4.7. fordert 31 Tote und zahlreiche Verletzte; unter den sieben getöteten Geiselnehmern befinden sich zwei Deutsche. – Vor dem Hintergrund der weltweiten Zunahme politisch motivierter Geiselnahmen stellt Bundesaußenminister Hans-Dietrich Genscher am 28.9. vor der UN-Vollversammlung den Entwurf der Bundesregierung für eine **Konvention gegen Geiselnahme** vor. Die Unterzeichnerstaaten sollen sich verpflichten, unter keinen Umständen Forderungen von Geiselnehmern nachzugeben und sie nach Ergreifung auszuliefern oder vor Gericht zu stellen; die Antiterrorismuskonvention wird am 15.12. verabschiedet.
■ **Antiterrorgesetz**: Nach § 129a StGB, den der Bundestag am 24.6. beschließt (in Kraft 18.8.), kann der neu eingeführte Straftatbestand der Bildung terroristischer Vereinigungen mit bis zu zehn Jahren Haft bestraft werden; überdies werden den Ermittlungsbehörden die Überwachung der Kommunikation zwischen Angeklagten und Verteidigern und vereinfachte Prozeduren bei der Verhaftung Verdächtiger ermöglicht. Mit dem 14. Strafrechtsänderungsgesetz wird ab 22.4. die »Be-

fürwortung von Straftaten... in Schriften« und die Verbreitung solcher Schriften unter Strafe gestellt (§§ 88a, 130a StGB).

■ **Extremistenbeschluss**: Am 29.2. lässt der Bundesrat die Koalitionsvorlage zur Änderung des sog. Radikalenerlasses von 1972, die im Bundestag am 24.10.1975 verabschiedet wurde, endgültig scheitern. Während die CDU/CSU-regierten Bundesländer bei der Überprüfung von Bewerbern für den öffentlichen Dienst an den Richtlinien von 1972 festhalten, wenden die SPD/FDP-regierten Länder in der Folge die von der Bundesregierung vorgeschlagenen neuen Grundsätze an; diese legen u.a. fest, dass nur noch gerichtsverwertbare Tatsachen für eine Ablehnung herangezogen werden dürfen.

PARTEIEN

■ **Bayernpartei**: Die 1946 gegründete BP beschließt am 14.3. ihre Auflösung.

■ **CDU/CSU**: Die CSU, die in Bayern mit 60% ihr bestes Wahlergebnis bei Bundestagswahlen erzielt hat, beschließt auf ihrem Treffen in Wildbad Kreuth am 19.11., die seit 27 Jahren bestehende Fraktionsgemeinschaft mit der CDU aufzukündigen. Als Begründung wird das Scheitern des Kanzlerkandidaten Helmut Kohl genannt. Die CDU droht daraufhin, künftig mit eigenen Kandidaten in Bayern anzutreten. Nach langwierigen Verhandlungen vereinbaren beide Parteien am 12.12., die Fraktionsgemeinschaft fortzusetzen.

■ **SPD**: Als Nachfolger von Holger Börner wird am 22.11. der frühere Bundesminister für wirtschaftliche Zusammenarbeit, Egon Bahr, zum Geschäftsführer der SPD gewählt. – Der SPD-Vorsitzende und frühere Bundeskanzler Willy Brandt wird am 26.11. in Genf zum Vorsitzenden der Sozialistischen Internationale gewählt.

SOZIALPOLITIK

■ **Abtreibung**: Am 12.2. verabschiedet der Bundestag eine Neuregelung des § 218 StGB nach den Maßgaben des Bundesverfassungsgerichts (Urteil vom 25.2.1975). Die **soziale Indikation**, die einen Schwangerschaftsabbruch in den ersten drei Monaten auch aufgrund einer sozialen Notlage straffrei macht, bleibt heftig umstritten und wird von der katholischen Kirche bekämpft. Das Gesetz tritt am 18.5. in Kraft.

■ **Mitbestimmung**: Für das lange kontrovers diskutierte Gesetz über die Mitbestimmung der Arbeitnehmer kommt am 18.3. im Bundestag eine breite Mehrheit zustande (in Kraft 1.7.). Orientiert am Modell der seit 1951 in der Montanindustrie geübten Praxis sieht es für Unternehmen mit eigener Rechtspersönlichkeit (z.B. AG, GmbH, KG) und mehr als 2000 Beschäftigten eine **Parität von Arbeitnehmer- und Arbeitgebervertretern** im Aufsichtsrat vor; beim Stichentscheid gibt die Stimme des Aufsichtsratsvorsitzenden (in der Regel ein Arbeitgebervertreter) den Ausschlag. Der Arbeitsdirektor, der im Vorstand für Personal- und Sozialfragen zuständig ist, wird im Einvernehmen mit der Arbeitnehmerseite bestellt, auf der auch die Gewerkschaften vertreten sind. »Tendenzbetriebe«, zu denen auch die Unternehmen der Medienbranche gehören, bleiben von der paritätischen Mitbestimmung ausgeschlossen. Für die Montanbetriebe gelten weiterhin die Regelungen von 1951.

■ **Rentenanpassung**: Am 7.4. beschließt der Bundestag eine Erhöhung der Bezüge aus der gesetzlichen Rentenversicherung zum 1.7. um 11%. In der Debatte verweist die Opposition auf Finanzierungsprobleme. SPD und FDP garantieren dagegen im Wahlkampf die Stabilität der sozialen Sicherungssysteme und stellen eine Erhöhung der Renten zum 1.7. 1977 um weitere 10% bei unveränderter Berechnungsbasis in Aussicht. Als SPD und FDP nach der Bundestagswahl dieses Versprechen zugunsten eines Sanierungskonzepts zurückziehen, provozieren sie empörte Reaktionen bei der Opposition und in den Medien (»**Rentenbetrug**«). Die Koalitionsvereinbarung sieht letztlich eine Anhebung der Renten zum 1.7. 1977 um 9,9%, eine weitere zum 1.1. 1979 vor.

Rentenentwicklung der Arbeiter und Angestellten 1965–81

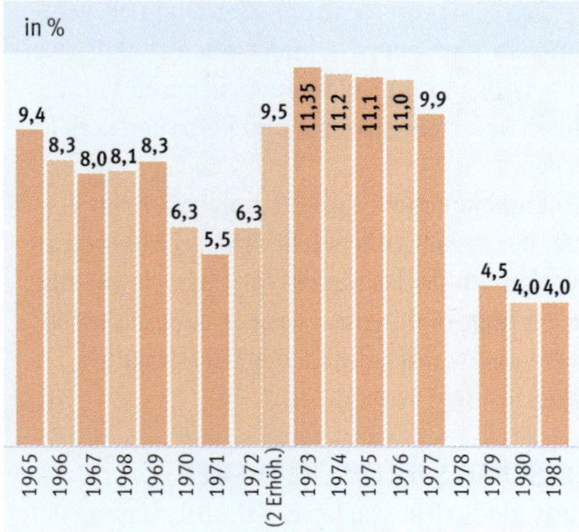

Quelle: Bundesministerium für Arbeit und Soziales

■ **Ehe und Familie**: Am 14.6 verabschiedet der Bundestag das Gesetz zur **Reform des Ehe- und Familienrechts**. Die Ehegatten werden in allen Fragen rechtlich gleichgestellt; bei Scheidung tritt das Zerrüttungsprinzip an die Stelle des bisherigen Schuldprinzips, die Scheidung gilt nun in der Regel nach dreijähriger Trennungsfrist als gerechtfertigt, die wirtschaftliche Lage der Ehegatten ist maßgebend für die Bemessung des Unterhaltsanspruchs, die während der Ehe erworbenen Versorgungsansprüche im Alter und bei Invalidität wachsen beiden Ehepartner zu gleichen Teilen zu (Renten-Splitting); Familiengerichte befinden über die Scheidung und die sich daraus ergebenden Konsequenzen für Unterhalt, Sorgerecht u.a. (in Kraft 1.7.1977).

UMWELT- UND ENERGIEPOLITISCHE THEMEN

■ **Atomkraftwerke**: Auf der Basis des deutsch-brasilianischen Rahmenabkommens vom 27.6.1975 schließt die deutsche Kraftwerkunion (KWU) am 3.7. mit dem staatlichen Energieversorgungsunternehmen Brasiliens einen Vertrag über die Lieferung von zwei AKW. – Behördenvertreter des Iran und der Bundesrepublik schließen ein Rahmenabkommen über die friedliche Nutzung der Kernenergie. Im Anschluss vereinbaren die iranische Atomenergieorganisation und die deutsche KWU die Lieferung von zwei KKW.

■ **Anti-Atomkraft-Bewegung**: Die Teilgenehmigung für den Bau des **AKW Brokdorf** durch die niedersächsische Landesregierung am 25. 10. ist Anlass für eine Demonstration am 30.10. vor dem Baugelände, dabei kommt es zu Auseinandersetzungen zwischen der Polizei und einem Teil der Demonstranten, die versuchen, den Bauplatz zu besetzen. Eine von ca. 30 000 Menschen besuchte Demonstration am 13.11. bildet den Auftakt zu weiteren heftigen Konfrontationen, in deren Verlauf zahlreiche Demonstranten und Polizisten verletzt werden.

■ **Rheinabkommen**: Am 3.12. unterzeichnen Vertreter der Rhein-Anliegerstaaten drei Abkommen über den Schutz des Rheins vor Überschmutzung. Die Verträge beruhen auf Grundsatzbeschlüssen der EG und wurden durch vier Ministerkonferenzen seit 1972 vorbereitet.

WIRTSCHAFTSPOLITISCHE THEMEN

■ **Druckindustrie**: Nach einer Urabstimmung unter den Mitgliedern der IG Druck und Papier beginnt am 30.4. ein **bundesweiter Streik** in der Druckindustrie zur Durchsetzung von Lohnforderungen. Erstmals reagieren die Arbeitgeber mit einer bundesweiten Aussperrung. Der Tarifkonflikt, durch den in weiten Teilen des Bundesgebiets für mehrere Tage keine Zeitungen erscheinen, endet am 13.5. mit einem Übereinkommen, das eine Entgelterhöhung um 6% und Sonderzahlungen vorsieht.

■ **Unternehmen**: Am 20.10. übernimmt der Iran, als erster fremder Anteilseigner in der Geschichte des Unternehmens, 25,01% (175 Mio. DM) des Stammkapitals der Friedrich Krupp GmbH (Jahresumsatz rd. 9,3 Mrd DM). 1974 hatte sich der Iran bereits die Sperrminorität an der Friedrich Krupp Hüttenwerke AG gesichert.

BUNDESLÄNDER

■ **Niedersachsen**: Nach dem Rücktritt des Ministerpräsidenten Alfred Kubel erleidet die SPD-FDP-Koalition, die nur über eine Mehrheit von einer Stimme verfügt, eine schwere Niederlage. Am 15.1. erhält der SPD-Kandidat Karl Ravens nicht die notwendige Stimmenmehrheit. Stattdessen wird CDU-Politiker Ernst Albrecht am 6.2. überraschend zum Ministerpräsidenten gewählt; er bildet zunächst ein Minderheitskabinett, da die FDP, mit Rücksicht auf die Bonner Koalition, nicht zu einer Regierungsbeteiligung bereit ist. Nach der Bundestagswahl revidiert die FDP ihre Haltung und tritt am 31.10. in die Regierung Albrecht ein.

■ **Baden-Württemberg**: Die CDU erreicht bei der Landtagswahl am 4.4. ein Rekordergebnis von 56,7% (+3,8%), während die SPD Verluste hinnehmen muss. Dem neuen CDU-Kabinett, das am 2.6. im Parlament bestätigt wird, steht abermals Hans Filbinger als Ministerpräsident vor.

■ **Hessen**: Ministerpräsident Albert Osswald tritt am 3.10. von seinem Amt zurück. Er war wegen dubioser Spenden an die SPD und riskanter Spekulationsgeschäfte der Hessischen Landesbank, deren Aufsichtsrat er vorstand, in die Kritik geraten. Zum neuen Ministerpräsidenten wird am 12.10. mit den Stimmen der SPD-FDP-Koalition Holger Börner (SPD) gewählt.

■ **Rheinland-Pfalz**: Helmut Kohl, als Kanzlerkandidat erfolglos, übernimmt die Funktion des Oppositionsführers im Bundestag. Zu seinem Nachfolger im Amt des Ministerpräsidenten wird am 2.12. der bisherige Kultusminister Bernhard Vogel (CDU) gewählt.

■ **Wahlergebnis** → S. 458

1976 DDR

Politische Verhärtung

Ab Januar wird die Bevölkerung auf den bevorstehenden IX. Parteitag der SED eingestimmt. In seinem Bericht an den Parteitag kann Erich Honecker auf eine positive Bilanz seiner ersten Amtszeit als Erster Sekretär des ZK verweisen. Außenpolitisch ist die jahrzehntelange Isolierung der DDR gebrochen. Die wirtschaftliche Entwicklung hat sich seit dem Tiefpunkt 1970 deutlich verbessert, der Lebensstandard ist spürbar gestiegen. Das Jahr endet mit einer kulturpolitischen Verhärtung. Ihren Einsatz zugunsten des im November ausgebürgerten Liedermachers Wolf Biermann bezahlen namhafte Künstler der DDR mit Repressalien. Die Politik der »Weite und Vielfalt« aus der ersten Hälfte der 1970er Jahre ist damit beendet.

AUSBÜRGERUNG WOLF BIERMANNS

Nachdem in der Vergangenheit mehrfach Reisen des Ost-Berliner Liedermachers Wolf Biermann, der in der DDR seit 1965 Auftrittsverbot hat, in die Bundesrepublik nicht zustande gekommen waren, erhält er im Herbst 1976 die Genehmigung zu einer Konzerttournee. Am 13.11. gibt Biermann in Köln vor über 10 000 Zuschauern ein Konzert, in dessen Verlauf er sich mehrfach zur Situation in der DDR äußert. Dies wird am 16.11. von der DDR zum Anlass genommen, Biermann die Staatsbürgerschaft abzuerkennen und ihm die Wiedereinreise zu verweigern. – Die **liberale Phase** der »Weite und Vielfalt« in der Kulturpolitik ist mit der Ausbürgerung Biermanns **zu Ende**. Eine drohende ideologische Verhärtung hatte sich schon in den Monaten zuvor angedeutet. Reiner Kunzes Buch »Die wunderbaren Jahre« konnte im September nur in der Bundesrepublik erscheinen, die Auslieferung seines Kinderbuchs »Der Löwe Leopold« an den Buchhandel war am 21.10. gestoppt worden. – Bei einer Konferenz von Gesellschaftswissenschaftlern am 25./26.11. erklärt der »Ideologie-Sekretär« des ZK Kurt Hager, die Ausbürgerung Biermanns habe »die Fronten geklärt und wie ein reinigendes Gewitter« gewirkt. – Am 26.11. wird über den Regimekritiker Robert Havemann Hausarrest verhängt, am 8.12. wird der Lyriker Frank Schöne zu zweieinhalb Jahren Haft verurteilt.

KIRCHE UND STAAT

■ **Selbstverbrennung:** Am 18.8. übergießt sich Pfarrer **Oskar Brüsewitz** auf dem Marktplatz in Zeitz mit Benzin und verbrennt sich öffentlich aus Protest gegen die – wie Brüsewitz auf einer mitgeführten Tafel formuliert – »Unterdrückung der Kirchen in Schulen an Kindern und Jugendlichen«. Er stirbt am 22.8. Der Pfarrer war wegen seiner Jugendarbeit wiederholt mit dem Staat in Konflikt geraten. Nach seinem Tod wird er in den DDR-Medien massiv verleumdet, wobei kritische Äußerungen von Kirchenvertretern über Brüsewitz' Amtsführung sinnentstellend wiedergegeben werden. Dagegen protestiert am 21.8. die Leitung der Evangelischen Kirche in Sachsen mit einem »Wort an die Gemeinden«. – Das **Verhältnis von Staat und Kirche** bleibt in den kommenden Wochen **gespannt**, zumal sich die SED-Führung auch internationaler Kritik ausgesetzt sieht

Pfarrer Oskar Brüsewitz

■ **Bischofskonferenz**: Am 26.10. erlässt Papst Paul VI. ein Dekret, mit dem aus der Berliner Ordinarienkonferenz eine von der Fuldaer Bischofskonferenz unabhängige Berliner Bischofskonferenz für die in der DDR lebenden katholischen Christen entsteht.

SED

■ **Neues Programm und Statut**: Das neue Parteiprogramm, das auf dem IX. Parteitag der SED (18.–22.5.) in Ost-Berlin im kurz zuvor eröffneten Palast der Republik verabschiedet wird, zeigt den Übergang zu einer eher **pragmatischen Politik**.

DIE BIERMANN-AUSBÜRGERUNG UND DIE FOLGEN

Nach einer Protestpetition der Künstler Sarah Kirsch, Christa Wolf, Volker Braun, Franz Fühmann, Stephan Hermlin, Stefan Heym, Günter Kunert, Heiner Müller, Rolf Schneider, Gerhard Wolf, Jurek Becker, Erich Arendt und Fritz Cremer (Cremer zieht seine Unterschrift zurück, nachdem

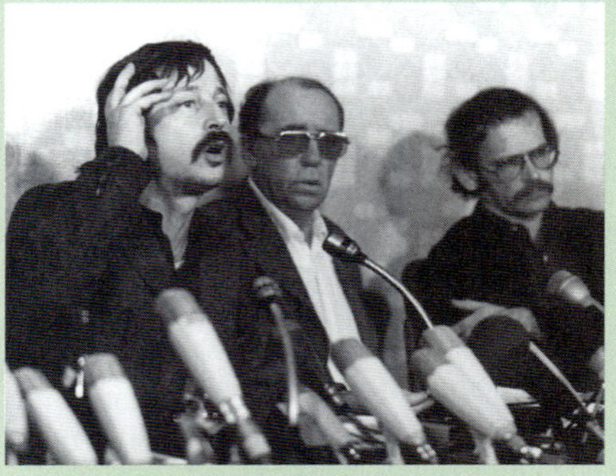

Wolf Biermann (l.) gibt wenige Tage nach seiner Ausbürgerung eine Pressekonferenz in Köln zusammen mit Heinrich Böll und Günter Wallraff (r.)

er von der Veröffentlichung im Westen erfahren hat), kommt es überall in der DDR zu Solidaritätsbekundungen. Der Petition, in der um ein Überdenken der Entscheidung gebeten wird, schließen sich allein in den ersten fünf Tagen 93 weitere Künstler an. Von den Protesten erfährt die DDR-Bevölkerung in den eigenen Medien nur indirekt – über bestellte Leserbriefe, die die Ausbürgerung begrüßen und sich von Protesten distanzieren. Die Reaktion des Staates auf die Protestbekundungen ist hart und in ihrer Wirkung für die DDR-Kulturszene verheerender als die Biermann-Ausbürgerung selbst. Vier der Initiatoren der Protestresolution werden in den folgenden Monaten aus der SED ausgeschlossen, drei weitere mit Rügen bestraft, einige Unterzeichner werden verhaftet. Eine ganze Reihe der Unterzeichner verlassen die DDR in Richtung Westen (u.a. Sarah Kirsch, Manfred Krug). Der Exodus dauert bis Anfang der 1980er Jahre an.

Weniger als bisher werden Ideologie und Utopie des Kommunismus herausgestellt. Statt dessen betont die SED, »dass die schrittweise Verbesserung des Lebensniveaus aller Werktätigen hohe Leistungen in der sozialistischen Produktion und ein stabiles Wirtschaftswachstum erfordert«. Das Verhältnis der Parteimitglieder zur KPdSU und zur Sowjetunion wird als »Prüfstein für die Treue zum Marxismus-Leninismus« gewertet. Das ebenfalls beim Parteitag beschlossene **neue Statut** definiert unter anderem die Aufgaben der Zentralen Parteikontrollkommission: »Sie schützt die Einheit und Reinheit der Partei, kämpft gegen feindliche Einflüsse sowie gegen jede fraktionelle Tätigkeit. Sie befasst sich mit den Mitgliedern und Kandidaten, die mit opportunistisch-revisionistischen Auffassungen oder durch dogmatisches Verhalten die Politik der Partei verfälschen und entstellen.«

■ **Neue Parteispitze**: Das neugewählte, unmittelbar nach dem Parteitag tagende ZK (mit jetzt 145 Mitgliedern und 57 Kandidaten) wählt **Erich Honecker** zu seinem **Generalsekretär**, wie das höchste Parteiamt jetzt bezeichnet wird.

■ **Veränderungen an der Staatsspitze**: Am 29.10. wird **Honecker** auch zum **Vorsitzenden des Staatsrats** gewählt. Drei Tage später übernimmt sein Vorgänger, Willi Stoph, wieder sein altes Amt als Vorsitzender des Ministerrats, während der ehemalige Ministerpräsident Horst Sindermann die bisher vom CDU-Vorsitzenden Gerald Götting bekleidete Funktion des Volkskammerpräsidenten übernimmt. Damit sind alle wichtigen Staatsämter von der SED besetzt.

VOLKSKAMMERWAHLEN

Am 24.6. wird nach der Verlängerung der Legislaturperiode der Volkskammer auch die Absenkung des aktiven Wahlrechtsalters von 21 auf 18 Jahren beschlossen. Auf dieser Basis finden am 17.10. die Wahlen zur Volkskammer und zu den Bezirkstagen statt, bei denen sich nach offizieller Darstellung 98,58% der Wahlberechtigten beteiligen, von denen 99,86% der Einheitsliste ihre Stimme geben.

DEUTSCH-DEUTSCHE BEZIEHUNGEN

■ **Kontakte**: Im März ist die **Bundesrepublik** erstmals **größter Aussteller** (nach der DDR) bei der **Leipziger Frühjahrsmesse**. Nachdem die DDR die Akkreditierung von Mitarbeitern der *Deutschen Welle* und des *Deutschlandfunks* zur Berichterstattung über die Leipziger Messe verweigert, bricht Bundeswirtschaftsminister Hans Friderichs (FDP) am 15.3. den Messebesuch vorzeitig ab. – Am 30.3. unterzeichnen Vertreter der beiden Staaten ein Abkommen über Verbesserungen der Post- und Fernmeldeverbindungen; Erleichterungen im Reise- und Zahlungsverkehr werden von der DDR-

DAS SED-POLITBÜRO NACH DEM IX. PARTEITAG

Mitglieder (stimmberechtigt): Herrmann Axen, Friedrich Ebert, Werner Felfe (seit 1973 Kandidat), Gerhard Grüneberg, Kurt Hager, Heinz Hoffmann, Erich Honecker, Werner Krolikowski, Werner Lamberz, Erich Mielke (seit 1971 Kandidat), Günter Mittag, Erich Mückenberger, Konrad Naumann (seit 1973 Kandidat), Alfred Neumann, Albert Norden, Horst Sindermann, Willi Stoph, Paul Verner
Kandidaten (nicht stimmberechtigt): Horst Dohlus, Joachim Herrmann, Werner Jarowinsky, Günther Kleiber, Inge Lange, Margarete Müller, Harry Tisch, Werner Walde (neu im Politbüro)

Führung am 9.9. zugesichert. – Am 19.5. treffen beide Seiten eine Vereinbarung über die Koordination beim Abbau grenznaher Braunkohlenvorkommen bei Helmstedt und Harbke.

■ **Zunehmende Restriktionen**: Bei mehreren Zwischenfällen an der innerdeutschen Grenze machen DDR-Grenzsoldaten gegen Westdeutsche von der Schusswaffe Gebrauch oder nehmen sie wegen »Grenzprovokationen« fest. Am 1.5. wird der frühere DDR-Bürger Michael Gartenschläger an der Grenze bei Lauenburg von DDR-Grenzsoldaten erschossen, als er zum wiederholten Mal versucht, Selbstschussanlagen zu demontieren. Im November wird bekannt, dass die DDR die Grenze mit einem elektronischen Überwachungssystem ausstattet. – Zu verschiedenen Anlässen praktizieren DDR-Behörden **verschärfte Grenzkontrollen** bei Transitreisendenden von und nach West-Berlin. Am 13.8. verweigern DDR-Grenzbehörden den meisten Teilnehmern einer Bus-Sternfahrt der Jungen Union nach West-Berlin die Benutzung der Transitstrecken. – Die auch im Westen heftigen Reaktionen auf die Selbstverbrennung des Pfarrers Oskar Brüsewitz und die Biermann-Ausbürgerung verhärten die politische Situation zwischen den beiden deutschen Staaten weiter. Am 22.12. wird der ARD-Korrespondent Lothar Loewe nach dessen Bemerkung in einem Bericht, an der Grenze werde auf Flüchtlinge »wie auf Hasen« geschossen, wegen »Diffamierung des Volkes und der Regierung« aus der DDR ausgewiesen. – Am 30. 12. führt die DDR die Visumpflicht für Ausländer ein, die für einen Tagesaufenthalt von West- nach Ost-Berlin reisen wollen.

Der Palast der Republik wird 1976 feierlich eröffnet

WIRTSCHAFTS- UND SOZIALPOLITIK

■ **Handelsbeziehungen**: Vom 7. bis 9.7. findet in Ost-Berlin die Tagung des RGW statt. Neben der Zusammenarbeit bei der Rohstoffsuche und -ausbeutung sowie einer vertieften Spezialisierung im Maschinenbau behandelt die Tagung Beziehungen zwischen dem RGW und der EG. Vor dem Hintergrund eines Handelsbilanzdefizits von schätzungsweise weit mehr als 30 Mrd. US-$ gegenüber Westeuropa sind die RGW-Länder vor allem an Absatzmöglichkeiten im EG-Raum interessiert. Am 15.11. lehnen die EG-Außenminister formelle Gespräche zum Handel zwischen RGW und EG ab, bekunden aber ihr Interesse an Vereinbarungen zur Zusammenarbeit auf anderen Gebieten.

■ **Wirtschaftswachstum**: Das BIP (in DM-Preisen von 1989) wächst um 4,1% auf 178,2 Mrd. DM. Das Industriewachstum (gerechnet in DDR-Preisen von 1985) beträgt etwa 6%.

■ **Landwirtschaft**: Die Reorganisation der Betriebe geht weiter. Die meisten Landwirtschaftlichen Produktionsgenossenschaften (LPG) werden auf die Tierproduktion spezialisiert. Zum zweiten Mal in Folge fallen die Ernteergebnisse schlecht aus.

■ **Sozialpolitik**: Am 27.5. fassen das ZK, der Ministerrat und der FDGB-Bundesvorstand einen Beschluss über sozialpolitische Maßnahmen, der am 29.7. mit Verordnungen des Ministerrats umgesetzt wird. Zum 1.10. werden die Mindestbruttolöhne auf 400 bzw. 500 Mark im Monat, zum 1.12. die Mindestrenten von 200 auf 230 Mark und die Sozialrenten von 240 auf 300 Mark erhöht. Darüber hinaus wird der Schwangerschaftsurlaub verlängert und die Förderung berufstätiger Mütter verbessert.

1977 BRD

Deutscher Herbst

Der Terror der RAF erreicht seinen Höhepunkt und erschüttert die Gesellschaft der Bundesrepublik schwer. Die linksterroristischen Attacken gegen Repräsentanten des Systems eskalieren mit den RAF-Mordanschlägen auf Generalbundesanwalt Siegfried Buback am 7.4. und den Bankier Jürgen Ponto am 30.7. Im September entführen RAF-Terroristen den Arbeitgeberpräsidenten Hanns Martin Schleyer, um die Ende April zu lebenslanger Haft verurteilte Führung der RAF freizupressen. Zur Unterstützung der RAF-Forderungen kidnappt im Oktober ein arabisches Kommando eine Lufthansa-Maschine und entführt sie nach Mogadischu (Somalia). Die Bundesregierung entscheidet sich für die unbedingte Aufrechterhaltung des staatlichen Gewaltmonopols. Mit der Befreiung der Geiseln in Mogadischu, der Selbsttötung von Andreas Baader, Gudrun Ensslin und Jan-Carl Raspe und der Ermordung Schleyers findet die Herausforderung des Staates ein blutiges Ende.

TERRORISMUS

■ **Stammheim-Prozess**: Das Oberlandesgericht in Stuttgart-Stammheim gibt am 20.1. dem **85. Befangenheitsantrag** der Verteidigung gegen den Vorsitzenden Richter Theodor Prinzing statt; an dessen Stelle tritt der bisherige Beisitzer Eberhard Foth. – Am 17.3. räumt der baden-württembergische Innenminister ein, dass die Mandantengespräche der Verteidiger seit 1975 heimlich abgehört wurden, und begründet dies mit einem »übergeordneten Notstand«, der durch die vermutete Rolle von Anwälten bei der Kommunikation der im Hochsicherheitstrakt in Stammheim einsitzenden Angeklagten mit RAF-Mitgliedern im Untergrund gegeben sei.

■ **Urteile**: Am 28.4. verurteilt das Stuttgarter Oberlandesgericht Andreas Baader, Jan-Carl Raspe und Gudrun Ensslin wegen Mordes in vier und Mordversuchs in 34 Fällen sowie der Gründung einer kriminellen Vereinigung zu lebenslangen Freiheitsstrafen. Ihre Taten beurteilt das Gericht als Gewaltverbrechen, bei deren rechtlicher Beurteilung politische Beweggründe ohne Belang seien. Verteidiger Otto Schily legt **Revision** ein.

■ **Buback-Mord**: In Karlsruhe werden am 7.4. Generalbundesanwalt Siegfried Buback und sein Fahrer im Dienstwagen durch Schüsse ermordet, die von einem Motorrad aus auf sie abgegeben werden; ein begleitender Justizhauptwachtmeister erliegt einige Tage später seinen Verletzungen. In einem Schreiben an die Nachrichtenagentur *dpa* bekennt sich das RAF-Kommando Ulrike Meinhof am 13.4. zur »Hinrichtung« von Buback. – Aufsehen erregt der Artikel **»Buback – ein Nachruf«** in der Zeitung des Göttinger Allgemeinen Studentenausschusses am 25.4., in dem sich der Verfasser unter dem Pseudonym Mescalero zu seiner »klammheimlichen Freude« über den Anschlag bekennt, gleichwohl die persönlichkeitsfixierte »Liquidierungs-Strategie« als politische Sackgasse kritisiert. – Am 3.5. nimmt die Polizei in Singen im Schwarzwald nach einem Feuergefecht Verena Becker und den schwerverletzten Günter Sonnenberg fest, der die beim Attentat auf Buback verwendete Maschinenpistole bei sich führt. Becker und Sonnenberg werden am 28.12. bzw. 26.4.1978 wegen versuchten Mordes zu lebenslangen Haftstrafen verurteilt. Der im Fall Buback ebenfalls tatverdächtige Knut Folkerts wird am 22.9. in Utrecht (Niederlande) nach einem Feuergefecht festgenommen, bei dem er einen Polizisten erschießt. Er wird am 20.12. von einem Gericht in Utrecht zu 20 Jahren Haft verurteilt. – Zum Nachfolger Bubacks als Generalbundesanwalt ernennt Bundesjustizminister Hans-Jochen Vogel (SPD) am 1.7. den bisherigen Leiter der baden-württembergischen Justizverwaltung Kurt Rebmann.

■ **Weitere Prozesse**: Im sog. **kleinen Baader-Meinhof-Prozess** verurteilt das Landgericht Kaiserslautern am 2.6. in dem 1975 eröffneten Verfahren die beiden Hauptangeklagten Manfred Grashof und Klaus Jünschke wegen Mordes, Beihilfe zum Mord, schweren Raubes und Mitgliedschaft in einer kriminellen Vereinigung zu lebenslänglicher Haftstrafe. – Im **Prozess zum Überfall auf die deutsche Botschaft in Stockholm** im April → 1975 befindet das Düsseldorfer Oberlandesgericht am 20.7. vier RAF-Terroristen u.a. des gemeinschaftlichen Mordes in zwei Fällen, der Geiselnahme, der versuchten Nötigung eines Verfassungsorgans (Bundesregierung) für schuldig und verurteilt sie zu lebenslanger Freiheitsstrafe.

Entführungsopfer der RAF: Arbeitgeberpräsident Hanns Martin Schleyer

■ **Ponto-Mord**: Am 30.7. wird Jürgen Ponto, Vorstandssprecher der Dresdner Bank, bei einem gescheiterten Entführungsversuch von Mitgliedern der RAF erschossen. In Begleitung von Christian Klar und Brigitte Mohnhaupt hatte sich eine Bekannte der Familie, Susanne Albrecht, Zutritt zum Haus des Bankiers in Oberursel verschafft.

■ **Anschläge auf Justizeinrichtungen**: Am 25.8. misslingt der Versuch von RAF-Terroristen, mit einer Art Raketenwerfer das Gebäude der Bundesanwaltschaft in Karlsruhe unter Beschuss zu nehmen. – Am 31.10. erfolgt ein Bombenanschlag auf das Gebäude des Landgerichts Kaiserslautern.

■ **Schleyer-Entführung**: Der Präsident der Bundesvereinigung der Deutschen Arbeitgeberverbände und des Bundesverbandes der Deutschen Industrie Hanns Martin Schleyer wird am 5.9. in Köln entführt, die drei ihn begleitenden Sicherheitsbeamten und sein Fahrer werden erschossen. Die RAF-Entführer, die sich als Kommando Siegfried Hausner bezeichnen, verlangen am 6.9. in einem Bekennerbrief die **Freilassung von elf verurteilten Gefangenen**, unter ihnen Baader, Ensslin, Raspe, Irmgard Möller und Ingrid Schubert, sowie freie Ausreise in ein Land ihrer Wahl. Die Bundesregierung, die unter Vorsitz von Kanzler Helmut Schmidt einen **großen Krisenstab** unter Einschluss der Opposition gebildet hat, gibt vor, den Forderungen durch die Suche nach einem Aufnahmeland nachkommen zu wollen. Intern legt sich der Krisenstab, der sich nach den Worten des Bundeskanzlers »unausweichlich im Bereich von Schuld und Versäumnis« bewegt, jedoch darauf fest, der **Erpressung nicht nachzugeben** und Zeit für die verdeckte Fahndung zu gewinnen. In einer Videoaufzeichnung, die am 14.9. bei der französischen Nachrichtenagentur *AFP* eingeht, übt Schleyer aus der Gefangenschaft Kritik an den Fahndungsmaßnahmen des BKA und an der Hinhaltetaktik der Bundesregierung, die beide sein Leben gefährdeten. In einer Regierungserklärung am 15.9. betont Bundeskanzler Schmidt die Bereitschaft, in der gegebenen Situation »bis an die Grenzen dessen zu gehen, was uns der Rechtsstaat erlaubt«, weist aber Schritte oder deren Androhung – etwa Repressalien gegen einsitzende Terroristen – zurück, »die unsere Verfassung brechen würden«. In einem am 6.10. von den Entführern übermittelten Schreiben appelliert Schleyer erneut an das Verantwortungsbewusstsein der politisch Verantwortlichen.

■ **Kontaktsperregesetz**: Nach Eilverfahren tritt am 2.10. ein Änderungsgesetz zum Gerichtsverfassungsgesetz in Kraft, das am 28.9. von allen drei Fraktionen in den Bundestag eingebracht und am 29.9. in dritter Lesung mit großer Mehrheit verabschiedet worden ist. Es erlaubt bei ernsthaften Gefahrenlagen, die von einer terroristischen Vereinigung ausgehen, »jedwede Verbindung von Gefangenen untereinander und mit der Außenwelt einschließlich des schriftlichen und mündlichen Verkehrs mit dem Verteidiger zu unterbrechen«. Damit erhält nachträglich eine rechtliche Basis, was gegen einsitzende Terroristen teilweise schon seit längerem praktiziert wird und was unmittelbar nach der Entführung Schleyers am 5.9. umfassend angeordnet wurde.

■ **»Landshut«-Entführung**: Am 13.10. kapert ein aus zwei Männern und zwei Frauen bestehendes arabisch-palästinensisches Kommando Martyr Halimeh die Lufthansa-Maschine »Landshut« auf dem Flug von Mallorca nach Frankfurt am Main mit 82 Passagieren und fünf Besatzungsmitgliedern an Bord. Die Entführer fordern die Freilassung von elf deutschen und zwei palästinensischen Terroristen. Nach mehreren Zwischenstationen – der Flugkapitän Jürgen Schumann wird in Aden (Südjemen) ermordet – landet die Maschine in Mogadischu (Somalia). Während Staatsminister Hans-Jürgen Wischnewski (SPD) vom Flughafentower aus Scheinverhandlungen mit den Terroristen führt, genehmigt der somalische Staatspräsident Siad Barre nach Telefongesprächen mit Bundes-

POLITISCHES KLIMA IM DEUTSCHEN HERBST

Obwohl die RAF mit ihrer Kriegserklärung an den Staat in der Bevölkerung praktisch keinerlei Rückhalt findet, gelingt es ihr zwischen Mitte und Ende der 1970er Jahre mit spektakulären terroristischen Anschlägen, eine Art Bürgerkriegsklima in der Bundesrepublik und die bisher **»schwerste Krise des Rechtsstaats«** (Bundeskanzler Helmut Schmidt) zu provozieren. Die politische Führung antwortet auf den Terror in einem Allparteien-Konsens mit der Demonstration staatlicher Härte und dem massiven Ausbau des Instrumentariums der inneren Sicherheit (u.a. Antiterrorgesetze mit der Ausweitung der Aufgaben und Befugnisse des Verfassungsschutzes und der Polizei sowie Einschränkung von Verteidigerrechten und Verschärfung der Haftbedingungen mutmaßlicher Terroristen) und schließlich mit der faktischen Verhängung eines nicht erklärten Ausnahmezustands. Der Protest von linken und liberalen Kritikern gegen die Einschränkung der bürgerlichen Freiheitsrechte setzte sie bei den Behörden und in der Öffentlichkeit sogleich in den Verdacht des »Sympathisantentums« mit den Terroristen. Infolge der dramatischen Ereignisse zwischen dem 7.4. und dem 18.10.1977 kommt es in der überreizten politischen Atmosphäre zu Überreaktionen und Auseinandersetzungen, die sich bis zur Hysterie steigern. 47 Professoren und Juristen, die einen Nachdruck des verbotenen Mescalero-Artikels »Buback – ein Nachruf« herausgeben, werden juristisch verfolgt. Ungeachtet der Distanzierung vom Terror der RAF durch führende Persönlichkeiten der Linken, u.a. Rudi Dutschke und Herbert Marcuse, machen die Boulevardpresse und konservative Politiker die Kritiker des bürgerlichen Staates und Linksliberale als intellektuelle Wegbereiter des Terrorismus verantwortlich. Während der Schleyer-Krise veröffentlicht CDU-Generalsekretär Heiner Geißler eine »Zitatensammlung«, mit der er Politiker von SPD und FDP und Beamte bis hin zum Präsidenten des Bundeskriminalamtes in die geistige Nähe der Terroristen rückt. Der hessische CDU-Vorsitzende Alfred Dregger brandmarkt am 28.10. vor dem Bundestag im Namen seiner Fraktion die »Kritische Theorie« der Frankfurter Schule und andere neomarxistische Strömungen als geistige Urheber des Terrorismus.

kanzler Schmidt den Einsatz einer Spezialeinheit des Bundesgrenzschutzes, der **GSG 9**. Diese befreit Besatzung und Passagiere am 18.10. kurz nach Mitternacht. Bei der Aktion werden drei Terroristen getötet, eine Entführerin wird verletzt.

■ **Tote in Stammheim**: Am Morgen des 18.10. werden Baader und Raspe erschossen sowie Ensslin erhängt in ihren Zellen aufgefunden, Irmgard Möller weist Verletzungen durch Messerstiche auf. Trotz der Kontaktsperre verfügten Baader und Raspe über eingeschmuggelte Pistolen, Raspe darüber hinaus über ein Transistorradio; über eine Drahtverbindung konnten die Häftlinge sich verständigen. Die – 1978 durch Expertengutachten bestätigte – Todesursache **Selbsttötung** stellen Teile der linken Öffentlichkeit und den Terroristen nahestehende Gruppen in Frage. In mehreren Städten im In- und Ausland kommt es zu teilweise gewalttätigen Protestaktionen gegen eine vermeintlich staatlich sanktionierte Mordaktion gegen die Führungskader der RAF.

■ **Schleyer-Mord**: Als bekannt wird, dass die Geiseln aus der Lufthansa-Maschine »Landshut« befreit und die Stammheimer Häftlinge tot sind, ermorden die Entführer den Arbeitgeberpräsidenten Schleyer. Sein Leichnam wird am 19.10. in Mülhausen (Frankreich) im Kofferraum eines Autos aufgefunden.

■ **Weitere Entwicklung**: Zwei **Entführungen** in Wien – des Unternehmers Walter Michael Palmers am 9.11. und der Unternehmergattin Lieselotte Böhm am 12.12. –, die nach gleichem Muster ablaufen, enden jeweils nach einigen Tagen und Zahlung von Lösegeldsummen mit der Freilassung der Gefangenen. Teile des Lösegeldes im Falle Palmers werden bei zwei Österreichern und zwei Deutschen (darunter Gabriele Kröcher-Tiedemann) gefunden, die am 23.11. bzw. 20.12. festgenommen werden und die dem RAF-Umfeld oder der Bewegung 2. Juni zugerechnet werden. – Am 11.11. nimmt die niederländische Polizei in Amsterdam zwei als RAF-Terroristen verdächtige Personen fest; bei der Schießerei werden vier Polizisten verletzt. – Die zu 13 Jahren Haft verurteilte Ingrid Schubert, die zum harten Kern der RAF zählt, begeht am 12.11. in der Haftanstalt München-Stadelheim Suizid.

AUSSENPOLITIK

■ **Europa**: Die Außenminister von 17 der 19 Mitgliedstaaten des Europarats vereinbaren am 27.1. ein europäisches Übereinkommen zur Bekämpfung des Terrorismus. Der bundesdeutsche Justizminister Vogel hat die Konvention vorgeschlagen, um die internationale Kooperation bei der Verfolgung und Auslieferung mutmaßlicher Terroristen zu erleichtern; ein Kernpunkt ist die Verständigung darüber, dass Terrorakte nicht als politische Straftatbestände gewertet werden. In der Bundesrepublik tritt die Konvention am 4.8.1978 in Kraft.

■ **Italien**: Missstimmungen im deutsch-italienischen Verhältnis verursacht die Flucht des ehemaligen SS-Polizeichefs von Rom, Herbert Kappler, der 1948 als **Kriegsverbrecher** zu lebenslanger Haft verurteilt wurde, in die Bundesrepublik. Das formelle Ersuchen der italienischen Regierung am 17.8., Kappler zu verhaften und den italienischen Justizbehörden zu überstellen, weist die Bundesregierung am 21.9. mit der Begründung ab, Kappler könne als deutscher Staatsbürger nicht an ein anderes Land ausgeliefert werden. Kappler bleibt auf freiem Fuß.

■ **Polen**: Als erster Kanzler der Bundesrepublik besucht Schmidt vom 21. bis 25.11. Polen. Neben mehreren Wirtschaftsabkommen und einer Vereinbarung zur Intensivierung des Jugendaustauschs steht Schmidts Bemühen, die deutsch-polnische Aussöhnung zu vertiefen. Mit seinem Bekenntnis zur Schuld der Deutschen gegenüber den Polen und der Feststellung, der Konflikt um die Oder-Neiße-Grenze gehöre der Vergangenheit an, stößt Schmidt bei den Vertriebenenverbänden und konservativen Politikern auf heftige Kritik.

■ **G7:** Auf dem Weltwirtschaftsgipfel in London am 7./8.5. gibt Bundeskanzler Schmidt den Forderungen von US-Präsident Jimmy Carter nicht nach, den bundesdeutschen Export von Atomkraftwerken, insbesondere des plutoniumerzeugenden Schnellen Brüters, nach Brasilien zu stoppen.

■ **Entwicklungspolitik**: Unter Vorsitz des früheren Bundeskanzlers und SPD-Parteichefs Willy Brandt tagt am 9.12. in Bonn erstmals die Unabhängige Kommission für internationale Entwicklungsfragen. Die auf Initiative des ehemaligen Weltbankpräsidenten Robert McNamara geschaffene sog. Nord-Süd-Kommission (auch Brandt-Kommission), in der viele ehemals führende Politiker aus acht westlichen Industriestaaten und zehn Entwicklungsländern sitzen, will Vorschläge zur Lösung der Probleme der Dritten Welt erarbeiten.

INNENPOLITIK

■ **Datenschutz**: Das Datenschutzgesetz vom 27.1. legt enge Grenzen für den öffentlichen und privaten Umgang mit personenbezogenen Daten fest (in Kraft 1.1.1978). Der Bürger hat Anspruch auf Auskunft über die ihn betreffenden gespeicherten Angaben bei Behörden, Institutionen und Firmen und gegebenenfalls Anspruch auf Berichtigung, Sperrung oder Löschung. Zur Überwachung des Datenschutzes müssen Unternehmen mit umfangreichen personenbezogenen Informationsmengen und die öffentliche Verwaltung sowohl auf Landes- als auch auf Bundesebene Datenschutzbeauftragte einsetzen.

Deutscher Herbst: Gepanzerte Fahrzeuge sichern das Bundeskanzleramt in Bonn

■ **Abhöraffäre**: Am 26.2. berichtet das Nachrichtenmagazin *Der Spiegel* über einen seit 1975 geführten gesetzwidrigen »Lauschangriff« des Bundesamtes für Verfassungsschutz gegen den Atomphysiker **Klaus Traube**. Die Behörde hegte den Verdacht, der inzwischen der Anti-Atomkraft-Bewegung verbundene Wissenschaftler habe in Verbindung zu Terroristen gestanden. Bundesinnenminister Werner Maihofer (FDP), der von der illegalen Abhöraktion erst nachträglich erfuhr und sie billigte, und der Verfassungsschutz werden in den Medien und aus den Reihen der Koalitionsparteien heftig kritisiert.

■ **Rentensanierung**: Zur Sanierung der Renten- und Krankenversicherung verabschiedet der Bundestag am 13.5. das 20. Rentenanpassungsgesetz und das Gesetz zur Kostendämpfung im Gesundheitsbereich; die vorgesehene Rentenerhöhung zum 1.7.1977, über die die sozial-liberale Koalition im Dezember 1976 in Bedrängnis geriet, ist damit gesichert. Doch wird die bisher zur Jahresmitte fällige jährliche Rentenanpassung vom 1.7.1978 an um ein halbes Jahr verschoben und am 1.1.1979 erstmals nicht mehr auf den Brutto-, sondern auf den Nettolohn bezogen. Die Rentenversicherung wird von einem Teil der Beiträge zur Krankenversicherung der Rentner entlastet (sie sinken von 17% des Rentenvolumens auf 11%); darüber hinaus übernimmt die Bundesanstalt für Arbeit die Rentenversicherungsbeiträge für Arbeitslose ab 1.1.1979. Die Ausfälle der Krankenkassen an Versicherungsbeiträgen sollen teils durch Beitragserhöhungen, teils durch Maßnahmen zur Kostendämpfung (ab 1.7.) kompensiert werden. Durch die Sanierungsmaßnahmen im Umfang von 60 Mrd. DM erwartet die Bundesregierung eine mittelfristige **Lösung des sog. Renten-Debakels**: Statt des sonst eintretenden Zuschussbedarfs in Höhe von 46 Mrd. DM bis 1980 will sie die Rücklagen der Rentenversicherung, die 1977 rd. 21 Mrd. DM betragen, bei 17 Mrd. DM stabilisieren.

■ **Kriegsdienstverweigerung**: Mit der Verabschiedung einer Novelle zum Wehrdienstgesetz gegen die Stimmen der Opposition beschließt der Bundestag am 27.5. die **Abschaffung der Gewissensprüfung** für Wehrdienstverweigerer. In Zukunft soll der Wehrpflichtige seine Einwände gegen die Einziehung nicht mehr vor einem Ausschuss des Wehrersatzamtes vorbringen müssen, sondern kann mit Bezug auf Artikel 4 Abs. 3 des Grundgesetzes schriftlich darauf verweisen, dass er von seinem Recht auf Verweigerung aus Gewissensgründen Gebrauch mache. Der Ersatzdienst wird um zwei Monate auf 18 Monate verlängert, die Dauer des Wehrdienstes beträgt weiterhin 15 Monate. Das Gesetz tritt am 1.8. in Kraft, nachdem es von Bundespräsident Walter Scheel, der am 19.10.1975 seine Unterschrift unter eine Erstfassung der Novelle wegen Verfassungsbedenken verweigerte, am 13.7. unterzeichnet wurde. Auf Antrag von 215 Bundestagsabgeordneten der CDU/CSU sowie der von ihr regierten Bundesländer ordnet das Bundesverfassungsgericht am 15.12. durch einstweilige Verfügung die **Wiederaufnahme der Gewissensprüfung** an. Die Zahl der Kriegsdienstverweigerer steigt 1977 im Vergleich zum Vorjahr um knapp 30 000 auf rd. 70 000.

■ **Kabinett**: Der bisherige wirtschaftspolitische Sprecher der FDP, Otto Graf Lambsdorff, übernimmt am 7.10. die Nachfolge von Bundeswirtschaftsminister Hans Friderichs. Dieser hatte am 9.9. seinen Rücktritt angekündigt, um in das nach der Ermordung von Jürgen Ponto vakante Amt des Vorstandssprechers der Dresdner Bank einzutreten.

Anti-AKW-Demonstration in Kalkar am 24.9.

ANTI-ATOMKRAFT-BEWEGUNG

■ **Proteste**: Die Auseinandersetzungen um den Bau von AKW nehmen an Umfang und Schärfe zu. Dabei gerät nach den Zusammenstößen im Herbst → 1976 erneut das vor Baubeginn stehende Werk bei **Brokdorf** in Schleswig-Holstein ins Zentrum der Auseinandersetzungen. In Itzehoe demonstrieren am 19.2. rd. 20 000 Menschen, nachdem eine Kundgebung am Baugelände gerichtlich verboten wurde. Etwa 100 Demonstranten und 79 Polizisten werden am 13.11. verletzt, als die Polizei die Stürmung des Bauplatzes verhindert. – Nachdem die niedersächsische Landesregierung am 22.2. **Gorleben** im Kreis Lüchow-Dannenberg als Standort für eine Wiederaufarbeitungsanlage für hochradioaktive Abfälle vorgeschlagen hat, versammeln sich hier am 12.3. rd. 15 000 Kernkraftgegner zu einer ersten Demonstration gegen dieses über mehrere nachfolgende Jahre heftig umkämpfte Projekt. – Am 19. 3. kommt es auf dem Baugelände des KKW beim niedersächsischen **Grohnde** bei Hameln zu blutigen Zusammenstößen zwischen rd. 5000 teils gewalttätigen Demonstranten und der Polizei. Am 13.6. gelingt Atomkraftgegnern die Erstürmung des Baugeländes, auf dem sie ein »Anti-Atomdorf« errichten, das die Polizei am 31.7. räumt. – Der Tübinger Lehrer Hartmut Gründler unternimmt am 16.11. aus Protest gegen die Verwendung von Kernenergie einen Suizidversuch durch Verbrennung, dem er einige Tage später erliegt.

■ **Gewerkschaften**: In den Gewerkschaften bleibt die Haltung gegenüber der Nutzung der Atomenergie gespalten; mehrheitlich geben sie der Sicherung des Wirtschaftswachstum und der Arbeitsplätze Vorrang vor den Umwelt- und Sicherheitsbedenken. Am 10.11. demonstrieren in Dortmund rd. 40 000 Gewerkschafter für den Ausbau der Atomenergie.

■ **Gerichtsurteile**: Am 14.3. hebt das Verwaltungsgericht Freiburg im Breisgau die 1975 von der Landesregierung Baden-Württemberg erteilte Baugenehmigung für ein AKW bei **Wyhl** auf, da ein eventuelles, wenn auch unwahrscheinliches Bersten des Druckbehälters nicht als Restrisiko eingestuft werden könne. – Das Oberverwaltungsgericht Lüneburg hält am 17.10. einen Entsorgungsnachweis für den anfallenden Atommüll als Voraussetzung für eine Betriebsgenehmigung von AKW für notwendig.

WIRTSCHAFTSPOLITIK

■ **Konjunkturförderung**: Um die nach wie vor stagnierende wirtschaftliche Entwicklung zu beleben, legt die Bundesregierung am 23.3. ein auf mehrere Jahre angelegtes Programm für wachstums- und umweltpolitische **Zukunftsinvestitionen** vor. Die Investitionsausgaben von insgesamt 16 Mrd. DM, an denen der Bund mit 8,2 Mrd. DM beteiligt ist, sind vornehmlich für Verbesserungen im Verkehrssystem, rationelle und umweltfreundliche Energieverwendung sowie für Wasserversorgungssysteme und die Verbesserung der Wohnumwelt vorgesehen. – Am 27.5. verabschiedet der gemeinsame Planungsausschuss von Bund und Ländern den 6. **Rahmenplan zur Verbesserung der regionalen Wirtschaftsstruktur**; bis 1980 sollen 430 800 neue Arbeitsplätze geschaffen werden. – Unter Abkehr vom bisherigen Sparkurs legt die Bundesregierung am 14.9. ein Steuerpaket vor, das Steuerentlastungen für Arbeitnehmer (u.a. Erhöhung der Freibeträge bei der Einkommensteuer) und Unternehmer (u.a. verbesserte Abschreibungsmöglichkeiten, Erhöhung der Freibeträge in der Gewerbesteuer, Senkung der Vermögenssteuer) vorsieht. Die Steuer und Abgabenausfälle von insgesamt 7,5 Mrd. DM pro Jahr sollen weitgehend durch eine Erhöhung der Staatsverschuldung ausgeglichen werden. Am 4.11. billigt auch der Bundesrat das Gesetzeswerk.

■ **Mitbestimmung/Konzertierte Aktion**: Am 29.6. reichen 30 Arbeitgeberverbände und neun Unternehmen beim Bundesverfassungsgericht eine Verfassungsbeschwerde gegen das → 1976 in Kraft getretene neue Mitbestimmungsgesetz ein; nach Ansicht der Arbeitgeber verletzt es das Grundrecht auf Eigentum und die Tarifautonomie. Der DGB kündigt daraufhin die Teilnahme der Gewerkschaften an der seit 1967 bestehenden Konzertierten Aktion auf.

DEUTSCH-DEUTSCHE BEZIEHUNGEN

■ **Ständige Vertretungen**: Im Januar ist die Ständige Vertretung der DDR in Bonn Ziel von Anschlägen (11. und 22.1.), die teils erheblichen Sachschaden anrichten. Der Ständige Vertreter Michael Kohl legt im Bundeskanzleramt Protest ein. – Mitte Januar wird der Zugang zur Ständigen Vertretung der Bundesrepublik in Ost-Berlin behindert (→ DDR).

■ **Ausreisen und Abschiebungen, Regimekritiker**: Als Folge der verschärften Repression in der DDR nach der Ausbürgerung Wolf Biermanns im November → 1976 siedeln mehrere prominente DDR-Künstler freiwillig oder durch Abschiebung in die Bundesrepublik über.

■ **Spionagefälle**: Mit der Verhaftung einer Sekretärin im Bundeskanzleramt unter dem Verdacht nachrichtendienstlicher Tätigkeit für die DDR am 4.5. in Bonn setzt sich die Serie von **Festnahmen mutmaßlicher DDR-Agenten** fort. Am 23.5. macht die Polizei zehn mutmaßliche DDR-Agenten in Norddeutschland dingfest, am 12.12. eine als Spionin verdächtigte Chefsekretärin im Verteidigungsministerium. Im Vorjahr enttarnte das Bundesamt für Verfassungsschutz insgesamt 16 Mitarbeiter des Staatssicherheitsdienstes der DDR, unter ihnen zwei Sekretärinnen im Auswärtigen Amt bzw. im Verteidigungsministerium. – Das Berliner Kammergericht verurteilt am 23.5. den früheren Pressesprecher der SPD, Heinrich Burger, wegen Spionage zugunsten der DDR zu sieben Jahren Freiheitsstrafe.

■ **Häftlingsfreikauf**: 1977 werden rd. 1500 politische Häftlinge von der Bundesregierung aus der DDR-Haft freigekauft, seit 1964 insgesamt 14 000 Häftlinge.

BUNDESLÄNDER UND WEST-BERLIN

■ **Saarland**: CDU und FPD überwinden am 28.2. die Pattsituation im Landtag nach der Wahl am 4.5. 1975 und bilden eine Koalitionsregierung unter dem seit 1959 regierenden Ministerpräsidenten Franz Josef Röder (CDU).

■ **West-Berlin**: Der Regierende Bürgermeister Klaus Schütz zieht aus Anlass einer Finanzaffäre des Innensenators die Konsequenz aus der zunehmenden Schwächung seines politischen Rückhalts in der SPD und tritt am 29.4. zurück.
Am 2.5. wählt das Abgeordnetenhaus den bisherigen Senator für Bundesangelegenheiten Dietrich Stobbe (SPD) zu seinem Nachfolger.

1977 DDR

Wachsende Distanz zwischen Volk und Führung

Die DDR durchlebt das Jahr in innenpolitisch angespannter Lage. Als Folge der Ausbürgerung des Liedermachers Wolf Biermann verlässt eine Reihe von Künstlern das Land. Im August wird der Systemkritiker Rudolf Bahro unter dem Vorwurf der illegalen Nachrichtenübermittlung verhaftet. DDR-Bürgern, die Anträge auf Entlassung aus der DDR-Staatsbürgerschaft gestellt haben und in die Bundesrepublik ausreisen wollen, wird der Zugang zu deren Ständiger Vertretung in Ost-Berlin verwehrt. Ausgereisten wird die Wiedereinreise zu Verwandtenbesuchen verweigert.

KULTURPOLITIK

■ **Ausreisewelle**: Im Frühjahr und Sommer reisen mehrere Schriftsteller, Musiker und andere Künstler, die im Herbst und Winter 1976 wegen ihres Protestes gegen die Ausbürgerung Wolf Biermanns (→ 1976) gemaßregelt worden waren, in die Bundesrepublik und nach West-Berlin aus. Zu ihnen gehören u.a. Jurek Becker, Reiner Kunze, Sarah Kirsch, Jürgen Fuchs, Manfred Krug, Eva-Maria Hagen, Nina Hagen, Gerulf Pannach, Christian Kunert und Adolf Dresen. Andere am Protest Beteiligte bleiben in der DDR, scheiden aber aus wichtigen öffentlichen Ämtern aus: Franz Fühmann und Christa Wolf legen am 11. bzw. 14.8. ihre Ämter im Vorstand des DDR-Schriftstellerverbandes nieder.

■ **Verhaftung Bahros**: Am 23.8. wird in Ost-Berlin Rudolf Bahro wegen »illegaler Nachrichtenübermittlung« verhaftet. Am Tag zuvor waren im Nachrichtenmagazin *Der Spiegel* sowie im Ersten Deutschen Fernsehen (ARD) Interviews mit ihm veröffentlicht bzw. gesendet worden, die im Zusammenhang mit dem bevorstehenden Erscheinen seines Buchs »Die Alternative« in der Bundesrepublik am 31.8. standen. Neben seiner Tätigkeit als Abteilungsleiter für Arbeitsorganisation in einem Ost-Berliner Großbetrieb hatte Bahro 1973–76 das Manuskript des Buches fertiggestellt. Er analysiert darin – ohne seinen vom Marxismus-Leninismus geprägten Standpunkt aufzugeben – das staatssozialistische Gesellschaftssystem als »asiatische Entwicklungsdiktatur« und deutet die Herrschaftsform der Staatsparteien in den Ostblockstaaten als das entscheidende Entwicklungshemmnis der weiteren menschlichen Emanzipation. Das MfS weiß frühzeitig um die Pläne zur Veröffentlichung und kennt auch das Manuskript, das ihm von Inoffiziellen Mitarbeitern übergeben worden ist. Bei den Ermittlungen gegen Bahro fungiert das MfS dann als Ermittlungsorgan. Bahro wird am 30.6.1978 wegen »Spionage und Geheimnisverrat« zu acht Jahren Gefängnis verurteilt, kommt aber → 1979 nach internationalen Protesten im Rahmen einer Amnestie wieder frei.

WIRTSCHAFTS- UND SOZIALPOLITIK

■ **Neues Arbeitsgesetzbuch**: Am 16.6. verabschiedet die Volkskammer ein neues Arbeitsgesetzbuch (in Kraft 1.1.1978). Es enthält nicht nur Bestimmungen über die Form der Arbeitsverhältnisse, einschließlich der besonderen Förderung berufstätiger Frauen (u.a. Bereitstellung betrieblicher Kinderbetreuungseinrichtungen, Urlaubsregelung), sondern auch Vorgaben zur »Arbeiterversorgung« (Betriebsverkaufsstellen, Kantinen). Das Kündigungsrecht ist weiterhin eindeutig zugunsten der Arbeitnehmer gestaltet, die nach den Bestimmungen der DDR-Verfassung das Recht und die Pflicht zur Arbeit haben, was durch die staatliche Politik umgesetzt werden muss. Dementsprechend sind die Kündigungsmöglichkeiten der Unternehmen sehr eingeschränkt.

■ **Preispolitik**: Statt zu einem System langsam, aber stetig sich verändernder Preise analog zur Kostenentwicklung überzugehen, wird am Prinzip der einmal fixierten, unbeweglichen Endverbraucherpreise festgehalten, obwohl aus dem Staatshaushalt immer mehr Subventionen für das niedrige Preisniveau aufgewendet werden müssen. Gleichzeitig werden seit einiger Zeit neue Produkte mit höheren Preisen auf den Markt gebracht. 1977 sind die Preisunterschiede zwischen neuen Erzeugnissen und ihren Vorgängerprodukten bereits erheblich. In der zweiten Jahreshälfte kommt es deshalb zu Hamsterkäufen bei Textilerzeugnissen, Zucker, Mehl, Kakaoerzeugnissen und Zigaretten. In der Bevölkerung kursieren im September Gerüchte über unmittelbar bevorstehende massive Preiserhöhungen in allen Bereichen, die von der Staatsführung nur verheimlicht würden. Das Politbüro beschließt am 12.10., zunächst in Ost-Berlin und den Bezirksstädten, später auch in Mittel- und Kleinstädten sog. Exquisit- und Delikat-Geschäfte einzurichten, in denen der Verkauf hochwertiger Ware zu deutlich höheren Preisen konzentriert wird. Damit etabliert sich ein geteiltes Preissystem: In privaten Geschäften sowie den Läden der Konsumgenossenschaft und den meisten der Handelsorganisation werden weiterhin Waren im unteren und mittleren Preisniveau angeboten.

■ **Pkw-Importe**: Am 12.11. vereinbaren der VW-Konzern und DDR-Außenhandelsunternehmen ein umfangreiches Kompensationsgeschäft, das vorsieht, die Einfuhr von etwa 22 000 VW Golf in die DDR (ab Februar 1978) durch die Lieferung von elektrotechnischen und Maschinenbauerzeugnissen zu bezahlen. Daneben führt die DDR zur Abgeltung eines Außenhandelsüberschusses aus Schweden 1000 Pkw der Marke Volvo ein. Die ersten aus westlichen Ländern eingeführten Pkw werden, gemessen an den durchschnittlichen Einkommen, zu hohen Preisen verkauft (die im Schwarzhandel jedoch noch weit übertroffen werden). Der VW Golf kostet zunächst offiziell ca. 35 000 Mark (später auf 19 000 Mark herabgesetzt), der Volvo 45 000 Mark (später auf 56 000 Mark heraufgesetzt).

■ **Farbfernsehgeräte**: Am 5.12. beginnt der Verkauf von Zwei-System-Farbfernsehern. Mit dem Übergang zum Verkauf von PAL/SECAM-Fernsehgeräten ermöglicht die DDR-Führung ihren Bürgern, Sendungen der westdeutschen Fernsehanstalten, die im PAL-System ausgestrahlt werden, in Farbe zu empfangen. Ein Fernsehgerät der Zwei-System-Technik kostet anfangs 4100–4730 Mark; das ist etwa das Viereinhalbfache eines durchschnittlichen Monatsverdienstes.

INNENPOLITIK

■ **Parteitage**: Im Verlauf des Jahres halten CDU, LDPD, NDPD und DBD ihre Blockparteitage ab, die der formalen Übernahme von Beschlüssen des IX. SED-Parteitags dienen.

■ **Berlin-Politik**: Mit Wirkung vom 1.1. an treten mehrere Verordnungen des Ministerrats in Kraft, die den Status Ost-Berlins betreffen. Dazu gehört der Verzicht, in einem eigenen Verordnungsblatt für Ost-Berlin Gesetze und Verordnungen der DDR gesondert zu veröffentlichen. Die eher nachlässig bedienten Kontrollstellen zwischen Ost-Berlin und der übrigen DDR werden gänzlich geschlossen.

KAFFEEPREISE

In Reaktion auf gestiegene Rohkaffeepreise auf den Weltmärkten fasst das Politbüro am 26.7. eine Reihe von Beschlüssen zur Kaffeeversorgung, um Devisen einzusparen: Dabei werden die Kaffeepreise nicht direkt erhöht. Vielmehr wird von den bisherigen drei Kaffeesorten (zu 60, 70 und 80 Mark/kg) die bisher preiswerteste aus dem Handel genommen und die hier verwendete Kaffeequalität den teureren Sorten beigemischt. Zusätzlich kommt ein Mischkaffee – in der Bevölkerung als »Erichs Krönung« verhöhnt – auf den Markt, der sich aus 51% Röstkaffee, je 5% Zichorie, getrockneten Zuckerrübenschnitzeln und Spelzanteilen sowie 34% Roggen/Gerstengemisch zusammensetzt. Darüber hinaus sind Gaststätten, die in niedrigeren Preisstufen arbeiten, angehalten, nur noch Mischkaffee anzubieten. Die Entscheidung löst eine Welle von Eingaben und Protesten aus, deren Ausmaß die SED-Führung nicht erwartet hatte. Zunächst soll eine Veränderung der Mixtur bei dem Mischkaffee Abhilfe schaffen, dann jedoch müssen eilig zusätzliche Importe aus mehreren Ländern realisiert werden, um die Lage zu beruhigen. Am Ende verschwindet der Mischkaffee. Nach der Einführung einer Röstkaffeesorte zu 100 Mark/kg bleibt das dreigeteilte Kaffeeangebot – nach einer indirekten Preiserhöhung – bestehen, indem nunmehr Kaffee zu 70, 80 und 100 Mark/kg angeboten wird.

Ost-Berlin wird so, entgegen der ursprünglichen Intention des Viermächteabkommens, mehr und mehr zum ununterscheidbaren Teil der DDR.

■ **Zusammenstöße zwischen Polizei und Jugendlichen:** Die Feiern zum 28. Gründungstag der DDR am 7.10. werden von Zusammenstößen zwischen Jugendlichen und der Volkspolizei nach einem Rockkonzert auf dem Ost-Berliner Alexanderplatz überschattet, die drei Todesopfer, darunter zwei Polizisten, fordern.

DEUTSCH-DEUTSCHE BEZIEHUNGEN

■ **Restriktionen**: Ab 11.1. versuchen Volkspolizisten für etwa zwei Wochen, DDR-Bürgern den Zugang zur Ständigen Vertretung der Bundesrepublik zu verwehren – offensichtlich, weil viele DDR-Bürger, die Anträge auf Ausreise aus der DDR gestellt haben, dies der Ständigen Vertretung mitteilen. Nach westdeutschem Protest beschränken sich die Sicherheitskräfte auf verschärfte Kontrollen.

Stau an der Grenze zum sozialistischen Nachbar- und Reiseland Tschechoslowakei

Am 1.3. führt die DDR Straßenbenutzungsgebühren für West-Berliner Kraftfahrzeuge ein, die nach Ost-Berlin fahren. – Auf die Verweigerung der Einreiseerlaubnis für ehemalige DDR-Bürger, die im März die Leipziger Messe für Kontakte mit Freunden und Verwandten in der DDR nutzen wollten, folgen am 14./15.3. Protestnoten der Bundesregierung bzw. des West-Berliner Senats. – Am 26.8. widerruft das DDR-Außenministerium eine zuvor erteilte Einreisegenehmigung für die CDU/CSU-Bundestagsfraktion, die einen als privat deklarierten Ausflug nach Potsdam unternehmen wollte.

■ **Grenze**: Am 9.11. verkündet das Oberste Gericht der DDR ein Grundsatzurteil zum Grenzverlauf in der Elbe, das dem im Februar ergangenen Urteil des Bundesgerichtshofes widerspricht. Während der BGH festgestellt hatte, die Grenze zwischen Schnackenburg und Lauenburg verlaufe am Ostufer der Elbe, stellt das Oberste Gericht fest, sie liege »in der Mitte des Talweges« des Flusses.

■ **Fortschritte**: Am 28.6. übermittelt Helmut Schmidt an Erich Honecker eine Liste mit Vorschlägen zur Entwicklung der innerdeutschen Beziehungen. Sie reichen von der Errichtung einer Stromtrasse zwischen West-Berlin und dem Bundesgebiet (die Honecker zu diesem Zeitpunkt ablehnt), Stromlieferungen der DDR an West-Berlin (von Honecker bejaht), Umweltfragen, den Ausbau der Verkehrswege und anderer Fragen des Verkehrs (die Honecker unterschiedlich bewertet) bis hin zu Reiseerleichterungen und Angelegenheiten der ständigen Ausreise (die Honecker restriktiv behandeln möchte). – Im September lockert die DDR alle Vorschriften über Geschenksendungen aus der Bundesrepublik. – Am 20.12. wird eine Vereinbarung über den Ausbau der Autobahn zwischen Berlin und Helmstedt, für den die Bundesregierung umfangreiche finanzielle Mittel zur Verfügung stellt, geschlossen.

AUSSENPOLITIK

■ **Verbündete Länder**: In den Beziehungen zu den verbündeten staatssozialistischen Ländern markiert der Abschluss einer Reihe neuer **Freundschaftsabkommen** den Übergang zur dritten Generation solcher Verträge, der im Falle der Sowjetunion schon 1975 erfolgt ist. Im Unterschied zu den vorherigen Abkommen finden sich in den neuen Verträgen mit Ungarn (unterzeichnet am 24.3.), der Mongolei (6.5.), Polen (28.5.), Rumänien (unterzeichnet beim Staatsbesuch Honeckers in Bukarest vom 8. bis 10.6.), Bulgarien (14.9.), der Tschechoslowakei (3.10.) und erstmals mit Vietnam (4.12.) keine Hinweise mehr auf die früheren deutschlandpolitischen Intentionen der DDR.

■ **Weitere Ereignisse**: Ab 4.10. nimmt eine Delegation der DDR am Belgrader Folgetreffen der KSZE teil, deren Verhandlungen bis zum 3.9.1978 laufen. – Am 2.5. bricht Zaire seine diplomatischen Beziehungen zur DDR ab, der es vorwirft, Söldner in eine zairische Unruheprovinz entsandt zu haben.

SOZIALE DATEN

■ **Bevölkerung**: Im Gebiet der DDR leben am 31.12. 16,76 Mio. Einwohner. Die Bevölkerungszahl ist damit im Vergleich zum Vorjahr um 9000 zurückgegangen. Der Frauenüberschuss beträgt ca. 1,124 Mio. Nach westlichen Angaben siedeln 12 078, nach DDR-Angaben 9795 Personen nach Westdeutschland über (→ Grafik).

Bevölkerungsentwicklung in der DDR 1947–89

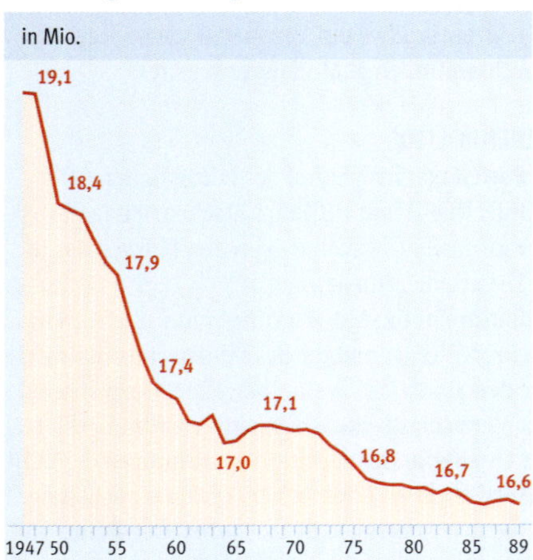

1978 BRD

Rücktritte und neue Parteien

Im Vordergrund des öffentlichen Interesses stehen die Konsequenzen aus den schweren Terrorakten des Vorjahres – Politikerrücktritte, Prozesse, neue Gesetze und eine internationale Kooperation gegen den Terrorismus sowie der Fall des wegen seiner Tätigkeit als »furchtbarer (NS-) Jurist« durch öffentlichen Druck zum Rücktritt gezwungenen Ministerpräsidenten Hans Filbinger. – Nach der Havarie des Tankers »Amoco Cadiz« am 16.3. vor der Küste Frankreichs, der bislang größten Umweltkatastrophe, beteiligen sich die ersten Umweltschutzparteien an Wahlen und erzielen Achtungserfolge.

TERRORISMUS

■ **Ermittlungen und Pannen**: Erst am 2.3. entdeckt die Polizei das Versteck in Erftstadt-Liblar, in dem Hanns Martin Schleyer nach seiner Entführung (→ 1977) gefangengehalten wurde. Der Hinweis auf die Wohnung, der schon vier Tage nach der Entführung eingegangen war, wurde erst bei der routinemäßigen Nachrecherche beachtet. Am 3.6. legt der frühere Innenminister Hermann Höcherl (CSU) den von der Bundesregierung in Auftrag gegebenen Bericht über Pannen und Fehler bei der Fahndung nach den Schleyer-Entführern vor.

■ **Antiterrorismus-Gesetzgebung**: Am 17.2. erweitert der Bundestag erneut die Möglichkeiten zur Bekämpfung des Terrorismus. Verteidiger sollen durch Trennscheiben zu ihren unter Terrorismusverdacht stehenden Mandanten auf Abstand gehalten und bei Verdacht auf konspirative Verbindungen zu Terroristen leichter vom laufenden Verfahren ausgeschlossen werden können; die Befugnisse der Polizei bei der Fahndung nach mutmaßlichen Terroristen werden erweitert (Durchsuchung von Wohnungen und Häusern, Errichtung von Kontrollstellen). Nachdem der Bundestag am 13.4. in namentlicher Abstimmung den Einspruch des Bundesrats zurück gewiesen hat, tritt das Gesetz am Tag darauf in Kraft. – Am 8.6. beschließt der Bundestag weitere Gesetzesänderungen zur Verbesserung der vorbeugenden Terrorismusbekämpfung und zur Beschleunigung von Strafverfahren. – Die Innenminister der Bundesrepublik, Italiens, Österreichs und der Schweiz treffen sich am 9.4. bei Zürich und – nun auch mit dem französischen Innenminister – am 10.9. in Wien, um die grenzüberschreitende Terrorismusbekämpfung zu koordinieren. Auf dem Weltwirtschaftsgipfel in Bonn am 16./17.7. verständigen sich die sieben führenden Wirtschaftsnationen u.a. auf eine koordinierte Bekämpfung des Terrorismus sowie Sanktionen gegen Staaten, die Flugzeugentführern Zuflucht gewähren.

■ **Fahndung, Festnahmen, Urteile**: Am 6.8. entkommen die mutmaßlichen Terroristen Christian Klar, Willi-Peter Stoll und Adelheid Schulz Beamten des BKA nach einer Verfolgungsfahrt. Das BKA muss sich in diesem Zusammenhang schwere Fahndungsfehler vorwerfen lassen. Stoll, der an den Entführungs- und Mordfällen Ponto und Schleyer (→ 1977) beteiligt gewesen sein soll, wird am 6.9. in Düsseldorf von Zivilfahndern der Polizei erschossen. – In einem Wald bei Dortmund stellt die Polizei nach einer Schießerei am 24.9. zwei Verdächtige, von denen einer seinen Schussverletzungen erliegt; auch ein Polizist wird erschossen, ein weiterer schwerverletzt. Die Schützin Angelika Speitel wird festgenommen, einem zweiten Komplizen gelingt die Flucht. – Der Festnahme der mutmaßlichen RAF-Terroristen Peter-Jürgen Boock, Sieglinde Hofmann, Brigitte Mohnhaupt und Rolf Clemens Wagner in Zagreb am 11.5. folgt ein diplomatisches Tauziehen zwischen der Bundesrepublik und Jugoslawien, das im Gegenzug zur Auslieferung der Deutschen die Überstellung von in der Bundesrepublik inhaftierten Exil-Kroaten fordert. Als die Bundesrepublik diese Forderung ablehnt, lässt Jugoslawien die vier Beschuldigten in ein Land ihrer Wahl ausreisen.

■ **Terroristische Aktivitäten**: Durch Geiselnahme in der Untersuchungshaftanstalt Moabit in West-Berlin erzwingen zwei bewaffnete Frauen am 27.5. die Freilassung eines mutmaßlich an der Lorenz-Entführung (→ 1975) Beteiligten, mit dem ihnen die Flucht gelingt. Der Entflohene wird am 21.6. zusammen mit drei gleichfalls des Terrorismus verdächtigen Frauen in Bulgarien festgenommen und am selben Tag an die Bundesrepublik ausgeliefert. – Justizsenator Jürgen Baumann (FDP) übernimmt für die Sicherheitsmängel in der Haftanstalt die politische Verantwortung und tritt Anfang Juli zurück.

INNENPOLTIK

■ **Rücktritte und Kabinettsumbildung**: Am 1.2. erklärt Verteidigungsminister Georg Leber (SPD) seinen Rücktritt. Er übernimmt damit die politische Verantwortung für eine Spionageaffäre im Ministerium sowie für rechtlich umstrittene oder illegale Abhörmaßnahmen des Militärischen Abschirmdienstes. Bundeskanzler Helmut Schmidt nimmt den Rücktritt Lebers zum Anlass für die Neubesetzung mehrerer der SPD zugeordneter Ressorts. Hans Matthöfer, bisher zuständig für Forschung und Technologie, übernimmt das Finanzministerium von Hans Apel, der neuer Verteidigungsminister wird. Jürgen Schmude tritt an die Stelle von Helmut Rohde als Bildungsminister, Rainer Offergeld an die von Marie Schlei als Minister für wirtschaftliche Zusammenarbeit; Dieter Haack wird verantwortlich für das Ressort für Raumordnung, Bauwesen und Städtebau, das bisher Karl Ravens innehatte. – Am 6.6. tritt Bundesinnenminister Werner Maihofer (FDP) zurück; er reagiert damit auf die anhaltende Kritik an seiner Amtsführung und den Bericht über Pannen und Fehler bei der Fahndung nach den Schleyer-Entführern, der ihm selbst allerdings keine Verfehlungen vorwirft. Nachfolger wird der bisherige Staatssekretär Gerhart Rudolf Baum (FDP).

■ **Abhöraffäre Strauß**: Nachdem die Bundesregierung am 6.1. feststellt, die Untersuchungen zur sog. Lockheed-Affäre hätten keine Beweise für eine Verstrickung bundesdeutscher Politiker erbracht, wird durch einen Bericht in der *Süddeutschen Zeitung* am 14.1. bekannt, dass ein Telefongespräch des CSU-Vorsitzenden Franz Josef Strauß am 28.9.1976 abgehört wurde. Der Inhalt des Gesprächs erhärtet scheinbar den Verdacht, Strauß sei in die Bestechungsaffäre um die Beschaffung des von Lockheed produzierten Kampfflugzeugs Starfighter verwickelt. Strauß spricht von sinnverkehrender Wiedergabe.

AUSSENPOLITIK

■ **Ostblockstaaten**: Als erster Bundeskanzler stattet Schmidt am 6./7.1. der Volksrepublik Rumänien einen Besuch ab. Im Gegenzug zur Gewährung einer Bundesbürgschaft für Kredite über 700 Mio. DM gibt Rumänien die Zusage, jährlich rd. 11 000 Deutschstämmige in die Bundesrepublik ausreisen zu lassen. In Rumänien leben rd. 350 000 Siebenbürger Sachsen und Banater Schwaben, von denen etwa 80% in die Bundesrepublik

Leonid Breschnew (l.) nach einem Gespräch mit Franz Josef Strauß vor dem Gästehaus der Bundesregierung im Mai 1978

übersiedeln wollen. – Der Staatspräsident der Tschechoslowakei, Gustáv Husák, besucht vom 10. bis 13.4. als erstes Staatsoberhaupt seines Landes die Bundesrepublik. Hauptthemen der Verhandlungen sind die Intensivierung der wirtschaftlichen Beziehungen und die weitere Normalisierung des zwischenstaatlichen Verhältnisses. In ein am 11.4. von den Außenministern unterzeichnetes Kulturabkommen ist auch West-Berlin einbezogen.
Im Mittelpunkt der Gespräche des Staats- und Parteichefs der Sowjetunion, Leonid I. Breschnew, während seines Besuchs vom 4. bis 7.5. in der Bundesrepublik stehen Fragen der Abrüstung und der Ausbau der Handelsbeziehungen. Breschnew kann Bundeskanzler Schmidt nicht für einen Ost-West-Verzicht auf Massenvernichtungsmittel gewinnen, da, wie Schmidt feststellt, die Bundesrepublik über keine verfüge. Beide Seiten betonen jedoch die Notwendigkeit weiterer Schritte zur Eindämmung des Wettrüstens. Am 6.5. wird ein auf 25 Jahre angelegtes Wirtschaftsabkommen zwischen der Bundesrepublik und der UdSSR unterzeichnet, das u.a. den Aufbau von Industrieanlagen und die kooperative Gewinnung und Verarbeitung von Rohstoffen vorsieht.

■ **Entwicklungshilfe**: Das Bundeskabinett beschließt am 4.10. einen Schuldenerlass in Höhe von insgesamt 4,3 Mrd. DM für die 30 ärmsten Staaten der Erde; statt neuer Darlehen sollen sie künftig direkte finanzielle Zuschüsse erhalten.

FILBINGER-AFFÄRE

Der Schriftsteller Rolf Hochhuth veröffentlicht in der *ZEIT* vom 17.2. einen Artikel, in dem er das Ergebnis seiner Recherchen über die Tätigkeit des Regierungschefs von Baden-Württemberg Hans Filbinger als Marinerichter 1943–1945 ausbreitet. Mit Bezug auf einen Fall, in dem Filbinger als Anklagevertreter am 16.1.1945 wegen Fahnenflucht ein Todesurteil gegen einen Matrosen erwirkte und dessen Vollstreckung überwachte, heißt es bei Hochhuth: »Ist doch der amtierende Ministerpräsident dieses Landes, Dr. Filbinger, selbst als Hitlers Marinerichter, der sogar noch in britischer Gefangenschaft einen deutschen Matrosen mit Nazigesetzen verfolgt hat, ein so furchtbarer Jurist gewesen, dass man vermuten muss … er ist auf freiem Fuß dank derer, die ihn kannten.«

In der nachfolgenden publizistischen und gerichtlichen Auseinandersetzung macht Filbinger geltend, er habe in dem betreffenden Verfahren keinen Ermessensspielraum gehabt und außerdem an keinen weiteren Todesurteilen mitgewirkt; vielmehr habe er in vielen Fällen Angeklagte vor schweren Strafen bewahrt. Das Stuttgarter Landgericht untersagt am 23.5. in einer einstweiligen Verfügung Hochhuth die Behauptung, Filbinger sei nur auf freiem Fuß dank jener, die ihn kannten; die Formulierung, Filbinger sei ein »furchtbarer Jurist« gewesen, bleibt unbeanstandet. Bis zum 4.7. werden drei weitere Fälle bekannt, in denen Filbinger im März und April 1945 Marinedeserteure zum Tode verurteilte. Filbinger erläutert, an diese Urteile habe er sich nicht mehr erinnert; im Übrigen habe es sich, da in Abwesenheit ergangen, um reine »Phantomurteile« gehandelt, die nur der Abschreckung dienen sollten. Sein geringes Verständnis für die moralische und politische Substanz der Vorwürfe gegen ihn illustriert Filbinger mit dem legendären Satz: »Was damals Recht war, kann doch heute nicht Unrecht sein.«

Nachdem der Landesvorstand der CDU am 5.8. beschließt, Filbinger müsse sein Amt bis zum nächsten Landesparteitag am 9.9. zur Verfügung stellen, kündigt Filbinger am 7.8. seinen Rücktritt an und erklärt: »Dies ist die Folge einer Rufmordkampagne, die in dieser Form bisher in der Bundesrepublik noch nie vorhanden war. Es ist mir schweres Unrecht angetan worden.«

VERTEIDIGUNGSPOLITIK UND BUNDESWEHR

■ **Neutronenbombe**: Nachdem im Vorjahr bereits die Bewilligung von Finanzmitteln für die Entwicklung der Neutronenbombe durch US-Präsident Jimmy Carter eine Diskussion über die moralische Dimension der atomaren Bewaffnung entfacht hatte, fordert die CDU/CSU-Bundestagsfraktion am 21.2. einstimmig die Bundesregierung auf, der Option des US-Präsidenten auf die Produktion dieser Waffe und ihre Einführung in das Arsenal des atlantischen Bündnisses zuzustimmen; eine glaubhafte Abschreckung sei ein wesentlicher Beitrag zur Verhinderung eines Kriegs. Die Bundesregierung lehnt dies am 23.2. mit dem Hinweis auf die alleinige Zuständigkeit der USA ab, stimmt jedoch nach Gesprächen von Bundesaußenminister Hans-Dietrich Genscher (FDP) mit US-Verteidigungsminister Cyrus Vance und US-Präsident Carter in Washington am 4.4. dem Projekt einer Ausstattung der NATO mit Neutronenwaffen zu. Die Entscheidung des US-Präsidenten am 7.4., die Serienproduktion noch nicht freizugeben, kritisiert der CSU-Vorsitzende Franz Josef Strauß am Tag darauf als offenkundige Führungsschwäche Carters.

■ **Kriegsdienstverweigerung**: Das Bundesverfassungsgericht erklärt am 13.4. das von der SPD-FDP-Koalition 1977 verabschiedete Wehrpflichtänderungsgesetz, gegen das die Unionsfraktion des Bundestages und drei CDU- bzw. CSU-regierte Länder Klage erhoben haben und das am 15.12.1977 bereits durch eine einstweilige Anordnung suspendiert worden war, für verfassungswidrig.

■ **NATO**: Auf der NATO-Gipfelkonferenz am 30./31.5. in Washington unterstützt Bundeskanzler Schmidt US-Präsident Carters demonstrative Ankündigung, die Rüstung der NATO nuklear und konventionell zu modernisieren und auszubauen; die NATO beschließt ein entsprechendes Rüstungsprogramm im Kostenvolumen von rd. 160 Mrd. DM bis 1993.

Am 30.11. gibt der Haushaltsausschuss des Bundestags 1,2 Mrd. DM frei, die Verteidigungsminister Apel (SPD) als Beitrag der Bundesrepublik zum Aufbau eines neuen NATO-Aufklärungssystems beantragt hatte (Gesamtkosten rd. 3,8 Mrd. DM). Hauptkomponente des AWACS (Airborne Warning and Control System) ist eine Flotte von 18 Flugzeugen vom Typ Boeing 707, die mit ihrer hochentwickelten Radartechnik aus dem Luftraum über der NATO-Ostgrenze in 9000 m Höhe bis zu 500 km weit den Ostblockraum überwachen können.

WIRTSCHAFTS-, SOZIAL UND FINANZPOLITIK

■ **Konjunkturmaßnahmen**: Um belebende Konjunktureffekte auszulösen, verabschiedet der Bundestag am 14.6. einen Nachtragshaushalt für 1978 in Höhe von 939 Mio. DM, der weitere Subventionen für Bergbau und Stahlindustrie vorsieht. – Angesichts der weltweiten Rezession verpflichten sich die Teilnehmer des Weltwirtschaftsgipfels in Bonn am 16./17.7. zu zusätzlichen Maßnahmen zur Belebung der Weltwirtschaft, die bis zu 1% des BSP ausmachen sollen. Die Bundesregierung beschließt daher am 28.7. in einem Maßnahmenpaket zur Konjunkturförderung die Erhöhung des Kindergeldes (ab 1.1.1979) sowie die Absenkung des Lohn- und Einkommensteuertarifs und Entlastungen bei der Gewerbesteuer (ab 1.1.1980). Die zusätzliche Belastung des Staatshaushalts, die für 1979 mit 13,5 Mrd. DM veranschlagt wird, kann durch Anhebung des Mehrwertsteuersatzes von 12 auf 13% bzw. von 6 auf 6,5% (ab 1.7. 1979) kaum gemindert werden.

■ **Rentenanpassung**: Am 7.7. lässt der Bundesrat das am 8.6. vom Bundestag verabschiedete 21. Rentenanpassungsgesetz nach Einschaltung des Vermittlungsausschusses endgültig passieren. 1979 sollen die Renten nettolohnbezogen um 4,5%, 1980 und 1981 jeweils um 4% angehoben werden. Zugleich wird der Beitragssatz zur Rentenversicherung zum 1.1.1981 um 0,5 auf 18,5% erhöht. Der Nettolohnbezug trifft auf heftigen Widerspruch der Opposition und der Gewerkschaften.

■ **Arbeitslosigkeit**: Die Bundesanstalt für Arbeit verschärft am 8.8. die Zumutbarkeitsregelungen

Streiks und Aussperrungen 1965–85

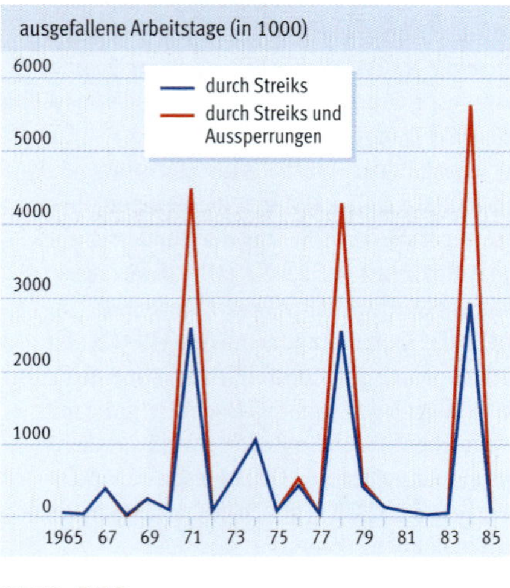

Der letzte deutsche Käfer rollt am 19.1. vom Band

für Arbeitslose, die künftig auch Stellen annehmen müssen, die nicht dem erlernten, überwiegend oder zuletzt ausgeübten Beruf entsprechen. Am 21.11. beschließt das Bundeskabinett eine Novelle zum Arbeitsförderungsgesetz, die den Begriff der Zumutbarkeit neu fasst.

TARIFKONFLIKTE

■ **Druckindustrie**: Die Auseinandersetzung zwischen den Tarifpartnern in der Druckindustrie über die Einführung neuer Technologien eskaliert am 8.2. zum Arbeitskampf. Die IG Druck und Papier verlangt eine tarifvertragliche Absicherung der Beschäftigung, Entgelte und Sozialleistungen im Falle von Rationalisierungen. Der von regionalen und betrieblichen Schwerpunktstreiks sowie von Aussperrungen gekennzeichnete Konflikt endet am 20.3. mit einem Kompromiss, der eine weitgehende soziale Absicherung der Beschäftigten festschreibt.

■ **Metallindustrie**: Bei den bereits im Dezember 1977 begonnenen Tarifauseinandersetzungen zwischen der IG Metall und den Arbeitgebern kommt es in Nordwürttemberg/Nordbaden ab Anfang März zu Warnstreiks, Schwerpunktstreiks und Aussperrungen mit über 200 000 Streikenden und Ausgesperrten. Die Umsatzausfälle werden auf 2 Mrd. DM geschätzt. Am 3.4. gelingt eine Einigung über die Lohnerhöhung (5%,), vor allem aber über den Kernpunkt des Streiks, die Absicherung der Arbeitnehmer gegen negative Folgen des technologischen Fortschritts. Doch wehren die Arbeitgeber den von der Gewerkschaft verlangten »Einstieg in die 35-Stunden-Woche« vorerst ab. Erst ab 11.4. wird wieder voll gearbeitet. – 1978 ist mit 4,28 Mio. verlorenen Arbeitstagen nach 1971 (4,48 Mio.) das Jahr der zweitstärksten Arbeitskampfaktivität seit Bestehen der Bundesrepublik.

PARTEIEN

■ **NPD**: Der baden-württembergische Verwaltungsgerichtshof stellt am 11.4. fest, es sei nicht erwiesen, dass die NPD verfassungsfeindliche Ziele verfolgt. Für die Ablehnung eines NPD-Mitglieds als Beamter im Sinne des Extremistenbeschlusses reiche die bloße Mitgliedschaft in der Partei nicht aus.

■ **Umweltparteien**: Die Grüne Aktion Zukunft (GAZ) konstituiert sich am 13.7. in Bonn als erste bundesweite Umweltpartei. Vorsitzender wird Herbert Gruhl, der bis Anfang Juli noch Umweltexperte der CDU/CSU-Fraktion war.

■ **CDU**: Der Bundesparteitag in Ludwigshafen beschließt am 25.10. das erste Grundsatzprogramm der CDU: Unter dem Titel »Freiheit, Solidarität, Gerechtigkeit« umreißt es in 137 Artikeln die Grundsätze der »christlichen Volkspartei«.

DEUTSCH-DEUTSCHE BEZIEHUNGEN

■ **Berlin-Status**: Im Zusammenhang mit der Verhaftung des Ost-Berliners Nico Hübner (→ DDR), der unter Berufung auf den Berlin-Status den Wehrdienst verweigerte, bekräftigen die Westmächte am 2.5. erneut die Fortdauer des »entmilitarisierten Status« für ganz Berlin.

■ **Reiseverkehr**: Die anhaltende Verschlechterung der innerdeutschen Beziehungen schlägt sich weiterhin in Behinderungen des Reiseverkehrs durch verschärfte Kontrollen und Abweisungen nieder, u.a. verweigern DDR-Grenzbeamte dem CDU-Vorsitzenden Helmut Kohl und weiteren Bundestagsabgeordneten am 15./16.1. die Einreise nach Ost-Berlin.

■ **Flüchtlinge**: Im Zusammenhang mit dem bevorstehenden Abschluss eines Verkehrsabkommens mit der DDR verurteilt der Bundesminister für innerdeutsche Beziehungen, Egon Franke (SPD), kriminelle Praktiken von gewerblichen Fluchthilfeunternehmen, die zur Gefährdung der erzielten Fortschritte im Transitverkehr führen könnten. – Das Landgericht Hagen verurteilt in der Revision den 1976 freigesprochenen ehemaligen DDR-Grenzsoldaten Werner Weinhold zu einer Haftstrafe von fünfeinhalb Jahren. Er hatte bei seiner Flucht zwei Grenzbewacher erschossen.

■ **Verkehrsvertrag**: Am 16.1. unterzeichnen der Ständige Vertreter der Bundesrepublik, Staatssekretär Günter Gaus, und der stellvertretende DDR-Außenminister Kurt Nier in Ost-Berlin das finanziell umfangreichste Übereinkommen zwischen beiden Staaten seit dem Grundlagenvertrag von 1972. Vereinbart werden der Bau einer Autobahn von Hamburg nach Berlin (1,2 Mrd. DM), die Beseitigung von Schäden an den Transitwasserstraßen (120 Mio. DM) und die Öffnung des Teltow-Kanals (70 Mio. DM) sowie Verkehrsverbesserungen (insg. bis zu 500 Mio. DM) und die Neufestsetzung der sog. Transitpauschale für einen Zeitraum von zehn Jahren (ab 1980 jährlich 525 Mio. DM).

BUNDESLÄNDER

■ **Nordrhein-Westfalen**: Nach einem Volksbegehren am 1.3. annulliert der Landtag auf Vorschlag der Landesregierung das am 8.11.1977 verkündete Gesetz zur Einführung einer Kooperativen Schule (Vereinigung der Schulen der Sekundarstufe I in einem Schulzentrum, Einführung einer Orientierungsstufe in den Klassen 5 und 6). – Nach dem Rücktritt von Ministerpräsident Heinz Kühn (SPD) aus Altersgründen wählt der Landtag am 20.9. den bisherigen Wissenschaftsminister Johannes Rau (SPD) zum neuen Regierungschef.

■ **Niedersachsen**: Nach Bekanntwerden nationalsozialistischer Rassenauffassungen in seiner Dissertation aus dem Jahre 1936 über »Die leitenden Grundgedanken bei der Entmannung gefährlicher Sittlichkeitsverbrecher« tritt Justizminister Hans Puhvogel (CDU) am 24.3. zurück. – Bei der Landtagswahl am 4.6. erringt die CDU die absolute Mehrheit der Mandate. Die erstmals angetretene Umweltschutzliste erreicht 3,9%. Ernst Albrecht (CDU) bleibt Regierungschef.

■ **Hamburg**: Bei der Bürgerschaftswahl am 4.6. erzielt die SPD die absolute Mehrheit. Auf die Umweltschutzlisten entfallen insg. 4,5% der Stimmen. Hans-Ulrich Klose wird im Amt des Ersten Bürgermeisters bestätigt.

■ **Baden-Württemberg**: Nach dem Rücktritt von Ministerpräsident Hans Filbinger wählt der Landtag am 30.8. den bisherigen Innenminister Lothar Späth (CDU) zum neuen Ministerpräsidenten.

■ **Hessen**: Bei der Landtagswahl am 8.10. erreichen die erstmals angetretenen Umweltparteien Grüne Liste Hessen 1,1% und die Grüne Aktion Zukunft 0,9%. Ministerpräsident Holger Börner (SPD) wird am 1.12. im Amt bestätigt.

■ **Bayern**: Die CSU gewinnt bei der Landtagswahl am 15.10. die absolute Mehrheit; die konservativ-grüne Aktionsgemeinschaft erhält 1,8%; am 6.11. wird der CSU-Vorsitzende Franz Josef Strauß wieder zum Ministerpräsidenten gewählt.

■ **Wahlergebnisse** → S. 458–467

1978 DDR

Die Opposition rührt sich

Die innenpolitische Lage ist auch 1978 von Spannungen geprägt. Im westdeutschen Nachrichtenmagazin *Der Spiegel* erscheint ein Manifest von SED-Mitgliedern, die sich in Opposition zur Parteispitze stellen; weiterhin reisen Künstler, die gegen die Ausbürgerung Wolf Biermanns protestiert hatten, in die Bundesrepublik aus. Im März werden einige Rechte der Kirchen gestärkt; gleichwohl zeigt die staatliche Reaktion auf die Proteste der evangelischen Kirchen gegen die Einführung eines Wehrkundeunterrichts an den Schulen, dass die SED die gesellschaftspolitische Rolle der Kirchen keineswegs anerkennt.

INNENPOLITIK

■ **Umgang mit Oppositionellen**: Anfang Januar veröffentlicht *Der Spiegel* ein anonymes »Manifest des Bundes der demokratischen Kommunisten Deutschlands«, das nach späteren Erkenntnissen im Wesentlichen von einem ehemaligen Berater Willi Stophs, dem Ost-Berliner Universitätsprofessor Hermann von Berg, formuliert worden ist. Das Manifest reflektiert Vorstellungen von reformorientierten SED-Mitgliedern, weshalb *Der Spiegel* es auch als »Manifest der SED-Opposition« bezeichnet. Gleichwohl bleibt es die Aktion eines Einzelnen, deren Ursprung die DDR-Führung indes bei westlichen Geheimdiensten sieht: Das Außenministerium spricht von einem »Machwerk des BND«. Das Korrespondentenbüro des *Spiegel* in Ost-Berlin wird am 10.1. geschlossen; erst 1985 kann das Nachrichtenmagazin wieder ein Büro in Ost-Berlin eröffnen. – Am 7.7. wird in Ost-Berlin Nico Hübner zu einer Haftstrafe verurteilt, weil er sich unter Verweis auf den Viermächtestatus Berlins geweigert hatte, seinen Wehrdienst in der NVA abzuleisten.

■ **Kulturpolitik**: Bei einer Tagung des SED-ZK am 24./25.5. polemisiert der Ost-Berliner SED-Chef Konrad Naumann gegen Künstler, die »statt die jederzeit mögliche offene und kritische Diskussion mit Genossen und Kollegen zu suchen, ›Verbesserungsvorschläge‹ für den realen Sozialismus [machen], die sie dann über bürgerliche Massenmedien servieren. Dafür haben sie dann aber noch ein entsprechendes Geldkonto«. Naumanns Attacke richtet sich vor allem gegen Künstler, die seit der Biermann-Ausbürgerung die DDR verlassen haben oder beabsichtigen, dies zu tun. Regimetreue Schriftsteller (Jurij Brĕzan, Hermann Kant, Max Walter Schulz, Erwin Strittmatter, Helmut Sakowski, Günter Görlich und Gerhard Holtz-Baumert) finden sich hingegen bereits am 3.3. zu einem »freundschaftlichen Gespräch« mit Erich Honecker und Kurt Hager zusammen, das, wie DDR-Zeitungen in den folgenden Tagen berichten, im »Geiste des VIII. und IX. Parteitages« der SED verläuft. – Hermann Kant wird beim VIII. Schriftstellerkongress (29.–31.5.) in Ost-Berlin, zu dem einige Schriftsteller nicht eingeladen sind oder demonstrativ nicht erscheinen, zum Verbandspräsidenten gewählt. Stephan Hermlin verwahrt sich in einem Diskussionsbeitrag gegen die Attacken Naumanns. – Im November wird das Buch »Die Flüsterparty« von Rudi Strahl verboten, in dem die Intershopläden in der DDR thematisiert werden.

■ **Gesetzgebung**: In der Volkskammer wird am 13.10. das Verteidigungsgesetz verabschiedet, mit dem die militärische Verteidigung und der Zivilschutz neu geregelt werden. In § 1 werden als politische Grundlagen der Landesverteidigung die UN-Charta, der Warschauer Pakt und die Freundschafts- und Bestandsverträge mit der UdSSR und anderen staatssozialistischen Ländern genannt.

KIRCHENPOLITIK

■ **Rechtsstellung**: Ein Treffen zwischen Vertretern des Bundes der Evangelischen Kirchen in der DDR (BEK) unter Leitung des Ost-Berliner Bischofs Albrecht Schönherr mit Honecker am 6.3. markiert einen **Wendepunkt im Verhältnis von Staat und Kirche**. Die Ausstrahlung von kirchlichen Sendungen in Rundfunk und Fernsehen der DDR wird vereinbart, ebenso die seelsorgerische Betreuung von Strafgefangenen und die Gleichstellung der kirchlich gebundenen Sozialdienste mit den vom Staat betriebenen Einrichtungen. Honecker betont das Verfassungsrecht auf freie Religionsausübung, Schönherr erklärt, die Aufgabe der »Kirche im Sozialismus« sei es, dem christlichen Bürger zu helfen, »einen Weg in der sozialistischen Gesellschaft in der Freiheit und Bindung des Glaubens« zu finden. Am 19.6. kommt es zu einer Begegnung zwischen

»Der erste Deutsche im Weltall« – Siegmund Jähn (r.) und sein sowjetischer Kollege nach ihrem Weltraumflug vom 26.8. bis 3.9. in der Sojus 31

Albrecht Schönherr und Willi Stoph. Bereits am 12.6. war der Staatssekretär für Kirchenfragen, Hans Seigewasser, mit dem Vorsitzenden der katholischen Berliner Bischofskonferenz, Kardinal Alfred Bengsch, zusammengetroffen. – Die Gespräche helfen, die Rechtsstellung der Kirchen zu verbessern, ohne jedoch tatsächlich Rechtssicherheit zu schaffen. Insbesondere betrifft dies die Rolle der Kirchen als politischer Faktor, als Teilnehmer am gesellschaftlichen Diskurs. Als am 25.6. in den evangelischen Kirchen ein Hirtenbrief gegen die Einführung des Wehrkundeunterrichtes ab der 9. Klasse verlesen wird, die am 1.9. tatsächlich erfolgt, übersteigt dies aus der Sicht des Staates den Rahmen des allein auf die Religionsausübung beschränkten Auftrages der Kirchen.

■ **Weitere Ereignisse**: Am 17.9. kommt es in Falkenstein im Vogtland erneut zur **Selbstverbrennung** eines evangelischen Pfarrers (Rolf Günther). Am 3.5. kommt die **Lutherbibel** in einer von BEK und EKD gemeinsam erarbeiteten, dem modernen Sprachgebrauch angepassten Fassung heraus.

AUSSENPOLITIK

■ **Staatsbesuch**: Vom 30.3. bis 1.4. hält sich erstmals ein österreichischer Bundeskanzler Bruno Kreisky zu einem offiziellen Besuch in der DDR auf.

■ **Abkommen**: Vom 5. bis 8.6. führt eine DDR-Delegation in Paris Wirtschaftsverhandlungen mit der französischen Regierung. – Am 3.10. unterzeichnen Spanien und die DDR ein Abkommen über die Zusammenarbeit auf dem Gebiet von Wissenschaft und Technik. – DDR-Außenminister Oskar Fischer unterzeichnet ein ähnliches Abkommen mit Italien aus Anlass seines Besuchs in Rom am 26./27.10.

DEUTSCH-DEUTSCHE BEZIEHUNGEN

Die Beziehungen zwischen beiden deutschen Staaten sind erneut durch den Wechsel von **Spannungen und Fortschritten** gekennzeichnet. Am 15./16.1. sowie am 11. und 14.9. wird Landes- und Bundespolitikern der CDU/CSU, die sich zu Sitzungen in West-Berlin aufhalten, die anschließende Einreise in die DDR verweigert. – Am 21.10. bezeichnet das *Neue Deutschland* die Wahl des West-Berliner Regierenden Bürgermeisters, Dietrich Stobbe, zum Bundesratspräsidenten als »offensichtliche und schwerwiegende Verletzung des Vierseitigen Abkommens«. – Auf der anderen Seite stehen der Besuch von Kanzleramtsminister Hans-Jürgen Wischnewski (SPD) am 28.1. und der erstmalige Besuch eines Bundesministers (Bundesbauminister Dieter Haack) in Ost-Berlin am 11.9. Beide Besuche stehen im Zusammenhang mit Verhandlungen über den Bau einer Autobahn zwischen Berlin und Hamburg (→ BRD).

WIRTSCHAFTS- UND SOZIALPOLITIK

Das Wirtschaftswachstum der Volkswirtschaft verlangsamt sich. Anfang Juli wird mit großer propagandistischer Begleitung und im Beisein Erich Honeckers im Ost-Berliner Stadtteil Marzahn »die einmillionste seit dem VIII. Parteitag (1971) fertiggestellte Wohnung« an eine Arbeiterfamilie übergeben. Tatsächlich sind 1971–78 (nach Angaben des letzten Statistischen Jahrbuches der DDR von 1990) nur 807 131 Wohnungen entstanden, gleichwohl werden während der Amtszeit Honeckers u.a. auch Wohnheimplätze für Senioren oder Studenten als »Wohnung« gezählt.

Importabhängigkeit von der UdSSR 1978

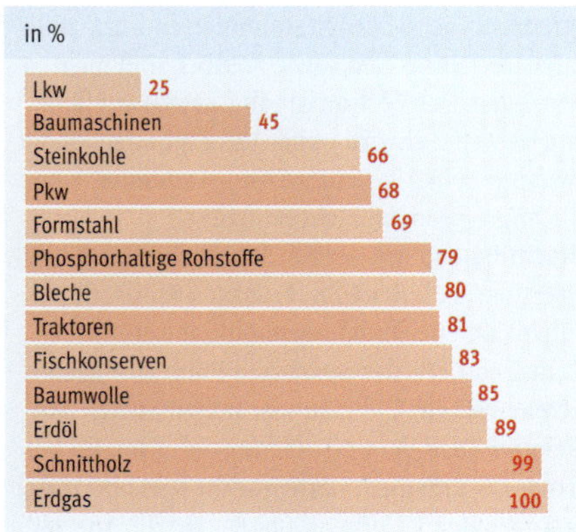

Quelle: DIW

1979 BRD

Diskussion um Nachrüstung

Außen- und sicherheitspolitische Entwicklungen prägen 1979 das politische Klima in der Bundesrepublik. Um der nuklearen Vormacht des Warschauer Pakts in Europa entgegenzuwirken, fasst die NATO im Dezember in Brüssel unter maßgeblicher Mitwirkung von Bundeskanzler Helmut Schmidt den sog. Doppelbeschluss über die Stationierung von Mittelstreckenraketen in Westeuropa für den Fall des Scheiterns vorheriger Abrüstungsverhandlungen. Die Invasion der sowjetischen Streitkräfte in Afghanistan Ende 1979 lässt endgültig ein Wiederaufleben des Kalten Kriegs befürchten.
Der rasante Kursverfall des US-Dollars beschleunigt die wirtschaftliche Einigung Europas: Das Europäische Währungssystem (EWS) soll auch als Bollwerk gegen Währungsturbulenzen dienen. Massive Erdölpreiserhöhungen schüren die Furcht vor einer Weltwirtschaftskrise.

OST-WEST-KONFLIKT UND NACHRÜSTUNG

■ **SALT II**: US-Präsident Jimmy Carter und der sowjetische Staatschef Leonid I. Breschnew unterzeichnen am 18.6. in Wien den zweiten Vertrag (SALT II) über die Begrenzung der strategischen Rüstung. Beide Seiten verpflichten sich, die Anzahl nuklearer Trägersysteme auf maximal 2250 zu begrenzen. Die in Europa stationierten Kurz- und Mittelstreckenraketen sowie Bomber sind nicht einbezogen. Der Vertrag ist (ab 1.1.1981) auf fünf Jahre befristet; er wird wegen des Einmarsches der Sowjetunion in Afghanistan Ende Dezember vom US-Kongress jedoch nicht ratifiziert.

■ **Nachrüstung**: Auf der Konferenz der Staats- und Regierungschefs der USA, Frankreichs, Großbritanniens und der Bundesrepublik (die erstmals im engeren Kreis der westlichen Führungsmächte vertreten ist) am 5./6.1. auf der französischen Antilleninsel Guadeloupe gewinnen die europäischen Partner US-Präsident Carter für ihr Konzept, durch das Angebot von Verhandlungen und die Androhung der Stationierung von US-amerikanischen Mittelstreckenwaffen in Westeuropa die Sowjetunion zum Stopp der Stationierung von SS-20-Raketen zu veranlassen. Im Vorfeld des amerikanisch-sowjetischen Gipfeltreffens (15.–18.6.) und des Weltwirtschaftsgipfels (29.6.) stimmt Carter seine Verhandlungslinie mit Bundeskanzler Helmut Schmidt ab, der sich vom 5. bis 8.6. in den USA aufhält. – Am 12.12. fassen die Außen- und Verteidigungsminister der NATO in Brüssel den sog. **NATO-Doppelbeschluss**. Die Sowjetunion kritisiert die NATO-Initiative heftig und kündigt Gegenmaßnahmen an.

WEITERE AUSSENPOLITISCHE EREIGNISSE

■ **Antarktis**: Am 5.2. tritt die Bundesrepublik dem 1961 in Kraft getretenen Antarktisvertrag bei und kann sich nun in einem bestimmten Umfang an der Erforschung und wirtschaftlichen Nutzung des Südpolargebiets beteiligen.

NATO-DOPPELBESCHLUSS

Nach Ansicht der Westmächte hat der Warschauer Pakt insbesondere durch die Stationierung der neuen SS-20-Raketen ein bedeutendes Rüstungsübergewicht in Europa erlangt. Am 12.12. fassen die NATO-Staaten einen Beschluss, der unter maßgeblicher Mitwirkung von Bundeskanzler Schmidt formuliert wurde: Ab 1983 soll eine nukleare **Nachrüstung** erfolgen: 108 Pershing-II-Raketen (Reichweite 1800 km) sollen ausschließlich in der Bundesrepublik aufgestellt werden, 464 Cruise Missiles (Marschflugkörper, Reichweite 2500 km) in der Bundesrepublik (96), in den Niederlanden, in Belgien und Italien. Unabhängig vom Stationierungsort sollen die Waffen unter Kontrolle der USA verbleiben. Zugleich bietet die NATO der Sowjetunion **Verhandlungen** über eine beiderseitige ausgewogene Begrenzung dieser eurostrategischen Waffen an, die nicht in den SALT-Verträgen einbezogen sind. Wenn diese Verhandlungen bis 1983 erfolgreich abgeschlossen sind, erübrigt sich die NATO-Nachrüstung. Über die atomaren amerikanischen und sowjetischen Mittelstreckenraketen soll Schritt für Schritt bilateral zwischen der USA und der Sowjetunion verhandelt werden (SALT III). Der Doppelbeschluss führt über Jahre zu einer scharfen innenpolitischen Polarisierung und zum Erstarken der Friedensbewegung. In der innerparteilichen Kontroverse in der SPD verliert Bundeskanzler Schmidt zunehmend an Rückhalt.

■ **Europawahlen**: Bei den ersten Direktwahlen zum Europäischen Parlament am 10.6. in der Bundesrepublik (Wahlbeteiligung 65,9%) erzielen die Unionsparteien mit 49,2% die meisten Stimmen und stellen 42 Abgeordnete (einschließlich eines Abgeordneten aus West-Berlin), die SPD entsendet 35 (einschließlich zweier West-Berliner), die FDP vier Abgeordnete. Die Vertreter aus Berlin werden aufgrund des Berlin-Status nicht direkt, sondern vom Berliner Abgeordnetenhaus delegiert.
■ **Entwicklungshilfe**: Die Bundesregierung revidiert am 30.5. die 1975 beschlossenen Leitlinien zur Entwicklungspolitik (Gymnicher Thesen). Zukünftig soll sich die Hilfe noch stärker auf die ärmsten Länder konzentrieren; dabei sollen die außenpolitischen Interessen der Bundesrepublik stärkere Berücksichtigung finden. Die öffentliche Entwicklungshilfe beträgt 1979 rd. 6,4 Mrd. DM; weitere 7 Mrd. DM stammen aus privaten Quellen. – Am 31.10. wird in Lomé (Togo) das zweite Abkommen zwischen der EG und den AKP-Staaten unterzeichnet (→ 1975); es gilt 1981–85 und bezieht sich auf ein Finanzvolumen von rd. 14 Mrd. DM.
■ **VR China**: Während eines Besuchs des chinesischen Regierungs- und Parteichefs Hua Guofeng vom 21. bis 28.10. werden Wirtschafts-, Kultur- und Konsularabkommen zwischen der Bundesrepublik und der Volksrepublik China unterzeichnet.

WAHL DES BUNDESPRÄSIDENTEN

CDU und CSU nominieren am 5.3. Bundestagspräsident **Karl Carstens** (CDU) zu ihrem Kandidaten für das Amt des Bundespräsidenten. Angesichts der nun fehlenden »offenen Mehrheit« erklärt Bundespräsident Walter Scheel (FDP) daraufhin am 6.3. seinen Verzicht auf eine zweite Amtszeit. Die Bundesversammlung wählt am 23.5. in Bonn Carstens mit 528 von 1032 abgegebenen Stimmen zum fünften Bundespräsidenten. Die von der SPD nominierte Vizepräsidentin des Bundestags Annemarie Renger (SPD) erhält 431 Stimmen. 72 Delegierte enthalten sich der Stimme, eine Stimme ist ungültig. Carstens tritt das Amt am 1.7. an.

INNENPOLITIK UND INNERE SICHERHEIT

■ **Extremisten**: Bundesinnenminister Gerhart Baum (FDP) revidiert am 17.1. die Grundsätze zur Prüfung der Verfassungstreue im öffentlichen Dienst vom 28.1.1972. Routinemäßige Überprüfungen der Bewerber für den Dienst in Bundesbehörden entfallen ab 1.4., Anfragen sollen nur

Carstens, Karl
* Bremen 14.12.1914, †Meckenheim 30.5.1992

Jurist, Teilnahme am 2. Weltkrieg; nach Kriegsende zunächst Rechtsanwalt, 1960–73 Ordentlicher Professor in Köln. 1955 Eintritt in die CDU, tätig im Auswärtigen Amt, zunächst als Stellvertretender Leiter der politischen Abteilung, später als Leiter der Europaabteilung und als Staatssekretär, ab 1961 Stellvertreter des Außenministers; 1967/68 Staatssekretär im Verteidigungsministerium, 1968/69 Chef des Bundeskanzleramts. 1972–79 MdB für die CDU, 1973–76 Vorsitzender der CDU/CSU-Fraktion im Bundestag, 1976–79 Bundestagspräsident; 1979–84 Bundespräsident

noch erfolgen, wenn tatsächliche Anhaltspunkte für eine mangelhafte Verfassungstreue vorliegen. Der Verfassungsschutz darf der nachfragenden Behörde nur noch gerichtsverwertbare Tatsachen mitteilen, der Bewerber muss über die Gründe informiert werden, wenn er als nicht verfassungstreu abgelehnt wird. Die CDU/CSU kritisiert die neuen Richtlinien am 15.2. heftig.
■ **Anwaltsurteile**: Wegen Unterstützung von Angehörigen der RAF unter Missbrauch seiner Verteidigerprivilegien verurteilt das Landgericht Stuttgart am 16.2. den früheren Rechtsanwalt Klaus Croissant zu zweieinhalb Jahren Haft ohne Bewährung und vierjährigem Berufsverbot. Croissant war Wahlverteidiger von Andreas Baader und soll ein Informationssystem aufgebaut haben, über das inhaftierte RAF-Führungskader mit dem RAF-Untergrund in Kontakt treten konnten. Croissant wird am 5.12. vorzeitig aus der Haft entlassen. – Wegen Beihilfe zum Überfall auf die deutsche Botschaft in Stockholm → 1975 verurteilt das Oberlandesgericht Stuttgart am 19.12. den ehemaligen Rechtsanwalt Siegfried Haag zu einer Haftstrafe von 15 Jahren.
■ **Gefahr von links und rechts**: Der Verfassungsschutzbericht für 1979 schätzt die Zahl der Mitglieder linksextremistischer Organisationen auf rd. 67 700, davon sollen 47 000 »orthodox-kommunistischen«, 5300 »dogmatischen neuen linken« und 800 Anhänger trotzkistischer Organisationen angehören. Im öffentlichen Dienst wurden 2454 linksextreme Personen festgestellt, darunter 991 Lehrer. Zugleich registriert der Verfassungsschutz

insg. 69 rechtsextremistische Organisationen mit rd. 17 300 aktiven Mitgliedern, darunter zwei Parteien, zehn Jugendorganisationen, vier Studentengruppen, außerdem 45 rechtsextremistische Verlage. Im öffentlichen Dienst werden 389 Rechtsextremisten ausgemacht, darunter 48 Lehrer.

■ **Urteile gegen rechts**: Im ersten großen Prozess gegen rechtsextreme Gewalttäter verurteilt das Oberlandesgericht Celle am 13.9. sechs Neonazis, unter ihnen den früheren Bundeswehroffizier Michael Kühnen, zu Freiheitsstrafen zwischen vier und elf Jahren. Insgesamt erfolgen 1979 weitere 206 rechtskräftige Verurteilungen wegen rechtsextremistischer Straftaten (1978: 88).

■ **Personendaten-Sammlungen**: Bundesinnenminister Baum legt am 24.4. dem Innenausschuss des Bundestags einen Bericht über die Karteien des Bundeskriminalamtes (BKA) vor, in denen Daten von rd. 3 Mio. Bürgern erfasst sind. Mit seinen Informations-, Dokumentations- und Ermittlungssystemen (Inpol, COD, Pios) strebt das BKA eine tendenziell lückenlose Datenerfassung ganzer Bevölkerungsgruppen zum Zweck der Rasterfahndung an. Am 14.5. erteilt Baum dem Bundesgrenzschutz Anweisung, rd. 100 000 personenbezogene Datensätze zu vernichten, über die auch die bundesdeutschen Nachrichtendienste verfügen konnten.

■ **Tod Dutschkes**: Am 24.12. stirbt Rudi Dutschke, einer der führenden Vertreter der Studentenbewegung und der Außerparlamentarischen Opposition, an den Spätfolgen des Attentats vom 11.4. → 1968.

■ **Sommerzeit**: Am 24.12. beschließt die Bundesregierung die Einführung der Sommerzeit ab 1980.

NS-ERBE

■ **Fernsehserie »Holocaust«:** Vor Ausstrahlungsbeginn der vierteiligen US-Fernsehserie in den dritten Programmen der ARD am 22.1. werden am 18.1. auf Sendeanlagen des Südwestfunks bei Koblenz und der Bundespost bei Coesfeld Sprengstoffanschläge verübt. Der Film über die Verfolgung und Ermordung der Juden während der nationalsozialistischen Herrschaft am Beispiel von Einzelschicksalen provoziert in der Bundesrepublik eine tiefgehende und langanhaltende Auseinandersetzung über die mangelhafte Aufarbeitung der jüngsten Geschichte.

■ **Majdanek-Prozess**: Das Landgericht Düsseldorf spricht am 19.4. vier ehemalige SS-Angehörige frei, die der Beihilfe zum Mord im Konzentrationslager Majdanek, in dem 1941–44 mindestens 200 000 Menschen getötet wurden, angeklagt waren. Das im Einklang mit der Staatsanwaltschaft und der Verteidigung gefällte Urteil, den Angeklagten habe keine konkrete Mordbeteiligung nachgewiesen werden können, stößt im In- und Ausland auf heftige Kritik.

■ **Verjährungsfrist**: Um die Verfolgbarkeit von **NS-Gewaltverbrechen** aufrechtzuerhalten, hebt der Bundestag am 3.7. die Verjährung von Mord auf. Nach Angaben der Zentralstelle zur Aufklärung nationalsozialistischer Verbrechen in Ludwigsburg sind bei Gerichten und Staatsanwaltschaften noch gegen 2450 Personen Verfahren anhängig; davon werden im Jahre 1979 696 neu eingeleitet. Seit Kriegsende wurde gegen 8498 Personen ermittelt, 6446 wurden rechtskräftig verurteilt.

UMWELTPOLITIK

■ **Smog-Alarm**: Die Landesregierung von Nordrhein-Westfalen löst am 17.1. den ersten weiträumigen Smog-Alarm in der Bundesrepublik aus. Er betrifft das Industrierevier an der Ruhr und am Niederrhein, wo der SO_2-Gehalt in der Luft für mehrere Stunden die Schwellenwerte (0,8 mg/m^3) überschreitet.

■ **Gorleben-Konflikt**: Unter dem Eindruck des schweren Nuklearstörfalls im AKW Harrisburg im US-Bundesstaat Pennsylvania protestieren am 31.3./1.4. rd. 40 000 Menschen in Hannover gegen die von der Bundesregierung und dem Land Niedersachsen bereits am 9.2. getroffene Entscheidung, in Gorleben eine **Deponie für hochradioaktiven Abfall** zu errichten. Um die Eignung des Salzstocks bei Gorleben zu erkunden, beginnen am 14.3. Flachbohrungen. Am 16.5. räumt der niedersächsische Ministerpräsident Ernst Albrecht (CDU) in einer Regierungserklärung ein, eine

Anti-AKW-Demonstration in Bonn am 14.10.

Wiederaufarbeitungs- und Endlagerungsanlage in Gorleben, wie von der Gesellschaft für Wiederaufarbeitung von Kernbrennstoffen (DWK) geplant, sei sicherheitstechnisch vertretbar, aber politisch nicht durchzusetzen. Die Landesregierung werde nur noch die bergmännische Erschließung des Salzstocks im Hinblick auf eine Zwischenlagerung von Atommüll vorantreiben. – Am 23.8. verständigen sich Bund und Länder auf einen neuen Plan, atomare Abfälle zu entsorgen. Kernstück ist eine Zwischenlagerung; der Salzstock von Gorleben soll weiterhin auf seine Verwendbarkeit als Endlager geprüft werden. – Mit rd. 100 000 Teilnehmern findet am 14.10. in Bonn die bislang größte Anti-Atomkraft-Demonstration statt.

SOZIALPOLITIK

■ **Familienrecht**: Am 10.5. billigt der Bundestag mit den Stimmen der Koalition das Gesetz zur **Neuregelung des elterlichen Sorgerechts**. Die Opposition stimmt fast geschlossen dagegen, da sie in dem Gesetz eine zu starke Eingriffsmöglichkeit des Staates in die Familie sieht. Das Gesetz löst ab 1.1.1980 das Recht der »elterlichen Gewalt« zugunsten der »elterlichen Sorge« ab und schreibt vor, auch im Familienrecht »die wachsende Fähigkeit und das wachsende Bedürfnis des Kindes zu selbständigem und verantwortungsbewusstem Handeln« zu berücksichtigen. In sie betreffenden Sorgerechtsfragen können Kinder im Alter bis zu 14 Jahren angehört werden, ältere Kinder müssen angehört werden. – Gleichfalls verabschiedet der Bundestag am 10.5. ein Mutterschaftsurlaubsgesetz (in Kraft 25.6.). Die in einem Arbeitsverhältnis stehende Mutter hat nach der Entbindung für sechs Monate Anspruch auf Freistellung von der Arbeit, erhält während dieser Zeit ein sozialbeitragsfreies Mutterschaftsgeld von bis zu 750 DM je Monat und genießt für acht (bisher vier) Monate Kündigungsschutz.

■ **Drogenmissbrauch**: Der Leiter des Bundeskriminalamtes, Horst Herold, legt am 10.8. ein Sofortprogramm zur Intensivierung der Rauschgiftbekämpfung vor. Seit 1976 hat sich die Zahl der als drogenabhängig bekannten Personen auf etwa 40 000, darunter 14 000 Jugendliche, verdoppelt, die Dunkelziffer wird noch einmal auf das Doppelte geschätzt. 1979 werden 623 Todesfälle durch Drogenmissbrauch registriert (1976 344; 1972 104), mehr als 60% der Drogentoten sind jünger als 24 Jahre.

PARTEIEN

■ **Die Grünen**: Zur Teilnahme an den Wahlen zum Europäischen Parlament (7.–10.6.) schließen sich am 17./18.3. in Frankfurt am Main Bürgerinitiativen, Umweltschutzorganisationen, linke politische Gruppierungen und regionale »Grüne Listen« zur »Sonstigen Politischen Vereinigung Die Grünen« zusammen (→ 1980). Die rd. 450 Delegierten beschließen ein Wahlprogramm, das eine ökologische Ausrichtung der EG fordert und wählen Petra Kelly zur Spitzenkandidatin.

■ **CDU/CSU**: Der Bundesparteitag bestätigt am 25./26.3. Helmut Kohl als Parteivorsitzenden. Der Vorschlag des stellvertretenden Parteivorsitzenden Kurt Biedenkopf, die Ämter des Fraktions- und des Bundesvorsitzenden personell zu trennen, wird vom Parteivorstand abgelehnt. – Bei der Nominierung zum gemeinsamen **Kanzlerkandidaten** der Unionsparteien für die Bundestagswahl 1980 setzt sich der CSU-Vorsitzende und bayerische Ministerpräsident Franz Josef Strauß gegen den von Kohl vorgeschlagenen niedersächsischen CDU-Vorsitzenden und Ministerpräsidenten Ernst Albrecht durch.

■ **SPD**: Auf dem Bundesparteitag in West-Berlin (3.–7.12.) billigen die Delegierten nach kontroverser Debatte den von Bundeskanzler Schmidt eingeschlagenen Kurs der NATO-Nachrüstung und den begrenzten Ausbau der Kernenergie.

■ **Parteispenden**: Das Bundesverfassungsgericht weist am 24.7. eine Normenkontrollklage des Landes Niedersachsen gegen die begrenzte steuerliche Absetzbarkeit von Parteispenden ab (600 DM für Ledige, 1200 DM für Verheiratete). Das Verfahren war im Zusammenhang mit den seit 1975 aufgedeckten Parteispendenskandalen eingeleitet worden. Unter den restriktiven Bedingungen des Gesetzes haben die Parteien, vor allem CDU und FDP, die Praxis entwickelt, für sie bestimmte Gelder über teils im Ausland angesiedelte Tarnfirmen oder gemeinnützige Unternehmen entgegenzunehmen, um die Spender in den Genuss der steuerlichen Abzugfähigkeit von »Betriebsausgaben« zu bringen.

WÄHRUNGS- UND FINANZPOLITIK

■ **Weltwirtschaft**: Die Organisation der Erdöl exportierenden Länder (OPEC) erhöht am 28.6. zum 1.7. erneut den Grundpreis für Rohöl, im Vergleich zum Jahresbeginn um 41,7%. – Unter dem Druck der Preisentwicklung verständigen sich

Schneechaos in Norddeutschland: Bundeswehrsoldaten räumen am 16.2. die Autobahn

die Teilnehmer des Weltwirtschaftsgipfels (G7) am 28./29.6. auf nationale Margen für eine Begrenzung der Rohölimporte bis 1985. – Der Kursverfall des US-Dollars setzt sich 1979 unvermindert fort: An der Frankfurter Devisenbörse erreicht der US-Dollar trotz mehrerer restriktiver Maßnahmen der US-Notenbank (u.a. Heraufsetzung des Diskontsatzes auf 12%) am 3.12. mit 1,71 DM den bis dahin tiefsten Stand.

■ **Tarifkonflikte**: Nach einem mehr als sechs Wochen andauernden Streik in der Stahlindustrie von Nordrhein-Westfalen, Bremen und Osnabrück finden die Tarifpartner am 7.1. in Krefeld zu einem Kompromiss. Während die IG Metall hinnehmen muss, dass die tarifliche Arbeitszeit bis 1983 auf 40 Stunden pro Woche festgeschrieben wird, setzt sie eine stufenweise Verlängerung des Urlaubs bis auf 30 Tage ab 1983 und mehr Freischichten für besonders belastete Arbeitnehmergruppen durch.

■ **Werftenkrise**: Zur Überwindung der Struktur- und Absatzkrise in der deutschen Werftindustrie legt die Bundesregierung am 17.1. ein auf drei Jahre befristetes Hilfsprogramm auf. Sie stellt 490 Mio. DM zur Verfügung, von den Bundesländern mit Werften sollen weitere 170 Mio. aufgebracht werden.

■ **Mehrwertsteuer**: Am 1.7. erhöht sich die Mehrwertsteuer von 12 auf 13% (bzw. von 6 auf 6,5%).

DEUTSCH-DEUTSCHE BEZIEHUNGEN

■ **Spionage**: Am 18.1. flieht der Oberleutnant im DDR-Ministerium für Staatssicherheit Werner Stiller, der als Doppelagent zugleich für den Bundesnachrichtendienst (BND) arbeitete, in die Bundesrepublik. Er ermöglicht die Verhaftung von elf DDR-Agenten in den nächsten Wochen, zwölf weitere können sich vor ihrer Enttarnung in die DDR absetzen, u.a. zwei enge Mitarbeiterinnen prominenter CDU-Politiker. Die meisten dieser DDR-Geheimdienstler sollen sich mit Industrie- und Wissenschaftsspionage – u.a. in der westdeutschen Atomindustrie und bei der Europäischen Organisation für Kernforschung (CERN) in Genf, aber auch bei NATO-Dienststellen – befasst haben. – 1979 werden insg. 30 Personen wegen Landesverrats verurteilt. Nach Angaben des Bundesinnenministers sollen in westdeutschen Industrieunternehmen rd. 5000 Spione tätig sein.

■ **Flucht in die DDR**: Am 5.3. setzt sich die bundesdeutsche NATO-Mitarbeiterin Ursel Lorenzen (Deckname) aus Brüssel nach Ost-Berlin ab. Über ihren Einblick in Geheimplanungen des Bündnisses berichtet sie am 8.3. im DDR-Fernsehen.

■ **Vereinbarungen**: Am 31.10. unterzeichnen Vertreter beider deutscher Staaten ein Abkommen über die Befreiung von Kfz-Steuern und Straßenbenutzungsgebühren im jeweils anderen Staat. Ergänzend zum Verkehrsvertrag von 1972 werden die bisherigen individuellen Pkw-Straßenbenutzungsgebühren pauschal abgegolten. Dafür zahlt die Bundesregierung 1980–89 jährlich 50 Mio. DM. Die für den grenznahen Verkehr bestimmte Zone, in der Bundesbürger Anträge auf Tagesaufenthalte stellen können, wird vom 15.12. an erheblich ausgeweitet.

BUNDESLÄNDER UND WEST-BERLIN

■ **West-Berlin**: Bei der Wahl zum Abgeordnetenhaus am 18.3. wird der Regierende Bürgermeister Dietrich Stobbe (SPD) und seine Koalitionsregierung mit der FDP bestätigt.

■ **Rheinland-Pfalz**: Bei der Landtagswahl am 18.3. kann die CDU knapp die absolute Mehrheit behaupten. Ministerpräsident Bernhard Vogel bleibt Chef einer CDU-Alleinregierung.

■ **Schleswig-Holstein**: Landtagswahl am 29.4. Ministerpräsident Gerhard Stoltenberg bildet am 22.5. wieder ein CDU-Kabinett.

■ **Saarland**: Nach dem Tod von Ministerpräsident Franz Josef Röder (CDU) am 26.6. wählt der Landtag am 5.7. Werner Zeyer zu seinem Nachfolger.

■ **Bremen**: Bei der Bürgerschaftswahl am 7.10. behauptet die SPD erneut knapp die absolute Mehrheit der Mandate. Erstmals gelingt den Grünen der Einzug in ein Landesparlament (5,1%). Hans Koschnick (SPD) bleibt Erster Bürgermeister.

■ **Wahlergebnisse** → S. 458–467

1979 DDR

Versuche zur Rettung der Entspannungspolitik

Erstmals schließt die DDR mit afrikanischen Ländern Freundschaftsverträge ab, die helfen sollen, politische und außenwirtschaftliche Ziele der DDR zu unterstützen. Vor dem Hintergrund des sich abzeichnenden NATO-Doppelbeschlusses bemüht sich insbesondere Erich Honecker, den Weg für Verhandlungen zwischen Ost und West offenzuhalten und erreicht damit in westlichen Industriestaaten einen Prestigegewinn für die DDR. Die ideologische Verhärtung im Land selbst setzt sich dagegen auch 1979 fort. Die DDR-Bürger sollen durch die ostentative straf- und zivilrechtliche Verfolgung von Intellektuellen und den Ausschluss von Autoren aus dem Schriftstellerverband sowie mit dem Mittel des verschärften politischen Strafrechts diszipliniert werden.

AUSSENPOLITIK

■ **Entwicklungsländer**: Auf seiner Reise vom 15. bis 24.2. nach Libyen, Angola, Sambia und Mosambik. unterzeichnet Erich Honecker erstmals bilaterale Freundschaftsverträge mit Entwicklungsländern: mit **Angola** am 19.2., mit **Mosambik** am 24.2. Vom 12. bis 17.11. reist Honecker nach Äthiopien und in den Südjemen, mit denen ebenfalls Freundschaftsverträge abgeschlossen werden. – Am 20.7. bzw. 9.10. wird mit **Nicaragua** bzw. **Grenada** die Aufnahme diplomatischer Beziehungen vereinbart.

■ **Westeuropa**: Am 23./24.7. besucht der französische Außenminister Jean François-Poncet als erster Außenminister der westlichen Siegermächte die DDR; am 3.9. folgt ein Besuch des niederländischen Außenministers. Am 4.9. schließen die DDR und die USA ein Konsularabkommen ab, am 28.9. wird mit Österreich ein Abkommen über kulturelle und wissenschaftliche Zusammenarbeit unterzeichnet.

■ **Ost-West-Konflikt**: Bei den Feierlichkeiten zum 30. Jahrestag der DDR verkündet der sowjetische Staats- und Parteichef Leonid I. Breschnew am 7.10., die Sowjetunion ziehe von sich aus 20 000 Mann und 1000 Panzer aus der DDR ab und sei zu weiteren Schritten bereit, wenn ähnliche Maßnahmen auf westlicher Seite parallel erfolgen. In einem Telefonat am 28.11. versucht Honecker vergeblich, Bundeskanzler Helmut Schmidt davon zu überzeugen, die Entscheidung der NATO über den sog. Doppelbeschluss um ein halbes Jahr zu verschieben und in dieser Zeit Verhandlungen zu führen. Beide vereinbaren, sich kurzfristig in der DDR zu treffen. Am 13.12. kündigt Honecker in einer Rede vor den Teilnehmern der Tagung des SED-ZK ein Treffen mit Schmidt für Anfang 1980 an.

KULTURPOLITIK

■ **Restriktionen**: Im Januar kommt es nach der zuvor nicht angekündigten Ausstrahlung des Fernsehfilms »Geschlossene Gesellschaft« von Klaus Poche zu heftigen Debatten im Staatlichen Komitee für Fernsehen. Den Filmemachern wird vorgeworfen, mit ihrem Darstellung einer Ehe in der Krise ein Bild der DDR-Gesellschaft zu zeichnen. Der stellvertretende Komiteevorsitzende Hans Bentzien wird abgesetzt. – Im Februar lässt Stefan Heym seinen Roman »Collin« (in dem die Staatssicherheit thematisiert wird) in der Bundesrepublik erscheinen. Am 19.4. wird Heym eine Reise in die Bundesrepublik untersagt; am 22.5. wird er wegen »Devisenvergehens« zu einer Geldstrafe von 9000 Mark verurteilt. Bereits am 12.5. hatte Heym in einem Interview mit dem ZDF betont, die SED-Funktionäre redeten von nicht deklarierten Devisen im Zusammenhang mit der Collin-Veröffentlichung, in Wahrheit jedoch gehe es »um die Freiheit der Literatur, auch in diesem Lande, auch im Sozialismus«. – Am 19.4. durchsuchen Sicherheitsbehörden Robert Havemanns Haus und beschlagnahmen dabei Bücher, Manuskripte und andere Unterlagen. Zwar wird am 9.5. der 1976 gegen ihn verhängte Hausarrest aufgehoben, am 25.5. verurteilt ein Gericht ihn jedoch zu einer Geldstrafe von 10 000 Mark wegen Verstoßes gegen das Devisengesetz. Heym und Havemann wird in diesem Zusammenhang vorgeworfen, für ihre geplanten Veröffentlichungen in der Bundesrepublik keine vorherige Genehmigung durch das Büro für Urheberrechte eingeholt zu haben.

■ **Ausschlüsse und Ausreisen**: Das massive Vorgehen gegen Schriftsteller veranlasst die Autoren Jurek Becker, Klaus Poche, Erich Loest, Adolf Endler, Klaus Schlesinger, Kurt Bartsch, Dieter Schubert und Martin Stade, sich am 16.5. in einem

VERSCHÄRFUNG DES POLITISCHEN STRAFRECHTS

Mit dem am 28.6. verabschiedeten 3. Strafrechtsänderungsgesetz werden zuvor vage formulierte politische Straftatbestände verschärft oder ergänzt. Der Strafenkatalog reicht von »öffentlichem Tadel«, Strafe auf Bewährung bis hin zum Freiheitsentzug. Diese sind im Prinzip willkürlich anwendbar und dienen einerseits der Bestrafung eines Beschuldigten, andererseits – in der öffentlichen Bekanntmachung der Bestrafung – der Disziplinierung der DDR-Bürger. Die Paragrafen zu »landesverräterischer Nachrichtenübermittlung« (§ 99) und »landesverräterischer Agententätigkeit« (§ 100) schließen ausdrücklich das Übermitteln auch nicht geheimer Informationen ein. »Staatsfeindliche Hetze« im Sinne des § 106 meint auch das »Aufwiegeln« gegen die »gesellschaftlichen Verhältnisse« in der DDR. Eine »ungesetzliche Verbindungsaufnahme« (§ 219) schließt das Übermitteln von Nachrichten ein, die den »Interessen der DDR« schaden können, wozu z.B. die Mitteilung an die Ständige Vertretung der Bundesrepublik über einen Ausreiseantrag gezählt werden könnte. Im § 214 über die »Beeinträchtigung staatlicher Tätigkeit« wird weder klar, was mit »staatlicher Tätigkeit« überhaupt gemeint ist, noch wann sie als »beeinträchtigt« zu betrachten wäre.
Diese Vorschrift wird in den Folgejahren u.a. gegen Personen angewendet, die polizeiliche Maßnahmen gegen Demonstranten fotografieren, aber auch gegen beharrliche (Ausreise-) Antragsteller bei Behörden. Nicht wenige Paragrafen werden in der Öffentlichkeit als »Schriftstellerparagrafen« bezeichnet, zielt ihr Wortlaut doch auf das berufliche Vergehen und öffentliche Verhalten der gerade gemaßregelten Autoren ab.

Brief an Honecker kritisch mit der DDR-Kulturpolitik auseinanderzusetzen: »Immer häufiger wird versucht, engagierte, kritische Schriftsteller zu diffamieren, mundtot zu machen oder, wie unseren Kollegen Heym, strafrechtlich zu verfolgen.« Am 30.5. fordert daraufhin der Vorstand des Schriftstellerverbandes die Mitglieder der Bezirksvorstände auf, mit den Unterzeichnern des Briefes »Auseinandersetzungen« zu führen. Am 6.6. erhält Erich Loest bei einer Sitzung des Leipziger Schriftstellerverbandes eine »strenge Rüge«, einen Tag später werden vom Ost-Berliner Bezirksverband Kurt Bartsch, Adolf Endler, Stefan Heym, Karl-Heinz Jakobs, Klaus Poche, Klaus Schlesinger, Rolf Schneider, Dieter Schubert und Joachim Seyppel aus dem DDR-Schriftstellerverband ausgeschlossen. Nachdem Erich Loest mit langfristigem Visum in die Bundesrepublik und Wolfgang Harich am 31.5. nach Österreich ausgereist sind, verlassen im Juni/Juli auch Günter Kunert, Klaus Poche, Rolf Schneider und Joachim Seyppel mit Langzeitvisa die DDR.

RECHTSPOLITIK

■ **Todesstrafe**: Am 10.2. wird in der DDR die letzte Hinrichtung an einem wegen Mordes zum Tode verurteilten Zivilisten vollstreckt. 1980 und 1981 werden noch zwei ehemalige MfS-Offiziere wegen Spionage zum Tode verurteilt und hingerichtet.
■ **Amnestie**: Aus Anlass des 30. Jahrestags der DDR-Gründung am 7.10. wird eine Amnestie verkündet, in deren Folge fast 22 000 Verurteilte entlassen werden. Davon profitieren auch der Systemkritiker Rudolf Bahro (→ 1977) und der Wehrdienstverweigerer Nico Hübner (→ 1978), die beide am 11.10. aus der Haft entlassen werden und am 17.10. in den Westen ausreisen.
■ **Devisengesetz**: Am 28.6. beschließt die Volkskammer eine neues Devisengesetz. Es verbietet DDR-Bürgern jeglichen Besitz von Devisen, außer im Zusammenhang mit Reisen. Bestände an westlichen Währungen sind schon seit dem 16.4. nach einer Anordnung des Außenhandelsministeriums in die sog. Forum-Schecks umzutauschen. Allein mit diesen Schecks ist es fortan DDR-Bürgern erlaubt, im Intershop einzukaufen.
■ **Weitere Gesetze**: Das Gesetz über das Personenstandswesen sowie das Pass- und das Ausländergesetz – alle am 28.6. beschlossen – definieren einen klaren Unterschied zwischen Deutschen in der DDR und denen in der Bundesrepublik, die als Ausländer betrachtet werden. – Am 30.3. wird als 9. Stadtbezirk Ost-Berlins Marzahn gegründet, womit eine Veränderung der Zahl der Bezirke in Ost- und damit in ganz Berlin eintritt. Die Westalliierten legen dagegen ebenso Widerspruch ein wie gegen das am 28.6. von der Volkskammer beschlossene Gesetz zur Änderung des Gesetzes über die Wahlen zu den Volksvertretungen der DDR, das nunmehr die direkte Wahl durch die Bevölkerung vorsieht. Das Gesetz markiert nach der Aufhebung der Kontrollstellen an den Ost-Berliner Außengrenzen am 1.1.1977 einen weiteren Schritt in dem Bemühen der DDR, aus ihrer Hauptstadt einen normalen, den 15. Verwaltungsbezirk des Landes, zu machen.

Ehrenparade der NVA zum 30. Jahrestag der DDR in Ost-Berlin

DEUTSCH-DEUTSCHE BEZIEHUNGEN

■ **Spionage**: Durch den Übertritt des MfS-Offiziers Werner Stiller in die Bundesrepublik am 18.1. erleidet das MfS nicht nur den unmittelbaren Verlust einer ganzen Reihe von verhafteten Agenten und solcher, die kurzfristig in die DDR zurück beordert werden müssen, Stiller vermittelt auch Erkenntnisse, mit deren Hilfe der westdeutsche Verfassungsschutz den Übersiedlungsmechanismus der Stasi, d. h. die hinter der Flucht mancher DDR-Bürger stehende Legende entschlüsseln kann. Daher müssen noch mehrere Monate lang DDR-Agenten zurückgeholt oder »abgeschaltet« werden.

■ **Medien**: Als Konsequenz aus der kritischen Berichterstattung westdeutscher Medien über die Verhältnisse in der DDR schränkt das DDR-Außenministerium am 11.4. die Arbeitsmöglichkeiten für akkreditierte Journalisten ein. Künftig müssen sie Interviews vorher anmelden und sich Reisen außerhalb von Ost-Berlin genehmigen lassen. Den Protest der Bundesregierung, wonach die Maßnahmen ein Verstoß gegen die deutsch-deutschen Vereinbarungen von 1972 und Verletzung der Grundsätze der KSZE-Schlussakte seien, weist das DDR-Außenministerium als Einmischung in die inneren Angelegenheiten der DDR zurück.

WIRTSCHAFTS- UND SOZIALPOLITIK

■ **Industrie**: In der Industrie erhöht sich die Zahl der zentralgeleiteten Kombinate von 54 auf 101. Am 8.11. erlässt der Ministerrat eine neue Verordnung über Kombinate, Kombinatsbetriebe und eigenständige Volkseigene Betriebe. Sie symbolisiert die wachsende Bedeutung, die Kombinate als Großunternehmen in der hierarchisch organisierten Wirtschaftsverfassung einnehmen. Nach der Verordnung fungieren sie als »Sachwalter des Volkseigentums« und sind nunmehr Fachministerien direkt unterstellt.

■ **Geschenksendungen:** Für 1979 wird in einer Einschätzung des SED-ZK vermutet, dass weniger als die Hälfte der DDR-Haushalte Kontakte zu Verwandten, Freunden und Bekannten im Westen hat. Der Anteil der Haushalte mit Westkontakten ist im Berliner Raum höher, in anderen Gebieten hingegen zum Teil sehr gering. In unterschiedlichem Maße können die betreffenden Haushalte von Geschenksendungen profitieren. Die Zusammenfassung von im Postversand ermittelten und bei Einreisen geschätzten Angaben zu mitgebrachten Geschenken stellt fest, dass 1979 u.a. folgende Warenmengen auf privatem Wege aus dem Westen in die DDR eingeführt werden: ca. 16,7 Kilotonnen (kt) Röstkaffee, 18,6 kt Schokoladenerzeugnisse, 3,7 kt Kakaopulver, 12 Mio. Stück Konserven, 24,5 Mio. Stück Seife, 3 Mio. Paar Schuhe, 1,1 Mio. Uhren, 900 000 Radios und 700 000 Taschenrechner.

■ **Sozialpolitik**: Am 15.1. wird der gesetzliche **Mindesturlaub** von 15 auf 18 Tage verlängert. Am 28.9. beschließen das SED-ZK, der Ministerrat und der FDGB-Bundesvorstand eine weitere **Rentenerhöhung** ab dem 1.12.

FLÄCHE UND BEVÖLKERUNG NACH BEZIRKEN

Bezirk	Fläche in km^2	Einwohner 1979
Berlin (Ost)	403	1 140 254
Cottbus	8 262	881 897
Dresden	6 738	1 811 821
Erfurt	7 349	1 236 997
Frankfurt (Oder)	7 186	702 019
Gera	4 004	739 612
Halle	8 771	1 841 444
Karl-Marx-Stadt	6 009	1 937 301
Leipzig	4 966	1 417 245
Magdeburg	11 526	1 271 342
Neubrandenburg	10 948	622 603
Potsdam	12 568	1 116 842
Rostock	7 075	883 624
Schwerin	8 672	589 305
Suhl	3 856	548 018
DDR insgesamt	108 180	16 740 324

Quelle: Statistisches Jahrbuch der DDR 1980

1980 BRD

Proteste gegen Rüstung und Umweltzerstörung

Mit ihrem Kanzlerkandidaten Franz Josef Strauß erzielt die CDU/CSU bei der Bundestagswahl ihr schlechtestes Ergebnis seit 1949. Die sozialliberale Koalition wird eindrucksvoll bestätigt. Die Grünen formieren sich als Bundespartei; ihnen gelingt nach Erfolgen bei Landtags- und Kommunalwahlen aber noch nicht der Einzug in den Bundestag. In den deutsch-deutschen Beziehungen kommt es zu einer Belastung, da die DDR angesichts der Gewerkschaftsbewegung in Polen nicht nur gegenüber ihrem östlichen Nachbarn, sondern auch gegenüber der Bundesrepublik eine schärfere Abgrenzungspolitik betreibt.

PARTEIEN UND WAHLKAMPF

■ **Die Grünen**: Über 1000 Delegierte verschiedener Gruppen und Vereinigungen gründen in Karlsruhe am 13.1. Die Grünen als Bundespartei. Auf ihrem Programmparteitag in Saarbrücken (21.–23.3.) verabschieden die 791 Delegierten, die 16 000 Mitglieder vertreten, programmatische Grundsätze und wählen Petra Kelly, Norbert Mann und August Haußleiter zum Bundesvorstand. Auf ihrer Bundesversammlung am 21.6. beschließen Die Grünen ihre Beteiligung an der Bundestagswahl.

■ **KPD**: Die maoistische Kommunistische Partei beschließt auf einem Parteikongress am 9.3. ihre Selbstauflösung.

BUNDESTAGSWAHL

■ **Wahlkampf**: Die vier im Bundestag vertretenen Parteien einigen sich am 19.3. erstmals auf ein Wahlkampfabkommen, in dem sie sich zu Fairness sowie zur Begrenzung der Wahlkampfausgaben verpflichten und eine gemeinsame Schiedsstelle einrichten. Dennoch gerät der Wahlkampf zu einer stark emotionalisierten Auseinandersetzung zwischen den beiden Spitzenkandidaten Bundeskanzler Helmut Schmidt und seinem Herausforderer, dem bayerischen Ministerpräsidenten Franz Josef Strauß (CSU). Unterstützt von zahlreichen Initiativen gelingt es der SPD und der FDP, die sich frühzeitig auf eine Erneuerung der sozial-liberalen Koalition festgelegt haben, die Bundestagswahl zu einer »Anti-Strauß-Wahl« zu machen.

■ **Bundestagswahl**: Die sozial-liberale Koalition kann ihre Mehrheit im Parlament von bisher 10 auf 45 Mandate ausbauen, der Zugewinn ist vor allem dem Erfolg der Liberalen zu verdanken, die von der Anti-Strauß-Kampagne profitieren. Die CDU/CSU erzielt bei einem Zweitstimmenanteil von 44,5% (– 4,1% gegenüber 1976) das schlechteste Ergebnis seit 1949; sie bleibt jedoch stärkste Fraktion im Bundestag. Die SPD kommt bei einer geringen Steigerung ihres Stimmenanteils auf 42,9% (+0,3%). Die FDP verbucht 10,6% der Zweitstimmen (+2,7%). Die erstmals bei einer Bundestagswahl angetretene Partei Die Grünen scheitert mit 1,5% der Stimmen an der 5%-Hürde. Die Wahlbeteiligung beträgt 88,7% (–2%).

■ **Bundestag und Bundesregierung**: Der 9. Deutsche Bundestag konstituiert sich am 4.11. und wählt Richard Stücklen (CSU) erneut zu seinem Präsidenten. – Helmut Schmidt wird am 5.11. wieder zum Bundeskanzler gewählt; er erhält 266 Ja- und 222 Neinstimmen bei 2 Enthaltungen und 1 ungültigen Stimme. Einziges neues Kabinettsmitglied ist Forschungs- und Technologieminister Andreas von Bülow (FDP); Volker Hauff (SPD) übernimmt das Verkehrsministerium von dem bisherigen Doppelminister Kurt Gscheidle (SPD), dem das Ressort für Post und Fernmeldewesen verbleibt. – In seiner Regierungserklärung am 24.11. unter dem Motto »Mut zur Zukunft« bekräftigt Schmidt die Absicht, den bisherigen außenpolitischen Kurs an der Seite der befreundeten westlichen Verbündeten fortzusetzen und die Beziehungen zu den osteuropäischen Staaten auszubauen. Auch im Verhältnis zur DDR setze die Bundesregierung auf Zusammenarbeit statt auf Abgrenzung. In der

Wahl zum 9. Deutschen Bundestag am 5.10.1980 (1976)

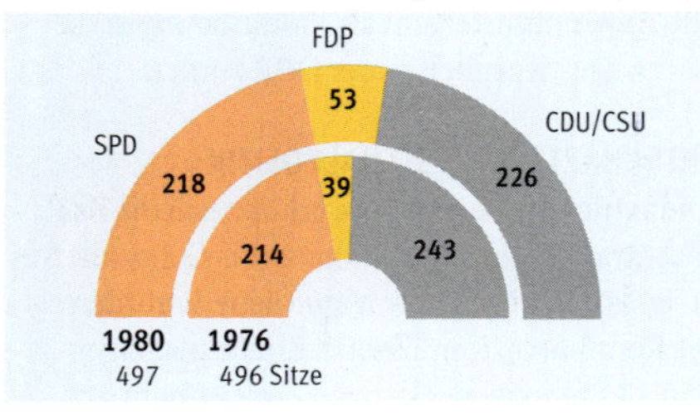

3. KABINETT SCHMIDT

(konstituiert am 5.11.1980)
Bundeskanzler: Helmut Schmidt (SPD)
Stellvertreter und Auswärtiges: Hans-Dietrich Genscher (FDP); ab 17.9.1982 Stellvertreter: Egon Franke (SPD), Auswärtiges: Helmut Schmidt (SPD)
Inneres: Gerhart Baum (FDP);
ab 17.9.1982 Jürgen Schmude (SPD)
Justiz: Hans-Jochen Vogel (SPD);
ab 21.1.1981 Jürgen Schmude (SPD)
Finanzen: Hans Matthöfer (SPD);
ab 29.4.1982 Manfred Lahnstein (SPD)
Wirtschaft: Otto Graf Lambsdorff (FDP);
ab 17.9.1982 Manfred Lahnstein (SPD)
Ernährung, Landwirtschaft und Forsten: Josef Ertl (FDP); ab 17.9.1982 Björn Engholm (SPD)
Arbeit und Sozialordnung: Herbert Ehrenberg (SPD); ab 28.4.1982 Heinz Westphal (SPD)
Verteidigung: Hans Apel (SPD)
Jugend, Familie und Gesundheit: Antje Huber (SPD); ab 28.4.1982 Anke Fuchs (SPD)
Verkehr: Volker Hauff (SPD)
Post- und Fernmeldewesen: Kurt Gscheidle (SPD); ab 28.4.1982 Hans Matthöfer (SPD)
Raumordnung, Bauwesen und Städtebau:
Dieter Haack (SPD)
Innerdeutsche Beziehungen: Egon Franke (SPD)
Forschung und Technologie:
Andreas von Bülow (SPD)
Bildung und Wissenschaft: Jürgen Schmude (SPD); ab 28.1.1981 Björn Engholm (SPD)
Wirtschaftliche Zusammenarbeit:
Rainer Offergeld (SPD)

Innenpolitik fordert Schmidt im Hinblick auf die schwierige wirtschaftliche Situation und die kritische Haushaltslage den »Mut zur Korrektur und schrittweisen Verbesserung« durch eine sparsamere und stärker an den Marktbedingungen orientierte Wirtschaftspolitik.

PROTESTBEWEGUNGEN

■ **Anti-Atomkraft-Bewegung**: Rd. 5000 Kernkraftgegner besetzen am 3.5. die dritte Tiefbohrstelle für das geplante Atommüll-Lager bei **Gorleben**. Sie rufen eine »Republik Freies Wendland« aus und erbauen für eine Dauerbesetzung ein Hüttendorf für rd. 300 Besetzer. Am 4.6. wird das Gelände von 3500 Polizisten, denen rd. 2000 Demonstranten gegenüberstehen, ohne Zwischenfälle geräumt. Der niedersächsische Ministerpräsident Ernst Albrecht (CDU) erteilt am 4.7. sein
zur Errichtung eines Zwischenlagers fü
brannte Kernreaktorbrennstäbe in Gorleb
Bau einer Wiederaufbereitungsanlage lehnte
Mai 1979 ab.

■ **Friedensbewegung**: Während der öffentlichen Vereidigung von 1200 Bundeswehrrekruten im Bremer Weserstadion am 6.5. kommt es am Rande einer **Großdemonstration** der Friedensbewegung gegen den NATO-Nachrüstungsbeschluss und öffentliche Rekrutengelöbnisse zu schweren Zusammenstößen von militanten Bundeswehrgegnern mit der Polizei. Öffentliche Gelöbnisse stoßen auch andernorts auf heftige Proteste ebenso wie die Feiern zum 25. Jahrestag der Bundeswehr am 12.11. – Mit der Absicht, der breiten Opposition gegen die Nachrüstung der NATO eine gemeinsame Stoßrichtung zu geben, unterzeichnen am 16.11. in Krefeld Vertreter von Friedensgruppen und angesehene Persönlichkeiten des öffentlichen Lebens den »Krefelder Appell an die Bundesregierung«, in dem diese aufgefordert wird, »die Zustimmung zur Stationierung von Pershing-II-Raketen und Marschflugkörpern in Mitteleuropa zurückzuziehen« und »im Bündnis künftig eine Haltung einzunehmen, die unser Land nicht länger dem Verdacht aussetzt, Wegbereiter eines neuen, vor allem die Europäer gefährdenden nuklearen Wettrüstens sein zu wollen«. Da sein Autorenkreis nach Ansicht von Kritikern kommunistisch beeinflusst ist, bilden sich in der Friedensbewegung mehrere weitere Unterschrifteninitiativen; Sozialdemokraten, darunter der Bundesausschuss der Jungsozialisten und die Arbeitsgemeinschaft sozialdemokratischer Frauen, schließen sich am 9.11. im »Bielefelder Appell« zusammen.

■ **Anti-Startbahn-Bewegung**: Nach dem Urteil des Hessischen Verwaltungsgerichtshofs vom 21.10., der die beabsichtigte Erweiterung des Frankfurter Flughafens um eine dritte Startbahn nach zehnjährigem Rechtsstreit für zulässig erklärt, beginnen am 28.11. unter Polizeischutz die Rodungsarbeiten für die Startbahn West. Am 2.11. demonstrieren rd. 15 000 Menschen gegen die Flughafenerweiterung und solidarisieren sich mit Aktivisten, die auf dem Gelände der geplanten Trasse ein winterfestes Hüttendorf errichten.

■ **Greenpeace:** Die Umweltschutzorganisation Greenpeace startet am 13.10. in Nordenham ihre erste spektakuläre Aktion in der Bundesrepublik; Greenpeace-Mitglieder blockieren das Auslaufen

… lebt die in lokale und … tzwerke aufgefächerte … - und Alternativbewe- … die mangelnde Hand- … rten Parteien bei der … ischer Probleme ent- … entlichen Aufschwung. … e Partei Die Grünen besteht hinsichtlich der sozialen Herkunft und der programmatischen Ausrichtung ihrer Mitglieder aus sehr unterschiedlichen Gruppierungen, deren kleinster gemeinsamer Nenner der Widerstand gegen die wachsende Umweltzerstörung ist.

Parteivorstand der Grünen 1980 (v. l. n. r.): Schriftführer Rolf Stolz, August Haußleiter, Petra Kelly und Norbert Mann

Auf ihrem Programmparteitag in Saarbrücken bekennen sich Die Grünen zu einer Politik, deren Ausrichtung sie mit den Attributen »ökologisch, sozial, basisdemokratisch und gewaltfrei« charakterisieren. Trotz scharfer innerparteilicher Auseinandersetzungen zwischen reformorientierten Pragmatikern (»Realos«) und radikaloppositionellen Kräften (»Fundis«) kann sich die Partei nach ihrem Einzug in die Bremer Bürgerschaft 1979, in den Landtag von Baden-Württemberg 1980, in weitere Länderparlamente und schließlich 1983 in den Bundestag als fester Bestandteil der Parteienlandschaft etablieren.

des Tankers »Kronos«, der verdünnte Schwefelsäure in der Nordsee verklappen soll, indem sie sich in Rettungsinseln am Schiff anketten. Die Polizei beendet die Aktion nach drei Tagen.

RECHTSEXTREMISMUS

■ **Wehrsportgruppe Hoffmann:** Bundesinnenminister Gerhart Baum (FDP) verbietet am 30.1. die paramilitärische rechtsextremistische Wehrsportgruppe Hoffmann. Die etwa 400 Mitglieder umfassende Organisation ist in großen Teilen der Bundesrepublik aktiv und verfügt über ein Arsenal vom Waffen, die von der Polizei bei Razzien an 23 Orten beschlagnahmt werden. Nach der Klage Hoffmanns gegen das Verbot bestätigt am 2.12 das Bundesverwaltungsgericht in West-Berlin die Entscheidung des Bundesinnenministers.

■ **Anschläge**: Bei einem Anschlag auf ein **Ausländerwohnheim** in Hamburg am 22.8., dem zweiten innerhalb einer Woche, werden zwei Vietnamesen getötet. Als Tatverdächtige verhaftet die Polizei Anfang September sechs Rechtsextremisten, unter ihnen den seit zwei Jahren im Untergrund lebenden ehemaligen Rechtsanwalt Manfred Roeder, der am 28.6.1982 zu einer Freiheitsstrafe von 13 Jahren verurteilt wird. – Am 26.9. werden durch einen **Bombenanschlag** auf dem Münchner Oktoberfest 13 Menschen getötet und mehr als 200 z.T. lebensgefährlich verletzt. Bombenleger war nach Annahmen der Sicherheitsbehörden der bei dem Anschlag ums Leben gekommene 21-jährige rechtsextremistische Geologiestudent Gundolf Köhler, der Verbindungen zur Wehrsportgruppe Hoffmann hatte. – Ein Mitglied der militanten rechtsextremistischen Volkssozialistischen Bewegung Deutschlands/Partei der Arbeit erschießt am 24.12. am Grenzübergang Waldshut zwei **Schweizer Grenzbeamte** und begeht Selbstmord.

WEITERE INNENPOLITISCHE EREIGNISSE

■ **Asylrecht**: Neben der Verschärfung von Einreisebestimmungen beschließt der Bundestag am 2.7. ein neues Asylrecht zur Vereinfachung und Beschleunigung des Aufnahmeverfahrens. Im Anerkennungsverfahren soll künftig von einem Beamten des Bundesamtes für die Anerkennung ausländischer Flüchtlinge – statt bisher von dreien – entschieden werden. Die Anerkennung von Asylbewerbern als politische Flüchtlinge und die Behandlung von eingelegten Widersprüchen gegen Abschiebungsbeschlüsse werden in einem einzigen verwaltungsgerichtlichen Verfahren zusammengefasst. Asylbewerber sind verpflichtet, daran mitzuwirken; sie unterliegen einem Arbeitsverbot von bis zu einem Jahr und sollen die ihnen zustehende Sozialhilfe nach Möglichkeit in Form von Sachleistungen erhalten. Die Zahl der Asylbewerber verdoppelt sich 1980 gegenüber dem Vorjahr von 51 493 auf 107 818, während die Anerkennungsquote von 16,5 % (16 573) auf 12,0 % (12 783) sinkt.

Papst Johannes Paul II. besucht vom 15. bis 19.11 die Bundesrepublik

Am 16.10. entscheidet das Bundesverfassungsgericht, politischen Flüchtlingen dürfe nur dann Asyl verwehrt werden, wenn sie im Falle einer Abschiebung in ihrem Heimatstaat keine Verfolgungsmaßnahmen zu erwarten hätten.

■ **Atomenergie**: Das Bundesverfassungsgericht bestätigt am 6.2. die Vereinbarkeit der friedlichen Nutzung der Atomenergie mit dem Grundgesetz. Mit den Vorschriften für die Genehmigung der Atomanlagen genüge der Gesetzgeber seiner Pflicht, das Recht auf Leben und körperliche Unversehrtheit zu schützen.

■ **Arbeitsrecht**: Am 13.8. tritt ein EG-Anpassungsgesetz in Kraft, durch das die nach dem Grundgesetz gebotene Gleichbehandlung von Mann und Frau für das Arbeitsrecht konkretisiert wird; es enthält ein allgemeines Benachteiligungsverbot und verpflichtet Unternehmen zur geschlechtsneutralen Stellenausschreibung.

AUSSENPOLITIK

■ **Ost-West-Verhältnis**: Auf den Einmarsch sowjetischer Streitkräfte in Afghanistan (24.12.1979) reagieren die westlichen Staaten mit scharfen Protesten und Sanktionsmaßnahmen. – Auf Empfehlung des Bundestags vom 23.4. entschließt sich das Nationale Olympische Komitee am 15.5. in Düsseldorf mit 59 gegen 40 Stimmen zum Boykott der Olympischen Sommerspiele in Moskau und Tallin.

■ **Sowjetunion**: In Gesprächen mit Bundeskanzler Schmidt und Außenminister Genscher am 30.6/1.7. in Moskau rückt Partei- und Regierungschef Leonid I. Breschnew von der am 3.1. verkündeten Entscheidung ab, über den Abbau von Mittelstreckenraketen erst dann zu verhandeln, wenn der Nachrüstungsbeschluss aufgehoben worden sei.

■ **Polen**: Mit politischer Unterstützung der Bundesregierung räumt ein westdeutsches Bankenkonsortium der Regierung Polens am 13.8. einen Kredit über rd. 1,2 Mrd. DM ein. In der angespannten innenpolitischen Lage aufgrund einer seit zwei Monaten anhaltenden Streikbewegung gegen seine Wirtschaftspolitik sagt der polnische Parteichef Edward Gierek seinen für den 19.8. vorgesehenen Besuch in der Bundesrepublik ab. Am 4.9. gibt die Bundesregierung bekannt, dass Polen seine in den Verträgen von 1976 gegebene Zusage eingehalten habe, etwa 125 000 Deutsche ausreisen zu lassen.

WIRTSCHAFTSPOLITIK

■ **Tarifpolitik**: In einem Urteil über die Klage der IG Metall und IG Druck und Papier gegen die Aussperrungspraxis der Arbeitgeber in den Tarifkämpfen 1978/79 erklärt das Bundesarbeitsgericht am 10.6. das Recht der Arbeitgeber auf Aussperrung bei Streiks der Arbeitnehmer unter bestimmten Voraussetzungen für zulässig, das Verhältnismäßigkeitsgebot müsse dabei jedoch beachtet werden.

■ **Energiepolitik**: Um nach massiven Erdölpreiserhöhungen infolge der Ölkrise 1979 die Abhängigkeit vom ausländischen Erdöl einzuschränken und den Einsatz von Kernenergie begrenzt zu halten, legt die Bundesregierung am 30.1. ein Programm zur großtechnischen Kohlevergasung und -verflüssigung und zur Nutzung von alternativen Energiequellen vor. – Am 23.4. vereinbaren die Unternehmen des Steinkohlebergbaus und der Elektrizitätswirtschaft einen weiteren Vertrag über die Verstromung von Kohle.

BUNDESLÄNDER

■ **Baden-Württemberg**: Bei der Landtagswahl am 16.3. behauptet die CDU trotz Stimmenverlusten ihre absolute Mehrheit, die Grünen ziehen mit sechs Mandaten in das Parlament ein. Lothar Späth (CDU) bleibt Regierungschef.

■ **Saarland**: Bei der Wahl zum Landtag am 27.4. wird die vom Saarbrücker Oberbürgermeister Oskar Lafontaine geführte SPD erstmals stärkste Partei. Die Regierung stellt jedoch weiter eine Koalition aus CDU und FDP unter dem bisherigen Ministerpräsidenten Werner Zeyer (CDU).

■ **Nordrhein-Westfalen**: Bei der Landtagswahl am 11.5. erhält die SPD die absolute Mehrheit der Mandate. Die FDP scheitert knapp an der 5%-Klausel. Die neue SPD-Alleinregierung des bisherigen Ministerpräsidenten Johannes Rau wird am 4.6. vom Landtag gewählt.

■ **Wahlergebnisse** → S. 458–467

1980 DDR

»Waffenbrüderschaft 80«: Großmanöver der Streitkräfte der Warschauer-Pakt-Staaten vom 4. bis 12.9. in der DDR

Abgrenzung nach West und Ost

In Reaktion auf Streikwelle und Gewerkschaftsbewegung in Polen schränken die DDR-Behörden private Reisemöglichkeiten in das östliche Nachbarland ein. Der Staatsratsvorsitzende Erich Honecker schlägt auf dem Gipfeltreffen der Warschauer-Pakt-Staaten drakonische Maßnahmen gegen die Entwicklung in Polen vor.
Nach der Bundestagswahl geht die DDR durch eine drastische Erhöhung des Mindestumtausches und die Rückkehr zu Maximalforderungen an die Bundesregierung auf deutlichen Abgrenzungskurs. Durch ihre Aufnahme als nichtständiges Mitglied in den UN-Sicherheitsrat kann die DDR ihre internationale Präsenz ausbauen. Mit Österreich besucht Honecker erstmals ein westliches Industrieland.

AUSSENPOLITIK

■ **Polen:** Der starke Einkaufstourismus polnischer Bürger in der DDR liefert der Staatsführung am 30.10. den Vorwand, die 1972 eingeführte Regelung über den **pass- und visafreien Reiseverkehr zwischen Polen und der DDR** »zeitweilig« **aufzuheben**. Privatreisende benötigen nun eine Einladung ihrer Gastgeber. Tatsächlich handelt es sich um eine Reaktion auf die Streikbewegung in Polen, auch wenn zunächst ein Übergreifen auf die DDR nicht befürchtet wird. Dennoch setzt sich die DDR-Führung offen für die Niederschlagung der Streik- und Demokratiebewegung in Polen ein. Am 26.11. schlägt Erich Honecker dem sowjetischen Partei- und Staatschef Leonid I. Breschnew vor, »kollektive Hilfsmaßnahmen für die polnischen Freunde bei der Überwindung der Krise auszuarbeiten«. Solche Maßnahmen seien heute »notwendig«, weil sie morgen »verspätet« sein könnten. Am 5.12. findet in Moskau **ein Gipfeltreffen der Warschauer-Pakt-Staaten** statt, an dem für die DDR Erich Honecker, Willi Stoph sowie die Minister für Staatssicherheit bzw. für Nationale Verteidigung Erich Mielke bzw. Heinz Hoffmann teilnehmen. Die Teilnehmer erörtern die Möglichkeit einer Intervention in Polen, entscheiden sich dann jedoch dagegen, weil die polnische Delegation die **Verhängung des Kriegsrechts als letzten Ausweg** zur Bewältigung der Krise vorschlägt (→ 1981).

■ **Weitere Ereignisse:** Ab 1.1. wird die DDR erstmals für zwei Jahre **nichtständiges Mitglied des UN-Sicherheitsrats**. – Am 1.2. schließt die DDR ein Wirtschaftsabkommen mit Frankreich ab. – Während eines Staatsbesuchs in Kuba (27.5.–1.6.) unterzeichnen Honecker und Fidel Castro am 31.5. einen Kooperationsvertrag.
Nach mehrjähriger Unterbrechung ihrer diplomatischen Beziehungen vereinbaren Chile und die DDR am 13.6. die Einrichtung von Handelsvertretungen in Santiago de Chile bzw. Ost-Berlin. – Vom 10. bis 13. 11. besucht Honecker mit Österreich **zum ersten Mal ein westliches Industrieland**. – Am 21.11. nehmen die DDR und Irland diplomatische Beziehungen auf.

DIE STREIKS IN POLEN UND DIE REAKTIONEN DER DDR

Die Krise der kommunistischen Macht in Polen, die durch Streiks und die Forderung nach Gründung einer unabhängigen Gewerkschaft (Solidarność) ausgelöst wird, bewertet die SED-Führung in einer Analyse, die vom für Außenpolitik zuständigen Politbüromitglied Hermann Axen am 2.9. vorgelegt wird. Darin wird Solidarność als »konterrevolutionäre Bewegung « bezeichnet, die – ähnlich wie es auch beim Prager Frühling der Fall gewesen sei – »ihre antisozialistischen Zielstellungen mit der Behauptung [verschleiert], den Sozialismus verbessern zu wollen«.

INNENPOLITIK

■ **Kirchen- und Kulturpolitik:** Am 13.6. konstituiert sich das **Staatliche Martin-Luther-Komitee** zur Vorbereitung der Feierlichkeiten des 500. Geburtstags des Kirchenreformators 1983. Den Vorsitz übernimmt Honecker selbst. An der ersten Sitzung nehmen auch einige Vertreter des kirchlichen Lutherkomitees teil. Mit ihrer Unterstützung umfangreicher Rekonstruktionsarbeiten an kirchlichen Gebäuden in mehreren Orten der DDR, die Wirkungsstätten Martin Luthers beherbergen, zeigen **staatliche Stellen**, dass auch sie **kirchliches Kulturgut erhalten und pflegen** wollen. Dies kommt auch im Gesetz zum Schutz des Kulturgutes der DDR, das am 3.7. von der Volkskammer beschlossen wird, zum Ausdruck. War Luther wegen seiner Haltung zum Bauernkrieg in der Vergangenheit von Staat und Partei noch abgelehnt worden, wird er nun im Wesentlichen positiv im Sinne einer in der DDR beginnenden Debatte um »Erbe und Tradition« in der deutschen – also auch der eigenen – Geschichte bewertet. – Am 19.6. hält der Ideologiesekretär des SED-Zentralkomitees, Kurt Hager, bei einer sog. Parteiaktivtagung des Kulturbundes eine Ansprache, in der er explizit die **These von der gemeinsamen deutschen Kultur zurückweist**.

■ **Friedensbewegung:** Im September kündigt Christoph Wonneberger auf dem Dresdner Pfarrerkonvent eine Initiative für einen zivilen Ersatzdienst für junge Männer an, die weder den regulären Wehrdienst noch den Dienst als Bausoldat ableisten wollen. Zusammen mit anderen erarbeitet er in den kommenden Wochen einen **Aufruf für einen Sozialen Friedensdienst** (SoFD). Die Herbstsynode der sächsischen Landeskirche reicht den Entwurf an den Ausschuss Kirche und Gesellschaft des Bundes der Evangelischen Kirchen weiter, der ihn im Frühjahr 1981 nach der Überarbeitung des Textes zur Veröffentlichung freigibt.

»GERAER FORDERUNGEN«

In seiner Rede zur Eröffnung des Parteilehrjahres 1980/81 der SED am 13.10. in Gera schreibt Honecker **allein der Bundesrepublik** die Verantwortung für die zwischen beiden deutschen Staaten bestehenden Probleme zu. Für eine weitere Normalisierung der Beziehungen nennt er fünf Voraussetzungen:

1. Anerkennung der Staatsbürgerschaft der DDR
2. Auflösung der Zentralen Erfassungsstelle der Länderjustizverwaltungen für Verbrechen in der DDR in Salzgitter
3. Umwandlung der Ständigen Vertretungen in Botschaften und damit Aufnahme normaler völkerrechtlicher Beziehungen zwischen der DDR und der Bundesrepublik
4. Anerkennung der Flussmitte der Elbe als Staatsgrenze zwischen der DDR und der BRD
5. Unterbindung des »Missbrauchs der Transitwege« (d.h. Strafverfolgung von Fluchthelfern in der Bundesrepublik und in West-Berlin)

DEUTSCH-DEUTSCHE BEZIEHUNGEN

■ **Kontakte zwischen Honecker und Schmidt:** Das Ende 1979 von Honecker für Ende Februar/Anfang März angekündigte Treffen mit Bundeskanzler Helmut Schmidt wird am 30.1. **auf Wunsch der DDR verschoben**. Vor dem Hintergrund eines schwie-

Innerdeutscher Handel 1979–89

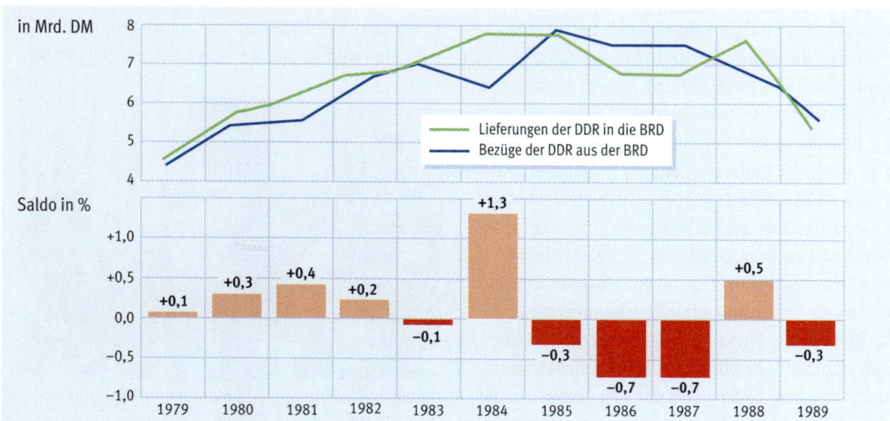

KREDITABHÄNGIGKEIT DER DDR-WIRTSCHAFT

Bereits Ende 1978 muss die DDR Kredite aufnehmen, um die Zinsen für bereits erhaltene Kredite bedienen zu können. Im Handel mit dem »nichtsozialistischen Wirtschaftsgebiet« (NSW) – dem Westen – ist seit 1971 ein Importüberschuss von 21 Mrd. Valuta-Mark (mit der DM nicht identische Verrechnungseinheiten für die Abrechnung des Im- und Exports in Planung und Statistik) entstanden; die daraus resultierende Kreditbelastung kann die DDR bis zu ihrem Ende 1989 nicht mehr abbauen. Zudem ist dadurch ihre Fähigkeit eingeschränkt, in den Folgejahren weltwirtschaftliche Schwankungen u.a. Absatzschwächen für eigene Erzeugnisse oder starke Preiserhöhungen für notwendige Importe zu kompensieren. Die Lage der DDR-Wirtschaft ist deshalb so prekär, weil bereits 1980 mehr als die Hälfte der technischen Ausrüstungen im produzierenden Bereich (51,5%) dringend Ersatz- bzw. Erweiterungsinvestitionen erfordern, die jedoch nicht mehr finanziert werden können. Mehr noch: Die DDR nutzt weitere Kreditaufnahmen zur Finanzierung von Importen für den Konsumbereich.

rigen internationalen Umfeldes sieht die DDR-Seite die Gespräche durch die Entwicklung in Polen sowie den Einmarsch sowjetischer Truppen in Afghanistan überschattet. – Bei den **Beisetzungsfeierlichkeiten in Belgrad** für den am 4.5. verstorbenen jugoslawischen Partei- und Staatschef Josip Broz Tito kommen Honecker und Schmidt erstmals seit 1975 wieder zusammen. Beide halten am Plan eines Zusammentreffens in der DDR fest. – Am 11.8. lädt Honecker schließlich Schmidt zu einem »Arbeitsbesuch« am 28./29.8. an den Werbellinsee ein. Durch die **Absage Schmidts** elf Tage später, die **Streiks der West-Berliner Reichsbahn-Angestellten** für höhere Löhne (17.–25.9.) und die am 30.9. von der Reichsbahn der DDR veranlasste **Einschränkung des S-Bahn-Verkehrs** in West-Berlin sowie die außenpolitischen Ereignisse in **Polen und Afghanistan** gerät der deutsch-deutsche Verhandlungsprozess ins Stocken.

■ **Verkehrsvereinbarungen**: Am 30.4. werden in Ost-Berlin drei weitere Abkommen unterzeichnet, in denen die Schaffung einer durchgehenden Autobahnverbindung Berlin – Herleshausen, die Ausbaggerung des Mittellandkanals für Europaschiffe und der zweigleisige Ausbau der Eisenbahnstrecke zwischen Berlin und Helmstedt vereinbart werden.

■ **Pflichtumtausch:** Am 13.10. verfügt der DDR-Ministerrat eine drastische **Erhöhung des Mindestumtausches für westliche Besucher**. Erwachsene haben nun unabhängig von der Tatsache, ob sie aus dem Ausland, der Bundesrepublik oder West-Berlin nach Ost-Berlin oder in die übrige DDR einreisen wollen, 25 DM zum Kurs 1:1 in Mark der DDR umzutauschen. Die bisherige Befreiung von Rentnern und Kindern und Jugendlichen entfällt.

WIRTSCHAFTSPOLITIK

Nach dem **Rückgang der jährlichen Wachstumsraten** des BIP in den vergangenen Jahren **sinkt 1980 erstmals** in der Geschichte der DDR **das BIP im Vergleich zum Vorjahr** um 0,5 % auf 186,9 Mrd. DM (in DM-Preisen von 1989). Damit erweist sich die wirtschaftspolitische Strategie der Honecker-Führung vom Beginn der 1970er Jahre, mit kreditfinanzierten Technologieimporten die Basis für eine spätere Exportoffensive zu legen, um aus deren Erlösen die entstandenen Schulden abzahlen zu können, als Fehleinschätzung.

■ **Verstärkter Aufkauf von Sekundärrohstoffen:** Am 11.12. erlässt der Ministerrat eine **Verordnung zur umfassenden Nutzung** von Sekundärrohstoffen. Sie löst bestehende Regelungen im Landeskulturgesetz ab und betrifft sowohl Unternehmen als auch private Haushalte. Das dichte Netz von Sekundärrohstofferfassungsstellen wird weiter ausgebaut; höhere Aufkaufpreise für Schwarzmetallschrott (seit 1.3.) sowie für Altpapier, Flaschen und Gläser (seit 1.4.) schaffen finanzielle Anreize für private Haushalte, recyclingfähige Stoffe zu sammeln. So steigt z.B. der Aufkaufpreis für pfandfreie Flaschen und Gläser von 5–10 auf bis zu 30 Pfennig pro Stück. Bei Altpapier wie Zeitungen, Zeitschriften und Pappe werden 30–50 Pf./kg gezahlt.

Pioniernachmittag: Das Sammeln von Altpapier und Altglas bringt Geld in die Klassenkasse

1981 BRD

Streit um die Nachrüstung

Die Friedensbewegung erreicht in der Bundesrepublik einen vorläufigen Höhepunkt: Menschen aus allen gesellschaftlichen Schichten protestieren mit zahlreichen Kundgebungen und einer Großdemonstration im Herbst gegen den Rüstungswettlauf der beiden Supermächte und die Stationierung von atomaren US-Mittelstreckenraketen in Europa.
Die Schwierigkeiten in der Regierungskoalition, beim Entwurf des Bundeshaushaltes für 1982 einen Konsens zu erzielen, offenbaren die Differenzen von SPD und FDP in der Wirtschafts- und Sozialpolitik. Auch innerhalb der SPD kommt es vermehrt zu Auseinandersetzungen über den sicherheits- und wirtschaftspolitischen Kurs von Bundeskanzler Helmut Schmidt.

AUSSENPOLITIK

■ **Rüstungswettlauf**: Bei seinen Besuchen in Washington (9.–11.3.) und Moskau (2./3.4.) sondiert Außenminister Hans-Dietrich Genscher (FDP) die Erfolgsaussichten von Verhandlungen über nukleare Mittelstreckenraketen. Der sowjetische Staats- und Parteichef Leonid I. Breschnew erklärt sich bereit, ohne Vorbedingungen zu verhandeln. Bei Gesprächen in Washington vom 20. bis 23.5. stimmen Bundeskanzler Helmut Schmidt und der US-Präsident Ronald Reagan darin überein, Abschreckung und Rüstungskontrolle als integrale Bestandteile ihrer Bündnispolitik anzusehen. Reagan gibt Schmidt die Zusage, dass die USA mit der Sowjetunion Verhandlungen über die Mittelstreckenwaffen aufnehmen werden. – Während seines Besuchs in der Bundesrepublik vom 22. bis 25.11. bietet Breschnew als »Geste des guten Willens« an, einen Teil der nuklearen Mittelstreckenwaffen im europäischen Teil der Sowjetunion abzubauen. Die **Verhandlungen über die eurostrategischen Mittelstreckenwaffen** beginnen am 30.11. in Genf. Die NATO schlägt eine **»Null-Lösung«** im Sinne des Doppelbeschlusses vor: Verzicht auf die Nachrüstung, wenn die Sowjetunion ihre SS-20-Raketen abgebaut hat.

■ **Israel**: In einem Fernsehinterview am 30.4. befürwortet Schmidt das Selbstbestimmungs- und Heimatrecht der **Palästinenser**, kritisiert die israelische Siedlungs- und Besatzungspolitik im Westjordanland und hält die Beteiligung der Palästinensischen Befreiungsorganisation am Nahost-Friedensprozess für erforderlich. In Israel stoßen Schmidts Äußerungen auf scharfe Kritik.

■ **Polen**: Nach der **Verhängung des Kriegsrechts** in Polen am 13.12. fordert die Bundesregierung die sofortige Wiedereinsetzung der zivilen Regierung, entschließt sich jedoch zunächst nicht zur Verhängung von Wirtschaftssanktionen.

HAUSHALTSKRISE

Finanzierungsprobleme bei der Erstellung des Bundeshaushaltes 1982 führen zu einer ernsthaften Krise innerhalb der Koalition, die am 3.9. mit dem Beschluss der Bundesregierung über den Haushaltsentwurf für 1982 in Verbindung mit dem Finanzplan für 1981–85 vorerst beigelegt wird. Nachdem die CDU/CSU mit ihrer Mehrheit im Bundesrat das notwendige »Sparpaket« zum Bundeshaushalt am 25.9. abgelehnt hat, einigt sich die sozial-liberale Koalition, die eine **Deckungslücke von 7,8 Mrd. DM** schließen muss, am 26.10. auf einen revidierten umfangreichen Katalog von Maßnahmen zur Konsolidierung der Staatsfinanzen und der Sozialversicherung. Das **»Operation '82«** bezeichnete Programm (→ 1982), das in acht Begleitgesetze zum Bundeshaushalt eingeht, soll Einnahmen und Einsparungen v.a. im Sozialbereich und öffentlichen Dienst von 19,1 Mrd. DM

Veränderung der Ernährungsgewohnheiten 1951 gegenüber 1981

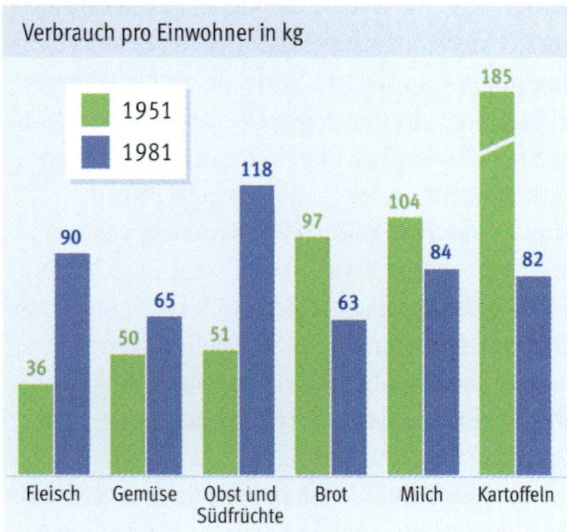

erbringen. Das Gesetzespaket wird nach einem im Vermittlungsausschuss erzielten Kompromiss am 10.12. im Bundestag gebilligt und tritt zum Großteil am 1.1.1982 in Kraft.

PROTESTBEWEGUNGEN

■ **Anti-Atomkraft-Bewegung**: Trotz Verbotsverfügung des Oberverwaltungsgerichts Lüneburg demonstrieren am 28.2. rd. 100 000 Kernkraftgegner in der Wilstermarsch gegen den im November 1976 begonnenen Bau des **AKW Brokdorf**. Anlass ist die am 19.2. von der schleswig-holsteinischen Landesregierung erteilte Teilerrichtungsgenehmigung.

■ **Friedensbewegung**: Am 10.10. versammeln sich in Bonn rd. 300 000 Personen und fordern die Rücknahme des NATO-Doppelbeschlusses und Initiativen für eine weltweite Abrüstung. Sprecher sind u.a. Heinrich Albertz (SPD), General a.D. Gert Bastian (Die Grünen), Erhard Eppler (SPD), Heinrich Böll und Friedensforscher Alfred Mechtersheimer (der wegen seines Engagements am 30.11. aus der CSU ausgeschlossen wird).

■ **Startbahn West**: Das im Erweiterungsgebiet des Frankfurter Flughafens gelegene Hüttendorf, das Startbahngegner im November 1980 errichteten, wird am 1./2.11. von der Polizei geräumt. – Aus formalen Gründen **weist** die hessische Landesregierung am 25.11. den **Antrag auf ein Volksbegehren gegen die Startbahn ab**, für das 220 000 Unterschriften vorgelegt wurden. In einer Resolution befürworten alle im Landtag vertretenen Parteien die Erweiterung des Flughafens; am 14.12. muss Ministerpräsident Holger Börner (SPD) jedoch einem befristeten Baustopp zustimmen.

TERRORISMUS

■ **Anschläge**: Ein Bombenanschlag auf das **Hauptquartier der US-Luftstreitkräfte** in Europa (Ramstein) am 31.8. fordert 20 Verletzte und leitet eine Serie von Gewalttaten gegen US-Militäreinrichtungen ein. – Zu dem am 15.9. in Heidelberg auf den Oberbefehlshaber der US-Landstreitkräfte in Europa, **General Frederick J. Kroesen**, verübten Anschlag, bei dem Kroesen und seine Frau leicht verletzt werden, bekennt sich ein RAF-Kommando.

■ **Rechtsterrorismus**: Eine Schießerei während einer Polizeiaktion gegen Neonazis der Volkssozialistischen Bewegung Deutschlands fordert am 20.10. zwei Tote und drei Verletzte. – Während einer Durchsuchungsaktion in der Lüneburger Heide (20.10.–2.11.) entdeckt die Polizei 31 Waffendepots

Auch Bundeswehrsoldaten protestieren am 10.10. in Bonn gegen die Aufrüstung

von Rechtsextremisten mit insg. 156 kg Sprengstoff, 13 000 Schuss Munition und 50 Panzerfäusten.

■ **Karry-Mord**: Am 11.5. wird der hessische Wirtschaftsminister und stellvertretende Ministerpräsident Heinz Herbert Karry (FDP) in seinem Haus in Frankfurt am Main erschossen. Karry, einer der Befürworter des Flughafenausbaus in Frankfurt, ist der erste bundesdeutsche Politiker, der einem Attentat zum Opfer fällt. Die Bundesanwaltschaft vermutet die Täter im terroristischen Umfeld.

PARTEIEN

■ **SPD-Krise**: Der SPD-Bundesvorstand beschließt am 12.2. einen **5-Punkte-Katalog**, der nach heftigen Auseinandersetzungen über den sicherheits- und wirtschaftspolitischen Kurs den innerparteilichen Frieden wiederherstellen soll. – Auf dem Landesparteitag der bayerischen SPD in Wolfratshausen am 17.5. kündigt Schmidt seinen Rücktritt an für den Fall, dass sich die SPD gegen den NATO-Doppelbeschluss ausspricht.

■ **FDP**: Auf dem Bundesparteitag der FDP (29.–31.5.) folgt der Parteivorsitzende Genscher dem Beispiel des Bundeskanzlers und stellt seinen Rücktritt in Aussicht, wenn die FDP dem sicherheitspolitischen Kurs der Bundesregierung nicht mehr folgen sollte. Er erhält von den Delegierten ein Votum für die Fortsetzung der bisherigen Außen- und Sicherheitspolitik, doch zeigt das Abstimmungsergebnis, dass auch die FDP in dieser Frage gespalten ist. – In einem Brief an Führungspersonen der FDP **fordert Genscher** am 20.8. **eine »Wende«** durch eine Politik, die einer überzogenen »Anspruchsmentalität« entgegentritt und mittels einer strikten Sparpolitik die Bundesregierung in ihren finanzpolitischen Entscheidungen wieder handlungsfähig macht. Dieser Brief markiert den Anfang einer Abkehr der FDP von der SPD.

AUFARBEITUNG DER NS-VERGANGENHEIT

■ **Heß-Inhaftierung**: Das Bundesverwaltungsgericht in West-Berlin weist am 14.2. den Antrag des ehemaligen »Stellvertreters des Führers« Rudolf Heß zurück, die Bundesregierung durch ein Urteil dazu zu verpflichten, sich durch außenpolitische Initiativen für seine Freilassung zu verwenden. Heß, → 1946 zu lebenslanger Haft verurteilt, ist der einzige im Kriegsverbrechergefängnis in Berlin-Spandau verbliebene Häftling. Die Sowjetunion blockiert seine Freilassung, die von den Westalliierten und der Bundesregierung aus humanitären Gründen befürwortet wird.

■ **Majdanek-Prozess**: In dem 1975 eröffneten Schwurgerichtsprozess beim Landgericht Düsseldorf gegen Angehörige der Kommandantur des Konzentrations- und Vernichtungslagers Majdanek (Polen) ergehen nach 474 Verhandlungstagen am 30.6. in Düsseldorf die Urteile. Von den neun der anfänglich 17 Angeklagten werden eine ehemalige Lageraufseherin zu lebenslänglicher, die übrigen Angeklagten zu Haftstrafen zwischen drei und zwölf Jahren verurteilt; ein Angeklagter wird freigesprochen. In einem abgetrennten Verfahren wurden → 1979 vier Angeklagte freigesprochen. In weiten Teilen der Öffentlichkeit werden die Urteile als zu milde eingestuft und rufen Proteste hervor.

REGIERUNGSUMBILDUNG

Neuer Chef des Bundeskanzleramtes wird zum 1.1. Manfred Lahnstein (SPD). – Nach Ausscheiden von Bundesjustizminister Hans-Jochen Vogel (SPD), der am 23.1. zum Regierenden Bürgermeister von Berlin gewählt wird, übernimmt am 28.1. der bisherige Bundesminister für Bildung und Wissenschaft Jürgen Schmude (SPD) das Justizressort. Sein bisheriger Parlamentarischer Staatssekretär Björn Engholm (SPD) wird Bundesminister für Bildung und Wissenschaft.

DEUTSCH-DEUTSCHE BEZIEHUNGEN

■ **Ständige Vertreter**: Klaus Bölling (SPD) löst am 9.2. den bisherigen Ständigen Vertreter der Bundesrepublik in Ost-Berlin Günter Gaus (SPD) ab.

■ **Guillaume-Austausch**: Der Kanzleramts-Spion Günter Guillaume, dessen Enttarnung 1974 zum Rücktritt von Bundeskanzler Willy Brandt führte, wird am 28.9. durch Bundespräsident Karl Carstens begnadigt und am 1.10. gegen mehrere in der DDR inhaftierte westdeutsche Spione ausgetauscht.

■ **Treffen Schmidt–Honecker** → DDR

WIRTSCHAFTSPOLITIK

Strukturförderung: Die Bundesregierung beschließt am 8.4. ein Programm, das durch die Vergabe zweckgebundener zinsgünstiger Kredite mittelständischen Unternehmen die Anpassung an die Weltwirtschaft und den Strukturwandel erleichtern soll. Zur Finanzierung wird die Kreditanstalt für Wiederaufbau beauftragt, 6,9 Mrd. DM an den internationalen Finanzmärkten aufzunehmen.

■ **Montan-Mitbestimmung**: Am 8.4. sichert der Bundestag durch eine Änderung der Gesetzgebung zur Mitbestimmung in den Unternehmen im Kohle- und Stahlbereich die Gültigkeit der Mitbestimmungsregelungen für weitere sechs Jahre auch für den Fall, dass der Umsatzanteil aus der Produktion im Montanbereich die 50%-Schwelle des Konzerngesamtumsatzes unterschreitet.

■ **Erdgas-Röhren-Geschäft**: Die Ruhrgas AG und die sowjetische Sojus-Gaz-Export schließen am 20.11. in Essen den vierten Erdgas-Röhren-Vertrag seit 1972. Der deutsche Konzern wird für die Dauer von 25 Jahren 40 Mrd. m^3 Erdgas jährlich beziehen, von dem er 10,5 Mrd. m^3 für die bundesdeutsche Versorgung in Anspruch nimmt; der Rest wird in sechs europäische Länder weitergeleitet. Ein von der deutschen Mannesmann AG vertretenes Konsortium von Firmen aus sieben westeuropäischen Ländern beliefert die Sowjetunion dafür mit den für die Förderung und den Transport notwendigen Bohranlagen und 5500 km langen Pipeline-Röhren. Die sowjetischen Erdgaslieferungen decken 1981 rd. 16% des bundesdeutschen Bedarfs.

BUNDESLÄNDER UND WEST-BERLIN

■ **West-Berlin:** Der Regierende Bürgermeister Dietrich Stobbe (SPD) und der SPD/FDP-Senat treten am 15.1. u.a. wegen eines Finanz- und Bürgschaftsskandals zurück. Am 23.1. wird der bisherige Bundesjustizminister Vogel zum Regierenden Bürgermeister gewählt. Nach vorgezogenen Neuwahlen am 10.5. wird der bisherige Vizepräsident des Deutschen Bundestags Richard von Weizsäcker (CDU) am 11.6. Regierender Bürgermeister und bildet mit Tolerierung der FDP einen Minderheitssenat.

■ **Hamburg**: Der Erste Bürgermeister Hans-Ulrich Klose (SPD) erklärt wegen innerparteilicher Differenzen in der Atomenergiepolitik am 25.5. seinen Rücktritt, Nachfolger wird am 24.6. der bisherige Staatsminister im Auswärtigen Amt Klaus von Dohnanyi (SPD).

■ **Wahlergebnis** → S. 459

1981 DDR

Kriegsrecht und Friedensbewegung

Die unabhängige Friedensbewegung erlangt mit dem Symbol »Schwerter zu Pflugscharen« und der Bewegung »Sozialer Friedensdienst« eine stärkere Präsenz in der Öffentlichkeit. Auf dem X. Parteitag der SED wird Erich Honecker als Generalsekretär bestätigt. In den deutsch-deutschen Beziehungen kommt der mehrfach verschobene Besuch des Bonner Regierungschefs in der DDR zustande: Im Dezember empfängt Honecker Bundeskanzler Helmut Schmidt zu Gesprächen am Werbellinsee.

FRIEDENSBEWEGUNG

Die von Christoph Wonneberger im September 1980 initiierte **Bewegung für einen Sozialen Friedensdienst** (SoFD) erlangt 1981 eine größere Präsenz in der Öffentlichkeit. Innerhalb weniger Wochen unterschreiben ca. 5000 Personen den Aufruf zur Gründung des SoFD. Sie findet zunächst ihr einziges geschütztes Betätigungsfeld im Rahmen der evangelischen Kirchen, die auf einem eigenständigen Beitrag in der Friedensarbeit bestehen. – Am 6.10. veröffentlichen einige westdeutsche Zeitungen einen von Robert Havemann verfassten **Offenen Brief an** den sowjetischen Partei- und Staatschef **Leonid I. Breschnew** vom 20.9., in dem die Teilung Deutschlands als »Voraussetzung der tödlichsten Bedrohung, die es in Europa jemals gegeben hat,« bezeichnet wird. Havemann fordert, »Friedensverträge zu schließen und alle Besatzungstruppen aus beiden deutschen Staaten abzuziehen«. Es müsse den Deutschen selbst überlassen bleiben, wie sie die »nationale Frage dann lösen werden«.

■ **Schriftstellertreffen**: Am 13./14.12. findet in Ost-Berlin auf Einladung Stephan Hermlins die »Berliner Begegnung zur Friedensförderung« statt, an der mehr als 100 Schriftsteller aus der DDR und der Bundesrepublik teilnehmen. Starke Beachtung finden der Auftritt und die Regierungskritik der nach dem Protest gegen die Ausweisung Wolf Biermanns 1976 disziplinierten Autoren Stefan Heym und Jurek Becker. Heym erklärt zur Stationierung von Mittelstreckenwaffen in Europa, die sowjetischen SS-20 seien »genauso ungerecht wie die Pershing II«.

INNENPOLITIK

■ **X. Parteitag der SED**: Auf dem vom 11. bis 16.4. in Ost-Berlin stattfindenden X. Parteitag der SED wählen die 2563 Delegierten ein neues ZK, dem 156 Mitglieder und 57 Kandidaten angehören. Erich Honecker wird bei der 1. Tagung des ZK als Generalsekretär bestätigt; aus dem Politbüro scheidet

DIE STAATSFÜHRUNG DER DDR

STAATSRAT Vorsitzender: Erich Honecker (SED) – **Stellvertretende Vorsitzende**: Willi Stoph (SED); Horst Sindermann (SED); Paul Verner (SED); Manfred Gerlach (LDPD); Ernst Goldenbaum (DBD); Gerald Götting (CDU); Heinrich Homann (NDPD) – **Mitglieder**: Kurt Anclam (LDPD); Werner Felfe (SED); Kurt Hager (SED); Brunhilde Hanke (SED); Friedrich Kind (CDU); Egon Krenz (SED); Günter Mittag (SED); Margarete Müller (SED); Alois Pisnik (SED); Bernhard Quandt (SED); Werner Seifert (DBD); Klaus Sorgenicht (SED); Paul Strauß (SED); Ilse Thiele (SED); Harry Tisch (SED); Johanna Töpfer (SED); Rosel Walther (NDPD) – **Sekretär**: Heinz Eichler (SED)
MINISTERRAT Vorsitzender: Willi Stoph (SED); **Erste Stellvertretende Vorsitzende**: Werner Krolikowski (SED); Alfred Neumann (SED); **Stellvertretende Vorsitzende** (in Klammern Parteizugehörigkeit und zusätzliches Minister- oder anderes Regierungsamt): Manfred Flegel (NDPD, Vorsitzender des Staatlichen Vertragsgerichtes); Hans-Joachim Heusinger (LDPD, Justiz); Günther Kleiber (SED, Allgemeiner Maschinenbau, Landmaschinen- und Fahrzeugbau); Wolfgang Rauchfuß (SED, Materialwirtschaft); Hans Reichelt (DBD, Umweltschutz und Wasserwirtschaft); Gerhard Schürer (SED, Vorsitzender der Staatlichen Plankommission); Rudolph Schulze (CDU, Postminister); Gerhard Weiss (SED, Ständiger Vertreter der DDR beim RGW); Herbert Weiz (SED, Wissenschaft und Technik) – **Weitere Mitglieder im Rang eines Ministers** (in Auswahl): Friedrich Dickel (SED, Inneres); Oskar Fischer (SED, Äußeres); Ernst Höfner (SED, Finanzen); Hans-Joachim Hoffmann (SED, Kultur); Heinz Hoffmann (SED, Verteidigung); Margot Honecker (SED, Volksbildung); Wolfgang Junker (SED, Bauwesen); Erich Mielke (SED; Staatssicherheit)

Erich Honecker verabschiedet Helmut Schmidt am 12.12. auf dem Güstrower Bahnhof

der langjährige Propaganda-Chef Albert Norden aus, als Kandidat kommt der Chefredakteur von *Neues Deutschland*, Günter Schabowski, hinzu.

■ **Wahlen**: Bei der Wahl zur Volkskammer und zu den Bezirkstagen am 14.6., bei der die Ost-Berliner erstmals ihre Volkskammerabgeordneten direkt wählen, erhält die Einheitsliste 99,86% Jastimmen (Wahlbeteiligung 99,21%). Am 25.6. wird Honecker von der neugewählten Volkskammer in seiner Funktion als Staatsratsvorsitzender bestätigt, am 26.6. wird der Ministerrat gewählt.

DEUTSCH-DEUTSCHE BEZIEHUNGEN

■ **Justiz**: Am 16.2. geht die DDR auf den Antrag des West-Berliner Kammergerichtes ein, Beweismaterial für Prozesse gegen ehemalige Richter und Staatsanwälte beim NS-Volksgerichtshof aus DDR-Archiven zur Verfügung zu stellen.

■ **Schmidt-Besuch**: Am 11.12. beginnt am Werbellinsee der mehrfach verschobene Besuch von Bundeskanzler Helmut Schmidt in der DDR. Honecker und Schmidt betonen im Schlusskommuniqué den Willen beider Staaten, »im Interesse von Frieden und Sicherheit in Europa und zum Wohle der Menschen in beiden deutschen Staaten die Bemühungen um gutnachbarliche Beziehungen stetig fortzuführen.«

AUSSENPOLITIK

■ **Polen**: Die Haltung der DDR-Führung gegenüber der Situation in Polen bleibt hart und kompromisslos. In einem Fernschreiben an alle 1. Sekretäre der SED-Bezirksleitungen kommentiert Honecker am 13.12. die Verhängung des Kriegsrechts in Polen: »Ich möchte Euch mitteilen, dass die polnische Partei- und Staatsführung umfangreiche Maßnahmen eingeleitet hat, um die konterrevolutionären Kräfte, die in letzter Zeit in stärkerem Maße ihr Haupt erhoben haben, zu zerschlagen. In allen Gebieten der Volksrepublik Polen wurden Maßnahmen getroffen, um die Drahtzieher des konterrevolutionären Putsches festzunehmen und so ihre Aktionen zu unterbinden.«

WIRTSCHAFTS- UND SOZIALPOLITIK

■ **Wirtschaftspolitik**: Auf dem SED-Parteitag stellt Honecker eine »Ökonomische Strategie« für die 1980er Jahre vor. Durch Intensivierung der Produktion, Einsatz moderner Technologien und Steigerung der Produktivität soll das wirtschaftliche Ergebnis so verbessert werden, dass sowohl wachsende Bedürfnisse im Inland als auch Forderungen aus dem Ausland bedient werden können.

■ **Energiepolitik**: Am 18.3. beschließt das SED-Politbüro die verstärkte Nutzung der heimischen Braunkohle als wesentliches Element zur Substitution von Importenergieträgern. Ausgehend von der aktuellen Fördermenge (1980: 258 Mio. t) soll die jährliche Förderung bis 1985 auf 285–290 Mio. t (ab 1987/88 auf 300 Mio. t) erhöht werden. – Für radioaktive Abfälle aus den KKW in Greifswald-Lubmin und Rheinsberg sowie aus dem Lehrreaktor in Rossendorf bei Dresden wird am 20.6. ein Salzstock in Morsleben in der Nähe des niedersächsischen Gorleben als Endlager festgelegt.

■ **Sozialpolitik**: Der Ministerrat erlässt am 11.6. eine Verordnung über die Gewährung von Stipendien an alle Studenten, unabhängig vom Einkommen der Eltern. Als Grundstipendium werden 200 Mark der DDR (in Ost-Berlin 215 Mark) im Monat gezahlt. Schüler der Erweiterten Oberschulen und der Spezialschulen erhalten erstmals eine von der Klassenstufe abhängige Ausbildungsbeihilfe (110–150 Mark/Monat). Gleichzeitig werden die Lehrlingsentgelte erhöht.

Zahlungen der BRD an die DDR 1980

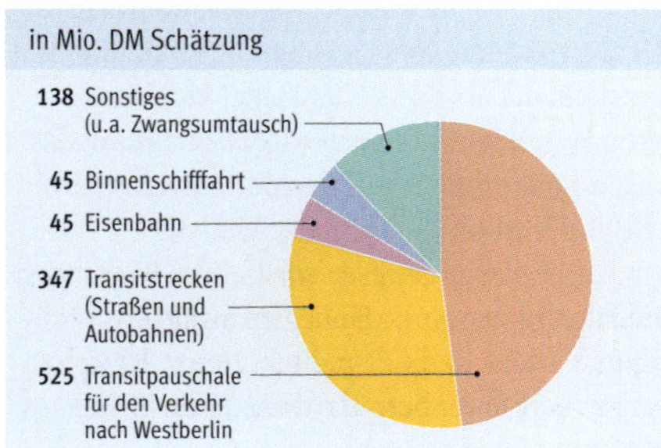

1982 BRD

Das Ende der sozial-liberalen Ära

In der schweren Wirtschaftskrise verschärfen sich zwischen den Koalitionspartnern die Auseinandersetzungen um die Gestaltung der Wirtschafts- und Sozialpolitik. Ein Strategiepapier von Bundeswirtschaftsminister Otto Graf Lambsdorff (FDP), in dem dieser einen radikalen Sparkurs mit Einschnitten ins soziale Netz fordert, sprengt die sozial-liberale Koalition. Die FDP bildet ein neues Regierungsbündnis mit der CDU/CSU. Der neue Bundeskanzler Helmut Kohl (CDU) kündigt eine »geistig-moralische Wende« an und will mit einer angebotsorientierten Wirtschafts- und Finanzpolitik einen konjunkturellen Aufschwung herbeiführen.

DER ZERFALL DER SOZIAL-LIBERALEN KOALITION

■ **Vertrauensfrage:** Angesichts der anhaltenden Spannungen zwischen den Koalitionspartnern und auch innerhalb der SPD verbindet Bundeskanzler Helmut Schmidt die Vorlage des Beschäftigungsprogramms im Bundestag am 3.2. mit der Vertrauensfrage. In namentlicher Abstimmung am 5.2. erhält er die Jastimmen von allen 269 Abgeordneten von SPD und FDP, CDU/CSU votieren mit Nein.

■ **Kabinettsumbildung:** Bundesgesundheitsministerin Antje Huber (SPD) tritt am 7.4. zurück, nachdem sie eine soziale Staffelung bei der geplanten Kindergeldkürzung nicht durchsetzen konnte und die von ihr geforderte eindeutige Kompetenzregelung in der Familienpolitik ausbleibt. Nach wochenlangen Vermutungen über eine Regierungsumbildung werden am 28.4. **mehrere der SPD zugeordnete Ressorts neu besetzt**. Manfred Lahnstein, der als Kanzleramtschef von Hans-Jürgen Wischnewski ersetzt wird, übernimmt das Finanzministerium von Hans Matthöfer, der an Stelle von Kurt Gscheidle neuer Minister für das Post- und Fernmeldewesen wird. Anke Fuchs wird Nachfolgerin von Antje Huber im Ministerium für Jugend, Familie und Gesundheit. Heinz Westphal folgt Herbert Ehrenberg als Minister für Arbeit und Sozialordnung.

■ **Haushaltskonflikt:** Nach langwierigen Auseinandersetzungen über die Neuverschuldung und Sparmöglichkeiten einigt sich die sozial-liberale Koalition am 30.6. auf den **Haushaltsentwurf für 1983**. Neue Finanzierungslücken (insbesondere aufgrund der hohen Arbeitslosenzahl) zwingen die Bundesregierung zur Ausarbeitung von **»Spargesetzen«** (Leistungskürzungen bzw. Beitragserhöhungen bei der Kranken-, Renten- und Arbeitslosenversicherung), die sie nach neuerlichen Kontroversen zwischen den Koalitionspartnern am 25.8. vorlegt.

■ **Bruch der Koalition:** Nachdem Bundeskanzler Schmidt in einer Regierungserklärung am 9.9. seine Absicht bekräftigt hat, die Koalition fortzusetzen, und die Opposition aufgefordert hat, den Zusammenhalt des Regierungsbündnisses durch ein konstruktives Misstrauensvotum auf die Probe zu stellen, überreicht ihm Wirtschaftsminister Otto Graf Lambsdorff (FDP) ein **Strategiepapier**, in dem er entschiedene Sparmaßnahmen durch tiefe Einschnitte ins soziale Netz sowie eine wachstumsorientierte Politik verlangt. Lambsdorff konstatiert, seine Leitlinien gingen »über den konventionellen Rahmen der bisher als durchsetzbar angesehenen Politik hinaus«. Nachdem Schmidt am 17.9. Lambsdorffs Thesenpapier als »Scheidungsbrief« bezeichnet und die Entlassung des Wirtschaftsministers erwägt, erklären **die vier FDP-Minister ihren Rücktritt**. Schmidt regiert zunächst mit einer SPD-Minderheitsregierung weiter; sein Angebot, die Regierungskrise durch Festsetzung einer Neuwahl beizulegen, lehnen CDU/CSU und FDP ab.

■ **Misstrauensvotum:** Am 28.9. schließen CDU/CSU und FDP eine **Koalitionsvereinbarung**, die u.a. Einsparungen bei den Sozialausgaben, eine Erhöhung der Mehrwertsteuer von 13 auf 14% und

Der gestürzte Bundeskanzler Helmut Schmidt gratuliert am 1.10. seinem Nachfolger Helmut Kohl

Kohl, Helmut *Ludwigshafen 3.4.1930

Studium der Geschichte sowie Rechts- und Staatswissenschaften, 1957 Mitbegründer der CDU-Jugendorganisation Junge Union. Ab 1966 CDU-Landesvorsitzender in Rheinland-Pfalz und Mitglied des Bundesvorstands, 1969–76 rheinland-pfälzischer Ministerpräsident, 1973–98 CDU-Bundesvorsitzender, 1976–82 Oppositionsführer im Bundestag, 1982–98 Bundeskanzler

eine rückzahlbare »Zwangsanleihe« für Besserverdienende vorsieht. Bei der Abstimmung über das Koalitionspapier offenbart sich die **Spaltung der FDP-Bundestagsfraktion** (32 Ja-, 20 Neinstimmen). – Am 1.10. bringen die Fraktionen der CDU/CSU und der FDP einen Antrag auf ein konstruktives Misstrauensvotum gegen Bundeskanzler Schmidt im Bundestag ein. Aus der Abstimmung geht der CDU-Partei- und CDU/CSU-Fraktionsvorsitzende **Helmut Kohl als neuer Bundeskanzler** mit 256-Ja- bei 235 Neinstimmen und 4 Enthaltungen hervor.

CHRISTLICH-LIBERALE KOALITION

■ **Regierungserklärung:** Kohl kündigt am 13.10. eine **Politik der Erneuerung** an. Mit einem **»Dringlichkeitsprogramm«** wolle die Bundesregierung die Wirtschaftskrise überwinden. Als Schwerpunkte nennt er die Schaffung neuer Arbeitsplätze, die Sicherung des sozialen Netzes, eine Ausländerpolitik, die sowohl Integration als auch Rückkehr ermöglicht, und eine Erneuerung der Grundlagen in der deutschen Außen- und Sicherheitspolitik.

■ **Vertrauensfrage:** Um Neuwahlen zu erreichen, stellt Bundeskanzler Kohl am 17.12. im Bundestag die Vertrauensfrage. Verabredungsgemäß enthalten sich 248 Abgeordnete von CDU/CSU und FDP, so dass Kohl die erforderliche Mehrheit verfehlt und noch am selben Tag Bundespräsident Karl Carstens die Auflösung des Bundestags vorschlägt. Auch in der Regierungskoalition gibt es verfassungsrechtliche Bedenken gegen das Verfahren, eine Vertrauensfrage vorsätzlich scheitern zu lassen.

PARTEIEN

■ **SPD:** Nachdem Schmidt am 26.10. seinen Verzicht auf eine erneute Kanzlerkandidatur erklärt, wird **Hans-Jochen Vogel** am 29.10. von der Bundestagsfraktion **zum neuen Kanzlerkandidaten** der SPD gewählt.

■ **FDP:** In einer Resolution fordern am 25.9. in Norderstedt rd. 700 Linksliberale den Parteivorsitzenden Genscher nach dem von ihm mit herbeigeführten Bruch der Koalition zum Rücktritt auf. FDP-Generalsekretär Günter Verheugen tritt am 29.9. aus Protest gegen den Koalitionswechsel seiner Partei zurück. – Die Delegierten auf dem FDP-Parteitag in West-Berlin am 7.11. **bestätigen Genscher als Parteivorsitzenden** mit 222 von 400 Stimmen. Im Anschluss an den Parteitag treten zahlreiche Delegierte, u.a. Ingrid Matthäus-Maier, Günter Verheugen, Helga Schuchardt, aus der Partei aus; einige von ihnen wechseln zur SPD. – Am 27.11. trennen sich die **Jungdemokraten** von der Mutterpartei. Neue FDP-Jugendorganisation werden am 29.11. die Jungen Liberalen.

1. KABINETT KOHL

(konstituiert am 4.10.1982)
Bundeskanzler: Helmut Kohl (CDU)
Stellvertreter und Auswärtiges:
Hans-Dietrich Genscher (FDP)
Inneres: Friedrich Zimmermann (CSU)
Justiz: Hans Engelhard (FDP)
Finanzen: Gerhard Stoltenberg (CDU)
Wirtschaft: Otto Graf Lambsdorff (FDP)
Ernährung, Landwirtschaft und Forsten:
Josef Ertl (FDP)
Arbeit und Sozialordnung: Norbert Blüm (CDU)
Verteidigung: Manfred Wörner (CDU)
Jugend, Familie und Gesundheit:
Heiner Geißler (CDU)
Verkehr: Werner Dollinger (CSU)
Post- und Fernmeldewesen:
Christian Schwarz-Schilling (CDU)
Raumordnung, Bauwesen und Städtebau:
Oscar Schneider (CSU)
Innerdeutsche Beziehungen:
Rainer Barzel (CDU)
Forschung und Technologie:
Heinz Riesenhuber (CDU)
Bildung und Wissenschaft:
Dorothee Wilms (CDU)
Wirtschaftliche Zusammenarbeit:
Jürgen Warnke (CSU)

g: Konservative Umweltschützer
. in Bad Honnef die **Ökologisch-**
ie Partei (ÖDP). Die neue Partei,
ne Aktion Zukunft, die Grüne Liste
die Arbeitsgemeinschaft Ökologische Politik aufgehen, zählt rd. 2000 Mitglieder und wird von dem ehemaligen CDU-Bundestagsabgeordneten Herbert Gruhl geführt.

PROTESTBEWEGUNGEN, GEWERKSCHAFTSPROTESTE

■ **Startbahn West:** Der hessische Staatsgerichtshof lehnt am 20.1. das geplante Volksbegehren gegen die Baupläne der Landesregierung für die Startbahn West des Frankfurter Flughafens ab. Eine Demonstration von rd. 10 000 Menschen am 30.10. eskaliert; bei Zusammenstößen mit der Polizei werden rd. 140 Startbahngegnern verletzt und 90 festgenommen.

■ **Friedensbewegung:** Anlässlich der NATO-Gipfelkonferenz in Bonn demonstrieren am 10.6. 300 000–400 000 Menschen gegen die Aufrüstungsbeschlüsse der US-Regierung und den NATO-Doppelbeschluss. Während des Besuchs von US-Präsident **Ronald Reagan in West-Berlin** am 11.6. kommt es nach einer Demonstration von rd. 40 000 Menschen zu schweren Ausschreitungen.

■ **Gewerkschaften:** Auf den Amtsantritt der neuen christlich-liberalen Bundesregierung und die von ihr angekündigten wirtschafts- und sozialpolitischen Maßnahmen reagieren die Gewerkschaften mit einer Welle von Protesten. Am 23.10. demonstrieren in Dortmund, Frankfurt und Nürnberg auf DGB-Kundgebungen über 200 000 Arbeitnehmer **gegen Arbeitslosigkeit, Kürzungen sozialer Leistungen und Lohnabbau**. Der IG-Metall-Vorsitzende Eugen Loderer kündigt der neuen Regierung einen Dauerkonflikt an, wenn sie nicht ihre »sozial unausgewogenen und verteilungspolitisch falschen Sparpläne« aufgebe.

GESETZE, VERORDNUNGEN, URTEILE

■ **Energiepolitik**: Der Verwaltungsgerichtshof von Baden-Württemberg entscheidet am 31.3., dass die erste Teilerrichtungsgenehmigung vom 22.1.1975 für den Bau des **KKW Wyhl** am Oberrhein rechtmäßig ist. – Die Bundesregierung entscheidet sich am 17.2. zur weiteren Förderung des umstrittenen Schnellen Brüters in Kalkar nach einem neuen Finanzierungskonzept. Die geschätzten Kosten werden nun auf 5 Mrd. DM veranschlagt.

■ **Asylverfahren**: Zur weiteren Begrenzung der Zahl der Asylbewerber verabschiedet der Bundestag am 16.8. ein neues Asylverfahrensgesetz. Um die **Entscheidung über Asylanträge zu beschleunigen**, werden die Instanzenwege verkürzt. Allein zuständig für die Bearbeitung der Anträge ist das Bundesamt für die Anerkennung ausländischer Flüchtlinge in Zirndorf, das Außenstellen in den Bundesländern einrichten kann. Bei der Ablehnung eines »offensichtlich unbegründeten« Antrags kann der Antragsteller mit aufschiebender Wirkung für die drohende Abschiebung als einzige und letzte Überprüfungsinstanz das Verwaltungsgericht anrufen.

■ **Zivildienst**: Gegen die Stimmen der SPD verabschiedet der Bundestag am 16.12. das Kriegsdienstverweigerungs-Neuordnungsgesetz (in Kraft 28.2.1983). Die mündliche **Gewissensprüfung** wird **abgeschafft**; bei Zweifeln am Wahrheitsgehalt der schriftlichen Angaben kann eine mündliche Prüfung bei den Kreiswehrersatzämtern anberaumt werden. Die Zivildienstpflicht (bis zum 32. Lebensjahr) wird von 16 auf 20 Monate verlängert und ist so ein Drittel länger als der Grundwehrdienst.

DEUTSCH-DEUTSCHE BEZIEHUNGEN

■ **Ständiger Vertreter:** Nachdem der bisherige Ständige Vertreter der Bundesrepublik in der DDR, Klaus Bölling, erneut zum Sprecher der Bundesregierung berufen worden ist, übernimmt Hans-Otto Bräutigam am 24.5. seine Position in Ost-Berlin.

■ **Handel:** Am 18.6. vereinbaren die Bundesrepublik und die DDR die **Verlängerung des** zinslosen Überziehungskredits (**Swing**) bis Ende 1985. Im Gegenzug erlässt der Ministerrat der DDR am 21.6. (in Kraft 1.7.) eine Verordnung, nach der DDR-Bürger, die das Land vor dem 1.1.1971 illegal verlassen haben, aus der Staatsbürgerschaft entlassen werden; damit unterliegen sie bei Besuchen in der DDR nicht mehr der sonst üblichen Strafverfolgung wegen »Republikflucht«.

■ **Reiseverkehr:** Am 20.11. eröffnen die Verkehrsminister der Bundesrepublik und der DDR das letzte Teilstück der neugebauten 265 km langen Autobahn Hamburg – Berlin.

TERRORISMUS

■ **»Revolutionäre Zellen«:** Am 31.5. werden vier **Sprengstoffanschläge auf US-Kasernen** in Hessen und Bayern verübt; linksextremistische »Revolutionäre Zellen« erklären sich in Bekennerschreiben für verantwortlich. Es folgen Anschläge u.a. auf das Frankfurter US-Hauptquartier (2.7.) sowie auf Siedlungen in Frankfurt und Eschborn (16., 17., 31.10. sowie 14.11.). – Revolutionäre Zellen bekennen sich auch zu mehreren Sprengstoffanschlägen am 19.7. gegen Baumaschinen und Gebäude von Firmen, die am Bau der umstrittenen **Startbahn West** des Frankfurter Flughafens beteiligt sind.

■ **Rechtsterrorismus:** Bundesinnenminister Baum (FDP) erlässt am 27.1. das Verbot der neonazistischen **Volkssozialistischen Bewegung/Partei der Arbeit** und ordnet die Auflösung der Organisation an. – In Nürnberg erschießt ein Rechtsextremist am 25.6. drei Ausländer, verletzt drei weitere schwer und tötet sich anschließend selbst. – Am 28.6. verurteilt das Oberlandesgericht in Stuttgart zwei Mitglieder der **»Deutschen Aktionsgruppen«** wegen eines Anschlags auf ein Ausländerwohnheim, bei dem zwei Vietnamesen ums Leben kommen, zu lebenslänglicher Freiheitsstrafe.

■ **RAF:** Am 11.11. nimmt die Polizei bei Offenbach die RAF-Mitglieder Brigitte Mohnhaupt und Adelheid Schulz fest; am 16.11. gelingt die **Festnahme von Christian Klar**. Den Verhafteten wird u.a. die Beteiligung an der Ermordung von Siegfrid Buback, Jürgen Ponto, Hanns Martin Schleyer (→ 1977) sowie der Bombenanschlag auf das US-Hauptquartier Ramstein und das Attentat auf US-General Frederick J. Kroesen (→ 1981) vorgeworfen. Nach den Festnahmen werden im Bundesgebiet **13 Waffenlager der RAF** entdeckt.

WEITERE INNENPOLITISCHE EREIGNISSE

■ **Neue-Heimat-Affäre:** Mit seinen ab dem 8.2. veröffentlichten Berichten über die gewerkschaftseigene gemeinnützige Wohnungsbaugesellschaft **Neue Heimat** tritt das Nachrichtenmagazin *Der Spiegel* einen Skandal los. Der größte Wohnungsbaukonzern Westeuropas errichtete zwischen 1950 und 1980 rd. 470 000 Wohnungen im Sozialen Wohnungsbau, von denen er rd. 90% selbst verwaltet und rd. 70% selbst besitzt. Dem *Spiegel* zufolge **bereicherten sich Spitzenmanager** persönlich jahrelang mit Millionensummen, indem sie sich durch Strohmänner an den Gründstücksgeschäften von Tochterfirmen der Neuen Heimat oder selbst an Privatfirmen beteiligten, die für die Neue Heimat zu überhöhten Preisen Aufträge ausführten oder die Wohnungen mit Fernwärme belieferten. Im Januar 1983 wird bekannt, dass der Wohnungsbaugesellschaft durch die Privatgeschäfte ihres Vorstands Albert Vietor ein Vermögensschaden von rd. 105 Mio. DM entstanden ist. Durch die Ermittlungen wird auch aufgedeckt, dass sich die Neue Heimat mit **Schulden in Milliardenhöhe** in einer schweren wirtschaftlichen Krise befindet, die bisher verschleiert wurde. Am 15.2. wird der Vorstand entlassen. **Vorwürfe** werden auch **gegen den Vorstand des DGB** erhoben, der als Aufsichtsrat der Neuen Heimat von den Praktiken der Neue-Heimat-Manager gewusst haben soll oder seiner Aufsichtspflicht nicht genügte.

■ **Ethnische Minderheiten:** Am 14.2. schließen sich neun Vereinigungen der etwa 50 000 deutschen **Sinti** und **Roma** zum Zentralrat deutscher Sinti und Roma zusammen. Bundeskanzler Schmidt empfängt am 17.3. eine Delegation des Zentralrats und sichert den Sinti und Roma, deren Volk Opfer des nationalsozialistischen Völkermordes wurde, moralische »Wiedergutmachung« zu.

■ **Arbeitslose:** Für Ende November meldet die Bundesanstalt für Arbeit mehr als 2 Mio. Arbeitslose (Quote 8,4%).

AUSSENPOLITIK

■ **USA:** Bei seinem Besuch in der Bundesrepublik am 10./11.6. anlässlich der Gipfelkonferenz der NATO in Bonn spricht US-Präsident **Reagan** am 10.6. **vor dem Bundestag,** wo er die engen deutsch-amerikanischen Beziehungen und die Fortdauer der militärischen Präsenz der USA in Westeuropa bekräftigt. In **West-Berlin** erläutert Reagan seine Abrüstungsvorschläge und bestätigt den sog. NATO-Doppelbeschluss.

WIRTSCHAFTS- UND SOZIALPOLITIK

■ **»Operation '82«:** Am 1.1. treten wesentliche Gesetze und Verordnungen der »Operation '82« (→ 1981) in Kraft, die zur Konsolidierung der Haushaltslage beitragen sollen und zum Teil gravierende Belastungen oder staatliche Leistungseinschränkungen für die privaten Haushalte zur Folge haben: Der Beitrag zur Arbeitslosenversicherung wird von 3,5 auf 4% angehoben; für den Bezug von Arbeitslosengeld gelten verschärfte Kriterien. Die Bruttolohn-Formel bei der Rentenanpassung wird wieder eingeführt; das Kindergeld wird gekürzt. – Zum 1.4. werden die Branntwein- und die Sektsteuer, zum 1.6. die Tabaksteuer erhöht.

■ **Beschäftigungsprogramm:** Nach Kontroversen über die Beschäftigungspolitik und damit verbundene Finanzierungsprobleme beschließt das Bundeskabinett am 3.2. zur Bekämpfung der Arbeitslosigkeit als Kompromiss eine **»Gemeinschaftsinitiative für Arbeitsplätze, Wachstum und Stabilität«**, für die 12,5 Mrd. DM bereitgestellt werden sollen. Zentrale Inhalte sind die Einführung einer zeitlich begrenzten Investitionszulage (rückwirkend zum 1.1.), die zusätzliche Förderung von Investitionen mittelständischer Unternehmen sowie mietrechtliche und steuerliche Anreize zum Wohnungsbau. Obwohl das **Beschäftigungsförderungsgesetz** wegen teils ungeklärter Finanzierungsfragen unter den Regierungsparteien umstritten ist, wird es am 26.3. vom Bundestag gebilligt. Der Bundesrat nimmt nach einer ersten Ablehnung das nach einem Kompromiss im Vermittlungsausschuss (die geplante Mehrwertsteuererhöhung entfällt) abgeänderte Gesetz am 28.5. an.

■ **Maßnahmen der neuen Koalition:** Nach der Verabschiedung eines **zweiten Nachtragshaushaltes** am 15.12. beschließt der Bundestag am 16.12. gegen die Stimmen der SPD-Opposition den geänderten **Bundeshaushalt 1983**. Er sieht Ausgaben in Höhe von 253,2 Mrd. DM und eine Nettokreditaufnahme von 40,9 Mrd. DM vor. Das Haushaltsbegleitgesetz zur Wiederbelebung der Wirtschaft und Beschäftigung sowie zur Entlastung des Bundeshaushaltes sieht zum 1.1.1983 zahlreiche steuerrechtliche und sozialversicherungsrechtliche Änderungen vor. Die Beiträge zur Arbeitslosenversicherung werden von 4 auf 4,6% erhöht, zugleich werden die Zuschüsse an die Bundesanstalt für Arbeit um rd. 1,3 Mrd. DM gekürzt; der 1977 abgeschaffte Krankenversicherungsbeitrag für Rentner wird wieder eingeführt; Leistungsminderungen erfolgen auch beim Kinder- und Wohngeld sowie bei der Ausbildungsförderung; der Termin der Anpassungserhöhungen von Renten und Sozialhilfe für 1983 wird um ein halbes Jahr auf den 1.7.1983 verschoben; Besserverdienenden wird eine auf die Jahre 1983 und 1984 befristete unverzinsliche, rückzahlbare Investitionshilfeabgabe (»Zwangsabgabe«) von 5% der Steuerschuld abverlangt, die jedoch am 6.11. 1984 für verfassungswidrig erklärt wird. Durch die Senkung der steuerlichen Belastung von Unternehmen und weitere steuerliche Anreize soll die Investitionstätigkeit belebt werden.

■ **Weitere wirtschaftspolitische Ereignisse:** Als Folge der Wirtschaftskrise erreicht die Zahl der Insolvenzen mit **11 916 Konkursen und Vergleichsverfahren** von Unternehmen 1982 einen Nachkriegsrekord (1981: 8494). Der Vorstand der

Der Commodore 64 kommt 1982 in den Handel und wird der erfolgreichste Computer aller Zeiten

AEG-Telefunken, des zweitgrößten bundesdeutschen Elektrokonzerns, beantragt am 9.8. in Frankfurt am Main die Eröffnung eines gerichtlichen Vergleichsverfahrens wegen Zahlungsunfähigkeit; am 16.8. meldet auch die Tochterfirma Küppersbusch Vergleich an. Angesichts der über 100 000 gefährdeten Arbeitsplätze gewährt die Bundesregierung eine **Bürgschaft von 1,1 Mrd. DM.**

BUNDESLÄNDER

■ **Niedersachsen:** Bei der Landtagswahl am 21.3. erlangt die CDU wiederum die absolute Mehrheit. Die Grünen ziehen erstmals in den Landtag ein; auch die FDP überspringt diesmal die 5%-Hürde. Ernst Albrecht (CDU) bleibt Ministerpräsident.

■ **Hamburg:** Aus der Bürgerschaftswahl am 6.6. geht die CDU als stärkste politische Kraft hervor. Verhandlungen des Ersten Bürgermeisters Klaus von Dohnanyi (SPD) mit der Grün-Alternativen Liste (GAL) über die Bildung eines SPD-Minderheitssenats scheitern. In der Neuwahl am 19.12. gewinnt die SPD die absolute Mehrheit. Der FDP gelingt der Einzug in die Bürgerschaft nicht.

■ **Hessen:** Bei der ersten Landtagswahl nach dem Bruch der sozial-liberalen Koalition auf Bundesebene scheitert die FDP am 26.9. an der 5%-Hürde. Die Grünen ziehen erstmals in den Landtag ein. Holger Börner (SPD) bleibt kommissarisch Ministerpräsident einer Minderheitsregierung.

■ **Bayern:** Auch bei der bayerischen Landtagswahl am 10.10. scheidet die FDP aus dem Parlament aus.

■ **Schleswig-Holstein:** Nach Berufung von Gerhard Stoltenberg ins Bundeskabinett wählt der Landtag am 14.10. Uwe Barschel (CDU) zum neuen Ministerpräsidenten.

■ **Wahlergebnisse** → S. 458–467

1982 DDR

Schwere Wirtschaftskrise

Die DDR erlebt die stärkste Rezession in ihrer Geschichte. Wegen der angespannten weltpolitischen Lage und ihrer hohen Auslandsverschuldung werden ihr ebenso wie den anderen Ostblockstaaten keine zusätzlichen Westkredite gewährt. Der Devisenmangel führt zu Engpässen in der Lebensmittelversorgung.
Die unabhängige Friedensbewegung gewinnt durch ihre vielfältigen Aktivitäten weiter an Bedeutung, wobei die Teilnehmer an den Aktionen zunehmend Repressionen von staatlicher Seite ausgesetzt sind.

WIRTSCHAFTSKRISE

■ **Westliche Kredite**: Entgegen den ökonomischen Zielsetzungen des X. SED-Parteitags → 1981 gerät die DDR 1982 in eine schwere Wirtschaftskrise. Wie andere staatssozialistische Länder ist auch die DDR vom Kreditembargo westlicher Staaten betroffen, das aus politischen wie außenwirtschaftlichen Gründen erlassen wurde. Angesichts der Zahlungsunfähigkeit Polens und der Einstellung des Kreditdienstes durch Rumänien wird die Kreditwürdigkeit aller Ostblockstaaten deutlich nach unten korrigiert und darüber hinaus die Ausgabe neuer Kredite verweigert.

■ **NSW-Importablösung:** Am 8. und 11.1. werden unter Leitung des für Wirtschaftsfragen zuständigen Sekretärs des SED-ZK, Günter Mittag, mit den Fachministerien Beratungen zur Ablösung von Importen aus dem nichtsozialistischen Wirtschaftsgebiet (NSW) durchgeführt, um die Abhängigkeit von Zulieferungen aus westlichen Ländern dauerhaft zu verringern.

■ **Versorgungsengpässe**: Der Devisenmangel führt ab dem Frühjahr zu ernsthaften und überall sichtbaren Versorgungsengpässen. Am 25./26.11. nimmt die SED-Führung bei einer Tagung des ZK erstmals öffentlich Stellung, indem sie die Versorgungsengpässe als »Rhythmusstörungen« bezeichnet. Besonders die Versorgung mit Fleisch- und Wurstwaren sowie tierischen Fetten leidet darunter, da mangels Futtermittelimporten die Durchschnittsschlachtgewichte im Vergleich zum Vorjahr um 10–15% gesunken sind. Die Milchproduktion verringert sich im Vergleich zu 1981 um 6,4%.

■ **Rückgang des BIP**: Das BIP schrumpft zum zweiten Mal nach 1980 gegenüber dem Vorjahr. Der Rückgang um 1,1% ist der höchste in der Geschichte der DDR. Mit einem BIP von 186,5 Mrd. DM (in DM-Preisen von 1989) fällt die Wirtschaftsleistung noch hinter den Wert von 1980 zurück.

GESETZGEBUNG

■ **Wehrdienst**: Am 25.3. verabschiedet die Volkskammer das Wehrdienstgesetz, das an die Stelle des 1962 erlassenen Wehrpflichtgesetzes tritt. Mit dem neuen Gesetz werden die Möglichkeiten, sich einer Einberufung in die NVA oder die anderen »bewaffneten Organe« (Bereitschaftspolizei, Ministerium für Staatssicherheit) zu entziehen, deutlich eingeschränkt. Wehrpflichtige oder Reservisten können jetzt aus einer nicht abgeschlossenen Ausbildung heraus eingezogen werden. Die Einsatzmöglichkeiten von Frauen in der NVA werden erweitert. Darüber hinaus zielt das Gesetz auf die verstärkte Rekrutierung von Zeitsoldaten. Schulen müssen – bei sinkenden Jahrgangsstärken – ab 1982 statt bisher 530 nun jährlich 4530 Offiziersbewerber (Dienstzeit mindestens 25 Jahre) stellen. Bei Unteroffizieren (Dienstzeit mindestens 10 Jahre) müssen jährlich 6470 Bewerber gemeldet werden. Die Auflagen werden an den Schulen unterschiedlich erfüllt: Zum einen wird in insg. ca. 9000 Arbeitsgemeinschaften »Wehrausbildung« für militärische Berufe geworben, zum anderen wird auf die Jugendlichen und ihre Eltern offen Druck ausgeübt. Auch weiterhin kann die Wehrpflicht ohne Waffe (als Bausoldat) abgeleistet werden.

■ **Grenzgesetz**: Am 25.3. stimmen die Abgeordneten der Volkskammer einem neuen Grenzgesetz zu, in dem Regelungen zum Hoheitsgebiet und Grenzübertritt getroffen sind. Zum »Schutz der Grenze« haben die Grenztruppen der DDR gegenüber Zivilisten seit längerem auch Polizeibefugnisse, die ihnen erlauben, Bewohnern des Grenzgebietes kurzfristig Auflagen zu erteilen, die vom Anketten von Leitern bis zur Einschränkung des Aufenthalts von Familienangehörigen reichen können. Das Gesetz enthält auch Bestimmungen zum Gebrauch der Schusswaffe (§ 27), der dann zulässig ist, wenn damit die »Ausführung oder die Fortsetzung einer Straftat« (wozu der Versuch eines illegalen Verlassens der DDR gehört) verhindert werden kann.

FRIEDENSBEWEGUNG

■ **»Berliner Appell«:** Am 25.1. erscheint der vom Ost-Berliner Pfarrer Rainer Eppelmann initiierte »Berliner Appell«. Etwa 80 Personen, unter ihnen Hans-Jochen Tschiche, Lutz Rathenow, Ralf Hirsch, Rudi Pahnke, Gerd Poppe und Robert Havemann treten als Erstunterzeichner auf. Unter dem Motto »Frieden schaffen ohne Waffen« fordern sie von USA und UdSSR wirksame Schritte zu Abrüstung und Entmilitarisierung, den Abzug der Besatzungstruppen und den Verzicht auf die Einmischung in die inneren Angelegenheiten der beiden deutschen Staaten. Eppelmann wird am 9.2. in der Nähe von Berlin festgenommen und zwei Tage lang verhört. Der Versuch, Unterschriftenlisten bei einem West-Berliner Anwalt zu hinterlegen, wird als »ungesetzliche Verbindungsaufnahme« (§ 219 StGB der DDR) gewertet, der Text selbst als »öffentliche Herabwürdigung« der staatlichen Ordnung (§ 220) eingestuft. Auf Druck der Berlin-Brandenburgischen Kirchenleitung und nach deren Zugeständnis, von der Unterzeichnung des Appells abzuraten, wird Eppelmann wieder freigelassen.

■ **Friedensforum in Dresden:** Am 13.2. versammeln sich anlässlich des 37. Jahrestags der Bombardierung Dresdens in und an der Dresdener Kreuzkirche rd. 5000 meist jugendliche Teilnehmer eines Friedensforums. Dabei entbrennt eine heftige Diskussion zwischen Vertretern der sächsischen Kirchenleitung (Bischof Johannes Hempel, Kurt Domsch) und Teilnehmern über die Haltung der evangelischen Kirchen zum »Berliner Appell« und die Rolle der Kirchen als politischer Faktor in der DDR. – Schätzungsweise bis zu 100 000 Personen, die während des Dresdner Forums und danach Aufnäher mit den Schriftzügen »Schwerter zu Pflugscharen« oder »Frieden schaffen ohne Waffen« tragen, werden durch Polizisten oder Lehrer aufgefordert, den Aufnäher zu entfernen. Viele kommen der Aufforderung nach, markieren jedoch die Stelle mit weißer Farbe, um sich als frühere Träger des Symbols zu erkennen zu geben. Anfangs verteidigen die evangelischen Kirchenleitungen die Träger des Symbols; der Ost-Berliner Bischof Gottfried Forck trägt es demonstrativ selbst. Gleichzeitig weisen sie jedoch die Träger auf negative Konsequenzen besonders in Schulen hin. – Am 11.4. informiert die Konferenz der Kirchenleitungen (KKL) in einem Pfarrbrief an die Gemeinden der Gliedkirchen von einem Gespräch im Staatssekretariat für Kirchenfragen am 7.4. Hierin betont die

Am 29.4. gelingt drei DDR-Bürgern bei Grasleben die Flucht mit einer Planierraupe mitten durch die Selbstschussanlagen im Grenzgebiet

KKL noch das Recht der evangelischen Kirchen auf eine eigenständige Friedensarbeit und kritisiert das staatliche Vorgehen gegen Träger der Aufnäher. Bei seiner Bundessynode im September erklärt der Bund der Evangelischen Kirchen den Verzicht auf den Aufnäher »um des Friedens willen.«

DEUTSCH-DEUTSCHE BEZIEHUNGEN

■ **Treffen:** Am 14.10. treffen aus Anlass der Trauerfeierlichkeiten für den verstorbenen sowjetischen Staats- und Parteichef Leonid I. Breschnew in Moskau Erich Honecker und Bundespräsident Karl Carstens zusammen. Carstens übermittelt von Bundeskanzler Helmut Kohl die ausdrücklich wiederholte Einladung an Honecker, in Bonn einen Gegenbesuch zu Helmut Schmidts Aufenthalt in der DDR im Dezember 1981 zu absolvieren. – Bei der Tagung des ZK am 25./26.11. wertet Honecker die Einladung als Bereitschaft der neuen liberal-konservativen Bundesregierung, die Beziehungen zwischen beiden Staaten weiterzuentwickeln.

■ **Reisen und Ausreisen:** Am 15.2. erweitert die DDR-Regierung den Katalog möglicher Reisegründe in dringenden Familienangelegenheiten (Geburtstage, Taufen, Hochzeiten, Krankheits- und Trauerfälle). Von nun an können auch Personen im arbeitsfähigen Alter entsprechende Anträge stellen. – Nach westlichen Angaben siedeln 13 208, nach DDR-Angaben 11 118 Personen nach Westdeutschland über. In umgekehrter Richtung wandern nach DDR-Angaben 119 Personen.

■ **Eintrübung:** Die **Verweigerung der Einreise** für den rheinland-pfälzischen Ministerpräsidenten Bernhard Vogel (CDU) und den CDU-Fraktionsvorsitzenden im schleswig-holsteinischen Landtag Heiko Hoffmann am 21. bzw. 27.7. führen zur Belastung des deutsch-deutschen Verhältnisses.

1983 BRD

Proteste gegen Raketenstationierung

Bei den vorgezogenen Bundestagswahlen wird die neue christlich-liberale Koalition von den Wählern im Amt bestätigt, zugleich ziehen die Grünen in den Bundestag ein und etablieren sich auch auf Bundesebene als parlamentarische Kraft.
Hunderttausende gehen im Frühjahr und Herbst auf die Straße, um gegen die Stationierung von atomaren US-Mittelstreckenraketen in der Bundesrepublik zu demonstrieren. Sie können nicht verhindern, dass der Bundestag mit der Mehrheit der Koalitionsparteien beschließt, im Rahmen des NATO-Doppelbeschlusses mit der Aufstellung der Raketen zu beginnen.

BUNDESTAGSWAHL

■ **Auflösung des Bundestags**: Nach dem negativen Ausgang der Vertrauensfrage für Bundeskanzler Helmut Kohl am 17.12. → 1982 löst Bundespräsident Karl Carstens auf Vorschlag des Bundeskanzlers am 7.1. den Bundestag auf und schreibt für den 6.3. vorgezogene Neuwahlen aus.

■ **Wahlkampf**: Als vorrangige Themen des Wahlkampfes benennt die **CDU** auf ihrem Wahlparteitag am 17.1. die Förderung der Investitionsbereitschaft der Unternehmen; Sparmaßnahmen der öffentlichen Hand zur Sanierung der Staatsfinanzen sowie die Reform des Rentenversicherungssystems. – Die **SPD** nominiert am 21.1. auf ihrem Wahlparteitag in Dortmund Hans-Jochen Vogel zum Kanzlerkandidaten. Sie stellt die Umsetzung eines Beschäftigungsprogramms und die Rücknahme der »unter dem Druck der FDP« vorgenommenen Kürzungen im Sozialbereich (Mieten im sozialen Wohnungsbau, Ausbildungsförderung und Selbstbeteiligung bei Krankheitskosten) innerhalb der ersten 100 Tage in Aussicht. – Die **FDP** verbindet ihre Koalitionsaussage zugunsten der CDU/CSU mit dem Aufruf an Unionswähler, ihre Zweitstimme der FDP zu geben, um die Koalition zu stabilisieren und gleichzeitig eine zu konservative Politik zu verhindern. – Um die Bekämpfung der Arbeitslosigkeit mit den Anforderungen einer umweltgerechten Wirtschaftspolitik zu verbinden, schlagen die **Grünen** u.a. die Einführung umweltfreundlicher Energiesysteme und den Ausbau des öffentlichen Nahverkehrs vor; sie schließen sich der gewerkschaftlichen Forderung nach Einführung der 35-Stunden-Woche an.

■ **Ergebnisse:** Bei einer Wahlbeteiligung von 89,1% (+0,5% gegenüber 1980) bringt die vorgezogene Bundestagswahl am 6.3. eine deutliche **Bestätigung der christlich-liberalen Regierungskoalition**. Die Unionsparteien kommen bei einem Zuwachs von 4,3 auf 48,8%; die SPD rutscht erstmals seit 1965 wieder unter die 40%-Marke und erleidet mit 38,2% einen Verlust von 4,7%. Die FDP erzielt trotz anhaltender innerparteilicher Auseinandersetzungen 7,0% der Stimmen (–3,6%). Die Grünen ziehen mit 5,6% (+4,1%) erstmals in den Bundestag ein.

■ **Koalitionsverhandlungen und Regierungserklärung:** CDU/CSU und FDP schließen am 22.3. eine Koalitionsvereinbarung auf der Basis des Regierungsprogramms vom Oktober → 1982. – In seiner **Regierungserklärung** nennt Kohl am 4.5. als Schwerpunkte die Fortsetzung der Verständigung mit den osteuropäischen Staaten, die Verbesserung der Rahmenbedingungen für den wirtschaftlichen Aufschwung und den Abbau der Arbeitslosigkeit.

■ **Regierung:** Unter Alterspräsident Willy Brandt (SPD) konstituiert sich am 29.3. der 10. Deutsche Bundestag und wählt Rainer Barzel (CDU) zu seinem Präsidenten. Bei der **Wahl des Bundeskanzlers** erhält Helmut Kohl (CDU) 271 von 486 gültigen Stimmen, wird anschließend vom Bundespräsidenten ernannt und noch am selben Tag vor dem Bundestag vereidigt.

Wahl zum 10. Deutschen Bundestag am 6.3.1983 (1980)

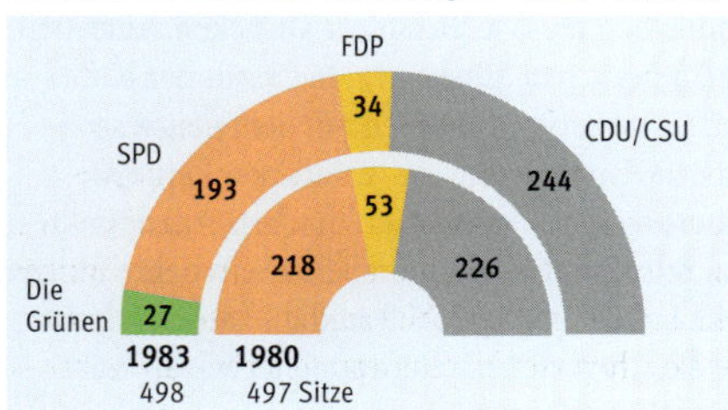

2. KABINETT KOHL

(konstituiert am 30.3.1983)
Bundeskanzler: Helmut Kohl (CDU)
Stellvertreter und Auswärtiges:
Hans-Dietrich Genscher (FDP)
Inneres: Friedrich Zimmermann (CSU)
Justiz: Hans Engelhard (FDP)
Finanzen: Gerhard Stoltenberg (CDU)
Wirtschaft: Otto Graf Lambsdorff (FDP); ab 27.6.1984 Martin Bangemann (FDP)
Ernährung, Landwirtschaft und Forsten:
Ignaz Kiechle (CSU)
Arbeit und Sozialordnung: Norbert Blüm (CDU)
Verteidigung: Manfred Wörner (CDU)
Jugend, Familie und Gesundheit (ab 1986 Jugend, Familie, Frauen und Gesundheit): Heiner Geißler (CDU); ab 26.9.1985 Rita Süssmuth (CDU)
Verkehr: Werner Dollinger (CSU)
Umwelt, Naturschutz und Reaktorsicherheit (ab 6.6.1986): Walter Wallmann (CDU)
Post- und Fernmeldewesen:
Christian Schwarz-Schilling (CDU)
Raumordnung, Bauwesen und Städtebau:
Oscar Schneider (CSU)
Innerdeutsche Beziehungen:
Heinrich Windelen (CDU)
Forschung und Technologie:
Heinz Riesenhuber (CDU)
Bildung und Wissenschaft:
Dorothee Wilms (CDU)
Wirtschaftliche Zusammenarbeit:
Jürgen Warnke (CSU)
Besondere Aufgaben (ab 15.11.1984):
Wolfgang Schäuble (CDU)

MITTELSTRECKENWAFFEN-NACHRÜSTUNG

■ **Beziehungen zur Sowjetunion**: Bundeskanzler Kohl und Außenminister Hans-Dietrich Genscher versichern dem sowjetischen Außenminister Andrei Gromyko während dessen Besuch in Bonn (16.–19.1.), die neue Bundesregierung werde ihre Entspannungspolitik fortsetzen, vom NATO-Doppelbeschluss jedoch nicht abrücken. Auch bei ihrem Besuch in Moskau (4.–6.7). können Kohl und Genscher im Gespräch mit dem neuen sowjetischen Parteichef Juri W. Andropow keine Annäherung der sicherheitspolitischen Standpunkte erzielen; dennoch erklären beide Seiten ihre weitere Verhandlungsbereitschaft und ihr Interesse, trotz der Kontroversen die Zusammenarbeit auf wirtschaftlicher Ebene auszubauen.

■ **Friedensbewegung**: Anlässlich des bevorstehenden Beschlusses über die Stationierung von US-Mittelstreckenwaffen kommt es in der Bundesrepublik zu zahlreichen Demonstrationen gegen die nukleare Nachrüstung: An den Ostermärschen am 3./4.4. beteiligen sich über 700 000 Rüstungsgegner; beim Besuch des US-Vizepräsidenten George Bush in Krefeld am 25.6. demonstrieren 20 000 Menschen, dabei kommt es zu schweren Auseinandersetzungen zwischen militanten Demonstranten und der Polizei. Die Initiativgruppe des »Krefelder Appells« von 1980 gibt bekannt, der Abrüstungsaufruf sei inzwischen von über 4 Mio. Menschen unterzeichnet worden; im »Mainzer Appell« vom 3.7. fordern 3300 Teilnehmer eines wissenschaftlichen Kongresses den Verzicht auf die Stationierung von US-Nuklearwaffen und einen Neuanfang in der Rüstungskontrollpolitik. Am 1.9., dem Antikriegstag, versperren mehrere tausend Rüstungsgegner – unter ihnen der Schriftsteller Heinrich Böll, der frühere Regierende Bürgermeister von Berlin Heinrich Albertz und der saarländische Ministerpräsident Oskar Lafontaine – mit einer dreitägigen Sitzblockade die Zugänge des US-Militärdepots in Mutlangen, das als Stationierungsort von Pershing-II-Raketen vorgesehen ist. Am 5.10. folgen mehrere Millionen Beschäftigte dem Aufruf des DGB zu einer Arbeitspause von »fünf Mahnminuten für den Frieden«. – An einer Aktionswoche vom 16. bis 22.10. beteiligen sich etwa 1,3 Mio. Menschen in mehreren Großstädten an Demonstrationen – in Bonn demonstrieren. rd. 300 000 Menschen; zwischen Ulm und Stuttgart bilden 200 000 Rüstungsgegner eine 108 km lange Menschenkette.

■ **Stationierungsdebatte**: Auf dem Sonderparteitag der SPD am 18./19.11. stimmen 383 der 400 Delegierten gegen die vorgesehene Aufstellung der US-amerikanischen Mittelstreckensysteme in der Bundesrepublik. Sie fordern die Fortführung der Verhandlungen bei gleichzeitigem Stopp der Stationierung von Seiten des Westens und den Beginn des Abbaus der auf Europa gerichteten SS-20-Raketen durch die Sowjetunion. – In namentlicher Abstimmung billigt der Bundestag am 22.11. mit 286 gegen 225 Stimmen »die Entscheidung der Bundesregierung, entsprechend ihrer Verpflichtung aus dem zweiten Teil des NATO-Doppelbeschlusses fristgerecht den Beginn des Stationierungsprozesses einzuleiten«. Am gleichen Tag weist das Bundesverfassungsgericht drei Anträge auf Erlass einer einstweiligen Verfügung gegen die Stationierung der betreffenden Waffen zurück.

■ **Stationierungsbeginn**: Unter strengster Geheimhaltung werden am 23.11. die ersten Komponenten der Pershing-II-Raketen in die Bundesrepublik eingeflogen und zum US-Militärdepot Mutlangen transportiert. Bundesverteidigungsminister Manfred Wörner (CDU) teilt am gleichen Tag mit, die Aufstellung der Mittelstreckenwaffen werde zur Jahreswende 1983/84 abgeschlossen sein.

■ **B-Waffen-Vertrag**: Die Bundesrepublik tritt am 7.4. dem Abkommen über das Verbot der Entwicklung, Herstellung und Lagerung bakteriologischer Waffen und Toxin-Waffen bei. Der bereits 1972 unterzeichnete Vertrag wurde vom Bundestag erst am 10.12.1982 ratifiziert, nachdem die Frage der Einbeziehung West-Berlins, für das die Westmächte ihre Vorbehaltsrechte geltend machten, geklärt worden war.

UMWELTPOLITIK

■ **Luftreinhaltung**: Am 23.2. beschließt die Bundesregierung in einer Großfeuerungsanlangen-Verordnung (GAV) Maßnahmen zur Reduzierung von Schadstoffen aus Kraftwerken. Am 20.7. legt sie ein Maßnahmenprogramm vor, durch das ab 1.1.1986 neuzugelassene Autos mit Abgaskatalysatoren ausgerüstet sein müssen und bleifreies Benzin an den Tankstellen verfügbar sein soll. Die vor allem von Kohlekraftwerken und Fahrzeugmotoren abgegebenen Schadstoffe gelten als wesentliche Faktoren für die zunehmende Schädigung von Bäumen.

■ **Erneuerbare Energien**: Auf der Nordseeinsel Pellworm geht am 12.7. das größte Solarkraftwerk Europas in Betrieb. Das Pilotprojekt, das 300 kW Maximalleistung erbringt, wird zu 88% aus Mitteln der EG und des Bundesforschungsministeriums finanziert. – In Dithmarschen bei Brunsbüttel nimmt am 17.10. die größte Windkraftanlage der Welt (»Growian«) ihren Betrieb auf.

PARTEIEN

■ **Parteienfinanzierung**: Als Konsequenz aus der Flick-Parteispenden-Affäre (→ 1984) einigen sich am 26.10. die Parteiführungen von CDU, CSU, SPD und FDP auf eine Neuregelung der Parteienfinanzierung. Das Gesetz und eine dafür notwendige Grundgesetzänderung verabschiedet der Bundestag am 1.12. gegen die Stimmen der Grünen. Danach werden die Parteien künftig steuerrechtlich wie gemeinnützige Vereine eingestuft; Spenden werden steuerlich begünstigt; Großspenden über 20 000 DM sind steuerlich nur abzugsfähig, wenn der Spender im Rechenschaftsbericht ausgewiesen wird. Die Wahlkampfkostenerstattung von bisher 3,50 DM je gewonnener Wählerstimme wird auf 5 DM erhöht (rückwirkend für die Bundestagswahl vom 6.3.1983 auf 4,50 DM). Die Parteien müssen nicht nur über die Herkunft ihrer Mittel, sondern auch über deren Verwendung öffentlich Rechenschaft ablegen. Das Gesetz tritt rückwirkend zum 1.7.1983 in Kraft.

Stern-Journalist Gerd Heidmann präsentiert am 25.4. die ersten Bände der angeblichen Hitler-Tagebücher

■ **Parteigründung**: Ehemalige CSU-Politiker um den früheren Bundestagsabgeordneten Franz Handlos und den Journalisten Franz Schönhuber gründen am 27.11. in München die Partei Die Republikaner, die den rechten Rand des Parteienspektrums abdecken will. Handlos wird zum Vorsitzenden gewählt.

AUFARBEITUNG DER NS-VERGANGENHEIT

■ **Fall Barbie**: Die bolivianischen Behörden liefern am 5.2. den in Frankreich wegen Verbrechen gegen die Menschlichkeit angeklagten ehemaligen Chef der Sicherheitspolizei der deutschen Wehrmacht in Lyon, Klaus Barbie, an Frankreich aus. Er soll für die Ermordung von 4312 Juden und Partisanen und die Deportation von mehr als 7500 Juden in Konzentrationslager verantwortlich sein. Die Deutschfranzösin Beate Klarsfeld hatte ihn 1971 in seinem bolivianischen Versteck enttarnt. Barbie wird am 4.7. 1987 zu lebenslanger Freiheitsstrafe verurteilt.

■ **NS-Unrechtsurteile**: Das Bundesjustizministerium gibt am 20.2 bekannt, dass alle nationalsozialistischen Unrechtsurteile aus dem Bundeszentralregister gestrichen wurden. Einer Aufhebung solcher Urteile durch Gesetz bedürfe es nicht mehr, da sie schon durch die Landesgesetzgebung der Nachkriegsjahre aufgehoben worden seien.

VOLKSZÄHLUNG

Das Bundesverfassungsgericht erlässt am 13.4. eine einstweilige Verfügung gegen den für Ende April geplanten Beginn der Volkszählung. Am 15.12. erklärt es das am 25.3.1982 von allen Bundestagsfraktionen angenommene Volkszählungsgesetz in wesentlichen Teilen für verfassungswidrig, da eine Verletzung von Persönlichkeitsrechten nicht auszuschließen sei. Das Gericht verlangt zugleich strengere Durchführungs- und Geheimhaltungsbestimmungen für Volkszählungen. Aus Protest gegen die detaillierte Datensammlung hatten sich seit 1982 zahlreiche Initiativen gebildet.

WIRTSCHAFTS- UND SOZIALPOLITIK

■ **Sozialpolitik**: Am 1.1. treten mehrere wirtschafts- und **sozialpolitische Gesetze** in Kraft: Kürzung des Kindergeldes (→ 1982); Anhebung des Arbeitslosenversicherungsbeitrag von 4 auf 4,6%, Einschränkung des Anspruchs auf Arbeitslosengeld; erhöhte Zuzahlungen gesetzlich krankenversicherter Patienten bei Krankhausaufenthalten, Kuren und bei Arzneimitteln. Die zum Großteil schon von der sozial-liberalen Regierung beschlossenen Änderungen bei der Krankenversicherung sind von der christlich-liberalen Regierung modifiziert und teilweise erweitert worden. – Das neue **Mietrecht** erleichtert bei freifinanzierten Wohnungen u.a. durch die Einführung von Staffel- und Zeitmietverträgen die Möglichkeit von Mieterhöhungen und Mieterwechseln (außer bei Altbaubauwohnungen in West-Berlin). – Am 1.8. tritt die **Neufassung des Bundesausbildungsförderungsgesetzes** (BAföG) in Kraft. Die bisherige Förderung von Schülern entfällt fast vollständig, bezugsberechtigte Studenten erhalten nur noch ein zinsloses Darlehen, der Höchstsatz beträgt 720 DM. Wer sein Studium frühzeitig mit erfolgreichem Abschluss beendet, bekommt einen Teil des Darlehens erlassen. – Am 30.11. tritt ein bis zum 30.6.1984 befristetes **Rückkehrhilfegesetz** in Kraft, das arbeitslosen ausländischen Arbeitnehmern die Rückkehr in die Heimat erleichtern und damit zur Entlastung des Arbeitsmarkts beitragen soll. Unter bestimmten Bedingungen erhalten sie eine Rückkehrprämie von 10 500 DM sowie 1500 DM für jedes Kind. Das Angebot wird von insg. rd. 12 000 Personen wahrgenommen.

■ **Beschäftigung**: Im Februar erreicht die Arbeitslosigkeit mit 2,53 Mio. Erwerbslosen (10,4%) den höchsten Stand seit Bestehen der Bundesrepublik. 1983 sind im Jahresdurchschnitt 2,26 Mio. Menschen (9,3%) arbeitslos. 1982 nahm die Arbeitslosenzahl gegenüber dem Vorjahr um 44% auf 1,83 Mio. (7,6 %) zu.

■ **Stahl- und Werftenkrise**: Angesichts der anhaltenden **Krise** der Stahlindustrie, die von Überkapazitäten, internationalem Preisdruck und konjunkturbedingter Nachfrageschwäche gekennzeichnet ist, beschließt die Bundesregierung am 14.6. Subventionen für Stahlunternehmen in Höhe von 3 Mrd. DM. Um den größten Stahlkonzern des Saarlandes, Arbed Saarstahl, vor dem Konkurs zu bewahren, beschließen die saarländische und die Bundesregierung am 8.11. ein **Soforthilfeprogramm** in Höhe von rd. 86 Mio. DM. – Am 12.9. besetzen die Beschäftigten der Großwerften Howaldtswerke-Deutsche Werft AG in Hamburg und Kiel sowie der AG Weser in Bremen die Werftanlagen, um gegen geplante Massenentlassungen zu protestieren. Nachdem die Aktionen ohne Zugeständnisse der Werftleitungen am 20.9. bzw. 26.9. abgebrochen werden müssen, protestieren am 29.9. mehr als 100 000 Arbeitnehmer in Bonn gegen die Werften- und Stahlpolitik der Bundesregierung und der Europäischen Kommission. Die AG Weser wird zum Jahresende geschlossen; 1200 Arbeitsplätze gehen verloren.

■ **Finanzpolitik**: Die 1982 beschlossene Erhöhung der Mehrwertsteuer auf 14 bzw. 7% (bisher 13 bzw. 6,5%) tritt am 1.7. in Kraft.

BUNDESLÄNDER

■ **Rheinland-Pfalz**: Bei den Landtagswahlen am 6.3. verteidigt die CDU ihre absolute Mehrheit, die FDP scheitert an der 5%-Hürde. Bernhard Vogel (CDU) wird als Ministerpräsident bestätigt.

■ **Schleswig-Holstein**: In Schleswig-Holstein verpasst die FDP bei den Wahlen am 13.3. den Einzug in den Landtag. Uwe Barschel (CDU) wird als Ministerpräsident bestätigt.

■ **Hessen**: Nach der Auflösung des Landtags am 4.8. bringt die vorgezogene Landtagswahl am 25.9. keine klaren Mehrheiten. Die SPD baut ihre Position als stärkste politische Kraft aus, während die CDU starke Verluste hinnehmen muss. Ministerpräsident Holger Börner (SPD) bleibt geschäftsführend im Amt.

■ **Bremen**: Bei der Bürgerschaftswahl am 25.9. behauptet die SPD die absolute Mehrheit; Hans Koschnick (SPD) bleibt Senatspräsident.

■ **Wahlergebnisse** → S. 458–467

1983 DDR

Nachrüstung und Devisennot

Der vom bayerischen Ministerpräsidenten Franz Josef Strauß (CSU) vermittelte Kredit an die DDR über 1 Mrd. Mark trägt nur vorübergehend zur Verbesserung der Devisenlage bei. Nach der kritischen Situation im Vorjahr beginnt sich die Volkswirtschaft zu erholen; das Bruttoinlandsprodukt nimmt wieder leicht zu.
Neben dem Angebot der Warschauer-Pakt-Staaten an die NATO, über gegenseitigen Gewaltverzicht und die Schaffung »atomwaffenfreier Zonen« in Mitteleuropa zu verhandeln, versucht die DDR durch Kontakte mit bundesdeutschen Politikern den Vollzug des NATO-Doppelbeschlusses zu verhindern. Gleichzeitig gehen die DDR-Behörden mit Verhaftungen, Überwachungen und ähnlichen Repressionen schärfer gegen Gruppen der unabhängigen Friedensbewegung vor.

INNENPOLITIK

■ **Kirche**: Gerade im Luther-Jahr ist die Staatsführung an einem guten Verhältnis zu den Kirchen interessiert. Die evangelische Kirche als autonome Großorganisation in der sonst SED-geprägten Gesellschaft und zugleich zentraler Ort der unabhängigen Friedensbewegung unterstützt zwar einerseits die Bestrebungen der Staatsführung gegen den NATO-Doppelbeschluss, erwartet andererseits aber von den Warschauer-Pakt-Staaten eigene Abrüstungsinitiativen. Darüber hinaus fordert sie von der Staatsführung Schritte zur Zurückdrängung der Militarisierung, die in der Einführung des Schulfaches Wehrkunde und in der vormilitärischen Ausbildung älterer Schüler, Lehrlinge und Studenten zum Ausdruck kommt. Am 1.1. nimmt auch die katholische Kirche mit einem Hirtenbrief gegen den Wehrkundeunterricht Stellung. – Am 31.8. senden der Bund der Evangelischen Kirchen in der DDR (BEK) und die Evangelische Kirche in Deutschland (EKD) einen gemeinsamen Brief an Erich Honecker und Helmut Kohl, in dem beide aufgefordert werden, den laufenden Abrüstungsverhandlungen in Genf zum Erfolg zu verhelfen. – Am 5.12. protestiert die Evangelische Landeskirche in Thüringen offiziell gegen die Stationierung sowjetischer Atomraketen in der DDR.

■ **Friedensbewegung**: Im Januar werden mehrere Mitglieder des Jenaer Friedenskreises festgenommen, einen Monat später jedoch, gemeinsam mit dem am 1.9.1982 verhafteten und später verurteilten Initiator des Kreises Roland Jahn wieder freigelassen. Nach einer weiteren öffentlichen Aktion der Gruppe am 19.3. dürfen diejenigen Teilnehmer, die Ausreiseanträge gestellt haben, am 8.6. die DDR verlassen; Jahn wird abgeschoben.

■ **Lutherjahr**: Am 21.4. trifft bei den Feierlichkeiten zum 500. Geburtstag Martin Luthers der Vorsitzende des Lutherkomitees der evangelischen Kirchen Werner Leich mit Honecker zusammen. Am 4.5. beginnt die Kirche mit dem »Luthertag auf der Wartburg« offiziell ihre Feierlichkeiten zum Lutherjahr. Es findet am 9.11. in Ost-Berlin mit der staatlichen und am 10.11. in Eisleben mit der kirchlichen Luther-Gedenkfeier seinen Abschluss.

■ **Hilfe aus der Bundesrepublik:** Am 12.5. erhält die unabhängige Friedensbewegung in der DDR Unterstützung von der bundesdeutschen Partei Die Grünen: Fünf prominente Vertreter der Öko-Partei (Petra Kelly, Gert Bastian, Roland Vogt, Lucas Beckmann und Gabriele Potthast) demonstrieren auf dem Ost-Berliner Alexanderplatz. – Im Anschluss an ein Gespräch mit Erich Honecker am 31.10., in dem sie sich für Inhaftierte einsetzen, kommt es vor dem Ost-Berliner Staatsratsgebäude erneut zu einer Demonstration, an der Kelly, Bastian, Beckmann, Otto Schily, Dirk Schneider, Antje Vollmer und Gustine Johannsen beteiligt sind. – Eine für den 4.11. mit führenden DDR-Bürgerrechtlern verabredete Übergabe von Petitionen an die Ost-Berliner Botschaften der UdSSR und der USA scheitert, weil in der Nacht zuvor 118 Personen festgesetzt und weitere 260 an der Anreise aus anderen Orten der DDR gehindert werden; einigen westdeutschen Teilnehmern wird die Einreise verwehrt, andere werden nach West-Berlin abgeschoben.

AUSSENPOLITIK

■ **NATO-Doppelbeschluss**: Honecker unterstützt die auf der Prager Tagung der Warschauer-Pakt-Staaten am 4./5.1. unterbreiteten Vorschläge, in denen ein Abkommen zwischen den Militärblöcken über den Gewaltverzicht und den Verzicht auf die Stationierung von Mittelstreckenwaffen angeboten

Vor dem Palast der Republik warten Fans auf Udo Lindenberg, der am 25.10. sein erstes Konzert in der DDR gibt

wird. – Am 4.2. greift er die Anregung Schwedens auf, eine »von nuklearen Gefechtsfeldwaffen freie Zone« in Mitteleuropa zu schaffen. – Am 20.10. verabschieden die Außenminister der Warschauer-Pakt-Staaten für den Fall der Stationierung nuklearer Mittelstreckenwaffen in Westeuropa einen eigenen Nachrüstungsbeschluss. Am 25.10. teilt der Nationale Verteidigungsrat mit, dass in diesem Fall operativ-taktische Atomwaffen der Sowjetarmee auf dem Gebiet der DDR stationiert werden.

DEUTSCH-DEUTSCHE BEZIEHUNGEN

■ **Kredit**: Am 29.6. erhält die DDR einen vom bayrischen Ministerpräsidenten Franz Josef Strauß vermittelten Milliardenkredit westdeutscher Banken, der jedoch die prekäre Devisenlage der DDR nur vorübergehend verbessern kann. Im Gegenzug wird am 15.9. eine Verordnung des Ministerrats über Erleichterungen in der Familienzusammenführung bekanntgegeben und ab 27.9. der Pflichtumtausch für Rentner und Kinder gesenkt.

■ **Treffen**: Bei seinen Treffen mit dem SPD-Vorsitzenden Hans-Jochen Vogel am 28.5. und mit dem CSU-Vorsitzenden Franz Josef Strauß am 24.7. setzt sich Honecker für einen Verzicht auf die Stationierung von atomaren Mittelstreckenwaffen in der Bundesrepublik ein. Einen ähnlichen Appell richtet er in zwei Briefwechseln (7.–17.2. und 9.–24.10.) an Bundeskanzler Helmut Kohl. – Am 15.9. trifft mit Richard von Weizsäcker (CDU) erstmals ein Regierender Bürgermeister von West-Berlin in Ost-Berlin mit Honecker zusammen. Am 1.11. findet ein Treffen zwischen dem Bundesfinanzminister Gerhard Stoltenberg (CDU) und ZK-Sekretär Günter Mittag in Ost-Berlin statt.

■ **Todesfälle an der Grenze**: Am 10.4. stirbt ein westdeutscher Reisender beim Grenzübertritt am Kontrollpunkt Drewitz . Honecker sagt Kohl in einem Telefonat die Untersuchung des Falles zu, die zu dem Ergebnis kommt, dass der Mann eines natürlichen Todes gestorben ist. Am Tag der Übergabe des Untersuchungsberichtes (26.4.) stirbt ein weiterer Transitreisender, diesmal am Kontrollpunkt Wartha. Am 28.4. sagt Honecker auf Druck der UdSSR seinen für 1983 geplanten Besuch in der Bundesrepublik ab und nennt als Grund die Kommentare westlicher Zeitungen zu den Todesfällen.

■ **Grenzanlagen**: Am 5.10. kündigt Honecker gegenüber österreichischen Journalisten den Abbau der Selbstschussanlagen an der innerdeutschen Grenze an.

■ **Postabkommen**: Am 15.11. wird ein neues Post- und Fernmeldeabkommen abgeschlossen. Die bisherigen Pauschalzahlungen der westdeutschen Seite für Mehrleistungen der DDR-Post werden von 85 auf 200 Mio. DM erhöht.

WIRTSCHAFTLICHE ENTWICKLUNG

Bei einer leichten Erholung der Volkswirtschaft – das BIP steigt gegenüber dem Vorjahr um 0,7% auf 187,8 Mrd. DM (in DM-Preisen von 1989) – vermerkt eine für das Politbüro am 18.11. angefertigte Analyse die durch Devisenmangel verursachte angespannte Liquidität im Außenhandel. Einerseits seien wegen des »von den USA entfachten Kreditboykotts« bei westlichen Banken keine Finanzkredite erhältlich, andererseits sei die DDR bei eigenen Exporten nach Westeuropa zunehmend mit Anti-Dumpingzöllen der EWG konfrontiert. Zudem leidet der Export in das nichtsozialistische Wirtschaftsgebiet unter der starken Aufwertung des US-Dollars.

SOZIALE DATEN

■ **Bevölkerung**: Im Gebiet der DDR leben am 31.12. 16,71 Mio. Einwohner. 10,76 Mio. Personen, darunter 5,25 Mio. Frauen, befinden sich im arbeitsfähigen Alter, 8,45 Mio. Personen sind berufstätig, darunter 4,18 Mio. Frauen.

■ **Einkommen und Lebenshaltung**: Das durchschnittliche monatliche Arbeitseinkommen von Arbeitern und Angestellten in der staatseigenen Wirtschaft beträgt 1080 Mark. Die Pro-Kopf-Sparguthaben wachsen auf etwa 6774 Mark an. – Bei der Ausstattung privater Haushalte mit langlebigen Konsumgütern entfallen auf 100 Haushalte 43,7 Pkw, 125 Kühl- und Gefriergeräte, 94 Waschmaschinen und 114,1 Fernsehgeräte.

Flick-Affäre und Tarifkonflikte

In einem der härtesten und längsten Tarifkonflikte seit Bestehen der Bundesrepublik erkämpfen die Gewerkschaften IG Metall und IG Druck und Papier für ihre Branchen die Einführung der 38,5-Stunden-Woche. Die Flick-Parteispenden-Affäre hinterlässt in der Öffentlichkeit das Bild einer korruptiven Verflechtung von Politik und Wirtschaft. Bundeswirtschaftsminister Otto Graf Lambsdorff und Bundestagspräsident Rainer Barzel treten wegen der im Zusammenhang mit der Affäre gegen sie erhobenen Anschuldigungen von ihren Ämtern zurück.

AFFÄREN

■ **Kießling-Affäre:** General Günther Kießling, stellvertretender NATO-Kommandeur für Europa, wird auf Antrag von Verteidigungsminister Manfred Wörner (CDU) vom Bundespräsidenten am 4.1. rückwirkend zum 1.1. in den Vorruhestand versetzt. Schon Ende September 1983 war er von der aktiven Wahrnehmung seiner NATO-Funktion bis zum 31.3.1984 entbunden worden. Der Verteidigungsminister hält den Offizier für ein Sicherheitsrisiko, weil der Militärische Abschirmdienst (MAD) Kießling im Homosexuellenmilieu geortet haben will – eine Unterstellung, die sich auf dubiose Quellen stützt und bald als haltlos herausstellt. **Wörner rehabilitiert Kießling** in einem Schreiben vom 1.2.; Bundeskanzler Helmut Kohl lehnt am 2.2. die von den Oppositionsparteien geforderte Entlassung des Verteidigungsministers ab. Am 26.3. wird Kießling, der bereits längere Zeit vor Beginn der Affäre seine Versetzung in den einstweiligen Ruhestand beantragt hatte, von Wörner traditionsgemäß mit dem Großen Zapfenstreich verabschiedet.

■ **Nachfolge Lambsdorff:** Nach Zulassung der Hauptverhandlung vor dem Landgericht Bonn über die am 9.12.1983 erhobene Anklage gegen Bundeswirtschaftsminister Otto Graf Lambsdorff (FDP) tritt dieser am 26.6. zurück. Am 28.6. wird Martin Bangemann (FDP), bisher Mitglied des Europäischen Parlaments, als neuer Wirtschaftsminister vereidigt.

■ **Nachfolge Barzel:** Nach seiner Vernehmung vor dem Flick-Untersuchungsausschuss tritt Rainer Barzel (CDU) am 25.10. von seinem Amt als Bundestagspräsident zurück. Am 5.11. wird der bisherige Staatsminister des Bundeskanzleramts Philipp Jenniger (CDU) neuer Bundestagspräsident. Nachfolger Jenningers im Bundeskanzleramt wird am 15.11. der bisherige Parlamentarische Geschäftsführer der Unionsfraktion Wolfgang Schäuble (CDU).

WAHL DES BUNDESPRÄSIDENTEN

Die Bundesversammlung wählt am 23.5. in Bonn mit 832 von 1018 abgegebenen Stimmen den bisherigen Regierenden Bürgermeister von Berlin Richard von Weizsäcker (CDU) zum Bundespräsidenten. Die von den Grünen nominierte einzige Gegenkandidatin, die Schriftstellerin Luise Rinser, erhält 68 Stimmen.

AUSSENPOLITIK

■ **Europäisches Parlament:** Bei der **Direktwahl** zum Europaparlament am 17.6. erzielt in der Bundesrepublik die CDU/CSU 46,0% (+6,9%, 41 Mandate), die SPD 37,4% (–3,4%, 33 Mandate), Die Grünen 8,2% (+5%, 7 Mandate). Die FDP scheitert mit 4,8% (–1,2%) erstmals auf Bundesebene an der 5%-Hürde.

■ **Frankreich:** Der französische Staatspräsident François Mitterrand und Bundeskanzler Kohl besuchen am 22.9. gemeinsam zwei Soldatenfriedhöfe auf dem Schlachtfeld von Verdun, wo im Ersten Weltkrieg mehr als 500 000 Soldaten den Tod fanden, und gedenken der Toten der beiden Weltkriege.

Weizsäcker, Richard von *Stuttgart 15.4.1920

Jurist; 1939–45 Soldat im 2. Weltkrieg; seit 1954 CDU-Mitglied. 1964–70 Präsident des Deutschen Evangelischen Kirchentags; 1966–84 Mitglied des CDU-Bundesvorstands, 1969–81 Mitglied des Deutschen Bundestags, 1974 unterliegt er als Kandidat für das Amt des Bundespräsidenten Walter Scheel, 1979–81 Vizepräsident des Bundestags, 1981–84 Regierender Bürgermeister von West-Berlin, 1984–94 Bundespräsident

François Mitterrand (l.) und Helmut Kohl am 22.9. vor Soldatengräbern in Verdun (Frankreich)

■ **Israel:** Während seines Besuchs in Israel vom 24. bis 28.1. wird Bundeskanzler Kohl wegen geplanter Waffengeschäfte der Bundesrepublik mit Saudi-Arabien kritisiert. – Das Verhältnis der Nachkriegsgeneration zur Zeit des Nationalsozialismus charakterisiert Kohl mit der Formel von der **»Gnade der späten Geburt«**: »Eine junge deutsche Generation begreift die Geschichte Deutschlands nicht als Last, sondern als Auftrag für die Zukunft. Sie ist bereit, Verantwortung zu tragen. Aber sie weigert sich, sich selbst kollektiv für die Taten der Väter schuldig zu bekennen. Wir sollten diese Entwicklung begrüßen.«

■ **Volksrepublik China:** Bundeskanzler **Kohl besucht die VR China** vom 7. bis 4.10.; er wird von zahlreichen Unternehmern begleitet. Zu den Vereinbarungen über eine intensivere wirtschaftliche Zusammenarbeit gehört ein Abkommen über die Produktion von Autos der Volkswagen AG in einem Joint-Venture-Unternehmen in China.

UMWELTPOLITIK

■ **Forschung:** Das Bundeskabinett billigt am 22.3. das »Programm Umweltforschung und Umwelttechnologie 1984–87«, in dem es Förderungsmittel im Umfang von 2 Mrd. DM bereitstellen will.

■ **Luft- und Wasserreinhaltung:** Vom 24. bis 27.6. findet in München eine von der Bundesregierung und der UN-Wirtschaftskommission für Europa (ECE) veranstaltete **internationale Umweltschutzkonferenz** statt, an der sich 31 Staaten und vier internationale Organisationen beteiligen. Vorrangiges Thema sind Möglichkeiten zur weiträumigen Verringerung der Luftverschmutzung. 13 westliche Staaten erklären sich bereit, bis 1993 die Schwefel-Emissionen um 30% der Werte von 1980 zu vermindern. Auch fünf Ostblockländer, darunter die Sowjetunion und die DDR, wollen die grenzüberschreitenden Mengen an Schwefeldioxyd in der Luft innerhalb dieses Zeitraums um 30% reduzieren. Über die Einschränkung der Schadstoffe in Autoabgasen erzielen die Konferenzteilnehmer keine Einigkeit. – Am 18.9. beschließt das Bundeskabinett, dass ab 1989 alle **Neuwagen mit Katalysator** ausgerüstet werden und die Abgaswerte den strengen US-amerikanischen Normen entsprechen müssen. – Der Bericht der Bundesregierung über **Waldschäden**, den Landwirtschaftsminister Ignaz Kiechle (CSU) am 16.10. vorlegt, weist aus, dass 50% der Waldbäume in der Bundesrepublik sichtbar geschädigt sind (im Vorjahr waren es 34%).

■ **Kohlekraftwerk Buschhaus:** Das Verwaltungsgericht Braunschweig setzt am 31.8. per einstweiliger Verfügung auf Antrag von sechs Bürgern (darunter einer aus der DDR) die für den 3.9. geplante Inbetriebnahme des neuen Kohlekraftwerks Buschhaus bei Helmstedt im niedersächsischen Zonenrandgebiet aus. Die als »Dreckschleuder der Nation« bezeichnete 350-MW-Anlage soll auf Braunkohlebasis arbeiten, verfügt über keine Entschwefelungsanlage und entspricht nicht den geltenden Schadstoffbegrenzungen.

WEITERE INNENPOLITISCHE EREIGNISSE

■ **Zwangsanleihe:** Das Bundesverfassungsgericht erklärt am 6.11. das Ende 1982 von der christlichliberalen Koalition beschlossene **Investitionshilfegesetz** über die Erhebung einer rückzahlbaren Abgabe bei Besserverdienenden zur Förderung des Wohnungsbaus für **verfassungswidrig**. Die sog. Zwangsanleihe muss daher zurückgezahlt werden. In der Begründung des Urteils heißt es, die Abgabe sei weder eine Steuer noch eine Sonderabgabe und erfülle auch nicht die Anforderungen des Grundgesetzes für öffentliche Anleihen.

■ **Verteidigungspolitik:** Das Bundesverfassungsgericht erklärt am 18.12. die Zustimmung der Bundesregierung zur Stationierung der **Pershing-II-Raketen und Cruise-Missiles für verfassungsgemäß** und weist damit die Klage der Grünen-Bundestagsfraktion zurück.

FLICK-PARTEISPENDEN-AFFÄRE

Am 24.2.1982 nimmt die Bonner Staatsanwaltschaft Ermittlungen gegen den Düsseldorfer Flick-Konzern wegen des **Verdachts der Steuerhinterziehung** auf. Dieser hatte 1975 aus dem Verkauf eines Aktienpaketes der Daimler Benz AG an die Deutsche Bank einen Buchgewinn von 1,9 Mrd. DM erlöst, von denen er 1,5 Mrd. wieder anlegte, größtenteils in Anteile am US-Konzern Grace.
Der damalige Bundeswirtschaftsminister Hans Friderichs (FDP) erkannte diese Transaktion als »volkswirtschaftlich besonders förderungswürdig« im Sinne des Einkommensteuergesetzes an und befreite das Unternehmen von der Gewinnsteuer auf die Anlagesumme (Ende 1983 erhielt das Bundeswirtschaftsministerium die Steuervergünstigung in Höhe 450 Mio. DM wieder zurück).
Im Zuge der Ermittlungen stößt die Staatsanwaltschaft im Flick-Konzern auf detaillierte Aufzeichnungen über **umfangreiche Zuwendungen an Politiker und Umwegspenden an Parteien**. Den Unterlagen zufolge erhielten die im Bundestag vertretenen Parteien vom Flick-Konzern 1969–80 rd. 26 Mio. DM (CDU/CSU 15 Mio., FDP 6,5 Mio., SPD 4,3 Mio.). Versuche der Partei- und Fraktionsführungen 1981 und 1984, die Anklagen gegen Politiker und Spender durch Amnestiegesetze hinfällig zu machen, scheitern u.a. an heftigen Protesten in der Öffentlichkeit. Die Staatsanwaltschaft in Bonn erhebt am 29.11.1983 **Anklage wegen Bestechlichkeit** gegen den Vorstandsvorsitzenden der Dresdner Bank und früheren Bundeswirtschaftsminister Hans Friderichs (FDP) und den früheren nordrhein-westfälischen Wirtschaftsminister Ludwig Riemer (FDP) sowie **wegen Bestechung** gegen die ehemaligen Manager des Flick-Konzerns Eberhard von Brauchitsch und Manfred Nemitz. Gegen andere Beschuldigte, darunter die früheren Mitglieder der Bundesregierung Manfred Lahnstein (SPD) und Hans Matthöfer (SPD) sowie Friedrich Karl Flick, werden die Ermittlungen eingestellt. Am 9.12.1983 wird auch Anklage wegen Bestechlichkeit gegen Bundeswirtschaftsminister Otto Graf Lambsdorff (FDP) erhoben, nachdem der Bundestag am Tag zuvor seine parlamentarische Immunität aufgehoben hat. Lambsdorff wird Bestechlichkeit im Amt und Steuerhinterziehung zur Last gelegt. Lambsdorff und Bundestagspräsident Rainer Barzel (CDU), dem vorgeworfen wird, indirekte Zahlungen des Flick-Konzerns erhalten und sich deshalb für die Steuerbefreiung von Flick verwandt zu haben, erklären am 26.6. bzw. 25.10.1984 den **Rücktritt** von ihrem Ämtern.
Das **Landgericht Bonn verurteilt** am 16.2.1987 Friderichs und Lambsdorff wegen Steuerhinterziehung zu Geldstrafen von 61 500 bzw. 180 000 DM. Der frühere Flick-Manager Eberhard von Brauchitsch wird zu zwei Jahren Freiheitsentzug verurteilt, die gegen eine Bußgeldzahlung von 550 000 DM zur Bewährung ausgesetzt werden. Da den Angeklagten Bestechlichkeit bzw. Bestechung nicht nachzuweisen ist, werden sie in diesen Punkten freigesprochen.
Durch die Affäre wird bekannt, dass die etablierten Parteien in vielen Fällen über teilweise eigens zur Spendensammlung eingerichtete gemeinnützige Organisationen und Scheinfirmen Zuwendungen von Spendern empfingen, die für die gespendeten Beträge in den Genuss der steuerlichen Anrechenbarkeit kamen und zugleich anonym blieben. 1968–80 wurden auf diese Weise rd. 250 Mio. DM am Fiskus vorbeigeleitet, wodurch ein Steuerausfall von rd. 100 Mio. DM entstand. Gegen rd. 1700 Spender wurden Ermittlungsverfahren eingeleitet.

WIRTSCHAFTS- UND SOZIALPOLITIK

■ **Sozialleistungen:** Nach Inkrafttreten neuer Gesetze und Verordnungen am 1.1. müssen Empfänger verschiedener Sozialleistungen Kürzungen ihrer Bezüge hinnehmen; u.a. erhalten Arbeitslose ohne Kinder nur noch 63% statt bisher 68% ihres früheren Nettoentgelts als Arbeitslosengeld; die Arbeitslosenhilfe wird um 2 auf 56% gesenkt; vom Krankengeld werden Beiträge zur Renten- und Arbeitslosenversicherung erhoben; Sonderzahlungen wie Weihnachts- und Urlaubsgeld werden in die Beitragsbemessung für die Sozialversicherung einbezogen; das Mutterschaftsgeld für berufstätige Frauen wird gekürzt.

■ **Bekämpfung der Arbeitslosigkeit:** Gegen die Stimmen der Opposition verabschiedet der Bundestag am 29.3. ein **Vorruhestandsgesetz**. Es soll Arbeitnehmern vom 58. Lebensjahr an ermöglichen, vorzeitig in den Ruhestand zu treten, um jüngeren Arbeitslosen einen Arbeitsplatz freizumachen. Das Vorruhestandsgeld soll mindestens 65% des monatlichen Bruttoentgelts betragen, 35% davon erhält der Arbeitgeber von der Bundesanstalt für Arbeit als Zuschuss, wenn er für den ausscheidenden Betriebsangehörigen einen Arbeitslosen oder einen arbeitsuchenden Jugendlichen einstellt. Die Regelung wird zum 1.7.1984 wirksam und gilt bis 1988. – Um die **Jugendarbeitslosigkeit** (1984: 166 000) zu bekämpfen, verabschiedet der Bundestag am 21.9. eine **Änderung des Jugendschutzgesetzes**. Es erlaubt nun die Beschäftigung von Auszubildenden und Jugendlichen unter 18 Jahren zu flexibleren Arbeitszeitregelungen als bisher.

■ **Tarifpolitik und Arbeitskämpfe:** Nach Urabstimmungen in der **Metallindustrie** beginnt die IG Metall am 10.5. im Tarifgebiet Nordwürttemberg/Nordbaden und am 14.5. in Hessen mit Schwerpunktstreiks. Die Arbeitgeber antworten am 15.5. mit Aussperrungen in Betrieben mit über 1000 Beschäftigten – auch in solchen, die nicht bestreikt werden (**»kalte Aussperrung«**). Nahezu die gesamte Automobilindustrie und ihre Zulieferbetriebe müssen phasenweise ihre Produktion einstellen. Nach der Schlichtung durch den SPD-Politiker Georg Leber vereinbaren die Tarifparteien am 1.7. einen Kompromiss: **Ab 1.4.1985** gilt eine durchschnittliche **Wochenarbeitszeit von 38,5 Stunden**; auf Betriebsebene sind flexible Regelungen möglich.

In der **Druckindustrie** beginnt nach Warnstreiks und Scheitern der Schlichtungsverhandlungen über die Verkürzung der Arbeitszeit und einen neuen Manteltarifvertrag am 3.4. ein Arbeitskampf, in dem die IG Druck und Papier die Taktik von **Schwerpunktstreiks** von zeitweise über 13 000 Arbeitnehmern in über 100 Betrieben anwendet; während des sich über 13 Wochen hinziehenden »flexiblen« Zeitungsstreiks können zahlreiche

Verkürzung der Arbeitswoche* 1950–90

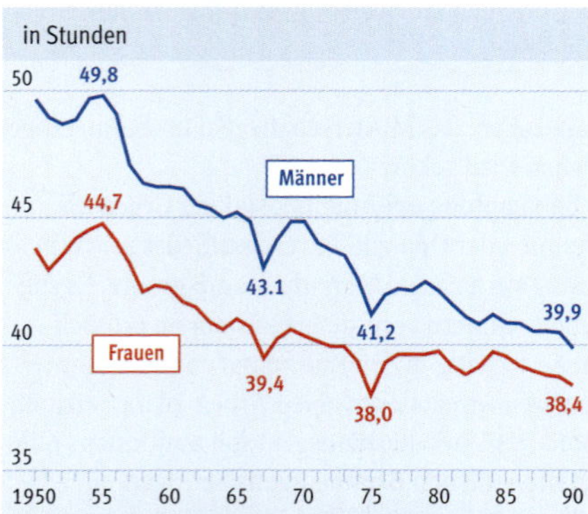

* durchschnittlich bezahlte Wochenarbeitszeit in der Industrie, einschl. Hoch- und Tiefbau; 1950–59 ohne Saarland und Berlin, 1960–63 ohne Berlin

Streik im Opel-Werk Rüsselsheim im Juni 1984

Tageszeitungen tageweise überhaupt nicht oder nur in Notausgaben erscheinen. Am 6.7. einigen sich die Tarifpartner der Druckindustrie auf die weitgehende Übernahme des in der Metallindustrie erzielten Kompromisses über eine Arbeitszeitverkürzung auf 38,5 Stunden pro Woche.

■ **Kabel- und Satellitenfernsehen:** Entsprechend einem Beschluss der Bundesländer vom 11.5.1978 nimmt am 1.1. die öffentlich-rechtliche Anstalt für Kabelkommunikation **als erstes Pilotprojekt des Kabelfernsehens** in Ludwigshafen/Mannheim den Betrieb auf. Ihm folgt am 1.4. ein weiteres in München. Die Anstalt, die auch als Plattform für private Programmanbieter dient, bringt vier Hörfunk- und acht Fernsehprogramme in 1200 verkabelte Test-Haushalte. – Am 24.2. beschließen die Ministerpräsidenten der Bundesländer in Bonn die Rahmenbedingungen für das Satellitenfernsehen; auch an ihm sollen private Medienunternehmen beteiligt werden.

BUNDESLÄNDER UND WEST-BERLIN

■ **West-Berlin:** Am 9.2. wird Eberhard Diepgen (CDU) mit den Stimmen von CDU und FDP zum Regierenden Bürgermeister gewählt. Er tritt die Nachfolge von Richard von Weizsäcker (CDU) an.

■ **Baden-Württemberg:** Landtagswahlen am 25.3.; die CDU verteidigt die absolute Mehrheit, Lothar Späth (CDU) bleibt Ministerpräsident.

■ **Hessen:** Die SPD stimmt einer parlamentarischen Zusammenarbeit der geschäftsführenden Regierung unter Ministerpräsident Holger Börner mit den Grünen zu, so dass das Land am 26.6. eine mehrheitsfähige Regierung erhält. Am 7.6. wird Börner zum Ministerpräsidenten gewählt. Im Konflikt um die Atomenergiepolitik bricht das Bündnis am 20.11. auseinander.

■ **Wahlergebnis** → S. 458

1984 DDR

Botschaftsbesetzungen

Während des gesamten Jahres versuchen DDR-Bürger durch Flucht in Botschaften oder die Ständige Vertretung der Bundesrepublik in Ost-Berlin ihre Ausreise in den Westen zu erzwingen. Nach der Umsetzung des NATO-Doppelbeschlusses intensiviert die DDR ihre Beziehungen zu den nicht im Militärpakt eingebundenen westlichen Industrienationen Schweden, Finnland und Österreich. Anlässlich der Trauerfeierlichkeiten für den verstorbenen Generalsekretär der sowjetischen KP Juri W. Andropow im Februar in Moskau treffen sich erstmals Erich Honecker und Bundeskanzler Helmut Kohl zu einem Gespräch.
Wie die meisten anderen Warschauer-Pakt-Staaten sagt auch die DDR ihre Teilnahme an den Olympischen Sommerspielen 1984 in Los Angeles ab.

AUSREISEWELLE

■ **Besetzung diplomatischer Vertretungen**: Ab Jahresbeginn versuchen DDR-Bürger verstärkt, durch die Besetzung westlicher Botschaften und der Ständigen Vertretung der Bundesrepublik in Ost-Berlin ihre Ausreise aus der DDR zu erzwingen. Sechs Bürger, die am 20.1. in der US-Botschaft in Ost-Berlin um politisches Asyl gebeten haben, dürfen am 22.1. nach West-Berlin ausreisen, ebenso am 24.1. DDR-Bürger, die sich in der Ständigen Vertretung der Bundesrepublik aufhalten. Eine Nichte des DDR-Ministerpräsidenten Willi Stoph flüchtet am 24.2. mit ihrer fünfköpfigen Familie in die Botschaft der Bundesrepublik in Prag (in der sich bereits 14 DDR-Bürger befinden), um ihre Ausreise in den Westen zu erreichen; am 20.3. können alle Botschaftsflüchtlinge über die DDR offiziell ausreisen. Am 6.4. kehren 35 DDR-Bürger, die sich seit Anfang März in der Prager Botschaft aufgehalten hatten, in die DDR zurück; ihnen war die baldige Ausreise zugesichert worden. – Am 25.6. wird die **Ständige Vertretung in Ost-Berlin geschlossen**, nachdem erneut 59 Ausreisewillige die Aufnahme erzwungen hatten. Nach Zusicherung der DDR-Behörden, dass ihre Ausreiseanträge positiv entschieden würden, verlassen die letzten DDR-Bürger die Vertretung am 5.7.; sie wird erst am 31.7. wieder eröffnet. – Ende September/Anfang Oktober dringen über 150 ausreisewillige DDR-Bürger in die bundesdeutsche Botschaft in Prag ein. Am 18.12. fordert der bundesdeutsche Außenminister Hans-Dietrich Genscher (FDP) die noch ausharrenden 68 Flüchtlinge, von denen sich 40 seit 14.12. im Hungerstreik befinden, auf, in die DDR zurückzukehren. Nach Zusage der DDR-Behörden, ihre Ausreiseanträge wohlwollend zu prüfen, verlassen die letzten Besetzer die Botschaft am 15.1.1985 und kehren in die DDR zurück. Auch über die bundesdeutschen Botschaften in Budapest, Warschau und Bukarest versuchen im Herbst 1984 insgesamt rd. 30 DDR-Bürger, ihre Ausreise zu erzwingen.

STÄNDIGE AUSREISEN AUS DER DDR UND ÜBERSIEDLUNG IN DIE DDR

Jahr	Ausreisen aus der DDR *westliche Angaben*	*DDR-Angaben*	Übersiedlung in die DDR
1962	21 365		13 080
1963	42 622		11 647
1964	41 866		9 895
1965	29 552		8 833
1966	24 131		
1967	19 573		
1968	16 036		
1969	16 975		
1970	17 519		
1971	17 408		
1972	17 164	14 310	
1973	15 189	11 761	
1974	13 252	11 760	
1975	16 285	16 586	
1976	15 168	13 489	
1977	12 078	9 795	
1978	12 117	10 669	
1979	12 515	11 513	
1980	12 763	10 438	
1981	15 433	13 166	
1982	13 208	11 118	
1983	11 343	9 154	
1984	40 974	36 049	
1985	24 912		
1986	26 178		
1987	18 958		
1988	39 832		
1989	343 854	203 116	

■ **Genehmigte Ausreisen**: 1984 werden so viele Ausreisegenehmigungen erteilt wie seit 1964 nicht mehr. Nach DDR-Angaben dürfen 36 049, nach westlichen Angaben 40 974 Personen die DDR in Richtung Bundesrepublik und West-Berlin verlassen (→ Tabelle). Anträge auf ständige Ausreise steigen sprunghaft an. – Am 25.9. fordert die Synode des Bundes der evangelischen Kirchen in Greifswald eine Ausweitung der Reisemöglichkeiten für DDR-Bürger.

DEUTSCH-DEUTSCHE BEZIEHUNGEN

■ **Politische Kontakte**: Anlässlich der Trauerfeierlichkeiten für den am 9.2. verstorbenen sowjetischen Staats- und Parteichef Juri W. Andropow treffen erstmals Bundeskanzler Helmut Kohl und Staatsratsvorsitzender Erich Honecker am 13.2. in Moskau zu einem Gespräch zusammen. Mit der Unterzeichnung einer gemeinsamen Erklärung über ihre Erwartungen an die am 17.1. in Stockholm begonnene Konferenz über Vertrauensbildung und Abrüstung signalisieren sie ihre Bereitschaft, den Ost-West-Dialog fortzuführen und die deutsch-deutschen Beziehungen weiterzuentwickeln. – Am 4.9. gibt der Ständige Vertreter der DDR in Bonn Ewald Moldt die erneute Absage (→ 1983) des von Honecker für Ende September geplanten Besuchs in der Bundesrepublik bekannt. In der Begründung der Absage heißt es, der Stil und die öffentliche Auseinandersetzung über den Besuch seien »äußerst unwürdig und abträglich« gewesen.

■ **Wirtschaftliche Beziehungen**: Am 25.7. gibt die Bundesregierung bekannt, dass die Deutsche Bank Luxemburg der Außenhandelsbank der DDR einen Kredit von 950 Mio. DM zu marktüblichen Konditionen zur Verfügung gestellt hat, für den die Bundesregierung die Bürgschaft übernimmt. Nach der Gewährung dieses zweiten Großkredits an die DDR innerhalb weniger Monate (→ 1983) wirft die *Prawda* in Moskau am 26.7. der Bundesrepublik vor, sie verfolge mit ihrer Politik die »Unterhöhlung« der sozialistischen Ordnung in der DDR. Bei geheimen Konsultationen mit dem neuen sowjetischen Partei- und Staatschef Konstantin Tschernenko am 17.8. wird Honecker zur erneuten Absage eines Bonn-Besuches gedrängt (→ oben).

■ **Humanitäre Erleichterungen**: Im Gegenzug für den Kredit setzt die DDR am 1.8. einen mit der Bundesregierung ausgehandelten Elf-Punkte-Katalog von Verbesserungen im Reiseverkehr in die Tat um; so wird der Mindestumtausch für Rentner von 25 auf 15 DM ermäßigt, die mögliche Aufenthaltsdauer von Reisenden von 30 auf 45 Tage pro Jahr ausgedehnt, die Geltungsdauer der Mehrfachberechtigungsscheine im Kleinen Grenzverkehr auf sechs Monate verdoppelt und die Aufenthaltsdauer auf zwei Tage erweitert; die Einfuhr von Medienerzeugnissen soll großzügiger gehandhabt werden. Allerdings gelten nur acht der elf Punkte auch für West-Berliner.

■ **Grenzanlagen**: Die Bundesregierung teilt am 30.11. mit, dass die Selbstschussanlagen an der deutsch-deutschen Grenze vollständig abgebaut worden seien; die DDR hatte am 4.10.1983 mit der Demontage begonnen. Auch die Zahl der Bodenminen im Grenzstreifen wurde erheblich reduziert. – Am 15.12. werden die neu erbaute Grenzübergangsstelle zwischen Hessen und der DDR bei Herleshausen und der Autobahnabschnitt bis Eisenach eröffnet und für den Verkehr freigegeben.

■ **West-Berliner S-Bahn**: Am 30.12.1983 schließen West-Berliner und DDR-Behörden in Ost-Berlin einen Vertrag über die unentgeltliche Übernahme der Betriebsrechte für die S-Bahn in West-Berlin, die bisher von der Deutschen Reichsbahn der DDR wahrgenommen worden sind, durch die West-Berliner Verkehrs-Betriebsgesellschaft (BVG). Diese übernimmt am 9.1. alle in West-Berlin lebenden Reichsbahner sowie die gesamten Anlagen und Züge. Die Hoheitsrechte über die S-Bahn verbleiben bei den Alliierten. – Die Deutsche Reichsbahn hatte nach einem Streik von 3000 West-Berliner Bediensteten für Lohnerhöhungen und soziale Verbesserungen vom 17. bis 25.9.1980 die Hälfte des West-Berliner Streckennetzes stillgelegt und in der Folgezeit damit gedroht, den Verkehr völlig einzustellen.

AUSSENPOLITIK

■ **Kontakte mit dem Westen**: Die außenpolitischen Kontakte mit westlichen Industriestaaten intensivieren sich: Am 31.1. kommt der kanadische Premierminister Pierre Elliot Trudeau für zwei Tage nach Ost-Berlin, am 29./30.6. trifft der Ministerpräsident Schwedens Olof Palme mit Honecker in Stralsund und in Greifswald zusammen. – Vom 4. bis 6.7. ist der griechische Ministerpräsident Andreas Papandreou Gast der DDR-Regierung; Vertreter beider Seiten unterzeichnen mehrere Abkommen, darunter eines über die langfristige wirtschaftliche, industrielle und wissenschaftlich-technische Zusammenarbeit beider Staaten, ein

Gesundheitsabkommen und ein Vertrag über Rechtshilfe in Zivilsachen. – Am 9./10.7. besucht der Ministerpräsident Italiens, Bettino Craxi, die DDR. Beide Länder unterzeichnen Verträge über die Rechtshilfe in Zivilsachen sowie ein Kulturabkommen, das auch die Einrichtung von Kulturzentren vorsieht. – Am 3.10., wenige Tage vor dem offiziellen Staatsbesuchs Honeckers in Finnland (16.–19.10.), verpflichtet sich die DDR zur Leistung von Entschädigungszahlungen für die nach 1945 enteigneten finnischen Vermögenswerte in der SBZ und DDR. Mit den Zahlungen erkennt die DDR erstmals solche Ansprüche an. – Am 5.11. trifft der österreichische Bundeskanzler Fred Sinowatz in Ost-Berlin ein. Honecker und Sinowatz weihen gemeinsam am 6.11. in Eisenhüttenstadt ein von Österreich geliefertes Konverterstahlwerk ein. – Nach der Eröffnung des DDR-Kulturzentrums in Paris am 12.12.1983 wird in Ost-Berlin am 27.1. das französische Kulturzentrum eröffnet.

■ **Absage**: Am 10.5. schließt sich das Nationale Olympische Komitee (NOK) der DDR dem Beschluss des sowjetischen NOK an, die Teilnahme an den Olympischen Sommerspielen in Los Angeles abzusagen. Das Fernbleiben aller staatssozialistischen Länder mit Ausnahme Rumäniens ist einerseits eine Reaktion auf den Boykott der Olympischen Spiele in Moskau (wegen des sowjetischen Einmarschs in Afghanistan) durch mehr als 30 westliche Staaten vier Jahre zuvor, andererseits soll sie die Ablehnung des NATO-Doppelbeschlusses unterstreichen.

WIRTSCHAFTS- UND SOZIALPOLITIK

■ **Verbesserung**: Die wirtschaftliche Erholung der DDR setzt sich – auch mit Hilfe der beiden westlichen Kredite – 1984 fort. Das BIP wächst gegenüber dem Vorjahr um 2,1% auf 191,8 Mrd. DM (in DM-Preisen von 1989). Damit sind die Verluste der vergangenen Jahre weit mehr als ausgeglichen. Nach zwei schlechten Erntejahren werden 1984 Rekordwerte bei den Erträgen von Getreide und Kartoffeln erzielt.

■ **Ergebnisse des Wohnungsbauprogramms**: Am 9.2. wird in Ost-Berlin die (nach offizieller Zählung, die auch Plätze in Senioren-, Arbeiter- und Studentenwohnheimen einschließt) zweimillionste fertiggestellte Wohnung seit dem VIII. Parteitag der SED 1971 im Beisein von Honecker übergeben. Auch wenn 1971–84 tatsächlich nur etwas mehr als 1,5 Mio. Wohnungen fertiggestellt wurden, hat

Übergabe der zweimillionsten Wohnung in Ost-Berlin

sich seit Honeckers Amtsantritt als Erster Sekretär des SED-ZK die Wohnsituation vieler DDR-Bürger wesentlich verbessert. Die Zahl der Wohnungen hat sich seit 1971 um etwa 761 000 auf fast 6,82 Mio. erhöht; allein 1983 wurden 117 470 Wohnungen (103 655 Neubauten und 13 815 Modernisierungen) fertiggestellt. Großflächige neue Wohnbezirke in den städtischen Randgebieten (wie in Berlin-Marzahn, Erfurt-Am Anger, Leipzig-Grünau, Rostock-Lichtenhagen) werden in industriell weitgehend standardisierter Plattenbauweise erstellt; der innerstädtische Wohnungsneubau, bei dem die industrielle Bauweise durch neue Architekturlösungen verändert wird, und Modernisierung bestehender Bausubstanzen gewinnen jedoch an Bedeutung.

■ **Sozialpolitik**: Am 17.5. werden in gemeinsamen Beschlüssen von SED-ZK, Ministerrat und FDGB-Bundesvorstand Verbesserungen in den sozialen Leistungen für Familien mit drei und mehr Kindern erreicht. Sie betreffen die bevorzugte Bereitstellung von Wohnraum, die Verlängerung des mit mindestens 350 Mark der DDR pro Monat oder 70% des Nettogehaltes bezahlten Schwangerschaftsurlaubs ab dem dritten Kind auf 18 Monate sowie die bezahlte Freistellung von Müttern bei Krankheit ihrer Kinder (bis zu zwei Tagen 90 % des Bruttoverdienstes, danach 70% für acht Wochen bei drei Kindern, für 10 Wochen bei vier Kindern und 13 Wochen bei fünf und mehr Kindern). Das zinslose Ehestandsdarlehen von bis zu 5000 Mark wird mit der Geburt des dritten Kindes vollständig erlassen. Am 22.5. wird zum 1.12. die Mindestrente auf 300 Mark pro Monat erhöht.

1985 BRD

40 Jahre Kriegsende

Der Staatsbesuch des US-Präsidenten Ronald Reagan und dessen stark umstrittene Visite auf dem Soldatenfriedhof in Bitburg sowie die heftige Kontroverse über eine mögliche Beteiligung am US-Rüstungsforschungsprogramm SDI kennzeichnen die politische Diskussion. In einer weltweit stark beachteten Rede zum 40. Jahrestag des Kriegsendes bezeichnet Bundespräsident Richard von Weizsäcker den 8. Mai 1945 als »Tag der Befreiung« und stößt in Deutschland eine neue Auseinandersetzung mit den nationalsozialistischen Verbrechen an.

AUSSENPOLITIK

■ **USA**: Vom 1. bis 6.5. besucht US-Präsident Ronald Reagan die Bundesrepublik, unterbrochen durch seine Teilnahme (2.–4.5.) am Weltwirtschaftsgipfel der G7-Staaten in Bonn. Mit einem Besuch im ehemaligen Konzentrationslager Bergen-Belsen und auf dem Soldatenfriedhof in Bitburg, wo neben Soldaten auch Angehörige der Waffen-SS begraben sind, bringen Reagan und Bundeskanzler Helmut Kohl aus Anlass des 40. Jahrestags des Kriegsendes die Aussöhnung zwischen beiden Völkern zum Ausdruck. Die Visite im KZ Bergen-Belsen war erst nach heftigen Protesten in den USA und in der Bundesrepublik gegen den Besuch des Bitburger Soldatenfriedhofs ins Besuchsprogramm aufgenommen worden.

US-Präsident Ronald Reagan am 5.5. in Bergen-Belsen

INNENPOLITIK

■ **Auseinandersetzung um Schlesier-Treffen**: Nach heftigen Kontroversen über das Motto des Deutschlandtreffens der Landsmannschaft Schlesien im Juni in Hannover – »40 Jahre Vertreibung – Schlesien bleibt unser« – wird am 22.1. ein neues Motto bekanntgegeben: »40 Jahre Vertreibung – Schlesien bleibt unsere Zukunft – im Europa freier Völker«; erst nach dieser Änderung sagt Bundeskanzler Kohl seine Teilnahme am Deutschlandtreffen zu.

■ **»Tag für Afrika«**: Insgesamt 18 private und kirchliche Hilfsorganisationen schließen sich am 23.1. zur Spendenaktion »Ein Tag für Afrika« zusammen; Bundespräsident Richard von Weizsäcker appelliert an die Spendenbereitschaft der Bürger. Mit 110,4 Mio. DM erzielt die Aktion das bisher höchste Spendenergebnis in der Bundesrepublik.

■ **Parteispendenaffäre**: Am 29.8. beginnt vor dem Landgericht Bonn der Parteispendenprozess gegen die früheren Bundeswirtschaftsminister Otto Graf Lambsdorff und Hans Friderichs sowie den ehemaligen Flick-Manager Eberhard von Brauchitsch.

■ **Extremistenbeschluss**: Das Saarland hebt am 25.6. als erstes Bundesland die auf den Extremistenbeschluss der Ministerpräsidenten zurückgehenden Richtlinien für die Prüfung der Verfassungstreue von Bewerbern für den öffentlichen Dienst formell auf.

■ **Regierungsumbildung**: Am 30.8. gibt Heiner Geißler sein Ausscheiden als Minister für Jugend, Familie und Gesundheit bis Ende September bekannt; er übernimmt das Amt des CDU-Generalsekretärs. Als Nachfolgerin im Ministeramt wird am 26.9. die Erziehungswissenschaftlerin Rita Süssmuth (CDU) vereidigt.

MILITÄR- UND SICHERHEITSPOLITIK

■ **Raketenunglück**: Ein Unfall mit einer Pershing-Rakete am 11.1. auf dem US-Militärgelände Waldheide nahe Heilbronn fordert drei Todesopfer und 12 Verletzte: Nach Angaben der US-Armee war die Rakete nicht mit einem Atomsprengkopf ausgerüstet. Der Heilbronner Gemeinderat spricht sich am 21.4. einstimmig für die »unverzügliche Beseitigung des Raketenstandortes Heilbronn« aus.

■ **SDI-Programm**: Bundeskanzler Kohl gibt am 18.4. in einer Regierungserklärung die grundsätzliche Zustimmung zum US-amerikanischen Rüstungsforschungsprogramm Strategic Defense Initiative (SDI), macht eine bundesdeutsche Beteiligung

NOBELPREIS

Erstmals seit 22 Jahren erhält am 16.10. ein deutscher Wissenschaftler wieder den Physik-Nobelpreis. Der am Stuttgarter Max-Planck-Institut für Festkörperforschung tätige Wissenschaftler **Klaus von Klitzing** wird für seine Entwicklung und Beschreibung des Quanten-Hall-Effektes geehrt; von Klitzing ist der 16. Deutsche, dem ein Nobelpreis für Physik verliehen wird.

aber von der Erfüllung bestimmter Bedingungen abhängig. Die SPD-Bundestagsfraktion hatte sich bereits am 2.4. auf ein bedingungsloses Nein zu SDI festgelegt. – In einem offenen Brief an den Bundeskanzler lehnen am 3.7. über 350 bundesdeutsche Wissenschaftler ihre Mitarbeit am SDI-Programm ab, weil die Stationierung von Waffensystemen im Weltall die letzten Hoffnungen auf Abrüstung zunichte machen würde.

TERRORISMUS

■ **Anschläge**: Am 1.2. fällt in der Münchner Stadtrandgemeinde Gauting der Vorstandsvorsitzende der Münchner Motoren- und Turbinenunion (MTU) Ernst Zimmermann einem terroristischen Anschlag zum Opfer. – Bei einem Bombenanschlag am 8.8. auf die US-Airbase am Frankfurter Rhein-Main-Flughafen kommen zwei Menschen ums Leben, 16 werden z.T. schwer verletzt. Zu dem Anschlag bekennen sich die RAF und die französische Action Directe.
■ **Prozess**: Am 2.4. werden in Stuttgart-Stammheim die beiden führenden Mitglieder der RAF Christian Klar und Brigitte Mohnhaupt nach 14-monatiger Verhandlung vom 5. Strafsenat des Oberlandesgerichts Stuttgart wegen ihrer Beteiligung an mehreren Morden und Mordversuchen zu jeweils fünfmal lebenslanger Freiheitsstrafe und weiteren 15 Jahren Haft verurteilt.

JUSTIZ, GESETZGEBUNG

■ **Demonstrationsrecht**: Am 28.6. beschließt der Bundestag mit der Mehrheit von CDU/CSU und FDP gegen den Widerspruch von SPD und Grünen eine Verschärfung des Demonstrationsstrafrechts, wodurch künftig bei Demonstrationen die sog. Vermummung oder das Tragen von »Schutzwaffen« (wie Schwimmbrillen zum Schutz vor Tränengas) als Ordnungswidrigkeit, unter bestimmten Voraussetzungen sogar als Straftat geahndet wird.
■ **Volkszählungsgesetz**: Mit den Stimmen der Regierungskoalition und der SPD verabschiedet der Bundestag am 26.9. das geänderte Gesetz über die Volkszählung; danach soll die ursprünglich für 1983 geplante Erhebung am 25.5.1987 stattfinden.

DEUTSCH-DEUTSCHE BEZIEHUNGEN

■ **Erleichterungen im Transitverkehr**: Am 15.2. tritt eine neue Transit-Anordnung der DDR in Kraft: Künftig können alle für den Transitverkehr zugelassenen Grenzübergänge benutzt werden; die für die Transitstrecken bisher geltenden Routenbeschränkungen entfallen, es muss aber die jeweils kürzeste Verbindung benutzt werden (auch im Bahnverkehr).
■ **Prozess**: Das Stadtgericht in Ost-Berlin verurteilt am 20.2. den 1984 in der DDR verhafteten Bürgermeister der hessischen Stadt Arolsen, Ernst Hubert von Michaelis, wegen »staatsfeindlichen Menschenhandels« zu 6 Jahren Freiheitsentzug. Michaelis soll an einer gescheiterten Fluchthilfe beteiligt gewesen sein. Er wird am 14.8. vorzeitig entlassen.
■ **Deutschlanderklärung**: In einer gemeinsamen Erklärung von Bundeskanzler Kohl und dem DDR-Staatsratsvorsitzenden Erich Honecker, die sie nach ihrem Zusammentreffen bei den Trauerfeierlichkeiten für den sowjetischen Staats- und Parteichef Konstantin Tschernenko in Moskau am 12.3. abgeben, heißt es, dass die Unverletzlichkeit

Ausländer in deutschen Großstädten 1973 und 1985

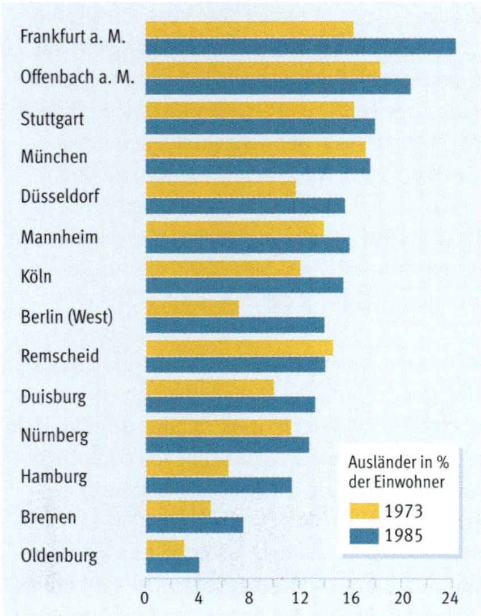

»ERINNERUNG IST DAS GEHEIMNIS DER VERSÖHNUNG«

In einer Feierstunde vor dem Deutschen Bundestag zum 40. Jahrestag des Kriegsendes hält Bundespräsident Richard von Weizsäcker (CDU) am 8.5. eine Rede, die im In- und Ausland große Beachtung findet: »Der 8. Mai war ein Tag der Befreiung. Er hat uns alle befreit von dem menschenverachtenden System der nationalsozialistischen Gewaltherrschaft. Niemand wird um dieser Befreiung willen vergessen, welche schweren Leiden für viele Menschen mit dem 8. Mai erst begannen und danach folgten. Aber wir dürfen nicht im Ende des Krieges die Ursache für Flucht, Vertreibung und Unfreiheit sehen. Sie liegt vielmehr in seinem Anfang und im Beginn jener Gewaltherrschaft, die zum Krieg führte. Wir dürfen den 8. Mai 1945 nicht vom 30. Januar 1933 trennen. Wir haben wahrlich keinen Grund, uns am heutigen Tag an Siegesfesten zu beteiligen. Aber wir haben allen Grund, den 8. Mai 1945 als das Ende eines Irrweges deutscher Geschichte zu erkennen, das den Keim der Hoffnung auf eine bessere Zukunft barg [...] Gewiss, es gibt kaum einen Staat, der in seiner Geschichte immer frei blieb von schuldhafter Verstrickung in Krieg und Gewalt. Der Völkermord an den Juden jedoch ist beispiellos in der Geschichte. Die Ausführung des Verbrechens lag in der Hand weniger. Vor den Augen der Öffentlichkeit wurde es abgeschirmt. Aber jeder Deutsche konnte miterleben, was jüdische Mitbürger erleiden mussten, von kalter Gleichgültigkeit über versteckte Intoleranz bis zu offenem Hass. [...] Wer aber vor der Vergangenheit die Augen verschließt, wird blind für die Gegenwart. Wer sich der Unmenschlichkeit nicht erinnern will, der wird wieder anfällig für neue Ansteckungsgefahren. Das jüdische Volk erinnert sich und wird sich immer erinnern. Wir suchen als Menschen Versöhnung. Gerade deshalb müssen wir verstehen, dass es Versöhnung ohne Erinnerung gar nicht geben kann.«

der Grenzen, die Beachtung der territorialen Integrität und der Souveränität aller Staaten in Europa in ihren gegenwärtigen Grenzen eine grundlegende Bedingung für den Frieden seien; von deutschem Boden dürfe nie wieder Krieg, sondern müsse Frieden ausgehen.

■ **Lutherbibel**: Nach mehr als 60 Jahren Vorbereitung kommt am 3.5. die neu übersetzte Lutherbibel in beiden deutschen Staaten in den Buchhandel; gemeinsamer Herausgeber sind der Rat der EKD und der Bund Evangelischer Kirchen in der DDR.

■ **Spionage-Affären**: Am 19.8. setzt sich der Gruppenleiter der Abteilung Spionageabwehr beim Bundesamt für Verfassungsschutz (BfV), Regierungsdirektor Hansjoachim Tiedge, nach Ost-Berlin ab. Kurz zuvor hatten sich Sonja Lüneburg, ehemalige Sekretärin des Bundeswirtschaftsministers Martin Bangemann (FDP), die Buchhalterin beim Bund der Vertriebenen, Ursula Richter, sowie der Bote beim Bundeswehrverwaltungsamt, Lorenz Betzing, in die DDR abgesetzt. Wegen Spionageverdacht wird am 25.8. die Sekretärin im Bundespräsidialamt, Margarete Höke, verhaftet. – Als Konsequenz aus dem Fall Tiedge wird am 29.8. BND-Chef Heribert Hellenbroich – bis zum 31.7. Leiter des BfV – vom Dienst suspendiert.

■ **Reiseverkehr**: Die Zahl der Reisen in dringenden Familienangelegenheiten erreicht 1985 mit 66 000 einen neuen Höchststand (1984: 61 000); das gleiche gilt mit 1,6 Mio. für die Rentnerreisen aus der DDR in die Bundesrepublik (1984: 1,54 Mio.); im Transitverkehr nach und von West-Berlin werden 1985 23,76 Mio. Reisende gezählt (1984: 21,8 Mio.).

AUFARBEITUNG DER NS-VERGANGENHEIT

■ **Ahndung**: Nach längeren Diskussionen um die strafrechtliche Verfolgung der »Auschwitz-Lüge« einigen sich die Koalitionsfraktionen von CDU/CSU und FDP am 14.3. auf einen Kompromiss, wonach das Leugnen nationalsozialistischer Verbrechen nicht als neuer Strafbestand in das Strafgesetzbuch aufgenommen werden soll, jedoch von der Staatsanwaltschaft verfolgt werden kann. Am 25.4. mit den Stimmen der Regierungskoalition verabschiedet, tritt das Gesetz am 1.8. in Kraft.

PARTEIEN

■ **Die Grünen**: Am 30.1. beschließt die Partei mit großer Mehrheit, am Rotationsprinzip (bis auf wenige Ausnahmen) festzuhalten. Die derzeitigen Bundestagsabgeordneten müssen deshalb verabredungsgemäß ihre Mandate zur Halbzeit der Legislaturperiode abgeben, sog. Nachrücker ziehen bis zum 15.4. in den Bundestag ein.

■ **FDP**: Der Saarbrücker Bundesparteitag wählt am 23.2. Bundeswirtschaftsminister Bangemann mit 352 Jastimmen bei 33 Gegenstimmen und 11 Enthaltungen als Nachfolger von Hans-Dietrich Genscher zum neuen FDP-Vorsitzenden.

WIRTSCHAFTS- UND SOZIALPOLITIK

■ **Kabelfernsehen**: Mit dem Start von SAT1 beginnt am 1.1. ein neues Medienzeitalter: SAT1, ausgestrahlt über den europäischen Satelliten ECS 1, kann von rd. 120 000 Kabelhaushalten bundesweit empfangen werden; an dem neuen Fernsehen sind zehn Verlage und Programmgesellschaften beteiligt.

■ **Sozialversicherung und Renten**: Am 19.4. beschließt der Bundestag die Anhebung der Rentenbeiträge um 0,5 auf 19,2% ab 1.6.; das entsprechende Gesetz sieht ferner eine Senkung der Beiträge zur Arbeitslosenversicherung um 0,3 auf 4,1% vor; der Beitrag der Rentner zur Krankenversicherung wird ab 1.7. auf 4,5% angehoben, bis zum 1.7.1987 ist eine stufenweise Anhebung bis auf 5,9% vorgesehen (Zustimmung des Bundesrats am 25.4.).

■ **Erziehungsgeld**: Am 17.7. stimmt die Bundesregierung einem Gesetzentwurf über die Gewährung von Erziehungsgeld und -urlaub zu; ab 1.1.1986 haben Mütter oder Väter, die ein Kind erziehen und nicht voll erwerbstätig sind, in den ersten zehn Monaten nach der Geburt des Kindes Anspruch auf 600 DM monatlich, von 1988 an für zwölf Monate. Mit den Stimmen der Regierungskoalition verabschiedet der Bundestag das Erziehungsgeld-Gesetz am 14.11., der Bundesrat stimmt am 29.11. zu.

■ **Konsensgespräch**: Erstmals seit dem Scheitern der »Konzertierten Aktion« treffen am 6.9. in Bonn Bundesregierung, Arbeitnehmervertreter und Delegierte des DGB zusammen. Während sich Vertreter der Regierung über Verlauf und Ergebnis des Gesprächs zufrieden zeigen, erneuert der DGB-Vorsitzende Ernst Breit trotz tendenzieller Übereinstimmung in Einzelfragen seine Kritik an der Politik der »beschäftigungspolitischen Tatenlosigkeit und des kontraproduktiven Sozialabbaus« der Regierung.

■ **Metallbranche**: Nach siebenwöchigem Arbeitskampf im NRW-Metallhandwerk einigen sich die Tarifpartner am 10.9. auf die Einführung der 38,5-Stunden-Woche ab 1.1.1987 sowie auf eine Erhöhung der Löhne und Gehälter für 1985 um 3,2%.

■ **Protest**: Am 19.10. folgen Hunderttausende in 17 Großstädten dem Aufruf des DGB zu Massenkundgebungen und Demonstrationen gegen die Spar- und Arbeitsmarktpolitik der Bundesregierung.

Der 17-jährige Boris Becker gewinnt am 7.7. als erster Deutscher und jüngster Spieler in Wimbledon

UMWELT

■ **Smog**: Das nordrhein-westfälische Gesundheitsministerium ruft am 18.1. für das westliche Ruhrgebiet wegen Überschreitung der Schadstoffkonzentration in der Luft Smog-Alarmstufe III aus; ein totales Fahrverbot für die innerstädtischen Smog-Sperrbezirke der Städte Duisburg, Mülheim-Ruhr, Bottrop, Essen und Oberhausen tritt in Kraft; am 20.1. wird der Alarm aufgehoben.

■ **Wiederaufbereitungsanlage**: Am 23.1. billigt das Bundeskabinett ein Entsorgungskonzept für KKW und eine Wiederaufbereitungsanlage für verbrauchte Kernbrennstoffe; als Standort ist Wackersdorf vorgesehen.

BUNDESLÄNDER UND WEST-BERLIN

■ **West-Berlin**: Wahlen zum Abgeordnetenhaus am 10.3. bestätigen die Koalition aus CDU und FDP; Eberhard Diepgen (CDU) bleibt Regierender Bürgermeister.

■ **Saarland**: Nach den Landtagswahlen am 10.3. löst die SPD mit ihrem Spitzenkandidaten Oskar Lafontaine die CDU/FDP-Regierung ab.

■ **Nordrhein-Westfalen**: Bei der Landtagswahl am 12.5. erreicht die SPD die absolute Mehrheit; Johannes Rau (SPD) bleibt Ministerpräsident.

■ **Bremen**: Als Nachfolger von Hans Koschnick wird am 18.9. Klaus Wedemeier (SPD) zum Präsidenten des Senats und Ersten Bürgermeister gewählt.

■ **Hessen**: SPD und Grüne einigen sich am 16.10. auf die Bildung einer ersten rot-grünen Koalition. Am 12.12. wird der frühere Bundestagsabgeordnete der Grünen Joschka Fischer als hessischer Minister für Umwelt und Energie vereidigt.

■ **Wahlergebnisse** → S. 458–467

1985 DDR

Nach 40 Jahren: »zwei souveräne, voneinander unabhängige Staaten«

Auch die DDR gedenkt nach 40 Jahren des Kriegsendes und verständigt sich aus diesem Anlass über ihre eigene Geschichte. 1985 steht deutschlandpolitisch im Zeichen des Dialogs. Nach siebenjähriger Unterbrechung wird wieder über den Grenzverlauf in bzw. an der Elbe verhandelt, westdeutsche Politiker reisen zu Arbeitsbesuchen an, der innerdeutsche Handel expandiert. Auch international ist die DDR auf dem Weg in die ersehnte Normalität. Der Präsident der Volkskammer, Horst Sindermann, reist zu einem Besuch in die Volksrepublik China, um die seit Ende der 1950er Jahre abgekühlten Beziehungen zwischen beiden Staaten zu verbessern. Mit dem französischen Premierminister Laurent Fabius besucht erstmals ein Regierungschef der Westalliierten die DDR.

40. JAHRESTAG DES KRIEGSENDES

Am 13.2., dem 40. Jahrestag der Bombardierung Dresdens, wird die Semperoper nach fast zwei Jahrzehnte langem Wiederaufbau mit einem feierlichen Akt eröffnet. – Am 24.4. treffen sich US-amerikanische und sowjetische Veteranen des 2. Weltkriegs in Torgau an der Elbe, wo sie 40 Jahre zuvor als Alliierte im Krieg gegen die deutsche Wehrmacht erstmals zusammengetroffen waren. – Das DDR-Fernsehen würdigt in Dokumentationen die Teilnehmer des Aufstands gegen Adolf Hitler am 20. Juli 1944. – In der DDR sind bis 1985 nach offiziellen Angaben 12 874 Personen wegen Beteiligung an Kriegsverbrechen während des 2. Weltkriegs verurteilt worden.

KIRCHENPOLITIK

■ **Eintreten für die Menschenrechte**: Bei einem Treffen mit Erich Honecker am 11.2. fordert der sächsische Landesbischof Johannes Hempel, der zugleich Vorsitzender der Konferenz der evangelischen Kirchenleitungen (KKL) ist, »handhabbare Richtlinien« für die Gleichberechtigung der Christen in der DDR-Gesellschaft. – In einer Erklärung vom 6.7. formuliert die KKL ihre Kritik an der Menschenrechtslage in der DDR jedoch betont moderat, was ihr anlässlich der Synode des Bundes der evangelischen Kirchen in der DDR (20.–24.9.) scharfe Kritik zahlreicher Synodaler einträgt. Auf deren Drängen wird schließlich am 24.9. eine Erklärung »für Frieden und die Verwirklichung der Menschenrechte« durchgesetzt, die einen Katalog zur praktischen Umsetzung der Menschenrechte in der DDR enthält. Die Synodalen fordern darin die Gleichberechtigung und Gleichachtung aller Bürger in allen Bereichen und auf allen Ebenen, die Erweiterung der Reisemöglichkeiten, die Pflicht zur Begründung bei ablehnenden Bescheiden des Staates zu Anliegen und Anträgen von Bürgern sowie eine Verbesserung der Situation von Bausoldaten und Wehrdienstverweigerern.

SED

■ **Mitgliederbewegung**: Im Rahmen des sog. »Ernst-Thälmann-Aufgebotes« des Jugendverbandes Freie Deutsche Jugend werden 100 000 neue Kandidaten für die SED geworben. – Zwischen August und Oktober werden nach sog. Gesprächen mit Parteimitgliedern rund 4000 Genossen aus der Partei ausgeschlossen; knapp 1400 Genossen treten aus der Partei aus. 1,4 Mio. »Parteiaufträge« werden erteilt bzw. übernommen.

■ **Ablösung Naumanns und Häbers**: Während der 11. Tagung des SED-ZK wird am 22.11. die Entbindung Konrad Naumanns und Herbert Häbers von ihren Funktionen in der SED bekannt gegeben. Als

Nach 18 Jahren Wiederaufbauarbeiten erstrahlt die Dresdner Semperoper in neuem Glanz

Begründung wird ihre angegriffene Gesundheit genannt. Naumanns Nachfolger wird der bisherige Chefredakteur der Parteizeiting *Neues Deutschland* Günter Schabowski, der auf »Empfehlung« des SED-ZK am gleichen Tag in die Bezirksleitung kooptiert und anschließend im Beisein Erich Honeckers zum neuen 1. Sekretär der SED-Bezirksleitung Ost-Berlin gewählt wird.

ALLIIERTE

■ **Zwischenfälle**: Am 24.3. wird bei einem Zwischenfall an einer sowjetischen Kaserne bei Ludwigslust ein Angehöriger der amerikanischen Militärmission Potsdam von einem Wachsoldaten erschossen. Weitere Zwischenfälle (Unfälle mit britischen bzw. US-amerikanischen Militärfahrzeugen) ereignen sich am 7.6. und am 13.7.

AUSSENPOLITIK

■ **Ostblock**: Die Mitgliedstaaten des Warschauer Paktes verlängern am 26.4. in der polnischen Hauptstadt den 1955 zwischen ihnen geschlossenen Warschauer Vertrag um 20 Jahre und vereinbaren eine automatische Verlängerung um weitere zehn Jahre, sollte der Vertrag nicht zuvor gekündigt werden. Ende Juni schlagen die Länder des RGW bei ihrer Tagung die Aufnahme offizieller Beziehungen zur EG vor.

■ **VR China**: Ab 14.12. besucht eine Delegation der Volkskammer unter Leitung ihres Präsidenten Horst Sindermann die Volksrepublik. Am 16.12. wird er von der chinesischen Partei- und Staatsspitze empfangen. Der Besuch Sindermanns dient der Verbesserung der Beziehungen zwischen beiden Staaten; sie hatten sich im Zusammenhang mit den sowjetisch-chinesischen Konflikten in den 1950/60er Jahren verschlechtert.

■ **Westeuropa**: Laurent Fabius besucht am 10./11.6. als erster französischer und westalliierter Regierungschef offiziell die DDR. – Vom 9. bis 11.9 erwidert der finnische Staatspräsident Kalevi Sorsa Honeckers Besuch in Finnland vom Vorjahr. Zum Abschluss des Besuchs unterzeichnen beide Staaten ein Tourismusabkommen, das jedoch im Prinzip nichts an den beschränkten Reisemöglichkeiten von DDR-Bürgern in westliche Staaten ändert. – Am 23./24.4. besucht Honecker mit Italien erstmals einen NATO-Mitgliedstaat. Am ersten Tag des Aufenthalts unterzeichnen Vertreter beider Staaten ein Abkommen über die wirtschaftliche Zusammenarbeit. Am 24.4. gewährt Papst Johannes Paul II. Honecker im Vatikan eine Audienz. – Im Rahmen seines Griechenland-Besuchs am 9./10.10. unterzeichnet Honecker ein Abkommen zur wirtschaftlichen Zusammenarbeit zwischen Athen und Ost-Berlin.

DEUTSCH-DEUTSCHE BEZIEHUNGEN

■ **Kirchen**: Am 19.3. veröffentlichen der Bund der Evangelischen Kirchen in der DDR (BEK) und die Evangelische Kirche in Deutschland (EKD) ein gemeinsames »Wort zum Frieden«. In ihm gedenken beide Kirchenorganisationen des Kriegsendes, erinnern an die deutsche Nachkriegsgeschichte und betonen, wie schwer es ihnen gefallen sei, »die Realität zweier deutscher Staaten anzunehmen« und »die organisatorische Einheit der deutschen evangelischen Kirchen aufzugeben«. Sie fordern die Christen in beiden deutschen Staaten auf, dafür einzutreten, dass »von deutschem Boden nie wieder ein Krieg ausgeht«, »das System der nuklearen Abschreckung« überwunden und eine europäische Friedensordnung erreicht wird.

■ **Stellungnahme Honeckers:** Am 23.3. veröffentlicht das SED-Zentralorgan *Neues Deutschland* aus Anlass des 40. Jahrestags des Kriegsendes einen Artikel Honeckers. Darin stellt Honecker fest, das Deutsche Reich sei »in den Flammen des Zweiten Weltkrieges für immer untergegangen«; statt dessen seien »auf deutschem Boden zwei souveräne, voneinander unabhängige Staaten entstanden«.

■ **Grenze**: Am 1.11. schließt die DDR die Räumung von Bodenminen im Grenzgebiet zur Bundesrepublik ab. – Im Februar nimmt die deutsch-deutsche Grenzkommission ihre 1978 unterbrochene Arbeit wieder auf, um zu einer einvernehmlichen Lösung in der Frage des **Grenzverlaufs** an der Elbe zu kommen. Am 25.3. unterstützt ein von der SPD in Auftrag gegebenes Gutachten die Position der DDR, nach der die Strommitte die Grenze darstelle, am 30.4. präsentieren die unionsgeführten Bundesländer Schleswig-Holstein und Niedersachsen eine eigenes Gutachten, in dem das Ostufer der Elbe als korrekte Grenze angegeben wird. Ende November warten Vertreter beider deutscher Staaten jeweils mit alliierten Dokumenten auf, die ihre Positionen bestätigen. Die Bundesregierung erklärt sich zu einer einvernehmlichen Lösung bei der Nutzung des Grenzstreifens bereit, nicht jedoch zur Festlegung des Grenzverlaufs in der Mitte des Flusses.

■ **Honecker-Gespräch**: Am 8.6. erklärt Erich Honecker in einem Interview mit der franzö-

sischen Tageszeitung *Le Monde*, die Mauer in Berlin könne verschwinden, wenn »die Ursachen, die zum Bau der Mauer führten,« verschwunden seien. Honecker betont, die Existenz von »zwei voneinander unabhängigen, souveränen Staaten mit unterschiedlicher Gesellschaftsordnung, die unterschiedlichen Bündnissen angehören,« sei ein »unverzichtbares Element der europäischen Nachkriegsordnung«.

■ **Kredit-Erhöhung**: Am 5.7. vereinbaren Bonn und Ost-Berlin eine Erhöhung des zinslosen Überziehungskredits im zwischenstaatlichen Handel (»Swing«) für die DDR von bisher 600 auf 850 Mio. DM; das Abkommen hat eine Laufzeit von fünf Jahren.

■ **Kontakte**: Die DDR-Führung baut ihre Kontakte zu Politikern und Parteien in der Bundesrepublik aus. Anlässlich der Eröffnung der Leipziger Herbstmesse treffen am 1.9. Honecker und Franz Josef Strauß zusammen. – Am 19.6. legen SED und SPD in Bonn einen gemeinsamen »Rahmen für ein Abkommen zur Bildung einer von chemischen Waffen freien Zone in Europa« vor. Am 13.9. schlägt Honecker in einem Brief an Bundeskanzler Helmut Kohl offiziell die Einrichtung einer chemiewaffenfreien Zone vor, die das Territorium der DDR, der Bundesrepublik und der ČSSR umfasst. Am 6.12. beginnen in Ost-Berlin Gespräche zwischen SPD und SED über die Schaffung einer atomwaffenfreien Zone in Mitteleuropa. – Nach einem Treffen mit Honecker am 13.11. erklärt der saarländische Ministerpräsident Oskar Lafontaine (SPD), dass die Anerkennung einer DDR-Staatsbürgerschaft durch die Bundesrepublik Voraussetzung für den angestrebten normalen Reiseverkehr für DDR-Bürger sei. Bereits am 30.1. war mit einem Artikel im *Neuen Deutschland* die Diskussion um die Staatsbürgerschaftsfrage erneut angeschoben worden.

■ **Ausreise**: Nach westlichen Angaben siedeln 24 912, nach DDR-Angaben 25 593 Personen nach Westdeutschland über. In umgekehrte Richtung wandern nach DDR-Angaben 311 Personen.

WIRTSCHAFTS- UND SOZIALPOLITIK

■ **Wachstum**: Das BIP wächst gegenüber dem Vorjahr um 2,3% auf 196,2 Mrd. Mark (in DM-Preisen von 1989). Das ist der höchste absolute Wert, der in der Geschichte der DDR erreicht wird. Er entspricht 9,8% der Leistungskraft der westdeutschen Volkswirtschaft. – Die sehr guten Ergebnisse der landwirtschaftlichen Produktion vom Vorjahr werden 1985 zum Teil sogar noch verbessert. Bei Getreide wird die Rekordernte von 1984 noch einmal gesteigert. In der Tierproduktion, besonders in der Großviehwirtschaft, setzt sich der in den vergangenen Jahren eingeschlagene Prozess der kontinuierlichen Ergebnissteigerung fort.

■ **Einkommen und Lebenshaltung**: Das durchschnittliche monatliche **Arbeitseinkommen** von Arbeitern und Angestellten in der staatseigenen Wirtschaft beträgt 1130 Mark. Die Pro-Kopf-**Sparguthaben** wachsen auf etwa 7480 Mark an. Die Sparguthaben bei Geld- und Kreditinstituten wachsen gegenüber dem Vorjahr absolut um 5%. Das Volumen der Lebensversicherungen wächst um 0,6 %. Das **Fernsprechnetz** der Deutschen Post wird gegenüber dem Vorjahr um 47 600 auf über 1 568 900 Anschlüsse erweitert. Im **Ausstattungsniveau** der privaten Haushalte mit langlebigen Konsumgütern entfallen auf 1000 Haushalte: 482 Pkw, 184 Motorräder bzw. Motorroller, 1375 Kühl- und Gefriergeräte, 993 Waschmaschinen, 221 Radioapparate und 1176 Fernsehgeräte.

1986 BRD

Debatten um Atomenergie

Ausgelöst durch die Reaktorkatastrophe in Tschernobyl entbrennt in der Bundesrepublik eine heftige Debatte über die friedliche Nutzung der Atomenergie. Bei zum Teil gewalttätigen Aktionen demonstrieren Zehntausende Atomkraftgegner an deutschen Standorten der Atomindustrie: in Wackersdorf, Brokdorf und Gorleben. Als eine der ersten Reaktionen auf das Reaktorunglück beschließt die Bundesregierung die Einrichtung eines neuen Ministeriums für Umwelt, Naturschutz und Reaktorsicherheit. Der Rekordzustrom von Asylbewerbern verstärkt die innenpolitische Diskussion über die Asylpolitik. Mit den Stimmen der Regierungskoalition beschließt der Bundestag erneut eine Verschärfung der Asylbestimmungen.

KERNENERGIE/TSCHERNOBYL

■ **Auswirkungen in Deutschland**: Der Reaktorunfall in der Nacht zum 26.4. in Tschernobyl (Ukrainische Sowjetrepublik) führt in zahlreichen europäischen Staaten, darunter auch die Bundesrepublik, zu einer **erhöhten radioaktiven Belastung** der **Luft** und des **Bodens**. Die Bundesregierung beschließt am 3./4.5. Vorsorgemaßnahmen; u.a. soll nach einer Empfehlung der Strahlenschutzkommission keine Frischmilch – insbesondere aus Gebieten mit erhöhter Radioaktivität – getrunken werden. Unter dem Eindruck des Reaktorunglücks **demonstrieren** am 5.5. Zehntausende von **Atomkraftgegnern** in der gesamten Bundesrepublik gegen den Bau und den Betrieb von AKW. Am 12.5. folgt eine offizielle Entwarnung der Bundesregierung; am 15.5. beschließt sie eine Soforthilfeaktion für geschädigte Milch- und Gemüsebauern.

■ **Debatte um Atomenergie**: Am 14.5. eröffnet Bundeskanzler Helmut Kohl (CDU) mit einer Regierungserklärung eine Bundestagsdebatte, in der er die Atomenergie für unverzichtbar erklärt. SPD-Fraktionschef Hans-Jochen Vogel kündigt ein Konzept seiner Partei zum Ausstieg aus der Kernenergie an. Für die Grünen verlangt die Abgeordnete Hannegret Hönes, alle Atomanlagen in der Bundesrepublik »heute und sofort« abzuschalten. D stellvertretende FDP-Fraktionsvorsitzende Gerhar Baum bezeichnet die Kernenergie als »Übergangsenergie«, wohingegen der wirtschaftspolitische Sprecher der FDP, Otto Graf Lambsdorff, erklärt, es könne keinen Ausstieg aus der Atomenergienutzung geben.

■ **Konsequenzen:** Am 3.6. wird ein **Bundesministerium** für **Umwelt**, **Naturschutz** und **Reaktorsicherheit** eingerichtet. Zum ersten Umweltminister wird am 6.6. der bisherige Frankfurter Oberbürgermeister Walter Wallmann (CDU) ernannt; anschließend setzt der Bundestag einen Umweltausschuss ein. – Mit 266 gegen 166 Stimmen verabschiedet der Bundestag am 11.12. das **Strahlenschutzvorsorgegesetz**, durch das die Bevölkerung bei Reaktorunglücken besser mit bundeseinheitlichen Vorsorgemaßnahmen und Empfehlungen vor radioaktiver Belastung geschützt werden soll.

PROTESTBEWEGUNG

Das von AKW-Gegnern besetzte Baugelände der atomaren Wiederaufarbeitungsanlage (WAA) in **Wackersdorf** wird am 7.1. von Polizei und Bundes-

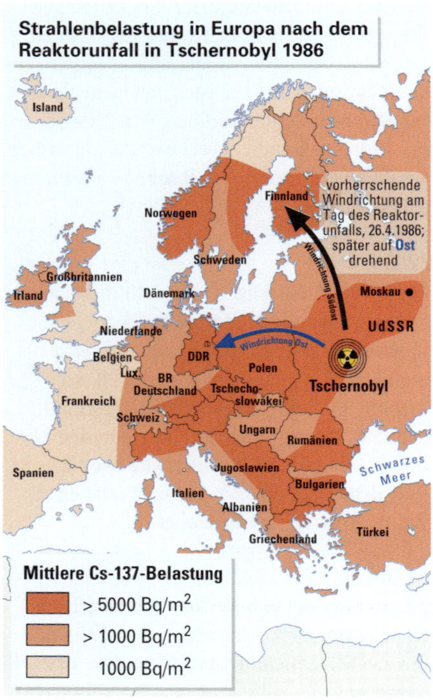

Joschka Fischer in der Anti-Atomkraft-Debatte auf der Bundesversammlung der Grünen am 19.5.

grenzschutz geräumt. – Bei Protestaktionen gegen das atomare Zwischen- und Endlager in **Gorleben** kommt es am 9.5. im Kreis Lüchow-Dannenberg zu schweren Auseinandersetzungen zwischen Demonstranten und der Polizei, auch bei Demonstrationen am 6.6. in **Brokdorf** und **Wackersdorf** mit mehr als 50 000 Demonstranten gibt es Zusammenstöße; Demonstrationen in **Hamburg** am 8.6. arten in Straßenschlachten aus. – Nach 10-jähriger Bauzeit wird am 7.10. das umstrittene **AKW Brokdorf** an der Unterelbe **in Betrieb genommen**. – Bei den »**Schwandorfer Blockadetagen**« (16.10.–18.10.) gegen die Errichtung der WAA in Wackersdorf behindern Atomkraftgegner den Verkehr und sägen 16 Strommasten um; mehr als 400 Demonstranten werden vorübergehend festgenommen. – Am 9.11. kommt es bei einer Demonstration gegen die Nuklearbetriebe in **Hanau** zu schweren Ausschreitungen.

UMWELT

■ **Rhein-Verschmutzung**: Nach der Giftbelastung des Rheins durch einen **Störfall bei** dem Chemiekonzern **BASF** in Ludwigshafen am 21.11. (2. Zwischenfall am 4.12.), bei dem ca. 2 t des Pflanzenschutzmittels Dichlor-Phenoxyl-Essigsäure aufgrund eines Lecks über ein Kühlwassersystem in den Fluss gelangen, bleiben ufernahe Wasserwerke in Rheinland-Pfalz und Nordrhein-Westfalen am 22./23. 11. »vorsorglich« abgeschaltet.

ASYLPOLITIK

Die **Zuwanderung von Asylbewerbern** erreicht nach Angaben des Bundesinnenministers im August einen **Höchststand**: 14 812 Menschen bitten in diesem Monat um politisches Asyl (rd. 50% mehr als im Juli). Vom 1.1. bis 1.8. registriert das Bundesamt für die Anerkennung ausländischer Flüchtlinge 66 814 Asylbewerber (1985: rd. 73 000). Am 25.9. einigen sich die Ministerpräsidenten der Länder sowie die Partei- und Fraktionsvorsitzenden von CDU/CSU, FDP und SPD auf einen Maßnahmenkatalog, über den in einem Bund-Länder-Gremium weiter beraten werden soll. So sollen zur **Beschleunigung der Asylverfahren** die Ausländerbehörden der Länder zentralisiert und in die Nähe der Außenstellen des Bundesamtes gelegt werden; ferner sollen die Länder ermächtigt werden, eine Zentralstelle zu errichten, die über die Abschiebung abgelehnter Asylbewerber entscheidet.

■ **Gesetzesänderung**: Gegen die Stimmen der Oppositionsparteien beschließt der Bundestag am 13.11. eine **Verschärfung der Asylregelungen**; u.a. wird das Arbeitsverbot für nicht-anerkannte Asylbewerber auf fünf Jahre verlängert; für Ostblockflüchtlinge gilt künftig eine Wartezeit von einem Jahr bis zur Arbeitserlaubnis. Asylanträge, die mit der wirtschaftlichen Lage des Fluchtlandes, einer allgemeinen Notsituation oder kriegerischen Auseinandersetzungen argumentieren, gelten künftig als »offensichtlich unbegründet«; Fluggesellschaften, die Ausländer ohne gültige Einreisepapiere in die Bundesrepublik bringen, werden zum Rücktransport auf eigene Kosten verpflichtet und müssen eine Geldbuße von 2000 DM für jeden unzulässig beförderten Ausländer zahlen.

TERRORISMUS

■ **RAF-Mordanschläge:** Am 9.7. werden Siemens-Vorstand Karl-Heinz Beckurts und sein Fahrer Eckart Groppler in Straßlach bei München durch eine Bombe der RAF getötet. – Am 10.10. wird der Leiter der Politischen Abteilung des Auswärtigen Amtes Gerold von Braunmühl, zuständig für Ost-West-Beziehungen und UN, vor seinem Wohnhaus in Bonn von zwei RAF-Terroristen erschossen.

■ **Maßnahmen:** Am 5.12. verabschiedet der Bundestag **neue** gesetzliche **Bestimmungen zur Terrorismusbekämpfung**; danach können künftig auch Anschläge auf Bahnanlagen, das Umsägen von Strommasten sowie die Anleitung zur Herstellung von Sprengstoff als terroristische Straftaten verfolgt werden; ferner können die Polizeibehörden nun direkte Auskünfte aus dem Informationssystem des staatlichen Kfz-Amts in Flensburg beziehen; außerdem werden die Kompetenzen des Generalbundesanwalts erweitert.

JUSTIZ, GESETZGEBUNG

■ **Ermittlungen gegen Kohl:** Die Koblenzer Staatsanwaltschaft gibt am 24.2. die Einleitung eines Ermittlungsverfahrens gegen Bundeskanzler Kohl wegen des **Verdachts der uneidlichen Falschaussage** vor dem Parteispendenausschuss des Landtags von Rheinland-Pfalz bekannt; Kohl war von dem Bundestagsabgeordneten Otto Schily (Die Grünen) am 29.1. angezeigt worden. Am 11.3. beschließt auch die Bonner Anklagebehörde, gegen Kohl wegen desselben Verdachts ein formelles Ermittlungsverfahren einzuleiten. Die Staatsanwaltschaft Koblenz stellt das Ermittlungsverfahren am 21.5., die Bonner Staatsanwaltschaft am 30.5. ein, da es keine greifbaren Anhaltspunkte für eine Falschaussage gebe.

■ **Urteil zu Sitzblockaden:** Am 11.11. entscheidet der 1. Senat des Bundesverfassungsgerichts, dass **Sitzblockaden Nötigung** sein können; es müsse aber im Einzelfall geprüft werden, ob die Motive der »Blockierer« als »verwerflich« einzustufen sind. Mit dem Urteil werden sechs von sieben Verfassungsbeschwerden verurteilter Rüstungsgegner, die mit Sitzblockaden gegen den **NATO-Nachrüstungsbeschluss** protestiert hatten, abgelehnt.

■ **Prozess:** Am 26.11. verurteilt die 29. Strafkammer des Landgerichts West-Berlin die beiden Jordanier Ahmed Hasi und Farouk Salameh zu Freiheitsstrafen von 13 und 14 Jahren. Das Gericht sieht es als erwiesen an, dass die beiden Terroristen den **Sprengstoffanschlag** auf die deutsch-arabische Gesellschaft in Berlin-Kreuzberg am 29.3. verübt haben, bei dem neun Menschen zum Teil schwer verletzt wurden. Die Bundesregierung beschließt am 27.11. unter Berufung auf das Urteil beschränkte Sanktionen gegen Syrien und reagiert damit auf die Feststellung des Gerichts, wonach staatliche syrische Stellen in den Terroranschlag verwickelt waren.

AUFARBEITUNG DER NS-VERGANGENHEIT

Die Feldmühle-Nobel-AG in Düsseldorf (die frühere Friedrich-Flick-Industrieverwaltung) bezahlt mit Zustimmung der neuen Eigentümerin (Deutsche Bank) an die Conference of Jewish Material Claims against Germany einen Betrag von 5 Mio. DM als Entschädigung dafür, dass das Unternehmen während des 2. Weltkriegs **Zwangsarbeiter** beschäftigt hat; die Firmengruppe leistet die Zahlung aus »humanitären Gründen«.

SONSTIGE INNENPOLITISCHE EREIGNISSE

■ **Personalausweis**: Gegen die Stimmen von SPD und Grünen setzt die Regierungskoalition im Bundestag am 28.2. die Einführung maschinenlesbarer, fälschungssicherer Ausweise ab 1.4.1987 durch.

■ **Wehr- und Zivildienst:** Die Bundesregierung beschließt am 17.4. eine Verlängerung der Wehrdienstzeit von 15 auf 18 Monate ab 1.6.1989. Ferner stimmt die Koalition der Verlängerung des bis Ende Juni 1986 befristeten Gesetzes über die Neuordnung des Zivildienstes zu.

AUSSENPOLITIK

■ **Libyen**: Die Bundesregierung fordert am 9.4. zwei Angehörige des libyschen Volksbüros (Botschaft) in Bonn zum Verlassen des Landes auf, weil ihre Tätigkeit nicht den »diplomatischen Gepflogenheiten« entspreche. Nach Angaben des Regierungssprechers gibt es Anhaltspunkte für eine **libysche Verwicklung** in den **Bombenanschlag** auf die v.a. von US-Soldaten besuchte Diskothek La Belle in Berlin-Friedenau am 5.4., bei dem drei Menschen getötet und 155 verletzt wurden.

■ **Frankreich**: Hauptergebnisse des deutsch-französischen »Kulturgipfels« am 27./28.10. in Frankfurt am Main zwischen Staatspräsident François Mitterrand, Premierminister Jacques Chirac und Bundeskanzler Kohl sind weitreichende Vereinbarungen über eine engere Abstimmung und Zusammenarbeit in Fragen der Verteidigungs- und Rüstungskontroll-Politik sowie eine gemeinsame Erklärung über den intensiven Ausbau der Kulturbeziehungen zwischen beiden Ländern.

■ **UdSSR**: Am 2.11. und 6.11. distanziert sich Bundeskanzler Kohl von einem Interviewtext im US-Nachrichtenmagazin *Newsweek*, das nach Darstellung der Bonner Regierung den erläuternden Halbsatz zum Namen Goebbels eigenmächtig eingefügt hat. In dem Interview wird Kohl mit der Aussage zitiert, dass **Gorbatschow** ein moderner kommunistischer Führer sei, der sich auf Public Relations verstehe; »**Goebbels**, einer von jenen, die für die Verbrechen der Hitler-Ära verantwortlich sind«, sei »auch ein **Experte in Public Relations«** gewesen. Wegen dieses Vergleichs sagt die Sowjetunion vereinbarte gegenseitige Besuche ab.

MILITÄR- UND SICHERHEITSPOLITIK

■ **SDI-Programm**: Bundeswirtschaftsminister Martin Bangemann (FDP) reist am 11.1. zu Verhandlungen über einen Technologieaustausch sowie Bedingungen für eine Beteiligung deutscher Firmen und Institutionen an der SDI-Forschung in die USA. Er erklärt nach dem Abschluss der Verhandlungen, dass die Bundesregierung das SDI-Programm »politisch unterstütze«, jedoch nicht die Absicht habe, sich daran zu beteiligen oder Geld dafür zur Verfügung zu stellen. – Am 19.3. erzielen Bundeskanzler Kohl und US-Verteidigungsminister Caspar W. Weinberger bei einem Treffen in Grafenwöhr grundsätzliche Übereinstimmung über die Abkommen zur strategischen Verteidigungsinitiative (SDI) und zum Technologietransfer; am 28.3. werden die beiden (geheimen) Abkommen in Washington von Bangemann und Weinberger unterzeichnet.

■ **C-Waffen-Abrüstung**: Die in Tokio (Japan) von Bundeskanzler Kohl mit US-Präsident Ronald Reagan getroffene Vereinbarung über den Abbau chemischer Waffen werten Regierung und Koalition am 15.5. als Erfolg; danach sollen bis spätestens Ende 1992 alle in der Bundesrepublik lagernden C-Waffen abgezogen werden; ferner soll eine Stationierung neuer chemischer Kampfstoffe nur mit deutscher Zustimmung möglich sein.

PARTEIEN UND GEWERKSCHAFTEN

■ **SPD:** Auf ihrem Parteitag in Nürnberg (25.–29.8) wird der nordrhein-westfälische Ministerpräsident Johannes Rau zum Kanzlerkandidaten der SPD gewählt.

■ **Die Grünen:** Zum Abschluss der Bundesversammlung (26.–28.9.) in Nürnberg verabschiedet die Mehrheit der rd. 600 Delegierten einen Antrag, in dem u.a. eine SPD-Minderheitsregierung toleriert und die Wahl von Johannes Rau zum Bundeskanzler unterstützt werden soll.

■ **DGB:** Auf dem Gewerkschaftstag in Hamburg am 22.10. wird der ehemalige 2. Vorsitzende der IG Metall Franz Steinkühler mit 82,8% der Stimmen als Nachfolger von Hans Mayr zum neuen Vorsitzenden gewählt.

WIRTSCHAFTS- UND SOZIALPOLITIK

■ **Arbeitslosigkeit**: Nachdem die Arbeitslosenzahl 1985 mit 2,3 Mio. einen **Höchststand** seit der Währungsreform erreichte, sinkt sie 1986 auf 2,2 Mio.

■ **»Neue Heimat«-Sanierung:** Am 19.9. beschließt der Aufsichtsrat der Beteiligungsgesellschaft für Gemeinwirtschaft AG (BGAG) den Verkauf von 270 000 Wohnungen des mit 17,2 Mrd. DM verschuldeten gewerkschaftseigenen Wohnungsbaukonzerns »Neue Heimat«. Für den symbolischen Preis von 1 DM geht der größte Immobilienkonzern Europas am 1.10. an den Berliner Brotfabrikanten Horst Schiesser. Am 14.11. kauft die BGAG die NH zurück und bringt sie in eine neu gegründete Beteiligungsgesellschaft ein. Im Einverständnis mit den Banken ist nun die Gründung einer Treuhandgesellschaft beabsichtigt, in der sich neben der BGAG auch andere Unternehmen an der NH beteiligen; die Banken verpflichten sich im Gegenzug, ihre Forderungen bis Ende 1987 zurückzuhalten. – Zum 31.12. trennen sich die Gewerkschaften von ihrer Bank für Gemeinwirtschaft (BfG); die Mehrheit der Anteile wird für 1,9 Mrd. DM an die Aachener und Münchener Versicherung verkauft.

DEUTSCH-DEUTSCHE BEZIEHUNGEN

■ **Asylpolitik**: In der Asylfrage gibt die DDR dem Drängen der Bundesrepublik nach und erklärt am 18.9., dass »ab 1.10. nur noch solche Personen die DDR im Transit bereisen können, die über ein Anschlussvisum anderer Staaten verfügen«.

■ **SPD/SED-Kooperation**: Am 21.10. einigen sich SPD und SED auf gemeinsame »Grundsätze« für eine atomwaffenfreie Zone in Mitteleuropa; die Pläne sehen die Beseitigung aller Kernwaffen in einem 150 km breiten Korridor beiderseits der Grenze vor.

■ **Reiseverkehr**: Mit über 200 000 Besuchsgenehmigungen für Nicht-Rentner aus der DDR erreicht der **Reiseverkehr** »in dringenden Familienangelegenheiten« einen neuen **Höchststand**. Die Anzahl der Reisen von Rentnern aus der DDR in die BRD (einschl. West-Berlin) liegen 1986 erneut bei 1,6 Mio., die der legalen Übersiedler aus der DDR in die Bundesrepublik bei 20 000. 1985 wurden über **2500 politische Häftlinge** aus der DDR **freigekauft**, die bisher höchste Zahl von Freikäufen.

BUNDESLÄNDER

■ **Niedersachsen:** Bei der Landtagswahl am 15.6. büßt die bisher alleinregierende CDU Stimmen ein, kann aber mit der FDP eine Regierung bilden; Ernst Albrecht (CDU) bleibt Ministerpräsident.

■ **Bayern:** Landtagswahl am 12.10.; die CSU kann trotz Stimmeneinbußen die absolute Mehrheit halten; Franz Josef Strauß bleibt Ministerpräsident. Die Grünen ziehen erstmals in den Landtag ein.

■ **Hamburg:** Bürgerschaftswahl am 9.11.; Erster Bürgermeister Klaus von Dohnanyi (SPD) bleibt trotz CDU-Mehrheit im Amt.

■ **Wahlergebnisse** → S. 458–467

1986 DDR

Beginn des wirtschaftlichen Niedergangs

Erich Honecker wird nach den Wahlen zur Volkskammer vom Parlament erneut als Vorsitzender des Staatsrats und des Nationalen Verteidigungsrats und auf dem XI. Parteitag der SED als Generalsekretär des ZK bestätigt. Die Delegierten beschließen die Direktive für den 5-Jahres-Plan 1986–90: Durch den verstärkten Einsatz von Wissenschaft und Technik soll das Wirtschaftswachstum erheblich gesteigert werden. Im Jahr 1986 beginnt jedoch eine wirtschaftliche Abschwungphase, die nur 1988 noch einmal unterbrochen wird.
Als bislang höchster Repräsentant der DDR besucht Volkskammerpräsident Horst Sindermann auf Einladung der SPD die Bundesrepublik. Er wird auch von Bundeskanzler Helmut Kohl zu einem Gespräch empfangen.

SED- PARTEITAG

Der XI. Parteitag der SED, der vom 17. bis 21.4. in Ost-Berlin stattfindet und mit dem Gedenken an den 40. Jahrestag der Parteigründung im April 1946 endet, steht im Zeichen politischer und personeller Kontinuität. Erich Honecker wird erneut zum Generalsekretär des ZK gewählt, dem jetzt 165 Mitglieder und 57 Kandidaten angehören. Das Politbüro ist wie das gesamte ZK durch eine starke Überalterung seiner Mitglieder und Kandidaten gekennzeichnet.
Der Parteitag fasst wichtige Beschlüsse zur wirtschaftlichen und sozialen Entwicklung der DDR, die der Fortsetzung des unter Honecker eingeschlagenen Kurses der »Einheit von Wirtschafts- und Sozialpolitik« dienen (→ unten). – Der seit 1985 amtierende KPdSU-Generalsekretär Michail Gorbatschow stellt sich am 18.4. den SED-Parteitagsdelegierten mit einer Grußansprache vor. Er betont, die »Sache des Sozialismus« schreite »auf deutschem Boden sicher« voran, spricht dann jedoch mit Blick auf alle staatssozialistischen Länder von einer »Zeit des Umbruchs«, in der die Antworten auf »aktuelle Herausforderungen« in den »konkreten Erscheinungsformen vielfältig sein« werden, »weil sie die Besonderheiten der Entwicklung eines jeden Bruderlandes« widerspiegeln. Gleichsam sei die öffentlich vorgetragene Selbstkritik »eine unerlässliche Bedingung für den Erfolg einer revolutionären Partei«.

DAS SED-POLITBÜRO NACH DEM XI. PARTEITAG

Das Durchschnittsalter der 27 Mitglieder und Kandidaten des Politbüros beträgt 1986 mehr als 63 Jahre, elf von ihnen befinden sich im Rentenalter, jüngstes Mitglied ist mit 55 Jahren Margarete Müller, die dem Gremium seit 1963 angehört. Als einziger Neuzugang wird Heinz Keßler im Alter von 66 Jahren in das Gremium gewählt. Dem Politbüro gehören seine Mitglieder und Kandidaten im Durchschnitt seit 16,5 Jahren an. Sechs Mitglieder sind in den vergangenen Jahren hinzugekommen: Hans-Joachim Böhme, zum Zeitpunkt des XI. Parteitags 56 Jahre alt, Werner Eberlein (66), Heinz Keßler (66), Siegfried Lorenz (55), Gerhard Müller* (58) und Günter Schabowski (57). Horst Dohlus (60) und Werner Walde* (60) gehören seit 10 Jahren dem Politbüro an. Sieben Mitglieder und Kandidaten traten in der ersten Hälfte der 1970er Jahre ins Politbüro ein: Werner Felfe (58), Joachim Herrmann (57), Werner Krolikowski (58), Inge Lange* (58), Erich Mielke (78), Gerhard Schürer* (65) und Harry Tisch (59). Günther Kleiber (55) gehört dem Politbüro seit 1967 an, Hermann Axen (70), Werner Jarowinsky (59), Günter Mittag (59), Margarete Müller* (55) und Horst Sindermann (70) kamen in der ersten Hälfte der 1960er Jahre hinzu. Kurt Hager (73) ist 1958 gewählt worden, während Erich Honecker (73), Erich Mückenberger (75), Alfred Neumann (76) und Willi Stoph (71) dem Politbüro seit Beginn der 1950er Jahre angehören. Von den Genannten scheidet vor dem Herbst 1989 nur der am 7.9.1988 verstorbene Werner Felfe aus dem Gremium aus.

* nicht stimmberechtigte Kandidaten

VOLKSKAMMERWAHLEN

Bei den Wahlen zur Volkskammer und zu den Bezirkstagen am 8.6. erhält die Einheitsliste (bei einer offiziellen Wahlbeteiligung von 99,74%) 99,94% der Stimmen. Die Vereinigung der gegenseitigen Bauernhilfe (VdgB) kehrt nach mehr als zwei Jahrzehnten als eigenständige Fraktion in die Volkskammer zurück. Die Volkskammer wählt am

XI. SED-Parteitag im Palast der Republik (Ost-Berlin)

16./17.6. den Staats- und den Ministerrat und bestätigt am 27.11. den vom SED-ZK bei seiner Tagung eine Woche zuvor (20./21.11.) beschlossenen Gesetzentwurf über den 5-Jahres-Plan 1986–90.

WEITERE INNENPOLITISCHE EREIGNISSE

■ **Evangelische Kirche**: Am 2.2. wählt die Synode des Bundes der evangelischen Kirchen in der DDR (BEK) den thüringischen Landesbischof Werner Leich (Eisenach) als Nachfolger von Landesbischof Johannes Hempel (Dresden) zum neuen Vorsitzenden der Konferenz der Kirchenleitungen (KKL). – Am 27.3. treten die Leitungen des BEK und der Evangelischen Kirche in Deutschland (EKD) mit einem Gemeinsamen Wort »Hoffnung auf Frieden« an die evangelischen Gemeinden in beiden deutschen Staaten an die Öffentlichkeit. Sie begrüßen darin den wieder in Gang gesetzten Dialog zwischen den Staatschefs der Großmächte und fordern die USA und die UdSSR auf, weitere Schritte zur Abrüstung einzuleiten und neue Rüstungsanstrengungen zu unterlassen. Sie betonen überdies, dass die »Vertrauenswürdigkeit der Staaten nach außen« durch Stärken der in der KSZE-Schlussakte von 1975 beschriebenen »Menschenrechte und Grundfreiheiten im Innern« gefördert wird.

■ **Umwelt**: Die Reaktorkatastrophe in Tschernobyl führt auch in der DDR zu erhöhter Radioaktivität. Am 2.5. werden Strahlenwerte gemessen, die einhundertmal höher als der Normalwert sind.

■ **Friedensbewegung**: Am 8.6. sendet die unabhängige Friedens- und Ökologiebewegung einen Brief an die Staatsführung, in dem sie ihre Kritik an der gesellschaftlichen Entwicklung in der DDR formuliert. Die Unterzeichner fordern die Regierung auf, in den konstruktiven Dialog mit den eigenen Bürgern zu treten. Sie fordern Änderungen in der Energie-, Umwelt-, Bildungs- und Wirtschaftspolitik und mahnen eine offene Informationspolitik an. In zwölf Punkten beschreiben sie konkret die staatlichen Repressalien, denen die unabhängige Friedensbewegung in der DDR ausgesetzt ist. – Am 1.9. empfängt Honecker eine Delegation unter Leitung des Präsidenten des DDR-Friedensrats Günter Drefahl, die tags darauf im *Neuen Deutschland* als Vertreter der Friedensbewegung der DDR benannt werden. Die Teilnehmer, darunter der Physiker Manfred von Ardenne, der Dresdner Oberbürgermeister Wolfgang Berghofer, die Sängerin Tamara Danz, der Theologe Heinrich Fink, die Oberkirchenrätin Christa Lewek und der Schriftsteller Benito Wogatzki, übergeben Honecker einen »Friedensreport«.

DEUTSCHE-DEUTSCHE BEZIEHUNGEN

■ **Kontakte**: Auf Einladung der SPD-Bundestagsfraktion besucht Volkskammerpräsident Horst Sindermann vom 19. bis 22.2. die Bundesrepublik. Neben einem Treffen mit Bundeskanzler Helmut Kohl und Bundestagspräsident Philipp Jenninger wird er auch von den Fraktions- bzw. Landesgruppenvorsitzenden des Bundestags empfangen. – Am 25.4. wird in Eisenhüttenstadt von den Oberbürgermeistern von Eisenhüttenstadt und Saarlouis, Manfred Sander und Manfred Henrich, die erste deutsch-deutsche Städtepartnerschaft unterzeichnet.

Mitarbeiter des Ministeriums für Staatssicherheit 1950–89

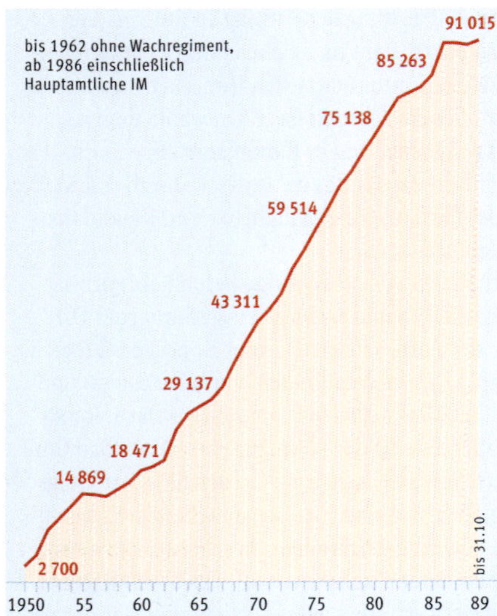

Quelle: Jens Gieseke, Die Hauptamtlichen Mitarbeiter des MfS, Berlin 1995

■ **Kultur**: Am 3.4. vereinbaren West-Berlin und die DDR den gegenseitigen Austausch kriegsbedingt ausgelagerter Kulturgüter, am 12.11. folgt eine ähnliche Vereinbarung zwischen der Bundesrepublik und der DDR. – Am 2.9. und 30.10. werden in Ost-Berlin zwei große Ausstellungen eröffnet, bei denen Leihgaben aus der Bundesrepublik und bundesdeutsche zeitgenössische Kunst gezeigt werden. Am 6.5. hatten Vertreter beider deutscher Staaten in Ost-Berlin das Kulturabkommen unterzeichnet, das in den folgenden Jahren die Grundlage für den Austausch kultureller Projekte bildet.

Militärparade am 1.5. in Ost-Berlin

AUSSENPOLITIK

■ **Westliche Länder**: Am 10.1. empfängt Honecker elf Mitglieder des US-Repräsentantenhauses zu einem Gespräch über die weltpolitische Lage und die bilateralen Beziehungen zwischen der DDR und den USA. – Ende Juni reist Honecker zu einem Staatsbesuch nach Schweden; im Oktober unterzeichnen beide Staaten ein Abkommen über Entschädigungszahlungen für in der DDR erfolgte Verstaatlichungen von schwedischem Eigentum.

■ **VR China**: Mit einer Serie von Besuchen und Gegenbesuchen werden die Beziehungen zwischen der Volksrepublik China und der DDR weiter ausgebaut. Am 30.5. trifft der chinesische Außenminister Wu Xueqian zu einem mehrtägigen Besuch in der DDR ein. Im Verlauf seines Aufenthaltes unterzeichnen beide Seiten ein Konsularabkommen und weitere Vereinbarungen. – Am 26.6. reist die Volksbildungsministerin Margot Honecker zur Vorbereitung der Visite ihres Mannes in Peking zu einem mehrtägigen Besuch nach China; vom 21. bis 25.10. hält sich Honecker selbst in der Volksrepublik auf. Im Verlauf des Besuches wird ein Abkommen über die langfristige wirtschaftliche Kooperation beider Staaten unterzeichnet.

WIRTSCHAFTS- UND SOZIALPOLITIK

■ **5-Jahres-Plan**: Die Delegierten des XI. SED-Parteitags im April beschließen die »Direktive für die Entwicklung der Volkswirtschaft der DDR in den Jahren 1986–1990«, die als Grundlage für den letzten 5-Jahres-Plan in der Geschichte der DDR herangezogen wird. Durch den Einsatz von Wissenschaft und Technik soll eine stärkere Intensivierung der Produktion – höherer Ertrag bei verringertem Einsatz von Material und Arbeitskräften – erreicht werden. Subventionsleistungen zur Aufrechterhaltung niedriger Preise für Grundnahrungsmittel, Mieten und Tarife sollen geringfügig stärker wachsen als die Gesamtausgaben des Staatshaushaltes.

■ **Bruttoinlandsprodukt**: 1986 ist der Beginn einer bis 1989/90 währenden Abschwungphase (die nur 1988 noch einmal unterbrochen wird), das BIP sinkt gegenüber dem Vorjahr um 0,6% auf 195,1 Mrd. DM (in DM-Preisen von 1989); dies entspricht 9,5% der westdeutschen Volkswirtschaft.

■ **Landwirtschaft**: Bei Getreide wird die höchste, bei Zuckerrüben die zweithöchste Ernte in der Geschichte der DDR eingefahren. Die Erträge der Kartoffelernte sind dagegen rückläufig (–16,2 %).

■ **Sozialpolitik**: Im Anschluss an den Parteitag fasst das SED-ZK am 23.4. gemeinsam mit Ministerrat und FDGB-Bundesvorstand einen Beschluss zu sozialpolitischen Verbesserungen für Familien mit Kindern und junge Ehepaare. Ab 1.5. wird der Schwangerschaftsurlaub auf mindestens ein Jahr verlängert. Die bezahlte Freistellung von Müttern zur Pflege ihrer erkrankten Kinder wird auch für Familien mit zwei (vorher drei) Kindern wirksam. Das zinslose Ehestandsdarlehen wird auf 7000 Mark der DDR erhöht. Mit Wirkung vom 1.7. erhöht sich das monatliche staatliche Kindergeld beim ersten Kind von 20 auf 50, beim zweiten von 20 auf 100 und bei allen weiteren Kindern von 100 auf 150 Mark der DDR.

SOZIALE DATEN

■ **Bevölkerung**: Im Gebiet der DDR leben nach den Ergebnissen einer Volkszählung 16,64 Mio. Einwohner, etwa 20 000 weniger als am 31.12.1985. Nach westlichen Angaben siedeln 26 178, nach DDR-Angaben 25 377 Personen nach Westdeutschland über. In umgekehrter Richtung wandern nach DDR-Angaben 261 Personen.

1987 BRD

Waterkantgate: Die Barschel-Affäre

Die Affäre um den Ministerpräsidenten von Schleswig-Holstein Uwe Barschel verursacht in der Bundesrepublik ein politisches Erdbeben. Auch nach seinem mysteriösen Tod bleiben viele Fragen offen.
Bei den 750-Jahr-Feiern in Berlin bestätigen die Staatsoberhäupter Frankreichs, Großbritanniens und der USA der Bevölkerung im Westteil der Stadt auch zukünftig ihre Sicherheitsgarantien. Mit seinem unbefangenen Appell: »Herr Gorbatschow, reißen Sie diese Mauer nieder«, löst US-Präsident Ronald Reagan dagegen ungläubige Heiterkeit aus.

BARSCHEL-AFFÄRE

■ **Spiegel-Artikel:** Am 12.9. – einen Tag vor der Landtagswahl in Schleswig-Holstein – wird vorab ein Bericht des Nachrichtenmagazins *Der Spiegel* veröffentlicht. Die Ausgabe vom 14.9. enthält unter dem Titel »Watergate in Kiel. Barschels schmutzige Tricks« einen Artikel, der sich auf Aussagen des ehemaligen Medienreferenten des CDU-Ministerpräsidenten, Reiner Pfeiffer, stützt. Danach hat Ministerpräsident Uwe Barschel den SPD-Spitzenkandidaten Björn Engholm u.a. bespitzeln lassen, dessen Steuererklärung überprüft und Pfeiffer eine anonyme Anzeige gegen Engholm diktiert. Barschel bezeichnet die Vorwürfe als »erstunken und erlogen«.

Uwe Barschel weist auf einer Pressekonferenz am 18.9. alle Vorwürfe zurück, gegen seinen politischen Gegner intrigiert zu haben

■ **Konsequenzen:** Mit seinem »Ehrenwort« weist Barschel auf einer Pressekonferenz am 18.9. alle Anschuldigungen zurück. Am 25.9. übernimmt der Ministerpräsident die »politische Verantwortung« und erklärt seinen Rücktritt zum 2.10. – Am 7.10. nimmt ein Parlamentarischer Untersuchungsausschuss seine Arbeit auf. Staatsanwaltschaftliche Ermittlungen bringen belastende Einzelheiten zutage.

■ **Tod:** Am 11.10. wird Uwe Barschel in der Badewanne des Genfer Hotels »Le Beau Rivage« tot aufgefunden. Die Schweizer Polizei erklärt am 14.10. nach einer Autopsie, Barschel sei durch starke Schlaf- und Beruhigungsmittel ums Leben gekommen. Die Familie Barschels verlangt ein Gegengutachten, da sie nicht an Selbstmord glaubt. Auf ihr Betreiben eröffnet die Lübecker Staatsanwaltschaft 1995 ein Ermittlungsverfahren wegen Mordverdacht gegen Unbekannt, das 1998 eingestellt wird.

AIDS

Auf einer AIDS-Sonderkonferenz am 27.3. beschließen die zuständigen Minister und Senatoren der Bundesländer und Bundesgesundheitsministerin Rita Süssmuth (ohne die Zustimmung Bayerns) Maßnahmen gegen die Ausbreitung der Immunschwächekrankheit; Kernpunkte sind die Einrichtung eines zentralen AIDS-Registers beim Bundesgesundheitsamt und eine anonyme Berichtspflicht über positive AIDS-Tests. – Am 8.5. setzt der Bundestag eine **AIDS-Enquete-Kommission** ein, der neben neun Abgeordneten acht Sachverständige aus Medizin-, Gesellschafts-, Rechts-, Sexual- und Kommunikationswissenschaft sowie aus der AIDS-Selbsthilfe angehören. Aufgabe des Gremiums ist es, die politischen Entscheidungen des Parlaments zur Bekämpfung von AIDS vorzubereiten. – Am 7.12. wird in Bonn eine **nationale AIDS-Stiftung** mit 3 Mio. DM Startkapital gegründet. – Bereits am 25.2. hatte die bayerische Staatsregierung Maßnahmen für den Freistaat beschlossen, wonach ab sofort alle Personen, bei denen vermutet wird, dass sie sich mit der Immunschwächekrankheit infiziert haben, zu HIV-Tests vorgeladen werden; am 19.5. werden die medizinischen Untersuchungen für Bewerber in den Staatsdienst oder in das Richterverhältnis um den AIDS-Test erweitert. Gegen das in Bayern verabschiedete Sofortprogramm zur AIDS-Bekämpfung protestieren Politiker aller Parteien.

JUSTIZ, GESETZGEBUNG

■ **Besserstellung von »Trümmerfrauen«:** Am 10.2. verabschiedet die Bundesregierung Gesetzentwürfe zur verlängerten Zahlung von Arbeitslosengeld vor allem an ältere Erwerbslose und zur Gewährung von Kindererziehungsleistungen für vor 1921 geborene Frauen. Arbeitslose und sog. Trümmerfrauen können ab 1.7. bzw. 1.10. mit verbesserten Leistungen rechnen.

■ **Parteispendenprozess:** Vor der 7. Großen Strafkammer des Bonner Landgerichts kommt es am 16.2. im Prozess gegen den ehemalige Flick-Manager Eberhard von Brauchitsch sowie die früheren Bundeswirtschaftsminister Otto Graf Lambsdorff und Hans Friderichs zur Urteilsverkündung (→ 1984). – Nach einer Entscheidung des Bundesfinanzhofes am 17.9. sind Parteispenden von Unternehmen nicht in vollem Umfang steuerlich abzugsfähig.

ABRÜSTUNG UND PROTESTBEWEGUNG

■ **»Richterblockade«:** 20 Richter werden am 12.1. bei einer Sitzblockade vor dem amerikanischen Pershing-II-Depot in Mutlangen von der Polizei weggetragen und vorläufig festgenommen.

■ **Zustimmung und Verzicht:** Am 1.6. einigt sich die Regierungskoalition endgültig über ihre Zustimmung zu einer erweiterten amerikanisch-sowjetischen **Null-Lösung** bei Mittelstreckenraketen von 500–5000 km Reichweite (Intermediate Range Nuclear Forces/INF). – Bundeskanzler Helmut Kohl erklärt am 26.8. seine Bereitschaft, unter bestimmten Bedingungen (Regelung der Verifikationsfrage, Ratifizierung und Inkraftsetzung des Abkommens, Einhaltung des Zeitplans für den Raketenabbau) auf die 72 Pershing-IA-Raketen der Bundeswehr zu verzichten.

■ **Proteste:** Am 13.6. demonstrieren im **Bonner Hofgarten** über 100 000 Menschen für eine uneingeschränkte Null-Lösung bei den Mittelstreckenraketen. – Gegen den Weiterbau der Wiederaufbereitungsanlage demonstrieren am 10.10. in **Wackersdorf** rund 25 000 Kernkraftgegner; es kommt zu Auseinandersetzungen mit der Polizei. – Am 2.11. werden bei einer Demonstration zum 6. Jahrestag der Räumung des Hüttendorfes an der Frankfurter **Startbahn West** aus einer Gruppe Vermummter heraus zwei Polizisten erschossen; ein Tatverdächtiger wird am 3.11. festgenommen; in der Folge werden elf Haftbefehle gegen Angehörige »autonomer militanter« Gruppen erlassen.

TERRORISMUS

■ **Hamadi-Affäre:** Der am 13.1. auf dem Frankfurter Flughafen mit Flüssig-Sprengstoff im Gepäck festgenommene Libanese Muhammed Ali Hamadi wird am 16.1. auf Antrag des US-Justizministeriums in vorläufige Auslieferungshaft genommen. Hamadi soll an der **Entführung eines US-Verkehrsflugzeugs** im Juli 1985 nach Beirut und an der Ermordung einer Geisel beteiligt gewesen sein. Die **Entführungen** des Geschäftsführers der Beiruter Niederlassung der Frankfurter Hoechst AG Rudolf Cordes (17.1.) sowie des Siemens-Ingenieurs Alfred Schmidt (10.1.) in Beirut stehen im Zusammenhang mit dem Fall Hamadi. Schmidt wird am 7.9. nach Vermittlung höchster syrischer und iranischer Stellen aus der Geiselhaft freigelassen, Cordes erst am 12.9.→1988.

UMWELT

■ **Luftverschmutzung:** Erstmals seit Inkrafttreten der Smogverordnung im Dezember 1985 wird am 2.2. in Niedersachsen die Alarmstufe 2 ausgelöst, da in Braunschweig/Wolfenbüttel die Emissionen von Schwefeldioxid und Schwebstäuben mit Spitzenwerten von 1,93 mg/m³ Luft länger als 24 Stunden den Grenzwert von 1,7 mg überschreiten. Die erhöhte Smoggefahr im Bundesgebiet führt am 3.2. zu **Smogalarm** der Stufe 1 in allen Ballungsräumen Norddeutschlands und West-Berlins.

■ **Maßnahmen:** Der Bundestag beschließt am 3.12. eine gesetzliche Regelung, nach der es ab 1.2. 1988 kein verbleites Normalbenzin mehr geben wird. Am 8.12. veröffentlicht Bundesumweltminister Klaus Töpfer (CDU) ein vom Kabinett verabschiedetes Maßnahmenpaket zum **Schutz des Bodens** und des **Trinkwassers**; es sieht vor, Gesetze, Verordnungen und Verwaltungsvorschriften zu durchforsten und strengere Auflagen zu erlassen.

■ **Waldsterben:** Eine von Bundeslandwirtschaftsminister Ignaz Kiechle (CSU) am 4.11. vorgelegte Waldschadensbilanz 1987 beziffert den Anteil der geschädigten Bäumen mit 52,3%.

■ **Atommüll:** Nach Aufdeckung eines Atommüllskandals entzieht Bundesumweltminister Töpfer (CDU) am 17.12. dem Hanauer Unternehmen Transnuklear bis zum Abschluss einer Untersuchung die Transportgenehmigung für radioaktive Abfälle. Transnuklear hatte am Vortag zugegeben, aus Mol (Belgien) rd. 2000 Fässer mit hochradioaktivem Inhalt illegal in die Bundesrepublik verfrachtet zu haben.

3. KABINETT KOHL

(konstituiert am 11.3.1987)
Bundeskanzler: Helmut Kohl (CDU)
Stellvertreter und Auswärtiges:
Hans-Dietrich Genscher (FDP)
Inneres: Friedrich Zimmermann (CSU);
ab 21.4.1989 Wolfgang Schäuble (CDU)
Justiz: Hans Engelhard (FDP)
Finanzen: Gerhard Stoltenberg (CDU);
ab 21.4.1989 Theo Waigel (CSU)
Wirtschaft: Martin Bangemann (FDP);
ab 9.12.1988 Helmut Haussmann (FDP)
Ernährung, Landwirtschaft und Forsten:
Ignaz Kiechle (CSU)
Arbeit und Sozialordnung: Norbert Blüm (CDU)
Verteidigung: Manfred Wörner (CDU);
ab 18.5.1988 Rupert Scholz (CDU); ab 21.4.1989
Gerhard Stoltenberg (CDU)
Jugend, Familie, Frauen und Gesundheit: Rita
Süssmuth (CDU); ab 9.12.1988 Ursula Lehr (CDU)
Verkehr: Jürgen Warnke (CSU);
ab 21.4.1989 Friedrich Zimmermann (CSU)
Umwelt, Naturschutz und Reaktorsicherheit:
Walter Wallmann (CDU);
ab 7.5.1987 Klaus Töpfer (CDU)
Post- und Fernmeldewesen:
Christian Schwarz-Schilling (CDU)
Raumordnung, Bauwesen und Städtebau:
Oscar Schneider (CSU);
ab 21.4.1989 Gerda Hasselfeldt (CSU)
Innerdeutsche Beziehungen:
Dorothee Wilms (CDU)
Forschung und Technologie:
Heinz Riesenhuber (CDU)
Bildung und Wissenschaft:
Jürgen W. Möllemann (FDP)
Wirtschaftliche Zusammenarbeit: Hans Klein
(CSU); ab 21.4.1989 Jürgen Warnke (CSU)
Besondere Aufgaben: Wolfgang Schäuble (CDU);
ab 21.4.1989 Hans Klein (CSU) und Rudolf Seiters
(CDU); ab 3.10.1990: Sabine Bergmann-Pohl
(CDU), Günther Krause (CDU), Rainer Ortleb
(FDP), Hansjoachim Walther (DSU), Lothar de
Maizière (bis 19.12.1990)

BUNDESTAGSWAHL

■ **Ergebnis:** Die Bundestagswahl am 25.1. bringt eine Bestätigung der Bonner Regierungskoalition, obwohl die Unionsparteien starke Verluste hinnehmen müssen. Die CDU kommt auf 34,5% (1983: 38,2%) der gültigen Stimmen und 174 Mandate, die CSU auf 9,8% (10,6%) und 49 Sitze; der Koalitionspartner FDP kann seinen Stimmenanteil auf 9,1% (7,0%) steigern; die SPD erleidet Stimmenverluste (37,0%, 1983: 38,2%), die Grünen können die höchsten Stimmengewinne aller Bundestagsparteien verzeichnen und kommen auf 8,3% (5,6%). Die **Wahlbeteiligung** liegt mit 84,3% um 4,6% unter der des Jahres 1983. Aus West-Berlin ziehen insgesamt 22 vom Abgeordnetenhaus direkt gewählte Parlamentarier in den Bundestag ein; die CDU entsendet 11, die SPD 7, FDP und Grüne je 2 Vertreter.

■ **Neuer Bundestag:** Im neu gewählten Bundestag sind mit 81 Parlamentarierinnen mehr Frauen als zuvor vertreten; der Anteil der Frauen im Parlament steigt damit von bisher 10 auf 15,4%. Auf der konstituierenden Sitzung des 11. Deutschen Bundestags am 18.2. wird Bundestagspräsident Philipp Jenninger (CDU) wiedergewählt.

■ **3. Kabinett Kohl**: Bundeskanzler Helmut Kohl wird am 11.3. vom Deutschen Bundestag mit 253 Jastimmen (nur 4 Stimmen über der erforderlichen absolute Mehrheit) im Amt bestätigt.

WEITERE INNENPOLITISCHE EREIGNISSE

■ **Heß-Tod:** Der frühere Hitler-Stellvertreter Rudolf Heß, → 1946 in Nürnberg zu lebenslanger Freiheitsstrafe verurteilt, stirbt am 17.8. im Alter von 93 Jahren im alliierten Kriegsverbrechergefängnis von Berlin-Spandau. Am 18.8. gibt die britische Militärregierung bekannt, dass Heß im Gartenhaus des Gefängnisses Selbstmord verübte.

■ **Volkszählung:** Gemäß dem Urteil des Bundesverfassungsgerichts (→ 1983) werden die Fragebögen zur Volkszählung (Stichtag 25.5.) teilweise neu konzipiert. Kritiker der Volkszählung, darunter Bürgerrechtsgruppen, Gewerkschaftsmitglieder und die Grünen, warnen vor dem »gläsernen Bürger« und rufen zum Boykott auf. Trotz drohender Bußgelder füllen Tausende die Fragebögen nicht oder falsch aus; Volkszählungsergebnis → 1988.

Wahl zum 11. Deutschen Bundestag am 25.1.1987 (1983)

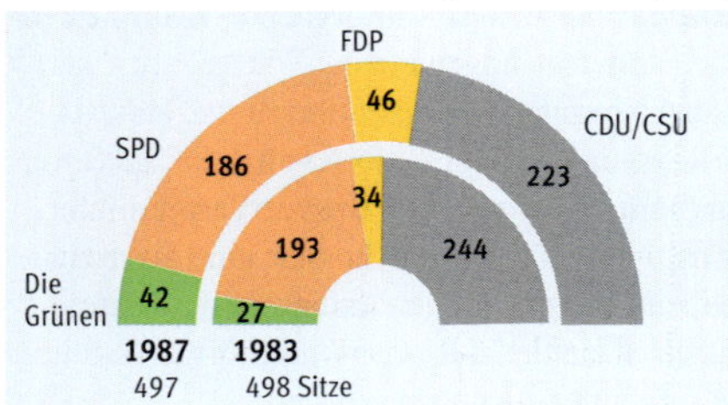

»MR. GORBATSCHOW, TEAR DOWN THIS WALL!«

Am 30.4. wird im Internationalen Kongresszentrum mit einem Festakt die 750-Jahr-Feier für den Westteil der Stadt Berlin eröffnet. An der Veranstaltung, auf der die Zugehörigkeit Berlins zur Bundesrepublik bekräftigt wird, nehmen Bundespräsident Richard von Weizsäcker, Bundeskanzler Kohl und Bundestagspräsident Jenninger sowie die Botschafter der USA, Frankreichs und Großbritanniens in Bonn teil; ferner die akkreditierten Botschafter weiterer 85 Staaten. Anlässlich der Feier erneuern die Staatsoberhäupter von Frankreich, Großbritannien (im Mai) und den USA (im Juni) in West-Berlin ihre Garantien für die Freiheit und Sicherheit der Stadt. Mit Festveranstaltungen und Feierstunden in beiden Teilen Berlins wird am 28.10. der ersten urkundlichen Erwähnung der Stadt im Jahre 1237 gedacht: In West-Berlin unterzeichnen Kohl und der Regierende Bürgermeister Eberhard Diepgen (CDU) die Gründungsurkunde für das Deutsche Historische Museum, ein Geschenk der Bundesrepublik an die Stadt.

US-Präsident Ronald Reagan vor dem Brandenburger Tor

■ **Hamburger Hafenstraße:** Ein über sechs Jahre währender Konflikt um besetzte Häuser in der Hamburger Hafenstraße wird am 19.11. durch einen Pachtvertrag zwischen dem Senat der Hansestadt und den Bewohnern friedlich beigelegt. Zuvor hatten die meist jungen Leute ein letztes Ultimatum von Bürgermeister Klaus von Dohnanyi (SPD) erfüllt und die Stacheldrahtverhaue und Befestigungen innerhalb der gesetzten Fristen demontiert. Bundesinnenminister Friedrich Zimmermann (CSU) bezeichnet den Pachtvertrag am 22.11. als »Prämierung des Rechtsbruchs«.

DEUTSCH-DEUTSCHE BEZIEHUNGEN

■ **Staatsbesuch**: Erich Honecker besucht auf Einladung von Bundeskanzler Helmut Kohl vom 7. bis 11.9. die Bundesrepublik. Erstmals hält sich damit im Rahmen eines offiziellen Arbeitsbesuchs ein Staats- und Parteichef der DDR in der Bundesrepublik auf. Am 7./8.9. konferieren Kohl und Honecker in Bonn über die Beziehungen zwischen den beiden deutschen Staaten und über die internationale Lage; ein »Gemeinsames Kommuniqué« informiert über die dabei getroffenen Vereinbarungen. Nach Abschluss der Beratungen kommt es in Bonn zur Unterzeichnung von drei Abkommen zur Zusammenarbeit auf den Gebieten Wissenschaft und Technik, Umwelt- und Strahlenschutz.

AUSSENPOLITIK

■ **Israel:** Als ein Ereignis von historischem Rang bewerten die Regierungen in Bonn und Jerusalem den 5-tägigen Staatsbesuch (6.–10.4.) des israelischen Staatspräsidenten Chaim Herzog in der Bundesrepublik. Mit dieser Visite betritt erstmals ein Staatsoberhaupt Israels deutschen Boden.

■ **Albanien:** Nachdem Albanien auf Reparationsforderungen verzichtet hat, wird am 15.9. die Aufnahme diplomatischer Beziehungen vereinbart und am 2.10. vollzogen; am 1.6.1988 wird ein Rahmenabkommen über wirtschaftliche, industrielle und technische Zusammenarbeit unterzeichnet.

■ **Frankreich:** Zum Abschluss einer deutsch-französischen Heeresübung »Kecker Spatz« (24.9.) vereinbaren Staatspräsident François Mitterrand und Bundeskanzler Kohl in Manching die Gründung eines **deutsch-französischen Verteidigungsrats**, der die Abstimmung in den Bereichen Sicherheitspolitik, militärische Forschung und Rüstung sowie den Einsatz gemischter Verbände erleichtern soll. Im Rahmen der 50. deutsch-französischen Konsultationsrunde einigt man sich am 12.11. ferner über die **Aufstellung** einer **gemeinsamen Brigade**. – Vom 19. bis 22. 10. stattet der französische Staatspräsident der Bundesrepublik erstmals einen offiziellen Staatsbesuch ab.

WIRTSCHAFTS- UND SOZIALPOLITIK

■ **Medienstaatsvertrag:** Nach jahrelangen Verhandlungen einigen sich die Ministerpräsidenten der Bundesländer am 12.3. auf eine **Neuordnung des Rundfunkwesens**. Der am 3.4. unterzeichnete Medienstaatsvertrag schafft die Voraussetzung für die technische Nutzung des Satellitenrundfunks, regelt die Finanzierung der von privaten Programmanbietern veranstalteten Fernseh- und Hörfunksendungen sowie die Verteilung der Rundfunkgebühren und ordnet die Werbemöglichkeit des Rundfunks.

■ **SDI-Auftrag:** Das deutsche Luft- und Raumfahrt-Unternehmen Messerschmitt-Bölkow-Blohm in München bestätigt am 19.3., von der US-amerikanischen Zentrale für das Raketenabwehrsystem im Weltall (SDI) einen Auftrag im Wert von rd. **80 Mio. DM** über die Entwicklung und Lieferung von **Infrarot-Sensoren** erhalten zu haben.

■ **Montanindustrie:** Das Bundeskabinett beschließt am 7.4. zur Sicherung der **Montan-Mitbestimmung**, die Mitbestimmungsregelungen für die Kohle- und Stahlkonzerne bis zum 31.12.1988 fortgelten zu lassen; das Gesetz wird am 23.6. vom Bundestag verabschiedet.

■ **Stahlindustrie:** Beim 5. Stahlgespräch am 2.10. einigen sich Bundesregierung, Stahlindustrie und Gewerkschaften darauf, dass bis Ende 1989 insg. 34 900 Stahlarbeitsplätze abgebaut, die sozialen Folgen jedoch durch öffentliche Hilfen gemildert werden sollen. – In einer gemeinsamen Erklärung bestätigen Krupp-Stahl, die Mannesmann-Röhrenwerke und Thyssen-Stahl am 26.11. Pläne zur **Stillegung** des Krupp-Stahlwerkes Duisburg-Rheinhausen. Betroffen sind rd. 5300 Beschäftigte. Nach heftigem Widerstand der Belegschaft wird am 3.5.1988 ein Kompromiss vereinbart: Einer der beiden Rheinhausener Hochöfen soll noch bis Ende 1990 weiterarbeiten, der andere Mitte 1988 stillgelegt werden.

■ **Schifffahrt:** Am 8.10. wird das erste Teilstück der kanalisierten Saar offiziell als Großschifffahrtsstraße freigegeben und damit an die Wasserstraßen von Rhein und Mosel angeschlossen.

■ **Maßnahmen:** Die Bundesregierung kündigt am 2.12. ein Programm zur Belebung des Wirtschaftswachstums an: Für 1988–90 sollen über die Kreditanstalt für Wiederaufbau 15 Mrd. DM für Gemeinden und 6 Mrd. DM für kleinere und mittlere Unternehmen als Darlehen zu niedrigen Zinsen gewährt werden. – Der Zentralbankrat der Bundesbank beschließt am 3.12. eine **Diskontsatzsenkung** um 0,5 auf 2,5% (niedrigster Stand der Nachkriegszeit).

■ **»Kohlerunde«:** Die aus Vertretern der Bundesregierung, der Regierungen von Nordrhein-Westfalen und des Saarlandes, der Bergbauindustrie sowie der IG Bergbau bestehende »Kohlerunde« vereinbart am 11.12. eine **Verringerung der Förderkapazität** der Steinkohle bis 1995 um 13–15 Mio. t; der damit verbundene Abbau von rd. 30 000 Arbeitsplätzen soll »sozial verträglich« erfolgen.

PARTEIEN

■ **SPD:** Die Berufung der parteilosen Journalistin Margarita Mathiopoulos zur neuen SPD-Sprecherin am 17.3. ruft scharfe innerparteiliche Kritik am Parteivorsitzenden Willy Brandt hervor. Frau Mathiopoulos erklärt darauf ihren Verzicht auf das Amt. Brandt erklärt am 23.3. seinen **Rücktritt** als Parteivorsitzender. – Auf einem Sonderparteitag in Bonn am 14.6. wird der Vorsitzende der SPD-Bundestagsfraktion Hans-Jochen Vogel zum neuen Parteivorsitzenden gewählt; Stellvertreter wird Oskar Lafontaine; Brandt erhält den Ehrenvorsitz.

BUNDESLÄNDER

■ **Hessen:** Die erste rot-grüne Landesregierung zerbricht am 9.2. am Streit um die Hanauer Nuklearfabrik Alkem. Bei der vorgezogenen Landtagswahl am 5.4. löst die CDU die SPD ab; der bisherige Bundesumweltminister Walter Wallmann (CDU) wird Ministerpräsident einer CDU-FDP-Koalition.

■ **Hamburg:** Nach dem Scheitern der Gespräche zwischen SPD und CDU über eine Zusammenarbeit kommt es am 3.3. zur Auflösung der erst im November gewählten Bürgerschaft. Die Neuwahlen am 17.5. enden mit Verlusten der CDU. Am 2.9. wird der 12-köpfige SPD/FDP-Senat gewählt; Klaus von Dohnanyi (SPD) bleibt Erster Bürgermeister.

■ **Rheinland-Pfalz:** Bei der Landtagswahl am 17.5. verliert die CDU ihre absolute Mehrheit; Bernhard Vogel (CDU) bleibt Ministerpräsident.

■ **Bremen:** Bürgerschaftswahl am 13.9.; die SPD behauptet ihre absolute Mehrheit, die FDP kehrt in die Bürgerschaft zurück. Klaus Wedemeier (SPD) bleibt Senatspräsident und Bürgermeister.

■ **Schleswig-Holstein:** Aus der Landtagswahl am 13.9. geht die SPD als stärkste Partei hervor; nach dem Rücktritt von Uwe Barschel wird Henning Schwarz geschäftsführender Ministerpräsident.

■ **Wahlergebnisse** → S. 458–467

1987 DDR

Perestroika – Nein danke

Die ablehnende Haltung der SED-Führungsspitze gegenüber der Reformpolitik Michail Gorbatschows in der Sowjetunion stößt innerhalb der Partei und insbesondere in der Bevölkerung auf Kritik, die zunehmend offen artikuliert wird. Mehr noch als die offenkundige Reformunfähigkeit der überalterten Führungsspitze provoziert ihre Reformunwilligkeit. Anfang September besucht der Staatsratsvorsitzende Erich Honecker auf Einladung von Bundeskanzler Helmut Kohl die Bundesrepublik. Es ist der erste »offizielle Arbeitsbesuch« eines Staats- und Regierungschefs aus der DDR in der Bundesrepublik.

INNENPOLITIK

■ **Haltung zur Perestroika**: Am 10.4. veröffentlicht die Illustrierte *Stern* ein Interview mit dem für Ideologie, Kultur und Wissenschaften zuständigen Sekretär des SED-ZK Kurt Hager, in dem dieser auf die Frage nach den Auswirkungen der Perestroika in der UdSSR auf die DDR mit einer Gegenfrage antwortet: »Würden Sie, nebenbei gesagt, wenn Ihr Nachbar seine Wohnung tapeziert, sich verpflichtet fühlen, Ihre Wohnung ebenfalls zu tapezieren?« Nicht nur einzelne Bürger, sondern auch ganze SED-Grundorganisationen senden darauf Briefe an Hager, in denen sie ihren Widerspruch zur offiziellen Linie der Parteiführung ausdrücken, den sowjetischen Kurs der Perestroika gegenüber der eigenen Führung verteidigen und seine Übernahme in der DDR einfordern. Die SED-Führung geht besonders gegen die Initiatoren von Briefen vor, die von ganzen SED-Grundorganisationen unterschrieben worden sind (u.a. gegen die Autoren eines Briefes aus dem Staatsschauspiel Dresden).

■ **Abschaffung der Todesstrafe**: Der Staatsrat beschließt am 17.7. die Abschaffung der Todesstrafe, die zuletzt 1981 angewendet worden war. Zudem verkündet er aus Anlass des 38. Gründungstags der DDR eine **allgemeine Amnestie**, von der Personen, die wegen Nazi- und Kriegsverbrechen, Spionage und Mord verurteilt wurden, ausdrücklich ausgenommen bleiben. Bis zum 12.12. werden mehr als 24 600 Strafgefangene aus der Haft entlassen; lebenslange Haftstrafen werden auf 15 Jahre herabgesetzt, »soweit der Schutz von Leben und Gesundheit der Bürger das zulässt«.

■ **AIDS**: Am 22.2. äußern sich erstmals Wissenschaftler der Ost-Berliner Charité öffentlich zum Thema AIDS und berichten, dass es Ende 1986 den ersten AIDS-Toten in der DDR gegeben habe, mindestens 18 Bürger seien mit dem HIV-Virus infiziert. Am 22.12. führt die DDR eine Meldepflicht für AIDS-Erkrankungen ein.

■ **Rechtsradikale Überfälle:** Am 17.10. überfällt eine Gruppe von Skinheads die Zuhörer des Konzertes einer West-Berliner Punkband in der Zionskirche im Ost-Berliner Bezirk Mitte. Dieser Vorfall sowie ein weiterer, bei dem in der Nähe von Berlin eine Polizeistreife von randalierenden Rechtsradikalen überfallen wird, werden erstmals auch in den staatlich gelenkten DDR-Medien thematisiert. Am 3.12. werden die Angreifer auf das Konzert zunächst zu milden Strafen verurteilt, die – nach öffentlichen Protesten auf Geheiß des SED-Politbüros – am 22.12. in einem Berufungsverfahren verschärft werden.

FRIEDENS-, UMWELT- UND BÜRGERRECHTSBEWEGUNG

■ **Kontakt zur Charta 77**: Am 12.1. wird ein Brief von etwa 30 Mitgliedern der unabhängigen DDR-Friedensbewegung an die Unterzeichner der Charta 77 in der Tschechoslowakei veröffentlicht. Die Briefschreiber geben ihrer Hoffnung auf verstärkte Zusammenarbeit der Bürgerrechtsgruppen Ausdruck.

■ **Olof-Palme-Friedensmarsch**: Zwischen dem 2. und 17.9. findet in der DDR mit staatlicher Unterstützung der Olof-Palme-Friedensmarsch statt, an dem erstmals auch Vertreter der unabhängigen Friedensbewegung teilnehmen. In seinem Rahmen findet – von der Polizei ungehindert – am 5.9. in Ost-Berlin eine vorher nicht angemeldete Demonstration von Friedens- und Ökologiegruppen aus der ganzen DDR statt, an der ca. 1000 Personen teilnehmen. Sie fordern den Abbau der in der DDR, der Bundesrepublik und der Tschechoslowakei stationierten Atomwaffen, den Abbau gegenseitiger Feindbilder und erweiterte Begegnungsmöglichkeiten zwischen Ost und West.

■ **Umweltbibliothek**: In der Nacht vom 24./25.11. dringen Angehörige des Ministeriums für Staatssicherheit in die Räume der Umweltbibliothek in der Ost-Berliner Zionskirche ein, beschlagnahmen Manuskripte und Druckmatrizen für die dort produzierten Zeitschriften *Umweltblätter* und *Grenzfall* und nehmen 20 Personen fest. Die Aktion löst öffentliche Proteste in Ost-Berlin, Dresden, Weimar, Halle und Wismar aus. Bis zum 28.11. werden 18 der 20 Inhaftierten wieder freigelassen.

FDJ-Parade auf der Mai-Feier 1987 in Ost-Berlin

AUSSENPOLITIK

■ **Warschauer Pakt**: Der Politische Beratende Ausschuss der Warschauer-Pakt-Staaten verabschiedet bei seiner Tagung in Ost-Berlin am 28./29.5. eine neue Militärdoktrin, die ausdrücklich den Verteidigungs- und Defensivcharakter des östlichen Bündnisses betont. Am 11.12. findet in Berlin ein Gipfeltreffen der Warschauer-Pakt-Staaten statt, bei dem der sowjetische Staatschef Michail Gorbatschow seinen Amtskollegen vom Abschluss des Washingtoner INF-Abkommens (→ BRD) berichtet. Die UdSSR, die DDR und die Tschechoslowakei unterzeichnen ein Abkommen, das die Modalitäten für die im INF-Abkommen vorgesehenen Inspektionen auf dem Gebiet der DDR und der ČSSR regelt.

■ **Westeuropa**: Honecker reist zu Staatsbesuchen in die Niederlande (3.–5.6.) und nach Belgien (13.–15.10.), wo zum Abschluss seines Aufenthaltes in Brüssel ein auf fünf Jahre angelegtes Programm zur Entwicklung der wirtschaftlichen, industriellen und technischen Zusammenarbeit zwischen beiden Ländern unterzeichnet wird. – Am Ende seines Staatsbesuches in der DDR unterzeichnet der finnische Staatspräsident Mauno Koivisto am 1.10. ein Abkommen über den visafreien Reiseverkehr. Finnland ist damit das erste westliche Land, mit dem die DDR ein solches Abkommen abschließt; gleichwohl benötigen DDR-Bürger nach wie vor auch für Reisen nach Finnland einen Reisepass und die Ausreisegenehmigung der DDR-Behörden.

■ **VR China**: Vom 10. bis 12.6. besucht erstmals ein amtierender Generalsekretär der KP Chinas die DDR. Ministerpräsident Zhao Ziyang trifft bei seinem Aufenthalt auch mit Honecker zusammen. – Die Bemühungen der DDR, ihre Beziehungen zur Volksrepublik weiter zu verbessern, werden am 11.9. in Ost-Berlin mit der Unterzeichnung einer Vereinbarung zwischen den Landwirtschaftsministerien beider Länder über die wissenschaftlich-technische Zusammenarbeit fortgesetzt.

■ **Vereinte Nationen**: Am 15.9. wird der stellvertretende DDR-Außenminister Peter Florin als erster Deutscher aus der DDR zum Präsidenten der UN-Vollversammlung gewählt.

■ **USA**: Am 10.11. trifft Honecker mit dem stellvertretenden US-Außenminister John Whitehead zusammen, es ist der bisher ranghöchste US-amerikanische Politiker, der mit dem DDR-Staatsratsvorsitzenden zusammenkommt. Whitehead erklärt nach dem Gespräch gegenüber der Presse, die DDR habe den Schusswaffengebrauch an der Berliner Mauer weitgehend eingeschränkt.

KRITIK AN DER ZENSURPRAXIS

Auf dem X. Schriftstellerkongress in Ost-Berlin (24.–26.11) übt u.a. Christoph Hein Kritik an der Zensurpraxis in der DDR: »Die Zensur ist menschenfeindlich, feindlich dem Autor, dem Leser, dem Verleger und selbst dem Zensor. [...] Sie ist ein Vergehen an der so oft genannten und gerühmten Weisheit des Volkes. Die Leser unserer Bücher sind souverän genug, selbst urteilen zu können. [...] Die Zensur ist ungesetzlich, denn sie ist verfassungswidrig. Sie ist mit der gültigen Verfassung der DDR nicht vereinbar, steht im Gegensatz zu mehreren ihrer Artikel. Und die Zensur ist strafbar, denn sie schädigt im hohen Grad das Ansehen der DDR und kommt einer ›Öffentlichen Herabwürdigung‹ gleich. Das Genehmigungsverfahren, die Zensur muss schnellstens und ersatzlos verschwinden, um weiteren Schaden von unserer Kulturpolitik abzuwenden, um nicht unsere Öffentlichkeit und unsere Würde, unsere Gesellschaft und unseren Staat weiter zu schädigen.«

WIRTSCHAFTLICHE ENTWICKLUNG

■ **Wachstum und Investitionen**: Das **BIP** geht im zweiten Jahr in Folge zurück. Es **sinkt** gegenüber dem Vorjahreswert um 0,4% auf 194,3 Mrd. DM (in DM-Preisen von 1989). Durch verstärkte Investitionen (+ 8%) und ein stärkeres Wachstum des im Inland verwendeten gegenüber dem hier produzierten Nationaleinkommen (4,5% bzw. 3,3%) soll kurzfristig der Kapitalstock der DDR-Volkswirtschaft qualitativ verbessert werden. Der Investitionsschub wirkt sich auf den privaten Konsum aus. Während die durchschnittlichen Einkommen der Arbeiter und Angestellten in volkseigenen Betrieben, staatlichen Einrichtungen und Genossenschaften um 4,5% auf durchschnittlich 1223 Mark der DDR steigen, nimmt der Einzelhandelsumsatz nur um 3,6% zu. Durch den steigenden Geldüberhang bei der Bevölkerung kommt es auch zu deutlich wachsenden Guthaben bei Banken und Sparkassen.

■ **Autoindustrie**: Die Pkw-Jahresproduktion (Trabant 601 und Wartburg 353) erreicht 1987 gut 217 000 Einheiten. Die langen Wartezeiten beim Kauf eines Pkw führen zu einem schwunghaften, weitgehend unkontrollierten Handel mit gebrauchten Fahrzeugen, die oft zu höheren Preisen als (nicht kurzfristig lieferbare) Neuwagen verkauft werden. Zum 31.12. erstellt das Innenministerium im Zusammenhang mit dem »spekulativen Handel mit gebrauchten Kraftfahrzeugen« eine nach Bezirken spezifizierte Auflistung der Wartezeit für in der DDR erhältliche Pkw.

DEUTSCH-DEUTSCHE BEZIEHUNGEN

■ **Staatsbesuch**: Erich Honecker besucht auf Einladung von Bundeskanzler Helmut Kohl vom 7. bis 11.9. die Bundesrepublik (→ BRD).

■ **Kooperation**: Erstmals in der Geschichte beider deutscher Staaten nehmen neben mehreren Offizieren aus westlichen Staaten auch zwei Offiziere der Bundeswehr als offizielle Beobachter an einem Manöver (23.–29.3.) von Streitkräften der Warschauer-Pakt-Staaten teil, das auf DDR-Gebiet zwischen Magdeburg und Brandenburg stattfindet. – Das

Kartoffelfeldbestellung der LPG Süstorf im April

WARTEZEITEN BEIM KAUF EINES PKW

Pkw-Typ	Wartezeit
Trabant Limousine	12,5–14 Jahre
Trabant Universal	13,5–15 Jahre
Wartburg Limousine	14–16 Jahre
Wartburg Tourist	14,5–16,5 Jahre
Škoda	15–16,5 Jahre
Lada 21013	14,5–16,5 Jahre
Lada 2105	15,5–17 Jahre
Lada 2107	15,5–17 Jahre
Dacia 1300	13,5–16 Jahre

Bundesverteidigungsministeriums bestätigt am 23.5., dass die NVA der Bundeswehr einen Austausch von Offizieren an Lehreinrichtungen und die Aufnahme von Beziehungen zwischen einzelnen Regimentern und Bataillonen der beiden Armeen vorgeschlagen hat. – Die Bundesregierung gibt am 11.11. einem Inspektionsersuchen der DDR-Regierung statt, wonach eine Gruppe von Offizieren der Nationalen Volksarmee bis zum 13.11. ein Bundeswehrmanöver beobachten darf, an dem 12 000 Bundeswehr- und 1000 US-Soldaten teilnehmen.

■ **Vergleich**: Am 6.5. veröffentlicht die bundesdeutsche Ministerin für Innerdeutsche Beziehungen Dorothee Wilms (CDU, seit 12.3. Nachfolgerin von Heinrich Windelen) eine wirtschaftliche Vergleichsstudie über die beiden deutschen Staaten. Damit wird erstmals seit zwölf Jahren wieder eine von unabhängigen Wissenschaftlern erarbeitete Untersuchung für den Bericht zur Lage der Nation vorgelegt. Eines der wichtigsten Ergebnisse sei die Erkenntnis, dass die DDR trotz hoher Anstrengungen bei Investitionen, Forschung, Entwicklung und immer weiter ansteigender Ausschöpfung ihres Beschäftigungspotenzials im Lebensstandard, bei den Einkommen und Renten »noch stärker hinter die Bundesrepublik Deutschland zurückgefallen ist, als dies schon 1970 der Fall war«.

■ **Kontakte**: Zum Abschluss eines mehrtägigen DDR-Besuchs schließt die Delegation des DGB mit dem Vorsitzenden Ernst Breit an der Spitze am 29.5. eine Vereinbarung zur Weiterführung der Beziehungen mit dem FDGB. Darin ist erstmals vorgesehen, dass Mitglieder beider Gewerkschaftsbünde gegenseitig »zum Besuch der gewerkschaftlichen Freizeit- und Erholungseinrichtungen« eingeladen werden sollen.

■ **Grundsatzpapier**: In einem am 27.8. in Bonn und Ost-Berlin veröffentlichten gemeinsamen Papier

750-JAHR-FEIER IN BERLIN

Am 1.1. eröffnet die DDR im Beisein Erich Honeckers in Ost-Berlin die offiziellen Veranstaltungen zur 750-Jahr-Feier der Stadt. An der Veranstaltung nehmen neben dem Ständigen Vertreter der Bundesrepublik Deutschland in Ost-Berlin die Botschafter der USA, Großbritannien und Frankreichs teil. Zum »Staatsakt der DDR« anlässlich der 750-Jahr-Feier der Stadt in Ost-Berlin am 23.10. kommen aus der Bundesrepublik der saarländische Ministerpräsident Lafontaine und die Bürgermeister von Hamburg, Klaus von Dohnanyi, und von Bremen, Klaus Wedemeier (alle SPD); aufgrund scharfer Kritik Moskaus und Ost-Berlins an den Reden von Bundeskanzler Helmut Kohl und dem Regierenden Bürgermeister von West-Berlin, Eberhard Diepgen (CDU), anlässlich des West-Berliner Festaktes lehnt Diepgen die Einladung Honeckers für den Ost-Berliner Staatsakt ab.

plädieren SED und SPD für einen friedlichen Wettbewerb der Systeme und systemöffnenden Dialog. Beide Seiten bescheinigen sich u.a. gegenseitig die Reformfähigkeit des jeweils anderen Systems. »Das erste Grundsatzpapier zwischen deutschen Sozialdemokraten und Kommunisten seit 1919« (Erhard Eppler) wird in der Bundesrepublik von den Unionsparteien und der FDP heftig attackiert, während es in der DDR vielen Oppositionellen innerhalb und außerhalb der SED Anlass gibt, die Konsequenzen aus der bescheinigten Reformfähigkeit im eigenen Land einzufordern.

■ **Proteste**: Nachdem mehrere tausend Jugendliche vom Ostteil der Stadt aus ein Rockkonzert der Gruppe Genesis am etwa 300 m entfernten Reichstag im Westteil Berlins hatten verfolgen wollen, kommt es am 8.6. in unmittelbarer Nähe des Brandenburger Tors zu den schwersten Zusammenstößen zwischen DDR-Volkspolizisten und Jugendlichen seit zehn Jahren. – Trotz eines großen Polizeiaufgebots fordern am darauffolgenden Tag rd. 3000 Menschen, die in der Straße Unter den Linden protestieren, den Abriss der Mauer und Freiheit; auch Gorbatschow-Rufe sind zu hören. – Am 26. Jahrestag des Mauerbaus (13.8.) kommt es am Brandenburger Tor in Ost-Berlin erneut zu Protesten gegen die DDR-Sperranlagen.

■ **Austausch**: Zu einem spektakulären Häftlingsaustausch kommt es am 12.8. am Grenzübergang Herleshausen. Die 1980 in der DDR wegen Spionage zu 15 Jahren Haft verurteilte Ärztin Christa-Karin Schuhmann und eine weitere Person werden im Austausch gegen drei Personen freigelassen, darunter der 1986 in München verurteilte Industriespion Manfred Rötsch.

■ **Kultur**: Am 30.10. tauschen Vertreter der Bundesregierung und der DDR-Regierung in Ost-Berlin Verzeichnisse von Kunstwerken aus, die während des 2. Weltkriegs ausgelagert waren und jetzt an Museen in der Bundesrepublik bzw. in der DDR zurückgegeben werden sollen. – Am 9.11. verständigen sich Vertreter der Bundesregierung und der DDR-Regierung im Rahmen des Kulturabkommens von 1986 auf rd. 100 Vorhaben der kulturellen Zusammenarbeit, die für 1988/89 vorgesehen sind.

■ **Reise- und Einfuhrerleichterungen**: Die von Honecker in Bonn zugesagten Erleichterungen im Reise- und Paketverkehr treten am 1.11. in Kraft. So wird das Einfuhrverbot für Fachzeitschriften, Adressenverzeichnisse, Kalender und Briefmarken aufgehoben; Schallplatten, Tonbänder und Kassetten dürfen in die DDR mitgenommen bzw. versandt werden; weitere Erleichterungen gibt es für die Einfuhr von Arzneimitteln im Geschenkpaket- und Päckchenverkehr. Darüber hinaus dürfen Videogeräte und -kassetten »zum vorübergehenden Gebrauch« in die DDR mitgenommen, jedoch nicht als Geschenk dort gelassen werden. Im Transitverkehr verzichtet die DDR-Regierung ab 1.11. bei Bahn- und Busreisenden auf das Stempeln der Reisepässe.

■ **Grenzverkehr**: Die DDR teilt der Bundesrepublik am 9.12. mit, dass der Grenzübergang Heerstraße/Staaken in Berlin zum kommenden Jahreswechsel für den Transitverkehr geschlossen wird; der Übergang Heiligensee/Stolpe im Norden der Stadt werde am 22.12. für den Transitverkehr geöffnet.

■ **Reiseverkehr**: Nach DDR-Angaben besuchen 1987 1,2 Mio. DDR-Bewohner unterhalb des Rentenalters die Bundesrepublik (1986: 573 000); die Zahl der Rentnerreisen steigt 1987 auf rd. 3,8 Mio. (1986: 1,6 Mio.); mehr als 4 Mio. Bundesbürger (1986: 3,8 Mio.) besuchen die DDR.

■ **Flucht/Ausreise**: Nach Mitteilung der »Arbeitsgemeinschaft 13. August« vom 13.12. sind rd. 6000 DDR-Bewohner – zumeist über Drittländer – in den Westen geflüchtet (1986: ca. 4400). – Die Zahl der Übersiedler in die Bundesrepublik liegt nach Angaben des Bundesinnenministeriums 1987 bei rd. 22 800, nach DDR-Angaben bei 19 670 Personen.

1988 BRD

Die große Steuerreform

Dominierendes innenpolitisches Thema ist die lange angekündigte große Steuerreform der Bundesregierung. Sie bringt allerdings nicht die erwarteten Entlastungen für Familien und Geringverdiener, vielmehr werden zur »Gegenfinanzierung« Verbrauchsteuern und Abgaben erhöht. Für Aufsehen sorgen auch Ermittlungen gegen die Hanauer Firma Transnuklear, die deutlich machen, dass das bisherige Konzept der Entsorgung bzw. Lagerung von radioaktiven Abfällen große Sicherheitsmängel aufweist. Im Bundestag überschattet eine missverständliche Gedenkrede den 50. Jahrestag des Novemberpogroms und beendet jäh die Karriere von Bundestagspräsident Philipp Jenninger.

REFORMEN UND SONDERPROGRAMME

■ **Steuerreform**: Die umstrittene Steuerreform, die einen gleichmäßigen Anstieg der Steuerprogression von 19 auf 53% vorsieht, wird am 24.6. vom Bundestag in namentlicher Abstimmung mit 256 gegen 209 Stimmen verabschiedet und tritt am 1.1.1990 in Kraft. Sie bringt vor allem den Beziehern mittlerer und höherer Einkommen eine Entlastung von insg. rd. 19 Mrd. Mark. – Am 24.11. verabschiedet der Bundestag den Bundeshaushalt 1989, der eine Zunahme der Ausgaben um 5,4% auf 290 Mrd. DM und eine Begrenzung der Neuverschuldung auf 28 Mrd. DM vorsieht; zudem wird die Erhöhung von Verbrauchsteuern und anderer indirekter Steuern gebilligt (Zustimmung des Bundesrats am 16.12.).

■ **Gesundheitsreform**: Das umstrittene Gesetz zur Reform des Gesundheitswesens wird am 25.11. vom Bundestag verabschiedet: Ab 1.1.1989 wird der Kostenersatz der gesetzlichen Krankenversicherungen bei Zahnersatz, Brillen, Arzneimitteln und Sterbegeld eingeschränkt. Jährlich sollen damit bis zu 14 Mrd. DM eingespart werden.

■ **Sonderprogramm Montanregion**: Vertreter von Politik, Wirtschaft und Gewerkschaften beraten am 24.2. mit Bundeskanzler Helmut Kohl (CDU) über die Lösung der Strukturkrise im Ruhrgebiet. Die Bundesregierung stellt 400 Mio. DM für ein Sonderprogramm in Nordrhein-Westfalen bereit. Weitere 500 Mio. DM sollen vom Land und 100 Mio. DM aus EG-Mitteln dazukommen. Außerdem sollen Bahn und Post sowie das Bau- und Forschungsministerium Investitionen in Milliardenhöhe in der Region zeitlich vorziehen.

■ **Sonderprogramm Aus- und Übersiedler**: Die Bundesregierung beschließt am 31.8. ein Sonderprogramm zur Eingliederung der Aussiedler; für 1989 werden insg. 1,74 Mrd. DM bereitgestellt. Die Aufnahmelager in Friedland, Osnabrück, Nürnberg und Unna-Massen registrieren 1988 insg. 202 673 Aussiedler aus Osteuropa. Zudem finden 39 832 Deutsche aus der DDR Aufnahme.

BUNDESWEHR UND ABRÜSTUNG

■ **Planung**: Verteidigungsminister Manfred Wörner (CDU) legt am 24.2. die Bundeswehrplanung für die nächsten 15 Jahre vor. Beim Heer sollen bis 1995 über 17 000 Planstellen eingespart werden; trotz abnehmender Zahl von Wehrpflichtigen soll die gegenwärtige Stärke der Bundeswehr von 495 000 Soldaten aufrechterhalten werden.

■ **Tiefflüge**: Rupert Scholz (CDU), seit 18.5. neuer Verteidigungsminister (Wörner tritt am 1.7. das Amt des NATO-Generalsekretärs in Brüssel an), gibt am 29.7. bekannt, dass zur Minderung der Belastungen und Gefahren für die Bevölkerung ab sofort 1000 der rd. 23 000 jährlichen Flugstunden deutscher Tiefflieger gestrichen würden.

■ **Abstürze**: Nach dem Zusammenstoß von drei Maschinen einer italienischen Kunstflugstaffel beim Flugtag auf dem US-Stützpunkt Ramstein kommen am 28.8. mindestens 34 Menschen ums Leben, etwa 500 werden z.T. schwer verletzt. Verteidigungsminister Scholz ordnet daraufhin am 30.8. an, dass militärische Kunstflugvorführungen über deutschem Boden in Zukunft nicht mehr stattfinden dürfen. – Der Absturz eines US-

Katastrophe bei der Flugschau in Ramstein am 28.8.

Jagdflugzeuges über Remscheid am 8.12. fordert sieben Menschenleben, rd. 50 Personen werden z.T. schwer verletzt.

■ **Abrüstung**: Vom 4. bis 7.7. findet entsprechend den Bestimmungen des INF-Vertrags (→ 1987) eine erste Inspektion von INF-Einrichtungen der USA auf dem Territorium der Bundesrepublik (in Mutlangen und Wüschheim) durch zwei sowjetische Inspektorenteams statt. – Der Abzug der Pershing-II-Mittelstreckenraketen beginnt am 1.9. auf dem Stützpunkt Waldheide bei Heilbronn.

AUSSENPOLITIK

■ **UdSSR**: Bei seinem Besuch vom 17. bis 19.1. in Bonn macht der sowjetische Außenminister Eduard Schewardnadse der Bundesregierung Angebote zur zukünftigen Ausgestaltung der gegenseitigen Beziehungen, so zur Einbeziehung West-Berlins und zur Auslegung des Viermächteabkommens. – Vom 24. bis 27.10. besuchen Bundeskanzler Kohl (CDU) und Außenminister Hans-Dietrich Genscher (FDP) mit einer Delegation, darunter zahlreiche Unternehmer, die Sowjetunion. Der Generalsekretär der KPdSU Michail Gorbatschow und Kohl erzielen bei den Gesprächen eine Annäherung, auch bei den deutschlandpolitischen Vorstellungen. Neben mehreren Abkommen wird die Vereinbarung über den Bau des ersten Hochtemperaturreaktors außerhalb der Bundesrepublik in Dimitrowgrad unterzeichnet.

ATOMKRAFT

■ **Skandal um Atommüll**: Am 14.1. verfügt Umweltminister Klaus Töpfer (CDU) die Aussetzung der Betriebsgenehmigung für die Hanauer Nuklearfabrik NUKEM (Muttergesellschaft von Transnuklear), bis die Vorgänge um die im Unternehmensbereich gelagerten Fässer mit Atommüll aufgeklärt seien. Bereits am 17.12. 1987 war Transnuklear die Genehmigung für den Transport radioaktiver Abfälle entzogen worden. – Als Konsequenz aus dem Skandal beschließt das Bundeskabinett am 7.12. die Einrichtung eines Bundesamtes für Strahlenschutz. Aufgabe der dem Bundesumweltministerium unterstehenden Behörde ist es, die Umsetzung des Atomgesetzes wirksam zu kontrollieren. – Das Bundesverwaltungsgericht erklärt am 9.9. erstmals eine Atomgenehmigung im Ganzen für rechtswidrig: Das AKW Mülheim-Kärlich muss abgeschaltet werden, da wesentliche Sicherheitsfragen von den Behörden nicht geprüft worden seien.

Verschuldung der öffentlichen Haushalte 1960–92

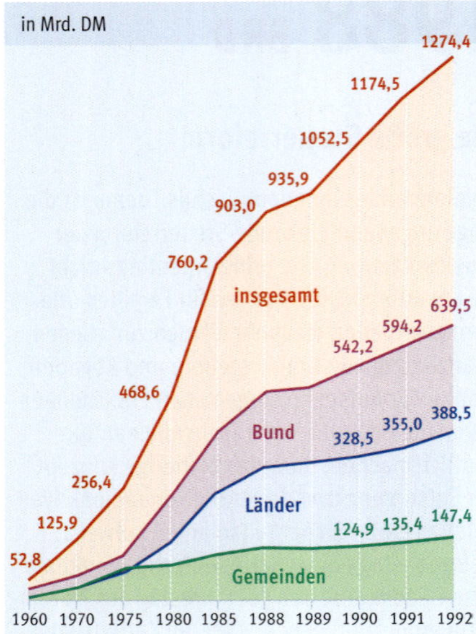

■ **Störfall**: Am 5.12. wird ein bereits im Dezember 1987 aufgetretener Störfall im hessischen AKW Biblis A bekannt. Dass der Kraftwerksbetreiber (RWE) den Vorfall gegenüber der Aufsichtsbehörde verharmlost und die Landesregierung und die Öffentlichkeit nicht informiert hat, führt zu einer neuen Diskussion über die Sicherheit von AKW. Am 21.12. wird der Reaktor Biblis A abgeschaltet, um technische Verbesserungen vorzubereiten; Biblis B ist wegen »kleinerer Leckagen« bereits seit 14.12. außer Betrieb. Beide Blöcke werden Anfang Februar 1989 wieder in Betrieb genommen.

50. JAHRESTAG DES NOVEMBERPOGROMS

Eine Gedenkrede des Bundestagspräsidenten Philipp Jenninger (CDU) im Bundestag am 10.11. zum 50. Jahrestag des Novemberpogroms 1938 endet mit einem Eklat. Rd. 50 Abgeordnete verlassen das Parlament, da bei Jenningers Rede, in der er die Entstehung der NS-Diktatur zu erklären versuchte, der Eindruck entstehen konnte, er wolle die Nazi-Verbrechen rechtfertigen. SPD-Vorsitzender Hans-Jochen Vogel wirft Jenninger mangelnde gedankliche und sprachliche Sorgfalt vor. Jenninger tritt, gedrängt von der eigenen Partei, am 11.11. zurück; als Nachfolgerin wird am 25.11. die bisherige Bundesministerin für Jugend, Familie, Frauen und Gesundheit Rita Süssmuth (CDU) gewählt.

WEITERE EREIGNISSE

■ **Justiz**: Vor dem Staatsschutzsenat des Düsseldorfer Oberlandesgerichts wird am 19.4. der Deutsch-Libanese Abbas Hamadi wegen Mittäterschaft an den Entführungen von Hoechst-Manager Rudolf Cordes und Siemens-Techniker Alfred Schmidt in Tateinheit mit Nötigung der Bundesregierung sowie Vergehens gegen die Sprengstoffgesetze zu 13 Jahren Freiheitsstrafe verurteilt. – Am 12.9. wird der am 17.1.1987 von libanesischen Hisbollah-Schiiten entführte Cordes freigelassen. Seine Entführer hatten die Freilassung des in der Bundesrepublik wegen Flugzeugentführung und Mordes angeklagten und inhaftierten Mohammed Ali Hamadi erpressen wollen. Er wird am 17.5.1989 vom Landgericht Frankfurt am Main wegen gemeinschaftlicher Geiselnahme bei einer Flugzeugentführung (14.6.1985) und gemeinschaftlicher Ermordung eines Flugpassagiers (US-Soldat Robert Stethem) zu lebenslanger Haft verurteilt.

■ **Volkszählung**: Am 29.11. legt Innenminister Friedrich Zimmermann (CSU) die Ergebnisse der Volkszählung → 1987 vor. Danach leben 61 077 000 Menschen in der Bundesrepublik, darunter 4,1 Mio. Ausländer.

TARIFPOLITIK

Für die Metallindustrie einigen sich Gewerkschaften und Arbeitgeber am 26.2. auf einen Tarifvertrag für die 140 000 Beschäftigten der Stahlindustrie in Nordrhein-Westfalen, Bremen und Osnabrück. Die Wochenarbeitszeit wird ab 1.11. von 38 auf 36,5 Stunden bei vollem Lohnausgleich verkürzt. Die Einkommen steigen ab 1.3. um 2%, ab 1.8.1989 um weitere 2%. – Nach Schlichtungsverhandlungen wird am 23.3. ein neuer Tarifvertrag für die 2,3 Mio. Arbeiter und Angestellten im öffentlichen Dienst angenommen, der neben Lohn- und Einkommenserhöhungen die Einführung der 38,5-Stunden-Woche in zwei Stufen bis 1990 vorsieht. Das Modell wird auch für die 1,8 Mio. Beamten übernommen.

PARTEIEN

■ **Parteienfinanzierung**: Am 8.6. stellen die Schatzmeister der SPD, CDU, CSU und FDP einen Entwurf zur Änderung des Parteiengesetzes vor. Danach sollen die Parteien neben der regelmäßigen Wahlkampfkostenerstattung eine zusätzliche jährliche Grundfinanzierung erhalten.

■ **SPD**: Auf dem Parteitag in Münster (30.8.–2.9.) wird eine Quotenregelung für Frauen beschlossen: ab 1998 werden 40% der Parteiämter und Mandate für Frauen reserviert. Die gleichzeitig neugeschaffene Position der dritten stellvertretenden Parteivorsitzenden übernimmt Herta Däubler-Gmelin.

■ **FDP**: Auf dem Bundesparteitag in Wiesbaden (7.–9.10.) wird der rechtskräftig wegen Steuerhinterziehung verurteilte frühere Bundeswirtschaftsminister Otto Graf Lambsdorff mit 211 von 400 Stimmen als Nachfolger von Martin Bangemann zum neuen Bundesvorsitzenden gewählt.

■ **Die Grünen**: Die Bundesversammlung wählt nach monatelangen internen Auseinandersetzungen am 3.12. ihren mehrheitlich fundamentalistisch ausgerichteten Bundesvorstand ab; am 4.3.1989 wird ein neuer Vorstand gewählt, in dem alle Parteiströmungen vertreten sind.

DEUTSCH-DEUTSCHE BEZIEHUNGEN

■ **Berlin**: Beauftragte des West-Berliner Senats und der DDR-Regierung unterzeichnen am 31.3. eine Vereinbarung über einen **Gebietsaustausch**, um die Ex- und Enklaven zu beseitigen, die seit dem Bau der Berliner Mauer nur mit Sondergenehmigungen zu erreichen sind.

BUNDESLÄNDER

■ **Baden-Württemberg**: Landtagswahlen am 20.3.; Lothar Späth (CDU) bleibt Ministerpräsident.

■ **Bayern**: Der Landtag wählt am 19.10. den bisherigen stellvertretenden Ministerpräsidenten und Finanzminister Max Streibl (CSU) zum Nachfolger des verstorbenen Ministerpräsidenten Strauß.

■ **Hamburg**: Der Erste Bürgermeister Klaus von Dohnanyi (SPD) tritt am 1.6. zurück. Nachfolger wird am 8.6. Henning Voscherau (SPD).

■ **Rheinland-Pfalz**: Ministerpräsident Bernhard Vogel (CDU) tritt am 2.12. zurück; Nachfolger wird am 8.12. der bisherige Finanzminister Carl-Ludwig Wagner (CDU).

■ **Schleswig-Holstein**: Landtagspräsidentin Lianne Paulina-Mürl (SPD) nimmt am 5.2. den einstimmig gebilligten Abschlussbericht des Barschel-Untersuchungsausschusses entgegen. Dieser bestätigt im Wesentlichen die erhobenen Vorwürfe (→ 1987). Am 9.3. beschließt der Landtag einstimmig seine vorzeitige Auflösung und Neuwahlen. Bei der Landtagswahl am 8.5. erreicht die SPD die absolute Mehrheit und übernimmt nach 38 Jahren in der Opposition die Regierung; Björn Engholm wird zum Ministerpräsidenten gewählt.

■ **Wahlergebnisse** → S. 458–467

1988 DDR

Verschärfte Repressionen und »freiwillige« Ausreisen

Das scharfe Vorgehen staatlicher Sicherheitsorgane und der Justiz gegen Repräsentanten der Friedens- und Bürgerrechtsbewegung durch Ermittlungsverfahren, Verhaftungen und Verurteilungen anlässlich einer Protestkundgebung im Januar löst eine Solidaritätswelle innerhalb der Bevölkerung aus und belastet zunehmend das Verhältnis zwischen der Staatsführung und der evangelischen Kirche. Eine Reihe von prominenten Bürgerrechtlern verlässt im Verlauf des Jahres auf Dauer oder vorübergehend die DDR.

FRIEDENS- UND MENSCHENRECHTSBEWEGUNG

■ **Gegendemonstration**: Am 12.1. erfährt das MfS über Pläne von Friedens- und Menschenrechtsgruppen, die offizielle Demonstration aus Anlass des 69. Jahrestags der Ermordung von Karl Liebknecht und Rosa Luxemburg am 17.1. für eine öffentlichkeitswirksame Gegendemonstration zu nutzen. Es gelingt dem MfS, Teilnehmer der Aktion kurzfristig unter Hausarrest zu stellen oder bereits an den geplanten Treffpunkten festzunehmen. Andere werden am 17.1. aus dem offiziellen Demonstrationszug heraus – vor den Objektiven westlicher Kameras – verhaftet. Insgesamt werden etwa 160 Personen sofort und weitere innerhalb der kommenden Tage in Ost-Berlin, Weimar und Leipzig festgenommen. Einige bleiben nur 24 Stunden in Haft, gegen 40 Personen leitet die Staatsanwaltschaft Ermittlungsverfahren ein. Am 27. und 28.1. werden Gerichtsverfahren gegen Vera Wollenberger, Till Böttger, Andreas Kalk und Bert Schlegel geführt. Die Angeklagten werden zu je sechs Monaten Haft wegen »versuchter Zusammenrottung« verurteilt.

■ **Reaktionen**: Die Nachricht von den Verhaftungen und den Ermittlungs- bzw. Gerichtsverfahren löst eine umfangreiche Solidaritätswelle aus. Ab 18.1. finden in vielen Kirchengemeinden in Ost-Berlin und etwa 40 anderen Orten der DDR Fürbittgottesdienste und Mahnwachen für die Inhaftierten statt, die trotz weiterer Verhaftungen mit immer mehr Teilnehmern fortgesetzt werden. – Mehrere Verhaftete gehen auf die von ihren Rechtsanwälten (u.a. Gregor Gysi) und Persönlichkeiten der evangelischen Kirche (u.a. Manfred Stolpe) überbrachten staatlichen Angebote ein, in die Bundesrepublik oder andere westliche Länder entlassen zu werden. Die Ausreise wichtiger Exponenten der DDR-Bürgerrechtsbewegung, darunter Freya Klier, Stefan Krawczyk, Bärbel Bohley, Werner Fischer, Wolfgang und Lotte Templin und Vera Wollenberger, löst unterschiedliche Reaktionen aus, die von Verständnis für die Zwangslage der Entscheidung zwischen Haft und Ausreise, Unverständnis und harter Kritik bei nicht wenigen der in der DDR verbliebenen Oppositionellen reicht.

■ **Reiseverordnung**: Am 30.11. erlässt der Ministerrat eine neue Verordnung über Reisen ins Ausland, die am 1.1.1989 in Kraft tritt. Sie erweitert die Möglichkeiten, die zeitweilige oder ständige Ausreise aus der DDR zu beantragen. Im Zuge der von der Volkskammer am 14.12. beschlossenen Wiedereinführung der Verwaltungsgerichtsbarkeit in der DDR wird zudem die gerichtliche Verhandlung von ablehnenden Bescheiden im Zusammenhang mit solchen Anträgen ab 1.7.1989 zugelassen.

KIRCHENPOLITIK

■ **Spannungen**: Die Ereignisse um die Demonstration zu Ehren der beiden 1919 ermordeten KPD-Gründer führen zu wachsenden Spannungen zwischen Staat und Kirche. Am 3.3. erklärt Erich Honecker bei einem Treffen mit dem Vorsitzenden der Konferenz der Kirchenleitungen, Werner Leich, die evangelische Kirche dürfe kein Platz für »staatsfeindliche Aktivitäten« sein.

■ **Zensurmaßnahmen**: Die Osterausgabe der Wochenzeitung *Die Kirche* erscheint erstmals mit weißen Flecken und mit Pünktchen versehenen Absätzen, die für jedermann die Praxis der Zeitungszensur durch das Presseamt des Ministerrats kenntlich machen. Die Redaktion wiederholt diese Praxis im April. Zudem werden im Februar eine, im April und Juni je zwei Ausgaben der Zeitung komplett nicht ausgeliefert. Am 10.8. kritisiert Leich bei einem Treffen mit dem am 13.7. als Nachfolger von Klaus Gysi neu ernannten Staatssekretär für Kirchenfragen Kurt Löffler das Vorgehen gegen die Kirchenzeitungen. Am Rande der am 8.10. in Magdeburg tagenden 2. Ökumenischen Versammlung von 19 christlichen Kirchen der DDR wird bekannt, dass mehrere Kirchenzeitungen ein

Fürbittgebet nicht vollständig abdrucken konnten, weil dies von staatlicher Seite untersagt worden war. Die staatlich zensierte Stelle lautet: »Hilf, dass durch unsere Beratungen der Prozess der Umkehr und Erneuerung in unserem Land gefördert wird.« Zwei Tage später werden 78 Personen bei dem Versuch, dem Presseamt wegen der wiederholten Zensurmaßnahmen gegen Kirchenzeitungen eine Petition zu überbringen, festgenommen.

■ **Unterstützung von Ausreisewilligen**: DDR-Bürger, die Anträge auf ständige Ausreise gestellt haben, machen mit mehreren Aktionen auf ihre Situation aufmerksam und werden dabei von evangelischen Geistlichen unterstützt. Nach einem Gemeindeabend zum Thema »Leben und Bleiben in der DDR« am 19.2. in der Leipziger Nikolaikirche öffnet Pfarrer Christian Führer seine Friedensgebete als Kontaktmöglichkeit für Ausreiseantragsteller. – Am 6.3. werden die Teilnehmer einer Veranstaltung (darunter 200 Antragsteller) in der Ost-Berliner Sophienkirche von einem großen Aufgebot von Sicherheitskräften umfangreichen Fahndungs- und Personenkontrollen unterzogen. – Am 14.3. demonstrieren in Leipzig 300 Antragsteller aus Anlass der Frühjahrsmesse. – Am gleichen Tag veröffentlicht die evangelische Kirche eine Erklärung, in der sie betont, »zu Verhältnissen [beitragen zu wollen], unter denen Menschen gerne leben können und Anträge auf Entlassung aus der Staatsbürgerschaft nicht mehr stellen wollen«. – Am 15.3. fordert die Konferenz der Kirchenleitungen mit Bezug auf die Personenkontrollen am 6.3. ungehinderten Zugang für jedermann zu kirchlichen Veranstaltungen.

■ **Jüdische Gemeinden**: Die DDR-Führung ist um eine deutliche Verbesserung der Beziehungen zur jüdischen Gemeinde bemüht. Am 2.6. empfängt Honecker den seit 14.3. amtierenden neuen Präsidenten des Verbandes jüdischer Gemeinden in der DDR, Siegmund Rotstein. – Am 6.6. empfängt Honecker den Vorsitzenden des Zentralrats der Juden in Deutschland, Heinz Galinski. Hierbei erklärt er die Bereitschaft der DDR, Entschädigungen an Juden zu zahlen. Galinski erhält aus Anlass des 50. Jahrestages des Judenpogroms am 9.11.1938 die Gelegenheit, bei einer Gedenkveranstaltung der Volkskammer zu sprechen. – Am 18.10. empfängt Honecker den Präsidenten des Jüdischen Weltkongresses, Edgar Bronfman, dem er ebenfalls Entschädigungszahlungen an jüdische Opfer des NS-Regimes zusagt.

DEUTSCH-DEUTSCHE BEZIEHUNGEN

■ **Einreise verboten**: Das Vorgehen der DDR-Sicherheitsbehörden gegen die unabhängige Friedensbewegung hat auch Auswirkungen auf die Deutschlandpolitik. Am 30.1. und erneut am 16.2. wird den Grünen-Politikern Petra Kelly und Gert Bastian, die als Unterstützer der DDR-Friedensbewegung bekannt sind, die Einreise verweigert. Auch der CDU-Abgeordnete Heribert Scharrenbroich darf am 21.2. nicht in die DDR einreisen. Andere Politikerbesuche kommen hingegen wechselseitig zustande. Honecker empfängt den FDP-Bundesvorsitzenden Otto Graf Lambsdorff und den Regierenden Bürgermeister von West-Berlin Eberhard Diepgen (CDU), der nach seinem Gespräch am 11.2. von geplanten weiteren Reiseerleichterungen ab 1.3. (Übernachtungsmöglichkeit für West-Berliner bei Tagesaufenthalten im Ostteil) berichtet. Ab 18.4. ist eine Delegation der LDPD-Volkskammerdelegation für fünf Tage bei der FDP-Bundestagsfraktion zu Gast. Am 20.4. empfängt der saarländische Ministerpräsident Oskar Lafontaine (SPD) eine Delegation aus dem Bezirk Cottbus, der rheinland-pfälzische Ministerpräsident Bernhard Vogel (CDU) wird am 21.4. in Ost-Berlin von Honecker empfangen. Am 9.11. nehmen Volkskammerpräsident Horst Sindermann, der Chef des Bundeskanzleramtes Wolfgang Schäuble (CDU) sowie Eberhard Diepgen in Ost-Berlin an einer Veranstaltung zum 50. Jahrestag der Judenpogrome teil.

■ **Militärkontakte**: Am 9.8. schlägt DDR-Verteidigungsminister Heinz Keßler in einem Zeitungsinterview direkte Gespräche zwischen den Verteidigungsministern sowie zwischen Militärexperten beider deutschen Staaten vor.

■ **Stromverbund**: Am 7.3. einigen sich beide Staaten über einen innerdeutschen Stromverbund, der auch den Bau einer Stromtrasse zwischen West-Berlin und dem Bundesgebiet vorsieht.

■ **Gebietstausch**: Für den 1.7. vereinbaren der West-Berliner Senat und die DDR am 31.3. einen Gebietsaustausch, in dessen Rahmen alle verbliebenen gegenseitigen Exklaven beseitigt werden.

■ **Transitpauschale**: Am 14.9. verpflichtet sich die Bundesrepublik, die jährliche Transitpauschale von bisher 525 auf 880 Mio. DM zu erhöhen.

■ **Parteikontakte**: Die SED setzt ihre intensiven Kontakte zur SPD fort. Eine gemeinsame Arbeitsgruppe beider Parteien führt am 27./28.1. und am 17./18.5. in Bonn sowie am 30./31.3. in Ost-Berlin

Die Eiskunstläuferin Katharina Witt holt in Calgary zum zweiten Mal olympisches Gold für die DDR

Beratungen über sicherheitspolitische Fragen. Am 5.4. veröffentlichen SPD, KPČ und SED ein gemeinsames Papier, in dem sie die Schaffung einer chemiewaffenfreien Zone, die die Bundesrepublik, die DDR und die Tschechoslowakei einschließen soll, vorschlagen. Zwei Wochen später macht die DDR-Regierung dieses Papier zu einem offiziellen Vorschlag an die Bundesregierung. Am 7.7. schlagen SED und SPD die Einrichtung einer »Zone des Vertrauens« in Mitteleuropa vor.

AUSSENPOLITIK

■ **Warschauer Pakt**: Im Januar wird der Umtausch von Devisen für Reisen in die Tschechoslowakei und nach Ungarn für DDR-Bürger weiter eingeschränkt. Die DDR ist nicht bereit, die negative Zahlungsbilanz mit den beiden Ländern im Ergebnis des individuellen Reiseverkehrs durch zusätzliche Warenlieferungen auszugleichen und greift daher zum Mittel der Devisenbeschränkung. – Am 25.2. beginnt in Bischofswerda (Sachsen) und in Waren an der Müritz (Mecklenburg-Vorpommern) der Abbau sowjetischer Atomraketen. – Am 26.6. treffen in Potsdam 40 Militärs aus 20 Unterzeichnerstaaten der KSZE-Schlussakte ein, um ein gemeinsames Manöver der sowjetischen Streitkräfte in Deutschland und der NVA zu beobachten.

■ **Westeuropa**: Vom 7. bis 9.1. besucht Honecker als erstes Land der westlichen Alliierten Frankreich. Im Verlauf seines Besuches, bei dem durch die DDR-Delegation Archivalien (17.–20. Jahrhundert) zurückgegeben werden, führt Honecker Gespräche mit dem französischen Staatspräsidenten François Mitterrand. – Zwischen dem RWG und der EG wird am 25.6. die Aufnahme von offiziellen Beziehungen vereinbart. – Am 15.8. nehmen die EG und die DDR diplomatische Beziehungen auf.

WIRTSCHAFTS- UND SOZIALPOLITIK

Das BIP der DDR wächst im Vergleich zum Vorjahr um 0,6 % auf 195,4 Mrd. DM (in BRD-Preisen von 1989). Das sind 9% der Leistungskraft der westdeutschen Volkswirtschaft. Sie sind Ergebnis der verstärkten Investitionstätigkeit in der DDR-Volkswirtschaft. Zwar wird die in den Gesetzen zum Volkswirtschaftsplan und Staatshaushalt 1988 geplante Wachstumsrate bei den Investitionen (8,3%) nicht erreicht; sie ist mit 7,25% aber dennoch überdurchschnittlich hoch. Das hohe Wachstum des im Inland verwendeten Nationaleinkommens (es steigt gegenüber dem Vorjahr um 9,8%) verdeutlicht ebenfalls das Bestreben, durch Modernisierungsinvestitionen den veralteten Kapitalstock schrittweise zu erneuern. – Am 24.6. ordert die DDR-Fluggesellschaft Interflug als erste Fluglinie eines staatssozialistischen Landes drei Airbus-Maschinen für die eigene Flotte.

■ **Sozialpolitik**: Mit Jahresbeginn tritt eine am 4.10.1987 vom Ministerrat auf dem Verordnungsweg erlassene neue Urlaubsregelung in Kraft, mit der ältere Arbeitnehmer (Frauen ab 55, Männer ab 60 Jahren) einen um fünf Tage verlängerten gesetzlichen Mindesturlaub erhalten. Auch eine weitere Rentenerhöhung mit Wirkung zum 1.12.1989, die bereits am 30.11.1988 verordnet wird, zielt darauf ab, nach vielen Jahren der sozialpolitischen Förderung junger Ehen und Familien nunmehr die Sozialpolitik stärker auf die älteren Bevölkerungsteile auszurichten.

SOZIALE DATEN

■ **Bevölkerung**: Im Gebiet der DDR leben am 31.12. 16,67 Mio. Einwohner, etwa 1000 mehr als im Vorjahr. Nach westlichen Angaben siedeln 39 832 Personen nach Westdeutschland über. Damit werden die hohen Werte des Jahres 1984 noch einmal übertroffen. In umgekehrter Richtung wandern nach DDR-Angaben 419, nach westlichen Angaben rd. 2500 Personen.

■ **Wohnungsbau**: Am 12.10. wird im Ost-Berliner Neubaubezirk Hohenschönhausen die nach offizieller Zählung seit dem VIII. Parteitag der SED 1971 dreimillionste Wohnung im Beisein des Partei- und Staatschefs übergeben.

■ **Lebenshaltung**: In der Ausstattung der privaten Haushalte entfallen auf 1000 Haushalte 547 Pkw, 184 Motorräder bzw. Motorroller, 1596 Kühl- und Gefriergeräte, 1073 Waschmaschinen, 2410 Radioapparate und 1252 Fernsehgeräte.

1989 BRD

Die Mauer fällt

Bis zum Spätsommer dieses Jahres deutet wenig auf die kommenden historischen Umwälzungen hin. Innenpolitisch ist es ein für die Regierung zunehmend schwieriges Jahr. Die großen Reformpläne der Wahlperiode gelten als nicht bewältigt oder gescheitert. Selbst kleinere Vorhaben wie die Liberalisierung der Ladenschlusszeiten enden nach heftigen Debatten in Minimalkompromissen. Fatal wirken Regierungsbeschlüsse zur Abgrenzung gegen die unerwünschte Zuwanderung von »Wirtschaftsflüchtlingen« und politische Stimmungsmache gegen Ausländer durch (nicht nur) rechtsradikale Parteien; sie kündigen die große Auseinandersetzung der nächsten Jahre an. Nach einer lange hinausgezögerten Kabinettsumbildung, die das Signal des »letzten Aufgebots« ausstrahlt, wird der Regierung unter Kanzler Kohl weithin die Kraft zur politischen Gestaltung abgesprochen.
Doch dann drängen historische Entwicklungen die innenpolitische Misere in den Hintergrund. Die Öffnung der ungarisch-österreichischen Grenze für DDR-Flüchtlinge im September und der Fall der Mauer am 9. November leiten den Prozess der deutschen Einheit ein.

DEUTSCH-DEUTSCHE BEZIEHUNGEN

■ **Deutsch-deutsche Grenze**: Die Bundesrepublik und die DDR unterzeichnen am 12.4. ein Protokoll über den innerdeutschen Grenzverlauf. Damit findet die Überprüfung der 1296,86 km langen Grenze nach zwei Jahren ihren Abschluss. – Nach Berichten des Grenzschutzkommandos Mitte in Kassel vom 6.3. bzw. 11.4. hat die DDR ihre Lichtsperranlagen an der Grenze ausgebaut und den Zaun mit Signaldrähten ausgerüstet.

■ **Schießbefehl**: Eine Erklärung von Erich Honecker am 4.7., dass der Schießbefehl an der innerdeutschen Grenze nicht mehr existiere, wertet die Bundesregierung als offiziell und verbindlich.

■ **Rede zur Einheit**: Am 17.6., dem Tag der deutschen Einheit, sagt der SPD-Politiker Erhard Eppler in seiner Rede vor dem Deutschen Bundestag: »Die Deutschen haben, wie alle Völker, ein Recht auf Selbstbestimmung. Es ist nicht verwirkt, auch nicht durch das, was Deutsche Europa angetan haben.«

■ **Botschaftsflüchtlinge**: Aus Prag, Budapest und Ost-Berlin wird Ende Juli/Anfang August berichtet, dass sich DDR-Bürger in den Botschaften der Bundesrepublik bzw. der Ständigen Vertretung in Ost-Berlin aufhalten, um ihre Ausreise zu erzwingen (➝ DDR).

■ **Öffnung der Grenzen**: Am 9.11. öffnet die DDR die ersten Grenzübergänge zur Bundesrepublik und nach West-Berlin, bis zum 30.11. werden 50 neue Übergänge eingerichtet. Vom 9. bis 12.11. sind nach einer Miteilung des DDR-Innenministeriums rd. 4,3 Mio. Visa für Privatreisen in die Bundesrepublik und West-Berlin erteilt worden (➝ DDR).

■ **Einheitspläne**: Bundeskanzler Helmut Kohl (CDU) legt dem Bundestag am 28.11. ein 10-Punkte-Programm zur Deutschlandpolitik vor, in dem er einen mehrstufigen Weg zur »Wiedergewinnung der staatlichen Einheit Deutschlands« entwirft, der sich »eingebettet in einen gesamteuropäischen Prozess« vollziehen soll. Sofern die DDR einen grundlegenden und unumkehrbaren Wandel des politischen und wirtschaftlichen Systems in Gang setzt, ist die Bundesrepublik zu intensiver und umfassender Hilfeleistung bei diesem Umbau bereit. Kohl bietet der DDR »konföderative Strukturen« an mit dem Ziel, »eine Föderation, das heißt eine bundesstaatliche Ordnung in Deutschland zu schaffen«. Voraussetzung sei jedoch eine demokratisch legitimierte Regierung in der DDR. – Der Plan findet die Zustimmung der SPD-Opposition,

Auf dem bundesdeutschen Botschaftsgelände in Prag versammeln sich Anfang Oktober rd. 8000 DDR-Bürger, die in die BRD ausreisen wollen

während die Grünen für eine »Politik der Zweistaatlichkeit« votieren. – Am 19.12. trifft Kohl mit dem Ministerratsvorsitzenden der DDR, Hans Modrow, zusammen. Sie beschließen die Bildung einer Vertragsgemeinschaft. Gemeinsam eröffnen Kohl und Modrow am 22.12. mit zwei Fußgängerüberwegen das Brandenburger Tor.

■ **Weitere Ereignisse** → DDR

AUSSENPOLITIK

■ **USA**: US-Außenminister James Baker beendet am 14.2. einen zweitägigen Besuch in Bonn, ohne mit der Bundesregierung eine Einigung über eine Modernisierung der Lance-Kurzstreckenraketen zu erzielen. – US-Präsident George Bush führt am 30./31.5. in Bonn Gespräche u.a. mit Bundespräsident Richard von Weizsäcker und Bundeskanzler Kohl. Bush kündigt – als Zeichen für die immer enger werdenden Beziehungen – die Aufhebung der Visumspflicht für in die USA reisende Bundesbürger (mit Ausnahme von Journalisten und Austauschschülern bzw. -studenten) an.

■ **UdSSR**: Beim Staatsbesuch des sowjetischen Staats- und Parteichefs Michail Gorbatschow (12.–15.6.) werden elf Abkommen und eine Gemeinsame Erklärung unterzeichnet, in der sich die UdSSR erstmals in einem bilateralen Dokument in allgemeiner Form zum Selbstbestimmungsrecht der Völker und zum Schutz von Minderheiten bekennt.

■ **Polen**: Durch die Einigung über ein deutsch-polnisches Umschuldungsabkommen wird am 9.10. eines der Hindernisse für den Besuch von Bundeskanzler Kohl in Polen beseitigt. – Der Bundestag verabschiedet am 8.11., einen Tag vor der Reise des Bundeskanzlers nach Polen, eine Entschließung, in der die bisher weitestgehende Garantie der Oder-Neiße-Grenze gegeben wird.

■ **Israel**: Kohl protestiert am 1.12. in einem Schreiben an den israelischen Ministerpräsidenten Jitzhak Schamir gegen dessen wiederholte Erklärung, dass von einem vereinigten Deutschland eine »tödliche Gefahr für die Juden« ausgehen könne.

BUNDESREGIERUNG, BUNDESPRÄSIDENT

■ **Kabinettsumbildung**: Bundeskanzler Kohl gibt am 13.4. eine Umbildung der Bundesregierung bekannt: Der CSU-Vorsitzende Theodor Waigel tritt in das Kabinett als Bundesfinanzminister ein, der bisherige Amtsinhaber Gerhard Stoltenberg (CDU) wechselt in das Verteidigungsministerium; der bisherige Kanzleramtsminister Wolfgang Schäuble (CDU) wird Bundesinnenminister als Nachfolger von Friedrich Zimmermann (CSU), der in das Verkehrsressort wechselt; neuer Kanzleramtsminister wird Rudolf Seiters (CDU); im Bauministerium löst Gerda Hasselfeldt (CSU) Oscar Schneider (CSU) ab; der bisherige Verkehrsminister Jürgen Warnke (CSU) kehrt in das Bundesministerium für wirtschaftliche Beziehungen zurück; Hans Klein (CSU) erhält als Erster Regierungssprecher den Rang eines Ministers für besondere Angelegenheiten, er löst Friedhelm Ost (CDU) ab.

■ **Bundespräsident**: Am 23.5. wird Bundespräsident Richard von Weizsäcker für eine zweite Amtszeit von fünf Jahren wiedergewählt.

KEIN KOMMUNALWAHLRECHT FÜR AUSLÄNDER

Der Landtag von Schleswig-Holstein beschließt am 14.2. die Einführung des Wahlrechts für Ausländer, die seit mindestens fünf Jahren in der Bundesrepublik leben und deren Heimatländer dort lebenden Deutschen ebenfalls ein solches Wahlrecht zugestehen (Dänemark, Schweden, Norwegen, Niederlande, Irland, Schweiz). Am 16.2. führt die Hamburger Bürgerschaft ein kommunales Wahlrecht für Ausländer ein, die seit mindestens acht Jahren in der Hansestadt leben und eine Aufenthaltsgenehmigung besitzen. Aus den Reihen der CDU/CSU werden diese Beschlüsse heftig kritisiert. Der Vorsitzende der Bundestagsfraktion, Alfred Dregger (CDU), erklärt, Ausländer seien »Gäste, nicht Mitbürger«; Bundesinnenminister Zimmermann (CSU) begründet seine Ablehnung damit, dass in manchen Hamburger Stadtbezirken »die deutsche Bevölkerung nichts mehr zu sagen« habe. Am 31.10. erklärt das Bundesverfassungsgericht auf Klage der CDU/CSU-Bundestagsfraktion das kommunale Wahlrecht für Ausländer in Schleswig-Holstein und Hamburg für verfassungswidrig, weil das Wahlrecht auch auf kommunaler Ebene die deutsche Staatsbürgerschaft voraussetze.

INNENPOLITIK

■ **Asylpolitik**: Das Kabinett beschließt am 8.3. die Einführung einer Visumspflicht für Bürger aus 14 afrikanischen, asiatischen und südamerikanischen Staaten; es stimmt ferner einer Empfehlung des Innenministers zu, das Sichtvermerkabkommen mit Jugoslawien zu kündigen. Außerdem wird das sog. Zwischenlandungsprivileg für Türken aufgehoben, die kein Visum für ein EG-Mitgliedstaat, für Kanada oder die USA besitzen. Am 5.4. hebt die

Bundesregierung die Visumsfreiheit für Ausländer unter 16 Jahren auf; ausgenommen sind solche aus EG-Staaten sowie aus der Türkei, Jugoslawien, Marokko und Tunesien.

■ **Postreform**: Der Bundestag verabschiedet am 20.4. gegen die Stimmen von SPD und Grünen (Bundesrat stimmt am 12.5. zu) die Postreform, die am 1.7. in Kraft tritt. Die Bundespost wird in drei staatliche Unternehmen – Postdienst, Postbank und Telekom – aufgeteilt, während die politisch-hoheitlichen Aufgaben weiterhin vom Bundesminister für Post und Telekommunikation wahrgenommen werden.

■ **Innere Sicherheit**: Der Bundestag verabschiedet am 21.4. (Bundesrat am 12.5.) Gesetze zur inneren Sicherheit, die eine Verschärfung des Demonstrationsrechts (Vermummung und passive Bewaffnung strafbar) und eine bis Ende 1992 befristete Kronzeugenregelung für Terroristen einführen.

■ **Ladenschluss**: Am 2.6. verabschiedet der Bundestag (Bundesrat 30.6.) das Gesetz zur Einführung des Dienstleistungsabends: Ab 1.10. können Geschäfte, Banken u.a. öffentliche Dienstleister donnerstags bis 20.30 Uhr geöffnet bleiben; zum Ausgleich werden am langen Samstag im Sommer die Öffnungszeiten von 18 auf 16 Uhr verkürzt.

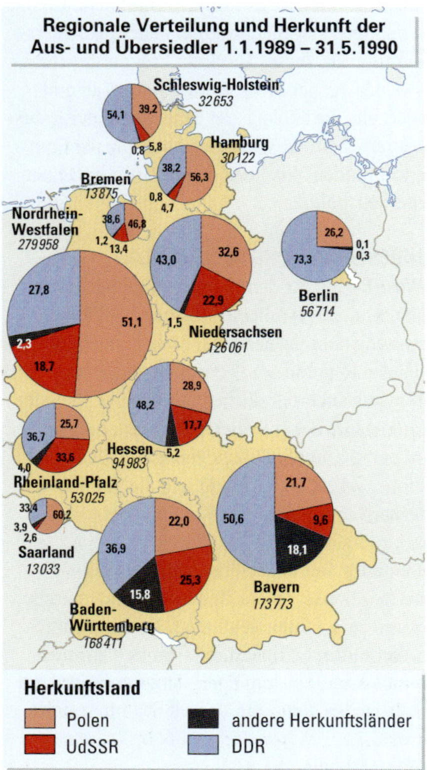

DDR-Übersiedler werden am 5.10. in Hof begrüßt

■ **Aus für Wackersdorf**: Die Bundesregierung und die Bayerische Staatsregierung beschließen am 6.6., den Bau der atomaren Wiederaufarbeitungsanlage Wackersdorf endgültig einzustellen. Energieversorgungsunternehmen können künftig verbrauchte Brennelemente im französischen La Hague und im britischen Sellafield wiederaufbereiten lassen.

■ **Rentenreform**: Der zwischen Koalition und SPD ausgehandelte Gesetzentwurf zur Rentenreform 1992 wird am 9.11. vom Bundestag (Bundesrat 1.12.) gebilligt. Wichtigste Punkte: Rentenanpassung ab 1992 nur noch nach den verfügbaren Netto-Einkommenssteigerungen, schrittweise Anhebung der Altersgrenze auf 65 Jahre, Anrechnung von drei Erziehungsjahren bei Geburten, Neuordnung der beitragslosen Zeit nach Gesamtleistungsmodell.

■ **Eingliederungsgeld**: Der Bundestag beschließt am 16.11. die Zahlung eines pauschalen Eingliederungsgeldes für Aus- und Übersiedler anstelle von Arbeitslosen- oder Krankengeld. – Weitere Beschlüsse betreffen u.a. die Senkung des Kohlepfennigs bis 1993 von 8,5% auf 7,5% und die Förderung von Pkw mit Katalysator. Der Bundesrat stimmt den Gesetzentwürfen am 21.12. zu.

■ **Steuerreform**: Die Steuerreform (→ 1988) ist nach mehreren Korrekturen und Ergänzungen abgeschlossen: Der Bundestag stimmt am 7.12., der Bundesrat am 21.12. einem Ergänzungsgesetz zu, in dem offengebliebene Punkte der Steuerbefreiung von Nachtarbeitszuschlägen, aber auch die neuen Abschreibungsbedingungen für den Wohnungsbau geregelt werden. – Am 10. Mai schafft die Bundesregierung die erst 1988 eingeführte Quellensteuer auf Kapitalerträge wieder ab. Sie habe, so Bundesfinanzminister Waigel (CSU), zu einem erheblichen Kapitalabfluss aus der Bundesrepublik geführt.

JUSTIZ

■ **NS-Zeit**: Justizminister Hans Engelhard (FDP) übergibt am 1.3. in Trier der Deutschen Richterakademie ein Mahnmal zum Gedenken an die Opfer nationalsozialistischer Justiz. – Nach Angaben der Ludwigsburger Zentralstelle der Landesjustizverwaltung vom 20.4. sind am 1.1. noch gegen 3849 Personen Verfahren wegen NS-Straftaten anhängig; seit 1945 wurde gegen insg. 94756 Beschuldigte ermittelt, von denen 6482 rechtskräftig verurteilt wurden.

■ **Hungerstreik**: Die Häftlinge der RAF und anderer terroristischer Vereinigungen brechen am 12.5. ihren Hungerstreik ab, an dem sich zeitweise über 40 Häftlinge beteiligten. Ihre ursprüngliche Forderung nach Zusammenlegung in ein oder zwei große Gruppen wird nicht erfüllt. Für die SPD-regierten Bundesländer erklärt der nordrhein-westfälische Justizminister Rolf Krumsiek (SPD) die Bereitschaft, terroristische Gefangene in Gruppen bis zu sechs Inhaftierten zusammenzulegen.

■ **Begnadigung**: Das Bundespräsidialamt bestätigt am 12.3. die Begnadigung der früheren RAF-Terroristin Angelika Speitel durch Bundespräsident Richard von Weizsäcker. Speitel war 1979 wegen Polizistenmordes zu lebenslanger Haft verurteilt worden; sie wird am 30.6. 1990 nach zwölf Jahren Haft auf Bewährung entlassen. Die 1977 zu lebenslanger Haft verurteilte frühere RAF-Terroristin Verena Becker wird am 25.9. begnadigt und am 30.11. entlassen.

■ **Terroranschlag**: Am 30.11. wird der Vorstandssprecher der Deutschen Bank Alfred Herrhausen von RAF-Terroristen in Bad Homburg ermordet.

UMWELT

■ **Berlinflüge**: Die alliierten Luftfahrtattachés genehmigen am 29.9. die Streichung von rd. 7% der Flüge von und nach West-Berlin. Der Senat hatte die Kürzung aus Umweltschutzgründen gefordert.

■ **Giftmüll**: Umweltminister Klaus Töpfer (CDU) vereinbart am 21.11. mit Ministerkollegen mehrerer Bundesländer sowie Vertretern der chemischen Industrie und der IG Chemie in Bonn, dass die Verbrennung von deutschem Giftmüll auf See bis Ende 1991 beendet werden soll.

■ **Umweltcharta**: Die Umwelt- und Gesundheitsminister aus 29 europäischen Staaten unterzeichnen auf einer 1. Konferenz in Frankfurt am Main (7./8.12.) eine Europäische Charta Umwelt und Gesundheit.

PARTEIEN

■ **CDU**: Auf dem Bundesparteitag in Bremen (10.–13.9.) wird Helmut Kohl mit 77,4 % der Stimmen als Parteivorsitzender bestätigt. Als Nachfolger des nicht mehr vorgeschlagenen Heiner Geißler wird Volker Rühe mit 84,2 % der Stimmen zum neuen CDU-Generalsekretär gewählt.

■ **CSU**: Theodor Waigel, seit November 1988 Parteivorsitzender, erklärt auf dem Schlesiertreffen in Hannover am 2.7., dass die deutsche Frage »rechtlich, politisch und geschichtlich offen« sei und dazu auch die Gebiete jenseits der Oder-Neiße-Linie gehörten. Die Äußerungen stoßen vor allem bei der SPD und in Polen auf heftige Kritik. Der CSU-Landesvorstand stellt sich am 10.7. ausdrücklich hinter die Rede seines Parteivorsitzenden.

■ **SPD**: Der Parteitag in West-Berlin wird am 18.12. mit einer »Berliner Erklärung« zur Deutschlandpolitik eröffnet; der Ehrenvorsitzende Willy Brandt und der Vorsitzende Hans-Jochen Vogel sprechen sich für eine baldige Konföderation beider deutscher Staaten aus und schlagen zur Unterstützung der Reformen in der DDR ein Sofortprogramm in Milliardenhöhe vor. Am 20.12. nimmt der Parteitag mit nur einer Gegenstimme ein neues Grundsatzprogramm an. Dieses »Berliner Programm« löst das »Godesberger Programm« von 1959 ab und fordert u.a. die ökologische Erneuerung der Industriegesellschaft, die Gleichberechtigung der Frau, die 30-Stunden-Woche und neue Grundsätze der Sicherheitspolitik.

BUNDESLÄNDER UND WEST-BERLIN

■ **West-Berlin**: Bei den Wahlen zum Abgeordnetenhaus am 29.1. verliert die bisherige CDU-FDP-Regierung überraschend ihre Mehrheit. Die rechtsradikalen Republikaner gewinnen nach einem betont ausländerfeindlichen Wahlkampf 7,5% der Stimmen. Als neuer Regierender Bürgermeister wird am 16.3. der SPD-Landesvorsitzende Walter Momper vereidigt, nachdem sich die SPD mit der Alternativen Liste auf eine Koalition verständigt hat.

■ **Hamburg**: Der Pachtvertrag für die ehemals besetzten Häuser an der Hamburger Hafenstraße wird am 24.4. fristlos gekündigt. Die Eigentümerin, die städtische Hafenrand GmbH, begründet dies mit Angriffen von Bewohnern der Häuser auf Polizisten, bei denen am 13.4. elf Beamte verletzt wurden.

■ **Wahlergebnis** → S. 459

1989 DDR

Massenflucht und Wende

Aus Enttäuschung über die ausbleibenden Veränderungen fliehen bis zum Herbst Zehntausende DDR-Bürger über die Botschaften der Bundesrepublik in Prag, Budapest und Warschau sowie über die im September geöffnete ungarisch-österreichische Grenze in den Westen. Angesichts der Massenflucht kommt es in der DDR zu Neugründungen von Oppositionsgruppen und Parteien. Infolge anhaltender Massenproteste gegen die SED-Politik auf den Montagsdemonstrationen wird Erich Honecker Ende Oktober von Egon Krenz als Generalsekretär der SED abgelöst. Wenige Tage später tritt das gesamte Politbüro zurück. Nach der Grenzöffnung am 9.11. und der Wahl des Reformkommunisten Hans Modrow zum Vorsitzenden des Ministerrats erklären unter dem Druck von Großdemonstrationen das neugewählte Politbüro und Krenz ihren Rücktritt.

KOMMUNALWAHLEN

Am 7.5. finden letztmals Wahlen zu den Kommunalvertretungen nach dem Einheitslistenprinzip statt. Im Vergleich zum offiziellen Endergebnis (Beteiligung: 98,77 %, 98,84 % Jastimmen für die Einheitsliste) registrieren u.a. Mitglieder der Bürgerrechtsbewegung, dass die in den Wahllokalen öffentlich bekannt gegebenen Ergebnisse der Wahlbezirke eine um 10% geringere Wahlbeteiligung und zum Teil mehr als 10% Neinstimmen für die Einheitsliste erkennen lassen. Auch wenn keine flächendeckende Kontrolle der offiziellen Ergebnisse möglich ist, offenbart der Vergleich der registrierten mit den in der Presse abgedruckten Ergebnissen die Praxis der Wahlfälschung.Ab 7.6. beginnt die Bürgerrechtsbewegung mit Protestversammlungen gegen die Wahlfälschung. In den Tagen nach den Kommunalwahlen reichen einzelne Bürger und Gruppen, die das offizielle Wahlergebnis anzweifeln, bei den Wahlkommissionen auf bezirklicher und zentraler Ebene Eingaben ein, die alle abschlägig beschieden werden.

AUSREISEBEWEGUNG

■ **Wachsender Ausreisedruck**: Die am 1.1. in Kraft getretene neue Reiseverordnung veranlasst bis Ende September fast 161 000 Bürger, die ständige Ausreise aus der DDR zu beantragen. Am 2.5. beginnt Ungarn mit dem Abbau seiner Sicherungsanlagen an der Grenze zu Österreich. – Am 7.8. berichtet das SED-Zentralorgan *Neues Deutschland* in verklausulierter Form, DDR-Bürger hätten Vertretungen der Bundesrepublik in staatssozialistischen Ländern besetzt. Am folgenden Tag muss die Ständige Vertretung in Ost-Berlin, in der sich 130 DDR-Bürger aufhalten, für den Besucherverkehr geschlossen werden; am 13.8. folgt die bundesdeutsche Botschaft in Budapest, am 22.8. die Vertretung in Prag.

■ **Beginn der Massenflucht**: Am 19.8. nutzen 661 DDR-Bürger das »Paneuropäische Picknick« – bei dem für einige Stunden die ungarisch-österreichische Grenze bei Sopron geöffnet bleibt – zur Flucht in den Westen. Fünf Tage später gewährt Ungarn den 108 in der westdeutschen Vertretung in Budapest festsitzenden DDR-Bürgern mit Papieren des Roten Kreuzes die Ausreise über Österreich, das am 31.8. einseitig die Visumspflicht für DDR-Bürger aufhebt. Im August passieren rd. 3000 DDR-Bürger die grüne Grenze zwischen Ungarn und Österreich. Entgegen dem Beharren der DDR-Führung auf Einhaltung der bilateralen Verträge erlaubt Ungarn ab 11.9. DDR-Bürgern die Ausreise in den Westen. Daraufhin können 7000 DDR-Bürger, die in Flüchtlingslagern am Balaton (Plattensee) auf ihre Ausreise gewartet haben, Ungarn in Richtung Österreich verlassen. Andere, die sich u.a. in der Tschechoslowakei aufgehalten haben, kommen nach Ungarn, um von dort aus in den Westen zu gelangen. Innerhalb von drei Tagen treffen 15 000 DDR-Bürger in der Bundesrepublik ein.

■ **Reaktionen**: Die SED-Spitze macht die Bundesrepublik für die Fluchtwelle verantwortlich. Bereits in der Politbürositzung am 25.8. hatte Günter Schabowski den »Imperialismus der BRD« als den »eigentlichen Schuldigen« an der Situation benannt. In der Debatte im Politbüro am 12.9. wirft Günter Mittag (Honecker fehlt wegen Krankheit) Ungarn Verrat vor. – In der Bevölkerung wächst unter Bürgern, die das Land nicht verlassen wollen, der Unmut über die Partei- und Staatsspitze.

■ **Kontrollierte Massenausreise**: Die DDR-Führung versucht, mit einer Reihe von Ausschleusungsaktionen der Ausreisewelle Herr zu werden. Am 29.9.

schlägt Honecker für die in den bundesdeutschen Botschaften in Prag und Warschau wartenden DDR-Bürger vor, ihre Ausreise zu genehmigen. Im Rahmen dieser ersten Massenausreise treffen aus Prag rd. 6000 und aus Warschau etwa 800 DDR-Bürger in der Bundesrepublik ein. Innerhalb von nur drei Tagen füllt sich die bundesdeutsche Vertretung in der tschechoslowakischen Hauptstadt erneut, nunmehr mit 7600 Fluchtwilligen. Am 3.10. erklärt sich die DDR zu einer weiteren Ausschleusungsaktion bereit und setzt am gleichen Tag den pass- und visafreien Reiseverkehr in die Tschechoslowakei »zeitweilig« aus. Die zweite Massenausreise, die am 4.10. beginnt, ist von gewaltsamen Auseinandersetzungen zwischen Polizei und Demonstranten an den Gleisen und vor allem im Umfeld des Dresdner Hauptbahnhofes verbunden, wo mehr als 3000 Menschen versuchen, in die Züge mit den ausreisenden DDR-Bürgern aus Prag zu gelangen. Den rd. 1500 von der Warschauer Botschaft der Bundesrepublik betreuten DDR-Bürgern wird nach dem 5.10. die Massenausreise ermöglicht. Die Rücknahme der Aufhebung des pass- und visafreien Reiseverkehrs in die Tschechoslowakei ab 1.11. soll eine weitere Beruhigung der Lage bringen; sie bewirkt jedoch einen erneuten Flüchtlingsstrom in die Prager Botschaft der Bundesrepublik, so dass am 3.11. die vierte Massenausreise arrangiert werden muss.

GRÜNDUNG NEUER PARTEIEN UND BEWEGUNGEN

Innerhalb der Oppositionsbewegung beginnt eine Neuformierung, in deren Verlauf bisher relativ lockere Verbindungen in reguläre Bewegungen und Parteien umgewandelt werden, zudem entstehen ab Ende August mehrere neue Bewegungen.

■ **Sozialdemokratische Partei**: Im Januar 1989 beginnen Vorbereitungen für die Gründung einer sozialdemokratisch orientierten politischen Vereinigung; die SDP wird am 7.10. in Schwante bei Berlin u.a. durch Angelika Barbe, Markus Meckel, Ibrahim Böhme, Arndt Noack und Stephan Hilsberg gegründet und beantragt zwei Tage später die offizielle Zulassung.

■ **Demokratischer Aufbruch**: Am 23.8. vereinbaren Rainer Eppelmann, Ehrhart Neubert, Rudi Pahnke, Edelbert Richter, Wolfgang Schnur, Friedrich Schorlemmer, Thomas Sell, Harald Wagner und Thomas Welz bei einem konspirativen Treffen in Dresden die Bildung einer politischen Vereinigung. Auf ihrem Gründungsparteitag am 16./17.12. in Leipzig spricht sich der DA für die Einheit Deutschlands aus.

■ **Neues Forum**: Am 9.9. wird in der Wohnung Katja Havemanns das Neue Forum gegründet, das am folgenden Tag seinen ausdrücklich überparteilich formulierten Aufruf zum Dialog »Aufbruch 89« veröffentlicht. Es erlangt von Beginn an große Aufmerksamkeit in den Medien, weil zu den Erstunterzeichnern prominente Bürgerrechtler (u.a. Bärbel Bohley und Rolf Henrich) gehören. In den kommenden Wochen unterzeichnen etwa 200 000 DDR-Bürger den Aufruf, der weit weniger konfrontativ gegenüber der Staatsmacht formuliert ist als z.B. die Gründungsdokumente der SDP. Das Neue Forum beantragt am 19.9. seine offizielle Zulassung, die vom DDR-Innenministerium aufgrund »verfassungsfeindlicher Bestrebung« verweigert wird.

■ **Demokratie Jetzt**: Am 12.9. verabschiedet die »Initiative Absage an Praxis und Prinzip der Abgrenzung«, ein Arbeitskreis der Berliner Bartholomäuskirche den »Aufruf zur Einmischung in eigener Sache«. Darin rufen die Initiatoren (u.a. Hans-Jürgen Fischbeck, Wolfgang Ullmann und Konrad Weiß) zur Gründung einer Bürgerbewegung auf. Zunächst plädiert Demokratie Jetzt für die Reform des Staatssozialismus, den sie durch einen »demokratischen Sozialismus« ersetzen möchte. Ab November taucht der Begriff »Sozialismus« nicht mehr auf.

■ **Vereinigte Linke**: In Böhlen bei Leipzig gründet sich am 4.9. die Vereinigte Linke (VL) als »sozialistische Oppositionsbewegung«, in der auch SED-Mitglieder mitwirken. Prominente Mitglieder der Bewegung sind Thomas Klein und Jutta Braband.

■ **Grüne Partei**: Am 24.11. wird in Ost-Berlin eine Grüne Partei gegründet, die sich »über den nationalen Rahmen hinaus als Teil der globalen, insbesondere der europäischen Bewegung der Grünen« versteht. Prominentes Mitglied ist die am 9.11. in die DDR zurückgekehrte Bürgerrechtlerin Vera Wollenberger.

DEMONSTRATIONEN

Versuche einzelner Bürger, sich mit eigenen Transparenten in den Demonstrationszug zum 70. Jahrestag der Ermordung von Karl Liebknecht und Rosa Luxemburg am 15.1. in Ost-Berlin einzureihen, werden unterbunden. Am gleichen Tag versammeln sich in Leipzig etwa 200 Bürger, um für Meinungs-, Presse- und Versammlungsfreiheit zu demonstrieren. 80 Teilnehmer werden vorläufig festgenommen.

■ **Montagsdemonstrationen**: Am 4.9., einem Montag, demonstrieren in Leipzig nach dem Ende eines Friedensgebets in der Nikolaikirche ca. 1200 Menschen für ihre Ausreise. Auch die beiden folgenden Montagsdemonstrationen in Leipzig (die von Sicherheitskräften schnell unterbunden werden) sind von Bürgern dominiert, die ihre Entlassung aus der DDR-Staatsbürgerschaft anstreben. Bei der Demonstration am 25.9. rufen die 5000–8000 Teilnehmer erstmals Losungen wie »Wir bleiben hier« und treten für Reformen in der DDR ein. Als Honecker am 2.10. in einem Kommentar zur Massenflucht in *Neues Deutschland* äußert, man solle den Flüchtlingen »keine Träne nachweinen«, finden sich am selben Tag zur Leipziger Montagsdemonstration schon 25 000 Teilnehmer ein, um ihrer Empörung über die Ignoranz und Arroganz der SED-Spitze Ausdruck zu verleihen.

■ **Wende in Leipzig**: Am 9.10. bereitet sich die Staatsmacht mit dem Zusammenziehen von Verbänden der Volkspolizei, der Staatssicherheit, der Kampfgruppen und der Nationalen Volksarmee im Raum Leipzig auf eine gewaltsame Auflösung des erwarteten Montagsdemonstrationszuges vor. Es wird bekannt, dass das Personal von Krankenhäusern verstärkt, Abteilungen freigeräumt und Blutkonserven bereitgestellt worden sind. – In den späten Nachmittagsstunden sendet der Leipziger Stadtfunk einen »Appell Leipziger Bürger«, in dem diese versichern, alles in ihrer Macht Stehende für einen friedlichen Verlauf der abendlichen Demonstration tun zu wollen. Die Unterzeichner sind drei Mitglieder der SED-Bezirksleitung Leipzig (Kurt Meier, Jochen Pommert und Roland Wötzel) auf der einen Seite sowie der Kapellmeister des Gewandhausorchesters Kurt Masur, der Kabarettist Bernd Lange und der Pfarrer Peter Zimmermann auf der anderen. Vor allem die Zusicherung der drei SED-Funktionäre und die Tatsache, dass die sowjetische Führung sich entschlossen hat, nicht einzugreifen, sorgen für einen friedlichen Verlauf der Demonstration und verhindern ein drohendes Blutvergießen. Die Losung »Wir sind das Volk«, die 75 000 Demonstranten hier erstmals rufen, wird zur zentralen Parole der demokratischen Revolution. Der Gewaltverzicht macht die »Wende« – ein Begriff, den Egon Krenz als Beschreibung der Ereignisse prägt – unumkehrbar.

40. JAHRESTAG DER DDR

Unbeirrt vom anschwellenden Ausreisedruck setzt die DDR-Führung ihre Vorbereitungen zur Feier des 40. Gründungstags der DDR fort. Am 19.1. erklärt Honecker, die Mauer in Berlin bliebe auch »in 50 und auch in 100 Jahren noch bestehen«, wenn die Gründe, »die zu ihrer Errichtung geführt haben«, nicht »geändert« werden. Am 7.10. gibt Honecker einen Staatsempfang im Ost-Berliner Palast der Republik, dessen Gäste nicht mitbekommen, dass vor dem Gebäude Tausende Demonstranten von der Volkspolizei durch die Innenstadt gejagt, festgenommen und Sammelplätzen »zugeführt« werden. Auch in anderen Städten kommt es zu friedlichen Demonstrationen, die in der SED-Presse als »Störungen der Volksfeste zum Republikgeburtstag« bezeichnet werden. Im Umfeld des 7.10. werden etwa 3500 Bürger festgenommen.

Am 16.10. demonstrieren 120 000 Menschen in Leipzig. Erstmals berichtet ein DDR-Medium – *Jugendradio DT64* – live. Am 23.10. sind es schon 300 000 Menschen, die durch die Leipziger Innenstadt ziehen.

DIE SED IN DER KRISE

■ **Machtwechsel**: In der turnusmäßigen Sitzung des Politbüros am 17.10. stellt Willi Stoph im Auftrag der Politbüromitglieder Egon Krenz, Günter Schabowski und Siegfried Lorenz den Antrag, Honecker als SED-Generalsekretär abzulösen. Am folgenden Tag wird den Mitgliedern und Kandidaten des zu einer Sondersitzung zusammengerufenen SED-ZK das Rücktrittsgesuch Honeckers verlesen, in dem dieser seine angeschlagene Gesundheit und sein Alter als Gründe für seinen Rückzug von allen Ämtern in Staat und Partei anführt und Krenz als seinen Nachfolger vorschlägt. Das ZK bestätigt zudem die Ablösung des für Medienpolitik zuständigen Joachim Herrmann sowie des Wirtschaftssekretärs Günter Mittag. Krenz wird einstimmig zum neuen SED-Generalsekretär gewählt.

■ **Versuche zur Konsolidierung der Macht**: In eilig einberufenen »Parteiaktivistentagungen« soll am späten Nachmittag des 18.10. die SED-Basis auf Krenz eingeschworen werden. Dieser versucht am Abend in einer Rundfunk- und Fernsehansprache, das Vertrauen der Bevölkerung zu erwerben, indem er einräumt, die DDR-Führung habe in den vergangenen Monaten die Entwicklung »nicht real

Krenz, Egon *Kolberg 19.3.1937

Lehramtsstudium; ab 1955 Mitglied der SED, ab 1971 Abgeordneter der Volkskammer, 1973–89 Mitglied des ZK der SED, 1983–89 Mitglied des Politbüros. 1984–89 stellvertretender Staatsratsvorsitzender, übernimmt am 18.10.1989 als Nachfolger von Erich Honecker das Amt des Generalsekretärs des ZK der SED, am 24.10. den Vorsitz des Staatsrats und des Nationalen Verteidigungsrats. Rücktritt Anfang Dezember 1989, Ausschluss aus der SED-Nachfolgepartei PDS im Januar 1990. 1997 Verurteilung wegen Verantwortung für Todesschüsse an der innerdeutschen Grenze, 2003 aus der Haft entlassen

genug« eingeschätzt und nicht rechtzeitig die richtigen Schlussfolgerungen gezogen. Am 24.10. wird Krenz in der Volkskammer auch zum Vorsitzenden des Staatsrats sowie zum Vorsitzenden des Nationalen Verteidigungsrats gewählt, wobei es erstmals seit 1972 in der Volkskammer Gegenstimmen gibt. Gegen die Wahl von Krenz demonstrieren noch am gleichen Tag 12 000 Ost-Berliner vor dem Palast der Republik. – Am 27.10. erlässt der Staatsrat eine Amnestie für alle DDR-Bürger, die bis zu diesem Tag in den Westen geflohen sind. Darüber hinaus regelt ein weiterer Beschluss die Entlassung aller wegen Republikflucht Verurteilten bis zum 30.11. – Am 2./3.11. treten mit Margot Honecker, Harry Tisch, Hermann Axen, Kurt Hager, Erich Mielke, Erich Mückenberger und Alfred Neumann eine Reihe von führenden Politikern der alten DDR-Führung von ihren Posten zurück. Am 3.11. veröffentlicht die SED ein »Aktionsprogramm für die Erneuerung« in Politik, Wirtschaft und Gesellschaft. – Am 7.11. tritt der Ministerrat unter Willi Stoph geschlossen zurück.

POLITISCHE EMANZIPATION DER DDR-BÜRGER

Im Oktober festigen die neuen politischen Bewegungen ihre Strukturen und die alten Blockparteien beginnen, sich von der SED deutlich abzusetzen. Am 9.10. empfängt der Dresdner SED-Oberbürgermeister Wolfgang Berghofer die von den 12 000 Teilnehmern einer Demonstration vom Vortag gewählten Sprecher (Gruppe der 20). Sie fordern in einem 9-Punkte-Katalog u.a. die Klärung des gewaltsamen Vorgehens der Sicherheitskräfte am 4.10. vor dem Hauptbahnhof (→ oben) und am 7.10. zum DDR-Jahrestag, die Gewährung der Meinungs-, Demonstrations- und Reisefreiheit, freie Wahlen sowie die Zulassung des Neuen Forums. – Am 11.10. fordert der Schriftstellerverband in einer Erklärung eine »revolutionäre Reform« in der DDR und den öffentlichen demokratischen Dialog auf allen gesellschaftlichen Ebenen. Zwei Tage später veröffentlicht das *Neue Deutschland* eine ähnlich lautende Erklärung des Präsidiums der Akademie der Künste der DDR sowie eine weitere des Kulturbundes, in der die Autoren zwar ihre Sorge um den Weggang von Tausenden junger Menschen ausdrücken, aber den »hasserfüllten psychologischen Krieg, der über die Medien von nationalistischen Kräften der BRD gegen die DDR geführt wird«, und die »penetranten Aufforderungen zu Reformen, die uns Gegner des Sozialismus Tag für Tag überreichen«, verurteilen. – Am 15.10. veröffentlicht der thüringische Landesbischof Werner Leich einen Hirtenbrief, in dem er die DDR-Führung davor warnt, Kritiker als »Staatsfeinde« zu behandeln. – Das DDR-Fernsehen strahlt am 19.10. erstmals eine Live-Diskussion mit Politikern, Wissenschaftlern und Journalisten aus (Donnerstagsgespräch). – Am 20.10. stellt der sächsische Landesbischof Johannes Hempel vor der Synode der Sächsischen Landeskirche den Führungsanspruch der SED in Frage. – Ab 21.10. demonstrieren Zehntausende u.a. in Ost-Berlin, Dresden, Plauen, Potsdam, Karl-Marx-Stadt (Chemnitz), Erfurt, Rostock, Magdeburg, Stralsund, Schwerin, Zwickau und Halle; selbst in kleineren Orten finden nun Demonstrationen statt. – Bei der Vorbereitung der Demonstration am 4.11. gehen die Initiatoren, Mitarbeiter der Ost-Berliner Theater, von 15 000–20 000 Teilnehmern aus; tatsächlich kommen etwa 700 000 (andere Schätzungen gehen bis zu 1 Mio.) Menschen zur größten Demonstration in der Geschichte der DDR, die parallel zu weiteren Großdemonstrationen in anderen Städten stattfindet. In Reden und auf Transparenten artikulieren die Teilnehmer – teilweise ironisch (»Wende statt Wände«; »Rechtssicherheit ist die beste Staatssicherheit!«; »Visafrei bis Hawaii«) – ihre Forderung nach Reise-, Meinungs-, Presse- und Versammlungsfreiheit.

9. NOVEMBER: FALL DER MAUER

Am 6.11. veröffentlicht die DDR-Presse den Entwurf einer neuen Reiseverordnung, der in der

Berliner stürmen in der Nacht vom 9./10.11. die Mauer am Brandenburger Tor

Bevölkerung auf Ablehnung stößt und bereits am folgenden Tag im Rechtsausschuss der Volkskammer verworfen wird. In den kommenden Tagen formulieren vier Obristen (zwei aus dem Innenministerium und zwei aus dem Ministerium für Staatssicherheit) einen neuen Entwurf, der am Morgen des 9.11., dem zweiten Tag des 10. Plenums des SED-ZK, abschließend beraten wird. Nach dieser Verordnung sollen ständige Ausreisen über alle Grenzübergänge der DDR zur Bundesrepublik und nach West-Berlin abgewickelt und Reisepässe und Ausreisevisa für Besuche und Reisen in westliche Länder kurzfristig durch die Volkspolizei-Kreisämter ausgestellt werden. Ihre Versagung ist nur in Ausnahmefällen vorgesehen. Am frühen Abend des 9.11. verkündet Günther Schabowski, der Sprecher der SED, auf einer Pressekonferenz eher beiläufig den Text der Reiseverordnung. Danach herrscht einige Stunden Unklarheit, unwahre Gerüchte über bereits geöffnete Grenzübergänge verbreiten sich und führen in Bonn zur Unterbrechung einer Bundestagsdebatte. Tausende Ost-Berliner strömen zu den Übergängen, so auch an der Bornholmer Straße in Berlin-Prenzlauer Berg, wo gegen 22:30 Uhr nach einer Entscheidung der diensttuenden Wach- und Personenkontrolleinheiten der DDR-Grenztruppen bzw. der Stasi der erste Übergang geöffnet wird. Bis 24:00 Uhr werden alle innerstädtischen Kontrollpunkte geöffnet, bis 1:00 Uhr am 10.11. folgen die Übergänge im Berliner Umland. Etwa um diese Zeit überschreiten die ersten DDR-Bürger die Grenze zur Bundesrepublik. Die ganze Nacht über kommen Zehntausende für einen Kurzbesuch nach West-Berlin und die grenznahen Orte der Bundesrepublik. – Am 12.11. teilt das DDR-Innenministerium mit, bis zu diesem Zeitpunkt 4,3 Mio. Visa für Privatreisen in die Bundesrepublik und nach West-Berlin erteilt zu haben. Am 13.11. werden die Sperrzone an der Grenze zur Bundesrepublik sowie in den küstennahen Gewässern und die Regelungen zum Schusswaffengebrauch aufgehoben. Ab 27.11. beginnen Angehörige der DDR-Grenztruppen mit dem Abbau des Schutzstreifenzaunes.

DAS ENDE DER SED

■ **Außerordentlicher Parteitag**: Am 8.11. wird auf der 10. Tagung des SED-ZK ein »reformiertes« Politbüro gewählt. Ihm gehören elf Mitglieder (acht alte: Egon Krenz, Hans-Joachim Böhme, Werner Eberlein, Werner Jarowinsky, Heinz Keßler, Siegfried Lorenz, Günter Schabowski und Gerhard Schürer, drei neue: Wolfgang Herger, Hans Modrow und Wolfgang Rauchfuß) sowie sechs Kandidaten. Die weitgehende personelle Kontinuität, die sich auch im ZK widerspiegelt, stößt in großen Teilen der SED-Mitgliedschaft auf Kritik. Innerhalb von 24 Stunden müssen die gerade erst in das Politbüro gewählten Kandidaten Hans-Joachim Böhme, Werner Walde und Johannes Chemnitzer zurücktreten, weil ihre eigenen Bezirksorganisationen ihnen das Misstrauen aussprechen. – Mit dem Beschluss der ZK-Tagung, für Mitte Dezember eine Parteikonferenz einzuberufen, unternimmt die SED-Spitze den Versuch, sich von der Basis den Kurs der Wendepolitik bestätigen zu lassen, ohne Gefahr zu laufen, selbst abgewählt zu werden. Nach dem immer noch gültigen SED-Statut kann – anders als bei einem Parteitag – bei einer Parteikonferenz die Zusammensetzung des ZK (und damit auch die des Politbüros) nicht komplett neu bestimmt, also auch keine personelle Wende in der SED-Politik erzwungen werden. Noch am 8.11. demonstrieren 50 000 Ost-Berliner SED-Mitglieder vor dem Gebäude des ZK und fordern die Einberufung eines außerordentlichen Parteitags. Drei

Am 11.11. rollt eine Trabi-Kolonne bei Herleshausen in Richtung Bundesrepublik

DIE MITGLIEDER DES MINISTERRATES
Vorsitzender: Hans Modrow (SED)
Stellvertreter: Christa Luft (SED, für Wirtschaft); Peter Moreth (LDPD, für örtliche Staatsorgane); Lothar de Maizière (CDU, für Kirchenfragen)
Minister: Gerhard Schürer (SED, als Vorsitzender der Staatlichen Plankommission); Kurt Singhuber (SED, Schwerindustrie); Karl Grünheid (SED, Maschinenbau); Gunter Halm (NDPD, Leichtindustrie); Klaus Wolf (CDU, Post- und Fernmeldewesen); Heinrich Scholz (SED, Verkehr); Manfred Flegel (NDPD, Handel und Versorgung); Gerhard Baumgärtel (CDU, Bauwesen); Hans Watzek (DBD, Land-, Forst- und Nahrungsgüterwirtschaft); Hans Reichelt (DBD, Umwelt und Wasserwirtschaft); Peter-Klaus Budig (LDPD, Wissenschaft und Technik); Uta Nickel (SED, Finanzen und Preise); Hannelore Mensch (SED, Arbeit und Löhne); Gerhard Beil (SED, Außenwirtschaft); Oskar Fischer (SED, Auswärtige Angelegenheiten); Theodor Hoffmann (SED, Verteidigung); Hans-Joachim Heusinger (LDPD, Justiz); Wilfried Poßner (SED, Bildung und Jugend); Dietmar Keller (SED, Kultur); Lothar Ahrendt (SED, Inneres); Klaus Thielmann (SED, Gesundheit und Soziales); Bruno Benthien (LDPD, Tourismus); Wolfgang Schwanitz (SED, als Leiter der MfS-Nachfolgeeinrichtung Amt für Nationale Sicherheit)
Sprecher: Wolfgang Meyer (SED)

Ost-Berliner SED-Gliederungen (die Kreisleitungen Humboldt-Universität und Akademie der Wissenschaften sowie die Betriebsparteiorganisation im Werk für Fernsehelektronik) beginnen eigenständige Vorbereitungen für einen SED-Parteitag, der nach dem Statut einberufen werden kann, wenn mindestens ein Drittel der SED-Mitgliedschaft eine entsprechende Initiative unterstützt. Erstmals verweigern damit SED-Mitglieder ihrer Parteispitze die unbedingte Gefolgschaft. Am 12.11. lenkt das Politbüro ein und beruft für den 15. bis 17.12. einen außerordentlichen Parteitag ein.

■ **Mitgliederschwund**: Am 31.8. zählt die SED 2,3 Mio. Mitglieder und Kandidaten. Seit Jahresanfang hatte sie über 95 000 Mitglieder verloren, jedoch nur 31 216 neue Kandidaten aufgenommen. Bis Anfang Januar 1990 sinkt die Mitgliederzahl auf etwa 1,4 Mio.; in der ersten Jahreshälfte 1990 verlassen noch einmal fast 1,1 Mio. Mitglieder die Partei.

■ **Rücktritt des Politbüros**: Unter dem Druck der Basis treten am 3.12. das Politbüro und das ZK geschlossen zurück. Zuvor sind prominente Vertreter der früheren ersten Garnitur aus der SED ausgeschlossen worden (so Honecker, Stoph, Tisch, Sindermann und Mielke). An die Stelle des bisherigen ZK tritt ein provisorischer Arbeitsausschuss, dem 25 Personen angehören.

■ **Außerordentlicher SED-Parteitag**: Der Arbeitsausschuss, dem der neue Erfurter SED-Chef Herbert Kroker vorsteht, zieht den Beginn des Außerordentlichen Parteitags auf den 8.12. vor. In einer (geschlossenen) Nachtsitzung wird zunächst der Antrag eines Rostocker Delegierten, die Partei aufzulösen, nach einem Appell Hans Modrows abgelehnt. Nach Statutenänderungen wird ein Präsidium sowie ein Vorstand gewählt. 95,3% der Delegierten bestimmen den Ost-Berliner Rechtsanwalt Gregor Gysi zum Vorsitzenden der SED. Seine Stellvertreter werden der neue Ministerpräsident Hans Modrow und der Dresdner Oberbürgermeister Wolfgang Berghofer. – Nach einwöchiger Unterbrechung wird der Parteitag am 16./17.12. fortgesetzt. Gregor Gysi spricht sich für eine tiefgreifende Reform von Staat und Gesellschaft aus. Bei 172 Gegenstimmen und 39 Enthaltungen beschließen die 2434 Delegierten eine Ergänzung des Parteinamens in SED-Partei des demokratischen Sozialismus (SED-PDS). Damit setzt sich die Linie Gysis durch, mit einem schrittweisen Wechsel des Namens politisch die Erneuerung der ehemaligen Staatspartei zu meistern und dabei deren Vermögen für die reformierte Partei zu retten.

REGIERUNG MODROW

Am 13.11. tritt der langjährige Präsident der Volkskammer, Sindermann, zurück. In einer Kampfabstimmung setzt sich der Chef der Demokratischen Bauernpartei, Günter Maleuda, gegen den Vorsitzenden der LDPD, Manfred Gerlach, mit 246:230 Stimmen als Nachfolger im Amt des Parlamentspräsidenten durch. – Der seit 7.11. nicht mehr dem MfS vorstehende Erich Mielke (SED) wird am gleichen Tage von den Abgeordneten zur Rede gestellt. Mit den Worten »Ich liebe doch alle Menschen« verteidigt er die jahrzehntelange Überwachung der DDR-Bürger durch das MfS. – Mit einer Gegenstimme wird schließlich Modrow (SED) zum Nachfolger Stophs im Amt des Ministerpräsidenten gewählt.

■ **Regierungsprogramm**: Am 17.11. stellt Modrow das Programm seiner »Regierung des Friedens und des Sozialismus« vor, in dem er einschreidende Reformen ankündigt. Die beiden deutschen Staaten sollten ihre »Vertrauensgemeinschaft« mit dem Ziel »qualifizierter guter Nachbarschaft« und »kooperativer Koexistenz« zu einer »Vertragsgemeinschaft« ausbauen. Am 18.11. bestätigt die Volkskammer die von Modrow vorgelegte Kabinettsliste.

DAS ENDE DES DEMOKRATISCHEN BLOCKS

Am 2.11. treten die bisherigen Vorsitzenden von CDU und NDPD, Gerald Götting bzw. Heinrich Homann, von ihren Ämtern zurück. Am 10.11. wählt der CDU-Hauptvorstand den Rechtsanwalt Lothar de Maizière zum neuen Parteivorsitzenden und beruft einen Sonderparteitag für den 15./16.12. nach Ost-Berlin ein. Hier gibt sich die Partei eine neue Satzung, in der sie sich zur »Einheit der Nation« und zu einer »Marktwirtschaft mit sozialer Bindung in ökologischer Verantwortung« bekennt. – Am 16.11. fordert die LDPD die Streichung des in der Verfassung festgeschriebenen Führungsanspruches der SED. – Am 28.11. tagt zum letzten Mal der »Demokratische Block der Parteien und Massenorganisationen«. Als erste Partei zieht sich am 4.12. die CDU aus der Mitarbeit im Block zurück, am 5.12. folgen die LDPD und die DBD, am 7.12. schließlich die NDPD. – Der Hauptvorstand der LDPD bekennt sich in einer Erklärung am 19.12. zur deutschen Einheit und zur »sozialgerechten Marktwirtschaft«. – Am 1.12. wird auf gemeinsamen Antrag aller zehn Volkskammerfraktionen der Führungsanspruch der SED aus der DDR-Verfassung gestrichen.

RUNDER TISCH

Am 7.12. treten Vertreter von 14 politischen Parteien und Bewegungen unter der Moderation von Kirchenvertretern zu Beratungen am Runden Tisch zusammen. Das Gremium ist paritätisch aus alten und neuen Kräften zusammengesetzt: Alle neuen Parteien und Organisationen außer dem Neuen Forum (das drei Vertreter entsendet) sind mit zwei Sprechern vertreten, die fünf Parteien des soeben aufgelösten Demokratischen Blocks entsenden je fünf, der Gewerkschaftsbund und die Vereinigung der gegenseitigen Bauernhilfe je zwei Vertreter. Die wichtigsten Beschlüsse des ersten Verhandlungstags betreffen eine Erklärung zum eigenen Selbstverständnis, die Festlegung des 6.5.1990 als Datum für freie Volkskammerwahlen und die Ausarbeitung einer neuen Verfassung.

ZUKUNFT DER DDR

Nachdem bereits am 4.11. bei einer Demonstration in Plauen erstmals ein Transparent mit der Losung »Deutschland – einig Vaterland« (eine Liedzeile der DDR-Nationalhymne) getragen worden war, zeigt sich an den mitgeführten Transparenten bei den Leipziger Montagsdemonstrationen ab 20.11. eine »Zweite Wende«. Forderungen nach Wiederherstellung der deutschen Einheit beginnen das Geschehen zu dominieren.

»Deutschland einig Vaterland« – Montagsdemonstration in Leipzig am 11.12.

Am 28.11. wird eine Alternative für die weitere Entwicklung in der DDR präsentiert. Auf der einen Seite stellt Stefan Heym in Ost-Berlin bei einer Pressekonferenz den am 26.11. von 31 prominenten Intellektuellen (u.a. Frank Beyer, Volker Braun, Tamara Danz, Dieter Klein, Ulrike Poppe, Friedrich Schorlemmer und Konrad Weiß) unterzeichneten Aufruf »Für unser Land« vor, der bis Ende Dezember von mehr als 1,1 Mio. DDR-Bürgern unterschrieben wird. Die Unterzeichner plädieren, mit der DDR »eine sozialistische Alternative zur Bundesrepublik zu entwickeln«. Auf der anderen Seite stellt Bundeskanzler Helmut Kohl am gleichen Tag im Bundestag ein 10-Punkte-Programm vor, das die Wiedervereinigung Deutschlands als Endpunkt einer mittelfristigen Entwicklung vorsieht. Kohls Vorschlag findet in der DDR ein geteiltes Echo, das von vollständiger Ablehnung (Regierung Modrow), vorsichtiger Zustimmung (Ost-CDU und NDPD) bis zur Einschätzung »verfrüht« (SDP und DA) reicht.

■ **Auflösung der »Stasi«**: Am 14.12. wird der Beschluss des Runden Tisches zur Auflösung des aus dem MfS entstandenen Amtes für Nationale Sicherheit mit einer Verordnung des Ministerrats umgesetzt. Einen Tag später verordnet der Ministerrat die Auflösung der Kampfgruppen.

TEILNEHMER AM RUNDEN TISCH

Neue Parteien und Organisationen	Alte Parteien und Organisationen
Vereinigte Linke	Sozialistische Einheitspartei (SED)
Sozialdemokratische Partei in der DDR (SDP)	Liberal-Demokratische Partei Deutschlands (LDPD)
Bürgerbewegung Demokratie Jetzt	National-Demokratische Partei Deutschlands (NDPD)
Bürgerbewegung Neues Forum	Demokratische Bauernpartei Deutschlands (DBD)
Grüne Partei	Christlich Demokratische Union (CDU)
Initiative Frieden und Menschenrechte	Vereinigung der gegenseitigen Bauernhilfe (VdgB)
Grüne Liga	Freier Deutscher Gewerkschaftsbund (FDGB)
Unabhängiger Frauenverband	Demokratischer Aufbruch

REAKTION DER ALLIIERTEN

Auf Einladung des sowjetischen Botschafters in der DDR Wjatscheslaw Kotschemassow findet am 11.12. im Gebäude des Alliierten Kontrollrats in West-Berlin ein Treffen mit den Botschaftern der drei westlichen Siegermächte des 2. Weltkriegs (Vernon Walters für die USA, Christopher Mallaby für Großbritannien und Serge Boidevaix für Frankreich) statt, um »die Lage in Deutschland zu beraten«. Sie vereinbaren weitere Expertengespräche. – Am gleichen Tag betont der sowjetische KP-Chef Michail Gorbatschow in einem Telefonat mit dem neuen SED-Vorsitzenden Gregor Gysi das Interesse der UdSSR am Fortbestand der DDR. Am 12.12. kommen US-Außenminister James Baker und DDR-Ministerpräsident Modrow in Potsdam zu einem Meinungsaustausch zusammen. – Vom 20. bis 22.12. reist der französische Präsident François Mitterrand in Begleitung mehrerer Minister zu einem Staatsbesuch in die DDR. In einer Rede vor Studenten in Leipzig am 21.12. ruft Mitterrand die Deutschen auf, bei der Entscheidung über ihre Einheit die bestehenden Grenzen und Realitäten zu achten. Das Gleichgewicht in Europa dürfe nicht verletzt werden.

WIRTSCHAFTLICHE LAGE

■ **Expertengutachten**: Am 27.10. legen fünf führende Wirtschaftsfachleute der DDR ein vertrauliches Gutachten zur wirtschaftlichen Lage am Ende der Honecker-Ära vor. Sie attestieren der DDR eine im Vergleich zur Bundesrepublik um 40% geringere Arbeitsproduktivität. Angesichts von Auslandsverbindlichkeiten in Höhe von 49 Mrd. Valuta-Mark (etwa 26,5 Mrd. US-$) drohe 1990 die Zahlungsunfähigkeit, wenn, wie zu erwarten, 3,5 Mrd. US-$ weitere Verbindlichkeiten auf die DDR zukommen. Die Verfasser stellen fest, dass 1988 fast 54% aller Ausrüstungen in der Industrie technisch verschlissen sind, und beschreiben damit den eingetretenen Investitionsrückstau. Die versteckte Binnenverschuldung des Staatshaushaltes (in den vergangenen Jahrzehnten war die Staatsverschuldung aus der Haushaltsrechnung ausgebucht worden) geben sie mit 123 Mrd. Mark an und prognostizieren ihr Anwachsen auf 140 Mrd. für Ende 1990. Sie kritisieren die überzogene Subventionspolitik zur Sicherung niedriger Endverbraucherpreise. Die Gutachter schlagen im Hinblick auf die Schuldensituation eine verstärkte Zusammenarbeit mit der Bundesrepublik (Lizenz- und Gestattungsproduktion) vor, die schließlich »zum gegebenen Zeitpunkt« einen Finanzierungskredit von 2–3 Mrd. DM gewähren müsste.

■ **Krenz bei Gorbatschow**: Mit den Angaben aus dem Gutachten reist Egon Krenz zu einem Gespräch mit Gorbatschow am 1.11. nach Moskau. Krenz' Ausführungen rufen das Erstaunen Gorbatschows hervor, der annehmen muss, die DDR stehe vor dem wirtschaftlichen Kollaps. Tatsächlich sind einige Verschuldungszahlen des Gutachtens zu hoch angesetzt, weil Guthaben des Bereiches »Kommerzielle Koordinierung«, der bis zu dessen Flucht in den Westen am 3.12. unter Führung Alexander Schalck-Golodkowskis steht, nicht berücksichtigt sind.

■ **Wachstum**: Trotz der schwierigen Bedingungen durch den Weggang von mehreren hunderttausend Menschen fällt der Rückgang des BIP um 1 Mrd. auf 194,4 Mrd. DM (in DM-Preisen von 1989) mit 0,5% gegenüber dem Vorjahr relativ schwach aus. – Nach Angaben der DDR-Statistik steigt das gesellschaftliche Gesamtprodukt (in DDR-Preisen von 1985) gegenüber dem Vorjahr sogar um 1,9% auf 827 Mrd. Mark.

■ **Einkommen**: Das durchschnittliche monatliche Einkommen von Arbeitern und Angestellten in der staatseigenen Wirtschaft beträgt 1300 Mark.

1990 BRD

Das Jahr der Einheit

Der rapide ökonomische und politische Zerfall der DDR zwingt die Bundesregierung unter Helmut Kohl im Laufe des Jahres, die Pläne zur Vereinigung der beiden deutschen Staaten zu beschleunigen. Wichtige Vorstufe ist die Wirtschafts- und Währungsunion am 1.7. Gleichzeitig ergreifen Kohl und Außenminister Hans-Dietrich Genscher in den 2+4-Gesprächen und bilateralen Verhandlungen die einmalige Chance, die Einheit unter westlichem Vorzeichen mit der Zustimmung aller Siegermächte, also auch der Sowjetunion unter Michail Gorbatschow, zu verwirklichen.
Am 3.10. endet mit dem Beitritt der neuen Länder zur Bundesrepublik die staatliche Teilung: Deutschland ist wiedervereinigt, fremde Truppen werden von seinem Territorium abgezogen, seine volle Souveränität ist wiederhergestellt. Die erste gesamtdeutsche Bundestagswahl am 2.12. bringt für Kohl und Genscher die »Vereinigungsdividende« in Form eines klaren Sieges.

Etwa 2 Mio. Deutsche feiern in der Nacht vom 2./3.10. in Berlin die Wiedervereinigung

DEUTSCH-DEUTSCHE BEZIEHUNGEN

Hunderttausende Berliner aus beiden Teilen der Stadt feiern Silvester 1989/90 am Brandenburger Tor. Berlins Regierender Bürgermeister Walter Momper (SPD) erklärt in der Neujahrsnacht: »Das Volk trägt die Mauer ab.«

■ **Wirtschafts- und Währungsunion**: Nach Gesprächen mit dem sowjetischen Staats- und Parteichef Michail Gorbatschow in Moskau legt der DDR-Ministerratsvorsitzende Hans Modrow am 1.2. eine »Erklärung über den Weg zur deutschen Einheit« vor, die einen schrittweisen Übergang von einer Konföderation zur Bildung eines einheitlichen deutschen Staates vorsieht. – Angesichts der desolaten Situation der DDR-Wirtschaft und der damit verbundenen Ausreisewelle von DDR-Bürgern erklärt sich die Bundesregierung am 7.2. bereit, Gespräche über eine Wirtschafts- und Währungsunion aufzunehmen. Am 23.4. verständigen sich Bundesregierung und Koalition in Zusammenarbeit mit der Deutschen Bundesbank auf Grundzüge eines entsprechenden **Staatsvertrags mit der DDR**, der am 18.5. von Finanzminister Theo Waigel (CSU) und seinem DDR-Amtskollegen Walter Romberg in Bonn unterzeichnet wird und die Einführung der D-Mark als offizielles Zahlungsmittel der DDR ab 1.7. regelt.
Nach Billigung des Staatsvertrags durch die beiden deutschen Parlamente tritt die Wirtschafts-, Währungs- und Sozialunion am 1.7. in Kraft; zugleich entfallen auch die Personenkontrollen an der innerdeutschen Grenze.

■ **Einigungsvertrag**: Bundestag und DDR-Volkskammer verabschieden am 20.9. jeweils mit der erforderlichen Zweidrittelmehrheit (Bundestag 442:47, Volkskammer 299:80 Stimmen) endgültig den Einigungsvertrag, der den Beitritt der DDR zur Bundesrepublik Deutschland gemäß Artikel 23 des Grundgesetzes zum 3.10. sowie die rechtlichen und sozialen Fragen im zusammenwachsenden Deutschland regelt. Der Bundesrat stimmt dem Vertrag am 21.9. zu. Bundespräsident Richard von Weizsäcker unterzeichnet am 24.9. das Dokument, das am 29.9. rechtskräftig wird.

BEITRITT DER DDR ZUR BUNDESREPUBLIK

Am 3.10. treten die fünf neuen Länder Brandenburg, Mecklenburg-Vorpommern, Sachsen, Sachsen-Anhalt und Thüringen, die am 22.7. auf dem Territorium der DDR (wieder-)gegründet worden sind, der Bundesrepublik Deutschland bei. Bundeskanzler Helmut Kohl (CDU) erklärt in einer Botschaft an alle Regierungen der Welt, dass von deutschem Boden in Zukunft Frieden ausgehen werde und dass Deutschland keinerlei Gebietsansprüche gegen irgend jemanden erheben werde. Der gesamtdeutsche Bundestag, zu dem nunmehr 144 neue Abgeordnete aus der früheren DDR gehören, tritt am 4.10. in Berlin zu seiner ersten Sitzung zusammen. Mit der Vereidigung von fünf bisherigen DDR-Politikern als Bundesminister ist die erste gesamtdeutsche Regierung im Amt. In seiner **Regierungserklärung** nennt Kohl als wichtigste Aufgabe der nächsten Jahre, Deutschland auch wirtschaftlich, kulturell und sozial zu vereinen. Regierung und Opposition appellieren an die Opferbereitschaft der Bürger für die deutsche Einheit. – Am 30.11. werden die letzten Segmente der Berliner Mauer abgerissen; nur drei Teile sollen als Museumsstücke erhalten bleiben.

■ **Wahlrecht:** Das Bundesverfassungsgericht erklärt das **Wahlgesetz** für die gesamtdeutsche Bundestagswahl für **verfassungswidrig**. Die auf das gesamte Wahlgebiet bezogene 5%-Klausel ist demnach ebenso unzulässig wie die nur beschränkte Zulassung von Listenverbindungen nicht konkurrierender Parteien. Am 5.10. beschließt der Bundestag ein neues Wahlgesetz, das getrennte Wahlgebiete mit separaten 5%-Klauseln vorsieht.

EINIGUNGSVERTRAG (AUSZUG)

Kapitel I Wirkung des Beitritts

Artikel 1 Länder

Mit dem Wirksamwerden des Beitritts der Deutschen Demokratischen Republik zur Bundesrepublik Deutschland gemäß Artikel 23 des Grundgesetzes am 3. Oktober 1990 werden die Länder Brandenburg, Mecklenburg-Vorpommern, Sachsen, Sachsen-Anhalt und Thüringen Länder der Bundesrepublik Deutschland. (…)

Artikel 2 Hauptstadt

Hauptstadt Deutschlands ist Berlin (…)
Der 3. Oktober ist als Tag der Deutschen Einheit gesetzlicher Feiertag.

BUNDESTAGSWAHL

■ **Ergebnis**: Bei der Wahl zum 12. Deutschen Bundestag am 2.12., der **ersten freien gesamtdeutschen Parlamentswahl** seit 1933, siegt die amtierende christlich-liberale Regierungskoalition unter Helmut Kohl und Hans-Dietrich Genscher klar mit 54,8 % der Stimmen. Bei einer Wahlbeteiligung von 77,8% erhalten CDU und CSU zusammen 43,8% (im Westen 44,3%, im Osten 41,8%) der Zweitstimmen, die FDP 11,0% (im Westen 10,6%, im Osten 12,9%). Die SPD mit dem saarländischen Ministerpräsidenten Oskar Lafontaine an der Spitze erreicht bundesweit lediglich 33,5% und erhält insbesondere nur geringe Unterstützung von den östlichen Wählern (im Westen: 35,7%, im Osten: 24,3%). Die PDS erreicht im Osten 11,1% (bundesweit 2,4%). Die Grünen (bundesweit 3,8%) scheitern im Westen mit 4,8% knapp an der 5%-Hürde, ziehen aber dank der 6% für Bündnis 90/Grüne im Osten mit in den Bundestag ein. Beide Parteien erhalten keinen Fraktions-, sondern nur Gruppenstatus.

Wahl zum 12. Deutschen Bundestag am 2.12.1990 (Gesamtdeutschland)

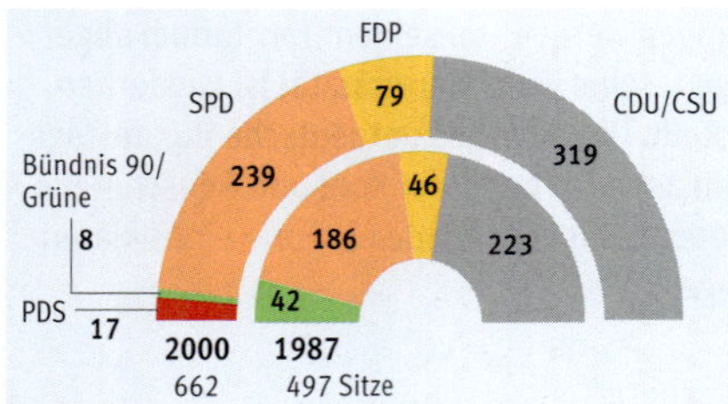

■ **Bundestag**: Der neue Bundestag, dem 662 Abgeordnete angehören, konstituiert sich am 20.12. im Berliner Reichstagsgebäude und wählt erneut Rita Süssmuth (CDU) zu seiner Präsidentin. Fraktions- bzw. Gruppenchefs werden Alfred Dregger (CDU/CSU), Hans-Jochen Vogel (SPD), Hermann Otto Solms (FDP), Gregor Gysi (PDS) und Werner Schulz (Bündnis 90/Grüne).

AUSSENPOLITIK UND DEUTSCHE EINHEIT

■ **Kohl und Gorbatschow:** Bundeskanzler Kohl, der in Begleitung von Außenminister Genscher nach Moskau reist, wird am 10.2. vom sowjetischen Staats- und Parteichef Gorbatschow zu einem Gespräch empfangen. Im Anschluss daran erklärt Kohl, beide Gesprächspartner »stimmten darin überein, dass es das alleinige Recht des deutschen Volkes ist, die Entscheidung zu treffen, ob es in

4. KABINETT KOHL
(konstituiert am 18.1.1991)
Bundeskanzler: Helmut Kohl (CDU)
Stellvertreter und Auswärtiges: Hans-Dietrich Genscher (FDP); ab 18.5.1992 Klaus Kinkel (FDP)
Inneres: Wolfgang Schäuble (CDU); ab 26.11.1991 Rudolf Seiters (CDU); ab 7.7.1993 Manfred Kanther (CDU)
Justiz: Klaus Kinkel (FDP); ab 18.5.1992 Sabine Leutheusser-Schnarrenberger (FDP)
Finanzen: Theodor Waigel (CSU)
Wirtschaft: Jürgen W. Möllemann (FDP); ab 21.1.1993 Günter Rexrodt (FDP)
Ernährung, Landwirtschaft und Forsten: Ignaz Kiechle (CSU); ab 21.1.1993 Jochen Borchert (CDU)
Arbeit und Sozialordnung: Norbert Blüm (CDU)
Verteidigung: Gerhard Stoltenberg (CDU); ab 1.4.1992 Volker Rühe (CDU)
Familie und Senioren: Hannelore Rönsch (CDU)
Frauen und Jugend: Angela Merkel (CDU)
Gesundheit: Gerda Hasselfeldt (CSU); ab 6.5.1992 Horst Seehofer (CSU)
Verkehr: Günther Krause (CDU); ab 13.5.1993 Matthias Wissmann (CDU)
Umwelt, Naturschutz und Reaktorsicherheit: Klaus Töpfer (CDU)
Post- und Fernmeldewesen: Christian Schwarz-Schilling (CDU); ab 22.1.1993 Wolfgang Bötsch (CSU)
Raumordnung, Bauwesen und Städtebau: Irmgard Adam-Schwaetzer (FDP)
Forschung und Technologie: Heinz Riesenhuber (CDU); ab 21.1.1993 Matthias Wissmann (CDU); ab 13.5.1993 Paul Krüger (CDU)
Bildung und Wissenschaft: Rainer Ortleb (FDP); ab 4.2.1994 Karl-Hans Laermann (FDP)
Wirtschaftliche Zusammenarbeit: Carl-Dieter Spranger (CSU)
Besondere Aufgaben: Rudolf Seiters (CDU); ab 26.11.1991 Friedrich Bohl (CDU)

einem Staat zusammenleben will«. Gorbatschow habe ihm »unmissverständlich zugesagt, dass die UdSSR die Entscheidung der Deutschen, in einem Staat zu leben, respektieren wird und dass es Sache der Deutschen ist, den Zeitpunkt und den Weg der Einigung selbst zu bestimmen«. – Kohl und Gorbatschow vereinbaren am 16.7. in Stawropol, dass Deutschland mit der Vereinigung die volle Souveränität erhalten soll und damit frei über seine Bündniszugehörigkeit entscheiden kann.

Hans-Dietrich Genscher, Michail Gorbatschow und Helmut Kohl besprechen die Frage der deutschen Wiedervereinigung am 15.7. bei Stawropol im Kaukasus

■ **Polen:** Am 8.3. gibt der Bundestag mit den Stimmen der Koalition eine Garantieerklärung für die polnische Westgrenze ab: Die polnischen Grenzen würden »weder jetzt noch in Zukunft« durch Gebietsansprüche in Frage gestellt. SPD und Grüne verweigern ihre Zustimmung wegen der Haltung von Bundeskanzler Kohl zur Grenzfrage. Fünf Unions-Abgeordnete enthalten sich, sieben vertreten die Meinung, die Entschließung sei keine rechtsgültige Entscheidung über die Nachkriegsgrenzen. – Der deutsch-polnische Grenzvertrag wird am 14.11. in Warschau unterzeichnet.
■ **2+4-Gespräche:** Am 12.9. werden in Moskau die am 14.2. in Ottawa (Kanada) beschlossenen Gespräche der beiden deutschen Staaten mit den Siegermächten des 2. Weltkriegs abgeschlossen: Außenminister Genscher, der DDR-Ministerratsvorsitzende Lothar de Maizière, die Außenminister Eduard Schewardnadse (UdSSR), James Baker (USA), Douglas Hurd (GB) und Roland Dumas (F) unterzeichnen im Beisein des sowjetischen Präsidenten Gorbatschow den »Vertrag über die abschließenden Regelungen in Bezug auf Deutschland« (2+4-Vertrag), der einem Friedensvertrag gleichkommt und von Gesamtdeutschland und den Alliierten ratifiziert werden muss. Die Vereinbarung regelt die äußeren Aspekte der deutschen Einheit und **gibt dem vereinten Deutschland nach 45 Jahren die volle Souveränität zurück**. – Die Siegermächte verzichten ab dem 3.10. auf ihre Vorbehaltsrechte für Berlin und Deutschland als Ganzes. Mit der Verabschiedung der westalliierten Stadtkommandanten wird am 2.10. der **Besatzungsstatus Berlins** beendet. Am selben Tag wird die Ständige Vertretung Bonns in Ost-Berlin geschlossen. – Der Bundestag billigt am 5.10. in einem »Souveränitätsgesetz« den 2+4-Ver-

Die westlichen Alliierten nehmen am 2.10. Abschied von Berlin

trag. Mit der Zustimmung des Bundesrats am 8.10. schließt die Bundesrepublik als erster Vertragspartner das Ratifizierungsverfahren ab. Als erstes Parlament der Siegermächte ratifiziert am 10.10. der US-Senat den Deutschland-Vertrag.

TRUPPENABZUG UND RÜSTUNGSABBAU

Bundeskanzler Kohl und der französische Staatspräsident François Mitterrand legen am 17./18.9. in München die Rahmenbedingungen für die **künftige Präsenz französischer Truppen** in Gesamtdeutschland fest. Frankreich wird innerhalb von zwei Jahren die Hälfte seiner 50 000 Soldaten aus Deutschland abziehen. – Verteidigungsminister Gerhard Stoltenberg teilt am 7.3. mit, dass die **C-Waffen-Bestände der USA** in der Bundesrepublik bis September **abgezogen** und später auf dem Pazifik-Atoll Johnston vernichtet werden sollen. Die rd. 400 t chemischer Kampfstoffe VX und Sarin lagern in einem US-Depot in Clausen/Rheinland-Pfalz. Die Bayerische Staatskanzlei teilt auf Grundlage US-amerikanischer Pläne am 18.9. zur **künftigen Truppenpräsenz der USA** mit, dass rd. 60 000 der 245 000 in Deutschland stationierten US-Soldaten in den nächsten Jahren abgezogen würden. – Großbritannien, Kanada, Belgien und die Niederlande wollen ihre Truppenzahl in Deutschland ebenfalls verringern. – Außenminister Genscher und der sowjetische Botschafter Wladimir Terechow unterzeichnen am 12.10. in Bonn den **deutsch-sowjetischen Stationierungsvertrag**, der den Abzug der rd. 380 000 Sowjetsoldaten und ihrer etwa 220 000 Angehörigen aus Deutschland bis Ende 1994 regelt. Dafür werden von der Bundesregierung rd. 13,5 Mrd. DM bereitgestellt, mit denen auch der Bau von rd. 36 000 Wohnungen in der UdSSR finanziert werden soll.

2+4-VERTRAG (AUSZUG)

Die Bundesrepublik Deutschland, die Deutsche Demokratische Republik, die Französische Republik, die Union der Sozialistischen Sowjetrepubliken, das Vereinigte Königreich von Großbritannien und Nordirland und die Vereinigten Staaten von Amerika sind [...] wie folgt übereingekommen:

Artikel 1

(1) Das vereinigte Deutschland wird die Gebiete der Deutschen Demokratischen Republik und ganz Berlin umfassen. Seine Außengrenzen werden die Grenzen der Deutschen Demokratischen Republik und der Bundesrepublik sein und werden am Tag des Inkrafttretens dieses Vertrages endgültig sein. Die Bestätigung des endgültigen Charakters der Grenzen des vereinten Deutschlands ist ein wesentlicher Bestandteil der Friedensordnung in Europa. (...)

(3) Das vereinte Deutschland hat keinerlei Gebietsansprüche gegen andere Staaten und wird solche in Zukunft auch nicht erheben. (...)

Artikel 2

Die Regierungen der Bundesrepublik Deutschland und der Demokratischen Republik bekräftigen ihre Erklärungen, dass von deutschem Boden nur Frieden ausgehen wird. (...)

Artikel 7

(1) Die Französische Republik, die Union der Sozialistischen Sowjetrepubliken, das Vereinigte Königreich von Großbritannien und Nordirland und die Vereinigten Staaten von Amerika beenden hiermit ihre Rechte und Verantwortlichkeiten in Bezug auf Berlin und Deutschland als Ganzes. Als Ergebnis werden die entsprechenden, damit zusammenhängenden vierseitigen Vereinbarungen, Beschlüsse und Praktiken beendet und alle Einrichtungen der vier Mächte aufgelöst.

(2) Das vereinte Deutschland hat demgemäß volle Souveränität über seine inneren und äußeren Angelegenheiten. (...)

WEITERE AUSSENPOLITISCHE EREIGNISSE

■ **UdSSR**: Bundeskanzler Kohl und der sowjetische Präsident Gorbatschow unterzeichnen am 9.11. in Bonn einen 22 Artikel umfassenden **deutsch-sowjetischen Vertrag über gute Nachbarschaft, Partnerschaft und Zusammenarbeit**. Er enthält u.a. eine gegenseitige Gewaltverzichtserklärung sowie ein Bekenntnis zur »Verantwortung für die Erhaltung des Friedens in Europa und in der Welt« und sieht regelmäßige, jährlich minde-

stens einmal stattfindende Konsultationen »auf höchster politischer Ebene« vor. Ein zweiter Vertrag regelt die Entwicklung einer umfassenden Zusammenarbeit in Wirtschaft, Industrie, Wissenschaft und Technik, Umweltschutz, Kultur und Verbrechensbekämpfung.
Am 19.11. vereinbaren Kohl und Gorbatschow am Rande des KSZE-Gipfels in Paris eine **Hilfsaktion für die sowjetische Bevölkerung** auf privater Basis. Am 7.12. werden erste Hilfssendungen aus Beständen der Berliner Notvorräte nach Moskau geflogen. Bis zum 19.2.1991 werden dem Auswärtigen Amt rd. 150 Mio. DM private Spenden für die UdSSR-Hilfe gemeldet.

■ **Schengener Abkommen:** Die Außenminister Frankreichs, der Benelux-Staaten und Deutschlands unterzeichnen am 19.6. das Schengener Abkommen.

■ **Golfkrieg:** Die Bundesregierung verurteilt am 2.8. die **Besetzung Kuwaits durch irakische Truppen** und schließt sich der Forderung des UN-Sicherheitsrats nach einem sofortigen Rückzug der irakischen Truppen sowie den EG-Sanktionen an. Am 16.8. laufen sieben Schiffe des Minenabwehrverbandes der Bundesmarine zur Verstärkung der NATO-Präsenz im östlichen Mittelmeer aus. – Bundeskanzler Kohl und US-Außenminister James Baker einigen sich am 15.9. auf ein Soforthilfepaket der Bundesrepublik zur Unterstützung des US-Militäreinsatzes am Persischen Golf. – Altbundeskanzler Willy Brandt (SPD) reist am 5.11. in einer Geiselmission nach Bagdad. In Gesprächen mit der irakischen Führung gelingt es ihm, 194 Geiseln – darunter 138 Deutsche – freizubekommen. – Die Bundesregierung beschließt am 28.11. eine Verschärfung des Irak-Embargos und stellt zudem fast alle Dienstleistungen Deutscher im Irak und in Kuwait unter Strafe.

INNENPOLITIK

■ **Gesetze:** Die Bundesregierung beschließt am 20.3. die **Abschaffung des Notaufnahmeverfahrens** für DDR-Übersiedler zum 1.7.; außerdem werden die Bedingungen für die Anerkennung als Aussiedler verschärft. – Am 26.4. verabschiedet der Bundestag mit den Stimmen von CDU/CSU und FDP ein **neues Ausländerrecht**; Ziel ist die Begrenzung des weiteren Zuzugs aus Nicht-EG-Staaten. – Der Bundestag beschließt am 23.5. das **Direktwahlrecht für Berliner**. Künftig sollen in West-Berlin 16 Abgeordnete in acht Wahlkreisen

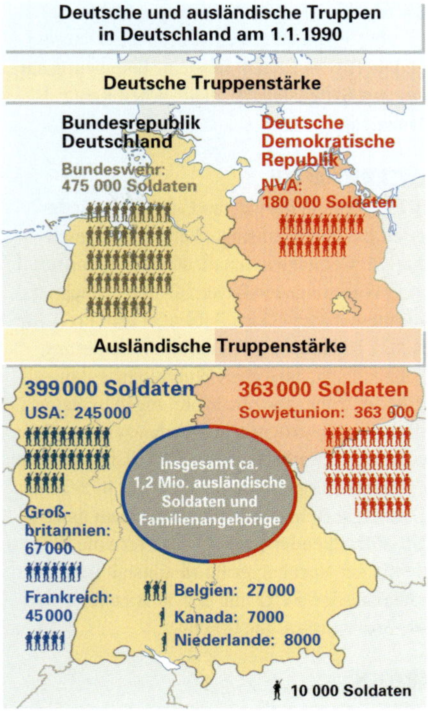

gewählt werden. Der Bundesrat stimmt am 1.6. zu, die drei Westalliierten geben später ihre Vorbehaltsrechte auf.
Der der **Stasi-Mitarbeit verdächtige** frühere DDR-Ministerpräsident **Lothar de Maizière** tritt am 17.12. als Bundesminister für Sonderaufgaben zurück und lässt seine Parteiämter bis zur Veröffentlichung eines Untersuchungsberichts des Bundesinnenministers am 22.2.1991 ruhen, in dem festgestellt wird, dass de Maizière möglicherweise nicht gewusst habe, dass er von der DDR-Staatssicherheit als Inoffizieller Mitarbeiter geführt wurde. – Der Sonderbeauftragte für die Stasi-Akten Joachim Gauck legt am 18.12. die vorläufige **Benutzerordnung** (bis zur Annahme eines Gesetzes) für das Aktenmaterial über 6 Mio. Menschen vor. Betroffene und »zuständige Stellen« haben das Recht auf Auskunft in allen Fällen, wo es um Rehabilitierung, Feststellung von Stasi-Mitarbeit, Verfolgung von Straftaten und den Schutz von Persönlichkeiten geht.

■ **Justiz:** Das Landgericht Mannheim verurteilt am 28.6. den Chemieunternehmer Jürgen Hippenstiel-Imhausen wegen eines Vergehens gegen das

Außenwirtschaftsgesetz und wegen fortgesetzter Steuerhinterziehung zu einer Freiheitsstrafe von fünf Jahren; das Gericht sah seine Beteiligung am Bau einer **Giftgasfabrik** im libyschen Rabta als erwiesen an.

GEWERKSCHAFTEN

Am 8.5. verkauft die mit der **Liquidierung der Neuen Heimat** beauftragte Beteiligungsgesellschaft für Gemeinwirtschaft/BGAG in Frankfurt die 33 000 Wohnungen in Bayern an den Münchner Bauunternehmer Alfons Doblinger zum Preis von 985 Mio. DM und beendet damit die Sanierung des gewerkschaftseigenen Wohnungsbaukonzerns, der früher 300 000 Wohnungen besessen hatte. – Der 14. ordentliche Bundeskongress des Deutschen Gewerkschaftsbundes (DGB) wählt am 23.5. den bisherigen Vorsitzenden der IG Bergbau und Energie **Heinz-Werner Meyer zum neuen DGB-Vorsitzenden**, zu Stellvertretern die Vizepräsidentin der Nürnberger Bundesanstalt für Arbeit Ursula Engelen-Kefer und den Vorsitzenden der CDU-Sozialausschüsse Ulf Fink.

PARTEIEN

■ **CDU**: Am 1.10. schließen sich in Hamburg die CDU-Verbände aus dem noch geteilten Deutschland zur gesamtdeutschen CDU zusammen. Helmut Kohl wird mit 98,5 % der Stimmen zum Vorsitzenden gewählt; einziger Stellvertreter wird mit 97% der Stimmen der bisherige Vorsitzende der Ost-CDU Lothar de Maizière. – Am 8.10. wird Innenminister Wolfgang Schäuble (CDU) nach einem Wahlkampfauftritt von einem Attentäter niedergeschossen und lebensgefährlich verletzt.

■ **FDP:** Auf einem Vereinigungsparteitag in Hannover schließen sich am 11.8. die FDP und die drei liberalen Parteien der DDR – DP, FDP, DFP – unter dem Namen Freie Demokratische Partei – Die Liberalen zu einer Partei zusammen. Zum Vorsitzenden wird Otto Graf Lambsdorff gewählt.

■ **Die Grünen**: Die Bundesversammlung in Dortmund (9./10.6.) verabschiedet mit breiter, flügelübergreifender Mehrheit Papiere zur Deutschlandpolitik und zu ökologischen Fragen. Neue Parteisprecher werden Hans-Christian Ströbele, Renate Damus und Heide Rühle. – Am 22.9. beschließen die Grünen einen Zusammenschluss mit den Bürgergruppen der DDR für die gesamtdeutsche Wahl am 2.12. und erarbeiten eine Wahlplattform (Bündnis 90/Grüne).

■ **SPD:** Der stellvertretende Parteivorsitzende Oskar Lafontaine erklärt am 20.3. seine Bereitschaft, bei der Bundestagswahl als SPD-Kanzlerkandidat anzutreten. – Am 25.4. wird Lafontaine bei einem Attentat lebensbedrohlich verletzt. – Die SPD-Führungsgremien stimmen am 14.6. dem Staatsvertrag über die Wirtschafts- und Währungsunion mit der DDR zu. Lafontaine hatte den Vertrag zuvor heftig kritisiert. – Die Sozialdemokraten beider deutschen Staaten beschließen auf getrennten Parteitagen in Berlin am 26.9. ihre Wiedervereinigung. Auf einem gemeinsamen Parteitag am 27.9. wird dies mit einem Manifest besiegelt. Lafontaine wird als Kanzlerkandidat für die erste gesamtdeutsche Wahl am 2.12. bestätigt. – Der ehemalige Vorsitzende der DDR-SPD, Ibrahim Böhme, gibt wegen des Vorwurfs der Stasi-Mitarbeit seinen Sitz im SPD-Bundesvorstand am 11.12. vorerst auf.

BUNDESLÄNDER

■ **Saarland**: Landtagswahl am 28.1.: die SPD unter Ministerpräsident Oskar Lafontaine gewinnt die absolute Mehrheit.

■ **Nordrhein-Westfalen**: Landtagswahl am 13.5.: die SPD unter Ministerpräsident Johannes Rau verteidigt ihre absolute Mehrheit.

■ **Niedersachsen**: Landtagswahl am 13.5.: Gerhard Schröder (SPD) wird als Ministerpräsident bestätigt.

■ **Bayern**: Landtagswahl am 14.10: Die CSU verteidigt ihre absolute Mehrheit.

■ **Brandenburg**: Landtagswahl am 14.10.: Regierungskoalition von SPD, FDP und Bündnis 90: Ministerpräsident wird Manfred Stolpe (SPD).

■ **Mecklenburg-Vorpommern**: Landtagswahl am 14.10.: Regierungskoalition von CDU und FDP unter Ministerpräsident Afred Gomolka (CDU).

■ **Sachsen**: Landtagswahl am 14.10.: die CDU erzielt mit ihrem Spitzenkandidaten Kurt Biedenkopf die absolute Mehrheit.

■ **Sachsen-Anhalt**: Landtagswahl am 14.10.: Regierungskoalition von CDU und FDP unter Ministerpräsident Gerd Gies (CDU).

■ **Thüringen**: Landtagswahl am 14.10.: Regierungskoalition von CDU und FDP unter Ministerpräsident Josef Duchač (CDU).

■ **Berlin**: Die rot-grüne Regierungskoalition bricht am 15.11. auseinander. Bei der ersten Gesamtberliner Abgeordnetenhauswahl am 2.12. wird die CDU stärkste Partei; Eberhard Diepgen (CDU) wird zum Regierenden Bürgermeister gewählt.

■ **Wahlergebnisse** → S. 458–467

1990 DDR

Beitritt zur Bundesrepublik

Nach fast 41-jähriger Existenz geht die DDR am 3.10. mit ihrem Beitritt zum Geltungsbereich des Grundgesetzes in der Bundesrepublik auf. Der letzten SED-geführten Regierung kommt in den ersten Wochen des Jahres nur noch die Aufgabe der Verwaltung zu. Am 18.3. siegt bei den ersten und letzten freien Volkskammerwahlen die konservative Allianz für Deutschland; die CDU wird führende Regierungspartei. Diese einzige freigewählte DDR-Regierung unter Lothar de Maizière handelt mit der Bundesregierung sowohl den Staatsvertrag zur Währungsunion als auch den Einigungsvertrag aus.

REGIERUNG MODROW UND RUNDER TISCH

■ **Spannungen**: Das Verhältnis von Regierung und Rundem Tisch ist von wachsenden Spannungen geprägt. Sie entzünden sich vor allem an der Frage der endgültigen Auflösung der ehemaligen Staatssicherheit, jedoch auch daran, welche Machtkompetenzen der Runde Tisch erhält. Der Runde Tisch beharrt auf einem Vetorecht gegenüber Regierung und Volkskammer. In seiner ersten Sitzung im neuen Jahr (3.1.) protestieren die hier vertretenen neun Oppositionsparteien gegen Pläne der Regierung, einen Nachrichtendienst noch vor den für den 6.5. geplanten Wahlen zur Volkskammer zu etablieren. Sie stellen Ministerpräsident Hans Modrow ein Ultimatum, indem sie einen Nachweis der Entwaffnung der ehemaligen Staatssicherheit bis zum 8.1. einfordern. Andernfalls drohen sie an, den Runden Tisch zu verlassen. Am 11.1. gibt Modrow eine Regierungserklärung ab, in der er den Verzicht auf den weiteren Aufbau eines Nachrichtendienstes bekannt gibt, gleichzeitig aber betont, den Oppositionsparteien kein Vetorecht zubilligen zu wollen.

■ **Besetzung der Stasi-Zentrale**: Am 15.1. stürmen und verwüsten Zehntausende DDR-Bürger die Stasi-Zentrale in Ost-Berlin. Die Tatsache, dass die Demonstranten hineingelassenwerden, deutet darauf hin, dass die Erstürmung von der Stasi selbst und von fremden Geheimdiensten genutzt wird, um Unterlagen beiseitezuschaffen.

■ **Regierungsumbildungen**: Die erste Regierungsumbildung vom 11.1. zielt darauf, langjährige Mitglieder der DDR-Regierung durch neue Personen auszutauschen: Im Umweltministerium wird Peter Diederich (DBD) Nachfolger von Hans Reichelt, im Justizministerium folgt Kurt Wünsche (LDPD) Hans-Joachim Heusinger und in der Staatlichen Plankommission löst Hans-Joachim Lauck (SED) Gerhard Schürer als Vorsitzenden ab. Im Zusammenhang mit dem Verzicht auf den Aufbau eines Nachrichtendienstes tritt der Leiter der Nationalen Sicherheit Wolfgang Schwanitz (SED) ab. – Am 21.1. tritt Finanzministerin Uta Nickel (SED) zurück, nachdem gegen sie am Vortag von der Staatsanwaltschaft Leipzig ein Ermittlungsverfahren wegen Untreue eingeleitet worden ist.

■ **Rückzug**: Am 25.1. erklären die CDU-Kabinettsmitglieder auf Druck führender Parteifreunde und der West-CDU ihren Austritt aus der Regierung, bleiben aber bis 9.2. geschäftsführend im Amt.

■ **Vereinbarung**: Am 28.1. vereinbaren die am Runden Tisch vertretenen Parteien und Gruppierungen mit der Regierung ein Vierpunkteprogramm: 1. Der Termin der Volkskammerwahlen wird vom 6.5. auf den 18.3. vorverlegt. 2. Die Kommunalwahlen finden am 6.5. statt. 3. Vertreter der neuen Parteien treten als Minister ohne Geschäftsbereich am 5.2. in eine »Regierung der nationalen Verantwortung« ein. 4. Ein Regierungsvertreter nimmt ständig an den Beratungen des Runden Tisches teil.

GESETZE UND VERORDNUNGEN

■ **Joint-Venture-Verordnung**: Am 12.1. billigen die Abgeordneten der Volkskammer eine Verfassungsänderung, mit der die Gründung gemischter Gesellschaften (zwischen volkseigenen Betrieben und ausländischen Investoren) möglich wird. – Der Ministerrat beschließt am 25.1. die volle Gewerbefreiheit und eine Verordnung über die Gründung von Unternehmen mit ausländischer Beteiligung.

■ **Reisegesetz**: Seit dem 1.1. besteht ein sog. Reisefonds für DDR-Bürger, der von beiden deutschen

NEUE MITGLIEDER IN DER »REGIERUNG DER NATIONALEN VERANTWORTUNG« AB 5.2.1990

Tatjana Böhm (Unabhängiger Frauenverband), Rainer Eppelmann (Demokratischer Aufbruch), Sebastian Pflugbeil (Neues Forum), Matthias Platzeck (Grüne Partei), Walter Romberg (SPD), Klaus Schlüter (Grüne Liga), Wolfgang Ullmann (Demokratie Jetzt)

Staaten getragen wird. Statt des bisherigen Begrüßungsgeldes von 100 DM pro Jahr, das die DDR-Bürger in West-Berlin und in der Bundesrepublik in Empfang nehmen konnten, gilt für die ersten 100 Mark der DDR ein Umtauschkurs von 1:1, für weitere 100 ein Kurs von 5: 1 (für Kinder jeweils 50 Mark). – Am 1.2. verabschiedet die Volkskammer das Reisegesetz, das den DDR-Behörden nur noch erlaubt, Personen, gegen die Ermittlungs- und Strafverfahren laufen oder gegen die ein Strafe noch vollstreckt werden soll, die Ausreise zu verweigern.

■ **Regelungen zur sozialen Sicherung**: Am 7.3. beschließt die Volkskammer eine Sozialcharta, die einige Leistungen festschreibt, die es in der Bundesrepublik nicht gibt. Hierzu zählen das Recht auf Arbeit, die Gleichstellung von Mann und Frau im Erwerbs- und Familienleben, das Recht auf Aus- und Weiterbildung sowie das Recht auf Wohnen.

■ **Gewerkschaftsgesetz**: Bei ihrer letzten Tagung vor den Wahlen verabschiedet die Volkskammer am 7.3. das Gesetz über die Gewerkschaften. Es gewährt den Arbeitnehmern ein Recht auf Streik, verbietet jedoch Aussperrungen.

■ **Sozialistisches Eigentum**: Am 1.3. beschließt der Ministerrat die Gründung der Anstalt zur treuhänderischen Verwaltung des Volkseigentums. Das Statut der Treuhandanstalt, das sich wesentlich vom späteren Treuhandgesetz unterscheidet, wird auf dem Verordnungswege vom Ministerrat am 15.3. beschlossen. – Nach einer weiteren Verordnung des Ministerrats vom 1.3. müssen sich volkseigene Betriebe, Kombinate und Einrichtungen in Kapitalgesellschaften umwandeln. – Am 6.3. verabschiedet die Volkskammer Gesetze über die landwirtschaftlichen Produktionsgenossenschaften und »über die Rechte der Eigentümer von Grundstücken aus der Bodenreform«. Erst damit wird es Empfängern von Bodenreformland bzw. ihren Erben erlaubt, über den Boden frei zu verfügen, d. h. ihn auch zu veräußern. – Am 7.3. verabschiedet die Volkskammer das Gesetz über die Gründung und Tätigkeit privater Unternehmen und über Unternehmensbeteiligung.

■ **Wahlgesetz**: Zehn Tage vor der Volkskammerwahl am 18.3. verabschiedet die Volkskammer das Wahlgesetz. Nicht nur politische Parteien, sondern auch Vereinigungen und Gruppierungen können zur Wahl zugelassen werden, Wahlbündnisse sind ausdrücklich erlaubt. Eine Sperrklausel ist nicht vorgesehen.

PARTEIEN UND BEWEGUNGEN VOR DEN WAHLEN

■ **SED-PDS**: Am 20.1. stellen verschiedene in der Zwischenzeit entstandene Plattformen sowie Kreisvorstände die **Forderung nach Selbstauflösung** der Partei; am 21.1. lehnt eine Mehrheit des Parteivorstandes diese Forderung ab und schlägt vor, den Namen SED aufzugeben. Dieser Beschluss sowie der Parteiaustritt des stellvertretenden Parteivorsitzenden Wolfgang Berghofer und des Dresdner Bezirksvorstandes am 21.1. lösen eine neue Austrittswelle aus. Am 21.1. werden alle ehemaligen Mitglieder des Politbüros mit Ausnahme von Siegfried Lorenz aus der SED-PDS ausgeschlossen; am 27. bzw. 29.1. werden Joachim Herrmann und Erich Honecker zudem für kurze Zeit in Haft genommen. – Am 4.2. beschließt der Vorstand den **Namenswechsel** in Partei des demokratischen Sozialismus (PDS). Er erklärt: »Unsere Partei ist nicht mehr die SED. Unser Bruch mit der Vergangenheit, unsere demokratischen Initiativen und Ziele haben uns zu einer neuen Partei gemacht.« Der PDS-Vorstand beschließt, mehr als 3 Mrd. DDR-Mark aus »Reserveguthaben« an den Staatshaushalt abzuführen. – Am 25.2. bestätigt der PDS-Parteitag die Änderung des Parteinamens und beschließt ein Wahlprogramm, in dem die schrittweise und gleichberechtigte Vereinigung beider deutscher Staaten angestrebt wird. Modrow wird zum Ehrenvorsitzenden und Spitzenkandidaten gewählt.

■ **CDU**: Die CDU durchlebt ab 17.1. heftige innerparteiliche Auseinandersetzungen um die Frage des Austritts aus der Modrow-Regierung. Der Parteivorstand lehnt einen Austritt am 19.1. mit großer Mehrheit ab, revidiert diese Entscheidung aber am 25.1., nachdem die West-CDU über die Aufkündigung ihrer gerade erst beginnenden Zusammen-

Bundeskanzler Helmut Kohl am 20.2. in Erfurt

arbeit mit der ehem. DDR-Blockpartei debattiert hatte. Am 1.10. Vereinigung mit der West-CDU.

■ **DSU**: Am 20.1. schließen sich etwa ein Dutzend christlich-konservative Gruppen zur Deutschen Sozialen Union (DSU) zusammen. Sie versteht sich als Schwesterpartei der bayrischen CSU in der DDR. Auf ihrem Parteitag am 18.2. fordert der amtierende Vorsitzende Hans-Wilhelm Ebeling die sofortige Einheit Deutschlands und die Übernahme der Verfassungs- und Rechtsordnung der Bundesrepublik in der DDR. Der stellvertretende Parteivorsitzende Hansjoachim Walther wird zum Spitzenkandidaten bestimmt.

■ **DA**: Am 3.1. beteiligt sich der Demokratische Aufbruch (DA) an einem geplanten Wahlbündnis von sechs Parteien gegen die SED-PDS, das allerdings in den kommenden Tagen zerfällt. Mit dem Austritt prominenter Vertreter des sozialökologischen Flügels am 3.1. (Friedrich Schorlemmer, Sonja Schröter, Christiane Ziller) setzt sich die Neuorientierung des DA als konservative Partei durch und fusioniert am 4.8. mit der CDU.

■ **Allianz für Deutschland:** Am 5.2. vereinbaren CDU, DA und DSU im Beisein von Bundeskanzler Helmut Kohl in West-Berlin die Bildung einer gemeinsamen Allianz für Deutschland, die auf die Unterstützung durch die bundesdeutschen Unionsparteien zählen kann. Zwar treten alle drei Parteien getrennt bei den Wahlen an, doch im Namen ihres Bündnisses drücken sie ihr wichtigstes politisches Ziel aus: die schnelle Vereinigung Deutschlands.

■ **DBD**: Am 27.1. wird Günter Maleuda als Vorsitzender der Demokratischen Bauernpartei bei einem außerordentlichen Parteitag bestätigt. Am 15.9. Fusion mit der CDU.

■ **LDPD**: Am 19.1. lehnt eine Mehrheit des Parteivorstandes den Auszug der LDPD aus der Modrow-Regierung ab. – Bei ihrem außerordentlichen Parteitag in Dresden (9./10.2.) wählen die Delegierten Rainer Ortleb zum Vorsitzenden. Sie beschließen zudem die Rückbenennung der LDPD in LDP.

■ **DFP**: Gründung der Deutschen Forumpartei durch ehemalige Forum-Mitglieder am 27.1. Vorsitzender wird Jürgen Schmieder. Vereinigung mit der West-FDP am 11.8.

■ **FDP**: Gründungsparteitag der Freien Demokratischen Partei in der DDR am 4.2. in Ost-Berlin; Vorsitzender wird Bruno Menzel. Vereinigung mit der West-FDP am 11.8.

■ **Bund Freier Demokraten**: Am 11.2. beschließen die LDP, die DFP und die DDR-FDP in Dresden die Bildung einer gemeinsamen Wahlvereinigung »Bund Freier Demokraten«, die zu den Volkskammerwahlen mit einer Liste antritt. Am 11.8. Fusion mit der West-FDP.

■ **NDPD**: Nach mehrfachem Führungswechsel wird auf einem Parteitag am 11.2. Wolfgang Rauls zum Parteivorsitzenden gewählt, am 28.3. tritt die NDPD dem Bund Freier Demokraten bei.

■ **SDP**: Auf der ersten Delegiertenkonferenz am 13./14.1. in Ost-Berlin wird die Änderung des Parteinamens in SPD beschlossen; in einer Erklärung spricht sie sich für die »Einheit der deutschen Nation« und für eine »soziale, ökologisch ausgerichtete Marktwirtschaft« aus. – Auf dem Landesparteitag (22.–25.2.) in Markleeberg bei Leipzig wird Ibrahim Böhme zum ersten Vorsitzenden gewählt. Vereinigung mit der West-SPD am 27.9.

■ **Neues Forum**: Auf dem Landesdelegiertentreffen in Leipzig (7.1.) und der Gründungskonferenz (27./28.1.) in Ost-Berlin, sprechen sich die Teilnehmer dafür aus, das Neue Forum als Bürgerbewegung fortzuführen und nicht zu einer Partei umzuwandeln. Bei der Gründungskonferenz kommt es zu harten Auseinandersetzungen zwischen Gegnern und Befürwortern der deutschen Einheit, schließlich schlagen die Delegierten einen Volksentscheid vor.

■ **Bündnis 90**: Aus dem am 3.1. zusammen mit der SDP, DA und der Vereinigten Linken gegründeten Wahlbündnis 90 entsteht am 7.2. das Bündnis 90 der verbliebenen Gruppen Neues Forum, Initiative Frieden und Menschenrechte, Demokratie Jetzt (ab 15.5.1993 Bündnis 90/Die Grünen).

■ **Grüne Partei**: Vom 9. bis 11.2. findet in Halle (Saale) der erste Parteitag der DDR-Grünen statt. Am 14.2. vereinbaren die Grünen mit dem Unabhängigen Frauenverband (UFV) ein Wahlbündnis. Die Parteien einigen sich auf eine gemeinsame Wahlliste (ab 15.5.1993 Bündnis 90/Die Grünen).

■ **Weitere Parteien und Wahlbündnisse**: Am 22.1. wird in Ost-Berlin die Kommunistische Partei Deutschlands (KPD) wiedergegründet. An der Gründung nehmen ehemalige SED-Mitglieder teil, denen die Entwicklung der PDS als »rechtsrevisionistisch« erscheint. – Am 10.2. tritt eine Unabhängige Sozialdemokratische Partei Deutschlands (USPD) in die Öffentlichkeit; sie veranstaltet eine Woche später in Fürstenberg (Brandenburg) ihren Gründungskongress. – Am 25.2. vereinbaren die Vereinigte Linke und die »marxistische Partei« Die Nelken ein Wahlbündnis mit gemeinsamer Liste.

UMBRUCH IN DER MEDIENLANDSCHAFT

■ **Presse**: Im Verlauf weniger Wochen lösen sich die etablierten Zeitungen der DDR von den Parteien oder Organisationen, die bisher als Herausgeber fungiert hatten. Am 14.9. beginnt mit dem Verkauf des Berliner Verlags, in dem die *Berliner Zeitung* und fast alle Illustrierten der DDR erscheinen, die Übernahme der ehemaligen SED-Zeitungen durch westdeutsche Großverlage. Ab Ende Februar 1990 betrachten sich alle Tageszeitungen in der DDR als unabhängig. Allein das ehemalige SED-Zentralorgan *Neues Deutschland* bezeichnet sich weiter als »sozialistische Tageszeitung«; es verliert bis Anfang September 85% seiner früheren Auflage.

■ **Funk und Fernsehen**: Im Februar beginnt der Ausbau des regionalen Rundfunknetzes als Voraussetzung für die Errichtung von Landesrundfunkanstalten ab 1.1.1992.

DIE WAHLEN VOM 18. MÄRZ

■ **Wahlkampf**: Zentrale Themen des kurzen Wahlkampfs zur Volkskammerwahl sind die Frage einer deutsch-deutschen Währungsunion und die Form der Wiedervereinigung (PDS: »Einheit unter Vorbehalten«; SPD: »Einheit in Schritten« und mit Volksentscheid; Allianzparteien: »Einheit durch Beitritt«). Sechs Tage vor der Wahl finden die letzte Sitzung des Runden Tisches und die letzte Leipziger Montagsdemonstration statt.

■ **Volkskammerwahl**: Am 18.3. finden die ersten freien, geheimen und gleichen Wahlen zur Volkskammer statt, aus denen bei einer Wahlbeteiligung von 93,38% die Allianz für Deutschland (DA, DSU, CDU) mit 48% der Stimmen als Siegerin hervorgeht. Die drei Parteien verfehlen jedoch die absolute Mehrheit. Die SPD erhält 21,8% der Stimmen, die PDS 16,4%, der Bund Freier Demokraten (LDP, FDP, DFP) 5,3%, Bündnis 90 2,9%, DBD 2,2%, Grüne-UFV 1,9%, NDPD 0,4%, und der Demokratische Frauenbund 0,3%.

Wahl zur Volkskammer am 18.3.1990

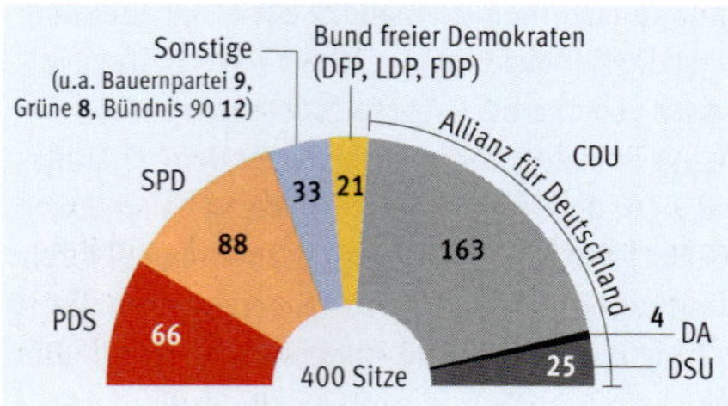

DIE REGIERUNG DE MAIZIÈRE

■ **Regierungsbildung**: Bereits am 22.3. verständigen sich die konservativen Allianzparteien mit den drei liberalen Parteien (LDP, FDP, DFP) auf die Bildung einer Koalitionsregierung; am 27.3. erklärt auch die SPD ihre Bereitschaft zur Zusammenarbeit. Die Große Koalition verfügt in der Volkskammer, nachdem die NDPD nach der Umbenennung der LDP ihren »korporativen Beitritt« zum Bund Freier Demokraten erklärt hatte (28.3.), über eine Mehrheit von 307 der 400 Mandate. Bei der konstituierenden Sitzung der Volkskammer am 5.4. wird Sabine Bergmann-Pohl (CDU) zur Parlamentspräsidentin gewählt, die – bis zur Wahl eines »Präsidenten der Republik« – auch das Amt des Staatsoberhauptes ausüben soll.
Am 12.4. wird Lothar de Maizière (CDU) mit 265 Stimmen zum letzten Ministerpräsidenten der DDR gewählt.

■ **Regierungserklärung**: Am 19.4. nennt de Maizière als Hauptziel der von ihm geführten Regierung, die Einigung Deutschlands so »schnell wie möglich, aber so gut wie nötig« zu erreichen. Die Regierung wolle überdies mit ihrer Politik die rechtlichen Voraussetzungen für die Einführung der sozialen Marktwirtschaft mit Beginn der Währungsunion legen.

GESETZE UND VERORDNUNGEN

■ **Kommunalverfassung**: Am 17.5. verabschiedet die Volkskammer das Gesetz über die Selbstverwaltung der Gemeinden und Landkreise und beendet die Legislaturperiode der Bezirkstage zum 31.5.

■ **Treuhand**: Am 17.6. verabschiedet die Volkskammer das Treuhandgesetz, das die Privatisierung der volkseigenen Wirtschaft vorsieht. Erster Präsident der Treuhandanstalt wird Rainer Gohlke, der bereits am 20.8. nach Meinungsverschiedenheiten mit dem Verwaltungsrat der Anstalt durch Detlev Karsten Rohwedder ersetzt wird.

■ **Wirtschaft**: Das am 26.6. verabschiedete Investitionsförderungsgesetz baut steuerliche Hemmnisse zur Förderung privater Investitionen ab und erlaubt überdies, steuerfreie Rücklagen zu bilden.

■ **Strafrecht**: Am 29.6. verabschiedet die Volkskammer das 6. Strafrechtsänderungsgesetz, mit dem alle Paragrafen des politischen Strafrechts im Strafgesetzbuch zum 1.7. aufgehoben werden.

■ **Politisch Verfolgte**: Die Volkskammer verabschiedet am 6.9. ein Rehabilitierungsgesetz für ehemals politisch Verfolgte.

DIE DDR-REGIERUNG VOM 12.4.

Ministerpräsident: Lothar de Maiziere (CDU)
Amt des Ministerpräsidenten:
Klaus Reichenbach (CDU)
Innenminister: Peter-Michael Diestel (DSU/CDU)
Außenminister: Markus Meckel (SPD)**
Regionale und kommunale Angelegenheiten:
Manfred Preiß (BFD)
Wirtschaft: Gerhard Pohl (CDU)*
Finanzen: Walter Romberg (SPD)**
Handel und Tourismus: Sybille Reider (SPD)**
Justiz: Kurt Wünsche (BFD, dann parteilos)*
Ernährung, Land- und Forstwirtschaft:
Peter Pollack (parteilos)*
Arbeit und Soziales: Regine Hildebrandt (SPD)**
Abrüstung und Verteidigung:
Rainer Eppelmann (DA)
Jugend und Sport: Cordula Schubert (CDU)
Familie und Frauen: Christa Schmidt (CDU)
Gesundheitswesen: Jürgen Kleditzsch (CDU)
Verkehr: Horst Gibtner (CDU)
Umwelt, Naturschutz, Energie und Reaktorsicherheit: Karl-Heinz Steinberg (CDU)
Post- und Fernmeldewesen:
Emil Schnell (SPD)**
Bauwesen, Städtebau und Wohnungswirtschaft:
Axel Viehweger (BFD, dann parteilos)
Forschung und Technologie: Frank Terpe (SPD)**
Bildung und Wissenschaft:
Hans-Joachim Meyer (parteilos)
Kultur: Herbert Schirmer (CDU)
Medienpolitik: Gottfried Müller (CDU)
Wirtschaftliche Zusammenarbeit:
Hans-Wilhelm Ebeling (DSU, dann parteilos)

BFD = Bund Freier Demokraten; DA = Demokratischer Aufbruch, DSU = Deutsche Soziale Union
* Entlassung am 16.8. ** Rücktritt am 22.8. In der Regel nehmen danach Staatssekretäre die Ämter wahr. Lothar de Maizière übernimmt am 20.8. auch die Aufgaben des Außenministers, Jürgen Kleditzsch am 22.8. auch die des Ressorts Arbeit und Soziales, Hans-Joachim Terpe auch die des Ressorts Forschung und Technologie.

■ **Verfassung**: Im Zusammenhang mit dem Gesetzgebungsprozess kommt es zu umfangreichen Verfassungsänderungen, so am 17.6., als die freiheitlich-demokratische Grundordnung und die soziale Marktwirtschaft als Staatsgrundsätze in der Verfassung festgeschrieben werden. Der von einer Arbeitsgruppe des Runden Tisches erarbeitete Verfassungsentwurf wird nicht mehr umgesetzt.

KOMMUNALWAHL

Bei den ersten freien Kommunalwahlen am 6.5. geben die Wähler ein deutliches Votum für die neue Regierung ab. Trotz erheblicher Stimmenverluste im Vergleich zur Volkskammerwahl bleibt die CDU mit 34,4% stärkste Partei, gefolgt von der SPD (21,3%) und der PDS (14,6%).

WÄHRUNGSUNION

■ **Verhandlungen**: Unmittelbar nach den Volkskammerwahlen beginnen die deutsch-deutschen Verhandlungen zur Währungs-, Wirtschafts- und Sozialunion, die in der DDR immer wieder von Demonstrationen begleitet werden, bei denen ein genereller Umtausch der Sparguthaben im Kurs von 1:1 verlangt wird. Am 23.4. einigen sich Unterhändler beider deutscher Regierungen auf die Modalitäten des Währungsumtausches. Löhne, Gehälter, Renten und andere Bezüge werden in ihren jeweiligen Bruttobeträgen im Verhältnis 1:1 umgestellt. Für Sparguthaben gilt das gleiche Umtauschverhältnis bis zur Höhe von 4000 Mark der DDR pro Kopf, während alle Beträge darüber hinaus sowie Lebensversicherungen und Kredite im Verhältnis 2:1 umgestellt werden. Als Termin der Währungsunion wird am 24.4. der 1.7. festgelegt. Die Verhandlungskommissionen ändern am 2.5. noch einmal die Umtauschmodalitäten, indem DDR-Bürger über 60 Jahre mehr (6000 statt 4000 DM) und solche unter 15 Jahren Lebensalter weniger Sparguthaben (2000 statt 4000 DM) im Verhältnis 1:1 umtauschen können. – Am 18.5. unterzeichnen Walter Romberg für die DDR und Theo Waigel für die Bundesrepublik den Staatsvertrag zur Wirtschafts-, Währungs- und Sozialunion, dem die Abgeordneten der Volkskammer am 21.6. mit 302 gegen 82 Stimmen (aus den Reihen von PDS und Bündnis 90/Grüne) zustimmen. Mit der Einführung der D-Mark verzichtet die DDR nicht nur auf ihre währungspolitische Hoheit; sie bereitet mit der weitgehenden Übernahme des westdeutschen Zivil-, Handels- und Gewerberechts auch die kommende staatliche Vereinigung Deutschlands vor. Das Steuerrecht wird hierbei zunächst in modifizierter Form übernommen; frühere Steuerprivilegien für Lohnempfänger werden aufgehoben. Während die Nettoeinkünfte von Gehaltsempfängern in etwa gleich bleiben, sinken die Nettolöhne von Arbeitern zunächst um 10-20%, weshalb es in mehreren Großbetrieben zu spontanen Arbeitsniederlegungen kommt. Die ersten massiven Lohnsteigerungen im Sommer dienen vor allem der »Garantie« einer 1:1-Umstellung der Nettolöhne.

■ **D-Mark-Einführung**: Genau um Mitternacht am 1.7. beginnt eine Großbank in einer eigens eröffneten Filiale am Ost-Berliner Alexanderplatz mit der Auszahlung von D-Mark an ca. 10 000 wartende DDR-Bürger. Der Start der »neuen« Währung wird einerseits euphorisch, andererseits auch tumultartig gefeiert. Die eingesammelten Banknoten (16 Mrd. Mark der DDR) werden mit einer Kunstharzflüssigkeit unbrauchbar gemacht und in einem Stollensystem bei Halberstadt eingelagert. 4500 t Kleingeld werden eingeschmolzen. Die am 30.6. bei DDR-Geldinstituten bestehenden Guthaben von 184,7 Mrd. Mark der DDR werden in 122,8 Mrd. DM umgestellt.

Veraltete Anlagen und katastrophale Zustände in einem Chemiewerk bei Bitterfeld

WIRTSCHAFTLICHE ENTWICKLUNG

■ **Arbeitsmarkt**: Schon vor dem Abschluss des Staatsvertrags über die Währungsunion ist Experten klar, dass die DDR-Volkswirtschaft damit einem enormen Aufwertungsschock unterzogen wird. Am 19.4. schätzt Finanzminister Walter Romberg (SPD), dass 20% aller Unternehmen nicht überlebensfähig seien, weitere 50% benötigten erhebliche Investitionsmittel. – Am 10.5. äußert Romberg die Befürchtung, in der DDR werde die Arbeitslosenzahl wegen Betriebsstilllegungen und Personalabbau schnell auf 1,5 Mio. anwachsen. – In ihrem Haushalt plant die DDR-Regierung zunächst nur Mittel für 440 000 Arbeitslose und Kurzarbeiter im 2. Halbjahr ein, geht jedoch bereits am 25.7. von einem doppelt so hohen Bedarf aus.

■ **Landwirtschaft**: Am 14.8. demonstrieren 50 000 Bauern in Ost-Berlin. Die von der Regierung angekündigten Beihilfen von 5,3 Mrd. DM reichen ihrer Meinung nach nicht aus, die Liquidität der landwirtschaftlichen Betriebe zu sichern, die akute Absatzschwierigkeiten haben, weil die DDR-Bürger vor allem westdeutsche Agrarprodukte erwerben oder nur diese im Einzelhandel erhalten können. Gleichzeitig erweist sich der im Vergleich zur westdeutschen Landwirtschaft doppelt so hohe Arbeitskräftebesatz pro Hektar Fläche als Kostennachteil.

■ **Staatshaushalt**: Der einzige DM-Etat der DDR ist von Anfang an hohen finanziellen Belastungen ausgesetzt. Bereits am 10.8. meldet Finanzminister Romberg Bedarf für einen Nachtragshaushalt in Höhe von 10–12 Mrd. DM an. Am 14.8. nimmt die DDR bei einem Konsortium von 18 westdeutschen Banken einen Kredit von 8 Mrd. DM auf. – Am 27.9. stellt das Bundesfinanzministerium den Entwurf des dritten Nachtragshaushaltes vor, der allein 17,7 Mrd. DM für die Finanzierung von Sozialleistungen im DDR-Haushalt vorsieht.

REGIERUNGSKRISE

Am 15.8. kündigt de Maizière an, wegen der anhaltenden Wirtschaftskrise und damit zusammenhängenden Meinungsverschiedenheiten die Minister Walter Romberg (SPD, Finanzen), Peter Pollack (parteilos für SPD, Landwirtschaft) und Gerhard Pohl (CDU, Wirtschaft) am folgenden Tag zu entlassen. Justizminister Kurt Wünsche (parteilos, ehemals LDP) wird wegen seiner Vergangenheit als Blockpolitiker entlassen.

■ **Rückzug der SPD:** Am 19.8. beschließt die SPD-Fraktion, ihre in der Regierung verbliebenen

NEUE BUNDESLÄNDER: REGIERUNGSKOALITIONEN UND MINISTERPRÄSIDENTEN

Bundesland	Regierungspartei bzw. -koalition	Ministerpräsident	Amtsantritt
Brandenburg	SPD/FDP/Bündnis 90	Manfred Stolpe (SPD)	1.11.1990
Mecklenburg-Vorpommern	CDU/FDP	Alfred Gomolka (CDU)	27.10.1990
Sachsen	CDU	Kurt Biedenkopf (CDU)	27.10.1990
Sachsen-Anhalt	CDU/FDP	Gerd Gies (CDU)	28.10.1990
Thüringen	CDU/FDP	Josef Duchač (CDU)	8.11.1990

Minister und Staatssekretäre am 20.8. zurückzuziehen. Das Amt von Außenminister Markus Meckel übernimmt am 22.8. der Ministerpräsident selbst, die Ressorts Arbeit und Soziales bzw. Forschung werden von Gesundheitsminister Jürgen Kleditzsch bzw. Bildungsminister Meyer zusätzlich übernommen; bei den anderen zurückgetretenen Ministern (Handelsministerin Sybille Reider, Postminister Emil Schnell) sowie bei den Ressorts der entlassenen Regierungsmitglieder übernehmen Staatssekretäre die Amtsführung.

■ **Parteifusionen:** Die politischen Parteien suchen mit Blick auf die nahende staatliche Einheit den Zusammenschluss oder die Zusammenarbeit mit den Parteien in der Bundesrepublik. Dabei kommt es gegenüber den zur Volkskammerwahl am 18.3. geschlossenen Bündnissen zu Veränderungen.

WEITERE INNENPOLITISCHE EREIGNISSE

■ **Verhaftung von RAF-Aussteigern**: Ab 6.6. werden Aussteiger der RAF, die in der DDR mit falscher Identität gelebt hatten, festgenommen. Als erste wird Susanne Albrecht am 6.6. in Ost-Berlin verhaftet. Danach folgen die Festnahmen von Inge Viett (12.6.) in Magdeburg, Monika Helbig und Ekkehard Freiherr von Seckendorff-Gudent (14.6.) in Frankfurt (Oder), Werner Lotze (14.6.) in Senftenberg, Sigrid Sternebeck (15.6.) in Schwedt/Oder sowie von Silke Maier-Witt und Henning Beer (18.6.) in Neubrandenburg.

■ **Stasi-Vorwürfe**: Gegen verschiedene Politiker werden unmittelbar nach den Volkskammerwahlen Vorwürfe laut, sie hätten in der Vergangenheit in unterschiedlichem Maße mit dem MfS zusammengearbeitet. Am 2.4. tritt der SPD-Vorsitzende Ibrahim Böhme zurück, weil er diese Vorwürfe nicht ausräumen kann. Im August wird CDU-Generalsekretär Martin Kirchner abgelöst, nachdem bekannt geworden ist, dass er bezahlter Inoffizieller Mitarbeiter (IM) des MfS war. Am 17.9. werden entsprechende Vorwürfe gegen Umweltminister Steinberg, Bauminister Viehweger, den am 16.8. entlassenen Wirtschaftsminister Pohl sowie den Minister im Amt des Ministerpräsidenten Reichenbach laut. Am 20.9. macht der PDS-Abgeordnete Rainer Börner als einziger von 15 bei der Überprüfung der Volkskammerabgeordneten als stark belastet eingestuften Mandatsträgern seine Zusammenarbeit mit der Staatssicherheit öffentlich.

■ **Wiedererstehen der Länder**: Am 22.7. verabschiedet die Volkskammer das Ländereinführungsgesetz, mit dem die Vorbereitungen für die Länderbildung geregelt werden. Im Wesentlichen soll das Gebiet der DDR wieder so eingeteilt werden, wie es bis zur Auflösung der Länder 1952 der Fall war. In den Gebieten, in denen die Bevölkerung sich z.B. aus historischen Gründen anderen Ländern anschließen will, sollen Entschlüsse der Kreistage, Referenden und Staatsverträge abweichende Grenzziehungen erlauben.

■ **Auflösung des FDGB**: Der Freie Deutsche Gewerkschaftsbund beschließt am 14.9. die Selbstauflösung zum Ende des Monats und empfiehlt seinen Mitgliedern den Beitritt in DGB-Gewerkschaften.

ÄUSSERE ABSICHERUNG DER DEUTSCHEN EINIGUNG

■ **2+4-Verhandlungen**: Seit Ende Januar ist im Prinzip die Entscheidung für die deutsche Einheit gefallen. Den Regierungen unter Modrow und de Maizière kommt im Hinblick auf die äußere Absicherung des Einigungsprozesses schließlich nur noch eine passive Rolle zu. Meckel – bzw. nach dessen Rücktritt de Maizière – nehmen an den Verhandlungsrunden zwischen den beiden deutschen Staaten und den Siegermächten teil: am 5.5. in Bonn, am 22.6. in Ost-Berlin und am 17.7. in Paris. Am 12.9. wird in Moskau die Arbeit am »Vertrag über die abschließende Regelung in bezug auf Deutschland« abgeschlossen. Von deutscher Seite wird mit der Annahme einer Entschließung zur Endgültigkeit der Oder-Neiße-Grenze durch Volkskammer und Bundestag am 21.6. die Voraussetzung für seine Unterzeichnung geschaffen.

■ **Loslösung vom Warschauer Vertrag**: Am 17.3. stimmen die Außenminister des Warschauer Vertrags bei ihrer Tagung in Prag darin überein,

Der Oberkommandierende des Warschauer Pakts Pjotr Luschew (l.) und DDR-Abrüstungsminister Rainer Eppelmann (r.) tauschen die Urkunden zum Austritt der DDR aus

dass die Vereinigung von Bundesrepublik und DDR Recht und Angelegenheit der Deutschen sei. Am 24.9. unterzeichnen Verteidigungsminister Rainer Eppelmann und der Oberkommandierende der Warschauer-Pakt-Truppen Pjotr Luschew ein Protokoll, mit dem der Austritt der DDR aus dem Warschauer Vertrag mit sofortiger Wirkung besiegelt wird.

■ **Ende des RGW-Handels**: Die jahrzehntelange Einbindung der DDR in das wirtschaftliche Bündnis der Länder Mittel- und Osteuropas erweist sich als nachhaltiges Problem, da die DDR durch langfristige Verträge gebunden ist, die nach und nach aufgehoben werden müssen. Außerdem macht die Bedeutung des Osteuropahandels für die DDR-Volkswirtschaft eine auf sechs Monate befristete Fortsetzung des auf der Basis von »Transferrubel« abzurechnenden RGW-Handels notwendig.

HERSTELLUNG DER DEUTSCHEN EINHEIT

■ **Streit um Beitrittstermin**: Mit dem Koalitionsvertrag verständigen sich die Regierungsparteien im Prinzip auf den Beitritt der DDR zum Grundgesetz als Form der Wiederherstellung der deutschen Einheit. Gleichzeitig bestehen unterschiedliche Terminvorstellungen: Die CDU favorisiert zunächst einen Beitritt der DDR nach dem 2.12., also nach den gesamtdeutschen Wahlen, die daher auch in zwei getrennten Wahlgebieten durchgeführt werden sollen. Die Liberalen und die SPD hingegen treten für einen Beitritt vor den gesamtdeutschen Wahlen ein, die demnach auch nur in einem Wahlgebiet und mit einem Wahlrecht stattfinden sollen. – Am 24.7. kündigen die Liberalen wegen des Streits um den Beitrittstermin die Große Koalition auf. – Am 8.8. wird in der Volkskammer zunächst der 14.10., der Tag der Landtagswahlen in den wiedererstehenden fünf Ländern, als Beitrittstermin festgelegt; in der Nacht vom 22./23.8. diskutiert die Volkskammer die Frage erneut. Schließlich kommt am 23.8. ein gemeinsamer Kompromissantrag der Fraktionen der CDU, DA, DSU, der Liberalen und der SPD mit 294 zu 62 Stimmen bei 7 Enthaltungen durch, in dem der Beitritt der DDR mit Wirkung vom 3.10. erklärt wird.

■ **Wahlvertrag**: Am 3.8. unterzeichnen die Unterhändler der beiden deutschen Regierungen Wolfgang Schäuble (CDU) und Günter Krause (CDU) den deutsch-deutschen Wahlvertrag. Er sieht die Anwendung des bundesdeutschen Wahlrechtes in den Ländern der DDR vor, eine 5%-Klausel und die Erhöhung der Abgeordnetenzahl des Bundestags von 518 auf 656. Die Wahl soll 2.12. stattfinden. Am 22.8. stimmt die Volkskammer mit der erforderlichen Zweidrittelmehrheit dem Vertrag zu.

■ **Verhandlungen zum Einigungsvertrag**: Am 6.7. beginnen in Ost-Berlin die über vier Runden laufenden Verhandlungen über den Einigungsvertrag, die von Bundesinnenminister Schäuble (CDU) bzw. dem Parlamentarischen Staatssekretär beim DDR-Ministerpräsidenten Krause (CDU) geführt werden. Für die bis zum 30.8. strittigen Punkte (Regelung des Schwangerschaftsabbruchs, Verbleib der Stasi-Akten, Länderfinanzen, Stimmenzahl im Bundesrat, Treuhandanstalt und soziale Sicherheit) werden am Ende Kompromisse gefunden. So wird für den Schwangerschaftsabbruch eine Übergangslösung geschaffen, und die Verhandlungsdelegationen beschließen – auch auf Druck erneuter Besetzungen von Stasi-Dienststellen durch Bürgerrechtler –den Verbleib der Stasi-Akten im Gebiet der DDR.

■ **Unterzeichnung des Einigungsvertrags**: Am 31.8. unterzeichnen Schäuble und Krause in Ost-Berlin den Einigungsvertrag im Beisein von Ministerpräsident de Maizière. Er wird am 20.9. in der Volkskammer mit 299 gegen 80 Stimmen (aus den Fraktionen von PDS und Bündnis 90/Grüne) bei einer Enthaltung angenommen.

■ **Einheitsfeier**: Am 3.10., 0.00 Uhr, wird der Beitritt der DDR zum Geltungsbereich des Grundgesetzes wirksam. Vor dem Reichstag findet im Beisein der höchsten Vertreter des Staates vor Zehntausenden Menschen die offizielle Zeremonie zur Herstellung der deutschen Einheit statt.

DER EINIGUNGSVERTRAG

Der Einigungsvertrag regelt in 45 Artikeln und auf rd. 1000 Seiten Anlagen die Modalitäten der deutschen Vereinigung. Zum einen werden die beitrittsbedingten Änderungen des Grundgesetzes bestimmt (neue Präambel; Aufhebung des Art. 23, der mit dem Beitritt der DDR letztmalig angewendet wird; Übernahme und Schaffung von Sonderregelungen in Bezug auf Schulden und Vermögen der DDR; Neufassung des Art. 146). Anlage I enthält Bestimmungen zur Überleitung des Bundesrechts auf die neuen Bundesländer. Anlage II benennt Bestimmungen zum fortgeltenden Recht der DDR und regelt den Verbleib der Stasi-Akten. Anlage III bezieht sich auf die Regelung offener Vermögensfragen.

1991

Entscheidung für Berlin

Im Jahr Eins der deutschen Einheit treten die Schwierigkeiten des Vereinigungsprozesses in den Vordergrund. In den neuen Bundesländern bleibt der angekündigte wirtschaftliche Aufschwung aus; in den alten Bundesländern regt sich Unmut über finanzielle Belastungen im Gefolge der Vereinigung; die Wirtschaftsmisere führt zu Massenprotesten. Auch der beabsichtigte Umzug von Regierung und Parlament nach Berlin wird quer durch alle Parteien kontrovers diskutiert. Im Herbst kommt es im gesamten Bundesgebiet zu einem dramatischen Anstieg fremdenfeindlicher Gewalttaten, bei denen zahlreiche Menschen ums Leben kommen. Der Krieg am Golf ist in der deutschen Öffentlichkeit heftig umstritten.

GOLFKRIEG

Am 17.1. beginnt der sog. 2. Golfkrieg zwischen den US-geführten Koalitionstruppen und dem Irak. Mehr als 200 000 Menschen beteiligen sich am 26.1. in Bonn an einer friedlich verlaufenden Kundgebung und fordern die Einstellung der Kampfhandlungen im Krieg um Kuwait. – Die Zahl der Kriegsdienstverweigerer steigt im Januar unter dem Eindruck des Kriegs auf 22 197 (1990 gesamt: 74 569). – Bundesfinanzminister Theo Waigel (CSU) beziffert am 27.3. in Washington den deutschen Beitrag zum Golfkrieg auf 17,6 Mrd. DM.

AUSSENPOLITIK

■ **Russland/UdSSR:** Der Oberste Sowjet der UdSSR **ratifiziert** am 4.3. als letzter der vier ehemaligen Siegermächte den **2+4-Vertrag** (→ 1990) sowie am 2.4. den Vertrag über den sowjetischen Truppenabzug. – Der frühere DDR-Staats- und Parteichef Erich Honecker, der seit April 1990 im Militärhospital Beelitz bei Potsdam untergebracht war, wird am 13.3. von der sowjetischen Armee »aus humanitären Gründen« nach Moskau gebracht, was zu heftigen Protesten der Bundesregierung führt. – Der russische Präsident **Boris Jelzin** stattet der Bundesrepublik vom 21.–23.11. seinen ersten offiziellen Besuch ab. In einer gemeinsamen Erklärung verpflichtet sich Russland, an der Rückzahlung der sowjetischen Auslandsschulden mitzuwirken.

■ **Polen:** Bundeskanzler Helmut Kohl und der polnische Ministerpräsident Jan Krzysztof Bielecki unterzeichnen am 17.6. in Bonn den Vertrag über gute Nachbarschaft und freundschaftliche Zusammenarbeit, der am 16.1.1992 in Kraft tritt. Er bekräftigt den Gewaltverzicht des ersten bilateralen Vertrags von → 1970, garantiert die Anerkennung der gemeinsamen Grenze und sieht eine engere Zusammenarbeit vor. – Die Bundesregierung stimmt am 16.10. der **Stiftung deutsch-polnische Aussöhnung** zu; das Stiftungsvermögen in Höhe von 500 Mio. DM soll Opfern der Nazi-Verfolgung in Polen zugute kommen.

■ **Baltikum:** Am 28.8. vereinbart Außenminister Hans-Dietrich Genscher mit seinen Amtskollegen Lennart Meri (Estland), Janis Jurkans (Lettland) und Algirdas Saudargas (Litauen) die Wiederherstellung der diplomatischen Beziehungen mit den baltischen Staaten.

■ **Abrüstung:** Am 7.11. verabschiedet der Bundestag einstimmig den im November 1990 durch die 22 Staaten von NATO und Warschauer Pakt in Paris unterzeichneten Vertrag über die Verringerung der konventionellen Streitkräfte in Europa. – Bundesverteidigungsminister Gerhard Stoltenberg (CDU) gibt am 24.5. eine Reduzierung der Bundeswehrstandorte von 688 auf 475 bis 1994 bekannt.

INNENPOLITIK

Am 17.1. wird der CDU-Vorsitzende **Helmut Kohl** im Bundestag mit 378 zu 257 Stimmen **zum vierten Mal zum Bundeskanzler gewählt**. Tags darauf

Der russische Präsident Boris Jelzin am 21.11. auf dem Bonner Marktplatz

wird sein aus 19 Ministern bestehendes Kabinett vereidigt (→ 1990).

■ **Rüstungsexporte:** Mit der Mehrheit der CDU/CSU und FDP beschließt der Bundestag am 22.3. **schärfere Maßnahmen gegen illegale Rüstungsexporte**. Danach sollen Vergehen mit einer Haftstrafe von bis zu 15 Jahren belegt werden, bei Verdacht darf mit richterlicher Genehmigung der Post- und Telefonverkehr überwacht werden. Einige FDP-Abgeordnete wie auch die Opposition stimmen dem Gesetzesentwurf nicht zu, weil ihnen die Eingriffe in das Post- und Fernmeldegeheimnis zu weitgehend erscheinen.

■ **Einigung über Ostrenten**: Nach einem Kompromiss zwischen Regierungskoalition und SPD verabschiedet der Bundestag am 21.6. gegen die Stimmen von B'90/Grüne und PDS das Renten-Überleitungsgesetz (RÜG), durch das das **westdeutsche Rentenrecht** vom 1.1.1992 an **auf das Gebiet der ehemaligen DDR übertragen** wird. Das RÜG wird einen Finanzverbund mit der westdeutschen Rentenversicherung herstellen und altes DDR-Rentenrecht ablösen, ohne dass es für die Betroffenen zu finanziellen Einbußen kommt. Für ehemalige Stasi-Angehörige soll die Altersrente auf rd. 800 DM begrenzt werden.

■ **Mietrecht/Beamte**: Der Bundesrat verabschiedet am 17.5. eine bis 1993 geltende Wohngeld-Sonderregelung für die neuen Bundesländer, mit der die dort ab 1.10.1991 vorgesehenen drastischen Mieterhöhungen abgemildert werden sollen. Der Bundesrat stimmt ferner einer Verordnung über die Anhebung der Beamtenbesoldung in den neuen Bundesländern auf 60% des Westniveaus zu. Die Verordnung enthält auch Förderungsmaßnahmen zur Gewinnung westdeutschen Personals für die ostdeutsche Verwaltung; so sollen z.B. Beamte aus dem Westen uneingeschränkt nach westlichem Niveau besoldet werden, ihre Verwendungszeiten in Ostdeutschland für das Ruhegehalt doppelt zählen.

■ **Steuerkompromiss**: Der Bundesrat stimmt am 21.6. dem Steuerkompromiss zu. Damit können ein auf ein Jahr befristeter Zuschlag auf die Lohn- und Einkommensteuer von 7,5% und Verbrauchsteuererhöhungen auf Mineralöl und Versicherungen fristgerecht vom 1.7. an erhoben werden. Die SPD-regierten Länder hatten im Vermittlungsausschuss von Bundestag und Bundesrat auch dem Vorhaben zugestimmt, 1991 und 1992 in den fünf neuen Ländern auf die Erhebung der Vermögen- und Gewerbekapitalsteuer zu verzichten.

HAUPTSTADTBESCHLUSS

Nach einer wochenlang kontrovers geführten öffentlichen Debatte stimmt der Bundestag am 20.6. mit knapper Mehrheit für die **Verlegung des Sitzes von Bundesregierung und Bundestag nach Berlin**. Der von Parlamentariern aller Fraktionen eingebrachte Antrag »Vollendung der Einheit Deutschlands« wird mit 338 gegen 320 Stimmen angenommen. Zwischen Berlin und Bonn soll eine »faire Arbeitsteilung« gewahrt werden, indem Bonn als Standort diverser Bundesministerien und -behörden erhalten bleibt.

DDR-ERBE

■ **Entschädigungen**: Nach einem Urteil des Bundesverfassungsgerichts vom 23.4. muss die entschädigungslose Enteignung von Grund und Betrieben in der SBZ von 1945 bis 1949 nicht rückgängig gemacht werden. Das Gericht erklärt die Regelung im Einigungsvertrag und in der Änderung des Grundgesetzes für verfassungsgemäß; der Gesetzgeber wird jedoch zu Ausgleichsregelungen verpflichtet.

■ **Warteschleifen-Regelung**: In einem Urteil zur sog. Warteschleifen-Regelung stellt das Bundesverfassungsgericht am 24.4. fest, dass die im Einigungsvertrag vorgesehene Entlassung von mindestens 100 000 Beschäftigten des öffentlichen Dienstes der DDR im Wesentlichen verfassungsgemäß sei.

■ **Todesschüsse**: Die Berliner Justiz erlässt am 21.5. Haftbefehle im Zusammenhang mit den Todesschüssen an der Mauer gegen den früheren DDR-Ministerpräsidenten Willi Stoph, Ex-Verteidigungsminister Heinz Keßler, den ehemaligen Sekretär des Nationalen Verteidigungsrats Fritz Streletz und den früheren Suhler SED-Chef Hans Albrecht; sie seien **»mitverantwortliche Entscheidungsträger« des Schießbefehls** von 1974 gewesen. Die UdSSR protestiert am 24.5. offiziell gegen die Verhaftungen.

■ **Anklagen/Prozesse**: Die Berliner Staatsanwaltschaft erhebt am 4.3. Anklage gegen die ehemaligen SED-Politbüromitglieder Hermann Axen und Werner Krolikowski unter dem Vorwurf, Millionenbeträge aus der DDR-Kasse für den Bau von Privathäusern veruntreut zu haben. – Als erstes Mitglied der früheren DDR-Führung, das sich wegen Verfehlungen während der DDR-Amtszeit verantworten muss, wird am 6.6. vor dem Landgericht Berlin der frühere DDR-Gewerkschaftschef

Harry Tisch wegen Untreue in fünf Fällen zu 18 Monaten Haft verurteilt. – Am 9.7. wird der frühere Vorsitzende der Ost-CDU, Gerald Götting, vom Berliner Landgericht wegen Untreue zu einer Haftstrafe von 18 Monaten auf Bewährung verurteilt, da er den Umbau seines privaten Ferienhauses mit Parteigeldern finanziert habe.

■ **Wolf-Festnahme**: Der ehemalige DDR-Spionagechef Markus Wolf stellt sich am 24.9. den Behörden und wird in Untersuchungshaft genommen. Der Bundesgerichtshof setzt Wolf am 4.10. jedoch gegen eine Kaution von 250 000 DM auf freien Fuß (→ 1993, 1996).

■ **Stasi-Unterlagen-Gesetz**: Der Bundestag verabschiedet am 14.11. gegen die Stimmen von B'90/Grüne und PDS das Stasi-Unterlagen-Gesetz. Es gewährt jedem Stasi-Opfer Einblick in seine personenbezogenen Akten; die unbefugte Veröffentlichung von Opferakten sowie das Zitieren aus Originaldokumenten ist aber strafbar; die Geheimdienste bekommen keinen Zugang zu Opferakten, aber Einblick in Unterlagen über Spionage und Terrorismus. Für die unter Leitung des Rostocker Pfarrers Joachim Gauck stehende Behörde zur Verwaltung der Akten der rd. 6 Mio. Betroffenen werden rd. 2500 Stellen geschaffen.

RECHTSRADIKALISMUS, AUSLÄNDERFEINDLICHKEIT

Seit Anfang September häufen sich **Überfälle** Rechtsradikaler **auf Ausländer und Asylbewerberheime**: Sie **eskalieren** im sächsischen **Hoyerswerda**, wo es vom 17. bis 22.9. zu schweren Ausschreitungen jugendlicher Rechtsradikaler gegen Migranten und zum Angriff auf ein Asylbewerberheim kommt – teilweise unter Beifall der Bevölkerung. In Saarlouis zünden unbekannte Täter am 19.9. ein Asylbewerberheim an; dabei werden ein Ghanaer getötet, zwei Nigerianer verletzt. In Hünxe (Nordrhein-Westfalen) verüben drei Skinheads am 3.10. einen Brandanschlag auf eine Asylbewerberunterkunft, bei dem zwei libanesische Kinder lebensgefährliche Brandverletzungen erleiden. In den folgenden Wochen kommt es in der gesamten Bundesrepublik zu zahlreichen Übergriffen Rechtsradikaler auf Ausländer.

TERRORISMUS

■ **Mordanschlag gegen Rohwedder**: Der Präsident der Treuhandanstalt Detlev Karsten Rohwedder wird am Abend des 1.4. in seinem Düsseldorfer Wohnhaus durch mehrere von einem gegenüberliegenden Grundstück aus abgegebene Gewehrschüsse getötet. Seine Ehefrau wird bei dem Anschlag verletzt. In einem Schreiben bezichtigt sich ein »Kommando Ulrich Wessel« der RAF der Tat. Zur neuen Präsidentin der Treuhandanstalt ernennt der Verwaltungsrat am 13.4. Birgit Breuel (CDU).

■ **Prozesse**: Am 31.1. verurteilt das Bayerische Oberste Landesgericht den ehemaligen RAF-Terroristen Werner Lotze wegen Mordes an einem Polizisten, vierfachen Mordversuchs sowie schwerer räuberischer Erpressung, begangen 1978, zu zwölf Jahren Haft. – Das gleiche Strafmaß verhängt das Stuttgarter Oberlandesgericht am 3.6. gegen die Ex-RAF-Terroristin Susanne Albrecht wegen des Mordes an Bankier Jürgen Ponto 1977 sowie dreifachen Mordversuchs beim Attentat auf NATO-General Alexander Haig 1979. Die beiden RAF-Aussteiger profitieren von der 1989 beschlossenen strafmildernden Kronzeugenregelung.

■ **DDR und RAF**: Das Ministerium für Staatssicherheit der DDR hat seit Ende der 1970er Jahre RAF-Terroristen bei Attentaten unterstützt: Generalbundesanwalt Alexander von Stahl erklärt am 26.3., er habe gegen den früheren Stasi-Chef Erich Mielke, dessen Stellvertreter Gerhard Neiber und vier weitere ehemalige Stasi-Mitarbeiter Haftbefehle wegen Beihilfe zum Mordversuch und zur Herbeiführung einer Sprengstoffexplosion (bei Anschlägen gegen US-General Frederik Kroesen in Heidelberg und gegen den US-Stützpunkt Ramstein 1981) erwirkt. Mielke sitzt bereits wegen anderer Vorwürfe in Untersuchungshaft.

TREUHANDANSTALT

Die Berliner Treuhandanstalt verkauft bis Ende Juni 2583 Unternehmen für insgesamt 10,6 Mrd. DM; mit den Firmenverkäufen werden Investitionen von 65,3 Mrd. DM angeschoben und mehr als 500 000 Arbeitsplätze gesichert. Der Vorstand der Treuhandanstalt, Vertreter der Landesregierungen, der Arbeitgeberverbände und der Gewerkschaften einigen sich am 17.7. in Berlin auf eine Rahmenvereinbarung zur Gründung von **Beschäftigungsanstalten zur Bekämpfung der Arbeitslosigkeit** in den neuen Bundesländern. Am 31.7. übernimmt die Treuhandanstalt die Verwaltung aller 768 PDS-Immobilien; zuvor hatte sie das Immobilienvermögen der FDP aus der früheren DDR unter ihre Kontrolle genommen.

UNTERNEHMEN

Im Automobilwerk Eisenach wird am 10.4. der letzte Wartburg fertiggestellt. Durch Privatisierung von Betriebsteilen sowie den Aufbau eines Montagewerkes der Adam Opel AG bis Ende 1992 bleibt ein Teil der Arbeitsplätze in Eisenach erhalten. – In den Sachsenring-Automobilwerken **in Zwickau rollt** am 30.4. **der letzte Trabant vom Band.** In 34 Jahren wurden 3 690 099 Stück gebaut. Vom Produktionsende betroffen sind fast 50 000 Beschäftigte einschließlich Zulieferbetriebe. – Am 30.4. findet der letzte Linienflug der Interflug statt; die frühere DDR-Fluggesellschaft wird liquidiert.

Der letzte Trabi rollt am 30.4. vom Band

ARBEITSMARKT/SOZIALES

■ **Demonstrationen gegen Sozialabbau**: Etwa 50 000 Arbeitnehmer demonstrieren am 20.2. in Mecklenburg-Vorpommern für den Erhalt der angeschlagenen Schiffbauindustrie an der Ostsee. In Chemnitz fordern 35 000 Demonstranten die Rettung der Region als Industriestandort. Auch in anderen ostdeutschen Städten kommt es zu Demonstrationen gegen drohenden Arbeitsplatzverlust und für höhere Löhne. In Erfurt fordern 40 000 Metallarbeiter am 27.2. schnelle Hilfen für den Wirtschaftsaufbau und werfen der Regierung vor, Wahlversprechen gebrochen zu haben. – Rd. 80 000 Menschen demonstrieren am 25.3. in Leipzig auf der größten Montagsdemonstration seit der Vereinigung gegen die Wirtschaftmisere in den neuen Bundesländern, für die sie die Bundesregierung und die Treuhandanstalt verantwortlich machen. – Im Zuge der steigenden Arbeitslosigkeit und fehlender Perspektiven in Ostdeutschland wandern immer mehr Arbeitskräfte in den Westen ab, die Geburtenrate sinkt. Zum 30.6. leben 15,9 Mio. Menschen in Ostdeutschland, so wenig wie seit Kriegsende nicht.

■ **Tarifeinigung**: Die Tarifpartner für den öffentlichen Dienst in Ostdeutschland einigen sich am 5.3.: Die rd. 1,7 Mio. Beschäftigten erhalten vom 1.7. an 60% der entsprechenden Einkommen in Westdeutschland. Die 2,3 Mio. westdeutschen Arbeitnehmer und Angestellten im öffentlichen Dienst erhalten rückwirkend vom 1.1. an 6% mehr Lohn und Gehalt. – Die Gewerkschaft ÖTV und die Arbeitgeber von Bund, Ländern und Gemeinden einigen sich am 25.9. darauf, die in der ehemaligen DDR geleisteten Dienstzeiten von etwa 1,4 Mio. Beschäftigten im öffentlichen Dienst voll anzuerkennen.

■ **Steinkohle**: Bundeswirtschaftsminister Jürgen W. Möllemann (FDP) einigt sich am 11.11. mit den Wirtschaftsministern der Kohleländer Nordrhein-Westfalen und Saarland sowie Spitzenvertretern der Bergbauunternehmen, der Stromwirtschaft und der Gewerkschaft Bergbau und Energie (IGBE) auf eine **Verringerung der jährlichen Steinkohleförderung** von derzeit rd. 70 Mio. t auf 50 Mio. t bis zum Jahr 2000.

UMWELTSCHUTZ, KERNKRAFT

Das Bezirksgericht Magdeburg ordnet am 25.2. einen Anlieferstopp für das Atommüll-Endlager Morsleben (Sachsen-Anhalt) mit der Begründung an, dass die Sicherheitsanforderungen in der DDR nicht den Bestimmungen der Bundesrepublik genügen. – Forschungsminister Heinz Riesenhuber (CDU) gibt am 21.3. das endgültige **Aus für den Schnellen Brüter,** das nie in Betrieb genommene Kernkraftwerk, in Kalkar bekannt. – Umweltminister Klaus Töpfer (CDU) ordnet am 10.9. den Abriss aller Reaktorblöcke des ostdeutschen Kernkraftwerks Greifswald an. – Am 30.10. tritt die Verbotsverordnung von Fluorchlorkohlenwasserstoffen (FCKW) und sog. Halogenen in Kraft. Das Gesetz sieht vor, FCKW-haltige Treib-, Schaum-, Kühl- und Kältemittel sowie Reinigungs- und Lösemittel stufenweise bis 1995 endgültig vom Markt zu nehmen. – Nach dem am 14.11. vorgelegten Waldzustandsbericht 1991 sind mehr als 60% der Bäume in Deutschland krank; Hauptursache: Luftverschmutzung.

KIRCHE UND PARTEIEN

■ **Evangelische Kirche:** Die seit 1969 gespaltenen deutschen evangelischen Kirchen beschließen am 24.2. ihre **Wiedervereinigung**: Auf der Synode in

Bevölkerung 1955–2005

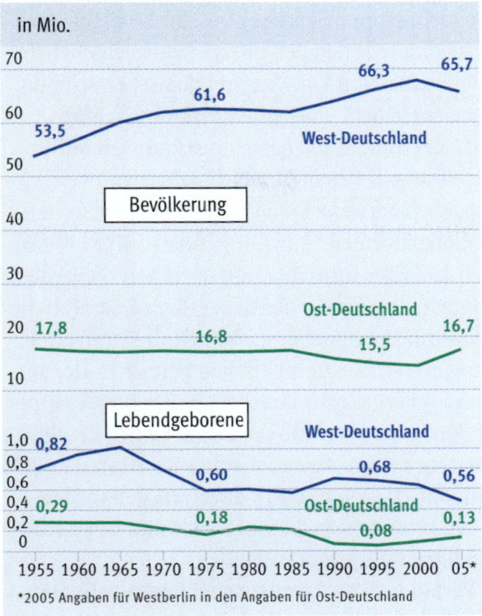

Quelle: Statistisches Bundesamt

Coburg (28.–30.6.) wird der Zusammenschluss der 16 west- und der acht ostdeutschen Landeskirchen offiziell vollzogen.

■ **CDU:** Das Landgericht Düsseldorf verurteilt am 8.5. den CDU-Schatzmeister Walther Leisler Kiep wegen Beihilfe zur Steuerhinterziehung bei Parteispenden zwischen 1971 und 1981 zu einer Geldstrafe von 675 000 DM. – Der ehemalige Vorsitzende der Ost-CDU Gerald Götting wird am 30.5. aus der Berliner CDU ausgeschlossen. Als stellv. Staatsratsvorsitzender habe er alle »Scheußlichkeiten des damaligen Regimes mitzuverantworten«. – **Lothar de Maizière legt** am 6.9. **seine Ämter** als stellv. CDU-Bundesvorsitzender und brandenburgischer Landesvorsitzender **nieder**, am 11.9. auch sein Bundestagsmandat. Anlass sind u.a. Verdächtigungen der Stasi-Zusammenarbeit und ein Streit mit der CDU-Parteiführung (→ 1990).

■ **PDS:** Das Bundesverfassungsgericht (BVerfG) weist am 16.7. die Forderung der PDS nach Fraktionsstatus im Bundestag ab; die Richter sprechen den 17 PDS-Abgeordneten aber das Recht zu, ihrer Stärke entsprechend in allen Bundestagsausschüssen vertreten zu sein. Am 19.7. entscheidet das BVerfG ferner, dass das Altvermögen der PDS weiterhin der im Einigungsvertrag geregelten staatlichen Kontrolle unterliegt.

■ **Bündnis 90:** Die Bürgerrechtsgruppen der ehemaligen DDR, Demokratie Jetzt, Initiative Frieden und Menschenrechte sowie Teile des Neuen Forums, konstituieren sich am 21.9. unter dem Namen Bündnis 90 formell als Partei.

BUNDESLÄNDER

■ **Erhöhung der Ost-Finanzmittel:** Bundeskanzler Kohl und die Ministerpräsidenten der 16 Bundesländer einigen sich am 28.2. darauf, die neuen Länder rückwirkend zum 1.1. zu 100% an der Verteilung der Umsatzsteuer zu beteiligen. Gleichzeitig verzichtet der Bund auf seinen Anteil am Fonds Deutsche Einheit. Dadurch erhöhen sich die Finanzmittel für die neuen Länder bis 1994 um rd. 30 Mrd. DM.

■ **Baden-Württemberg:** Ministerpräsident Lothar Späth (CDU) tritt am 13.1. wegen Vorwürfen der persönlichen Vorteilsnahme zurück, Nachfolger wird am 22.1. der bisherige CDU-Fraktionsvorsitzende Erwin Teufel.

■ **Hessen:** Landtagswahl am 20.1., Hans Eichel (SPD) löst am 5.4. Walter Wallmann (CDU) als Ministerpräsident ab.

■ **Berlin:** Das Abgeordnetenhaus wählt am 24.1. Eberhard Diepgen (CDU) zum ersten Regierenden Bürgermeister von ganz Berlin. Er ist damit Nachfolger von Walter Momper (SPD). Dem neuen Senat gehören neun CDU- und sieben SPD-Mitglieder an.

■ **Rheinland-Pfalz:** Aus der Landtagswahl am 21.4. geht die SPD als Siegerin hervor, ihr Vorsitzender Rudolf Scharping folgt Carl-Ludwig Wagner (CDU) als Ministerpräsident.

■ **Hamburg:** Bürgerschaftswahl am 2.6., Henning Voscherau (SPD) bleibt Erster Bürgermeister.

■ **Sachsen-Anhalt:** Ministerpräsident Gerd Gies (CDU) tritt am 2.7. wegen Vorwürfen zurück, er habe sich sein Mandat durch Verleumdung erschlichen. Nachfolger wird der aus Niedersachsen stammende bisherige Finanzminister Werner Münch (CDU). – Der stellv. Ministerpräsident und FDP-Landesvorsitzende Gerd Brunner legt am 8.8. wegen seiner Stasi-Mitarbeit Regierungs- und Parteiämter nieder; nur fünf Tage später muss Landwirtschaftsminister Otto Mintus (CDU) wegen seiner Stasi-Vergangenheit zurücktreten.

■ **Bremen:** Bei der Bürgerschaftswahl am 29.9. verliert die SPD ihre absolute Mehrheit. Wahlgewinner sind die CDU und die rechtsextreme DVU, Klaus Wedemeier (SPD) bleibt Bürgermeister in einer Koalition aus SPD, FDP und Grünen.

■ **Wahlergebnisse** → S. 458–467

1992

Die führungslose Nation

Auch im zweiten Jahr des vereinten Deutschland dominieren die Schwierigkeiten des Zusammenwachsens das politische Geschehen. Vor allem die Parteien geraten in die Kritik. Bundespräsident Richard von Weizsäcker rügt Versäumnisse der politischen Führung bei der Vereinigungspolitik und kritisiert den »Parteienstaat« als »machtversessen auf den Wahlsieg« und »machtvergessen bei der Wahrnehmung der inhaltlichen und konzeptionellen Führungsaufgaben«. Die dramatische Zunahme rechtsextremistischer und ausländerfeindlicher Übergriffe löst im In- und Ausland große Besorgnis aus.

RECHTSRADIKALISMUS, AUSLÄNDERFEINDLICHKEIT

Eine neue Welle von Gewalt gegen Ausländer, Aussiedler und Asylbewerber kulminiert am 22.8. vor der Zentralen Aufnahmestelle für Asylbewerber für Mecklenburg-Vorpommern in **Rostock-Lichtenhagen**: Rechtsradikale Jugendliche bewerfen Asylbewerber und deren Unterkünfte mit Pflastersteinen und Brandbomben, liefern sich Straßenschlachten mit den Polizeikräften und finden dafür teilweise Zustimmung in der Bevölkerung. In der Nacht zum 25.8. werden das Asylbewerberheim und ein benachbartes Quartier vietnamesischer Arbeitskräfte in Brand gesetzt; die Bewohner geraten in Lebensgefahr. Der Polizeichef von Rostock wird daraufhin von seinem Amt entbunden. Bis zum 28.8. erwirkt die Rostocker Staatsanwaltschaft 32 Haftbefehle gegen Gewalttäter; den meisten wird schwerer Landfriedensbruch, zwei Personen versuchter Mord vorgeworfen. Die ausländerfeindlichen Ausschreitungen breiten sich in der Folge auf zahlreiche Städte in Ost- und Westdeutschland aus. – Neonazis setzen am 26.9. die Baracke 38 in der Gedenkstätte des ehemaligen **KZ Sachsenhausen** in Brand. Das Gebäude, in dem ein »Museum für die Leiden der jüdischen Kameraden« untergebracht war, wird zerstört. – Der Wehrbeauftragte des Deutschen Bundestags, Alfred Biehle (CSU), bestätigt am 11.11., dass sich in der ersten Jahreshälfte drei **Bundeswehrsoldaten** aus Hannover, Magdeburg und Flensburg bei gewalttätigen Auseinandersetzungen mit ausländerfeindlichem Hintergrund am Tod von drei Menschen schuldig gemacht haben. – Bei einem **Brandanschlag** auf zwei von Türken bewohnte Häuser **in Mölln** (Schleswig-Holstein) am 23.11. kommen zwei Mädchen und eine Frau ums Leben, neun weitere Personen werden zum Teil schwer verletzt. Weil es sich um einen »Anschlag auf die innere Sicherheit« handelt, übernimmt der Generalbundesanwalt die Ermittlungen und damit erstmals die Strafverfolgung im rechtsextremistischen Bereich. – Der am 6.2.1993 vorgelegte Jahresbericht des Bundesamtes für Verfassungsschutz verzeichnet einen deutlichen **Anstieg rechtsextremistischer Straftaten** im Jahr 1992 auf 2285 (1991: 1483); dabei wurden 17 Menschen getötet. 90% der Anschläge und Übergriffe richteten sich gegen Ausländer.

■ **Verbot rechtsextremistischer Organisationen:** Bundesinnenminister Rudolf Seiters (CDU) verbietet Ende des Jahres wegen verfassungsfeindlicher Umtriebe verschiedene neonazistische Vereinigungen: am 26.11. die Nationalistische Front, am 10.12. die neonazistische Vereinigung Deutsche Alternative sowie am 22.12. die Nationale Offensive. – Die Innenminister von Bund und Ländern beschließen am 15.12. einstimmig, die Republikaner von den Verfassungsschutzbehörden beobachten zu lassen, da bei der Partei »Anhaltspunkte für Bestrebungen gegen die freiheitliche demokratische Grundordnung der Bundesrepublik« vorlägen.

■ **Demonstrationen gegen Ausländerfeindlichkeit**: In Berlin demonstrieren am 8.11. rd. 300 000 Menschen unter dem Motto »Die Würde des Menschen ist unantastbar« gegen Ausländerhass und Rassismus. – Gegen die fremdenfeindlichen Vorfälle gehen in den Wochen vor Weihnachten in

Lichterkette gegen Ausländerfeindlichkeit am 25.12. in Berlin

Aussiedler nach Herkunftsländern

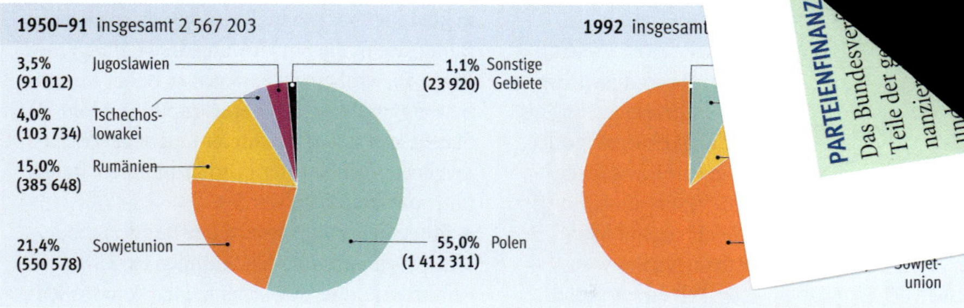

mehreren deutschen Großstädten (u.a. Hamburg, Frankfurt am Main, Berlin) Hunderttausende zu Demonstrationen und kilometerlangen Lichterketten auf die Straße. Auch **im Ausland** gibt es **besorgte Reaktionen über ein Wiedererstarken des Rechtsradikalismus** in Deutschland. Im *Quotidien de Paris* heißt es: »Deutschland muss endlich erwachen, bevor der böse Traum zu einem Alptraum wird.«

ASYLBEWERBER, AUSSIEDLER

Unter dem Eindruck der Ausschreitungen und der Zahl von rd. 360 000 unbearbeiteten Asylanträgen verschärft sich der **innenpolitische Streit um die Asylpolitik**. Nachdem sich Bundeskanzler Helmut Kohl und Spitzenpolitiker von CDU, CSU, FDP und SPD bereits am 10.10.1991 auf asylpolitische »Zielvorstellungen« ohne eine Grundgesetzänderung geeinigt hatten, beschließt der Bundestag am 5.6. mit großer Mehrheit eine **Beschleunigung des Asylverfahrens**. Die Gesetzesnovelle, die am 1.7. in Kraft tritt, sieht die Verkürzung der Verfahren in Fällen offensichtlich unbegründeter Asylanträge auf sechs Wochen vor; abgelehnte Asylbewerber können wesentlich schneller abgeschoben werden. Trotz der Vereinbarung dringen CDU und CSU auf eine Änderung des Art. 16a GG, »Politisch Verfolgte genießen Asylrecht«. Am 6.12. einigen sich schließlich CDU, CSU, FDP und SPD auf den sog. Asylkompromiss, der eine Grundgesetzänderung vorsieht (→ 1993). Die Organisation Pro Asyl protestiert tags darauf gegen die geplante Neuregelung und sieht darin einen »Sieg der Straße« und eine »Niederlage des Rechtsstaats«; der Schriftsteller Günter Grass, seit 1982 Mitglied der SPD, tritt aus Protest aus der Partei aus. – Bundesinnenminister Rudolf Seiters unterzeichnet am 24.9. in Bukarest ein **Abkommen**, das die Rückführung abgelehnter Asylbewerber nach **Rumänien** erleichtert. Darin verpflichten sich beide Staaten, eigene Staatsangehörige wieder aufzunehmen, die sich illegal im Land des Vertragspartners aufhalten. Die Zahl der Antragsteller aus Rumänien beträgt in den ersten acht Monaten 57 446, nur in 115 Fällen (0,2%) wird dem Asylantrag stattgegeben.

■ **Aussiedler:** Die Zahl der Aussiedler weist mit 230 565 (1991: 221 991) eine leichte Zunahme auf, die in erster Linie auf einen Anstieg der Aufnahmeanträge von Russlanddeutschen aus den Bürgerkriegsgebieten der ehemaligen Sowjetunion zurückzuführen ist. Gegenüber 1990, als insgesamt 397 000 Personen einen Antrag gestellt hatten, ist die Zuwanderung von Aussiedlern jedoch stark rückläufig.

AUSSENPOLITIK

■ **Türkei:** Angesichts der unverminderten Angriffe der türkischen Streitkräfte gegen Kurden in Ost- und Südost-Anatolien bezeichnet Bundesaußenminister Hans-Dietrich Genscher (FDP) am 26.3. den »brutalen Einsatz« gegen die kurdische Zivilbevölkerung als »nicht akzeptabel«. Aufgrund der vertragswidrigen Verwendung deutscher Rüstungsgüter stellt die Bundesregierung die Waffenlieferungen an den NATO-Partner endgültig ein. Seit 1991 hatte die Türkei Waffen und Munition aus Beständen der NVA im Wert von über 1,6 Mrd. DM erhalten, darüber hinaus waren der Armee bis zur vom Bundestag beschlossenen Haushaltssperre am 7.11.1991 136 Panzer vom Typ Leopard geliefert worden. – Ein Regierungssprecher bestätigt am 27.3. in Bonn die **Lieferung von 15 weiteren Leopard-Panzern an die Türkei**: Dies sei durch ein »Versäumnis im Beamtenapparat« des Verteidigungsministeriums und gegen den Beschluss des Haushaltsausschusses des Bundestags geschehen. Am 31.3. tritt Verteidigungsminister Gerhard Stoltenberg »auf eigenen Wunsch« zurück, sein

[illegible]ERUNG

[illegible]fassungsgericht erklärt am 9.4. [illegible]setzlichen Regelungen zur Parteienfi[illegible]rung vom 3.3.1989 für **verfassungswidrig** [illegible] verlangt vom Bundestag eine Neuregelung bis Ende 1993. Das Gericht gibt damit einer Klage der Grünen gegen das seit 1989 geltende Änderungsgesetz in allen Punkten recht. Verfassungswidrig sind demnach die steuerliche Abzugsfähigkeit von Fremdspenden, die Regelungen des vom Wahlerfolg unabhängigen Sockelbetrags und des »Chancenausgleichs« sowie die Publizitätsgrenze für Spenden über 40 000 DM.

Nachfolger wird am 2.4. der bisherige CDU-Generalsekretär Volker Rühe. – Die deutsche Kritik am Kampf gegen die Kurden löst in der Türkei Empörung aus. Laut Staatspräsident Turgut Özal liege der »Unterschied zum Deutschland Hitlers darin, dass das heutige Deutschland seine wirtschaftliche Macht missbraucht und ständig Drohungen vom Stapel lässt«.

■ **Rest-Jugoslawien:** Die Bundesregierung beschließt am 17.7. die **Beteiligung der Bundesmarine** an der Überwachung der UN-Sanktionen gegen Rest-Jugoslawien und entsendet den Zerstörer Bayern sowie drei Seeaufklärungsflugzeuge vom Typ Bréguet Atlantic in die Adria. Der Bundestag billigt die Maßnahme am 22.7. mit der Koalitionsmehrheit. Der Vorsitzende der SPD-Bundestagsfraktion Hans-Ulrich Klose wirft in der von seiner Partei beantragten Bundestagssondersitzung der Bundesregierung vor, am Parlament vorbei eine »scheibchenweise« Veränderung deutscher Außen- und Sicherheitspolitik zu betreiben.

■ **Kasachstan:** In einer beim Besuch des kasachischen Staatspräsidenten Nursultan Nasarbajew (21.–23.9.) in Bonn veröffentlichten Gemeinsamen Erklärung sagt die kasachische Regierung den Deutschstämmigen in Kasachstan freie Religionsausübung und die Pflege ihrer Sprache und Kultur zu.

■ **Russische Föderation:** Bundeskanzler Helmut Kohl und der russische Präsident Boris Jelzin einigen sich am 16.12. in Moskau auf eine zinslose Stundung russischer Schulden an die Bundesrepublik aus sog. Transfer-Rubel-Geschäften in Höhe von 17,5 Mrd. DM bis zum Jahr 2000. Überdies stellt Bonn zu den schon vereinbarten 7,8 Mrd. DM weitere 500 Mio. DM für heimkehrende russische Offiziere zur Verfügung.

INNENPOLITIK

■ **Rüstung:** Das größte Rüstungsvorhaben der Bundeswehr, die Entwicklung des Jagdflugzeugs **Jäger 90**, wird am 30.6. wegen zu hoher Kosten gestoppt (vorgesehener Stückpreis 133,9 Mio. DM). Stattdessen soll ein leichterer und billigerer Jet mit den bisherigen Partnern Großbritannien, Italien und Spanien gebaut werden.

■ **Steueränderungsgesetz:** Der Bundesrat beschließt am 14.2. mit den Stimmen der CDU/CSU-geführten Länder sowie der beiden von Großen Koalitionen regierten Länder Berlin und Brandenburg das im Vermittlungsverfahren modifizierte Steueränderungsgesetz 1992. Das Votum der Länderkammer wurde möglich, nachdem Bundesfinanzminister Theo Waigel (CSU) dem brandenburgischen Ministerpräsidenten Manfred Stolpe (SPD) ergänzende Zusagen für eine Aufstockung der Strukturhilfen, weitere Verbesserungen des Familienlastenausgleichs sowie die Neuregelung des Finanzausgleichs nach 1994 gemacht hatte. Damit ist ein monatelanger Streit zwischen Regierung und SPD über die **Erhöhung der Mehrwertsteuer** von 14 auf 15% ab 1993, die **Verbesserung des Familienlastenausgleichs**, den Einstieg in die **Unternehmenssteuerreform** durch Steuerentlastungen ab 1.1.1993 sowie die Finanzausstattung der neuen Bundesländer beendet.

■ **Abtreibungsgesetz:** Nach jahrelangen Auseinandersetzungen quer durch alle Parteien beschließt der Bundestag am 26.6. mit den Stimmen von SPD, FDP und Teilen der CDU eine Reform des § 218 und damit ein **einheitliches Abtreibungsrecht für ganz Deutschland**: 357 Abgeordnete entscheiden sich für, 284 gegen einen von SPD und FDP initiierten Gruppenantrag, der einen Schwangerschaftsabbruch innerhalb von zwölf Wochen nach ärztlicher Beratung zulässt. Nach Anrufung durch 247 Bundestagsabgeordnete der CDU/CSU sowie der bayerischen Landesregierung stoppt das Bundesverfassungsgericht am 4.8. mit einer einstweiligen Anordnung die neue Abtreibungsregelung. Bis zur endgültigen Entscheidung des Gerichts bleibt das alte Gesetz bestehen (→ 1993, 1995).

■ **Gesundheitsstrukturgesetz:** Das Bundeskabinett billigt am 12.8. die Gesetzesvorlage für eine **Kostendämpfung im Gesundheitswesen** mit einem Sparziel von jährlich 11,4 Mrd. DM; die Lasten der Gesundheitsreform sollen auf die Leistungsbringer (Ärzte, Apotheker, Pharmaindustrie, Krankenhäuser) mit 8,2 Mrd. DM und auf die Versicherten mit

Dienstältester Außenminister:
Hans-Dietrich Genscher im Flugzeug

3,2 Mrd. verteilt werden. Am 9.12. billigt der Bundestag mit den Stimmen von Koalition und SPD das Gesundheitsstrukturgesetz.

■ **Kabinett:** Außenminister **Hans-Dietrich Genscher** (FDP) erklärt am 27.4. seinen **Rücktritt** zum 17.5., dem 18. Jahrestag seiner Ernennung zum Außenminister. Der FDP-Vorsitzende Otto Graf Lambsdorff gibt noch am Abend des 27.4. bekannt, dass der Parteivorstand Bauministerin Irmgard Schwaetzer als neue Außenministerin bestimmt habe. Auf einer gemeinsamen Sitzung von FDP-Bundesvorstand und Fraktion am 28.4. setzt sich jedoch Justizminister Klaus Kinkel durch, der am 18.5. zum neuen Außenminister ernannt wird. Nachfolgerin Kinkels im Justizressort wird die bislang weitgehend unbekannte FDP-Bundestagsabgeordnete Sabine Leutheusser-Schnarrenberger, die am 20.5. vereidigt wird. – Nach dem Rücktritt von Gesundheitsministerin Gerda Hasselfeldt (CSU) am 27.4. wird am 6.5. der bisherige Parlamentarische Staatssekretär im Bundesministerium für Arbeit und Sozialordnung, Horst Seehofer (CSU), als Nachfolger bestimmt.

JUSTIZ

■ **DDR:** Im ersten von mehreren sog. **Mauerschützenprozessen** gegen frühere DDR-Grenzsoldaten, die auf Flüchtlinge Todesschüsse abgegeben hatten, verurteilt das Landgericht Berlin am 20.1. den ehemaligen DDR-Grenzsoldaten Ingo Heinrich zu dreieinhalb Jahren Haft. Er hatte nach Ansicht des Gerichts in der Nacht zum 6.2.1989 den 20-jährigen Chris Gueffroy beim Fluchtversuch erschossen; Gueffroy war das letzte Todesopfer an der innerdeutschen Grenze. – Wolfgang Berghofer, ehemaliger SED-Oberbürgermeister von Dresden, und der frühere Erste Sekretär der SED-Stadtleitung Dresden, Werner Moke, werden am 7.2. vom Dresdner Bezirksgericht wegen Wahlfälschung und Anstiftung zur Wahlfälschung bei den letzten DDR-Kommunalwahlen 1989 zu Haftstrafen von einem Jahr auf Bewährung und Geldbußen verurteilt. – Die Berliner Staatsanwaltschaft erhebt am 15.5. Anklage gegen den im März 1991 nach Moskau geflohenen ehemaligen DDR-Staats- und Parteichef Erich Honecker wegen Totschlags und versuchten Totschlags (Todesschüsse an der Mauer). Die Anklage wird später um Untreue und Vertrauensmissbrauch erweitert. **Honecker** verlässt am 29.7. auf Druck Chiles und Russlands die chilenische Botschaft in Moskau und **kehrt nach Berlin zurück**. Er wird nach seiner Ankunft verhaftet und in die Untersuchungshaftanstalt Moabit eingeliefert. – Der Prozess vor dem Berliner Landgericht gegen Honecker und fünf weitere Mitglieder der früheren DDR-Führung – Erich Mielke (Minister für Staatssicherheit), Willi Stoph (Ministerpräsident), Heinz Keßler (Verteidigungsminister), Fritz Streletz (stellv. Verteidigungsminister) und Hans Albrecht (Erster Sekretär der SED-Bezirksleitung Suhl) – beginnt am 12.11. Die Anklage lautet auf gemeinschaftlichen Totschlag in 13 Fällen an der innerdeutschen Grenze sowie an der Berliner Mauer. Wenige Tage später werden die Verfahren gegen Mielke und Stoph wegen Prozessunfähigkeit abgetrennt. Der an Krebs erkrankte Honecker bekennt sich am 3.12. zu seiner politischen Verantwortung für den Mauerbau, lehnt aber jede persönliche Schuld für die Todesopfer ab.

■ **NS-Verbrechen:** Der ehemalige SS-Oberscharführer Josef Schwammberger wird am 18.5. von einem Schwurgericht des Landgerichts Stuttgart wegen Mordes in sieben Fällen und wegen Beihilfe zum Mord in 32 Fällen im Zwangsarbeiterlager Rozwadow und im Arbeitsghetto Przemyśl zu lebenslanger Haft verurteilt.

KIRCHE

Dem katholischen Priester und Hochschullehrer **Eugen Drewermann** wird am 13.1. vom Paderborner Erzbischof Johannes Joachim Degenhardt »bis auf weiteres« die **Predigtbefugnis entzogen**, am 26.3. wird er schließlich auch vom Priesteramt suspendiert. Bereits am 8.10.1991 war ihm die kirchliche Lehrbefugnis entzogen worden, nachdem er sich geweigert hatte, bestimmte Positionen, die nicht im Einklang mit der katholischen Amtskirche stehen, zu widerrufen. Drewermann hatte u.a. von der Kirche Verständnis für schwangere

Frauen gefordert, die in Notsituationen abtreiben lassen. – Die 47-jährige Pröpstin der evangelisch-lutherischen Kirche, Maria Jepsen, wird am 4.4. von der Nordelbischen Landessynode zur Bischöfin für den Sprengel Hamburg und damit zur **ersten Bischöfin in der lutherischen Kirche** überhaupt gewählt.

TARIFPOLITIK

An dem am 24.4. begonnenen **ersten Streik im öffentlichen Dienst seit 18 Jahren** beteiligen sich am 29.4. rd. 215 000 Beschäftigte; am 7.5. einigen sich die Tarifparteien darauf, dass die 2,3 Mio. westdeutschen Arbeiter und Angestellten 5,4% mehr Lohn und Gehalt erhalten. Obwohl sich die Gewerkschaftsbasis in einer Urabstimmung vom 11. bis 13.5. mit 55,9% der Stimmen gegen den Tarifabschluss ausspricht, erklärt der geschäftsführende ÖTV-Hauptvorstand am 25.5. den zunächst nur ausgesetzten Arbeitskampf für beendet. – Die Löhne und Gehälter der rd. 1,4. Mio. Beschäftigten des öffentlichen Dienstes der neuen Bundesländer werden gemäß einem am 16.6. vereinbarten Tarifabschluss stufenweise angehoben: Sie steigen von 60 auf 70% des westlichen Tarifniveaus; ab 1.1.1992 sollen sie 74%, vom 1.7. 1993 an 80% der West-Einkommen betragen.

BUNDESLÄNDER

■ **Thüringen:** Nach 14-monatiger Amtszeit tritt Ministerpräsident Josef Duchač (CDU) am 23.1. zurück, ihm war die Vergangenheit in der ehemaligen CDU-Blockpartei und damit eine Verstrickung in das DDR-System vorgeworfen worden. Zum neuen Ministerpräsidenten wählt der Landtag am 5.2. den früheren Ministerpräsidenten von Rheinland-Pfalz, Bernhard Vogel (CDU).

■ **Mecklenburg-Vorpommern:** Ministerpräsident Alfred Gomolka (CDU), dem von der eigenen Fraktion Führungsschwäche vorgeworfen wird, erklärt am 16.3. seinen Rücktritt. Neuer Ministerpräsident wird am 19.3. der Generalsekretär der Landes-CDU, Berndt Seite.

■ **Baden-Württemberg:** Landtagswahl am 5.4.: Erwin Teufel (CDU) wird als Ministerpräsident bestätigt.

■ **Schleswig-Holstein:** Landtagswahl am 5.4.: Björn Engholm (SPD) kann trotz Verlusten mit absoluter Mehrheit weiterregieren.

■ **Berlin:** Bei den ersten Gesamtberliner Kommunalwahlen seit 1946 fallen am 24.5. CDU und SPD zusammen unter die 60%-Marke – bei Stimmengewinnen für die radikalen Parteien PDS und Republikaner.

■ **Sachsen:** Am 26.5. verabschiedet der Landtag eine neue Verfassung des Freistaats. Sie lässt Volksbegehren und Volksentscheide zu, garantiert jedem Bürger den Schutz personenbezogener Daten und nimmt als Staatsziel den Umweltschutz auf.

■ **Saarland:** Im Landtag scheitert am 11.6. mit 29 gegen 21 Stimmen ein Misstrauensantrag gegen Ministerpräsident Oskar Lafontaine (SPD), der wegen Annahme von Ausgleichszahlungen zusätzlich zu seinem Gehalt als Regierungschef und seinen Abgeordnetendiäten in die Kritik geraten war.

■ **Brandenburg:** Eine neue Verfassung, die als Staatsziele u.a. das Recht auf Arbeit, Bildung und Wohnung enthält sowie Volksbegehren und -entscheide festschreibt, wird am 14.6. mit 94% der Stimmen angenommen. – Die Mehrheit der SPD-Bundestagsfraktion stellt sich am 21.9. bei einer Aussprache hinter Ministerpräsident Manfred Stolpe (SPD), der sich wegen seiner früheren Kontakte zum Ministerium für Staatssicherheit (MfS) rechtfertigen muss. Stolpe wird durch zwei Gutachten belastet, die Joachim Gauck als Leiter der Stasi-Untersuchungsbehörde am 10.4. und 14.10. vorlegt. Danach soll Stolpe, der 1959 in den Dienst der Evangelischen Kirche in Berlin-Brandenburg trat, 1969 das Sekretariat des Bundes der Evangelischen Kirchen in der DDR übernahm und 1982 Konsistorialpräsident wurde, als IM (Inoffizieller Mitarbeiter) »Sekretär« seit 1964 Informationen aus dem Bereich der evangelischen Kirche, unter deren Dach sich der politische Widerstand organisierte, an das MfS weitergegeben haben. Am 5.10. wird bekannt, dass Stolpe 1978 auf Anordnung von Stasi-Chef Erich Mielke der Verdienstorden der DDR verliehen wurde. Die brandenburgische Bildungsministerin Marianne Birthler (Bündnis 90) tritt am 29.10. aus Kritik am Verhalten Stolpes im Zusammenhang mit dessen ungeklärten Stasi-Kontakten zurück. Die Evangelische Kirche in Deutschland (EKD) stellt sich auf ihrer Synode in Suhl am 1.11. hinter Stolpe.

■ **Sachsen-Anhalt:** Das Land verabschiedet am 15.7. eine neue Verfassung, die u.a. die Schaffung von Arbeit und Wohnraum als Staatsziel verankert und Volksbegehren zulässt.

■ **Wahlergebnisse** → S. 458–467

1993

Auf dem Weg zur Europäischen Union

Nach monatelanger Verzögerung ratifiziert die Bundesrepublik den Vertrag von Maastricht: aus der Europäischen Gemeinschaft wird die Europäische Union. Von großer Brisanz sind die Prozesse gegen Führungsmitglieder der ehemaligen DDR, darunter die Einstellung des Verfahrens gegen Erich Honecker. Das innenpolitische Klima ist von einer weiteren Zunahme rechtsextremistischer Straftaten gekennzeichnet. Zu einem besorgniserregenden Anstieg der Arbeitslosigkeit führt die gravierendste Rezession der Nachkriegsgeschichte.

EUROPÄISCHE UNION

■ **Vertrag von Maastricht ratifiziert:** In der Bundesrepublik verzögert sich die Ratifizierung des bereits 1992 unterzeichneten EU-Vertrags aufgrund von Verfassungsbeschwerden. Das Bundesverfassungsgericht (BVerfG) weist am 12.10. die Klagen von vier Europa-Abgeordneten der Grünen und des früheren bayerischen FDP-Vorsitzenden und Europa-Beamten Manfred Brunner als unzulässig zurück. Sie vertraten die Ansicht, dass die Verträge in die geltende Ordnung des Grundgesetzes eingreifen. Das BVerfG stellt dazu fest, die im Vertrag vorgesehene politische Union sei noch kein Staat, sondern ein Staatenverbund, so dass die Mitgliedstaaten weiterhin in der Lage sind, den Grad der Integration selbst zu bestimmen und im Besitz maßgeblicher Souveränität zu bleiben. Bundespräsident Richard von Weizsäcker unterzeichnet noch am 12.10. die Ratifikationsurkunde. Damit tritt der EU-Vertrag am 1.11. in Kraft.

AUSSENPOLITIK

■ **VR China:** Der chinesische Außenminister Qian Qichen macht am 11.5. bei seinem Besuch in Bonn deutlich, dass China an intensiveren wirtschaftlichen Kontakten mit Deutschland interessiert sei. Bereits am 10.12.1992 hatte sich die Bundesregierung entschlossen, die vom Bundestag 1989 nach der blutigen Niederschlagung der Studentenunruhen in Peking verhängten Sanktionen aufzuheben. – Beim Besuch von Bundeskanzler Helmut Kohl (15.–20.11.) in China werden **Wirtschaftsverträge** im Gesamtumfang von rd. 3 Mrd. DM geschlossen. Kohl übergibt Ministerpräsident Li Peng eine Liste mit den Namen von 20 politischen Gefangenen und bittet um Prüfung der Fälle.

■ **Polen:** Bundesinnenminister Rudolf Seiters (CDU) und sein polnischer Amtskollege unterzeichnen am 7.5. in Bonn ein Abkommen über die Rücknahme von Asylbewerbern, deren Antrag abgelehnt wurde. Polen erhält als Ausgleich für Mehrbelastungen 120 Mio. DM bis Ende 1994.

■ **Türkei:** Bundeskanzler Kohl macht bei seinem Besuch in der Türkei (19.–21.5.) deutlich, dass an eine EG-Mitgliedschaft des Landes zum gegenwärtigen Zeitpunkt nicht zu denken sei.

■ **Russische Föderation**: Bei seinem Besuch in Bonn (14.–17.7.) wirbt Ministerpräsident Wiktor Tschernomyrdin um deutsche Investitionen und bietet an, die Schulden russischer Staatsunternehmen (rd. 2 Mrd. DM) teilweise durch Überlassen von Grund und Boden zu tilgen. – Am 23.9. unterzeichnen Bundesfinanzminister Theo Waigel (CSU) und der russische Botschafter in Deutschland ein neues bilaterales Umschuldungsabkommen für Verbindlichkeiten in Höhe von 8 Mrd. DM.

AUSLANDSEINSÄTZE DER BUNDESWEHR

Das Bundeskabinett einigt sich am 2.4. auf eine deutsche Beteiligung an der von den UN beschlossenen **Überwachung des Flugverbots über Bosnien und Herzegowina** durch den NATO-AWACS-Verband. Die der FDP angehörenden Minister stimmen aus verfassungsrechtlichen Gründen dagegen und rufen zur Klärung das Bundesverfassungsgericht (BVerfG) an, das in einer vorläufigen Eilentscheidung am 8.4. die Beteiligung deutscher Soldaten an dem NATO-Einsatz autorisiert. – Aufgrund eines Ersuchens von UN-Generalsekretär Boutros Boutros-Ghali vom 12.4. einigt sich das Bundeskabinett am 21.4. auf die Entsendung von 1700 **Bundeswehrsoldaten nach Somalia** im Rahmen der Friedensmission UNOSOM II. Nachdem die SPD einen Eilantrag gestellt hatte, neben dem NATO-Einsatz in Bosnien und Herzegowina auch die Rechtmäßigkeit des Somalia-Einsatzes zu prüfen, erlässt das BVerfG eine einstweilige Verfügung, dass Bundesregierung und Bundestag bis zur endgültigen Klärung der Verfassungsmäßigkeit von UN-Einsätzen außerhalb des NATO-Gebiets

Ein Bundeswehrarzt bei der Behandlung eines somalischen Patienten

zusammenwirken sollen. Der Bundestag spricht sich daraufhin am 2.7. für den Friedenseinsatz in Somalia aus. Am 20.12. beschließt das Bundeskabinett, den Einsatz zum 31.3.1994 zu beenden.

DDR-ERBE

Das Berliner Landgericht beschließt am 7.1., das **Verfahren gegen** den ehemaligen Staatsratsvorsitzenden **Erich Honecker** unter Hinweis auf dessen schlechten Gesundheitszustand von dem seit 12.11.1992 laufenden Verfahren gegen Mitglieder der früheren DDR-Führung abzutrennen. Am 13.1. wird Honecker, der sich wegen Totschlags sowie Untreue und Amtsmissbrauch zu verantworten hat, aus der Untersuchungshaft entlassen. Der Berliner Verfassungsgerichtshof hatte aufgrund der Beschwerde Honeckers die beiden Haftbefehle aufgehoben mit der Begründung, eine weitere Haft sei mit dem Gebot der Menschenwürde unvereinbar. Einen Tag später fliegt Honecker zu seiner Familie nach Chile. – Ebenfalls unter Hinweis auf die Verhandlungsunfähigkeit des Angeklagten stellt das Berliner Landgericht am 12.5. das Verfahren wegen Amtsmissbrauch gegen das ehemalige Politbüro-Mitglied Günter Mittag ein. – Der PDS-Bundestagsabgeordnete und frühere Ministerpräsident der DDR **Hans Modrow** wird am 27.5. vor dem Dresdner Landgericht wegen Anstiftung zur Fälschung der letzten DDR-Kommunalwahlen 1989 schuldig gesprochen, erhält aber lediglich eine Verwarnung und eine Bewährungsauflage in Höhe von 20 000 DM. – Die Mitglieder des DDR-Verteidigungsrats, der frühere DDR-Verteidigungsminister Heinz Keßler, dessen Stellvertreter Fritz Streletz und der ehemalige Suhler SED-Sekretär Hans Albrecht, werden am 16.9. vom Landgericht Berlin wegen Anstiftung und Beihilfe zum Totschlag an der innerdeutschen Grenze zu Freiheitsstrafen von siebeneinhalb, fünfeinhalb und viereinhalb Jahren verurteilt. Die Haftbefehle gegen Keßler und Streletz werden unter Meldeauflagen außer Vollzug gesetzt; Albrecht hatte bereits zuvor wegen angegriffener Gesundheit Haftverschonung erhalten. – Am 26.10. wird **Erich Mielke**, ehemaliger Minister für Staatssicherheit, wegen Beteiligung an der Ermordung zweier Polizisten in Berlin 1931 zu sechs Jahren Haft verurteilt. Die Anklagen wegen Freiheitsberaubung, Körperverletzung und der Todesschüsse an der innerdeutschen Grenze werden gesondert verhandelt. – **Markus Wolf**, Chef der Hauptabteilung Aufklärung (Auslandsspionage) der DDR 1953-86, wird am 6.12. vom Oberlandesgericht Düsseldorf wegen Landesverrats und Bestechung von Amtsträgern zu sechs Jahren Haft verurteilt. Da die Verteidigung Revision einlegt, wird der Haftbefehl bis zur Rechtskraft des Urteils außer Kraft gesetzt. – Am 20.10. wird erstmals ein früherer **DDR-Grenzsoldat wegen Mordes verurteilt**: Der 5. Strafsenat des Bundesgerichtshofs hebt ein Urteil des Bezirksgerichts Potsdam vom Dezember 1992 auf, das auf Totschlag erkannt und eine Haftstrafe von sechs Jahren verhängt hatte. Das Gericht verurteilt ihn stattdessen zu einer zehnjährigen Haftstrafe wegen heimtückischen Mordes mit Tötungsvorsatz. Der Grenzsoldat hatte 1965 einen Flüchtling, der sich bereits ergeben hatte, erschossen.

INNENPOLITIK

■ **Kabinett:** Bundeskanzler Helmut Kohl bildet am 19.1. sein Kabinett um: Nachfolger des am 14.12.1992 zurückgetretenen Ministers für Post und Telekommunikation, Christian Schwarz-Schilling (CDU), wird Wolfgang Bötsch (CSU); Jochen Borchert (CDU) übernimmt das Ressort des ausgeschiedenen Ministers für Ernährung, Landwirtschaft und Forsten Ignaz Kiechle (CSU), Matthias Wissmann (CDU) das des Ministers für Forschung und Technologie anstelle von Heinz Riesenhuber (CDU); bestätigt wird die Ernennung von Günter Rexrodt (FDP) zum Wirtschaftsminister als Nachfolger des am 3.1. aufgrund der sog. Briefbogen-Affäre zurückgetretenen Jürgen W. Möllemann (FDP). – Wegen des Vorwurfs der Vorteilsnahme tritt Verkehrsminister Günther Krause (CDU) am 6.5. zurück; Nachfolger wird Forschungsminister Matthias Wissmann, dessen Amt Paul Krüger (CDU) übernimmt.

■ **Asylgesetz:** Nach kontrovers geführter Debatte

beschließt der Bundestag am 26.5. mit 521 gegen 132 Stimmen die umstrittene Grundgesetzänderung betreffend Asylgewährung (Art. 16a GG) – Zustimmung des Bundesrats am 28.5., in Kraft 1.7. – sowie das Gesetz über Leistungen an Asylbewerber (in Kraft 1.11.). Politisch Verfolgte genießen auch künftig Asylrecht, die Möglichkeiten des Zustroms von Flüchtlingen werden jedoch deutlich eingeschränkt: Ausländer, die über einen EG-Mitgliedstaat oder einen sicheren Drittstaat (Finnland, Norwegen, Österreich, Polen, Schweden, Schweiz, in denen Schutz entsprechend der Genfer Flüchtlingskonvention oder der Europäischen Menschenrechtscharta gewährt wird) einreisen, haben keinen Anspruch mehr auf Asyl. Reisen Ausländer aus sog. sicheren Herkunftsstaaten (Bulgarien, Gambia, Ghana, Polen, Rumänien, Senegal, Slowakei, Tschechische Republik, Ungarn) ein – d.h. aus Staaten, in denen weder politische Verfolgung noch unmenschliche Behandlung stattfinden –, ist der Asylantrag als unbegründet abzulehnen.

■ **Solidarpakt:** Nach monatelangem Streit zwischen Bund und Ländern beschließt der Bundestag am 27.5. mit den Stimmen der Koalition und der SPD das Föderale Konsolidierungsprogramm. Es sieht vor, dass von 1995 an jährlich mehr als 100 Mrd. DM vom Westen in den Osten fließen.

■ **Abtreibungsgesetz:** Das Bundesverfassungsgericht erklärt am 28.5. die vom Bundestag am 26.6.1992 verabschiedete Reform des Abtreibungsrechts in entscheidenden Punkten für **verfassungswidrig** und gibt damit einer Klage von CDU/CSU-Bundestagsabgeordneten sowie der bayerischen Landesregierung statt. Bis zum Inkrafttreten eines neuen Gesetzes gilt eine Übergangsregelung (→ 1995).

■ **Parteienfinanzierung**: Gegen die Stimmen von B'90/Grüne und PDS sowie einiger SPD-Abgeordneter billigt der Bundestag am 12.11. einen gemeinsamen Gesetzentwurf von CDU/CSU, SPD und FDP zur Neuregelung der Parteienfinanzierung. Der staatliche Zuschuss wird an die für die einzelnen Parteien abgegebenen Stimmen gekoppelt und sieht u.a. eine Degressionsreglung vor: Für die ersten 5 Mio. Stimmen erhält eine Partei 1,30 DM pro Wähler, danach 1 DM. Die Obergrenze für staatliche Zuschüsse an die Parteien wird um 30 auf 230 Mio. DM im Jahr gesenkt. Bundespräsident Richard von Weizsäcker unterzeichnet das Gesetz am 28.1.1994, äußert aber »schwerwiegende verfassungspolitische und -rechtliche Bedenken« gegen die Vorlage.

Rechtsextremistische Gewalttaten 1991–2000

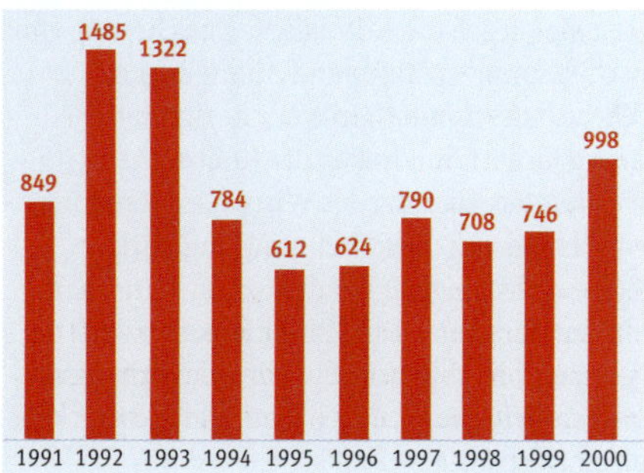

Quelle: Bundesamt für Verfassungsschutz

Trauerfeier für die Opfer von Solingen vor dem abgebrannten Haus am 3.6.

RECHTSRADIKALISMUS, AUSLÄNDERFEINDLICHKEIT

Bei einem **Brandanschlag** auf ein von Türken bewohntes Haus **in Solingen** finden am 30.5. fünf Menschen den Tod. Die vier mutmaßlichen Attentäter gehören alle der rechtsextremen Szene an. In Solingen und in weiteren Städten finden Demonstrationen gegen Ausländerhass statt. – Wegen gemeinschaftlichen Mordes an drei Türkinnen und versuchten Mordes in 39 Fällen bei dem schweren **Brandanschlag in Mölln** am 23.11.1992 verurteilt das Oberlandesgericht in Schleswig die beiden Täter am 8.12. zu lebenslanger Freiheitsstrafe bzw. zu zehn Jahren Jugendstrafe.

TERRORISMUS

1992 hatten einzelne Gefangene der Rote Armee Fraktion (RAF) der Gewalt abgeschworen – als Reaktion auf die Initiative des damaligen Bundesjustizministers Klaus Kinkel (FDP) zur vorzeitigen Haftentlassung von Terroristen, die zwei Drittel

KURDISCHER WIDERSTAND

13 Kurden besetzen am 24.6. das türkische Generalkonsulat in München und nehmen 23 Geiseln. Deren Freilassung verbinden sie mit der Forderung, Bundeskanzler Kohl solle in einer Fernsehansprache auf das Kurdenproblem in der Türkei aufmerksam machen, geben aber am Abend des gleichen Tages auf. In einer offenbar zentral gesteuerten Aktion kommt es auch in anderen Städten zu Angriffen auf türkische Einrichtungen; Büros von Banken, Reisebüros und Fluggesellschaften werden verwüstet. Nach neuerlichen Anschlägen von Mitgliedern kurdischer Organisationen gegen türkische Einrichtungen am 4.11. spricht Bundesinnenminister Manfred Kanther (CDU) am 26.11. das **Verbot der Kurdischen Arbeiterpartei (PKK)** und 35 anderer kurdischer Vereinigungen in Deutschland aus.

ihrer Strafe abgesessen hatten. Nachdem diese Haftentlassungen offenbar ins Stocken gerieten, änderte sich die Stimmungslage im RAF-Umfeld: Am 27.3. wird der noch nicht in Betrieb befindliche **Gefängnisneubau** in Weiterstadt (Hessen) **durch einen Bombenanschlag schwer beschädigt.** – Bei einem Einsatz der Anti-Terrorgruppe GSG 9 am 27.6. werden in Bad Kleinen das **RAF-Mitglied** Wolfgang Grams und der GSG-9-Beamte Michael Newrzella **erschossen**; Birgit Hogefeld, ein weiteres RAF-Mitglied, wird verhaftet. Für die zahlreichen Fehler und Ungereimtheiten bei dieser Aktion übernimmt Bundesinnenminister Rudolf Seiters (CDU) die politische Verantwortung und tritt am 4.7. zurück. Als sein Nachfolger wird der hessische CDU-Vorsitzende Manfred Kanther am 12.7. vereidigt. Generalbundesanwalt Alexander von Stahl wird am 8.7. von Justizministerin Sabine Leutheusser-Schnarrenberger (FDP) in den einstweiligen Ruhestand versetzt.

TARIFPOLITIK

Bei den Tarifverhandlungen im **öffentlichen Dienst** einigen sich Arbeitgeber und Gewerkschaft am 4.2. auf eine Erhöhung der Löhne und Gehälter um 3%. – Nach Kündigung der ostdeutschen **Metall-Tarifverträge** durch die Arbeitgeber beginnt am 3.5. der **erste Arbeitskampf in Ostdeutschland** seit mehr als 60 Jahren, an dem sich fast 18 000 Metaller beteiligen. Am 14.5. einigen sich die Verhandlungsführer auf einen neuen Stufentarifvertrag: Er sieht vor, die Tarife zum 1.6. auf 75, zum 1.9. auf 77 und zum 1.12. auf 80% des bayerischen Ecklohns zu erhöhen. In weiteren Stufen soll bis 1.7.1996 eine Anhebung auf 100% der bayerischen Tarife erfolgen. – Die westdeutschen Metall-Arbeitgeberverbände beginnen am 28.9. mit der vorzeitigen Kündigung der Tarifverträge, da die Rezession dringend Kostenentlastungen der Betriebe erfordere. – Die Volkswagen AG und die IG Metall einigen sich am 25.11. auf die Einführung der **Vier-Tage-Woche bei VW** mit einer Wochenarbeitszeit von 28,8 (bisher 36) Stunden ab 1.1.1994. Damit sollen Personalkosten gesenkt und die Entlassung von 30 000 Mitarbeitern verhindert werden.

WIRTSCHAFTSFLAUTE

Der Aufsichtsrat der **Krupp-Hoesch AG** beschließt am 29.4. die endgültige Schließung des Stahlwerks Duisburg-Rheinhausen mit 2100 Arbeitnehmern zum 15.8. Auch die **Saarstahl AG** Völklingen entlässt im August über 2000 Beschäftigte, die **Thyssen AG** kündigt den Abbau von 8000 Arbeitsplätzen bis Ende 1994 an. Am 17.2. hatte die Ankündigung dieser Maßnahmen zu Protestaktionen von mehr als 27 000 Stahlarbeitern geführt. – Die **Daimler-Benz AG** kündigt am 17.9. einen Stellenabbau von weltweit 40 000 Arbeitsplätzen an. – Die **Ruhrkohle AG** beschließt am 21.9. die Stilllegung drei weiterer Bergwerke mit 6000 Beschäftigten. Insgesamt wird das Unternehmen 1993/94 damit 18 000 Arbeitsplätze abbauen. – Die EU-Wirtschaftsminister stimmen am 17.12. der Sanierung der **EKO-Stahl AG** zu; mit Subventionen in Höhe von 813 Mio. DM soll das größte ostdeutsche Stahlwerk mit rd. 3000 Arbeitsplätzen erhalten werden. – Nach einjährigem Arbeitskampf mit Demonstrationen und Hungerstreiks wird die thüringische **Kaligrube Bischofferode** am 31.12. endgültig geschlossen. Die knapp 700 Beschäftigten akzeptieren dies gegen die vertragliche Zusicherung von Anschlussarbeitsplätzen und Abfindungen.

■ **Wirtschaftsstandort:** In einer Regierungserklärung fordert Bundeskanzler Kohl am 21.10. zur Zukunftssicherung des Wirtschaftsstandorts Deutschland auf: die mittel- und langfristige Wettbewerbsfähigkeit der deutschen Wirtschaft stehe auf dem Spiel. Die SPD-Opposition wirft der Regierung vor, kein Konzept zur Bekämpfung der Massenarbeitslosigkeit zu haben. Heftige Kritik löst Kohls Äußerung aus, Deutschland sei ein »kollektiver Freizeitpark«.

PARTEIEN

■ **Kandidaten für das Amt des Bundespräsidenten:** Johannes Rau, Ministerpräsident von Nordrhein-Westfalen, wird am 13.9. von der **SPD** als Kandidat für die Bundespräsidentenwahl 1994 bestätigt. – Da Bundeskanzler Kohl eine Persönlichkeit aus Ostdeutschland favorisiert, beschließt der **CDU**-Bundesvorstand am 3.10., den sächsischen Justizminister Steffen Heitmann zu nominieren. Wegen zunehmender Kritik an seiner Person, u.a. wegen Äußerungen zur Rolle der Frau, der EU und der Vergangenheitsbewältigung, zieht Heitmann seine Kandidatur am 25.11. zurück. Die **FDP**, verärgert über das Versäumnis Kohls, einen gemeinsamen Kandidaten der Koalition zu benennen, nominiert am 15.10. die ehemalige Staatsministerin im Auswärtigen Amt Hildegard Hamm-Brücher.

■ **Bündnis 90/Die Grünen:** Die in Westdeutschland organisierten Grünen und das aus der ostdeutschen Bürgerbewegung hervorgegangene Bündnis 90 schließen sich auf einem Vereinigungsparteitag in Leipzig (11.–16.5.) zusammen. Marianne Birthler (B'90) und Ludger Volmer (Grüne) werden als Sprecher an die Spitze der Partei gewählt.

■ **FDP:** Außenminister Klaus Kinkel wird auf dem Bundesparteitag in Münster (11.–13.6.) zum neuen Parteivorsitzenden als Nachfolger von Otto Graf Lambsdorff gewählt.

■ **SPD:** Auf dem Sonderparteitag in Essen am 25.6. wird der rheinland-pfälzische Ministerpräsident Rudolf Scharping zum **neuen Parteivorsitzenden** gewählt.

BUNDESLÄNDER:

■ **Schleswig-Holstein:** Björn Engholm tritt am 3.5. als Ministerpräsident und SPD-Landesvorsitzender zurück und zieht damit die Konsequenz aus seinem Verhalten vor dem Barschel-Untersuchungsausschuss: Er habe verschwiegen, dass er 1987 bereits vor der Landtagswahl über die gegen seine Person gerichteten Aktivitäten des damaligen Ministerpräsidenten Uwe Barschel (CDU) informiert gewesen sei. – Am 19.5. wählt der Landtag die bisherige Finanzministerin Heide Simonis (SPD) zur Ministerpräsidentin.

■ **Hamburg:** Das Hamburger Verfassungsgericht entscheidet am 4.5., dass die **Bürgerschaftswahl** vom 2.6.1991, bei der die SPD mit Bürgermeister Henning Voscherau knapp die absolute Mehrheit errang, sowie fünf von sieben Bezirksversammlungswahlen wegen schwerwiegender Verstöße der CDU bei der Kandidatenauswahl **ungültig** sind und wiederholt werden müssen. Bei der Wahl am 19.9. verliert die SPD ihre absolute Mehrheit; die CDU erzielt ihr bisher schlechtestes Ergebnis. Gewinner sind die Grünen/GAL und die neugegründete STATT-Partei, mit der die SPD am 7.12. eine Regierungskooperation unter Führung Voscheraus eingeht.

■ **Bayern:** Nach einem internen Machtkampf in der CSU einigen sich Parteivorstand und Fraktionsspitze am 21.5. auf den bisherigen Innenminister Edmund Stoiber als Nachfolger des wegen Gratisreisen (sog. **Amigo-Affäre**) in die Kritik geratenen Ministerpräsidenten Max Streibl; Bundesfinanzminister Theo Waigel, der ebenfalls Interesse bekundet hatte, soll in seiner Funktion als CSU-Parteichef gestärkt werden. Nach dem Rücktritt Streibls wird **Stoiber** am 29.5. vom Landtag **zum neuen Ministerpräsidenten** gewählt.

■ **Mecklenburg-Vorpommern:** Am 23.5. verabschiedet der Landtag die neue Verfassung, die per Volksabstimmung 1994 in Kraft tritt; wichtigste Bestandteile sind u.a. der Umweltschutz, die Gleichstellung von Mann und Frau und der besondere Schutz von Kindern und Jugendlichen.

■ **Niedersachsen:** Am 1.6. tritt die neue Verfassung des Landes in Kraft; sie ermöglicht erstmals Volksbegehren und -entscheide und schreibt den Umweltschutz als Staatsgrundsatz fest.

■ **Sachsen:** Als erstes der neuen Bundesländer richtet der Freistaat Sachsen am 12.7. ein Verfassungsgericht ein. Am 16.7. wird ein Landeswahlgesetz verabschiedet: Die Zahl der ab 1994 für fünf Jahre zu wählenden Abgeordneten wird von 160 auf 120 verringert; Kandidaten müssen vor den Wahlen erklären, dass sie nicht für die Staatssicherheit der DDR gearbeitet haben.

■ **Thüringen:** Als letztes der neuen Bundesländer erhält Thüringen am 25.10. eine neue Verfassung, die 1994 noch per Volksabstimmung bestätigt werden muss.

■ **Sachsen-Anhalt:** Die von Ministerpräsident Werner Münch (CDU) geführte CDU-FDP-Regierung tritt am 28.11. zurück; Münch sowie die drei West-Minister Hartmut Perschau (CDU), Werner Schreiber (CDU) und Horst Rehberger (FDP) werden vom Landesrechnungshof beschuldigt, überhöhte Gehälter (**Gehälteraffäre**) bezogen zu haben. Am 2.12. wird CDU-Fraktionschef Christoph Bergner zum neuen Ministerpräsidenten gewählt.

■ **Wahlergebnis** → S. 461

1994

Neue weltpolitische Verantwortung

Große Tragweite hat die Entscheidung des Bundesverfassungsgerichts, dass Bundeswehreinsätze außerhalb des NATO-Gebiets mit dem Grundgesetz vereinbar sind, wenn sie dazu dienen, eine »friedliche und dauerhafte Ordnung in Europa und zwischen den Völkern der Welt herbeizuführen und zu sichern«. Nach 49 Jahren verlassen die letzen russischen Streitkräfte Deutschland. Im Rahmen der Feierlichkeiten in Berlin würdigt Bundeskanzler Helmut Kohl den Abzug als »Schlusspunkt der Nachkriegsgeschichte Europas«. Die Bundestagswahl steht im Zeichen hoher Arbeitslosigkeit – erstmals seit Kriegsende überschreitet die Zahl der Arbeitslosen die 4-Mio.-Marke – und einer angespannten wirtschaftlichen Lage vor allem in den neuen Bundesländern, die weiterhin auf hohe Transferleistungen aus dem Westen angewiesen sind.

WAHLEN

■ **Bundestagswahl:** Bei der zweiten gesamtdeutschen Bundestagswahl am 16.10.1994 kann sich die Regierungskoalition aus CDU/CSU und FDP trotz Stimmenverlusten knapp behaupten. Die Sitzverteilung im 13. Bundestag – 341 für die Regierungskoalition, 331 für die Oppositionsparteien – kommentiert der CDU-Vorsitzende Helmut Kohl: »Wir haben eine ausreichende Mehrheit.«

■ **Neuer Bundestag:** Der neugewählte **Bundestag konstituiert** sich am 10.11. im Berliner Reichstag. Zur Eröffnung hält der Schriftsteller Stefan Heym, der – ohne Parteimitglied zu sein – für die PDS ein Bundestagsmandat gewann, als Alterspräsident eine Rede, in der er zu einer »großen Koalition der Vernunft« aufruft, um die strukturelle Krise und die Folgen der Einheit zu bewältigen. Rita Süssmuth (CDU) wird als Bundestagspräsidentin bestätigt; als erste Grünen-Abgeordnete wird Antje Vollmer zur Vizepräsidentin gewählt.

■ **Neue Regierung:** Am 15.11. wählt der Deutsche Bundestag Helmut Kohl zum fünften Mal zum Bundeskanzler. Er erhält mit 338 Jastimmen genau eine Stimme mehr als erforderlich.

■ **Wahlen zum Europäischen Parlament:** Bei den Wahlen am 12.6. (Wahlbeteiligung: 60,1%) entfallen auf die SPD 32,2% der Stimmen (–5,1 Prozentpunkte gegenüber 1989; 40 Sitze), die CDU 32,0% (+ 2,5; 39), B'90/Grüne 10,1% (+ 1,7; 12) und die CSU 6,8% (–1,4; 8). Durch eine vom Bundestag am 4.2. und Bundesrat am 25.2. verabschiedete Änderung zum Europawahlgesetz waren auch die rd. 1,5 Mio. in Deutschland lebenden Staatsbürger der übrigen EU-Mitgliedstaaten wahlberechtigt.

■ **Wahl des neuen Bundespräsidenten:** Nachdem der zunächst von der CDU nominierte Steffen Heitmann seine Kandidatur zurückgezogen hat (→ 1993), ernennt der CDU-Bundesvorstand am 15.1. den Präsidenten des Bundesverfassungsgerichts, Roman Herzog, zum neuen Kandidaten für das Amt des Bundespräsidenten. Herzog wird am 23.5. im 3. Wahlgang zum Bundespräsidenten gewählt und setzt sich damit u.a. gegen Johannes Rau (SPD) und Hildegard Hamm-Brücher (FDP) durch. Er tritt sein Amt am 1.7. an.

BUNDESWEHREINSÄTZE

UN-Generalsekretär Boutros Boutros-Ghali tritt bei einem Arbeitsbesuch in Bonn am 12./13.4. für einen deutschen Beitrag an einer ständigen UN-Blauhelm-Eingreiftruppe ein. Bundesaußenminister Klaus Kinkel (FDP) verweist im Gegenzug auf das deutsche Bestreben nach einem ständigen Sitz im UN-Sicherheitsrat. – Das Bundesverfassungsgericht (BVerfG) erklärt **Out-of-area-Kampfeinsätze** der Bundeswehr im Bündnisrahmen für **vereinbar mit dem Grundgesetz**, die Bundesregierung muss jedoch vorab die Zustimmung des Bundestags einholen (→ 1993). In Ausnahmesituationen darf sie auch ohne das Parlament entscheiden, muss dessen Zustimmung jedoch später einholen. Das BVerfG weist damit am 12.7. Klagen von SPD und FDP gegen die deutsche Beteiligung

Wahl zum 13. Deutschen Bundestag am 16.10.1994 (1990)

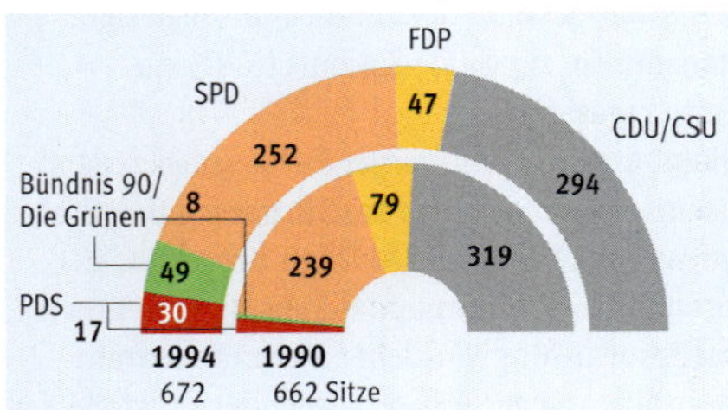

an bisherigen Aktionen ab, rügt es aber als Verfassungsverstoß, dass sie von der Regierung ohne Votum des Bundestags verfügt worden war. – Der **Bundestag billigt** am 22.7. in einer Sondersitzung mit den Stimmen der Regierungskoalition und der Mehrzahl der SPD-Abgeordneten nachträglich die **Bundeswehreinsätze in der Adria und auf AWACS-Flugzeugen** der NATO.

AUSSENPOLITIK

■ **VR China:** Beim Besuch des chinesischen Ministerpräsidenten Li Peng (4.–9.7.) werden Wirtschaftsverträge im Wert von 1,5 Mrd. DM und Absichtserklärungen über weitere 4,5 Mrd. DM unterzeichnet. Wegen Protesten gegen Menschenrechtsverletzungen in China bricht Li seinen Besuch ab und brüskiert damit seinen Gastgeber.

■ **USA:** US-Präsident Bill Clinton führt am 10.7. in Bonn Gespräche u.a. mit Bundespräsident Roman Herzog, Bundeskanzler Kohl und dem SPD-Kanzlerkandidaten Rudolf Scharping; er fordert dabei indirekt zur Übernahme von größerer weltpolitischer Verantwortung auf. Am 11.7. besucht er Berlin, wo er sich in einer Rede vor dem Brandenburger Tor zu dauerhaftem Beistand für Deutschland verpflichtet, zur Überwindung der Folgen der europäischen Teilung aufruft und davor warnt, neuen Rassenhass aufkommen zu lassen.

■ **Russland:** Vorrangiges Thema beim Besuch des russischen Präsidenten Boris Jelzin vom 11. bis 13.5. ist die europäische und transatlantische Sicherheitspolitik (»Partnerschaft für den Frieden«), die Verabschiedung der russischen Soldaten aus Deutschland am 31.8. und der Bosnien-Krieg.

Herzog, Roman *Landshut 5.4.1934

Staatsrechtler (Studium, Promotion und Habilitation in München), 1966–73 Ordinarius an der juristischen Fakultät der FU Berlin, ab 1969 auch Professor für Staatslehre und Politik an der Hochschule für Verwaltungswissenschaften in Speyer, 1970 Eintritt in die CDU, in Baden-Württemberg 1978 zunächst Kultus-, 1980–83 Innenminister, 1983 Vizepräsident des Bundesverfassungsgerichts, 1987 schließlich dessen Präsident, 1994–99 Bundespräsident

5. KABINETT KOHL

(konstituiert am 17.11.1994)
Bundeskanzler: Helmut Kohl (CDU)
Stellvertreter und Auswärtiges: Klaus Kinkel (FDP)
Inneres: Manfred Kanther (CDU)
Justiz: Sabine Leutheusser-Schnarrenberger (FDP); ab 17.1.1996 Edzard Schmidt-Jortzig (FDP)
Finanzen: Theodor Waigel (CSU)
Wirtschaft: Günter Rexrodt (FDP)
Ernährung, Landwirtschaft und Forsten: Jochen Borchert (CDU)
Arbeit und Sozialordnung: Norbert Blüm (CDU)
Verteidigung: Volker Rühe (CDU)
Familie, Senioren, Frauen und Jugend: Claudia Nolte (CDU)
Gesundheit: Horst Seehofer (CSU)
Verkehr: Matthias Wissmann (CDU)
Umwelt, Naturschutz und Reaktorsicherheit: Angela Merkel (CDU)
Post und Telekommunikation: Wolfgang Bötsch (CSU)
Raumordnung, Bauwesen und Städtebau: Klaus Töpfer (CDU); ab 14.1.1998 Eduard Oswald (CSU)
Bildung, Wissenschaft, Forschung und Technologie: Jürgen Rüttgers (CDU)
Wirtschaftliche Zusammenarbeit und Entwicklung: Carl-Dieter Spranger (CSU)
Besondere Aufgaben: Friedrich Bohl (CDU)

INNENPOLITIK

■ **Pflegeversicherung:** Der Bundestag verabschiedet am 22.4. mit den Stimmen der Union, SPD und FDP nach jahrelangem Streit den Kompromissvorschlag zur Pflegeversicherung, die damit zum 1.1.1995 eingeführt wird. Als Beitrag wird zunächst 1% (ab 1.7.1996 1,7%) des Bruttolohnes erhoben; er wird je zur Hälfte von Arbeitgebern und -nehmern bezahlt. Zur Kompensation der Arbeitgeberkosten wird der Buß- und Bettag als Feiertag ab 1995 gestrichen.

■ **Verfassungsreform:** Der Bundesrat verabschiedet am 23.9. das lange umstrittene Gesetz zur Verfassungsreform. Der Umweltschutz, das Verbot der Benachteiligung Behinderter sowie die tatsächliche Durchsetzung der Gleichberechtigung von Mann und Frau werden als Staatsziele im Grundgesetz verankert; die Gesetzgebungskompetenz der Länder sowie das Selbstverwaltungsrecht der Gemeinden werden gestärkt. – Am selben Tag verabschiedet der Bundesrat das vom Bundestag bereits beschlossene Gesetz zur **Verbrechens-**

ABZUG DER SIEGERMÄCHTE DES 2. WELTKRIEGS

Mit einer Militärparade verabschiedet sich am 11.6. der im Hauptquartier in Wünsdorf stationierte Teil der sog. Westgruppe der **russischen Streitkräfte** in Deutschland. Bis auf ein 3000 Mann starkes Kommando verlassen die letzten Soldaten

Ein Militärzug bringt am 1.9. die letzten russischen Soldaten aus Berlin in ihre Heimat

der ehem. Sowjetarmee am 30.7. Deutschland. Insgesamt sind damit etwa 400 000 Soldaten, Zivilbeschäftigte und deren Familienangehörige in die Länder der ehem. Sowjetunion zurückgekehrt. Am 31.8. wird in einer Feierstunde auf dem Berliner Gendarmenmarkt in Anwesenheit des russischen Präsidenten Boris Jelzin und von Bundeskanzler Helmut Kohl der Abzug der letzten russischen Truppen feierlich abgeschlossen. Damit endet die 49 Jahre andauernde ständige Militärpräsenz der ehemaligen Sowjetunion in Deutschland. – Am 8.9. werden in Berlin die zuletzt nur noch rd. 6000 in der Hauptstadt stationierten Soldaten der drei **Westalliierten** USA, Großbritannien und Frankreich feierlich verabschiedet. Gäste sind der britische Premierminister John Major, der französische Staatspräsident François Mitterrand sowie US-Außenminister Warren Christopher.

bekämpfung, das sich vor allem gegen die organisierte Kriminalität richtet. Das Gesetz tritt am 1.12. in Kraft. Vorgesehen ist u.a., dass auch Erkenntnisse des Bundesnachrichtendienstes in bezug auf schwere Verbrechen wie Waffenhandel, Drogenhandel oder Terrorismus in engen Grenzen zur Strafverfolgung genutzt werden können. Ferner soll das Leugnen des Holocaust mit bis zu fünf Jahren Haft bestraft werden können. Auch die Verwendung verfremdeter Nazi-Symbole wird strafbar. – Ebenfalls am 23.9. stimmt der Bundesrat einem **Entschädigungs- und Ausgleichsleistungsgesetz** (EALG) zu. Danach können zwischen 1945 und 1949 enteignete Personen, Pächter und Nachfolgegesellschaften der früheren Landwirtschaftlichen Produktionsgenossenschaften künftig zu verbilligtem Preis Land in Ostdeutschland erwerben. Zudem legt das EALG fest, dass Vertriebene in den neuen Ländern eine Entschädigung von 4000 DM bekommen, sofern sie bisher noch keine Zahlungen erhalten haben.

■ **Entscheidungen des BVerfG:** Das Bundesverfassungsgericht bekräftigt am 26.4. die **Strafbarkeit der Auschwitz-Lüge:** Es sei eine erwiesen unwahre Behauptung und eine schwere Persönlichkeitsverletzung der Überlebenden, die Ermordung von Millionen Juden durch die Nazis zu leugnen. – Das Urteil des BVerfG vom 25.8., das einen Autoaufkleber mit dem **Tucholsky-Zitat** »Soldaten sind Mörder« als freie Meinungsäußerung bewertet, die keine Verurteilung wegen Volksverhetzung und Beleidigung der Bundeswehr rechtfertige, löst bei Regierung und Teilen der Opposition Empörung aus; Verteidigungsminister Volker Rühe (CDU) spricht von einem »Skandal«. – Am 7.12. erklärt das BVerfG den von allen Stromverbrauchern erhobenen **Kohlepfennig** in Höhe von 7,5% der Stromrechnung für verfassungswidrig: Die Energiesicherheit liege im Allgemeininteresse, und die Förderung des deutschen Steinkohlebergbaus müsse daher steuerfinanziert werden. Der Kohlepfennig darf nur noch bis zum 31.12. erhoben werden.

ASYLBEWERBER/AUSSIEDLER

Ein Jahr nach Inkrafttreten der Grundgesetzänderung zur Einschränkung des Asylrechts ist die **Zahl der Asylsuchenden um 66% gesunken**. Laut Bundesinnenministerium stellten im Zeitraum 1.7.1993–30.6.1994 161 302 Flüchtlinge einen Asylantrag – gegenüber 474 835 im gleichen Zeitraum des Vorjahres. Die Zahl der Asylbewerber aus sog. sicheren Herkunftsländern (Bulgarien, Gambia, Ghana, Polen, Rumänien, Senegal, Slowakei, Tschechien und Ungarn) sank um 88,7%. Die **Zahl der Abschiebungen** hat sich 1993 mit 36 358 Fällen gegenüber 1992 (10 798) mehr als **verdreifacht**. – Am 9.9. wird in Bonn ein **Abkommen mit Bulgarien** über die Rücknahme von Asylbewerbern unterzeichnet. Beide Seiten verpflichten sich, auch solche Staatsangehörige wieder aufzunehmen, die nicht im Besitz eines gültigen Reisepasses oder Personalausweises sind, wenn ihre Staatsangehörigkeit auf andere Weise nachgewiesen oder glaubhaft gemacht wird. – Am 3.11. wird ein **Asylabkommen**

mit der Tschechischen Republik unterzeichnet, das u.a. die Bestimmung enthält, dass Asylsuchende, die über Tschechien an der deutschen Grenze eintreffen, künftig innerhalb von sechs Monaten nach der Einreise zurückgeschickt werden können. Als Gegenleistung erhält Tschechien, das zu den »sicheren Drittstaaten« gezählt wird, eine Finanzhilfe in Höhe von 60 Mio. DM zur Verbesserung der Grenzsicherung und der Infrastruktur für Asylsuchende und Flüchtlinge. – Am 25.4. vereinbart die Bundesregierung mit Kroatien die **Rückführung von** rd. 70 000 **kroatischen Bürgerkriegsflüchtlingen**. Vom 1.5. an werden zunächst nur Flüchtlinge aus den befriedeten Teilen Kroatiens zurückgeschickt; für die übrigen gilt eine Frist bis 1995. – Von Januar bis Juli stellen nur noch 11 8125 Deutschstämmige aus Osteuropa **Aussiedleranträge** gegenüber 147 084 bzw. 225 795 im gleichen Zeitraum 1993 und 1992.

KURDENPROBLEMATIK

Im März kommt es zu **Protestaktionen militanter Kurden**, die anlässlich des kurdischen Neujahrsfests (Newroz) auf die Unterdrückung ihres Volkes in der Türkei hinweisen. Bei Augsburg kommt es bei **Autobahnblockaden** zu mehreren Fällen von **versuchter Selbstverbrennung**. Gegen 500 Personen nimmt die Staatsanwaltschaft Ermittlungen auf, gegen 16 Personen wird Strafantrag wegen schweren Landfriedensbruchs gestellt. In Wiesbaden setzen militante Kurden am 20.3. einen S-Bahn-Zug in Brand; am 22.3. blockieren Kurden bundesweit mehrere Autobahnen. Die Ereignisse entfachen die öffentliche Diskussion über die **Behandlung straffällig gewordener Asylbewerber**. Innenminister Manfred Kanther (CDU) fordert am 24.3. die Ausländerbehörden der Länder und die Justiz auf, diejenigen Kurden sofort auszuweisen, die an den gewalttätigen Ausschreitungen beteiligt waren. – Nach viereinhalb Jahren Verhandlungsdauer verurteilt das Oberlandesgericht Düsseldorf am 7.3. vier PKK-Mitglieder wegen Auftragsmordes an Parteigegnern zu lebenslanger Haft und Gefängnisstrafen von sieben und sechs Jahren. – Im Prozess um die Besetzung des türkischen Generalkonsulats in München im Juni 1993 verurteilt das Bayerische Oberste Landesgericht am 6.7. die 13 angeklagten Kurden wegen 21-facher gemeinschaftlicher Geiselnahme zu Haftstrafen zwischen zwei und viereinhalb Jahren. – Der Bundestag übt in einer am 15.12. verabschiedeten Entschließung Kritik an den in der Türkei verhängten Urteilen gegen acht kurdische Parlamentarier und appelliert an die türkische Regierung, die Menschenrechte zu achten und die Haftstrafen eingehend zu prüfen. Die Bundesregierung hatte drei Tage zuvor die **Abschiebung von Kurden**, die der Mitgliedschaft in der im November 1993 verbotenen PKK verdächtig sind, zunächst bis zum 20.1.1995 **ausgesetzt.**

RECHTSEXTREMISMUS/ AUSLÄNDERFEINDLICHKEIT

Der Bundesgerichtshof (BGH) hebt am 15.12. »wegen rechtsfehlerhafter Erwägungen« das Urteil gegen Günter Deckert auf. Der **NPD-Vorsitzende** war am 22.6. wegen Volksverhetzung und Aufstachelung zum Rassenhass zu einer Freiheitsstrafe von einem Jahr auf Bewährung **verurteilt** worden. Das Verfahren wurde zur Neuverhandlung an das Landgericht Karlsruhe verwiesen, das am 21.4.1995 eine zweijährige Freiheitsstrafe ohne Bewährung verhängt: Deckert habe die systematische Vergasung von Juden in NS-Konzentrationslagern geleugnet. – Am 12.5. ereignen sich **in Magdeburg ausländerfeindliche Ausschreitungen:** Die Verfolgung von fünf Schwarzafrikanern durch Jugendliche eskaliert in Straßenschlachten mit zahlreichen Verletzten. Drei an den Ausschreitungen Beteiligte werden wegen gefährlicher Körperverletzung zu Jugendstrafen zwischen zwei und dreieinhalb Jahren ohne Bewährung verurteilt, drei weitere Beteiligte wegen schweren Landfriedensbruchs zu mehrjährigen Freiheitsstrafen. – 22 Thüringer **Skinheads schänden** am 23.7. **die Gedenkstätte des KZ Buchenwald**; am 26.7. ergeht gegen sieben Tatverdächtige Haftbefehl wegen Landfriedensbruch und Sachbeschädigung. – Der Hamburger Innensenator Werner Hackmann (SPD) tritt nach **Vorwürfen gegen die Hamburger Polizei**, sie habe sich der Misshandlung von Ausländern schuldig gemacht, am 12.9. von seinem Amt zurück; am 13.9. werden 27 Polizisten vom Dienst suspendiert.

DDR-ERBE

■ **Justiz:** In einer Grundsatzentscheidung spricht der 5. Strafsenat des BGH in Berlin am 26.7. den früheren DDR-Verteidigungsminister Heinz Keßler, dessen Stellvertreter Fritz Streletz und den ehemaligen Suhler SED-Sekretär Hans Albrecht als Mittäter der Mauerschützen **des Totschlags an der innerdeutschen Grenze schuldig**. Damit weist der BGH eine Berufungsklage der Angeklag-

Michael Schumacher ist am 13.11. der erste deutsche Weltmeister in der Formel 1

ten gegen die Entscheidung des Landgerichts Berlin ab (→ 1993). – Der **Schalck-Untersuchungsausschuss** beendet am 27.5. nach rd. dreijähriger Arbeit die Beweisaufnahme. Im Abschlussbericht wird festgestellt, dass der Bereich Kommerzielle Koordinierung/KoKo des DDR-Devisenbeschaffers Alexander Schalck-Golodkowski eng mit der SED und der Stasi verflochten war und nicht zum Vorteil der DDR-Bevölkerung gewirkt habe. – Das Düsseldorfer Oberlandesgericht verurteilt am 17.11. den unter dem Decknamen Topas bekannten DDR-Spion Rainer Rupp, der 1977-88 als Referent im Wirtschaftsdirektorat der Brüsseler NATO-Zentrale militärische Geheimnisse an die DDR weiterleitete, zu zwölf Jahren Haft.

■ **Privatisierung:** Die 1990 gegründete **Treuhandanstalt** in Berlin **beendet** zum 31.12. ihre Arbeit. Sie hat rd. 15 000 Unternehmen in Ostdeutschland privatisiert, reprivatisiert und kommunalisiert. Etwa 3600 Betriebe mussten stillgelegt werden. Die neuen Eigentümer der Unternehmen haben 211 Mrd. DM Investitionen und den Erhalt von knapp 1,5 Mio. Arbeitsplätzen zugesichert. Die Gesamtschulden aus der Treuhändertätigkeit betragen 256,4 Mrd. DM. Diverse Nachfolgegesellschaften übernehmen die Aufgaben der Treuhand.

PARTEIEN

■ **PDS:** Parteichef Lothar Bisky, der Fraktionsvorsitzende im Bundestag Gregor Gysi und weitere PDS-Politiker beenden am 7.12. einen einwöchigen Hungerstreik, nachdem das Berliner Verwaltungsgericht entschieden hatte, dass Steuerschulden in Höhe von 67 Mio. DM aus dem Jahr 1990 nicht aus dem gegenwärtigen PDS-Vermögen, sondern aus dem SED-Altvermögen zu zahlen sind.

■ **SPD:** Nach der verlorenen Bundestagswahl wählt die Bundestagsfraktion am 18.10. mit 239 von 243 Stimmen den bisherigen rheinland-pfälzischen Ministerpräsidenten und Kanzlerkandidaten Rudolf Scharping zu ihrem Vorsitzenden. – Der Vorstand beschließt am 5.12. mit großer Mehrheit eine Abgrenzung von der PDS: Koalitionen auf Landes- oder Bundesebene kämen nicht in Betracht, es gebe auch keine »Koalition in der Opposition«; im parlamentarischen Alltag werde die SPD der PDS jedoch »Mitwirkungsmöglichkeiten nicht versagen«.

BUNDESLÄNDER

■ **Niedersachsen:** Landtagswahl am 13.3.: Gerhard Schröder (SPD) bleibt Ministerpräsident.

■ **Bayern: Gerold Tandler tritt** am 17.3. als stellv. CSU-Vorsitzender **zurück**. Er zieht die Konsequenz aus geschäftlichen Verbindungen zu dem Unternehmer und »Bäder-König« Eduard Zwick, gegen den wegen Steuerschulden von 64 Mio. DM ein Haftbefehl vorliegt. – Landtagswahl am 25.9.: Ministerpräsident Edmund Stoiber (CSU) kann mit absoluter Mehrheit weiterregieren.

■ **Brandenburg:** Im März kommt es zu **neuen Vorwürfen** gegen Ministerpräsident **Manfred Stolpe** (SPD) im Zusammenhang mit den weiterhin gegen ihn erhobenen Beschuldigungen einer früheren Stasi-Zusammenarbeit (→ 1992), die zu einem **Bruch der Ampelkoalition** SPD, FDP, B'90/Grüne führen. – Bei den **Landtagswahlen** am 11.9. kann Stolpes SPD die absolute Mehrheit erringen.

■ **Sachsen-Anhalt:** Bei der **Landtagswahl** am 26.6. bleibt die CDU trotz Verlusten knapp stärkste politische Kraft, der bisherige Koalitionspartner FDP scheitert an der 5%-Hürde. Am 14.7. einigen sich SPD und B'90/Grüne auf eine Koalition. Der Landtag wählt am 21.7. Reinhard Höppner (SPD) zum Ministerpräsidenten und besiegelt damit die bundesweit **erste rot-grüne Minderheitsregierung**.

■ **Sachsen:** Landtagswahl am 11.9.: Ministerpräsident Kurt Biedenkopf (CDU) kann mit absoluter Mehrheit weiterregieren.

■ **Mecklenburg-Vorpommern:** Landtagswahl am 16.10.: Am 8.12. kommt eine Große Koalition unter Führung von Ministerpräsident Berndt Seite (CDU) zustande.

■ **Saarland:** Landtagswahl am 16.10.: Die SPD unter Ministerpräsident Oskar Lafontaine (SPD) kann ihre absolute Mehrheit verteidigen.

■ **Thüringen:** Landtagswahl am 16.10.: Ministerpräsident Bernhard Vogel (CDU) geht eine Große Koalition ein.

■ **Wahlergebnisse** → S. 458–467

1995

»Nur wer sich erinnert, kann Gefahren für die Zukunft bannen«

Zur Erinnerung an das Kriegsende vor 50 Jahren finden in Deutschland zahlreiche Gedenkveranstaltungen statt, bei denen der Opfer der Nazi-Diktatur gedacht wird. Die innenpolitische Debatte ist geprägt von der Neufassung des Abtreibungsrechts, demzufolge ein Schwangerschaftsabbruch rechtswidrig bleibt, aber straffrei ist, solange die schwangere Frau eine Beratung in Anspruch nimmt. In der juristischen Aufarbeitung der DDR-Geschichte müssen viele Verfahren wegen Landesverrats gegen ehemalige Spione aus der DDR nach einem Urteil des Bundesverfassungsgerichts eingestellt werden. Mit dem Beschluss, Bundeswehrsoldaten in das ehemalige Jugoslawien zu entsenden, kommt es zum ersten Kampfeinsatz deutscher Soldaten außerhalb des NATO-Gebiets.

50. JAHRESTAG DES KRIEGSENDES

Im Bundestag findet am 28.4. eine gemeinsame **Gedenkstunde von Bundestag und Bundesrat** zum Gedenken an das Ende des 2. Weltkriegs und der nationalsozialistischen Gewaltherrschaft am 8.5.1945 statt. Einen Aufruf zur Versöhnung der beiden Nachbarn richtet der polnische Außenminister Władysław Bartoszewski. Mit einem Staatsakt im Berliner Schauspielhaus gedenken am 8.5. politische Repräsentanten Deutschlands gemeinsam mit Vertretern der Siegermächte (US-Vizepräsident Al Gore, der britische Premierminister John Major, der französische Präsident François Mitterand und der russische Ministerpräsident Wiktor Tschernomyrdin) des Kriegsendes. Erstmals ist ein deutscher Regierungschef zu den Erinnerungsfeierlichkeiten der Siegermächte eingeladen: Bundeskanzler Helmut Kohl nimmt am 6.5. in London, am 8.5. in Paris und am 9.5. in Moskau an den Staatsakten teil. – Weitere Gedenkfeiern finden am 8./9.4. im ehem. **KZ Buchenwald** bei Weimar und am 30.4. auf dem Gelände des **KZ Dachau** statt. In seiner Ansprache am 27.4. im ehem. Konzentrationslager Bergen-Belsen, an der neben 500 früheren Insassen u.a. auch Bundeskanzler Kohl und der frühere israelische Staatspräsident Chaim Herzog teilnehmen, sagt Bundespräsident Roman Herzog: »Nichts darf verdrängt, nichts darf vergessen werden. Wir tragen die Verantwortung dafür, dass sich so etwas nie mehr wiederholt.«

DDR-ERBE

Das Verfahren gegen den langjährigen Minister für Staatssicherheit, **Erich Mielke**, wegen der Erschießung von DDR-Flüchtlingen an der innerdeutschen Grenze ist bereits am 3.11.1994 wegen Verhandlungsunfähigkeit des 86-Jährigen eingestellt worden; das Urteil wegen der Erschießung zweier Polizisten 1931 in Berlin (→ 1993) wird jedoch am 10.3. nach Ablehnung der Revisionsanträge rechtskräftig. Mielke kommt am 1.8. nach Verbüßung von zwei Dritteln seiner Strafe als letzter aus den Reihen der ehem. SED-Führung aus der Haft. – Nachdem der Bundesgerichtshof in Karlsruhe am 3.11. 1994 das im Mai 1993 ergangene Urteil gegen den ehem. SED-Spitzenfunktionär und DDR-Ministerpräsidenten sowie derzeitigen PDS-Politiker **Hans Modrow** wegen Verfälschung der DDR-Kommunalwahlergebnisse vom Mai 1989 in wesentlichen Punkten aufgehoben hat, verurteilt das Landgericht Dresden ihn am 9.8. wegen Anstiftung zur Wahlfälschung zu einer Bewährungsstrafe von neun Monaten und einer Geldstrafe von 5000 DM. – Nach einem vom Bundesverfassungsgericht nach fast vier Jahren Verfahrensdauer am 23.5. veröffentlichten Urteil dürfen Personen, die »ihren Lebensmittelpunkt in der ehemaligen DDR« hatten und **Spionage zu Lasten der Bundesrepublik** (oder eines ihr verbündeten Staates) getrieben haben, seit der deutschen Vereinigung nur noch

Gedenken an die Befreiung des KZ vor 50 Jahren: Roman Herzog am 27.4. in Bergen-Belsen

eingeschränkt wegen Landesverrats oder geheimdienstlicher Agententätigkeit strafrechtlich verfolgt werden. Ausgenommen sind Straftaten, wie z.B. Bestechung oder Urkundenfälschung, die im Zusammenhang mit der Spionage begangen worden sind. Voll strafrechtlich verantworten müssen sich weiterhin Bürger der Bundesrepublik wegen Spionage zugunsten der DDR. Nach dem Urteil müssen mehrere hundert Verfahren eingestellt oder Urteile aufgehoben werden – z.B. auch das Urteil gegen den vorletzten Leiter der Hauptverwaltung Aufklärung im DDR-Ministerium für Staatssicherheit, Markus Wolf (→ 1993). – Das Berliner Landgericht nimmt am 13.11. den **Prozess gegen die Mitglieder des SED-Politbüros** Horst Dohlus, Kurt Hager (der später aus dem Verfahren ausscheidet), Günther Kleiber, Egon Krenz, Erich Mückenberger und Günter Schabowski auf (Harry Tisch, ehem. Vorsitzender des DDR-Gewerkschaftsbundes FDGB, gegen den ebenfalls am 9.1. Anklage erhoben worden ist, ist am 18.6. gestorben). Ihnen wird Totschlag oder versuchter Totschlag in 71 Fällen zur Last gelegt, in denen Flüchtlinge an der innerdeutschen Grenze getötet oder schwer verletzt wurden.

KRUZIFIX-URTEIL

Am 16.5. erklärt das Bundesverfassungsgericht (BVerfG) eine Vorschrift der bayerischen Schulordnung, die ein Kreuz oder **Kruzifix** für jedes Klassenzimmer staatlicher Pflichtschulen vorschreibt, für unvereinbar mit dem Grundgesetz und daher nichtig. Am 21.8. präzisiert das BVerfG seinen Beschluss: Im ersten Leitsatz müsse es heißen, »dass die staatlich angeordnete Anbringung eines Kreuzes oder Kruzifixes in den Unterrichtsräumen einer staatlichen Pflichtschule, die keine Bekenntnisschule ist, gegen Art. 4 Abs. 1 GG verstößt«. Rd. 25 000 Demonstranten, angeführt vom Münchner Erzbischof Friedrich Kardinal Wetter und der Landesregierung, protestieren am 23.9. in München gegen das **Kruzifix-Urteil.** Am 13.12. beschließt der bayerische Landtag ein Gesetz, mit dem das Anbringen von Kreuzen in Klassenzimmern zur Pflicht gemacht wird. Bei Widerspruch von Schülern oder ihren Erziehungsberechtigten aufgrund »ernsthafter Gründe des Glaubens oder der Weltanschauung« entscheidet der jeweilige Schulleiter.

INNENPOLITIK

■ **Abtreibungsrecht:** Der Bundestag stimmt am 29.6. mit 486 gegen 145 Stimmen einem Gesetzentwurf der Fraktionen von CDU/CSU, SPD und FDP zur Novellierung des Abtreibungsrechts zu; im Bundesrat stimmen am 14.7. Nordrhein-Westfalen, Sachsen-Anhalt und Bayern gegen die neue Abtreibungsregelung, die aber am 1.9. in Kraft treten kann. Nach dem Gesetz, das sich am Urteil des Bundesverfassungsgerichts vom Mai 1993 orientiert, bleiben Abtreibungen rechtswidrig, sind aber straffrei, wenn die betroffene Frau eine Beratung bei einer staatlich anerkannten Stelle nachweist und seit der Empfängnis weniger als zwölf Wochen vergangen sind. Erlaubt ist eine Abtreibung bei schwerer Gefahr für die seelische und körperliche Gesundheit der Mutter (medizinische Indikation) und nach einer Vergewaltigung.

■ **Neue Diätenregelung:** Mit großer Mehrheit lehnt der Bundesrat am 13.10. die umstrittene Grundgesetzänderung zur Neuregelung der Abgeordnetendiäten ab. Der Bundestag hatte sie am 21.9. mit 507 Stimmen der CDU/CSU und der SPD gegen 139 Stimmen von FDP, B'90/Grüne und der PDS beschlossen. Vorgesehen war, die Bezüge rückwirkend zum 1.1. schrittweise an die Besoldungsgruppe R6 von Richtern an Obersten Bundesgerichten anzugleichen und die Erhöhung der Kostenpauschale an die Inflationsrate zu koppeln. Am 8.12. beschließt der Bundestag mit den Stimmen von CDU/CSU und SPD stattdessen rückwirkend zum 1.10. eine stufenweise Erhöhung der Diäten von derzeit 10 366 DM auf 12 875 DM 1998. Gekürzt werden die Zahlung von Übergangsgeld für ausscheidende Abgeordnete (von drei Jahren auf 18 Monate) und der Höchstsatz für die Altersentschädigung von 75 auf 69% der künftig an der Bezahlung von Obersten Richtern orientierten Bezüge. Die von der SPD geforderte Offenlegung der Nebeneinkünfte von Abgeordneten wird von der Parlamentsmehrheit abgelehnt.

■ **Plutoniumschmuggel-Affäre:** Vor dem am 11.5. eingesetzten **Untersuchungsausschuss** rücken die Rolle des Bundesnachrichtendienstes (BND) und des Geheimdienstkoordinators, Staatsminister Bernd Schmidbauer (CDU), ins Zentrum der Kritik. Eine im Dezember 1995 auftauchende Aktennotiz deutet darauf hin, dass der am 10.8.1994 auf dem Flughafen München aufgedeckte Schmuggel von 363,4 g waffenfähigem Plutonium 239 aus Russland vom BND offenbar **»nicht nur aufgedeckt, sondern weitgehend herbeigeführt«** wurde. Schmidbauer weist am 15.12. und in der Folge alle Vorwürfe zurück, von der Aktion im voraus gewusst oder an

Baustelle Berlin: Eine Info-Box am Potsdamer Platz informiert über die Bauarbeiten im Berliner Zentrum

ihr mitgewirkt zu haben, und lehnt einen Rücktritt ab. Auch BND-Präsident Konrad Porzner (SPD) bestreitet am 19.1.1996 alle gegen den Geheimdienst vorgebrachten Anschuldigungen, ersucht aber um seine Versetzung in den einstweiligen Ruhestand.

■ **Bürgerkriegsflüchtlinge**: Angesichts der Kriegsgefahr in Kroatien stimmt Bundesinnenminister Manfred Kanther (CDU) am 3.8. einem auf einen Monat befristeten **Abschiebestopp für kroatische Flüchtlinge** zu. Deutschland hat nach Angaben der Regierung seit Ausbruch des Balkankonflikts etwa 400 000 Flüchtlinge, davon etwa 320 000 aus Bosnien und Herzegowina, aufgenommen. Dafür wurden seit 1991 rd. 11 Mrd. DM aufgewandt.

■ **Rechtsextremismus:** Wegen Verfassungsfeindlichkeit erlässt Bundesinnenminister Kanther am 24.2. das Verbot der rechtsradikalen Freiheitlichen Arbeiterpartei Deutschlands (FAP), da sie der NSDAP wesensverwandt sei. In Hamburg wird am selben Tag die neonazistische Nationale Liste (NL) verboten. – Wegen eines **Brandanschlags auf die Synagoge** in Lübeck am 25.3.1994 verurteilt das Oberlandesgericht Schleswig am 13.4. vier Angeklagte wegen Brandstiftung zu Freiheitsstrafen zwischen 30 und 54 Monaten. Vom Vorwurf des versuchten Mordes werden die Angeklagten freigesprochen. Am 7.5. wird ein weiterer Brandanschlag auf die Synagoge verübt. Ein Anbau des Gebetshauses brennt völlig aus, Personen kommen nicht zu Schaden.

■ **Chaos-Tage:** Rd. 1700 Punks randalieren zwischen dem 4. und 6.8. bei sog. Chaos-Tagen in der Nordstadt von Hannover. Bei Straßenschlachten mit bis zu 3000 Polizisten und Bundesgrenzschutzbeamten werden 179 Polizisten und Randalierer verletzt, rd. 1200 Punks werden vorübergehend in Gewahrsam genommen, gegen 220 von ihnen wird Anklage wegen verschiedener Delikte erhoben.

■ **AKW Mülheim-Kärlich:** In einem Urteil des Oberlandesgerichts Koblenz vom 19.4. heißt es, das Land Rheinland-Pfalz habe 1975 die erste Teilgenehmigung für den Bau des 1988 nach zweijährigem Betrieb abgeschalteten Atomkraftwerks Mülheim-Kärlich »fahrlässig« erteilt und damit »schuldhaft« seine Amtspflichten verletzt.

■ **Rechtschreibreform:** Die Ministerpräsidenten der Bundesländer beschließen am 14.12. eine abgemilderte **Reform der Rechtschreibung,** die am 1.8.1998 an den Schulen eingeführt und ab 2005 verbindlich gelten soll.

KURDEN

Am 10.3. gibt das Bundesinnenministerium den Abschluss einer **Vereinbarung mit der Türkei** über die Behandlung abgeschobener türkischer Staatsangehöriger bekannt; danach können deutsche Behörden vor Abschiebungen Auskunft aus der Türkei erhalten, ob Strafverfolgung und Bestrafung drohen. Am 15.3. entscheidet Innenminister Kanther, den Abschiebestopp für Kurden nicht mehr zu verlängern. Er bezieht sich dabei im Wesentlichen auf einen Lagebericht des Auswärtigen Amtes, wonach Kurden als Gruppe in der Türkei nicht verfolgt würden und innerhalb des Landes Zuflucht vor den Kämpfen in ihrer Heimatregion finden könnten. – Im Februar und März und erneut im Juli kommt es von kurdischer Seite zu einer **Serie von Brandanschlägen** auf türkische Einrichtungen in mehreren deutschen Städten: In deren Folge werden diverse Kurdenvereine verboten. Ein am 21.7. begonnener Hungerstreik von Kurden in Frankfurt am Main und Berlin wird am 15.8. beendet; in Berlin stirbt am 26.7. eine am Hungerstreik beteiligte Frau an Herzversagen. In Frankfurt am Main kommt es am 27.7. bei der Auflösung einer Kurdenversammlung durch die Polizei zu schweren Ausschreitungen.

AUSSENPOLITIK

■ **Bosnien-Einsatz:** Der Bundestag stimmt am 30.6. mit 386 gegen 258 Stimmen dem Antrag der Bundesregierung zu, Bundeswehreinheiten zum Schutz der Schnellen Eingreiftruppe in das ehemalige Jugoslawien zu entsenden, und ermöglicht damit erstmals in der deutschen Nachkriegsgeschichte einen **Kampfeinsatz deutscher Soldaten** in einem

Gebiet außerhalb der NATO. Nach Paraphierung des Friedensabkommens im amerikanischen Dayton am 21.11. durch die Kriegsparteien billigt der Bundestag am 6.12. mit 543 gegen 107 Stimmen die Stationierung von 4000 Soldaten in Kroatien.

■ **Türkei:** Nach dem Angriff der Türkei auf kurdische Stellungen im Nordirak stoppt die Bundesregierung am 29.3. die letzte fällige Teillieferung von Rüstungsgütern im Wert von 153 Mio. DM, nachdem zuvor schon 150 Mio. DM für den Bau türkischer Fregatten gesperrt worden waren. Beim Besuch des türkischen Außenministers Erdal Inönü in Bonn am 3.4. trägt Außenminister Klaus Kinkel (FDP) die mit der EU abgestimmte Auffassung vor, die PKK habe von Nordirak aus terroristische Anschläge in der Türkei verübt, weshalb die türkische Regierung ein »berechtigtes Selbstinteresse« in der Region habe. Die Militärintervention müsse aber möglichst schnell beendet werden, und es seien der Grundsatz der Verhältnismäßigkeit der Mittel und die Menschenrechte einzuhalten.

■ **Israel:** Während seiner Nahostreise (2.–6.6.) besucht Bundeskanzler Helmut Kohl Ägypten, Jordanien und Israel, wo er mit Regierungschef Jitzhak Rabin zusammentrifft und zusagt, über die bilaterale Unterstützung Israels hinaus einen aktiven Beitrag zur Entwicklung des Friedens in der Region zu leisten. Bei einem Treffen mit Palästinenserführer Jassir Arafat in Jericho am 7.6. stellt Kohl eine einmalige Finanzhilfe von 10 Mio. DM für die geplanten Wahlen in den Autonomiegebieten in Aussicht.

■ **VR China:** Staatspräsident Jiang Zemin beginnt am 11.7. einen mehrtägigen Deutschlandbesuch. Obwohl Menschenrechtsgruppen Bundespräsident Herzog und Bundeskanzler Kohl aufgefordert haben, den Gast auf die Verletzung der Menschenrechte in China hinzuweisen, werden vornehmlich **Wirtschaftsfragen** besprochen und mehrere Verträge über deutsch-chinesische Gemeinschaftsprojekte in Milliardenhöhe geschlossen, an denen Daimler-Benz, Bosch und Siemens beteiligt sind.

■ **Vietnam:** Nach einjährigen Verhandlungen wird am 21.7. mit Vietnam ein Regierungsabkommen über die **Rückführung** der rd. 40 000 illegal in Deutschland lebenden **Vietnamesen** – überwiegend ehem. DDR-Vertragsarbeiter – bis zum Jahr 2000 unterzeichnet. Deutschland begleitet die Rückkehr mit einer Finanzhilfe von 25 Mio. DM; außerdem wird eine im November 1994 eingefrorene Wirtschaftshilfe von 75 Mio. DM freigegeben.

PARTEIEN

■ **SPD:** In einer Kampfabstimmung stürzt der Bundesparteitag am 16.11. in Mannheim den Parteivorsitzenden Rudolf Scharping und wählt den bisherigen stellvertretenden Vorsitzenden Oskar Lafontaine an die Parteispitze.

■ **FDP:** Nach weiteren Landtagswahlniederlagen der FDP, die nur noch in fünf von 16 Länderparlamenten vertreten ist, gibt Klaus Kinkel am 18.5. seinen Rücktritt als Bundesvorsitzender bekannt; Nachfolger wird der hessische Landesvorsitzende Wolfgang Gerhardt. – Bei der **Mitgliederbefragung** über ein Gesetzesvorhaben zur elektronischen Abhörmöglichkeit von Privatwohnungen im Fall organisierter Kriminalität (**»Großer Lauschangriff«**) ergibt die Auszählung am 12.12. eine Mehrheit von 63,7% der FDP-Mitglieder. Als dessen vehemente Gegnerin erklärt Sabine Leutheusser-Schnarrenberger am 14.12. ihren Rücktritt als Justizministerin; Nachfolger wird am 17.1.1996 der Verfassungsrechtler Edzard Schmidt-Jortzig.

■ **Bündnis 90/Die Grünen:** Auf dem Bundesparteitag in Bremen lehnt die Partei am 3.12. weiterhin militärische **Auslandseinsätze der Bundeswehr** ab, befürwortet jedoch friedenserhaltende UN-Missionen mit Entsendung ziviler Kontingente.

■ **PDS:** Der Bundesparteitag in Berlin vom 27.1. bis 29.1. bestätigt Lothar Bisky als Parteivorsitzenden und distanziert sich von stalinistischen Strömungen: Die Wortführerin der Kommunistischen Plattform, Sahra Wagenknecht, wird nicht wieder in den Vorstand gewählt. – Bundesinnenminister Kanther (CDU) bezeichnet bei der Vorlage des Verfassungsschutzberichts 1994 am 6.7. die PDS erstmalig als »in Teilgruppen« linksextremistisch, also verfassungsfeindlich; künftig würden Informationen über diese Teilgruppen vom Verfassungsschutz gezielt gesammelt und ausgewertet. – Die Behörde des Bundesbeauftragten für die Unterlagen des Staatssicherheitsdienstes der DDR (Gauck-Behörde) teilt Ende November mit, Hinweise zu besitzen, dass Bisky inoffizieller Stasi-Mitarbeiter war. Wie schon der früher beschuldigte Gregor Gysi streitet Bisky die Stasi-Mitarbeit ab.

BUNDESLÄNDER

Die **Wirtschaftsentwicklung** in den neuen und alten Bundesländern weist noch immer erhebliche Unterschiede auf, die sich u.a. an der Zuwachsrate des Bruttoinlandsprodukts (BIP) ablesen lässt. Neben der Anhebung der Löhne ist im Osten vor allem

VERGLEICH DER BUNDESLÄNDER NACH IHRER WIRTSCHAFTSKRAFT*

	Bruttoinlandsprodukt in jeweiligen Preisen											
	insgesamt in Mrd. €			reale Veränderung			in % Anteil am Bundes-BIP			€ je Erwerbstätigen		
Bundesland	**1993**	**1995**	**1997**	**92/93**	**94/95**	**96/97**	**93**	**95**	**97**	**1993**	**1995**	**1997**
Baden-Württemberg	241,9	261,1	271,9	–1,1	3,7	2,1	14,3	14,1	14,2	47 613	51 884	53 640
Bayern	283,8	305,1	319,2	1,5	3,1	2,5	16,7	16,5	16,7	47 043	50 731	53 363
Berlin	74,8	79,9	77,7	7,2	3,3	–1,3	4,4	4,3	4,1	45 594	49 233	49 703
Brandenburg	29,9	38,2	41,1	22,1	9,8	2,9	1,8	2,1	2,1	29 177	35 504	38 308
Bremen	19,1	20,3	21,0	0,4	2,1	3,3	1,1	1,1	1,1	47 788	52 591	55 035
Hamburg	60,9	64,8	68,3	3,7	2,7	3,2	3,6	3,5	3,6	59 211	64 038	68 407
Hessen	152,7	162,7	169,6	1,6	3,1	1,6	9,0	8,8	8,9	52 059	56 047	58 398
Meck.-Vorpommern	21,4	27,4	28,9	20,3	9,4	1,9	1,3	1,5	1,5	28 987	35 170	38 287
Niedersachsen	152,2	161,6	165,9	2,1	1,6	1,9	9,0	8,7	8,7	45 738	48 101	49 533
Nordrhein-Westfalen	390,5	418,4	429,8	0,6	3,7	2,4	23,0	22,6	22,4	48 854	53 135	54 156
Rheinland-Pfalz	76,5	83,0	85,3	0,3	4	2,3	4,5	4,5	4,5	46 033	49 817	51 079
Saarland	21,2	23,3	23,3	–1,4	4,7	2,2	1,3	1,3	1,2	44 891	49 179	48 924
Sachsen	54,5	69,9	73,0	21,5	9,7	0,5	3,2	3,8	3,8	28 715	34 851	36 920
Sachsen-Anhalt	31,6	38,6	41,4	22,8	6,1	3,3	1,9	2,1	2,2	28 598	33 858	37 711
Schleswig-Holstein	55,0	59,2	61,5	2,3	4	2	3,2	3,2	3,2	45 831	49 365	51 258
Thüringen	28,5	35,0	37,7	22,8	4,9	3,9	1,7	1,9	2,0	27 871	33 067	36 556
Deutschland	**1694,4**	**1848,5**	**1915,6**	**2,9**	**3,8**	**2,1**	**100**	**100**	**100**	**45 117**	**49 160**	**51 133**

* umgerechnet in € *Quelle: Arbeitskreis Volkswirtschaftliche Gesamtrechnungen der Länder, August 2006/Februar 2007*

die Höhe der öffentlichen Investitionen überdurchschnittlich. Der Anstieg des Produktivvermögens, laut Bundesbank mittlerweile 885 Mrd. DM, lag im Zeitraum 1989-1995 dreimal höher als im Westen.

■ **Hessen:** Zwar verliert die regierende SPD bei der Landtagswahl am 19.2.1995 ihre Mehrheit, dennoch kann die rot-grüne Koalition unter Ministerpräsident Hans Eichel (SPD) weiterregieren.

■ **Baden-Württemberg:** Der Landtag billigt am 15.2. mehrere **Verfassungsänderungen**. Danach wird die Legislaturperiode von vier auf fünf Jahre verlängert, das Parlament kann mit Zweidrittelmehrheit seine Selbstauflösung beschließen. Staatsziele sind u.a. der Schutz von Behinderten vor Benachteiligung sowie der Umweltschutz.

■ **Bremen:** Die erste und derzeit einzige **Ampel-Koalition** in Deutschland zwischen SPD, FDP und B'90/Grüne **zerbricht** am 7.2. Nach dem enttäuschenden Abschneiden der SPD bei der Bürgerschaftswahl am 14.5. tritt Bürgermeister Klaus Wedemeier zurück. Sein Nachfolger wird Henning Scherf (SPD), der eine Große Koalition bildet.

■ **Nordrhein-Westfalen:** Bei der **Landtagswahl** am 14.5. verliert die SPD die absolute Mehrheit, die sie seit 15 Jahren innehatte und bildet eine Koalition mit B'90/Grüne. Nach dem Koalitionskompromiss zum umstrittenen Braunkohletagebau Garzweiler II soll zunächst nur ein Teil des Abbaus genehmigt werden; etwas mehr als 3000 Menschen müssen dann umgesiedelt werden.

■ **Berlin/Brandenburg:** Das Berliner Abgeordnetenhaus und der brandenburgische Landtag stimmen am 22.6. mit der erforderlichen Zweidrittelmehrheit dem Staatsvertrag über den Zusammenschluss der beiden Länder zum Land **Berlin-Brandenburg** zu. Der Vertrag war am 27.4. vom Berliner Regierenden Bürgermeister Eberhard Diepgen (CDU) und dem brandenburgischen Ministerpräsidenten Manfred Stolpe (SPD) unterzeichnet worden (→ 1996). – Nach der Wahl zum Abgeordnetenhaus am 22.10. kommt es zur Fortsetzung der Großen Koalition unter dem Regierenden Bürgermeister Eberhard Diepgen (CDU).

■ **Schleswig-Holstein:** Der Untersuchungsausschuss des Landtags zur **Barschel-Pfeiffer-Affäre** 1987 (»Schubladenausschuss«) legt am 17.11. seinen Abschlussbericht vor. Er stellt fest, Schuld oder Unschuld des damaligen Ministerpräsidenten Uwe Barschel (CDU) an den kriminellen Machenschaften aus seiner Staatskanzlei gegen Björn Engholm (SPD) im Vorfeld der schleswig-holsteinischen Landtagswahl ließen sich nicht beweisen; kein Zweifel bestehe jedoch an seiner politischen Verantwortung und daran, dass er beim Versuch, sich zu verteidigen, die Unwahrheit gesagt habe.

■ **Wahlergebnisse** → S. 458–467

1996

»Angriff auf den Sozialstaat«

Das von der Bundesregierung geplante Sparpaket, das tiefe Einschnitte in das Sozialsystem vorsieht und bei Opposition wie Gewerkschaften auf vehemente Ablehnung stößt, ist das beherrschende innenpolitische Thema; es kommt zu zahlreichen Protestveranstaltungen. Ein von IG Metall-Chef Klaus Zwickel initiiertes Bündnis für Arbeit zwischen Gewerkschaften, Arbeitgebern und Politik scheitert nach mehreren Anläufen. Die Castor-Transporte mit atomarem Sondermüll ins Zwischenlager Gorleben führen in der Region zu massiven Protesten von Umweltschützern und der Bevölkerung.

SPARPAKET

■ **Umstrittene Sozialgesetze verabschiedet:** Das am 30.1. vom Bundeskabinett vorgelegte **»Aktionsprogramm für Investitionen und Arbeitsplätze«** wird nach massiven Protesten in einigen Punkten abgeschwächt, in anderen vertagt. Nachdem der Bundesrat das **Sparpaket** am 19.7. und erneut am 12.9. abgelehnt hat, verabschiedet der Bundestag am 13.9. mit der Kanzlermehrheit vier der im Bundesrat nicht zustimmungspflichtigen Gesetze mit Wirkung zum 1.10. bzw. 1.1.1997: Die **Lohnfortzahlung im Krankheitsfall** (ausgenommen Berufskrankheiten und Arbeitsunfälle) wird um 20% gesenkt; stattdessen kann der Arbeitnehmer für jeweils fünf Krankheitstage einen Urlaubstag anrechnen lassen. Die Beiträge in der gesetzlichen Krankenversicherung werden 1996 eingefroren, zum 1.1.1997 um 0,4% gesenkt. Für Betriebe mit höchstens zehn (bisher fünf) Mitarbeitern wird das **Kündigungsschutzgesetz** aufgehoben (dreijähriger Vertrauensschutz für bestehende Arbeitsverhältnisse). Befristete Arbeitsverträge sind künftig bis zu einer Dauer von zwei Jahren erlaubt (bisher 18 Monate). **Lohnersatzleistungen** (Arbeitslosengeld, Unterhaltsgeld, Altersübergangsgeld) werden nicht mehr entsprechend der Lohnentwicklung erhöht. Auch das **Rentenrecht** wird angepasst: Die Rentenaltersgrenze für Frauen steigt von derzeit 60 Jahren ab dem Jahr 2000 stufenweise bis zum Jahr 2005 auf 65 Jahre, die der Männer von 63 bis zum Jahr 2001 auf 65 Jahre. Ein vorzeitiger Ruhestand führt pro Jahr zur Minderung des Rentenanspruchs. Ausbildungszeiten werden nur noch mit bis zu drei (bisher sieben) Jahren bei der Rentenbemessung berücksichtigt.

■ **Proteste gegen das Sparpaket:** Bei der Opposition, Gewerkschaften, Kirchen und Sozialverbänden stößt das Kürzungsprogramm auf eine breite Ablehnungsfront, die sich auf dem **Sozialgipfel** am 7./8.5. artikuliert. Einem Aufruf des DGB zur **größten Protestdemonstration der Gewerkschaften** in der Nachkriegszeit gegen die geplanten Einschnitte ins Sozialsystem folgen am 15.6. rd. 350000 Menschen nach Bonn. Der DGB-Vorsitzende Dieter Schulte sieht den inneren Frieden der Republik durch den »sozialen Kahlschlag« der Bundesregierung vor die Zerreißprobe gestellt und bezeichnet das Sparpaket als einen »Angriff auf unseren Sozialstaat«, erklärt aber auch die Bereitschaft der Gewerkschaften, an notwendigen und vernünftigen Reformen mitzuwirken. – Unter dem Motto »Eine Mehrheit für Arbeit und soziale Gerechtigkeit« demonstrieren die Gewerkschaften am 8.9. in sechs Städten mit rd. 250 000 Menschen gegen das Sparpaket. Kritisiert wird vor allem die Absicht, die Lohnfortzahlung im Krankheitsfall zu kürzen, den Kündigungsschutz in Kleinbetrieben abzubauen und das Rentenalter für Frauen zu erhöhen. – Die Anwendung des am 1.10. in Kraft getretenen Ge-

Höhe der Renten 1996

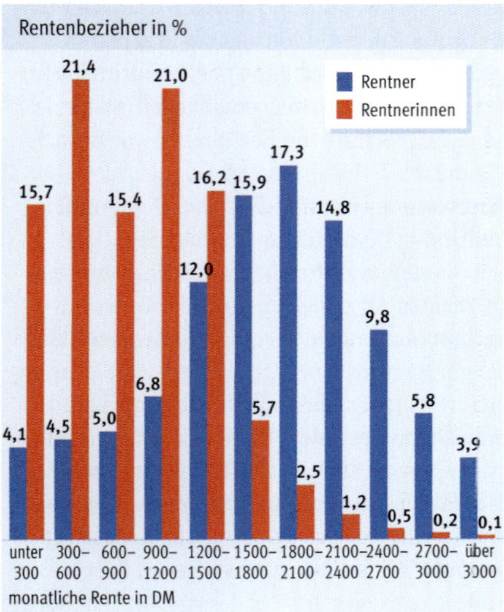

Maskierter Protest gegen das Sparpaket am 3.9. in Bonn

setzes zur Lohn- und Gehaltsfortzahlung im Krankheitsfall beantworten rd. 80 000 Beschäftigte der Daimler-Benz AG am selben Tag mit einer **Arbeitsniederlegung**. Nach massiven Protesten der IG Metall und Arbeitsniederlegungen auch in anderen Metallbetrieben erzielen die Tarifpartner im Bezirk Niedersachsen am 5.10. einen Pilotabschluss, der es bis zum Jahr 2001 bei der Auszahlung von 100% Lohn und Gehalt bei Krankheit belässt. Der Arbeitgeberverband Gesamtmetall empfiehlt am 7.10. seinen Mitgliedern, **auf die Kürzungen zunächst zu verzichten**. Daimler-Benz nimmt sie am 23.10. zurück. Auch in anderen Branchen scheitern die Arbeitgeber, das Gesetz anzuwenden, erreichen in Tarifverhandlungen jedoch zumeist Abstriche bei anderen tariflichen Leistungen (z.B. Kürzungen des Weihnachtsgeldes).

TARIFPOLITIK

■ **Bündnis für Arbeit: Gespräche über** das vom IG-Metall-Vorsitzenden Klaus Zwickel vorgeschlagene **Bündnis für Arbeit**, an dem Bundesregierung, Arbeitgeber und Gewerkschaften teilnehmen, **scheitern** nach mehreren Gesprächsrunden am 15.2. wegen Uneinigkeit im Arbeitgeberlager über den Abbau von Überstunden. Werner Stumpfe, Bundesgeschäftsführer vom Arbeitgeberverband Gesamtmetall, erklärt das Bündnis für Arbeit am 20.3. für »tot«, weil damit die erforderliche Verminderung der Arbeitskosten um 20% nicht zu erzielen sei, stößt mit dieser Aussage aber bei der Bundesregierung und bei anderen Arbeitgeberverbänden auf Widerspruch. – Im Textilbereich vereinbaren die Tarifpartner am 20.3. das erste branchenweite Bündnis: Bei einer Tariferhöhung von 1,5% mit der Möglichkeit, diese bei schwieriger wirtschaftlicher Lage für bis zu ein Jahr auszusetzen und die Jahresarbeitszeit flexibler zu gestalten, verzichten die Arbeitgeber auf Kündigungen. – Am 23./24.3. wird in der Stahlindustrie ein Tarifvertrag zur Beschäftigungssicherung geschlossen, die nordrhein-westfälische Landesregierung, IG Metall und Arbeitgeber vereinbaren in der Metall- und Elektroindustrie einen Maßnahmenkatalog zur Sicherung von 40 000 Arbeitsplätzen. – Am 14.5. erklärt IG-Metall-Chef Zwickel das Projekt Bündnis für Arbeit für **faktisch beendet**. – In der Tarifgeschichte der Bundesrepublik einmalig, lehnt die Bundesvereinigung der deutschen Arbeitgeberverbände (BDA) am 28.5. im Tarifausschuss beim Bundesarbeitsminister die Allgemeinverbindlichkeit der von den Tarifparteien in der **Bauwirtschaft** im Schlichtungsverfahren vereinbarten Mindeststundensätze (Westdeutschland 18,60 DM, Ostdeutschland 17,10 DM) als zu hoch ab. Damit blockiert sie zugleich das Wirksamwerden des am 1.3. in Kraft getretenen **Entsendegesetzes**, das für ausländische Arbeitnehmer der untersten Lohngruppen im Bauhaupt- und Ausbaugewerbe sowie in der Montage die Geltung der deutschen Entgelt- und Urlaubstarifverträge vorsieht, soweit sie allgemeinverbindlich sind. Am 12.6. erklären die beiden Arbeitgeberverbände der Baubranche ihren Austritt aus dem BDA. – Mit einem am 13.6. akzeptierten Schlichterspruch wird ein Streik im **öffentlichen Dienst** abgewendet. Bei 20-monatiger Laufzeit bis 31.12.1997 sollen die rd. 3,2 Mio. Beschäftigten für die Zeit vom 1.5. bis 1.12. eine einmalige Zahlung von 300 DM erhalten (= 0,8%); für 1997 werden die Entgelte um 1,3% angehoben, zum 1.9.1997 steigt der Bemessungssatz für das Tarifgebiet Ost um 1% auf 85% des Westniveaus. An diesem Abschluss orientiert sich auch die Tarifvereinbarung für Post, Postbank und Telekom am 21.6.

UNTERNEHMEN

■ **Daimler-Benz AG:** Am 22.1. gibt der Vorstandsvorsitzende des Unternehmens einen Konzernverlust für 1995 in Höhe von rd. 6 Mrd. DM bekannt. Gleichzeitig teilt er die Entscheidung zur Abkoppelung der Konzerntochter DASA von dem erst 1993 mehrheitlich erworbenen niederländischen Flugzeugbauer Fokker mit, der daraufhin mit 3,2 Mrd. Gulden Schulden und 8000 Arbeitsplätzen im April in Konkurs geht.

■ **Bremer Vulkan:** Mit Schulden von rd. 1,6 Mrd. DM und einem aktuellen Liquiditätsbedarf von rd. 2,6 Mrd. DM meldet der größte deutsche Werftenkonzern **Bremer Vulkan Verbund AG** am

21.2. beim Bremer Amtsgericht Vergleich an; am 28.4. vereinbaren der Vergleichsverwalter, die Landesregierung und die Bundesanstalt für Arbeit die Gründung einer Beschäftigungsgesellschaft, in die etwa die Hälfte der bisherigen Vulkan-Stammbelegschaft (rd. 4500 Arbeitnehmer) überführt wird. Die Werften in Wismar und Stralsund sowie das Dieselmotorenwerk Rostock werden aus dem Vulkan-Verbund herausgelöst und durch ein zweites Privatisierungsprogramm gerettet, das 1,1 Mrd. DM kostet und vom Bund und dem Land Mecklenburg-Vorpommern zu je einem Drittel mitfinanziert wird. Mitte Juni wirft der Bundesrechnungshof der Treuhandanstalt und ihrer Nachfolgerin, der Bundesanstalt für vereinigungsbedingte Sonderaufgaben, schwere Kontrollmängel vor, die den Missbrauch von rd. 700 Mio. DM EU-Subventionen erst möglich machten.

■ **Telekom:** Mit der größten Aktienemission in der europäischen Wirtschaftsgeschichte, der zweitgrößten weltweit, geht die Deutsche Telekom am 18.11. in Deutschland und den USA an die Börse. Veräußert werden 713,7 Mio. 5-DM-Aktien zum Ausgabepreis von 28,50 DM (Gesamtvolumen 20,18 Mrd. DM). Am ersten Börsentag steigt der Kurs auf 33,90 DM. Der Bund behält 74% der Anteile, die stufenweise ab 1999 privatisiert werden sollen.

INNENPOLITIK

■ **Sozial- und Arbeitsmarktpolitik:** Am 9.2. beschließt der Bundestag die **Kürzung der Arbeitslosenhilfe** für Langzeitarbeitslose um 3% jährlich, bis der Stand des Tariflohns der untersten jeweiligen Entgeltgruppe erreicht ist. – Der Bundestag billigt am 1.3. das sog. **Meister-Bafög.** Die Förderung von Teilnehmern beruflicher Weiterbildungsmaßnahmen orientiert sich danach an den Beihilfen für Schüler und Studenten. – Am 10.5. beschließt der Bundestag die Einführung der **2. Stufe der Pflegeversicherung** zum 1.7. Sie regelt die Pflegeleistungen bei stationärer Betreuung, zugleich wird der Beitragssatz zur Pflegeversicherung von 1,0% auf 1,7% erhöht.

■ **Asylrecht:** Am 14.5. bestätigt das Bundesverfassungsgericht in drei Urteilen zur Drittstaatenregelung, der Definition sicherer Herkunftsländer und zum Flughafenverfahren im Wesentlichen die Verfassungsmäßigkeit des Asylrechts.

■ **Jahressteuergesetz:** Gegen die Stimmen der Opposition verabschiedet der Bundestag am 12.12. das Jahressteuergesetz, das die **Abschaffung der Vermögensteuer** ab 1.1.1997 vorsieht. Der Bundesrat billigte das zustimmungspflichtige Gesetz zuvor (9.12.), nachdem die Bundesländer eine Entschädigung für den Ausfall ihrer Einnahmen aus der Vermögensteuer (9,3 Mrd. DM) durchsetzen konnten. Aus Anhebungen der Erbschafts- und Schenkungssteuer sowie der Grunderwerbsteuer (von 2 auf 3,5%) sollen sie 8,2 Mrd. DM erhalten.

PROTESTE GEGEN CASTOR

Der **Transport abgebrannter Brennstäbe** aus der Wiederaufbereitungsanlage im französischen La Hague in Castor-Spezialbehältern zum atomaren Zwischenlager in Gorleben stößt am 8.5. vor allem im umliegenden Wendland auf massiven, teils gewalttätigen Widerstand Tausender Menschen. Zur Sicherung des Transports setzt der niedersächsische Innenminister Gerhard Glogowski (SPD) im Wendland rd. 9000 Polizeibeamte ein. Der hessische Innenminister Gerhard Bökel (SPD) teilt Glogowski am 14.6. mit, Hessen sehe sich aus finanziellen und personellen Gründen nicht länger in der Lage, die erforderlichen Polizeikräfte für die Sicherung weiterer **Castor-Transporte** mit radioaktivem Material nach Gorleben auf ihrer Bahnstrecke durch Hessen zur Verfügung zu stellen. Der Schutz des Transports hatte insgesamt 10 Mio. DM gekostet.

DDR-ERBE

■ **Justiz:** Die für die juristische Aufarbeitung des Unrechts in der ehem. DDR zuständige Staatsanwaltschaft am Berliner Landgericht teilt am 22.1. mit, sie habe seit der deutschen Vereinigung **15 000 Verfahren** bearbeitet, von denen noch 8000 anhängig seien. 300 Funktionsträger der DDR, von denen ein Drittel Spitzenfunktionen bekleideten, seien inzwischen angeklagt. – Der ehem. **DDR-Unterhändler Wolfgang Vogel** wird am 9.1. der Erpressung, des Meineids und der Falschbeurkundung für schuldig befunden und zu zwei Jahren Haftstrafe auf Bewährung und 92 000 DM Geldstrafe verurteilt. Vogel hatte zwischen 1964 und 1989 ausreisewilligen DDR-Bürgern Ausreisegenehmigungen vermittelt und soll dabei seine Machtstellung in Einzelfällen missbraucht haben. Im Revisionsverfahren wird Vogel am 29.11. vom Vorwurf der **Erpressung Ausreisewilliger** freigesprochen; er habe keine Entscheidungsgewalt über die Ausreisepraxis der DDR gehabt. Die Staatsanwaltschaft legt Revision ein, 1998 bestätigt der Bundesgerichtshof den Freispruch. – Wegen Verstoßes gegen das 1949 von den westlichen Alliierten erlassene Militärregierungsgesetz Nr. 53 verurteilt das Berliner Landgericht am 31.1. den ehem. Leiter der Abteilung Kommerzielle Koordinierung (KoKo) und **Devisenbeschaffer Alexander Schalck-Golodkowski** zu einem Jahr Haft auf Bewährung. Zur Last gelegt wird ihm der Schmuggel von Waffen und Nachtsichtgeräten aus der Bundesrepublik in die DDR in 36 Fällen zwischen 1986 und 1989. – Zur Neuverhandlung des vom Bundesgerichtshof am 18.10.1995 aufgehobenen Urteils gegen den früheren Leiter der Hauptverwaltung Aufklärung im Ministerium für Staatssicherheit, **Markus Wolf**, erhebt die Bundesanwaltschaft vor dem Oberlandesgericht Düsseldorf am 15.3. erneut Anklage. Dort wird er am 27. Mai 1997 wegen Freiheitsberaubung in vier Fällen zu zwei Jahren Haft, die auf drei Jahre zur Bewährung ausgesetzt werden, verurteilt. – Nach vierjährigen Ermittlungen stellt die Staatsanwaltschaft am 23.10. die **Ermittlungen gegen** den brandenburgischen Ministerpräsidenten **Manfred Stolpe** (SPD) und zwei ehemalige Stasi-Offiziere wegen Stolpes angeblicher Stasi-Tätigkeit in der früheren DDR ein. – Am 16.12. verurteilt das Landgericht Dresden den früheren DDR-Ministerpräsidenten Hans Modrow zu zehn Monaten Haft auf Bewährung (→ 1995). – Das Landgericht Berlin verurteilt am 10.9. sechs frühere Kommandeure der DDR-Grenztruppen, unter ihnen der ehemalige stellv. Verteidigungsminister und Grenztruppenchef, Generaloberst Klaus Dieter Baumgarten, wegen ihrer Verantwortlichkeit für die **Erschießung von Flüchtlingen an der innerdeutschen Grenze** zu Haftstrafen von bis zu sechseinhalb Jahren. Ihre Verfassungsbeschwerde verwirft das Bundesverfassungsgericht am 24.7.1997, nachdem es am 12.11. schon die strafrechtliche Verantwortlichkeit von Politikern und Grenzsoldaten der DDR für Todesschüsse für zulässig erklärt hatte.

■ **Privatisierung:** Am 2.1. passiert die **Flächenerwerbsverordnung** den Bundesrat. Damit kann die Privatisierung von rd. einer Mio. ha Acker- und Grünland und 620 000 ha Wald in den neuen Bundesländern beginnen, die zwischen 1945 und 1949 als Großgrundbesitz von den sowjetischen Besatzungsbehörden enteignet wurden. Die von der Berliner Bodenverwertungs- und Verwaltungs-GmbH organisierte Privatisierung kommt vor allem den mit Vorkaufsrecht ausgestatteten Nachfolgern der Landwirtschaftlichen Produktionsgenossenschaften der ehem. DDR zugute, die das Land schon bewirtschaften. Das Bundesverfassungsgericht lehnt am 21.5. den Antrag von 42 seinerzeit enteigneten Alteigentümern auf eine einstweilige Anordnung ab, den Verkauf dieser Flächen einzustellen.

Papst Johannes Paul II. predigt am 23.6. vor rd. 90 000 Gläubigen im Berliner Olympiastadion

ASYLBEWERBER/FLÜCHTLINGE/AUSLÄNDER

Bei einem **Feuer in einem Asylbewerberheim** in Lübeck am 17.1. kommen zehn Menschen ums Leben, 38 werden verletzt. Am 19.1. wird ein 21-jähriger libanesischer Hausbewohner verhaftet, gegen den die Staatsanwaltschaft am 7.6. Anklage wegen besonders schwerer Brandstiftung und fahrlässiger Körperverletzung erhebt. Der Prozess vor dem Landgericht Lübeck endet am 30.6.1997 mit dem Freispruch des Angeklagten.

■ **Kurdenproblematik:** Mit Autobahnblockaden und einer verbotenen Demonstration in Dortmund protestieren mehrere tausend Kurden am 17.3. gegen das **Verbot einer Großkundgebung;** rd. 700 Personen werden verletzt; die Polizei nimmt etwa 1900 Kurden in Gewahrsam, 570 werden festgenommen. – Eine Demonstration von mehr als 40 000 Kurden am 15.6. in Hamburg für eine »politische Lösung« der Kurdistanfrage und gegen die Türkei-Politik der Bundesregierung verläuft friedlich. – In ihrem am 14.2. veröffentlichten Bericht »Deutschland im Blickpunkt extremistischer und terroristischer Ausländergruppierungen« weist die Bundesregierung darauf hin, in den vergangenen drei Jahren seien die **Gewalttaten mutmaßlich ausländischer Extremisten** (im ersten Halbjahr 1995: 166) jährlich um etwa 36% gestiegen; die Mitgliederzahl extremistischer Ausländerorganisationen sei von 38 950 im Jahr 1993 auf 55 100 im Jahr 1995 gestiegen; die größte Bedrohung gehe von türkischen und kurdischen Terrorgruppen aus.

■ **Flüchtlinge aus Ex-Jugoslawien**: Bereits am 15.12.1995 einigten sich die Ministerpräsidenten der Bundesländer auf ein Ende des Abschiebestopps für rd. 340 000 Flüchtlinge aus dem früheren Kriegsgebiet Bosnien und Herzegowina zum 31.3. Mit Rücksicht auf die angespannte Situation im Heimatland wird die Duldungsfrist am 26.1. verlängert mit dem Ziel, die Rückführung bis Ende August 1997 abgeschlossen zu haben. – Nach dem Stichtag 1.10. beginnt der Freistaat Bayern am 9.10. mit der Rückführung der ersten bosnischen Flüchtlinge in ihre Heimat. Nach einem flexiblen Stufenplan erwartet 320 000 Bosnier die Abschiebung, soweit sie nicht freiwillig zurückkehren.

AUSSENPOLITIK

■ **Auslandseinsatz der Bundeswehr:** Mit 499 Ja-, 93 Neinstimmen und 21 Enthaltungen billigt der Bundestag am 13.12. die Beteiligung von bis zu 3300 deutschen Soldaten an der unter NATO-Kommando stehenden **Stabilisation Force (SFOR)** zur Friedenssicherung in Bosnien und Herzegowina. Erstmals werden deutsche Kampftruppen direkt in das Krisengebiet entsandt. Das am 20.12. beginnende SFOR-Mandat gilt für 18 Monate.

■ **VR China:** Die Kritik Außenminister Klaus Kinkels (FDP) an **Chinas Umgang mit den Menschenrechten** vor der UN-Menschenrechtskommission in Genf am 16.4. weist der Sprecher der chinesischen Delegation scharf zurück. – Eine Veranstaltung der Friedrich-Naumann-Stiftung über das **Schicksal Tibets** unter Teilnahme des Dalai Lama am 14. bis 17.6. nimmt die chinesische Führung im Vorfeld zum Anlass, das Büro der Stiftung in Peking zu schließen. – Am 20.6. nimmt der Bundestag mit der großen Mehrheit aller Fraktionen eine Resolution an, in der die andauernden Menschenrechtsverletzungen Chinas in Tibet scharf kritisiert werden und die auch einen Hinweis auf den umstrittenen völkerrechtlichen Status Tibets enthält. Zu einer Normalisierung der Beziehungen kommt es nach den Besuchen von Kinkel (21.–24.10.) und Bundespräsident Roman Herzog (18.–25.11.) in der VR China.

■ **Tschechische Republik:** Die Forderung der Bundesregierung, die tschechische Regierung möge sich moralisch von der Vertreibung der über drei Millionen Sudetendeutschen nach dem 2. Weltkrieg distanzieren, und die Frage der Entschädigung tschechischer Opfer des Naziregimes sowie des Verzichts auf Vermögensansprüche seitens der Vertriebenen blockieren die Verhandlungen über eine deutsch-tschechische **Erklärung zur Aussöhnung** beider Staaten Mitte Januar (→ 1997).

■ **Vatikan:** Auf seiner 72. Auslandsreise besucht Papst Johannes Paul II. vom 21. bis 23.6. Deutschland. In Paderborn verurteilt er die Auswüchse des Kapitalismus; in Berlin spricht er die Priester Bernhard Lichtenberg und Karl Leisner als Märtyrer im Widerstand gegen die Nazis selig. Am 17.6. hatte das Berliner Landgericht das 1942 ergangene, auf zweijährige Haftstrafe lautende NS-Urteil gegen den früheren Berliner Dompropst Lichtenberg aufgehoben.

BUNDESLÄNDER

■ **Baden-Württemberg:** Am 31.1. stellt der Untersuchungsausschuss des Landtags zur **Steueraffäre Graf** mit der Mehrheit der Stimmen gegen die CDU-Ausschussminderheit fest, die Tennisspielerin Stefanie Graf und ihre Familie seien steuerlich bevorzugt behandelt worden, wenn auch keine Einflussnahme führender Politiker nachweisbar sei und pauschale Vorwürfe gegen die Finanzbehörden ungerechtfertigt seien. – Die **Landtagswahl** am 24.3. führt zur Beendigung der Großen Koalition, Ministerpräsident Erwin Teufel (CDU) bildet eine Koalitionsregierung mit der FDP.

■ **Schleswig-Holstein:** Trotz starker Verluste bei der Landtagswahl am 24.3. bleibt die SPD stärkste Kraft. Ministerpräsidentin Heide Simonis (SPD) einigt sich mit B'90/Grüne auf eine Koalition.

■ **Rheinland-Pfalz**: Ministerpräsident Kurt Beck (SPD) bildet nach der **Landtagswahl** am 24.3. eine Koalition mit der FDP.

■ **Berlin/Brandenburg:** Die für 1999, spätestens 2002 geplante **Fusion zum Land Berlin-Brandenburg scheitert** am negativen Votum der Bevölkerung Brandenburgs in der Volksabstimmung am 5.5. Bei einer Beteiligung von 64,4% der Wahlberechtigten entscheiden sich 63% der Abstimmenden gegen, 36,3% für ein Zusammengehen mit Berlin. In Gesamtberlin wird das Projekt dagegen von 53,4% befürwortet, von 45,7% abgelehnt (Beteiligung: 57,8%).

■ **Sachsen-Anhalt:** Nach Vorwürfen persönlicher Vorteilsnahme am 8.2. tritt Landwirtschaftsminister Helmut Rehhahn (SPD) am 25.5. zurück. Umweltministerin Heidrun Heidecke (B'90/Grüne) übernimmt daraufhin die Leitung der zusammengelegten Ressorts für Landwirtschaft und Umwelt.

■ **Wahlergebnisse** → S. 458–467

1997

Reformstau

Über die Notwendigkeit einer Steuerreform herrscht zwar bei Bundesregierung und Opposition Einigkeit; dennoch scheitert das vom Kabinett vorgelegte Reformpaket trotz langwieriger Verhandlungen am Widerstand des Bundesrats. Die Rentenreform – im Bundesrat nicht zustimmungspflichtig –, die eine sukzessive Absenkung des Rentenniveaus vorsieht, wird dagegen verabschiedet. Zu Kontroversen führt auch die Einhaltung der Konvergenzkriterien für die geplante Europäische Wirtschafts- und Währungsunion, da sich Finanzminister Theo Waigel angesichts zu erwartender Steuerausfälle zu einer von der Bundesbank abgelehnten »kreativen Buchführung« genötigt sieht.

STEUERREFORM

Am 23.1. präsentiert Bundesfinanzminister Theo Waigel (CSU) den Entwurf der Regierungskoalition zur Reform des Steuerrechts, die mehr komsumptive Nachfrage und Wirtschaftswachstum stimulieren, die Einkommen breiter erfassen und mehr Steuergerechtigkeit gewährleisten soll: u.a. sieht sie die Senkung des Eingangssteuersatzes für Löhne und Einkommen auf 15 (bisher 25,9)% und des Spitzensteuersatzes auf 39 (bisher 53)% vor. Bei einem Gesamtvolumen von 82 Mrd. DM will die Bundesregierung eine Nettoentlastung von 30 Mrd. DM erreichen. Der Finanzierungsbedarf von 15 Mrd. DM soll durch eine Anhebung der Mehrwertsteuer gedeckt werden. Die **SPD lehnt das Modell als sozial ungerecht ab,** so dass die Verhandlungen zwischen den Regierungsparteien und der SPD am 23.4. scheitern. Am 4.7. stimmt der Bundesrat gegen den am 26.6. vom Bundestag mit der Regierungsmehrheit verabschiedeten Entwurf. Auch im Vermittlungsausschuss kommt am 30.7. keine Einigung zustande, so dass die Steuerreformpläne im Bundestag am 5.8. vorerst scheitern. Der Bundestag beschließt lediglich die Abschaffung der Gewerbekapitalsteuer zum 1.1.1998. Nachdem der Bundesrat am 5.9. die Gesetzesvorlage erneut ablehnt und der zweite Vorschlag des Vermittlungsausschusses vom Bundestag zurückgewiesen wird, ist die **Steuerreform** am 17.10. **endgültig gescheitert**.

EU-KONVERGENZKRITERIEN, HAUSHALT

Mit zunehmender Ungewissheit über die deutsche Beitrittsfähigkeit zur Europäischen Wirtschafts- und Währungsunion – bezogen auf die Erfüllung der Maastricht-Referenzwerte, vorrangig das Defizitkriterium (maximal 3% des BIP) und das Schuldenkriterium (öffentlicher Schuldenstand 60% des BIP) – gewinnt die Auseinandersetzung über »Punktgenauigkeit«, Terminsicherheit und den Kreis der Gründungsmitglieder an Intensität und innenpolitischer Brisanz. Während das Haushaltsdefizit 1996 bei 3,9% des BIP liegt und Bundesfinanzminister Theo Waigel (CSU) noch im Herbst 1996 von erreichbaren 2,5% für 1997 ausgeht, legt er den EU-Finanzministern in Brüssel Mitte März einen Konvergenzplan vor, nach dem es im entscheidenden Bezugsjahr 1997 auf 2,9% sinken wird. Gegen Tendenzen im In- und Ausland (v.a. Frankreich), das Defizitkriterium großzügig zu interpretieren, beharrt er auf strikter Erfüllung des »Dreikommanull«-Wertes. Am 8.6. mündet die Debatte in eine offene Kontroverse zwischen Bundeskanzler Helmut Kohl (CDU) und dem bayerischen Ministerpräsidenten Edmund Stoiber (CSU), der einer Verschiebung der Währungsunion den Vorzug vor einer Aufweichung der Stabilitätskriterien gibt. – Der Bundeshaushalt 1997 fällt mit einem Volumen von 439,9 Mrd. DM um 2,5% niedriger aus als im Vorjahr. Die Neuverschuldung ist auf 53,3 Mrd. DM angesetzt. Am 15.5. ermittelt der Arbeitskreis Steuerschätzung Mindereinnahmen der öffentlichen Hand für 1997 von ca. 18 Mrd. DM; auf den Bund entfallen dabei 9,1 Mrd. DM. Um die Deckungslücke für 1997 zu schließen, ohne das Defizit-Kriterium von 3% des BIP zu überschreiten, favorisiert Finanzminister Waigel neben Sparmaßnahmen die **Höherbewertung der Goldreserven** der Deutschen Bundesbank. In ihren Büchern führt sie diese nach dem Niederstwertprinzip mit einem Gesamtwert von rd. 13,7 Mrd. DM, während ihr Marktpreis Mitte Mai 1997 bei 55,7 Mrd. DM liegt. Diesen Versuch »kreativer Buchführung« lehnt die Deutsche Bundesbank entschieden ab. Am 12.6. einigen sich Finanzminister Waigel und die Bundesbank auf eine **Höherbewertung der Devisenbestände der Bundesbank** noch im Jahr 1997. Die erzielten Gewinne, die 1998 in den DDR-

Erblastentilgungsfonds fließen sollen, können den Bundeshaushalt 1998 um 10 bis 15 Mrd. DM entlasten. Außerdem liegt somit die Defizitquote des Staatssektors in Deutschland 1997 bei 2,7%.

AUSSENPOLITIK

■ **Tschechische Republik:** Am 21.1. unterzeichnen die Regierungschefs und Außenminister Deutschlands und Tschechiens in Prag die **deutsch-tschechische Aussöhnungserklärung**, die am 30.1. vom Bundestag und am 14.2. vom tschechischen Repräsentantenhaus ratifiziert wird. In ihr bekennt sich Deutschland zu seiner Verantwortung für das an der Tschechoslowakei begangene Unrecht vor und während des 2. Weltkriegs und bedauert das durch die nationalsozialistischen Verbrechen den Tschechen und Slowaken zugefügte Leid. Die tschechische Seite bedauert erstmals offiziell die durch Vertreibung und zwangsweise Aussiedlung den Sudetendeutschen zugefügten Grausamkeiten. Staatspräsident Václav Havel (24.4.) und Bundespräsident Roman Herzog (29.4.) würdigen die Deklaration vor den Parlamenten des jeweils anderen Staates als Grundlage für die Entwicklung einer freundschaftlichen Partnerschaft. Die deutschen Vertriebenenverbände lehnen die Versöhnungserklärung als Ausverkauf von Heimat- und Güterrechten der vertriebenen Sudetendeutschen entschieden ab. – Am 29.12. verständigen sich Deutschland und Tschechien auf die in der Aussöhnungserklärung vereinbarte **Einrichtung eines Zukunftsfonds**, in den von deutscher Seite 140 Mio. DM und von tschechischer Seite 25 Mio. DM eingezahlt werden und der vor allem rd. 8000 noch lebenden tschechischen Opfern der Nazi-Besetzung zugute kommen soll. Über die Zusammensetzung des paritätisch zu besetzenden achtköpfigen Leitungsgremiums hatte es im Vorfeld Meinungsverschiedenheiten gegeben, da Deutschland beabsichtigte, zwei Vertreter der Sudetendeutschen in den Verwaltungsrat zu entsenden.

■ **Iran:** Im sog. **Mykonos-Prozess** um den Mord an vier iranisch-kurdischen Oppositionspolitikern in Berlin am 17.9.1992 verurteilt das Berliner Kammergericht am 10.4. vier Libanesen und einen Iraner zu langjährigen Haftstrafen. Indem das Gericht die politische Führung des Iran als direkte Auftraggeber des Verbrechens bezeichnet, löst es eine schwere Krise in den Beziehungen zwischen dem Iran und Deutschland samt seinen EU-Partnerstaaten aus: Die Bundesregierung bricht

Nach der Unterzeichnung der deutsch-tschechischen Aussöhnungserklärung: Bundeskanzler Helmut Kohl (l.) mit Staatspräsident Václav Havel und dessen Frau

noch am gleichen Tag den **»kritischen Dialog« mit dem Iran** ab und ruft ihren Botschafter aus Teheran zurück. Die übrigen EU-Staaten schließen sich diesem Schritt an. Der Iran bestreitet die Beschuldigungen, zieht seinerseits seine Botschafter aus den EU-Staaten ab und erklärt die Rückkehr des deutschen und des dänischen Botschafters für unerwünscht.

■ **Türkei:** Der Ablehnung von Beitrittsverhandlungen der EU mit der Türkei durch die EU-Außenminister am 8.12. und den Deutschen Bundestag am 11.12. folgt eine drastische Verschlechterung der deutsch-türkischen Beziehungen.

RENTENREFORM, ALTERSVERSORGUNG

Am 27.1. stellt Bundesarbeitsminister Norbert Blüm (CDU) den Bericht der von ihm geleiteten **Regierungskommission zur Fortentwicklung der Rentenversicherung** vor. Sie schlägt vor, bis zum Jahr 2030 das Rentenniveau von gegenwärtig rd. 70 auf etwa 64% der durchschnittlichen Nettolöhne und -gehälter zu senken und sieht dabei eine Beitragserhöhung von 20,3 auf 22,9% vor. Neben der deutlichen Absenkung von Berufs- und Erwerbsunfähigkeitsrenten und weiteren Sparmaßnahmen durch die Anhebung der Zuschüsse des Bundes an die Rentenversicherung um rd. 17 Mrd. DM sowie durch die Einbeziehung von Neben- und arbeitnehmerähnlichen Tätigkeiten in die Rentenversicherung soll dies gewährleistet werden. – Um eine Anhebung der Rentenbeiträge von 20,3 auf 21% für 1998 zu vermeiden, beschließt der Bundestag am 31.10. eine **Erhöhung der Mehrwertsteuer** ab 1.4.1998 von 15 auf 16%. Bereits am 10.10. hatte die Koalition das im Bundesrat nicht zustimmungspflichtige **Rentenreformgesetz verabschiedet**.

WEITERE INNENPOLITISCHE EREIGNISSE

■ **Kohlesubventionen:** Die Absicht der Bundesregierung, die Subventionen für den Steinkohleabbau bis zum Jahr 2005 von derzeit jährlich rd. 10 Mrd. DM auf 3,8 Mrd. DM zu reduzieren, bringt Anfang März die Bergarbeiter im Ruhrgebiet und im Saarland auf die Straße. Tausende demonstrieren in Bonn, wo sie die FDP-Parteizentrale belagern. Andere besetzen Zechen und Autobahnabschnitte im Ruhrgebiet. Die Kumpel befürchten die Schließung von Zechen und den Abbau von 60 000 der bestehenden 85 000 Arbeitsplätze. Am 13.3. vereinbart die IG Bergbau und Energie mit der Bundesregierung und den Landesregierungen von Nordrhein-Westfalen und dem Saarland die Kürzung der Subventionen auf 5,5 Mrd. DM bis 2005 und den Abbau der Arbeitsplätze um rd. die Hälfte ohne betriebsbedingte Kündigungen.

■ **»Atommüll-Tourismus«:** Am 5.3. treffen sechs **Castor-Behälter** mit abgebrannten atomaren Brennstäben im atomaren Zwischenlager Gorleben ein. Sie kommen aus Atomkraftwerken in Baden-Württemberg und Bayern sowie aus der französischen Wiederaufbereitungsanlage La Hague. Der Schutz des Transports gegen Zehntausende Demonstranten erfordert mit 30 000 Polizisten den größten Polizeieinsatz in der Geschichte der Bundesrepublik und kostet rd. 100 Mio. DM.

■ **Justiz:** Der erste **Prozess wegen eines Kriegsverbrechens** vor einem bundesdeutschen Gericht endet am 23.5. mit der Verurteilung eines bosnischen Serben durch den Staatsschutzsenat des Obersten Landgerichts München zu fünf Jahren Haft wegen Beihilfe zum Mord in 14 Fällen und einem Mordversuch. Das Internationale Tribunal für die Verfolgung von Kriegsverbrechen im ehemaligen Jugoslawien (ITCY) in Den Haag hatte den Fall nach München abgegeben. Die Verteidigung kündigt Revision an, u.a. weil sie das Gericht für nicht zuständig hält. – Das Landgericht Frankfurt am Main verurteilt am 23.12. den **Bauunternehmer** Jürgen Schneider u.a. wegen besonders schweren Betrugs und Urkundenfälschung zu einer Freiheitsstrafe von sechs Jahren und neun Monaten. Der Konzern des größten deutschen Immobilienbesitzers war im April 1994 mit mehr als 5 Mrd. DM Schulden in Konkurs gegangen. Das Gericht wirft den kreditgebenden Banken vor, durch ihr Verhalten die Betrügereien grob fahrlässig provoziert zu haben. – Mit einer einstweiligen Anordnung setzt das Bundesverfassungsgericht am 24.6. das für den 1.7. geplante Inkrafttreten des **bayerischen Gesetzes zur Abtreibung** in wesentlichen Teilen aus. Mit dem am 9.8.1996 verabschiedeten Landesgesetz versuchte Bayern, das am 1.10.1995 in Kraft getretene Bundes-Abtreibungsrecht durch mehrere Einschränkungen zu verschärfen.

Besucher der Wehrmachtsausstellung in München

WEHRMACHTSAUSSTELLUNG

Insbesondere in München wird die dort am 24.2. eröffnete Wanderausstellung »Vernichtungskrieg. Verbrechen der Wehrmacht 1941 bis 1944« von einer kontroversen öffentlichen Debatte begleitet. CSU-Politiker protestieren gegen den Vorwurf einer aktiven Beteiligung deutscher Soldaten an der Judenvernichtung, der Leiter des federführenden Hamburger Instituts für Sozialforschung, Jan Philipp Reemtsma, wird scharf kritisiert. Am 1.3. kann die Polizei nur mit Mühe einen Zusammenstoß von Demonstranten der rechten Szene und linken Gegendemonstranten verhindern.

AUSLÄNDER, FLÜCHTLINGE

Am 5.7. stimmt der Bundesrat einem Kompromiss zu umfangreichen **Änderungen des Ausländerrechts** zu. U.a. werden die Möglichkeiten erleichtert, straffällig gewordene Ausländer auszuweisen, in Einzelfällen auch ohne Gerichtsurteil. – Mit Hinweis auf die im Vergleich zu anderen europäischen Staaten mit Abstand höchste Zahl in Deutschland aufgenommener Flüchtlinge setzt Bundeskanzler Kohl auf dem EU-Gipfel in Amsterdam (16.–18.6.) ein nationales Vetorecht gegen die geplante Freizügigkeit für Ausländer, die in einem EU-Staat Aufenthaltsrecht genießen, im Vertrag von Amsterdam durch. Laut dem am 18.7. in Paris veröffentlichten Jahresbericht 1996 der OECD über internationale Wanderbewegungen nahm Deutschland 1995 insgesamt 800 000 Menschen auf; es folgen die

die Niederlande mit 67 000 … t 56 000 Flüchtlingen.
… **us Ex-Jugoslawien:** Die rigide … g und die Eile der Ausweisungen der … e ab Frühjahr rufen in etlichen Fällen … e in der Öffentlichkeit hervor. Am 21.5. … rt das US-Außenministerium die deutschen … hörden auf, bosnische Kriegsflüchtlinge nicht zur Rückkehr zu zwingen. Nach Berichten des Auswärtigen Amtes und von Hilfsorganisationen, die Abschiebungen in den serbischen Landesteil für lebensgefährlich halten, sowie einem Appell namhafter Politiker, unter ihnen auch Abgeordnete der Koalitionsparteien, die von ihnen z.T. als »völlig unverantwortlich« bezeichnete Rückführungspolitik zu ändern, beschließt die Innenministerkonferenz des Bundes und der Länder am 6.6., die etwa 150 000 bosnischen und kroatischen Flüchtlinge aus dem Gebiet der jetzigen Republik Srpska zunächst nicht abzuschieben. – Nach Angaben der Internationalen Organisation für Wanderung (IOM) kehrten 31 523 Flüchtlinge aus Bosnien und Herzegowina im ersten Halbjahr aus Deutschland freiwillig in ihre Heimat zurück. Neben der Bezahlung ihrer Rückreise erhielten sie bei ihrer Ankunft in Sarajevo Rückkehrprämien ausbezahlt. Seit Ende des Kriegs im früheren Jugoslawien 1995 verließen rd. 60 000 Kriegsflüchtlinge Deutschland freiwillig.

DDR-ERBE UND AUFBAU OST

Am 29.1. einigen sich die Bundesregierung und die neuen Bundesländer auf die Übernahme von jeweils der Hälfte der insgesamt 8,4 Mrd. DM Altschulden der Kommunen aus DDR-Zeiten. Mit Ausnahme Berlins, dessen Anteil der Bund zusätzlich übernimmt, zahlt jedes der Länder bis zum Jahr 2004 den rechnerischen Anteil von 35 Mio. DM jährlich. – Am 22.5. stellen die Bundesregierung, der Deutsche Gewerkschaftsbund (DGB) und die Deutsche Angestellten-Gewerkschaft (DAG) sowie die Verbände der Arbeitgeber und des Kreditgewerbes eine **»Gemeinsame Initiative für mehr Arbeitsplätze in Ostdeutschland«** vor mit dem Ziel, die Beschäftigung in den neuen Ländern zu stabilisieren und von 1998 an 100 000 neue Arbeitsplätze zu schaffen. Während von Gewerkschaftsseite zur Senkung der Lohnstückkosten (die gegenüber Westdeutschland um rd. 50% höher liegen) die Bereitschaft zur Öffnung von Flächentarifverträgen erklärt wird, um im Rahmen betrieblicher Vereinbarungen auch die Möglichkeit der Lohnsenkung, der Flexibilisierung von Arbeitszeiten und der Erleichterung befristeter Einstellungen zu eröffnen, sichert die Unternehmerseite zu, mehr Produkte aus Ostdeutschland zu beziehen und die dort angesiedelten Unternehmensteile zu stärken. Die Bundesregierung verweist auf die am Tag zuvor beschlossene Fortsetzung der steuerlichen Ostförderung bis zum Jahr 2004 und will zur Verbesserung der Beschäftigungslage in kleineren und mittleren Betriebe beitragen. – Die Bundesregierung legt am 23.7. erstmals **einen Bericht zum Stand der Deutschen Einheit** vor. Für die vergangenen sieben Jahre verzeichnet er öffentliche Transferleistungen in die neuen Bundesländer von insgesamt fast einer Billion DM, von denen der Bund 1995 rd. 135 Mrd. DM, 1996 rd. 138 Mrd. DM aufgebracht habe. Für »aktive Arbeitsmarktpolitik«, die bis zu zwei Mio. Arbeitnehmer vor der Arbeitslosigkeit bewahrt habe, seien 1995 rd. 30 Mrd. DM, 1996 rd. 25 Mrd. gezahlt worden.

■ **Justiz:** Wegen ihrer Verantwortlichkeit für die **Erschießung von Flüchtlingen an der innerdeutschen Grenze** verurteilt das Landgericht Berlin am 31.5. vier weitere ranghohe DDR-Militärs, darunter der frühere stellvertretende Verteidigungsminister Joachim Goldbach, zu Haftstrafen von bis zu drei Jahren und drei Monaten. – Wegen ihrer Verantwortlichkeit im Sinne von Totschlagshandlungen verurteilt das Berliner Landgericht am 25. 8. im »Politbüro-Prozess« den letzten Staatschef der DDR, Egon Krenz, zu sechseinhalb Jahren Haft sowie den ehem. Ost-Berliner SED-Bezirkschef Günter Schabowski und den Wirtschaftsexperten im ZK der SED, Günther Kleiber, zu jeweils drei Jahren Haft. Krenz wird noch im Gerichtssaal verhaftet, die beiden anderen bleiben auf freiem Fuß. Die drei Angeklagten und die Staatsanwaltschaft legen gegen das Urteil Revision beim Bundesgerichtshof ein. – Am 30.9. spricht das Landgericht Frankfurt (Oder) sieben ehem. Richter und Staatsanwälte vom Vorwurf der Rechtsbeugung bzw. Freiheitsberaubung frei. Sie waren beschuldigt worden, in zwei Verfahren 1976 und 1979 im Zuge der Repressionsmaßnahmen der Stasi gegen den 1982 verstorbenen DDR-Oppositionellen Robert Havemann Unrechtsurteile herbeigeführt zu haben.

UNTERNEHMEN

■ **Stahlfusion Krupp/Thyssen:** Mitte März versucht der Krupp-Hoesch-Konzern in Essen, den wesentlich größeren Thyssen-Konzern in Düsseldorf im

ODER-HOCHWASSER

Durch außergewöhnlich starke Regenfälle im Einzugsbereich von Oder, Neiße und Weichsel im südlichen Polen und im westlichen Tschechien werden im Juli in Deutschland weite Landstriche überflutet: In Brandenburg ist das Gebiet um Frankfurt (Oder), besonders das nördlich gelegene Oderbruch betroffen. Am 17.7. wird bei Ratzdorf ein Pegelstand von 6,20 m erreicht (rd. 3,50 m über Durchschnitt), am 27.7. der Rekordstand von 6,56 m in Frankfurt (Oder). Nach Deichbrüchen am 23.7. bei Brieskow-Finkenheerd und am 24./25.7. bei Aurith wird die Ziltendorfer Niederung mit rd. 7000 ha landwirtschaftlicher Nutzfläche weitgehend überflutet. Aus diesem Gebiet sowie aus dem gefährdeten oberen Oderbruch (zwischen Lebus und Hohensaaten) müssen 5200 Menschen evakuiert werden; rd. 50 000 Helfer (Bundeswehr, Bundesgrenzschutz, Technisches Hilfswerk, Rotes Kreuz und Freiwillige) können die übrigen aufgeweichten Dämme durch Millionen von Sandsäcken stabilisieren. Die Katastrophe löst eine Welle der Hilfs- und Spendenbereitschaft aus. Der durch das Oder-Hochwasser entstandene Gesamtschaden wird mit rd. 600 Mio. DM beziffert.

Zuge der **ersten feindlichen Übernahme** in der bundesdeutschen Wirtschaftsgeschichte an sich zu binden. Nach massiven Protesten der Thyssen-Belegschaften, u.a. von rd. 30 000 Arbeitnehmern in Frankfurt am Main vor dem Hauptgebäude der Deutschen Bank, führen Krupp-Hoesch und Thyssen Verhandlungen über eine gemeinsame Stahlgesellschaft; zu betriebsbedingten Kündigungen soll es nicht kommen, wohl aber zum Abbau von rd. 6600 Arbeitsplätzen bis zum Jahr 2001. Nach der Zusammenlegung ihrer Stahlbereiche in der Thyssen Krupp Stahl AG zum 1.4. und 1.9. kündigen Vorstände und Aufsichtsräte beider Industriekonzerne am 4.11. ihre Gesamtfusion an.

■ **Allianz und AGF:** Das größte deutsche Versicherungsunternehmen kündigt am 18.11. die Übernahme von 51% des Aktienkapitals der zweitgrößten französischen Versicherung, Assurances Générales de France (AGF), im Wert von 9,2 Mrd. DM an. Die Allianz AG steigt damit zum weltgrößten Versicherungskonzern auf.

TARIFPOLITIK

Mit seinem Vorschlag, die **Flächentarifverträge flexibler** zu gestalten und in diesem Punkt den Forderungen der Arbeitgeberverbände entgegenzukommen, wenn dadurch weitere Arbeitsplätze geschaffen werden könnten, stößt der **DGB**-Vorsitzende Dieter Schulte im Mai, unterstützt von der IG Metall, eine heftige Kontroverse in den Gewerkschaften an. – Am 4.6. schließen die Tarifpartner in der **Chemieindustrie** erstmals in der Geschichte der deutschen Tarifpolitik einen Tarifvertrag ab, der eine **Abweichung vom Tariflohn nach unten** zulässt (um bis zu 10%), wenn das Unternehmen zusichert, keine Entlassungen vorzunehmen. – Auch **in der ostdeutschen Bauwirtschaft** erzielen die Tarifpartner am 15.7. einen als bahnbrechend geltenden Abschluss. Die Entgelte werden bis März 1998 auf 93,8% des Westniveaus eingefroren; zur Sicherung der Beschäftigung können die gezahlten Löhne die tariflichen Entgelte um bis zu 10% unterschreiten.

BUNDESLÄNDER

■ **Hamburg:** Nach Verlusten für die SPD bei der **Bürgerschaftswahl** am 21.9. tritt der Erste Bürgermeister Henning Voscherau zurück. Sein Nachfolger Ortwin Runde (SPD) bildet eine Koalition mit der GAL.

■ **Wahlergebnis** → S. 461

1998

Machtwechsel

Im 17. Jahr ihres Bestehens zeigt die bürgerlich-liberale Koalition deutliche Erosionserscheinungen; aber auch gesamtgesellschaftlich herrscht Stagnation und Ratlosigkeit angesichts unverändert hoher Arbeitslosigkeit und zunehmenden Globalisierungsdrucks. Ein vielbeklagter Reformstau, Entscheidungsblockaden durch eine auf den Wechsel setzende Opposition und verbreitete »Kanzlermüdigkeit« sind die Motive, die bei der Bundestagswahl im September dazu führen, dass erstmals in der Geschichte der Bundesrepublik eine Regierung abgewählt wird.

NEUE BUNDESREGIERUNG

■ **Bundestagswahl:** Die Wahl zum 14. Deutschen Bundestag am 27.9. ist dominiert vom Wunsch nach personeller wie politischer Veränderung. Zum zweiten Mal nach 1972 wird die SPD im Bund stärkste Partei: Sie erhält 40,9% der Stimmen (ein Zugewinn von 4,5 Prozentpunkten gegenüber 1994). Die CDU/CSU erzielt mit 35,2% der Stimmen und einem Verlust von 6,2 Prozentpunkten ihr schlechtestes Ergebnis seit 1953. Sie verliert flächendeckend, besonders aber in den neuen Bundesländern. Die Grünen ziehen bei leichten Einbußen mit 6,7% wieder als drittstärkste Kraft in den Bundestag ein. Die FDP verliert ebenfalls leicht und erhält 6,2% aller abgegebenen Stimmen. Die PDS kann im dritten Anlauf erstmals die 5%-Hürde überspringen und ihre Position in den neuen Bundesländern weiter ausbauen.

■ **Neuer Bundestag**: Am 26.10. konstituiert sich der neue Bundestag. Er wählt Wolfgang Thierse (SPD) zu seinem Präsidenten; zu Vizepräsidenten werden Anke Fuchs (SPD), Rudolf Seiters (CDU), Antje Vollmer (B'90/Grüne), Hermann Otto Solms (FDP) und Petra Bläss (PDS) gewählt.

■ **Neue Regierung:** Bis zum 20.10. verständigen sich SPD und B'90/Grüne auf eine Koalitionsvereinbarung, die u.a. ein Bündnis für Arbeit und Ausbildung, eine Steuerreform sowie den sukzessiven Ausstieg aus der Atomenergie vorsieht. Am 27.10. wird Gerhard Schröder (SPD) als siebter Bundeskanzler vereidigt; Vizekanzler und Außenminister wird Joschka Fischer (B'90/Grüne).

INNENPOLITIK BIS ZUR WAHL

■ **Altersversorgung:** Am 3.4. beschließt der Bundestag mit Regierungsmehrheit das **Versorgungsreformgesetz**: Von 1999 bis 2013 werden 0,2% der Besoldungs- und Pensionserhöhungen der Beamten in einen Pensionsfonds eingezahlt; die Rücklage von rd. 60 Mrd. DM soll zur Altersversorgung der Beamten herangezogen werden.

■ **Kriminalitätsbekämpfung:** Mit den Stimmen der Regierungskoalition und der SPD erweitert der Bundestag am 24.6. die gesetzlichen Grundlagen für die Abnahme und Speicherung des sog. **genetischen Fingerabdrucks** zur Verfolgung von Sexualstraftaten, aber auch sonstigen Straftaten von erheblicher Bedeutung. Das Bundeskriminalamt begann schon am 17.4. mit dem Aufbau einer zentralen Gen-Datei.

■ **Großer Lauschangriff:** Mit der erforderlichen Zweidrittelmehrheit beschließt der Bundestag am 16.1. eine **Grundgesetzänderung** (§ 13 Unverletzlichkeit der Wohnung). Sie erlaubt unter bestimmten Bedingungen die elektronische Überwachung zur Verhinderung schwerer Verbrechen, insbesondere der organisierten Kriminalität.

■ **Wahlkreiseinteilung:** Am 13.2. billigt der Bundestag eine Neuordnung der Wahlkreise. Ihre Zahl wird um 29 auf 299 verringert, der Bundestag entsprechend auf 598 Sitze verkleinert. Die Einteilung gilt erstmals für die Bundestagswahl 2002.

■ **Aufhebung von NS-Unrechtsurteilen:** Der Bundestag beschließt am 28.5. ein Gesetz, das Gerichtsurteile annulliert, die unter dem NS-Regime gefällt wurden und gegen elementare Grundsätze der Gerechtigkeit verstießen; zu ihnen gehören die Urteile des Volksgerichtshofs und der Standgerichte. Gleichzeitig hebt der Bundestag die rd.

Wahl zum 14. Deutschen Bundestag am 27.9.1998 (1994)

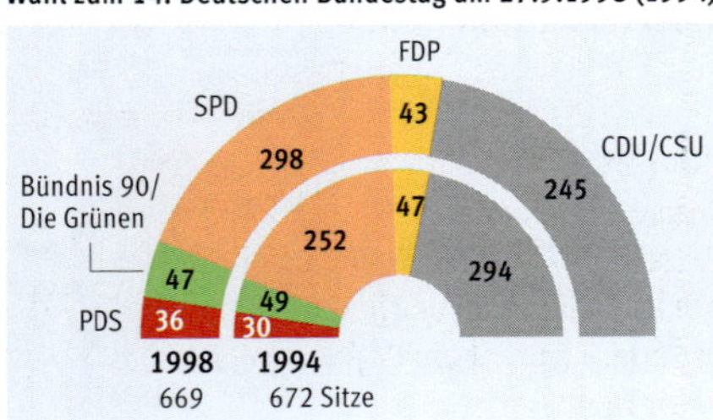

35 0000 Urteile der NS-Erbgesundheitsgerichte zur Zwangssterilisierung auf. Damit werden mehrere hunderttausend Opfer der nationalsozialistischen Gewaltherrschaft rehabilitiert.

■ **Euro:** Am 2.4. weist das Bundesverfassungsgericht eine **Klage von vier Professoren** ab, derzufolge die Bundesregierung nicht das Recht habe, die Abschaffung der D-Mark zugunsten des Euro zu betreiben. Am gleichen Tag verabschiedet der Bundestag das Einführungsgesetz zur Währungsunion mit den Stimmen aller Fraktionen außer der PDS. Mit dem Votum des Bundestags über die **Einführung des Euro** am 23.4. und der Zustimmung aller Bundesländer außer Sachsen im Bundesrat am folgenden Tag kann Deutschland der Währungsunion am 1.1.1999 beitreten.

Schröder, Gerhard *Mossenberg 7.4.194

Lehre als Einzelhandelskaufmann, Abitur über den zweiten Bildungsweg, Jurastudium in Göttingen, danach Rechtsanwalt, 1963 Eintritt in die SPD, 1978–80 Bundesvorsitzender der Jungsozialisten, 1980–86 Mitglied des Bundestags, 1990 Ministerpräsident in Niedersachsen in einer rot-grünen Koalition, 1994 mit absoluter Mehrheit wiedergewählt, nach dem 3. Wahlsieg 1998 als SPD-Kanzlerkandidat für die Bundestagswahl nominiert, 1998–2005 Bundeskanzler in einer rot-grünen Koalition, 1999–2004 SPD-Parteivorsitzender

■ **Kindschaftsrecht:** Mit der am 1.7. in Kraft tretenden Neuregelung des Kindschaftsrechts werden alle Unterschiede zwischen ehelichen und unehelichen Kindern abgeschafft; das gemeinsame Sorgerecht der Eltern wird zum Regelfall.

1. KABINETT SCHRÖDER

(konstituiert am 27.10.1998)
Bundeskanzler: Gerhard Schröder (SPD)
Stellvertreter und Auswärtiges: Joschka Fischer (B'90/Grüne)
Inneres: Otto Schily (SPD)
Justiz: Herta Däubler-Gmelin (SPD)
Finanzen: Oskar Lafontaine (SPD); ab 12.4.1999 Hans Eichel (SPD)
Wirtschaft und Technologie: Werner Müller (parteilos)
Ernährung, Landwirtschaft und Forsten (ab 2001: **Verbraucherschutz, Ernährung und Landwirtschaft**): Karl-Heinz Funke (SPD); ab 18.1.2001 Renate Künast (B'90/Grüne)
Arbeit und Sozialordnung: Walter Riester (SPD)
Verteidigung: Rudolf Scharping (SPD); ab 19.7.2002 Peter Struck (SPD)
Familie, Senioren, Frauen und Jugend: Christine Bergmann (SPD)
Gesundheit: Andrea Fischer (B'90/Grüne); ab 12.1.2001 Ulla Schmidt (SPD)
Umwelt, Naturschutz und Reaktorsicherheit: Jürgen Trittin (B'90/Grüne)
Verkehr, Bau- und Wohnungswesen: Franz Müntefering (SPD); ab 29.9.1999 Reinhard Klimmt (SPD); ab 20.11.2000 Kurt Bodewig (SPD)
Bildung und Forschung: Edelgard Bulmahn (SPD)
Wirtschaftliche Zusammenarbeit und Entwicklung: Heidemarie Wieczorek-Zeul (SPD)
Besondere Aufgaben: Bodo Hombach (SPD) bis 31.7.1999

■ **RAF:** In einem am 20.4. bekannt gewordenen Schreiben an eine Nachrichtenagentur erklärt sich die Rote Armee Fraktion für aufgelöst. Den Anschlägen der 1970 gegründeten Terrorgruppe fielen fast 60 Menschen zum Opfer.

■ **Kontrolle:** Eine parteiübergreifend verabschiedete Änderung des Bundesgrenzschutzgesetzes am 25.8. gibt Grenzbeamten das Recht, in Bahnhöfen, Zügen und Flughäfen jederzeit **verdachtsunabhängige Personenkontrollen** durchzuführen.

ATOMTRANSPORTE

■ **Castor-Skandal:** Nach Berichten französischer Behörden, die eine Kobalt-60- und Caesium-137--Kontaminierung von Eisenbahnwaggons mit Brennelemente-Containern vom Typ Castor feststellten, die für den Transport aus 19 französischen, deutschen und schweizerischen Atomkraftwerken zur Wiederaufbereitungsanlage La Hague eingesetzt wurden, untersagt Bundesumweltministerin Angela Merkel (CDU) am 13.5. vorerst weitere Transporte aus deutschen AKW. Am 25.5. legt Merkel einen Zehn-Punkte-Plan zur Ursachenfeststellung vor, dessen Erfüllung durch die Atomwirtschaft die Voraussetzung für die Wiederaufnahme der Transporte sein soll. Am 29.5. geben deutsche AKW-Betreiber erstmals zu, **seit Jahren Kontaminationen gemessen** zu haben, ohne das Eisenbahn-Bundesamt oder das Bundesumweltministerium informiert zu haben.

Die erste Kabinettssitzung der neuen Bundesregierung am 27.10.: Gerhard Schröder (r.) und Joschka Fischer

RECHTSEXTREMISMUS

■ **Verfassungsschutzbericht:** Nach dem am 6.5. von Bundesinnenminister Manfred Kanther (CDU) vorgelegten Verfassungsschutzbericht stieg die Zahl der Gewalt- und Straftaten durch **Rechtsextreme** im Jahr 1997 erstmals seit fünf Jahren wieder drastisch an, und zwar um 27% auf 790 Straftaten. Die Anhängerschaft schätzt der Verfassungsschutz auf 48 500 Personen. Ein Verbot rechtsextremer Parteien wie der Deutschen Volksunion (DVU) oder der Republikaner lehnt Kanther jedoch ab. – Die Gewalttaten durch **Linksextreme** nahmen um 16% von 716 auf 833 zu; mehr als ein Viertel davon waren Aktionen gegen Atommülltransporte.

■ **Rechtsextremismus in der Bundeswehr:** In ihrem am 3.3. vorgelegten Jahresbericht 1997 verzeichnet die Wehrbeauftragte des Deutschen Bundestags, Claire Marienfeld (CDU), eine **starke Zunahme rechtsextremistischer und fremdenfeindlicher Vorfälle**. – In ihrem am 18.6. vorgelegten Bewertungsbericht über die Arbeit des parlamentarischen Untersuchungsausschusses, der sich von Januar bis April mit rechtsextremistischen Vorfällen in der Bundeswehr beschäftigte, kommen die Koalitionsparteien und die SPD zu dem Schluss, dass es keine rechtsextremistischen Strukturen in der Bundeswehr gibt.

AUSLÄNDER-, FLÜCHTLINGS-, ASYLPOLITIK

■ **Staatsbürgerschaftsrecht:** Mit der Ablehnung des vom Bundesrat eingebrachten Reformgesetzentwurfs am 27.3. durch den Bundestag scheitert vorläufig der Plan, Kindern ausländischer Eltern die Einbürgerung zu erleichtern.

■ **Asylbewerber:** Nach Angaben des Bundesinnenministeriums vom 7.7. wurden im ersten Halbjahr 1998 insgesamt 3248 Personen (4,2% aller Antragsteller) als Asylberechtigte anerkannt. 42 569 Asylbewerber kamen nach Deutschland, 19% weniger als im Vorjahreszeitraum; unter ihnen befanden sich 11 333 Asylbewerber aus Jugoslawien (+38%), ein großer Teil von ihnen **Flüchtlinge aus dem Kosovo**.

■ **Ausländer:** Das Verwaltungsgericht München erklärt am 28.7. die Ausweisung eines in Deutschland geborenen 14-jährigen türkischen Serienstraftäters (**»Fall Mehmet«**) für rechtens; der bayerische Verwaltungsgerichtshof hebt am 12.8. die Entscheidung zur Abschiebung des türkischen Jungen und seiner Eltern auf. Seiner Ansicht nach ist der Vorwurf, die Eltern hätten bei der Erziehung versagt, kein Grund für die Ausweisung der Eltern. Der Junge, der bereits als Strafunmündiger 61 Straftaten begangen haben soll, wird nach seiner Verurteilung für die 62. Tat von den Behörden am 14.11. ohne seine Eltern in die Türkei abgeschoben.

URTEILE DES BUNDESVERFASSUNGSGERICHTS

■ **Rechtschreibreform:** Den juristischen Streit über die Zulässigkeit der heftig umstrittenen Rechtschreibreform beendet das BVerfG am 14.7. mit der **Abweisung einer Verfassungsbeschwerde**. Grundrechte von Eltern würden durch die 1997 beschlossene Reform nicht verletzt.

■ **Bundestagsmandate:** Am 7.4. erklärt das BVerfG das **Nachrückverfahren** nach dem Tod eines direkt gewählten Bundestagsabgeordneten für verfassungswidrig, wenn seine Partei über Überhangmandate verfügt. Da Direktkandidaten mit der Erststimme gewählt werden, ist ein Nachrücker aus der Landesliste nicht demokratisch legitimiert.

DDR-ERBE

■ **Stasi-Mitarbeit:** Im Rechtsstreit über die Äußerung eines Berliner CDU-Abgeordneten entscheidet der Bundesgerichtshof am 16.6., die Tatsachenbehauptung, der brandenburgische Ministerpräsident Manfred Stolpe (SPD) sei als **»IM Sekretär** über zwanzig Jahre im Dienste der Staatssicherheit« tätig gewesen, sei vom Grundrecht auf freie Meinungsäußerung gedeckt. Zur Frage, ob Stolpe tatsächlich IM (Inoffizieller Mitarbeiter) der Stasi gewesen ist, bezieht das Gericht ausdrücklich keine Stellung. – Am 20.7. weist das BVerfG die **Organklage** des Vorsitzenden der Parlamentsgruppe der PDS im Bundestag Gregor Gysi gegen den Immunitätsausschuss des Parlaments zurück. Gysi hatte geltend gemacht, der Bericht verletze seinen verfassungsrechtlich geschützten Abgeordnetenstatus. Seinem am 8.5. verabschiedeten Untersuchungsbericht zufolge hält es der Immunitätsausschuss für erwiesen, dass Gysi sich als Rechtsanwalt bei der Vertretung prominenter Regimekritiker der DDR von 1977 bis 1986 »in die Strategien des Ministeriums für Staatssicherheit [hat] einbinden lassen« mit dem Ziel der möglichst wirksamen Unterdrückung der demokratischen Opposition in der DDR.

■ **Vereinigungsfolgen:** Am 16.6. legt der Bundestags-Untersuchungsausschuss zum »DDR-Vermögen« seinen Abschlussbericht vor. Danach entstand bei der Privatisierung der DDR-Wirtschaft durch kriminelle Aktivitäten ein finanzieller Schaden in Höhe von 3–10 Mrd. DM.

AUSSENPOLITIK

■ **EU:** Mit dem Ziel, den deutschen **Nettobeitrag an die EU** (derzeit rd. 22 Mrd. DM) zu senken, fordert Bundeskanzler Helmut Kohl beim EU-Gipfel in Cardiff am 16.6. eine gerechtere Lastenverteilung. Bei einem Gipfeltreffen in Wien am 12.12. dringt auch der neue Bundeskanzler Gerhard Schröder (SPD) auf eine Reduzierung des deutschen Nettobeitrags.

■ **Bosnien und Herzegowina:** Mit großer Mehrheit billigt der Bundestag am 17.4. die unbefristete Fortsetzung der **SFOR-Mission** der Bundeswehr in Bosnien und Herzegowina mit einem bis zu 3000 Soldaten umfassenden Kontingent.

■ **Jugoslawien:** Ebenfalls mit großer Mehrheit stimmt der Bundestag am 18.11. für eine deutsche Beteiligung an der NATO-Sondertruppe zum Schutz der OSZE-Beobachter im **Kosovo**. Bereits am 13.11. war die Beteiligung an der NATO-Luftüberwachungstruppe beschlossen worden.

REFORMEN DER NEUEN REGIERUNG

■ **Steuerreform:** Als erste Maßnahmen des geplanten dreistufigen Steuerentlastungsgesetzes werden zwei Vorläufergesetze am 18.12. vom Bundesrat gebilligt. Sie sehen die Erhöhung des Kindergeldes für das 1. und 2. Kind um 30 auf 250 DM sowie die Senkung des Einkommensteuersatzes von 25,9 auf 23,9% vor. Aufgehoben werden die Einschränkungen bei der Lohnfortzahlung im Krankheitsfall und beim Kündigungsschutzgesetz.

■ **Ökosteuer:** Die Koalition vereinbart zur Gegenfinanzierung der Steuerentlastungen und zur Senkung der gesetzlichen Lohnnebenkosten (v.a. der Rentenversicherungsbeiträge von 20,3% auf 19,5%) eine Erhöhung der Energiesteuern und die Einführung einer Stromsteuer, mit denen Energiesparmaßnahmen gefördert werden sollen. Heftiger Protest der Energieversorger und der Industrie führt allerdings zur Abschwächung der Regelungen; energieintensive Industrien werden von der »Ökosteuer« befreit.

■ **Gesundheitsreform:** Gegen die geplante Budgetierung von Honoraren und Medikamenten demonstrieren in Bonn und anderen Städten am 18.12. Tausende von Kassenärzten; ihrer Ansicht nach ist mit der Realisierung dieser Pläne die ambulante Versorgung der Patienten gefährdet.

■ **Atomausstieg:** Die rot-grüne Bundesregierung vereinbart im Koalitionsvertrag den schrittweisen Ausstieg aus der Atomenergie. Zwar soll es nicht zu sofortigen Stillegungen kommen, doch werden die Konsensgespräche mit den Energieversorgern mit der Ankündigung geführt, dass der **Ausstieg binnen eines Jahres** gesetzlich verbindlich geregelt werden soll, falls die Gespräche zu keinem Ergebnis führen. – Im Dezember eskaliert die Auseinandersetzung mit der Atomwirtschaft, als Umweltminister Jürgen Trittin (B'90/Grüne) Eckpunkte einer geplanten **Novelle des Atomgesetzes** bekanntgibt, die auf ein Verbot der Wiederaufbereitung abgebrannter Kernelemente hinauslaufen. In einer Vorverständigung mit den Konzernleitungen der Kraftwerksbetreiber räumt Bundeskanzler Schröder den Unternehmen Restlaufzeiten von 20 bis 40 Jahren für bereits in Betrieb befindliche AKW ein. Dadurch sollen Entschädigungszahlungen vermieden werden.

UNTERNEHMEN

■ **Daimler-Benz und Chrysler:** Am 7.5. vereinbaren der deutsche und der US-amerikanische Konzern ihren Zusammenschluss – mit einem Börsenwert von rd. 170 Mrd. DM die größte Fusion der Industriegeschichte. Als drittgrößter Autohersteller der Welt wird Daimler-Chrysler mit 421 000 Mitarbeitern und einem Umsatz von 234 Mrd. DM starten.

■ **VW:** Nach einem Übernahmepoker zwischen VW und BMW um den britischen Luxuswagenhersteller entscheiden sich die Aktionäre des **Rolls-Royce**-Mutterkonzerns Vickers am 5.6. für das 1,3 Mrd. DM-Angebot des VW-Konzerns.

■ **Entschädigung:** Unabhängig von Verhandlungen über die Einrichtung eines gesamtgesellschaftlichen Entschädigungsfonds (→ 2000) für Holocaust-Opfer und NS-Zwangsarbeiter, beschließen

Am 3.6. verunglückt ein ICE bei Eschede wegen defekter Radreifen, 101 Menschen sterben

einzelne Unternehmen eigene Entschädigungszahlungen. Am 7.7. teilt VW mit, dass ein privater **Hilfsfonds** in Höhe von 20 Mio. DM mit dem Zweck eingerichtet werden soll, humanitäre Hilfe an in den Kriegsjahren im Volkswagenwerk tätig gewesene **Zwangsarbeiter** zu leisten. Am 23.9. richtet auch der **Siemens-Konzern** einen solchen Entschädigungsfonds ein. Am 12.11. vereinbaren sechs Versicherungskonzerne unter Führung der **Allianz AG** die Schaffung eines Fonds für jüdische Opfer der nationalsozialistischen Verfolgung, nachdem in den USA erste Sammelklagen von Betroffenen und ihren Nachkommen erhoben wurden.

■ **Deutsche Bank:** Dem am 31.7. veröffentlichten Bericht einer von der Deutschen Bank beauftragten Untersuchungskommission zufolge kaufte die Bank während des 2. Weltkriegs von der Reichsbank 4446 kg **Gold** an, das aus den besetzten Gebieten und – mindestens 747 kg – **von Opfern des Holocaust** stammte. Bereits am 3.6. reichten Überlebende in New York eine Sammelklage gegen die Deutsche Bank und die Dresdner Bank mit Forderungen in Höhe von 18 Mrd. US-$ ein.

PARTEIEN

■ **Parteivermögen:** Am 24.9. legt die unabhängige Untersuchungskommission zum DDR-Parteivermögen ihren Abschlussbericht vor. Vom gesamten Parteivermögen der Staats- und Blockparteien sowie der Massenorganisationen in Höhe von 3,4 Mrd. Mark (SED: rd. 2 Mrd. Mark) wurden 2,64 Mrd. Mark sichergestellt; 500 Mio. Mark sind weiter umstritten. Die PDS darf aufgrund eines Vergleichs aus dem Jahr 1995 nur so viel Vermögen behalten, wie die KPD vor 1933 besaß.

■ **CDU:** Wolfgang Schäuble wird auf dem 11. Bundesparteitag am 7.11. zum neuen Parteivorsitzenden gewählt; Helmut Kohl, der nach seiner Niederlage bei der Bundestagswahl auf dieses Amt verzichtet hatte, wird zum Ehrenvorsitzenden der Partei gewählt, neue Generalsekretärin wird die ehemalige Umweltministerin Angela Merkel.

■ **SPD:** Am 1.11. nominiert der SPD-Parteivorstand den früheren nordrhein-westfälischen Ministerpräsidenten Johannes Rau als Kandidaten für das Amt des Bundespräsidenten bei der Wahl am 23.5.1999.

■ **Bündnis 90/Die Grünen:** Auf der Bundesdelegiertenversammlung in Leipzig wird Gunda Röstel am 12.12. als Vorstandssprecherin wiedergewählt; Nachfolgerin von Jürgen Trittin als zweite Sprecherin wird Antje Radcke.

BUNDESLÄNDER

■ **Niedersachsen:** Nach einem klaren Sieg bei der Landtagswahl vom 1.3. wird Ministerpräsident Schröder noch am Wahlabend vom SPD-Parteivorsitzenden Oskar Lafontaine für die Kanzlerkandidatur nominiert. – Nach Schröders Wahl zum Bundeskanzler wählt der niedersächsische Landtag am 28.10. den bisherigen Innenminister Gerhard Glogowski (SPD) zu seinem Nachfolger.

■ **Berlin:** Das Abgeordnetenhaus beschließt am 26.3. eine **Bezirksgebietsreform**, durch die Berlin bis zum Jahr 2001 in zwölf Bezirke (bisher 23) neu gegliedert wird.

■ **Sachsen-Anhalt:** Bei der **Landtagswahl** am 26.4. muss die CDU starke Verluste hinnehmen, die rechtsextreme DVU zieht mit 12,9% erstmals in den Landtag eines neuen Bundeslandes ein. Reinhard Höppner (SPD) bleibt Ministerpräsident in einer von der PDS tolerierten Minderheitsregierung.

■ **Nordrhein-Westfalen:** Johannes Rau (SPD) tritt am 27.5. vom Amt des Ministerpräsidenten zurück, das er seit 1978 innehatte. Zu seinem Nachfolger wählt der Landtag den bisherigen Wirtschafts- und Finanzminister Wolfgang Clement (SPD).

■ **Bayern:** Bei der **Landtagswahl** am 13.9. kann die CSU die absolute Mehrheit verteidigen. Ministerpräsident bleibt Edmund Stoiber.

■ **Mecklenburg-Vorpommern:** Bei der Landtagswahl am 27.9. erringt die SPD einen klaren Wahlsieg, Ministerpräsident Berndt Seite (CDU) tritt zurück. Am 3.11. bildet Harald Ringstorff (SPD) die erste Koalition mit der PDS in einem Bundesland.

■ **Saarland:** Nachfolger des zum Bundesfinanzminister bestellten ehemaligen Ministerpräsidenten Oskar Lafontaine (SPD) wird am 10.11. der bisherige SPD-Fraktionschef Reinhard Klimmt.

■ **Wahlergebnisse** → S. 458–467

1999

Deutsche Soldaten im Kosovo

Knapp 54 Jahre nach Ende des 2. Weltkriegs nehmen deutsche Soldaten unter dem Oberbefehl der NATO am Militäreinsatz im Kosovo teil. Der Entschluss zur Entsendung von Truppen und Militärjets der Bundeswehr wird von einer rot-grünen Koalition getragen, deren Wurzeln teilweise in der Friedensbewegung liegen. Die Reformvorhaben der neuen Bundesregierung beim Staatsbürgerschafts- und beim Steuerrecht finden ein geteiltes Echo in der Öffentlichkeit. Während die CDU mit einer Unterschriftenaktion im hessischen Landtagswahlkampf die doppelte Staatsbürgerschaft zu verhindern sucht, erhebt sich in der Wirtschaft massiver Widerstand gegen die Politik der Regierung. Mit dem Umzug der Regierung und des Bundestags von Bonn nach Berlin wird die Hauptstadt auch Regierungssitz.

WAHL DES NEUEN BUNDESPRÄSIDENTEN

Die Bundesversammlung wählt am 23.5. den ehem. Ministerpräsidenten von Nordrhein-Westfalen und stellv. SPD-Vorsitzenden Johannes Rau zum achten Bundespräsidenten. Er erhält im zweiten Wahlgang die notwendige absolute Mehrheit und setzt sich gegen die von der CDU nominierte ostdeutsche Naturwissenschaftlerin Dagmar Schipanski und die von der PDS aufgestellte Theologieprofessorin Uta Ranke-Heinemann durch. Rau wird am 1.7. – während der letzten Sitzung des Bundestags in Bonn – vereidigt.

KOSOVO-KRIEG

Unter Beteiligung von vier ECR-Tornados der Bundeswehr beginnt am 24.3. der angekündigte NATO-Militärschlag gegen die Bundesrepublik Jugoslawien. Zuvor waren mehrere Vermittlungsversuche – u.a. am 8.3. von Bundesaußenminister Joschka Fischer (B'90/Grüne) –, den jugoslawischen Staatspräsidenten Slobodan Milošević zur Unterzeichnung des **Friedensabkommens von Rambouillet** zu bewegen, gescheitert. Das Abkommen sieht u.a. vor, dass eine NATO-Friedenstruppe die Umsetzung des Abkommens im Kosovo überwacht.

■ **Reaktionen:** Während im Bundestag – mit Ausnahme der PDS und Teilen von B'90/Grüne – ein parteiübergreifender Konsens über die Legitimität der Aktion gegen Belgrad als **humanitäre Intervention** zur Verhinderung von Völkermord, Vertreibung und »ethnischer Säuberung« und als Beitrag zur Bündnissolidarität herrscht, bleibt der erste Kampfeinsatz der Bundeswehr gegen einen anderen Staat in der Öffentlichkeit umstritten; im Zentrum stehen dabei Zweifel an der völkerrechtlichen Grundlage wegen des Verzichts der NATO auf ein UN-Mandat und Kritik an der NATO-Strategie gegenüber Jugoslawien.

■ **KFOR-Beteiligung:** Nach der Einigung des UN-Sicherheitsrats auf eine Kosovo-Resolution am 10.6. stimmt der Bundestag mit großer Mehrheit der Beteilung der Bundeswehr an der KFOR (Kosovo Force) mit bis zu 8500 Soldaten zu. Am 13.6. rücken erste Einheiten in den der Bundeswehr zugeordneten **Sektor mit Prizren als Zentrum** ein. Am gleichen Tag werden zwei deutsche Journalisten des *Stern* und ihr Dolmetscher nahe Priština erschossen aufgefunden. – Am 8.10. übernimmt der deutsche General Klaus Reinhardt das Kommando der internationalen KFOR-Truppen.

■ **Flüchtlinge:** In Mazedonien und Albanien errichtet die Bundeswehr im April Zeltlager für mehrere zehntausend Menschen. – Gegenüber der UN-Flüchtlingshilfsorganisation UNHCR erklärt sich Deutschland Anfang April bereit, zunächst 10 000 Flüchtlinge aus dem Kosovo aufzunehmen, bis Juni werden knapp **14 000 Flüchtlinge** aus

Rau, Johannes
*Wuppertal 16.1.1931, †Berlin 27.1.2006

Lehre als Verlagsbuchhändler, ab 1952 Verlagslektor, 1952 Beitritt zur Gesamtdeutschen Volkspartei von Gustav Heinemann, 1958 Eintritt in die SPD und Landtagsabgeordneter in Nordrhein-Westfalen, 1969/70 Oberbürgermeister in Wuppertal, 1970–78 Minister für Wissenschaft und Forschung in NRW, 1977–98 Vorsitzender der NRW-SPD, 1978–98 NRW-Ministerpräsident, 1982–99 stellv. SPD-Vorsitzender, 1987 Kanzlerkandidat seiner Partei, 1994 erstmals Kandidat für das Amt des Bundespräsidenten, 1999–2004 Bundespräsident

EINWEIHUNG DES BERLINER REICHSTAGS

Knapp acht Jahre nach dem Beschluss des Bundestags, Bundesregierung und Parlament nach Berlin zu verlegen, wird mit einem Festakt am 19.4. der Berliner Reichstag als neuer Sitz des Deutschen Bundestags feierlich eingeweiht. Nach der Verhüllung durch das Künstlerehepaar Christo und Jeanne-Claude 1995 wurde das Gebäude für insgesamt knapp 600 Mio. DM nach Plänen des britischen Star-Architekten Sir Norman Foster umgebaut. Die transparente und begehbare Kuppel entwickelt sich schnell zu einer Besucherattraktion.

Transitlagern in Mazedonien und Albanien **nach Deutschland gebracht**, das mit Abstand größte Kontingent aller Helfer-Staaten.

■ **Kosten:** Statt im Bundeshaushalt 1999 eingeplanter 441 Mio. DM beziffert das Verteidigungsministerium die Kosten der Balkan-Mission der Bundeswehr Mitte Juni für 1999 auf 816 Mio. DM, für 2000 auf 2 Mrd. DM. Sie belasten nicht den Verteidigungsetat, sondern werden aus dem Einzelplan »Allgemeine Finanzverwaltung« zur Verfügung gestellt. Für humanitäre Kosovo-Hilfe sind im Haushalt des kommenden Jahres 300 Mio. DM angesetzt.

AUSSENPOLITIK

■ **Bosnien und Herzegowina:** Der ehem. EU-Administrator für Mostar in Bosnien und Herzegowina, Hans Koschnick (SPD), tritt am 29.1. als Nachfolger von Dietmar Schlee (CDU) das Amt des »Beauftragten für Flüchtlingsrückkehr und rückkehrbegleitende Maßnahmen« in Sarajevo an.

■ **VR China**: Einen Tag, nachdem die EU-Außenminister sich darauf verständigten, einer kritischen Resolution zur Menschenrechtslage in der VR China der in Genf tagenden UN-Menschenrechtskommission die Zustimmung zu verweigern, kritisiert Außenminister Joschka Fischer vor diesem Gremium am 23.3. die chinesische Politik ungewöhnlich scharf. – Bei seinem auf einen Tag verkürzten Arbeitsbesuch in Peking am 12.5. überbringt Bundeskanzler Schröder die offizielle Entschuldigung der NATO-Staaten für die Bombardierung der chinesischen Botschaft in Belgrad am 7.5.

INNENPOLITIK

■ **Europawahl:** Aus der Wahl zum Europäischen Parlament am 13.6. (Wahlbeteiligung 45,2%) gehen die **Unionsparteien als klare Sieger** hervor. Auf sie entfallen 48,7% der Stimmen (+9,9 Prozentpunkte gegenüber 1994) und 51 Sitze (+6), auf die SPD 30,7% (–1,5) und 33 Sitze (–7), auf B'90/Grüne 6,4% (–3,7) und sieben Sitze (–5); die PDS erhält 5,8% (+1,1) und stellt erstmals sechs Abgeordnete im EP. Die FDP scheitert mit 3% (–1,1) erneut an der 5%-Hürde.

■ **Kabinett:** Am 11.3. erklärt der Bundesfinanzminister und SPD-Vorsitzende Oskar Lafontaine völlig überraschend seinen Rücktritt von allen Ämtern. Als Grund führt er das »schlechte Mannschaftsspiel« der Regierung an. Nachfolger im Amt des Finanzministers wird am 15.4. der ehemalige hessische Ministerpräsident Hans Eichel. – Franz Müntefering (SPD) tritt am 17.9. als Bundesminister für Verkehr, Bau und Wohnungswesen zurück, auf seinen Posten rückt der frühere saarländische Ministerpräsident Reinhard Klimmt (SPD).

■ **Kurden:** Nach der Festnahme des Führers der kurdischen Arbeiterpartei PKK, Abdullah Öcalan, durch den türkischen Geheimdienst in Kenia am 15.2. kommt es in mehreren deutschen Städten zu gewaltsamen Kurdenprotesten. Bei der versuchten **Erstürmung des israelischen Konsulats** in Berlin werden am 17.2. drei Kurden erschossen, ein weiterer stirbt wenige Tage später im Krankenhaus. Dem israelischen Geheimdienst Mossad wird eine Beteiligung an der Entführung Öcalans nachgesagt. In Hamburg kommt es am 17.2. zur Besetzung der SPD-Landeszentrale und zur Geiselnahme eines Mitarbeiters.

■ **Doppelpass:** Nach der Vorstellung des Gesetzentwurfs zum neuen **Staatsbürgerschaftsrecht** am 12.1. durch Bundesinnenminister Otto Schily (SPD) beginnt die CDU am 16.1. im hessischen Landtagswahlkampf mit einer Unterschriftenaktion gegen die doppelte Staatsbürgerschaft. Nach dem Verlust der Bundesratsmehrheit, ausgelöst durch die Niederlage der rot-grünen Koalition in

Nach der Verhaftung des Kurdenführers Abdullah Öcalan besetzen Kurden am 16.2. zahlreiche diplomatische Vertretungen in Deutschland: im Bild das griechische Generalkonsulat in Berlin

Hessen, kommt es am 19.3. zur Einigung auf einen gemeinsamen Gesetzentwurf von SPD, B'90/Grüne und FDP. Danach erhalten in Deutschland geborene Kinder mit der Geburt die deutsche Staatsbürgerschaft, wenn ein Elternteil seit acht Jahren seinen gewöhnlichen Aufenthalt in der Bundesrepublik hat und eine Aufenthaltsgenehmigung besitzt oder seit drei Jahren eine unbefristete Aufenthaltserlaubnis vorweisen kann. Bis zu ihrem 23. Lebensjahr müssen sie sich zwischen der deutschen und der ausländischen Staatsangehörigkeit entscheiden.

■ **Atompolitik:** Am 13.1. einigt sich die Bundesregierung auf eine entschärfte Fassung der Atomrechtsnovelle. Das von Bundesumweltminister Jürgen Trittin (B'90/Grüne) zum 1.1.2000 geplante Verbot der Wiederaufbereitung – abgebrannte radioaktive Brennelemente sollen direkt endgelagert werden – soll nun ein Jahr später wirksam werden. Nach dem erneuten Protest der Energieversorger und der Ankündigung Frankreichs, Entschädigungszahlungen für den Ausfall der Aufträge der Wiederaufbereitungsanlagen in La Hague zu verlangen, lässt Bundeskanzler Gerhard Schröder am 25.1. die Novelle zurückziehen. Am folgenden Tag findet das erste **Konsensgespräch** zwischen Regierung und Vertretern der Energiewirtschaft statt. Die Bundesregierung verzichtet nun auf eine Frist für das Verbot der Wiederaufbereitung, solange an den deutschen AKW keine ausreichenden Zwischenlagerkapazitäten zur Verfügung stehen.

WIRTSCHAFTS- UND SOZIALPOLITIK

■ **Steuerreform:** Das dreistufige Steuerentlastungsgesetz 1999/2000/2002, das der Bundestag am 4.3. gegen die Stimmen der Opposition beschließt und das am 1.4. (teilweise rückwirkend zum 1.1.) in Kraft tritt, sieht eine Senkung der Einkommen- und Körperschaftsteuer vor, die durch die Streichung von Steuervorteilen gegenfinanziert werden soll. Geringfügige Beschäftigungen (Entgelt unter 630 DM und Wochenarbeitszeit unter 15 Stunden) sind ab dem 1.4. sozialversicherungspflichtig. Das Gesetz bleibt umstritten, da es nach Ansicht seiner Kritiker seinen Zweck verfehlt und einige Branchen, die auf Mini-Jobs eingestellt sind (u.a. Handel und Gastgewerbe), besonders belastet erscheinen. – Heftige Proteste der Berufs- und Wirtschaftsverbände ruft auch das am 1.1. in Kraft getretene **Gesetz zur Scheinselbständigkeit** hervor, durch das scheinselbständige Arbeitnehmer ganz in die Sozialversicherung und arbeitnehmerähnliche Selbständige in die Rentenversicherung einbezogen werden. Weil die Kriterien zur Erkennung auf Scheinselbständigkeit geeignet erscheinen, neue Existenzgründungen zu behindern und für bestimmte Berufsgruppen negative Folgen mit sich bringen können, verständigt sich die Koalition im Juli auf eine Revision des Gesetzes.

■ **Ökosteuer:** Am 1.4. tritt in Deutschland das »Gesetz zum Einstieg in die ökologische Steuerreform« in Kraft. Mit der sog. Ökosteuer steigt die Mineralölsteuer auf Kraftstoffe um 6 Pfennig, auf Heizöl um 4 Pfennig/l und auf Gas um 0,32 Pfennig/kWh. Zudem wird eine Stromsteuer von 2 Pfennig/kWh eingeführt; für das produzierende Gewerbe gelten ermäßigte Sätze. Weitere Stufen der Ökosteuer sind: jährliche Erhöhung der Mineralölsteuer bis 2003 um 6 Pfennig/l, der Stromsteuer um 0,5 Pfennig/kWh; mit den zusätzlichen Einnahmen werden Einnahmeausfälle ausgeglichen, die durch die Senkung des Rentenversicherungsbeitrags (zum 1.4.1999 von 20,3 auf 19,5%, zum 1.1.2000 auf 19,3%) entstehen.

■ **Bundeshaushalt, Sparpaket:** Der Bundestag verabschiedet am 26.11. den Bundeshaushalt 2000. In ihn gehen wesentliche Teile des von Bundesfinanzminister Hans Eichel (SPD) geschnürten Sparpakets im sog. Zukunftsprogramm 2000 ein. Nach Kompromissen im Vermittlungsausschuss über die zustimmungspflichtigen Teile der umstrittenen Spar- und Steuergesetze billigt der Bundesrat den Haushalt und das Sparpaket am 17.12. Wichtigste **Spar- und Steuerbeschlüsse** (in Kraft 1.1.2000) sind: Beschränkung der Rentenerhöhung auf einen Inflationsausgleich für die Jahre 2000

Durchschnittsrenten in Ost- und West-Deutschland

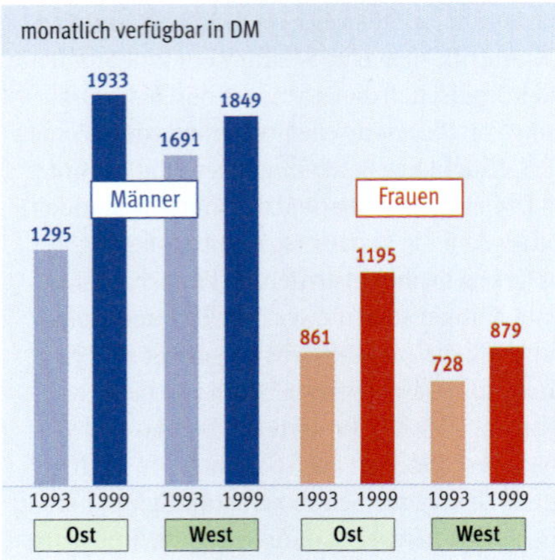

Quelle: Verband Deutscher Rentenversicherungsträger

und 2001; geringerer Bundeszuschuss zur Rentenversicherung; niedrigere Beiträge für Arbeitslose und bestimmte Berufsgruppen an die Sozialversicherungen; Verkürzung des Zivildienstes von 13 auf elf Monate; Anhebung des Kindergelds für das erste und zweite Kind um 20 auf 270 DM, Nichtanrechnung des Kindergelds auf die Sozialhilfe, Ergänzung des Kinderfreibetrags von 6912 DM für jedes Kind um einen Betreuungsfreibetrag für Kinder unter 16 Jahren von rd. 3024 DM; Erhöhung der Einkommensgrenzen für die Eigenheimzulage um 30 000 DM je Kind.

■ **Kleine Gesundheitsreform:** Nach Scheitern der von Bundesgesundheitsministerin Andrea Fischer (B'90/Grüne) ausgearbeiteten Gesundheitsreform am Widerstand des Bundesrats (26.11.) beschließt der Bundestag am 16.12. ein substanziell abgespecktes Gesetz, das am 1.1.2000 in Kraft tritt. Statt der vorgesehenen Globalbudgetierung werden die zwischen Krankenversicherungen und Ärzten auszuhandelnden Einzelbudgets für Ärzte, Zahnärzte, Arzneien und Krankenhäuser verlängert. Die Ausgaben dürfen nur im Rahmen der Lohnsteigerungen wachsen. Krankenhauskosten werden (außer bei psychiatrischen Kliniken) nach Fallpauschalen vergütet. Die Rolle der Hausärzte wird gestärkt, indem für sie ein Teil der kassenärztlichen Gesamtvergütung reserviert wird und die Kassen dem Patienten für den Besuch eines Facharztes auf hausärztliche Überweisung hin einen Bonus gewähren können. Anstelle des bisherigen Finanzausgleichs zwischen »armen« Krankenkassen in Ostdeutschland und »reichen« im Westen tritt ab 2001 ein bundesweiter Risikostrukturausgleich. Daneben laufen die beschlossenen Finanzhilfen für die Ost-Kassen weiter.

■ **Länderfinanzausgleich:** Das Bundesverfassungsgericht erklärt in seinem Urteil vom 11.11. den Finanzausgleich für teilweise verfassungswidrig und verpflichtet den Gesetzgeber, bis Ende 2002 ein **Maßstäbegesetz** zu beschließen, in dem die Grundsätze für das finanzielle Ausgleichssystem zwischen den Bundesländern und die Verteilung des Umsatzsteueraufkommens neu gefasst werden. Dieses vierte Urteil des BVerfG zum Länderfinanzausgleich ergeht nach Verfassungsklagen der Geberländer Bayern, Baden-Württemberg und Hessen, die sich gegen die Abschöpfung von bis zu 80% ihrer über dem Bundesdurchschnitt liegenden Steuereinnahmen zugunsten finanzschwächerer Länder wandten.

■ **DDR-Erbe**: Am 30.9. wird die Staatsanwaltschaft II des Berliner Landgerichts, zuständig für die Aufarbeitung des DDR-Unrechts, aufgelöst. Von 22 854 eingeleiteten Ermittlungsverfahren wurden bis zu diesem Zeitpunkt 99,4% abgeschlossen, 1065 Personen wurden angeklagt, **335 bislang rechtskräftig** verurteilt. – Das Bundesverfassungsgericht erklärt am 28.4. die Kürzung von **Sonderrenten** für privilegierte Berufsgruppen in der DDR in wesentlichen Punkten für verfassungswidrig.

KATHOLISCHE KIRCHE

Im Konflikt über die Haltung der katholischen Kirche zum gesetzlich geregelten System der **Schwangerschaftskonfliktberatung** weist Papst Johannes Paul II. die Deutsche Bischofskonferenz in Fulda (20.–23.9.) an, dafür Sorge zu tragen, dass die kirchlichen Beratungsstellen keine Bescheinigungen mehr ausstellen, die zur Durchführung straffreier Abtreibungen verwendet werden können. Um die katholische Schwangerschaftskonfliktberatung unabhängig von der kirchlichen Verantwortung fortzusetzen, gründet das Zentralkomitee der deutschen Katholiken am 24.9. den von Laien getragenen Verein **Donum vitae** zur Förderung des Schutzes des menschlichen Lebens.

UNTERNEHMEN

Die **Deutsche Bank** übernimmt zum 4.6. die achtgrößte Bank der USA, **Bankers Trust**, und steigt damit, gemessen an der gemeinsamen Bilanzsumme von rd. 1,3 Billionen DM, zum größten Kreditinstitut der Welt auf; der Kaufpreis beträgt 10,1

Mrd. US-$. – Die Aufsichtsräte der Chemieunternehmen **Rhône-Poulenc** (Straßburg) und **Hoechst** (Frankfurt am Main) stimmen am 13. bzw. 16.7. dem schrittweisen Zusammenschluss beider Unternehmen durch Aktientausch zu. Der neue Konzern mit dem Namen **Aventis** und Sitz in Straßburg soll bis 2001 zum weltgrößten Pharma- und Agrar- bzw. Biochemieproduzenten der Welt aufrücken und 34 Mrd. DM Jahresumsatz erwirtschaften. – Zur Rettung des vom Konkurs bedrohten, mit mehr als 2,4 Mrd. DM überschuldeten zweitgrößten deutschen Baukonzerns, **Philipp Holzmann AG**, einigen sich die Gläubigerbanken am 24.11. auf einen einschneidenden Sanierungsplan. Vertreter der Wirtschaft kritisieren die Umstände der Rettung des Konzerns, da die öffentlichen Beihilfen und tariflichen Sonderregelungen zu Wettbewerbsverzerrungen in der Branche führten.

PARTEIEN

■ **CDU:** Parteispendenaffäre → 2000.
■ **CSU:** Auf dem CSU-Sonderparteitag in München wird der bayerische Ministerpräsident Edmund Stoiber am 17.1. als Nachfolger Theo Waigels zum neuen Parteivorsitzenden gewählt.
■ **SPD:** Ein Sonderparteitag am 13.4. in Bonn wählt Bundeskanzler **Schröder zum neuen Parteivorsitzenden**. Er tritt damit die Nachfolge des zurückgetretenen Oskar Lafontaine an. Die Delegierten des **Bundesparteitags** in Berlin (7.–9.12.) bestätigen Schröder mit 86,3% der Stimmen und wählen den bisherigen Bundesgeschäftsführer Franz Müntefering in das neu geschaffene **Amt des Generalsekretärs**.

BUNDESLÄNDER

■ **Hessen:** Nach der **Landtagswahl** am 7.2. kommt es zur Ablösung der rot-grünen Koalition unter Hans Eichel (SPD). Neuer Ministerpräsident einer CDU-FDP-Koalition wird Roland Koch (CDU).
■ **Bremen:** Die **Bürgerschaftswahl** am 6.6. erbringt Stimmengewinne für die Parteien der Großen Koalition. SPD und CDU erneuern ihr Regierungsbündnis unter Führung von Bürgermeister Henning Scherf (SPD).
■ **Brandenburg:** Bei der **Landtagswahl** am 5.9. verliert die SPD ihre absolute Mehrheit, bleibt jedoch stärkste politische Kraft, die rechtsextreme DVU zieht erstmals in den Landtag ein. Manfred Stolpe (SPD) wird am 13.10. als Ministerpräsident einer Großen Koalition bestätigt.
■ **Saarland:** Die **Landtagswahl** am 5.9. führt nach 15 Jahren SPD-Alleinregierung zum Machtwechsel: Die CDU wird stärkste Kraft. Der CDU-Landesvorsitzende Peter Müller wird am 29.9. Nachfolger von Ministerpräsident Reinhard Klimmt (SPD).
■ **Thüringen:** Die CDU erringt bei der **Landtagswahl** am 12.9. die absolute Mehrheit der Stimmen. Ministerpräsident Bernhard Vogel (CDU), der bisher eine Große Koalition leitete, wird am 1.10. erneut zum Ministerpräsidenten gewählt.
■ **Sachsen:** Bei der **Landtagswahl** am 19.9. kann die CDU die absolute Mehrheit behaupten, die SPD fällt auf 10,7% und damit ihren niedrigsten Wähleranteil in einem Bundesland seit 1949 zurück. Ministerpräsident Kurt Biedenkopf (CDU) wird am 13.10. wiedergewählt.
■ **Berlin:** Die **Wahl zum Abgeordnetenhaus** am 10.10. gewinnt die CDU, die SPD sinkt auf den niedrigsten Stand seit 1946. Eberhard Diepgen (CDU) erneuert die Große Koalition und wird am 9.12. als Regierender Bürgermeister wiedergewählt.
■ **Niedersachsen:** Ministerpräsident Gerhard Glogowski (SPD) tritt am 26.11. nach Anschuldigungen privater Vorteilsnahme zurück. Der Landtag wählt am 15.12. den bisherigen SPD-Fraktionsvorsitzenden Sigmar Gabriel zum neuen Regierungschef.
■ **Wahlergebnisse** → S. 458–467

Bundestagspräsident Wolfgang Thierse (r.) und Bayerns Ministerpräsident Edmund Stoiber beobachten am 11.8. die totale Sonnenfinsternis

2000

Reformeifer im zehnten Jahr der deutschen Einheit

Den 10. Jahrestag der Wiedervereinigung nehmen ostdeutsche Politiker zum Anlass, vor einer zu optimistischen Einschätzung des Prozesses der »inneren Einheit« zu warnen. Die innenpolitische Diskussion wird durch die Parteispendenaffäre der CDU sowie durch die Zunahme rechtsextremistischer Straftaten beherrscht. Die Regierung aus SPD und B'90/Grüne kann wichtige Vorhaben ihrer Koalitionsvereinbarung realisieren (Steuerreform, Rentenreform). Außerdem kann 55 Jahre nach Ende des nationalsozialistischen Regimes eine Einigung über die Entschädigung von ehemaligen NS-Zwangsarbeitern erzielt werden.

ZEHN JAHRE DEUTSCHE EINHEIT

Anlässlich des 10. Jahrestags legt der für den Aufbau Ost zuständige Staatsminister im Kanzleramt Rolf Schwanitz (SPD) eine Bilanz vor, in der er den Beitrag der Ostdeutschen für den Einigungsprozess hervorhebt und den »Durchbruch« bei der Entwicklung der ostdeutschen Wirtschaft würdigt, zugleich jedoch einräumt, trotz ausgiebiger wirtschaftlicher Förderung hätten die neuen Länder »bislang noch keinen selbsttragenden Aufschwung erreicht«. Bundestagspräsident Wolfgang Thierse (SPD) verweist darauf, dass »die wirtschaftliche und soziale Lage in Ostdeutschland auf der Kippe steht«, und fordert die Schaffung verlässlicher Rahmenbedingungen für den Aufbau einer eigenständigen wirtschaftlichen Basis in Ostdeutschland, um einem wachsenden Vertrauensverlust und der Bildung einer Zweidrittelgesellschaft entgegenzuwirken.

REFORMEN

■ **Steuerreform:** Der Bundestag billigt am 18.5. die Steuerreform gegen den Widerstand der Opposition; der Bundesrat stimmt am 14.7. überraschend zu. Unmittelbar vor der Abstimmung sichert sich Bundesfinanzminister Hans Eichel (SPD) die Zustimmung der von CDU, FDP und PDS mitregierten Bundesländer (Brandenburg, Bremen, Berlin, Mecklenburg-Vorpommern, Rheinland-Pfalz) durch länderspezifische Zugeständnisse.
– **Schwerpunkte:** Bei der Einkommensteuer sinkt der Eingangssteuersatz zum 1.1.2001 von derzeit 22,9 auf 19,9%, der Spitzensteuersatz von 51 auf 48,5%. Bis 2005 sollen die Sätze auf 15 bzw. 43% fallen. Der Spitzensteuersatz wird im Jahr 2005 ab einem Jahreseinkommen von 102 000 DM erhoben (bisher 115 000 DM), das steuerfreie Existenzminimum steigt von 13 499 auf 15 000 DM im Jahr 2005. Kapitalgesellschaften müssen Gewinne nicht mehr nach unterschiedlichen Sätzen versteuern; der Satz beträgt einheitlich 25%, zusammen mit Gewerbesteuer und Solidarzuschlag entsteht eine Belastung von rd. 39%. Anteilseigner von Kapitalgesellschaften müssen nur noch die Hälfte der Ausschüttungen bei der Einkommensteuer versteuern (Halbeinkünfteverfahren). Gewinne aus dem Verkauf von Beteiligungen deutscher Kapitalgesellschaften an anderen Kapitalgesellschaften sind nach einer Haltefrist von einem Jahr ab 2002 steuerfrei.

■ **Rentenreform:** Mit dem Ziel, den Beitragssatz zur Rentenversicherung (2000: 19,3% des Bruttoarbeitsentgelts) langfristig zu stabilisieren und die Generationengerechtigkeit zwischen Rentnern und Beitragszahlern zu gewährleisten, erneuert die rot-grüne Koalition das Rentensystem in mehreren Etappen. Dabei nimmt sie, nicht zuletzt im gescheiterten Bemühen, die Oppositionsparteien zu einer gemeinsamen Verabschiedung der Reform zu bewegen, erhebliche Abstriche gegenüber ihrem ursprünglichen Konzept in Kauf. Am 17.11. beschließt der Bundestag die Einführung der Erwerbsminde-

Bevölkerungsentwicklung bis 2050

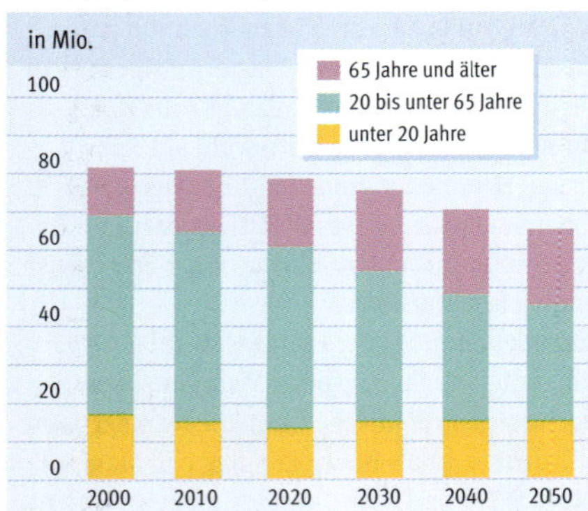

Quelle: Statistisches Bundesamt

PARTEISPENDENAFFÄRE DER CDU

Ausgangspunkt ist ein Ermittlungsverfahren der Staatsanwaltschaft Augsburg gegen den früheren CDU-Schatzmeister (1971–92) Walther Leisler Kiep wegen des Verdachts der Steuerhinterziehung im Zusammenhang mit dem Verkauf von 36 Spürpanzern an Saudi-Arabien 1991. Kiep gibt am 5.11.1999 zu, gemeinsam mit dem langjährigen CDU-Steuerberater und Wirtschaftsprüfer Horst Weyrauch 1991 vom Waffenhändler und Lobbyisten Karlheinz Schreiber in der Schweiz eine Barspende von 1 Mio. DM entgegengenommen zu haben; diese sei auf ein Treuhandkonto der CDU eingezahlt worden. Der ehemalige CDU-Vorsitzende, Altbundeskanzler **Helmut Kohl**, versichert am 6.11., er habe keine Kenntnis von der Spende. Kiep erklärt am 17.11. vor der Staatsanwaltschaft Augsburg, Kohl habe von dem System von Treuhandkonten gewusst und persönlich über sie mitverfügt. Im CDU-Präsidium räumt Kohl am 30.11. ein, während seiner Amtszeit von der offiziellen Finanzstruktur der Partei getrennte Konten für Sonderzahlungen an Parteigliederungen genutzt zu haben. Kohl erklärt am 16.12., von 1993 bis 1998 Spenden in einer Gesamthöhe zwischen 1,5 und 2 Mio. DM entgegengenommen zu haben, die im Rechenschaftsbericht nicht als Spenden ausgewiesen worden seien, lehnt es aber ab, die Namen der Geldgeber zu nennen. Das am 3.1.2000 von der Bonner Staatsanwaltschaft eingeleitete Ermittlungsverfahren gegen Kohl wegen des Anfangsverdachts der Untreue wird am 8.6.2001 gegen Zahlung einer Geldbuße von 300 000 DM eingestellt. Der CDU-Vorsitzende **Wolfgang Schäuble** räumt am 10.1. ein, 1994 von Schreiber eine Bargeldspende in Höhe von 100 000 DM entgegengenommen und an die Schatzmeisterin **Brigitte Baumeister** weitergegeben zu haben. Nach einer Gegenüberstellung von Schäuble und Baumeister, die selbst die Spende in Empfang genommen haben will, am 29.8. bleiben beide bei ihren widersprüchlichen eidesstattlichen Erklärungen. Weyrauch erklärt am 13.7.2001, die 100 000-DM-Spende an Kiep überwiesen und anschließend auf ein Treuhandkonto der CDU eingezahlt zu haben, was Kiep noch kurz zuvor bestritten hatte.

Der frühere CDU-Chef Wolfgang Schäuble (l.) und die ehem. Schatzmeisterin Brigitte Baumeister am 29.8. vor dem Parteispenden-Untersuchungsauschuss

■ **Hessen:** Der frühere CDU-Vorsitzende Manfred Kanther berichtet am 14.1.2000, dass er 1983 als damaliger Generalsekretär für die Landespartei mit angeblich legalen Parteigeldern ein geheimes Konto in der Schweiz eröffnet habe. Ministerpräsident Roland Koch berichtet am 8.2., dass insgesamt 20,8 Mio. DM in die Schweiz transferiert wurden. Von der durch Zinserträge vermehrten Summe flossen seit 1985 24,3 Mio. DM an den hessischen Landesverband zurück. Gleichzeitig gibt Koch zu, Schwarzgeld verschleiert und bei der Aufklärung der Affäre die Unwahrheit gesagt zu haben. Bei seiner Vernehmung vor dem Untersuchungsausschuss des Bundestags am 15.2.2001 erklärt Koch, die Finanzaffäre in Hessen »ist vollständig aufgeklärt«.

■ **Maßnahmen:** In dem am 23.1.2000 vorgelegten Bericht einer Wirtschaftsprüfungsgesellschaft über die Finanzpraktiken der CDU unter Kohl bleiben Herkunft und Verwendung von bis zu 12 Mio. DM ungeklärt. Bundestagspräsident Wolfgang Thierse (SPD) entscheidet am 15.2., dass die CDU wegen Verstoßes gegen das Parteienfinanzierungsgesetz 41,347 Mio. DM zurückzahlen muss. Der Rechenschaftsbericht für 1998 sei ungültig, weil die im Ausland befindlichen 18 Mio. DM des Landes Hessen in ihm nicht aufgeführt sind. Am 6.3. klagt die CDU vor dem Berliner Verwaltungsgericht gegen den Bescheid; das Gericht hebt am 31.1.2001 den Strafbescheid auf, da die Bestimmungen des Parteiengesetzes nicht verletzt worden seien. – Als Sanktion für die von Kohl illegal angenommenen und nicht ausgewiesenen Spenden in Höhe von 2,2 Mio. DM verhängt Thierse am 19.7.2000 eine zweite Bußgeldzahlung in Höhe von 6,5 Mio. DM. Nach einer privaten Spendensammlung überweist Kohl bis Anfang Juni 8 Mio. DM an die Parteikasse der CDU. – Am 1.12. storniert Bundestagspräsident Thierse der CDU 3,4 Mio. DM ihres staatlichen Zuschusses. Damit bestraft er u. a. die undeklarierte Spende Schreibers in Höhe von 1 Mio. DM 1991 an Leisler Kiep.

rungsrente anstelle der bisherigen Invalidenrente. Deren Empfängerkreis (1999: 1,9 Mio. Menschen) und Höhe werden reduziert, indem sie enger an den Anteil der verbliebenen Arbeitsfähigkeit und die Möglichkeit, eine Teilzeitarbeitsstelle zu finden, gekoppelt werden und die Grenze zum Übertritt in die Altersrente schrittweise von 60 auf 63 Jahre erhöht wird (in Kraft 1.1.2001).

■ **Bundeswehr-Strukturreform:** Am 23.5. präsentiert die von Verteidigungsminister Rudolf Scharping (SPD) im Mai 1999 eingesetzte Kommission »Gemeinsame Sicherheit und Zukunft der Bundeswehr« unter Vorsitz des Altbundespräsidenten Richard von Weizsäcker (CDU) umfassende Vorschläge zur Strukturreform der Bundeswehr. Nach einem Beschluss des Kabinetts vom 14.6. soll die Truppenstärke auf 277 000 Soldaten reduziert werden; für Auslandseinsätze sollen 150 000 Mann bereitgehalten werden. Der Anteil der Berufs- und Zeitsoldaten soll auf 200 000 Mann ansteigen. Der Wehrdienst wird auf neun Monate verkürzt. Die Zivilverwaltung soll von 120 000 Beschäftigten auf rd. 80 000 verkleinert werden. – Entsprechend einer Entscheidung des Europäischen Gerichtshofs vom 11.1. ändert der Bundestag am 27.10. Art. 12a Abs. 4 GG, der bislang den **Dienst von Frauen an der Waffe** ausschloss. Mit der Änderung erhalten Frauen das Recht zum freiwilligen Dienst in allen Laufbahnen der Bundeswehr.

WEITERE INNENPOLITISCHE EREIGNISSE

■ **Atomenergie:** Nachdem am 21.2. das Management der umstrittenen Wiederaufbereitungsanlage Sellafield in Großbritannien zugibt, dass Sicherheitsdokumente von vier Brennelementen, die im AKW Unterweser eingesetzt wurden, manipuliert worden sind, erlässt Bundesumweltminister Jürgen Trittin (B'90/Grüne) ein **Verbot für den weiteren Bezug von Plutonium aus Sellafield** und stellt auch alle weiteren Verträge mit Sellafield in Frage. – Nach mehreren Konsensrunden schließen die Bundesregierung und die Energieversorgungsunternehmen am 15.6. einen Kompromiss über die Beendigung der Nutzung der Atomenergie. Die Regellaufzeit der am Netz befindlichen Atomkraftwerke wird auf **32 Jahre pro Reaktor** begrenzt.

■ **BSE-Krise:** Fünf Jahre nach dem Ausbruch der Rinderseuche BSE in Großbritannien wird am 24.11. der erste BSE-Fall in Deutschland festgestellt. Nach der Einführung flächendeckender BSE-Tests für alle geschlachteten Rinder im Alter von mehr als 30 Monaten auf der Grundlage eines am 1.12. von Bundestag und Bundesrat verabschiedeten Eilgesetzes steigt die Zahl der in Deutschland diagnostizierten BSE-Fälle bis Anfang August 2001 auf 94 an.

PARTEIEN

■ **CDU:** Die Parteispendenaffäre der Bundes-CDU und der Landes-CDU Hessen stürzt die Partei in die schwerste Krise ihrer Geschichte, beeinträchtigt über Monate ihre politische Handlungsfähigkeit und führt zu einer Erneuerung der Führung. – Am 18.1. fordern Präsidium und Bundesvorstand der CDU Helmut Kohl auf, seinen Ehrenvorsitz vorläufig ruhen zu lassen, woraufhin er ihn niederlegt. – Wolfgang Schäuble erklärt am 16.2. im Zuge der Affäre seinen Verzicht auf die Ämter des Fraktions- und Parteivorsitzenden, um den Weg für einen »personellen Neuanfang« freizumachen. Am 29.2. wählt die CDU/CSU-Fraktion dessen bisherigen Stellvertreter Friedrich Merz zum Fraktionsvorsitzenden. Auf dem Bundesparteitag in Essen wird **Angela Merkel** am 10.4. **zur neuen Bundesvorsitzenden** gewählt, ihre Nachfolge als Generalsekretär tritt der Bundestagsabgeordnete Ruprecht Polenz an. Nach dessen Rücktritt bestätigt der Kleine Parteitag am 20.11. den bisherigen Landtagsvizepräsidenten von Nordrhein-Westfalen, Laurenz Meyer, als **neuen Generalsekretär**.

■ **Bündnis 90/Die Grünen:** Auf dem Parteitag in Münster am 23./24.6. werden Fritz Kuhn und Renate Künast zu neuen Vorstandssprechern gewählt.

■ **PDS:** Nach dem Verzicht von Lothar Bisky, erneut für den Parteivorsitz zu kandidieren, wählt der Parteitag in Cottbus am 14.10. die bisherige stellvertretende Vorsitzende und Thüringer Fraktionschefin Gabriele Zimmer an die Spitze der Partei.

RECHTSEXTREMISMUS

Eine erneute öffentliche Debatte über die intensivere Bekämpfung des Rechtsextremismus wird durch einen **Sprengstoffanschlag in Düsseldorf** am 27.7. entfacht, bei dem zehn Zuwanderer aus Osteuropa teilweise schwer verletzt werden; die Mehrzahl von ihnen ist jüdischen Glaubens. Das Bundesamt für Verfassungsschutz meldet im April in seinem Verfassungsschutzbericht 1999 einen verstärkten Zulauf zu Neonazi- und Skinheadgruppen und einen drastischen Anstieg gewalttätiger Ausschreitungen in den neuen Bundesländern; hier registrierte es etwa die Hälfte von insgesamt 746 Gewaltdelikten mit rechtsextremistischem Hinter-

Weltausstellung von oben: Vom 1.6. bis 31.10. findet in Hannover die EXPO 2000 statt

grund. Am 2.8. verabreden die Innenminister von Bund und Ländern Maßnahmen zur Bekämpfung von Rechtsextremismus und Fremdenfeindlichkeit. – Gegen rechtsextremistische Aktivitäten kommt es zu zahlreichen öffentlichen Protesten. An einer Großkundgebung in Berlin am 9.11., dem Jahrestag der antijüdischen Pogrome 1938, beteiligen sich rd. 200 000 Menschen.

ENTSCHÄDIGUNGSFONDS FÜR ZWANGSARBEITER

Mit der Unterzeichnung einer gemeinsamen Schlusserklärung aller Beteiligten enden am 17.7. in Berlin die mehr als eineinhalb Jahre dauernden Verhandlungen über deutsche Entschädigungszahlungen an einstige NS-Zwangsarbeiter. Damit kann die Stiftung »Erinnerung, Verantwortung und Zukunft«, deren Errichtung am 6.7. vom Bundestag gebilligt worden ist, ihre Tätigkeit aufnehmen. Kontroversen gibt es über die **Höhe der Entschädigung:** Nachdem ein erstes deutsches Angebot über eine Gesamtsumme von 6 Mrd. DM am 7.10.1999 in Washington von den Opferverbänden zurückgewiesen wurde, kommt es am 17.12. zu einer Einigung auf 10 Mrd. DM, die je zur Hälfte von der öffentlichen Hand und der deutschen Wirtschaft aufgebracht werden sollen. Am 23.3.2000 einigen sich die beteiligten Parteien auf die **Verteilung:** 8,25 Mrd. DM werden für einmalige Zahlungen an ehemalige Zwangsarbeiter (rd. 1,5 Mio. Anspruchsberechtigte) bereitgestellt, die 5000 DM bzw. 15 000 DM (im Fall von sog. Sklavenarbeitern in Konzentrationslagern) erhalten sollen; 1 Mrd. DM sind für den Ausgleich von Vermögensschäden (Enteignungen und Arisierungen) bestimmt; 700 Mio. DM werden in einen Zukunftsfonds für Projekte der Generationen- und Völkerverständigung eingebracht. Als größtes Problem erweist sich die von den Unternehmen geforderte **Rechtssicherheit:** Am 17.7. unterzeichnen Regierungsvertreter der USA und Deutschlands in Berlin zwar ein Abkommen, in dem sich die US-Regierung verpflichtet, den Gerichten im Fall von Sammelklagen gegen deutsche Firmen eine Abweisung zu empfehlen. Dennoch wird die letzte Sammelklage in den USA erst am 10.5.2001 abgewiesen.

DDR-ERBE

Das Bundesverfassungsgericht weist am 12.1. die Beschwerde des früheren Staats- und Parteichefs der DDR, Egon Krenz, gegen das Urteil des Bundesgerichtshofs (BGH) vom 8.11.1999 zurück. Wegen Mitverantwortlichkeit für die Todesschüsse an der innerdeutschen Grenze war Krenz zu sechseinhalb Jahren Haft verurteilt worden. Er tritt sie am 13.1. an. – Am 3.4. gibt das Bundesinnenministerium bekannt, dass die Regierung Kohl im Frühjahr 1990 die aufgefundenen **Abhörprotokolle von Stasi-Lauschangriffen** auf westdeutsche Politiker ohne vorherige Auswertung vernichten ließ. – Anfang April übergeben die USA der Bundesregierung den ersten von etwa 1000 Datenträgern, die Aufschluss über das **DDR-Spionagenetz im Westen** geben sollen. Die Zentralkartei der Hauptverwaltung Aufklärung der Stasi mit mehr als 300 000 Personeneinträgen und Klarnamen von Agenten und Kontaktpersonen gelangte nach der Wende 1989 in den Besitz des US-Geheimdienstes CIA.

UNTERNEHMEN, WIRTSCHAFT

■ **Unternehmen:** Die Deutsche Telekom bringt am 17.4. **T-Online**, den nach AOL zweitgrößten Online-Dienst der Welt, an die Börse. 106 Mio. Aktien werden zu einem Emissionspreis von 27 € ausgegeben. Bei der dritten Aktientranche der **Deutschen Telekom** kommen am 19.6. 230 Mio. Aktien zu einem Ausgabekurs von 66,45 € auf den Markt. – Am 1.1. schließen sich die Konzerne Veba AG (Düsseldorf) und Viag AG (München) zum neuen Unternehmen E.ON zusammen. Aus der bislang größten Fusion der deutschen Industriegeschichte geht das größte deutsche Stromunternehmen mit einem Umsatz von rd. 133 Mrd. DM hervor. – Der Aufsichtsrat der **Mannesmann AG** akzeptiert am 4.2. das Übernahmeangebot des britischen Mobilfunkbetreibers **Vodafone Airtouch**. Der gütlichen Einigung über die bislang teuerste Transaktion der Wirtschaftsgeschichte (rd. 370 Mrd. DM) ging der spektakuläre Versuch einer feindlichen Übernahme voraus.

Pressekonferenz im Berliner Kanzleramt am 10.7.: Der Staatspräsident Irans Sayed Mohammed Khatami

■ **UMTS:** Die dem Bundeswirtschaftsministerium angeschlossene Regulierungsbehörde zur Überwachung und Förderung des Wettbewerbs für Telekommunikation und Post versteigert vom 31.7.–17.8. Lizenzen für den europäischen Standard für schnelle mobile Datenübertragung der dritten Mobilfunk-Generation UMTS (Universal Mobile Telecommunications System) im Gesamtwert von 98,8 Mrd. DM an sechs Mobilfunkbetreiber bzw. -konsortien.

AUSSENPOLITIK

■ **Iran:** Nach der Freilassung des 1998 in Teheran zum Tode verurteilten deutschen Geschäftsmanns Helmut Hofer am 20.1. normalisieren sich die Beziehungen zum Iran. Am 6.3. besucht Joschka Fischer (B'90/Grüne) als erster deutscher Außenminister seit 1992 das Land. Staatspräsident Sayed Mohammed Khatami stattet Deutschland vom 10. bis 13.7. einen Staatsbesuch ab.

■ **Österreich:** Die Beteiligung der rechtsgerichteten Freiheitlichen Partei Österreichs (FPÖ) an der Regierung Anfang Februar wird von der deutschen Bundesregierung in außergewöhnlich scharfer Form verurteilt. Bundesaußenminister Joschka Fischer warnt vor einer europafeindlichen Politik Österreichs unter dem Druck der FPÖ und vor einer »Renationalisierung des europäischen Konservativismus«.

■ **Israel:** Im Rahmen seiner Nahostreise (15.–25.2.) stattet Bundespräsident Johannes Rau Israel einen Staatsbesuch ab. In der ersten Rede eines deutschen Staatsoberhaupts vor der Knesset, in deutscher Sprache gehalten, bittet er am 16.2. das jüdische Volk und Israel um Vergebung für die von Deutschen an Juden begangenen Verbrechen.

■ **Russland:** Der Besuch des neuen russischen Präsidenten Wladimir Putin in Berlin (14.–16.6.) dient einem sachlichen Neubeginn der Zusammenarbeit trotz der deutschen Vorbehalte am Vorgehen Russlands in Tschetschenien. Die Bundesregierung lehnt einen von Putin vorgeschlagenen Erlass von russischen Schulden in Höhe von 60 Mrd. DM ab, erklärt sich jedoch zu einer Umschuldung bereit.

BUNDESLÄNDER

■ **Hessen:** Mit der Erklärung des früheren hessischen CDU-Landesvorsitzenden Manfred Kanther vom 14.1. über die Einrichtung schwarzer Parteikonten im Ausland gerät die hessische CDU in den Strudel der **Parteispendenaffäre**. Am 8.2. gibt der hessische Ministerpräsident Roland Koch (CDU) zu, bei der Aufklärung der CDU-Finanzaffäre die Unwahrheit gesagt zu haben.
Ein **Sonderparteitag** der FDP am 4.3. in Rotenburg an der Fulda lehnt es entgegen der Empfehlung des Bundesvorstands ab, ein Misstrauensvotum der Opposition im Landesparlament gegen Koch mitzutragen. Am 3.3. entschließt sich das **Wahlprüfungsgericht**, die Landtagswahl 1998 zu überprüfen, weil rd. 1,5 Mio. DM von den schwarzen Kassen der CDU in den Wahlkampf geflossen seien. Das Verfahren wird im Februar 2001 eingestellt.

■ **Nordrhein-Westfalen:** Unter der Anschuldigung privater Vorteilsnahme tritt Finanzminister Heinz Schleußer (SPD) am 26.1. zurück. In die sog. Flugaffäre, in der es um die Nutzung der Flugbereitschaft der Westdeutschen Landesbank (WestLB) durch Mitglieder der Landesregierung geht, ist auch der frühere Ministerpräsident und derzeitige Bundespräsident Johannes Rau verwickelt. Bei der **Landtagswahl** am 14.5. wird Ministerpräsident Wolfgang Clement (SPD) bestätigt und führt die rot-grüne Koalition fort.

■ **Saarland:** Nach dem Rücktritt des früheren Ministerpräsidenten Reinhard Klimmt (SPD) als Bundesbau- und Verkehrsminister am 16.11. zieht auch der saarländische Innenminister Klaus Meiser (CDU) die Konsequenzen aus der Finanzaffäre um den 1. FC Saarbrücken, dessen Vizepräsident er war, und tritt zurück.

■ **Schleswig-Holstein:** Die rot-grüne Koalition unter Ministerpräsidentin Heide Simonis (SPD) wird bei der **Landtagswahl** am 27.2. bestätigt.

■ **Wahlergebnisse** → S. 458–467

2001

»Politik der ruhigen Hand« und Solidarität mit den USA

Der deutliche Konjunkturabschwung ruft die Opposition mit Forderungen nach wirtschaftsfördernden Sofortmaßnahmen auf den Plan. Bundeskanzler Gerhard Schröder verfolgt jedoch nach dem Reformschub des Vorjahres eine »Politik der ruhigen Hand«: Am Sparkurs wird festgehalten, um die Neuverschuldung des Bundes zurückführen zu können. Zugleich werden weitere wichtige Reformprojekte (u.a. Rentenversicherung, Betriebsverfassungsgesetz) zum Abschluss bzw. auf den Weg (Zuwanderungsrecht) gebracht. Die Terroranschläge in den USA am 11.9. lösen eine Welle der Solidarität aus. Mit der Verabschiedung von Antiterrorgesetzen und der Einreihung in die internationale Antiterrorkoalition vollzieht sich auch in Deutschland ein Paradigmenwechsel in der inneren und äußeren Sicherheitspolitik.

REFORMPOLITIK

■ **Studium:** Am 15.2. novelliert der Bundestag das Bundesausbildungsförderungsgesetz (BAFöG, in Kraft 1.4.). Neben einer Anhebung des Förderungshöchstsatzes, der Freibeträge für Eltern und des monatlichen Förderungssatzes (auf rd. 583 €) wird ein Bildungskredit eingeführt. Eine Reform des sog. Meister-BAFöG wird am 18.7. beschlossen (in Kraft 1.1.2002).

■ **Renten:** Nach Annahme durch den Bundestag verabschiedet der Bundesrat am 16.2. und 11.5. die weiteren Teile der Rentenreform (→ 2000), die damit Anfang 2002 bzw. 2003 in Kraft treten können. Die rot-grüne Regierungskoalition verspricht sich davon, den Beitragssatz zur gesetzlichen Rentenversicherung bis zum Jahr 2020 unter 20% und bis 2030 unter 22% halten zu können. Kernstücke der Reform sind: 1. eine neue Rentenformel, die das durchschnittliche Rentenniveau von derzeit 70% des Nettolohns schrittweise bis 2030 auf 64% absenkt; 2. der Aufbau einer zusätzlichen, kapitalgedeckten privaten Altersvorsorge: Wer neben den Pflichtbeiträgen z[...] Rentenversicherung einen weiter[...] seines Einkommens (1% 2002 bi[...] die sog. Riesterrente anspart, er[...] terungen oder Zuschüsse; 3. ein[...] der Sozialhilfe orientierte Grundsicherung [...] bedürftige Rentner; 4. die Reform des Hinterbliebenenrechts für Ehen, die neu geschlossen wurden oder mit Partnern unter 40 Jahren: Die Witwen-/Witwerrente wird von bisher 60% auf 55% gekürzt, hinzu kommt ein Kinderzuschlag; anstelle der Hinterbliebenenrente können die Ehepartner auch das Rentensplitting wählen, bei dem die während der Ehe erworbenen Rentenanwartschaften je zur Hälfte aufgeteilt werden.

■ **Familien:** Nach dem Bundestag (7.7.) passiert am 13.7. ein Paket von sozialpolitischen Maßnahmen mit Nettoentlastungen für Familien im Volumen von 2,4 Mrd. € den Bundesrat (in Kraft 1.1.2002). Das Kindergeld für das erste und das zweite Kind wird erhöht (auf 154 €); der bisherige Betreuungsfreibetrag wird in einen Erziehungsfreibetrag (2160 €) umgewandelt; darüber hinaus erhalten allein Erziehende und Eltern, die beide berufstätig sind, einen Freibetrag für die Betreuung von Kindern bis 14 Jahre (bis zu 1500 €).

■ **Betriebsverfassung:** Am 22.6. und 13.7. billigen Bundestag bzw. Bundesrat die umstrittene Reform des zuletzt 1972 novellierten Betriebsverfassungsgesetzes (in Kraft 28.7.). Es erleichtert die Einrichtung des Betriebsrats, erweitert seinen Aufgabenkatalog und gibt ihm mehr Mitbestimmungsrechte u.a. bei der beruflichen Qualifizierung, beim betrieblichen Umweltschutz und bei der Förderung von Frauen.

■ **Lebenspartnerschaften:** Das Bundesverfassungsgericht lehnt am 18.7. den Antrag der Bundesländer Sachsen und Thüringen ab, das Gesetz zur Eingetragenen Lebenspartnerschaft (verabschiedet im November 2000) per einstweiliger Anordnung nicht in Kraft treten zu lassen. Das neue Rechtsinstitut gilt ab 1.8. und ermöglicht gleichgeschlechtlichen Paaren, eine Bindung mit eheähnlichen Rechten und Pflichten einzugehen.

■ **Zuwanderung:** Bundesinnenminister Wolfgang Schäuble (CDU) legt am 3.8. den Referentenentwurf für ein Zuwanderungsgesetz vor. Er nimmt wesentliche Elemente der Vorschläge auf, die eine Zuwanderungskommission unter Leitung der ehemaligen Bundestagspräsidentin Rita Süssmuth (CDU) erarbeitet und am 4.7. vorgelegt hat. Die Union, die das Gesetzeswerk im Bundesrat blockieren kann, t zahlreiche Änderungen und kündigt an, die länderpolitik gegebenenfalls zum Thema des Bundestagswahlkampfs 2002 zu machen.

■ **Weitere Reformen:** Die am 29.3. vom Bundestag beschlossene Mietrechtsreform sieht deutliche Verbesserungen für die Mieterseite vor (in Kraft 1.9.). – Am 17.5./22.6. beschließt das Parlament eine neue Zivilprozessordnung: Die Stärkung der ersten Instanz soll mehr Bürgernähe und Effizienz bringen. – Das am 19.10. verabschiedete Gesetz zur Verbesserung der sozialen und rechtlichen Situation von Prostituierten (in Kraft 1.1.2002) eröffnet diesen den Zugang zum sozialen Versicherungssystem und soll ihre Abhängigkeit von Zuhältern verringern.

FÖDERALISMUS

■ **Länderfinanzausgleich:** Nach der Einigung zwischen den Regierungen von Bund und Ländern billigen beide Kammern des Parlaments am 5./13.7. das sog. Maßstäbegesetz. Mit der neuen Basis für den Finanzausgleich zwischen Bund und Ländern folgt der Gesetzgeber den Vorgaben des Bundesverfassungsgerichts (→ 1999), indem neue Anreizstrukturen dafür sorgen sollen, dass die finanzstarken Länder mehr von ihren eigenen Steuern (12%) behalten können. Außerdem müssen sie nur noch maximal 72,5% statt bisher 80% ihres Mehrwertsteuereinkommens einbringen. Im Gegenzug wird die Finanzkraft der Kommunen bei der Ermittlung der Finanzkraft eines Bundeslandes nicht mehr zu 50%, sondern zu 64% angesetzt. Der Bund speist jährlich rd. 1,3 Mrd. € in das Ausgleichssystem ein; dessen Volumen umfasste 2000 rd. 33 Mrd. €.

■ **Solidarpakt II:** Verbunden mit dem Maßstäbegesetz zum Länderfinanzausgleich wird beschlossen, die Infrastruktur zwischen Ost und West weiter anzugleichen. Dazu sollen den ostdeutschen Bundesländern von 2005 bis 2020 Finanzmittel von insgesamt rd. 156 Mrd. € zufließen. Von 1990 bis 2000 wurde der Aufbau Ost mit Unterstützungsgeldern in einer Gesamthöhe von rd. 500 Mrd. € finanziert.

AGRAR-, VERBRAUCHER- UND ENERGIEPOLITIK

■ **BSE-Krise:** Bis Ende des Jahres werden 128 Fälle der Rinderseuche gemeldet. Aufgrund von
…lerheiten über die reale Infektionsgefährdung
…n – BSE-Erreger können die variante
…kob-Krankheit (vCJK) auslösen –
…er und Frühjahr der Rindfleisch-

Pro-Kopf-Verbrauch der wichtigsten Fleischarten 1950–2005

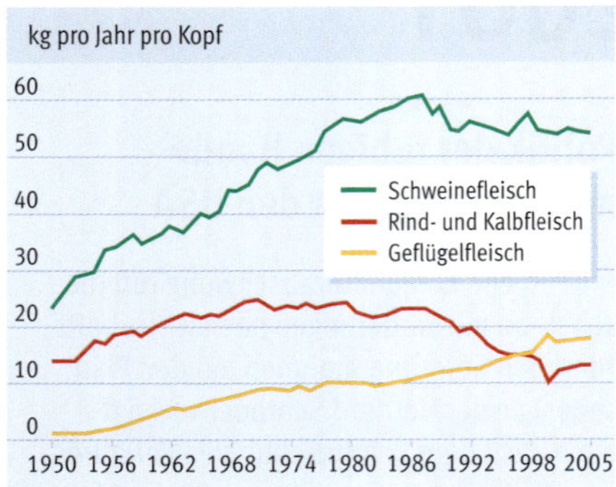

Quelle: Agrarwirtschaft 1/2006

verbrauch gegenüber dem Vorjahreszeitraum um zeitweise mehr als die Hälfte. Nach dem Rücktritt von Gesundheitsministerin Andrea Fischer und Agrarminister Karl-Heinz Funke (9.1.) kündigt Bundeskanzler Schröder an, die Agrarpolitik dem Konsumenteninteresse unterordnen zu wollen. Renate Künast, neue Chefin des programmatisch umbenannten Ressorts für Verbraucherschutz, Ernährung und Landwirtschaft, will für eine »gläserne Produktion« sowie artgerechte Tierhaltung sorgen und die regionalen Strukturen stärken.

■ **Atomausstieg:** Ein Jahr nach ihrer Grundsatzeinigung (→ 2000) unterzeichnen die Bundesregierung und Vertreter der Energiewirtschaft am 11.6. den Vertrag zum sog. Atomkonsens (in Kraft 27.4.2002). Die Unionsparteien kündigen an, im Falle eines Wahlsiegs 2002 den Atomausstieg wieder rückgängig zu machen.

KABINETT

Im Zuge der BSE-Krise treten am 9.1. Gesundheitsministerin Andrea Fischer (B'90/Grüne) und Landwirtschaftsminister Karl-Heinz-Funke (SPD) zurück. An ihre Stelle beruft Bundeskanzler Schröder schon am nächsten Tag Ulla Schmidt (SPD) bzw. Renate Künast (B'90/Grüne), die mit einem veränderten Zuschnitt ihres Ressorts eine Neuorientierung der Agrar- und Verbraucherschutzpolitik einleitet. – Neuer Staatsminister für Kultur und Medien im Kanzleramt wird am 10.1. Julian Nida-Rümelin (SPD), bisher Münchener Kulturreferent; er folgt Michael Naumann (SPD) nach, der als Mitherausgeber zur Wochenzeitung *Die Zeit* wechselt. – Im Januar gerät Außenminister Joschka Fischer (B'90/Grüne) durch die Veröffentlichung von Fotos unter Druck, die den ehemaligen

Linksaktivisten bei einer gewaltsamen Aktion 1973 in Frankfurt am Main zeigen. In der Debatte über das »politische Erbe« der »68er-Generation« distanziert sich Fischer von seiner früheren Gewaltbereitschaft, bekennt sich jedoch zu den »Brüchen« in seiner Biografie.

PARTEIEN, ORGANISATIONEN

■ **NPD, Rechtsextremismus:** Am 30.1. reicht die Bundesregierung beim Bundesverfassungsgericht einen Antrag auf Verbot der NPD ein. Bundesrat und Bundestag folgen am 30.3. mit eigenen Anträgen nach. Die NPD ist mit rd. 6000 Mitgliedern die aktivste und radikalste unter den rechtsextremen Parteien. – Angesichts der rasant zunehmenden Zahl rechtsextremistisch motivierter Straftaten – sie stieg lt. Verfassungsschutzbericht 2000 gegenüber 1999 um 59% auf 15 851 – stellt Bundesfamilienministerin Christine Bergmann (SPD) am 27.2. ein mit rd. 33 Mio. € ausgestattetes Aktionsprogramm vor. Gefördert werden sollen insbesondere Initiativen, die sich dem Kampf gegen Rechtsextremismus, Antisemitismus und Fremdenfeindlichkeit, vorzugsweise in Ostdeutschland, widmen. Das Bundesamt für Verfassungsschutz startet am 17.4. ein Aussteigerprogramm für Rechtsextremisten.

■ **Bündnis 90/Die Grünen:** Nach dem Eintritt von Renate Künast in die Bundesregierung im Januar wählt der Parteitag in Stuttgart am 10.3. Claudia Roth zu ihrer Nachfolgerin als Bundesvorsitzende neben Fritz Kuhn. Auf dem Bundesparteitag am 24.11. in Rostock »akzeptiert« die Mehrheit der Delegierten nach heftiger Kontroverse das Abstimmungsverhalten der Bundestagsfraktion zum Anti-Terror-Einsatz der Bundeswehr in Afghanistan.

■ **FDP:** Auf dem Bundesparteitag in Düsseldorf löst der bisherige Bundesgeschäftsführer Guido Westerwelle am 5.5. Wolfgang Gerhardt als Parteivorsitzenden ab.

■ **PDS:** Zum 55. Jahrestag des Zusammenschlusses von SPD und SED 1946 entschuldigt sich die Bundesvorsitzende Gabriele Zimmer für die Nachfolgepartei der SED am 18.4. bei der SPD für »die mit Zwang einhergehende Vereinigung sowie die Verfolgung von Sozialdemokraten durch die SED«.

■ **Gewerkschaften:** Am 19.3. konstituiert sich in Berlin die Vereinte Dienstleistungsgewerkschaft ver.di. Sie geht aus der Fusion von vier DGB-Gewerkschaften und der Deutschen Angestellten-Gewerkschaft (DAG) hervor und ist mit etwa 2,9 Mio. Mitgliedern in rd. 1000 Berufen die größte Einzelgewerkschaft der Welt. Der Gründungskongress wählt Frank Bsirske (B'90/Grüne), bisher Chef der Gewerkschaft Öffentliche Dienste, Transport und Verkehr (ÖTV), zum Vorsitzenden der neuen Multibranchengewerkschaft.

Spektakuläre Architektur: Das Jüdische Museum in Berlin nach einem Entwurf von Daniel Libeskind wird am 9.9. eröffnet

BUNDESWEHR

■ **Standortschließungen:** Verteidigungsminister Rudolf Scharping (SPD) stellt am 29.1. seinen Plan vor, im Zuge der Bundeswehrreform (→ 2000) von den insgesamt 605 Standorten 39 größere und 20 kleinere aufzulösen. In der Auseinandersetzung zwischen dem Verteidigungs- und dem Finanzminister über die Deckung einer Finanzierungslücke von rd. 11,6 Mrd. € bis 2006 vermittelt Bundeskanzler Schröder im Mai einen Kompromiss.

■ **Auslandseinsätze:** Am 1.6. verlängert der Bundestag das Kosovo-Mandat der Bundeswehr im Rahmen der UN-Friedenstruppe KFOR. – Am 29.8. billigt der Bundestag die Teilnahme an der NATO-Mission Essential Harvest zur Überwachung des Friedensprozesses in Mazedonien mit bis zu 500 Soldaten. Die am 27.9. beschlossene Nachfolgemission beginnt am 1.10. und steht als erste NATO-Mission unter deutscher Führung (bis Ende Juni 2002).

■ **Wehrdienst:** Der Bundestag billigt am 9.11. die Verkürzung des Wehrdienstes von zehn auf neun Monate ab 1.1.2002.

WEITERE INNENPOLITISCHE EREIGNISSE

■ **Zwangsarbeiter-Entschädigungsfonds:** Der Bundestag macht am 30.5. den Weg für Entschädigungszahlungen an ehemalige Zwangsarbeiter unter dem NS-Regime frei, indem er in einer Entschließung den deutschen Unternehmen

Rechtssicherheit gegen weitergehende Entschädigungsforderungen zusichert. Die Zahlungen sind aus dem Fonds der im Juli → 2000 gegründeten Bundesstiftung Erinnerung, Verantwortung und Zukunft zu leisten. Insgesamt beteiligen sich rd. 6500 Unternehmen mit Einzahlungen, sodass der Fonds einschließlich des hälftigen Staatsanteils über Mittel in Höhe von 10,2 Mrd. DM (5,2 Mrd. €) verfügt. Im Juni erfolgen erste Auszahlungen an Partnerstiftungen im Ausland, die das Geld an die Anspruchsberechtigten verteilen. Bis Ende des Jahres gehen über 1,8 Mio. Anträge ein.

■ **La-Belle-Prozess:** Das Berliner Landgericht verurteilt am 13.11. eine deutsche Frau, zwei Libyer und einen gebürtigen Palästinenser wegen Mordes bzw. Beihilfe zum Mord und Mordversuchs zu Haftstrafen zwischen zwölf und 14 Jahren. In dem vierjährigen Verfahren ging es um die Aufklärung des Anschlags auf die Diskothek La Belle in Berlin im April → 1986, bei dem drei Menschen ums Leben kamen. Das Gericht konstatierte in der Urteilsbegründung eine federführende Beteiligung des libyschen Geheimdienstes an dem Verbrechen.

»PISA-SCHOCK«

Im internationalen Vergleich schneidet das deutsche Schulsystem überraschend schlecht ab, so das Ergebnis einer im Auftrag der OECD erstellten internationalen Schulleistungsstudie (Programme für International Student Assessment, PISA), das am 4.12. vorgestellt wird. Die im Frühjahr 2000 erstellte Erhebung, an der in Deutschland 5073 Schüler im Alter von 15 Jahren in 219 Schulen teilnahmen, bezog sich auf die Schlüsselkompetenzen Lesefähigkeit und mathematische sowie naturwissenschaftliche Grundbildung. Unter 32 Ländern rangiert Deutschland im Gesamtvergleich auf Platz 25; kein anderes Land weist eine derart enge Korrelation von sozialer Herkunft und Schulleistung auf. Bildungsexperten und Politiker konstatieren einen neuen Bildungsnotstand und fordern ein **Umdenken in der Bildungspolitik** und schnelle Konsequenzen. Am 7.12. fasst die Kultusministerkonferenz (KMK) »Sofortbeschlüsse«: Lernschwache und Zuwanderungsschüler sollen besonders gefördert, Kindergärten in die Lernangebote einbezogen und die Lehrer besser aus- und weitergebildet werden.

FOLGEN DES 11. SEPTEMBER

■ **Solidarität:** Bundeskanzler Schröder versichert den USA noch am Abend des 11.9. die »uneingeschränkte Solidarität« Deutschlands und bezeichnet in seiner Regierungserklärung am nächsten Tag die Terroranschläge in New York und Washington als »Kriegserklärung gegen die gesamte zivilisierte Welt«. Entschließungen des Bundestags, Manifestationen von Parteien und Organisationen sowie Massenkundgebungen (die größte am 14.9. in Berlin) geben dieser Stimmungslage in den nächsten Wochen Ausdruck.

■ **Terroristenfahndung:** Schon wenige Tage nach den Terroranschlägen in den USA erweist sich, dass bis zur direkten Vorbereitung auf ihre Tat drei mutmaßliche »Todespiloten« der vier entführten Passagiermaschinen – unter ihnen der Anführer Mohammed Atta – jahrelang in Hamburg und Bochum als Studenten gelebt und eine Al-Qaida-Zelle gebildet hatten. Terrorverdächtige Islamisten werden u.a. in Hamburg, im Rhein-Main-Gebiet und im Ruhrgebiet festgenommen. Zum Aufspüren von sog. Schläfern, vorzugsweise unter arabischen Studenten, nehmen die Sicherheitsbehörden am 1.10. die umstrittene Rasterfahndung auf.

■ **Antiterrorgesetzgebung:** In Reaktion auf die Terroranschläge in den USA beschließen Bundestag und Bundesrat noch im September drastische Verschärfungen der Sicherheitsbestimmungen. Am 8.12.2001 bzw. 1.1.2002 treten **zwei umfangreiche Gesetzespakete** zur inneren Sicherheit in Kraft mit Maßnahmen zur Verbesserung der Reaktionsfähigkeit der Bundeswehr, der Sicherheit im Luftverkehr, der Identitätssicherung durch biometrische Merkmale in Personendokumenten, der Kontrolle von Finanzströmen des Terrorismus, der Ermittlungskompetenzen und Ausstattung von Nachrichtendiensten und Strafverfolgungsbehörden sowie der Kontrolle und Unterbindung von Aktivitäten extremistischer Ausländervereine in Deutschland. Für die Umsetzung der Beschlüsse werden rd. 800 Mio. € veranschlagt. Um den Betrag kostenneutral in den Bundeshaushalt einzustellen, werden die Tabaksteuer um rd. 2 Cent pro Zigarette und die Versicherungssteuer um einen Prozentpunkt angehoben. – Nach Abschaffung des Religionsprivilegs verbietet Bundesinnenminister Otto Schily (SPD) am 12.12. die in Köln aktive islamistische Organisation **Kalifatstaat**.

■ **Bundeswehr in der Antiterrorkoalition:** Gemäß ihrer Verpflichtung aus der Feststellung des Bündnisfalles durch die NATO (2.10.) erklärt sich die Bundesregierung am 7.11. bereit, der Bitte der USA

Afghanistan-Konferenz: Bundeskanzler Schröder und ein afghanischer Gesandter am 5.12. auf dem Petersberg

um Unterstützung Folge zu leisten und bis zu 3900 Soldaten für die **Operation Enduring Freedom** in Afghanistan bereitzustellen. Dort sollen sie im Kampf gegen das mit Al-Qaida verbundene Taliban-Regime – außerhalb des Kampfgebiets für die Dauer von maximal zwölf Monaten – v.a. logistische Hilfe leisten. Der Bundestag billigt die Entscheidung am 16.11. mit 336 Stimmen – zwei mehr als für die absolute Mehrheit erforderlich, nachdem der Bundeskanzler die Abstimmung mit der Vertrauensfrage verbunden hat. Nach dem Amtsantritt einer provisorischen Regierung in Afghanistan und der UN-Resolution vom 20.12. billigt der Bundestag am 22.12. die – zunächst auf sechs Monate befristete – Entsendung von weiteren bis zu 1200 Soldaten als Teil der **Internationalen Schutztruppe für Afghanistan (ISAF)**.

AUSSENPOLITIK

■ **USA:** Während des Antrittsbesuchs von Bundeskanzler Schröder beim neuen Präsidenten George W. Bush in Washington am 29.3. kommt es zu einer offenen Kontroverse über die Entscheidung der USA, das Kyoto-Protokoll zur Eindämmung der Klimaerwärmung nicht zu ratifizieren. – Nach den Terroranschlägen am 11. September stimmen 556 von 611 Abgeordneten im Bundestag einer Entschließung zu, »den Bekundungen der uneingeschränkten Solidarität mit den USA konkrete Maßnahmen des Beistands folgen zu lassen«.

■ **Nahost/Israel:** Im sich verschärfenden Konflikt zwischen Israel und den Palästinensern vermeidet die Bundesregierung einseitige Stellungnahmen, bietet den Konfliktparteien aber Unterstützung bei der Suche nach Möglichkeiten zur Erneuerung des Friedensprozesses an. Außenminister Joschka Fischer gelingt es während seiner Visite Anfang Juni, die mit einem schweren Terroranschlag in Tel Aviv zusammenfällt, die israelische und die palästinensische Führung zu einer sofortigen Waffenruhe zu bewegen.

■ **Afghanistan:** Als Gastgeber der internationalen Konferenz über die Zukunft Afghanistans auf dem Petersberg bei Bonn (27.11.–5.12.) beteiligt sich Außenminister Fischer an der Einigung über die Einsetzung einer provisorischen Regierung in Kabul. Sie ist Voraussetzung für die Entsendung der Friedenstruppe ISAF, die der UN-Sicherheitsrat am 20.12. endgültig mandatiert.

BUNDESLÄNDER

■ **Sachsen:** Nach personalpolitischen Querelen entlässt Ministerpräsident Kurt Biedenkopf (CDU) am 30.1. Finanzminister Georg Milbradt (CDU), der lange als Nachfolgekandidat des 71-jährigen Regierungschefs galt. Biedenkopf übersteht am 15.5. einen Abwahlantrag der Opposition.

■ **Baden-Württemberg:** Nach der **Landtagswahl** am 25.3. kann die CDU-FDP-Koalition unter Ministerpräsident Erwin Teufel (CDU) weiterregieren.

■ **Rheinland-Pfalz:** Die **Landtagswahl** am 25.3. ermöglicht die Fortsetzung der SPD/FDP-Koalition unter Kurt Beck (SPD).

■ **Berlin:** Zum 1.1. tritt eine 1998 beschlossene **Bezirksreform** in Kraft. Die bisher 23 Stadtbezirke werden durch Fusion zu 12 Bezirken zusammengefasst. – Eine Parteispendenaffäre des Bankmanagers und CDU-Fraktionschefs Klaus Landowsky und die Liquiditätskrise der Bankgesellschaft Berlin münden im Juni in den **Bruch der Großen Koalition**, den Sturz des Regierenden Bürgermeisters Eberhard Diepgen (CDU) und die Bildung einer Übergangsregierung unter Klaus Wowereit (SPD). Aus der vorgezogenen **Abgeordnetenhauswahl** am 21.10. geht die SPD als Siegerin hervor. Ihre Koalitionsverhandlungen mit der FDP und B'90/Grüne scheitern (→ 2002).

■ **Hamburg:** Bei der **Bürgerschaftswahl** am 23.9. erringen die bürgerlichen Parteien eine Mehrheit. Ein Überraschungserfolg gelingt der Partei Rechtsstaatlicher Offensive (PRO) des umstrittenen Amtsrichters Ronald Schill. Der Amtsantritt von Ole von Beust (CDU) als Erster Bürgermeister am 31.10. an der Spitze einer Koalition der CDU mit FDP und PRO bedeutet den ersten Machtwechsel in der Hansestadt seit 44 Jahren.

■ **Wahlergebnisse** → S. 458–467

2002

Rot-Grün bleibt vorn

Die Talfahrt der Konjunktur, die prekäre Finanzlage der öffentlichen Hand und der weitere Anstieg der Arbeitslosigkeit bringen die Regierungskoalition zur Bundestagswahl im September in die Defensive. SPD und Grüne nutzen jedoch den »Heimvorteil« der Regierung und sichern sich durch populäre Entscheidungen wenige Wochen vor dem Urnengang den – wenn auch äußerst knappen – Wahlsieg. Neben diversen, vor der Bundestagswahl zugespitzten politischen Konflikten und Affären dominieren die Konsequenzen aus den Terroranschlägen auf die USA am 11. September 2001 die politische Agenda. In der internationalen Antiterrorkoalition weitet Deutschland sein militärisches Engagement bis an die Grenzen der Leistungsfähigkeit der Bundeswehr aus. Nach der Bundestagswahl offenbart sich ein dramatisches Haushaltsdefizit.

BUNDESTAGSWAHL

■ **Wahlkampf:** Die Personalisierungskampagnen der Parteien drängen ihre Wahlprogramme und politischen Affären in den Hintergrund. Dabei profitiert die SPD, die im Mai den Tiefpunkt des Negativtrends erreicht (Zustimmungsquote 33%), in der Folge zunehmend von der nach wie vor hohen Popularität ihres Spitzenkandidaten Bundeskanzler Gerhard Schröder. Gegen ihn kann sich sein Herausforderer, der bayerische Ministerpräsident Edmund Stoiber (CSU), dem in Umfragen eine höhere Kompetenz in der Wirtschafts- und Arbeitsmarktpolitik zugesprochen wird, nicht durchsetzen, in Nord- und Ostdeutschland findet er wenig Zuspruch. Während der Hochwasserkatastrophe in Sachsen und Sachsen-Anhalt im August kann Schröder sich als entscheidungsfreudiger Krisenmanager darstellen und organisiert großzügige Finanzhilfe. Dem Willen des amerikanischen Präsidenten zu einem Militärschlag gegen den Irak setzt er in scharfer Tonlage – und mit breiter Zustimmung in der Öffentlichkeit – die Ablehnung einer deutschen Beteiligung entgegen.

■ **Wahlergebnis:** Die SPD (38,5%) erleidet einen Stimmenverlust von 2,4 Prozentpunkten; sie wird aber mit einer hauchdünnen Mehrheit von 6027 Stimmen stärkste Partei. Den Ausschlag für den Machterhalt der Koalition gibt der Erfolg von B'90/Grüne (8,6%, +1,9). CDU/CSU steigern sich zwar um 3,4 Prozentpunkte auf 38,5% (davon CDU 29,5%, CSU 9,0%), der Versuch der FDP, sich zur 18-Prozent-Volkspartei aufzuschwingen, scheitert jedoch (7,4%), und der leichte Zugewinn (+1,2) reicht nicht für einen konservativ-liberalen Machtwechsel. Die PDS rutscht unter die 5%-Hürde (4,0%, –1,1). Zwei ihrer Kandidaten erringen ein Direktmandat. Die Wahlbeteiligung liegt mit 79,1% etwas niedriger als 1998 (82,2%).

■ **Neuer Bundestag:** Am 17.10. konstituiert sich – erstmals in Berlin – der 15. Deutsche Bundestag, der wegen einer 1998 beschlossenen Verringerung der Wahlkreise nur noch über 598 reguläre Sitze verfügt. Durch fünf Überhangmandate (SPD 4, CDU 1) zählt er 603 Abgeordnete, 66 weniger als in der 14. Legislaturperiode. **Bundestagspräsident** ist erneut Wolfgang Thierse (SPD), zu Vizepräsidenten werden Susanne Kastner (SPD), Norbert Lammert (CDU), Antje Vollmer (B'90/Grüne) und Hermann Otto Solms (FDP) ernannt.

ERNEUERUNG DER REGIERUNGSKOALITION

■ **Zweite Regierung Schröder:** Die Koalitionsverhandlungen zwischen der SPD und B'90/Grüne werden am 16.10. abgeschlossen. Das **Regierungsprogramm** widmet sich schwerpunktmäßig der Sozial- und Wirtschaftspolitik. Das zentrale Augenmerk liegt dabei auf der Bekämpfung der Arbeitslosigkeit durch Umsetzung der Vorschläge der Hartz-Kommission und der Verbesserung der wirtschaftlichen Rahmenbedingungen, die »ökologisch und sozial verträglich« zu gestalten sind. Zugleich verpflichtet sich die Regierung auf die Konsolidierung des Haushalts. – Am 22.10.

Wahl zum 15. Deutschen Bundestag am 22.9.2002 (1998)

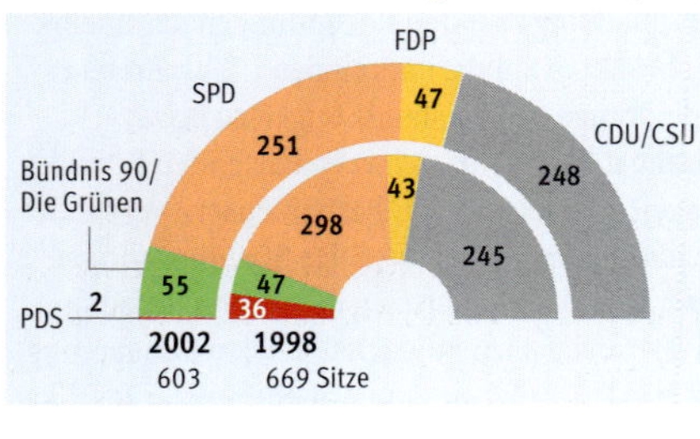

Elefantenrunde: Bundeskanzler Gerhard Schröder (r.), die CDU-Vorsitzende Angela Merkel (l.) und CDU/CSU-Kandidat Edmund Stoiber am Wahlabend

wählt der Bundestag **Gerhard Schröder erneut** zum **Bundeskanzler**; er erhält mit 305 von 599 abgegebenen Stimmen drei mehr als nötig, bei 292 Gegenstimmen und zwei Enthaltungen. Das am gleichen Tag vereidigte Kabinett ist mit 14 Mitgliedern das kleinste seit 1949. Wichtigste Neuerung ist die Schaffung eines »Superministeriums« für Wirtschaft und Arbeit unter dem bisherigen nordrhein-westfälischen Ministerpräsidenten Wolfgang Clement (SPD).

■ **Fehlstart:** Bundesfinanzminister Hans Eichel (SPD) räumt in den Wochen nach der Wahl sukzessive ein, die Rahmendaten für die **Haushaltsplanung** vor der Bundestagswahl erheblich zu optimistisch eingeschätzt zu haben. Am 20.11. beschließt das Kabinett einen Nachtragshaushalt für 2002 (gesamte Nettoneuverschuldung: 34,6 Mrd. €). Um die Grenze der verfassungsmäßig zugelassenen Neuverschuldung (25 Mrd. €) überschreiten zu können, erklärt Eichel das wirtschaftliche Gleichgewicht für gestört. Das am 20.12. abschließend vom Bundestag verabschiedete Notprogramm zur **Eindämmung der Schulden** betrifft Sparmaßnahmen bzw. Beitragserhöhungen bei der Renten- und Krankenversicherung und im Bereich der Arbeitsmarktpolitik. Auch der Plan eines »Steuervergünstigungsabbaugesetzes« konterkariert das Wahlversprechen, die Steuern nicht zu erhöhen. Am 20.12. beschließt der Bundestag mit den Stimmen der Opposition die Einrichtung eines **Untersuchungsausschusses »Wahlbetrug«**.

TERRORISMUS

■ **Anschlag:** Bei einem **Anschlag auf der tunesischen Ferieninsel Djerba** am 11.4. sterben 19 Menschen, unter ihnen 14 deutsche Touristen. Eine dem Terrornetzwerk Al-Qaida zugerechnete Gruppe bekennt sich in einer am 23.6. ausg[illegible] Botschaft zu dem Anschlag.

■ **Antiterrormaßnahmen:** In Ergänzung der im [illegible] Dezember 2001 und Anfang 2002 in Kraft getretenen Gesetzespakete stellt der Bundestag am 26.4. mit **Einführung des § 129b** in das Strafgesetzbuch auch die Mitgliedschaft in einer terroristischen Vereinigung im Ausland unter Strafe (in Kraft 22.8.). – Am 20.6. billigt der Bundesrat abschließend eine Novelle zum **Geldwäschebekämpfungsgesetz** (in Kraft 1.7.2003). Es erleichtert die Ermittlung und Unterbindung illegaler Geldströme zur Finanzierung des internationalen Terrorismus. – Bundesinnenminister Otto Schily (SPD) verbietet am 5.8. den in Aachen ansässigen islamischen **Spendensammelverein Al-Aqsa** e.V. wegen Unterstützung terroristischer Vereinigungen.

ARBEITSMARKTREFORM

Nach Aufdeckung geschönter Zahlen über geleistete Arbeitsvermittlungen der **Bundesanstalt für Arbeit (BA)** und weiterer Kritik an Leistung und Organisation der Behörde legt Bundesarbeitsminister Walter Riester (SPD) am 22.2. ein arbeitsmarktpolitisches Sofortprogramm vor, das nach Verabschiedung der nötigen Gesetzesänderungen

2. KABINETT SCHRÖDER

(konstituiert am 22.10.2002)
Bundeskanzler: Gerhard Schröder (SPD)
Stellvertreter und Auswärtiges:
Joschka Fischer (B'90/Grüne)
Inneres: Otto Schily (SPD)
Justiz: Brigitte Zypries (SPD)
Finanzen: Hans Eichel (SPD)
Wirtschaft und Arbeit: Wolfgang Clement (SPD)
Verbraucherschutz, Ernährung und Landwirtschaft: Renate Künast (B'90/Grüne)
Verteidigung: Peter Struck (SPD)
Familie, Senioren, Frauen und Jugend:
Renate Schmidt (SPD)
Gesundheit und Soziale Sicherung:
Ulla Schmidt (SPD)
Umwelt, Naturschutz und Reaktorsicherheit:
Jürgen Trittin (B'90/Grüne)
Verkehr, Bau- und Wohnungswesen:
Manfred Stolpe (SPD)
Bildung und Forschung:
Edelgard Bulmahn (SPD)
Wirtschaftliche Zusammenarbeit und Entwicklung: Heidemarie Wieczorek-Zeul (SPD)

… »Moderne Dienstlei-
… kt« ausgearbeiteten Maß-
… rbeitslose in Beschäftigung
… ffizienz und Kundenorien-
… itsvermittlung, Förderung der
… loser zur Arbeitsaufnahme und
Scha… Beschäftigungsformen.
Kernelemen…

- **Personal-Service-Agenturen** in den Arbeitsämtern beschäftigen Arbeitslose für maximal zwölf Monate und leihen sie an Unternehmen aus (Hartz I, in Kraft 1.1.2003);
- Arbeitslose können sich mit Anschubförderungen und weiteren Erleichterungen in der neuen Beschäftigungsform **Ich-AG** selbständig machen; für sog. **Mini-Jobs** wird die Verdienstgrenze auf 400 € angehoben (Hartz II, in Kraft 1.1.2003);
- die Arbeitsämter werden in effizienter organisierte **Job-Center** umgewandelt; die Bundesanstalt für Arbeit wird umstrukturiert und zum 1.1.2004 in Bundesagentur umbenannt; für den Bezug von **Arbeitslosengeld I** gelten stark verschärfte Zumutbarkeits- und Sanktionsregelungen (Hartz III, in Kraft 1.1.2004);
- Arbeitslosen- und Sozialhilfe werden zusammengelegt; Erwerbsfähige, die keinen Anspruch mehr auf Arbeitslosengeld I haben, erhalten das neue bedarfsorientierte Arbeitslosengeld II (Hartz IV, in Kraft 1.1.2005).

am 27.3. in Kraft tritt. Die BA erhält eine privatwirtschaftlich ausgerichtete Führungsstruktur. An die Spitze des Vorstandes wird der bisherige rheinland-pfälzische Sozialminister Florian Gerster (SPD) berufen.

■ **Hartz-Gesetze:** Zur Belebung des Arbeitsmarktes verabschiedet der Bundestag am 20.12. die ersten beiden von vier geplanten Gesetzen »für moderne Dienstleistungen am Arbeitsmarkt«. Sie beruhen auf Vorschlägen, die ein von Bundeskanzler Schröder berufenes Expertengremium unter der Leitung von Peter Hartz, Personalvorstand der Volkswagen AG, am 26.8. vorstellte.

ZUWANDERUNGSGESETZ

Der Bundestag verabschiedet am 1.3. den umstrittenen Gesetzentwurf mit dem Ziel der »Steuerung und Begrenzung des Zuzugs von Ausländern«. Im Bundesrat, dessen Entscheidung am 22.3. von der Stimmabgabe für das von einer Großen Koalition regierte Land Brandenburg abhängt, **kommt es bei der Abstimmung zu einem Eklat**. Der Berliner Regierende Bürgermeister Klaus Wowereit (SPD) als Bundesratspräsident wertet das nach dem Grundgesetz nicht vorgesehene gespaltene Votum des Landes Brandenburg als Zustimmung und erklärt das Gesetz als angenommen. Das Bundesverfassungsgericht gibt am 18.12. einer Normenkontrollklage der unionsgeführten Bundesländer statt und erklärt das Zuwanderungsgesetz für nichtig.

HAUSHALTS- UND FINANZPOLITIK

■ **Nationaler Stabilitätspakt:** Angesichts der hohen Staatsverschuldung und einer drohenden Überschreitung des EU-Stabilitätskriteriums (Defizitquote 3% des BIP) verpflichten sich im März Bund und Länder auf das Ziel ausgeglichener Haushalte. Während der Bund 2003 und 2004 die Ausgaben um jeweils 0,5% senken will, dürfen die Länder ihre Ausgaben ab 2003 um nicht mehr als 1% erhöhen. Der Bundestag beschließt am 6.6. den gesetzlichen Rahmen.

■ **Maßnahmen zur Haushaltssanierung:** Angesichts der Kostensteigerung im **Gesundheitswesen** – der durchschnittliche Beitragssatz der gesetzlichen Krankenkassen liegt bei 14,3% des Bruttomonatseinkommens – beschließt der Bundestag am 15.11. ein Maßnahmenpaket, das 2003 zu Einsparungen von rd. 3 Mrd. € führen soll. – Am gleichen Tag erhöht der Bundestag den Beitragssatz zur gesetzlichen **Rentenversicherung** von 19,1 auf 19,5% und hebt die Beitragsbemessungsgrenzen an.

■ **Euro**: Mit der Einführung des Euro als Bargeld in Deutschland (und weiteren elf EU-Staaten) wird die D-Mark als nationale Währung abgelöst.

POLITISCHE AFFÄREN

■ **Kölner SPD-Spendenaffäre:** Ende Mai verhängt Bundestagspräsident Wolfgang Thierse (SPD) gegen die SPD wegen illegaler Parteispenden eine Strafe von 493 000 €. Im Zusammenhang mit dem Bau einer Müllverbrennungsanlage in den 1990er-Jahren sollen Schmiergelder in Höhe von über 22,6 Mio. DM geflossen sein, die teilweise in die lokale Parteikasse geleitet wurden.

■ **CDU-Spendenaffäre:** Das Oberverwaltungsgericht Berlin bestätigt am 12.6. den Anspruch der Bundestagsverwaltung auf 21 Mio. € als Buße für Verstöße gegen das Parteienfinanzierungsgesetz (→ 2000). Am 2.7. erklärt das Berliner Verwaltungsgericht eine weitere Entscheidung von Bundestagspräsident Wolfgang Thierse für rechtens, die CDU müsse für eine 1990 falsch deklarierte Parteispende 613 000 € zurückzahlen. – Der **Parteispendenuntersuchungsausschuss** des Bundestags stellt am 13.6. mit der Stimmenmehrheit der rot-grünen Koalition fest, unter der Regierung des ehemaligen Bundeskanzlers und CDU-Parteivorsitzenden Helmut Kohl habe es wenigstens drei Fälle »politischer Korruption« gegeben (→ 2000). CDU/CSU und FDP halten in Minderheitsvoten diese Schlussfolgerungen für unzulässig.

■ **Möllemann-Affäre:** Der Vorsitzende der nordrhein-westfälischen FPD, Jürgen W. Möllemann, gerät durch seine rechtspopulistische Wahlkampagne, von der sich die Führung der Bundespartei im Juni distanziert, zunehmend unter Druck. Sein provozierendes Wahlkampfflugblatt mit scharfer Kritik an Israel und dem Vizepräsidenten des Zentralrats der Juden, Michel Friedman, entfacht eine heftige Antisemitismus-Debatte. Die fragwürdige Finanzierung des Flugblatts zieht eine parteiinterne Revision nach sich, die nach Erkenntnis des Bundesschatzmeisters der Partei massive **Verstöße gegen das Parteiengesetz** unter der Verantwortung Möllemanns offenbart. Als vorweggenommene Sanktion für Möllemanns schwarze Kasse zur Finanzierung des umstrittenen Wahlkampf-Flyers zahlt die Bundespartei am 15.11. 873 500 € an die Bundestagsverwaltung. Zuvor, am 20.10., hat Möllemann seinen **Rücktritt** von seinen Führungsämtern in Nordrhein-Westfalen erklärt, er bleibt aber Mitglied des Bundestags.

■ **Hunzinger- und Bonusmeilen-Affären:** Am 18.7. entlässt Bundeskanzler Schröder **Verteidigungsminister Rudolf Scharping** (SPD) aus dem Amt. Anlass hierzu geben ungeklärte Honorarzahlungen der PR-Agentur Hunzinger. Scharping war zuvor durch mehrere Affären und umstrittene Auftritte in die Kritik geraten. Neuer Verteidigungsminister wird am 19.7. der Vorsitzende der SPD-Bundestagsfraktion Peter Struck. – Vorwürfe, dienstlich erworbene Freiflugmeilen der Lufthansa privat verwendet zu haben, veranlassen Ende Juli den innenpolitischen Sprecher von B'90/Grüne, **Cem Özdemir**, und den Berliner Wirtschaftssenator **Gregor Gysi** (PDS) zum Rücktritt von ihren Ämtern.

PARTEIEN

■ **Parteiengesetz:** Als Konsequenz aus der CDU-Spendenaffäre (→ 2000) nimmt der Bundestag am 19.4. ein neues Parteiengesetz an, das die Vorschriften für den Umgang mit Parteispenden und die Strafen bei Verstößen erheblich verschärft. Auch über die Verwendung öffentlicher Gelder und ihre Vermögensverhältnisse sollen die Parteien mehr Einblick geben (in Kraft 1.7.).

■ **SPD:** Der Parteitag in Berlin wählt am 20.10. den Hamburger Landesvorsitzenden Olaf Scholz zum neuen Generalsekretär.

■ **FDP:** Die Möllemann-Affäre stürzt die Partei in die schwerste Krise ihrer Geschichte. Der Bundesvorstand leitet am 2.12. ein Schiedsgerichtsverfahren gegen Jürgen W. Möllemann mit dem Ziel des Parteiausschlusses ein.

■ **Bündnis 90/Die Grünen:** Anstelle der bisherigen Vorsitzenden Claudia Roth und Fritz Kuhn, die als Bundestagsabgeordnete wegen der Trennung von Amt und Mandat nicht wieder kandidieren dürfen, wählt der Parteitag in Hannover am 7./8.12. Angelika Beer und Reinhard Bütikofer an die Spitze der Partei.

AUSSENPOLITIK

■ **Antiterrorkoalition:** Der Bundeswehreinsatz im Rahmen der US-geführten Operation Enduring Freedom beginnt am 2.1. mit dem Auslaufen des ersten Flottenverbandes von drei Fregatten und Begleitschiffen von Wilhelmshaven nach Dschibuti, um von dort aus die Seewege am Golf von Aden zu sichern und Nachschub- und Fluchtwege von Taliban- und Al-Qaida-Gruppen zu unterbrechen. Ein Kontingent von 160 Marinefliegern wird in Kenia stationiert, ein ABC-Abwehrbataillon, ausgerüstet mit Spürpanzern »Fuchs«, in Kuwait. Über den Kampfeinsatz der bis zu 100 Elitesoldaten des Kommandos Spezialkräfte (KSK) wird wenig bekannt.

■ **USA:** Eine zunehmende Zahl von **Meinungsverschiedenheiten**, u.a. über das Kyoto-Klimaschutzabkommen, die Biowaffen-Konvention, die Kündigung des ABM-Vertrags von 1972 durch die USA (Dezember 2001) und den Internationalen Strafgerichtshof (ICC), belastet das bilaterale Verhältnis. Bundeskanzler **Schröder schließt** Anfang August **eine deutsche Beteiligung an einem Angriff gegen Irak kategorisch aus** und lehnt auch eine Beteiligung an den Kosten eines solchen Feldzuges ab. Die unter dem Eindruck der Anschläge vom 11.9.2001 bekundete uneingeschränkte Solidarität schließe »militärische Abenteuer« nicht ein. Nach Annahme der Resolution 1441 im UN-Sicherheitsrat mit der Androhung »ernsthafter

Flut in Dresden: Semperoper und Zwinger am 17.8.

Konsequenzen« für den Fall einer Verletzung ihrer ultimativen Bestimmungen durch den Irak (8.11.) erklärt Außenminister Joschka Fischer (B'90/Grüne), auch in einem solchen Fall bleibe es beim deutschen Nein zu einer militärischen Aktion. Vertreter der in dieser Frage gespaltenen Opposition kritisieren, mit der Festlegung koppele sich Deutschland von den Bündnispartnern ab und beraube sich in der Außenpolitik des Handlungsspielraums, den es benötige, um auf die weitere Entwicklung noch einwirken zu können. Auf dem NATO-Gipfel am 20./21.11. in Prag stimmt Schröder der allgemein formulierten Unterstützung des Bündnisses für den US-Präsidenten »bei der den Irak betreffenden Resolution des Sicherheitsrats« zu.

■ **Tschechische Republik:** Ausfälle des Ministerpräsidenten Miloš Zeman über die Sudetendeutschen im Vorfeld der tschechischen Parlamentswahlen und **Auseinandersetzungen über die Beneš-Dekrete** belasten das beiderseitige Verhältnis. Bundeskanzler Schröder sagt am 28.2. einen für Ende März geplanten Besuch in Prag ab.

FLUTKATASTROPHE

Mitte August verursacht ein Hochwasser der Elbe, der Mulde und der Prignitz eine »Jahrhundertflut« in Sachsen und Sachsen-Anhalt. 27 Menschen kommen ums Leben, die Flut zerstört weite Teile der ländlichen und städtischen Infrastruktur entlang der Flüsse. Der entstandene Sachschaden beläuft sich auf rd. 9,2 Mrd. €. Bundeskanzler Schröder sagt im Wahlkampf schnelle und großzügige Hilfe zu. Um den Wiederaufbau zu finanzieren, beschließt die Bundesregierung am 19.8., die für 2003 geplante zweite Stufe der **Steuerreform um ein Jahr zu verschieben.** Zu den dadurch frei werdenden Mitteln in Höhe von 6,9 Mrd. € kommen noch Zuschüsse aus einer Flexibilitätsreserve des Strukturfonds der EU (rd. 1,2 Mrd. €).

WEITERE EREIGNISSE

■ **Pleiten:** Als Folge der negativen Konjunkturentwicklung erreicht die Zahl der Unternehmensinsolvenzen 2001 den vorläufigen Rekordstand von 32 278 Fällen, 14,3% mehr als im Vorjahr; zu den spektakulärsten Pleiten zählen die des Baukonzerns Philipp Holzmann AG am 21.3., des Flugzeugbauers Fairchild Dornier GmbH am 2.4. und des Medienunternehmens Kirch-Gruppe am 2.6.

■ **Amoklauf:** Ein 19-jähriger Schüler erschießt am 26.4. 15 Angehörige des Erfurter Gutenberg-Gymnasiums, einen Polizisten und schließlich sich selbst. Mit der Verschärfung des Waffen- und des Jugendschutzrechtes Mitte Juni zieht der Bundesgesetzgeber erste Konsequenzen.

BUNDESLÄNDER

■ **Berlin:** Nach der Abgeordnetenhauswahl am 21.10.→ 2001 **bilden SPD und PDS eine Koalition.** Der Senat unter erneuter Führung von Klaus Wowereit (SPD) wird am 17.1. vereidigt. Zuvor erkannte die PDS die »bleibende Schuld« der SED für das DDR-Unrecht an. Angesichts eines Schuldenstandes von 46 Mrd. € konstatiert der Senat am 5.11. eine »extreme Haushaltsnotlage«.

■ **Sachsen:** Ministerpräsident Kurt Biedenkopf (CDU) tritt nach diversen Affären am 18.4. zurück. Georg Milbradt, CDU-Landesvorsitzender und früherer Finanzminister, tritt am 2.5. dessen Nachfolge an.

■ **Sachsen-Anhalt:** Bei der **Landtagswahl** am 21.4. erleidet die SPD eine Erdrutschniederlage. Der Landtag wählt am 16.5. den CDU-Vorsitzenden Wolfgang Böhmer als Nachfolger von Reinhard Höppner (SPD) an der Spitze einer CDU-FDP-Koalition zum Ministerpräsidenten.

■ **Brandenburg:** Der Landtag wählt am 26.6. den Potsdamer Oberbürgermeister und SPD-Landesvorsitzenden Matthias Platzeck zum Nachfolger von Ministerpräsident Manfred Stolpe (SPD).

■ **Mecklenburg-Vorpommern:** Landtagswahl am 22.9.: Harald Ringstorff (SPD) führt die Koalition mit der PDS fort.

■ **Nordrhein-Westfalen:** Der Landtag wählt am 6.11. Peer Steinbrück (SPD) ins Amt des Regierungschefs. Er folgt Wolfgang Clement (SPD) nach, der in die Bundesregierung eingetreten ist.

■ **Wahlergebnisse** → S. 458–467

2003

Ringen um Reformen und Schulterschluss mit Frankreich

Rezession (Konjunkturrückgang –0,2% des BIP), weiter steigende Arbeitslosigkeit (10,5%) und aus dem Ruder laufende Staatsfinanzen (Defizitquote 4,0% des BIP) kennzeichnen die wirtschaftliche und soziale Lage. Mit der »Agenda 2010« zum Umbau der Sozialsysteme, die Bundeskanzler Gerhard Schröder im März vorstellt, und einem Kurswechsel in der Haushaltspolitik gewinnt die Regierungskoalition im Sommer die Initiative zurück. Allerdings profitiert die konservativ-liberale Opposition vom Popularitätsverlust der Sozialdemokraten, und sie kann ihre Vormacht im Bundesrat weiter ausbauen. So tragen die gegen Jahresende geschlossenen Kompromisse im größten Reformprogramm in der Geschichte der Republik auch die Handschrift der Christdemokraten. Beherrschendes Thema der Außenpolitik ist die Irak-Krise. Gemeinsam mit Frankreich macht sich Deutschland zum Gegenpol der USA und ihrer »Koalition der Willigen«. Die Bundesregierung erhält dafür breiten Rückhalt in der Bevölkerung, riskiert aber die politische Spaltung der Europäischen Union und der NATO.

ARBEITSMARKT- UND SOZIALPOLITIK

■ **Agenda 2010:** In seiner Regierungserklärung am 14.3. stellt Bundeskanzler Gerhard Schröder (SPD) die Vorhaben der Bundesregierung vor, die wirtschaftlichen Rahmenbedingungen zu verbessern und den Sozialstaat durch Strukturreformen auf die neuen Gegebenheiten einzustellen. Ziel ist, »Deutschland bis Ende des Jahrzehnts **bei Wohlstand und Arbeit wieder an die Spitze zu bringen**«. Gegen heftigen Widerstand des linken Flügels von SPD und Gewerkschaften bringt die rot-grüne Koalition wesentliche Teile des Programms in Form von 15 Einzelgesetzen am 19.12. zur Verabschiedung durch beide Häuser des Parlaments – allerdings mit erheblichen Zugeständnissen an die Opposition, die ihre Blockademacht im Bundesrat ausspielt. Allein die gemeinsam erarbeitete Vorlage zur Krankenversicherungsreform muss nicht den Vermittlungsausschuss passieren und wird am 26.9./17.10. angenommen, das Hartz-IV-Gesetz als letzter Teil des Reformprogramms am 9.7.2004.

■ **Proteste gegen Sozialabbau:** Im Herbst verstärkt sich der öffentliche Widerspruch gegen

KERNPUNKTE DER AGENDA 2010

- **Gesetzliche Krankenversicherung (GKV):** Die Patienten müssen beim Arztbesuch eine Praxisgebühr (10 € einmal pro Quartal) entrichten, außerdem müssen sie sich an den Kosten für Sachleistungen, Medikamente und Krankenhausaufenthalte stärker beteiligen. Um die GKV von versicherungsfremden Leistungen zu entlasten, wird die Tabaksteuer erhöht. Die Maßnahmen sollen die Senkung der Beitragssätze bis 2005 von durchschnittlich 14,4% (2003) auf 12,5% ermöglichen.
- **Rentenversicherung:** Ein »Notprogramm« sieht mehrere kurzfristig wirksame Änderungen vor, u.a. eine Nullrunde bei der Rentenanpassung und den vollen Pflegeversicherungsbeitrag für Rentner (statt wie bisher eines halben).
- **Steuern und Subventionen:** Die zum 1.1. 2004 wirksamen Entlastungen durch die zweite Stufe der Steuerreform werden zum gleichen Termin durch ein **Vorziehen der dritten Stufe** (→ 2000) ergänzt, die ursprünglich Anfang 2005 wirksam werden sollte: U.a. sinkt somit der Eingangssteuersatz von 19,9 auf 16%, der Spitzensteuersatz von 48,5 auf 45%. Die **Gegenfinanzierung** der Steuerausfälle erfolgt außer durch Kreditaufnahme und Privatisierungserlöse durch die Absenkung staatlicher Zuschüsse oder Steuerentlastungen in anderen Bereichen (betroffen sind u.a. Entfernungspauschale und Eigenheimzulage). Eine **befristete Steueramnestie** ermöglicht es Steuerhinterziehern, zwischen Anfang 2004 und März 2005 Schwarzgeld zurückzuführen und gegen den Pauschalabschlag von 25% bzw. 35% zu legalisieren.
- **Arbeitsmarkt:** Zur Flexibilisierung des Arbeitsmarkts wird die Handwerksordnung reformiert. Für viele Handwerksberufe entfällt der Meisterzwang. – Der gesetzliche Kündigungsschutz wird weiter gelockert. – Arbeitslose haben Anspruch auf das reguläre **Arbeitslosengeld I** (ALG I) aus der beitragsfinanzierten Arbeitslosenversicherung nur noch für maximal 12 Monate, über 55 Jahre alte Arbeitnehmer für maximal 18 Monate. – Hartz-III-Gesetz → 2002, Hartz-IV-Gesetz → 2004.

die Agenda-2010-Pläne. Am 1.11. demonstrieren in Berlin rd. 100 000 Menschen. Die verbreitete Ablehnung des sozialpolitischen Kurses der Bundesregierung macht sich in der Folge bei Kommunal- und Landtagswahlen in der »Abstrafung« der SPD und einer geringen Wahlbeteiligung deutlich bemerkbar.

■ **Gewerkschaften:** Ein Spitzengespräch zwischen Bundeskanzler Gerhard Schröder und den Vertretern der Spitzenverbände von Arbeitgebern und Arbeitnehmern am 3.3. über Grundzüge seines Reformprogramms endet ergebnislos. Das **Bündnis für Arbeit** gilt damit als **gescheitert**. Die Gewerkschaften kritisieren die Agenda 2010 als sozial unausgewogen. – Am 29.6. **scheitert ein Streik der IG Metall** in Ostdeutschland, mit dem sie vier Wochen lang um gleiche Arbeitsbedingungen wie in Westdeutschland gekämpft hatte. Nach dem Rücktritt des IG Metall-Vorsitzenden Klaus Zwickel am 21.7. wählt der Gewerkschaftstag in Frankfurt am Main am 31.8. den als Traditionalisten geltenden Jürgen Peters zum Ersten Vorsitzenden. Zweiter an der Spitze wird der zum Reformflügel zählende Berthold Huber.

HAUSHALTS- UND FINANZPOLITIK

■ **Bundeshaushalt:** Der Bundesrat verweigert am 14.3. die Verabschiedung des Steuervergünstigungsabbaugesetzes, das Bund, Ländern und Gemeinden zusätzliche Einnahmen in Höhe von 46,1 Mrd. € bis 2006 einbringen und die Neuverschuldung des Bundeshaushalts begrenzen sollte. Finanzminister Hans Eichel (SPD) stellt Mitte Mai einen Nachtragshaushalt mit einer **Erhöhung der geplanten Neuverschuldung** um 24,5 auf 43,4 Mrd. € in Aussicht (beschlossen mit Nettokreditaufnahme von 38,6 Mrd. € am 13.2.2004). Die von der EU gesetzte Obergrenze für die Neuverschuldung (3% des BIP) werde auch 2004 überschritten. Für das Jahr 2002 leitet die EU am 21.1. ein Defizitverfahren gegen Deutschland ein. Um der Konjunktur ein »Aufbruchsignal« zu geben, beschließt das Kabinett am 28./29.6., die dritte Stufe der Steuerreform von 2005 vorzuziehen.

Bruttoinlandsprodukt

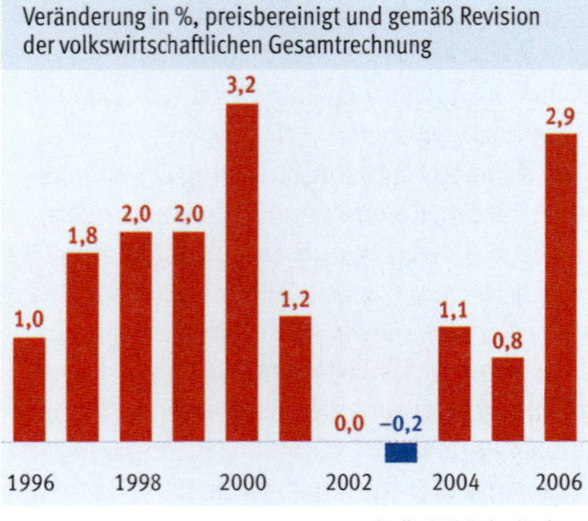

Quelle: Statistisches Bundesamt

■ **Lkw-Maut:** Bundesrat und Bundestag billigen am 22./23.5. die Einführung einer streckenbezogenen Benutzungsgebühr für Lkw ab 12 t auf Autobahnen zum 1.9. Wegen technischer und organisatorischer Unreife der satellitengestützten Gebührenermittlung muss das Betreiberkonsortium Toll Collect den Starttermin des Projekts mehrmals verschieben (Beginn des Mautgebühreneinzugs: 1.1.2005).

TERRORISMUSBEKÄMPFUNG

■ **Verbot:** Am 15.1. gehen die Behörden mit Razzien und Verbot gegen die militante islamistische Gruppierung **Hizb ut-Tahrir** (»Partei der Befreiung«) vor. Sie soll u.a. zur Vernichtung Israels und Morden an Juden aufgerufen haben.

■ **Prozesse und Urteile:** Nach Angaben von Bundesinnenminister Otto Schily (SPD) am 1.7. wurden seit Herbst 2001 **182 Ermittlungsverfahren** im Zusammenhang mit islamistischem Terrorismus eingeleitet. – Im ersten Urteil zu den Terroranschlägen in den USA am 11. September 2001 verhängt das Oberlandesgericht (OLG) Hamburg am 19.2. die Höchststrafe von 15 Jahren Haft gegen **Mounir al-Motassadeq**. Es befindet den 28-jährigen Marokkaner als früheres Mitglied der Al-Qaida-Zelle in Hamburg, in der die Flugzeugattacken von New York und Washington mit vorbereitet worden sind, u.a. der Beihilfe zum Mord in 3066 Fällen für schuldig. Die Verteidiger legen Revision beim Bundesgerichtshof ein. – Am 10.3. verurteilt das OLG Frankfurt am Main **vier algerische Islamisten** zu Haftstrafen zwischen zehn und zwölf Jahren; der von ihnen geplante Anschlag auf den Straßburger Weihnachtsmarkt im Dezember 2000 hatte durch ihre vorherige Festnahme vereitelt werden können. – Das Düsseldorfer OLG verurteilt am 26.11. einen Jordanier zu vier Jahren Haft; er war als Mitglied der sunnitisch-palästinensischen Terrororganisation **Al-Tawhid** (»Einheit aller Gläubigen«) an der Planung von Anschlägen auf »jüdisch-israelische Ziele« in Deutschland beteiligt. Im Prozess gegen vier seiner Komplizen, der in

Mitverantwortung für den 11. September: Der Marokkaner Mounir al-Motassadeq (r.) bei der Urteilsverkündung am 19.2. in Hamburg mit seinem Verteidiger

Düsseldorf am 10.2. eröffnet wurde, sagte er als Hauptbelastungszeuge aus.

■ **Rechtsterrorismus:** Die Polizei hebt am 10.9. in München die »Kameradschaft Süd« aus, stellt 14 kg Sprengstoff und zahlreiche Waffen sicher und nimmt 14 Personen fest. Sie werden verdächtigt, eine terroristische Vereinigung gebildet und einen Anschlag auf das neue jüdische Kulturzentrum in München geplant zu haben.

AUSLÄNDERPOLITIK

■ **Zuwanderungsgesetz:** Nach Annullierung des Zuwanderungsgesetzes durch das Bundesverfassungsgericht (→ 2002) bringt die rot-grüne Regierungskoalition das Gesetz als **unveränderte Vorlage** am 9.5. in den Bundestag ein. Der unionsgeführte Bundesrat weist sie am 20.6. zurück.

■ **EU-Asyl- und Flüchtlingspolitik:** Eine Einigung der EU-Innen- und Justizminister auf eine gemeinsame Asyl- und Flüchtlingspolitik scheitert am Widerstand von Bundesinnenminister Otto Schily, der am 5.6. eine Richtlinie zum Status von Flüchtlingen blockiert. – Bei den Beratungen über den Entwurf einer Verfassung für die EU setzt die deutsche Delegation im Verfassungskonvent am 8.7. durch, dass die Einwanderungspolitik unter nationales Vetorecht gestellt wird.

■ **Kopftuchverbot:** Im Fall Fereshta Ludin entscheidet das Bundesverfassungsgericht am 24.9., der muslimischen Lehrerin dürfe das Tragen des Kopftuchs während des Unterrichts nur dann verwehrt werden, wenn hierfür eine gesetzliche Grundlage geschaffen wurde. Das Bundesland Baden-Württemberg hatte ihr 1998 die Einstellung verweigert, nachdem sie sich geweigert hatte, ihren Unterricht ohne Kopftuch abzuhalten.

BILDUNGSPOLITIK

■ **IGLU-Studie:** Eine neue Debatte
dungsreform nach dem »PISA-S
löst die Veröffentlichung der In
Grundschul-Lese-Untersuchung
aus. Die erste repräsentative Untersuchung
Leseverständnisses von Grundschülern in der vierten Klasse in Deutschland – Teil einer Studie der International Association for the Evaluation of Achievement (IEA), Den Haag, in 35 Staaten – führte das Institut für Erziehungswissenschaften der Universität Hamburg durch. Die Leistungen der deutschen Schüler liegen im oberen Mittelfeld (Rang 11).

■ **Ganztagsschulen:** Bund und Länder vereinbaren am 12.5. ein Ganztagsschulen-Ausbauprogramm. Der Bund stellt, verteilt über fünf Jahre, 4 Mrd. € für die Entwicklung eines bedarfsorientierten Angebots an Ganztagsschulen in allen Regionen bereit.

■ **Nationale Bildungsstandards:** Am 4.12. beschließt die Kultusministerkonferenz die ersten bundesweit verbindlichen Lernziele in vier Fächern für die zehnte Jahrgangsstufe. Die Schüler müssen die Bildungsstandards erreichen, um die Mittlere Reife zu erwerben.

PARTEIEN

■ **NPD-Verbotsantrag scheitert:** Das Bundesverfassungsgericht stellt am 18.3. das Verfahren zum Verbot der rechtsextremen NPD ein, das Bundesregierung, Bundestag und Bundesrat im Januar und März 2001 beantragt hatten und das im Januar 2002 vorläufig ausgesetzt wurde. Für eine Wiederaufnahme des Verfahrens wäre eine Zweidrittelmehrheit der sieben Verfassungsrichter erforderlich. Drei von ihnen votieren jedoch dagegen, weil sich als Zeugen geladene NPD-Funktionäre als V-Leute der Verfassungsschutzämter entpuppt haben. Bundesinnenminister Otto Schily kritisiert die Entscheidung des Gerichts als »rechtsirrig«.

■ **Bündnis 90/Die Grünen:** In einer im April und Mai durchgeführten Urabstimmung, deren Ergebnis am 23.5. veröffentlicht wird, votieren 66,9% der Mitglieder für eine Lockerung der umstrittenen Vorschrift zur Trennung von Amt und Mandat. Zwei der sechs Vorstandsmitglieder dürfen künftig auch ein Bundestags- oder Landtagsmandat wahrnehmen.

■ **CDU/CSU:** Im Besitz einer Blockademehrheit im Bundesrat, drückt die Union im Vermittlungsaus-

…s zustimmungspflichtigen Gesetzesvorlagen …en Stempel auf (u.a. Gesundheitsreform, Umsetzung der Agenda 2010, Zuwanderungsgesetz). Eigene Konzepte der CDU zu Strukturreformen entwickeln die Kommission »Zur Zukunft der sozialen Sicherungssysteme« unter Leitung des früheren Bundespräsidenten Roman Herzog und der stellvertretende Fraktionsvorsitzende Friedrich Merz zur radikalen Vereinfachung des Steuersystems. Der **CDU-Bundesparteitag in Leipzig** (30.11.–2.12.) macht sich beide Konzepte zu eigen und fordert damit den Widerspruch der Schwesterpartei heraus. – Eine antisemitisch eingefärbte Rede des hessischen CDU-Bundestagsabgeordneten **Martin Hohmann**, in der dieser zum Tag der Deutschen Einheit am 3.10. u.a. den **Begriff »Tätervolk«** auf das jüdische Volk projizierte, führt zu einem Skandal. Am 14.11. schließt ihn die CDU-Bundestagsfraktion mit 195 von 248 Stimmen aus ihren Reihen aus. Der hessische Landesvorstand beschließt am 21.11. die Einleitung eines Parteiausschlussverfahrens (Ausschluss am 25.7.2004). Verteidigungsminister Peter Struck (SPD) entlässt am 4.11. Brigadegeneral Reinhard Günzel, Chef des Kommandos Spezialkräfte (KSK), nachdem dieser sich mit Hohmann solidarisch erklärt hatte.

■ **FDP:** Der frühere nordrhein-westfälische Landesvorsitzende und Bundeswirtschaftsminister **Jürgen W. Möllemann stürzt sich** am 5.6. in der Nähe von Marl bei einem Fallschirmabsprung **in den Tod**. Gegen ihn sind mehrere Ermittlungsverfahren wegen Steuerhinterziehung, Betrugs, Untreue und Verstoßes gegen das Parteiengesetz anhängig (→ 2002). Am 11.2. beschloss die FDP-Bundestagsfraktion mit 39 von 45 Stimmen den Ausschluss Möllemanns aus ihren Reihen. Dem Parteiausschluss war er am 17.3. durch seinen Austritt zuvorgekommen. Im März rechnet die nordrhein-westfälische FDP mit einem durch Möllemann entstandenen Finanzschaden in Höhe von bis zu 3,3 Mio. €.

■ **PDS:** Machtkämpfe im Parteivorstand führen zu einer schweren Führungskrise. Auf einem Sonderparteitag am 28.6. wird **Lothar Bisky** mit 78,2% der Delegiertenstimmen zum neuen Parteivorsitzenden gewählt. Bisky war von 1993 bis 2000 schon einmal Parteichef. Im Juli kommen erneut Vorwürfe auf, er sei vor Jahrzehnten Inoffizieller Mitarbeiter für die DDR-Staatssicherheit gewesen. – Der Parteitag in Chemnitz am 25./26.10. nimmt ein neues **Grundsatzprogramm** an: Die Partei hält an ihrer sozialistischen Perspektive fest, bekennt sich aber zur sozialen Marktwirtschaft und zum Grundgesetz. Bei den Kommunal- und Landtagswahlen etabliert sich die Partei als zweitstärkste politische Kraft in Ostdeutschland.

■ **SPD:** Ein **Sonderparteitag** am 1.6. in Berlin billigt mit großer Mehrheit das Reformprogramm **Agenda 2010.** Zuvor hat der Parteivorsitzende und Bundeskanzler Gerhard Schröder seinen Rücktritt für den Fall einer Niederlage angekündigt. – Der **Bundesparteitag in Bochum** (17.–19.11.) bestätigt die Parteiführung im Amt; der Unmut in der Partei kommt jedoch in mäßigen Wahlergebnissen für die Exponenten des Reformkurses zum Ausdruck. Schröder wird mit 80,8% der Stimmen als Parteivorsitzender bestätigt.

AUSSENPOLITIK

■ **Irak-Krise:** Seit Januar nichtständiges Mitglied im Sicherheitsrat, im Februar mit der Präsidentschaft betraut, bildet Deutschland zusammen mit Frankreich und Russland den harten Kern des Widerstands gegen den Kriegskurs der USA. Die angeblichen Beweise, die US-Außenminister Colin Powell am 5.2. dem UN-Sicherheitsrat vorträgt, erscheinen Außenminister Joschka Fischer (B'90/Grüne) nicht als hinreichend, um eine kurzfristige militärische Intervention gegen den Irak zu legitimieren. Zum Beginn des Kriegs am 20.3. erklärt Bundeskanzler Schröder in einer Fernsehansprache, es sei **die falsche Entscheidung getroffen** worden. Gleichwohl erlaubt die Bundesregierung den USA die Nutzung deutschen Luftraums für die Logistik der Kriegsführung, stellt Besatzungen für AWACS-Aufklärungsflugzeuge bereit und lässt Patriot-Abwehrsysteme an Israel und die Türkei liefern. Erwartungen der USA, Deutschland wie auch die EU sollten sich finanziell und militärisch im besetzten Irak engagieren, stellt Schröder am 3.4. die Forderung entgegen, der Wiederaufbauprozess im Irak müsse unter der Verantwortung der UN erfolgen. – **Antikriegsproteste:** Gegen das Vorgehen der USA demonstrieren mehrmals hunderttausende Menschen. Schwerpunktaktionen erfolgen am 15.2. sowie in den Tagen um den Kriegsbeginn. In Meinungsumfragen sprechen sich zwei Wochen vor Kriegsbeginn mehr als 80% der Befragten gegen einen Militärschlag aus.

■ **USA:** Ausgehend von der Irak-Krise **zeichnet sich ein Dauerkonflikt ab.** In seinen Regierungserklärungen am 13.2. und 3.4. hebt Bundeskanzler

Bei der deutschlandweit größten Demonstration gegen einen drohenden Irak-Krieg kommen in Berlin am 15.2. rund 500 000 Menschen zusammen

Schröder die Souveränität Deutschlands in der NATO hervor und verbindet das Zusammenwachsen Europas mit der Perspektive einer multipolaren Weltordnung, die sich mit dem zunehmenden Unilateralismus der einzig verbliebenen »Supermacht« nicht verträgt. Hierin ist sich Schröder **einig mit den Präsidenten Frankreichs und Russlands**, Jacques Chirac und Wladimir Putin (Gipfeltreffen in St. Petersburg am 11.4.). Während ihres Besuchs in den USA Ende Februar wird die CDU-Vorsitzende und Oppositionsführerin Angela Merkel, die den USA-kritischen Kurs der Bundesregierung ablehnt, von führenden Politikern in Washington demonstrativ freundlich empfangen. – Ein Treffen von US-Präsident George W. Bush und Schröder am 24.9. soll die Beendigung der Krise im bilateralen Verhältnis markieren, bleibt aber äußerlich. – Am 14.10. unterzeichnen Bundesjustizministerin Brigitte Zypries (SPD) und ihr amerikanischer Amtskollege John Ashcroft in Washington ein Rechtshilfeabkommen, über das seit mehr als 20 Jahren verhandelt worden war. Die deutsche Seite stellt sicher, dass Beweismaterial aus Deutschland nicht zur Verhängung der Todesstrafe führt.

■ **Auslandseinsätze der Bundeswehr:** 2003 nimmt die Bundeswehr mit rd. 8000 Soldaten an insgesamt neun Auslandsmissionen im Rahmen von UN-, NATO- oder EU-Mandaten teil. Der Einsatz im Kampf gegen den internationalen Terrorismus (Operation Enduring Freedom) wird schrittweise reduziert (am 7.11. um ein weiteres Jahr verlängert). Dafür weitet der Bundestag mit Beschluss vom 24.10. das Engagement im Rahmen der **ISAF-Mission** in Afghanistan mit weiteren bis zu 450 Soldaten auf die im Nordosten liegende Region Kunduz aus. Die Bundeswehr soll sich in dem für befriedet gehaltenen Gebiet an einem zivil-militärischen Projekt beteiligen, das den Wiederaufbau des Landes beschleunigen soll.

■ **Frankreich:** Am 29.4. ergreifen Schröder und Staatspräsident Jacques Chirac die Initiative zur Gründung einer **Europäischen Sicherheits- und Verteidigungsunion (ESVU)**, die allen Staaten der EU offenstehen soll, ihre Mitgliedschaft aber nicht automatisch erfordert. Als Erstes soll eine eigene Kampfeinheit geschaffen werden, deren Kern aus der bereits existierenden deutsch-französischen Brigade bestehen soll. – Am 25.11. gelingt es den Finanzministern beider Länder, das von der EU-Kommission gegen sie angestrengte Defizitverfahren wegen Verstoßes gegen den Stabilitäts- und Wachstumspakt auszuhebeln. Die enge Zusammenarbeit der beiden größten EU-Staaten stärkt die Bedenken mancher EU-Partner gegenüber einer integrativen EU-Verfassung.

■ **VR China:** Mit dem Staatsbesuch von Bundespräsident Johannes Rau (10.–15.9.) und der fünften Visite von Bundeskanzler Schröder innerhalb von vier Jahren (1.–3.12.) intensivieren sich die politischen Beziehungen weiter. Das Hauptinteresse gilt dem Ausbau der wirtschaftlichen Kooperation. Schröder spricht sich für eine Aufhebung des 1989 verhängten EU-Waffenembargos gegen die Volksrepublik aus.

BUNDESLÄNDER

■ **Hessen:** Bei der **Landtagswahl** am 2.2. gewinnt die CDU knapp die absolute Mehrheit. Ministerpräsident Roland Koch wird am 5.4. im Amt bestätigt.

■ **Niedersachsen:** Die **Landtagswahl** am 2.2. bringt mit einem triumphalen Ergebnis für die CDU den **Machtwechsel**. Ihr Landesvorsitzender Christian Wulff führt ab 4.3. die Regierung an der Spitze einer Koalition mit der FDP.

■ **Bremen**: Die **Bürgerschaftswahl** am 25.5. bringt der SPD einen Überraschungssieg. Die Große Koalition unter Bürgermeister Henning Scherf (SPD) wird fortgesetzt.

■ **Bayern**: Bei der **Landtagswahl** am 21.9. erringt die CSU unter Ministerpräsident Edmund Stoiber als erste Partei in der Geschichte der Bundesrepublik eine Zweidrittelmehrheit der Mandate. Wie schon in Hessen und Niedersachsen fährt die SPD ihr bisher schlechtestes Ergebnis in dem Bundesland ein.

■ **Wahlergebnisse** → S. 458–467

2004

Stimmungstief

Während sich die Konjunktur zögerlich zu erholen beginnt, lassen sichtbare Erfolge der gesellschafts- und wirtschaftspolitischen Strukturreformen – insbesondere hinsichtlich der angespannten Lage auf dem Arbeitsmarkt – auf sich warten. Vielmehr lösen sie in großen Teilen der Bevölkerung Abstiegsängste aus und treiben die SPD als traditionelle Partei der sozialen Gerechtigkeit in eine Glaubwürdigkeitskrise. Der Rückzug von Bundeskanzler Gerhard Schröder von der SPD-Führung im Februar zugunsten von Franz Müntefering lässt eine Abkehr vom forschen Reformtempo erwarten. Der Trend miserabler Wahlergebnisse hält aber an, doch auch die für den Sozialabbau für mitverantwortlich gehaltene CDU kommt nicht ungestraft davon; »Politikverdrossenheit« äußert sich in historisch niedrigen Wahlbeteiligungen. Schröders Verzicht auf den SPD-Parteivorsitz und die Wahl von Horst Köhler (CDU) zum Bundespräsidenten nähren Hoffnungen der Opposition auf einen vorzeitigen Machtwechsel.

WAHL DES BUNDESPRÄSIDENTEN

Nachdem Bundespräsident Johannes Rau (SPD) am 4.9.2003 seinen Verzicht auf eine zweite Amtszeit verkündet hatte, einigen sich CDU, CSU und FDP am 3./4.3. auf Horst Köhler (CDU), Direktor des Internationalen Währungsfonds, als gemeinsamen Kandidaten. Die Regierungskoalition nominiert am 5.3. die Politologieprofessorin Gesine Schwan (SPD). Die Bundesversammlung wählt am 23.5. in Berlin **Köhler zum neuen Bundespräsidenten**. Auf ihn entfallen im ersten Wahlgang 605 von 1205 Stimmen.

ARBEITSMARKT- UND SOZIALREFORMEN

■ **Hartz-IV-Gesetz:** Als letzter Teil der Agenda 2010 (→ 2003) passiert das Vierte Gesetz für moderne Dienstleistungen am Arbeitsmarkt nach langwierigen Kontroversen am 9.7. den Bundesrat. Vier östliche Bundesländer stimmen dabei gegen das Kompromiss-Gesetz, die beiden SPD-geführten (Mecklenburg-Vorpommern und Berlin) enthalten sich der Stimme. Hartz IV tritt mit halbjähriger Verspätung am 1.1.2005 in Kraft. Unter dem Motto »Fördern und Fordern« soll es vor allem der Wiedereingliederung von erwerbsfähigen Langzeitarbeitslosen in den Arbeitsmarkt dienen. Wer keinen Anspruch mehr auf das reguläre beitragsfinanzierte Arbeitslosengeld I hat und daher bisher Arbeitslosen- oder Sozialhilfe bezog, erhält künftig **Arbeitslosengeld II** (ALG II), das als bedarfsorientierte Leistung dem bisherigen Sozialhilfeniveau angeglichen ist und das von der Bundesagentur für Arbeit ausgezahlt wird. Der Regel-Grundbetrag beträgt 345 € in den alten und 331 € in den neuen Bundesländern, die Kosten für eine angemessene Wohnung und Heizung werden erstattet, zudem sind die Empfänger von ALG II sozialversichert. Der Bezug setzt den Verbrauch vorhandenen Vermögens voraus und ist mit strengen Auflagen versehen. Für ALG II-Empfänger gilt generell jede nicht sittenwidrige Arbeit als zumutbar. Ihre Ablehnung führt zu Leistungskürzungen. Wer in den ersten Arbeitsmarkt zunächst nicht vermittelt werden kann, kann zu gemeinnützigen Tätigkeiten herangezogen werden, für die nur eine Aufwandsentschädigung gezahlt wird. Erwerbsunfähige Bedürftige erhalten weiterhin die von den Kommunen zu leistende Sozialhilfe, umbenannt in **Sozialgeld**.

■ **Rentenversicherung:** Um die vom Bundesverfassungsgericht 2002 vorgegebene Gleichbehandlung von Renten und Pensionen zu erfüllen, nimmt die Regierungskoalition mit dem am 29.4./11.6. verabschiedeten **Alterseinkünftegesetz** einen Systemwechsel vor: Stufenweise bis 2040 werden Renten stärker besteuert. Im Gegenzug werden die Beiträge für die gesetzliche Altersvorsorge als Sonderausgaben schrittweise steuerlich freigestellt. Ab 2040 sind alle Altersbezüge, abzüglich der Freibeträge, steuerpflichtig. – Gleichfalls Anfang 2005 soll das **Rentennachhaltigkeitsgesetz** in Kraft treten, das der Bundestag mit Kanzlermehrheit gegen den Widerspruch des unionsdominierten Bundesrats am 16.6. abschließend annimmt. Die Berücksichtigung der demografischen Entwicklung – stetig steigende Lebenserwartung und sinkende Geburtenraten – bei der jährlichen Rentenanpassung soll zur langfristigen Stabilisierung der Rentenkassen beitragen. Bis 2020 soll das Rentenniveau des »Standardrentners« nicht unter 46%, bis 2030 nicht

Köhler, Horst *Skierbieszów (Polen) 22.2.1943
Studium der Volkswirtschaftslehre und Politischen Wissenschaften an der Universität Tübingen,

ab 1969 Mitarbeiter am dortigen Institut für Wirtschaftsforschung, 1977 Promotion, 1981 Eintritt in die CDU, 1976–89 in verschiedenen Funktionen im Wirtschafts- und Finanzministerium tätig, 1990–93 Staatssekretär im Finanzministerium, 1993–98 Präsident des Deutschen Sparkassen- und Giroverbandes, 1998–2000 Präsident der Europäischen Bank für Wiederaufbau und Entwicklung, 2000–2004 Geschäftsführender Direktor des Internationalen Währungsfonds (IWF), 2004–10 Bundespräsident

unter 43% des durchschnittlichen Bruttoeinkommens fallen. 2004 liegt es noch bei 53%, bezogen auf rd. 30 000 € Jahresgehalt.

■ **Kranken- und Pflegeversicherung:** Mit der rot-grünen Kanzlermehrheit weist der Bundestag am 26.11. die Einsprüche des Bundesrats gegen die Erhebung von Sonderbeiträgen für **Zahnersatz und Krankengeld** ab (0,4 bzw. 0,5% vom Bruttolohn ab 1.7.2005). Die Arbeitgeber müssen sich an ihnen nicht mehr beteiligen. Gleichzeitig wird der durchschnittliche Beitragssatz zur Gesetzlichen Krankenversicherung (GKV) um 0,9 Prozentpunkte gesenkt. Im Konflikt über die Systemmodelle – »Bürgerversicherung« (SPD) kontra »Kopfpauschale« bzw. »Gesundheitsprämie« (CDU/CSU) – bleibt die anstehende umfassende Strukturreform der **Krankenversicherung** unerledigt. – Ebenfalls am 26.11. setzt Rot-Grün mit absoluter Mehrheit die Anhebung des **Beitragssatzes zur Pflegeversicherung** für Kinderlose (mit Ausnahmen) um 0,25% des Bruttolohns durch (in Kraft 1.1.2005). Der Gesetzgeber erfüllt damit eine Vorgabe des Bundesverfassungsgerichts von 2001, Familien in der Pflegeversicherung besser zu stellen. Auf die ursprünglich beabsichtigte große Pflegeversicherungsreform verzichtet die Bundesregierung zunächst, da die Belastungsgrenze der Bürger durch Reformen erreicht sei.

■ **Proteste:** Die erheblichen sozialen Härten und Unausgewogenheiten insbesondere der Arbeitsmarktreformen sorgen für verbreiteten Unmut. Nach der Verabschiedung des Hartz-IV-Gesetzes finden im August und September in mehreren Städten wöchentliche Demonstrationen gegen den Sozialabbau mit zeitweise bis zu 40 000 Teilnehmern statt, mit denen man in Ostdeutschland an die legendären Montagsdemonstrationen gegen das DDR-Regime 1989/90 anknüpfen will.

HAUSHALTSPOLITIK

Mindereinnahmen aus Steuern und die Einnahmeausfälle aus der nicht angelaufenen Lkw-Maut zwingen Bundesfinanzminister Hans Eichel (SPD) am 6.10. zur Vorlage eines **Nachtragshaushalts für 2004** mit einer Nettokreditaufnahme in der Rekordhöhe von 43,5 Mrd. €, um 14 Mrd. € höher als ursprünglich angesetzt. Um den Haushalt verfassungsrechtlich nach Art. 115 GG zu legitimieren, erklärt Eichel das gesamtwirtschaftliche Gleichgewicht erneut für gestört. Der Bundestag beschließt den Haushalt am 24.11. mit rot-grüner Mehrheit, die Oppositionsfraktionen reichen Mitte Dezember Klage gegen ihn beim Bundesverfassungsgericht ein. – Für den **Bundeshaushalt 2005**, den der Bundestag am 26.11. beschließt, lehnt Eichel angesichts der schwachen Entwicklung der Binnenkonjunktur weitere Sparmaßnahmen ab. Unter Einbeziehung von Privatisierungseinnahmen in der Rekordsumme von 15,5 Mrd. € gelingt es ihm jedoch, bei einem Ausgabenvolumen von 254,3 Mrd. € die Neuverschuldung auf 22 Mrd. € zu begrenzen. Damit würde sich die Nettoneuverschuldung der öffentlichen Hand mit 2,9% des BIP

Lebenserwartung Neugeborener

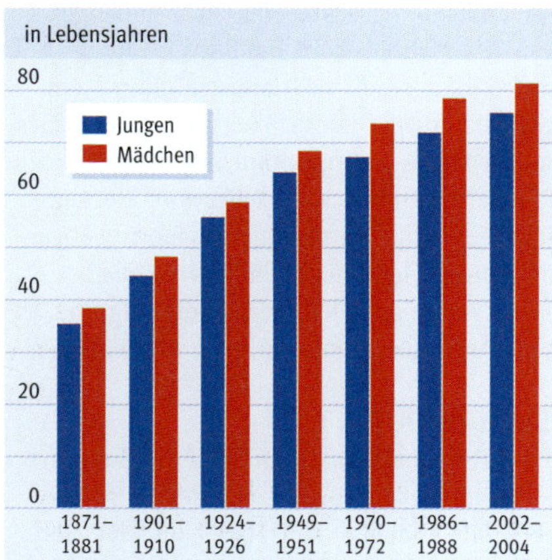

Werte bis 1926: Deutsches Reich; 1949–1988: früheres Bundesgebiet; 2002–2004: Deutschland

Quelle: Statistisches Bundesamt 2007

er Überschreitung in Folge wieder
s Maastricht-Stabilitätskriteriums
bewegen (2004: 3,7%).

.HERHEIT, TERRORABWEHR

■ **Antiterrormaßnahmen:** Am 24.9. verabschiedet der Bundestag mit der Kanzlermehrheit ein **Luftsicherheitsgesetz**. Es erlaubt dem Verteidigungsminister, als letztes Mittel den Befehl zum Abschuss eines Passagierflugzeugs zu erteilen, wenn dieses als Waffe eingesetzt wird. – Nachdem das Bundesamt für Strahlenschutz am 22.2. gefordert hat, fünf **Atomkraftwerke** zu schließen, weil sie vor Anschlägen mit Flugzeugen nicht geschützt seien, beauftragen die deutschen Kraftwerksbetreiber Mitte Juni den Technologiekonzern Rheinmetall, bis Ende 2005 zwölf Atomkraftwerke mit Vernebelungsmaschinen auszurüsten. – Ende Mai stellt Bundesinnenminister Otto Schily (SPD) den Plan vor, das **Bundeskriminalamt** neu zu organisieren und um eine Unterabteilung »Gruppe Internationaler Terrorismus« zu erweitern.

■ **Terrorismusprozesse:** Das Oberlandesgericht (OLG) Hamburg spricht am 5.2. wegen mangelhafter Beweislage den Marokkaner **Abdelghani Mzoudi** frei, der als Mitglied der Hamburger Al-Qaida-Zelle der Beihilfe zu den Terroranschlägen vom 11. September 2001 in den USA angeklagt war. Aus dem gleichen Grund hebt der Bundesgerichtshof am 4.3. das Urteil gegen **Mounir al-Motassadeq** auf, der zur Höchststrafe von 15 Jahren verurteilt worden war (→ 2003). Am 11.8. rollt das OLG Hamburg den Prozess gegen ihn erneut auf.

■ **Fall Kaplan:** Ungeachtet eines noch anhängigen Revisionsverfahrens beim Bundesverwaltungsgericht wird der radikale Islamistenführer Metin Kaplan, der in der Öffentlichkeit als Prototyp eines »Hasspredigers« wahrgenommen wird, am 12.10. in die Türkei abgeschoben, die einen Auslieferungsantrag gestellt hat. Damit endet ein monatelanges Tauziehen um den Fall des Führers der islamistischen Vereinigung Kalifatstaat, die aufgrund der Antiterrorgesetze → 2001 verboten wurde.

KERNPUNKTE DES ZUWANDERUNGSGESETZES

- Anstelle von bisher fünf gibt es nur noch **zwei Aufenthaltstitel**: die befristete und unbefristete Niederlassungserlaubnis; letztere wird nach fünf (bisher acht) Jahren gewährt.
- Die **Zuwanderung Hochqualifizierter** soll erleichtert werden, ihnen kann von Anfang an ein Daueraufenthalt gewährt werden. Ihre Kinder erhalten eine Nachzugserlaubnis. Selbständige sind willkommen, wenn sie mindestens zehn Arbeitsplätze schaffen und 1 Mio. € investieren. Mittelmäßig qualifizierte Arbeitskräfte können in begrenztem Umfang eine Aufenthaltserlaubnis erhalten, wenn sie einen Arbeitsplatz vorweisen können, für den es keine Bewerber aus dem Inland oder der EU gibt. Für gering qualifizierte Engpass-Arbeitskräfte ist wie bisher eine besondere Ausnahmeverordnung erforderlich.
- Das **humanitäre Recht** für Opfer nicht-staatlicher und geschlechtsspezifischer Verfolgung wurde verbessert – sie können im Sinne der Genfer Konvention als Flüchtlinge anerkannt werden. Der Zeitraum der Duldung ist auf 18 Monate beschränkt. Kettenduldungen (Verlängerung um jeweils ein Vierteljahr) gibt es nicht mehr.
- Die **Integration** von Ausländern soll u.a. durch verpflichtende Sprach- und Integrationskurse gefördert werden, für die der Bund die Kosten übernimmt. Eine Verweigerung der Teilnahme an den Kursen wird sanktioniert, unter Umständen mit einer Nichtverlängerung der Aufenthaltserlaubnis.
- **Sicherheitsaspekte** erhalten auf Betreiben von CDU/CSU einen besonderen Stellenwert: Ausländer können auf Grund einer von Tatsachen gestützten Gefahrenprognose abgeschoben werden. Auch »geistige Brandstifter« bzw. »Hassprediger« können nach Ermessen ihrer Gefährlichkeit ausgewiesen werden, gleichfalls zu Gefängnisstrafe ohne Bewährung verurteilte Schleuser. Wenn die Abschiebung nicht erfolgen kann, etwa weil im Heimatland Folter oder Todesstrafe drohen, wird der als gefährlich erkannte Ausländer strikter Überwachung unterworfen.

AUSLÄNDERPOLITIK

■ **Kopftuchverbot:** Nach dem Urteil des Bundesverfassungsgerichts im Fall der muslimischen Lehrerin Fereshta Ludin (→ 2003) beschließt der Landtag von Baden-Württemberg am 1.4. eine Änderung des Landesschulgesetzes, das Lehrkräften an öffentlichen Schulen implizit das Tragen des Kopftuchs verbietet. Das Bundesverwaltungsgericht erklärt am 25.6. das neue baden-württembergische Schulgesetz für rechtmäßig und weist die Klage von Ludin auf Einstellung ab. In der Folge beschließen weitere Bundesländer ähnliche Regelungen. In Hessen (8.10.) wird das Tragen des Kopftuchs aus dem gesamtem öffentlichen Dienst verbannt.

■ **Zuwanderungs- und Integrationsgesetz:** Nach vierjährigen Auseinandersetzungen verständigen sich die Regierungskoalition und die CDU/CSU-Fraktion auf einen Kompromiss, den Bundestag und Bundesrat am 1. bzw. 9.7. beschließen und der am 1.1.2005 in Kraft tritt.

UMWELTPOLITIK

■ **Klimaschutz:** Am 28.5. beschließt der Bundestag den Nationalen Allokationsplan (NAP), der die Zuteilung der Rechte für die **Emission von Treibhausgasen** an die betroffenen Anlagen regelt. Den Handel mit diesen Verschmutzungsrechten regelt das Treibhausgas-Emissionshandelsgesetz, dem der Bundesrat am 11.6. abschließend zustimmt. Zur Umsetzung der Verpflichtungen aus dem Kyoto-Protokoll muss Deutschland bis 2012 die Treibhausgasemissionen um 21% reduzieren (bezogen auf das Niveau von 1990).

■ **Gentechnik**: Der Bundestag nimmt am 26.11. ein umstrittenes Gentechnikgesetz an, mit dem u.a. das **Verursacherprinzip** im Fall von auftretenden Schäden oder gentechnischer Verunreinigung von Nachbaräckern eingeführt wird (in Kraft 3.2.2005). – Das am 3.12. beschlossene **Biopatentgesetz**, ebenfalls Umsetzung einer EU-Richtlinie, regelt die Patentierbarkeit biotechnologischer Erfindungen, schränkt den Patentanspruch auf menschliche Gene ein und verbietet Patente zum Klonen menschlicher Lebewesen sowie die kommerzielle und industrielle Verwendung menschlicher Embryonen (in Kraft 28.2.2005).

WAHLEN UND PARTEIEN

■ **Wahlschlappen für SPD und CDU:** Markantestes Ergebnis der zahlreichen 2004 abgehaltenen Wahlen ist die seit Anfang 2003 anhaltende Serie von schweren Stimmenverlusten der SPD. Bei den fünf Landtagswahlen und bei der Wahl zum Europäischen Parlament am 13.6. verliert sie durchschnittlich 9,5 Prozentpunkte. Doch auch die CDU muss teilweise erhebliche Einbußen hinnehmen. Die Wahlniederlagen der beiden großen Parteien korrespondieren in Ostdeutschland mit dem weiteren Vormarsch der PDS und in Westdeutschland mit Stimmengewinnen der Grünen sowie mit einer sinkenden Wahlbeteiligung.

■ **Bündnis 90/Die Grünen:** Auf dem Parteitag in Kiel am 2./3. 10. kehrt **Claudia Roth** in ihr früheres Amt als Co-Sprecherin der Partei zurück. Reinhard Bütikofer wird an der Doppelspitze bestätigt.

■ **CDU/CSU:** Differenzen mit der Partei- und Fraktionschefin Angela Merkel veranlassen den wirtschaftsliberalen stellvertretenden Fraktionschef von CDU/CSU, **Friedrich Merz**, am 12.10. zum Rücktritt von allen Führungsämtern in Partei und Fraktion. – Am 22.11. gibt **Horst Seehofer** das Amt des Vizechefs der CDU/CSU-Bundestagsfraktion auf. Der führende Sozialexperte der CSU protestiert damit gegen den zwischen den Vorsitzenden der Unionsparteien ausgehandelten Kompromiss zur Gesundheitspolitik.

■ **SPD:** Am 6.2. erklärt Bundeskanzler Schröder seinen Rücktritt als Parteichef. Der Sonderparteitag in Berlin wählt am 21.3. den Vorsitzenden der Bundestagsfraktion **Franz Müntefering zum neuen Vorsitzenden**. Generalsekretär anstelle von Olaf Scholz wird Klaus-Uwe Benneter. Müntefering kündigt an, ein verstärktes Augenmerk auf die soziale Gerechtigkeit zu legen.

AFFÄREN, PROZESSE, URTEILE

■ **Mannesmann-Prozess:** Mit einem Freispruch endet am 22.7. der Prozess vor dem Landgericht Düsseldorf gegen sechs ehemalige Führungskräfte der Mannesmann AG, unter ihnen der frühere Mannesmann-Chef Klaus Esser und der Vorstandssprecher der Deutschen Bank Josef Ackermann. Sie waren der schweren Untreue und Beihilfe im Zusammenhang mit der Übernahme von Mannesmann durch den britischen Mobilfunkkonzern Vodafone im Februar 2000 angeklagt.

■ **Politbüro-Prozess:** Im letzten Prozess um Verantwortung für die **Menschenrechtsverletzungen des DDR-Grenzregimes** verurteilt das Berliner Landgericht am 6.8. zwei Spitzenpolitiker der DDR, Hans-Joachim Böhme und Siegfried Lorenz, zu

Der Vorstandssprecher der Deutschen Bank, Josef Ackermann (r.), und der ehemalige Mannesmann-Chef Klaus Esser am 21.1. im Düsseldorfer Landgericht

Das Museum of Modern Art, New York, zeigt in der Neuen Nationalgalerie Berlin vom 20.2. bis 20.9. über 200 seiner bedeutendsten Werke

Bewährungsstrafen von einem Jahr Haft.

■ **Bundeswehr-Affäre:** Ende November werden Berichte über teilweise folterähnliche Misshandlungen von Rekruten des 7. Instandsetzungsbataillons der Bundeswehr in Coesfeld bekannt. In einer Ausbildungskompanie sollen vorschriftswidrig Geiselnahmen simuliert worden sein.

■ **Visa-Affäre:** Am 17.12. beschließt der Bundestag auf Antrag der Opposition die Einsetzung eines Parlamentarischen Untersuchungsausschusses zur Frage, ob die Bundesregierung mit der Praxis der Visavergabe zum massenhaften Erschleichen von Einreiseerlaubnissen vor allem aus Osteuropa beigetragen hat (→ 2005).

AUSSENPOLITIK

■ **Afghanistan:** Am 31.3./1.4. ist Deutschland wieder Gastgeber der (3.) internationalen **Afghanistan-Konferenz** in Berlin und sagt Hilfe für Wiederaufbau und den Kampf gegen Terrorismus und Drogen im Umfang von jährlich rd. 160 Mio. € zu.

■ **Kosovo:** Nach schweren Unruhen in Kosovo Mitte März verstärkt die Bundeswehr ihr **KFOR-Kontingent** um weitere 600 auf 3800 Soldaten.

■ **Europa:** Die deutsche Europapolitik setzt weiter auf eine enge **Abstimmung mit Frankreich**. Bei der Postenverteilung in der neuen EU-Kommission, die am 22.11. ihre Arbeit aufnimmt, erhält der bisherige Erweiterungskommissar **Günter Verheugen** (SPD) neben der Vizepräsidentschaft mit der Zuständigkeit für Industriepolitik und die Koordination der EU-Wirtschaftspolitik eine Schlüsselrolle für die weitere Entwicklung der Gemeinschaft. Am 13.12. setzt die EU-Kommission ihr Defizitverfahren gegen Deutschland und Frankreich aus. In der Kontroverse über das Verhältnis der EU zur Türkei befürwortet Bundeskanzler Schröder vehement die Aufnahme von **Beitrittsverhandlungen**.

■ **Libyen:** Als erster deutscher Kanzler besucht Gerhard Schröder am 14.10. Libyen. Das letzte Hindernis zur Normalisierung der Beziehungen war mit einem am 3.9. vereinbarten Abkommen ausgeräumt worden, das die Entschädigung der Opfer des Bombenanschlags auf die Diskothek La Belle in Berlin regelt (→ 1986, 2001).

■ **Vereinte Nationen:** Außenminister Joschka Fischer begründet in einer Rede vor der UN-Vollversammlung in New York am 23.9. den deutschen Anspruch auf einen gleichberechtigten **ständigen Sitz im Sicherheitsrat** mit Deutschlands gewachsener internationaler Rolle.

BUNDESLÄNDER

■ **Hamburg:** Bei der vorgezogenen **Bürgerschaftswahl** am 29.2. steigert sich die CDU um 21 Prozentpunkte zulasten der Partei Rechtsstaatlicher Offensive (PRO). Der Erste Bürgermeister Ole von Beust, der im Dezember 2003 die Koalition mit der PRO aufgekündigt hat, führt ab 17.3. eine CDU-Alleinregierung.

■ **Thüringen:** Trotz starker Stimmeneinbußen bei der **Landtagswahl** am 13.6. behauptet die CDU unter Ministerpräsident Dieter Althaus knapp die absolute Mehrheit der Mandate.

■ **Baden-Württemberg:** Unter dem Vorwurf der Vorteilnahme und illegaler Parteispende gibt der stellv. Bundesvorsitzende der FDP und Wirtschaftsminister von Baden-Württemberg, **Walter Döring**, am 18.6. seinen Rücktritt von seinen politischen Ämtern zum 1.7. bekannt. Im Gefolge der Affäre tritt Justizministerin Corinna Werwigk-Hertneck (FDP) am 22.7. zurück. Ministerpräsident Erwin Teufel (CDU) kündigt am 25.10. seinen Amtsverzicht für April 2005 an.

■ **Saarland:** Bei der **Landtagswahl** am 5.9. baut die CDU unter Ministerpräsident Peter Müller die absolute Mehrheit ihrer Parlamentsmandate aus.

■ **Brandenburg:** Nach der **Landtagswahl** am 19.9. setzen SPD und CDU die Große Koalition unter Matthias Platzeck (SPD) fort.

■ **Sachsen:** Die **Landtagswahl** am 19.9. bringt CDU und SPD hohe Stimmenverluste. Das Erstarken der NPD (9,2%) findet bundesweite Beachtung. CDU und SPD bilden eine Koalitionsregierung unter Ministerpräsident Georg Milbradt (CDU).

■ **Wahlergebnisse** → S. 458–467

2005

Wahl ohne Sieg und Niederlage: Große Koalition

Die Hoffnungen der rot-grünen Regierungskoalition auf eine deutliche Belebung der Binnenkonjunktur und eine Entspannung auf dem Arbeitsmarkt erfüllen sich nicht, aber soziale Härten, Ungerechtigkeiten und handwerkliche Mängel der sozial- und arbeitsmarktpolitischen Reformen der Agenda 2010 zeigen sich immer deutlicher. Die Wahldebakel der SPD in Schleswig-Holstein im Februar und in Nordrhein-Westfalen im Mai zeigen, dass es der Partei nicht gelingt, den Vertrauensverlust bei den Wählern aufzuhalten. Bundeskanzler Gerhard Schröder ergreift die Flucht nach vorn und erwirkt eine vorgezogene Neuwahl des Bundestags. Damit besiegelt er das Ende der Ära Rot-Grün und beschleunigt zugleich den Umbruch im Parteienspektrum: Die Linksopposition formiert sich auch in Westdeutschland zu einem relevanten politischen Faktor. Die Bundestagswahl führt ins politische Patt, in dem die Große Koalition als einziger Ausweg erscheint. Die CDU-Vorsitzende Angela Merkel übernimmt die Führung der Bundesregierung – als erste Frau und als erste Politikerin aus Ostdeutschland in der Geschichte der Bundesrepublik.

BUNDESTAGSWAHL

■ **Rot-Grün am Ende:** Noch am Abend der Landtagswahl in Nordrhein-Westfalen am 22.5., die auch im stärksten Bundesland einen Machtwechsel zugunsten der Opposition bringt, verkünden der SPD-Vorsitzende Franz Müntefering und Bundeskanzler Gerhard Schröder ihre Absicht, die Reformpolitik durch eine vorgezogene Neuwahl des Bundestags neu legitimieren zu lassen. Am 1.7. **stellt Schröder im Bundestag die Vertrauensfrage** – in der Absicht, die notwendige absolute Mehrheit der Abgeordneten zu verfehlen. In der Begründung für seinen Antrag verweist er auf fehlenden Rückhalt in den eigenen Reihen und die auch durch den Bundesrat eingeschränkte Handlungsfähigkeit seiner Regierung. Die Abstimmung ergibt 296 Nein-, 151 Jastimmen, 148 Enthaltungen, 5 Nichtteilnahmen wegen verfassungsrechtlicher Bedenken. Am 21.7. löst der Bundespräsident gemäß Artikel 68 GG den Bundestag auf und setzt als Wahltermin den 18.9. an. Das Bundesverfassungsgericht gibt am 25.8. den Weg zur Wahl frei.

■ **Wahlkampf:** In den Wochen vor der Wahl schmilzt in Umfragen der noch Anfang Juli ansehnliche Vorsprung von CDU/CSU vor der SPD, die den Vorwurf der sozialen Kälte zu entkräften und ihn an die CDU/CSU weiterzugeben versucht. **Schröder behauptet sich in der Kanzlerpräferenz** der Bundesbürger vor der CDU/CSU-Herausforderin Angela Merkel; auch im TV-Duell der Spitzenkandidaten am 4.9. behält Schröder die Oberhand. Negativ für die Union wirkt sich u.a. die Diskussion um das radikale Steuermodell des Finanzwissenschaftlers Paul Kirchhof aus, den Merkel in ihr »Kompetenzteam« aufgenommen hat und von dem sie sich schließlich distanzieren muss. Für weitere Irritationen sorgt der CSU-Vorsitzende Edmund Stoiber mit einer abwertenden Bemerkung über die Wähler im Osten. Während die Union ihre Absicht verteidigt, den Regelsatz der Mehrwertsteuer um zwei Prozentpunkte (von 16 auf 18%) zu erhöhen, um die Arbeitskosten senken zu können, verspricht die SPD, ohne eine solche Maßnahme auszukommen. – Als neue Bewerberin um die Wählerstimmen macht die neu formierte Partei Die Linke mit ihren populären Galionsfiguren Gregor Gysi (PDS) und Oskar Lafontaine (WASG) von sich reden.

■ **Wahlergebnis:** Die Aufholjagd der SPD endet bei einem Stimmenanteil von 34,2% und einem Rückstand zu den Unionsparteien von einem Prozentpunkt (CDU 27,8%, CSU 7,4%). Dabei erleiden die beiden großen Parteien Stimmenverluste von 4,3 bzw. 3,3 Prozentpunkten gegenüber 2002, wobei bei der Union vor allem die CSU in Bayern zurückfällt

Wahl zum 16. Deutschen Bundestag am 18.9.2005 (2002)

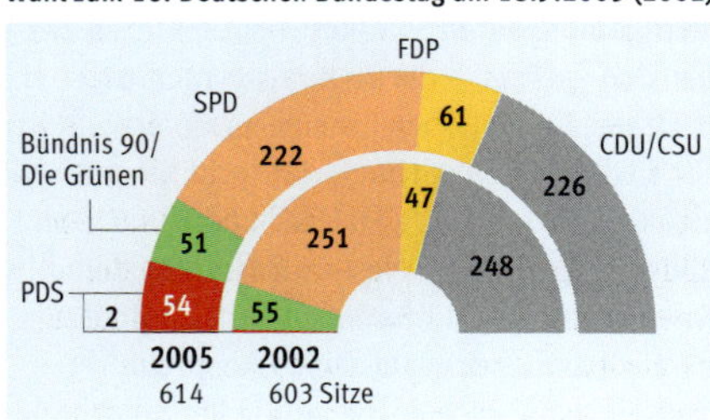

Merkel, Angela *Hamburg 17.7.1954

1973–78 Studium der Physik in Leipzig, 1978–89 wissenschaftliche Mitarbeiterin am Zentralinstitut für Physikalische Chemie an der Akademie der Wissenschaften in Ost-Berlin, Promotion 1986, im Herbst 1989 Mitbegründerin und Vorstandsmitglied des Demokratischen Aufbruchs (DA), 1991–94 Bundesministerin für Frauen und Jugend, 1994–98 für Umwelt, Naturschutz und Reaktorsicherheit, ab 1991 stellv. Bundesvorsitzende der CDU, ab 1992 Vorsitzende der CDU in Mecklenburg-Vorpommern, 1998–2000 Generalsekretärin ihrer Partei, seit 2000 Parteivorsitzende, seit 2005 Bundeskanzlerin

(von 58,6 auf 49,2%). Eigentliche Gewinner sind die FDP mit 9,8% (+2,4) und Die Linke mit 8,7% (+4,7). B'90/Grüne behaupten sich knapp mit 8,1% (−0,5), stellen damit aber nur noch die kleinste Fraktion im Bundestag. Die Wahlbeteiligung erreicht mit 77,7% einen historischen Tiefstand.

■ **Neuer Bundestag:** Am 18.10. konstituiert sich der 16. Deutsche Bundestag mit 614 Abgeordneten (einschließlich 16 Überhangmandaten: SPD 9, CDU 7). Zum Bundestagspräsidenten wird Norbert Lammert (CDU) gewählt, zu dessen Stellvertretern Alt-Bundestagspräsident Wolfgang Thierse (SPD), Susanne Kastner (SPD), Gerda Hasselfeldt (CSU), Hermann Otto Solms (FDP) und Katrin Göring-Eckardt (B'90/Grüne). Der für die Fraktion Die Linke reservierte Vizepräsidentenposten bleibt zunächst vakant, nachdem der nominierte Parteivorsitzende Lothar Bisky nach vier vergeblichen Wahlgängen (am 18.10. und 8.11.) seine Kandidatur zurückzieht. Am 7.4.2006 wird schließlich Petra Pau gewählt.

GROSSE KOALITION

■ **Verhandlungen**: In Sondierungsgesprächen zwischen den Parteien – die Linke ausgenommen – erweisen sich die Optionen für eine »Ampelkoalition« (SPD, FDP und B'90/Grüne), erst recht für eine »Jamaikakoalition« (CDU/CSU, FDP und B'90/Grüne) als unrealistisch. Den Weg zum Regierungsbündnis mit der Union macht Bundeskanzler Schröder schließlich frei, indem auf seinen Anspruch verzichtet, auch die nächste Regierung führen zu wollen. Am 18.11. unterzeichnen die Parteivorsitzenden von SPD, CDU und CSU den Koalitionsvertrag, den die Parteitage am 14.11. gebilligt hatten.

■ **Koalitionsvertrag**: Zu den Kernpunkten zählen in der **Haushalts- und Steuerpolitik**: Auflegung eines Investitionsprogramms zur Belebung der Konjunktur, Mehrwertsteuererhöhung von 16 auf 19% (Regelsatz) ab 2007, Erhöhung der Steuer auf hohe Privateinkommen von 42 auf 45% ab 2007, Unternehmensteuerreform ab 2008; in der **Arbeitsmarktpolitik**: u.a. Lockerung des Kündigungsschutzes, Schaffung neuer Instrumente zur Existenzgründung, Anhebung des Arbeitslosengelds II Ost auf West-Niveau, Reduzierung des Beitrags zur Arbeitslosenversicherung von 6,5 auf 4,5%; **Rentenreform:** schrittweise Erhöhung des Renteneintrittsalters von 65 auf 67 Jahre, Erhöhung des Beitragssatzes von 19,5 auf 19,9% ab 2007; **Familienpolitik:** einkommensabhängiges Elterngeld statt Erziehungsgeld ab 2008, Ausbau von Kinderbetreuungsplätzen; **Umwelt und Energie:** Fortsetzung des Atomausstiegs, Ausbau der erneu-

1. KABINETT MERKEL
(konstituiert am 22.11.2005)
Bundeskanzlerin: Angela Merkel (CDU)
Stellvertreter: Franz Müntefering (SPD); ab 20.11.2007 Frank-Walter Steinmeier (SPD)
Äußeres: Frank-Walter Steinmeier (SPD)
Inneres: Wolfgang Schäuble (CDU)
Justiz: Brigitte Zypries (SPD)
Finanzen: Peer Steinbrück (SPD)
Wirtschaft und Technologie: Michael Glos (CSU); ab 10.2.2009 Karl-Theodor zu Guttenberg (CSU)
Arbeit und Soziales: Franz Müntefering (SPD); ab 21.11.2007 Olaf Scholz (SPD)
Ernährung, Landwirtschaft und Verbraucherschutz: Horst Seehofer (CSU); ab 31.10.2008 Ilse Aigner (CSU)
Verteidigung: Franz Josef Jung (CDU)
Familie, Senioren, Frauen und Jugend: Ursula von der Leyen (CDU)
Gesundheit: Ulla Schmidt (SPD)
Umwelt, Naturschutz und Reaktorsicherheit: Sigmar Gabriel (SPD)
Verkehr, Bau und Stadtentwicklung: Wolfgang Tiefensee (SPD)
Bildung und Forschung: Annette Schavan (CDU)
Wirtschaftliche Zusammenarbeit und Entwicklung: Heidemarie Wieczorek-Zeul (SPD)
Besondere Aufgaben: Thomas de Maizière (CDU)

erbaren Energien; **Bildungspolitik:** Förderung der Ganztagsschulen wird fortgesetzt, Bereitstellung von 3% des BIP für Forschung und Entwicklung bis 2010; **Föderalismusreform:** Entzerrung der Kompetenzen von Bund und Ländern, Einschränkung der Blockademöglichkeiten des Bundesrats bei der Bundesgesetzgebung; **Europapolitik:** EU-Beitrittsverhandlungen mit der Türkei als »Prozess mit offenem Ende«.

■ **Neue Bundesregierung:** Der Bundestag wählt am 22.11. im ersten Wahlgang die CDU-Vorsitzende **Angela Merkel zur Bundeskanzlerin.** Auf sie entfallen 397 Ja- und 202 Neinstimmen bei zwölf Enthaltungen. Am selben Tag legen die Bundeskanzlerin und ihre Minister den Amtseid ab. Das Kabinett umfasst neben der Kanzlerin und dem Chef des Bundeskanzleramtes, Thomas de Maizière (CDU), fünf Minister der CDU und zwei der CSU, sowie acht der SPD. Von den fünf weiblichen Mitgliedern des Kabinetts führen die drei der SPD – Ulla Schmidt (Gesundheit), Heidemarie Wieczorek-Zeul (Entwicklungshilfe) und Brigitte Zypries (Justiz) – ihre Ämter, teilweise mit neuem Zuschnitt, aus der rot-grünen Regierung weiter.

PARTEIEN

■ **Bündnis 90/Die Grünen:** Der amtierende Außenminister und Vizekanzler **Joschka Fischer** erklärt zwei Tage nach der Bundestagswahl seinen Verzicht auf Spitzenämter in Partei und Fraktion.

■ **CDU/CSU:** Als Nachfolger von **Volker Kauder**, der den Fraktionsvorsitz im Bundestag übernimmt, beruft der Bundesvorstand der CDU am 5.12. den bisherigen stellvertretenden Fraktionsvorsitzenden **Ronald Pofalla** zum neuen Generalsekretär. – Der bayerische Ministerpräsident und CSU-Vorsitzende **Edmund Stoiber** zieht am 1.11. seine anfängliche Zusage zurück, als Wirtschaftsminister in das Bundeskabinett einzutreten, und desavouiert damit auch die Anwärter auf seine Nachfolge an der Spitze der Partei und des Freistaats.

■ **FDP:** Auf dem Bundesparteitag in Köln (5.–7.5) tritt **Dirk Niebel** als Generalsekretär an die Stelle von Cornelia Pieper. Nach der Bundestagswahl behält **Wolfgang Gerhardt** zunächst das Amt des Fraktionschefs, sagt aber zu, es im Mai 2006 an den Parteivorsitzenden Guido Westerwelle abzutreten.

■ **Linksparteien:** Am 22./23.1. konstituiert sich in Göttingen die im Juli 2004 von SPD-Abweichlern und Gewerkschaftern ins Leben gerufene Initiative Wahlalternative Arbeit und soziale Gerechtigkeit

Die beiden Spitzenkandidaten der Linkspartei, Gregor Gysi (l.) und Oskar Lafontaine, einen Tag nach der Bundestagswahl in Berlin

(WASG) als Partei. Bei der ersten Landtagswahl, zu der sie in Nordrhein-Westfalen am 22.5. antritt, erhält sie 2,2% der Wählerstimmen. Die Vorverlegung der Bundestagswahl gibt den Anstoß, sich mit der PDS zu verbünden. Diese benennt sich am 17.7. in **Linkspartei** um und öffnet ihre Wahllisten den Mitgliedern der WASG. Zu ihnen gehört auch der frühere SPD-Vorsitzende **Oskar Lafontaine**, der als Spitzenkandidat die Landesliste für Nordrhein-Westfalen anführt. Im Dezember vereinbaren beide Parteien, sich bis Mitte 2007 zusammenzuschließen.

■ **SPD:** Vor dem Hintergrund der verlorenen Landtagswahlen und der durch die Linkspartei neu erwachsenen Konkurrenz berücksichtigt das am 4.7. vom Kleinen Parteitag in Berlin einstimmig verabschiedete Wahlmanifest Forderungen des linken Parteiflügels. Bei den Koalitionsverhandlungen nach der Wahl kann die SPD hiervon mehrere Punkte im Regierungsprogramm festschreiben und zudem eine paritätische Besetzung des Kabinetts durchsetzen. – Der Parteitag in Karlsruhe (14.–16.11.) wählt den brandenburgischen Ministerpräsidenten und Landesparteichef **Matthias Platzeck** als ersten Ostdeutschen mit 512 von 515 gültigen Delegiertenstimmen (99,4%) zum neuen Bundesvorsitzenden. Damit endet eine Parteikrise, die der bisherige Vorsitzende Franz Müntefering auslöste, als er auf eine personalpolitische Niederlage im Parteivorstand am 31.10. mit seinem Rückzug vom Parteivorsitz reagierte. Der Konflikt, in dem sich die Parteilinke Andrea Nahles profilierte, wird durch die Wahl von **Hubertus Heil** zum neuen Generalsekretär bereinigt. Ex-Bundeskanzler Schröder legt auf dem Parteitag seine Parteiämter nieder.

15 JAHRE DEUTSCHE EINHEIT UND AUFBAU OST

Im Vorfeld des Tags der Deutschen Einheit (3.10.) zieht der noch amtierende Beauftragte der Bundesregierung für die neuen Bundesländer, Bundesverkehrsminister Manfred Stolpe (SPD), am 29.9. eine **insgesamt positive Bilanz** des bisherigen Aufbaus Ost und hebt die beachtlichen Leistungen zur Angleichung der materiellen Lebensverhältnisse hervor. So hätte Ostdeutschland in der Infrastruktur, den Konsumverhältnissen, der Wohnsituation und der Gesundheitsversorgung weitgehend Westniveau erreicht, einzelne Wirtschaftszweige entwickelten sich positiv, und manche Regionen avancierten zu Vorreitern der Modernisierung in Deutschland. Dagegen verweist der frühere Hamburger Bürgermeister Henning Voscherau (SPD) als Sprecher des von der Bundesregierung 2003 eingerichteten »Gesprächskreises Ost« auf eine **anhaltende tiefe ökonomische und soziale Spaltung** des Landes. Die Annäherung der materiellen Lebensverhältnisse nahm nach Angaben der Bundesregierung bis 2003 1280 Mrd. € in Anspruch, abzüglich des in Ostdeutschland selbst aufgebrachten Betrags ergibt sich eine Nettotransfersumme von 980 Mrd. €. Davon sind rd. 170 Mrd. € Unterstützungsleistungen, die ausschließlich Ostdeutschland zugute kamen – z.B. Aufbauhilfemittel aus dem Solidarpakt I und für Programme der besonderen Wirtschaftsförderung. Zu den gravierendsten Folgen des wirtschaftlichen und sozialen Umbruchs infolge der Deutschen Einheit gehört der **Wandel der Bevölkerungsstruktur** in Ostdeutschland.

ARBEITS- UND SOZIALPOLITIK

■ **Hartz IV:** Das Vierte Gesetz für moderne Dienstleistungen am Arbeitsmarkt (→ 2004) unter dem Motto »Fördern und Fordern« tritt am 1.1. in Kraft. Im Laufe des Jahres zeichnen sich teilweise erhebliche Schwierigkeiten bei der Umsetzung des Konzepts ab. Sie beeinträchtigen die erhoffte Effizienzsteigerung bei der Vermittlungsarbeit und sprengen den vorgesehenen finanziellen Rahmen für die Bundesagentur für Arbeit (BA). Auch bedingt durch die ausbleibende Entlastung auf dem Arbeitsmarkt – die Arbeitslosenzahl überschreitet im 1. Quartal erstmals in der Geschichte der Bundesrepublik die 5- Mio.-Marke – liegt die Zahl der Empfänger von Arbeitslosengeld II im Frühjahr um 800 000 höher als von der Regierung im Juni 2004 unterstellt. Statt der für den Hartz-IV-Komplex für 2005 angesetzten Haushaltsausgaben von 14,6 Mrd. € ist im Frühjahr für das ganze Jahr mit einer Steigerung auf 23,6 Mrd. € zu rechnen. Im Vorfeld der Landtagswahlen in NRW vereinbart Bundeskanzler Schröder mit der CDU-Vorsitzenden Angela Merkel auf einem »Job-Gipfel« am 17.3. Nachbesserungen zur Arbeitsmarktreform. Deren Umsetzung bleibt im Wahlkampf stecken.

Dresdner Wahrzeichen: Tausende Besucher wohnen am 30.10. der Weihe der wieder aufgebauten Frauenkirche auf dem Dresdner Neumarkt bei

BILDUNGS- UND KULTURPOLITIK

Das Bundesverfassungsgericht erklärt am 26.1. das Verbot von **Studiengebühren** für das Erststudium durch das Hochschulrahmengesetz von 2002 für verfassungswidrig. Der niedersächsische Landtag beschließt am 9.12. das bundesweit erste Gesetz zur Einführung von Studiengebühren an den Hochschulen des Landes. – Bund und Länder vereinbaren am 23.6. ein Programm zur Förderung der universitären Spitzenforschung. Die sog. **Exzellenzinitiative** wird mit einem Volumen von insgesamt 1,9 Mrd. € für den Zeitraum von fünf Jahren ausgestattet. – Mit Inkrafttreten der erneut korrigierten **Rechtschreibreform** am 1.8.2005 endet vorläufig eine mehrjährige Auseinandersetzung über Änderungen der seit 1996 geltenden Regeln.

POLITISCHE AFFÄREN

■ **Visa-Affäre:** Der am 17.12.2004 eingesetzte Parlamentarische Untersuchungsausschuss zur Praxis der Vergabe von Einreiseerlaubnissen vor allem aus Osteuropa bricht seine Ermittlungen mit der Auflösung des Bundestags ab. Im Zentrum stand die Frage der Mitverantwortung von Außenminister Joschka Fischer (B'90/Grüne) für den massenhaften Missbrauch von Einreiseerleichterungen durch Schleuser.

■ **CDU-Schwarzgeldaffäre:** Wegen Untreue zu Lasten der CDU verurteilt das Landgericht Wiesbaden am 18.4. den ehemaligen Bundesinnenminister **Manfred Kanther** zu 18 Monaten Haft auf Bewährung, darüber hinaus zu einer Geldstrafe (→ 2000). Kanther wie auch der gleichfalls zu einer Geldstrafe verurteilte ehemalige CDU-Finanzberater Horst Weyrauch legen Revision ein.

■ **VW-Korruptionsaffäre:** Die fristlose Entlassung von zwei Managern des VW-Konzerns und der Rücktritt des Gesamtbetriebsratsvorsitzenden Klaus Volkert bringt Ende Juni 2005 eine Affäre ins Rollen, die das Image des größten europäischen Autobauers schwer beschädigt. Es geht um Finanzmanipulation, Schmiergelder und die Zweckentfremdung von Firmengeldern zur systematischen Begünstigung von Betriebsräten. Am 8.7. reicht der VW-Personalvorstand Peter Hartz, Architekt der sog. Hartz-Reformen am Arbeitsmarkt, seinen Rücktritt ein (→ 2007).

■ **CIA-Entführungen:** Anfang Dezember wird bekannt, dass der damalige Bundesinnenminister Otto Schily (SPD) über die Entführung des Deutschen **Khaled el-Masri** durch die CIA nachträglich von den USA informiert wurde, aber untätig blieb. Masri wurde nach eigenen Angaben Ende 2003 aus Mazedonien nach Afghanistan verschleppt, dort gefoltert und im Mai 2004 freigelassen. – Am 24.12. greifen deutsche Medien Berichte aus den USA auf, nach denen US-Flugzeuge illegal deutsche Flughäfen genutzt hätten, um gefangene Terrorverdächtige in CIA-Geheimgefängnisse im Ausland zu bringen. Die CIA-Affären führen zu Irritationen im Verhältnis zu den USA.

AUSSENPOLITIK

■ **Tsunami-Hilfe:** Die Flutwellen nach dem Seebeben im Indischen Ozean an den Küsten Südost-Asiens am 26.12.2004 reißen etwa **560 deutsche Staatsbürger** in den Tod. Die Bundeswehr konzentriert ihren bislang größten humanitären Einsatz bis Mitte März auf die Region Aceh in Indonesien. Das Bundeskabinett beschließt am 5.1. **Hilfszusagen im Umfang von insgesamt 500 Mio. €.** Die Hilfsorganisationen erhalten insgesamt 600 Mio. € an privaten Spendengeldern.

■ **USA:** Bei seiner Visite in Mainz am 23.2. erklärt Präsident **George W. Bush** den Streit um den Irak-Krieg für beendet und demonstriert mit Bundeskanzler Schröder Einigkeit in aktuellen Fragen der Weltpolitik. Neuralgische Themen wie Deutschlands Wunsch nach einem ständigen Sitz im UN-Sicherheitsrat bleiben ausgespart. Schröders Gegenbesuch in Washington am 27.6. wird schon als Abschiedstreffen gewertet.

■ **Europäische Union:** Bundesfinanzminister Hans Eichel setzt zusammen mit seinem französischen Amtskollegen am 20.3. die **Lockerung des Defizitkriteriums** durch. Danach darf Deutschland die Ausgaben im Rahmen des Aufbaus Ost und die Beitragszahlungen an die EU bei der Defizitberechnung ausklammern. – Der Bundestag nimmt am 12.5. den **EU-Verfassungsvertrag** mit 569 gegen 23 Stimmen an, der Bundesrat folgt am 27.5.

■ **Sudan:** Zur Unterstützung der UN-Friedensmission in Sudan stimmt der Bundestag am 22.4. für zunächst sechs Monate der **Entsendung eines Bundeswehrkontingents** von bis zu 75 unbewaffneten Militärbeobachtern nach Sudan zu.

■ **Geiselnahme:** Am 25.11. wird als erste Deutsche im Irak die dort lebende Archäologin Susanne Osthoff zusammen mit ihrem Fahrer entführt. Obwohl die Bundesregierung das Ultimatum nicht erfüllt, die Zusammenarbeit mit der irakischen Regierung einzustellen, wird die Geisel am 18.12. freigelassen.

BUNDESLÄNDER

■ **Schleswig-Holstein:** Bei der Landtagswahl am 20.2. siegt die CDU. Der Versuch der amtierenden Ministerpräsidentin Heide Simonis (SPD), auf der Basis einer erneuerten Koalition mit den Grünen an der Macht zu bleiben, scheitert in vier Wahlgängen. Am 27.4. wählt der Landtag **Peter Harry Carstensen (CDU)** an der Spitze einer Großen Koalition zum Ministerpräsidenten.

■ **Bayern:** Im Gefolge einer lokalen Wahlfälschungsaffäre muss Kultusministerin Monika Hohlmeier (CSU) am 15.4. ihren Rücktritt einreichen. – Ein Gammelfleischskandal erregt im November bundesweites Aufsehen.

■ **Baden-Württemberg:** Der Landtag wählt am 21.4. den bisherigen Vorsitzenden der CDU-Fraktion **Günther Oettinger** als Nachfolger von Erwin Teufel (CDU) ins Amt des Ministerpräsidenten.

■ **Nordrhein-Westfalen:** Aus der Landtagswahl am 22.5. geht die CDU als stärkste politische Kraft hervor. **Jürgen Rüttgers** (CDU) bildet eine Koalition mit der FDP und wird am 22.6. vom Landtag zum neuen Regierungschef gewählt.

■ **Bremen:** Am 8.11. folgt **Jens Böhrnsen** (SPD) Henning Scherf im Amt des Bürgermeisters nach.

■ **Wahlergebnisse** → S. 458–467

2006

Kleinster gemeinsamer Nenner

Mit einer Politik der kleinen Schritte, die sie in ihrer Regierungserklärung im November 2005 ankündigte, moderiert Bundeskanzlerin Angela Merkel (CDU) die Abarbeitung des Programms der Großen Koalition. Einige der mühsam austarierten Kompromisse stoßen als Bruch von Wahlversprechen auf massive Kritik, so die Anhebung der Mehrwertsteuer um drei Prozentpunkte. Während die Sympathiewerte für die Koalitionsparteien in die Nähe historischer Tiefstände gesunken sind, beflügelt Mitte des Jahres die Fußballweltmeisterschaft die Stimmung im Lande. Der Blick richtet sich nun auch auf positive Entwicklungen: Der seit Jahren anhaltende Exportboom schlägt auf die Binnenkonjunktur durch – die Gesamtwirtschaftsleistung steigt um 2,9% des BIP; der Effekt für den Arbeitsmarkt bleibt allerdings noch gering. In den Grundlinien der Außenpolitik bewahrt die Regierung der Großen Koalition Kontinuität. Akzentverschiebungen zeigen sich jedoch schon bald im betont sachlichen Auftreten der Bundeskanzlerin und ihres Außenministers bei internationalen Gipfelveranstaltungen und in einer stärkeren Gewichtung von Menschenrechtsfragen, auch im Verhältnis zu den USA, der Volksrepublik China und zu Russland.

FÖDERALISMUSREFORM

Als erste Stufe einer geplanten umfassenden Föderalismusreform beschließt der Bundestag am 30.6. die **Neuordnung des Bund-Länder-Verhältnisses**. Der Bundesrat folgt am 7.7. mit der Zustimmung von 14 der 16 Bundesländer nach. Die Zuständigkeiten von Bund und Ländern werden entflochten, indem in einigen Bereichen der Bund mehr Handlungsspielraum erhält, in anderen die Länder (in Kraft 1.9.). Zur Vorbereitung der zweiten Stufe der Föderalismusreform, die der Neuregelung der Bund-Länder-Finanzbeziehungen gilt, beschließen beide Häuser des Parlaments am 15.12. die Einrichtung einer gemeinsamen 32-köpfigen Kommission.

WEITERE REFORMPROJEKTE UND GESETZE

■ **Mehrwertsteuer:** Bundestag und Bundesrat beschließen am 19.5./16.6., den Regelsatz der Mehrwertsteuer zum 1.1.2007 **von 16 auf 19% anzuheben**, der ermäßigte Satz von 7% bleibt unverändert. Zwei Drittel der Mehreinnahmen dienen der Haushaltskonsolidierung, ein Drittel finanziert die zum gleichen Termin beschlossene Senkung der Beiträge zur Arbeitslosenversicherung von 6,5 auf 4,5% mit. – **Weitere steuerliche Belastungen** bzw. Einsparungen erfolgen u.a. durch den Wegfall der Entfernungspauschale beim Weg von der Wohnung zum Arbeitsplatz bis 20 km, die Kürzung des Sparerfreibetrags und die Streichung des Zuschusses des Bundes an die Bundesagentur für Arbeit.

■ **Diskriminierungsverbot:** Das Allgemeine Gleichbehandlungsgesetz (AGG), das der Gesetzgeber am 29.6./7.7.2006 verabschiedet, enthält Regeln zum Schutz vor Benachteiligungen u.a. wegen des Geschlechts oder der Zugehörigkeit zu einer Minderheitsgruppe.

■ **Elterngeld:** Als eines der wichtigsten familienpolitischen Projekte der Großen Koalition beschließen Bundestag und Bundesrat am 19.9./3.11. die Einführung eines sog. Elterngeldes ab 1.1.2007. Kernpunkt: Wenn ein Elternteil zugunsten der Erziehung des neugeborenen Kindes 14 Monate lang auf seine Berufsausübung verzichtet, erhält er 67%

Exporte und Importe 1960–2006

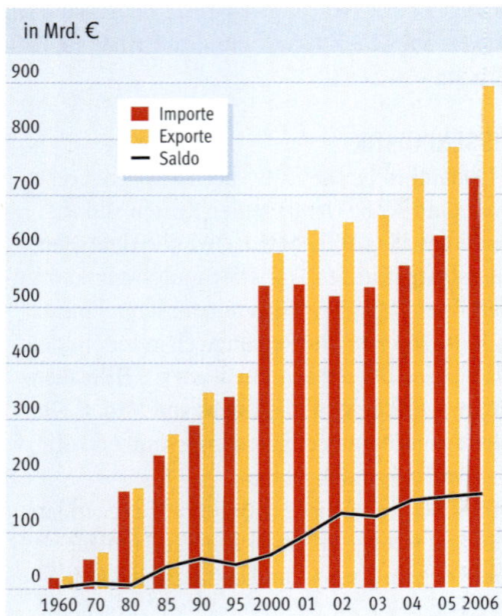

Quelle: Statistisches Bundesamt 2007

FÖDERALISMUSREFORM

Die Reform soll das Gesetzgebungsverfahren beschleunigen und transparenter gestalten.
Der Bund besitzt nun die **ausschließliche Gesetzgebungskompetenz** u.a. im Atomrecht, Waffen- und Sprengstoffrecht, Melde- und Ausweiswesen sowie im Notarrecht. **Erweiterte** Bundeszuständigkeiten gelten bei der Terrorabwehr und in der EU-Politik.
Im Umweltrecht, das der Bund bislang nur über seine Rahmengesetzgebung mitgestalten konnte, ist er jetzt darüber hinaus direkt zuständig für den Naturschutz und die Landschaftspflege sowie für den Wasserhaushalt. Ein Umweltgesetzbuch soll bis Ende 2010 erarbeitet werden.
Die **Länder** sind faktisch **allein verantwortlich** im gesamten **Kultur- und Bildungsbereich**, in dem sie bislang schon für das Schulwesen allein zuständig waren. Von Vorgaben des Bundes zur Zulassung zum Studium und bei den Abschlüssen können sie abweichen. Der Hochschulbau ist künftig ihre Angelegenheit. Forschungsvorhaben an Universitäten kann der Bund nur noch fördern, wenn er hierzu die einstimmige Billigung der Bundesländer erhält. Die Länder sind auch **weitestgehend zuständig** geworden für das Recht und die Besoldung der Beamten auf Landes- und Kommunalebene, das Demonstrationsrecht, den Strafvollzug, das Ladenschluss- und Gaststättenrecht. Über den Katalog der Zustimmungspflichtigkeit von Gesetzen im Bundesrat hinaus können die Länder im Bundesrat nun auch **Gesetzesvorhaben blockieren**, wenn sie durch sie zu finanziellen Leistungen aus ihren Etats verpflichtet werden. Darüber hinaus verfügen die Länder erstmals über ein **Abweichungsrecht**: In bestimmten Bereichen – vor allem bei Verfahrensregeln, aber u.a. auch in Teilen des Umweltrechts (Naturschutz, Raumordnung, Landschaftspflege, Wasserhaushalt) sowie im Presse-, Jagd- und Sportrecht – können sie die Gesetzgebung des Bundes durch eine eigene verdrängen. Wenn der Bund solche abweichend geregelten Gesetze seinerseits wieder revidiert, gilt sein Recht bundeseinheitlich – bis die Länder es durch ihr eigenes wieder ersetzen (»Ping-Pong-Effekt«).
Gemeinsame Verantwortung obliegt Bund und Ländern für die Haushaltsdisziplin. Sanktionszahlungen wegen Nichterfüllung von EU-Verpflichtungen müssen der Bund zu 65% und die Länder zu 35% übernehmen.

seines Nettoeinkommens, maximal jedoch 1800 €, für die Dauer von zwölf Monaten. 14 Monate lang wird gezahlt, wenn auch der andere Partner eine Berufspause von mindestens zwei Monaten einlegt. Im Gegenzug wird das Kindergeld (je Kind 154 €, ab dem 4. Kind 179 €) statt zum 27. nur noch bis zum 25. Lebensjahr gezahlt.

■ **Verbraucherinformationsgesetz**: Nach dem am 29.6./22.9. angenommenen Gesetz müssen die Behörden u.a. den Bürgern auf Anfrage Auskunft über Verstöße von Unternehmen gegen das Lebensmittelrecht sowie über die Herkunft und Verwendung von Erzeugnissen und Überwachungsmaßnahmen geben. Wegen verfassungsrechtlicher Bedenken verweigert Bundespräsident Horst Köhler am 6.12. seine Unterschrift. (Eine revidierte Fassung tritt am 1.1.2008 in Kraft.)

ARBEITSMARKTPOLITIK

■ **Hartz-Gesetze:** Weite Teile der seit → 2003 bestehenden Gesetze für moderne Dienstleistungen verfehlen bislang ihr Ziel, zum Abbau der Arbeitslosigkeit beizutragen. Diese Schlussfolgerung (bezogen auf Hartz I-IV) ergeben Anfang Februar vorgelegte **Zwischenergebnisse** einer von Arbeitsminister Franz Müntefering (SPD) in Auftrag gegebenen Evaluationsstudie unabhängiger Forschungsinstitute. Zu den erfolgreicheren Einrichtungen zählen die Ich-AGs. Deren Förderung läuft mit Inkrafttreten des **Hartz-IV-Fortentwicklungsgesetzes** am 1.8. aus und wird durch einen – kostengünstigeren – Gründungszuschuss ersetzt. – Zum 1.7. wird das **Arbeitslosengeld II** (ALG II) **in Ostdeutschland** auf westdeutsches Niveau (345 €) angehoben. Vor dem Hintergrund einer großen Finanzierungslücke beim ALG II verordnet der Gesetzgeber weitere **Leistungskürzungen**. Zu den einschneidendsten Maßnahmen zählen die Streichung des Anspruchs auf Wohngeld für die meisten Arbeitslosen unter 25 Jahren (ab 1.4.) und ein am 7.7. vom Bundesrat abschließend gebilligter Katalog von mehr als 50 Änderungen, wirksam zum 1.8.

AUSLÄNDER- UND INTEGRATIONSPOLITIK

■ **Einbürgerungstests:** Die Innenministerkonferenz von Bund und Ländern verständigt sich am 5.5. auf verschärfte Kriterien für die Einbürgerung. Zentral ist die erfolgreiche Absolvierung von Sprachtests und Einbürgerungskursen. Die Schwelle bei Vorstrafen wird deutlich herabgesetzt.

Die Neuregelung ist Konsequenz einer kontroversen Debatte über die Initiative Baden-Württembergs, einbürgerungswillige Muslime anhand eines 100 Fragen umfassenden »Gesprächsleitfadens« auf ihre staatsbürgerliche Bildung, persönliche Lebensführung und ihre Loyalität zur Verfassung zu überprüfen.

■ **Integrationsgipfel und Islamkonferenz:** Unter Leitung von Bundeskanzlerin Angela Merkel tagt am 14.7. erstmals eine Runde von Trägern und Mediatoren der Integrations- und Ausländerpolitik. Angestrebt wird, einen breiten, von den Migranten mitgetragenen gesellschaftlichen Konsens über die Integrationspolitik herzustellen. Die Konferenz, an der auch Vertreter von Migrantenorganisationen und Religionsgemeinschaften teilnehmen, verständigt sich auf die Erarbeitung eines Nationalen Integrationsplans. Ergänzend beruft Bundesinnenminister Wolfgang Schäuble (CDU) eine **Deutsche Islam Konferenz (DIK)** ein, die Vorschläge zur Verbesserung des Zusammenlebens in allen gesellschaftlichen Bereichen erarbeiten soll. Zu den 30 ständigen Mitgliedern der DIK zählen neben 15 staatlichen Vertretern fünf Repräsentanten der größten muslimischen Verbände und zehn prominente Einzelpersonen mit muslimischem Hintergrund, unter ihnen auch profilierte Islamkritiker/innen. Die DIK eröffnet ihre Beratungen am 27.9. und 8./9.11.

■ **»Karikaturenstreit«**: Die Veröffentlichung provozierender Karikaturen des Propheten Mohammed in einer dänischen Zeitung, die einen Proteststurm in der islamischen Welt ausgelöst hat, trifft auch in Deutschland auf scharfe Kritik. 16 Organisationen der »türkeistämmigen und muslimischen« Menschen protestieren am 8.2. in Köln, warnen aber zugleich vor gewaltsamen Reaktionen. Am 11./12.2. demonstrieren mehrere tausend Menschen in Berlin und anderen Städten.

TERRORABWEHR

■ **Verfassungsrecht:** Das Bundesverfassungsgericht (BVerfG) erklärt am 15.2. das Anfang → 2005 in Kraft getretene **Luftsicherheitsgesetz** für **verfassungswidrig**. Die Erlaubnis zum Abschuss eines von Terroristen entführten und als Waffe missbrauchten Zivilflugzeugs sei unvereinbar mit dem Grundrecht der Passagiere auf Leben und Menschenwürde. Zudem dürfe die Bundeswehr ohne ausdrückliche Genehmigung durch die Verfassung im Inland nicht militärisch eingesetzt werden. – Auch die seit den Anschlägen in den USA vom 11. September 2001 betriebene vorbeugende polizeiliche **Rasterfahndung** nach islamistischen sog. Schläfern verstößt nach einem Urteil des BVerfG vom 4.4. gegen die Verfassung. Eine solche massenhafte Datenermittlung sei nur bei einer »konkreten Gefahr« erlaubt.

■ **Anschläge gescheitert:** Am 31.7. schlagen in Nordrhein-Westfalen zwei **Kofferbombenanschläge** aufgrund technischer Mängel an den Sprengkörpern fehl. Die Auswertung der Aufnahmen von Überwachungskameras auf dem Kölner Hauptbahnhof, wo die präparierten Reisekoffer in zwei Regionalzügen deponiert wurden, ermöglicht die Festnahme eines 21-jährigen Libanesen am 19.8. in Kiel; sein mutmaßlicher Mittäter stellt sich wenige Tage später der Polizei in Tripoli (Libanon); dieser gibt als Tatmotiv Rache für die Verunglimpfung des Propheten Mohammed durch dänische Karikaturen im Frühjahr an.

■ **Terrorismusbeobachtung:** Die Innenminister von Bund und Ländern vereinbaren am 4.9. den Aufbau einer **Antiterrordatei**. Die beim Bundeskriminalamt angesiedelte Datenzentrale soll alle Informationen der Sicherheitsbehörden über terrorismusverdächtige Personen und Organisationen vernetzen und ihnen den direkten Zugriff darauf ermöglichen. Das sog. Gemeinsame-Dateien-Gesetz tritt am 31.12. in Kraft.

■ **Antiterrorgesetz:** Mit Verabschiedung des Terrorismusbekämpfungsergänzungsgesetzes am 1.12. (in Kraft 11.1.2007) verlängert der Bundestag die Geltung der nach dem 11.9.2001 erlassenen, auf fünf Jahre befristeten Sicherheitsgesetze um weitere fünf Jahre. Zugleich werden die Befugnisse der Nachrichtendienste im Verkehrs-, Finanz- und Kommunikationsbereich erweitert. Sie gelten nun auch für die Aufklärung gewaltorientierter verfassungsfeindlicher Bestrebungen.

AFFÄREN DES BUNDESNACHRICHTENDIENSTES

Eine der bisher größten Skandalserien überschattet das Jubiläumsjahr des seit 50 Jahren für die Auslandsaufklärung zuständigen Bundesnachrichtendienstes (BND):

■ **Journalistenbespitzelung:** Der BND griff mehrfach unverhältnismäßig und rechtswidrig in die Pressefreiheit ein, indem er Journalisten bespitzelte oder auf andere Weise »abschöpfen« ließ, um undichte Stellen im eigenen Apparat zu enttarnen. Zu diesem Ergebnis gelangt ein Sonderermittler des

Parlamentarischen Kontrollgremiums des Bundestags in seinem Untersuchungsbericht, den er am 10.5. vorlegt. Als erste Konsequenz verbietet das Bundeskanzleramt am 15.5. dem BND, »zur Eigensicherung« Journalisten als Quellen zu führen oder abzuschöpfen. Schärfere Dienstvorschriften und konsequentere Aufsichtsmaßnahmen sollen folgen.

■ **BND-Untersuchungsausschuss:** Zur Aufklärung von Vorwürfen gegen den BND konstituiert sich am 7.4. ein Untersuchungsausschuss des Bundestags. Er soll feststellen, ob deutsche Sicherheitsbehörden über die illegalen Operationen der CIA auf deutschem Boden (→ 2005) Kenntnis hatten, ob sie in die Entführungsfälle el-Masri, Zammar und Kurnaz verwickelt waren und wie sich die Bundesregierung verhalten hat, um deutsche Interessen zu wahren. Der terrorverdächtige Deutsch-Syrer Mohammed Haydar Zammar wurde Ende 2001 in Marokko festgenommen und von der CIA nach Syrien gebracht, wo er auch gefoltert worden sein soll. Der aus Bremen stammende Türke Murat Kurnaz wurde im Oktober 2001 in Pakistan festgenommen und über Afghanistan in das US-Internierungslager Guantánamo gebracht. Begründete Verdachtsmomente gegen ihn ergaben sich nicht. Gleichwohl zeigte sich die Bundesregierung an seiner Rückführung lange nicht interessiert. Am 24.8. wird Kurnaz freigelassen und kehrt nach Deutschland zurück.

PARTEIEN

■ **SPD:** Nach nur knapp fünf Monaten im Amt erklärt **Matthias Platzeck** am 10.4. seinen **Rücktritt vom Parteivorsitz** aus gesundheitlichen Gründen. Zu seinem Nachfolger wählt ein Sonderparteitag in Berlin am 14.5. den rheinland-pfälzischen Ministerpräsidenten **Kurt Beck** mit 95,1% der Stimmen.

■ **Linkspartei und WASG:** Am 29.4. sprechen sich die Parteitage beider Parteien in Halle (Linkspartei) bzw. Ludwigshafen (WASG) für eine Fusion bis Mitte 2007 aus. In der WASG kommt der Beschluss erst nach heftigen Auseinandersetzungen zustande.

TARIFKONFLIKTE IM ÖFFENTLICHEN DIENST

Die Auseinandersetzung über die Neustrukturierung des Tarifrechts auf Länder- und Kommunalebene mündet im Frühjahr in einen der bisher langwierigsten **Arbeitskämpfe** im öffentlichen Dienst. Nach Streikserien, die bis zu acht Bundesländer erfassen, kommt es am 19.5. zu einem Tarifabschluss auf Länderebene. Im Tarifkonflikt über die **Arbeitsbedingungen für Ärzte** im öffentlichen Gesundheitswesen ergibt sich eine verhärtete Konstellation, auch bedingt durch die Rivalität zwischen der DGB-Dienstleistungsgewerkschaft ver.di und dem berufsständischen Ärzteverband Marburger Bund. Dessen mehrwöchige Streikaktionen finden am 15.5. mit dem Ausstand von 13 000 Ärzten an zahlreichen Unikliniken ihren Höhepunkt und enden mit dem Abschluss von Tarifverträgen am 16.6. auf Länderebene und nach weiteren Streiks am 17.8. auf kommunaler Ebene. – Parallel zu den Aktivitäten der abhängig beschäftigten Mediziner protestieren die **niedergelassenen Ärzte** gegen die Verschlechterung ihrer Einkommen und Arbeitsbedingungen aufgrund der Sparpolitik im Gesundheitsbereich. Mitte Januar schließen Zehntausende Ärzte tageweise ihre Praxen, 14 000 demonstrieren am 18.1. in Berlin, 40 000 am 19.5. in Berlin und anderen Städten.

KORRUPTIONSAFFÄREN

■ **Mannesmann-Prozess:** Das Düsseldorfer Landgericht stellt am 29.11. das Verfahren gegen sechs ehemalige Spitzenmanager der früheren Mannesmann AG gegen die Auflage von Zahlungen in Höhe von insgesamt 5,8 Mio. € ein. Damit endet einer der spektakulärsten Wirtschaftsprozesse in der dritten Runde ohne Urteil (→ 2004).

■ **Siemens-Skandal:** Die Staatsanwaltschaft lässt am 15.11. Büros des größten europäischen Technologiekonzerns durchsuchen. Im Konzernbereich Kommunikationstechnik (Com) sollen schwarze Kassen für Schmiergeldzahlungen geführt worden sein. Am 12.12. wird der frühere Com-Chef festgenommen. Die Konzernspitze, die von den zweifelhaften Zahlungen nichts gewusst haben will, schätzt den Umfang im Dezember auf 420 Mio. €.

Streik in Weiß: Ein Arzt demonstriert am 18.5. in Erlangen gegen schlechte Arbeitsbedingungen

AUSSENPOLITIK

■ **Geiselnahmen:** Zwei Ingenieure einer im Irak aktiven sächsischen Firma werden am 24.1. in Baidschi verschleppt. Nach Verstreichen von zwei mit politischen Forderungen verbundenen Ultimaten lassen die Kidnapper die Entführten am 2.5. frei.

■ **Auslandseinsätze der Bundeswehr:** In **Afghanistan** verlegt das auf etwa 2800 Soldaten vergrößerte deutsche Kontingent seinen Schwerpunkt nach Mazar-i-Sharif und übernimmt am 1.6. das ISAF-Kommando in den Nordprovinzen. – Am 1.6. genehmigt der Bundestag die Teilnahme von 780 Soldaten an der EU-Mission zur Absicherung der Wahlen in der Demokratischen Republik **Kongo** (August bis November). – Auf Bitten Israels und des **Libanon**, die UNIFIL-Mission zur Friedenssicherung zu unterstützen, bewilligt der Bundestag am 20.9. den Einsatz eines Marineverbandes mit acht Schiffen und 1500 Marinesoldaten mit Überwachungsaufgaben vor der libanesischen Küste.

■ **USA:** Ihren Antrittsbesuch bei Präsident George W. Bush am 13.1. wertet Bundeskanzlerin Merkel als Eröffnung eines »neuen Kapitels« in den Beziehungen zwischen beiden Staaten. Im Klima der Offenheit könne man auch über »unterschiedliche Sichtweisen« sprechen. Am 7.1. forderte Merkel erstmals, das Internierungslager Guantánamo zu schließen. Zu Differenzen kommt es auch über die Verschleppung von Terrorverdächtigen durch die CIA und illegale Gefangenenflüge in Europa.

■ **Russland:** Schon bei ihrem Antrittsbesuch in Moskau am 16.1. lässt Merkel einen **Kurswechsel** zur stärkeren Abgrenzung deutlich werden, als sie mit Vertretern der Opposition zusammentrifft und anschließend die russische Regierung ermahnt, die Arbeit von Menschenrechtsorganisationen nicht einzuschränken. Differenzen ergeben sich auch über die Lösung der Kosovo-Frage und Streitigkeiten Russlands mit den Balten und Polen.

■ **VR China:** Auch gegenüber der chinesischen Führung drängt Merkel, u.a. bei ihrer Visite in Peking am 22./23.5. und beim Besuch von Ministerpräsident Wen Jiabao am 14.9. in Berlin, auf die Beachtung von Menschenrechten. Die deutsche Forderung nach raschen Fortschritten im Kampf gegen chinesische Produkt- und Markenpiraterie überschattet die wirtschaftlichen Beziehungen.

Sommermärchen WM: Fußballfans aus aller Welt feiern ihre Mannschaften auf den deutschen Fanmeilen

BUNDESLÄNDER

■ **Mecklenburg-Vorpommern:** Auf der Insel Rügen tauchen Mitte Februar die ersten Fälle von **Vogelgrippe** auf. Die Tierseuche greift auf insgesamt acht Bundesländer über. Für das gesamte Bundesgebiet gilt monatelange Stallpflicht für Geflügel. – Bei der **Landtagswahl** am 17.9. erleidet die SPD schwere Verluste. Sie geht eine Große Koalition mit der CDU ein. Am 7.11. bestätigt der Landtag Ministerpräsident Harald Ringstorff (SPD).

■ **Baden-Württemberg:** Nach der **Landtagswahl** am 26.3. setzt Ministerpräsident Günther Oettinger (CDU) die Koalition mit der FPD fort.

■ **Rheinland-Pfalz:** Die **Landtagswahl** am 26.3. bringt der SPD die absolute Mehrheit der Mandate, sodass sie unter Ministerpräsident Kurt Beck eine Alleinregierung bilden kann.

■ **Sachsen-Anhalt:** Bei der **Landtagswahl** am 26.3. scheitert die FDP an der 5%-Hürde und fällt als Koalitionspartner der CDU aus. Ministerpräsident Wolfgang Böhmer (CDU) bildet eine Koalition mit der SPD und wird am 24.4. im Amt bestätigt.

■ **Hamburg:** Im Gefolge einer Affäre um den widerrechtlichen Umgang mit Zeugenprotokollen des Parlamentarischen Untersuchungsausschusses entlässt Bürgermeister Ole von Beust (CDU) am 27.3. Justizsenator Roger Kusch (CDU).

■ **Berlin:** Die **Wahl zum Abgeordnetenhaus** am 17.9. ermöglicht dem Regierenden Bürgermeister Klaus Wowereit (SPD) eine Neuauflage der rot-roten Koalition.

■ **Niedersachsen:** Am 4.11. verursacht die vorübergehende Kappung einer die Ems bei Papenburg überquerenden Höchstspannungsleitung eine **Versorgungsstörung** für mehrere Millionen Haushalte. Die Unterbrechung, deren Folgen falsch eingeschätzt wurden, sollte die Passage eines Kreuzfahrtschiffs in die Nordsee ermöglichen.

■ **Wahlergebnisse** → S. 458–467

2007

Raues Klima

Zur Halbzeit der Legislaturperiode erschöpfen sich in der Großen Koalition die Gemeinsamkeiten, obwohl die wirtschaftliche Entwicklung optimistisch stimmt. Die exportgestützte Konjunktur verkraftet die Anfang des Jahres erfolgte Erhöhung der Mehrwertsteuer auf 19% (BIP-Zuwachs: 2,5%), das steigende Steueraufkommen gibt nach langer Zeit den Blick auf einen schuldenfreien Haushalt frei. Die Arbeitslosenquote sinkt auf 9%, den niedrigsten Stand seit 1994. Dennoch bleibt die soziale Lage für große Teile der Bevölkerung prekär, verantwortlich hierfür erscheinen u.a. die Stagnation der Nettolöhne, die Ausweitung des Niedriglohnsektors und der rasante Anstieg der Inflationsrate (gegen Jahresende über 3%). Während die Union in der öffentlichen Meinung vom Wirtschaftsaufschwung und von internationalen Auftritten der Bundeskanzlerin profitiert, versucht sich die SPD, bedrängt von der Konkurrenz der neuen Partei Die Linke, als Anwältin der sozialen Gerechtigkeit neu zu profilieren. Klimaschutz und Energieversorgung sind nach Bundeskanzlerin Angela Merkel »die beiden größten Herausforderungen für die Menschheit«, die Regierung legt ein ehrgeiziges Programm auf. An dessen Zielen orientiert sich auch das Bemühen, Deutschland international als klimapolitischen Vorreiter erscheinen zu lassen.

KABINETT

Franz Müntefering (SPD) überlässt am 21.11. Außenminister **Frank-Walter Steinmeier** (SPD) das Amt des Vizekanzlers und **Olaf Scholz**, bislang Parlamentarischer Geschäftsführer der SPD-Fraktion, die Führung des Arbeits- und Sozialministeriums. Münteferings überraschender Rückzug schließt sich an seine Niederlage auf dem SPD-Parteitag Ende Oktober und an eine scharfe Kontroverse in der Koalition über die Arbeitsmarktpolitik an. Für seinen überraschenden Rücktritt macht Müntefering jedoch familiäre Gründe geltend.

REFORMPROJEKTE UND GESETZE

■ **Sozialversicherungen:** Das Gesetzespaket zu der seit Jahren umstrittenen **Gesundheitsreform** tritt nach Annahme durch beide Häuser des Parlaments (2.2./16.2.) am 1.4. in Kraft. Jeder Bundesbürger muss sich krankenversichern. Den Gesetzlichen Krankenversicherungen (GKV) wird ein neuer Leistungskatalog auferlegt, zugleich erhalten sie mehr Spielraum, Wahltarife anzubieten. Kernstück der Reform ist der 2009 neu einzurichtende **Gesundheitsfonds**. Gespeist aus den Beiträgen zur GKV und staatlichen Zuschüssen, verteilt er das Geld an die GKV in Form von Versicherten-Pauschalbeträgen. Das Konstrukt kombiniert Kernelemente der konträren Modelle einer »Bürgerversicherung« (SPD) und der »Kopfpauschale« bzw. »Gesundheitsprämie« (Unionsparteien). – Nach gescheiterten Verhandlungen über die im Koalitionsvertrag verabredete Reform zur langfristigen **Finanzierung der Pflegeversicherung** beschränkt sich die Regierungskoalition auf die Verbesserung einzelner Leistungen und die Anhebung des Beitragssatzes zum 1.7.2008 von 1,7 auf 1,95% des Bruttoeinkommens (für Kinderlose auf 2,2%). Das Kabinett beschließt den Gesetzentwurf am 17.10. – Mit dem Beschluss des Bundestags am 9.3., das gesetzliche **Renteneintrittsalter** von 65 auf 67 Jahre anzuheben, realisiert Arbeits- und Sozialminister Müntefering (SPD) eines der letzten aus dem Koalitionsvertrag noch offenen größeren Reformprojekte, über die Konsens besteht. Die Umstellung soll schrittweise zwischen 2012 und 2029 erfolgen. 2010 soll entschieden werden, ob die unpopuläre Neuregelung, die als Rentenkürzungsprogramm kritisiert wird, Bestand haben soll. – Nach drei Nullrunden steigen die Altersrenten zum 1.7. um

Franz Müntefering am 13.11. nach der »Rücktritts-Pressekonferenz«

0,54 Prozentpunkte; zum 1.1. wurde der Rentenbeitragssatz von 19,5 auf 19,9% angehoben.

■ **Familienpolitik:** Um ein bedarfsgerechtes Angebot für die **Betreuung von Kindern** unter drei Jahren zu schaffen, soll die Zahl der Krippenplätze bis 2013 auf 750 000 verdreifacht werden; der Bund stellt den Ländern hierfür 4 Mrd. € zur Verfügung, wenn diese den Rechtsanspruch auf einen Krippenplatz festschreiben. Mit dem Kinderbetreuungsfinanzierungsgesetz, das Bundestag und Bundesrat am 25.10./20.12. beschließen, bringt Bundesfamilienministerin Ursula von der Leyen (CDU) nach dem Anfang des Jahres eingeführten Elterngeld (→ 2006) ihr zweites wichtiges familienpolitisches Reformwerk auf den Weg. Auf Druck der CSU und von Traditionalisten in der CDU musste sie gegen ihre Überzeugung Eltern, die ihre Kleinkinder zuhause erziehen wollen, ein monatliches Betreuungsgeld (»Herdprämie«) zusichern.

■ **Arbeitsmarktpolitik:** Kontroversen über die Existenzsicherung von Arbeitnehmern im Niedriglohnbereich und ein großzügigeres Arbeitslosengeld für ältere Arbeitslose belasten die Zusammenarbeit der Koalitionspartner erheblich. Am 12.11. erzielen sie Kompromisse: Der gewerkschaftlich unterstützten Forderung nach einem gesetzlichen flächendeckenden **Mindestlohn** kommt die SPD einen Schritt näher, indem sie die Aufnahme der Briefzustellerbranche in den Geltungsbereich des Arbeitnehmerentsendegesetzes durchsetzt (durch Beschlüsse von Bundestag und Bundesrat am 14./20.12.). Dadurch erhält der Mindestlohntarif (zwischen 8,00 und 9,80 €) für die Briefzusteller Allgemeinverbindlichkeit, den die Gewerkschaft ver.di mit dem Arbeitgeberverband Postdienste (Hauptmitglied: Deutsche Post) am 29.11. ausgehandelt hat. Der neue Tarif tritt zugleich mit der Aufhebung des Monopols für die Briefzustellung (bis 50 g) am 1.1.2008 in Kraft. – Zum gleichen Termin wird die maximale Bezugsdauer des regulären **Arbeitslosengeldes I für ältere Arbeitnehmer** von 18 auf 24 Monate verlängert und aufgrund hoher Überschüsse der Bundesagentur für Arbeit der Beitrag zur Arbeitslosenversicherung von 4,4 auf 3,3% gesenkt.

■ **Steuerreformen**: Um die steuerliche Wettbewerbsfähigkeit Deutschlands zu stärken, beschließt der Gesetzgeber am 25.5./6.7. ein Maßnahmenpaket zur **Reduzierung der Unternehmenssteuer**, das am 1.1.2008 in Kraft tritt. Im Zentrum steht die Minderung der Steuerlast von Kapitalgesellschaften von 39 auf unter 30%. Ab 2009 wird zudem eine Abgeltungssteuer von 25% auf Kapitalerträge erhoben. Um die Steuerausfälle von rd. 32 Mrd. € zum großen Teil zu kompensieren, werden die Steuerbemessungsgrundlagen ausgeweitet und strengere Abschreibungsbestimmungen erlassen.

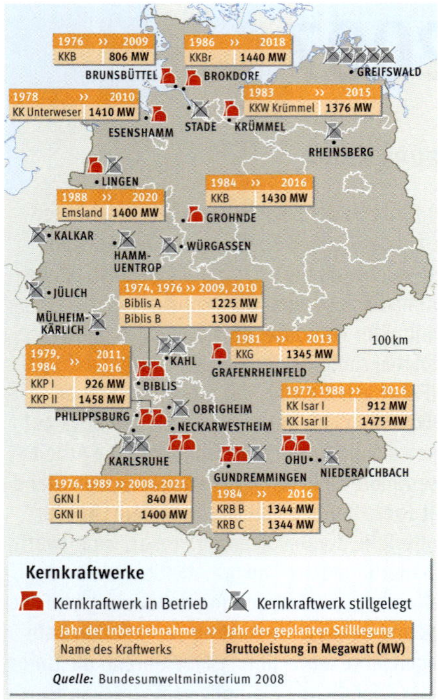

UMWELTSCHUTZ- UND ENERGIEPOLITIK

■ **Klimaschutzprogramm:** Als Konsequenz aus den Forschungsergebnissen zum beschleunigten Klimawandel und dessen Folgen für die Menschheit (u.a. Berichte des Weltklimarats IPCC, Teil I v. 2.2. und Teil II v. 6.4.) legt Bundesumweltminister Sigmar Gabriel (SPD) am 26.4. einen als »Klimaagenda 2020« bezeichneten **Acht-Punkte-Plan** zum Umbau der Industriegesellschaft vor. An dem 2000 vereinbarten Atomausstieg will Gabriel festhalten. Das Bundeskabinett macht sich Ende Juli den Aktionsplan mit der **Festlegung von 29 Maßnahmen** (teilweise unter Finanzierungsvorbehalt) im Wesentlichen zu eigen und legt am 5.12. ein erstes Gesetzespaket vor. – Vorab beschließt das Bundeskabinett am 27.6. eine Energieeinsparverordnung. Danach wird ab Mitte 2008 stufenweise ein **»Energiepass«** eingeführt, der auch für bestehende Gebäude die Energieeffizienz ausweist (für Neubauten schon seit 1995 vorgeschrieben). – Am 22.6./6.7. billigen Bundestag und Bundesrat den sog. Nationalen Allokationsplan II der Bundesregierung zur **Vergabe von CO_2-Emissionslizenzen** an die Energiekonzerne und die Industrie in den Jahren 2009–12. Die rd. 3500 Kraftwerke und energieintensiven Produktionsanlagen erhalten erheblich verringerte Verschmutzungsrechte zugeteilt und müssen einen Teil von ihnen ersteigern. Neue, gleichwohl klimaschädliche Braunkohlekraftwerke sind allerdings für 14 Jahre von Reduktionsverpflichtungen freigestellt.

■ **Atomkraftwerke:** Bundesumweltminister Sigmar Gabriel (SPD) lehnt am 18.5. und am 22.6. Anträge der Energieversorgungsunternehmen RWE und Vattenfall ab, durch Übertragung von nicht genutzten Strommengen aus dem stillgelegten Atomkraftwerk (AKW) Mülheim-Kärlich die **Laufzeiten der AKW Biblis A bzw. Brunsbüttel** zu verlängern. Diese müssen nach dem 2000 verabschiedeten sog. Atomkonsens 2009 vom Netz genommen werden. – Störfälle, die am 28.6. eine Schnellabschaltung der Reaktoren der **AKW Krümmel und Brunsbüttel** erfordern, sowie weitere Pannen bringen dem Vattenfall-Konzern einen schweren Imageschaden. Obwohl eine nach Reparaturarbeiten eingesetzte Expertenkommission am 6.11. beide AKW für sicherheitstechnisch unbedenklich erklärt, gehen sie bis Herbst 2008 nicht ans Netz.

■ **Weitere Maßnahmen:** Zur Reduzierung der Luftbelastung tritt zum 1.3. eine **Feinstaub-Plakettenverordnung** für Kfz in Kraft. Die nach Schadstoffklassen eingestuften Fahrzeuge können gegebenenfalls aus dem Verkehr in sog. Umweltzonen von Großstädten ausgeschlossen werden. Die Regelung wird ergänzt durch ein ab 1.4. geltendes Gesetz zur Förderung der Nachrüstung von Diesel-Pkw mit einem **Rußpartikelfilter**; Halter mit Pkw ohne Filter werden mit einem Zuschlag zur Kfz-Steuer belegt. – Seit 1.9. gilt ein im Mai und Juni beschlossenes Gesetz zum **Schutz der Nichtraucher** für öffentliche Bereiche, die bundesgesetzlich zu regeln sind. Bis Anfang 2008 erlassen auch die Bundesländer z.T. unterschiedlich ausgestaltete Rauchverbote.

KLIMAAGENDA 2020

Bundesumweltminister Sigmar Gabriel (SPD) stellt in einer Regierungserklärung am 26.4. ein Klimaschutzprogramm vor, das gewährleisten soll, bis 2020 die Energieeffizienz um jährlich 3% zu steigern, den Kohlendioxidausstoß um ca. 40% (Basisjahr 1990) bzw. ca. 270 Mio. t CO_2 zu reduzieren und den Anteil erneuerbarer Energien am Energieverbrauch von derzeit 12 auf 20% zu steigern. Die Belastung des Bundeshaushalts, vor allem durch Subventionen, wird auf rd. 3 Mrd. € veranschlagt.

Wichtige Einzelvorhaben:

• Reduktion des Stromverbrauchs um 11% durch Steigerung der Energieeffizienz (Einsparvolumen: 40 Mio. t)
• Modernisierung des Kraftwerksparks durch den Bau effizienterer Anlagen (30 Mio. t)
• Steigerung des Anteils der erneuerbarer Energien an der Stromerzeugung von derzeit 12 auf 27% (55 Mio. t) und im Wärmesektor von 6 auf 14% (14 Mio. t)
• Verdoppelung der effizienten Nutzung der Kraft-Wärme-Koppelung bei der Energieerzeugung auf 25% (20 Mio. t)
• Reduktion des Energieverbrauchs durch Gebäudesanierung, effiziente Heizungsanlagen und in Produktionsprozessen (41 Mio. t)
• Senkung des Kraftstoffverbrauchs und Steigerung des Anteils der Biokraftstoffe im Verkehr auf 17% (30 Mio. t)
• Reduktion der Emissionen von anderen Treibhausgasen wie z.B. Methan (40 Mio. t).

Das Programm übertrifft die am 9.3. unter deutscher Ratspräsidentschaft vereinbarten EU-Vorgaben, die eine Senkung der Treibhausgasemissionen bis 2020 um 20% gegenüber 1990 bzw. 12% vom Stand 2006 vorschreiben.

Der Einlösung seiner Verpflichtung aus dem Klimaschutzprotokoll von Kyoto (1997), die Emissionen von insgesamt sechs Treibhausgasen bis 2012 um 21% zu reduzieren (Basisjahr 1990), kam Deutschland bis Ende 2006 mit 18% näher.

INNERE SICHERHEIT UND TERRORABWEHR

■ **Motassadeq-Prozess:** Das Oberlandesgericht Hamburg verurteilt am 8.1. den Marokkaner Mounir al-Motassadeq wegen Beihilfe zum Mord im Zusammenhang mit den Terroranschlägen in den USA am 11.9.2001 und der Mitgliedschaft in einer terroristischen Vereinigung zur Höchststrafe von **15 Jahren Haft**. Das Gericht folgt damit den Vorgaben aus dem rechtskräftigen Schuldspruch des Bundesgerichtshofs (BGH) vom 16.11.2006.

■ **G8:** Anlässlich des G8-Gipfels im Ostseebad Heiligendamm (6.–8.6.) treffen die Behörden die wohl **umfangreichsten Sicherheitsmaßnahmen** in der Geschichte der Bundesrepublik, einschließlich Razzien und Ermittlungen gegen Dutzende Linksextremisten wegen des – später nicht zu erhärtenden – Verdachts der Bildung einer terroristischen Vereinigung. Am Rande der Hauptdemonstration am 2.6. in Rostock mit etwa 50 000 Teilnehmern kommt es zu Straßenschlachten zwischen militanten sog. Autonomen und Polizeikräften.

■ **Terrorzelle ausgehoben:** Am 4.9. nehmen die Sicherheitsbehörden im sauerländischen Medebach-Oberschledorn zwei zum Islam konvertierte Deutsche und einen Türken fest. Die Zelle, angeblich ein Ableger der in Usbekistan heimischen **Islamischen Dschihad-Union**, soll bei Vorbereitungen auf Autobombenanschläge gegen amerikanische Einrichtungen überrascht worden sein.

■ **Überwachungsmaßnahmen:** Der Bundestag beschließt am 9.11. ein umstrittenes Gesetz zur **Vorratsdatenspeicherung**. Es ermöglicht den Strafverfolgungsbehörden, mit richterlicher Genehmigung den Telekommunikationsunternehmen und Internetprovidern die Verbindungsdaten Verdächtiger bis zu sechs Monaten nach ihrer Entstehung abzufordern. Weiteren beharrlichen Vorstößen von Bundesinnenminister Wolfgang Schäuble (CDU), die staatlichen Befugnisse erheblich auszuweiten und dafür gegebenenfalls Grundgesetzänderungen vorzunehmen, weist der Koalitionspartner SPD zurück.

■ **Nachrichtendienste:** Das Amtsgericht München erlässt am 31.1. **Haftbefehle gegen** 13 in den USA lebende mutmaßliche **CIA-Agenten** wegen des Verdachts, den Deutsch-Libanesen Khaled el-Masri Ende 2003 aus Mazedonien nach Afghanistan verschleppt zu haben (→ 2005). Mit Rücksicht auf die Beziehungen zu den USA lehnt die Bundesregierung ein Ersuchen um Auslieferung ab, wie sie am 22.9. mitteilt. Der Schweizer Sonderermittler des Europarats, Dick Marty, wirft in seinem Abschlussbericht vom 8.6. der Bundesregierung vor, seine **Untersuchungen zu CIA-Geheimgefängnissen** in Europa behindert zu haben.

MIGRATIONS- UND INTEGRATIONSPOLITIK

■ **Revision des Zuwanderungsgesetzes:** Bundestag und Bundesrat beschließen am 14.6./6.7. eine umfassende Novellierung des erst seit 2005 geltenden neuen Ausländerrechts, die Ende August in Kraft tritt. Sie erschwert den Nachzug von Ehepartnern aus Nicht-EU-Staaten und verpflichtet mit Sanktionsandrohungen zur Teilnahme an Integrationskursen. Einbürgerungswillige junge Migranten müssen künftig ihren Lebensunterhalt selbst finanzieren und eine staatsbürgerliche Grundbildung vorweisen können. Langjährig Geduldete können unter bestimmten Bedingungen ein unbegrenztes Bleiberecht erhalten.

■ **Integrationsprojekte:** Die vorgesehenen Verschärfungen für den Familiennachzug überschatten die Beratungen der 2006 eingerichteten Islamkonferenz (2.5.) unter Vorsitz des Bundesinnenministers sowie des Integrationsgipfels (12.7.). Zu diesem legt Bundeskanzlerin Angela Merkel einen »Nationalen Integrationsplan« vor. Er beruht auf einem Katalog von Selbstverpflichtungen im Integrationsbereich aktiver gesellschaftlicher Gruppen sowie 150 Einzelmaßnahmen des Bundes mit einem jährlichen Kostenvolumen 750 Mio. €.

PARTEIEN

■ **CDU:** In der Schwarzgeldaffäre der hessischen Landespartei (→ 2000, 2005) verurteilt das Landgericht Wiesbaden am 27.9. den früheren Generalsekretär und hessischen Landeschef **Manfred Kanther** wegen Untreue zulasten der Partei rechtskräftig zu 54 000 € Geldstrafe.

■ **CSU:** Im Zuge einer Führungskrise, ausgelöst durch eine Bespitzelungsaffäre um die Fürther Landrätin Gabriele Pauli, kündigt **Edmund Stoiber** am 18.1. seinen Rücktritt als Parteichef und bayerischer Ministerpräsident für den Herbst an. Im Machtkampf um seine Nachfolge im Parteivorsitz setzt sich auf dem Parteitag am 29.9. Wirtschaftsminister **Erwin Huber** gegen den Vizevorsitzenden und Bundesminister für Ernährung, Landwirtschaft und Verbraucherschutz Horst Seehofer durch.

■ **Die Linke:** Die aus der Fusion der ostdeutsch dominierten Linkspartei und der im Westen verankerten Wahlalternative Arbeit und Soziale Gerechtigkeit (WASG) entstehende neue linke Partei gründet sich am 16.6. in Berlin. Vorsitzende sind Lothar Bisky und Oskar Lafontaine.

■ **SPD:** Auf dem Parteitag in Hamburg (26.–28.10.) setzt sich der Vorsitzende Kurt Beck gegen Bundesarbeitsminister Franz Müntefering mit der Forderung nach einer »Weiterentwicklung« der Agenda 2010 im Sinne sozialer Erleichterungen (vor allem Verlängerung des Arbeitslosengeldes I) durch.

UNTERNEHMEN

■ **VW-Korruptionsaffäre:** Im Prozess um Schmiergelder und »Lustreisen« von Betriebsräten auf Firmenkosten (→ 2005) verurteilt das Landgericht Braunschweig am 25.1. den ehemaligen Arbeitsdirektor **Peter Hartz** zu zwei Jahren Haft auf Bewährung und einer Geldstrafe von 576 000 €. Geldstrafen ergehen am 14.6. und 9.8. gegen zwei ehemalige VW-Betriebsräte und SPD-Abgeordnete des Bundestags bzw. niedersächsischen Landtags.

■ **Siemens-Krise:** Nach Enthüllung der Existenz schwarzer Kassen in der Kommunikationssparte (→ 2006) erschüttern **weitere Schmiergeldskandale** den Konzern. Die konzerninternen Ermittler machen für die Jahre 2000–06 rd. 1,3 Mrd. € an mutmaßlichen Bestechungszahlungen aus, mit denen sich das Unternehmen größtenteils lukrative Aufträge im Ausland sicherte. Als erste Strafe in diesem Zusammenhang verhängt das Landgericht München am 4.10. eine Geldbuße von 201 Mio. €. Zu den Korruptionsvorgängen gehört auch die indirekte Mitfinanzierung der als Konkurrenz zur IG Metall wirkenden arbeitgeberfreundlichen Arbeitsgemeinschaft Unabhängiger Betriebsangehöriger (AUB). Deren Vorsitzender wird am 15.2. vorläufig festgenommen. Bis zum Herbst wird die Führungsspitze des Konzerns erneuert. Gerhard Cromme übernimmt am 25.4. den Vorsitz des Aufsichtsrats, Peter Löscher leitet ab 1.7. als Nachfolger Klaus Kleinfelds den Konzernvorstand.

■ **Berliner Bankenskandal:** Wegen Untreue verurteilt das Berliner Landgericht am 21.3. den ehemaligen langjährigen Berliner CDU-Fraktionschef **Klaus Landowsky** zu einer Bewährungsstrafe von einem Jahr und vier Monaten (→ 2001). Vier weitere Bankmanager erhalten ebenfalls Bewährungsstrafen. Der bis dahin größte Bankenskandal der Bundesrepublik verursachte dem Land Berlin nach Angaben der Senatsverwaltung finanzielle Belastungen in Höhe von bis zu 9 Mrd. €.

■ **Deutsche Telekom:** Vor dem Hintergrund massiver Kundenverluste vor allem in der Festnetzsparte T-Com stellt der neue Vorstandsvorsitzende René Obermann am 1.3. einen radikalen Sanierungsplan vor. Der mehrwöchige **Abwehrstreik** der Gewerkschaft ver.di endet im Juni mit einem Kompromiss, der die finanziellen Einbußen der betroffenen Beschäftigten mindert, ohne die Umbauziele des Konzerns zu gefährden.

■ **DaimlerChrysler:** Der Stuttgarter Autokonzern verkauft am 14.5. 80,1% der Anteile der amerikanischen Tochtergesellschaft Chrysler für 5,5 Mrd. € an den US-Finanzinvestor Cerberus. Der Kauf des Unternehmens hatte Daimler-Benz 1998 rd. 36 Mrd. US-$ gekostet. Der Name der DaimlerChrysler AG wird in Daimler AG geändert.

Strandkorbgespräche: Wladimir Putin, Angela Merkel und George W. Bush auf dem G8-Gipfel in Heiligendamm (v.l.n.r.)

■ **Deutsche Bahn AG:** Das Bundeskabinett stimmt am 24.7. einer **Teilprivatisierung** der Deutschen Bahn zu. Der Bund soll jedoch Mehrheitsaktionär bleiben. Der SPD-Parteitag in Leipzig am 29.10. konterkariert den Plan durch den Beschluss, nur stimmrechtslose Vorzugsaktien ausgeben zu lassen. – Im langwierigen Kampf der **Lokomotivführergewerkschaft GDL** um einen eigenen Tarifvertrag kommt es im Juli und im November zu Arbeitsniederlegungen. Ein Anfang Dezember erreichter Durchbruch in den Verhandlungen wird im Streit über Einzelheiten wieder fraglich.

■ **Bankenkrise:** Durch groß dimensionierte Fehlspekulationen geraten im Gefolge der Hypothekenkrise in den USA mehrere Geldinstitute in Schwierigkeiten. Um die halbstaatliche Mittelstandsbank IKB mit einem Verlustrisiko von rd. 6 Mrd. € zu retten, übernimmt Ende Juli ein Bankenpool unter Führung der Kreditanstalt für Wiederaufbau (KfW) die Kreditsicherung. – Die sächsische Landesbank SachsenLB wird am 17.8. durch eine Kreditgarantie der Sparkassen-Finanzgruppe über 17,5 Mrd. € vor dem Zusammenbruch bewahrt. Sachsen ermöglicht den Notverkauf der SachsenLB an die Landesbank Baden-Württemberg (LBBW) Mitte Dezember durch eine Bürgschaft von 2,75 Mrd. €.

AUSSENPOLITIK

■ **EU und G8:** Mit ihrer effektiven und zugleich unprätentiösen Regie der zeitweise doppelten **Präsidentschaft der EU und der G8**, die Deutschland für das erste halbe bzw. das ganze Jahr zugefallen ist, erwirbt sich Bundeskanzlerin Merkel internationale Anerkennung. Auf maßgeblich deutsche Initiative hin verpflichtet sich der EU-Gipfel am 8./9.3. einstimmig auf einen ehrgeizigen Aktionsplan zum Klimaschutz und zur Entwicklung einer gemeinsamen Energieaußenpolitik. Im festgefahrenen Konflikt über den **EU-Reformvertrag** gelingt es Merkel auf dem EU-Gipfel am 23.6., die Krise durch Vermittlung eines auch für Polen und Großbritannien annehmbaren Kompromisses zu überwinden. – Beim Treffen der **G8 in Heiligendamm** (6.–8.6.) erreicht Merkel die – im Kern unverbindliche – Verständigung auf das gemeinsame Ziel, die globalen Treibhausgasemissionen bis 2050 zu halbieren und die Verhandlungen darüber bevorzugt im Rahmen der UN zu führen.

■ **Russland:** Nach dem kurzzeitigen **Stopp russischer Erdöllieferungen** nach Westeuropa im Januar 2007 erklärt Merkel, auch im Namen der EU, das Verhalten Russlands für »inakzeptabel« und verlangt auf dem Treffen mit Präsident Putin am 21.1. in Sotschi am Schwarzen Meer bessere Kommunikation und die verlässliche Einhaltung von Regeln. Im Streit über die amerikanischen Raketenabwehrpläne in Polen und Tschechien äußert Außenminister Frank-Walter Steinmeier (SPD) Verständnis für die Bedenken Russlands, ohne inhaltlich Position zu beziehen.

■ **Afghanistan:** Unter dem Druck der in den südlichen Unruheprovinzen Afghanistans operierenden NATO-Partner, die Bundeswehr dort an den Kämpfen gegen die Taliban zu beteiligen, billigt der Bundestag am 9.3. die **Entsendung von sechs Tornado-Aufklärungsflugzeugen** und bis zu 500 zusätzlichen Soldaten. Das Geschwader soll Beobachtungsaufgaben wahrnehmen, ohne sich an Kampfhandlungen zu beteiligen. Durch Attentate sterben am 19.5. drei Bundeswehrsoldaten im nordafghanischen Kunduz und am 15.8. drei deutsche Polizisten in Kabul.

■ **VR China:** Der Empfang des Dalai Lama, des geistlichen Oberhaupts der Tibeter, durch Bundeskanzlerin Merkel am 23.9. wird von der chinesischen Führung als offener Affront betrachtet und neben diplomatischen Protesten mit der Stornierung diverser hochrangiger Treffen beantwortet. Merkels harter Kurs gegenüber China und Russland stößt auf Widerstand bei Außenminister Steinmeier und entfacht in der Großen Koalition eine Kontroverse über die Prioritäten der Außenpolitik.

■ **Polen:** Nach erheblicher diplomatischer Verstimmung wegen der kompromisslosen EU-Politik Polens und unterschiedlicher Auffassungen zum Umgang mit der Geschichte der Vertriebenen zeichnete sich nach dem Machtwechsel in Warschau im November eine grundlegende Verbesserung des beiderseitigen Verhältnisses ab.

Archiv der Klassik: Drei Jahre nach einem verheerenden Brand wird die Herzogin Anna Amalia Bibliothek in Weimar am 24.10. wiedereröffnet

BUNDESLÄNDER

■ **Nordrhein-Westfalen:** Das Land einigt sich am 7.2. mit der Bundesregierung und dem Saarland sowie den beteiligten Unternehmen und Verbänden auf eine schrittweise **Beendigung der Subventionierung der Steinkohleförderung** bis 2018.

■ **Niedersachsen:** Das Bundesverwaltungsgericht erklärt am 3.4. die Absicht für rechtmäßig, das ehemalige Eisenerzbergwerk bei Salzgitter, **Schacht Konrad**, als Endlager für schwach- und mittelradioaktiven Atommüll zu nutzen. – Der Europäische Gerichtshof hebt am 23.10. das **VW-Gesetz** von 1960 auf, weil es der Freiheit des Kapitalverkehrs in der EU widerspricht. Damit verliert das Land, das einen Anteil von 20,3% der Stammaktien hält, seinen dominierenden Einfluss auf VW.

■ **Bremen:** Die **Bürgerschaftswahl** am 13.5. bringt beiden Partnern der seit 1995 regierenden Großen Koalition starke Stimmenverluste. Die SPD bildet eine Koalition mit den Grünen, Bürgermeister Jens Böhrnsen (SPD) bleibt im Amt.

■ **Sachsen:** Die Affäre um den drohenden Zusammenbruch der Landesbank SachsenLB kostet Finanzminister Horst Metz (CDU) Ende September das Amt.

■ **Bayern:** Nach dem Rückzug von Ministerpräsident Edmund Stoiber (CSU) wählt der Landtag am 9.10. den bisherigen Innenminister **Günther Beckstein** (CSU) zum neuen Regierungschef.

■ **Wahlergebnis** → S. 461

2008

Hektik im Finanzcrash

Mit Blick auf das Wahljahr 2009 korrigieren die beiden Partner der Großen Koalition punktuell die soziale Schieflage der Agenda 2010. Spielraum dafür bieten die erheblichen, steuerpolitisch- und konjunkturbedingten Mehreinnahmen des Staates. Vor dem Hintergrund einer kriselnden Weltwirtschaft zeichnet sich gegen Mitte des Jahres ein deutlicher Konjunkturabschwung ab. Zugleich spitzt sich nach Platzen der Spekulationsblase in den USA die Lage auf den Finanzmärkten dramatisch zu und veranlasst die Regierung zu massiven staatlichen Interventionen. Systemrelevante Banken sollen vor dem Kollaps bewahrt werden. Um das drohende Durchschlagen der Finanzmarktkrise auf die Realwirtschaft abzufedern, greift die Große Koalition zu konjunkturstützenden Maßnahmen.

FINANZPOLITIK

■ **Die Krise rollt an:** Die Finanzmarkt-Aufsichtsbehörde BaFin rechnet schon Ende März mit Verlusten der deutschen Finanzinstitute infolge der von den USA ausgegangenen Krise (→ 2007) in Höhe von 43–60 Mrd. US-$. Nach anfänglichem Zögern sieht sich die Große Koalition zu massiven staatlichen Interventionen veranlasst. Im Zuge der Turbulenzen bei der **Mittelstandsbank IKB**, die unter führender Beteiligung der Kreditanstalt für Wiederaufbau (KfW) mit insgesamt mehr als 8,5 Mrd. € vor der Insolvenz bewahrt werden muss, legt die KfW-Vorstandsvorsitzende Ingrid Matthäus-Maier am 7.4. ihr Amt nieder. Die **Deutsche Bank** rechnet wegen der Finanzkrise für 2007 mit Wertberichtigungen in Höhe von 1,7 Mrd. €, im 1. Quartal 2008 mit weiteren 2,5 Mrd. €; die **WestLB** meldet einen Abschreibungsbedarf für 2007 von 1,6 Mrd. €, die **BayernLB** am 3.4. von 4,3 Mrd. € für das Jahr 2007 und das 1. Quartal 2008.

■ **HRE-Nothilfe:** Bundesregierung, Bundesbank und Geschäftsbanken gewähren der Hypo Real Estate Holding (HRE) am 29.9. eine gemeinsame Ausfallbürgschaft im Umfang von 35 Mrd. €, um den drittgrößten deutschen Finanzierer von Gewerbeimmobilien und öffentlicher Hand vor der Insolvenz zu bewahren. Die HRE war über Aktivitäten der irischen Tochter DEPFA auf dem US-amerikanischen Subprime-Markt in akute Refinanzierungsschwierigkeiten geraten. Schon am 5.10. muss der Bürgschaftsrahmen auf 50 Mrd. € erweitert werden. Am gleichen Tag verkünden Bundeskanzlerin und Bundesfinanzminister eine staatliche Komplettgarantie für private Bankeinlagen.

Retter der Hypo Real Estate: Angela Merkel und Peer Steinbrück am 5.10.

FINANZMARKTSTABILISIERUNGSFONDS

Ausgestattet mit einem Finanzvolumen von 480 Mrd. € steht der **SoFFin** bereit, die Liquiditätsengpässe der Finanzinstitute zu überwinden und deren Eigenkapitalbasis zu stärken – durch direkte Kapitalhilfe für gefährdete Banken (80 Mrd. €) sowie Vergabe von Kreditbürgschaften (400 Mrd. €). Der SoFFin wird von dem von Regierungsvertretern dominierten Lenkungsausschuss gesteuert und von der Finanzmarktstabilisierungsanstalt (FMSA) verwaltet.

Bankenrettung: Insgesamt gewährt der SoFFin bis zum 30.6.2010 **Garantien** von 148,4 Mrd. € und versorgt vier Banken mit direkten **Kapitalhilfen** in Höhe von insgesamt 29,4 Mrd. €: Commerzbank (18,2), HRE (7,7), WestLB (3,0) und Aareal Bank (0,5). Die Aareal Bank zahlt als erstes Institut Ende Juni 2010 eine Rate von 150 Mio. € an den SoFFin zurück. Darüber hinaus unterstützen die Bundesländer die gleichfalls in Schieflage geratenen **Landesbanken** mit milliardenschweren Garantien und Kapitalspritzen, v.a. die BayernLB, die HSH Nordbank, die LBBW und die WestLB. Mit den unmittelbaren Stabilisierungsmaßnahmen sind z.T. strenge Auflagen zur Geschäftspolitik und Restrukturierung verbunden.

■ **Rettungsschirm:** Der am 17.10. im Eilverfahren beschlossene **Sonderfonds Finanzmarktstabilisierung (SoFFin)** tritt am 20.10. in Funktion.

■ **Konjunkturpaket I:** Um die Rezession zu dämpfen – im 2. und 3. Quartal schrumpft das BIP preisbereinigt um 0,4 bzw. 0,5% gegenüber dem jeweiligen Vorquartal –, beschließt das Parlament am 4./5.12. ein Maßnahmenpaket mit einem Kostenvolumen von 12 Mrd. € für 2009 und 2010. Neben steuerlichen Erleichterungen und Sonderabschreibungen für Unternehmen werden Haushaltsmittel v.a. für Infrastrukturvorhaben und das CO_2-Gebäudesanierungsprogramm aufgestockt. Das Kurzarbeitergeld wird um sechs auf 18 Monate verlängert. Zusammen mit den bereits im Juni und Oktober beschlossenen Verbesserungen der sozialen Transferleistungen summieren sich die zusätzlichen konjunkturfördernden öffentlichen Ausgaben für 2009/10 nach Angaben der Bundesregierung auf 32 Mrd. €. Ein zweites Konjunkturpaket folgt → 2009.

■ **Bundeshaushalt:** Der am 28.11./19.12.2008 verabschiedete Bundeshaushalt für 2009 berücksichtigt die Auswirkungen der Wirtschafts- und Finanzkrise und das Konjunkturprogramm I mit einer Erhöhung der Neuverschuldung des Bundes auf 18,5 Mrd. €.

WIRTSCHAFTSKRIMINALITÄT

■ **Korruptionsaffäre:** Wegen des Schmiergeldskandals bei der **Siemens AG** (→ 2007) verweigert

Entwicklung des BIP

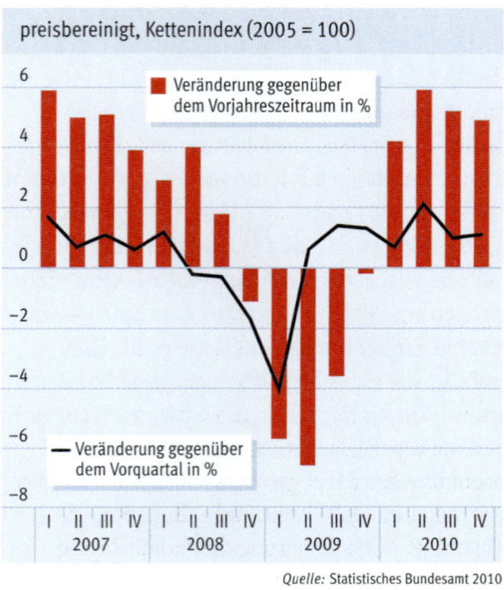

Quelle: Statistisches Bundesamt 2010

die Hauptversammlung am 24.1. in München die Entlastung der 2006/07 zuständigen Vorstandsmitglieder und des ehemaligen Aufsichtsratschefs Heinrich von Pierer. Die Staatsanwaltschaft weitet ihre Ermittlungen auf mehr als 270 Verdächtige im Technologiekonzern aus. In einem ersten Strafprozess in der Affäre verhängt das Landgericht München am 28.7. gegen einen geständigen früheren Manager wegen Untreue eine Bewährungsstrafe von zwei Jahren, ergänzt um eine Geldstrafe. Am 15.12. verhängt die Staatsanwaltschaft München gegen Siemens ein Bußgeld über 395 Mio. €. Mit den Justizbehörden und der Börsenaufsicht SEC in den USA einigt sich der Konzern auf eine Strafzahlung von rd. 600 Mio. €. Die Gesamtkosten des Korruptionsskandals veranschlagt Siemens im November 2008 auf 2,9 Mrd. €. Über 230 Mitarbeiter hätten das Unternehmen deswegen verlassen müssen.

■ **Bespitzelungsskandale:** Die Wochenzeitschrift *stern* deckt in einem Artikel vom 25.3. auf, dass der **Lebensmittel-Discounter Lidl** systematisch seine Mitarbeiter durch versteckte Kameras und Privatdetektive überwachen ließ. – *Der Spiegel* eröffnet am 24.5. eine Serie von Enthüllungen über illegale Überwachungsmaßnahmen bei der **Deutschen Telekom AG** auf der Führungsebene des Konzerns.

■ **Liechtenstein-Affäre:** Im Gefolge der bisher **umfangreichsten Steuerfahndung** in der Geschichte Deutschlands tritt der Vorstandsvorsitzende der Deutschen Post AG, Klaus Zumwinkel, am 15.2. von seinem Posten zurück. Gestützt auf vertrauliche **Daten der LGT-Bank** verdächtigt die Staatsanwaltschaft ihn sowie etwa 700 weitere vermögende Deutsche, insgesamt bis zu 4 Mrd. € am Fiskus vorbeigeschleust zu haben. Ein früherer Mitarbeiter der LGT-Bank soll die Datensätze illegal kopiert und dem Bundesnachrichtendienst (BND) gegen eine Zahlung von rd. 4 Mio. € übergeben haben. – Im Gefolge eines Prozesses vor dem Landgericht Rostock wegen Erpressung der **Liechtensteinischen Landesbank** (LLB) mit gestohlenen Kundendaten fallen den Steuerfahndern am 1.8. weitere rd. 1800 verdächtige Kontodatensätze aus dem Bestand dieser Bank zu.

■ **Steuerhinterziehung:** Der Bundesgerichtshof verschärft am 2.12. die Strafvorschriften für Steuerhinterzieher. Danach muss künftig mit Gefängnisstrafe rechnen, wer Millionenbeträge am Finanzamt vorbeischleust. Bei Beträgen über 100 000 € soll nur noch in Ausnahmefällen eine Geldstrafe verhängt werden können.

KABINETT

Die CSU-Bundestagsabgeordnete **Ilse Aigner** folgt am 4.11. als Bundesministerin für Ernährung, Landwirtschaft und Verbraucherschutz Horst Seehofer (CSU) nach.

PARTEIEN

■ **SPD:** Der rheinland-pfälzische Ministerpräsident **Kurt Beck** tritt am 7.9. vom Vorsitz der Bundespartei zurück. Er begründet dies mit einer Intrige, die im Umkreis der Parteiführung gegen ihn gesponnen worden sei. Beck hatte sich für eine behutsame Öffnung gegenüber einer Kooperation mit der Partei Die Linke auf Landesebene ausgesprochen. **Franz Müntefering**, der sich im November 2005 vom Parteivorsitz zurückgezogen hatte, kehrt am 18.10. mit der Zustimmung von 85% der Delegierten des Sonderparteitags in Berlin wieder in dieses Amt zurück. In der Wählergunst erreicht die SPD ein historisches Tief; ihre Mitgliederzahl fällt erstmals unter die der CDU.

■ **Bündnis 90/Die Grünen:** Der Bundesparteitag in Erfurt (14.–16.11.) wählt den Europaparlamentarier **Cem Özdemir** zum neuen Co-Vorsitzenden der Partei neben Claudia Roth. Özdemir folgt Reinhard Bütikofer nach.

INNERE SICHERHEIT

■ **Terroristenprozesse:** Das Oberlandesgericht (OLG) Schleswig verurteilt am 24.1. einen Deutsch-Marokkaner zu vier Jahren und neun Monaten Haft. Er habe Al-Qaida unterstützt, eine eigene Terror-Organisation gegründet und Selbstmordattentäter für den Einsatz in Irak rekrutiert. – Das OLG Stuttgart verurteilt am 15.7. drei Mitglieder der **Gruppe Ansar al-Islam** zu Haftstrafen zwischen siebeneinhalb und zehn Jahren. Die drei Exil-Iraker sollen einen Anschlag auf den irakischen Ministerpräsidenten Ijad Allawi bei einem Berlin-Besuch im Dezember 2004 geplant haben. – Im sog. **Kofferbomber-Prozess** um den gescheiterten Anschlag vom 31.7. (→ 2006) in Köln verurteilt das Düsseldorfer OLG am 9.12. den Libanesen Youssef al-Hajdib wegen vielfach versuchten Mordes zu lebenslanger Haft.

■ **BKA-Gesetz:** Bundestag (12.11.) und Bundesrat (19.12.) verabschieden mit der Mehrheit der Großen Koalition das umstrittene »Gesetz zur Abwehr von Gefahren des internationalen Terrorismus durch das Bundeskriminalamt«, in Kraft am 1.1.2009. Zu den Kernpunkten zählt die – bislang den Geheimdiensten vorbehaltene – Befugnis des BKA, zur »Abwehr einer dringenden Gefahr« vorbeugend Verdächtige zu observieren, mit Ausnahmen auch deren Vertrauenspersonen. Unter besonderen Bedingungen darf das BKA auch private Computer online durchsuchen (über Einschleusen eines »Bundestrojaners«). Die Neuregelung folgt der Föderalismusreform von → 2006, die dem Bund die Zuständigkeit für die Terrorismusbekämpfung übertragen hat.

BUNDESWEHR

■ **Misshandlungsprozess:** Vor dem Landgericht Münster ergeht am 12.3. das dritte Urteil im bisher größten Strafprozess in der Geschichte der Bundeswehr. Insgesamt müssen sechs angeklagte ehemalige Ausbilder Gefängnisstrafen zwischen zehn und 22 Monaten auf Bewährung verbüßen, drei werden mit Geldstrafen belegt, sechs freigesprochen (teilweise nicht rechtskräftig). Im Prozess ging es um Körperverletzung, Misshandlung oder Entwürdigung von 163 Rekruten einer Ausbildungskompanie in Coesfeld, in der 2004 Geiselnahmen und Scheinhinrichtungen simuliert worden waren.

■ **Bundestagsrechte:** Das Bundesverfassungsgericht bekräftigt am 7.5. den **Parlamentsvorbehalt** bei bewaffneten Einsätzen der Bundeswehr, unabhängig davon, ob Bündnisverpflichtungen bestehen oder der Einsatz in einem internationalen Verband erfolgt. Damit erklären die Verfassungsrichter den Einsatz von Bundeswehrsoldaten in AWACS-Aufklärungsflugzeugen über der Türkei 2003 im Vorfeld und in der Anfangsphase des Irak-Kriegs nachträglich für verfassungswidrig.

SOZIALPOLITIK

■ **Sozialleistungen:** Im Juni und Oktober beschließt die Große Koalition eine Palette von Maßnahmen, darunter das sog. **Wohn-Riester-Modell** (staatliche Zuschüsse für die private Altersvorsorge können nun auch für den Erwerb von selbst genutztem Wohneigentum eingesetzt werden), die Erweiterung des Empfängerkreises für den Kinderzuschlag, die Erhöhung des Wohngeldes für bedürftige Leistungsempfänger (von 90 auf 142 € im Monat), des Kindergeldes, des Kinderfreibetrags sowie weitere steuerliche Entlastungen und die Absenkung des Beitragssatzes zur Arbeitslosenversicherung um 0,5 Prozentpunkte auf 2,8%.

■ **Familien:** Nach Sicherung der Finanzierung zusätzlicher Krippenplätze (→ 2007) baut das umstrittene **Kinderförderungsgesetz** die Kleinkindbetreuung weiter aus (in Kraft 16.12.). Ab August 2013 erhalten Eltern einen Rechtsanspruch auf Bereitstellung eines Betreuungsplatzes für ihr Kind zwischen dem ersten und dritten Lebensjahr. Umstritten ist die Planung eines Betreuungsgeldes für Eltern, die keinen Krippenplatz beanspruchen.

■ **Arbeitsmigration:** Der Mangel von etwa 400 000 Fachkräften veranlasst die Bundesregierung im Juli zu einem »Aktionsprogramm«. Am 20.12. beschließt der Bundestag ein Arbeitsmigrationssteuerungsgesetz: Das Mindesteinkommen, das hochqualifizierte Einwanderer vorweisen müssen, um sich in Deutschland niederlassen zu dürfen, wird auf 63 600 € gesenkt. Bislang nur geduldete Ausländer mit anerkanntem Hochschulabschluss (oder Fachkräfte) können leichter einen sicheren Aufenthaltsstatus erhalten.

KLIMAPOLITIK

■ **Klimaschutzpakete:** Nach dem Bundestag (6.12.2007) verabschiedet der Bundesrat am 4.7. abschließend ein auf den Beschlüssen vom Juli → 2007 basierendes Bündel von vier Gesetzen und zehn Verordnungen. Von diesen Maßnahmen verspricht sich die Bundesregierung etwa die Hälfte der für 2020 angestrebten CO_2-Minderung. Für die verbliebenen Vorhaben beschließt das Kabinett am 18.6. die Vorlagen zum zweiten Klimaschutzpaket.

■ **Umweltzonen:** Zum 1.1. richten Berlin, Hannover und Köln (z.T. auch Dortmund) als erste Städte Umweltzonen ein, aus denen nach der am 1.3.2007 in Kraft getretenen Feinstaubverordnung Fahrzeuge mit hohem Schadstoffausstoß verbannt sind.

AUSSENPOLITIK

■ **Afghanistan:** Deutschland weitet sein Engagement im Norden Afghanistans im Rahmen der

Köln richtet zum 1.1. eine Umweltzone ein.

ISAF-Mission aus: am 1.7. mit Entsendung einer rd. 200 Soldaten starken **schnellen Eingreiftruppe**, am 16.10. mit dem Bundestagsbeschluss, das Kontingent der Bundeswehr auf bis zu 4500 Soldaten zu verstärken.

■ **VR China:** Nach der diplomatischen Krise (→ 2007) normalisieren sich die Beziehungen. Bundesaußenminister Frank-Walter Steinmeier reist während seines Besuchs in der VR China (12.–15.6.) in das von einem Erdbeben zerstörte Gebiet in der Provinz Sichuan und verspricht Hilfe für den Wiederaufbau der Schulen.

■ **EU:** Beide Kammern des Parlaments billigen am 24.4./23.5. den **EU-Reformvertrag**. Vor dem Hintergrund von Verfassungsbeschwerden vertagt Bundespräsident Horst Köhler die Ausfertigung des Zustimmungsgesetzes zum EU-Vertrag. – Der Bundestag billigt am 19.12. die Beteiligung von bis zu 1400 deutschen Soldaten an der EU-Mission NAVFOR Somalia – **Operation Atalanta** gegen Piraterie vor der somalischen Küste.

■ **Naher Osten:** Anlässlich des 60. Jahrestags der Staatsgründung Israels nehmen am 17.3. beide Staaten die ersten Regierungskonsultationen auf. Vor der Knesset bekennt sich die Bundeskanzlerin am 18.3. zu der »besonderen historischen Verantwortung Deutschlands für die **Sicherheit Israels**«, die für sie als Staatsräson »nie verhandelbar« sei. – Im Tauziehen um **das iranische Atomprogramm** verständigt sich die Sechsergruppe (die fünf Vetomächte im UN-Sicherheitsrat und Deutschland) am 22.1. in Berlin auf eine moderate Verschärfung der Sanktionen. Während US-Präsident George W. Bush bei seiner Deutschlandvisite am 11 6. die Option für einen Militärschlag ausdrücklich offen hält, bekräftigt Bundeskanzlerin Angela Merkel die Notwendigkeit, im Streit mit Iran ausschließlich auf eine diplomatische Lösung zu setzen.

■ **Afrika und Entwicklungshilfe:** Am 12.2. verabschiedet das Bundesministerium für wirtschaftliche Zusammenarbeit und Entwicklung eine **Neuordnung der Entwicklungshilfe**, nach der statt bisher über 70 künftig nur noch 57 Partnerstaaten bilaterale Hilfe erhalten werden, weiterhin mit dem Schwerpunkt Afrika südlich der Sahara. Nach OECD-Angaben leistete Deutschland 2007 mit 12,3 Mrd. US-$ weltweit nach den USA am meisten Entwicklungshilfe.

■ **Russland und Kaukasus-Konflikt:** Ein Vermittlungsversuch von Bundesaußenminister Steinmeier vom 17./18.7. mit dem Ziel, den Konflikt um die abtrünnige georgische Region Süd-Ossetien einzudämmen, bleibt folgenlos. **Nach dem russischen Einmarsch in Georgien** am 8.8. stellt sich die Bundesregierung deutlich auf die georgische Seite. Bei ihrem Treffen mit dem russischen Präsidenten Dmitri Medwedew in Sotschi am Schwarzen Meer am 15.8. fordert Bundeskanzlerin Merkel den unverzüglichen Abzug der russischen Truppen aus dem »Kerngebiet« Georgiens sowie die Umsetzung des Sechs-Punkte-Friedensplans der EU. Gegenüber Forderungen der baltischen Staaten nach einem härteren Vorgehen verweist sie am 26.8. in der estnischen Hauptstadt Tallinn auf den Vorrang der Diplomatie. Die zivile Mission der EU in Georgien zur Umsetzung des Waffenstillstandsabkommens unterstützt Deutschland vor Ort mit 20 Polizisten und 20 zivilen Experten.

■ **USA:** Die Wahl des Demokraten **Barack Obama** zum 44. Präsidenten der USA am 4.11. wird in Deutschland einhellig begrüßt.

BUNDESLÄNDER

■ **Baden-Württemberg:** Als Folge ihrer Fehlspekulationen u.a. im Island-Engagement und der Übernahme der sächsischen Landesbank SachsenLB weist die Landesbank Baden-Württemberg (**LBBW**), die größte deutsche Landesbank, für 2008 einen Verlust von 2,1 Mrd. € aus. Die Landesregierung und die Sparkassen sagen am 21.11. eine Kapitalerhöhung um 5 Mrd. € zu.

■ **Bayern:** Nach dem Verlust der absoluten Mehrheit der Mandate für die CSU bei der **Landtagswahl** am 28.9. übernimmt Bundeslandwirtschaftsminister **Horst Seehofer** am 25.10. die Führung der Partei. Am 27.10. wählt ihn der Landtag mit der Mehrheit der neuen CSU-FDP-Koalition zum Ministerpräsidenten. – Fehlspekulationen verursachen der **Landesbank BayernLB** für 2008 einen Reinverlust von 5,1 Mrd. €. Die Landesregierung stützt sie am 1.12. durch eine Kapitalerhöhung von 10 Mrd. € und eine Staatsgarantie für »faule« Wertpapiere im Umfang von 4,8 Mrd. €.

■ **Hamburg:** Das Ergebnis der **Bürgerschaftswahl** am 24.2. ermöglicht die bundesweit **erste schwarzgrüne Koalition** auf Landesebene unter dem Ersten Bürgermeister Ole von Beust (CDU).

■ **Hessen:** Die **Landtagswahl** am 27.1. führt bei starken Verlusten der CDU zum politischen Patt. Die schwarz-gelbe Landesregierung unter Ministerpräsident Roland Koch (CDU) bleibt geschäftsführend im Amt. Nach Scheitern des Vorhabens der

Pilotprojekt Schwarz-Grün in Hamburg: Christa Goetsch (GAL) und Ole von Beust (CDU) am 28.5.

SPD-Spitzenkandidatin Andrea Ypsilanti, mit den Stimmen der Linken eine von ihr geführte Landesregierung zu bilden, löst sich der Landtag am 19.11. selbst auf. – **Opel-Krise:** Zur Stützung des Autobauers mit Hauptsitz in Rüsselsheim beschließt der Landtag am 19.11. ein Hilfspaket mit Garantien und Bürgschaften über 500 Mio. €.

■ **Mecklenburg-Vorpommern:** Nach dem Rücktritt von Harald Ringstorff (SPD) wählt der Landtag am 6.10. den SPD-Landesvorsitzenden Erwin Sellering zum neuen Regierungschef der Großen Koalition.

■ **Niedersachsen:** Nach der **Landtagswahl** am 27.1. erneuert Ministerpräsident Christian Wulff (CDU) die Regierungskoalition mit der FDP. Am 14.6. tritt er das Amt des Landesparteichefs an den Fraktionsvorsitzenden David McAllister ab.

■ **Nordrhein-Westfalen:** Durch die am 15.1. bekannt gegebene Entscheidung des finnischen Mobilfunkherstellers Nokia, sein Werk in Bochum bis Mitte des Jahres zu schließen, gehen rd. 2300 Arbeitsplätze verloren.

■ **Rheinland-Pfalz:** Beim **Brand eines Mehrfamilienhauses in Ludwigshafen** am 3.2. kommen neun Personen türkischer Herkunft ums Leben. Eine fremdenfeindlich motivierte Brandstiftung ist nicht nachweisbar. Der türkische Ministerpräsident Recep Tayyip Erdoğan fordert in einer Rede am 10.2. in Köln die türkischen Migranten auf, sich zu integrieren, aber ihre nationale Identität zu bewahren.

■ **Sachsen:** Als erstes Opfer der Finanzmarktkrise wird die Landesbank **SachsenLB** nach einem Notverkauf am 1.1. von der LBBW übernommen. Dem finanziellen Desaster folgt der Rücktritt von Ministerpräsident Georg Milbradt (CDU). Ihn beerbt am 28.5. der bisherige Finanzminister **Stanislaw Tillich**.

■ **Wahlergebnisse** → S. 458–467

2009

Mit »Wunschkoalition« durch die Krise

Die Bundestagswahl im September steht im Schatten der schärfsten Wirtschaftskrise seit Bestehen der Bundesrepublik. In ihrer Endphase gibt die Große Koalition der Volkswirtschaft noch Anschub mit Förderprogrammen für Konsumenten und Staatshilfen für Unternehmen und nimmt die Restrukturierung des Bankensystems in Angff. Nach schweren Stimmenverlusten für die beiden großen Parteien bei der Bundestagswahl (wie auch bei mehreren Landtagswahlen) bleibt Angela Merkel Bundeskanzlerin. Nun leitet sie eine christlich-liberale »Wunschkoalition«.

PRÄSIDENT UND REGIERUNG

■ **Bundespräsidentenwahl:** Die 13. Bundesversammlung bestätigt am 23.5. in Berlin Horst Köhler (CDU) im ersten Wahlgang mit knapper Mehrheit im Amt. Unterstützt von den Unionsparteien, der FDP und den Freien Wählern vereint er 613 der 1224 Stimmen auf sich. Gesine Schwan (SPD), ihm schon bei der Wahl → 2004 knapp unterlegen, erhält 503 Stimmen, auf Peter Sodann (nominiert von Die Linke) entfallen 91, auf den Kandidaten der NPD vier.

■ **Kabinett der Großen Koalition:** Karl-Theodor zu Guttenberg, seit November 2008 CSU-Generalsekretär, folgt Michael Glos (CSU) am 10.2. als Bundeswirtschaftsminister nach.

WAHLEN

■ **Wahl zum Europäischen Parlament am 7.6.:** Die Unionsparteien behaupten sich mit zusammen 37,9% der Stimmen als stärkste politische Kraft, jedoch unter hohen Verlusten (–6,6 Prozentpunkte) gegenüber der Wahl → 2004. Die FDP steigert sich auf 11,0% (+4,9). Die SPD fällt mit 20,8% (–0,7) auf ein neues historisches Tief.

■ **Bundestagswahl am 27.9.:** Mit einem gemeinsamen Stimmenanteil von 33,8% werden **CDU** (27,3%) und **CSU** (6,5%) erneut stärkste politische Kraft. Bei der Sitzverteilung im Bundestag machen 24 Überhangmandate den Verlust von 1,4 Prozentpunkten mehr als wett. Als ausschlaggebend für den Sieg gilt der »Kanzlerbonus« von Merkel. – Dank der **FDP** (14,6%), die das historisch beste Ergebnis bei bundesweiten Wahlen einfährt (+4,7 Prozentpunkte), erhält das bürgerliche Lager die Oberhand. Die FDP profitiert vom Stimmensplitting vieler CDU-Anhänger oder deren Enttäuschung über die »Sozialdemokratisierung« der Union in der Großen Koalition. – Die **SPD** mit ihrem Kanzlerkandidaten, dem bisherigen Vizekanzler Frank-Walter Steinmeier, kommt auf 23,0% und verliert damit ein Drittel ihres Stimmenanteils von 2005 (–11,2) – die Quittung ehemaliger Stammwähler für die sog. Hartz-IV-Gesetze (→ 2003) und die »Rente mit 67« (→ 2007). – Etliche wechseln zur Partei **Die Linke** (11,9%, +3,2), die erstmals stärkste Partei in den Bundesländern Sachsen-Anhalt (32,4%) und Brandenburg (28,5%) wird. – Auch **Bündnis 90/Die Grünen** (10,7%) erzielen mit einem Plus von 2,6 Prozentpunkten ihr bisher bestes Ergebnis auf Bundesebene – ebenfalls überwiegend auf Kosten der SPD. – Zudem gewinnt die »Partei« der Nichtwähler: Die **Wahlbeteiligung** von 70,8% der Stimmberechtigten ist die niedrigste aller bisherigen Bundestagswahlen (2005: 77,7%).

Wahl zum 17. Deutschen Bundestag am 27.9.2009 (2005)

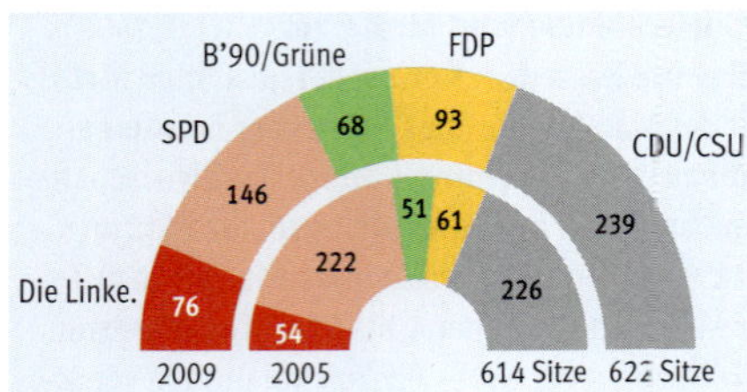

■ **Bundestag:** Der 17. Deutsche Bundestag konstituiert sich mit 622 Abgeordneten am 27.10. und wählt **Norbert Lammert** (CDU) erneut zu seinem Präsidenten. Vizepräsidenten werden: Wolfgang Thierse (SPD), Hermann Otto Solms (FDP), Gerda Hasselfeldt (CSU), Petra Pau (Die Linke) und Katrin Göring-Eckardt (B'90/Grüne).

KONSERVATIV-LIBERALE KOALITION

■ **Koalitionsvertrag:** Als Schwerpunktvorhaben fixiert das am 26.10. unterzeichnete Dokument u.a.: Eine **Einkommensteuerreform** mit Stufentarifen und jährlichen Entlastungen in Höhe von 24 Mrd. €

Neue Partner: Bundeskanzlerin Angela Merkel und Bundesaußenminister Guido Westerwelle

»möglichst« zum 1.1.2011. – Einfrieren des Arbeitgeberanteils zum umstrittenen **Gesundheitsfonds** und Zahlung eines zusätzlichen einkommensunabhängigen Beitrags (»Kopfpauschale«) für die Arbeitnehmer; schnellerer Wechsel von Besserverdienenden in die **Privatversicherung**. – Verbesserungen schon zum 1.1.2010 beim monatlichen **Kindergeld** und beim steuerlichen Kinderfreibetrag. Ab 2013 soll es für Kinder unter drei Jahren, die keine Kindertagesstätte besuchen, zusätzlich ein **Betreuungsgeld** von 150 € monatlich geben. – Die Ausgaben für Bildung und Forschung sollen bis 2013 um insgesamt 12 Mrd. € erhöht werden. – Die Laufzeit »sicherer« **Atomkraftwerke** soll über 2022 hinaus verlängert werden. Das Neubauverbot für AKW bleibt bestehen. – Der **Wehrdienst** soll ab 2011 nur noch sechs Monate dauern, am Grundsatz der allgemeinen Wehrpflicht wird festgehalten.

■ **Neue Bundesregierung:** Am 28.10. bestätigt der Bundestag Bundeskanzlerin Merkel mit den Stimmen von 323 der 612 anwesenden Parlamentarier im Amt (285 Nein, vier Enthaltungen). Am gleichen Tag legen sie und ihre Minister den Amtseid ab. Dem Kabinett gehören acht Mitglieder der CDU, fünf der FDP und drei der CSU an.

2. KABINETT MERKEL

(konstituiert am 28.10.2009)

Bundeskanzlerin: Angela Merkel (CDU)
Stellvertreter: Guido Westerwelle (FDP); ab 18.5.2011 Philipp Rösler (FDP)
Äußeres: Guido Westerwelle (FDP)
Inneres: Thomas de Maizière (CDU); ab 3.3.2011 Hans-Peter Friedrich (CSU)
Justiz: Sabine Leutheusser-Schnarrenberger (FDP)
Finanzen: Wolfgang Schäuble (CDU)
Wirtschaft und Technologie: Rainer Brüderle (FDP); ab 12.5.2011 Philipp Rösler (FDP)
Arbeit und Soziales: Franz Josef Jung (CDU); ab 30.11.2009 Ursula von der Leyen (CDU)
Ernährung, Landwirtschaft und Verbraucherschutz: Ilse Aigner (CSU); ab 30.9.2013 (geschäftsführend) Hans-Peter Friedrich (CSU)
Verteidigung: Karl-Theodor zu Guttenberg (CSU); ab 3.3.2011 Thomas de Maizière (CDU)
Familie, Senioren, Frauen und Jugend: Ursula von der Leyen (CDU); ab 30.11.2009 Kristina Schröder (CDU)
Gesundheit: Philipp Rösler (FDP); ab 12.5.2011 Daniel Bahr (FDP)
Umwelt, Naturschutz und Reaktorsicherheit: Norbert Röttgen (CDU); ab 22.5.2012 Peter Altmaier (CDU)
Verkehr, Bau und Stadtentwicklung: Peter Ramsauer (CSU)
Bildung und Forschung: Annette Schavan (CDU); ab 14.2.2013 Johanna Wanka (CDU)
Wirtschaftliche Zusammenarbeit und Entwicklung: Dirk Niebel (FDP)
Besondere Aufgaben: Ronald Pofalla (CDU)

PARTEIEN

■ **SPD:** Die Bundestagsfraktion wählt am 29.9. Frank-Walter Steinmeier mit 88,7% der Stimmen zum Fraktionschef. – Der Dresdner Bundesparteitag (13.–15.11.) vollzieht einen Führungswechsel und nimmt vorsichtig Abstand von den Arbeitsmarkt- und Rentenreformen der Ära Schröder/Müntefering. Neuer Parteivorsitzender wird Sigmar Gabriel, seine Stellvertreter/innen Hannelore Kraft, Klaus Wowereit, Manuela Schwesig und Olaf Scholz. Die bisherigen Stellvertreter Steinmeier und Peer Steinbrück verzichteten auf eine Wiederwahl. Neue Generalsekretärin wird Andrea Nahles.

■ **CDU:** Als Nachfolger von Ronald Pofalla, neuer Bundesminister für besondere Aufgaben und Chef des Bundeskanzleramts, übernimmt der Bundestagsabgeordnete Hermann Gröhe am 28.10. den Posten des Generalsekretärs.

■ **FDP:** Zum Nachfolger für Generalsekretär Dirk Niebel, nun Bundesminister für wirtschaftliche Zusammenarbeit und Entwicklung, bestellt der Bundesvorstand am 14.12. Christian Lindner, bisher Landesgeneralsekretär in NRW.

■ **Die Linke:** Nach dem Verzicht von Oskar Lafontaine auf den Fraktionsvorsitz wählt die Bundestagsfraktion am 9.10. den bisherigen Co-Vorsitzenden Gregor Gysi zum alleinigen Fraktionschef.

■ **Bündnis 90/Die Grünen:** Jürgen Trittin löst am 6.10. Fritz Kuhn als Co-Vorsitzenden (neben der wiedergewählten Renate Künast) an der Spitze der Bundestagsfraktion ab.

BANKENRETTUNG

■ **Bad Banks:** Bundestag und Bundesrat verabschieden am 3./10.7. das **»Gesetz zur Errichtung eines Finanzmarktstabilisierungsfonds«** (FMStFG). Danach können Finanzinstitute risikobehaftete, faktisch nicht mehr handelbare Wertpapiere zu 90% des Buchwerts in Zweckgesellschaften (sog. Bad Banks) auslagern. Im Gegenzug erhalten sie Schuldverschreibungen in gleicher Höhe mit hoher Bonität, denn der SoFFin gewährt ihnen eine Garantie für die Dauer von bis zu 20 Jahren. Auf diese Weise können die Banken ihre Bilanzen bereinigen und zugleich ihre Eigenkapitalquote erhöhen. Für die Garantieleistung des SoFFin müssen sie eine Gebühr entrichten. Der Auslagerungsbedarf der Landesbanken liegt bei etwa 600 Mrd. €, der der privaten Geldinstitute bei bis zu 200 Mrd. €.

■ **Verstaatlichung:** Um u.a. die Übernahme der in Schieflage geratenen Dresdner Bank verkraften zu können, lässt sich die ebenfalls unter Druck geratene **Commerzbank AG** teilverstaatlichen: Nach Kapitalerhöhungen von insgesamt 18,2 Mrd. € wird der SoFFin (→ 2008) am 8.1. mit 25% des Aktienkapitals größter Anteilseigner. – Auf der Hauptversammlung der Immobilienbank **Hypo Real Estate** (HRE) am 5.10. schließt der Bund die Komplettübernahme der börsennotierten Aktiengesellschaft ab. Grundlage ist ein »Lex HRE«, das im März beschlossen wurde, nachdem sich bei der HRE Kapitalhilfen und Garantien von mehr als 100 Mrd. € aufgetürmt hatten (→ 2008). Die Bad Bank für die HRE (FMS Wertmanagement) wird im Juli 2010 eingerichtet und übernimmt »toxische« Wertpapiere mit einem Volumen von 210 Mrd. €.

■ **Landesbanken**: Für die **HSH Nordbank** beschließen die Landesregierungen Schleswig-Holstein und Hamburg am 24.2. eine Kapitalerhöhung von 3 Mrd. € und Garantien über 10 Mrd. € für das Auslagern von Risikopapieren. – Im November rettet der SoFFin die **WestLB** durch seinen Einstieg mit 3 Mrd. €. Risikopapiere im Volumen von 77 Mrd. € werden in eine am 11.12. gegründete Bad Bank (Erste Abwicklungsanstalt/EAA) geschoben. – Die **LBBW** muss sich bei umfassender Restrukturierung von einer Anstalt des öffentlichen Rechts in eine Aktiengesellschaft umwandeln. Das Eigenkapital wird um 5 Mrd. € erhöht, die Risikoabschirmung umfasst Garantien von 12,7 Mrd. €.

WIRTSCHAFT UND SOZIALES

■ **Konjunkturpaket II:** Angesichts der Krise, der schon das Konjunkturpaket I vom Dezember → 2008 begegnen sollte, legt die Große Koalition im Januar mit dem **»Pakt für Beschäftigung und Stabilität«** nach – mit einem Volumen von 50 Mrd. €, breit gestreut und verteilt auf zwei Jahre, ist er das größte Konjunkturprogramm der Nachkriegsgeschichte. Zu den Schwerpunkten zählen Steuerentlastungen; Investitionen in die Infrastruktur (17,3 Mrd. €); eine »Abwrackprämie« für alte Autos (2500 € bei Kauf eines Neuwagens); Verbesserungen bei der Kurzarbeiterregelung und der Familienförderung. Für Firmen, die durch die Finanzkrise in Liquiditätsschwierigkeiten geraten, aber »grundsätzlich gesund« sind, übernimmt der »Wirtschaftsfonds Deutschland« Bürgschaften. Für 2009 summieren sich die direkten staatlichen Konjunkturspritzen im Umfang von rd. 85 Mrd. € auf ca. 1,5%, für 2010 auf knapp 2% des BIP.

■ **Haushalt:** Die Belastungen aus den Konjunkturprogrammen führen mit dem im Juli beschlossenen zweiten Nachtragshaushalt für 2009 zu einer Rekordneuverschuldung von 49,1 Mrd. € bei einem Haushaltsvolumen von 303,3 Mrd. €. Letztendlich fällt die Neuverschuldung aufgrund höherer Steuereinnahmen mit 34,1 Mrd. € deutlich geringer aus

»SCHULDENBREMSE«

Ergänzend zur ersten Stufe der Föderalismusreform (→ 2006) verabschieden Bundestag und Bundesrat am 29.5. bzw. 12.6. eine Grundgesetzänderung, die 2011 in Kraft tritt und ab 2020 voll wirken soll. Bund und Länder verpflichten sich zu ausgeglichenen Haushalten. Ab 2016 soll der Bund jährlich nur noch Schulden in Höhe von 0,35% des BIP neu aufnehmen dürfen, ab 2020 dürfen die Bundesländer gar keine neuen Schulden mehr machen. Die Vorgaben müssen nicht pro Kalenderjahr, sondern im Laufe eines Konjunkturzyklus erfüllt werden. Ausnahmeregelungen gelten für Krisensituationen und Naturkatastrophen. Fünf finanzschwachen Bundesländern wird der Defizitabbau erleichtert. Zwischen 2011 und 2019 erhalten sie jährlich insgesamt 800 Mio. € aus einem Hilfsfonds, der von Bund und Ländern je zur Hälfte finanziert wird.

als geplant. Die Defizitquote beträgt für 2009 3,1% des BIP, für 2010 4,1%.

■ **Wachstumsbeschleunigungsgesetz:** Die neu angetretene schwarz-gelbe Koalition ergänzt die Maßnahmen zur Ankurbelung der Konjunktur im Dezember 2009 um einen Katalog vor allem von »zielgerichteten steuerlichen Maßnahmen«. Zu ihnen gehört die heftig umstrittene, auf Betreiben der FDP beschlossene Senkung der Umsatzsteuer auf Einkünfte für Hotelübernachtungen von 19 auf 7%.

UNTERNEHMEN

■ **Managervergütung und -haftung:** Mit dem »Gesetz zur Angemessenheit der Vorstandsvergütung (VorstAG)« treten am 5.8. schärfere Regeln für die Vergütung von Vorstandsmitgliedern börsennotierter Unternehmen in Kraft. Diese muss künftig in einem angemessenen Verhältnis zu den Leistungen stehen, Bonuszahlungen müssen am langfristigen Erfolg eines Unternehmens ausgerichtet sein. Bundesjustizministerin Brigitte Zypries (SPD) kennzeichnet das Gesetz als Konsequenz aus der Bereicherungspraxis von Unternehmensvorständen, die zu der Finanzkrise beigetragen hätte.

■ **Datenschutz:** Betriebliche Datenmissbrauchs- und Bespitzelungsskandale, die schon 2008 die Öffentlichkeit erregten (betroffen u.a. Deutsche Angestellten-Krankenkasse DAK und Deutsche Telekom AG), häufen sich. Im Fall der **Deutschen Bahn AG** berichten externe Sonderermittler am 13.5., dass jahrelang schwerwiegend gegen Gesetze und interne Richtlinien verstoßen wurde. Schon am 1.5. tritt Rüdiger Grube, bis dahin Vorstandsmitglied bei der Daimler AG, die Nachfolge des langjährigen Vorstandschefs Hartmut Mehdorn an. – Ende Mai wird eine Bespitzelungsaffäre in der Führungsebene bei der **Deutschen Bank AG** bekannt. – Bundestag und Bundesrat novellieren am 3. bzw. 10.7. das **Bundesdatenschutzgesetz**. Danach dürfen Arbeitgeber nur noch bei konkretem Verdacht auf eine Straftat Daten von ihren Beschäftigten erheben und nutzen. Die betrieblichen Datenschutzbeauftragten erhalten Kündigungsschutz.

SOZIALES

■ **Gesundheitsfonds:** Als Kernstück der → 2007 in Kraft getretenen Gesundheitsreform startet Anfang des Jahres der Gesundheitsfonds mit einem einheitlichen Kassenbeitrag aller gesetzlich Versicherten von 15,5% vom Arbeitslohn, der von Arbeitnehmern (8,2%) und Arbeitgebern (7,3%) getragen wird, zuzüglich eines aus Steuern finanzierten Bundeszuschusses von 4 Mrd. € für 2009. Mit dem Konjunkturpaket II wird der Beitragssatz zum 1.7. auf 14,9% abgesenkt und gleichzeitig der Bundeszuschuss auf 7,2 Mrd. € angehoben. Der Gesundheitsfonds verteilt die Gelder an die Kassen.

■ **Migration und Integration:** Die vierte Plenarsitzung der Deutschen Islam Konferenz (DIK) unter Vorsitz von Bundesinnenminister Wolfgang Schäuble (CDU) am 25.6. verabschiedet als Bilanz dreijähriger Arbeit (→ 2006) eine Erklärung zum Wertekonsens und zu einem gemeinsamen Verständnis von Integration. Der Islamrat als einer der wichtigsten muslimischen Dachverbände verweigert seine Zustimmung zu dem Papier.

GEHEIMDIENSTE

■ **Untersuchungsausschuss:** Der **Bundesnachrichtendienst** (BND) und die deutschen Behörden haben sich bei der Zusammenarbeit mit den USA im Irak-Krieg und bei der Bekämpfung des internationalen Terrorismus stets »im Rahmen der Gesetze« bewegt, konstatiert der von der Mehrheit der Großen Koalition im Bundestag am 18.6. verabschiedete Abschlussbericht des Parlamentarischen Untersuchungsausschusses. In den von ihm untersuchten Fällen ging es um die Aktivität von **BND-Agenten in Bagdad** für die US-Streitkräfte vor und zu Beginn des Irak-Kriegs 2003 und um die Verschleppung und **Inhaftierung von vermeintlichen Terrorverdächtigen** (Khaled el-Masri, Mohammed Haydar Zammar und Murat Kurnaz; → 2006).

AUSSENPOLITIK

■ **Afghanistan-Engagement:** Die steigende Zahl verletzter und gefallener Bundeswehrsoldaten zeugt von der erhöhten Gefährdungslage und zunehmenden Verwicklung in Kämpfe: Zwischen August 2008 und Juni 2009 kamen durch Attentate, Kampfhandlungen und Unfälle acht deutsche Soldaten ums Leben.

■ **Kunduz-Affäre:** Auf Anforderung des deutschen Obersten Georg Klein, Kommandeur des zivil-militärischen Wiederaufbauteams in der Provinz Kunduz, bombardieren US-amerikanische Kampfflugzeuge am 4.9. zwei von Taliban-Aufständischen gekaperte, aber manövrierunfähige Tanklastzüge. Die NATO geht zunächst von bis zu 142 Todesopfern aus, unter ihnen bis zu 40 Zivilisten. Bundesverteidigungsminister Franz Josef Jung (CDU), der

Ausgebrannter Tanklaster nach dem Luftangriff am 4.9. bei Kunduz

den Luftangriff am 4.9. als notwendig rechtfertigt, erklärt am 27.11. seinen Rücktritt aus dem Kabinett der christlich-liberalen Koalition, in das er nach Neubildung der Regierung als Arbeitsminister berufen wurde. Sein Nachfolger an der Spitze des Verteidigungsministeriums, Karl-Theodor zu Guttenberg, erklärt am 6.11. den Luftangriff zunächst für **»militärisch angemessen«**, revidiert dieses Urteil jedoch am 3.12. aufgrund bisher zurückgehaltener Berichte. Am 16.12. konstituiert sich der Verteidigungsausschuss des Bundestags als Untersuchungsausschuss zu dieser Affäre.

■ **EU:** Bundespräsident Köhler fertigt am 25.9. die Ratifikationsurkunde zum **Reformvertrag von Lissabon** von → 2007 aus, zusammen mit vier sog. Begleitgesetzen zu dessen Umsetzung. Mit ihnen werden Bedingungen des Bundesverfassungsgerichts erfüllt.

■ **Naher Osten:** Vor dem Hintergrund des Gazakriegs im Dezember 2008/Januar 2009 fordert Bundesaußenminister Steinmeier am 7.5. in Berlin gegenüber dem neuen israelischen Außenminister Avigdor Lieberman, am Friedensprozess im Nahen Osten festzuhalten und die Zwei-Staaten-Lösung weiter zu verfolgen. Wiederholt, so auch bei seiner Visite in Israel am 6.7., fordert er, auf einer Linie mit den USA und der EU, von Israel einen Siedlungsstopp in den besetzten Gebieten.

■ **USA:** Die Zusammenarbeit der Bundesregierung mit der neuen US-Regierung leidet unter **Anlaufschwierigkeiten**. Der von den USA gewünschten Aufnahme von freigelassenen Häftlingen aus dem US-Gefangenenlager Guantánamo auf Kuba setzt sie hinhaltenden Widerstand entgegen.

■ **Steueroasen:** Mit einem Gesetz zur Bekämpfung der Steuerhinterziehung vom 3. bzw. 10.7. setzt Deutschland einen Beschluss des G20-Gipfels vom 2./3.4. in London um, die **OECD-Standards für fairen Steuerwettbewerb** weltweit durchzusetzen. Vor allem Liechtenstein, Luxemburg und die Schweiz sehen sich genötigt, ihr Bankgeheimnis für ausländische Kunden zu lockern.

BUNDESLÄNDER

■ **Baden-Württemberg:** Bei einem **Amoklauf in Winnenden** am 11.3. erschießt ein 17-Jähriger in einer Schule und auf der Flucht 15 Personen, ehe er sich selbst tötet.

■ **Brandenburg:** Bei der **Landtagswahl** am 27.9. bleibt die SPD stärkste Partei. Ministerpräsident Matthias Platzeck wechselt von der Koalition mit der CDU zum Bündnis mit der Linken und wird am 6.11. im Amt bestätigt.

■ **Hessen:** Die vorgezogene **Landtagswahl** am 18.1. klärt die Kräfteverhältnisse zugunsten des konservativ-liberalen Lagers. Der neue Landtag wählt Roland Koch (CDU) am 5.2. erneut zum Regierungschef an der Spitze einer CDU-FDP-Koalition.

■ **Saarland:** Nach der **Landtagswahl** am 30.8. mit schweren Verlusten der bisher allein regierenden CDU bildet sich die erste schwarz-grün-gelbe (Jamaika-)Regierungskoalition. Am 10.11. wählt der Landtag Peter Müller (CDU) zum dritten Mal ins Amt des Ministerpräsidenten.

■ **Sachsen:** Die **Landtagswahl** am 30.8. bestätigt die Führung der CDU. Ministerpräsident Stanislaw Tillich schwenkt von der Zusammenarbeit mit der SPD zu einer Koalition mit der FDP und lässt sich am 29.9. im Amt bestätigen.

■ **Schleswig-Holstein:** Um eine vorgezogene Neuwahl des Landtags zu erzwingen, lässt sich Ministerpräsident Peter Harry Carstensen (CDU) am 23.7. das Misstrauen aussprechen. Das Ergebnis der **Landtagswahl** am 27.9. ermöglicht ihm den Wechsel von der Koalition mit der SPD zu einer mit der FDP. Carstensen lässt sich am 25.10. im Amt bestätigen.

■ **Thüringen:** Am Neujahrstag 2009 verursacht Ministerpräsident Dieter Althaus (CDU) in der österreichischen Steiermark einen Skiunfall, bei dem eine Frau getötet und er selbst verletzt wird. Nach seiner Verurteilung wegen fahrlässiger Tötung zu einer Geldstrafe und Schmerzensgeld nimmt er am 20.4. seine Amtsgeschäfte wieder auf. – Nach ihrem schweren Rückschlag bei der **Landtagswahl** am 30.8. bildet die CDU eine Koalition mit der SPD und stellt mit **Christine Lieberknecht** am 30.10. die neue Regierungschefin.

■ **Wahlergebnisse** → S. 458–467

2010

Holpriger Start

Pannen in der Regierungsarbeit und Dauerstreit über die Einlösung von Wahlversprechen prägen das Erscheinungsbild der seit Oktober 2009 regierenden schwarz-gelben »Wunschkoalition«. Zugleich sind die Wirtschaftskrise zu bewältigen und das umfangreichste Sparpaket in der Geschichte der Bundesrepublik auf den Weg zu bringen. Der Verlust der Regierungsmehrheit in Nordrhein-Westfalen im Mai wird auch als Quittung für Fehlleistungen auf Bundesebene gewertet. Die Krisenserie findet mit dem unvermittelten Rücktritt von Bundespräsident Horst Köhler (CDU) ihren Höhepunkt. Mit der Wahl von Christian Wulff (CDU) zu seinem Nachfolger und der koalitionsinternen Einigung auf Eckpunkte einer lange umstrittenen Gesundheitsreform Anfang Juni scheint die Koalition wieder Tritt zu fassen. Zugleich zeigen die massiven Konjunkturprogramme von 2008/09 erste Wirkung.

BUNDESPRÄSIDENT

■ **Rücktritt und Neuwahl:** Am 31.5. erklärt Bundespräsident Horst Köhler überraschend seinen Rücktritt mit sofortiger Wirkung. Die 14. Bundesversammlung wählt am 30.6. **Christian Wulff**, vorgeschlagen von der schwarz-gelben Koalition, im dritten Wahlgang mit 625 von 1240 abgegebenen gültigen Stimmen **zum neuen Staatsoberhaupt**. Zuvor hatte Wulff sein Amt als Ministerpräsident von Niedersachsen niedergelegt. Auf den Theologen und früheren Beauftragten für die Stasi-Unterlagen Joachim Gauck, Kandidat von SPD und Bündnis 90/Die Grünen, entfallen 494 Stimmen bei 121 Enthaltungen. In seiner Antrittsrede am 2.7. erklärt Wulff die Integration von Migranten zum Leitthema seiner Amtszeit.

FINANZPOLITIK

■ **Euro-Krise:** Als deutschen Anteil zum **Notfallfonds der EU für Griechenland** genehmigen Bundestag und Bundesrat am 7.5. eine Staatsgarantie für Kredite bis zu einem Volumen von 22,4 Mrd. €,

Wulff, Christian *Osnabrück 19.6.1959
Studium der Rechtswissenschaften in Osnabrück, danach Rechtsanwalt, 1975 Eintritt in die CDU,

1994–2008 Landesvorsitzender der CDU in Niedersachsen, 1994–2010 Mitglied des Landtags von Niedersachsen, 1994–2003 Fraktionsvorsitzender, 1994, 1998 und 2003 Spitzenkandidat seiner Partei für das Amt des niedersächsischen Ministerpräsidenten, 2003–10 Ministerpräsident in Niedersachsen in einer schwarz-gelben Koalition, 2010–12 Bundespräsident

verteilt über drei Jahre. Angesichts der wenige Tage später eskalierenden Euro-Krise billigen sie – gleichfalls im Eilverfahren – am 21.5. die Beteiligung am **Euro-Rettungsschirm**: Der deutsche Anteil an einem 750-Mrd. €-Kreditpaket, aus dem Euro-Länder unterstützt werden können, beläuft sich auf 123 Mrd. €. Nachgeordnete Risiken werden mit weiteren insgesamt 37 Mrd. € abgesichert.

■ **Bankensanierung:** An die Stelle des staatlichen Sonderfonds zur Finanzmarktstabilisierung (SoFFin, → 2008) tritt ein 70 Mrd. € umfassender permanenter **Restrukturierungsfonds**, den die deutschen Kreditinstitute über eine Bankenabgabe selbst finanzieren müssen. Darüber hinaus dekretiert das Gesetz, vom Bundestag am 28.10. beschlossen, ein Sanierungsverfahren für sog. systemrelevante Banken bei drohender Insolvenz, es verpflichtet die Banken zu höheren Eigenkapitalreserven und verlängert die Haftung von Bankvorständen und -aufsichtsräten (in Kraft 1.1.2011).

■ **Sparpaket:** Unter dem Druck, ab 2013 die Defizitgrenze des EU-Stabilitätspakts einhalten und den Bundeshaushalt auf die Vorgaben der »Schuldenbremse« (→ 2009) einstellen zu müssen, einigt sich die schwarz-gelbe Koalition am 6.6. auf ein Sparprogramm. Die Neuverschuldung soll bis zum Jahr 2014 um insgesamt rd. 82 Mrd. € auf 24 Mrd. € sinken. 11,2 Mrd. € sollen schon im Haushalt 2011 eingespart werden.

■ **Bekämpfung der Steuerhinterziehung:** Die Düsseldorfer Staatsanwaltschaft leitet im Frühjahr 1100 Ermittlungsverfahren gegen Kunden der Schweizer Bank Credit Suisse ein; dabei geht es um ein Anlagevermögen von rd. 1,2 Mrd. €. Grundlage hierfür ist eine vom Land Nordrhein-Westfalen erworbene

CD mit **Informationen über deutsche Steuerhinterzieher** in der Schweiz. Der am 9.6. bekannt gegebene Ankauf einer weiteren Datensammlung führt zu Erkenntnissen über 1742 deutsche Anleger mit einem Anlagevermögen von rd. 280 Mio. € bei mehreren Schweizer Banken. Nach Angaben der Deutschen Steuer-Gewerkschaft von Ende Mai erstatteten seit Anfang des Jahres unter dem Druck drohender Ermittlungen mehr als 19 400 Steuerhinterzieher Selbstanzeige bei den Steuerbehörden.

GESELLSCHAFT UND INNERE SICHERHEIT

■ **Kinderpornografie:** Nach langem Zögern unterzeichnet Bundespräsident Köhler am 17.2. das umstrittene Gesetz zur **Erschwerung des Zugangs zu kinderpornografischen Inhalten** in Kommunikationsnetzen, das vom Parlament am 18.6./10.7.2009 mit der Mehrheit der Großen Koalition beschlossen worden war. Es verpflichtet die Internetprovider u. a., kinderpornografische Seiten nach Listen des Bundeskriminalamtes unverzüglich zu sperren. Unter dem Eindruck einer breiten Protestbewegung gegen das Internetsperre-Gesetz verzichtet die Bundesregierung auf dessen Umsetzung. Angestrebt wird nun eine Löschung der inkriminierten Inhalte. – Das Landgericht Karlsruhe verurteilt am 28.5. **Jörg Tauss**, Internetexperte und Bundestagsabgeordneter der SPD bis 2009, wegen des Besitzes kinderpornografischen Materials zu einer Freiheitsstrafe von 15 Monaten auf Bewährung. Die Einrede des Angeklagten, er habe in seiner Eigenschaft als Abgeordneter recherchiert, lässt das Gericht nicht gelten.

■ **Vorratsdatenspeicherung:** Das Bundesverfassungsgericht setzt am 2.3. das Anfang 2008 in Kraft getretene **Gesetz** zur Vorratsdatenspeicherung (→ 2007) **außer Kraft** und ordnet die Löschung der gesammelten Verbindungsdaten an. Das Gericht gibt damit mehreren Verfassungsbeschwerden, darunter einer von 34 995 Bürgern, statt.

■ **Sicherungsverwahrung:** Am 2.12. bzw. 17.12. verabschieden Bundestag und Bundesrat eine Neuordnung der Sicherungsverwahrung für Sexual- und Gewaltstraftäter (in Kraft 1.1.2011). Danach muss die gesicherte Unterbringung nach Verbüßung der Haftstrafe **künftig bereits im Urteil angeordnet** bzw. vorbehalten werden und kann nicht mehr nachträglich verfügt werden. Für rückfallgefährdete Mörder und Vergewaltiger, deren Haftstrafe ohne Anordnung zur Sicherungsverwahrung ausläuft oder ausgelaufen ist, sieht das Gesetz eine Einweisung in eine sichere Therapie-Einrichtung durch den Richter vor. Der Europäische Gerichtshof für Menschenrechte (EGMR) hat im Mai die bisherige deutsche Praxis der nachträglichen Sicherungsverwahrung als Verstoß gegen die Europäische Menschenrechtskonvention abschließend für rechtswidrig erklärt. Mehrere Gewaltverbrecher, die gerichtlich für weiterhin gefährlich gehalten werden, müssen nun aus der Sicherungsverwahrung entlassen werden.

■ **Terrorismusbekämpfung:** Das Oberlandesgericht Düsseldorf verurteilt die vier Angeklagten der sog. **Sauerland-Gruppe** (→ 2007) am 4.3. u.a. wegen Verabredung zum vielfachen Mord bzw. Beihilfe zu Haftstrafen zwischen fünf und zwölf Jahren. – Mehrere im Oktober und November **abgefangene Sprengstoffpakete** und angebliche Geheimdiensterkenntnisse veranlassen den Bundesinnenminister, am 17.11. die Sicherheitsmaßnahmen zu verstärken.

SOZIALPOLITIK

■ **Hartz-IV-Regelsätze:** Das Bundesverfassungsgericht erklärt am 9.2. die Berechnung der Bedarfssätze für Empfänger von Arbeitslosengeld II (→ 2004, 2005) für **verfassungswidrig**. Es gibt dem Gesetzgeber auf, die Vorschriften bis Ende 2010 neu zu fassen. Hilfsbedürftige können ab sofort ergänzende Leistungen beanspruchen, wenn diese für ein menschenwürdiges Existenzminimum erforderlich sind. Eine fristgerechte Anhebung der Sätze zum 1.1.2011 erfolgt nicht, da der Bundesrat den vom Bundestag am 3.12. beschlossenen Gesetzentwurf am 17.12. zurückweist und den Vermittlungsausschuss anruft.

■ **Arbeitsrecht:** In Abkehr von seiner bisherigen Rechtsprechung erklärt der 10. Senat des Bundesarbeitsgerichts am 23.6. den Grundsatz der Tarifeinheit (»Ein Betrieb – ein Tarifvertrag«) für nichtig. Im Sinne der Tarifpluralität können künftig im gleichen Unternehmen mehrere Tarifverträge nebeneinander zu den gleichen Regelungsgegenständen gelten. Der Deutsche Gewerkschaftsbund (DGB) und die Bundesvereinigung Deutscher Arbeitgeberverbände (BDA) kritisieren das Urteil.

■ **Gesundheitsreform:** Vor dem Hintergrund eines für 2011 zu erwartenden Defizits der Gesetzlichen Krankenversicherung (GKV) beschließt der Bundestag am 18.6. als ersten Teil einer **Neuordnung des Arzneimittelmarktes** die Anhebung des Herstellerabschlags für Arzneimittel ohne Fest-

MISSBRAUCHSSKANDALE

Die Aufdeckung von Serien des Missbrauchs und der Misshandlung von Kindern in kirchlicher oder schulischer Obhut wächst sich zu einem bundesweiten Skandal aus.

Kirchlicher Bereich: Mit Bekanntwerden zahlreicher Missbrauchsfälle durch zwei Patres in den 1970er und 1980er Jahren am Canisius-Kolleg Berlin Ende Januar gerät der **deutsche Jesuitenorden** in den Fokus der Öffentlichkeit. Die 2007 mit der Aufklärung von Missbrauchsfällen an Jesuiten-Einrichtungen beauftragte Rechtsanwältin Ursula Raue stellt in ihrem Abschlussbericht vom 27.5. fest, dass der Orden die Vorgänge an seinen Schulen über Jahrzehnte hinweg systematisch vertuscht hat. Bei ihr meldeten sich 205 Betroffene, die als Schüler unter Obhut des Ordens zwischen den 1960er und 1980er Jahren Opfer sexueller Übergriffe und Gewalt geworden waren. 50 weitere Opfermeldungen betrafen andere, meist katholische Einrichtungen. Insgesamt wurde ihr von 44 mutmaßlichen oder geständigen Tätern berichtet, in der überwiegenden Zahl Jesuiten-Patres. – Nach Angaben eines von Erzbischof Reinhard Marx eingesetzten Sonderermittlers vom 12.4. wurden an der Internatsschule des **Benediktinerklosters Ettal** bis etwa 1990 über Jahrzehnte »viele Hundert Schüler (...) Opfer teilweise extrem brutaler Misshandlungen«. – **Walter Mixa**, Bischof von Augsburg und Militärbischof der Bundeswehr, reicht am 21.4. beim Heiligen Stuhl sein Rücktrittsangebot ein, das Papst Benedikt XVI. am 8.5. akzeptiert. Mixa wurde von ehemaligen Betreuten einer katholischen Waisenhausstiftung der Anwendung gezielter Gewalt in den 1970er und 1980er Jahren beschuldigt. Zudem geriet Mixa in den Verdacht der Zweckentfremdung von Geldern der Waisenhausstiftung.

Schulen und Kinderheime: Laut einem am 17.12. veröffentlichten Abschlussbericht fand an der **Odenwaldschule in Heppenheim**, einem Privatinternat für Reformpädagogik und U Modellschule, hauptsächlich zwischen 1965 und 1989 systematischer sexueller Missbrauch durch Lehrkräfte statt. Deren mindestens 132 Opfer waren überwiegend Jungen. Eine zentrale Rolle hierbei spielte mutmaßlich der renommierte Pädagoge Gerold Becker, der die Schule 1972–85 leitete. – **In westdeutschen Heimen** fand zwischen 1949 und 1975 systematischer Missbrauch statt, dem in Form von Quälerei, Zwangsarbeit und sexuellen Übergriffen bis zu 800 000 Kinder ausgesetzt waren. Dies ergibt sich aus dem Abschlussbericht, den der »Runde Tisch Heimerziehung« nach zwei Jahren Recherche am 13.12. vorlegt. Bund, Länder und Kirchen wollen jeweils 40 Mio. € in einen Entschädigungsfonds zahlen.

Reaktionen: Die **Deutsche Bischofskonferenz** setzt am 25.2. den Trierer Bischof Stephan Ackermann als Missbrauchsbeauftragten ein. Ihr Vorsitzender, Erzbischof Robert Zollitsch, räumt ein, dass in der katholischen Kirche Fälle sexuellen Missbrauchs bewusst verschleiert worden seien, und entschuldigt sich am 22.3. im Namen der Kirche »bei allen, die Opfer eines solchen Verbrechens wurden« und sagt eine »lückenlose und transparente Aufklärung« zu. – Bei der früheren Bundesfamilienministerin Christine Bergmann (SPD), die von der Bundesregierung am 24.3. als **unabhängige Beauftragte zur Aufarbeitung** des sexuellen Kindesmissbrauchs eingesetzt wird, melden sich bis Mitte Juni mehr als 1000 direkt betroffene Personen, deren Fälle sich zu einem Drittel im familiären Umfeld, zu zwei Dritteln in Institutionen zugetragen haben, davon die Hälfte in kirchlichen, vor allem katholischen Einrichtungen. Unter Leitung der drei Bundesministerinnen für Familie, Justiz und Bildung konstituiert sich am 23.4. in Berlin ein **»Runder Tisch Kindesmissbrauch«** mit Vertretern aus Politik und Kirchen sowie den weiteren betroffenen gesellschaftlichen Bereichen.

betrag und das Einfrieren der Arzneimittelpreise bis Ende 2013. Der zweite Teil, verabschiedet am 12.11./17.12., verpflichtet die Pharma-Unternehmen, für neue Medikamente einen Zusatznutzen nachzuweisen und die Preise mit der GKV auszuhandeln. Der Beitrag in der GKV steigt vom 1.1.2011 an von 14,9 auf 15,5%. Künftige Kostensteigerungen im Gesundheitssystem müssen die Versicherten in der Regel über Zusatzbeiträge selbst tragen. Damit gelingt Bundesgesundheitsminister Philipp Rösler (FDP) der **Einstieg in die** umstrittene, von der FDP favorisierte sog. **Kopfpauschale**.

INTEGRATIONSPOLITIK

■ **Roma-Abschiebungen:** Bundesinnenminister Thomas de Maizière und sein kosovarischer Amtskollege unterzeichnen am 14.4. ein **Rücknahmeabkommen**, das Deutschland die Abschiebung von

…pflichtigen Personen ermög-
… Zuge des Kosovo-Konflikts
…rige ethnischer Minderheiten
…tet oder vertrieben worden.
…: Unter Vorsitz des Bundesin-
…stituiert sich die Deutsche Islam Konferenz (DIK) am 17.5. für ihre zweite Phase in neuer Zusammensetzung. Sie knüpft an die Ergebnisse der ersten Phase an (→ 2009), soll aber nach den Vorgaben des Ministers **praxisbezogener** arbeiten. Der Islamrat und der Zentralrat der Muslime (ZMD) sagten zuvor ihre Teilnahme ab.

■ **Integrationsdebatte:** Einer vom unabhängigen Sachverständigenrat deutscher Stiftungen für Migration und Integration (SVR) am 19.5. vorgestellten empirischen Studie zufolge ist das **Integrationsklima** in Deutschland im internationalen Vergleich erheblich besser als sein Ruf. – Mit seinem Buch **»Deutschland schafft sich ab«**, das am 30.8. auf den Markt kommt, löst der Bundesbank-Vorstand und ehemalige Berliner Finanzsenator Thilo Sarrazin (SPD) eine Debatte über die Integration von Zuwanderern aus.

ATOMKRAFT

■ **Ausstieg aus dem Ausstieg:** Bundesumweltminister Norbert Röttgen (CDU) hebt am 1.10. das im Jahr 2000 für zehn Jahre vereinbarte Moratorium für die Erkundung des Salzstocks **Gorleben als Endlager** für hochradioaktive Abfälle auf. – Mit dem Argument, die Atomenergie sei eine Brückentechnologie ins Zeitalter der erneuerbaren Energien, verlängert die Regierungskoalition am 28.10. die **Laufzeiten der Atomkraftwerke** um durchschnittlich zwölf Jahre. Die Laufzeitverlängerung hatte die Bundesregierung zuvor am 5.9. mit den vier großen Energieversorgern ausgehandelt.

Bevölkerung mit Migrationshintergrund

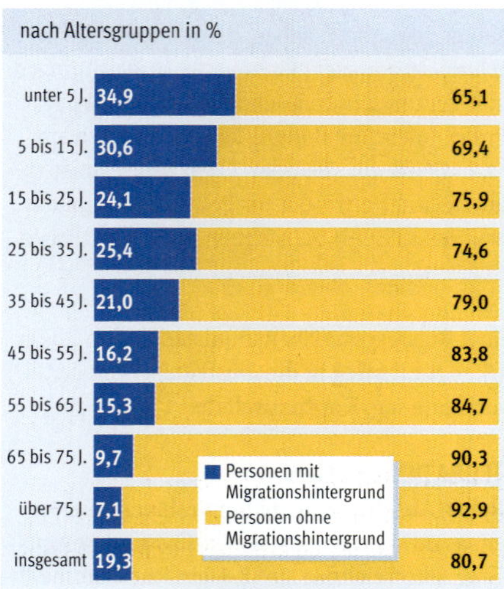

Quelle: Statistisches Bundesamt (Angaben für 2010)

Norbert Röttgen stellt sich bei seinem Besuch des Salzstocks Gorleben am 2.12. Fragen von Journalisten.

AUSSENPOLITIK

■ **Afghanistan:** Im Gefolge der Internationalen Afghanistan-Konferenz am 28.1. in London erweitert der Bundestag am 26.2. das Bundeswehrmandat und verdoppelt nahezu die Mittel für den zivilen Wiederaufbau auf 430 Mio. €. Die afghanische Regierung soll befähigt werden, **bis 2014 selbst für die Sicherheit des Landes zu sorgen**. 2011 soll der Abzug der Bundeswehr aus Afghanistan beginnen. Bei ihrem Truppenbesuch in Mazar-i Sharif und Kunduz am 18.12. bezeichnet Bundeskanzlerin Merkel den Einsatz erstmals als »**Krieg**«.

■ **Entwicklungspolitik:** Das Bundeskabinett billigt am 7.7. die von Bundesentwicklungsminister Dirk Niebel (FDP) vorbereitete Strukturreform. Die drei bundeseigenen Organisationen für Entwicklungshilfe – die Gesellschaft für Technische Zusammenarbeit (GTZ), der Deutsche Entwicklungsdienst (DED) und die Bildungsorganisation Inwent – werden zu einer Entwicklungsagentur mit dem Namen **Deutsche Gesellschaft für Internationale Zusammenarbeit (GIZ)** fusioniert.

■ **EU:** In der am 10.2. antretenden neuen Europäischen Kommission übernimmt **Günther Oettinger** (CDU), bisher Ministerpräsident von Baden-Württemberg, das **Ressort Energie**. – Zur Bewältigung der Staatsschuldenkrise im Euroraum stimmt Deutschland auf dem kurzfristig einberufenen EU-Sondergipfel am 9./10.5. der Einrichtung des **Euro-Rettungsschirms** zu. Dessen Hauptbestandteil, die Europäische Finanzstabilisierungsfazilität (EFSF), gilt vorerst bis 2013.

■ **Frankreich:** Die intensivierte deutsch-französische Zusammenarbeit dokumentiert sich u.a. am 4.2. anlässlich einer gemeinsamen Kabinettssitzung im Elysée-Palast in der Verabredung einer **»Agenda 2020«** mit 80 gemeinsamen Projekten in den Bereichen Wirtschaft, Umwelt, Finanzen, Verteidigung und Außenpolitik. Am 14.6. einigen sich die Bundeskanzlerin und Frankreichs Staatspräsident Nicolas Sarkozy auf eine Kompromissformel für die **Forderung nach einer europäischen Wirtschaftsregierung** für alle 27 EU-Staaten. Auf dem G20-Gipfel in Kanada am 26./27.6. bleiben sie mit ihren Vorschlägen für weitere Reformen an den Finanzmärkten erneut weitgehend erfolglos.

■ **USA:** Deutliche Differenzen zwischen Deutschland und den USA zeigen sich in der Weltwirtschafts- und -finanzpolitik: Während US-Präsident Barack Obama zum G20-Gipfel in Kanada am 26./27.6. von Deutschland die Lockerung des Sparkurses erwartet, warnt Kanzlerin Merkel vor aufgeblähtem Wachstum als Keimzelle der nächsten Krise. – Nach monatelangem Zögern sagt die Bundesregierung am 7.7. die Aufnahme von zwei ehemaligen Terrorverdächtigen aus dem US-amerikanischen Gefangenenlager Guantánamo zu.

■ **UN:** Mit der Wahl durch die Generalversammlung am 12.10. ist Deutschland zum fünften Mal als nichtständiges Mitglied im Sicherheitsrat vertreten. Das Mandat gilt für die Jahre 2011 und 2012.

■ **Schweiz:** Trotz Verstimmungen zwischen Berlin und Bern infolge der deutschen Maßnahmen gegen die Steuerhinterziehung unterzeichnen die Finanzminister beider Staaten am 27.10. ein **Doppelbesteuerungsabkommen**. Die Opposition kritisiert die Vereinbarung scharf, u.a. weil Altfälle von Steuerhinterziehung faktisch amnestiert werden.

BUNDESLÄNDER

■ **Baden-Württemberg:** Am 10.2. wählt der Landtag **Stefan Mappus** (CDU) zum Nachfolger von Ministerpräsident Günther Oettinger, der am gleichen Tag in die EU-Kommission wechselt. – Der Konflikt um das Großprojekt eines Durchgangsbahnhofs (**»Stuttgart 21«**) eskaliert, als bei einer Protestaktion am 30.9. fast 400 Demonstranten im Zuge eines massiven Polizeieinsatzes verletzt werden. Ein öffentliches Schlichtungsverfahren endet am 30.11. mit der Empfehlung des Schlichters Heiner Geißler, den Plan zu modifizieren und einem »Stresstest« zu unterwerfen. – Ministerpräsident Mappus gibt am 6.12. den Kauf von 45% der Aktien des Energieversorgers EnBW i 4,7 Mrd. € vom französischen Stromrie bekannt.

■ **Bayern:** In einem Volksentscheid am 4.7. sti men 61,0% der Teilnehmenden für ein **verschärftes Rauchverbot** (Beteiligung: 37,7%). Sie kippen damit ein Gesetz, mit dem der Landtag erst ein Jahr zuvor das strikte Rauchverbot gelockert hatte.

■ **Bremen:** Finanzsenatorin Karoline Linnert (B'90/Grüne) verhängt am 11.5. eine **Haushaltssperre**. Der Stadtstaat muss 2010 mit 84 Mio. € weniger auskommen als im Haushalt vorgesehen. Seine Gesamtverschuldung stieg 2009 auf 16,0 Mrd. €.

■ **Hamburg:** Am 28.11. zerbricht die bundesweit erste schwarz-grüne Regierungskoalition. Vorausgegangen waren die Niederlage in einem Referendum über die große Schulreform am 18.7., der **Rücktritt des Ersten Bürgermeisters Ole von Beust** (CDU) am gleichen Tag und die **Wahl von Christoph Ahlhaus** zu seinem Nachfolger am 25.8. Dieser regiert nun als Chef einer Minderheitsregierung der CDU.

■ **Hessen:** Ministerpräsident Roland Koch (CDU) kündigt am 25.5. seinen Rücktritt an. Zu seinem Nachfolger wählt der Landtag am 31.8. den bisherigen Innenminister **Volker Bouffier** (CDU).

■ **Mecklenburg-Vorpommern:** Der Landtag beschließt am 7.7. ein Kreisstrukturgesetz. Künftig gibt es statt zwölf nur noch sechs Landkreise.

■ **Niedersachsen:** Nach dem Wechsel von Christian Wulff (CDU) in das Amt des Bundespräsidenten wählt der Landtag am 1.7. den CDU-Landes- und bisherigen Fraktionsvorsitzenden **David McAllister** zum neuen Landesregierungschef.

■ **Nordrhein-Westfalen:** Schwere Stimmenverluste der CDU und Stimmengewinne von Bündnis 90/Die Grünen bei der **Landtagswahl am 9.5.** führen zu einem Patt der politischen Lager. Am 14.7. wählt der Landtag mit 90 gegen 80 Stimmen und elf Enthaltungen **Hannelore Kraft (SPD) zur Ministerpräsidentin** an der Spitze einer Minderheitsregierung von SPD und Grünen, toleriert von der Partei Die Linke. – Während der Loveparade in Duisburg, einer Techno-Open-Air-Veranstaltung, sterben am 24.7. bei einer **Massenpanik** 21 Menschen, 500 werden z.T. schwer verletzt.

■ **Schleswig-Holstein:** Das Landesverfassungsgericht erklärt am 30.8. Teile des Wahlrechts für verfassungswidrig und ordnet Neuwahlen bis zum 30.9.2012 an.

■ **Wahlergebnis** → S. 464

e im japanischen Fukushima ... asst Bundeskanzlerin Angela Merkel (CDU) zu einer Kehrtwende in der erst wenige Monate zuvor neu formulierten Atomkraftpolitik. Auch die Aussetzung der allgemeinen Wehrpflicht erscheint als eher unvermittelte Aufgabe einer jahrzehntelang geltenden Konstante konservativer Politik. Die eskalierende Euro- und Staatsschuldenkrise lässt um die Zukunftsfähigkeit des Euro und um den Zusammenhalt der EU sorgen. Und die für alternativlos erklärten Schnellschüsse in Form von Milliardenbürgschaften für Euro-Krisenstaaten zur »Befriedung der Finanzmärkte« rufen Zweifel an ihrer Verfassungsmäßigkeit hervor. Mit der Aufdeckung einer rechtsextremistischen Mordserie rückt zugleich die Arbeit der Verfassungsschutzbehörden ins Zwielicht. Plagiatsvorwürfe kosten Bundesverteidigungsminister Karl-Theodor zu Guttenberg (CSU) das Amt, politische Affären gefährden das Ansehen von Bundespräsident Christian Wulff (CDU).

ENERGIEPOLITIK

■ **Komplettwende:** Als erste Konsequenz aus der Katastrophe von Fukushima am 11.3. kündigt Bundeskanzlerin Merkel am nächsten Tag **»Stresstests« für die 17 deutschen Atommeiler** durch die Reaktorsicherheitskommission (RSK) an. Am 14.3. setzt die Bundesregierung ihre eigene, wenige Monate zuvor beschlossene Laufzeitverlängerung durch ein **Moratorium für drei Monate** aus. Die sieben vor 1980 in Betrieb genommenen Meiler werden – zunächst vorübergehend – vom Netz genommen; der Pannenreaktor Krümmel wurde bereits 2009 abgeschaltet. Eine Ethik-Kommission »Sichere Energieversorgung«, berufen von einem Atomgipfel der Bundeskanzlerin mit den fünf CDU-Ministerpräsidenten aus Ländern mit AKW, legt am 30.5. ihren Abschlussbericht vor. Sie empfiehlt den **Atomausstieg bis 2021** und die **Stilllegung** der bereits abgeschalteten Reaktoren.

PIROUETTEN IN DER ATOMPOLITIK

Ausstiegsperspektive: Jahrzehntelang war die friedliche Nutzung der Atomenergie eine der kontroversesten politischen Fragen in Deutschland. Die rot-grüne Regierungskoalition verhängte im Jahr → 2000 ein zehnjähriges Moratorium für die Erkundung des Salzstocks Gorleben als mögliches Atommüllendlager und vereinbarte am 14.6.2000 mit den großen Energieversorgungsunternehmen einen geordneten Ausstieg aus der Atomenergie **bis 2021**. Der → 2001 unterzeichnete Vertrag zum sog. Atomkonsens trat am 27.4.2002 in Kraft.
Kehrtwende: Der Regierungswechsel zu Schwarz-Gelb 2009 rückte **das Ende der Atomkraftnutzung wieder in weite Ferne.** → 2010 deklarierte die Regierung die Atomkraft zur notwendigen Brückentechnologie, das Moratorium für Gorleben wurde aufgehoben und die Laufzeiten der Atomkraftwerke verlängert – das letzte sollte bis 2040 am Netz bleiben.
Protestbewegung: Mit der Revision der Ausstiegsperspektive im Herbst 2010 erlebte die **Anti-Atomkraft-Bewegung** eine Renaissance u.a. mit einer großen Demonstration in Berlin Mitte im September 2010 und mit der bis dahin massivsten Blockade eines Castor-Transports aus der französischen Wiederaufbereitungsanlage La Hague in das Zwischenlager in Gorleben im November 2010. Unter dem Eindruck der **Reaktorkatastrophe von Fukushima** am 11.3. wird die Anti-AKW-Bewegung in Deutschland schnell zu einer Massenbewegung: Allein in Baden-Württemberg demonstrieren am 12.3. etwa 60 000 Menschen. Der Nutzung der Atomkraft wird keine Zukunft mehr gegeben.

Bereits am 17.5. legte die RSK das Ergebnis ihrer Stresstests vor: Sie stellte vor allem Mängel beim Schutz gegen Flugzeugabstürze fest. Am 30.6. beschließt der Bundestag den Atomausstieg: Danach bleiben die schon vom Netz genommenen Kraftwerke abgeschaltet, die übrigen neun folgen zu festen Terminen zwischen 2015 und 2022. Am 8.7. passiert das Gesetz den Bundesrat.

■ **Energiewende:** Den Beschluss zum Atomausstieg ergänzen weitere, am 30.6. gleichfalls vom Bundestag angenommene Gesetze u.a. zur **Neufassung des Erneuerbare-Energien-Gesetzes (EEG)**. Danach soll der Anteil von Sonne, Wind, Biomasse, Wasserkraft etc. bei der Stromerzeugung bis 2020 von derzeit 17 auf 35% gesteigert werden. Das **Netzausbaubeschleunigungsgesetz** soll dafür sorgen, dass vor allem größere Mengen an Strom aus Windkraftanlagen aus dem Norden in den Süden transportiert werden können. Das **Planungsbeschleunigungsgesetz** erleichtert den Bau von Solaranlagen, den Ausbau von bestehenden Windenergieanlagen und die Genehmigung von effizienten Erdgas- und Kohlekraftwerken, die die Regierung zur neuen Brückentechnologie erklärt hat. Mit weiteren Gesetzen werden Stromspeicher, die energetische Gebäudesanierung und die Entwicklung der Elektromobilität gefördert.

■ **Klagen gegen Atomausstieg:** Gegen das dreimonatige Moratorium vom 14.3. wehrt sich **RWE** als Betreiber der Atomkraftwerke Biblis A und B am 1.4. mit einer **Schadenersatzklage** beim Hessischen Verwaltungsgerichtshof. Am 14.11. legt E.ON als erster deutscher AKW-Betreiber **Verfassungsbeschwerde** beim Bundesverfassungsgericht ein.

■ **Endlagersuche:** Bundesumweltminister Norbert Röttgen (CDU) und die Ministerpräsidenten der Länder vereinbaren am 11.11. einen **Neustart**.

POLITISCHE AFFÄREN

■ **Plagiatsaffäre zu Guttenberg:** Bundesverteidigungsminister **Karl-Theodor zu Guttenberg** (CSU), einer der Hoffnungsträger der Konservativen, **erklärt am 1.3. seinen Rücktritt** von allen politischen Ämtern. Er zieht damit die Konsequenz aus dem zwei Wochen zuvor erhobenen Plagiatsvorwurf gegen große Teile seiner juristischen Doktorarbeit. Zu Guttenberg stritt zunächst jedes Fehlverhalten ab. Am 23.2. entzog ihm die Universität Bayreuth, an der er 2007 promoviert wurde, den Doktortitel.

■ **Weitere Plagiatsaffären:** Nach dem Vorbild der Internet-Plattform **GuttenPlag Wiki**, deren Ergebnisse den Sturz von Bundesverteidigungsminister zu Guttenberg mit bewirkten, überprüfen weitere benutzeroffene Webseiten (Wikis) Doktorarbeiten von Prominenten auf einen Plagiatsgehalt. Aufgrund der auf **VroniPlag** publizierten Belege annulliert die Universität Konstanz am 11.5. den Doktortitel der Rechtsanwältin **Veronica Saß**, der Tochter des ehemaligen bayerischen Ministerpräsidenten Edmund Stoiber (CSU). Die Universität Heidelberg entzieht der FDP-Politikerin **Silvana Koch-Mehrin** am 15.6. den Doktortitel.

Karl-Theodor zu Guttenberg tritt zurück.

■ **Präsidenten-Affäre:** Mit einem **Bericht** der *Bild-Zeitung* am 13.12. **über einen Privatkredit**, den Christian Wulff und seine Ehefrau Bettina 2008 aufgenommen hatten, um den Kauf ihres Hauses zu finanzieren, gerät der Bundespräsident in den Fokus weiterer Medienrecherchen. Im Februar 2010 hatte Wulff, damals noch niedersächsischer Ministerpräsident, auf eine Anfrage im Landtag geantwortet, dass er keine geschäftlichen Beziehungen zu dem Unternehmer Egon Geerkens unterhalte. Dass er den Kredit von dessen Ehefrau erhalten hatte, verschwieg er damals. Nach Bekanntwerden weiterer enger persönlicher und für ihn vorteilhafter Verbindungen Wulffs zu Unternehmern **entlässt Wulff am 22.12. seinen Pressesprecher und entschuldigt sich** für seinen Umgang mit der Affäre. Einen Rücktritt lehnt er ab.

BUNDESKABINETT

■ **Neue Ressortchefs:** Nachfolger zu Guttenbergs als **Bundesverteidigungsminister** wird am 3.3. **Thomas de Maizière** (CDU). An dessen Stelle als bisheriger **Bundesinnenminister** tritt der Vorsitzende der CSU-Landesgruppe im Bundestag, **Hans-Peter Friedrich**. – Die zweite Kabinettsumbildung erfolgt mit dem Rückzug von Guido Westerwelle als Parteivorsitzender der FDP und Vizekanzler. Am 12.5. wechselt der designierte FDP-Chef **Philipp Rösler** vom Gesundheits- **ins Bundeswirtschaftsministerium**, von dem er sich als neuer Parteichef (13.5.) und Vizekanzler (18.5.) mehr Prestige verspricht. Der von ihm aus dem Kabinett verdrängte Rainer Brüderle löst Birgit Homburger an der Fraktionsspitze im Bundestag ab. **Daniel Bahr**, bisher Parlamentarischer Staatssekretär Röslers, wird am 12.5. neuer **Bundesgesundheitsminister**.

FINANZEN UND WIRTSCHAFT

■ **Euro-Rettungsschirm:** Unter dem Druck der eskalierenden Staatsschuldenkrise genehmigt der Bundestag am 29.9. die **Ausweitung der**

2010 eingerichteten Europäischen Finanzstabilisierungsfazilität (EFSF). Damit steigt der **Anteil Deutschlands an der Darlehenskapazität** der Euro-Staaten, um die Stabilität des Euro zu gewährleisten (künftig 780 Mrd. €), von 123 Mrd. € auf **rd. 211 Mrd. €**. Die EFSF darf künftig auch Staatsanleihen der Krisenländer an den Börsen kaufen. Zuvor hatte die Bundesregierung in den Verhandlungen über ein zweites Hilfspaket für Griechenland am 21.7. durchsetzen können, dass sich auch private Gläubiger an einem geplanten Schuldenschnitt beteiligen müssen. – Am 26.10. billigt der Bundestag die Einführung eines finanztechnischen Verfahrens bei der EFSF (sog. Hebelung), das die Wirkung des Rettungsschirms vervielfachen soll. In ihrer Regierungserklärung mahnt Bundeskanzlerin Merkel: **»Scheitert der Euro, scheitert Europa«**. In einer Regierungserklärung zur Euro-Rettung fordert Merkel am 2.12. einen Fiskalpakt für die Euro-Staaten mit strenger Verpflichtung zur Haushaltsdisziplin.

■ **Verfassungsmäßigkeit:** Das Bundesverfassungsgericht **verwirft** am 7.9. **drei Beschwerden** gegen die Maßnahmen zur Griechenland-Hilfe und zum Euro-Rettungsschirm, weil es darin keine Verletzung der Haushaltsautonomie des Bundestags erkennt. Jedoch müsse die Bundesregierung bei künftigen haushaltsrelevanten Entscheidungen die **Zustimmung des Haushaltsausschusses** einholen. Per Eilentscheidung vom 28.10. befindet das Gericht, die Bundesregierung habe bei der Euro-Rettung für Hilfsmaßnahmen die Zustimmung des Bundestags einzuholen und dürfe die Entscheidung nicht einem Sondergremium aus neun Abgeordneten überlassen. Dieses war im Gesetz zum Euro-Rettungsschirm für Entscheidungen in besonders eiligen und vertraulichen Fällen vorgesehen.

PARTEIEN

■ **SPD:** Mit einer **Parteireform** verkleinert der Bundesparteitag in Berlin (4.–6.12) u.a. den Bundesvorstand von 45 auf 35 Mitglieder, schafft das Präsidium ab und senkt die Hürden für Mitgliederentscheide. In allen Führungsgremien sollen 15% Migranten vertreten sein.

■ **FDP:** Unter dem Druck schlechter Umfragewerte lässt sich Parteichef Guido Westerwelle auf dem Bundesparteitag in Rostock am 13.5. von **Philipp Rösler** ablösen. Die Serie desaströser Ergebnisse bei Landtagswahlen setzt sich fort.

■ **Bündnis 90/Die Grünen:** Vor dem Hintergrund der Atomkatastrophe von Fukushima schließt die Partei Mitte 2011 in der Wählergunst fast zur SPD auf. In Baden-Württemberg zieht sie erstmals bei Landtagswahlen an ihr vorbei und stellt seit dem 12.5. – ebenfalls erstmals – einen Ministerpräsidenten.

■ **Piratenpartei:** Die 2006 gegründete Partei etabliert sich in der deutschen Parteienlandschaft mit dem Einzug in die Landesparlamente von Berlin, Saarland, Schleswig-Holstein und Nordrhein-Westfalen. Neben Datenschutz, Basisdemokratie und mehr Transparenz politischer Entscheidungen setzen sich die Piraten u.a. für das bedingungslose Grundeinkommen ein.

ARBEIT UND SOZIALES

■ **Hartz-IV-Regelsätze:** Nach Anweisung des Bundesverfassungsgerichts, die Auszahlungen von Arbeitslosengeld II den realen Verhältnissen anzupassen (→ 2010), verabschieden Bundestag und Bundesrat am 25.2. einen Kompromiss. Der Basissatz wird rückwirkend zum 1.1. **um 5 € auf 364 € angehoben**.

■ **Mindestlohn für Zeitarbeiter:** Auf Vorschlag der zuständigen Tarifparteien erlässt Bundesarbeitsministerin von der Leyen am 20.12. eine Verordnung über eine **Lohnuntergrenze in der Arbeitnehmerüberlassung**. Damit gilt erstmals ein verbindlicher Mindestlohn für rd. 900 000 Beschäftigte der Zeitarbeitsbranche ab 1.1.2012: in Ostdeutschland 7,01 € pro Stunde (ab 1.11.2012 7,50 €), in Westdeutschland 7,89 € (bzw. 8,19 €).

■ **Integrationsdebatte:** Anlässlich seiner Amtseinführung am 3.3. erklärt Bundesinnenminister

Deutschland: Hartz-IV-Regelsatz* für Erwachsene

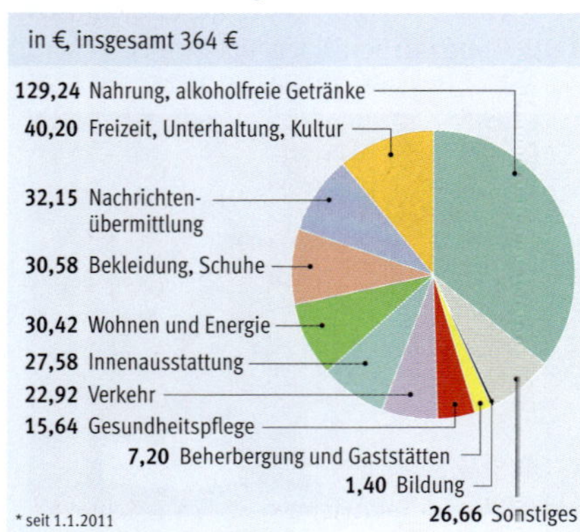

* seit 1.1.2011

Quelle: EMAS 2011

Hans-Peter Friedrich, **der Islam gehöre nicht zu Deutschland**, wohl aber die hier lebenden Muslime. Damit distanziert er sich von einem politischen Leitsatz des Bundespräsidenten Christian Wulff (→ 2010). Vor dem Hintergrund des Anschlags am Frankfurter Flughafen fordert Friedrich am 29.3. auf der Plenarsitzung der Deutschen Islam Konferenz (DIK) die Muslime auf, sich an einer **»Sicherheitspartnerschaft gegen islamistischen Extremismus«** zu beteiligen. Die zweite Plenarsitzung in der zweiten Phase der DIK (gegründet → 2006) widmet sich u.a. dem islamischen Religionsunterricht.

GESUNDHEITT

■ **Dioxin-Skandal:** Das Bundesverbraucherschutzministerium meldet am 5.1. die Verunreinigung von bis zu 3000 t Futterfett mit Dioxin durch einen Futtermittelhersteller aus Uetersen in Schleswig-Holstein. Das Futterfett ist Grundstoff für bis zu 150 000 t Futtermittel in der Hühner- und Putenhaltung sowie in der Schweinemast. Vorsorglich verfügen die Agrarminister mehrerer Bundesländer die Sperrung von 4700 Höfen, die mit dioxinhaltigem Futter beliefert wurden, 4400 davon allein in Niedersachsen. Eier und Fleisch von diesen Höfen dürfen nicht ausgeliefert werden, belastete Tiere werden getötet. Bundesverbraucherschutzministerin Ilse Aigner (CSU) kündigt am 2.2. an, die Vorschriften für die Futtermittelindustrie zu verschärfen.

■ **EHEC-Epidemie:** Vorwiegend in Norddeutschland erkranken im Mai etwa 4000 Menschen an einer Variante des Darmbakteriums Escherichia coli (EHEC). Infolge einer lebensbedrohlichen Verlaufsform sterben mehr als 50 Menschen. Nach mehreren Fehlwarnungen, u.a. vor dem Verzehr von Gemüse aus Spanien, wird als Ursache ägyptischer Bockshornkleesamen ausgemacht, aus dem ein Betrieb im niedersächsischen Bienenbüttel Sprossen gezogen und vertrieben hatte.

■ **Präimplantationsdiagnostik (PID):** Unter Aufhebung des Fraktionszwangs genehmigt der Bundestag am 7.7. Gentests an künstlich gezeugten Embryonen für den Fall, dass eine Veranlagung zu einer schweren Erbkrankheit vorliegt oder eine Tot- oder Fehlgeburt droht.

TERRORISMUS

■ **Islamistischer Terrorismus:** Am 2.3. erschießt ein 21-jähriger Kosovare am Frankfurter Flughafen zwei US-Soldaten, zwei weitere werden schwer verletzt. Bei seiner Festnahme erklärt der Attentäter, er habe **Rache für den US-Einsatz in Afghanistan** geübt. Die Bundesanwaltschaft klagt den Schützen am 7.7. wegen zweifachen vollendeten und dreifachen versuchten Mordes an.

■ **Antiterrorgesetze:** Der Bundestag verlängert – mit einigen Modifikationen – am 27.10. die Geltung der umstrittenen Antiterrorgesetze von → 2002 **bis Ende 2015**. Sie sollten planmäßig Endes des Jahres auslaufen.

■ **Rechtsterrorismus:** Drei im sächsischen Zwickau lebende Rechtsextremisten sind vermutlich für **zehn bisher unaufgeklärte Morde** zwischen 2000 und 2006 verantwortlich, des Weiteren für zwei Sprengstoffanschläge sowie zahlreiche Banküberfälle (→ 2012). Aufgedeckt wird die Mordserie im Gefolge des mutmaßlichen Selbstmords von **Uwe Böhnhardt** und **Uwe Mundlos** am 4.11. in Eisenach. Ihre Komplizin **Beate Zschäpe** stellt sich vier Tage später der Polizei. In einem später aufgefundenen Bekennervideo bezeichnet sich die Gruppe als **Nationalsozialistischer Untergrund (NSU)**. In den folgenden Wochen nehmen die Ermittler weitere mutmaßliche Mitglieder oder Unterstützer fest. – Im Gefolge der Ermittlungen zum NSU offenbaren sich **zahlreiche schwere Pannen in der Arbeit der Verfassungsschutzbehörden**.
– Die Aufdeckung der Terrorzelle entfacht die **Diskussion um ein neues NPD-Verbotsverfahren**, zumal der am 29.11. verhaftete stellvertretende Vorsitzende der Thüringer NPD, Ralf Wohlleben, Verbindungen zum NSU unterhielt.

BUNDESWEHR

■ **Wehrpflicht und Freiwilligendienst:** Am 24.3. verabschiedet der Bundestag die **Aussetzung der Wehrpflicht** zum 1.7. Damit verbleibt sie weiterhin im Grundgesetz verankert. Jährlich sollen bis zu 15 000 Freiwillige 12–23 Monate in der Armee dienen. Gleichzeitig ersetzt der neue **Bundesfreiwilligendienst** (Bufdi) den bisherigen Zivildienst. Angestrebt wird, dass jährlich 35 000 Menschen jeden Alters in Einrichtungen des bürgerschaftlichen Engagements 6–18 Monate arbeiten.

■ **Bundeswehrreform:** Als Folge der geplanten Truppenreduzierung von 250 000 auf 185 000 Soldaten gibt Bundesverteidigungsminister Thomas de Maizière (CDU) am 26.10. die Reduzierung der Zahl der Standorte von bisher ca. 400 auf künftig 264 bekannt.

AUSSENPOLITIK

■ **Afghanistan:** Die Verlängerung des ISAF-Mandats bis zum 31.1.2012 am 28.1. verknüpft der Bundestag mit dem Auftrag, die **Präsenz der Bundeswehr** – »soweit die Lage dies erlaubt« – ab Ende 2011 **zu reduzieren**. Der Abzug soll einem NATO-Beschluss vom November 2010 zufolge 2014 beendet werden.

■ **UN und NATO:** Bei der Entscheidung im UN-Sicherheitsrat über die Einrichtung einer **Flugverbotszone über Libyen** und über den Schutz der Zivilbevölkerung am 17.3. enthält sich Deutschland gemeinsam mit Russland, der VR China, Indien und Brasilien der Stimme und isoliert sich damit innerhalb der NATO. Der Kritik an der deutschen Nichtbeteiligung begegnet Bundeskanzlerin Merkel bei ihrem Besuch in den USA am 6./7.6. mit der Ankündigung, **Deutschland werde sich** nach einem Sturz des libyschen Machthabers Muammar al-Gaddafi **beim Wiederaufbau Libyens engagieren**.

■ **VR China:** Bei den ersten deutsch-chinesischen Regierungskonsultationen am 27./28.6. einigen sich beide Seiten u.a. auf eine Ausweitung des Handelsvolumens von 130 Mrd. € (2010) auf 200 Mrd. € (2015).

■ **Schweiz:** Bundesfinanzminister Wolfgang Schäuble und seine schweizerische Kollegin Eveline Widmer-Schlumpf unterzeichnen am 21.9. in Berlin ein **Abkommen zur Legalisierung von Schwarzgeld** deutscher Steuerpflichtiger in der Schweiz (→ 2010). Der Vertrag ergänzt das Doppelbesteuerungsabkommen vom Oktober 2010 und regelt den steuerlichen Umgang mit bisher undeklarierten Altvermögen. Die Anleger bleiben anonym.

Eveline Widmer-Schlumpf und Wolfgang Schäuble

BUNDESLÄNDER

■ **Baden-Württemberg:** Das Ergebnis der Landtagswahl am 27.3. mit schwerer Niederlage der CDU-FDP-Koalition und verdoppeltem Stimmenanteil der Grünen ermöglicht die Wahl von **Winfried Kretschmann zum ersten grünen Landesregierungschef**. In einer Koalition von Grünen und SPD löst er am 12.5. Stefan Mappus (CDU) ab. – Der Staatsgerichtshof erklärt am 6.10. den Kauf des Energieversorgers **EnBW** (→ 2010) für verfassungswidrig. – Nach einem gutachterlichen »Stresstest« für das Projekt **»Stuttgart 21«** votieren bei einer Volksabstimmung am 27.11. 58,9% der Abstimmenden für den weiterhin umstrittenen Bau des Tiefbahnhofs.

■ **Berlin:** Nach der **Wahl zum Abgeordnetenhaus** am 18.9. wechselt die SPD von der Linken zur CDU als neuer Koalitionspartnerin. Klaus Wowereit bleibt Regierender Bürgermeister.

■ **Bremen:** Die **Bürgerschaftswahl** am 22.5. stärkt die rot-grüne Koalition. Bürgermeister Jens Böhrnsen wird am 30.6. im Amt bestätigt.

■ **Hamburg:** Die starke Kräfteverschiebung infolge der **Bürgerschaftswahl** am 20.2. ermöglicht eine Alleinregierung der SPD unter dem neuen Ersten Bürgermeister **Olaf Scholz**.

■ **Mecklenburg-Vorpommern:** Nach der **Landtagswahl** am 4.9. erneuert die SPD mit Erwin Sellering als Ministerpräsident die Koalition mit der CDU.

■ **Rheinland-Pfalz:** Trotz erheblicher Verluste der SPD bei der **Landtagswahl am 27.3.** verbleibt Ministerpräsident Kurt Beck im Amt. Hierzu wechselt er von der Alleinregierung der SPD in eine Koalition mit den Grünen.

■ **Saarland:** Der Landtag wählt am 10.8. die bisherige Sozialministerin **Annegret Kramp-Karrenbauer** zur **Landesregierungschefin**. Sie folgt in diesem Amt, wie auch in dem der CDU-Landesvorsitzenden, Peter Müller nach.

■ **Sachsen:** Eine Gegendemonstration zu einem Neonazi-Aufzug in Dresden am 19.2. eskaliert zu einer **Straßenschlacht** zwischen militanten Linken und der Polizei mit zahlreichen Verletzten.
Eine Daten-Affäre schließt sich an, nachdem bekannt wird, dass die Polizei am 19.2. flächendeckend über 1 Mio. Handydaten erfasst und ausgewertet hat.

■ **Sachsen-Anhalt:** Als erneut stärkste Kraft nach der **Landtagswahl am 20.3.** setzt die CDU die Koalition mit der SPD fort. Zum neuen Ministerpräsidenten als Nachfolger von Wolfgang Böhmer (CDU) wählt der Landtag am 19.4. den bisherigen Wirtschaftsminister **Reiner Haseloff** (CDU).

■ **Wahlergebnisse** → S. 458–467

2012

Auf dem rechten Auge blind

Bundespräsident Christian Wulff kämpft vergebens um seinen guten Ruf; der ihm bei seiner Wahl 2010 unterlegene Mitbewerber um das Amt, Joachim Gauck, nimmt seinen Platz ein. Der Wahlsieg von Rot-Grün in Nordrhein-Westfalen gibt Bundeskanzlerin Angela Merkel Handhabe, sich von ihrem potenziellen Rivalen, Bundesumweltminister Norbert Röttgen, zu trennen. Neben diesen politisch-medialen Highlights bleiben zwei Themen dauerhaft im Fokus: In der Euro- bzw. Staatsschuldenkrise verweigert sich Merkel einem Schuldenschnitt für Griechenland und fährt stattdessen mit sukzessiven Hilfszusagen und der Durchsetzung einer europäischen Schuldenbremse »auf Sicht«. Das jahrelange Versagen der Sicherheitsbehörden, der neonazistischen Terrorgruppe NSU auf die Spur zu kommen, wächst sich zu einer beispiellosen Affäre aus.

BUNDESPRÄSIDENT

■ **Rücktritt:** Bundespräsident **Christian Wulff** (CDU) erklärt am 17.2. seinen Rücktritt und zieht damit die Konsequenz aus einer Affäre, in der es u.a. um den **Verdacht persönlicher Vorteilsnahme** während seiner Amtszeit als niedersächsischer Ministerpräsident (2003–10) geht. Ausgangspunkt waren Umstände bei der Finanzierung seines Eigenheims (→ 2011); weitere Fragwürdigkeiten traten in der Folge zutage. Wulff weist die in den Medien erhobenen Beschuldigungen zurück, hat aber an Glaubwürdigkeit verloren.

■ **Neuwahl:** In der Absicht, dieses Mal einen gemeinsamen Kandidaten von Regierungskoalition und Opposition – ohne Die Linke – zu präsentieren, sieht sich Bundeskanzlerin und CDU-Chefin Merkel durch die FDP genötigt, dem Vorschlag von SPD und Grünen zu folgen. Am 18.3. wählt die Bundesversammlung den parteilosen Theologen und ehemaligen DDR-Bürgerrechtler **Joachim Gauck** im ersten Wahlgang mit 991 von 1228 gültigen Stimmen (79,9%) zum Bundespräsidenten.

Gauck, Joachim * Rostock 24.1.1940
Studium der Theologie in Rostock, 1967 Ordination zum Pastor und Tätigkeit bei der Evangelisch-

Lutherischen Landeskirche Mecklenburg, 1982–90 Leiter der Kirchentagsarbeit in Mecklenburg, 1990–2000 Bundesbeauftragter für die Unterlagen des Staatssicherheitsdienstes der ehemaligen DDR, 2001–04 deutsches Mitglied des Verwaltungsrates der Europäischen Stelle zur Beobachtung von Rassismus und Fremdenfeindlichkeit, seit 2012 Bundespräsident

Die parteilose Journalistin Beate Klarsfeld als Kandidatin der Linken erhält 126 (10,2%), der NPD-Kandidat drei Stimmen (0,2%).

KABINETT

■ **Entlassung:** Drei Tage nach der schweren Niederlage der CDU bei der Landtagswahl in Nordrhein-Westfalen am 13.5. entbindet Bundeskanzlerin Merkel den Spitzenkandidaten **Norbert Röttgen** vom Amt des Bundesumweltministers. Den Rauswurf begründet Merkel damit, der für die Energiewende zuständige Ressortchef bedürfe starken Rückhalts. Zum neuen Umweltminister beruft sie **Peter Altmaier** (CDU).

PARTEIEN

■ **Die Linke:** Nach dem Verzicht Oskar Lafontaines, sich mit einer Kandidatur für den Parteivorsitz wieder in die Bundespolitik einzuschalten, wählt der Parteitag in Göttingen am 2.6. die ostdeutsche Bundestagsabgeordnete **Katja Kipping** und den westdeutschen Gewerkschafter **Bernd Riexinger** als Nachfolger an die Spitze der Partei. Zuvor warnte der Vorsitzende der Bundestagsfraktion Gregor Gysi vor dem Zerfall der Partei für den Fall, dass die Interessen der Ostverbände ignoriert würden.

■ **SPD:** Parteichef Sigmar Gabriel und Fraktionschef Frank-Walter Steinmeier verzichten am 28.9. auf eine Nominierung zum Kanzlerkandidaten der Partei zugunsten von **Peer Steinbrück**. Damit zerschlägt sich die ursprüngliche Absicht, erst Anfang 2013 eine Entscheidung zu treffen und bis dahin als Troika zu operieren. Ein Sonderparteitag in Hannover wählt Steinbrück am 9.12. mit 93,5%

der Stimmen, jedoch misslingt ihm der Start als **Herausforderer von Bundeskanzlerin Merkel** für die Bundestagswahl 2013: Seine hohen Nebeneinkünfte und unbedachte Äußerungen lösen medial hochgespielte Debatten aus, die ihn mehrfach zu Selbsterklärungen und Korrekturen zwingen.

■ **Bündnis 90/Die Grünen:** Die Partei zieht mit **Jürgen Trittin** und **Katrin Göring-Eckardt** in den Bundestagswahlkampf. Dies entscheiden die Parteimitglieder in einer Urwahl, deren Ergebnis am 10.11. bekanntgegeben wird. Trittin (71,9%) und Göring-Eckardt (47,3%) rangieren deutlich vor Renate Künast (38,6%) und Claudia Roth (26,2%). Der Bundesparteitag in Hannover (16.–18.11.) bestätigt Roth als Parteichefin neben dem gleichfalls wiedergewählten Cem Özdemir.

■ **CDU:** Auch der Parteitag in Hannover (3.–5.12.) stimmt die Partei auf die Bundestagswahl 2013 ein. Sie befürwortet nun u.a. eine Lohnuntergrenze sowie eine »**Flexiquote**« für Frauen in Vorständen und Aufsichtsräten. Merkel wird als Parteichefin mit 97,9% der Stimmen wiedergewählt.

■ **Piraten:** Nach dem Erfolg in Berlin 2011 etabliert sich die 2006 gegründete Partei mit dem **Einzug in weitere Landtage** (Saarland, Schleswig-Holstein, NRW) in der Parteienlandschaft. Der Parteitag in Neumünster am 28./29.4. wählt **Bernd Schlömer** zum neuen Parteivorsitzenden.

EURO-FINANZPOLITIK

■ **Staatsschuldenkrise:** Beide Kammern des Parlaments billigen am 29.6. mit der erforderlichen Zweidrittelmehrheit die Einführung von zwei zentralen Instrumenten zur Bewältigung der Staatsschuldenkrise: des permanenten **Europäischen Stabilitätsmechanismus (ESM)** und des sog. Fiskalpakts, unterzeichnet von den Vertretern der Euro-Staaten am 2.2. (ESM) bzw. der EU-Mitglieder (außer Großbritannien und Schweden) am 2.3. Während der ESM mit Notkrediten und Bürgschaften an die Stelle des 2010 provisorisch eingerichteten Euro-Rettungsschirms EFSF treten soll (→ 2010, 2011), verpflichtet der **Fiskalpakt,** durchgesetzt von Deutschland nach dem Vorbild seiner »Schuldenbremse« (→ 2009), die EU-Mitgliedstaaten zu einer strikten Haushaltsdisziplin und ahndet Verstöße mit weitgehend automatischen Sanktionen. Die Zustimmung von SPD und Grünen zum ESM und zum Fiskalpakt erkauft sich die Regierungskoalition am 21.6. mit dem Zugeständnis, sich um die Einführung einer **Finanzmarkttransaktionssteuer**, notfalls auch nur in einigen Staaten der Eurozone, zu bemühen und ein **EU-Paket für Wachstum und Beschäftigung** sowie zur Bekämpfung der Jugendarbeitslosigkeit in den Krisenstaaten auf den Weg zu bringen.

Um dieses Wachstumspaket im Umfang von 120 Mrd. € auf dem EU-Gipfel am 28./29.6. durchsetzen zu können, akzeptiert Bundeskanzlerin Merkel den Plan für eine europäische **Bankenaufsicht** als Voraussetzung direkter Hilfen für Banken aus dem ESM. Sie stimmt auch zu, dass der ESM Staatsanleihen auf dem Primär- und Sekundärmarkt ankaufen kann, ohne die Zustimmung der Troika, bestehend aus EU-Kommission, Europäischer Zentralbank (EZB) und Internationalem Währungsfonds (IWF), einholen zu müssen.

■ **Verfassungsmäßigkeit:** In Eilanträgen, angerufen u.a. von der Bundestagsfraktion der Linken, um die Teilnahme Deutschlands am ESM sowie am EU-Fiskalpakt per einstweiliger Anordnung untersagen zu lassen, billigt das Bundesverfassungsgericht diese am 12.9. unter Vorbehalten. Die vereinbarte **Haftungsobergrenze von 190 Mrd. €** darf nicht überschritten werden; weitergehende Zahlungen muss der Bundestag eigens genehmigen und über bevorstehende Maßnahmen jeweils ausreichend informiert werden. Deutschland ratifiziert als letzter Euro-Staat den ESM-Vertrag am 27.9.

■ **Griechenland-Hilfe:** Am 30.11. billigt der Bundestag ein **drittes Hilfspaket** für Griechenland in Höhe von 44 Mrd. €. Weil die Zinsen für bereits gewährte Kredite gesenkt und die Rückzahlung gestundet werden, erfolgt erstmals eine direkte Belastung des deutschen Staatshaushalts im Umfang von 730 Mio. € im Jahr 2013 und 660 Mio. € im Jahr 2014. Zuvor hatte sich Bundeskanzlerin Merkel einem Schuldenschnitt für Griechenland verweigert.

TERRORISMUS

■ **NSU-Affäre:** Die seit November → 2011 ans Licht gekommenen Aktivitäten des rechtsterroristischen NSU und das Verhalten der Sicherheitsbehörden veranlassen den Bundestag am 26.1. zur Einrichtung eines Parlamentarischen Untersuchungsausschusses. Seine Befragungen ergeben schon bald ein **erschütterndes Bild von Pannen**, voreingenommener Ermittlungsarbeit, Nachlässigkeit und Zuständigkeitswirrwarr. Ins Zentrum der Kritik geraten die Verfassungsschutzämter des Bundes und mehrerer Länder.

NATIONALSOZIALISTISCHER UNTERGRUND (NSU)

Als Kern oder – wahrscheinlich – auch einzige Mitglieder des NSU gelten Uwe Böhnhardt (*1977), Uwe Mundlos (*1973) und Beate Zschäpe (*1975), alle stammen aus Jena. Seit Anfang der 1990er Jahre in der Neonazi-Szene aktiv, stießen sie etwa 1996 zur militanten Freien Kameradschaft Thüringer Heimatschutz (THS), die über mehrere Jahre von einem V-Mann des Thüringer Verfassungsschutzes und Funktionär der Thüringer NPD mitgeführt wurde. Als die Polizei 1998 in Jena ihr Waffenlager und eine Bombenwerkstatt aushob, tauchten die drei unter. Mehrere Gelegenheiten der Sicherheitsbehörden in den nachfolgenden Jahren, dem Trio auf die Spur zu kommen und es festzunehmen, wurden hintertrieben oder blieben ungenutzt. Als deutschlandweit verübte Haupttaten zwischen 2000 und 2007 werden dem NSU zugerechnet: **zehn Morde** an neun Kleinunternehmern (acht mit türkischer, einer mit griechischer Herkunft) und zuletzt an einer Polizistin, alle ausgeführt mit derselben Pistole, zudem **zwei Sprengstoffattentate** mit zahlreichen Verletzten und etliche **Banküberfälle** – bis zu dem letzten am 4.11.2011, in dessen Folge Mundlos und Böhnhardt mutmaßlich Selbstmord begehen und Zschäpe sich am 8.11. der Polizei stellt. Bis zu diesem Zeitpunkt hatten die Behörden offiziell keine Hinweise auf einen rechtsextremistischen Hintergrund der Serie von Verbrechen. Recherchen der Medien und des Parlamentarischen Untersuchungsausschusses ergeben schwerwiegende Ungereimtheiten, bis hin zum Verdacht der Verstrickung von Stellen oder V-Leuten des Verfassungsschutzes.

■ **NSU-Prozess:** Die Bundesanwaltschaft erhebt am 8.11. **Anklage gegen** das wohl einzige überlebende Mitglied der Terrorzelle, **Beate Zschäpe:** Vorrangig vorgeworfen wird ihr die Bildung einer terroristischen Vereinigung und die Mittäterschaft an zehn Morden, zwei Sprengstoffanschlägen und 15 Banküberfällen. Vier mutmaßliche Helfer werden zugleich wegen Beihilfe zum Mord bzw. Unterstützung einer terroristischen Vereinigung angeklagt.

■ **Erste Konsequenzen:** Bundesinnenminister Hans-Peter Friedrich (CSU) versetzt den Präsidenten des Bundesamts für Verfassungsschutz **Heinz Fromm** am 2.7. **in den einstweiligen Ruhestand** zum 31.7. und ersetzt ihn durch Hans-Georg Maaßen. Auch die Verfassungsschutzpräsidenten von Thüringen, Sachsen, Sachsen-Anhalt und

Bundesinnenminister Hans-Peter Friedrich (r) und Verfassungsschutzpräsident Hans-Georg Maaßen (l) stellen am 11.6. den Verfassungsschutzbericht vor.

Berlin müssen gehen. Die desaströsen Vorgänge entfachen eine Debatte über eine notwendige tiefgreifende Reform des Verfassungsschutzes. Der Bundestag verabschiedet am 28.6. ein Gesetz zur Schaffung einer **Neonazi-Verbunddatei** nach dem Vorbild der Antiterrordatei (→ 2006). In die Datei speisen Verfassungsschutz, Polizei und Militärischer Abschirmdienst Erkenntnisse über gewaltbereite Rechtextremisten ein. Sie geht am 19.9. in Betrieb. – Auf Empfehlung der Ministerpräsidentenkonferenz entscheidet sich der Bundesrat am 14.12. mit großer Mehrheit für einen neuen **NPD-Verbotsantrag** beim Bundesverfassungsgericht. Ein erster Versuch scheiterte → 2003.

■ **Urteil zum Buback-Mord der RAF:** 35 Jahre nach dem Attentat auf Generalbundesanwalt Siegfried Buback und seine beiden Begleiter (→ 1977) verurteilt das Oberlandesgericht Stuttgart am 6.7. die ehemalige RAF-Terroristin **Verena Becker** wegen Beihilfe zum Mord und verhängt eine Freiheitsstrafe von vier Jahren. Wer die tödlichen Schüsse auf Buback und seine Begleiter abgegeben hat, konnte nicht geklärt werden. Becker bestreitet jegliche Beteiligung an dem Attentat und legt gegen das Urteil Revision ein.

ENERGIEPOLITIK

■ **Netzentwicklung:** Bundeswirtschaftsminister Philipp Rösler und der Präsident der Bundesnetzagentur, Jochen Homann, legen am 26.11. den Netzentwicklungsplan für den Ausbau des Stromleitungssystems bis 2022 vor. Im Zentrum stehen drei Korridore für neue **Hochspannungs-Gleichstrom-Übertragungsleitungen** (HGÜ), die den Strom von den Offshore-Windparks in Nord- und Ostsee nach Süden transportieren sollen.

Insgesamt werden neue »Stromautobahnen« mit einer Länge von 2800 km geplant. Die Kosten – die Verstärkung des schon bestehenden Netzes eingeschlossen – werden auf 20 Mrd. € veranschlagt.

■ **Windenergie:** Am 26.10. und 14.11. stoppen der dänische Energiekonzern DONG Energy und EnBW die Planungsarbeiten für die **Offshore-Windparks** in der Nordsee, Riffgrund 2 bzw. Hohe See, weil Regelungen für Netzanschlüsse ausstehen. Um den stockenden Ausbau der Offshore-Projekte zu beschleunigen, beschließt der Bundestag am 29.11. eine Haftungsregel: Kann ein betriebsbereiter Windpark nicht an das Netz angeschlossen werden, muss der dafür verantwortliche Netzbetreiber dem Windparkbetreiber bis zu 20% des Schadens (max. 110 Mio. €) ersetzen; der Rest wird per Umlage auf den Strompreis auf die Verbraucher abgewälzt, bis 2015 möglicherweise mehr als 2 Mrd. €.

■ **Krise der Solarindustrie:** Auf Grundlage des Erneuerbare-Energien-Gesetzes (EEG) sinkt die Förderung für Fotovoltaik-Anlagen zum 1.1.2012 um 15%, eine weitere Kürzung um 15% steht zum 1.7. an. Ende Juni wird die **Förderung**, rückwirkend zum 1.4., mit differenzierten Regelungen **weiter gedrosselt**. Die EEG-Novelle soll der Solarindustrie zu einer beschleunigten »Marktintegration« verhelfen. Ab einer installierten Gesamtleistung von 52 Gigawatt (GW) soll die Solarförderung komplett auslaufen. Mitte 2012 sind bereits 28 GW installiert.

Neben dem Einbruch der staatlich geförderten Nachfrage verursacht vor allem die Konkurrenz aus der VR China eine **Pleitewelle**. Nachdem am 14.12.2011 der einstige Vorzeigesolarmodulbauer, die Solon AG in Berlin, Insolvenz anmelden musste, folgen im April und Mai mit Q-Cells und Sovello zwei Schwergewichte aus dem Bitterfelder Solar-Valley und im Juli der schwäbische Solaranlagenbauer Centrotherm. Der US-Hersteller First Solar schließt sein Werk in Frankfurt/Oder am 31.12.

Deutschland: Stromerzeugung nach Energieträgern 2012

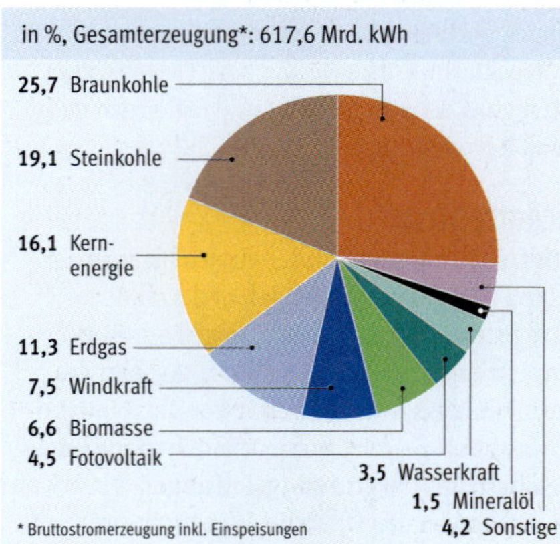

Quelle: AG Energiebilanzen 2013

■ **Klagen gegen Atomausstieg:** Nach **E.ON** und **RWE** im Juni wehrt sich als dritter Energiekonzern auch der schwedische Versorger **Vattenfall** im Juli mit einer Beschwerde beim Bundesverfassungsgericht gegen den verordneten Atomausstieg. Schadenersatzleistungen im Erfolgsfall werden auf rd. 15 Mrd. € geschätzt. EnBW, der vierte AKW-Betreiber, schließt sich der Klage der privaten Energieriesen nicht an. EnBW befindet sich fast ausschließlich in öffentlicher Hand des grün-rot regierten Landes Baden-Württemberg.

■ **Endlagersuche:** Trotz des → 2011 vereinbarten Neustarts stocken die Verhandlungen über das angestrebte Endlagersuchgesetz auch unter dem neuen Bundesumweltminister Altmaier (CDU). Am 30.11. verkündet Altmaier einen Erkundungsstopp für den Salzstock Gorleben als mögliches Endlager für hochradioaktive Abfälle bis nach der Bundestagswahl 2013.

SOZIAL- UND GESUNDHEITSPOLITIK

■ **Organspendereform und -skandal:** Um dem Mangel an Organspenden zu begegnen, ohne die Entscheidungsfreiheit des Bürgers zu beeinträchtigten, beschließt der Bundestag am 25.5. eine umfassende Reform des Transplantationsgesetzes von 2007. Danach werden künftig alle über 16-Jährigen von ihren Krankenkassen regelmäßig nach ihrer Bereitschaft zur Organspende nach ihrem Tod befragt. – Noch bevor die Reform am 1.8. in Kraft tritt, erschüttern Nachrichten über zahlreiche Manipulationen in mehreren Kliniken bei der Zuteilung von Spenderorganen an bedürftige Patienten das Vertrauen in das deutsche Transplantationssystem.

AUSSENPOLITIK

■ **Erste Staatsvisiten Gaucks:** Mit seiner ersten Auslandsreise nach **Polen** am 26./27.3. betont der neue Bundespräsident die Bedeutung der deutsch-polnischen Beziehungen. Einen für Anfang Mai geplanten Staatsbesuch in der **Ukraine** lässt Gauck am 26.4. aus Protest gegen die Behandlung der Oppositionspolitikerin Julija Tymoschenko absagen. In den **Niederlanden** spricht er am 5.5., dem »Befreiungstag« zum Gedenken an das Ende der deutschen Besatzung 1945, in Breda. Bei seinen Antrittsbesuchen in **Israel** und in den **Palästinensischen Gebieten** (28.–30.5.) wirbt er für eine Zweistaatenlösung und mahnt zugleich Verbesserungen für die Situation der Palästinenser an.

■ **Afghanistan:** Am 26.1. verlängert der Bundestag den **ISAF-Einsatz der Bundeswehr** um ein weiteres Jahr bis zum 31.1.2013 mit der Vorgabe, bis Ende 2014 alle Kampftruppen abzuziehen. Bundeskanzlerin Merkel und der afghanische Staatspräsident Hamid Karzai unterzeichnen bei dessen Staatsbesuch am 16.5. in Berlin ein **Kooperationsabkommen** für die Zeit nach 2014. Deutschland wird die afghanischen Sicherheitskräfte ab 2015 mit jährlich rd. 150 Mio. € mitfinanzieren.

■ **Schweiz:** Nach jahrelangem Streit unterzeichnen die Verkehrsminister beider Staaten, Doris Leuthard und Peter Ramsauer, am 4.9. den **Fluglärm-Staatsvertrag**. Nach dem Einspruch Baden-Württembergs dringt Bundesverkehrsminister Ramsauer auf Nachverhandlung des Vertrags.

■ **Syrienkonflikt:** Nach einem Hilfegesuch der Türkei und einem entsprechenden Beschluss der NATO billigt der Bundestag am 14.12. die Entsendung von zwei **Flugabwehreinheiten** des Typs Patriot und 400 Soldaten **zum Schutz der Türkei** vor Angriffen aus dem Bürgerkriegsland Syrien. Das Mandat schließt eine Beteiligung an einer eventuellen Flugverbotszone über Syrien explizit aus.

BUNDESLÄNDER

■ **Baden-Württemberg:** Die Staatsanwaltschaft nimmt am 11.7. Ermittlungen gegen den früheren Ministerpräsidenten Stefan Mappus (CDU) wegen des Verdachts auf Untreue beim Rückkauf von Anteilen am Energieversorger EnBW auf (→ 2010).

■ **Berlin:** Am 8.5. wird bekannt, dass der neue internationale Flughafen Berlin Brandenburg (BER) wegen Mängeln beim Brandschutz nicht wie geplant am 3.6. eröffnet werden kann. Die Mehrkosten für den Flughafen sollen sich auf rd. 1 Mrd. € belaufen. Die Inbetriebnahme ist nun für März 2013 vorgesehen.

■ **Bremen:** Als erstes Bundesland beschließt Bremen durch seine Bürgerschaft am 11.7. ein Mindestlohngesetz. Öffentliche Unternehmen und solche, die öffentliche Gelder oder Aufträge erhalten, müssen ab dem 1.9. mindestens 8,50 € pro Stunde zahlen.

■ **Hamburg:** Die Bürgerschaft billigt am 9.5. den teilweisen Rückkauf der Strom-, Erdgas- und Fernwärmenetze (25,1% für 543,5 Mio. €). – Am 6.10. tritt das erste Transparenzgesetz eines Bundeslandes in Kraft: Die Behörden müssen Gesetze, Verträge, Gutachten und Senatsbeschlüsse unaufgefordert im Internet veröffentlichen.

■ **Mecklenburg-Vorpommern:** Als erstes Bundesland verbietet Mecklenburg-Vorpommern am 23.5. gesetzlich die Speicherung von Kohlendioxid (CCS) im Untergrund. – Die P+S Werften beantragen am 29.8. beim Amtsgericht Stralsund Insolvenz für die Schiffbaubetriebe in Wolgast und Stralsund.

■ **Niedersachsen:** Der Landtag spricht sich am 9.7. für die Rückholung der rd. 126 000 Fässer aus dem maroden Atommülllager Asse aus. Möglicherweise kann mit der Bergung allerdings erst 2036 begonnen werden.

■ **Nordrhein-Westfalen:** Nach Scheitern des Haushalts beschließt der Landtag am 14.3. seine Auflösung. Aus der **Landtagswahl** am 13.5. geht die SPD als Siegerin hervor, während die CDU ihr bisher schlechtestes Ergebnis einfährt. Die Linke scheitert an der 5%-Hürde, die Piratenpartei zieht dagegen in den Landtag ein. CDU-Spitzenkandidat und Landeschef Norbert Röttgen tritt vom Landesvorsitz zurück. Am 20.6. wählt der Landtag Hannelore Kraft (SPD) erneut zur Ministerpräsidentin an der Spitze einer rot-grünen Regierung. – Im Schuljahr 2012/13 führt NRW als erstes Bundesland **islamischen Religionsunterricht** an Grundschulen ein.

■ **Rheinland-Pfalz:** Die Landesregierung lässt am 20.7. die überwiegend landeseigene Nürburgring GmbH in die Insolvenz gehen. Der über das Debakel um den Freizeitpark in die Kritik geratene Regierungschef **Kurt Beck** (SPD) gibt am 28.9. wegen gesundheitlicher Probleme seinen **Rücktritt** von allen politischen Ämtern zum Jahreswechsel bekannt.

■ **Saarland:** Ministerpräsidentin Annegret Kramp-Karrenbauer (CDU) kündigt am 6.1. die Koalition der CDU mit FDP und Grünen auf. Nach der **Landtagswahl** am 25.3. bleibt sie an der Spitze einer Koalition mit der SPD Regierungschefin.

■ **Schleswig-Holstein:** Das Ergebnis der **Landtagswahl** am 6.5. ermöglicht ein Regierungsbündnis von SPD, Grünen und dem Südschleswigschen Wählerverband SSW. Am 12.6. wählt der Landtag den bisherigen Oberbürgermeister von Kiel, **Torsten Albig** (SPD), zum Ministerpräsidenten.

■ **Wahlergebnisse** → S. 458–467

2013

»GroKo« in Merkelland

Um vor der Bundestagswahl am 22.9. keinerlei Risiko einzugehen, bewegt sich die konservativ-liberale Bundesregierung zwischen Fahren auf Sicht, Stillstand und Blockade. In der Euro-Krise vermeidet Bundeskanzlerin Angela Merkel (CDU) jegliche Festlegung auf längerfristige Lösungen. Im Disput über den Giftgaseinsatz im syrischen Bürgerkrieg setzt Deutschland auf Zeitgewinn und Verzicht einer militärischen Antwort. Heruntergespielt wird der sich anbahnende Konflikt mit den USA und Großbritannien über umfassende Datenspäh-Aktivitäten ihrer Geheimdienste in Deutschland. Und in der Innenpolitik lässt sich das Versagen des Managements im Verteidigungsministerium und der Verfassungsschutzbehörden aus der heißen Phase des Wahlkampfs heraushalten. In diesem kann sich der Herausforderer Peer Steinbrück (SPD) nicht als staatsmännische Alternative zu seiner Kontrahentin präsentieren. Der Bundeskanzlerin dagegen gelingt es, durch einen nur auf ihre Person abgestimmten Wahlkampf ihre extrem hohen Sympathiewerte auf die CDU umzumünzen und diese bis knapp vor die absolute Mehrheit der Mandate zu führen. Kehrseite des Triumphs der Union: Die FDP, ihr jahrzehntelanger Partner an der Regierungsmacht, wird aus dem Deutschen Bundestag verbannt und stürzt in eine Überlebenskrise. Die Sondierungen und Verhandlungen nach der Wahl münden am 16.12. in ein Ergebnis, das die Protagonisten vor der Wahl tunlichst vermeiden wollten. Einen Tag später tritt die Bundeskanzlerin ihre dritte Amtszeit an, zum zweiten Mal unter den Farben Schwarz und Rot. Zuvor, am 13.12., erhob die Gesellschaft für deutsche Sprache »GroKo« zum Wort des Jahres.

BUNDESTAG UND BUNDESREGIERUNG

■ **Neuer Bundestag**: Der 18. Deutsche Bundestag konstituiert sich mit 631 Abgeordneten am 22.10. und wählt den bisherigen Präsidenten **Norbert**

Wahl zum 18. Deutschen Bundestag am 22.9.2013 (2009)

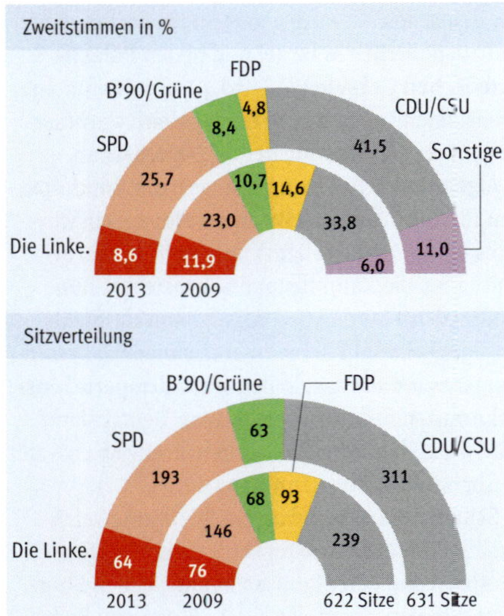

Lammert (CDU) mit 591 Stimmen erneut ins Amt. Seine Stellvertreter werden: Peter Hintze (CDU), Johannes Singhammer (CSU), Edelgard Bulmahn (SPD), Ulla Schmidt (SPD), Petra Pau (Die Linke) und Claudia Roth (B'90/Grüne). Für die Zwischenzeit bis zur Konstituierung der ständigen Ausschüsse nach Bildung der neuen Bundesregierung setzt der Bundestag am 28.11. erstmals in seiner Geschichte einen Hauptausschuss ein. Unter Vorsitz des Bundestagspräsidenten gehören ihm 47 Mitglieder an (CDU/CSU 23, SPD 14, Die Linke 5, B'90/Die Grünen 5).

■ **Regierungsbündnis Schwarz-Rot**: Die Unionsparteien und die SPD schließen ihre langwierigen Verhandlungen am 27.11. mit einem Koalitionsvertrag ab. Die Entscheidungsgremien von CSU (29.11.) und CDU (9.12.) billigen ihn einmütig. Nach dem zustimmenden Mitgliedervotum der SPD wird er am 16.12. unterzeichnet.

■ **Neue Bundesregierung**: Am 17.12. wählt der Bundestag Angela Merkel im ersten Wahlgang mit 462 von 621 abgegebenen Stimmen erneut ins Amt der Bundeskanzlerin und vereidigt sie und ihr Kabinett nach Ernennung durch den Bundespräsidenten. Als bedeutendste Personalentscheidungen gelten die Berufung des SPD-Parteivorsitzenden Sigmar Gabriel zum Vizekanzler und Bundesminister für Wirtschaft und Energie, von Ursula von der Leyen (CDU) zur ersten Bundesverteidigungsministerin und von Wolfgang Schäuble (CDU) erneut zum Bundesfinanzminister.

PLÄNE DER GROSSEN KOALITION

Jede Partei konnte einige ihrer Grundforderungen mit Abstrichen durchsetzen.

- **Gesetzlicher Mindestlohn**: Flächendeckend in der Höhe von 8,50 € einzuführen, zum 1.1.2015. Anhebungen werden von einer Expertenkommission festgelegt, die von den Spitzenverbänden der Arbeitgeber- und Arbeitnehmer berufen wird.
- **Rente**: Arbeitnehmer mit 45 Rentenbeitragsjahren erhalten künftig eine abschlagsfreie Rente schon mit 63 Jahren, Mütter oder Väter mit vor 1992 geborenen Kindern eine Zusatzrente. Bis 2017 soll eine »solidarische Lebensleistungsrente« für Rentner eingeführt werden, die 40 Jahre lang Beiträge gezahlt haben, aber nicht auf eine Rente von mindestens 850 € kommen.
- **Pflege**: Der Beitragssatz soll in zwei Stufen insgesamt um 0,5 Prozentpunkte steigen. Für die Pflege eines Angehörigen soll man – entsprechend dem Kinderkrankengeld – eine zehntägige Auszeit von der Arbeit nehmen können, ohne Gehalt zu verlieren.

3. KABINETT MERKEL

(konstituiert am 17.12.2013)
Bundeskanzlerin: Angela Merkel (CDU)
Stellvertreter: Sigmar Gabriel (SPD)
Äußeres: Frank-Walter Steinmeier (SPD)
Inneres: Thomas de Maizière (CDU)
Justiz und Verbraucherschutz: Heiko Maas (SPD)
Finanzen: Wolfgang Schäuble (CDU)
Wirtschaft und Energie: Sigmar Gabriel (SPD)
Arbeit und Soziales: Andrea Nahles (SPD)
Ernährung und Landwirtschaft: Hans-Peter Friedrich (CSU)
Verteidigung: Ursula von der Leyen (CDU)
Familie, Senioren, Frauen und Jugend: Manuela Schwesig (SPD)
Gesundheit: Hermann Gröhe (CDU)
Umwelt, Naturschutz, Bau und Reaktorsicherheit: Barbara Hendricks (SPD)
Verkehr und digitale Infrastruktur: Alexander Dobrindt (CSU)
Bildung und Forschung: Johanna Wanka (CDU)
Wirtschaftliche Zusammenarbeit und Entwicklung: Gerd Müller (CSU)
Bundesminister für besondere Aufgaben und Chef des Bundeskanzleramts: Peter Altmaier (CDU)

Koalitionäre: Bundeskanzlerin Angela Merkel (CDU) und Vizekanzler Sigmar Gabriel (SPD)

- **Elterngeld**: Wenn beide Eltern nach Geburt ihres Kindes in Teilzeit in ihren Beruf zurückkehren, um sich die Betreuung des Kindes zu teilen, erhalten sie für bis zu 28 Monate ein »ElterngeldPlus« in halber Höhe mit einem Zuschlag von 10%.
- **Maut**: 2014 soll ein Gesetz zur Einführung der PKW-Maut für ausländische PKW verabschiedet werden. Die rechtliche Gestaltung bleibt unklar. Die LKW-Maut soll künftig auch auf Bundesstraßen fällig werden.
- **Doppelte Staatsbürgerschaft**: In Deutschland geborene Kinder ausländischer Eltern dürfen zwei Staatsbürgerschaften behalten. Zuwanderer, die sich einbürgern lassen, müssen dagegen weiterhin auf den Pass ihres Herkunftslandes verzichten.
- **Mietpreisbremse**: Die Bundesländer können in Städten mit angespannten Wohnungsmärkten für die Dauer von fünf Jahren bei Wiedervermietung die Mieterhöhungen auf bis zu 10% über der ortsüblichen Vergleichsmiete begrenzen. Wer einen Makler beauftragt, muss ihn auch bezahlen.
- **Energiepolitik**: Bis zum Jahr 2035 sollen 55–60% des Stroms aus erneuerbaren Energien stammen, bis 2025 40–45%.
- **Netzpolitik**: Die Koalition will nun die EU-Richtlinie über die Vorratsdatenspeicherung von Telekommunikationsdaten umsetzen, sich aber für eine Verkürzung der Speicherfrist von sechs auf drei Monate einsetzen, ebenso wie für eine europäische Cybersicherheitsstrategie und die »Rückgewinnung der technologischen Souveränität«.
- **Finanzierung**: Viele Projekte werden unter Finanzierungsvorbehalt gestellt. Die Koalition räumt sich einen Spielraum für zusätzliche Ausgaben von rd. 23 Mrd. € ein. Steuererhöhungen soll es nicht geben. Ab 2015 will die neue Regierung ohne die Aufnahme neuer Schulden auskommen.

Deutschland: Direktmandate der im 18. Bundestag vertretenen Parteien

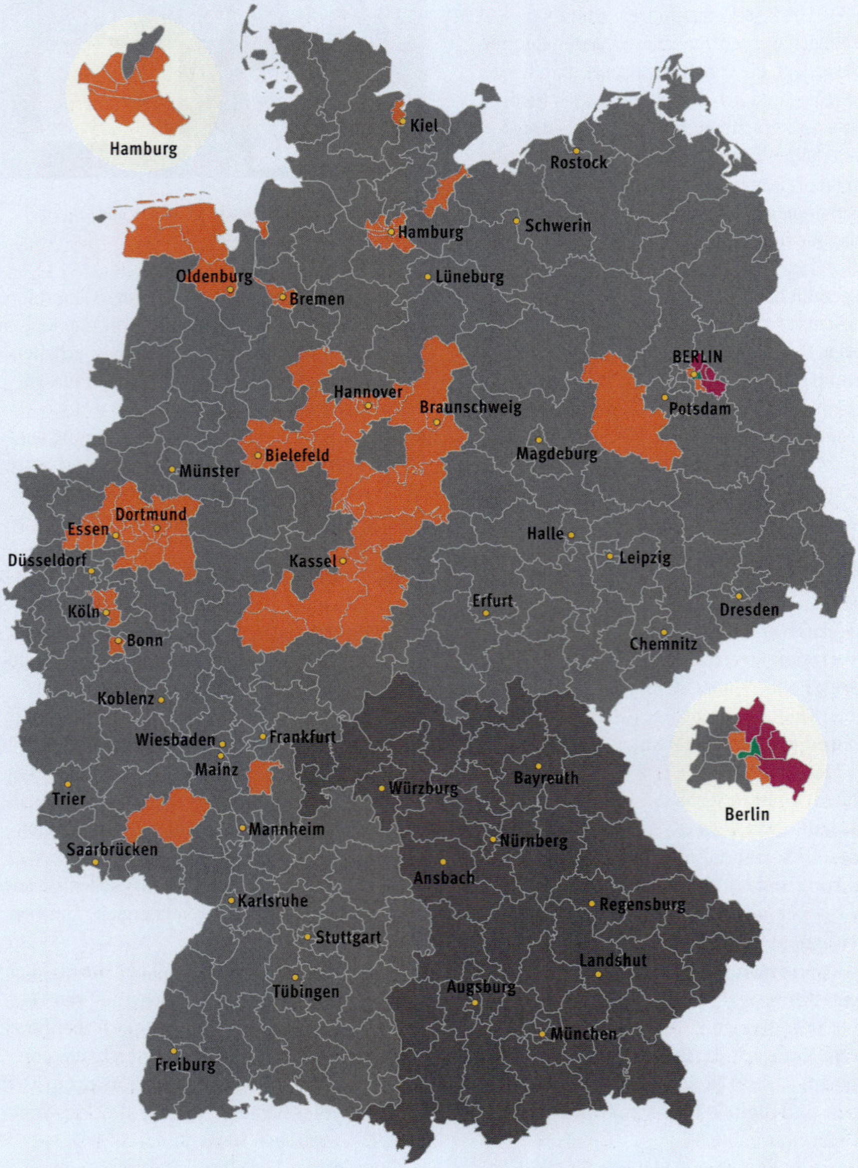

Mit der Mehrheit der Erststimmen 2013 gewonnene Wahlkreise

- Kandidaten der CDU
- Kandidaten der CSU
- Kandidaten der SPD
- Kandidaten der Linken
- Kandidaten der Grünen

Quelle: Der Bundeswahlleiter

2013

WAHLRECHTSREFORM

■ **Überhangmandate**: Nach dem neuen Wahlrecht, das der Bundestag mit den Stimmen aller Fraktionen (außer Die Linke) am 21.2. beschließt, werden **alle Überhangmandate ausgeglichen**. Entsprechend wird der Bundestag vergrößert. Überhangmandate gewinnt eine Partei bei der Bundestagswahl, wenn sie in einem Bundesland mehr Direktmandate (über die Erststimme) erhält, als ihr durch die Verhältniswahl (ausgeübt über die Zweitstimme) zustehen würden. Bei der **Bundestagswahl 2009** fielen CDU/CSU alle 24 Überhangmandate zu, ohne dass diese zugunsten der anderen Parteien kompensiert wurden. Das Bundesverfassungsgericht erklärte diese Regelung als Verstoß gegen das Verhältniswahlprinzip schon 2008 für verfassungswidrig, gleichermaßen eine erste, vom Bundestag 2011 beschlossene Reform. Bei der Wahl am 22.9. erringt die CDU als einzige Partei vier Überhangmandate. Davon profitieren auch die anderen Parteien. Durch das Ausgleichssystem erhalten sie insgesamt 16 weitere Mandate zugesprochen, die CDU 13. So besteht der **18. Deutsche Bundestag aus 631 statt aus regulär 598 Abgeordneten**.

PARTEIEN

■ **Vor der Wahl**: Die Vorstände von **CDU und CSU** verabschieden am 23./24.6. ein gemeinsames Wahlprogramm mit milliardenschweren Absichtserklärungen in den Bereichen Soziales, Bildung, Forschung und Infrastruktur, stellen diese jedoch unter Finanzierungsvorbehalt, zumal jegliche Steuererhöhungen abgelehnt werden. Im Gegensatz zum Wahlkampf 2009 verzichtet die Union auf eine formelle Koalitionsaussage, favorisiert aber deutlich die Fortsetzung des Bündnisses mit der FDP. Das Wahlprogramm der **SPD**, verabschiedet auf ihrem Sonderparteitag am 14.4., sieht zur Finanzierung hoher Investitionen in Infrastruktur und Bildung höhere Steuern auf Einkommen und Vermögen vor, zudem eine Steuer auf spekulative Finanzprodukte und eine Mietpreisbremse. Im Zentrum stehen die Forderungen nach einem flächendeckenden Mindestlohn und einer Solidarrente von 850 € im Monat. Zur Ablösung der schwarz-gelben Koalition betreiben SPD und Grüne einen Bündniswahlkampf. Eine mögliche Koalition mit Die Linke im Anschluss an die Bundestagswahl schließt die SPD definitiv aus. **Kanzlerkandidat Peer Steinbrück** erklärte schon bei seiner Nominierung im Dezember → 2012, im Falle einer Niederlage werde er keinesfalls in ein Kabinett der Großen Koalition unter Merkel eintreten. Sein inhaltlich geprägter Wahlkampf ist überschattet von persönlicher Ungeschicktheit, die medial ausgeschlachtet wird. Die **FDP** verabschiedet ihr Wahlprogramm am 4./5.5. und setzt mit Rainer Brüderle als Spitzenkandidat auf einen Lagerwahlkampf an der Seite der Union gegen Rot-Grün. **Bündnis 90/Die Grünen** wollen, wie auf dem Parteitag vom 26. bis 28.4. beschlossen, mit den Spitzenkandidaten Jürgen Trittin und Katrin Göring-Eckardt zusammen mit der SPD die Merkel-Regierung ablösen. Im Wahlprogramm wirbt sie u.a. mit dem Vorhaben, Besserverdienende höher zu besteuern, um Investitionen in Bildung und Soziales zu finanzieren und Schulden abzubauen. Informationen und Unterstellungen über die partielle programmatische Nähe von Teilen der Grünen zur Pädophilenszene in den 1980er Jahren belasten den Wahlkampf. **Die Linke** beschließt Mitte Juni das Wahlprogramm mit dem Ziel, zahlreiche Steuern zu erhöhen, um soziale Leistungen zu finanzieren. Ihre Forderung, SPD und Grüne sollten sich für ein rot-rot-grünes Bündnis öffnen, wird von beiden Parteien für diese Bundestagswahl zurückgewiesen. Mit der **Alternative für Deutschland** (AfD), die sich am 6.2. gründet, tritt eine neue politische Kraft mit dem Anspruch auf den Plan, die Gegner einer Euro-basierten europäischen Integration zu sammeln.

■ **Nach der Wahl**: Der Parteitag der **SPD** in Leipzig (14.–16.11.) bestätigt den Parteivorsitzenden Sigmar Gabriel mit 83,6 % der Stimmen im Amt und debattiert die Aussicht, als Juniorpartner in eine Große Koalition einzutreten, kontrovers. Die abschließende Entscheidung wird einem Mitgliedervotum überlassen, dem ersten dieser Art in der bundesdeutschen Parteiengeschichte (6.–12.12.). Bei einer Wahlbeteiligung von rd. 78 % der insgesamt 474 820 Mitglieder stimmen rd. 76 % dem ausgehandelten Koalitionsvertrag zu.
Bei **Bündnis 90/Die Grünen**, die ihr Wahlergebnis als herbe Niederlage verarbeiten, erneuern sich die Führungsspitzen von Partei und Fraktion: Die Bundestagsfraktion bestimmt am 8.10. Katrin Göring-Eckardt und Anton Hofreiter zu ihrer neuen Doppelspitze, der Parteitag vom 18. bis 20.10. bestätigt Cem Özdemir als Co-Vorsitzenden, an die Stelle der Parteilinken Claudia Roth tritt Simone Peter. Zwei Sondierungsrunden mit der Union enden mit der Absage der Grünen an Koalitionsverhandlungen.

Mit dem Anspruch, die **FDP** nach ihrem Scheitern neu aufzustellen, um sie bei der nächsten Wahl wieder in den Bundestag zu führen, übernimmt Christian Lindner, Hoffnungsträger aus Nordrhein-Westfalen, auf dem Parteitag am 7.12. in Berlin die Führung an der Spitze eines komplett neu gewählten Bundesvorstands.

GEHEIMDIENSTE UND DATENSCHUTZ

■ **Datenspäh-Affäre**: Die seit 6.6. sukzessiv veröffentlichten Enthüllungen des US-»Whistleblowers« **Edward Snowden** über mehrere global eingesetzte Datenspähprogramme – PRISM und XKeyscore von der US-amerikanischen National Security Agency (**NSA**) bzw. Tempora des britischen Government Communications Headquarters (**GCHQ**) – sorgen in Deutschland parteiübergreifend für Empörung. Die von Snowden lancierten Dokumente nähren die Befürchtung, Privatsphäre, Wirtschaft und Politik in Deutschland würden schon teilweise und könnten gegebenenfalls willkürlich digital überwacht werden. Eine besondere Bedeutung kommt hierbei der Kooperation der NSA mit den transatlantisch operierenden Internetdiensten und der Anzapfung von Internetknotenpunkten und transatlantischen Datenverbindungen zu. Bundesinnenminister Hans-Peter Friedrich (CSU) erklärt am 3.7., Bundesregierung und Verfassungsschutz hätten vom Umfang der US-amerikanischen Abhörpraktiken nichts gewusst. Regierungsvertreter der USA versichern ihm in Washington D.C. am 11./12.7., die USA spionierten deutsche Wirtschaftsunternehmen nicht aus. Der Chef des Bundeskanzleramtes, Ronald Pofalla (CDU), präsentiert am 12.8. dem Parlamentarischen Kontrollgremium (PKG) des Bundestags die schriftliche **Zusicherung** der NSA und des GCHQ, sich in Deutschland gesetzeskonform zu verhalten und **keine massenhafte Ausspähung** zu betreiben. Die Kernvorwürfe gegen die Geheimdienste hält die Bundesregierung damit für ausgeräumt. Zugleich kündigt Pofalla ein »No-Spy-Abkommen« zwischen dem Bundesnachrichtendienst (BND) und der NSA über gemeinsame Standards für die Nachrichtendienste an. – Anfang August wird bekannt, dass der **BND** das Programm XKeyscore im Rahmen der Auslandsfernmeldeaufklärung seit 2007 einsetzt und der NSA afghanische Mobilfunkdaten übermittelt. Unklar bleibt, ob diese auch gezielten Tötungen durch US-Drohnen dienten. Eine neue Qualität erhält die Affäre am 23.10. mit Hinweisen auf die **Überwachung** des **Handys** von Bundeskanzlerin **Merkel** durch die NSA und die Existenz eines Horchpostens in der US-Botschaft in Berlin. Der Grünen-Bundestagsabgeordnete Hans-Christian Ströbele trifft am 31.10. überraschend Edward Snowden in Moskau. Seinen Vorschlag, den Geheimdienst-Enthüller zu einer Befragung nach Deutschland einzuladen, lehnt Bundesinnenminister Friedrich ab.

POLITISCHE AFFÄREN

■ **Plagiats-Affäre: Annette Schavan** (CDU) tritt am 9.2. vom Amt der Bundesministerin für Bildung und Forschung zurück. Sie reagiert damit auf die erstmals im Mai 2012 erhobenen, ihre Dissertation betreffenden Plagiatsvorwürfe. Die Universität Düsseldorf, bei der sie diese 1980 eingereicht hatte, entzog ihr am 5.2. den Doktortitel. Sie bestreitet die Rechtmäßigkeit dieser Maßnahme und reicht Klage dagegen ein. Am 21.2. wird die bisherige niedersächsische Wissenschafts- und Kulturministerin **Johanna Wanka** (CDU) als **Nachfolgerin von Schavan** vereidigt.

■ **Drohnen-Affäre**: Mit der Information über die Beendigung des Drohnenprojekts Eurohawk am 15.5. aufgrund fehlender Zulassungsvoraussetzungen zieht **Bundesverteidigungsminister Thomas de Maizière** (CDU) heftige Kritik auf sich: Das Debakel sei über Jahre vertuscht, durch den späten Zeitpunkt des seit 2011 absehbaren Stopps ein Schaden von mehreren hundert Millionen Euro verursacht worden. De Maizière räumt Fehler in seinem Ministerium ein, lässt sie sich aber nicht zurechnen und lehnt mit Rückendeckung der Bundeskanzlerin einen Rücktritt ab. Am 26.8. legt der parlamentarische Untersuchungsausschuss zur Drohnen-Affäre seinen Abschlussbericht ohne einheitliche Bewertung vor. Während die Opposition die Glaubwürdigkeit des Ministers beschädigt sieht und weiterhin seinen Rücktritt fordert, hält die Regierungskoalition seine Amtsführung für korrekt.

■ **Wulff-Affäre**: Das Landgericht Hannover eröffnet am 27.8. das **Hauptverfahren gegen den ehemaligen Bundespräsidenten** Christian Wulff und den Filmproduzenten David Groenewold wegen des Verdachts der Vorteilsannahme bzw. Vorteilsgewährung. Dabei geht es um Ausgaben für ein Treffen während des Oktoberfests im Jahr 2008, die Groenewold teilweise für Wulff bezahlt hatte. Die Angeklagten bestreiten den Vorwurf.

FINANZPOLITIK

■ **Staatsschuldenkrise:** Am 18.4. stimmt der Bundestag mit über Zweidrittelmehrheit der **Zypernhilfe** in Höhe von insgesamt 9 Mrd. € aus dem ESM zu. Auch dieses Mal votieren mehrere Abgeordnete von Union und FDP gegen das Hilfspaket, so dass es nicht für eine Kanzlermehrheit reicht. Am 20.8. räumt Bundesfinanzminister Wolfgang Schäuble (CDU) ein, dass 2014 weitere Finanzhilfe für Griechenland erforderlich sein wird.

■ **Finanztransaktionssteuer**: Mit dem Beschluss des Rats der EU-Finanz- und Wirtschaftsminister am 22.1., dass sich elf Staaten beteiligen können, nimmt die deutsch-französische Initiative zur Einführung der Transaktionssteuer die erste Hürde. Auf Aktien- und Anleihegeschäfte soll ab Anfang 2014 eine Steuer von 0,1%, auf hochspekulative Derivategeschäfte eine Steuer von 0,01% erhoben werden. Die konkrete Ausgestaltung bleibt strittig.

■ **Steuerhinterziehung:** Zu den unmittelbaren Folgen des Scheiterns des Steuerabkommens mit der Schweiz zählt die aufsehenerregende Selbstanzeige des Präsidenten des Fußballclubs Bayern München, **Uli Hoeneß**, die durch Indiskretion am 20.4. bekannt wird. Ohne Aussicht, ein nicht deklariertes Konto in der Schweiz rückwirkend legalisieren zu können, offenbarte er es Mitte Januar gegenüber dem Finanzamt und zahlte seine Steuerschuld in Höhe von mehreren Millionen Euro nach. Gegen Zahlung einer Kaution von 5 Mio. € verzichtet die Staatsanwaltschaft München auf Vollstreckung des Haftbefehls. Der Aufsichtsrat des Fußballclubs lehnt am 6.5. Hoeneß' Rücktrittsangebot ab. Am 30.7. erhebt die Staatsanwaltschaft **Anklage wegen Steuerhinterziehung**. – Der Hoeneß-Effekt verstärkt die **Flut von Selbstanzeigen**, zu denen sich viele Steuerbetrüger schon zuvor durch die Ankäufe von CDs mit den Daten von Schwarzgeldkonten bei Schweizer Banken veranlasst sahen.

RECHTSEXTREMISMUS

NSU-Prozessauftakt: Demonstranten am 6.5. vor dem Oberlandesgericht München

■ **NSU-Affäre**: Der im Januar → 2012 eingesetzte Parlamentarische Untersuchungsausschuss zur Mordserie des Nationalsozialistischen Untergrundes (NSU) legt am 22.8. seinen Abschlussbericht vor. Er diagnostiziert ein desaströses Versagen der Sicherheitsbehörden, verbunden mit einer drastischen Unterschätzung der Gefährlichkeit des gewaltbereiten Rechtsextremismus in Deutschland. Die daraus gefolgerten 47 Empfehlungen zielen vor allem auf Reformen in den Bereichen Polizei, Justiz und Verfassungsschutz. – Im Vorgriff auf den Bericht stellen Bundesinnenminister Friedrich und Verfassungsschutzpräsident Hans-Georg Maaßen am 3.7. die Grundzüge der internen Arbeit des Bundesamtes für **Verfassungsschutz** (BfV) vor. Dazu gehören strengere Regeln für die Vernichtung von Akten, ein besserer Informationsaustausch zwischen den Verfassungsschutzämtern von Bund und Ländern und die Registrierung und Bezahlung von V-Leuten. Das BfV soll sich künftig stärker auf gewalttätigen Extremismus konzentrieren. Aus der Opposition wird gerügt, diese Maßnahmen stellten nicht den erforderlichen radikalen Neubeginn dar. – Der NSU-Prozess findet seit dem 6.5. vor dem 6. Strafsenat des Oberlandesgerichts München statt. Neben Beate Zschäpe als Hauptangeklagter – u.a. wegen Mittäterschaft in zehn Mordfällen – müssen sich vier mutmaßliche Helfer und Unterstützer verantworten.

■ **NPD-Verbotsantrag**: Der Bundesrat reicht am 3.12. beim Bundesverfassungsgericht einen neuen Antrag auf Verbot der rechtsextremen NPD ein. Ein erster Anlauf war → 2003 gescheitert. Die Bundesregierung und der Bundestag schließen sich dem Gang nach Karlsruhe nicht an.

ARBEIT UND SOZIALES

■ **Rechte für Homosexuelle**: Gleich zweimal entscheidet das Bundesverfassungsgericht, dass eingetragene Lebenspartnerschaften von homosexuellen Paaren der Ehe rechtlich gleichzustellen sind. Nach Urteil vom 19.2. darf ein Partner ein Kind adoptieren, das der andere Partner mit in die Verbindung bringt. Am 6.6. erklären die Karlsruher Richter die Ungleichbehandlung im **Steuerrecht** für verfassungswidrig. Am 27.6. verabschiedet der Bundestag eine entsprechende Korrektur im Gesetz zum Ehegattensplitting, rückwirkend ab 2001.

■ **Armutsbericht**: Das Bundeskabinett verabschiedet am 6.3. den 4. Armuts- und Reichtumsbericht. Opposition, Gewerkschaften und Sozialverbände kritisieren ihn als **geschönten Bericht**, der die soziale Wirklichkeit nicht abbilde. Auf Betreiben des Bundeswirtschaftsministeriums unter Philipp Rösler (FDP) wurden Passagen im Entwurf des Bundesministeriums für Arbeit und Soziales unter Ursula von der Leyen (CDU) mit der kritischen Tendenz, die soziale Kluft in Deutschland habe sich vergrößert, erheblich entschärft. Rösler rechtfertigt seine Eingriffe in den Bericht mit der Feststellung, Deutschland gehe es »so gut wie nie in der Geschichte«.

■ **Frauenquote**: Der Bundestag weist am 18.4. mit den Stimmen von Union und FDP eine Gesetzesinitiative des Bundesrats zur Einführung einer Frauenquote in Führungspositionen von Unternehmen vom September 2012 zurück.

■ **Kita-Ausbau:** Am 1.8., dem Stichtag für den Rechtsanspruch auf einen Betreuungsplatz für ein- und zweijährige Kinder (→ 2008), stehen nach Angaben der Bundesfamilienministerin Kristina Schröder (CDU) **813 000 Krippenplätze** zur Verfügung. Für rd. 90 000 Plätze fehlt Anfang Juli allerdings noch die Betriebserlaubnis. Auch fehlen nach Angaben des Deutschen Städte- und Gemeindebundes bundesweit bis zu 15 000 Erzieherinnen und Erzieher, deren Aufgaben zunächst von Tagesmüttern übernommen werden sollen. Gleichfalls ab 1.8. können Eltern, die ihr Kind nicht in staatliche Obhut geben wollen, zum Ausgleich **Betreuungsgeld** in Anspruch nehmen – zunächst nur für Einjährige 100 € im Monat, ab August 2014 150 €, auch für Zweijährige. Die CSU hatte die umstrittene Regelung als Gegenleistung für ihre Zustimmung zum Kita-Ausbau durchgesetzt.

KATHOLISCHE KIRCHE

■ **Bistum Limburg**: Papst Franziskus verordnet am 23.10. **Diözesanbischof Franz-Peter Tebartz-van Elst** eine unbefristete Auszeit und überträgt dessen Amtsgeschäfte dem Generalvikar Wolfgang Rösch. Dem Bischof wird u. a. Verschwendung von Kirchengeldern beim Bau seiner Residenz vorgeworfen. Die Staatsanwaltschaft stellt am 18.11. ein Strafverfahren gegen Tebartz-van Elst wegen falscher Versicherung an Eides statt gegen eine Geldauflage in Höhe von 20 000 € vorläufig ein. Die Affäre löst eine schwere Vertrauenskrise in der Diözese aus.

FLUTKATASTROPHE

Anfang Juni verursachen sintflutartige Regenfälle Extremhochwasser in Elbe und Donau sowie deren Nebenflüssen mit Pegelständen, die das »Jahrhunderthochwasser« von → 2002 noch übertreffen. Von Deichbrüchen und großflächigen Überschwemmungen besonders betroffen sind Sachsen, Sachsen-Anhalt und Bayern. Neben unzähligen ehrenamtlichen Helfern unterstützen rd. 19 000 Bundeswehrsoldaten die professionellen Rettungskräfte bei Evakuierungen, Deichschutz und Räumungsarbeiten. Die Hochwasserschäden werden u.a. mit Mitteln aus einem **Fluthilfe-Fonds** von 8 Mrd. € beglichen, der vom Bund und den 16 Ländern je zur Hälfte getragen wird. Das entsprechende Gesetz beschließen Bundestag und Bundesrat am 28.6. bzw. 5.7. Die Summe der Schäden beziffert das Bundesinnenministerium im September mit 6,7 Mrd. €. Die höchsten meldete Sachsen-Anhalt mit 2,7 Mrd. €, gefolgt von Sachsen mit 1,9 Mrd. € und Bayern mit 1,3 Mrd. €.

Deichbruch bei Fischbeck am 11.6.

AUSSENPOLITIK

■ **Schweiz**: Der Bundesrat, in dem Schwarz-Gelb keine Mehrheit hat, lässt das → 2011 mit der Schweiz geschlossene Steuerabkommen zur Legalisierung von Schwarzgeld am 1.2. endgültig scheitern. Der Bundestag hatte dem Abkommen im Oktober 2012 mit den Stimmen von CDU/CSU und FDP zugestimmt.

■ **USA**: Der Staatsbesuch des Präsidenten Barack Obama am 18./19.6. in Deutschland wird überschattet von den Enthüllungen über US-amerikanische Spähangriffe auf den weltweiten Datenverkehr. In seiner Rede am 19.6. vor dem Brandenburger Tor in Berlin rechtfertigt Obama die Abhöraktivitäten mit der Gefahrenabwehr des Terrorismus. Die

Enthüllung von NSA-Abhöraktionen auch gegen Bundeskanzlerin Merkel sorgt für nachhaltige Verstimmung. Bundesaußenminister Guido Westerwelle (FDP) bestellt am 24.10. den US-Botschafter John B. Emerson ein.

■ **Großbritannien**: Auch die Aktivitäten des britischen Geheimdienstes GCHQ beunruhigen die Bundesregierung. Am 5.11. wird hierzu der britische Botschafter Simon McDonald ins Auswärtige Amt geladen.

■ **Afghanistan:** Der Bundestag verlängert am 31.1. das Afghanistanmandat der Bundeswehr bis Ende Februar 2014. Bis dahin soll die Truppenstärke von 4900 auf 3300 Soldaten verringert werden, »soweit die Lage dies erlaubt«. Am 19.10. wird das deutsche Feldlager in Kunduz geräumt, es bleibt noch das Hauptquartier in Mazar-i Sharif. Ende 2014 soll der ISAF-Einsatz der Bundeswehr in Afghanistan beendet sein.

■ **Syrienkonflikt**: In der Empörung über den Giftgaseinsatz von Ghuta im syrischen Bürgerkrieg am 21.8., der von westlichen Regierungen dem Regime in Damaskus zugeschrieben wird, schließt sich die Bundesregierung der Forderung nach einer starken internationalen Antwort an. Eine deutsche Beteiligung an einer militärischen Aktion, wie von US-Präsident Obama zunächst beabsichtigt, lehnt Bundeskanzlerin Merkel jedoch ab. Auf dem G20-Gipfel in St. Petersburg verweigert sie am 6.9. als einzige europäische Repräsentantin die Unterschrift unter eine Erklärung der westlichen Staaten zur Unterstützung der US-amerikanischen Position, reicht sie aber einen Tag später – im Anschluss an eine Konferenz der EU-Außenminister in Vilnius (Litauen) – nach. Ende September wird bekannt, dass Deutschland zwischen 1998 und 2011 360 t Chemikalien nach Syrien geliefert hatte, die als »Dual Use«-Produkte auch zur Herstellung von Chemiewaffen geeignet sind. – Am 6.12. einigen sich die Innenminister der Bundesländer auf die Aufnahme weiterer 5000 Bürgerkriegsflüchtlinge aus Syrien, zusätzlich zu dem schon bewilligten Kontingent von 5000 Personen.

■ **Frankreich**: Als erstes deutsches Staatsoberhaupt stattet Bundespräsident Joachim Gauck am 4.9. der Gedenkstätte in Oradour in Begleitung des französischen Präsidenten François Hollande einen Besuch ab. In dem mittelfranzösischen Ort hatte die Waffen-SS 1944 mehr als 600 Franzosen ermordet.

BUNDESLÄNDER

■ **Bayern:** Der Landtag beschließt am 24.4. die **Abschaffung der Studiengebühren** zum Herbst 2013. Für die Gesetzesvorlage, die über ein **Volksbegehren** eingebracht worden war, stimmt neben der Opposition auch die CSU, die damit den Koalitionsvertrag mit der FDP verletzt. Das Volksbegehren unterschrieben im Januar 14,3 % der bayerischen Stimmberechtigten. – Im Zuge einer **Affäre um die Begünstigung von Verwandten** durch 79 Abgeordnete bei der Beschäftigung von Mitarbeitern für ihre Landtagsbüros treten mehrere Mitglieder der CSU- und SPD-Fraktion Ende April von ihren Führungsämtern zurück. – Im Justizskandal um **Gustl Mollath** ordnet das Oberlandesgericht Nürnberg am 6.8. dessen sofortige Freilassung aus der Psychiatrie und die Wiederaufnahme des Strafverfahrens gegen ihn an. Mollath wurde 2006 nach einem umstrittenen Strafprozess zwangseingewiesen. – Mit ihrem fulminanten Sieg bei der **Landtagswahl** am 15.9. sichert sich die CSU nach vier Jahren wieder die Alleinregierung. Ihr bisheriger Koalitionspartner FDP scheitert an der 5 %-Hürde.

■ **Brandenburg**: Matthias Platzeck (SPD) kündigt am 29.7. seinen Rücktritt vom Amt des Ministerpräsidenten an. Der Landtag wählt am 28.8. den bisherigen Innenminister **Dietmar Woidke** (SPD) zu seinem Nachfolger.

■ **Hamburg**: In einem Volksentscheid am 22.9. beschließen die Bürger mit 50,9 % der Stimmbeteiligten gegen den Willen von SPD, CDU, FDP und Wirtschaftsverbänden den Komplettrückkauf der Energienetze durch die Stadt.

■ **Hessen**: Bei der **Landtagswahl** am 22.9. verliert die CDU-FDP-Koalition ihre Mehrheit. CDU und Grüne einigen sich am 17.12. auf ein schwarzgrünes Regierungsbündnis unter Volker Bouffier (CDU).

■ **Niedersachsen**: Das Ergebnis der **Landtagswahl** am 20.1. ermöglicht mit knappster Mehrheit die Ablösung der CDU-FDP-Regierung durch eine rot-grüne Regierungskoalition und die Wahl von **Stephan Weil** (SPD) zum Ministerpräsidenten am 19.2.

■ **Rheinland-Pfalz**: Nach dem → 2012 angekündigten Rücktritt von Kurt Beck (SPD) wählt der Landtag die bisherige Sozialministerin **Malu Dreyer** (SPD) am 16.1. zur neuen Ministerpräsidentin.

■ **Wahlergebnisse** → S. 458–467

LANDTAGSWAHLERGEBNISSE

Baden-Württemberg

		Wahlbeteiligung	CDU	SPD	FDP/DVP	B'90/Grüne	NPD	Rep	Sonstige*
9.3.1952	%	63,7	36,0	28,0	18,0				10,7
	Sitze	121	50	38	23				10
4.3.1956	%	70,3	42,6	28,9	16,6				6,3
	Sitze	120	56	36	21				7
15.5.1960	%	59,0	39,5	35,3	15,8				6,6
	Sitze	121	52	44	18				7
26.4.1964	%	67,7	46,2	37,3	13,1				
	Sitze	120	59	47	14				
28.4.1968	%	70,7	44,2	29,0	14,4		9,8		
	Sitze	127	60	37	18		12		
23.4.1972	%	80,0	52,9	37,6	8,9				
	Sitze	120	65	45	10				
4.4.1976	%	75,5	56,7	33,3	7,8				
	Sitze	121	71	41	9				
16.3.1980	%	72,0	53,4	32,5	8,3	5,3			
	Sitze	124	68	40	10	6			
25.3.1984	%	71,2	51,9	32,4	7,2	8,0			
	Sitze	126	68	41	8	9			
20.3.1988	%	71,8	49,0	32,0	5,9	7,9			
	Sitze	125	66	42	7	10			
5.4.1992	%	70,1	39,6	29,4	5,9	9,5		10,9	
	Sitze	146	64	46	8	13		15	
24.3.1996	%	67,6	41,3	25,1	9,6	12,1		9,1	
	Sitze	155	69	39	14	19		14	
25.3.2001	%	62,6	44,8	33,3	8,1	7,7			
	Sitze	128	63	45	10	10			
26.3.2006	%	53,4	44,2	25,2	10,7	11,7			
	Sitze	139	69	38	15	17			
27.3.2011	%	66,3	39,0	23,1	5,3	24,2			
	Sitze	138	60	35	7	36			

* 1952: BHE 6, KPD 4 Sitze; 1956: GB/BHE 7 Sitze; 1960: GB/BHE 7 Sitze

Bayern

		Wahlbeteiligung	CSU	SPD	FDP	B'90/Grüne	BP	NPD	FW	Sonstige*
26.11.1950	%	79,9	27,4	28,0	7,1		17,9			12,3
	Sitze	204	64	63	12		39			26
28.11.1954	%	82,4	38,0	28,1	7,2		13,2			10,2
	Sitze	204	83	61	13		28			19
23.11.1958	%	76,6	45,6	30,8	5,6		8,1			8,6
	Sitze	204	101	64	8		14			17
25.11.1962	%	76,5	47,5	35,3	5,9		4,8			
	Sitze	204	108	79	9		8			
20.11.1966	%	80,6	48,1	35,8				7,4		
	Sitze	204	110	79				15		
22.11.1970	%	79,5	56,4	33,3	5,6					
	Sitze	204	124	70	10					

		Wahlbeteiligung	CSU	SPD	FDP	B'90/Grüne	BP	NPD	FW	Sonstige*
27.10.1974	%	77,7	62,1	30,2	5,2					
	Sitze	204	132	64	8					
15.10.1978	%	76,6	59,1	31,4	6,2					
	Sitze	204	129	65	10					
10.10.1982	%	78,0	58,3	31,9						
	Sitze	204	133	71						
12.10.1986	%	70,1	55,8	27,5		7,5				
	Sitze	204	128	61		15				
14.10.1990	%	65,9	54,9	26,0	5,2	6,4				
	Sitze	204	127	58	7	12				
25.9.1994	%	67,8	52,8	30,0		6,1				
	Sitze	204	120	70		14				
13.9.1998	%	69,8	52,9	28,7		5,7				
	Sitze	204	123	67		14				
21.9.2003	%	57,1	60,7	19,6		7,7				
	Sitze	180	124	41		15				
28.9.2008	%	57,9	43,4	18,6	8,0	9,4			10,2	
	Sitze	187	92	39	16	19			21	
15.9.2013	%	63,6	47,7	20,6		8,6			9,0	
	Sitze	180	101	42		18			19	

* 1950: BHE/DG 26 Sitze; 1954: GB/BHE 19 Sitze; 1958: GB/BHE 17 Sitze

Berlin (1950–1989 West-Berlin)

		Wahlbeteiligung	CDU	SPD	FDP	B'90/Grüne*	PDS/Die Linke	Rep	Piraten
3.12.1950	%	90,4	24,7	44,7	23,1				
	Sitze	127	34	61	32				
5.12.1954	%	91,8	30,4	44,6	12,8				
	Sitze	127	44	64	19				
7.12.1958	%	92,9	37,7	52,6					
	Sitze	133	55	78					
17.2.1963	%	89,9	28,8	61,9	7,9				
	Sitze	140	41	89	10				
12.3.1967	%	86,2	32,9	56,9	7,1				
	Sitze	137	47	81	9				
14.3.1971	%	88,9	38,2	50,4	8,4				
	Sitze	138	54	73	11				
2.3.1975	%	87,8	43,9	42,6	7,1				
	Sitze	147	69	67	11				
18.3.1979	%	85,4	44,4	42,7	8,1				
	Sitze	135	63	61	11				
10.5.1981	%	85,3	48,0	38,3	5,6	7,2			
	Sitze	132	65	51	7	9			
10.3.1985	%	83,6	46,4	32,4	8,5	10,6			
	Sitze	144	69	48	12	15			
29.1.1989	%	79,6	37,7	37,3		11,8		7,5	
	Sitze	138	55	55		17		11	
2.12.1990	%	80,8	40,4	30,4	7,1	9,4	9,2		
	Sitze	241	101	76	18	23	23		
22.10.1995	%	68,6	37,4	23,6		13,2	14,6		
	Sitze	206	87	55		30	34		
10.10.1999	%	65,5	40,8	22,4		9,9	17,7		
	Sitze	169	76	42		18	33		

		Wahlbeteiligung	CDU	SPD	FDP	B'90/Grüne*	PDS/Die Linke	Rep	Piraten
21.10.2001	%	68,1	23,8	29,7	9,9	9,1	22,6		
	Sitze	141	35	44	15	14	33		
17.9.2006	%	58,0	21,3	30,8	7,6	13,1	13,4		
	Sitze	149	37	53	13	23	23		
18.9.2011	%	60,2	23,3	28,3		17,6	11,7		8,9
	Sitze	149	39	47		29	19		15

* 1981–89 als Alternative Liste (AL), 1990 als AL und B'90/Grüne/UFV angetreten

Brandenburg

		Wahlbeteiligung	CDU	SPD	PDS/Die Linke	B'90/Grüne	FDP	DVU
14.10.1990	%	67,1	29,4	38,2	13,4	6,4	6,6	
	Sitze	88	27	36	13	6	6	
11.9.1994	%	56,3	18,7	54,1	18,7			
	Sitze	88	18	52	18			
5.9.1999	%	54,3	26,6	39,3	23,3			5,3
	Sitze	89	25	37	22			5
19.9.2004	%	56,4	19,4	31,9	28,0			6,1
	Sitze	88	20	33	29			6
27.9.2009	%	67,5	19,8	33,0	27,2	5,7	7,2	
	Sitze	88	19	31	26	5	7	

Bremen

		Wahlbeteiligung	CDU	SPD	FDP	B'90/Grüne	Die Linke	DVU	BIW	Sonstige*
7.10.1951	%	83,3	9,1	39,1	11,8					38,7
	Sitze	100	9	43	12					36
9.10.1955	%	84,0	18,0	47,7	8,6					21,6
	Sitze	100	18	52	8					22
11.10.1959	%	79,2	14,8	54,9	7,2					14,5
	Sitze	100	16	61	7					16
29.9.1963	%	76,1	28,9	54,7	8,4					5,2
	Sitze	100	31	57	8					4
1.10.1967	%	77,0	29,5	46,0	10,5					8,8
	Sitze	100	32	50	10					8
10.10.1971	%	80,0	31,6	55,3	7,1					
	Sitze	100	34	59	7					
28.9.1975	%	82,2	33,8	48,8	13,0					
	Sitze	100	35	52	13					
7.10.1979	%	78,5	31,9	49,4	10,8	5,1				
	Sitze	100	33	52	11	4				
25.9.1983	%	79,7	33,3	51,3		5,4				
	Sitze	100	37	58		5				
13.9.1987	%	75,6	23,4	50,5	10,0	10,2		3,4		
	Sitze	100	25	54	10	10		1		
29.9.1991	%	72,2	30,7	38,8	9,5	11,4		6,2		
	Sitze	100	32	41	10	11		6		
14.5.1995	%	68,6	32,6	33,4		13,1				10,7
	Sitze	100	37	37		14				12
6.6.1999	%	60,1	37,1	42,6		8,9		3,0		
	Sitze	100	42	47		10		1		

		Wahlbeteiligung	CDU	SPD	FDP	B'90/Grüne	Die Linke	DVU	BIW	Sonstige*
25.5.2003	%	61,3	29,8	42,3	4,2	12,8		2,3		
	Sitze	83	29	40	1	12		1		
13.5.2007	%	57,6	25,7	36,7	6,0	16,5	8,4	2,7		
	Sitze	83	23	33	5	14	7	1		
22.5.2011	%	55,5	20,4	38,6		22,5	5,6		3,7	
	Sitze	83	20	36		21	5		1	

* 1951: DP 16, SRP 8, KPD 6, WDF 4, GB/BHE 2 Sitze; 1955: DP 18, KPD 4 Sitze; 1959: DP 16 Sitze; 1963: DP 4 Sitze; 1967: NPD 8 Sitze; 1995: AfB 12 Sitze

Hamburg

		Wahlbeteiligung	CDU*	SPD	FDP*	B'90/Grüne**	Die Linke	Sonstige***
16.10.1949	%	70,5	34,5	42,8	s. CDU			22,7
	Sitze	120	40	65	s. CDU			15
1.11.1953	%	80,9	50,0	45,2	s. CDU			
	Sitze	120	62	58	s. CDU			
10.11.1957	%	77,3	32,2	53,9	8,6			
	Sitze	120	41	69	10			
12.11.1961	%	72,3	29,1	57,4	9,6			
	Sitze	120	36	72	12			
27.3.1966	%	69,8	30	59	6,8			
	Sitze	120	38	74	8			
22.3.1970	%	73,4	32,8	55,3	7,1			
	Sitze	120	41	70	9			
3.3.1974	%	80,4	40,6	45	10,9			
	Sitze	120	51	56	13			
4.6.1978	%	76,7	37,6	51,5				
	Sitze	120	51	69				
6.6.1982	%	84	43,2	42,7		7,7		
	Sitze	120	56	55		9		
19.12.1982	%	77,9	38,6	51,3		6,8		
	Sitze	120	48	64		8		
9.11.1986	%	78,1	41,9	41,7		10,4		
	Sitze	120	54	53		13		
17.5.1987	%	79,6	40,5	45,0	6,5	7,0		
	Sitze	120	49	55	8	8		
2.6.1991	%	66,1	35,1	48,0	5,4	7,2		
	Sitze	121	44	61	7	9		
19.9.1993	%	69,6	25,1	40,4		13,5		5,6
	Sitze	121	36	58		19		8
21.9.1997	%	69,5	30,7	36,2		13,9		
	Sitze	121	46	54		21		
23.9.2001	%	71,0	26,2	36,5	5,1	8,5		19,4
	Sitze	121	33	46	6	11		25
29.2.2004	%	68,7	47,2	30,5		12,3		
	Sitze	121	63	41		17		
24.2.2008	%	63,5	42,6	34,1		9,6	6,4	
	Sitze	121	56	45		12	8	
20.2.2011	%	57,3	21,9	48,4	6,7	11,2	6,4	
	Sitze	121	28	62	9	14	8	

* 1949 und 1953 gemeinsam als VBH/HB angetreten ** tritt in Hamburg als GAL (Grün-Alternative Liste) an
*** 1949: DP 9, KPD 5, RSF 1 Sitze; 1993: STATT-Partei 8 Sitze; 2001: Schill-Partei 25 Sitze

Hessen

		Wahlbeteiligung	CDU	SPD	FDP	B'90/Grüne	Die Linke	NPD	Sonstige*
19.11.1950	%	64,9	18,8	44,4	31,8				
	Sitze	80	12	47	21				
28.11.1954	%	82,4	24,1	42,6	20,5				7,7
	Sitze	96	24	44	21				7
23.11.1958	%	82,3	32,0	46,9	9,5				7,4
	Sitze	96	32	48	9				7
11.11.1962	%	77,7	28,8	50,8	11,4				6,3
	Sitze	96	28	51	11				6
6.11.1966	%	81,0	26,4	51,0	10,4			7,9	
	Sitze	96	26	52	10			8	
8.11.1970	%	82,8	39,7	45,9	10,1				
	Sitze	110	46	53	11				
27.10.1974	%	84,8	47,3	43,2	7,4				
	Sitze	110	53	49	8				
8.10.1978	%	87,7	46,0	44,3	6,6				
	Sitze	110	53	50	7				
26.9.1982	%	86,4	45,6	42,8		8,0			
	Sitze	110	52	49		9			
25.9.1983	%	83,5	39,4	46,2	7,6	5,9			
	Sitze	110	44	51	8	7			
5.4.1987	%	80,3	42,1	40,2	7,8	9,4			
	Sitze	110	47	44	9	10			
20.1.1991	%	70,8	40,2	40,8	7,4	8,8			
	Sitze	110	46	46	8	10			
19.2.1995	%	66,3	39,2	38,0	7,4	11,2			
	Sitze	110	45	44	8	13			
7.2.1999	%	66,4	43,4	39,4	5,1	7,2			
	Sitze	110	50	46	6	8			
2.2.2003	%	64,6	48,8	29,1	7,9	10,1			
	Sitze	110	56	33	9	12			
27.1.2008	%	64,3	36,8	36,7	9,4	7,5	5,1		
	Sitze	110	42	42	11	9	6		
18.1.2009	%	61,0	37,2	23,7	16,2	13,7	5,4		
	Sitze	118	46	29	20	17	6		
22.9.2013	%	73,2	38,3	30,7	5,0	11,1	5,2		
	Sitze	110	47	37	6	14	6		

* 1954: GB/BHE 7 Sitze; 1958: GB/BHE 7 Sitze; 1962: GDP 6 Sitze

Mecklenburg-Vorpommern

		Wahlbeteiligung	CDU	SPD	FDP	PDS/Die Linke	B'90/Grüne	NPD
14.10.1990	%	64,8	38,3	27,0	5,5	15,7		
	Sitze	66	29	21	4	12		
16.10.1994	%	72,9	37,7	29,5		22,7		
	Sitze	71	30	23		18		
27.9.1998	%	79,4	30,2	34,3		24,4		
	Sitze	71	24	27		20		
22.9.2002	%	70,6	31,4	40,6		16,4		
	Sitze	71	25	33		13		
17.9.2006	%	59,1	28,8	30,2	9,6	16,8		7,3
	Sitze	71	22	23	7	13		6
4.9.2011	%	51,1	23,0	35,6		18,4	8,7	6,0
	Sitze	71	18	27		14	7	5

Niedersachsen

		Wahlbeteiligung	CDU*	SPD	FDP	B'90/Grüne	Die Linke	NPD	Sonstige**
6.5.1951	%	75,8	23,7	33,7	8,3				34,0
	Sitze	158	35	64	12				47
24.4.1955	%	77,5	26,6	35,2	7,9				29,6
	Sitze	159	43	59	12				45
19.4.1959	%	78,0	30,8	39,5	5,2				20,7
	Sitze	157	51	65	8				33
19.5.1963	%	76,9	37,7	44,9	8,8				
	Sitze	149	62	73	14				
4.6.1967	%	75,8	41,7	43,1	6,9			7,0	
	Sitze	149	63	66	10			10	
14.6.1970	%	76,7	45,7	46,3					
	Sitze	149	74	75					
9.6.1974	%	84,4	48,8	43,1	7,0				
	Sitze	155	77	67	11				
4.6.1978	%	78,5	48,7	42,2					
	Sitze	155	83	72					
21.3.1982	%	77,7	50,7	36,5	5,9	6,5			
	Sitze	171	87	63	10	11			
15.6.1986	%	77,3	44,3	42,1	6,0	7,1			
	Sitze	155	69	66	9	11			
13.5.1990	%	74,6	42,0	44,2	6,0	5,5			
	Sitze	155	67	71	9	8			
13.3.1994	%	73,8	36,4	44,3		7,4			
	Sitze	161	67	81		13			
1.3.1998	%	73,8	35,9	47,9		7,0			
	Sitze	157	62	83		12			
2.2.2003	%	67,0	48,3	33,4	8,1	7,6			
	Sitze	183	91	63	15	14			
27.1.2008	%	57,0	42,5	30,3	8,2	8,0	7,1		
	Sitze	152	68	48	13	12	11		
20.1.2013	%	59,4	36,0	32,6	9,9	13,7			
	Sitze	137	54	49	14	20			

* 1951: Niederdeutsche Union (CDU und DP) ** 1951: GB/BHE 21, SRP 16, Zentrum 4, DRP 3, KPD 2, DSP 1 Sitze; 1955: DP 19, GB/BHE 17, DRP 6, KPD 2, Zentrum 1 Sitze; 1959: DP 20, GB/BHE 13 Sitze

Nordrhein-Westfalen

		Wahlbeteiligung	CDU	SPD	FDP	B'90/Grüne	Die Linke	Piraten	Sonstige*
18.6.1950	%	72,3	36,9	32,3	12,1				13,0
	Sitze	215	93	68	26				28
27.6.1954	%	72,6	41,3	34,5	11,5				4,0
	Sitze	200	90	76	25				9
6.7.1958	%	76,6	50,5	39,2	7,1				
	Sitze	200	104	81	15				
8.7.1962	%	73,4	46,4	43,3	6,8				
	Sitze	200	96	90	14				
10.7.1966	%	76,5	42,8	49,5	7,4				
	Sitze	200	86	99	15				
14.6.1970	%	73,5	46,3	46,1	5,5				
	Sitze	200	95	94	11				
4.5.1975	%	86,1	47,1	45,1	6,7				
	Sitze	200	95	91	14				
11.5.1980	%	80,0	43,2	48,4					
	Sitze	201	95	106					
12.5.1985	%	75,2	36,5	52,1	6,0				
	Sitze	227	88	125	14				
13.5.1990	%	71,8	36,7	50,0	5,8	5,0			
	Sitze	239	90	123	14	12			
14.5.1995	%	64,0	37,7	46,0		10,0			
	Sitze	221	89	108		24			
14.5.2000	%	56,7	37,0	42,8	9,8	7,1			
	Sitze	231	88	102	24	17			
22.5.2005	%	63,0	44,8	37,1	6,2	6,2			
	Sitze	187	89	74	12	12			
9.5.2010	%	59,3	34,6	34,5	6,7	12,1	5,6		
	Sitze	181	67	67	13	23	11		
13.5.2012	%	59,6	26,3	39,1	8,6	11,3		7,8	
	Sitze	237	67	99	22	29		20	

* 1959: Zentrum 16, KPD 12 Sitze; 1954: Zentrum 9 Sitze

Rheinland-Pfalz

		Wahlbeteiligung	CDU	SPD	FDP	B'90/Grüne	NPD	DRP
29.4.1951	%	74,8	39,2	34,0	16,7			
	Sitze	100	43	38	19			
15.5.1955	%	76,0	46,8	31,7	12,7			
	Sitze	100	51	36	13			
19.4.1959	%	77,2	48,4	34,9	9,7			5,1
	Sitze	100	52	37	10			1
31.3.1963	%	75,5	44,4	40,7	10,1			
	Sitze	100	46	43	11			
23.4.1967	%	78,5	46,7	36,8	8,3		6,9	
	Sitze	100	49	39	8		4	
21.3.1971	%	79,4	50,0	40,5	5,9			
	Sitze	100	53/52*	44/42*	3/6*			
9.3.1975	%	80,8	53,9	38,5	5,6			
	Sitze	100	55	40	5			

		Wahlbeteiligung	CDU	SPD	FDP	B'90/Grüne	NPD	DRP
18.3.1979	%	81,4	50,1	42,3	6,4			
	Sitze	100	51	43	6			
6.3.1983	%	90,4	51,9	39,6				
	Sitze	100	57	43				
17.5.1987	%	77,0	45,1	38,8	7,3	5,9		
	Sitze	100	48	40	7	5		
21.4.1991	%	73,9	38,7	44,8	6,9	6,5		
	Sitze	101	40	47	7	7		
24.3.1996	%	70,8	38,7	39,8	8,9	6,9		
	Sitze	101	41	43	10	7		
25.3.2001	%	62,1	35,3	44,7	7,8	5,2		
	Sitze	101	38	49	8	6		
26.3.2006	%	58,2	32,8	45,6	8,0			
	Sitze	101	38	53	10			
27.3.2011	%	61,8	35,2	35,7		15,4		
	Sitze	101	41	42		18		

* Wahlergebnis/Sitzverteilung nach Änderung durch Wahlprüfungsgerichtsurteil vom 12.12.1972

Saarland

		Wahlbeteiligung	CDU*	SPD**	DPS/FDP	B'90/Grüne	Die Linke	Piraten	Sonstige***
30.11.1952	%	93,1	54,7	32,4					9,5
	Sitze	50	29	17					4
18.12.1955	%	90,4	47,2	20,1	24,2				6,6
	Sitze	50	26	9	13				2
4.12.1960	%	79,1	36,6	30,0	13,8				16,4
	Sitze	50	19	16	7				8
27.6.1965	%	81,8	42,7	40,7	8,3				5,2
	Sitze	50	23	21	4				2
14.6.1970	%	83,1	47,8	40,8					
	Sitze	50	27	23					
4.5.1975	%	88,8	49,1	41,8	7,4				
	Sitze	50	25	22	3				
27.4.1980	%	85,0	44,0	45,4	6,9				
	Sitze	51	23	24	4				
10.3.1985	%	85,0	37,3	49,2	10,0				
	Sitze	51	20	26	5				
28.1.1990	%	83,2	33,4	54,4	5,6				
	Sitze	51	18	30	3				
16.10.1994	%	83,5	38,6	49,4		5,5			
	Sitze	51	21	27		3			
5.9.1999	%	68,7	45,5	44,4					
	Sitze	51	26	25					
5.9.2004	%	55,5	47,5	30,8	5,2	5,6			
	Sitze	51	27	18	3	3			
30.8.2009	%	67,6	34,5	24,5	9,2	5,9	21,3		
	Sitze	51	19	13	5	3	11		
25.3.2012	%	61,6	35,2	30,6		5,0	16,1	7,4	
	Sitze	51	19	17		2	9	4	

* 1952: nur CVP; 1955: CDU 14, CVP 12 ** 1952: nur SPS; 1955 SPD 7, SPS 2

*** 1952: KPD 4 Sitze; 1955: KPD 2 Sitze; 1960: SVP 6, DDU 2 Sitze; 1965: SVP 2 Sitze

Sachsen

		Wahlbeteiligung	CDU	SPD	FDP	B'90/Grüne*	PDS/Die Linke	NPD
14.10.1990	%	72,8	53,8	19,1	5,3	5,6	10,2	
	Sitze	160	92	32	9	10	17	
11.9.1994	%	58,4	58,1	16,6			16,5	
	Sitze	120	77	22			21	
19.9.1999	%	61,1	56,9	10,7			22,2	
	Sitze	120	76	14			30	
19.9.2004	%	59,6	41,1	9,8	5,9	5,1	23,6	9,2
	Sitze	124	55	13	7	6	31	12
30.8.2009	%	52,2	40,2	10,4	10,0	6,4	20,6	5,6
	Sitze	132	58	14	14	9	29	8

* 1990 als Neues Forum-Bündnis-Grüne angetreten

Sachsen-Anhalt

		Wahlbeteiligung	CDU	SPD	FDP	B'90/Grüne*	PDS/Die Linke	DVU
14.10.1990	%	65,1	39,0	26,0	13,5	5,3	12,0	
	Sitze	106	48	27	14	5	12	
26.6.1994	%	54,8	34,4	34,0		5,1	19,9	
	Sitze	99	37	36		5	21	
26.4.1998	%	71,5	22,0	35,9			19,6	12,9
	Sitze	116	28	47			25	16
21.4.2002	%	56,5	37,3	20,0	13,3		20,4	
	Sitze	115	48	25	17		25	
26.3.2006	%	44,4	36,2	21,4	6,7		24,1	
	Sitze	97	40	24	7		26	
20.3.2011	%	51,2	32,5	21,5		7,1	23,7	
	Sitze	105	41	26		9	29	

* 1990 als Neues Forum-Bündnis-Grüne angetreten

Schleswig-Holstein

		Wahlbeteiligung	CDU	SPD	FDP	B'90/Grüne	Die Linke	SSW	Piraten	Sonstige*
9.7.1950	%	78,2	19,8	27,5	7,1			5,5		33,0
	Sitze	69	16	19	8			4		22
12.9.1954	%	78,6	32,2	33,2	7,5					19,1
	Sitze	69	25	25	5					14
28.9.1958	%	78,7	44,4	35,9	5,4			2,8		9,7
	Sitze	69	33	26	3			2		5
23.9.1962	%	70,1	45,0	39,2	7,9			2,3		
	Sitze	69	34	29	5			1		
23.4.1967	%	74,1	46,0	39,4	5,9			1,9		5,8
	Sitze	73	34	30	4			1		4
25.4.1971	%	79,2	51,9	41,0				1,4		
	Sitze	73	40	32				1		
13.4.1975	%	82,3	50,4	40,1	7,1			1,4		
	Sitze	73	37	30	5			1		
29.4.1979	%	83,3	48,3	41,7	5,7			1,4		
	Sitze	73	37	31	4			1		
13.3.1983	%	84,8	49,0	43,7				1,3		
	Sitze	74	39	34				1		

		Wahlbeteiligung	CDU	SPD	FDP	B'90/Grüne	Die Linke	SSW	Piraten	Sonstige*
13.9.1987	%	76,6	42,6	45,2	5,2			1,5		
	Sitze	74	33	36	4			1		
8.5.1988	%	77,4	33,3	54,8				1,7		
	Sitze	74	27	46				1		
5.4.1992	%	71,7	33,8	46,2	5,6			1,9		6,3
	Sitze	89	32	45	5			1		6
24.3.1996	%	71,8	37,2	39,8	5,7	8,1		2,5		
	Sitze	75	30	33	4	6		2		
27.2.2000	%	69,5	35,2	43,1	7,6	6,2		4,1		
	Sitze	89	33	41	7	5		3		
20.2.2005	%	66,5	40,2	38,7	6,6	6,2		3,6		
	Sitze	69	30	29	4	4		2		
27.9.2009	%	73,6	31,5	25,4	14,9	12,4	6,0	4,3		
	Sitze	95	34	25	14	12	6	4		
6.5.2012	%	60,2	30,8	30,4	8,2	13,2		4,6	8,2	
	Sitze	69	22	22	6	10		3	6	

* 1950: GB/BHE 15, DP 7 Sitze; 1954: GB/BHE 10, SHB 4 Sitze; 1958: GB/BHE 5 Sitze; 1967: NPD 4 Sitze; 1992: DVU 6 Sitze

Thüringen

		Wahlbeteiligung	CDU	SPD	FDP	B'90/Grüne*	PDS/Die Linke
14.10.1990	%	71,7	45,4	22,8	9,3	6,5	9,7
	Sitze	89	44	21	9	6	9
16.10.1994	%	74,8	42,6	29,6			16,6
	Sitze	88	42	29			17
12.9.1999	%	59,9	51,0	18,5			21,3
	Sitze	88	49	21			18
13.6.2004	%	53,8	43,0	14,5			26,1
	Sitze	88	45	15			28
30.8.2009	%	56,2	31,2	18,5	7,6	6,2	27,4
	Sitze	88	30	18	7	6	27

* 1990 als Neues Forum-Bündnis-Grüne angetreten

DIE BUNDESLÄNDER IM VERGLEICH

Bundesland	Fläche in km²	Einwohner in Mio. 1961	1970	1980	1990	2000	2012*	Ausländeranteil 2012*
Baden-Württemberg	35 751	7,839	8,954	9,259	9,822	10,524	10,569	11,9
Bayern	70 550	9,594	10,561	10,928	11,449	12,230	12,520	9,6
Berlin	888	3,244	3,201	3,049	3,434	3,382	3,375	14,3
West-Berlin	481	2,197	2,122	1,896	–	–	–	–
Brandenburg	29 483	2,625	2,657	2,660	2,578	2,602	2,450	2,2
Bremen	419	0,712	0,735	0,694	0,682	0,660	0,655	12,6
Hamburg	755	1,841	1,794	1,645	1,652	1,715	1,734	14,1
Hessen	21 115	4,861	5,425	5,601	5,763	6,068	6,016	12,8
Mecklenburg-Vorpommern	23 191	1,923	1,928	1,944	1,924	1,776	1,600	2,1
Niedersachsen	47 613	6,675	7,122	7,256	7,387	7,926	7,779	6,3
Nordrhein-Westfalen	34 092	16,029	17,005	17,058	17,350	18,010	17,554	10,7
Rheinland-Pfalz	19 854	3,439	3,659	3,642	3,764	4,035	3,990	7,7
Saarland	2 569	1,083	1,121	1,066	1,073	1,069	0,994	8,0
Sachsen	18 420	5,450	5,419	5,174	4,764	4,426	4,050	2,4
Sachsen-Anhalt	20 450	3,300	3,218	3,078	2,874	2,615	2,259	2,2
Schleswig-Holstein	15 799	2,329	2,511	2,611	2,626	2,790	2,807	5,0
Thüringen	16 173	2,725	2,759	2,730	2,611	2,431	2,170	1,9
Deutschland	**357 121**	**73,668**	**78,069**	**78,397**	**79,753**	**82,260**	**80,524**	**9,0**

Einwohner: Stand jeweils Jahresende; *vorläufige Zahlen auf Grundlage des Zensus 2011
Quellen: Statistisches Bundesamt, Ausländerzentralregister

	Bruttoinlandsprodukt in jeweiligen Preisen						Arbeitslosenquote Jahresdurchschnitt	
	insgesamt in Mrd. €			je Erwerbstätigen in €				
Bundesland	**1970**	**1991**	**2012**	**1970**	**1991**	**2012**	**2000**	**2012**
Baden-Württemberg	56,0	231,3	389,5	13 261	44 740	67 066	5,4	3,9
Bayern	58,4	252,9	465,5	12 236	41 953	67 013	5,5	3,7
Berlin	13,6	65,7	103,6	14 429	38 683	58 892	15,8	12,3
Brandenburg	–	19,5	57,8	–	16 356	53 805	17,0	10,2
Bremen	5,1	18,5	27,7	14 093	46 197	66 881	13,0	11,2
Hamburg	16,0	59,8	95,8	16 012	58 466	82 485	8,9	7,5
Hessen	31,6	145,2	229,8	12 903	49 281	71 152	7,3	5,7
Mecklenburg-Vorpommern	–	14,2	36,9	–	16 976	50 598	17,8	12,0
Niedersachsen	35,6	139,9	230,0	12 117	42 541	60 225	9,3	6,6
Nordrhein-Westfalen	106,4	370,5	582,1	15 245	46 181	65 376	9,2	8,1
Rheinland-Pfalz	19,7	73,7	117,7	13 031	44 078	61 096	7,3	5,3
Saarland	5,4	21,0	31,7	12 165	44 060	61 174	9,8	6,7
Sachsen	–	35,8	96,6	–	15 900	48 946	17,0	9,8
Sachsen-Anhalt	–	20,2	52,8	–	15 887	52 619	20,2	11,5
Schleswig-Holstein	12,8	49,6	77,3	13 225	41 129	58 952	8,5	6,9
Thüringen	–	16,7	49,3	–	13 668	47 472	15,4	8,5
Deutschland	**360,6**	**1 534,6**	**2 643,9**	**13 562**	**39 641**	**63 535**	**9,6**	**6,8**

Arbeitslosenquoten bezogen auf alle zivilen Erwerbspersonen
Quellen: Arbeitskreis Volkswirtschaftliche Gesamtrechnungen der Länder, Bundesagentur für Arbeit

Abkürzungen

AfB Arbeit für Bremen und Bremerhaven
AfD Alternative für Deutschland
AKW Atomkraftwerk
AL Alternative Liste
APO Außerparlamentarische Opposition
BDA Bundesvereinigung der Deutschen Arbeitgeberverbände
BDI Bundesverband der Deutschen Industrie
BEK Bund der Evangelischen Kirchen in der DDR
BGL Bremer Grüne Liste
BHE Block der Heimatvertriebenen und Entrechteten
BIP/BSP Bruttoinlandsprodukt/Bruttosozialprodukt
BKA Bundeskriminalamt
BP Bayernpartei
BVerfG Bundesverfassungsgericht
CDU Christlich Demokratische Union
CSU Christlich-Soziale Union
CVP Christliche Volkspartei des Saarlandes
DA Demokratischer Aufbruch
DAG Deutsche Angestellten-Gewerkschaft
DBD Demokratische Bauernpartei Deutschlands
DDU Deutsche Demokratische Union
DFD Demokratischer Frauenbund Deutschlands
DFF Deutscher Fernsehfunk
DG Deutsche Gemeinschaft
DGB Deutscher Gewerkschaftsbund
DIHT Deutscher Industrie- und Handelskammertag
DKP Deutsche Kommunistische Partei
DP Deutsche Partei
DPs Displaced Persons
DRP Deutsche Reichspartei
DSP Deutsche Soziale Partei
DVP Deutsche Volkspartei
DVU Deutsche Volksunion
DWK Deutsche Wirtschaftskommission
EG Europäische Gemeinschaft
EGKS Europäische Gemeinschaft für Kohle und Stahl
EKD Evangelische Kirche in Deutschland
ERP European Recovery Program (Marshallplan)
EU Europäische Union
EVG Europäische Verteidigungsgemeinschaft
EWG Europäische Wirtschaftsgemeinschaft
FDGB Freier Deutscher Gewerkschaftsbund
FDJ Freie Deutsche Jugend
FDP Freie Demokratische Partei
FVP Freie Volkspartei
GAL Grün-Alternative Liste
GB Gesamtdeutscher Block
GDP Gesamtdeutsche Partei
GG Grundgesetz
GVP Gesamtdeutsche Volkspartei
HB Hamburger Block (CDU, FDP, DP, BHE)
HO Handelsorganisation
IM Inoffizieller Mitarbeiter des MfS
KKW Kernkraftwerk
KPD Kommunistische Partei Deutschlands
KPdSU Kommunistische Partei der Sowjetunion
KSZE Konferenz über Sicherheit und Zusammenarbeit in Europa
KVP Kasernierte Volkspolizei
KZ Konzentrationslager
LDPD Liberal-Demokratische Partei Deutschlands
LPG Landwirtschaftliche Produktionsgenossenschaften
MLF Multilateral Force
MfS Ministerium für Staatssicherheit
NDPD National-Demokratische Partei Deutschlands
NÖS Neues Ökonomisches System
NPD Nationaldemokratische Partei Deutschlands
NRW Nordrhein-Westfalen
NSDAP Nationalsozialistische Deutsche Arbeiterpartei
NU Niederdeutsche Union (CDU, DP)
NVA Nationale Volksarmee
NVP Nationale Volkspartei
OECD Organisation für wirtschaftliche Zusammenarbeit und Entwicklung
OEEC Europäischer Wirtschaftsrat
OPEC Organisation Erdöl exportierender Länder
ÖTV Gewerkschaft Öffentliche Dienste, Transport und Verkehr
PDS Partei des Demokratischen Sozialismus
PGH Produktionsgenossenschaften des Handwerks
PLO Palästinensische Befreiungsorganisation
RAF Rote Armee Fraktion
RSF Radikal-Soziale Freiheitspartei
RGW Rat für gegenseitige Wirtschaftshilfe
SAG Sowjetische Aktiengesellschaft
SBZ Sowjetische Besatzungszone
SD Sicherheitsdienst der NSDAP
SDS Sozialistischer Deutscher Studentenbund
SED Sozialistische Einheitspartei Deutschlands
SHB Schleswig-Holstein-Block (DP, Schleswig-Holsteinische Gemeinschaft)
SMAD Sowjetische Militäradministration in Deutschland
SPD Sozialdemokratische Partei Deutschlands
SPS Sozialdemokratische Partei des Saarlandes
SRP Sozialistische Reichspartei
SSW Südschleswigscher Wählerverband
SVP Saarländische Volkspartei
UdSSR Union der Sozialistischen Sowjetrepubliken
UFV Unabhängiger Frauenverband
UN Vereinte Nationen
VBH Vaterstädtischer Bund Hamburg (CDU, FDP)
VdgB Vereinigung der gegenseitigen Bauernhilfe
VEB Volkseigener Betrieb
VVB Vereinigungen Volkseigener Betriebe
VVN Vereinigung der Verfolgten des Naziregimes
WASG Wahlalternative Arbeit und soziale Gerechtigkeit
WAV Wirtschaftliche Aufbau-Vereinigung
WEU Westeuropäische Union
ZK Zentralkomitee

Register

Die Bundesrepublik wird 65: Als am 24. 5. 1949 das Grundgesetz der Bundesrepublik und fünf Monate später die Verfassung der DDR in Kraft traten, waren dies die Geburtsstunden zweier Staaten, die stellvertretend sowohl für den Beginn als auch das Ende der Spaltung Europas stehen. Die Fischer Weltalmanach Chronik Deutschland zeichnet die deutsche Geschichte der letzten 65 Jahre nach: von der Besatzungszeit über die doppelte Staatsgründung, von der Währungsreform zum Wirtschaftswunder, von Studentenrevolten zum deutschen Herbst, von der Hochphase des Kalten Kriegs zur Wiedervereinigung, von Adenauer bis zur ersten Bundeskanzlerin, von den Trümmerfrauen bis zur Globalisierung im neuen Jahrtausend.

Die **Fischer Chronik Deutschland** ist spannendes Lesebuch und unentbehrliches Nachschlagewerk in einem: mit den bedeutendsten Ereignissen aus Ost und West, Kurzbiografien zu allen wichtigen Amtsträgern, Kabinettslisten der Bundeskabinette und der Regierung der DDR sowie sämtlichen Wahlergebnissen auf Bundes- und Länderebene. Und mit den Fotos des Jahres.

Die Autoren

Eschenhagen, Wieland geb. 1944, Studium der Politologie und Geschichte, 1973–92 Verlagslektor, seitdem freier Lektor und Publizist. Langjähriger Autor des Fischer Weltalmanachs. Verantwortlich für die Chronik der Besatzungszonen 1945–48, die Chroniken der Bundesrepublik 1949–89 und die Chroniken Deutschlands 1990–2013 (teilweise Mitarbeit: Gabriele Intemann).

Judt, Dr. Matthias geb. 1962, Studium der Wirtschaftsgeschichte in Berlin, nach beruflichen Stationen an der Humboldt-Universität Berlin, dem Institut für Wirtschaftsgeschichte Berlin, der Universität Hannover, dem Deutschen Historischen Institut in Washington, D.C., der Martin-Luther-Universität Halle-Wittenberg sowie der Gedenkstätte Sachsenhausen seit 2005 wissenschaftlicher Mitarbeiter des Zentrums für zeithistorische Studien in Potsdam. Historiker und Publizist. Forschungen und Veröffentlichungen zur DDR-(Wirtschafts-)Geschichte. Verantwortlich für die Chroniken der DDR 1949–90.